Chronologie der Informationstheorie und -technik
Chronology of Information-Theory and –Technology

60 vor Chr.	**Cäsar**-Verschlüsselung**code**: Beginn der Kryptologie
16. Jhr. n. Chr.	Polyalphabetische Verschlüsselung (nach **Vigenére**)
1617	Idee für einen Rechenschieber (**Napier**)
1641	Rechenmaschine nach dem Zählrad-Prinzip (**Pascal**)
1679	Analysen zum Dualsystem von **Leibniz**
1805	Webmaschinensteuerung mit Lochstreifen (**Jacquard**)
1833	Rechenmaschine mit Lochkarten (**Babbage**)
1834	Elektromagnetischer Telegraf (**Gauß/Weber)**
1847	Boolsche Algebra (**G. Boole**)
1861	Entdeckung des Telefonprinzips durch **J. Ph. Reis**
1864	**Maxwell** formuliert die elektromagnetischen Gesetze
1876	Erster funktionsfähiger Fernsprecher durch **A. G. Bell**
1879	*„Begriffsschrift“* von **Gottlob Frege**
1886	Elektrische Lochkartenmaschine (**Hollerith**)
1887	Entdeckung der elektromagnetischen Wellen durch **Hertz**
1895	Erste Radio-Antenne (**Popow**)
1897	Entwicklung der Braunschen Röhre (Ferdinand **Braun**)
1901	Erste drahtlose Datenübertragung (Atlantik)
1908	Erstes Wählamt in Deutschland
1924	Systemtheorie in der Nachrichtentechnik (**Küpfmüller**)
1931	Unvollständigkeitssätze von **Gödel**
1933	Frequenzmodulation (**Armstrong**)
1936	Konzeption eines universellen Rechenautomaten – **Turing**
1936	Automatenmodell nach **Turing**
1936	**Churchsche These:** Beziehung von Turing-Automat und Algorithmenkonzept
1937	**Zuse** entwickelt einen Relais-Rechner (Z1)
1937	**PCM** (**P**uls **C**ode **M**odulation) von **Reeves** entwickelt (erste Vorarbeiten 1926 **Rainey**)
1937	**Laplace**-Transformation (**Doetsch**)
1937	**Fourier**-Transfomation i. d. Nachrichtentechnik (**Wiener**)
1939/ 1948	**Abtasttheorem** von **Raabe/Shannon**
1940er Jahre	Universalprogrammierbarer Rechner (**Zuse**)
1944	Rechnerarchitekturprinzip von **Neumann**
1946	**ENIAC**: erster kommerzieller Universalrechner
1946	Flussdiagrammdarstellung (**Goldstine/von Neumann**)
1948/ 1950	**Wiener/Turing** begründen die Kybernetik
1948	Erfindung des Transistors (**Brattain, Barden, Shockley**)
1948	Informationstheorie nach **Shannon**
1950	Präziser Algorithmus-Begriff (**Markoff**)
1952	**Chomsky:** Konzeption der formalen Sprachen
1954	Ausarbeitung von **FORTRAN** (**Backus**)
1956	**A**rtificial **I**ntelligence (**AI**) Carthy/Minsky/Rochester/Shannon
1957	Serienfertigung von Elektronenrechnern (USA)
1960	Erster Nachrichtensatellit (USA: **Echo I**)
1960er Jahre	Vernetzung von Computern; Protokollwelt TCP/IP
1963	PAL-Farbfernsehprinzip (**Bruch**)
1968	Einführung von integrierten Schaltkreisen
1969	Erste UNIX-Version
1970	Erster verwendbarer Mikroprozessor (**T. Hoff**)
1970 -80er	Algorithmische Informationstheorie (Chaitin ...)
1971	Entwicklung des Mikroprozessors (Intel 4004)
1971	Strukturierte Programmierung (**Dijkstra** (1930–2002))
1972	Entwicklung der Programmiersprache **C** (**D. M. Ritchie**)
1972	Erste objektorientierte Sprache: **Smalltalk**
1973	UNIX-Version 4 (vollständig in C)
1976	Data Encryption Standard (**DES**)
1977	Public-Key-Algorithmus (**RSA**)
1981	Erste DOS-Version (86er DOS)
1983	Das „Internet“ entsteht; ISO-OSI-Modell
1983	Grafische Benutzeroberfläche beim PC (GUI)
1984	Fred Cohen: Softwarevirus entwickelt
1985	CD-ROM (Fa. Philips und Sony)
1986	Zero-Knowledge-Verfahren (**Fiat-Shamir**)
1989	ISDN
1990er Jahre	Entwicklung von **Java**
1990	WWW-Browser (Tim Berners-Lee)
1991	Linux
1991	**PGP** (**P**retty **G**ood **P**rivacy von **P. R. Zimmermann**)
1993	Euro-ISDN; MPEG-1
1994	Faktorisierungsalgorithmus für Quantencomputer (**Shor**)
1996	MPEG-2; DVD; BDSG in Deutschland (8 Gebote)
2001	Neues BDSG in Deutschland (8 Gebote)
2002	**AES** (**A**dvanced **E**ncryption **S**tandard) – 128-Bit-Code
2006	Web 2.0; Web-Wissenschaft (Tim Berners-Lee et al.)
Seit 2007	erste kommerzielle Geräte zur Nutzung der Quantenverschlüsselungstechnik
2010	W32.Stuxnet – Computerwurm: weltweite Beeinträchtigung von Industrieanlagen
2011	Schrittweise Einführung und Nutzung von IPv6
Seit 2011	Entdeckung von vielfältigen gravierenden Sicherheitslücken bei MS BS, MS Office, Adobe Produkten etc.
2013	Snowden: Enthüllung von NSA-Spionageaktivitäten (Prism, Stellar Wind, Echelon)
2015	Grundsätze der Informationssicherung (EU; Art. 34 [illegible]): Industrie 4.0; Web 2.0

Chronologie der Wirtschaftstheorie und Gesellschaft
Chronology of Economic-Theory and Society

1494	L. **Pacioli** entwickelt die „Doppelte Buchhaltung“
1516	„Utopia“ von Thomas **Mores**
1776	Industrielle Verwendung der Dampfkraft (James **Watt**)
1798	**Malthus** - Theorie zur Bevölkerungszunahme
1883	Gesetz über die Krankenversicherung in Deutschland
1889	Gesetz über Alters- und Invaliditätsversicherung
1910	Scientific Management von F.W. **Taylor**: Taylorismus
1914– 1918	**Erster Weltkrieg**
1924	„**R**eichs**a**usschuss **f**ür **A**rbeitszeitermittlung“ (**REFA**)
1929	**Weltwirtschaftskrise**
1939– 1945	**Zweiter Weltkrieg**
1962	„Learning by Doing“ - K. J. **Arrow** (Nobelpreis 1972)
1972	„Die Grenzen des Wachstums“ – **„Club of Rome“**
1989	9. Noven [illegible]
1990	3. Oktober – Beitritt der [illegible]
1999	Europäische Zentralbank (**EZB**) nimmt ihre Arbeit au[illegible]
2001	11. September – Terroranschlag in New York
2002	Euro (€) wird Zahlungsmittel
2003	Irak-Krieg
2008	Ernsthafte weltweite Finanzmarktkrise
Seit 2008	Aufnahmen in Deutschland für google street view
2010	1. November – Elektronischer Personalausweis in Deutschland (inkl. RF-Chip: Internet-Ausweis, Signaturfunktion, ...)
2014	Ideen zum Einsatz von Drohnen im Versandhandel; zunehmende Verwendung von Drohnen im Krieg; Einsatz von 3D-Druckern
2014	Konflikte/Kriege: Syrien, Ukraine etc.
2015	Flüchtlingskatastrophe in Europa

Heinrich Hübscher, Hans-Joachim Petersen, Carsten Rathgeber, Klaus Richter, Dr. Dirk Scharf

IT-Handbuch (Tabellenbuch)

IT-Systemelektroniker/-in
Fachinformatiker/-in

10. Auflage

Bestellnummer 235047

Diesem Buch wurden die bei Manuskriptabschluss vorliegenden neuesten Ausgaben der DIN-Normen, VDI-Richtlinien und sonstigen Bestimmungen zu Grunde gelegt. Verbindlich sind jedoch nur die neuesten Ausgaben der DIN-Normen und VDI-Richtlinien und sonstigen Bestimmungen selbst.

Die DIN-Normen wurden wiedergegeben mit Erlaubnis des DIN Deutsches Institut für Normung e.V. Maßgebend für das Anwenden der Norm ist deren Fassung mit dem neuesten Ausgabedatum, die bei der Beuth-Verlag GmbH, Burggrafenstraße 6, 10787 Berlin, erhältlich ist.

Die in diesem Werk aufgeführten Internetadressen sind auf dem Stand zum Zeitpunkt der Drucklegung. Die ständige Aktualität der Adressen kann vonseiten des Verlages nicht gewährleistet werden. Darüber hinaus übernimmt der Verlag keine Verantwortung für die Inhalte dieser Seiten.

Druck: westermann druck GmbH, Braunschweig

service@westermann-berufsbildung.de
www.westermann-berufsbildung.de

Bildungshaus Schulbuchverlage Westermann Schroedel Diesterweg Schöningh Winklers GmbH, Postfach 33 20, 38023 Braunschweig

ISBN 978-3-14-**235047**-9

westermann GRUPPE

1 Der Betrieb und sein Umfeld 5 ... 32

2 Geschäftsprozesse und betriebliche Organisation 33 ... 52

3 Informationsquellen/Arbeitsmethoden 53 ... 76

4 Elektrotechnik 77 ... 120

5 Systemkomponenten 121 ... 196

6 Software 197 ... 272

7 Kommunikationsnetze 273 ... 370

8 Projekte, Sicherheit, Qualität und Schutz 371 ... 424

9 Markt- und Kundenbeziehungen 425 ... 460

10 Rechnungswesen/Controlling 461 ... 485

Sachwortverzeichnis 488 ... 513

Bildquellenverzeichnis 513

Vorwort
Preface

Informationstechnik ist ein Begriff, der fast täglich verwendet wird, und dennoch nicht einfach zu definieren ist. Zieht man einschlägige Informationsquellen heran, so ergibt sich – je nach Blickwinkel – eine mehr oder weniger umfangreiche Interpretation bzw. Definition.

Warum ist das so?

Der Begriff Informationstechnik wird als eine Art Sammelbegriff für vielfältige technische, theoretische und praktische Disziplinen aus den Bereichen Informationsgewinnung, Informationsverarbeitung und Informationsdarstellung verwendet.

Die Anwendungsbreite der Informationstechnik kann in fast allen Lebensbereichen tagtäglich erlebt werden. Einfache Beispiele sind dabei die elektronischen Medien, das Internet und die Telekommunikation mit einem umfangreichen und täglich wachsenden Angebot an Netzen und zur Verfügung stehenden Diensten und Geräten.

Bedingt durch den wachsenden Umfang der technischen Implementierungen ist es erforderlich, eine Übersicht zu allen Themengebieten zu gewinnen bzw. zu behalten. Obwohl eine Vielzahl von Informationsmöglichkeiten vorhanden sind, fällt es nicht immer leicht, die relevanten Informationen zu ermitteln und für sich aufzubereiten.

Eine wesentliche Arbeitserleichterung für die Informationsbeschaffung bietet das nunmehr in der 10. Auflage erschienene IT-Handbuch (Tabellenbuch). Diese Auflage deckt zielgerichtet, umfassend und strukturiert die gesamte Bandbreite des Wissens zum Thema Informationstechnik ab.

Dabei werden sowohl Grundlagenwissen als auch Anwendungswissen verständlich und übersichtlich dargestellt. Die Inhalte decken den Informationsbedarf für Auszubildende, Lehrkräfte und Prüfungsabsolventen der IT-Berufe ab.

Darüber hinaus ist das IT-Handbuch hervorragend geeignet für Studierende der Berufsakademien und Hochschulen und für alle, die an der Informationstechnik interessiert sind.

Die Auswahl und Aufbereitung der Inhalte erfolgte sowohl unter Berücksichtigung der mit den bisherigen Ausgaben gemachten Lehr-/Lernerfahrungen im Ausbildungsbereich als auch in der beruflichen Arbeitsanwendung. Die Lernfelder der Rahmenlehrpläne wurden als Grundlage für die Themenauswahl berücksichtigt.

Jedes der 10 Kapitel behandelt thematische Schwerpunkte und bietet somit die Möglichkeit der konzentrierten Informationserfassung in dem jeweiligen Fachthema. Da die Inhalte in einer für den unterschiedlichen Leserkreis verständlichen Form dargestellt sind, ist dieses Buch unter anderem geeignet für
- den Fachunterricht,
- die Prüfungsvorbereitung,
- die Weiterbildung,
- den betrieblichen Arbeitsrahmen und
- das Selbststudium.

Gegenüber der 9. Auflage sind in der 10. Auflage neue Themen aufgenommen und so der gegenwärtige Stand der Technik und Entwicklung angepasst und aktualisiert worden. Themen, die in einer sich rasch wandelnden Industriegesellschaft keine Bedeutung mehr haben, tauchen nicht mehr auf bzw. sind in reduzierter Form abgehandelt worden.

Für Hinweise und Verbesserungsvorschläge sind Autoren und Verlag jederzeit aufgeschlossen und dankbar.

Autoren und Verlag

Braunschweig 2017

Der Betrieb und sein Umfeld

Rechte der Beschäftigten

6 Duales Ausbildungssystem in Deutschland
6 Ausbildungsvertrag
7 Rechte und Pflichten laut Berufsbildungsgesetz (BBiG)
8 Personalbeschaffung und -einstellung
8 Kündigungsrecht laut BBiG
8 Wichtige Gesetze zum Arbeits- und Tarifrecht
9 Jugendarbeitsschutzgesetz
10 Jugend- und Auszubildenden-vertretung (JAV)
10 – 11 Betriebsrat
11 Gesetzliche Kündigungsfristen/Kündigungsschutz
11 – 12 Sozialgerichtsbarkeit
12 Mitbestimmung
13 – 14 Tarifvertragsrecht
15 Entgeltabrechnung/Sozialversicherung

Betriebs- und Volkswirtschaftslehre

16 Stellung eines Betriebes in Wirtschaft und Gesellschaft
17 Geld- und Güterströme eines Betriebes
18 Aufgaben, Ziele und Arten von Betrieben
19 Unternehmensgründung
20 Rechtsformen der Unternehmungen
21 Produktionsfaktoren und Faktorkombination
22 Arbeitsteilung
23 Arbeitsgerichtsbarkeit
24 Strukturveränderungen der deutschen Wirtschaft
24 Wirtschaftsorganisationen
25 Wirtschaftskreislauf
26 Marktstrukturen und ihre Auswirkungen
27 Anbieter- und Nachfragerverhalten
27 Preisbildung auf dem vollkommenen Markt
28 Gleichgewichtspreis und -menge
28 Kooperation und Konzentration
29 Formen der Kooperation und Konzentration
30 Grundzüge staatlicher Wettbewerbspolitik
31 Wettbewerbspolitik in der Sozialen Marktwirtschaft
32 Kartellkontrolle und Marktbeherrschung

Duales Ausbildungssystem in Deutschland
Dual System of Education in Germany

Die berufliche **Erstausbildung** der staatlich anerkannten Ausbildungsberufe im Sinne des **Berufsbildungsgesetzes (BBiG)** von 1969 bzw. 2005 findet in Form **des dualen Ausbildungssystems** statt. Die Ausbildung erfolgt dabei an **zwei Lernorten**:

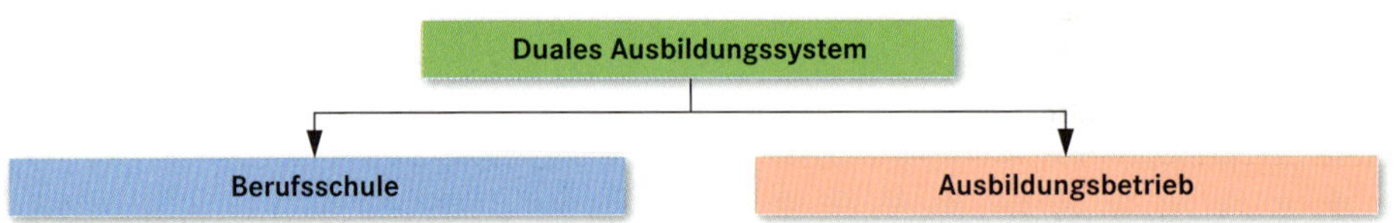

Das **BBiG** benennt Rechte und Pflichten der an der Ausbildung beteiligten Personen und Institutionen und beschreibt die Ordnung/Organisation der Berufsbildung.

§ 5 des BBiG definiert als Grundlage einer ordnungsgemäßen Berufsausbildung die so genannte **Ausbildungsordnung:**

§ 4: Anerkennung von Ausbildungsberufen

(1) Als Grundlage für eine geordnete und einheitliche Berufsausbildung kann das Bundesministerium für Wirtschaft und Technologie oder das sonst zuständige Fachministerium im Einvernehmen mit dem Bundesministerium für Bildung und Forschung durch Rechtsverordnung, die nicht der Zustimmung des Bundesrates bedarf, Ausbildungsberufe staatlich anerkennen und hierfür Ausbildungsordnungen nach § 5 erlassen.

(2) Für einen anerkannten Ausbildungsberuf darf nur nach der Ausbildungsordnung ausgebildet werden.

§ 5: Ausbildungsordnung

(1) Die Ausbildungsordnung hat festzulegen

1. die Bezeichnung des Ausbildungsberufes, der anerkannt wird,
2. die Ausbildungsdauer; sie soll nicht mehr als drei und nicht weniger als zwei Jahre betragen,
3. die beruflichen Fertigkeiten, Kenntnisse und Fähigkeiten, die mindestens Gegenstand der Berufsausbildung sind (Ausbildungsberufsbild),
4. eine Anleitung zur sachlichen und zeitlichen Gliederung der Vermittlung der beruflichen Fertigkeiten, Kenntnisse und Fähigkeiten (Ausbildungsrahmenplan),
5. die Prüfungsanforderungen.

Während der **Ausbildungsrahmenplan** verbindlich festlegt, was im Ausbildungsbetrieb zu vermitteln ist, wird im von der Kultusministerkonferenz (KMK) beschlossenen **Rahmenlehrplan** für den berufsbezogenen Unterricht der Berufsschule definiert, was der Lernort Berufsschule im berufsbezogenen Bereich zu vermitteln hat.

Rahmenlehrplan und Ausbildungsordnung des Bundes sind aufeinander abgestimmt (Rechtsgrundlage: „Gemeinsames Ergebnisprotokoll vom 30. Mai 1972").
Aufgrund von landesspezifischen Schulgesetzen erlassen die zuständigen Kultusministerien zusätzlich **Lehrpläne** für die so genannten allgemein bildenden Fächer (z. B. Deutsch).

Alle **Berufe** unterliegen einem stetigen Wandel, dies gilt auch für die IT-Berufe:

- Die **fachlichen Anforderungen** verändern sich, z. B. durch technische Innovationen oder die Weiterentwicklung rechtlicher Bestimmungen.
- Die Bedeutung der **inner**- und **außerbetrieblichen Kommunikation** nimmt zu, z. B. bei der Umsetzung des Beschwerde-Managements oder der Betreuung von „Schlüsselkunden". Auch die Anforderungen an unterschiedliche Fremdsprachenkenntnisse steigen.

Diese Trends verdeutlichen, dass die **Fort**- und **Weiterbildung** von entscheidender Bedeutung ist, um im gelernten Beruf weiterhin tätig sein zu können.

Ausbildungsvertrag
Articles of Apprenticeship

Der Ausbildungsvertrag wird zwischen dem **Auszubildenden** und dem **Ausbildenden** geschlossen. Bei minderjährigen Auszubildenden muss ein Erziehungsberechtigter den Vertrag mit unterzeichnen. Der Ausbildende, der Inhaber des Ausbildungsbetriebes, kann **Ausbilder** im Betrieb beauftragen, die Berufsausbildung des Auszubildenden im Einzelnen zu gewährleisten.

Der unterschriebene Ausbildungsvertrag wird der zuständigen **Industrie- und Handelskammer (IHK)** zur Prüfung vorgelegt und von ihr in das Verzeichnis der Berufsausbildungsverhältnisse eingetragen. Das **Berufsbildungsgesetz (BBiG)** regelt die Rechte und Pflichten von Auszubildenden und Ausbildenden.

Rechte und Pflichten laut Berufsbildungsgesetz (BBiG)
Rights and Duties of Vocational Training Act

Pflichten des Auszubildenden
(= Rechte des Ausbildenden)

Der Auszubildende hat ...

- sich zu bemühen, die berufliche Handlungsfähigkeit zu erwerben, die erforderlich ist, um das Ausbildungsziel zu erreichen
- die ihm im Rahmen seiner Berufsausbildung aufgetragenen Aufgaben sorgfältig auszuführen
- am Berufsschulunterricht und an Prüfungen teilzunehmen
- den Weisungen zu folgen, die ihm im Rahmen der Berufsausbildung von weisungsberechtigten Personen erteilt wurden;
- die für die Ausbildungsstätte geltende Ordnung zu beachten
- Werkzeug, Maschinen und sonstige Einrichtungen pfleglich zu behandeln
- über Betriebs- und Geschäftsgeheimnisse Stillschweigen zu wahren
- ein Berichtsheft zu führen

Pflichten bei Ausübung einer Nebentätigkeit:
Grundsätzlich ist die Ausübung einer Nebentätigkeit zwar erlaubt, sie darf den Auszubildenden aber nicht so stark belasten, dass er seine vertraglichen Pflichten, insbesondere das Erreichen des Ausbildungszieles, nicht mehr erfüllen kann. Aus diesem Grund ist die Ausübung der Nebentätigkeit mit dem Ausbildenden abzustimmen.

Zusätzliche Rechte und Pflichten, wie z. B. Urlaubsansprüche, besondere Schutzrechte Jugendlicher, werden in weiteren Gesetzen geregelt (siehe dazu auch Seite 8).

Pflichten des Ausbildenden
(= Rechte des Auszubildenden)

Der Ausbildende hat ...

- mit dem Auszubildenden einen Berufsausbildungsvertrag zu schließen und ihn schriftlich niederzulegen
- mit dem Auszubildenden eine Probezeit zu vereinbaren (mindestens einen Monat, höchstens vier Monate)
- dafür zu sorgen, dass dem Auszubildenden die berufliche Handlungsfähigkeit vermittelt wird, die zum Erreichen des Ausbildungszieles notwendig ist
- die Ausbildung planmäßig durchzuführen
- dem Auszubildenden kostenlos die notwendigen Ausbildungsmittel zur Verfügung zu stellen
- den Auszubildenden zum Besuch der Berufsschule sowie zum Führen von Berichtsheften anzuhalten
- dafür zu sorgen, dass der Auszubildende charakterlich gefördert sowie sittlich und körperlich nicht gefährdet wird
- sicherzustellen, dass dem Auszubildenden nur Verrichtungen übertragen werden, die dem Ausbildungszweck dienen und seinen körperlichen Kräften angemessen sind
- den Auszubildenden für die Teilnahme am Berufsschulunterricht und an Prüfungen freizustellen
- dem Auszubildenden eine angemessene Vergütung zu gewähren
- dem Auszubildenden bei Beendigung des Ausbildungsverhältnisses ein Zeugnis auszustellen

Personalbeschaffung und -einstellung
Personal Recruitment and Staff Recruitment

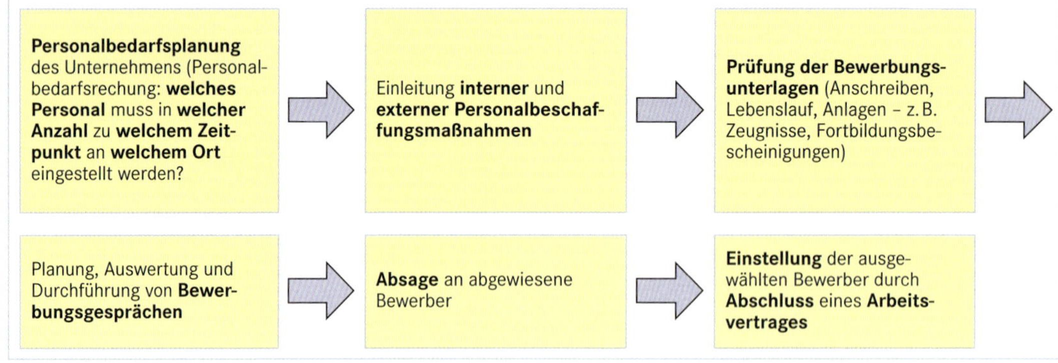

Kündigungsrecht laut BBiG
Right to Give Notice According to the Vocational Training Act

- Voraussetzungen, unter denen der Berufausbildungsvertrag gekündigt werden kann, sind in die Vertragsniederschrift aufzunehmen (**§ 11**);
- Während der Probezeit kann das Berufsausbildungsverrhältnis jederzeit ohne Einhalten einer Kündigungsfrist gekündigt werden (**§ 22 Abs. 1**);
- Nach der Probezeit kann das Berufsausbildungsverhältnis nur gekündigt werden
  1. aus einem wichtigen Grund ohne Einhalten einer Kündigungsfrist,
  2. von Auszubildenden mit einer Kündigungsfrist von vier Wochen, wenn sie die Berufsausbildung aufgeben oder sich für eine andere Berufstätigkeit ausbilden lassen wollen (**§ 22 Abs. 2**);
- Die Kündigung muss schriftlich erfolgen (**§ 22 Abs. 3**);
- Wird das Berufsausbildungsverhältnis nach der Probezeit vorzeitig gelöst, kann der Auszubildende oder der Ausbildende unter Umständen schadensersatzpflichtig werden. Dies gilt nicht im Falle des **§ 22 Abs. 2 Nr. 2**.

Wichtige Gesetze zum Arbeits- und Tarifrecht
Important Laws of Labour and Collective Bargaining Right

- Gesetz zum Schutze der arbeitenden Jugend, kurz: Jugendarbeitsschutzgesetz (JArbSchG)
- Mindesturlaubsgesetz für Arbeitnehmer, kurz: Bundesurlaubsgesetz (BundUrlG)
- Kündigungschutzgesetz (KSchG)
- Gesetz zum Schutze der erwerbstätigen Mutter, kurz: Mutterschutzgesetz (MuSchG)
- Tarifvertragsgesetz (TVG)
- Arbeitszeitgesetz (AZG)
- Gesetz zum Schutz vor Missbrauch personenbezogener Daten (BDSG)
- Bürgerliches Gesetzbuch (BGB)
- Gesetz über die Mitbestimmung der Arbeitnehmer in den Aufsichtsräten und Vorständen der Unternehmen des Bergbaus und der Eisen und Stahl erzeugenden Industrie, kurz: Montanmitbestimmungsgesetz (MitbestG)
- Gesetz über die Drittelbeteiligung der Arbeitnehmer im Aufsichtsrat (DrittelbG)
- Gesetz über die Mitbestimmung der Arbeitnehmer, kurz: Mitbestimmungsgesetz (MitbestG)
- Betriebsverfassungsgesetz (BetrVerfG)
- Gesetz zur Ordnung des Handwerks, kurz: Handwerksordnung (HandwO)
- Allgemeines Gleichbehandlungsgesetz (AGG)
- Bundeselterngeld- und Elternzeitgesetz (BEEG)

Geltungsbereich des Gesetzes

- Das Gesetz schützt **Kinder** (Personen unter 15 Jahren) und **Jugendliche** (Personen ab 15 Jahren, aber noch unter 18 Jahren), die sich in der Berufsausbildung befinden oder in einem Beschäftigungsverhältnis als Arbeitnehmer oder Heimarbeiter tätig sind (§ 1).
- Auf Jugendliche, die der Vollzeitschulpflicht unterliegen, finden die für Kinder geltenden Vorschriften Anwendung (§ 2).

Arbeitszeit/Pausen/Schichtzeit

- Jugendliche dürfen nicht mehr als 8 Stunden täglich und nicht mehr als 40 Stunden wöchentlich beschäftigt werden.
- Wird die Arbeitszeit an einzelnen Werktagen verkürzt, kann die Arbeitszeit an anderen Tagen auf maximal 8,5 Stunden verlängert werden (§ 8).
- Ruhepausen müssen bei einer Arbeitszeit von mehr als viereinhalb bis zu sechs Stunden 30 Minuten, bei einer Arbeitszeit von mehr als sechs Stunden 60 Minuten mindestens betragen (§ 11).
- Die Pausenzeiten gelten nicht als Arbeitszeit (Ausnahme: Schichtzeit). Als Arbeitspause gilt nur eine Arbeitsunterbrechung von mindestens 15 Minuten (§ 11).
- Jugendliche dürfen nach Beendigung der täglichen Arbeitszeit nicht vor Ablauf einer ununterbrochenen Freizeit von mindestens 12 Stunden beschäftigt werden (§ 13).
- Bei Jugendlichen darf die Schichtzeit prinzipiell 10 Stunden nicht überschreiten.
- Ausnahmen: Im Bergbau unter Tage: maximal 8 Stunden, im Gaststättengewerbe, in der Landwirtschaft, in der Tierhaltung, auf Bau- und Montagestellen: maximal 11 Stunden (§ 12).
- Schichtzeit ist die tägliche Arbeitszeit unter Hinzurechnung der Ruhepausen (§ 4).

Nachtruhe

- Jugendliche dürfen prinzipiell nur zwischen 6 und 20 Uhr beschäftigt werden (§ 14).
- Ausnahmen bei Jugendlichen über 16 Jahren:
  - im Gaststätten- und Schaustellergewerbe bis 22 Uhr
  - in mehrschichtigen Betrieben bis 23 Uhr
  - in der Landwirtschaft ab 5 Uhr oder bis 21 Uhr
  - in Bäckereien und Konditoreien ab 5 Uhr

Fünftagewoche/Wochenendarbeit/Feiertagsruhe

- Jugendliche dürfen nur an 5 Tagen in der Woche beschäftigt werden. Die beiden wöchentlichen Ruhetage sollen nach Möglichkeit aufeinander folgen (§ 15).
- An Samstagen und Sonntagen dürfen Jugendliche prinzipiell nicht beschäftigt werden (§§ 16, 17).
- Zulässige Ausnahmen sind zum Beispiel:
  - in offenen Verkaufsstellen (Sa.)
  - in Bäckereien und Konditoreien (Sa.)
  - in Krankenanstalten (Sa., So.)
  - in der Landwirtschaft (Sa., So.)
- Am 24. und 31. Dezember nach 14 Uhr und an gesetzlichen Feiertagen dürfen Jugendliche prinzipiell nicht beschäftigt werden (§ 18); Ausnahmen sind in § 18 Abs. 2 geregelt.

Urlaub

- Der bezahlte Erholungsurlaub beträgt laut § 19 jährlich ...
  1. mind. 30 Werktage, wenn der Jugendliche zu Beginn des Kalenderjahres noch nicht 16 Jahre alt ist,
  2. mind. 27 Werktage, wenn der Jugendliche zu Beginn des Kalenderjahres noch nicht 17 Jahre alt ist,
  3. mind. 25 Werktage, wenn der Jugendliche zu Beginn des Kalenderjahres noch nicht 18 Jahre alt ist.
- Der Urlaub soll Berufsschülern in der Zeit der Schulferien gegeben werden. Soweit er nicht in den Schulferien gegeben wird, ist für jeden Berufsschultag, an dem die Berufsschule während des Urlaubs besucht wird, ein weiterer Urlaubstag zu gewähren.

Berufsschulunterricht

- Der Arbeitgeber muss den Jugendlichen für die Teilnahme am Berufsschulunterricht, an Prüfungen und außerbetrieblichen Ausbildungsmaßnahmen freistellen. Am Arbeitstag vor der schriftlichen Abschlussprüfung ist der Jugendliche außerdem freizustellen (§§ 9–10).

Gefährliche Arbeiten

- Jugendliche dürfen keine Arbeiten ausführen, die ihre physische oder psychische Leistungsfähigkeit übersteigen, die ihre Gesundheit gefährden oder bei denen sie sittlich gefährdet werden (§ 22).

Jugend- und Auszubildendenvertretung (JAV)
Representation of Juvenile Employees and Trainees

Rechtsgrundlage	Wahlen
Betriebsverfassungsgesetz §§ 60–71	Alle **zwei** Jahre in der Zeit vom 1. Oktober bis zum 30. November (§ 64).

2

Betriebsrat
Works Council

3

Rechtsgrundlage

§ 1 ff. Betriebsverfassungsgesetz (BetrVerfG)

Wahlen

Amtszeit	Wahlberechtigte	Wählbarkeit
Alle **vier** Jahre in der Zeit vom 1. März bis zum 31. Mai (§ 13)	Alle Arbeitnehmer, die das 18. Lebensjahr vollendet haben (§ 7)	Alle Wahlberechtigten, die 6 Monate dem Betrieb angehören (§ 8)

Errichtung von Betriebsräten	Stellung des Betriebsrates
In Betrieben mit in der Regel mindestens fünf ständigen wahlberechtigten Arbeitnehmern, von denen drei wählbar sind, werden Betriebsräte gewählt (§ 1).	Der Betriebsrat arbeitet unter Beachtung der geltenden Tarifverträge vertrauensvoll zum Wohl der Arbeitnehmer und des Betriebes mit dem Arbeitgeber zusammen (§ 2).

Allgemeine Aufgaben des Betriebsrates

- Überwachung der Einhaltung von Gesetzen, Unfallverhütungsvorschriften, Tarifverträgen und Betriebsvereinbarungen
- Beantragung von Maßnahmen, die dem Betrieb und der Belegschaft dienen, beim Arbeitgeber
- Förderung der Durchsetzung der tatsächlichen Gleichstellung von Frauen und Männern
- Förderung der Vereinbarung von Familie und Erwerbstätigkeit
- Weiterleitung und Unterstützung der Anregungen von Arbeitnehmern und Jugendvertretern
- Förderung der Eingliederung Schwerbehinderter
- Vorbereitung und Durchführung der Wahl einer Jugend- und Auszubildendenvertretung
- Förderung der Beschäftigung älterer Arbeitnehmer
- Förderung der Integration ausländischer Arbeitnehmer im Betrieb (§ 80)
- Förderung und Sicherung der Beschäftigung im Betrieb
- Förderung von Maßnahmen des Arbeitsschutzes und des betrieblichen Umweltschutzes (§ 80)

Betriebsrat
Works Council

Rechte des Betriebsrates .4|

... in wirtschaftlichen Angelegenheiten	... in personellen Angelegenheiten	... in sozialen Angelegenheiten
Beispiele: ■ Unterrichtung über wirtschaftliche und finanzielle Lage des Unternehmens (§ 106) ■ Kenntnis von Rationalisierungsvorhaben und Investitionsprogrammen (§ 106)	**Beispiele:** ■ Erstellung von Personalfragebogen (§ 94) ■ Unterrichtung bei Einstellungen, Umgruppierungen und Versetzungen (§ 99)	**Beispiele:** ■ Mitentscheidung über Arbeitszeit, Pausenregelung und Urlaubsplanung (§ 87) ■ Mitbestimmung bei Kündigungen (§ 102)

In **wirtschaftlichen** und **personellen** Angelegenheiten hat der Betriebsrat in der Regel ein **Mitwirkungsrecht**, in **sozialen** Angelegenheiten ein **Mitbestimmungsrecht** (Betriebsrat wird nicht nur informiert oder angehört, er hat auch mitzuentscheiden).

Laufende Tätigkeit des Betriebsrates .4|

Betriebsratssitzungen und **Sprechstunden** des Betriebsrates finden in der Regel während der Arbeitszeit statt (§§ 30, 39).
Der Betriebsrat kann mit dem Arbeitgeber **Betriebsvereinbarungen** beschließen (z. B. über Errichtung von Sozialeinrichtungen) (§ 88).

Betriebsversammlungen sind vom Betriebsrat in jedem Kalendervierteljahr einzuberufen. Der Betriebsrat hat in der Betriebsversammlung einen Tätigkeitsbericht zu erstatten (§ 43).
Der Betriebsrat hat bzgl. Betriebs- und Geschäftsgeheimnissen **Geheimhaltungspflicht** (§ 79).

Zahl der Betriebsratsmitglieder

- Die Zahl der Betriebsratsmitglieder hängt nach § 9 BetrVerfG von der Zahl der wahlberechtigten Arbeitnehmer im Unternehmen ab, z. B. sieben Betriebsräte, wenn das Unternehmen zwischen 101 und 200 wahlberechtigte Arbeitnehmer hat. Gleiches gilt nach § 38 BetrVerfG für die Zahl der von beruflicher Tätigkeit freigestellten Betriebsräte.
- Arbeiter und Angestellte müssen entsprechend ihrem zahlenmäßigen Verhältnis im Betriebsrat vertreten sein, wenn dieser aus mindestens drei Mitgliedern besteht.
- Die Mitglieder des Betriebsrats sowie die Jugend- und Auszubildendenvertreter sind nach § 15 Abs. 1 KSchG während ihrer Amtszeit und ein Jahr danach **unkündbar**.

Gesetzliche Kündigungsfristen/Kündigungsschutz
Legal Notice Periods/Protection against Dismissal

Allgemeine Kündigungsfrist	Verlängerte Kündigungsfrist							
Zum 15. oder zum Ende eines Kalendermonats mit vierwöchiger Frist (§ 622 Abs. 1 BGB)	Betriebszugehörigkeit in Jahren	2	5	8	10	12	15	20
	Kündigungsfristen in Monaten zum Monatsende (§ 622 Abs. 2 BGB)	1	2	3	4	5	6	7

Besonderer Kündigungsschutz gilt v. a. für folgende Personengruppen:

- Betriebsratsmitglieder sowie Jugend- und Auszubildendenvertreter
- werdende Mütter, bzw. Mütter bis vier Monate nach der Entbindung
- Auszubildende nach der Probezeit
- Schwerbehinderte

Sozialgerichtsbarkeit
Social Jurisdiction

Sachliche Zuständigkeit

Die **Sozialgerichte** sind laut Sozialgerichtsgesetz (SGG) für Rechtsstreitigkeiten über gesetzliche Sozialleistungen zuständig. Dies sind im Wesentlichen strittige Fälle aus folgenden **Bereichen**:

- Arbeitslosenversicherung und Arbeitslosengeld II
- Krankenversicherung
- Pflegeversicherung
- Unfallversicherung
- Rentenversicherung
- Schwerbehindertenrecht
- Sozialhilfe
- Soziales Entschädigungsrecht

Örtliche Zuständigkeit

Zuständig ist das Sozialgericht, das in der Rechtsbehelfsbelehrung im Widerspruchsbescheid genannt ist bzw. das Sozialgericht des Beschäftigungsortes des Klagenden.

Sozialgerichtsbarkeit
Social Jurisdiction

Instanzen

Bevor das Sozialgericht vom Klagenden angerufen wird, erhielt der betroffene Bürger in der Regel einen Bescheid einer Behörde, gegen den **Widerspruch** eingelegt werden kann. Widerspruch und der darauf folgende **Widerspruchsbescheid** werden als **Vorverfahren** bezeichnet. Danach kann das **Klageverfahren** in drei Instanzen beschritten werden.

1. Instanz: **Sozialgericht** – jeweils zuständig für einen Gerichtsbezirk, unterteilt in Kammern für bestimmte Rechtsgebiete.
Das Urteil oder der Bescheid wird in einer mündlichen Verhandlung durch einen Berufsrichter als Vorsitzenden sowie zwei ehrenamtliche Richter formuliert.

2. Instanz: **Landessozialgericht** – zuständig in der Regel für ein Bundesland, unterteilt in Senate für bestimmte Rechtsgebiete
Das Landessozialgericht entscheidet über Berufungen gegen Urteile und über Beschwerden gegen Beschlüsse in dem jeweiligen Bundesland. Eine Tatsachenerhebung wie in der ersten Instanz ist auch in der zweiten Instanz möglich.

3. Instanz: **Bundessozialgericht in Kassel** – unterteilt in Senate für bestimmte Rechtsgebiete
Das Bundessozialgericht entscheidet über Revisionen gegen die Urteile von Landessozialgerichten und über Beschwerden gegen die Nichtzulassung der Revision. Die Tatsachenerhebung ist nur in der 1. und 2. Instanz möglich, beim Bundessozialgericht erfolgt nur eine Prüfung der möglichen Verletzung von Rechtsvorschriften.

Mitbestimmung
Co-determination 5

Individual- und Kollektivrechte

Neben **individuellen** Rechten des Arbeitnehmers, die sich aus seinem Arbeitsvertrag und seinen individuellen Rechten laut §§ 81–84 des Betriebsverfassungsgesetzes (z. B. Recht auf Einsicht in die Personalakte) ergeben, kann der Arbeitnehmer **Kollektivrechte** durch besondere Organe (z. B. Betriebsrat handelt Betriebsvereinbarung aus) ausüben.

Betriebliche Mitbestimmung (Überblick)

Organe der betrieblichen Mibestimmung (**Betriebsrat** und **Jugend- und Auszubildendenvertretung** siehe Seite 10 f.):

- Betriebrat
- Betriebsversammlung
- Einigungsstelle
- Jugend- und Auszubildendenvertretung
- Sprecherausschuss
- Wirtschaftsausschuss

Betriebsversammlung (§ 42 ff. Betr.VerfG)

Betriebsversammlungen sind vom Betriebrat in jedem Kalendervierteljahr einzuberufen, geleitet werden sie vom Vorsitzenden des Betriebsrates.
Vor den versammelten Arbeitnehmern erstattet der Betriebrat seinen Tätigkeitsbericht.
Der Arbeitgeber ist einzuladen, da er vierteljährlich über die wirtschaftliche Lage und über das Personal- und Sozialwesen zu berichten hat.

Betriebsausschuss (§ 27 BetrVerfG)

Besteht ein Betriebrat aus mindestens neun Mitgliedern, wird ein Betriebsausschuss gebildet, der die laufenden Geschäfte des Betriebsrates führt.

Der Betriebsrat kann dem Betriebsausschuss mit der Mehrheit der Stimmen seiner Mitglieder Aufgaben zur selbstständigen Erledigung übertragen; dies gilt nicht für den Abschluss von Betriebsvereinbarungen.

Einigungsstelle (§ 76 BetrVerfG)

Sie dient zur Beilegung von Meinungsverschiedenheiten zwischen Arbeitgeber und Betriebsrat. Die Einigungsstelle ist bei Bedarf zu bilden; durch Betriebsvereinbarung kann eine ständige Einigungsstelle errichtet werden. Die Einigungsstelle besteht aus einer gleichen Anzahl von Beisitzern, die vom Arbeitgeber und dem Betriebsrat bestellt werden, sowie einem unparteiischen Vorsitzenden, der von beiden Seiten bestimmt wird. Beschlüsse werden mit einfacher Mehrheit gefasst.

Wirtschaftsausschuss (§ 106 ff. BetrVerfG)

In Unternehmen mit mehr als 100 ständig beschäftigten Arbeitnehmern ist ein Wirtschaftsausschuss zu bilden.
Er hat die Aufgabe, wirtschaftliche Angelegenheiten mit dem Arbeitgeber zu beraten und den Betriebsrat zu informieren.
Der Wirtschaftsausschuss besteht aus mindestens drei und höchstens sieben Mitgliedern, die vom Betriebsrat bestimmt werden.
Dieses Organ soll monatlich einmal zusammentreten.

Sprecherausschuss (§ 1 ff. SprAuG)

In Unternehmen mit in der Regel mindestens zehn leitenden Angestellten werden Sprecherausschüsse der leitenden Angestellten gewählt. Der Sprecherausschuss soll mit dem Arbeitgeber vertrauensvoll zusammenarbeiten und vertritt die besonderen Interessen der leitenden Angestellten.

Tarifautonomie

Das Recht der Tarifvertragsparteien, Tarifverträge ohne Einflussnahme des Staates frei aushandeln zu dürfen **(Tarifautonomie)**, ist im Artikel 9 Absatz 3 **Grundgesetz** abgesichert: „Das Recht, zur Wahrung und Förderung der Arbeits- und Wirtschaftsbedingungen Vereinigungen zu bilden, ist für jedermann und für alle Berufe gewährleistet. Abreden, die dieses Recht einschränken oder zu behindern suchen, sind nichtig, hierauf gerichtete Maßnahmen sind rechtswidrig." Näheres regelt das **Tarifvertragsgesetz**. Die Tarifvertragsparteien werden auch als **Sozialpartner** bezeichnet.

Tarifvertragsparteien

1. Möglichkeit:

Arbeitgeberverband ↕ Gewerkschaft (Branchentarifvertrag)

Die Interessenvertretungen von Arbeitgebern und Arbeitnehmern handeln **Branchentarifverträge** (z. B. für die Metall verarbeitende Industrie) für einen bestimmten Tarifbezirk (z. B. ein Bundesland) in Form von **Flächentarifverträgen** aus.

2. Möglichkeit:

Arbeitgeber ↕ Gewerkschaft (Haustarifvertrag)

Die Gewerkschaft handelt mit einem großen Arbeitgeber (z. B. einem Konzern) einen **Haustarifvertrag** aus. Er gilt nur für dieses Unternehmen.

Gründe für Tarifverträge

- Beide Vertragsparteien erhoffen sich mehr Macht, um die eigenen Interessen durchzusetzen („Einigkeit macht stark").
- Ökonomisch sind Tarifverträge sinnvoll, da Einzelverhandlungen zwischen einzelnen Arbeitgebern und -nehmern unnötig Zeit und Geld kosten würden.
- Arbeitgeber und -nehmer können langfristig planen, da während der Dauer eines Tarifvertrages **„Friedenspflicht"** (Verbot von Arbeitskampfmaßnahmen) besteht. Produktionsausfälle werden so vermieden, was sich auch volkswirtschaftlich positiv auswirkt.
- Die Aushandlung und der Abschluss von Tarifverträgen führt zur politischen Stabilisierung des Staates. Demokratische Spielregeln (zum Beispiel die Urabstimmung) wurden durch das Verfahren von Tarifvertragsverhandlungen eingeübt und verfestigen sich im Bewusstsein der Bürger.

Ablauf von Tarifvertragsverhandlungen

Jede Gewerkschaft ist rechtlich frei, die genauen Bestimmungen zur Durchführung einer Urabstimmung festzulegen (z. B. den Mindestzustimmungsprozentsatz von zurzeit 75 %) oder ein Schlichtungsverfahren vorzusehen.

Schlichtungsverfahren

Wird zwischen Gewerkschaft und Arbeitgeberverband ein so genanntes **Schlichtungsverfahren** (vgl. S. 12) vereinbart, um harte Tarifauseinandersetzungen zu verhindern, schlägt ein neutraler **Schlichter**, der von beiden Tarifvertragsparteien akzeptiert wird (z. B. ein ehemaliger Bundesminister), eine Tariflösung vor.

Gewerkschaft wie auch Arbeitgeberverband sind allerdings nicht an diesen Schlichterspruch gebunden, sie können trotzdem ihre „Kampfmittel" einsetzen. Der politische Druck der Öffentlichkeit (z. B. über Massenmedien) und der Regierung führen aber in der Regel zu einer Übernahme des Schlichterspruchs.

Streik und Aussperrung

Die Gewerkschaft ruft einen **Streik** aus, um ihre Tarifforderungen durchzusetzen.
Für diese Zeit des Verdienstausfalls erhalten die Gewerkschaftsmitglieder ein so genanntes Streikgeld von ihrer Gewerkschaft, das sie vorher durch ihre Beitragszahlungen angespart haben.
Umfangreiche Streiks reduzieren die angesammelten Beiträge, die Streikkasse droht leer zu werden.
Bei den Arbeitgebern führen die Streiks unter Umständen zum Produktionsstillstand und damit zu Umsatz- und Gewinnausfällen.

Dieser enorme **wirtschaftliche Druck** auf beide Tarifvertragsparteien ist aber gewollt – nur dadurch kommt eine Tarifeinigung zustande.

Damit die Antwort des Arbeitgeberverbandes auf den Streik – die **Aussperrung** – nicht zu einem sofortigen Zusammenbruch der Streikkasse der Gewerkschaft führt, sind Aussperrungen im Umfang rechtlich begrenzt – es geht darum, dass keine der beiden Seiten ein Übergewicht erhält.

Man spricht vom Grundsatz der **Verhältnismäßigkeit** (Übermaßverbot).

Streikarten

- **Warnstreik:**
Diese Streikart dient in der Regel in der ersten Verhandlungsphase zur Untermauerung der Gewerkschaftsforderungen; er umfasst nur relativ wenige Arbeitnehmer und wird nur für kurze Zeit durchgeführt.

- **Flächenstreik:**
Unternehmen werden „in der Fläche" bestreikt, z. B. im gesamten Tarifbezirk.

- **Schwerpunktstreik:**
Nur ausgewählte Unternehmen (z. B. Zulieferbetriebe) oder sogar nur bestimmte Abteilungen werden bestreikt.
Diese Streikart ist für die Gewerkschaft kostengünstig, verspricht aber hohen Erfolg.

- **Politischer Streik:**
Diese Streikart verfolgt rein politische Zwecke und ist durch Art. 9 Abs. 3 des **Grundgesetzes** nicht geschützt.
Er kann allenfalls als letztes Mittel dienen, um die verfassungsmäßige Ordnung zu erhalten im Sinne des **Widerstandsrechts** laut Art. 20 Abs. 4 des Grundgesetzes: „Gegen jeden, der es unternimmt, diese Ordnung zu beseitigen, haben alle Deutschen das Recht zum Widerstand, wenn andere Abhilfe nicht möglich ist."

- **Wilder Streik:**
Wird ein Streik nicht von einer Gewerkschaft, sondern von den selbstorganisierten Arbeitnehmern selbst ausgerufen, spricht man von einem **wilden Streik**. Diese Form des Streiks zeigt, dass die streikenden Arbeitnehmer sich nicht von der Gewerkschaft vertreten fühlen. Die Rechtmäßigkeit dieser Streikart wird in der Regel verneint; es wird argumentiert, sie werde von keiner tariffähigen Partei durchgeführt.

Arten von Tarifverträgen

- **Lohn- bzw. Gehaltstarifvertrag:**
Regelt die Höhe des Arbeitsentgelts in der Regel für ein oder zwei Jahre.

- **Mantel- bzw. Rahmentarifvertrag:**
„Ummantelt" den Lohn- bzw. Gehaltstarifvertrag durch die Festlegung bestimmter Rahmenbedingungen, wie z. B. Arbeitszeit, Urlaubsregelung, Lohngruppeneinteilung. Er hat in der Regel eine mehrjährige Laufzeit.

Geltung von Tarifverträgen

Tarifverträge gelten prinzipiell nur für die **Arbeitnehmer**, die Mitglied der Gewerkschaft sind, und für **Arbeitgeber**, die Mitglied des Arbeitgeberverbandes sind.

Ist zwar der Arbeitnehmer Mitglied der Gewerkschaft, der Arbeitgeber aber nicht Mitglied des Arbeitgeberverbandes, muss der Arbeitgeber nicht das Tarifentgelt zahlen.

Arbeitnehmer, die kein Gewerkschaftsmitglied sind, erhalten von ihrem im Arbeitgeberverband organisierten Arbeitgeber trotzdem das zwischen den Tarifvertragsparteien vereinbarte Tarifentgelt.

Im anderen Falle würden die nicht organisierten Arbeitnehmer in die Gewerkschaft eintreten und deren Verhandlungsposition verbessern, was nicht im Interesse des Arbeitgebers sein kann.

Unter besonderen Umständen (z. B. bei Wettbewerbsverzerrungen) kann der Bundesminister für Arbeit und Sozialordnung einen Tarifvertrag für **allgemein verbindlich** erklären, das heißt, er gilt für alle Arbeitnehmer und Arbeitgeber eines Tarifbezirks – unabhängig von ihrer Zugehörigkeit zu einem Interessenverband.

Name
Personalnummer
Abteilung, Kostenstelle
Lohnsteuerklasse
Lohn-, Gehaltsgruppe
Versicherungsnummer
Bankleitzahl
Kontonummer

- Anteil des Arbeitgebers zur **vermögenswirksamen Sparleistung** des Arbeitnehmers
- Freiwillig oder gemäß Tarifvertrag

Die Höhe der **Lohnsteuer** hängt ab von
- Familienstand (Lohnsteuerklasse),
- Einkommenshöhe,
- Steuersatz.

Der **Solidaritätszuschlag** beträgt
- 5,5 % von der Lohnsteuer und dient
- dem Aufbau der ostdeutschen Bundesländer.

Persönliche Daten

Bruttoentgelt (Gehalt, Lohn)

\+ ggfs. vermögenswirksame Leistungen (Arbeitgeberanteil)

= steuerpflichtiges Bruttoentgelt

− Lohnsteuer

− Solidaritätszuschlag

− ggfs. Kirchensteuer

− Sozialversicherung (Arbeitnehmeranteil)

= Nettoentgelt

− ggfs. vermögenswirksame Sparleistung

= Auszahlungsbetrag

- Die **Kirchensteuer** beträgt je nach Bundesland 8 % oder 9 % von der Lohnsteuer.
- **Staatliche Förderung** bei vermögenswirksamer Anlage von mindestens 7 Jahren und Nichtüberschreiten bestimmter Einkommensgrenzen
- **Anlageformen und Förderung:**
  - Bausparverträge mit 9 % für maximal 470 €/Jahr
  - Beteiligungen am Produktivkapital mit 20 % für maximal 400 €/Jahr

Dieser Betrag wird dem Arbeitnehmer/der Arbeitnehmerin **auf das Konto** überwiesen; er kann sich noch weiter verringern z. B. durch die Verrechnung gezahlter Vorschüsse oder den Abzug von Lohnpfändungen.

- **Zweige/Leistungen** der **gesetzlichen Sozialversicherung**
  - **Krankenversicherung**:
    zum Beispiel ärztliche und zahnärztliche Behandlung, Arznei- und Verbandsmittel, Krankenhausbehandlung, Krankengeld, Mutterschaftsvorsorge, Mutterschaftsgeld
  - **Pflegeversicherung**:
    ab 01.01.2017 gestaffelt jeweils in die Pflegegrade 1 bis 5: Häusliche Pflege (Kostenübernahme für ambulante Pflegedienste – Sachleistungen; Zuschuss für pflegende Angehörige, Nachbarn, Freunde – Geldleistungen), stationäre Pflege in Heimen
  - **Arbeitslosenversicherung**:
    zum Beispiel Berufsberatung, Arbeitsvermittlung, Insolvenzausfall-, Kurzarbeiter-, Arbeitslosengeld
  - **Rentenversicherung**:
    zum Beispiel Rehabilitation, Umschulung, Witwen-, Witwer-, Waisen-, Altersrente
  - **Unfallversicherung**:
    Maßnahmen zur Verhütung von Arbeitsunfällen, Berufsförderung zur Erhaltung, Besserung, Wiederherstellung der Erwerbsfähigkeit, Rente wegen Minderung der Erwerbsfähigkeit

- **Versicherungsträger**
  - KV: zum Beispiel AOK, Ersatzkassen
  - PV: die bei den Krankenkassen errichteten Pflegekassen
  - AV: Bundesagentur für Arbeit
  - RV: zum Beispiel Deutsche Rentenversicherung Bund
  - UV: Berufsgenossenschaften
- **Versicherungsbeiträge**
  - Sie sind grundsätzlich je zur Hälfte von Arbeitnehmer und Arbeitgeber zu tragen. Dies gilt bei der gesetzlichen Krankenversicherung nur für den allgemeinen Beitragssatz.
  - Die krankenkassenspezifischen Zusatzbeiträge, die Zuschläge für Zahnersatz (0,4 % vom Bruttoentgelt) und Krankengeld (0,5 %) sind dagegen allein von den Arbeitnehmern zu tragen.
  - Die Beiträge zur gesetzlichen Unfallversicherung sind vom Arbeitgeber allein zu zahlen. Ihre Höhe richtet sich nach der Lohnhöhe der Arbeitnehmer und der Gefahrenklasse des Unternehmens
  - Zu den aktuellen Beitragssätzen siehe zum Beispiel: www.deutsche-sozialversicherung.de
- **Beitragsbemessungsgrenze**
  - Hiermit ist der Höchstbetrag des Bruttoentgelts gemeint, von dem Beiträge berechnet werden.
    Sie wird jährlich neu festgelegt. Für die Kranken- und Pflegeversicherung beträgt sie 75 % der Beitragsbemessungsgrenze der Renten- bzw. Arbeitslosenversicherung.

Stellung eines Betriebes in Wirtschaft und Gesellschaft
Social and Economic Position of a Business Enterprise

Gesellschaftliche Einbindung des Betriebes

8

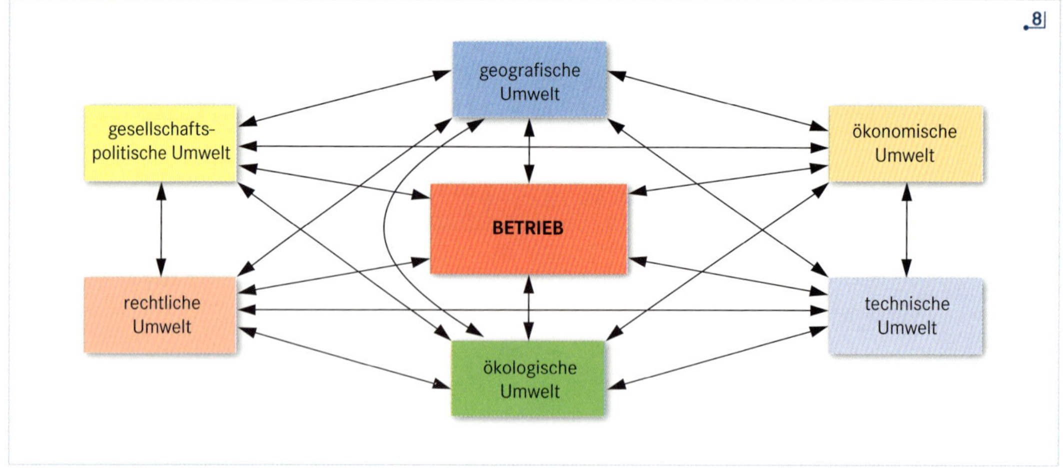

Unternehmen als Adressaten unterschiedlicher Ansprüche

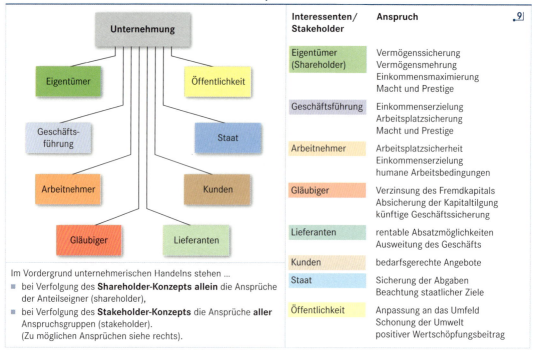

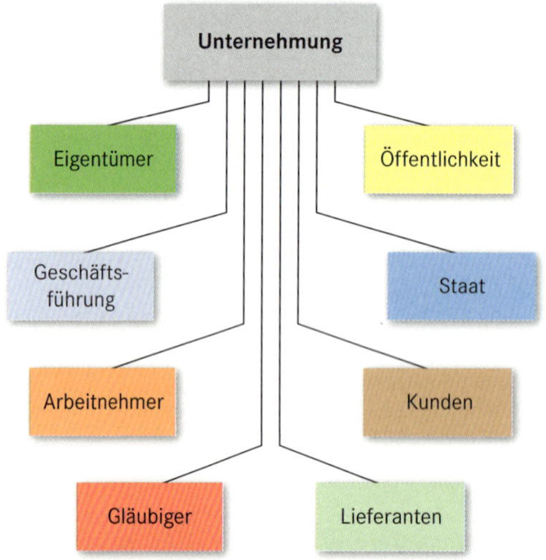

Unternehmung

- Eigentümer
- Öffentlichkeit
- Geschäftsführung
- Staat
- Arbeitnehmer
- Kunden
- Gläubiger
- Lieferanten

Im Vordergrund unternehmerischen Handelns stehen ...

- bei Verfolgung des **Shareholder-Konzepts allein** die Ansprüche der Anteilseigner (shareholder),
- bei Verfolgung des **Stakeholder-Konzepts** die Ansprüche **aller** Anspruchsgruppen (stakeholder). (Zu möglichen Ansprüchen siehe rechts).

9

Interessenten/ Stakeholder	**Anspruch**
Eigentümer (Shareholder)	Vermögenssicherung Vermögensmehrung Einkommensmaximierung Macht und Prestige
Geschäftsführung	Einkommenserzielung Arbeitsplatzsicherung Macht und Prestige
Arbeitnehmer	Arbeitsplatzsicherheit Einkommenserzielung humane Arbeitsbedingungen
Gläubiger	Verzinsung des Fremdkapitals Absicherung der Kapitaltilgung künftige Geschäftssicherung
Lieferanten	rentable Absatzmöglichkeiten Ausweitung des Geschäfts
Kunden	bedarfsgerechte Angebote
Staat	Sicherung der Abgaben Beachtung staatlicher Ziele
Öffentlichkeit	Anpassung an das Umfeld Schonung der Umwelt positiver Wertschöpfungsbeitrag

Betrieb und Unternehmung

Betrieb:
Der Betrieb kann als planvoll organisierte Wirtschaftseinheit bezeichnet werden, in der Sachgüter und Dienstleistungen durch Kombination der Produktionsfaktoren unter Beachtung des Wirtschaftlichkeitsprinzips erstellt und abgesetzt werden, **unabhängig** vom Wirtschaftssystem.

Anm.: In der Fachliteratur werden die Begriffe „Betrieb" und „Unternehmung" z. T. unterschiedlich definiert.

Unternehmung:
= Betrieb des marktwirtschaftlichen Wirtschaftssystems, der gekennzeichnet ist durch
- selbstständige, autonome Bestimmung seines Wirtschaftsplanes
- Verfolgung des erwerbswirtschaftlichen Prinzips (Gewinnmaximierung)

Der Begriff Betrieb ist hier weiter gefasst als der Begriff Unternehmung.

Geld- und Güterströme eines Betriebes

The Flow of Goods and Money in a Business Enterprise

10

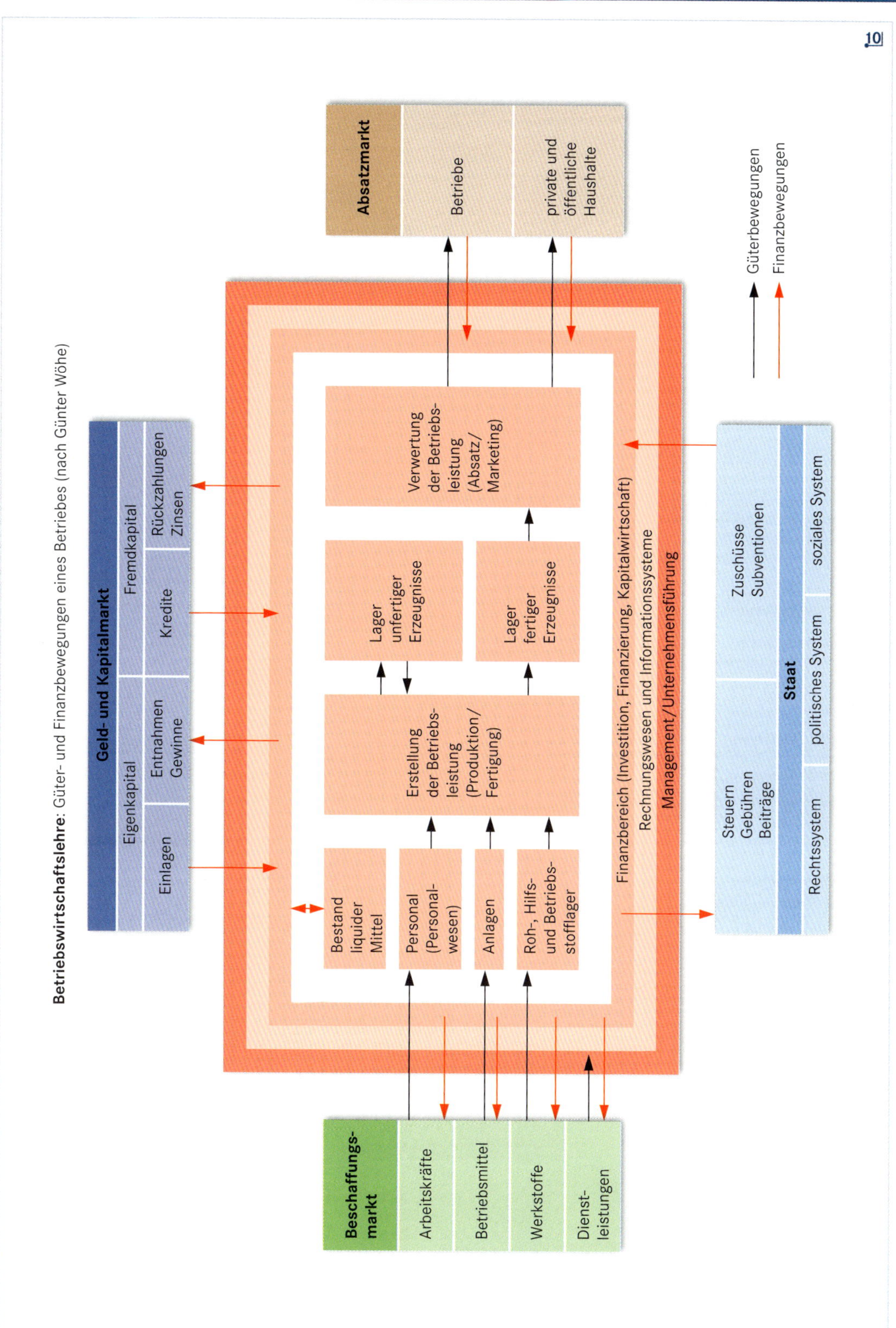

Betriebswirtschaftslehre: Güter- und Finanzbewegungen eines Betriebes (nach Günter Wöhe)

Aufgaben, Ziele und Arten von Betrieben
Roles, Objectives and Classifications of Business Enterprises

Aufgaben

Die volkswirtschaftliche Aufgabe von Betrieben sollte sein, durch den Einsatz von Produktionsfaktoren solche Sachgüter und Dienstleistungen zu erzeugen, die der Befriedigung menschlicher Bedürfnisse dienen.
Diese Güter und Dienstleistungen werden den anderen Wirtschaftseinheiten (Betriebe und Haushalte) über den Absatzmarkt zur Verfügung gestellt.

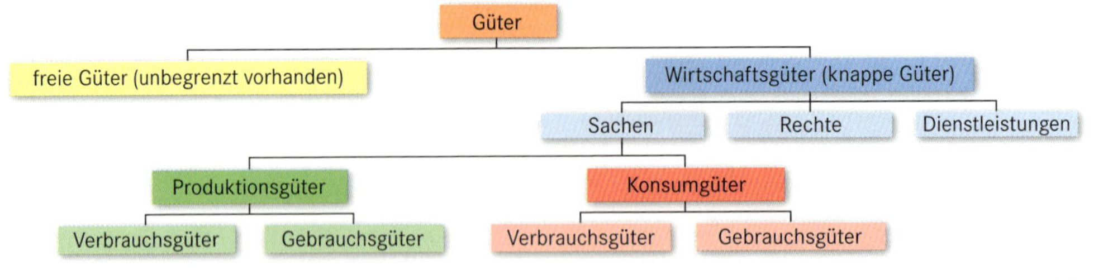

Da die Güter i. d. R. knapp sind, muss mit ihnen gewirtschaftet werden. Für wirtschaftliches Handeln (Handeln nach dem **ökonomischen Prinzip**) gelten die folgenden Grundsätze:

Minimumprinzip: Eine vorbestimmte Leistung mit möglichst geringen Mitteln erzielen.
Maximumprinzip: Mit gegebenen Mitteln die größtmögliche Leistung erzielen.

Ziele

Verfolgung wirtschaftlicher Ziele
- **Wachstumsziele:** Steigerung von Absatz, Marktanteil, Umsatz, Produktqualität; Erschließung neuer Märkte
- **Erfolgsziele:** Gewinn, Rentabilität des Eigenkapitals, – des Gesamtkapitals, – des Umsatzes
- **Finanzziele:** Sicherung der Liquidität, – der Kreditwürdigkeit, – der Kapitalstruktur

Verfolgung sozialer Ziele
- Sicherung des Arbeitsplatzes, – der Arbeitszufriedenheit, Ausbau der sozialen Leistungen

Verfolgung ökologischer Ziele
- Umweltverträgliche Produkte, – Prduktionsverfahren, – Entsorgung (Recycling)

Verfolgung gesellschaftlicher Ziele
- Image, Corporate Identity, Macht

Arten von Betrieben

nach Art der Leistung
- Sachleistungsbetriebe, z. B. Computerhersteller
- Dienstleistungsbetriebe, z. B. Betriebe, die Netzwerke installieren

nach Wirtschaftszweigen
- Industriebetriebe
- Handwerksbetriebe
- Handelsbetriebe
- Kreditinstitute
- Versicherungsbetriebe
- Verkehrsbetriebe

nach dem vorherrschenden Einsatz eines Produktionsfaktors
- arbeitsintensive Betriebe (hoher Lohnkostenanteil), z. B. Handwerksbetriebe
- anlage- oder kapitalintensive Betriebe (hoher Maschinenkostenanteil), z. B. Betriebe der chemischen Industrie
- materialintensive Betriebe (hoher Materialkostenanteil), z. B. Stahlwerke
- energieintensive Betriebe (hoher Energiekostenanteil), z. B. Betriebe der Aluminiumherstellung

nach der rechtlichen Stellung in Verbindung mit den verfolgten Zielen

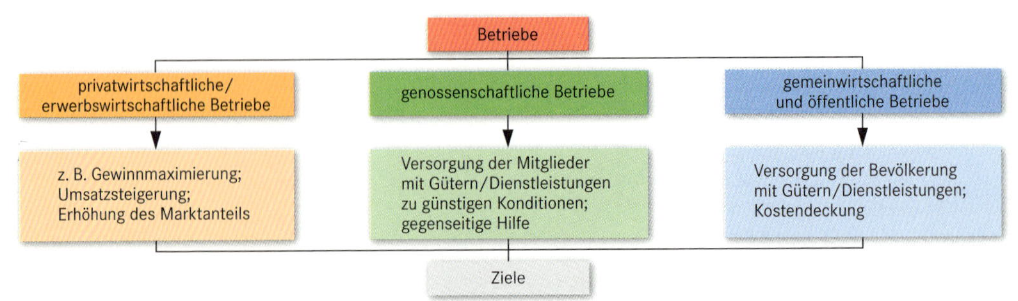

Firma

Die **Firma** eines Kaufmanns ist laut § 17 HGB der Name, unter dem er seine Geschäfte betreibt und die Unterschrift abgibt. Er kann unter seiner Firma klagen und verklagt werden.

Firmengrundsätze

Damit Firmen im Markt eindeutig unterscheidbar sind, wurden so genannte **Firmengrundsätze** aufgestellt:

Firmenwahrheit, Firmenklarheit

Der gewählte Name soll wahr sein. Er soll keine Angaben enthalten, die geeignet sind, über geschäftliche Verhältnisse des Unternehmens, die für die Öffentlichkeit maßgeblich sind, irrezuführen (§ 18 HGB). Ein Kleinbetrieb darf also nicht unter einem Namen firmieren, der den Eindruck erweckt, es handele sich um ein Großunternehmen.

Firmenbeständigkeit

Ändert sich der bürgerliche Name eines Kaufmanns oder wird das Unternehmen an ein anderes verkauft, so kann der alte Name des Unternehmens weitergeführt werden. Das bisherige positive Image des Unternehmens bleibt so erhalten.

Rechtsformzusatz

Aus einem Zusatz beim Geschäftsnamen muss eindeutig hervorgehen, um welche Rechtsform es sich handelt, zum Beispiel: OHG, KG, GmbH, AG, e. K., e. Kfm., e. Kfr.

Firmenausschließlichkeit

Jede neue Firma muss sich von allen an demselben Ort oder in derselben Gemeinde bereits bestehenden und in das Handelsregister eingetragenen Firmen deutlich unterscheiden (§ 30 HGB).

Firmenöffentlichkeit

Jeder Kaufmann ist laut § 29 HGB verpflichtet seine Firma in das zuständige Handelsregister eintragen zu lassen.

Handelsregister

Jeder Kaufmann ist laut § 29 HGB verpflichtet sein Unternehmen im Handelsregister (öffentliches Verzeichnis aller Kaufleute) anzumelden.

Die Eintragung wird im **elektronischen Unternehmensregister** (www.unternehmensregister.de) veröffentlicht.

Gegenstand der **Eintragung** sind u. a.:

- Firma
- Sitz des Unternehmens
- Gegenstand des Unternehmens
- Inhaber
- Haftungsverhältnisse
- Rechtsform
- besondere Rechtsverhältnisse (z. B. Prokura)

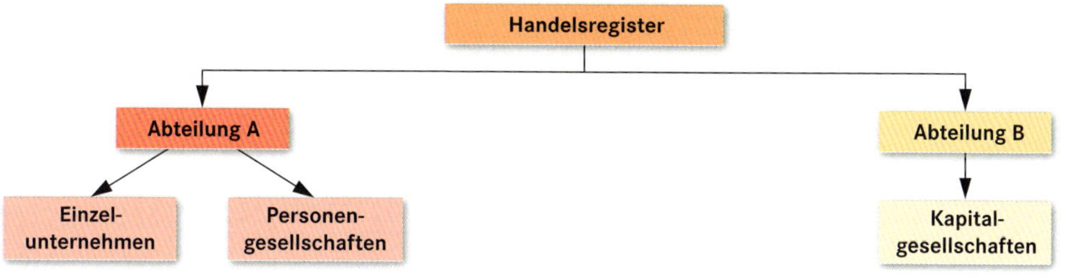

Eintragungen in das Handelsregister können sowohl **rechtserzeugend (konstitutiv)** als auch **rechtsbezeugend (deklaratorisch)** sein. Bei rechtserzeugenden Eintragungen tritt die Rechtswirkung erst durch die Eintragung ein (z. B. bei der Rechtsform von Kapitalgesellschaften).

Bei rechtsbezeugenden Eintragungen ist die rechtliche Wirkung bereits vorher eingetreten, dies wird durch die Handelsregister-Eintragung nur bestätigt (z. B. bei der Rechtsform von Personengesellschaften und der Rechtsstellung von Prokuristen).

Bestimmungsgründe für die Wahl einer Rechtsform

Bevor eine oder mehrere Personen ein Unternehmen rechtlich gründen, müssen verschiedene Überlegungen zur **Wahl der geeigneten Rechtsform** angestellt werden:

- **Kapitalaufbringung** (Anzahl der Personen, Höhe der Kapitalsumme)
- **Haftungsumfang** (Voll- oder Teilhafter)
- **Steuerrechtliche Behandlung** (z. B. des Gewinns)
- **Entscheidungsbefugnisse** (z. B. Geschäftführung, Vertretung)
- **Gewinn- und Verlustverteilung**
- **Rechtliche Vorschriften zur Mitbestimmung**

Rechtsformen der Unternehmungen
Legal Forms of Enterprises

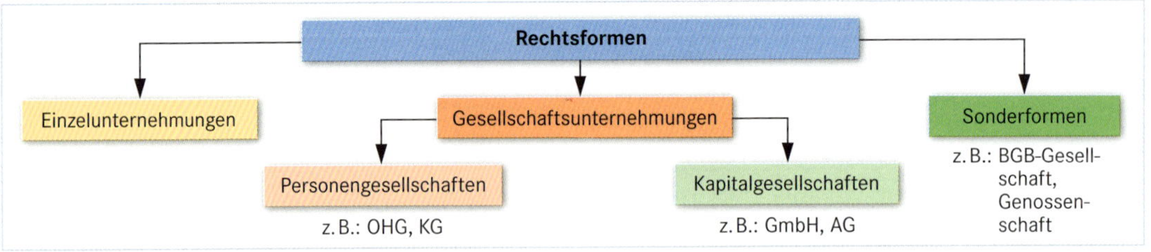

Merkmale ausgewählter Rechtsformen

Rechtsform / Merkmale	Einzelunternehmung	Offene Handelsgesellschaft	Kommanditgesellschaft	Gesellschaft mit beschränkter Haftung	Aktiengesellschaft
Allgemeines Merkmal	Kaufmann	Betrieb eines Handelsgewerbes	Betrieb eines Handelsgewerbes	Für jeden beliebigen Zweck	Für jeden beliebigen Zweck
Firma	Eingetragene(r) Kauffrau/-mann	OHG	KG	GmbH	AG
Anzahl der Gründer	1 Person	mindestens 2 Personen	2 und mehr Personen	mindestens 1 Person	mindestens 1 Person
Mindestkapital	Keine Vorschriften	Keine Vorschriften	Keine Vorschriften	Stammkapital (Gezeichnetes Kapital): 25 000 EUR[1]	Grundkapital (Gezeichnetes Kapital): 50 000 EUR
Haftung	■ Betriebs- und Privatvermögen ■ unbeschränkt	■ Gesellschafter mit Einlage und Privatvermögen ■ unbeschränkt, unmittelbar, solidarisch	■ Komplementäre: wie OHG-Gesellschafter ■ Kommanditisten: beschränkt auf die Einlage	Gesellschaft beschränkt auf das Gesellschaftsvermögen	Gesellschaft beschränkt auf das Gesellschaftsvermögen
Gesetzliche Regelung der Geschäftsführungsbefugnis (Innenverhältnis)	Inhaber berechtigt und verpflichtet	■ Jeder Gesellschafter alleine ■ Widerspruchsrecht des einzelnen Gesellschafters ■ Zustimmung aller Gesellschafter bei außergewöhnlichen Geschäften	■ Komplementäre: wie OHG-Gesellschafter ■ Kommanditisten: Kontrollrecht der Bilanz; Widerspruchsrecht bei außergewöhnlichen Geschäften	Der Geschäftsführer bzw. die Geschäftsführer gemeinsam	Alle Vorstandsmitglieder gemeinsam
Gesetzliche Regelung der Vertretungsbefugnis (Außenverhältnis)	Inhaber berechtigt und verpflichtet	Jeder Gesellschafter alleine	■ Komplementäre: wie OHG-Gesellschafter ■ Prokuraerteilung an Kommanditisten möglich	Der Geschäftsführer bzw. die Geschäftsführer gemeinsam	Alle Vorstandsmitglieder gemeinsam
Gesetzliche Regelung der Erfolgsverteilung	insgesamt	■ Gewinn: 4 % auf die Kapitaleinlage, Rest nach Köpfen ■ Verlust nach Köpfen	■ Gewinn: 4 % auf die Kapitaleinlage, Rest im angemessenen Verhältnis ■ Verlust im angemessenen Verhältnis	Im Verhältnis der Geschäftsanteile	Im Verhältnis der Aktiennennbeträge
Organe	–	–	–	■ Geschäftsführer ■ Aufsichtsrat (ab 500 Arbeitnehmern zwingend) ■ Gesellschafterversammlung	■ Vorstand ■ Aufsichtsrat ■ Hauptversammlung

[1] Das am 26. Juni 2008 vom Deutschen Bundestag beschlossene Gesetz zur Modernisierung des GmbH-Rechts und zur Bekämpfung von Missbräuchen **(MoMiG)** sieht als neue GmbH-Variante die **haftungsbeschränkte Unternehmergesellschaft (UG)** vor, die mit der Einzahlung von **einem Euro** durch die Gesellschafter entsteht. Diese GmbH darf ihre jährlichen Gewinne allerdings nicht im vollen Umfang ausschütten, dadurch soll das Mindeststammkapital der normalen GmbH von 25.000 Euro nach und nach angespart werden.

Produktionsfaktoren und Faktorkombination
Factors of Production and Factor Combination

Volkswirtschaftliche Produktionsfaktoren

Volkswirtschaftliche Produktionsfaktoren

Ursprüngliche (= originäre) Produktionsfaktoren

Natur
Boden, Bodenschätze, Wasser, Klima

Arbeit
geistige Arbeit, körperliche Arbeit, leitende Arbeit, ausführende Arbeit

Abgeleitete (= derivative) Produktionsfaktoren

Kapital
(Realkapital) Gebäude, Maschinen, Büroausstattung, Werkzeuge

Bildung
(human capital) technisches Wissen, rechtliche und wirtschaftliche Kenntnisse

werden in
Betrieben
kombiniert zu

Gütern und Dienstleistungen

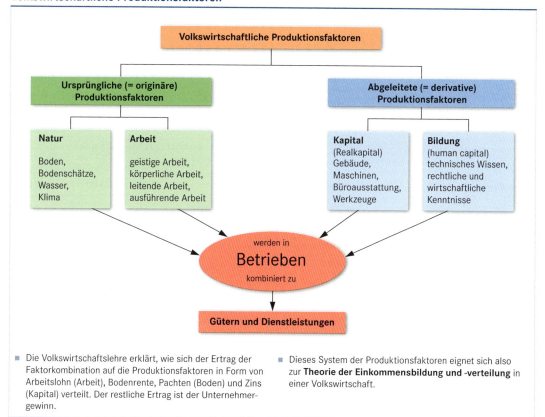

- Die Volkswirtschaftslehre erklärt, wie sich der Ertrag der Faktorkombination auf die Produktionsfaktoren in Form von Arbeitslohn (Arbeit), Bodenrente, Pachten (Boden) und Zins (Kapital) verteilt. Der restliche Ertrag ist der Unternehmergewinn.
- Dieses System der Produktionsfaktoren eignet sich also zur **Theorie der Einkommensbildung und -verteilung** in einer Volkswirtschaft.

Betriebswirtschaftliche Produktionsfaktoren

- In der Betriebswirtschaftslehre wird der Faktor Arbeit in die dispositive und die ausführende Arbeit aufgeteilt; andererseits ist der Faktor Boden kein eigenständiger Produktionsfaktor, sondern Teil des Faktors Betriebsmittel.
- Dieses System eignet sich zur Erklärung **betrieblicher Prozesse**, da den eingesetzten Produktionsfaktoren eine Vielzahl von Kostenarten wie Roh-, Hilfs-, Betriebsstoffkosten, Fertigungslöhne, Zinskosten, Abschreibungen, soziale Abgaben usw. entspricht.

Formen der Arbeitsteilung

Arbeitsteilung: Aufteilung der Produktion von Gütern und Dienstleistungen in Teilprozesse

Formen der Arbeitsteilung

- **betriebliche Arbeitsteilung:** Aufteilung von Arbeitsprozessen nach Abteilungen oder Arbeitsbereichen, z. B.: Einkauf, Produktion, Vertrieb, Rechnungswesen/Controlling
- **überbetriebliche Arbeitsteilung:** Hierbei unterscheidet man **berufliche**, **volkswirtschaftliche** (nationale) und **internationale** Arbeitsteilung.

berufliche Arbeitsteilung

Spezialisierung auf bestimmte Tätigkeiten in unterschiedlichen Berufen, z. B.:

- IT-Systemelektroniker/-in
- IT-Systemkaufmann/-frau
- Diplom-Ingenieur/-in

volkswirtschaftliche Arbeitsteilung

vertikale Arbeitsteilung

Arbeitsteilung nach Wirtschaftsstufen:

- Urproduktion
- Weiterverarbeitung
- Dienstleistungen

horizontale Arbeitsteilung

Spezialisierung innerhalb einer Wirtschaftsstufe, z. B. im Dienstleistungsbereich:

- Großhandel
- Einzelhandel
- Tranportunternehmen
- Banken

internationale Arbeitsteilung

Spezialisierung einzelner Nationen oder Wirtschaftsräume (meist Folge historischer Entwicklungen, wie der Globalisierung), z. B.:

- Rohstoffländer
- Industrieländer

Positive und negative Auswirkungen der Arbeitsteilung

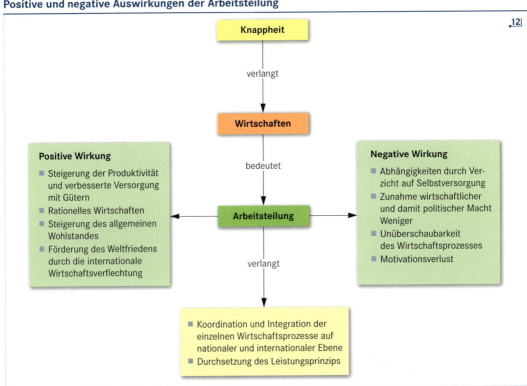

12

Knappheit – verlangt → **Wirtschaften** – bedeutet → **Arbeitsteilung**

Positive Wirkung

- Steigerung der Produktivität und verbesserte Versorgung mit Gütern
- Rationelles Wirtschaften
- Steigerung des allgemeinen Wohlstandes
- Förderung des Weltfriedens durch die internationale Wirtschaftsverflechtung

Negative Wirkung

- Abhängigkeiten durch Verzicht auf Selbstversorgung
- Zunahme wirtschaftlicher und damit politischer Macht Weniger
- Unüberschaubarkeit des Wirtschaftsprozesses
- Motivationsverlust

Arbeitsteilung – verlangt →

- Koordination und Integration der einzelnen Wirtschaftsprozesse auf nationaler und internationaler Ebene
- Durchsetzung des Leistungsprinzips

Arbeitsgerichtsbarkeit
Labour Jurisdiction

Arbeitsgericht

Können Konflikte im Arbeitsleben nicht einvernehmlich zwischen den Beteiligten gelöst werden, dient das Arbeitsgericht dazu, den Rechtsstreit zu klären und eine Entscheidung herbeizuführen.

Beispiel: Ein Arbeitnehmer klagt vor dem Arbeitsgericht gegen die Kündigung durch seinen Arbeitgeber.

Örtliche Zuständigkeit

Örtlich zuständig ist das Arbeitsgericht, in dessen Bezirk der Beklagte seinen Wohn- oder Geschäftssitz hat.

Sachliche Zuständigkeit

Die Arbeitsgerichte sind zuständig für:

▪ Streitfälle zwischen einzelnen Arbeitnehmern und -gebern ▪ Streitfälle zwischen Tarifvertragsparteien (Gewerkschaften und Arbeitgeberverbänden)	so genanntes **Urteilsverfahren**
▪ Streitfälle, die sich auf das Betriebsverfassungsgesetz beziehen (z. B. Errichtung eines Betriebsrates) ▪ Streitfälle, die sich auf das Mitbestimmungsgesetz beziehen (z. B. Wahl der Aufsichtsratsmitglieder)	so genanntes **Beschlussverfahren**

Instanzen

Erste Instanz

In der **ersten Instanz**, d. h. vor dem **Arbeitsgericht**, kann sich jede Partei selbst vertreten, die Einschaltung eines Rechtsanwaltes ist zwar möglich, aber nicht verpflichtend.

Tarifvertragsparteien gewähren ihren Mitgliedern in der Regel Rechtsschutz, sodass Prozessvertreter die Mitglieder vor Gericht vertreten.

Bei Erhebung der Klage müssen angegeben werden:
1. Jeweils Name und Anschrift des Klägers und des Beklagten,
2. die genaue Forderung des Klägers,
3. die Begründung der Klage.

Ist die Klage bei Gericht eingegangen, wird vom Gericht zunächst ein Termin zur **Güteverhandlung** festgelegt. Sie wird von einem Berufsrichter allein durchgeführt. Ziel ist die gütliche Einigung der Parteien. Der Richter unterbreitet dazu nach einer **Erörterung** einen **Vorschlag**. Wird daraufhin ein **Vergleich** zwischen den Beteiligten geschlossen, ist der Rechtsstreit beendet. Im anderen Fall wird ein Termin für eine **Kammerverhandlung** festgelegt.

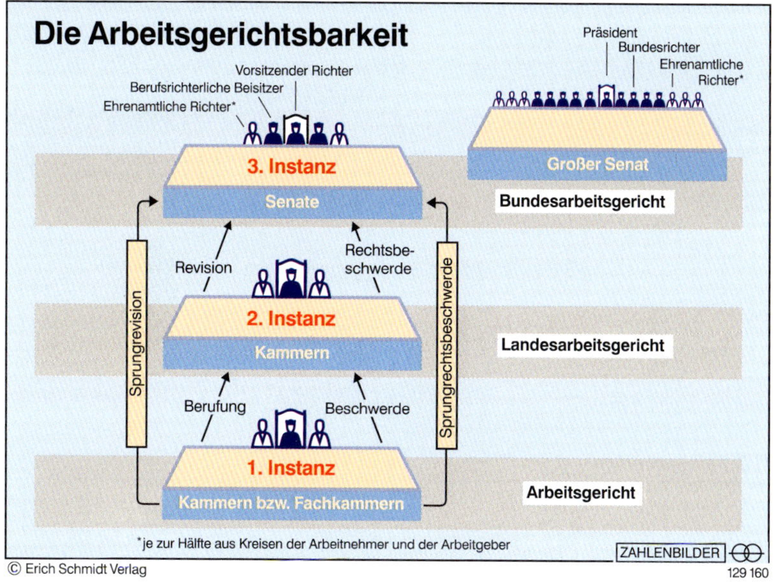

© Erich Schmidt Verlag

Strukturveränderungen der deutschen Wirtschaft
Structural Changes in the German Economy

Wirtschaftssektoren

Struktur einer Volkswirtschaft lässt sich am Anteil der einzelnen Wirtschaftssektoren an der Gesamtleistung dieser Volkswirtschaft messen. In der Regel werden drei Wirtschaftssektoren unterschieden:

- Der **primäre Sektor** bezeichnet die Urproduktion. Darunter werden alle Betriebe der Rohstoffgewinnung (Gewinnungsbetriebe) zusammengefasst. Hierzu gehören die Land-, Forst- und Fischwirtschaft, der Bergbau und die Öl- und Gasgewinnung.
- Der **sekundäre Sektor** beinhaltet die Be- und Verarbeitung von Rohstoffen in Handwerks- und Industriebetrieben (Weiterverarbeitungsbetriebe). Bedeutende Industriebranchen in Deutschland sind z. B. die Automobil-, die Maschinenbau- und die Chemieindustrie.
- Der **tertiäre Sektor** (Dienstleistungssektor) umfasst die „verteilende Wirtschaft“ (Handelsbetriebe) mit den Groß- und Einzelhandelsbetrieben sowie weitere Dienstleistungsbetriebe, wie z. B. Banken. Zunehmend werden Unternehmen des Informations- und Telekommunikationsbereichs gesondert zum **quartären Sektor** zusammengefasst.

13

Wertschöpfung[1] nach Wirtschaftssektoren

Deutsches Reich und Bundesrepublik[2] 1850 – 2011

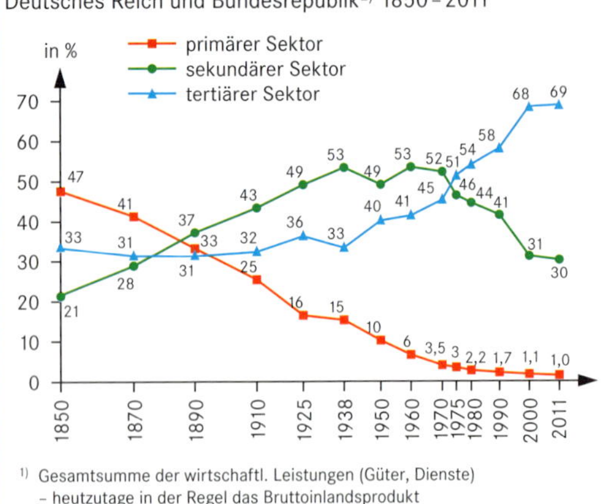

1) Gesamtsumme der wirtschaftl. Leistungen (Güter, Dienste) – heutzutage in der Regel das Bruttoinlandsprodukt

2) 1950 – 1990: Alte Länder | nach 1990: Gesamtdeutschland

14

Seit des rasanten Wachstuns der IT-Technologie in der 2. Hälfte des 20. Jahrhunderts wird auch vom **„Vier-Sektoren-Modell“** gesprochen, das die Eigenständigkeit eines Sektors **„Information“** betont:

Sektor I: Information	Sektor II: Produktion	Sektor III: Dienstleistungen	Sektor IV: Landwirtschaft

Wirtschaftsorganisationen
Economic Organizations

Rechtliche Grundlage und Sozialpartner

Laut Artikel 9 des **Grundgesetzes** können zur Wahrung und Förderung der Wirtschaftsbedingungen Vereinigungen von jedermann gebildet werden. Diese so genannte **Koalitionsfreiheit** bezieht sich vor allem auf **Gewerkschaften** (Arbeitnehmervereinigungen) und **Arbeitgeberverbände**. Diese Organisationen sind in der Regel Branchenvereinigungen (z. B. die IG Metall), die wiederum jeweils in so genannten Dachverbänden zusammengeschlossen sind.

15

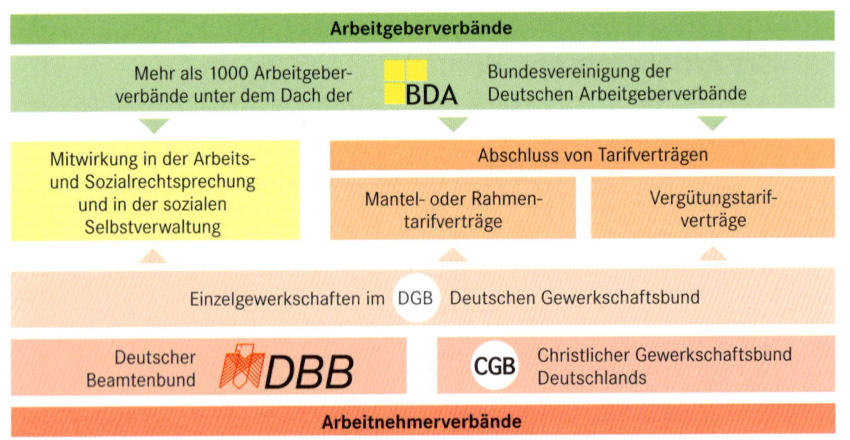

Industrie- und Handelskammern

Diese Kammern sind regional gegliederte Selbstverwaltungsorganisationen von Unternehmen der gewerblichen Wirtschaft. Es besteht für die betroffenen Gewerbetreibenden Zwangsmitgliedschaft. Die IHKs beraten ihre Mitglieder in wirtschaftlichen Angelegenheiten und vertreten ihre Interessen gegenüber Staat und Öffentlichkeit. Die Kammern sind Träger der dualen Berufsausbildung. Spitzenorgan der 82 IHKs ist der deutsche Industrie- und Handelskammertag (DIHK).

16

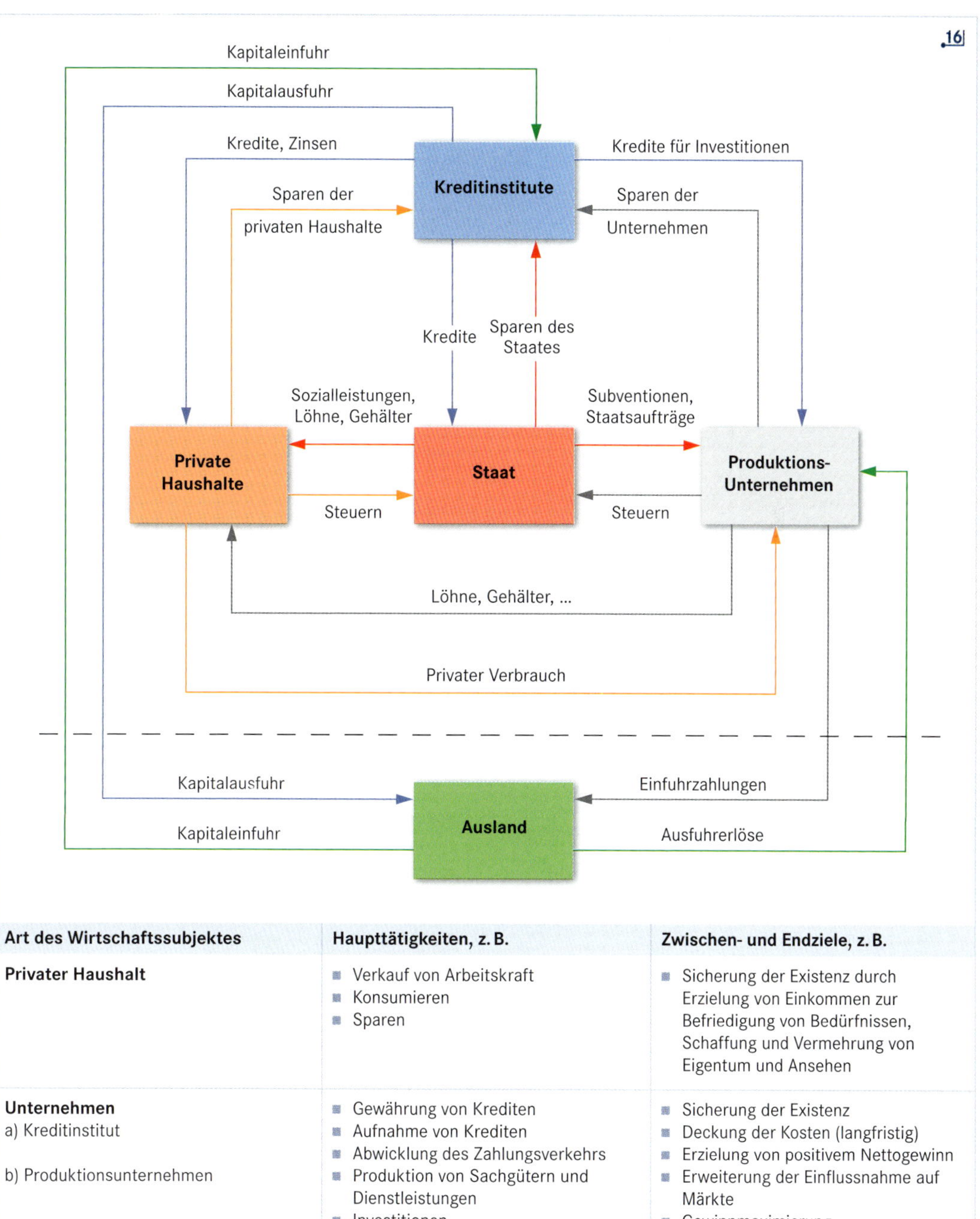

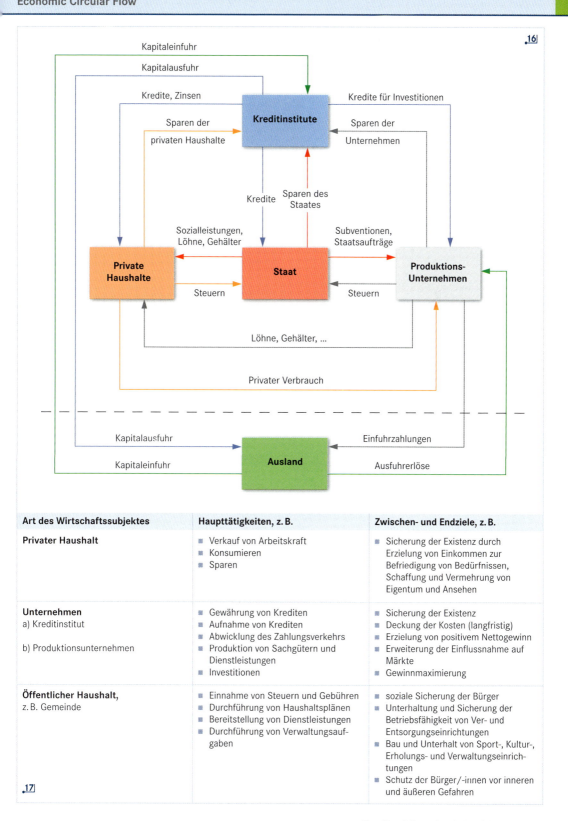

Art des Wirtschaftssubjektes	Haupttätigkeiten, z. B.	Zwischen- und Endziele, z. B.
Privater Haushalt	■ Verkauf von Arbeitskraft ■ Konsumieren ■ Sparen	■ Sicherung der Existenz durch Erzielung von Einkommen zur Befriedigung von Bedürfnissen, Schaffung und Vermehrung von Eigentum und Ansehen
Unternehmen a) Kreditinstitut b) Produktionsunternehmen	■ Gewährung von Krediten ■ Aufnahme von Krediten ■ Abwicklung des Zahlungsverkehrs ■ Produktion von Sachgütern und Dienstleistungen ■ Investitionen	■ Sicherung der Existenz ■ Deckung der Kosten (langfristig) ■ Erzielung von positivem Nettogewinn ■ Erweiterung der Einflussnahme auf Märkte ■ Gewinnmaximierung
Öffentlicher Haushalt, z. B. Gemeinde 17	■ Einnahme von Steuern und Gebühren ■ Durchführung von Haushaltsplänen ■ Bereitstellung von Dienstleistungen ■ Durchführung von Verwaltungsaufgaben	■ soziale Sicherung der Bürger ■ Unterhaltung und Sicherung der Betriebsfähigkeit von Ver- und Entsorgungseinrichtungen ■ Bau und Unterhalt von Sport-, Kultur-, Erholungs- und Verwaltungseinrichtungen ■ Schutz der Bürger/-innen vor inneren und äußeren Gefahren

Marktstrukturen und ihre Auswirkungen
Market Structures and their Effects

Begriff Markt

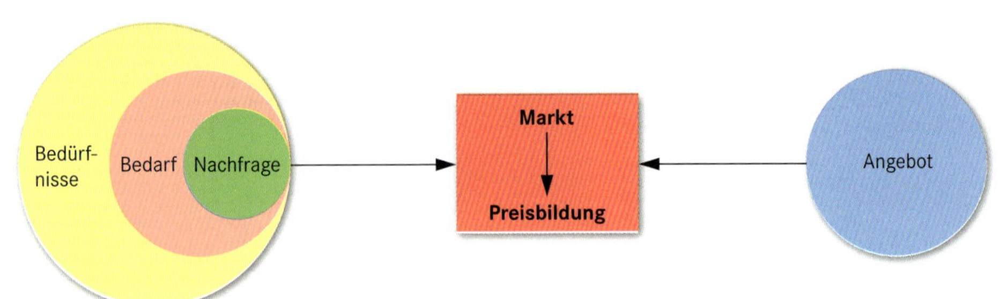

- **Bedürfnisse**
  ... sind Wünsche, die durch Mangelempfindungen des Menschen hervorgerufen werden, z. B. Trinken gegen Durst, Essen gegen Hunger
  ... sind Triebfeder wirtschaftlichen Handelns
- **Bedarf**
  ... ist der Teil der Bedürfnisse, der durch Einkommen gedeckt werden kann
- **Nachfrage**
  ... ist der auf dem Markt erscheinende Bedarf

In der Fachliteratur wird zwischen dem abstrakten und dem konkreten Markt unterschieden:

- Der **abstrakte Markt** ist eine Zusammenfassung von Angebots- und Nachfragebeziehungen. Er ist der theoretische Ort, an dem sich Angebot und Nachfrage treffen und an dem die Preisbildung stattfindet.
- Der **konkrete Markt** ist sachlich, zeitlich und örtlich bestimmt, z. B. die Cebit-Messe im Jahr 20.. in Hannover.

Marktarten

- **Unterscheidung nach Umfang der staatlichen Marktbeeinflussung:**
  Freie Märkte (ohne Staatseingriff; Modell der freien Marktwirtschaft),
  regulierte Märkte
- **Unterscheidung nach Umfang der Marktzutrittsmöglichkeit:**
  Offene Märkte (jedermann kann als Anbieter oder Nachfrager auftreten), geschlossene Märkte
- **Unterscheidung nach Stellung des Betriebes im Markt:**
  Beschaffungsmärkte,
  Absatzmärkte
- **Unterscheidung nach Art der gehandelten Sachgüter und Leistungen:**
  Werkstoffmärkte für Roh-, Hilfs- und Betriebsstoffe,
  Betriebsmittelmärkte,
  Arbeitsmärkte,
  Geld- und Kapitalmärkte,
  Informationsmärkte
- **Unterscheidung nach Art der Verwendung der Sachgüter und Leistungen:**
  Investitionsgütermärkte,
  Konsumgütermärkte
- **Unterscheidung nach geografischen Gesichtspunkten:**
  Inlandsmarkt (örtlich, regional, national),
  Auslandsmarkt (EU-Markt, Weltmarkt)
- **Unterscheidung nach räumlich-zeitlichen Gesichtspunkten:**
  Zentralisierte Märkte (Punktmärkte; zugleich organisierte Märkte), dezentralisierte Märkte (zugleich unorganisierte Märkte)
- **Unterscheidung nach Marktposition:**
  Verkäufermärkte (Nachfrage > Angebot; Verkäufer haben starke Marktposition),
  Käufermärkte (Angebot > Nachfrage; Käufer haben starke Marktposition)
- **Unterscheidung nach Vollkommenheit der Märkte:**
  Vollkommene Märkte,
  unvollkommene Märkte

Marktformen

Anbieter / Nachfrager	einer	wenige	viele
einer	bilaterales Monopol	beschränktes Nachfragemonopol	Nachfragemonopol
wenige	beschränktes Angebotsmonopol	bilaterales Oligopol	Nachfrageoligopol
viele	Angebotsmonopol	Angebotsoligopol	Polypol

Erklärung: mono = ein; olig = wenig; poly = viel

Anbieter- und Nachfragerverhalten
Suppliers and Buyers Behaviour

Bestimmungsgründe der Nachfrage privater Haushalte

Der Verlauf der Nachfragekurve N_0 basiert auf folgenden **Bestimmungsgründen:**

- Individuelle Nutzeneinschätzung bezüglich des Gutes (Bedürfnisstruktur)
- Höhe des verfügbaren Einkommens
- Höhe des Vermögens
- Preise anderer Güter (Substitutionsgüter, Komplementärgüter)
- Preis des nachgefragten Gutes

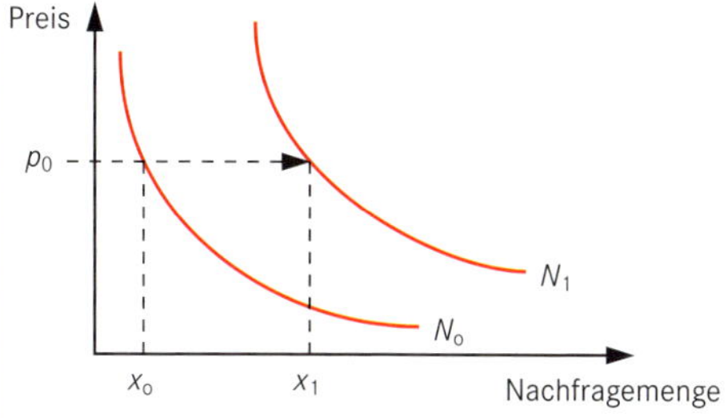

Bewegung auf der Nachfragekurve N_0:
Werden alle anderen Bestimmungsgründe als gegeben angenommen, besteht normalerweise folgende Beziehung zwischen dem Preis des Gutes und der nachgefragten Menge dieses Gutes:

- Mit steigendem Preis eines Gutes sinkt die Nachfrage nach diesem Gut
- Mit sinkendem Preis eines Gutes steigt die Nachfrage nach diesem Gut

Verschiebung der Nachfragekurve von N_0 auf N_1:
Ändert sich einer der vier zuerst genannten Bestimmungsgründe der Nachfrage (z. B. steigt durch eine Einkommensteuersenkung das verfügbare Einkommen der Nachfrager), verschiebt sich die Nachfragekurve (in diesem Beispiel von N_0 auf N_1 nach rechts).

Bei gegebenem Preis p_0 steigt die Nachfrage von x_0 auf x_1.

Das Ausmaß von Nachfrageänderung als Reaktion auf Preis- bzw. Einkommenänderungen wird als **Preis- bzw. Einkommenselastizität** der Nachfrage bezeichnet.

Bestimmungsgründe des Angebots privater Betriebe

Der Verlauf der Angebotskurve A_0 basiert auf folgenden **Bestimmungsgründen:**

- Zielsetzung des Anbieters (Gewinnmaximierung, Kostendeckung, Ausweitung des Marktanteils, ...)
- Marktposition des Anbieters (Monopol, Oligopol, Polypol)
- tatsächliche bzw. erwartete Marktlage (Konjunktur, Preise der Konkurrenz, Nachfrageentwicklung, ...)
- Kostenstruktur des Anbieters (Faktorpreise, technischer Stand)
- Preis des angebotenen Gutes

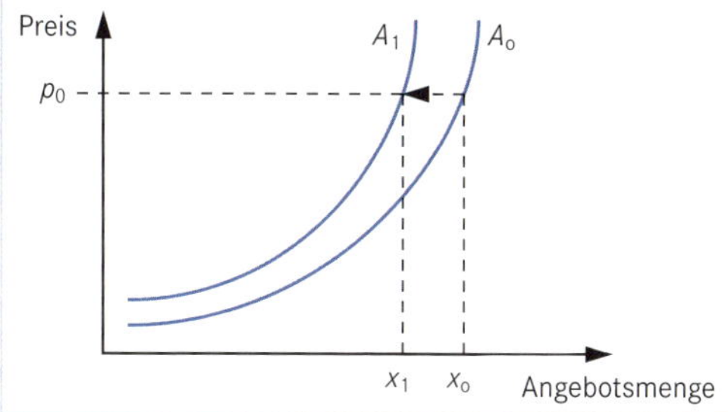

Bewegung auf der Angebotskurve A_0:
Werden alle anderen Bestimmungsgründe als gegeben angenommen, besteht normalerweise folgende Beziehung zwischen dem Preis des angebotenen Gutes und der angebotenen Menge dieses Gutes:

- Mit steigendem Preis eines Gutes steigt die Angebotsmenge dieses Gutes, da weitere Anbieter, angelockt durch sich verbessernde Gewinnchancen, auf den Markt drängen
- Mit sinkendem Preis eines Gutes sinkt die Angebotsmenge dieses Gutes, da es sich für zunehmend mehr Anbieter aus Kostengründen nicht mehr lohnt, weiter zu produzieren

Verschiebung der Angebotskurve von A_0 auf A_1:
Ändert sich einer der vier zuerst genannten Bestimmungsgründe des Angebots (z. B. verschlechtern sich die Konjunkturaussichten), verschiebt sich die Angebotskurve (in diesem Beispiel von A_0 auf A_1 nach links).
Bei gegebenem Preis p_0 sinkt das Angebot von x_0 auf x_1.

Preisbildung auf dem vollkommenen Markt
Pricing in an Ideal Market

Bedingungen des vollkommenen Marktes

- Viele Anbieter und viele Nachfrager (Polypol)
- Anbieter und Nachfrager haben vollständige Marktübersicht (Markttransparenz)
- Anbieter und Nachfrager reagieren auf Marktänderungen ohne zeitliche Verzögerungen
- Das von den Anbietern angebotene Gut ist homogen (Güter unterschciden sich nicht)
- Angebot und Nachfrage treffen an einem bestimmten Ort aufeinander (Punktmarkt)
- Anbieter und Nachfrager haben keine sachlichen, zeitlichen, räumlichen oder persönlichen Präferenzen
- Unter diesen Bedingungen ergibt sich für das angebotene Gut ein Einheitspreis, der von dem einzelnen Anbieter nicht verändert werden kann (Preis = Datum)

Gleichgewichtspreis und -menge
Price and Quantity Equilibrium

Marktgleichgewicht

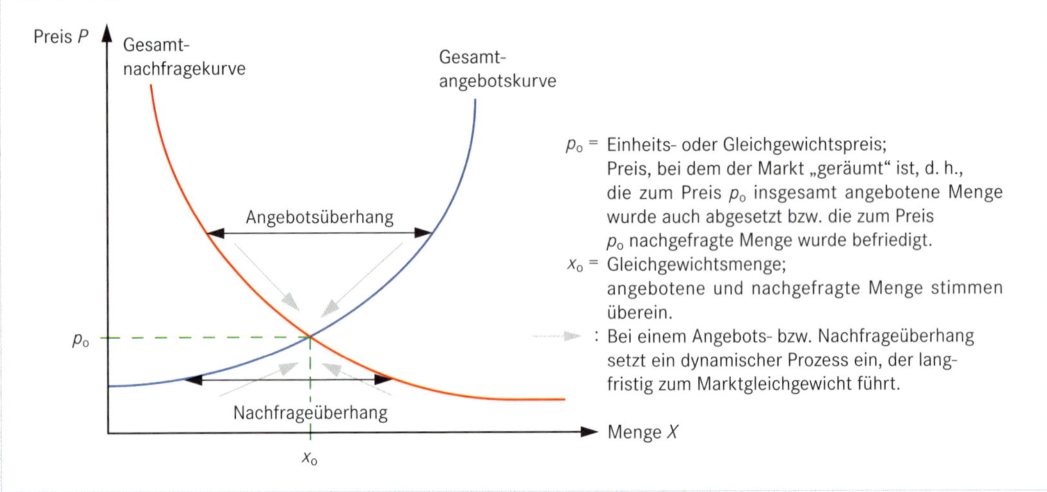

Preis P
Gesamt-
nachfragekurve
Gesamt-
angebotskurve
Angebotsüberhang
p_0
Nachfrageüberhang
x_0
Menge X
p_0 = Einheits- oder Gleichgewichtspreis;
Preis, bei dem der Markt „geräumt“ ist, d. h., die zum Preis p_0 insgesamt angebotene Menge wurde auch abgesetzt bzw. die zum Preis p_0 nachgefragte Menge wurde befriedigt.
x_0 = Gleichgewichtsmenge;
angebotene und nachgefragte Menge stimmen überein.
: Bei einem Angebots- bzw. Nachfrageüberhang setzt ein dynamischer Prozess ein, der langfristig zum Marktgleichgewicht führt.

Funktionen des Preises

Was leistet der Preis in der Marktwirtschaft?

- Der Preis gleicht Angebot und Nachfrage auf dem Markt aus: **Ausgleichsfunktion.**
- Der Preis lenkt das Angebot (die Produktion) auf die Märkte mit der größten Nachfrage: **Lenkungsfunktion.**
- Der Preis signalisiert, ob ein Gut besonders knapp (hoher Preis) oder besonders reichlich vorhanden (niedriger Preis) ist: **Signalfunktion.**
- Der Preis „erzieht“ Produzenten und Konsumenten dazu, jeweils die wirtschaftlichste Entscheidung zu treffen: **Erziehungsfunktion.**

18

Kooperation und Konzentration
Co-operation and Concentration

Gründe von Unternehmenszusammenschlüssen

- Verringerung hoher Forschungs- und Entwicklungskosten
- Verbreiterung der Kapitalbasis
- Streuung des unternehmerischen Risikos
- Ausnutzung von Rationalisierungsvorteilen
- Erhöhung des Auslastungsgrades der Produktionsanlagen
- Erschließung neuer Beschaffungs- oder Absatzmärkte
- Begrenzung des Wettbewerbs/Aufteilung von Märkten

Formen von Unternehmenszusammenschlüssen

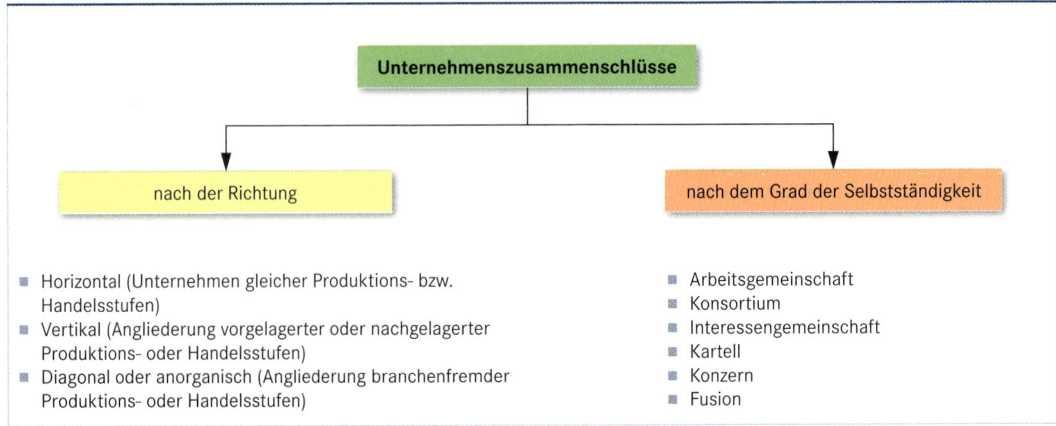

- Horizontal (Unternehmen gleicher Produktions- bzw. Handelsstufen)
- Vertikal (Angliederung vorgelagerter oder nachgelagerter Produktions- oder Handelsstufen)
- Diagonal oder anorganisch (Angliederung branchenfremder Produktions- oder Handelsstufen)

- Arbeitsgemeinschaft
- Konsortium
- Interessengemeinschaft
- Kartell
- Konzern
- Fusion

Formen der Kooperation und Konzentration
Forms of Co-operation and Concentration

Kooperation

Arbeitsgemeinschaft

Beschränkte Zusammenarbeit von Unternehmen in ausgewählten Teilbereichen – in der Regel in Form einer vertraglichen Vereinbarung –, z. B. Bildung einer Werbegemeinschaft in einer Fußgängerzone. Die beteiligten Unternehmen behalten ihre rechtliche, größtenteils auch ihre wirtschaftliche Selbstständigkeit.

Konsortium

Unternehmen schließen sich für einen begrenzten Zeitraum zusammen, z. B. in Form einer BGB-Gesellschaft, um ein gemeinsames Projekt, z. B. Bau einer Autobahntrasse, durchzuführen. Die wirtschaftliche Selbstständigkeit wird nur in sehr geringem Umfang begrenzt.

Interessengemeinschaft

Unternehmen schließen sich zusammen, z. B. in Form einer BGB-Gesellschaft, um gemeinsam unternehmerische Tätigkeitsfelder zu bearbeiten, z. B. gemeinsame Forschung. Die wirtschaftliche Selbstständigkeit wird dadurch eingeschränkt.

Kartell

Ein vertraglicher Zusammenschluss rechtlich selbstständiger Unternehmen, die einen Teil ihrer wirtschaftlichen Selbstständigkeit mit dem Ziel aufgeben, den Wettbewerb zu beeinflussen oder auszuschalten, wird als Kartell bezeichnet. Der Begriff „Kartell“ ist von dem Lateinischen „charta“ abgeleitet und bedeutet Schreiben oder Vereinbarung.

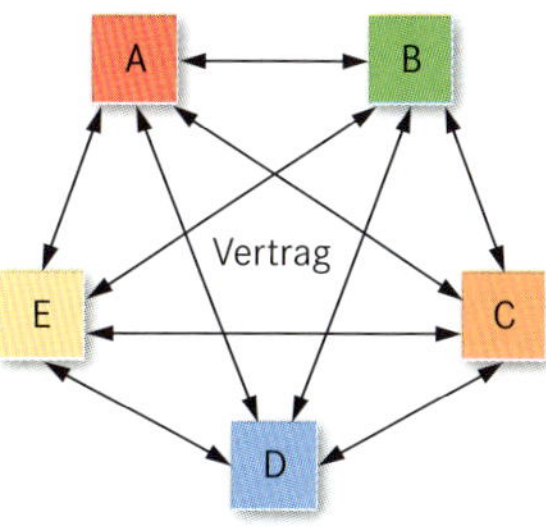

Konzentration

Konzern

Zusammenschluss von Unternehmen unter einheitlicher Leitung, die ihre rechtliche Selbstständigkeit behalten, ihre wirtschaftliche Selbstständigkeit dagegen völlig verlieren. Eine besondere wirtschaftliche und politische Bedeutung erlangen die so genannten Multis (multinationale Konzerne). Prinzipiell kann zwischen Unterordnungs- und Gleichordnungskonzernen unterschieden werden.

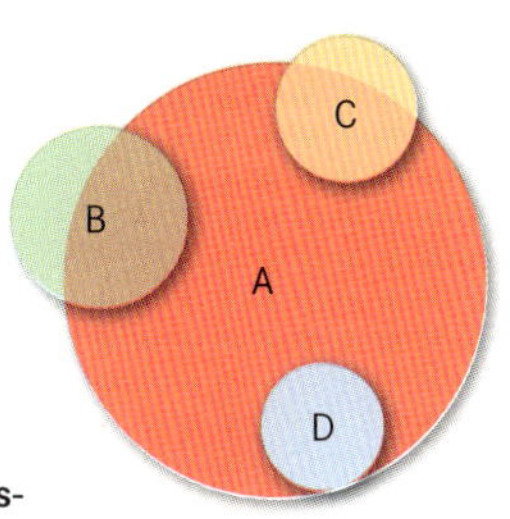

Unterordnungskonzern

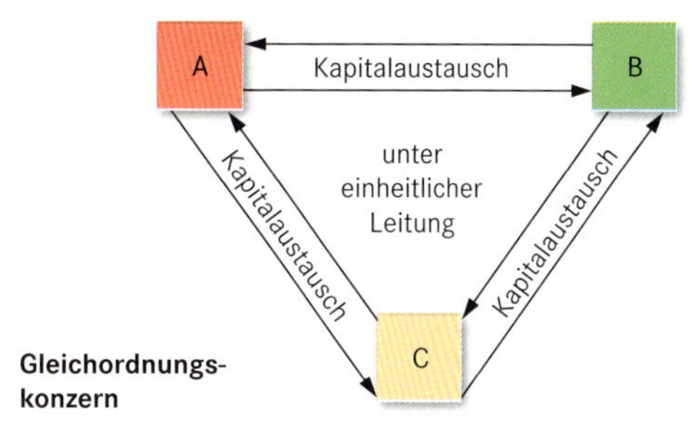

Gleichordnungskonzern

Fusion

Ehemals rechtlich und wirtschaftlich selbstständige Unternehmen schließen sich zu einem (neuen) Unternehmen zusammen, z. B. Verschmelzen eines deutschen und eines ausländischen Automobilunternehmens.

Unterschieden werden so genannte „freundliche Übernahmen“ (**mit Einverständnis** des übernommenen Unternehmens) und „feindliche Übernahmen“ (**gegen den Willen** des übernommenen Unternehmens).

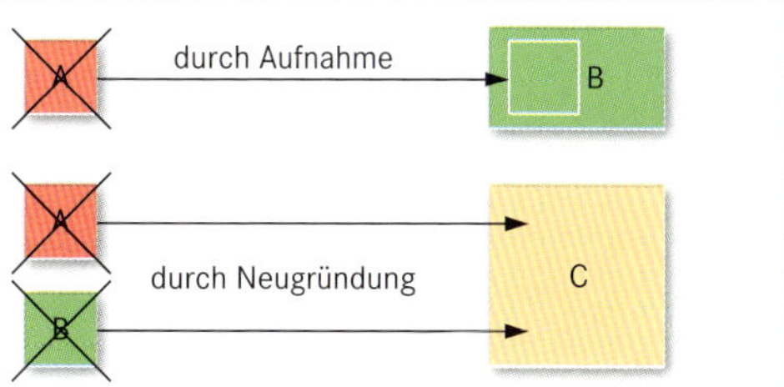

Grundzüge staatlicher Wettbewerbspolitik

Essential Features of Governmental Competition Policy

Einordnung staatlicher Wettbewerbspolitik in ein wirtschaftspolitisches Zielsystem

19

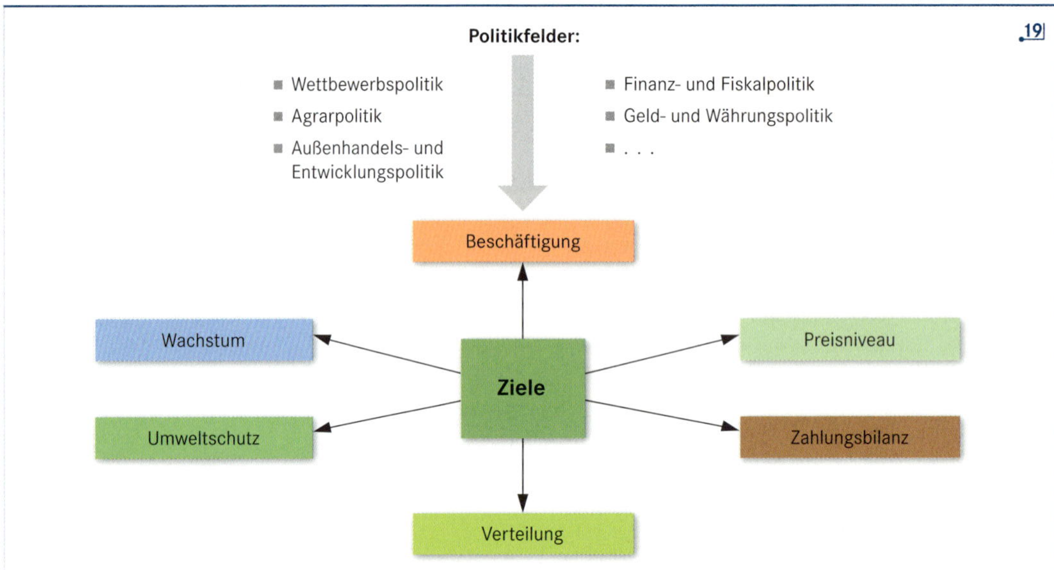

Das „Gesetz zur Förderung der Stabilität und des Wachstums der Wirtschaft" von 1967, kurz **„Stabilitätsgesetz"** genannt, beschreibt als vier Ziele wirtschaftspolitischen Handelns des Staates: hoher Beschäftigungsstand, stetiges und angemessenes Wirtschaftswachstum, stabiles Preisniveau und außenwirtschaftliches Gleichgewicht (**„Magisches Viereck"**).

Werden als weitere Ziele eine gerechte Einkommens- und Vermögensverteilung sowie eine Verbesserung der Umweltbedingungen verfolgt, spricht man vom **magischen Sechseck** der Wirtschaftspolitik. Das Adjektiv „magisch" drückt aus, dass es in der Realität nahezu unmöglich ist, die unterschiedlichen Ziele gleichzeitig zu erreichen.

Ziele und Funktionen staatlicher Wettbewerbspolitik

20

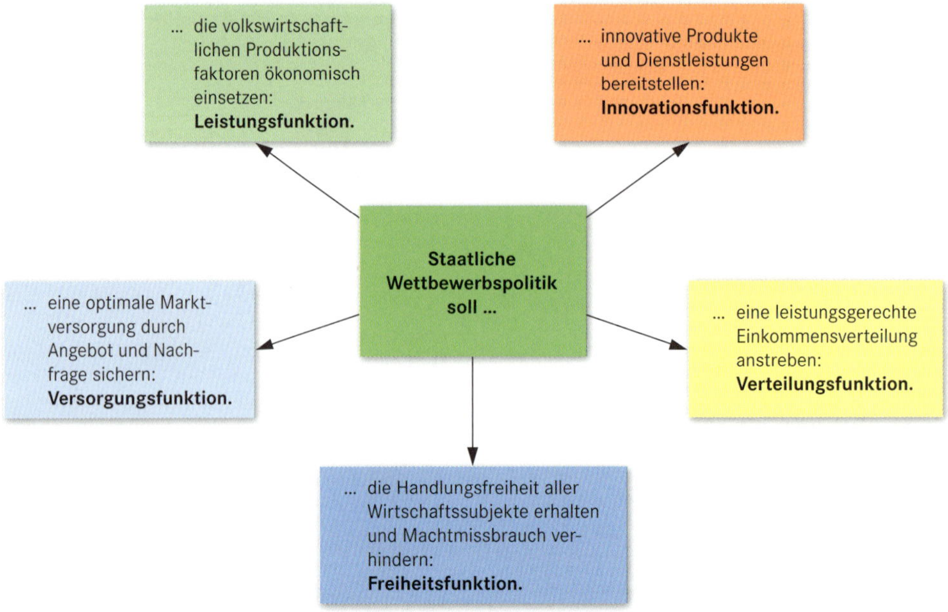

Staatliche Wettbewerbspolitik soll ...

- ... die volkswirtschaftlichen Produktionsfaktoren ökonomisch einsetzen: **Leistungsfunktion.**
- ... innovative Produkte und Dienstleistungen bereitstellen: **Innovationsfunktion.**
- ... eine optimale Marktversorgung durch Angebot und Nachfrage sichern: **Versorgungsfunktion.**
- ... eine leistungsgerechte Einkommensverteilung anstreben: **Verteilungsfunktion.**
- ... die Handlungsfreiheit aller Wirtschaftssubjekte erhalten und Machtmissbrauch verhindern: **Freiheitsfunktion.**

Bausteine der Sozialen Marktwirtschaft

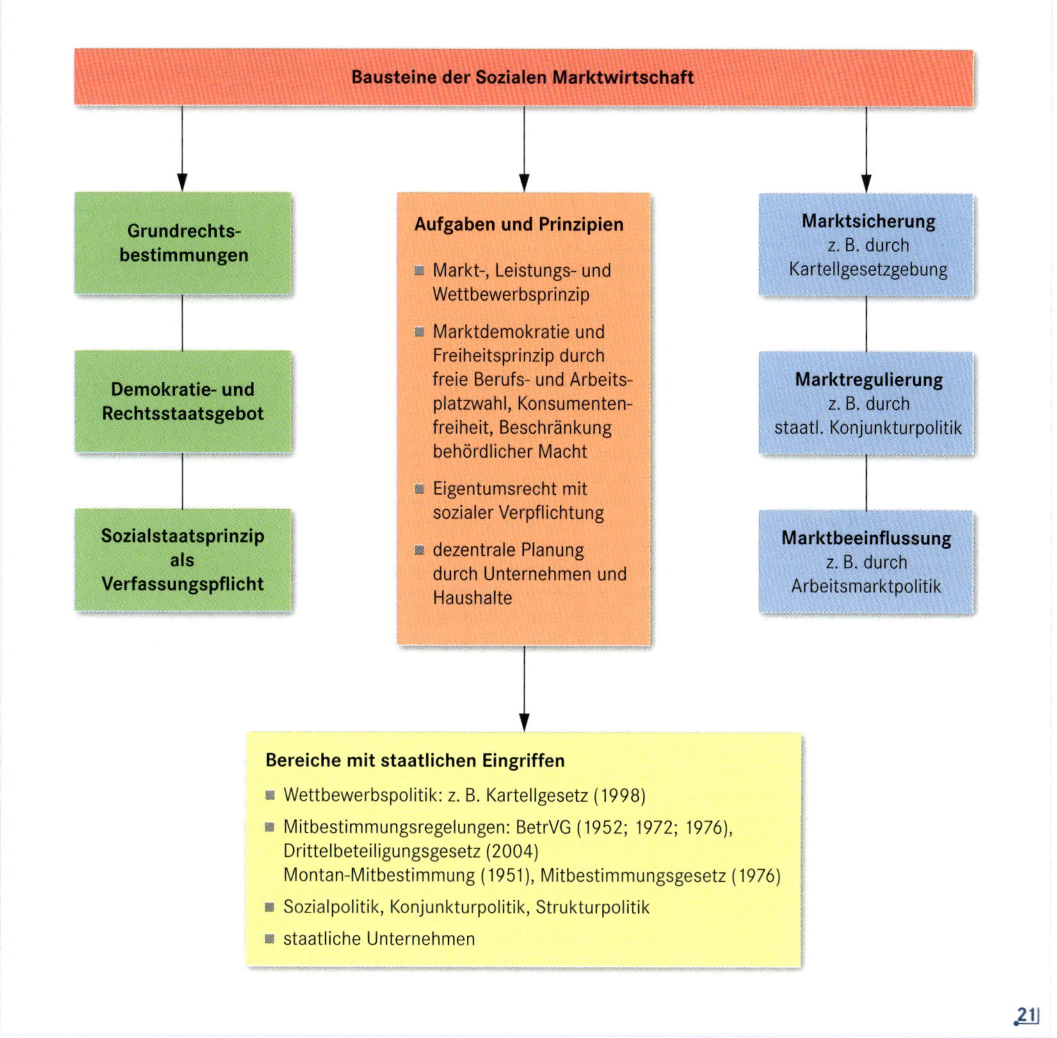

Instrumente staatlicher Wettbewerbspolitik

Unter staatlicher Wettbewerbspolitik ist zum einen die **aktive Förderung des Wettbewerbs**, z. B. durch eine unabhängige, öffentlich geförderte Forschung bei kleineren und mittelgroßen Unternehmen, zu verstehen. Andererseits bedeutet staatliche Wettbewerbspolitik, dass **Unternehmenszusammenschlüsse**, die gegen die Prinzipien des freien Wettbewerbs verstoßen, zu verbieten und unter Strafe zu stellen sind.

Hierüber wacht auf der Grundlage des **Gesetzes gegen Wettbewerbsbeschränkung** (**GWB**) das Bundeskartellamt in Bonn. Dessen Wirken hat schon vielfach dazu geführt, dass Firmenzusammenschlüsse verhindert wurden, die zu einer marktbeherrschenden Stellung von Unternehmen geführt hätten.

Instrumente internationaler Wettbewerbspolitik

Auf EU-Ebene wurde 1989 eine wirksame **Fusionskontrolle** institutionalisiert. Dafür ist die EU-Kommission zuständig. Bei ihr müssen Unternehmenszusammenschlüsse von EU-weiter Bedeutung ab einer bestimmten Größenordnung angemeldet bzw. von der EU-Kommission geprüft werden. Liegt durch den Zusammenschluss eine marktbeherrschende Stellung vor, ist die Fusion zu untersagen. Seit 1991 existiert ein Abkommen zwischen den USA und der EU, um marktbeherrschende Zusammenschlüsse von Unternehmen aus beiden Wirtschaftsräumen zu beschränken.

Begriff Kartell

Ein Kartell ist ein Zusammenschluss rechtlich selbstständiger Unternehmen einer Branche (horizontaler Zusammenschluss), die den Teil der wirtschaftlichen Selbstständigkeit aufgeben, auf den sich die Kartellabsprache bezieht. Damit das Kartell durchgesetzt werden kann, müssen möglichst alle Unternehmen der Branche beteiligt sein.

Ziele von Kartellen

- Beeinflussung des Marktes für bestimmte Produkte durch Wettbewerbsbeschränkung
- Verbesserung der Gewinnsituation der am Kartell beteiligten Unternehmen

Kartellarten

Je nach Gegenstand der Absprache werden verschiedene **Kartellarten** unterschieden, zum Beispiel:

Kartellart	die beteiligten Unternehmen vereinbaren...
Preiskartell	einen Einheits-, Höchst- oder Mindestpreis sowie zugehörige Produktions- oder Beschaffungsquoten.
Submissionskartell	wer im Rahmen öffentlicher Ausschreibungen den Auftrag erhalten soll, z. B. im Wege der Abgabe eines Mindestpreises.
Absatz-, Beschaffungskartell	die räumliche Aufteilung des Absatz- oder Beschaffungsgebietes **(Gebietskartell)** oder dass der gesamte Absatz/die gesamte Beschaffung von einer Zentrale aus vorgenommen wird **(Syndikat)**.
Rationalisierungskartell	z. B. die Entwicklung gemeinsamer Normen wie Abmessungen **(Normungskartell)**, die Vereinheitlichung von Produkten **(Typungskartell)**, die Aufteilung bestimmter Funktionen oder Produkte **(Spezialisierungskartell)** oder weiter gehende Rationalisierungen.
Konditionenkartell	die Gewährung gleicher Rabatte, Boni, Skonti **(Rabattkartell)** oder sonstiger gleicher Geschäftsbedingungen wie z. B. Lieferbedingungen, Verpackungskosten.

Wettbewerbsrechtliche Regelungen nach dem Gesetz gegen Wettbewerbsbeschränkung (GWB)

Nach § 1 GWB gilt grundsätzlich ein **Kartellverbot:**

„Vereinbarungen zwischen Unternehmen, Beschlüsse von Unternehmensvereinigungen und aufeinander abgestimmte Verhaltensweisen, die eine Verhinderung, Einschränkung oder Verfälschung des Wettbewerbs bezwecken oder bewirken, sind verboten."

Gemäß § 2 GWB müssen Unternehmen grundsätzlich selbst prüfen, ob die von ihnen getroffenen (wettbewerbsbeschränkenden) Vereinbarungen mit anderen Unternehmen erlaubt sind **(freigestellte Vereinbarungen)**. Dieses Selbstprüfungssystem hat eine höhere Eigenverantwortung der Unternehmen zur Folge. Es birgt mitunter jedoch auch die Gefahr einer falschen Beurteilung und somit das Risiko in sich, dass gegen das Unternehmen Bußgelder oder Schadensersatzansprüche erhoben werden.

„(1) Vom Verbot des §1 freigestellt sind Vereinbarungen (...) Beschlüsse (...) oder aufeinander abgestimmte Verhaltensweisen, die unter angemessener Beteiligung der Verbraucher an dem entstehenden Gewinn zur Verbesserung der Warenerzeugung oder -verteilung oder zur Förderung technischen oder wirtschaftlichen Fortschritts beitragen, ohne dass den beteiligten Unternehmen 1. Beschränkungen auferlegt werden, die für die Verwirklichung dieser Ziele nicht unerlässlich sind, oder 2. Möglichkeiten eröffnet werden, für einen wesentlichen Teil der betreffenden Waren den Wettbewerb auszuschalten."

Für mittelständische Unternehmen gilt die folgende Ausnahmeregelung nach § 3 GWB **(Mittelstandskartelle):**

„(1) Vereinbarungen zwischen miteinander im Wettbewerb stehenden Unternehmen und Beschlüsse von Unternehmensvereinigungen, die die Rationalisierung wirtschaftlicher Vorgänge durch zwischenbetriebliche Zusammenarbeit zum Gegenstand haben, erfüllen die Voraussetzungen des § 1 Abs. 1, wenn 1. dadurch der Wettbewerb auf dem Markt nicht wesentlich beeinträchtigt wird und 2. die Vereinbarung oder der Beschluss dazu dient, die Wettbewerbsfähigkeit kleiner oder mittlerer Unternehmen zu verbessern."

Missbrauch einer marktbeherrschenden Stellung

Nach § 19 GWB ist die **missbräuchliche Ausnutzung** einer marktbeherrschenden Stellung durch ein oder mehrere Unternehmen verboten.
„Ein Unternehmen ist marktbeherrschend, soweit es als Anbieter oder Nachfrager einer bestimmten Art von Waren oder gewerblichen Leistungen auf dem sachlich und räumlich relevanten Markt 1. ohne Wettbewerber ist oder keinem wesentlichen Wettbewerb ausgesetzt ist oder 2. eine im Verhältnis zu seinen Wettbewerbern überragende Marktstellung hat."

Geschäftsprozesse und betriebliche Organisation

2

Unternehmensorganisation

34 - 35 Aufbauorganisation
36 Leitungssysteme
37 - 38 Unternehmensführung
39 Vollmachten
40 Funktionen des Betriebes
41 - 42 Ablauforganisation
43 Funktions-/prozessorientierte Organisation

Geschäftsprozessorientierung

44 - 45 Geschäftsprozesse/Prozessanalyse
46 Geschäftsprozessmodellierung und -management
47 - 51 Analyse und Gestaltung von Geschäftsprozessen
51 Kontrolle von Geschäftsprozessen
52 KAIZEN/TQM

Aufbauorganisation
Organization Structure

Abgrenzung des Begriffs Organisation

Organisation	Improvisation	Disposition
System offiziell verkündeter, generell gültiger und auf Dauer angelegter Kompetenzen → bei konstanten Situationsbedingungen	vorübergehende, sich lfd. ändernde Regelungen einer begrenzten Zahl von Teilhandlungen → bei sich ständig ändernden Situationsbedingungen	situationsabhängige Regelung eines Einzelfalls im Rahmen einer dauerhaft und umfassend angelegten Organisation

Prozess der Stellen-/Abteilungsbildung

- **Aufgabenanalyse**:
  Zerlegung ganzheitlicher Arbeitsprozesse in Teilaufgaben bis hin zu kleinsten Arbeitseinheiten wie Arbeitsgriffe und Griffelemente (zurückzuführen auf Frederick Winslow Taylor (1856–1915))
- **Aufgabensynthese:**
  Anschließende Zusammenfassung sachlogisch zusammenhängender Teilaufgaben zu Aufgabenkomplexen und Zuordnung an Aufgabenträger
- **Ergebnis:**
  Bildung von Stellen und Abteilungen

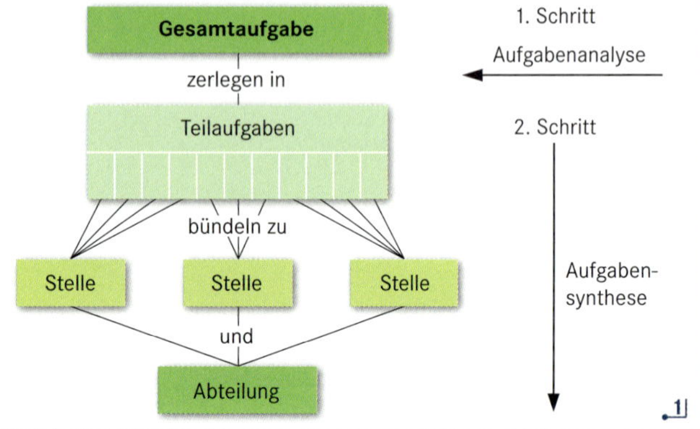

1|

Stellenbildung

Begriff Stelle	Stellenarten	
▪ Kleinste Organisationseinheit im Unternehmen ▪ Zusammenfassung von Teilaufgaben zum Aufgabenbereich einer Person	**Linienstellen** (Instanzen) ▪ Anordnungsbefugnis ▪ Entscheidungsbefugnis Beispiel: Abteilungsleiter Einkauf **Ausführende Stellen** ▪ Keine Leitungs- und Entscheidungsbefugnis Beispiel: Schreibkraft	**Stabsstellen** ▪ Hilfsstelle von Linienstellen ▪ Beratung ▪ Entscheidungsvorbereitung ▪ Keine Entscheidungs- und Anordnungsbefugnis Beispiel: Rechtsabteilung

Abteilungsbildung

Begriff Abteilung	Betriebshierarchie
▪ Zusammenfassung mehrerer Stellen unter einheitlicher Leitung. **Ziele** ▪ Schaffung überschaubarer, leicht kontrollierbarer Bereiche ▪ Strukturierung eines übersichtlichen Unternehmensaufbaus ▪ Schaffung von Verantwortungsbereichen mit speziellen Aufgaben	**Betriebsgliederung (= Betriebshierarchie)** Tiefengliederung oder vertikale Gliederung Niedrigerer Rang Obere Führungsebene – Unternehmensleitung Mittlere Führungsebene – Hauptabteilungen Untere Führungsebene – Abteilungen Ausführungsebene – Ausführende Stellen Kontrollspanne Breitengliederung oder horizontale Gliederung Gleicher Rang

Kriterien der Abteilungsbildung

Funktionsorientierte Organisation (functional type of organization)	Produktorientierte Organisation (product type of organization *oder* divisional organization)	Regionorientierte Organisation (geographical type of organization)	Personenorientierte Organisation (personal type of organization)
⬇	⬇	⬇	⬇
Bildung von Abteilungen, wie „Beschaffung", „Leistungserstellung", „Absatz/Marketing", …	Bildung von Abteilungen, wie „Produkt A", „Produkt B", „Produkt C", …	Bildung von Abteilungen, wie „Deutschland", „Westeuropa", „China", …	Bildung von Abteilungen, wie „Friedrichs", „Müller", „Peters", …

- auf der zweiten Organisationsebene (unter der Unternehmensleitung)
- auch Mischformen sind möglich, z. B. produktorientierte und regionorientierte Organisation

Organigramm

Begriff	Stellensymbole	Funktionen
Hilfsmittel zur grafischen Abbildung der Organisationsstruktur eines Unternehmens	Linienstellen: In der Regel Rechtecke Stabsstellen: z. B. Ellipsen	Veranschaulichung ■ der Aufgabengliederung ■ des hierarchischen Aufbaus ■ der Über- und Unterordnungsverhältnisse ■ der Kommunikationsbeziehungen

Beispiel funktionsorientierte Aufbauorganisation

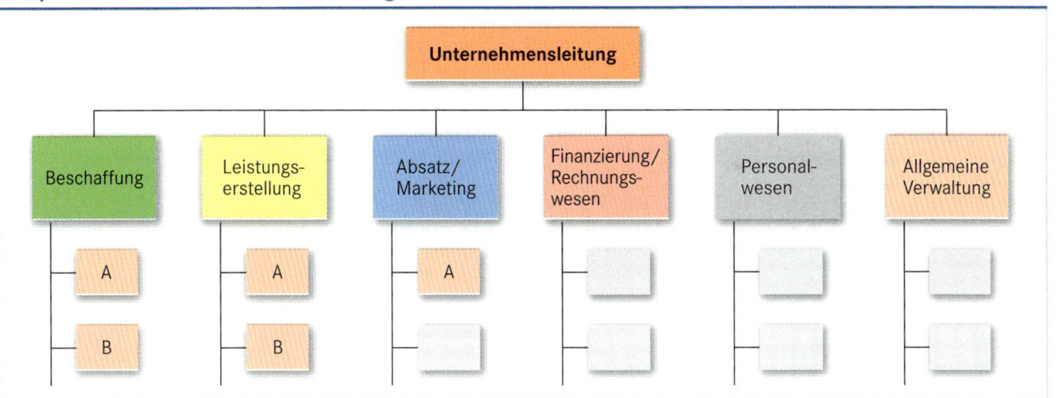

Beispiel produktorientierte Aufbauorganisation

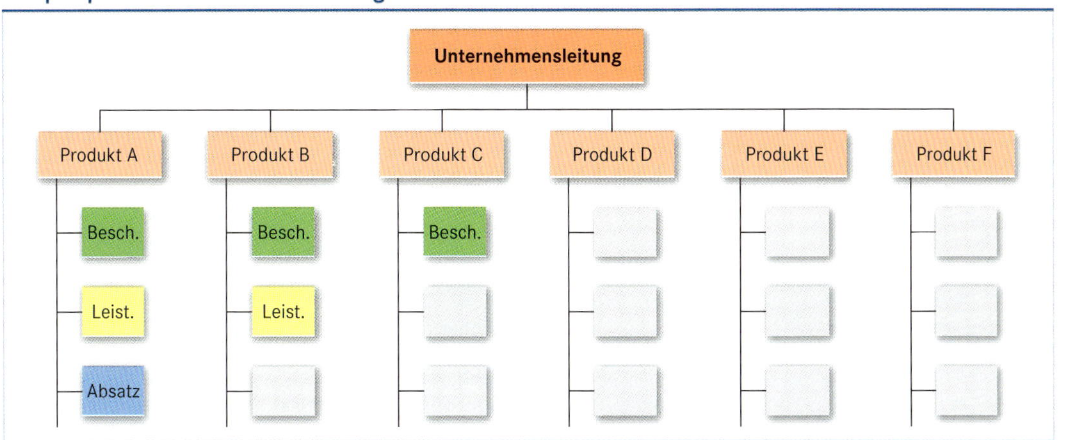

Einliniensystem

- Eine untergeordnete Stelle erhält nur von einer übergeordneten Stelle Anweisungen.
- Eine untergeordnete Stelle gibt Meldungen/ Vorschläge nur an die unmittelbar übergeordnete Stelle (Instanz).

Beispiel:

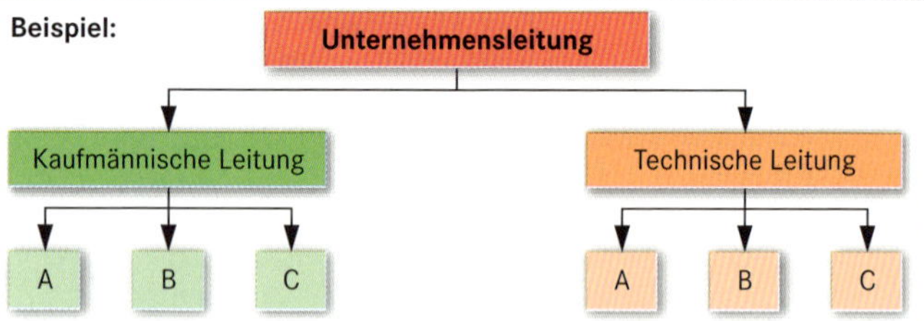

Mehrliniensystem

- Eine untergeordnete Stelle erhält Weisungen von mehreren übergeordneten Stellen.

Beispiel:

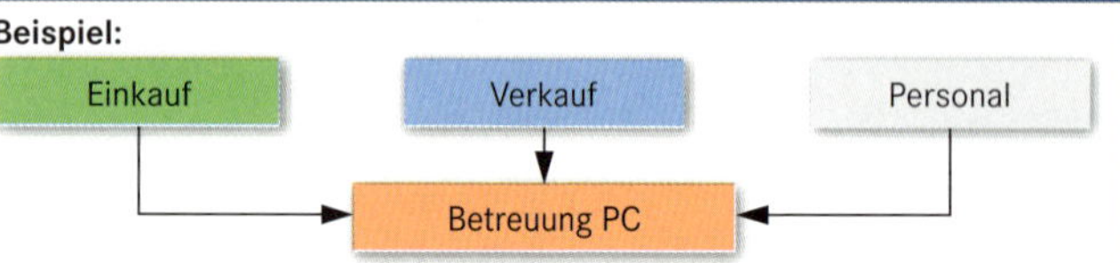

Stab-Linien-System

- Ergänzung des Einliniensystems durch Stellen der Staborganisation
- Stabsstellen entlasten die Linienstellen. Sie dienen häufig nicht nur einer einzelnen Instanz (Direktionsassistent), sondern dem ganzen Unternehmen

Beispiel:

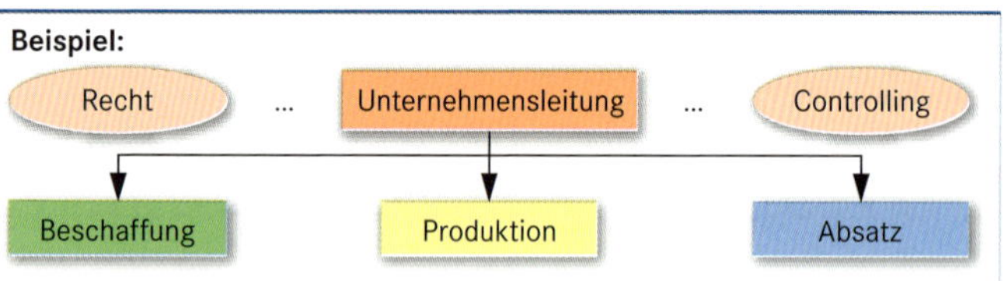

Matrixorganisation

Weiterentwicklung des Mehrliniensystems, da jede Teilfunktion von zwei Entscheidungslinien beeinflusst wird.

Zwei Fachabteilungen mit unterschiedlichen Sichtweisen bemühen sich um die Lösung derselben Aufgabe.

Grundidee

Kombination zweier gleichberechtigter Hierarchieebenen: Funktions- und produktorientierte Organisation

Beispiel: „Beschaffung zur Fertigung von PCs"
Der Produktmanager „PC" entscheidet über die Art der Materialien, der Leiter der Funktionsabteilung „Beschaffung" entscheidet über die Auswahl der Lieferanten.

Beispiel:

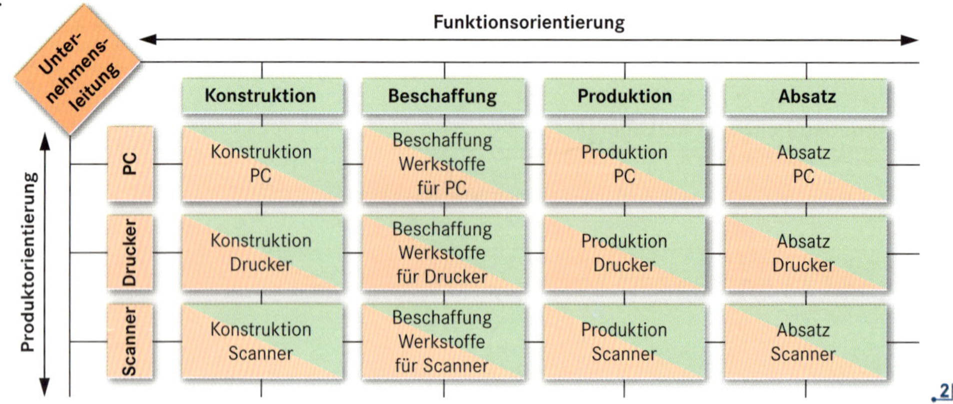

2

Bedeutung

- Förderung der Teamarbeit
- Entlastung der Unternehmensleitung
- Verbesserung der Qualität von Problemlösungen durch das Einbringen verschiedener Denkansätze

- Auftreten von Kompetenzproblemen
- Längere Entscheidungsdauer durch die Notwendigkeit der Abstimmung
- Häufigere Kompromissentscheidungen durch Konfliktvermeidungsstrategie der Abteilungsleiter

Begriff

- Unternehmensführung oder Management kennzeichnet eine Tätigkeit, die die Betriebspolitik durch **Planung**, das Treffen von **Grundsatzentscheidungen**, die Durchsetzung dieser Entscheidungen durch Erteilung von **Anweisungen** und die **Kontrolle** umfasst.
- Grundsatzentscheidungen haben langfristige Auswirkungen auf das Unternehmen. Sie sind risikobehaftet, weil die Informationen unvollkommen sind oder über zukünftige Entwicklungen nur unsichere Vorstellungen herrschen. Deshalb können sie nicht an untere Stellen delegiert werden.

Führungsstile und Führungsverhalten

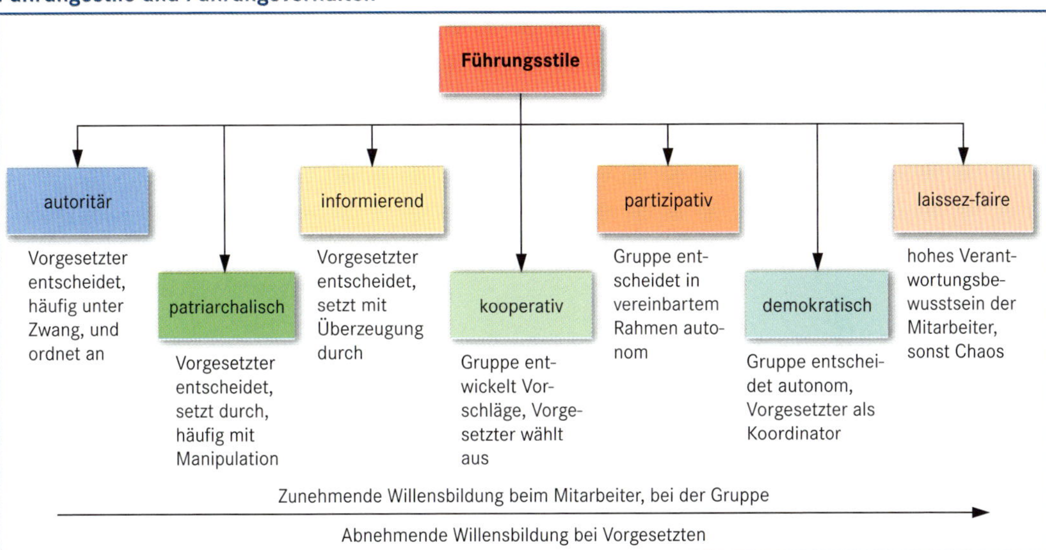

Autoritärer Führungsstil

- **Zentralisierte Machtstellung** des Vorgesetzten, von der uneingeschränkt Gebrauch gemacht wird
- **Vorgabe** von Zielen und Aufgaben
- Starke **Ausführungskontrolle**; Information von „unten" nach „oben" nur zur Kontrolle
- **Straffe Führung**; kaum Gespräche und Meetings, keine Delegation von Verantwortung und Kompetenzen
- **Selten Anerkennung**, keine Motivation – eher häufiger Kritik
- **Mehr aufgabenorientierter** Führungsstil

Kooperativer Führungsstil

- **Begrenzte Machtstellung** des Vorgesetzten, die wenig genutzt wird
- **Gemeinsames Erarbeiten** von Zielen und Aufgaben
- Geteilte Verantwortung bei der **Erfolgskontrolle**
- Systematische Kommunikation, **Problemlösungen im Team**; Freiräume innerhalb vorgegebener Grenzen
- **Anerkennung** guter Leistungen; positives Feedback
- Mehr **personenorientierter** Führungsstil

Führungsgrundsätze

Sie sind Gestaltungsmuster der Unternehmensführung, die für alle Führenden einheitlich, durchgängig und verbindlich sind. Sie sind Sollvorstellungen darüber, wie die Unternehmensführung zu gestalten ist, auf welche Ziele sie auszurichten ist und wie sie personell, instrumental und prozessual zu vollziehen ist.

Unterschieden werden folgende Führungsgrundsätze oder Management-by-Methoden:

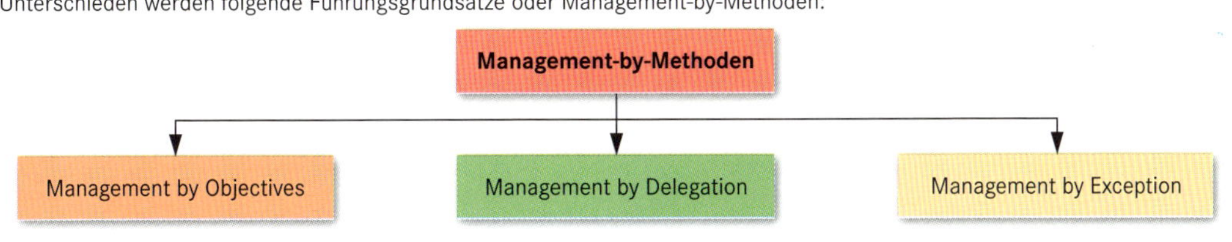

Bei diesen Methoden handelt es sich um Teilaspekte der Leitungstätigkeit, die erst durch ihre Kombination voll wirksam werden.

Management by Objectives

Begriff	Ziele	Voraussetzungen
Führung durch kooperative Zielfindung, wobei die Ziele keine einmal festgelegten Daten sind, sondern durch innerbetriebliche Prozesse und insbesondere den Markt beeinflusst werden und daher fortgeschrieben werden müssen	Objektivierung des Zielsetzungs- und Leistungsprozesses; eindeutige Strategien, Fortschrittsorientierung, leistungsbezogenes Vergütungssystem	Quantifizierung der Ziele; Festlegung klarer Aufgaben- und Verantwortungsbereiche und Delegation der entsprechenden Aufgaben; eindeutige Leistungs- und Beurteilungsmaßstäbe; Kontrolle durch Soll-Ist-Vergleich sowie Ermittlung und Analyse von Abweichungen

Management by Delegation

Begriff	Ziele	Voraussetzungen
Führung durch klare Aufgaben- und Kompetenzverteilung sowie Übertragung von Handlungsverantwortung auf die Mitarbeiter	Förderung von Initiative und Mitverantwortung der Mitarbeiter; Übernahme von Mitunternehmerfunktion durch die Mitarbeiter; Aufgabenorientierung	Stellenbeschreibungen und -abgrenzung; Ausschluss der Zurück- oder Weiterdelegation durch die Mitarbeiter; Eingriff des Vorgesetzten nur bei Fehlern oder in zuvor festgelegten Ausnahmefällen; geeignetes Informationssystem

Management by Exception

Begriff	Ziele	Voraussetzungen
Führung durch den Vorgesetzten nur in Ausnahmesituationen; Mitarbeiter entscheiden selbstständig innerhalb eines vorgegebenen Ermessensspielraumes	Entlastung des Vorgesetzten von ausführenden bzw. Routinearbeiten und generell programmierbaren Entscheidungen	Festlegung des Handlungsrahmens und Aufstellen von Grenzwertregeln im definierten Ausnahme- bzw. Abweichungsfall; Information an den Vorgesetzten; Eingriff bzw. Entscheidung durch den Vorgesetzten

Entscheidungssysteme der oberen Leitungsebene

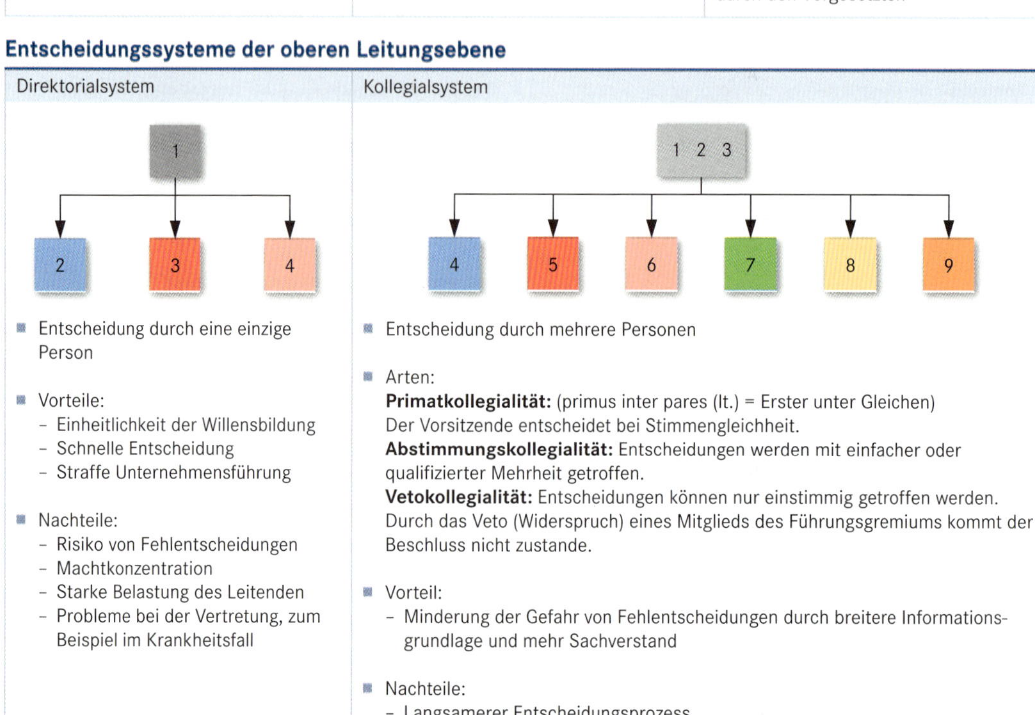

Direktorialsystem	Kollegialsystem
■ Entscheidung durch eine einzige Person ■ Vorteile: - Einheitlichkeit der Willensbildung - Schnelle Entscheidung - Straffe Unternehmensführung ■ Nachteile: - Risiko von Fehlentscheidungen - Machtkonzentration - Starke Belastung des Leitenden - Probleme bei der Vertretung, zum Beispiel im Krankheitsfall	■ Entscheidung durch mehrere Personen ■ Arten: **Primatkollegialität:** (primus inter pares (lt.) = Erster unter Gleichen) Der Vorsitzende entscheidet bei Stimmengleichheit. **Abstimmungskollegialität:** Entscheidungen werden mit einfacher oder qualifizierter Mehrheit getroffen. **Vetokollegialität:** Entscheidungen können nur einstimmig getroffen werden. Durch das Veto (Widerspruch) eines Mitglieds des Führungsgremiums kommt der Beschluss nicht zustande. ■ Vorteil: - Minderung der Gefahr von Fehlentscheidungen durch breitere Informationsgrundlage und mehr Sachverstand ■ Nachteile: - Langsamerer Entscheidungsprozess - Verfolgung von Eigeninteressen der Führungsmitglieder - Hintertreiben von Beschlüssen durch die Mitglieder, die gegengestimmt haben

Vollmachten
Powers of Attorney

Prokura

Die Prokura ermächtigt zu allen Arten von gerichtlichen und außergerichtlichen Geschäften und Rechtshandlungen, die der Betrieb **(irgend)eines** Handelsgewerbes mit sich bringt (§ 49 HGB).

Arten		
Einzelprokura	Gesamtprokura	Filialprokura
Ausübung der Vollmacht ohne Mitwirkung einer anderen Person	Ausübung der Vollmacht nur im Zusammenwirken mit einer anderen vertretungsberechtigten Person	Beschränkung der Vertretungsvollmacht auf den Betrieb einer Niederlassung

Handlungsvollmacht

Die allgemeine Handlungsvollmacht erstreckt sich auf alle Geschäfte und Rechtshandlungen, die der Betrieb eines **bestimmten** Handelsgewerbes gewöhnlich mit sich bringt (§ 54 HGB).

Arten nach dem Umfang		
Allgemeine Handlungsvollmacht	Artvollmacht	Spezialvollmacht
Auf Dauer erteilte Vollmacht, die zur Erledigung **aller** gewöhnlichen Rechtsgeschäfte in dem betreffenden Handelsgewerbe befugt	Auf Dauer erteilte Vollmacht, die zur Erledigung einer **bestimmten Art von wiederkehrenden** Geschäften befugt, z. B. Einkaufen	Vollmacht, die zur Erledigung eines **einzelnen** Rechtsgeschäftes ermächtigt, z. B. Kauf eines PC

Erteilung der Vollmachten

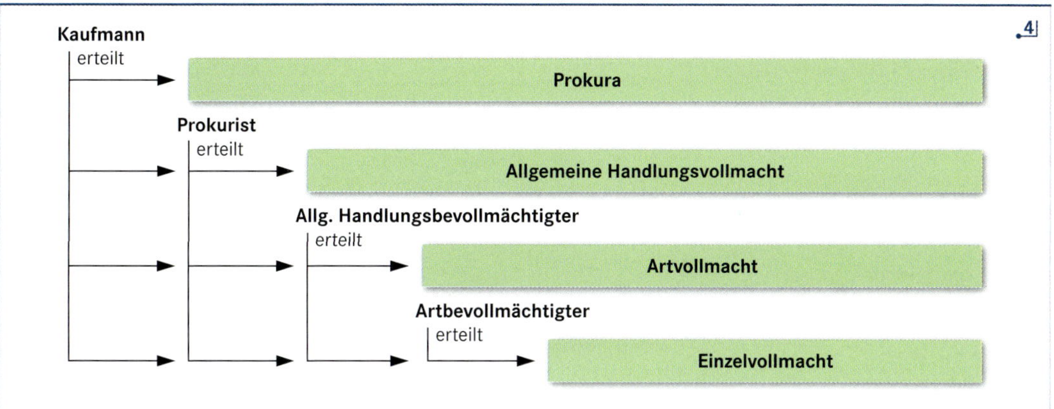

Umfang der Vollmachten

Unternehmer/-in	Prokura	Allgemeine Handlungsvollmacht	Art-vollmacht	Einzel-vollmacht
Steuererklärungen/Bilanz unterschreiben, Eid leisten, HR-Eintragungen anmelden, Insolvenz anmelden, Geschäft verkaufen, Prokura erteilen, Gesellschafter aufnehmen				
Grundstücke belasten/verkaufen				
Prozesse führen, Darlehen aufnehmen, Wechsel unterschreiben				
Grundstücke kaufen, Zahlungsgeschäfte erledigen, verkaufen, Mitarbeiter entlassen/einstellen				
Einkaufen				

Geschäfte, die ohne besondere Vollmacht möglich sind

Geschäfte, für die eine besondere Vollmacht notwendig ist

Geschäfte, für die eine Vertretungsvollmacht gesetzlich verboten ist

5

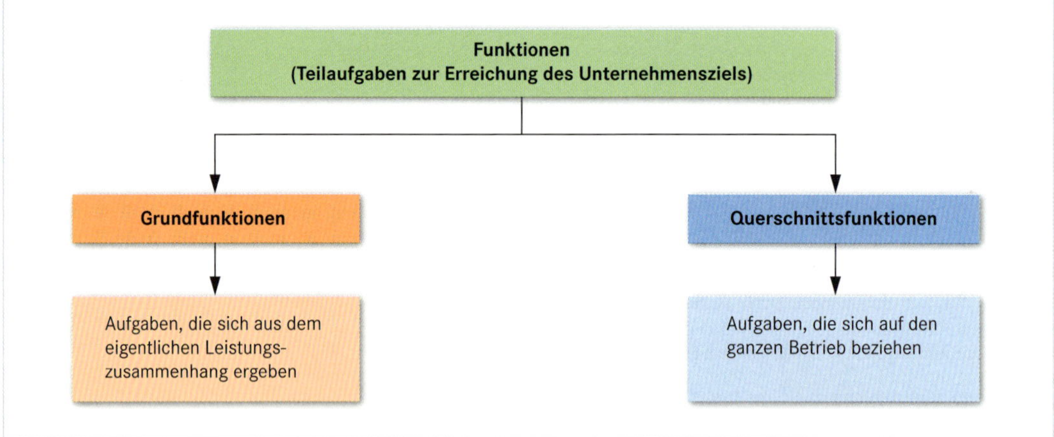

Grundfunktionen und ihre Teilaufgaben

Beschaffung	Leistungserstellung	Absatz/Marketing
Zum Beispiel: ▪ Klärung des Bedarfs nach Art, Menge und Zeitpunkt ▪ Ermittlung der Bezugsquellen ▪ Einholung und Prüfung von Angeboten ▪ Bestellung ▪ Bestellungs-, Terminüberwachung ▪ Herbeiholen der Leistungen ▪ Übernahme mit Kontrolle, Qualitätsprüfung, Reklamationen ▪ Rechnungsprüfung	Zum Beispiel: ▪ Forschung und Entwicklung ▪ Konstruktion ▪ Planung des Fertigungsverfahrens ▪ Arbeitsvorbereitung ▪ Lagerung der Werkstoffe ▪ Fertigungsdurchführung ▪ Fertigungskontrolle ▪ Lagerung der Fertigerzeugnisse ▪ Verpackung ▪ Hilfsfunktionen wie Wartung, Instandhaltung, Energieversorgung, innerbetrieblicher Transport	Zum Beispiel: ▪ Marktforschung, -erkundung ▪ Einsatz der Marketinginstrumente ▪ Absatzanbahnung (Anfragen bearbeiten, Angebote erstellen) ▪ Auftragsabwicklung ▪ Rechnungserstellung ▪ Kundenservice wie Beratung, Wartung, Reparaturen ▪ Kundenpflege

Querschnittsfunktionen und ihre Teilaufgaben

Finanzierung/Rechnungswesen	Personalwesen	Informationswesen
Zum Beispiel: ▪ Kapitalbedarfsrechnung ▪ Investitionsrechnung ▪ Finanzplanerstellung ▪ Eigen- oder Fremdfinanzierung ▪ Kreditbeschaffung ▪ Liquiditätsüberwachung ▪ Finanzbuchhaltung ▪ Jahresabschluss ▪ Bilanzanalyse ▪ Kosten- und Leistungsrechnung ▪ Statistik und Vergleichsrechnung ▪ Planungsrechnung	Zum Beispiel: ▪ Personalbedarfsermittlung ▪ Stellenausschreibung ▪ Personalauswahl ▪ Personaleinstellung ▪ Personalleasing ▪ Personalcontrolling ▪ Personaleinsatz ▪ Personalentwicklung (Personalförderung) ▪ Personalbetreuung (Sozialwesen) ▪ Arbeitsbewertung und Entlohnung ▪ Personalentlassung	Zum Beispiel: ▪ Ableitung des Informationsbedarfs aus dem Entscheidungsproblem ▪ Nutzung interner und externer, nichtelektronischer und elektronischer Informationsquellen ▪ Sammlung und Speicherung entscheidungsrelevanter Informationen im Data-Warehouse ▪ Verarbeitung (Transformation) originärer Informationen zu entscheidungsrelevanten Größen ▪ Informationsübermittlung (räumlich) und -ausgabe an Entscheidungsträger

Begriff

- Ablauforganisation ist die rationale Gestaltung von Arbeitsprozessen zur Erfüllung betrieblicher Teilaufgaben. Arbeitsvorgänge, die zeitlich und räumlich hinter- oder nebeneinander verlaufen, werden geordnet.

Ziele

- Optimale Auslastung der Arbeitskräfte und Betriebsmittel
- Minimierung der Durchlaufzeiten für die Arbeitsprojekte

Gegenstand

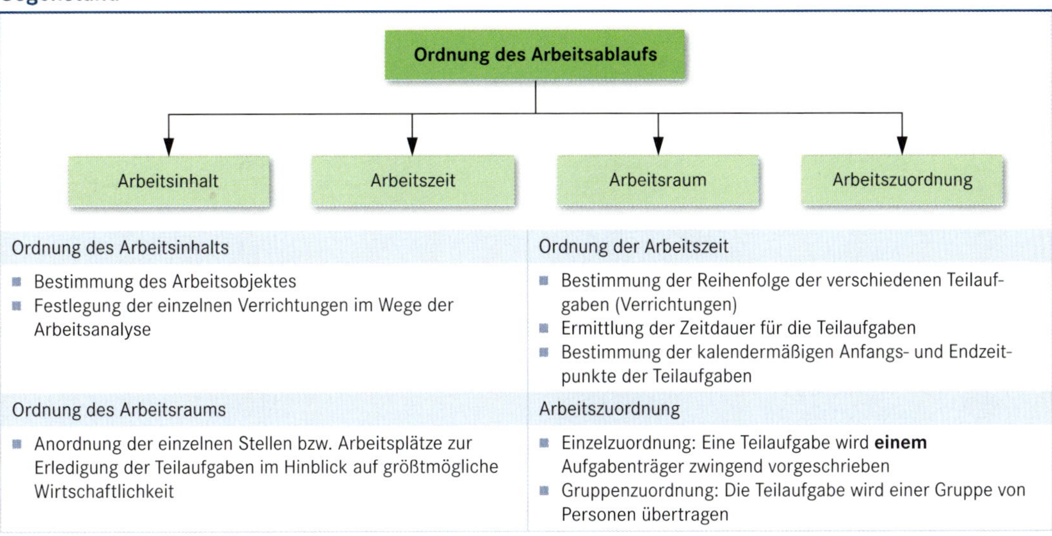

Ordnung des Arbeitsinhalts

- Bestimmung des Arbeitsobjektes
- Festlegung der einzelnen Verrichtungen im Wege der Arbeitsanalyse

Ordnung der Arbeitszeit

- Bestimmung der Reihenfolge der verschiedenen Teilaufgaben (Verrichtungen)
- Ermittlung der Zeitdauer für die Teilaufgaben
- Bestimmung der kalendermäßigen Anfangs- und Endzeitpunkte der Teilaufgaben

Ordnung des Arbeitsraums

- Anordnung der einzelnen Stellen bzw. Arbeitsplätze zur Erledigung der Teilaufgaben im Hinblick auf größtmögliche Wirtschaftlichkeit

Arbeitszuordnung

- Einzelzuordnung: Eine Teilaufgabe wird **einem** Aufgabenträger zwingend vorgeschrieben
- Gruppenzuordnung: Die Teilaufgabe wird einer Gruppe von Personen übertragen

Formen der Darstellung

Ablaufdiagramm

Beispiel:

Inhalt:
Wörtliche Aufführung aller Arbeitsgänge in ihrer Reihenfolge

Form:
Arbeitsablaufkarte

Anwendungsbereich:
Einfache Tätigkeiten

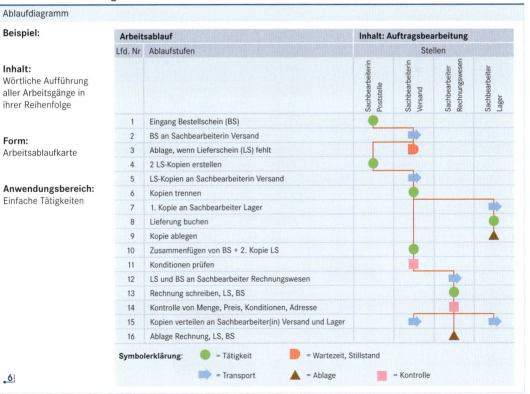

Arbeitsablauf		**Inhalt: Auftragsbearbeitung**			
Lfd. Nr	Ablaufstufen	Stellen			
		Sachbearbeiterin Poststelle	Sachbearbeiterin Versand	Sachbearbeiter Rechnungswesen	Sachbearbeiter Lager
1	Eingang Bestellschein (BS)	●			
2	BS an Sachbearbeiterin Versand		➡		
3	Ablage, wenn Lieferschein (LS) fehlt		D		
4	2 LS-Kopien erstellen	●			
5	LS-Kopien an Sachbearbeiterin Versand		➡		
6	Kopien trennen		●		
7	1. Kopie an Sachbearbeiter Lager				➡
8	Lieferung buchen				●
9	Kopie ablegen				▲
10	Zusammenfügen von BS + 2. Kopie LS		●		
11	Konditionen prüfen		■		
12	LS und BS an Sachbearbeiter Rechnungswesen			➡	
13	Rechnung schreiben, LS, BS			●	
14	Kontrolle von Menge, Preis, Konditionen, Adresse			■	
15	Kopien verteilen an Sachbearbeiter(in) Versand und Lager		➡		➡
16	Ablage Rechnung, LS, BS			▲	

Symbolerklärung: ● = Tätigkeit; D = Wartezeit, Stillstand; ➡ = Transport; ▲ = Ablage; ■ = Kontrolle

6

Flussdiagramm

Inhalt:
Darstellung zeitlicher bzw. logischer Folgen und Abläufe

Beispiel:
Arbeitsablauf „Bearbeitung einer Bestellung von Kunden"

7

Verwendete Symbole:

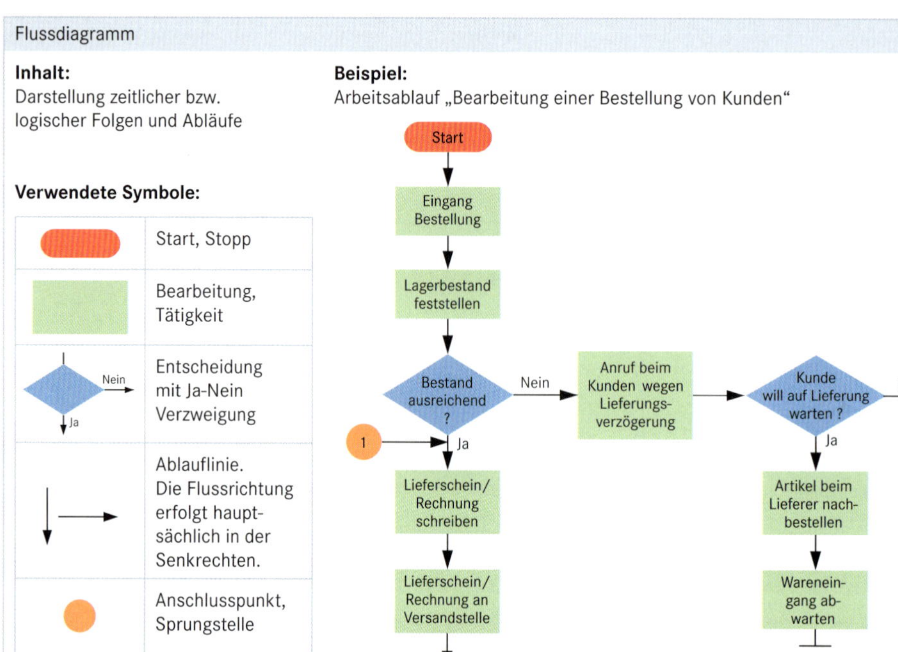

Netzplantechnik

Inhalt:
Beschreibung der Teilarbeiten von Prozessen/Projekten in der **Strukturanalyse**.

Erläuterung:
FAZ = frühester Anfangszeitpunkt
FEZ = frühester Endzeitpunkt
SAZ = spätester Anfangszeitpunkt
SEZ = spätester Endzeitpunkt
GP = Gesamtpuffer (SAZ – FAZ)
(Zeitspanne, die ein Vorgang gegenüber seinem frühesten Beginn verschoben werden kann, ohne das Projektende zu gefährden)
FP = Freier Puffer (FAZ (Nachf.) – FEZ)
(Zeitspanne eines Vorgangs, die den frühestmöglichen Beginn des Nachfolgers nicht gefährdet)

Beispiele: Puffer für Vorgang G
GP = 18 – 6 = 12 Arbeitstage
FP = 48 – 36 = 12 Arbeitstage

Knoten:

FAZ		FEZ
Vorgang	Beschreibung	
Dauer	GP	FP
SAZ		SEZ

Kritischer Weg:
Weg ohne Pufferzeiten

kritischer Weg →

Beispiel:
Struktur- und Zeitanalyse des Projekts „Einrichtung eines Warenwirtschaftssystems"

Vorgang	Strukturanalyse		Zeitanalyse						
	Beschreibung	Vorgänger	Dauer in Tagen	FAZ	FEZ	SAZ	SEZ	GP	FP
A	Ist-Aufnahme erstellen	–	2	0	2	0	2	0	0
B	Soll-Konzept erarbeiten	A	4	2	6	2	6	0	0
C	Software beschaffen	B	2	6	8	6	8	0	0
D	Customizing	C	16	8	24	8	24	0	0
E	Sicherung der Qualität	D	8	24	32	24	32	0	0
F	Schulung der Anwender	B	24	6	30	8	32	2	2
G	Dokumentation des Projekts	B	30	6	36	18	48	12	12
H	Einführung des Projekts	E, F	16	32	48	32	48	0	0
I	Abnahme des Projekts	G, H	8	48	56	48	56	0	0

Aus den Daten der Struktur- und Zeitanalyse ergibt sich der Netzplan:

FAZ	Vorgang	Beschreibung	FEZ	Dauer	GP	FP	SAZ	SEZ
0	A	Ist-Aufnahme erstellen	2	2	0	0	0	2
2	B	Soll-Konzept erarbeiten	6	4	0	0	2	6
6	C	Software beschaffen	8	2	0	0	6	8
8	D	Customizing	24	16	0	0	8	24
24	E	Sicherung der Qualität	32	8	0	0	24	32
6	F	Schulung der Anwender	30	24	2	2	8	32
32	H	Einführung des Projekts	48	16	0	0	32	48
48	I	Ist-Aufnahme erstellen	56	8	0	0	48	56
6	G	Dokumentation des Projekts	36	30	12	12	18	48

Funktions-/prozessorientierte Organisation
Function-/Process-Oriented Organization

Nachteile der Funktionsorientierung

- Arbeitsplatz- und aufgabenbezogene Betrachtungsweise innerhalb einer Abteilung; Gliederung nach dem Prinzip der Tätigkeit
- Leistungsorientierung
- In der Regel Einzelarbeit und Routinearbeiten
- Erkennen, welche Tätigkeiten den Abteilungsnutzen erhöhen bzw. besonders kostenintensiv sind
- Wenig ausgeprägtes Kosten-Nutzen-Denken
- Ausrichtung der Leistungsprozesse auf Kosten und Zeit
- Betriebliche Prozesse laufen häufig „quer" zu den Funktionen
- Engpässe durch Schnittstellen zwischen den Abteilungen
- Fehlende Datenintegration
- Datenredundanz

Funktionale Arbeitsteilung 8

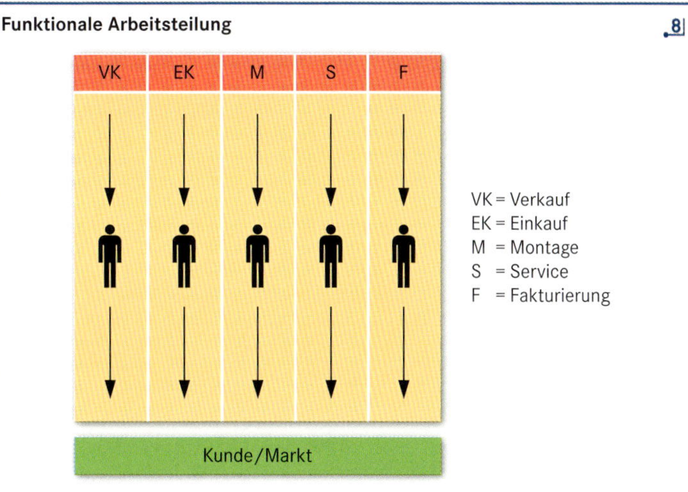

Vorteile der Geschäftsprozessorientierung

- Bereichsübergreifende Betrachtungsweise; Gliederung nach dem Prinzip des Durchlaufs
- Ziel- und Ergebnisorientierung
- In der Regel Teamarbeit und konzeptionelle Problemlösungsarbeit
- Erkennen, welche Tätigkeiten den Kundennutzen erhöhen bzw. besonders kostenintensiv sind
- Ausgeprägtes Kosten-Nutzen-Denken wegen größerer Mitverantwortung
- Zielorientierte Ausrichtung der Leistungsprozesse am Kunden und am Markt

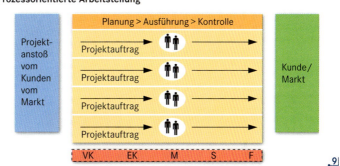

Prozessorientierte Arbeitsteilung

Projektanstoß vom Kunden vom Markt

Planung > Ausführung > Kontrolle

Projektauftrag

Projektauftrag

Projektauftrag

Projektauftrag

VK EK M S F

Kunde/Markt

9

Kombination funktions- und prozessorientierter Organisation

Prozessorientierung über die Funktionsabteilungen hinweg: Die Schnittstellenprobleme zwischen den Funktionsbereichen werden überwunden und zum Kunden besteht nur noch eine Schnittstelle! Nach dem Motto: „One face to the Customer".

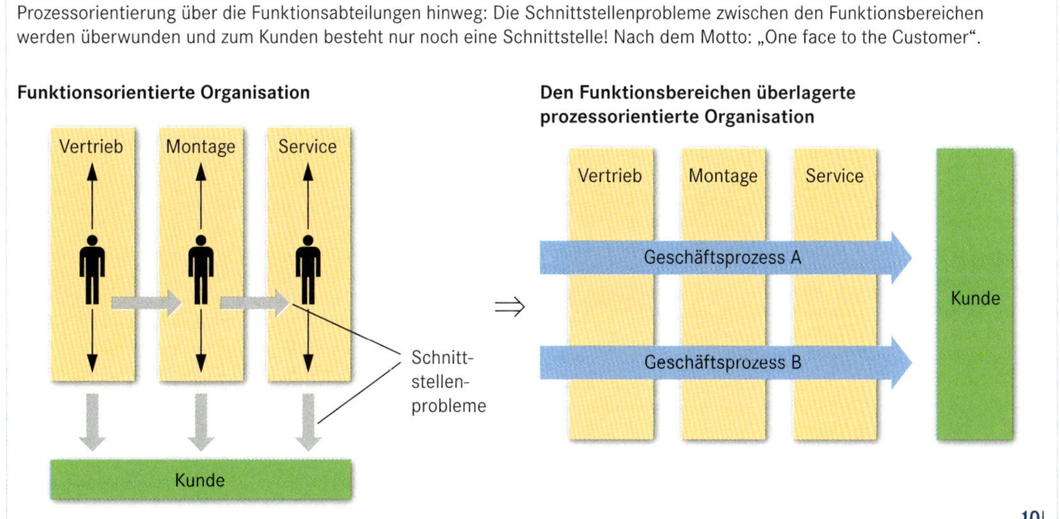

10

Begriff

„Ein Geschäftsprozess besteht aus einer zusammenhängenden abgeschlossenen Folge von Tätigkeiten, die zur Erfüllung einer betrieblichen Aufgabe notwendig sind.
Die Tätigkeiten werden von Aufgabenträgern in organisatorischen Einheiten unter Nutzung der benötigten Produktionsfaktoren geleistet. Unterstützt wird die Abwicklung der Geschäftsprozesse durch das Informations- und Kommunikationssystem IKS des Unternehmens.“ 11

Kunden können sowohl externe Nachfrager (Kunden im eigentlichen Sinne) als auch interne Nachfrager (z. B. Abteilungen des eigenen Unternehmens) sein.

Beispiele von Geschäftsprozessen:
- Erstellung eines Angebotes
- Beschaffung von Fremdleistungen
- Abwicklung des Zahlungsverkehrs

Beispiel: Geschäftsprozess

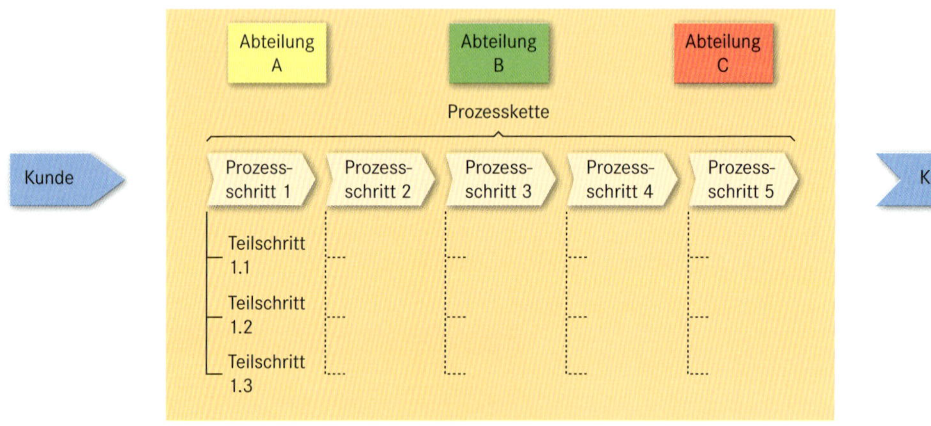

12

Ziele der Geschäftsprozessoptimierung

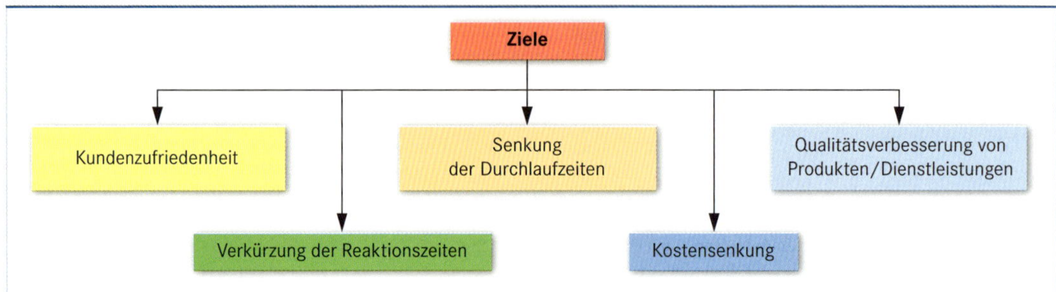

Arten von Geschäftsprozessen

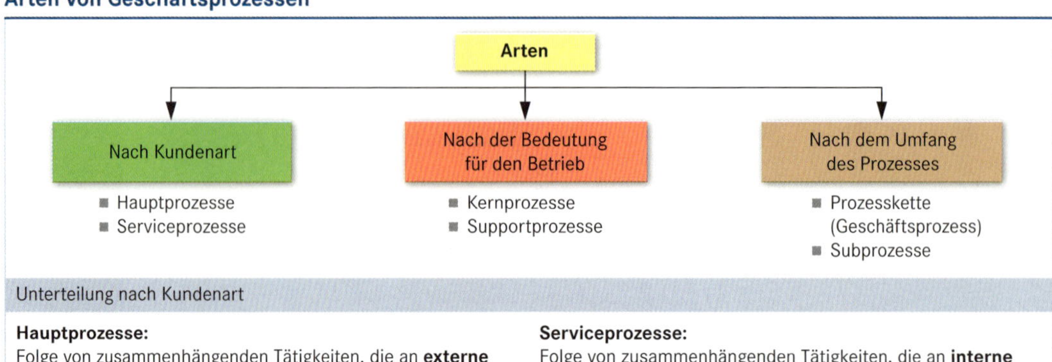

Unterteilung nach Kundenart

Hauptprozesse:
Folge von zusammenhängenden Tätigkeiten, die an **externe** Kunden geleistet werden.

Serviceprozesse:
Folge von zusammenhängenden Tätigkeiten, die an **interne** Kunden geleistet werden.

Unterteilung nach der Bedeutung für den Betrieb

Kernprozesse:
Geschäftsprozesse, mit denen die Hauptleistung eines Unternehmens erbracht wird, d. h. mit deren Hilfe die eigentliche Wertschöpfung (→ Betriebsertrag - Vorleistungen) erbracht wird. 13

Kundennahe Kerngeschäftsprozesse in Industrieunternehmen sind zum Beispiel:	**Wertschöpfungsintensive Kerngeschäftsprozesse** in Industrieunternehmen sind zum Beispiel:
Kundennahe Kernprozesse	Wertschöpungsintensive Kerngeschäftsprozesse
Kundenbetreuung Kundenkontakte → Anfragebearbeitung → Projektierung → Angebotsausarbeitung → Vertragsverhandlungen → Auftragserteilung	**Erzeugnisentwicklung** Erzeugnisanalyse → Konstruktion → Berechnung → Zeichnungserstellung → Stücklistenerarbeitung → Erzeugnistest → Prototypenfertigung → Nullserie → Erzeugniseinführung
Auftragsbearbeitung Kundenauftragsannahme → Auftragsklärung → Auftragsbestätigung → Auftragseinplanung → Auftragsabwicklung	**Fertigung** Fertigungsplanung → Fertigungssteuerung → Teilefertigung → Baugruppenmontage → Erzeugnismontage → Versand
Außenmontage Montageplanung → Erzeugnisversand → Kundenmontage → Auftragsabnahme	
Ersatzteilversorgung Auftragsannahme → Verfügbarkeitsprüfung → Bonitätsprüfung → Kommissionierung → Versand	
Wartungsabwicklung Wartungswerbung → Wartungsvertragsabschluss → Wartungsdurchführung → Ersatzteilabwicklung	
Zahlungsabwicklung Fakturierung → Zahlungseingangsbearbeitung → Zahlungseingangsüberwachung → Mahnwesen	

Supportprozesse: 14
Geschäftsprozesse, die die Kernprozesse unterstützen, wie z. B. Beschaffung von Produktionsfaktoren, Abrechnung von Löhnen und Gehältern, Sicherung der Liquidität

Unterteilung nach dem Umfang des Prozesses

Prozesskette (Geschäftsprozess): Reihung von zusammenhängenden Prozessen.	**Subprozesse:** Teil- oder Unterprozesse eines Geschäftsprozesses.

Prozessanalyse

Notwendigkeit der Prozessanalyse

Der Einsatz moderner **betriebswirtschaftlicher Standardsoftware** (z. B. SAP R/3) in den Kernprozessen des kaufmännischen Bereichs setzt in der Regel voraus, dass eine Prozessorganisation - zumindest neben einer funktionsorientierten Organisation - im Unternehmen besteht. Dazu ist die Analyse und Abgrenzung der einzelnen Geschäftsprozesse notwendig.

Der weltweite Globalisierungsdruck und die hohe Innovationsgeschwindigkeit in Wirtschaft und Technik machen es für die einzelnen Unternehmen notwendig, ihre definierten Geschäftsprozesse ständig zu hinterfragen und sie laufenden Veränderungen anzupassen (Prozessredesign).

Die Prozessanalyse ist damit ein Hilfsmittel der Prozessorganisation, die in zwei Schritten durchgeführt wird:

Durchführung der Prozessanalyse

- **Istaufnahme** der bestehenden Organisation
  Dazu werden Organisations- und Arbeitsunterlagen ausgewertet und gegebenenfalls Mitarbeiterinterviews durchgeführt.
- **Istanalyse** der Prozesse
  Mit ihrer Hilfe werden (besonders vielversprechende) Ansatzpunkte für das Redesign der Prozesse aufgespürt.

  Als Methoden werden z. B. eingesetzt:

  - Benchmarking
  - Workflowanalyse
  - Referenzanalyse
  - Schwachstellenanalyse
  - Checklistentechnik
  - Vorgangskettenanalyse

Geschäftsprozessarchitektur: Vier-Ebenen-Modell

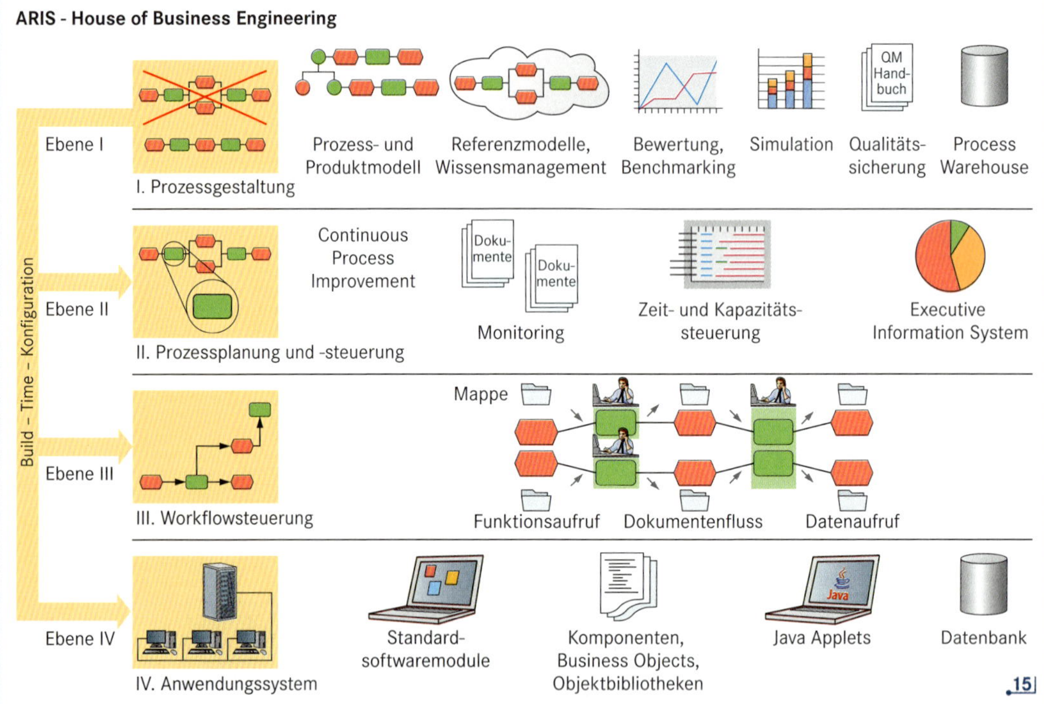

15

Ebene I: Prozessgestaltung

- Analyse und Modellierung des Geschäftsprozesses und Optimierung der Prozessstruktur
- Unterstützung der Prozessoptimierung mit EDV-gestützten Werkzeugen, z. B. ARIS-Toolset
- Zur Einsparung von Kosten
  - eventuell Rückgriff auf Referenzmodelle (empirisch erhobene Best-Practice-Beispiele oder aus theoretischen Überlegungen)
  - Simulierung verschiedener Modelle auf dem PC zur Optimierung des Prozesses

Ebene II: Prozessplanung und -steuerung

- Zuordnung von Funktionen (Aufgaben) auf Arbeitsplätze/Arbeitsplatzgruppen für einen bestimmten Zeitraum
- Belegung der Abläufe mit Zeiten und Kapazitäten (Zeitabläufe geben Aufschluss über die Kapazitätsauslastung der Arbeitsplätze und über die Dauer eines Geschäftsprozesses).
- Ermöglichung der Prozesskostenrechnung als wesentliches Steuerungsinstrument auch in der Verwaltung
- Durchführung einer mitlaufenden Kostenkalkulation von Abläufen durch den Einsatz von Workflow-Systemen

Ebene III: Workflowsteuerung

Verfeinerung der Geschäftsprozessmodelle durch Betrachtung einzelner Vorgänge innerhalb des Prozesses:

- Zuteilung einzelner Vorgänge zu den ausführenden Organisationseinheiten
- Auswahl der günstigsten Möglichkeit bei alternativen Bearbeitungsstrategien unter Berücksichtigung aktueller Kapazitäten
- Sammlung von Informationen über realisierte Vorgänge und Ermittlung von Abweichungen von strategischen Vorgaben
- Aufzeigen kritischer Veränderungen in der Prozessentwicklung

16

Ebene IV: Anwendungssystem

- Ebene der Prozessausführung durch Unterstützung der zur Funktionsausführung benötigten Bearbeitungsregeln
- „... ablauforganisatorische Integration der realen Aufgabenstellung (definiert in den Prozessmodellen) mit DV-Systemen (Standardsoftware, Individualsoftware) sowie Anwendungsdiensten"

17

Sichten

Um unterschiedliche Geschäftsprozesse analysieren und darstellen zu können, werden so genannte Sichten benutzt. („Sicht: Betrachtung einer bestimmten Ausprägung eines Geschäftsprozesses.“) 18

Vorteile der Nutzung von Sichten zur Prozessanalyse:
- Erhebliche Reduktion der Komplexität
- Einsatzmöglichkeit von speziellen, besonders geeigneten Verfahren für die verschiedenen Ausprägungen der Geschäftsprozesse
- Möglichkeit der Fokussierung auf einzelne Ausprägungen von Geschäftsprozessen bei Ausblendung anderer Gesichtspunkte
- Isolierung der verschiedenen Ausprägungen, um Experten gezielt einsetzen zu können
- Durch die Sichtendefinition liegt ein standardisierter Ordnungsrahmen für die Prozessanalyse ... vor. 19

ARIS-Konzept

Begriff

ARIS: **Ar**chitektur **i**ntegrierter Information**s**systeme
Konzept zur computerunterstützten Modellierung und Dokumentation von Geschäftsprozessen

Inhalt

Ausgangspunkt: Betriebswirtschaftliche Problemstellung (Geschäftsprozess)

Beschreibung des Geschäftsprozesses aus fünf **Sichtweisen:**
- Organisationssicht
- Datensicht
- Steuerungssicht
- Funktionssicht
- Leistungssicht

Zerlegung jeder Sichtweise in drei Beschreibungsebenen **(Schichten):**
- Fachkonzeptebene
- Datenverarbeitungskonzeptebene
- Implementierungsebene

Sichten und Beschreibungsebenen der ARIS-Architektur.

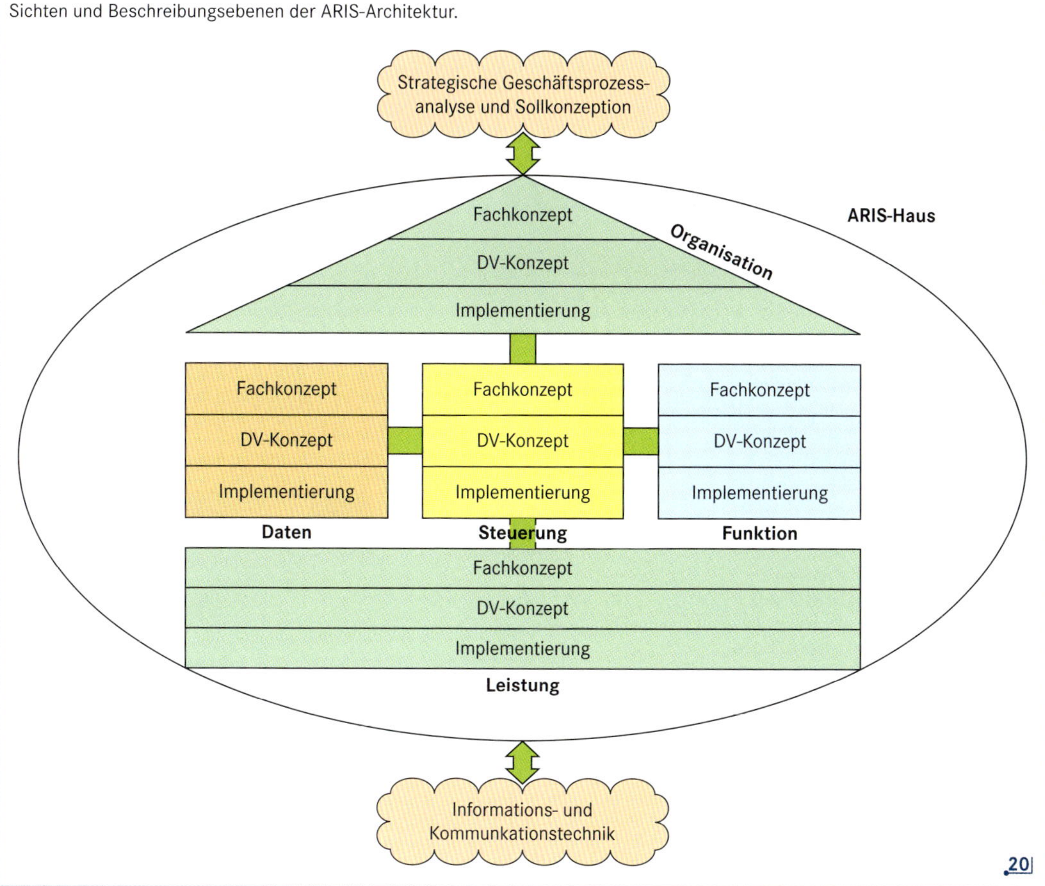

20

ARIS-Fachkonzeptebene

Organisationssicht

Alle Elemente der **Aufbauorganisation**, wie Abteilungen, Stellen, Personen und deren Beziehungen zueinander, werden in der Organisationssicht beschrieben. Üblicherweise wird die Aufbauorganisation in **Organigrammen** abgebildet.

Beispiel: Ausschnitt aus einem Organigramm 21

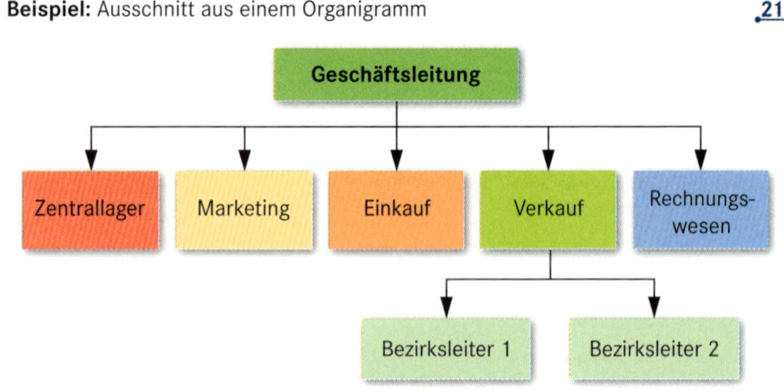

Funktionssicht

In der Funktionssicht werden Vorgänge (Funktionen) und deren Zusammenhänge beschrieben. Als Kernmethode zur Beschreibung von Funktionen werden so genannte **Funktionshierarchiebäume** verwendet.

Beispiel: Ausschnitt aus einem Funktionshierarchiebaum 22

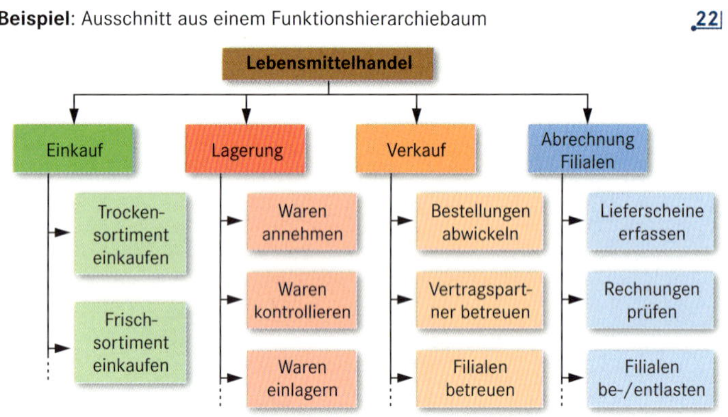

Datensicht

Für die Gestaltung eines Informationssystems ist die Datensicht besonders wichtig. Die am weitesten verbreitete Entwurfsmethode ist das **Entity-Relationship-Modell** (ERM). Im ERM werden Entities (Objekte), Attribute und Beziehungen unterschieden. **Entities** sind reale oder abstrakte Dinge, die z. B. für einen zu analysierenden Geschäftsprozess von Bedeutung sind. Sie werden durch Rechtecke dargestellt.
Attribute sind Eigenschaften von Entities (Objekten), z. B. hat das Objekt Artikel eine Artikelnummer und einen Preis. Sie werden in Form einer Ellipse dargestellt. **Beziehungen** sind logische Verknüpfungen zwischen Objekten.
Sie werden in Form einer Raute dargestellt. Der Komplexitätsgrad (Kardinalität) einer Beziehung wird dadurch bestimmt, wie viele andere Entities einem bestimmten Entity eines Typs zugeordnet werden können. Man unterscheidet 1:1-, 1: n-, n :1- und n : m-Beziehungen.

Beispiel: Ausschnitt aus einem Entity-Relationship-Modell 23

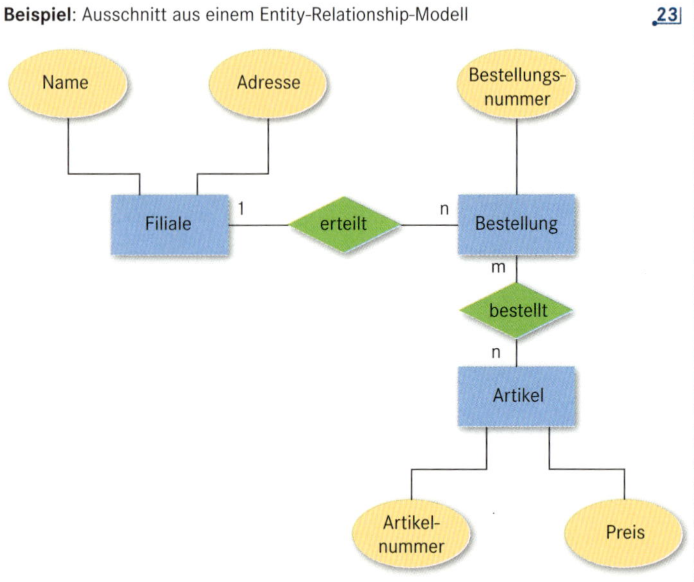

Steuerungssicht

Wird ein Geschäftsprozess lediglich durch die vier Sichten Organisationssicht, Datensicht, Funktionssicht und Leistungssicht beschrieben, kann zwar die Komplexität von Geschäftsprozessen reduziert werden, dafür gehen die Zusammenhänge der einzelnen Elemente zwischen den Sichten verloren.
Durch die Steuerungssicht wird nun die Verbindung zwischen den anderen Sichten geschaffen.

Erweiterte ereignisgesteuerte Prozessketten 24
(eEPK) werden zur Beschreibung der Steuerungssicht eingesetzt (s. Abb. unten).
Sie zeigen die **Ablaufstruktur aus Ereignissen und Funktionen**. Ereignisse (z. B. Kundenbedarf) lösen Funktionen aus (z. B. Anfrage an das Unternehmen); Ereignisse sind andererseits Ergebnisse (z. B. Endergebnis „Fertigprodukt") von Funktionen.

Leistungssicht

In der Leistungssicht werden alle materiellen Leistungen eines Unternehmens, die Ergebnisse von (Teil-) Prozessen sind, strukturiert. Dabei handelt es sich z. B. um die Produkte und Dienstleistungen des Unternehmens.

Beispiel: Ausschnitt aus einem Produktbaum

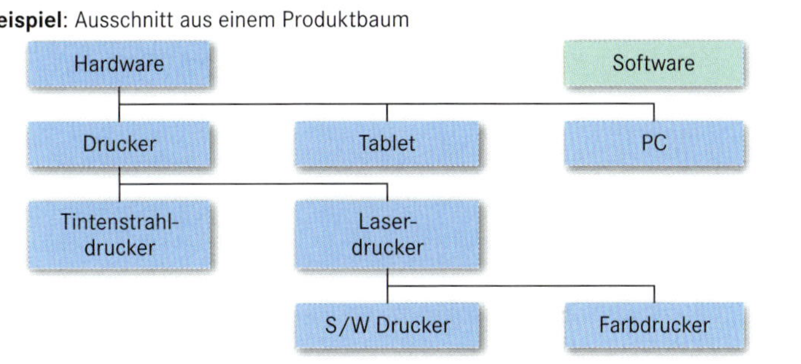

Notation

Begriff

Geschäftsprozesse werden in der Regel nicht als fortlaufender Text in Satzform beschrieben;
vielmehr haben sich grafische Notationen zur Beschreibung von Geschäftsprozessen durchgesetzt.

Als Standard haben sich dabei die **Ereignisgesteuerten Prozessketten (EPK**) durchgesetzt.
Daneben werden z. B. **Vorgangskettendiagramme (VKD)** und **Petrinetze** benutzt.

Beispiel:
Geschäftsprozess
„Die eingegangene Lieferantenrechnung wird von der Rechnungskontrolle mit Hilfe der

- Bestellkopie und des
- Wareneingangsscheins

geprüft. Erweist sich die Eingangsrechnung bei der Rechnungsprüfung als fehlerhaft, so wird von der Rechnungskontrolle ein Begleitschreiben erstellt, in welchem der Rechnungsfehler ausgewiesen und dargestellt wird. Begleitschreiben und fehlerhafte Rechnung werden an den Lieferanten zurückgeschickt.

Ist die Eingangsrechnung fehlerfrei, so wird sie von der Buchhaltung mit Hilfe des Softwaresystems PROFBUCH verbucht. Die Konten werden in der Kontendatei fortgeschrieben und der Buchungssatz in der Buchungsdatei gespeichert." 25

Ereignisgesteuertes Prozesskettendiagramm

26

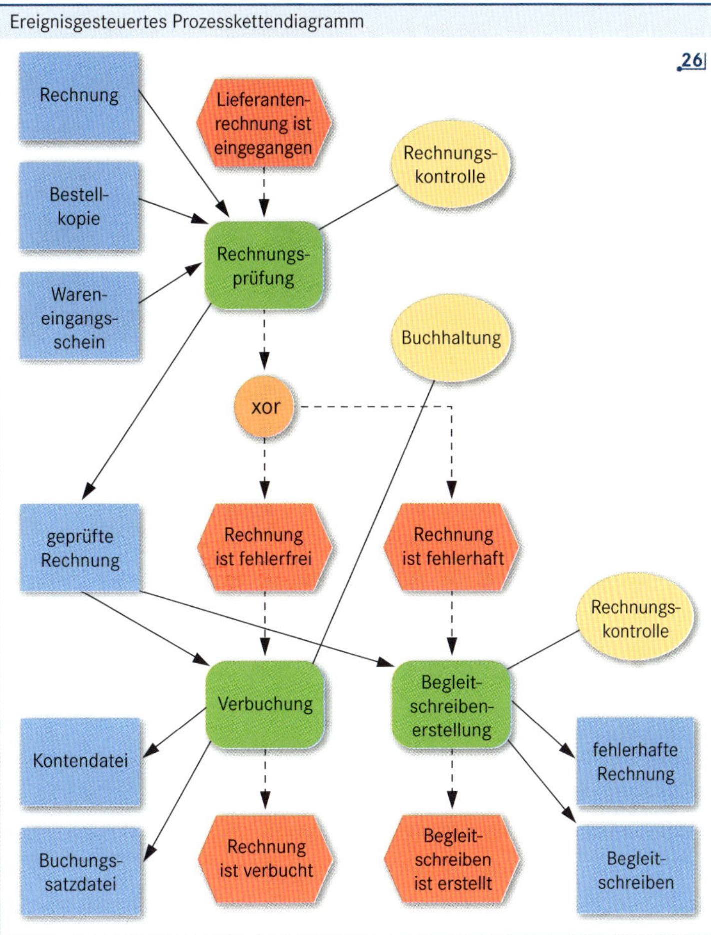

Notation

Sinnbilder der EPK-Technik

Begriff	Symbol	Beschreibung	Begriff	Symbol	Beschreibung
Ereignis 27		Eingetretensein eines Zustandes, der eine Folge auslöst	UND-Operator		Verknüpfungsoperator UND
Funktion		Verarbeitungsaktivität, die eine Transformation vom Eingangszustand in den Zielzustand bewirkt	ODER-Operator		Verknüpfungsoperator ODER
Objekt		Informations- oder Material- oder Ressourcenobjekt, also die Abbildung eines Gegenstandes der realen Welt	EXKLUSIV-ODER-Operator	xor	Verknüpfungsoperator EXKLUSIV-ODER
Organisationseinheit		Aufbauorganisatorische Stelle oder Gremium	Kontrollfluss		Ausweis der zeitlich logischen Abhängigkeiten von Ereignissen und Funktionen
Prozesswegweiser		Navigationshilfe, zur Darstellung der Verbindung von einem bzw. zu einem anderen Prozess	Informations- und Materialfluss		Fluss von Imformationen oder Materialien
			Organisationseinheitenzuordnung		Zuordnung von Organisationseinheiten oder Ressourcen zu Funktionen

Verknüpfungsmöglichkeiten und -regeln ereignisgesteuerter Prozessketten

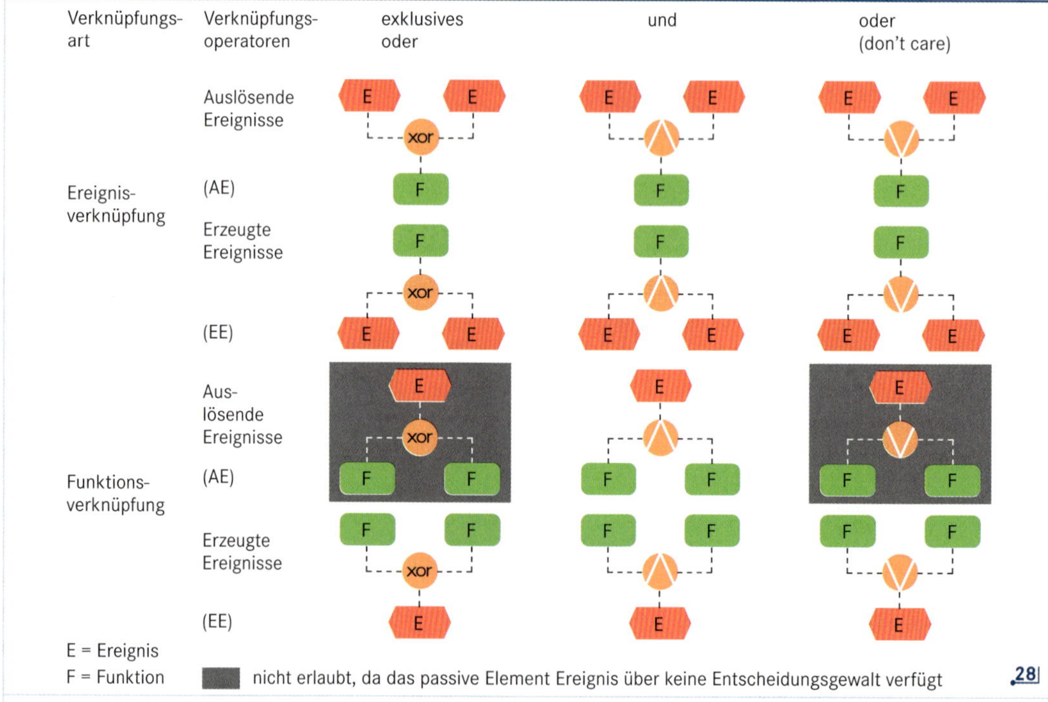

28

- Der zeitlich/logische Prozess ist auszuweisen.
- Prozessketten werden immer von einem Ereignis ausgelöst. Deswegen muss am Anfang mit einem Ereignis begonnen werden.
- Ereignisse sind nur solche Situationen, die eine oder mehrere Funktionen auslösen können oder von Funktionen ausgelöst werden.
- Im Kontrollfluss lösen sich Ereignisse und Funktionen ab.

29

- Der Informationsfluss ist nicht darzustellen, sondern nur die Informationsobjekte, also der Input und der Output.
- Entscheidungen werden ausschließlich bei Funktionen gefällt.
- Die Verknüpfungsverbote sind einzuhalten.
- Größere Prozessketten über zwei oder mehrere Seiten haben als Konnektoren zwischen den Seiten immer Ereignisse.
- Prozessketten enden immer mit einem Ereignis.

Analyse und Gestaltung von Geschäftsprozessen

Analysis and Design of Business Processes

Notation

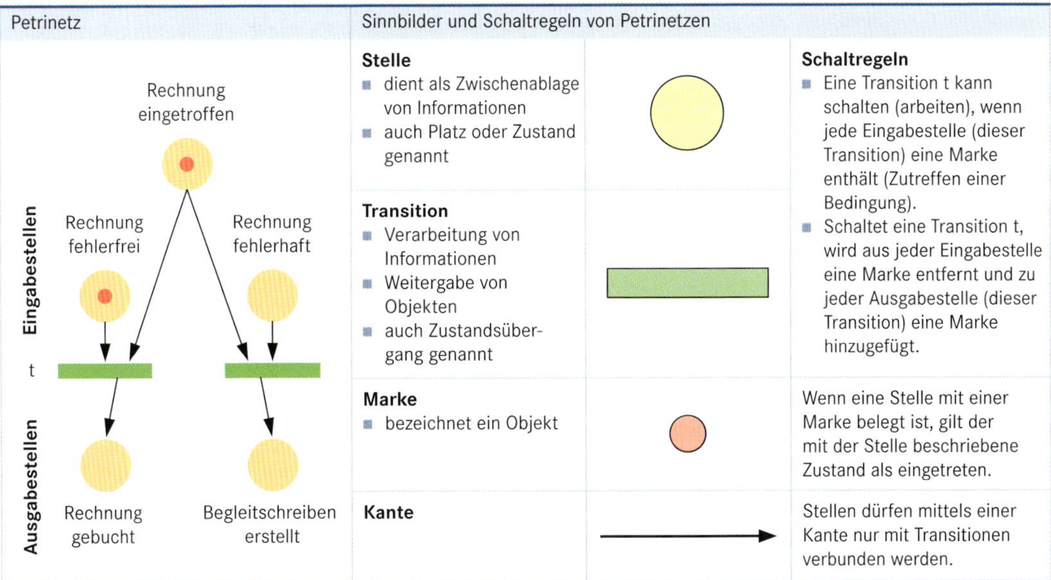

Sinnbilder und Schaltregeln von Petrinetzen		
Stelle ▪ dient als Zwischenablage von Informationen ▪ auch Platz oder Zustand genannt		**Schaltregeln** ▪ Eine Transition t kann schalten (arbeiten), wenn jede Eingabestelle (dieser Transition) eine Marke enthält (Zutreffen einer Bedingung). ▪ Schaltet eine Transition t, wird aus jeder Eingabestelle eine Marke entfernt und zu jeder Ausgabestelle (dieser Transition) eine Marke hinzugefügt.
Transition ▪ Verarbeitung von Informationen ▪ Weitergabe von Objekten ▪ auch Zustandsübergang genannt		
Marke ▪ bezeichnet ein Objekt		Wenn eine Stelle mit einer Marke belegt ist, gilt der mit der Stelle beschriebene Zustand als eingetreten.
Kante		Stellen dürfen mittels einer Kante nur mit Transitionen verbunden werden.

Kontrolle von Geschäftsprozessen

Controlling of Business Processes

Erfolgsindikatoren

Nach einer **Einführungskontrolle** des neuen Geschäftsprozesses, dem Vergleich von Soll- und Istorganisation, wird eine **Zielerreichungskontrolle** durchgeführt: Festgestellte **Istergebnisse** werden mit den **Zielvorgaben** verglichen. Mithilfe von Erfolgsindikatoren kann geprüft werden, wie effektiv die Gestaltung eines Geschäftsprozesses erfolgte.

30

Kontrolle von Geschäftsprozessen

Mögliche **Erfolgsindikatoren** sind:	Beispiele für **Messfaktoren**:
Ausmaß der Kundenzufriedenheit (interner und externer Kunden)	Anteil der Stammkunden an Kundengesamtheit Kundenbeschwerden pro Zeiteinheit (z. B. Monat)
Qualitätsstandard der Produkte bzw. Leistungen	Fehlerquote Kundenbeschwerden pro Periode (z. B. Monat)
Zeitaufwand	Durchlaufzeit des Prozesses Reaktionszeit bei Kundenanfragen
Höhe der Kosten	Höhe der Prozesskosten Anteil der Personalkosten an den Prozesskosten

Da nicht alle Ergebnisse mengenmäßig bestimmbar sind, muss zwischen **quantitativen** und **qualitativen Messfaktoren** unterschieden werden. (Zu Erfolgskennziffern siehe S. 475)

Begriff KAIZEN

Japanisch: **KAI** = Veränderung **ZEN** = zur Verbesserung Deutsch: KVP = Kontinuierlicher Verbesserungsprozess	Prozess- und kundenorientierte Unternehmens- bzw. Managementphilosophie eines nie endenden Optimierungsprozesses.

KAIZEN-Schirm

31

- Vorschlagswesen
- Automatisierung
- Arbeitsdisziplin
- Total Productive Maintenance (TPM)
- Kanban-System*
- Kundenorientierung
- Total Quality Management (TQM)*
- Mechanisierung
- Quality Circle (QC)
- Lean Production*
- Change Management

- Lean Management*
- Qualitätssteigerung
- Just-in-Time-Fertigung (JIT)*
- Fehlerlosigkeit
- Business Process Reengineering (BPR)*
- (Klein-)Gruppenarbeit
- Kooperation der Managementebenen
- Produktivitätssteigerungen
- Entwicklung neuer Produkte

* Lean Production (Schlanke Produktion)

- Vermeidung jeglicher Verschwendung in der Produktion, insbesondere unnötiger Arbeitsschritte bis hin zur Verringerung der Produktionstiefe durch Outsourcing vorgelagerter Produktionsstufen
- Überwindung der strikten Trennung von dispositiver und ausführender Arbeit durch Einführung von Gruppenarbeit i. V. m. jobenrichment

* Lean Management

- Übertragung des Konzeptes des Lean Production auf das gesamte Unternehmen
- Hoch entwickeltes Vorschlagswesen
- Integration von Kunden, Lieferanten und Mitarbeitern
- Abbau von Hierarchiestufen

* Kanban (Karte)

- Innerbetriebliches Verfahren zur Unterstützung der Produktionsplanung und -steuerung
- Kanbans sind Anzeigekarten in Materialbehältern, mit deren Hilfe Nachschublieferungen an die Fertigungslinien ausgelöst werden.

* Just-in-Time-Fertigung

- Fertigungssynchrone Materialbeschaffung und -bereitstellung bzw. verkaufssynchrone Produktion zur Verringerung oder im besten Falle zur Vermeidung der Lagerhaltung im Beschaffungs- bzw. Absatzbereich
- Voraussetzungen:
  - Exakte Vorhersagbarkeit des Materialbedarfs
  - regelmäßiger Materialfluss
  - Zuverlässigkeit hinsichtlich Mengen, Terminen und Qualitäten
  - Verlagerung der Qualitätskontrolle auf den Zulieferer

* Business Process Reengineering

- Bei der „Neugestaltung von Geschäftsprozessen" konzentriert sich das Unternehmen auf seine Kernkompetenzen.
- BPR orientiert sich an den entscheidenden Geschäftsprozessen, die, ausgerichtet auf den Kunden, erneuert und optimiert werden.
- Intensive Nutzung der aktuellen Informationstechnologie zur Prozessunterstützung, z. B. ARIS-Tools

* Total Quality Management(TQM)

- Integratives Managementkonzept, das alle Unternehmensbereiche, alle Hierarchieebenen, alle Mitarbeiterinnen und Mitarbeiter einbezieht
- Wesentliches Unternehmensziel ist die Qualität, die sich in fehlerfreien und kundengerechten Produkten und Dienstleistungen widerspiegelt.
- Der Qualitätsbegriff bezieht sich darüber hinaus auf Optimierung von Geschäftsprozessen, technische Ausstattungen und Arbeitsbedingungen sowie personelle Ressourcen und Außenbeziehungen.

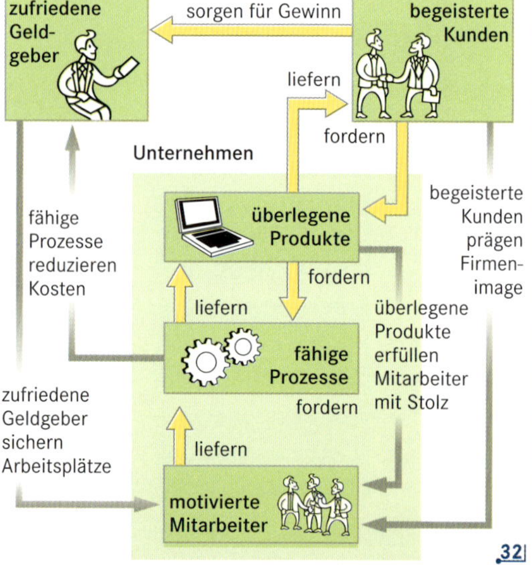

32

Informationsquellen und Arbeitsmethoden

3

Wissensaneignung

54 Informationsquellen
55 Suchen im Internet
56 Lernen
57 Umgang mit Texten
58 Textaufbau, Bericht, Protokolle

Darstellung von Arbeitsergebnissen

59 Seitengestaltung
60 Webdesign
61 Visualisierung
62 Präsentation
63 – 64 Diagramme
65 Mind-Mapping
66 Moderation
67 Vortrag, Referat
68 Gespräch

Arbeitsprozesse

69 Problemlösung
70 Arbeitsorganisation
71 Zeitmanagement
72 Brainstorming
72 Einzel- und Gruppenarbeit
73 Arbeitsgruppen
74 Kommunikation
75 Kundengespräch
76 Konflikt

Druckmedien (Printmedien)

Fachbücher

- Der Inhalt ist systematisch, übersichtlich und im Zusammenhang dargestellt.
- Fachbücher sind gut geeignet zur Vorbereitung und Nachbereitung an beliebigen Orten.
- Dauerhafte und individuell eingefügte Markierungen erleichtern den Zugriff und die Handhabbarkeit.
- Fachbücher können auch über das Stichwortverzeichnis als Nachschlagewerk verwendet werden. Das Quellen- und Literaturverzeichnis liefert Hinweise zu weiterführender Literatur.

Fachzeitschriften

- Behandelt werden begrenzte Gebiete oder nur Teile eines Fachgebietes.
- Fachzeitschriften sind aktuelle Informationsquellen. Mitunter kann es sinnvoll sein, die reinen Fachaufsätze getrennt zu sammeln und zu archivieren.

Lexikon, Tabellenbuch, Handbuch

- Einzelne Fachgebiete sind geordnet, übersichtlich, anschaulich und mitunter in Tabellenform dargestellt. Ein schneller Zugriff auf wesentliche Informationen wird dadurch erleichtert.
- Sie eignen sich in der Regel zum Nachschlagen bestimmter Sachverhalte oder Themen. Alphabetische oder themenbezogene Gliederungen kommen vor.
- Ein sinnvoller Zugriff auf Themen oder Begriffe erfolgt in der Regel über das Sachwortverzeichnis.

Firmenunterlagen

Diese Informationsquellen sind in der Regel auf eine bestimmte Zielgruppe ausgerichtet, z. B.:

Käufer → Produktwerbung, Selbstdarstellung

Service → Technische Informationen und Bedienungsanleitungen

Multimedia

- Informationsquellen mit diesem Merkmal enthalten neben Text- und Bildinformationen auch akustische Informationen und Videosequenzen.
- Die Datenträger sind in der Regel CDs und DVDs.
- Mit Hilfe des Computers lassen sich einzelne Programmelemente bzw. Seiten abrufen (über Links) und dem eigenen Auffassungsvermögen (Schnelligkeit, Wiederholung, Standbild, usw.) anpassen.
- Der Benutzer kann aufgefordert werden, aktiv in die Darbietung einzugreifen (interaktiv).
- Bestimmte Teile lassen sich ausdrucken und können dann wie eine reine Textinformation benutzt werden.

Internet

Internet-Dienste:

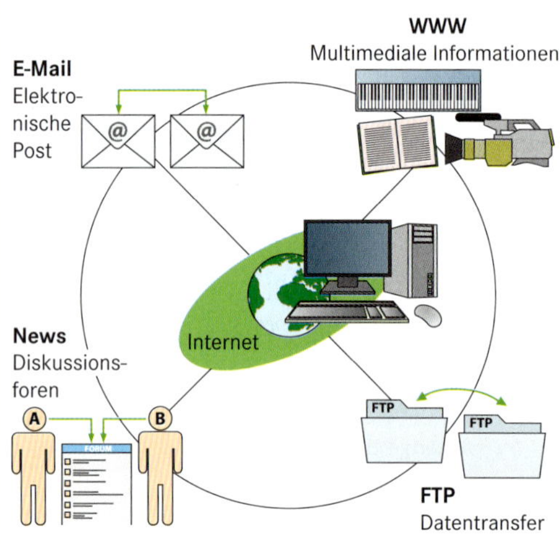

E-Mail

Elektronisches Versenden oder Empfangen von Nachrichten (Electronic Mail).
Die Nachricht kann gespeichert, ausgedruckt oder sofort beantwortet werden.
Alle Teilnehmer besitzen eine elektronische Postadresse, z. B.: **service@westermanngruppe.de.**

WWW (World-Wide-Web)

Multimediale Benutzeroberfläche des Internets.
Angebote und Informationen können aufgerufen, gespeichert oder ausgedruckt werden.
Die Informationen können umfassen: Texte, Bilder, grafische Symbole, Ton- und Videosequenzen
z. B.: **http://www.westermann.de**

FTP (File-Transfer-Protokoll)

FTP ist eine Abkürzung für ein Verfahren zum Datentransfer im Internet.
Mit diesem Verfahren können aus dem weltweiten Softwarepool des Internets die unterschiedlichsten Dateien direkt kopiert werden.
Hochschulen und größere Firmen bieten entsprechende Software über ihre FTP-Server an,
z. B.: **ftp://ftp.mcafee.com/**
(Hauptverzeichnis des Rechners der Firma McAfee)

News

- Im Internet finden sich Gruppen (Newsgroups) zum Gedanken- und Meinungsaustausch zusammen.
- Diskussionsbeiträge und Ratschläge zu unterschiedlichsten Themen werden ausgetauscht.
- In Diskussionsforen stellt jeder Teilnehmer seine Nachricht, Fotos, Dateien usw. für alle anderen als elektronische Post zur Verfügung („schwarzes Brett").
- News-Server sind Computer, auf deren Festplatten die Nachrichten der Diskussionsforen gespeichert sind und abgerufen werden können.

Elemente einer Suchstrategie

- Ist das Internet die geeignete Informationsquelle?
- Führen gedruckte Publikationen schneller zum Ziel?
- Internetrecherche weltweit oder im deutschsprachigen Raum durchführen?
- Suchbegriff gründlich überdenken und präzisieren
- Entscheidung für eine Suchmaschine, Meta-Suchmaschine oder ein Web-Verzeichnis (Katalog) fällen
- Suche durch weitere Begriffseinengung verfeinern
- Einengung durch mathematische Zeichen oder boolesche Operationen möglich

Web-Verzeichnisse, Web-Kataloge

- Diese Verzeichnisse bzw. Kataloge werden von Fachleuten erstellt und nach Themen sortiert
- Sie enthalten Sammlungen von Webseiten-Adressen
- Schritt für Schritt kann man sich der speziellen Thematik nähern
- Verzeichnisse bzw. Kataloge enthalten die „Wertvorstellungen" der jeweiligen Verfasser
- Bei nichthierarchischen Web-Verzeichnissen ist eine netzartige Struktur aufgebaut, deren Elemente durch Links verknüpft sind.
- Die Bewertung der Beiträge kann manuell (Voting), automatisch (Ranking) oder durch Auswertung der Zugriffe erfolgen.

Funktion von Suchmaschinen

- Mit Programmen werden Dokumente (Text, Bild, Ton, Video) automatisch im Internet analysiert und indiziert.
- Der Index enthält die Datenstruktur sowie Informationen über das Dokument.
- Wenn ein Suchbegriff in die Suchmaschine eingegeben wird, liefert diese auf Grund ihrer Indizierung **(indexbasierte Suchmaschine)** eine Liste von Verweisen auf relevante Dokumente und Kurzinformationen zum Dokument.
- Suchmaschinen können Informationsquellen nach unterschiedlichen Arten von Daten durchsuchen (z. B. Text, Bild, Ton, Video). Bei der Suche nach Textdokumenten wird ein Textfragment mit dem Suchbegriff angezeigt. Bei einer Bildsuche wird in der Regel eine Miniaturansicht der passenden Bilder angezeigt.

Beispiele

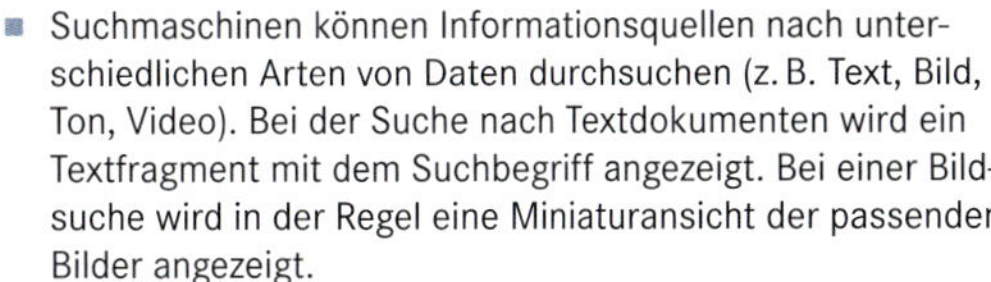

Google
http://www.google.de

Bing (Microsoft)
http://www.bing.com

Metasuchmaschinen

- Ihre Aufgabe besteht darin, die Suchanfrage an mehrere andere Suchmaschinen gleichzeitig weiterzuleiten. Die Ergebnisse werden gesammelt und aufbereitet.
- Anfragen werden langsamer beantwortet als eine direkte Anfrage bei einer einzelnen Suchmaschine, da die Antwort aller Suchdienste abgewartet wird (Servicequalität).

Eingrenzungen der Suchaufträge

Die nachfolgenden Operatoren werden nicht von allen Suchmaschinen unterstützt. Auch kann die Schreibweise abweichen.
Deshalb: Bedienungsanleitung beachten.

Operator	Erklärung	Beispiel
AND	Die verknüpften Suchbegriffe müssen vorkommen.	Festplatte AND Einbau
+	Der Begriff direkt ohne Leerzeichen nach dem Pluszeichen muss vorkommen.	Buch+IT
OR	Mindestens einer der Begriffe muss vorkommen (häufig Standardoperator)	Shareware OR Freeware
–	Begriff direkt ohne Leerzeichen nach dem Minuszeichen soll nicht vorkommen.	Betriebssystem -Windows
NOT	Der nach dem NOT folgende Begriff soll nicht vorkommen.	CD-ROM NOT Sony
NEAR	Die Begriffe sollen nahe beieinander auftauchen (logisches UND).	Microsoft NEAR Office
„…"	Phrasensuche: Es werden genau die in Anführungszeichen gesetzten Begriffe gesucht.	„Internet Explorer 7.0"
(…) {…} […]	Klammern werden für komplexe Abfragen mit booleschen Operatoren verwendet.	Software AND (Adobe OR Corel)
title: url: link:	Sucheinschränkungen für Titel, Domäne, Link	title:DVB-S2
*, %	Platzhalter für eine unbestimmte Anzahl beliebiger Zeichen.	Auto*, Ergebnis: Automat, Automobil, …

Internetquellen bewerten

Da jeder im Internet Veröffentlichungen vornehmen kann, gilt: Das Suchergebnis muss bewertet werden.
Beispiele für **Bewertungskriterien**:

URL
- Dienst entsprechend dem Protokoll (http, ftp, news, …)
- Nationalität (.de, .at, …)
- Kontext (.edu, .org, …)

Seriosität
- Verfasser (kommerziell, privat, wissenschaftliches Institut, …)
- Aktualität (Datum der Erstellung)
- Präsentation (Übersichtlichkeit, Verständlichkeit, …)
- Vollständigkeit

Lerntypen

- Sehtyp (**visuell**)
- Hörtyp (**auditiv**)
- Gesprächstyp (**verbal**)
- Fühltyp (**haptisch**)

Diese Lerntypen treten in der Regel nicht in reiner Form auf. Vorherrschend sind Mischformen. Je nach Lerntyp sind entsprechende Lehr- und Lernmethoden anzuwenden, damit das Lernergebnis im Langzeitgedächtnis verankert wird.

Ziel:
Erkennen, zu welchem Lerntyp man selbst gehört, und in diesem Rahmen die Lernfähigkeit verbessern.

Verbesserung der Lernfähigkeit

- Sich die eigenen **Lernmotive** verdeutlichen
- Entspannte und angemessene **Lern-/Arbeitsatmosphäre** herstellen.
- Lern- bzw. Arbeitsplatz den individuellen Bedürfnissen anpassen:
  - Schreibtisch, Arbeitsfläche für die Lernaufgabe herrichten
  - bequeme Sitzhaltung einnehmen
  - für ausreichende Beleuchtung sorgen
  - Materialien bereitlegen
  - Ablenkung vermeiden
- **Überblick** über die Aufgabe verschaffen
- **Zeitbedarf** abschätzen
- **Strukturen** des Lernstoffs herausarbeiten (Element, Beziehungen und Abhängigkeiten zwischen den Elementen)
- Informationen auf den **Kerngehalt** reduzieren
- **Merktechniken** und **Visualisierungen** während des Lernprozesses verwenden
- Ergebnis bzw. **Zusammenfassung** festhalten
- **Rückbesinnung** auf den Lernprozess und das Lernergebnis vornehmen
- **Beseitigung von Lernblockaden**
  Negative Einstellungen durch positive Lerneinstellungen ersetzen (entspannteres Lernen)

  Ich kann mich nicht konzentrieren.
  - Ich bin ruhig und ausgeglichen!

  Das habe ich noch nie gekonnt.
  - Was andere können, kann ich auch!

Behaltensquote

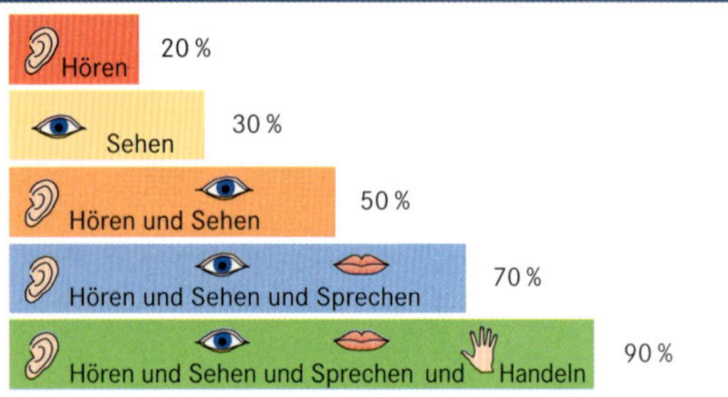

Kurzzeitgedächtnis:
Speicherung der Information ca. 30 bis 60 Sekunden lang.

Langzeitgedächtnis:
Lebenslange Speicherung.
Ziel von Lernprozessen: Gewünschte Informationen in das Langzeitgedächtnis transformieren.

Text verarbeiten und behalten

- Gelesenes nachsprechen
- Text mit eigenen Worten wiedergeben
- Über Gelesenes nachdenken
- Unterstreichungen und Markierungen mit gleichbleibender Bedeutung verwenden
- Einfache und sich wiederholende Markierungen benutzen.
  Beispiele:
  !: wichtig, bedeutsam
  !!: sehr wichtig, sehr bedeutsam
  ?: bedenklich, fragwürdig
  ??: sehr bedenklich, sehr fragwürdig
- Text durch Grafiken und Bilder veranschaulichen (Visualisierungen vornehmen)
  Beispiele:
  Flussdiagramm, Mind-Map, Struktogramm, Tabelle, ...
- Theoretische Sachverhalte mit praktischen Möglichkeiten verbinden
- Sich den Text in Form von Bildern vorstellen, den Text gedanklich „ausmalen“
- Individuelle Merkhilfen erfinden (Eselsbrücken).
- Pausen einhalten. Damit erhöht sich der Lernwirkungsgrad und der Behalteneffekt
- Ablenkungen vermeiden (akustisch, optisch, ...)
- Je nach Lerntyp: Hintergrundmusik verwenden

Lernen mit der Projektmethode

Weitgehend selbstorganisiertes Lernen in Gruppen.
Ablauf:

1. Projektinitiative
2. Projektskizze (Absichten, Vorhaben)
3. Projektplan (Schritte, Zeitbedarf, Aufgabenverteilung: „Wer macht was bis wann“)
4. Durchführung
5. Abschluss (Ergebnis, kritische Betrachtung des gesamten Projekts)

Lernen durch Rollenspiele

Probehandeln in simulierten Situationen.
Ablauf:

1. Einführung in die Rolle (Lehrkraft, Leiter, ...)
2. Erarbeitung des Rollenprofils
3. Darstellung der Rolle
4. Herausführen aus der Rolle (Lehrkraft, Leiter, ...)
5. Reflexion über die gespielte Rolle
6. Feedback durch Beobachter

1. Überblick verschaffen

Ziel: Erste Orientierung und Überblick.

- **Titel** (evtl. Untertitel), Verfasser bzw. Herausgeber, Verlag, Auflage, Erscheinungsort und Jahr
- **Inhaltsverzeichnis** (Gliederung, Aufbau und Gewichtung werden sichtbar)
- **Vorwort, Einführung** (Ziele und Inhalte werden deutlich).
- **Gestaltung** (flüchtiges „Durchblättern" verdeutlicht den Grad der Visualisierung)
- **Schluss** (Vergleich von Zielen und Ergebnissen)
- **Literaturverzeichnis** (Niveau wird sichtbar)
- **Stichwortverzeichnis** (Register), **Glossar, Personenverzeichnis,** ...
- **Anhang** (Tabellen, Übersichten, ...)

2. Text durcharbeiten

Ziel: Eine strukturierte Übersicht erarbeiten und das Wesentliche herausfinden.

Lesetechniken

- **Diagonales Lesen** (rasches „Überfliegen" des Textes, anwendbar bei einem nicht völlig fremden Sachgebiet, erste Markierungen vornehmen)
- **Eiliges Lesen** (vollständiges und schnelles Lesen, Markierungen vornehmen)
- **Verweilendes Lesen** (gründliches und vollständiges Lesen, Satz für Satz, Gedanken des Autors nachvollziehen, sich Fragen stellen, Markierungen und Anmerkungen vornehmen)
- **Selektives Lesen** (Textpassagen mit unterschiedlicher Intensität lesen, evtl. vorher Fragestellungen festlegen)

Textmarkierungen
Grundregel: Sparsam und gezielt markieren. Symbole und Farben verwenden. Markierungssystem beibehalten.

Vorteil: Zugriff zu bestimmten Textstellen wird erleichtert, durch Visualisierung werden Strukturen sichtbar.

Im Text Kernbegriffe bzw. Kernaussagen unterstreichen, hervorheben.

Am Rand wiederkehrende Kurzzeichen verwenden.
Beispiele:

!	Beachtenswert, Besonderheit, Achtung, ...
?	Bedenklich, fraglich, unklar, ...
1, 2 , ...	Reihenfolge
Zus	Zusammenfassung
Def	Definition

Fragestellungen

- Welches sind die Absichten des Verfassers?
- Was sind die Kernaussagen, was sind Randbereiche?
- Was sind Meinungen, was sind Argumente?
- Welche Struktur liegt dem Text zugrunde?
- Kann das Gelesene mit den eigenen Vorkenntnissen in eine Beziehung gebracht werden?
- ...

3. Inhaltsauszug erstellen

Spezieller Inhaltsauszug:

Exzerpt

- Eigene Gliederung erstellen
- Fragestellung entwickeln, unter der der Inhaltsauszug erstellt werden soll
- Zusammentragen von Textauszügen, die im Zusammenhang mit der jeweiligen Fragestellung stehen
- Strukturen unter Umständen durch Grafiken verdeutlichen (z. B. Mind-Map, Flussdiagramm)
- Auszüge mit Seitenverweisen des Originaltextes versehen
- Stichwörter und knappe Formulierungen verwenden
- Möglichst eigene Formulierungen benutzen
- Zitate „sparsam" einsetzen (nur Kerngedanken)
- Wörtliche Übernahmen als Zitate kennzeichnen
- ...

Quellenangaben
Wörtliche Wiedergabe, Zitat:
Wörtliche Textübernahme.
Der übernommene Text wird durch Anführungszeichen („...") gekennzeichnet.
Folgende Angaben sind zum Zitat erforderlich:

- Autor (Zuname und Vorname), evtl. Herausgeber (durch Hrsg. kennzeichnen)
- Vollständiger Titel, Nummer der Auflage (nur dann, wenn es sich nicht um die erste Auflage handelt)
- Erscheinungsort (evtl. noch Verlagsangabe)
- Erscheinungsjahr
- Seitenangabe

Sinngemäße Wiedergabe:
Größere Zusammenhänge werden sinngemäß und verkürzt dargestellt.

Text wird mit eigenen Worten wiedergegeben.
Quellenangabe wie beim Zitat, vorangestellter Zusatz: vgl. (vergleiche)

Vorgehensweise

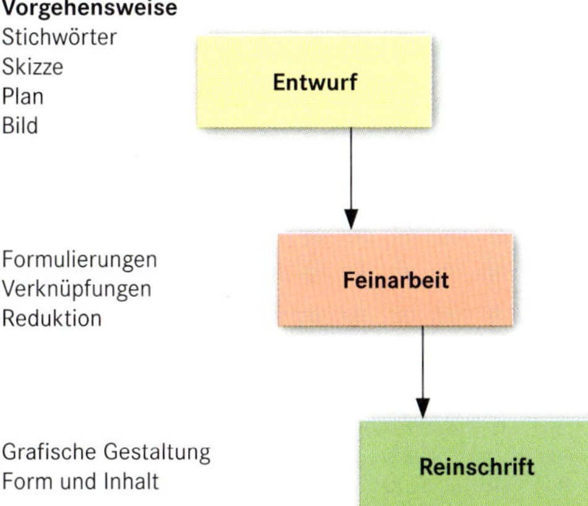

Prinzipien

- **Verständlichkeit** des Textes wird erreicht durch:
  - Einfachheit
  - Gliederung und Ordnung
  - Kürze und Prägnanz
  - Zusätzliche Stimulanz

Gliederung

- **Überschrift, Verfasser, Datum**
- **Einleitung**
  Übersicht und Information, Thema mit kurzen Sätzen skizzieren, Zweck und Ziel angeben, eventuell auf Handlungen hinweisen.
- **Hauptteil**
  Kernbereiche herausstellen, zielorientierte klare Aussage mit Veranschaulichungen (Visualisieren).
- **Schluss**
  Zusammenfassung und Vertiefung, Ausblick.
- **Anhang, Quellenangaben**

Gestaltung

- Kurze Absätze, Sätze und Wörter
- Leerräume
- Ausreichende Ränder
- Geeignete Schriftgröße (z. B.: 12 Punkt)
- Klare Formulierungen
- Überschriften und Gliederungspunkte
- Sachinformationen und persönliche Meinungen sorgfältig voneinander trennen.
- Bei Meinungsäußerungen sollte diese klar erkennbar sein, taktvolle Formulierungen verwenden, objektive Darstellungen.
- Endkontrolle nicht vergessen (Korrekturlesen), Grammatik und Rechtschreibung
- Nur notwendige Informationen angeben, Weitschweifigkeiten vermeiden.

Überprüfung durch Endkontrollfragen

- Entspricht der Aufbau meiner ursprünglichen Zielsetzung?
- Gibt es überflüssige oder weitschweifige Anteile?
- Habe ich die Bedürfnisse der Leser genügend berücksichtigt?
- Tritt meine in dem Text zum Ausdruck gebrachte Position deutlich hervor?
- Gibt es noch weitere Möglichkeiten der Veranschaulichung?
- W-Fragen gegebenenfalls beantworten:
  - Wer war wann beteiligt?
  - Was kann wen interessieren?
  - Wann ist es geschehen?
  - Wie soll vorgegengen werden?
  - Wozu dient das Ergebnis?
- Ist die Schrift lesbar?
  - Beim Lesen werden nicht Buchstaben, sondern Formen von Wörtern erfasst.
  - Serifen verleihen den Wörtern klare unterscheidbare Formen.

Protokolle

Verlaufsprotokoll **Ergebnisprotokoll**

- **Protokollkopf**
  - Anlass bzw. Überschrift
  - Datum, Beginn, Ende
  - Ort, Raum
  - Teilnehmerinnen und Teilnehmer, Leitung
  - Protokollantin, Protokollant
  - Tagesordnung
- **Protokolltext**
  - Verlauf (chronologisch) bzw. Ergebnis (Zusammenfassung, Ordnung nach Wichtigkeit, Übersichten, Tabellen usw.)
  - Anlagen
- **Protokollende**
  - Unterschrift des Protokollanten, der Protokollantin
  - Datum der Protokollerstellung
  - Unterschrift des Gegenzeichnenden (z. B. Leiter/in der Konferenz dokumentiert damit die sachliche Richtigkeit)

Schriftarten

- **Antiqua**
  Bezeichnung für alle Schriften, die sich von der alten römischen (lateinischen) Buchstabenschrift ableiten lassen.
- **Proportionalschrift**
  Eine Schrift, in der jeder Buchstabe die Breite einnimmt, die er optisch benötigt.
- **Nicht-Proportionalschrift**
  Eine Schrift, in der jeder Buchstabe (Letter) die gleiche Breite einnimmt, z. B. die Schrift Courier.

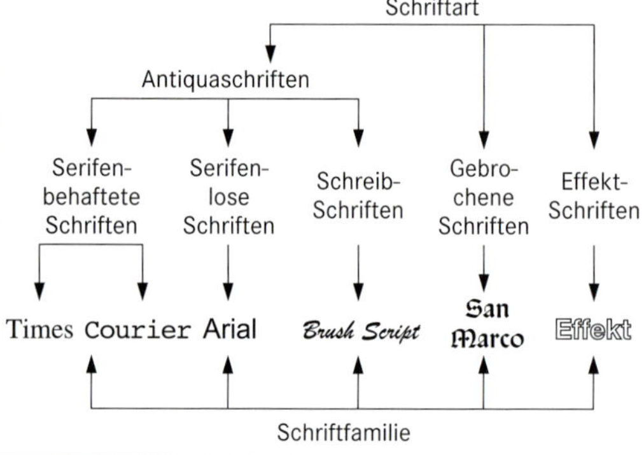

Schriftschnitte und Laufweite

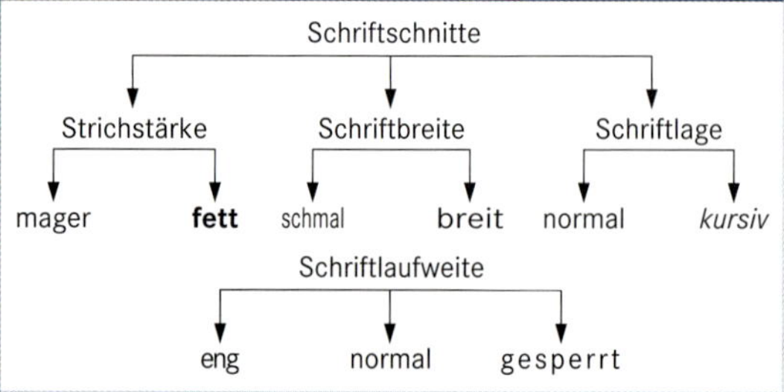

Seitengestaltung
Page Layout

Grundregeln

Einfachheit durch Begrenzung der Elemente auf einer Seite:
- Gruppierung vornehmen, wenn mehr als fünf Elemente (z. B. Textblöcke, Bilder) vorhanden sind,
- nicht mehr als drei Schriftarten verwenden,
- Farben sparsam einsetzen.

Es gilt:
Weniger ist mehr!

Verbindungen zwischen den Elementen:
- Elemente gegeneinander ausrichten, auch wenn sie weit voneinander entfernt sind,
- Abstände zwischen zusammengehörigen Elementen geringer wählen als zwischen nicht zusammengehörigen Elementen,
- Abstände zwischen nicht zusammengehörigen Elementen weiter auseinander,
- Ausrichtung am Objekt.

Beispiel:

TECHNIK:
Tausend **E**infälle
Creatives **H**errichten
Nicht **i**mmer **k**lappt's

Es gilt:
Visuelle Verbindung zwischen den Elementen herstellen!

Einheitlichkeit durch Wiederholung der Elemente (Gestaltungsraster verwenden):
- Gleiche Ränder und gleiche Abstände (z. B. Überschrift und Text, Bildunterschrift und Text),
- gleiche Schriftarten,
- gleiche Umrandungen,
- einheitliche Farben,
- einheitliche Ausrichtung (z. B. linksbündig),
- wiederkehrende visuelle Anreize (z. B. Logos, Schmuckbuchstaben).

Beispiel:

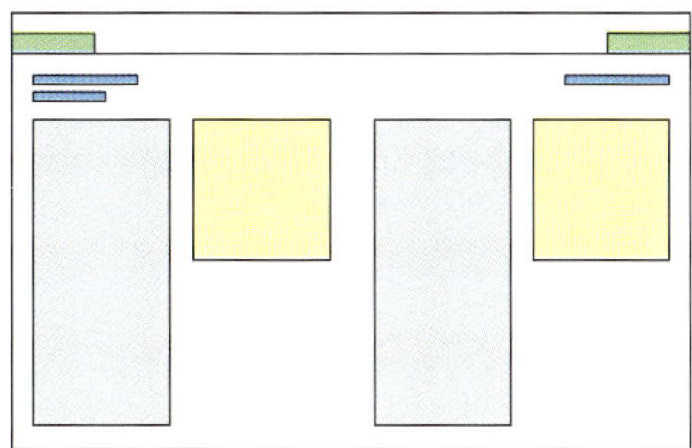

Es gilt:
Den „roten Faden" auf den Seiten herstellen!
Einheitlichkeit erzeugt Wiedererkennbarkeit!

Kontrast durch Hell-Dunkel-Unterschiede:
- Hervorhebungen (z. B. Fettdruck, andere Farbe, Änderung der Größe, Form, Lage oder Struktur, Rahmen),
- großzügig bemessene weiße, unbedruckte Flächen,
- dominierende visuelle Elemente.

Es gilt:
Aufmerksamkeit herstellen durch deutliche Unterschiede, aber sparsam!
Nur Wichtiges in Szene setzen.

Papiermaße, Seitenformat

Deutschland: **DIN A-Papierformat**
Die kleinere Seite des Bogens steht zur größeren Seite im Verhältnis 1 zu $\sqrt{2}$.

DIN A:			
A0 = 841 x 1189		A6 = 105 x 148	
A1 = 594 x 841		A7 = 74 x 105	
A2 = 420 x 594		A8 = 52 x 74	
A3 = 297 x 420		A9 = 37 x 52	
A4 = 210 x 297		A10 = 26 x 37	
A5 = 148 x 210		(Maße in mm)	

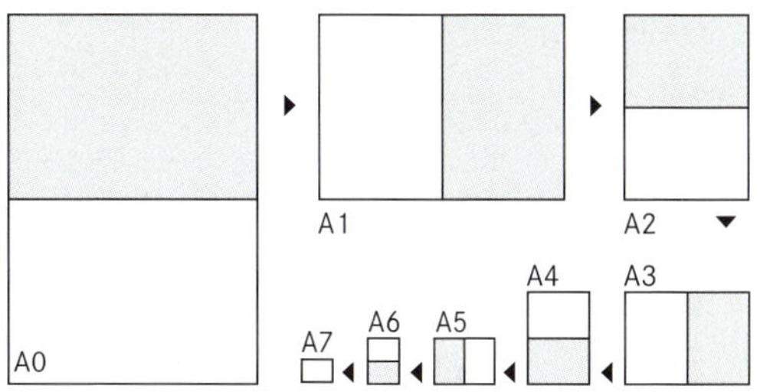

Neben dem gebräuchlichsten DIN-Format A gibt es z. B. noch die B- und C-Reihe.

Seitenaufbau, Satzspiegel

Der Satzspiegel ist die Festlegung der Nutzfläche auf dem gewählten Seitenformat, die mit Texten (Satz), Bildern usw. gefüllt wird.

Beispiel:

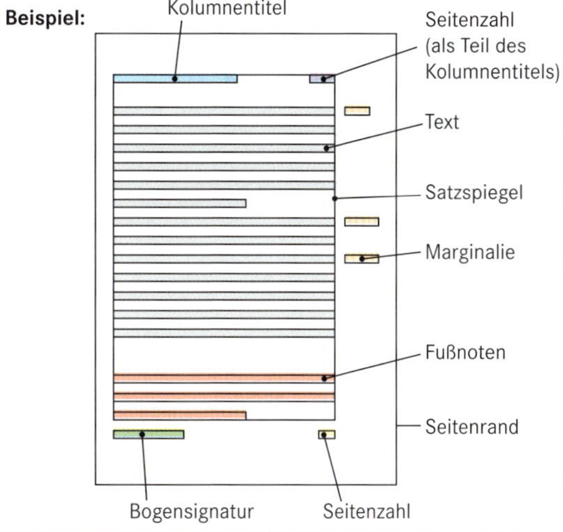

Schriftgröße

Einheit der Typographie (Schriften): **Punkt**
Pt: Pica-Punkt (auch pt)
Grundschrift: 8 bis 12 Punkt

Umrechnungstabelle:

mm	Zoll	Pt	Didot
1	0,3937	2,83464	2,65978
25,4	1	72	67,55867
0,35	0,01378	1	0,96096
0,38	0,01496	1,07712	1

Abhängigkeiten

Es bestehen wechselseitige Abhängigkeiten zwischen

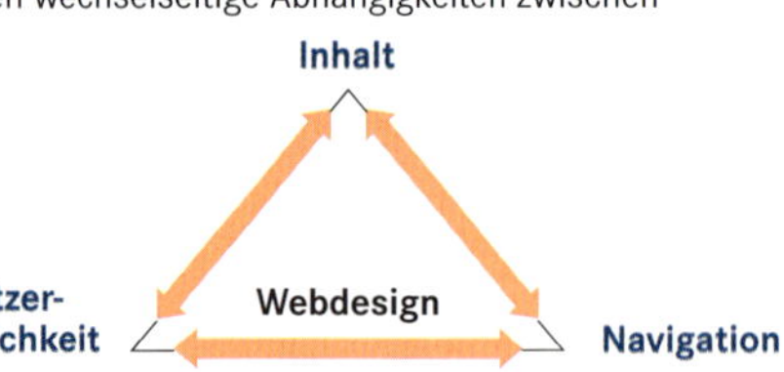

Bei Beachtung der wechselseitigen Abhängigkeiten entsteht eine benutzerfreundliche Website.

- **Inhalt**
  - **Was** wird dargestellt?
    Texte, Bilder Grafiken usw. der Website werden mit ihren Beziehungen (z. B. Rahmen, Hervorhebungen, Abgrenzungen, Tabellen) dargestellt (strukturierter Aufbau).
  - **Wie** und **womit** werden die Elemente dargestellt?
    Gestaltungselemente sind z. B. Farben, Banner, Buttons, Animationen
- **Navigation**
  - **Wie** und **wodurch** wird der Benutzer zu bestimmten Elementen geführt?
  - Zielsetzung ist es dabei, den Benutzer in leichter Form z. B. über hierarchische Links und Navigationslinks zur Beantwortung seiner Fragen zu führen: Wo befinde ich mich? Worum geht es? Wohin kann ich gehen? usw.
  - Der „Rote Faden" darf dabei nicht verloren gehen.
- **Benutzerfreundlichkeit (Web usability):**
  Merkmale:
  - **Einfachheit** (z. B. überschaubare Darstellungen, wiederkehrende Strukturen verwenden)
  - **Lesbarkeit** (z. B. Schriftgröße beachten, Farben sinnvoll einsetzen, Animationen sparsam einsetzen)
  - **Verfügbarkeit** (z. B. Inhalte zum Druck anbieten, Ladezeit von Zusatzinformationen beachten)

Probleme

Es besteht keine Kontrolle über das beim Abnehmer erscheinende Ergebnis. Deshalb sollte die Website so entwickelt werden, dass sie möglichst auf vielen Computerplattformen richtig und nicht verfälscht aufgebaut wird.

- **Farbdarstellung**
  Man kann nicht davon ausgehen, dass alle Benutzer über gleiche Farbpaletten verfügen. Deshalb sollten websichere Farben (216) verwendet werden.

- **Webbrowser**
  Die Interpretation des Quelltextes von Websites sollten mit allen gängigen Browsern getestet werden (Internet Explorer, Opera, Firefox).
- **Monitore**
  Verschiedenartige Monitore (Abmessung, Auflösung) sind bei den Adressaten im Einsatz. Das Webdesign sollte deshalb so angelegt werden, dass die Website sich an jede Auflösung und Größe der Bildschirme bzw. der Browserfenster anpasst.

Gestaltungselemente

- **Instrumente**
  W3C-konforme Techniken wie CSS, HTML, XHTML, XML, Java, Java Script einsetzen.
  W3C: World Wide Web Consortium zur Standardisierung der WWW-Techniken
  CSS: Cascading Style Sheets steuern das Erscheinungsbild einer Webseite
- **Farben**
  - Unter **Farbraum** versteht man den theoretisch möglichen Farbumfang eines Gerätes oder einer Software. Für die Gestaltung von Websites hat sich der **sRGB**-Farbraum etabliert.

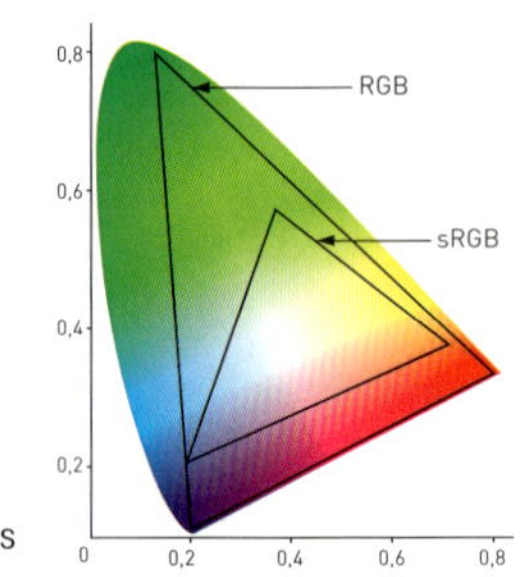

  - Es sollten nicht mehr als sechs verschiedene Farben verwendet werden.
  - Die physiologische Farbwirkung sollte beachtet werden. Farben werden unterschiedlich wahrgenommen und emotional bewertet.
  - Die Farbgestaltung sollte die Informationsaufnahme nur unterstützen.
- **Texte**
  Der Text sollte an mögliche Lesegewohnheiten der Adressaten angepasst sein:
  - Überschriften deutlich hervorheben (evtl. farblich)
  - Schlüsselwörter hervorheben (z. B. markiert, fett)
  - Text durch Zwischenüberschriften und Absätze gliedern
  - Einfache und verständliche Sprache verwenden (weniger ist häufig mehr)
  - Webschriften verwenden: Tahoma, Verdana, Arial, Helvetica
  - Unterstreichungen nur für Verlinkungen verwenden
- **Bilder**
  - Um die Ladezeit gering zu halten, sollte die Auflösung von Fotos 72 bis 104 dpi betragen. Größere Bildqualitäten können zum Download angeboten werden.
  - Dateiformate: .bmp, .tif, .tiff, .gif, .jpg.
  - Vektorgrafiken werden selten eingesetzt.
- **Rahmen**
  Sie werden als schmückendes Beiwerk eingesetzt, wie z. B. für Bilderrahmen, Trennlinien, Listenpunkte, Schmuckkanten. Diese Elemente können in html oder css erzeugt werden. Wichtig ist, dass alle grafischen Elemente aufeinander abgestimmt sind (auch farblich).
- **Banner**
  Sie besitzen einen hohen Wiedererkennungswert und können mit einem Logo versehen werden. Bei einem animierten Banner sollte dem Benutzer die Möglichkeit des Anhaltens gegeben werden (weniger ist mehr).
- **Button**
  Sie dienen als Navigationselemente und sind maßgeblich am Webdesign beteiligt. Mit einer entsprechenden Software können dynamische Buttons erzeugt werden.

Visualisierung
Visualization

Vorteile

- Sprachaussagen werden anschaulicher und verständlicher
- Zusammenhänge werden deutlicher
- Kernaussagen treten deutlich hervor
- Redeanteil lässt sich verkürzen
- Struktur tritt hervor
- Bilder können komplexe Zusammenhänge auf „einen Blick“ verdeutlichen

Möglichkeiten

Text: Unterstützung der Sprache durch Folien, Plakate, Karten.
Tabellen: „Ordnung“ von Zahlen.
Bilder: Veranschaulichung komplexer Beziehungen, Assoziationen wecken.
Schaubilder: Strukturen und Abhängigkeiten.
Symbole: Reduzierung auf das „Wesentliche“.

Visualisierungs-Regeln

- Zuhörer müssen alle Materialien gut sehen und Texte gut lesen können, evtl. Sitzordnung ändern. Materialien zielgerichtet einsetzen
- Wirkung der Materialien bedenken (Pausen zum Betrachten einplanen)
- Texte übersichtlich und gut lesbar gestalten (Größe, Form, Farbe, Druckbuchstaben). Weniger ist oft mehr!
- Innere Ordnung muss durch Überschriften und Textanordnung deutlich werden
- Dramaturgie durch geeignete Reihenfolge der Elemente herstellen
- Verknüpfung verbaler Aussagen mit bildhaften Darstellungen
- Blickkontakt während des Medieneinsatzes herstellen
- Wenn Medien nicht mehr benötigt werden, diese entfernen

Wirkung von Farben

Rot	Wärme, Nähe, erregend	Braun	Gemütlich, vertraut
Blau	Kälte, Ferne	Grau	Leblos, langweilig
Grün	Gesundheit, beruhigend	Violett	Zweideutig, unsachlich
Gelb	Hell, leicht	Orange	Leuchtend
Schwarz	Distanz, hart, schwer, eng	Rosa	Zart, zerbrechlich
Weiß	Licht, leicht, leer	Gold	Edel, gewichtig
		Silber	Distanziert, kühl

Beispiel:

Anordnung und Gestaltung

Reihung

Themenstruktur wird deutlich.

Rhythmus

Erfassung von Zusammenhängen.

Betonung

Blick wird auf wichtige Aussagen gelenkt.

Ballung und Streuung

Bearbeitungsschwerpunkte treten hervor.

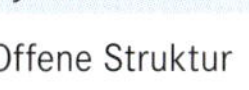

Symmetrie und Asymmetrie

Ähnlichkeiten und Unterschiede treten hervor.

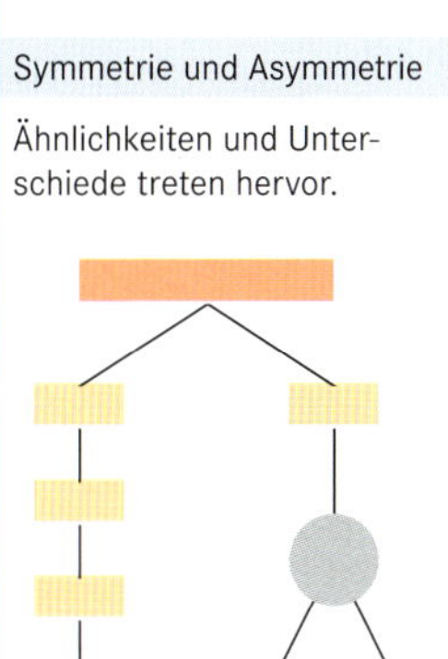

Dynamik

Offene Struktur

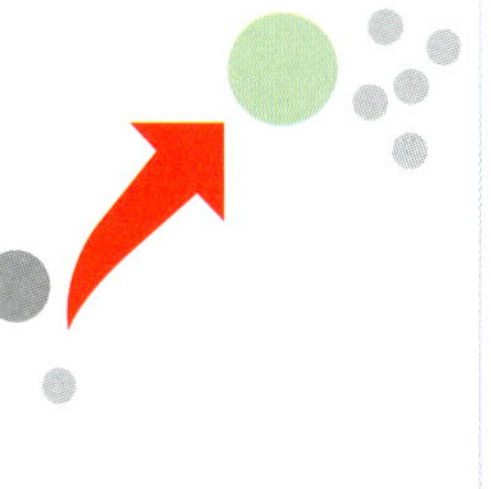

Vorbereitung

1. Ziel bzw. Absicht formulieren.
2. Ideen, Informationen und Materialien sammeln.
3. Geeigneter Materialien im Hinblick auf das Ziel auswählen.
4. Materialien sortieren z. B. nach Kernaussagen, Hintergrundinformationen.
5. Gewichtung vornehmen.
6. Geeignete Methoden und Medien für die Präsentation aus wählen und beachten.
7. Besonderheiten der Adressaten und des Raumes beachten.
8. Informationen wirkungsvoll aufbereiten.
9. Präsentationsmanuskript erstellen.

Durchführung

- **Aspekte der Kommunikation beachten**
  1. Sachinhalt
  2. Appell
  3. Beziehung
  4. Selbstoffenbarung
- „Roten Faden“ einhalten.
- Zusammenspiel zwischen **verbalen Aussagen** und **Visualisierungen** einhalten.
- Dramaturgie und Dynamik durch **Sprache** erreichen und geeignete Medien verwenden.
- Funktion von **Sprechpausen**:
  Gelegenheit zum Atmen, eigene Gedanken neu ordnen, Denkpausen für Zuhörer, Aufmerksamkeit und Spannung
- **Haltung, Körpersprache**
  - Stand:
    Leicht geöffnete Füße auf gleicher Höhe, Gewicht gleich mäßig verlagern, nicht schaukeln oder wippen, mit Händen und Armen ruhig die Visualisierung unterstützen.
  - Sitzend:
    Aufrechte Haltung, Arme und Hände ruhig halten, nicht mit Gegenständen spielen
- Nicht zum Medium, sondern zu den Zuhörern sprechen (**Konzentration**).
- Medien nacheinander (z. B. durch Aufdecken) präsentieren (**Abfolge**).

Nachbereitung

- **Selbstreflexion**:
  - Ziele erreicht bzw. nicht erreicht
  - Tatsächlichen Ablauf mit geplantem Ablauf vergleichen
  - Abweichungen festhalten, Gründe erforschen
  - Wirksamkeit einschätzen
- **Rückmeldung durch Teilnehmerinnen und Teilnehmer**:
  - Anonyme Bewertung/Beurteilung vornehmen lassen (z. B. Punktabfrage, Kartenabfrage über einzelne Elemente und/oder Gesamtpräsentation)
  - Ergebnis der Bewertung/Beurteilung präsentieren, eventuell Rückfragen stellen
  - Veränderungsvorschläge herausarbeiten

Verwendung von Präsentationssoftware

- **Text**
  - Folie in Querformat einrichten
  - Folie nicht bis zum Rand beschriften
  - Textumfang begrenzen (nicht mehr als 8 Informationen)
  - Schriftgröße soll aus der Entfernung gut lesbar sein (z. B. Überschrift 36 pt ①, Teilüberschrift 28 pt ②, Text 20 pt ③)
  - Genügend großen Zeilenabstand (mindestens 1,5) verwenden
  - Geringe Anzahl von Schriftgrößen (3), Schriftarten, Schriftstilen (Fett ①, ②, Kursiv ③, ...) und Schriftfarben verwenden
  - Gliederungen (z. B. Punkte) einfügen
  - Grafiktext ④ für besondere Hinweise spärlich einsetzen

Überschrift ①

- **Teilüberschrift 1** ②

  Text Text Text Text Text Text Text Text Text Text Text Text ... ③

- **Teilüberschrift 1** ②
  Text Text Tex
  Text Text

④

- **Grafik**
  - Auf einer Folie wenige Formen von Zeichnungsobjekten (z. B. Kreis, Rechteck, Pfeil) einsetzen ⑤
  - Füllfarben und Rahmenfarben entsprechend ihrer Bedeutung einsetzen (z. B. ist Rot eine Signalfarbe ⑥)
  - Füllfarben nur mit geringer Sättigung (blasse Farben) einsetzen, wenn sich Texte in den Zeichnungsobjekten befinden
  - Fülleffekte sparsam einsetzen (Farbverlauf ⑦, Struktur, ...)
  - Räumlichkeit durch 3D-Ansicht verdeutlichen ⑧
  - Räumlichkeit durch Überlappungen andeuten ⑨
  - Objekte gruppieren, um sie gemeinsam zu bearbeiten
  - Farbe von Folienhintergründen mit den Farben der Objekte abstimmen (dunkle Hintergründe bei Projektion, helle Hintergründe für den Ausdruck)

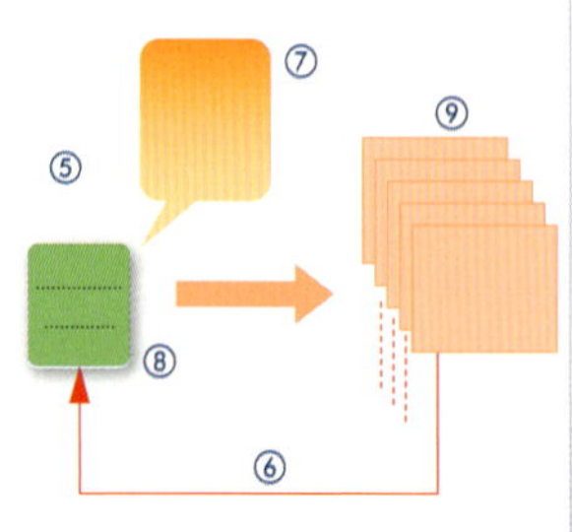

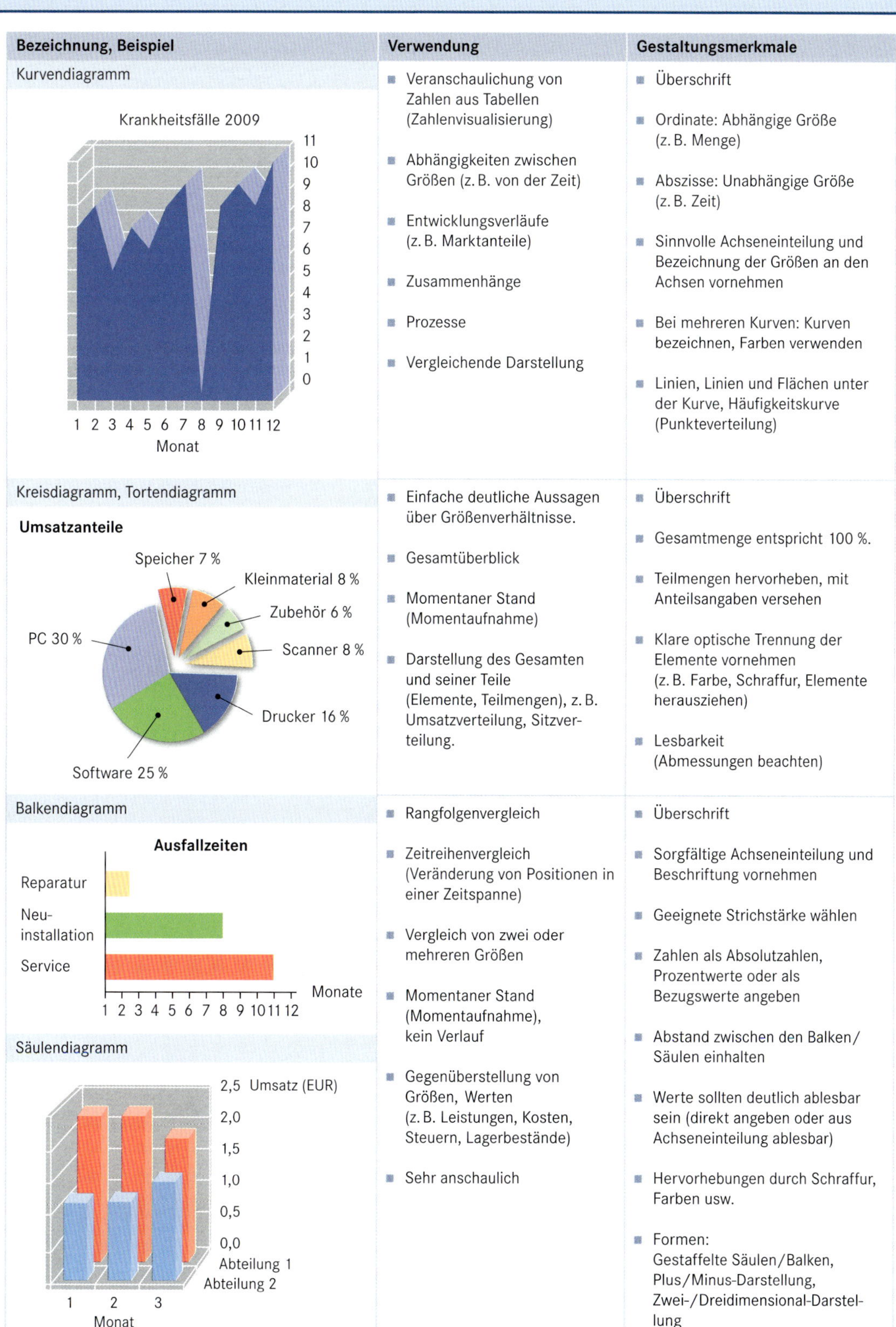

Bezeichnung, Beispiel	Verwendung	Gestaltungsmerkmale
Kurvendiagramm Krankheitsfälle 2009 11 10 9 8 7 6 5 4 3 2 1 0 1 2 3 4 5 6 7 8 9 10 11 12 Monat	■ Veranschaulichung von Zahlen aus Tabellen (Zahlenvisualisierung) ■ Abhängigkeiten zwischen Größen (z. B. von der Zeit) ■ Entwicklungsverläufe (z. B. Marktanteile) ■ Zusammenhänge ■ Prozesse ■ Vergleichende Darstellung	■ Überschrift ■ Ordinate: Abhängige Größe (z. B. Menge) ■ Abszisse: Unabhängige Größe (z. B. Zeit) ■ Sinnvolle Achseneinteilung und Bezeichnung der Größen an den Achsen vornehmen ■ Bei mehreren Kurven: Kurven bezeichnen, Farben verwenden ■ Linien, Linien und Flächen unter der Kurve, Häufigkeitskurve (Punkteverteilung)
Kreisdiagramm, Tortendiagramm **Umsatzanteile** Speicher 7 % Kleinmaterial 8 % Zubehör 6 % PC 30 % Scanner 8 % Drucker 16 % Software 25 %	■ Einfache deutliche Aussagen über Größenverhältnisse. ■ Gesamtüberblick ■ Momentaner Stand (Momentaufnahme) ■ Darstellung des Gesamten und seiner Teile (Elemente, Teilmengen), z. B. Umsatzverteilung, Sitzverteilung.	■ Überschrift ■ Gesamtmenge entspricht 100 %. ■ Teilmengen hervorheben, mit Anteilsangaben versehen ■ Klare optische Trennung der Elemente vornehmen (z. B. Farbe, Schraffur, Elemente herausziehen) ■ Lesbarkeit (Abmessungen beachten)
Balkendiagramm **Ausfallzeiten** Reparatur Neu-installation Service 1 2 3 4 5 6 7 8 9 10 11 12 Monate Säulendiagramm 2,5 Umsatz (EUR) 2,0 1,5 1,0 0,5 0,0 Abteilung 1 Abteilung 2 1 2 3 Monat	■ Rangfolgenvergleich ■ Zeitreihenvergleich (Veränderung von Positionen in einer Zeitspanne) ■ Vergleich von zwei oder mehreren Größen ■ Momentaner Stand (Momentaufnahme), kein Verlauf ■ Gegenüberstellung von Größen, Werten (z. B. Leistungen, Kosten, Steuern, Lagerbestände) ■ Sehr anschaulich	■ Überschrift ■ Sorgfältige Achseneinteilung und Beschriftung vornehmen ■ Geeignete Strichstärke wählen ■ Zahlen als Absolutzahlen, Prozentwerte oder als Bezugswerte angeben ■ Abstand zwischen den Balken/Säulen einhalten ■ Werte sollten deutlich ablesbar sein (direkt angeben oder aus Achseneinteilung ablesbar) ■ Hervorhebungen durch Schraffur, Farben usw. ■ Formen: Gestaffelte Säulen/Balken, Plus/Minus-Darstellung, Zwei-/Dreidimensional-Darstellung

Flussdiagramm (Beispiel)

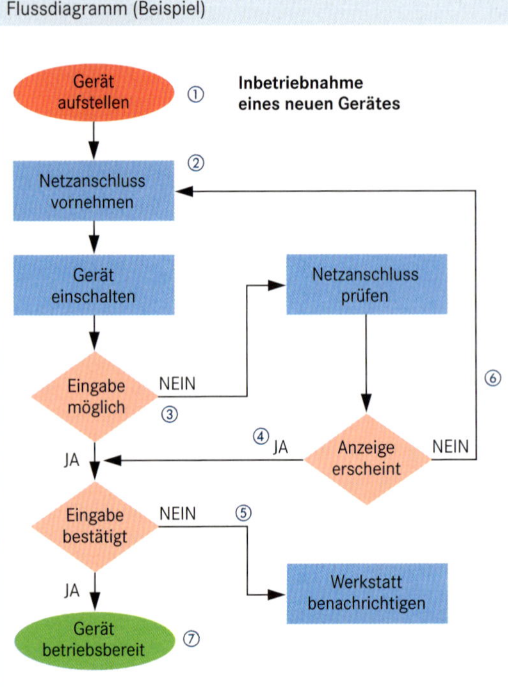

- Bildhafte Darstellung mit einheitlichen Symbolen von Prozessschritten, Verhaltensregeln
- Struktur eines Vorgangs, z. B.: Produktionsprozess, Materialfluss, Reparaturanleitung, Wareneingangskontrolle
- Symbole nach DIN 66001
- Beginn (Ausgangspunkt) mit **„Start"** (ovale Form ①)
- **Aktionsfelder, Prozessschritte** usw. (Rechtecke, Quadrate ②)
- **Entscheidungen, Alternativen** (Raute ③):
  JA, weiter in Flussrichtung ④
  NEIN, Abzweigung zu einem neuen Prozessschritt ⑤ oder Rückkopplung zu einem davor liegenden Prozessschritt
- **Flusslinien** ⑥ geben die Richtung an, Linie mit Pfeilspitze
- Abschluss (Lösung der Aufgabe) mit **„Ende"** (ovale Form ⑦)
- Vorzüge:
  Prozessablauf wird als „Ganzes" abgebildet.
  Optimaler Ablauf wird dargestellt.
  Vergleich mit tatsächlichem Ablauf ist möglich.
  Mögliche Störgrößen oder Störfälle werden sichtbar und können beachtet werden.

Organigramm | Aufbau-Diagramm

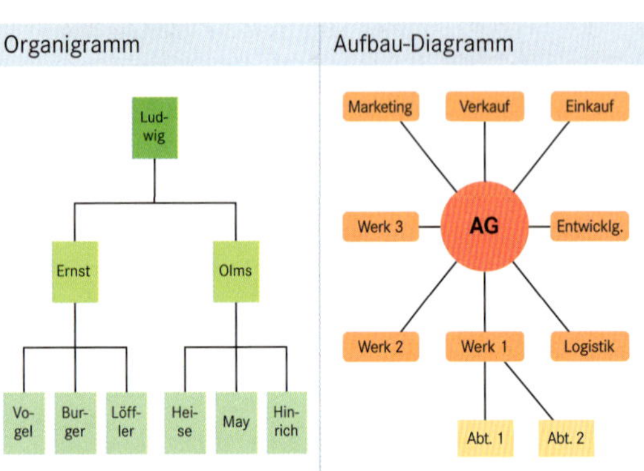

- Keine genormten Symbole, jedoch möglichst einfache und wiederkehrende Symbole verwenden (Rechtecke, Quadrate, Kreise, Linien, Pfeile)
- Struktur und Abhängigkeiten werden deutlich
- Abbildung von Organisationen und Hierarchien
- Beispiele:
  - Organisationsstruktur eines Betriebes,
  - Personal mit den jeweiligen Funktionen,
  - Funktionen und Aufgabenbereiche
- Linien verdeutlichen die Beziehungen bzw. Verknüpfungen

Ursache-Wirkung-Diagramm

(andere Bezeichnungen: Tannenbaum, Fischgräten, Ishikawa)

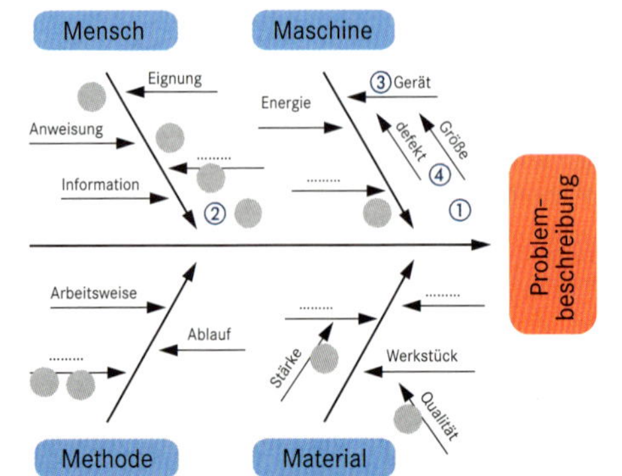

- Darstellung eines Prozesses mit seinen verschiedenen Einflussfaktoren
- Ziel: Herausarbeiten von Ursachen im Team und deren Beseitigung
- Schritte:
  1. Ursache-Wirkungspfeil weist auf das Problem hin ①
  2. Ursachen sammeln und Hauptursachen in Form von Ästen zum Ursachenpfeil hin zeichnen ②
  3. Mögliche Ursachen mit Verknüpfungen einzeichnen (Übersichtlichkeit darf nicht leiden) ③
  4. Ursachenbewertung und Gewichtung ④
  5. Problemlösung, Beseitigung von Mängeln bzw. Fehlern
- Die Entwicklung des Diagramms erfordert einen Moderator, der den Analyseprozess durch entsprechende Visualisierungen begleitet

Merkmale

- Mind-Map (Mindmap): Gedankenlandkarte
- Eine bildhafte Darstellung von Gedankengängen (bildhafte Gedankenstütze)
- Eine grafische Struktur (Überblick) von Sachverhalten, Systemen, Ideen, Denkprozessen, ...
- Durch die Grafik ist vieles „auf einem Blick" zu sehen, nichts geht „verloren"
- Mit einer Mind-Map werden Sprache und bildhaftes Denken miteinander verbunden
- Die Methode fördert die Kreativität
- Für die Erstellung ist ein geringer Materialaufwand erforderlich (großer Papierbogen, Stifte)
- Mind-Maps lassen sich in Einzel- oder in Gruppenarbeit entwickeln

Anwendung, Einsatzfelder

- Als Arbeitstechnik, Kreativitätsmethode
- Persönliche Notizen über Gespräche oder eigene Gedanken
- Wiederholung und Systematisierung von Lehrstoff (Stichwortzettel)
- Anwendbar am Anfang eines Strukturierungsprozesses (Vorbereitung, Ideensammlung)
- Anwendbar am Ende eines Strukturierungsprozesses (Nachbereitung)
- Grundlage für Projektplanung, Zeitplanung
- Gliederungshilfe (Analyse)
- Hilfe für Problemlösungen, Beurteilungen
- Dokumentation, Abbildung von Gesprächen
- Veranschaulichung von komplexen Sachverhalten, Texten, Gesprächsstrategien, ...

Regeln

- Mind-Maps sollten großflächig angelegt werden.
- Kurze Formulierungen, Begriffe, ... sind zu verwenden.
- Die Begriffe sind über die Äste ② ③ zu schreiben.
- Die Lesbarkeit ist durch eine große Schrift, Blockschrift, Druckschrift zu gewährleisten.
- Möglichst Substantive einsetzen.
- Zur Veranschaulichung ggf. Bilder, Zeichen (z. B. Pfeile) und Symbole (optische Reize) einsetzen (aber nicht überfrachten).
- Farbige Äste zur besseren Unterscheidung verwenden.
- Bei Bedarf können Nummerierungen an den Ästen vorgenommen werden.

Nachteile

- Durch die begrenzte Fläche können komplexe Themen nicht umfassend dargestellt werden.
- Eine Mind-Map ist das Ergebnis eines gruppendynamischen Prozesses, der durch Außenstehende nicht immer nachvollziehbar ist.

Elemente und Vorgehensweise

- Das Thema ① (Kernproblem, Schlüsselwort, ...) wird in die Mitte des Blattes platziert, eingekreist oder auf eine andere Weise (z. B. Wolke, Grafik, Symbol) hervorgehoben. Das Thema sollte möglichst genau formuliert sein.
- Die Hauptäste ② werden vom Thema ausgehend in Form von Linien oder Bögen in beliebiger Reihenfolge nach außen gezeichnet. Das Thema wird auf diese Weise untergliedert. Der Hauptast entspricht einem Hauptkapitel der Thematik.
- Von den Hauptästen werden durch Verzweigungen ③ weitere Differenzierungen vorgenommen. Jede Verzweigung entspricht einem Unterkapitel.
- In der Entwicklungsphase (Kreativphase) sollte man sich nicht lange damit beschäftigen, an welcher Stelle die Hauptäste platziert werden. Eine Umstellung kann später in einer Überarbeitungsphase erfolgen.

Beispiel

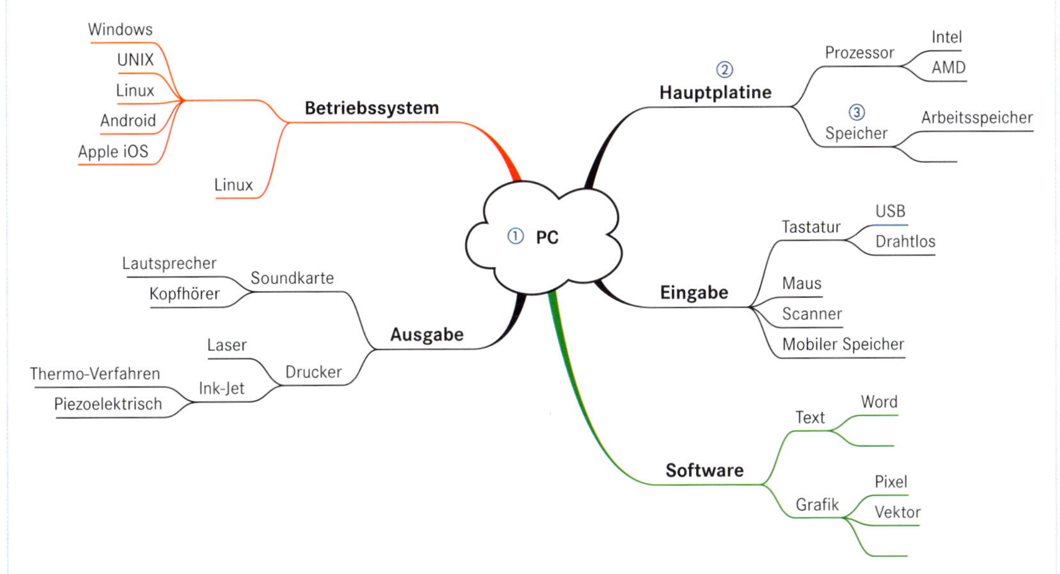

Merkmale

Die **Moderation** wird angewendet, um selbst organisiert und gemeinsam zielgerichtet Themen, Aufgaben, Probleme, ... in einer hierarchiefreien Atmosphäre zu bearbeiten.
Das Ziel ist dabei eine möglichst vielfältige, breite und effektive Beteiligung unter Berücksichtigung der Bedürfnisse und Interessen der Gruppenmitglieder.

Der **Moderator**, die **Moderatorin**

- ist nur methodischer Helfer (Katalysator, Leiter ohne Funktion eines Vorgesetzten),
- ist Prozess- bzw. Lern-Helfer (und erbringt eine Dienstleistung),
- „öffnet" die Gruppe für das Thema,
- stellt eigene Meinungen und Ziele zurück,
- bewertet keine Meinungsäußerungen oder Verhaltensweisen,
- nimmt eine fragende Haltung ein (Aktivierung der Gruppe),
- hat Geduld und hört aufmerksam zu,
- stellt aktivierende Fragen und gibt Denkanstöße,
- verhindert Abschweifungen,
- fasst zusammen,
- visualisiert und akzentuiert,
- vergewissert sich, ob seine Visualisierungen mit den Beiträgen übereinstimmen,
- in der Regel mit einer weiteren Person zusammen,
- nimmt Rücksicht auf natürliche Bedürfnisse der Teilnehmerinnen und Teilnehmer (sinnvoller Wechsel von Arbeitsphasen und Pausen),
- hat den Raum angemessen vorbereitet (Sitzordnung, Material, ...).

Moderationsphasen

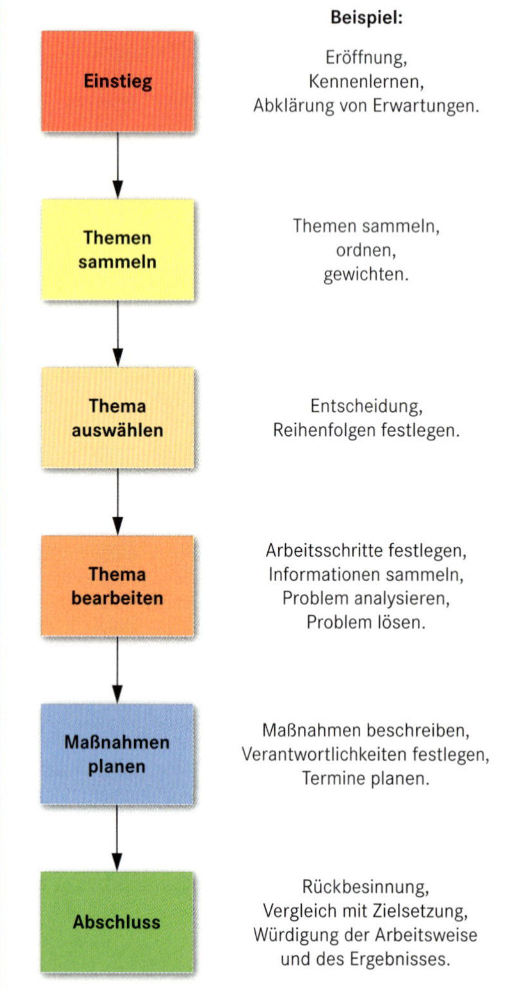

Medien und Methoden

- Visualisierungskarten (Rechtecke, Kreise, Ovale, ...), Nadeln, Klebestifte, Schere, große Papierbögen, Klebepunkte, Stifte in verschiedenen Ausführungen, ...
- Flip-Chart, Pinnwand
- Fragetechnik:
  Offene und geschlossene Fragen, Frage zurückgeben, Suggestivfrage, Gegenfrage, rhetorische Frage, ...
- Kennenlernen:
  Wir berichten über uns, „Steckbrief", ...
- Erwartungen:
  Brainstorming, Kartenabfrage, was soll passieren – nicht passieren, ich erwarte, ...
- Sammlung:
  Themenspeicher, Ein-Punkt- oder Mehrpunkt-Frage, ...
- Problemanalyse:
  Ursache-Wirkungs-Diagramm, Gegenüberstellungen, Netzbilder, Matrix, Mind-Map, ...
- Bearbeitung:
  Ablaufplan, Maßnahmenkatalog (z. B. was, wer, wozu, wann), ...
- Abschluss:
  Reflexion, Stimmungsbarometer, Punktabfrage, Blitzlicht, ...
- Nachbereitung:
  Vergleich Soll-Ist, Konsequenzen, ...

Induktiv

1. Beginn: Konkretes Beispiel
2. Teilaussagen (Elemente des Ganzen)
3. Gesamtaussage

Vorteile
- Es entsteht „Spannung“, Zuhörer werden am Prozess beteiligt, der Ausgang ist zunächst offen.
- Konkrete Beispiele erhöhen die Anschaulichkeit.
- Bilder können gut die Gedankengänge verdeutlichen.

Nachteile
- Es ist mitunter schwierig, geeignete Beispiele zu finden.
- Beispiele enthalten mitunter nicht alle zu betrachtenden Aspekte.
- Auch aus Beispielen müssen Verallgemeinerungen abgeleitet werden.

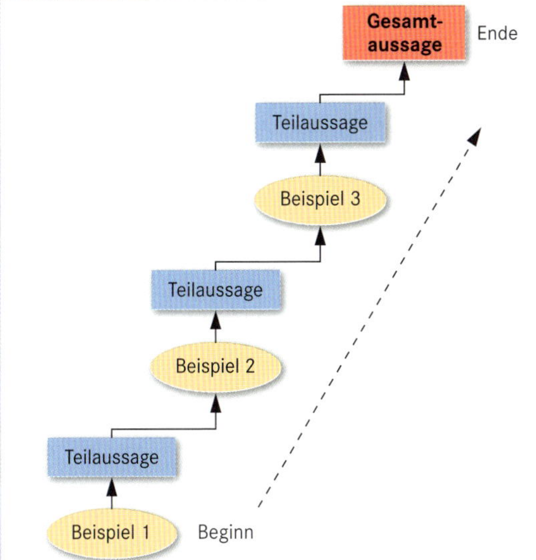

Deduktiv

1. Beginn: Hauptaussage
2. Teilaussagen (Thesen)
3. Begründung durch Beispiele und Argumente

Vorteile
- Information der Zuhörer zu Beginn
- Unproblematischere Zeitplanung als bei der induktiven Methode, da bei Bedarf einzelne Beispiele entfallen können

Nachteile
- Geringes „Spannungselement“ zu Beginn
- Gefahr der Überfrachtung mit vielen Details
- Verführung zur Abstraktion („Kopflastigkeit“, Lebensferne)

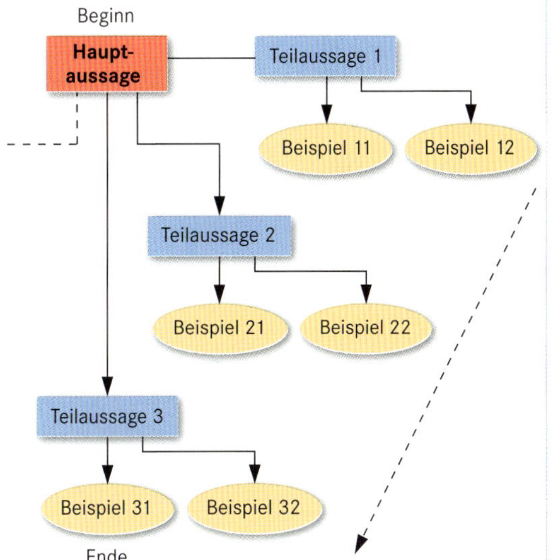

Regeln

- Pünktlichkeit, Zeiten einhalten
- Blickkontakt mit den Zuhörern aufnehmen und variieren
- Zuhörerinnen und Zuhörer mit Namen ansprechen
- Lautstärke, Sprechtempo und Dynamik der Situation anpassen
- Denkpausen einlegen
- Spannung aufbauen
- Offene Fragen verwenden
- Zur Beteiligung auffordern. Beiträge ernst nehmen
- Offene Mimik/Gestik
- Angemessene Kleidung
- Zugewandte Körperhaltung
- Sitzordnung der Zuhörer optimieren

Vergleiche und Metaphern

Anschaulichkeit lässt sich durch Vergleiche oder eine Metapher erzeugen.

Beispiel:
Herr Meier ist ein Fuchs;
Bedeutung: Er ist schlau wie ein Fuchs.

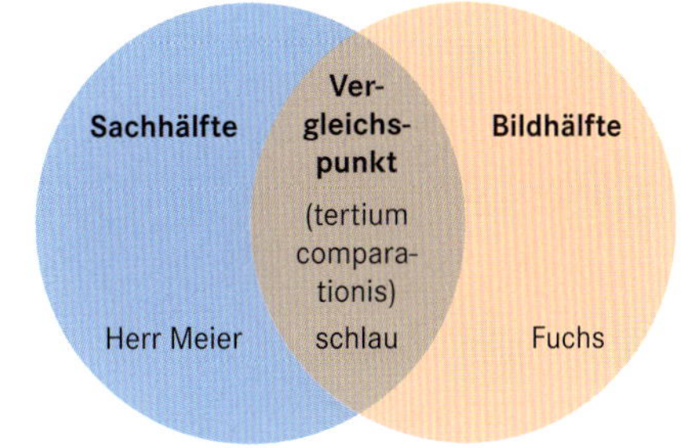

Vorbereitung

- **Ziel**
  Für das Gespräch Zielvorstellungen entwickeln
- **Sicherheit**
  Innere Sicherheit durch gute Vorbereitung gewinnen
- **Natürlichkeit**
  Keine Rollen antrainieren, sich selbst darstellen
- **Geprächsstruktur**
  Sich in die Situation des Geprächspartners hineinversetzen
  Gliederung einhalten
- **Körperhaltung**
  Aufrecht, entspannt, nicht anlehnen bzw. aufstützen, ruhige Körperhaltung, sinnvolle Mimik und Gestik, Blickkontakt suchen, nicht fixieren
- **Sprache**
  Ruhig, akzentuiert, abwechslungsreich, dynamisch, nicht weitschweifig, zielorientiert
- **Zeit**
  Zeitplan einhalten

Gesprächsphasen

1. **Kontaktaufnahme**
   Offenes freundliches Klima schaffen, persönliche Begrüßung, ...
2. **Information**
   Gesprächsschwerpunkte und Vorgehensweise benennen, Wünsche des Gesprächspartners einbeziehen, ...
3. **Argumentation**
   Gedankenaustausch, Präzisierungen, Einwände, ...
4. **Beschluss**
   Ergebnis herausstellen; vergewissern, dass Gesprächspartner mit dem Ergebnis einverstanden ist, ...
5. **Abschluss, Ende**
   Positiver Ausklang, Dank, ...

Fördernde Reaktionen im Gespräch

- **Aktives aufmerksames und akzeptierendes Zuhören**
  Kein Schweigen, sondern engagiertes Zuhören
- **Paraphrasieren**
  Inhalt der Aussagen des Gesprächspartners wenn erforderlich mit eigenen Worten wiederholen, damit sichergestellt ist, dass der Sachverhalt richtig verstanden wurde
- **Mitteilung eigener Gefühle**
  Verhaltensweisen werden dadurch transparent und besser verstehbar
- **Wahrnehmungsprüfung**
  Rückmeldung an den Gesprächspartner zur Überprüfung der eigenen Wahrnehmung
- **Informationssuche**
  Gemeinsamkeit herstellen

Hemmende Reaktionen im Gespräch

- **Wechsel des Themas ohne Erklärung**
  Desinteresse am Thema bzw. am Gesprächspartner wird signalisiert
- **Beenden des Blickkontaktes**
  Optische „Beschäftigung“ mit anderen Dingen
- **Interpretationen**
  Belehrungen führen zur Verunsicherung des Partners
- **Verneinen von Gefühlen**
  Verhalten wirkt „unecht“, da jeder Gedankenaustausch von „Gefühlen“ untermauert wird
- **Ratschläge und Überredung**
  Ein „Überstülpen“ von „Rezepten“ führt zu Abwehrreaktionen und Blockaden. Gefühl der Überlegenheit wird vermittelt

Elemente der Verständlichkeit

Einfachheit

Sachverhalt auf das Wesentliche reduzieren.

Prägnanz

Auf den Punkt kommen, ohne Umwege, zielgerichtet vorgehen.

Gliederung, Ordnung

Gedanken in eine bestimmte Ordnung bringen.

Stimulanz

Informationen für die Zuhörer anregend darlegen.

Möglicher Ablauf

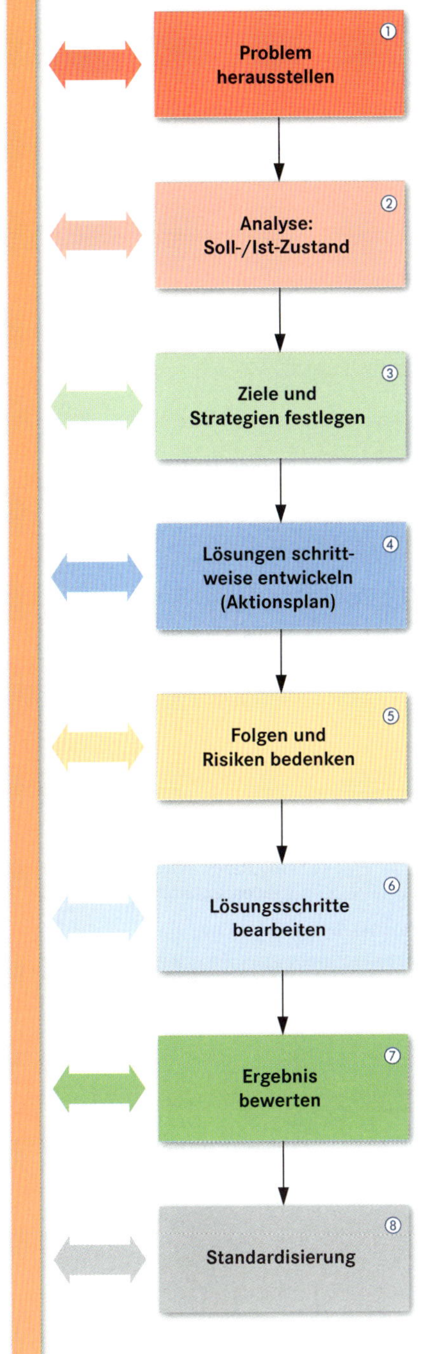

Erläuterungen

Voraussetzungen für den Erfolg:

- Geordnete (systematische) Ablaufschritte
- Reihenfolge einhalten, Schritte können jedoch übersprungen werden
- Wenn die einzelnen Schritte nicht erfolgreich durchlaufen werden können, müssen die davorliegenden Stufen mit veränderten Rahmenbedingungen bearbeitet werden (z. B. neue Ziele festlegen)

① Genaue Beobachtung der Sachverhalte;
Eingrenzung;
Präzise und eindeutige Beschreibung einzelner Elemente bzw. komplexer Problemfelder;
Richtung wird vorgegeben; ...

In einer guten Problemdefinition sind oft schon richtige Lösungsansätze vorhanden.

② Unterschied zwischen Soll und Ist dokumentieren:
Daten und Informationen sammeln, ordnen;
Ursachen erforschen;
Probleme von mehreren Seiten sehen;
Erfahrungen mit dem Problem festhalten;
Hypothesen formulieren; ...

③ Ergebnisziele und Prozessziele festlegen;
Ergebnisbereiche festlegen; ...

④ Lösungsansätze sammeln (intuitiv, systematisch, kreativ);
verschiedenartige Methoden anwenden
(z. B. Brainstorming, Mind-Map);
Alternativen gezielt suchen;
Lösungsansätze gegenüberstellen und bewerten;
einen Lösungsweg festlegen;
Zeitvorstellungen angeben; ...

⑤ Verschiedenartige Folgen erörtern; z. B.
ökologische, ökonomische;
Risiken wahrnehmen und bedenken (evtl. vorbeugende Maßnahmen einleiten); ...

⑥ Lösungsweg in Einzelschritte zerlegen;
Aktionsplan, Arbeitsplan erstellen;
Verantwortlichkeiten klären;
Mittel bereitstellen; ...

⑦ Ergebnis sichern, dokumentieren;
Vergleich mit Zielsetzung vornehmen;
eventuelle Abweichungen festhalten;
Korrekturen unter Umständen vornehmen; ...

⑧ Problemlösung auf andere ähnliche Fälle übertragen;
Bewährung feststellen oder Korrekturen einfügen; ...

Planvolle Arbeitsorganisation

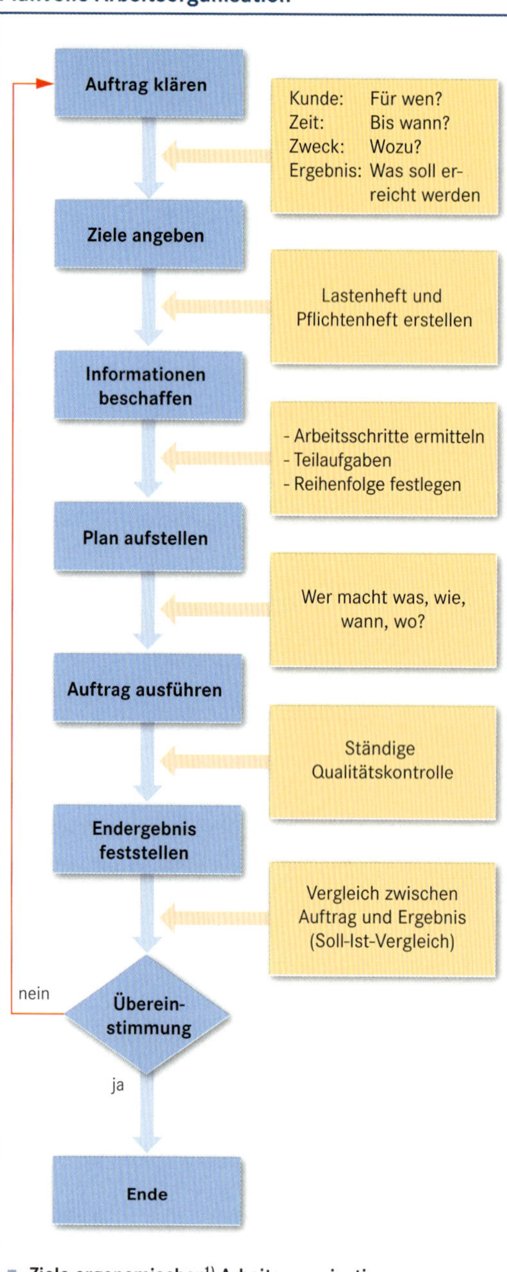

- **Ziele ergonomischer[1] Arbeitsorganisation**
  - Arbeitsprozesse an menschliche Bedürfnisse anpassen
  - Individueller Gesundheitsschutz
  - Humane Arbeitsplatzgestaltung

- **Gefahren nichtergonomischer[1] Arbeitsorganisation**
  - Körperliche Beschwerden
  - Gefährdung des Sehvermögens, Hörvermögens, ...
  - Psychische Belastungen

[1] Ergonomie = Wissenschaft von der menschlichen Arbeit

Regeln

- **Vermeidung von psychischen Beanspruchungen**
  Abbau von
  - Monotonie
  - sinnlosen Wiederholungen
  - sinnentleerter Arbeit
  - hohem Arbeitstempo und Arbeitsverdichtung
  - Informationsüberflutung
  - sozialer Isolation
  - Lärmbelästigung

- **Vermeidung von einseitiger Arbeit**
  durch
  - Mischarbeit (abwechslungsreiche Arbeit) und
  - Pausen.

- **Arbeit soll**
  - ausführbar,
  - erträglich,
  - zumutbar und
  - persönlichkeitsfördernd sein.

- **Beachtung der Leistungskurve**

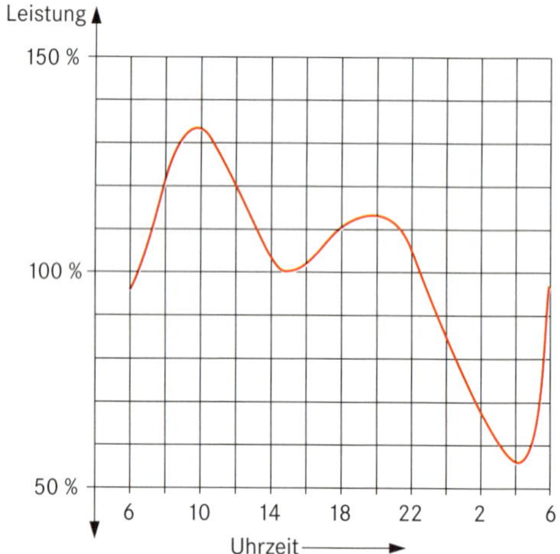

- **Aktivitätsplanung (60:40 Regel)**

60 % für geplante Aktivitäten
20 % für unerwartete Aktivitäten (Reserve, Puffer)
20 % für geplante Aktivitäten (kreative Zeit)

- **Bewertung der Aufgaben nach Wichtigkeit**
  - Äußerst wichtig
    → Ich tue es selbst und delegiere nicht!
  - Durchschnittlich wichtig
    → Ich versuche es fallweise zu delegieren!
  - Weniger wichtig, unwichtig
    → Ich delegiere, verkürze den Aufwand oder streiche das Vorhaben!

Aufgabe und Funktion

- Durch Zeitmanagement soll erreicht werden, dass anstehende Aufgaben innerhalb einer gewählten Zeitspanne erfolgreich und zufrieden stellend gelöst werden.
- Zeitmanagement wird angewendet
  - auf die eigene Person (**persönliches Zeitmanagement**) oder zur
  - Termin- und Kapazitätsplanung von Arbeitsabläufen (**Zeitwirtschaft**).

Strategien zum persönlichen Zeitmanagement

Tagesplan verwenden	- Vorhaben nicht nur langfristig planen, sondern abends einen Arbeitsplan für den nächsten Tag aufstellen.
Arbeitsunterbrechungen vermeiden	- Arbeit delegieren - „Nein" sagen - Besprechungen gut vorbereiten - Klare Ziele festlegen
Ziele und Aufgaben definieren	- Was möchte ich erreichen? - Was möchte ich vermeiden? - Zeitbedarf abschätzen - Keine Zeit mit Nebensächlichkeiten vertrödeln.
Schriftlich planen	- Der Arbeitsplan zeigt auf einen Blick, was wann erledigt werden muss.
Persönliche Leistungskurve beachten	- Den Tag so planen, dass die wichtigen Aufgaben in den effektiven Tageszeiten erledigt werden, z. B. zwischen 8.00 und 12.00 Uhr.
Prioritäten setzen	- Nach Bedeutung und Dringlichkeit planen - Entscheiden, was zuerst erledigt werden muss. - Was kann warten? - Was kann delegiert werden?
Pufferzeiten einplanen	- Unverplante Zeitreserven über den Tag verteilen - Reserven für unvorhergesehene Aufgaben schaffen
Positiv denken	- Arbeitstag positiv beginnen - Sich selbst motivieren - Arbeitstag positiv beenden
Konsequent bleiben und die Zeit nutzen	- Regeln konsequent einhalten - Effektiv, erfolgreich und stressfrei arbeiten „Stress macht krank"

Wichtigkeits-Dringlichkeits-Prinzip

- Die zu erledigenden Aufgaben sollten den folgenden Kategorien zugeordnet werden:
  - **A1-Aufgaben**: Sofort und selbst erledigen
  - **A2-Aufgaben**: Unbedingt beenden
  - **B-Aufgaben**: Delegieren
  - **C-Aufgaben**: Unwichtig

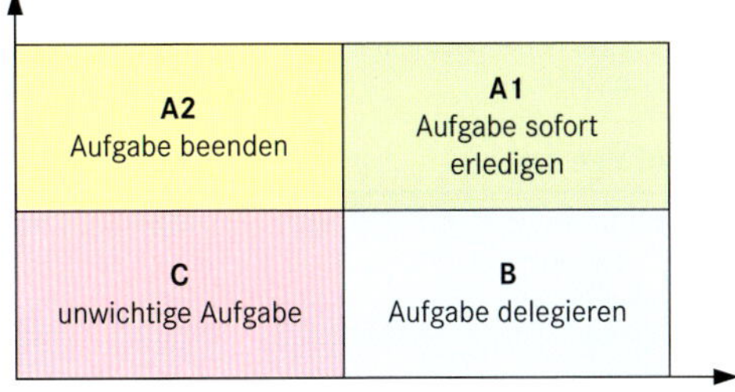

- Mit diesem Prinzip wird erreicht, dass für wichtigere Aufgaben bzw. Entspannungsphasen Freiräume entstehen.
- Hilfreich ist es, komplexe und umfangreiche Aufgaben in kleinere Teilaufgaben aufzuspalten.
- Eine Nebenwirkung bei Anwendung dieses Prinzips ist die Steigerung der Motivation (Erfolgserlebnis).

Sofort-Prinzip

- Aufgaben nicht unnötig hinauszögern, da sie sonst mehr Zeit verschlingen als alles andere.
- Alle Aufgaben sofort bearbeiten, die weniger als 5 Minuten beanspruchen.
- Aufgaben, die nicht sofort erledigt werden, sollten einen Bearbeitungs-/Fertigstellungstermin erhalten.

Zeitplanung

- Bei Konferenzen oder Besprechungen:
  - Eine verbindliche Tagesordnung erstellen.
  - Beginn und Ende für jeden Tagesordnungspunkt und die gesamte Besprechung verbindlich festlegen.
  - Ziel und Ansprechpartner für jeden Tagesordnungspunkt benennen.
  - Pünktlich beginnen (der pünktliche Teilnehmer wird belohnt, nicht der verspätete).
  - Ergebnisprotokoll mit Prioritäten, Terminen und Verantwortlichen erstellen.
- Beim Telefonieren:
  - Anrufe planen (Zeit, Ziel, Inhalte)
  - Kontakt- und Sperrzeiten definieren, zu denen man sicher bzw. nicht erreichbar ist.
  - Häufige wiederkehrende Störungen gezielt selbst einleiten, z. B. selbst zu gewünschter Zeit anrufen.
  - Störung abkürzen, Rückruf vereinbaren bzw. Rückruf erfolgt vorbereitet.
- Mit Zeitprotokoll
  Das Protokoll gibt Auskunft, wie viel Zeit für welche Aktivitäten eingesetzt wurde (Grundlage für Änderungen).

Brainstorming
Brainstorming

Verfahren

(„Gedankenstürme“)

- Alle Teilnehmerinnen und Teilnehmer äußern sich kurz und spontan zu einem Stichwort, Problem, Thema, ...
- Alles darf unkommentiert geäußert werden (alles ist erlaubt).
- Quantität hat Vorrang vor Qualität.
- Alle Ideen werden gesammelt und können später geordnet (strukturiert) und gewichtet werden.

Ziele

- Kreatives Suchen in kurzer Zeit, möglichst viele Ideen, Lösungen, Verfahren, ...
- Entdecken neuer oder unter Umständen origineller Lösungsansätze.
- Erreicht wird eine vielfältige und breite Beteiligung.
- Abwechslung in Bearbeitungsphasen, Motivation, Auflockerung, Entkrampfung.

Reihenfolge

1. Klare Themenstellung angeben.
2. Zeit festlegen (10 bis 15 Minuten).
3. Regeln festlegen.
   Beispiele:
   - Ideen vortragen,
   - spontan Ideen einbringen,
   - Ideen weitergeben und fortentwickeln.
4. Ideen notieren (einer schreibt, ein anderer moderiert).
5. Ideen auswerten.
   Beispiele:
   - Cluster bilden,
   - Ideen bewerten.
6. Brainstorming fortsetzen, wenn Ideen weiterentwickelt werden sollen.

Einzel- und Gruppenarbeit
Individual and Group Working

Kombination der Arbeitsformen

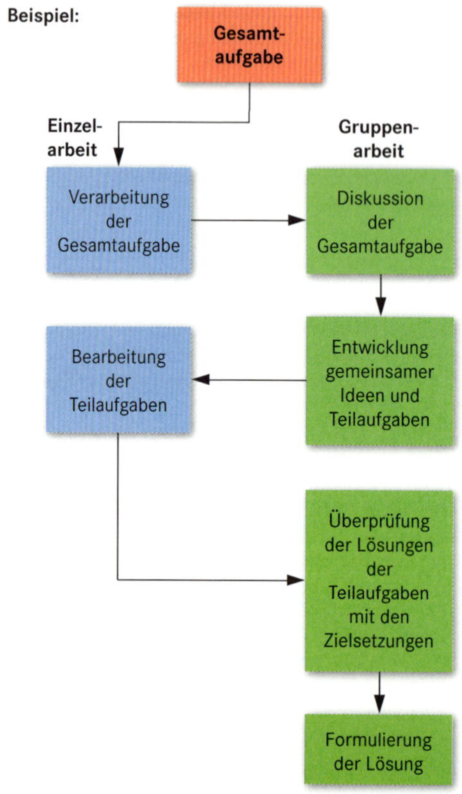

Beispiel:

Gesamtaufgabe

Einzelarbeit

Verarbeitung der Gesamtaufgabe

Gruppenarbeit

Diskussion der Gesamtaufgabe

Entwicklung gemeinsamer Ideen und Teilaufgaben

Bearbeitung der Teilaufgaben

Überprüfung der Lösungen der Teilaufgaben mit den Zielsetzungen

Formulierung der Lösung

Vorteile der Gruppenarbeit

Synergieeffekt
Unterschiedliche Denkstile, Sichtweisen, Wissens- und Erfahrungshintergründe werden eingebracht. Risiko von Fehlentscheidungen wird vermindert.

Kommunikation
Aktiver Austausch unterschiedlicher Gedanken durch Sprache.

Lernen
Impulse für die Entwicklung des Einzelnen werden gegeben. Durch eine heterogene Zusammensetzung werden Vorurteile abgebaut sowie ein fachübergreifendes Arbeiten praktiziert.

Motivation und Identifikation
Durch gemeinsames Problemlösen wird ein Wir-Gefühl und Verständnis für einander entwickelt.

Qualität und Akzeptanz
Durch Mitverantwortung und aktive Beteiligung werden Schwächen und Fehler rasch erkannt und beseitigt.

Hindernisse bei der Gruppenarbeit

- Denken in Hierarchien und Abteilungen
- Konkurrenzdenken
- Mangelnde Risikobereitschaft
- Killerargumente (z. B. das haben wir schon so oft versucht, unsere Erfahrung hat gezeigt, ...)
- Mangelnde Sachlichkeit (Emotionen bestimmen unterschwellig das Handeln)
- Mängel in der Organisation, im Management
- Fehlende Zeit (besonders in der Anfangsphase)
- ...

Gruppenmerkmale

Eine Gruppe

- ist innerhalb eines Gesamtsystems verantwortlich für eine umfassende Aufgabe **(Gruppenziel)** mit unterschiedlichen Arbeitsinhalten,
- entwickelt ein Zusammengehörigkeitsgefühl, Gruppenmitglieder unterstützen sich **(Gruppenbewusstsein)**,
- entwickelt eigene und in der Gruppe akzeptierte **Normen** und **Wertvorstellungen,**
- tauscht kontinuierlich Informationen aus (**Interaktion** und **Kommunikation**),
- verfügt über einen von der Gruppe akzeptierten **Gruppenleiter**, der als gleichverantwortlich in der Gruppe agiert,
- verfügt über Mitglieder, die im Idealfall in der Lage sind, jeden einzelnen Arbeitsinhalt auszuführen **(Ersetzbarkeit)**,
- ist in ihrer Arbeitshaltung auf das Gesamtziel ausgerichtet **(Zielorientierung)**,
- besteht aus Mitgliedern, die sich ergänzen und stützen **(Toleranz und Akzeptanz),**
- arbeitet längerfristig zusammen **(Dauerhaftigkeit)**.

Gruppenbildung

1. **Forming (Formierungsphase)**
   Erste Orientierung hinsichtlich Aufgabe und Gruppenmitglieder. Aufgaben und Ziele werden umschrieben, geeignete Arbeitsmethoden festgelegt usw.
   Unpersönliche und gespannte Arbeitsatmosphäre.

2. **Storming (Konfliktphase)**
   Konflikte zwischen Gruppenmitgliedern (Polarisierung, Positionskämpfe, Konfrontationen, Vorurteile usw.) und Widerstände gegenüber Anforderungen treten auf. Pessimistische Grundhaltungen, zunächst mühseliges Vorankommen.

3. **Norming (Normierungsphase)**
   Wir-Gefühl wird entwickelt. Kommunikation führt zur Kooperation. Normen und Regeln werden aufgestellt. Rollen innerhalb der Gruppe werden definiert. Rückmeldungen (Feed-back) erfolgen.

4. **Performing (Verschmelzungsphase)**
   Konstruktive und zielgerichtete Arbeitsweise. Solidarisches und hilfsbereites Verhalten, kreative und flexible Arbeitshaltungen.

Gruppenarbeit

Der Erfolg der Arbeit in einer Gruppe hängt davon ab, wie gut die Gegensätze in der Gruppe ausgeglichen werden können (Gruppenkonsens, Harmonie).

Die verschiedenen Fähigkeiten und Möglichkeiten der Gruppenmitglieder (Ressourcen) sollten während der Arbeitsphasen optimal eingesetzt werden. Jedes Gruppenmitglied ist in gleicher Weise für den Gesamterfolg verantwortlich.

Die Arbeitsbedingungen (Rahmenbedingungen) müssen auf die Fähigkeiten und Bedürfnisse der Gruppenmitglieder abgestimmt sein.

Die Gruppe verbessert zunehmend ihre Leistung.

Die Gruppe ist für die Kontrolle der Teilergebnisse und des Endergebnisses selbst verantwortlich.

Bei der Arbeit in Gruppen muss **Ausgewogenheit** bestehen zwischen

- den individuellen Bedürfnissen und Fähigkeiten der einzelnen Gruppenmitglieder **(Ich)**
- den in der Gruppe entwickelten Normen, Vorstellungen **(Wir)** und
- dem zu erfüllenden Arbeitsauftrag **(Aufgabe)**

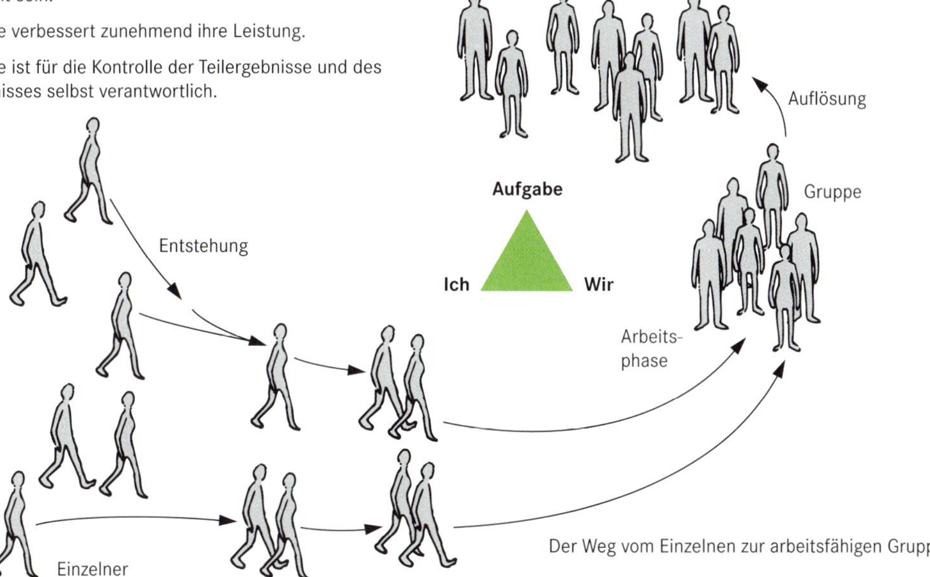

Der Weg vom Einzelnen zur arbeitsfähigen Gruppe

Modelle

- Im täglichen Umgang der Menschen untereinander ist Kommunikation (communicare: mitteilen) ein selbstverständlicher Vorgang, bei der Informationen (Zeichen) zwischen Sendern und einem Empfänger ausgetauscht werden.

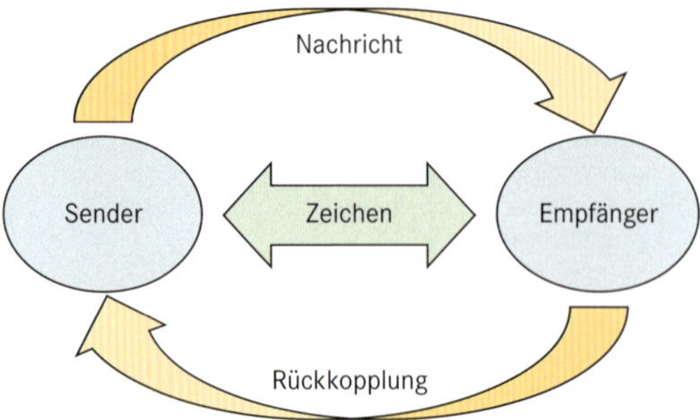

- Mit Kommunikationsmodellen lässt sich erklären, was Kommunikation ist, wie sie abläuft, welche Störungen vorkommen und wie man diese beseitigen kann. Je nach Forschungsansatz gibt es verschiedene Modelle.

Modell der Nachrichtenübertragung

In diesem Modell orientiert man sich an den technischen Aspekten der Signalübertragung und verwendet mathematische Theorien der Kommunikation der Mathematiker Warren Weaver (1894 - 1978) und Claude E. Shannon (1916 - 2001).

Kommunikation läuft damit wie folgt ab:

- Die codierte Nachricht wird vom Sender ausgesendet.
- Auf dem Weg zum Empfänger können „Störungen" die Nachricht verändern.
- Die Nachricht enthält sprachliche und nichtsprachliche (nonverbale) Anteile.
- Der Empfänger decodiert die Nachricht entsprechend seiner Wahrnehmung, mit seinem eigenen „Vorrat" an Decodiermöglichkeiten.
- Eine ungestörte Kommunikation kann nur dann stattfinden, wenn Sender und Empfänger den angewendeten Code aufeinander abstimmen.

Störungen
psychologische, semantische, technische, organisatorische, ...

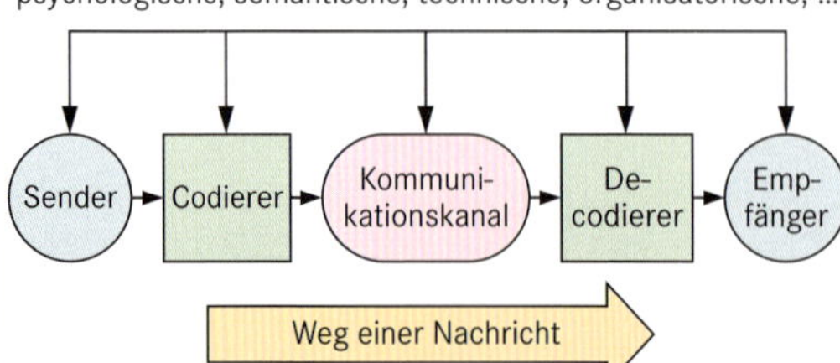

- Auf Grund der mehr „technischen" Sichtweise der Kommunikation werden die sozialen Aspekte der Kommunikation mit diesem Modell nicht berücksichtigt.

Modell der vier Seiten

Das Vier-Seiten-Modell ist vom Kommunikationspsychologen Friedemann Schulz von Thun (geb. 1944) entwickelt worden. Danach kann eine Nachricht im Kommunikationsprozess vier Seiten (Aspekte, Ebenen) besitzen:

Sachebene	**Appell**
Selbstoffenbarung	**Beziehungsebene**

- **Erklärungsbeispiel**
  Bevor in einer Reparaturwerkstatt für IT-Geräte ein Auszubildender das Gerät aufschraubt, sagt der Werkstattleiter laut und deutlich: „Sicherheitsaspekte beachten!"

  Der Werkstattleiter hat also eine Nachricht gesendet, die der Auszubildende empfangen hat. Je nach Vorerfahrungen mit dem Auszubildenden, den vorherrschenden Stimmungen usw. kann diese Nachricht auf verschiedene Weise vom Auszubildenden aufgenommen (decodiert) werden als:

- **Sachebene**
  Erinnerung an die Gefährlichkeit, reine Sachinformation („worüber ich informiere")

- **Appell**
  Aufforderung, dass auf jeden Fall Sicherheitsmaßnahmen einzuhalten sind („wozu ich dich veranlassen möchte")

- **Selbstoffenbarung**
  Ausdruck von Sorge und Angst, damit nichts passiert („was ich von mir selbst kundgebe")

- **Beziehungsebene (Beziehungsbotschaft)**
  Verantwortung und Fürsorgepflicht („was ich von dir halte, oder wie wir zueinander stehen")

- **Verallgemeinerung**
  Diese vier Interpretationsmöglichkeiten zeigen, dass man beim Aufnehmen von Nachrichten gewissermaßen mit „vier Ohren" hören kann. Je nach Absicht des Senders können die verschiedenen Aspekte unterschiedlich stark in Erscheinung treten (codiert sein) bzw. wahrgenommen werden.

Vier-Ohren-Modell

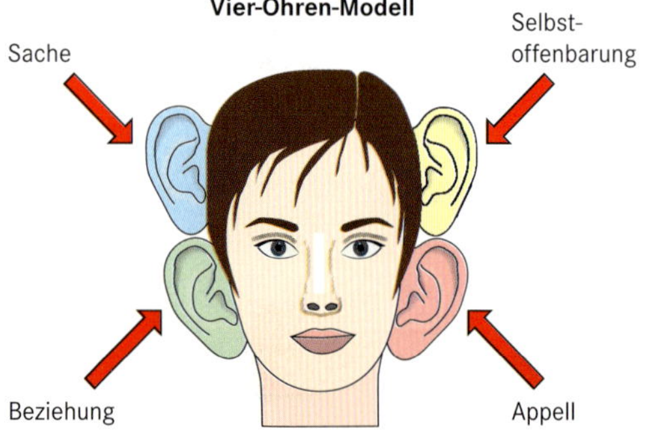

Ablauf	Erläuterungen
Vorbereitung	**Vorbereitung** ▪ Intensive Auseinandersetzung mit dem Gesprächsziel und dem möglichen Kunden ▪ Gesprächsstrategie entwickeln
Eröffnung → Beginn	**Beginn** ▪ Kunden zur Kenntnis nehmen (Blickkontakt) ▪ Kontakt aufnehmen, ihn positiv ansprechen ▪ Beratung anbieten ▪ Fachkundige Erstinformationen
Eröffnung → Bedarf	**Bedarf** ▪ Offene Fragen zum Bedarf stellen ▪ Offene Fragen zum Nutzen stellen ▪ Präzisierung der Wünsche vornehmen ▪ Keine peinlichen oder indiskreten Fragen stellen ▪ Fragen nach Preisvorstellungen noch vermeiden
Eröffnung → Kaufmotive	**Kaufmotive** ▪ Aufmerksam zuhören, Verständnisfragen stellen ▪ Kaufmotive erforschen ▪ Kaufmotive rationaler und emotionaler Art unterscheiden ▪ Argumente kundenorientiert und motivationsfördernd einbringen
Beratung → Warenpräsentation	**Warenpräsentation (evtl. Originiale oder Modelle)** ▪ Präsentation dem Auffassungsvermögen des Kunden anpassen ▪ Auswahl und Vergleich ermöglichen ▪ Unterstützende Materialien (Prospekte usw.) zur Veranschaulichung einsetzen ▪ Vielfältige Sinne ansprechen ▪ Beginn mit mittlerer Preisklasse
Beratung → Argumentation	**Argumentation** ▪ Preis-Nutzen-Relation herausstellen ▪ Entscheidungshilfen vorbereiten ▪ Kenntnisse über Produkte gezielt einsetzen
Beratung → Überwinden von Widerständen	**Überwinden von Widerständen** ▪ Argumente des Kunden wahrnehmen ▪ Argumentationsketten aufbauen (Behauptung mit Begründung) ▪ Qualitätsbestimmende Merkmale und Eigenschaften hervorheben ▪ Nutzungsargumente betonen ▪ Zusatzangebote, Serviceleistungen hervorheben
Abschluss → Vorbereitung des Abschlusses	**Vorbereitung des Abschlusses** ▪ Einwände beachten und eventuell entkräften ▪ Dem Kunden die Entscheidung überlassen
Abschluss → Kaufabschluss	**Kaufabschluss** ▪ Zügige Abwicklung ▪ Kaufentscheidung positiv herausstellen ▪ Zufriedenheit artikulieren
Abschluss → Gesprächsende	**Gesprächsende** ▪ Dank aussprechen und Verabschiedung ▪ Wunsch für weitere Besuche zum Ausdruck bringen

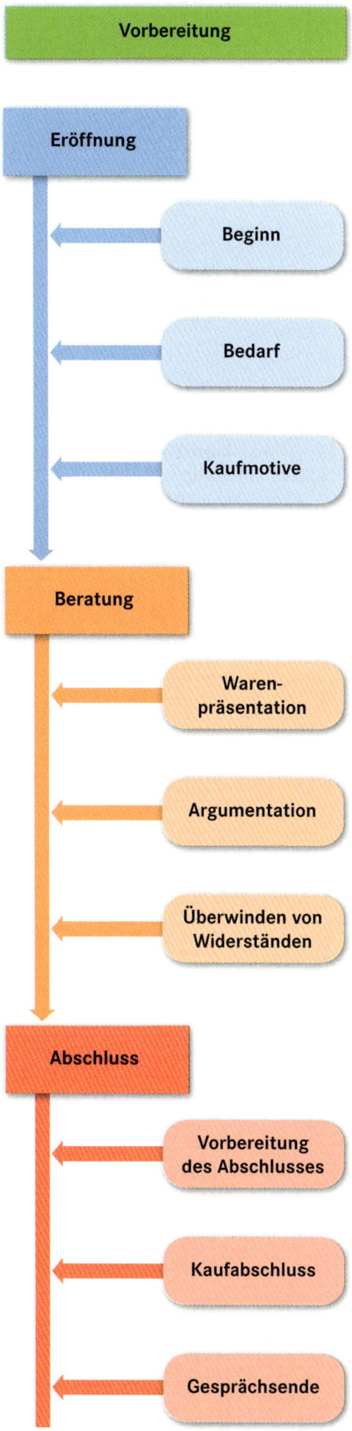

Konfliktursachen

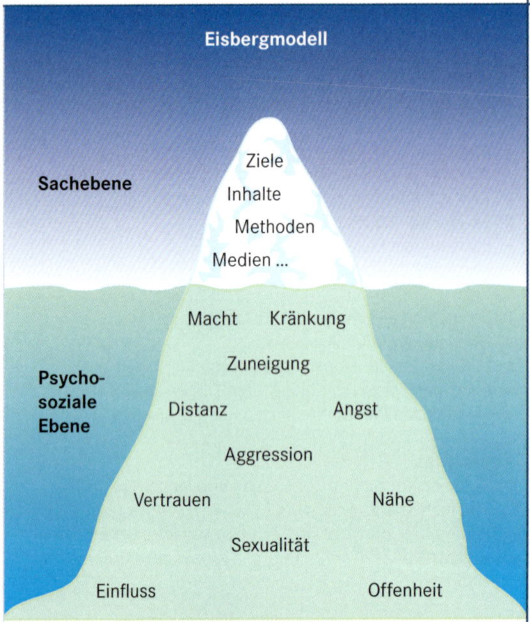

Eisbergmodell

Sachebene

Ziele
Inhalte
Methoden
Medien ...

Psychosoziale Ebene

Macht Kränkung
Zuneigung
Distanz Angst
Aggression
Vertrauen Nähe
Sexualität
Einfluss Offenheit

Zwischenmenschliche Beziehungen und Verhaltensweisen werden nicht nur durch die von außen zu erkennende **Sachebene** bestimmt.

Unterhalb dieser Ebene befindet sich die nicht erkennbare **psychosoziale Ebene**. In ihr sind Ängste, Vorurteile, Vertrauen usw. eingelagert. Diese beeinflussen in starkem Maße das Verhalten auf der Sachebene.

Wenn bei Gruppen- und Arbeitsprozessen diese psychosoziale Ebene wenig oder nicht beachtet wird, kann es zu Konflikten kommen.

Verhalten in Konfliktsituationen

Flucht
Konflikt wird verdrängt, ignoriert, ...
Lösung wird aufgeschoben.

Ergebnis:
Aggressives Verhalten gegenüber sich selbst und anderen.

Anpassung
Dominierende Personen bzw. Vorgaben und Regeln werden vollständig akzeptiert.
Eigene Wünsche und Bedürfnisse treten in den Hintergrund.

Ergebnis:
Orientierung an Leitfiguren, geringe Arbeitsmotivation und geringe Kreativität.

Kampf
Interessen werden massiv und mit verschiedensten Mitteln (direkte und indirekte) vertreten.
Konkurrenzkampf entsteht untereinander.

Ergebnis:
Sieger und Verlierer. Geringe Arbeitsmotivation.

Konsens
Konflikt wird analysiert. Unterschiedliche Positionen werden ausgesprochen und gemeinsam nach Lösungen gesucht.
Ziel ist ein für beide Seiten akzeptabler Kompromiss.

Ergebnis:
Gegenseitiges Verständnis und Akzeptanz, keine Sieger und keine Besiegten, Kooperation mit hoher Arbeitsmotivation.

Konfliktgespräch

Ziel: Konfliktlösung

1. **Konflikt benennen**
   Gründliche Analyse der jeweiligen Konfliktsituation.
2. **Problematisierung**
   Alle vorhandenen Ziele, Vorstellungen und Probleme benennen.
3. **Lösung**
   Gemeinsames Suchen nach Lösungen, Kompromiss finden.
4. **Vereinbarung**
   Ziele und Änderungen festhalten, „Vertrag“ schließen, Vereinbarung treffen.

Fragen zur Konfliktanalyse

- Wie stellt sich der Konflikt dar (Konfliktbeschreibung aus verschiedenen Perspektiven)?
- Wer ist in welcher Weise am Konflikt beteiligt?
- Seit wann besteht der Konflikt?
- Welche Themen wurden bisher im Zusammenhang mit dem Konflikt besprochen?
- Welche Lösungsansätze wurden bisher verwendet?
- Welche Erwartungen könnten die Konfliktparteien besitzen?
- Welche Unterstützung könnten die Konfliktparteien von außerhalb erhalten?
- Welche Personen könnten im Konflikt vermitteln?
- Wie viel Zeit steht für die Lösung zur Verfügung?

Elektrotechnik

4

Mathematische und physikalische Grundlagen

78 Mathematische Zeichen und Begriffe
78 Winkelfunktionen
79 Zahlen und Zahlensysteme
80 Physikalische Größen und Einheiten
80 Griechisches Alphabet
81 Formelzeichen und Einheiten
82 Akustik
83 Optik

Elektrische Grundgrößen und Schaltungen

84 Größen und Formeln der Elektrotechnik
85 Spannung und Stromstärke
85 Messen mit dem Elektronenstrahl-Oszilloskop
86 Messen elektrischer Grundgrößen
87 Schaltungen mit Widerständen
88 Elektrische und magnetische Felder

Signalumformung

89 Information und Kommunikation
90 Signale
91 Digitalisierung

Bauelemente

92 Kennzeichnung von Widerständen und Kondensatoren
93 Kondensatoren und Spulen
94 Halbleiterbauelemente
95 Operationsverstärker
96 Elektronischer Verstärker
96 Optoelektronische Bauelemente
97 Bildzeichen der Elektrotechnik
98 – 99 Schaltzeichen der Elektrotechnik

Spannungsversorgung und Energiequellen

100 Elektrochemische Spannungsquellen
101 Leitungen zur Energieübertragung
102 Energienetze
103 USV-Anlagen
104 Batterieanlagen

Schutz

105 Gefahren des elektrischen Stromes
106 Überstromschutzorgane
107 Schutz gegen gefährliche Körperströme
108 Fehlerstrom-Schutzeinrichtung
109 Überspannungsschutz
109 Erder, Erdungen, Schutzpotenzialausgleich
110 – 111 Zuordnung von Überstrom-Schutzorganen
112 Spannungsfall auf Leitungen
113 Sicherheitsbestimmungen für netzbetriebene elektronische Geräte
113 Reparatur und Änderung elektrischer Geräte
114 Schutzarten
115 Störungen über Energienetze
116 Funkentstörung
117 Normen/Standards
118 DIN VDE 0100
119 EMV – Elektromagnetische Verträglichkeit
120 EMV-Normen

Mathematische Zeichen und Begriffe

Mathematical Signs and Terms

Allgemeine mathematische Zeichen

DIN 1302: 1999-08

■ **Pragmatische Zeichen** (nicht mathematisch im engeren Sinne)

Zeichen	Verwendung	Sprechweise (Erläuterung)	Zeichen	Verwendung	Sprechweise (Erläuterung)
$\approx$	$x \approx y$	x ist ungefähr gleich y	$\triangleq$	$x \triangleq y$	x entspricht y
$\ll$	$x \ll y$	x ist klein gegen y	...	...	und so weiter bis; und so weiter (unbegrenzt); Punkt, Punkt, Punkt
$\gg$	$x \gg y$	x ist groß gegen y			

■ **Allgemeine arithmetische Relationen und Verknüpfungen**

Zeichen	Verwendung	Sprechweise (Erläuterung)	Zeichen	Verwendung	Sprechweise (Erläuterung)
$=$	$x = y$	x gleich y	$+$	$x + y$	x plus y, Summe von x und y
$\neq$	$x \neq y$	x ungleich y	$-$	$x - y$	x minus y, Differenz von x und y
$<$	$x < y$	x kleiner als y	$\cdot$	$x \cdot y$ oder xy	x mal y, Produkt von x und y
$\leq$	$x \leq y$	x kleiner oder gleich y, x höchstens gleich y	– oder /	$\frac{x}{y}$ oder x/y	x geteilt durch y, Quotient von x und y
$>$	$x > y$	x größer als y	Σ	$\sum_{i=1}^{n} x_i$	Summe über x_i von i gleich 1 bis n
$\geq$	$x \geq y$	x größer oder gleich y, x mindestens gleich y	$\sim$	$f \sim g$	f ist proportional zu g

Zeichen und Begriffe der Mengenlehre

Zeichen	Verwendung	Sprechweise (Erläuterungen)
$\in$	$x \in M$	x ist Element von M
$\notin$	$x \notin M$ $x_1, \ldots x_n \in A$	x ist nicht Element von M $x_1, \ldots, x_n$ sind Elemente von A
$\{ \mid \}$	$\{x \mid \varphi(x)\}$	die Klasse (Menge) aller x mit $\varphi(x)$
$\{,\ldots,\}$	$\{x_1, \ldots, x_n\}$	die Menge mit den Elementen $x_1, \ldots, x_n$
$\subseteq$	$A \subseteq B$	A ist Teilmenge von B, A sub B

Zeichen	Verwendung	Sprechweise (Erläuterungen)
$\emptyset$ oder $\{\}$		leere Menge
$\cap$	$A \cap B$	**Schnittmenge**, A geschnitten mit B, Durchschnitt von A und B
$\cup$	$A \cup B$	**Vereinigungsmenge**, A vereinigt mit B, Vereinigung von A und B
$\setminus$	$A \setminus B$	Differenz, Komplement

Winkelfunktionen

Trigonometric Functions

Winkelfunktionen (rechtwinklige Dreiecke)

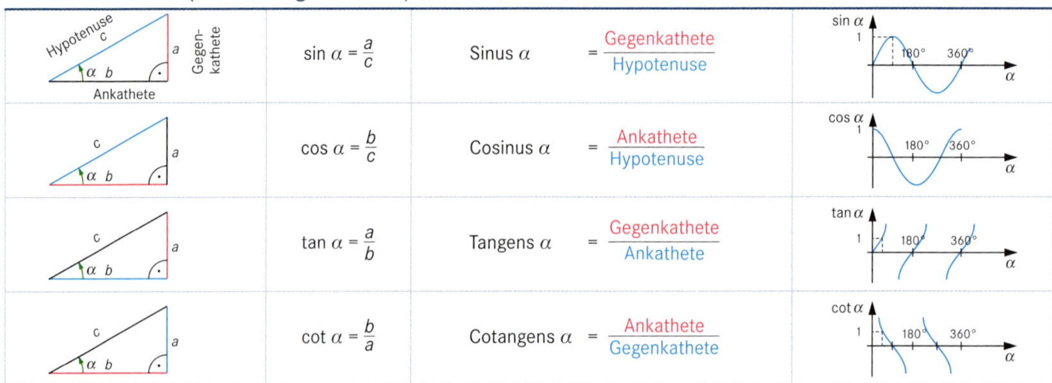

Hypotenuse c, Gegenkathete a, Ankathete b	$\sin \alpha = \frac{a}{c}$	Sinus α	$= \frac{\text{Gegenkathete}}{\text{Hypotenuse}}$
	$\cos \alpha = \frac{b}{c}$	Cosinus α	$= \frac{\text{Ankathete}}{\text{Hypotenuse}}$
	$\tan \alpha = \frac{a}{b}$	Tangens α	$= \frac{\text{Gegenkathete}}{\text{Ankathete}}$
	$\cot \alpha = \frac{b}{a}$	Cotangens α	$= \frac{\text{Ankathete}}{\text{Gegenkathete}}$

Vorzeichen der Winkelfunktionen in den vier Quadranten

Quadrant	Winkel	sin	cos	tan	cot
I	0° ... 90°	+	+	+	+
II	90° ... 180°	+	–	–	–
III	180° ... 270°	–	–	+	+
IV	270° ... 360°	–	+	–	–

Dezimalzahlen-System

- Zeichenvorrat: 0, 1, 2, 3, 4, 5, 6, 7, 8, 9
- Mögliche unterschiedliche Zeichen pro Stelle: 10
- Basis 10 (B = 10)
- Kennzeichnung: Index 10 oder D (dezimal)

Stelle	4.	3.	2.	1.	1.	2.
Wertigkeit	10^3	10^2	10^1	10^0	10^{-1}	10^{-2}
	1000	100	10	1	1/10	1/100
Beispiel:	**5**	**0**	**3**	**2** ,	**1**	**2**
	$5\cdot10^3$ +	$0\cdot10^2$ +	$3\cdot10^1$ +	$2\cdot10^0$ +	$1\cdot10^{-1}$ +	$2\cdot10^{-2}$

Dualzahlen-System

- Zeichenvorrat: 0 und 1
- Mögliche unterschiedliche Zeichen pro Stelle: 2
- Basis 2 (B = 2)
- Kennzeichnung: Index 2 oder B (binär)

Stelle	4.	3.	2.	1.	1.	2.
Wertigkeit	2^3	2^2	2^1	2^0	2^{-1}	2^{-2}
	8	4	2	1	1/2	1/4
Beispiel:	**1**	**0**	**0**	**1** ,	**1**	**1**
	$1\cdot2^3$ +	$0\cdot2^2$ +	$0\cdot2^1$ +	$1\cdot2^0$ +	$1\cdot2^{-1}$ +	$1\cdot2^{-2}$

Hexadezimal-Zahlensystem (Sedezimal-System)

- Zeichenvorrat: 0, 1, 2, 3, 4, 5, 6, 7, 8, 9, A, B, C, D, E, F
- Mögliche unterschiedliche Zeichen pro Stelle: 16
- Basis 16 (B = 16)
- Kennzeichnung: Index 16 oder H (hexadezimal)

Stelle	4.	3.	2.	1.	1.	2.
Wertigkeit	16^3	16^2	16^1	16^0	16^{-1}	16^{-2}
	4096	256	16	1	1/16	1/256
Beispiel:	**1**	**3**	**F**	**C** ,	**5**	**A**
	$1\cdot16^3$ +	$3\cdot16^2$ +	$F\cdot16^1$ +	$C\cdot16^0$ +	$5\cdot16^{-1}$ +	$A\cdot16^{-2}$

Vergleich zwischen Zahlensystemen

dual	dezimal	hexadezimal	dual	dezimal	hexadezimal
0	0	0	10000	16	10
1	1	1	10001	17	11
10	2	2	10010	18	12
11	3	3	10011	19	13
100	4	4	10100	20	14
101	5	5	10101	21	15
110	6	6	10110	22	16
111	7	7	10111	23	17
1000	8	8	11000	24	18
1001	9	9	11001	25	19
1010	10	A	11010	26	1A
1011	11	B	11011	27	1B
1100	12	C	11100	28	1C
1101	13	D	11101	29	1D
1110	14	E	11110	30	1E
1111	15	F	11111	31	1F

Komplementbildung

B-Komplement: Ergänzung der gegebenen Zahl zur ganzen Potenz der Basis des gewählten Zahlensystems.

(B-1)-Komplement: B-Komplement minus 1

Beispiele:

Basis	Zahl	B-Komplement	(B-1)-Komplement
		Zehnerkomplement	Neunerkomplement
B = 10	6	4	3
	73	27	26
		Zweierkomplement	Einerkomplement
B = 2	111	001	000
	101	011	010

Standard-Zahlenmengen

Zeichen	Definition	Sprechweise	**Beispiele**
ℕ oder **N**	Menge der **nichtnegativen ganzen Zahlen**. Menge der **natürlichen Zahlen**. ℕ enthält die Zahl 0.	Doppelstrich-N	0 1 2 3 4
ℤ oder **Z**	Menge der **ganzen Zahlen**	Doppelstrich-Z	-4 -3 -2 -1 0 1 2 3 4
ℚ oder **Q**	Menge der **rationalen Zahlen**	Doppelstrich-Q	-4 -3 -2 $-\frac{3}{2}$ -1 0 $\frac{1}{2}$ 1 $\frac{7}{4}$ 2 3 $\frac{19}{5}$ 4
ℝ oder **R**	Menge der **reellen Zahlen**	Doppelstrich-R	-4 -3 -2 $-\frac{3}{2}$ -1 $-\sqrt{\frac{1}{2}}$ 0 $\frac{1}{2}$ 1 $\sqrt{2}$ $\frac{7}{4}$ 2 e 3 π $\frac{19}{2}$ 4
ℂ oder **C**	Menge der **komplexen Zahlen**	Doppelstrich-C	

Römische Zahlen

I = 1	IV = 4	VII = 7	X = 10	XXX = 30	LX = 60	XC = 90	CC = 200	D = 500	DCCC = 800
II = 2	V = 5	VIII = 8	XI = 11	XL = 40	LXX = 70	C = 100	CCC = 300	DC = 600	CM = 900
III = 3	VI = 6	IX = 9	XX = 20	L = 50	LXXX = 80	CX = 110	CD = 400	DCC = 700	M = 1000

Physikalische Größen und Einheiten
Physical Quantities and Units of Measure

SI-Basiseinheiten[1]
DIN 1301: 93-12

Größe	Formelzeichen	Einheitenname	Einheitenzeichen
Länge	l	Meter	m
Masse	m	Kilogramm	kg
Zeit	t	Sekunde	s
Elektrische Stromstärke	I	Ampere	A
Thermodynamische Temperatur	T	Kelvin	K
Stoffmenge	n	Mol	mol
Lichtstärke	I_v	Candela	cd

[1] **S**ystème **I**nternational d'Unités (Internationales Einheitensystem)

Vorsätze und Vorsatzzeichen für dezimale Teile und Vielfache von Einheiten
DIN 1301: 93-12

Faktor	Vorsätze	Vorsatzzeichen	Faktor	Vorsätze	Vorsatzzeichen	Faktor	Vorsätze	Vorsatzzeichen
10^{-24}	Yocto	y	10^{-3}	Milli	m	10^{6}	Mega	M
10^{-21}	Zepto	z	10^{-2}	Zenti	c	10^{9}	Giga	G
10^{-18}	Atto	a	10^{-1}	Dezi	d	10^{12}	Tera	T
10^{-15}	Femto	f	10^{1}	Deka	da	10^{15}	Peta	P
10^{-12}	Piko	p	10^{2}	Hekto	h	10^{18}	Exa	E
10^{-9}	Nano	n	10^{3}	Kilo	k	10^{21}	Zetta	Z
10^{-6}	Mikro	µ				10^{24}	Yotta	Y

Schreibweise
DIN 1313: 78-04

Beispiel: Größenwert = Zahlenwert · Einheit

$l = \{l\} \cdot [l]$ Länge = Zahlenwert der Länge · Einheit der Länge

$l = 3 \cdot \mathrm{m}$

Physikalische Gleichungen
DIN 1313: 78-04

Größengleichungen	Einheitengleichungen	Zahlenwertgleichungen
z.B. $v = \frac{s}{t}$ $m = 8\ \mathrm{kg}$	z.B. 1 m = 100 cm 1 h = 3600 s 1 kWh = 3,6 · 10^6 Ws	z.B. $\{v\} = 3{,}6\ \frac{\{s\}}{\{t\}}$ v in m/s s in m t in s
Zugeschnittene Größengleichung		
z.B. $\frac{v}{\mathrm{km/h}} = 3{,}6 \cdot \frac{s/\mathrm{m}}{t/\mathrm{s}}$		

Größen	Erklärungen	Beispiele
Skalare	Zur eindeutigen Festlegung genügt die Angabe des ▪ Zahlenwertes und der ▪ Einheit.	Masse, m Zeit, t Arbeit, W
Vektoren	Zur eindeutigen Festlegung sind erforderlich: ▪ Zahlenwert, ▪ Einheit, ▪ Richtung im Raum oder in der Ebene, ▪ Richtungssinn (Drehsinn)	Kraft $\vec{F}$, Geschwindigkeit $\vec{v}$, Elektrische Feldstärke $\vec{E}$

Griechisches Alphabet
Greek Alphabet

Α α	Alpha	Ι ι	Iota	Ρ ϱ	Rho
Β β	Beta	Κ ϰ	Kappa	Σ σ	Sigma
Γ γ	Gamma	Λ λ	Lambda	Τ τ	Tau
Δ δ	Delta	Μ μ	My	Υ υ	Ypsilon
Ε ε	Epsilon	Ν ν	Ny	Φ φ	Phi
Ζ ζ	Zeta	Ξ ξ	Xi	Χ χ	Chi
Η η	Eta	Ο ο	Omikron	Ψ ψ	Psi
Θ ϑ	Theta	Π π	Pi	Ω ω	Omega

Formelzeichen und Einheiten
Formula Signs and Units of Measure

Formelzeichen	Bedeutung	SI-Einheit	Einheitenname, Bemerkungen
Längen und ihre Potenzen, Winkel			
x, y, z	Kartesische Koordinaten	m	
$\alpha, \beta, \gamma,$ ϑ, φ	ebener Winkel, Drehwinkel (bei Drehbewegungen)	rad	Radiant, 1 rad = 1 m/m 1 Vollwinkel = 2 π rad Grad: 1° = (π/180 rad) Minute: 1′ = (1/60)° Sekunde: 1″ = (1/60)′
l	Länge	m	Meter, 1 int. Seemeile = 1852 m
b	Breite	m	
h	Höhe, Tiefe	m	
δ, d	Dicke, Schichtdicke	m	
r	Radius, Halbmesser, Abstand	m	
f	Durchbiegung, Durchhang	m	
d, D	Durchmesser	m	
s	Weglänge, Kurvenlänge	m	
A, S	Flächeninhalt, Fläche, Oberfläche	m^2	Quadratmeter, 1 a = 10^2 m^2
S, q	Querschnittsfläche, Querschnitt	m^2	1 ha = 10^4 m^2
V	Volumen, Rauminhalt	m^3	Kubikmeter, 1 l (Liter) = 1 dm^3
Zeit und Raum			
t	Zeit, Zeitspanne, Dauer	s	Sekunde, min, h (Stunde), d (Tage)
T	Periodendauer, Schwingungsdauer	s	
τ, T	Zeitkonstante	s	
f, ν	Frequenz, Periodenfrequenz	Hz	Hertz, 1 Hz = 1 s^{-1}, $f = 1/T$
n, f_r	Umdrehungsfrequenz (Drehzahl)	s^{-1}	1 min^{-1} = (1/60) s^{-1}
λ	Wellenlänge	m	
v, u, w, c	Geschwindigkeit	m/s	1 km/h = 1/3,6 (m/s)
c	Ausbreitungsgeschwindigkeit einer Welle	m/s	
a	Beschleunigung	m/s^2	
g	örtliche Fallbeschleunigung	m/s^2	g_n = 9,80665 m/s^2 (Normalfallbeschl.)
Elektrotechnik			
Q	elektrische Ladung	C	Coulomb, 1 C = 1 A · s, 1 A · h = 3,6 kC
D	elektrische Flussdichte	C/m^2	
U	elektrische Spannung, Potenzialdifferenz	V	
E	elektrische Feldstärke	V/m	1 V/mm = 1 kV/m
C	elektrische Kapazität	F	Farad; 1 F = 1 C/V, $C = Q/U$
I	elektrische Stromstärke	A	Ampere
J	elektrische Stromdichte	A/m^2	1 A/mm^2 = 1 MA/m^2, $J = I/A$
Θ	magnetische Durchflutung (mag. Spannung)	A	
H	magnetische Feldstärke	A/m	1 A/mm = 1 kA/m
Φ	magnetischer Fluss	Wb	Weber, 1 Wb = 1 V · s
B	magnetische Flussdichte	T	Tesla, 1 T = 1 Wb/m^2, $B = \Phi/S$
L	Induktivität, Selbstinduktivität	H	Henry, 1 H = 1 Wb/A
R	elektr. Widerstand, Wirkwiderstand, Resistanz	Ω	Ohm, 1 Ω = 1 V/A
G	elektrischer Leitwert, Wirkleitwert	S	Siemens, 1 S = 1 Ω^{-1}, $G = 1/R$
ϱ	spezifischer elektrischer Widerstand	Ω · m	1 μΩ · cm = 10^{-8} Ω · m
$\gamma, \sigma, \varkappa$	elektrische Leitfähigkeit	S/m	$\gamma = 1/\varrho$
X	Blindwiderstand, Reaktanz	Ω	
B	Blindleitwert, Suszeptanz	S	$B = 1/X$
$Z, \|Z\|$	Scheinwiderstand, Betrag der Impedanz	Ω	$\underline{Z}$: Impedanz (komplexe Impedanz)
$Y, \|Y\|$	Scheinleitwert, Betrag der Admittanz	S	$\underline{Y}$: Admittanz (komplexe Admittanz)
W	Energie, Arbeit	J	
P, P_p	Wirkleistung	W	
Q, P_q	Blindleistung	W	Energietechnik: var (Var), 1 var = 1 W
S, P_s	Scheinleistung	W	Energietechnik: VA (Voltampere)
φ	Phasenverschiebungswinkel	rad	auch Winkel der Impedanz
λ	Leistungsfaktor	1	$\lambda = P/S$, Elektrotechnik: $\lambda = \cos\varphi$
d	Verlustfaktor	1	
k	Oberschwingungsgehalt, Klirrfaktor	1	
N	Windungszahl	1	

Schall

Druck p
Δp Schalldruckänderung
Schalldruck
atm. Druck
p_0 = 1,013 bar
t
Verdichtung
Verdünnung

Lautstärken von Schallquellen

Schallquelle	Lautstärkepegel L_N in phon	Schalldruck p in µbar
Hörschwelle	0	$2 \cdot 10^{-4}$
Flüstern in 1 m Entfernung	30	$6{,}4 \cdot 10^{-3}$
mittlere Sprachwiedergabe	50	$6{,}4 \cdot 10^{-2}$
Verkehrslärm	70	$6{,}4 \cdot 10^{-1}$
Presslufthammer	90	6,4
startendes Flugzeug, 5 m Abstand	110	64
Schmerzschwelle	130	640

Schallgeschwindigkeit

$c = f \cdot \lambda$ $\qquad [c] = \frac{\text{m}}{\text{s}}$

c: Schallgeschwindigkeit
f: Frequenz
λ: Wellenlänge

Wellenarten

Longitudinalwellen (Längswellen)
Schwingungsrichtung der Teilchen ist identisch mit der Ausbreitungsrichtung des Schalls.

Transversalwellen (Querwellen)
Teilchen schwingen quer zur Ausbreitungsrichtung des Schalls.

Lautstärkepegel

Angabe: L_N in phon

Der Lautstärkepegel eines beliebigen Schalleindrucks beträgt z. B. x phon, wenn von einem gehörmäßig normalempfindenden Beobachter der Schall als gleich laut wahrgenommen wird wie ein Ton mit f = 1 kHz, dessen Schalldruckpegel x dB beträgt.

Lautheit

Angabe: N in sone

Die Lautheit ist der Stärke der Schallwahrnehmung normalhörender Beobachter proportional.

Schalldruckpegel L_p in Abhängigkeit von der Frequenz (Kurven gleicher Lautstärke, Sinustöne)

gehörmäßig normalempfindende Personen, Alter: 18–25 Jahre

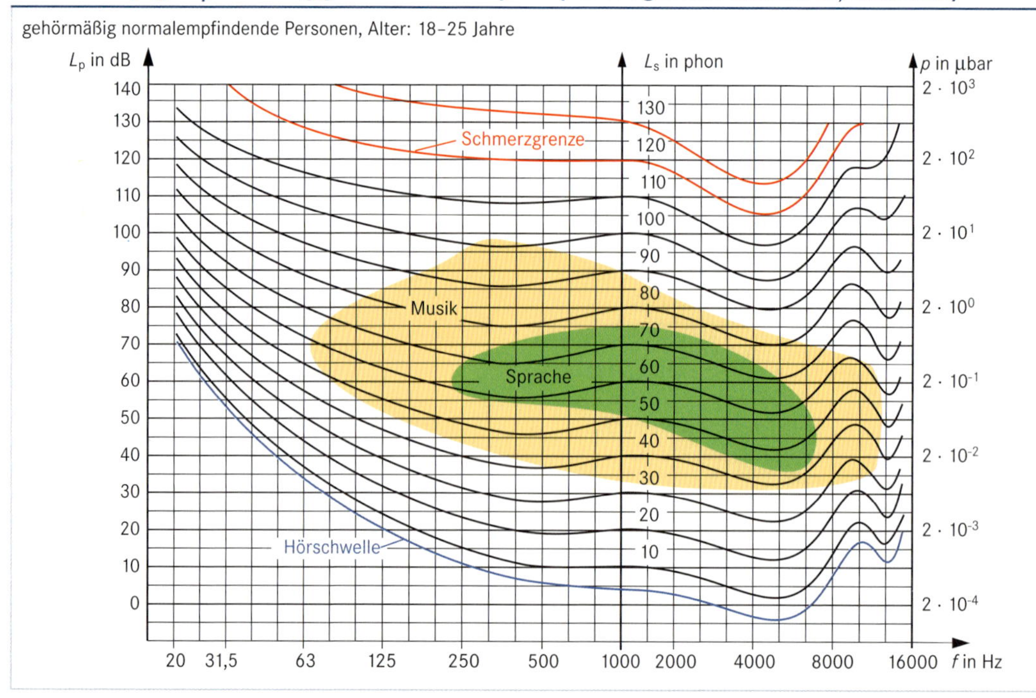

Optische Strahlung

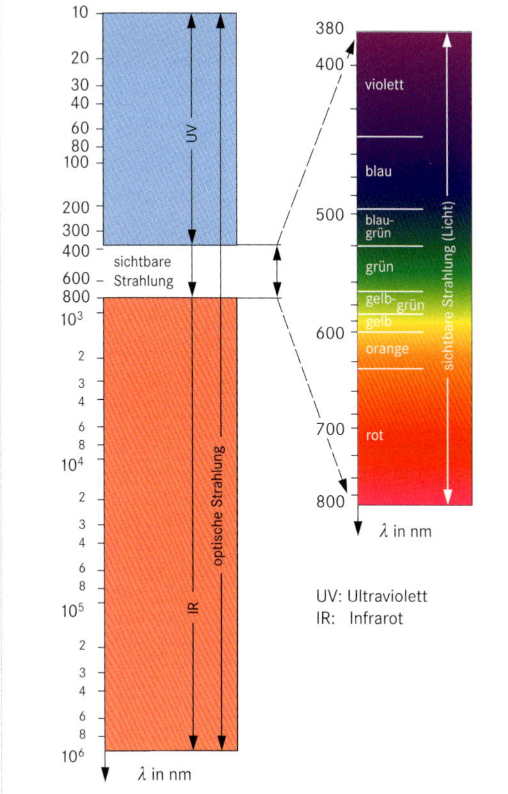

Relativer spektraler Helligkeitsempfindlichkeitsgrad (Augenempfindlichkeit)

Tagessehen: $V(\lambda)$
Helligkeitsadaption oberhalb von 10 lx, photooptischer Bereich, Zapfen-Sehen;
Strahlungsäquivalent: K_m = 683 lm/W

Nachtsehen: $V'(\lambda)$
Dunkeladaption unterhalb 0,1 lx, skoptischer Bereich, Stäbchen-Sehen;
Strahlungsäquivalent: K_m = 1699 lm/W

Die Kurven sind Mittelwerte, die an vielen Personen ermittelt wurden.

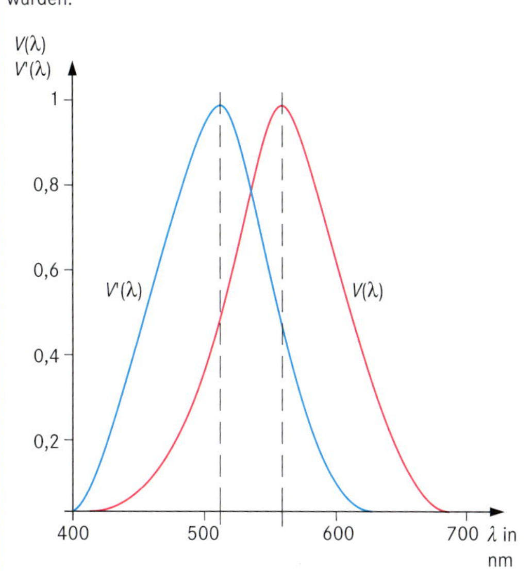

Wellenlängenbereiche der UV- und IR-Strahlung

Name	Kurzzeichen	Wellenlänge λ in nm	Frequenz f in THz	Energie Q_e in eV
Ultraviolettstrahlung (UV)	UV-C < VUV[1]	100 … 200	3.000 … 1.500	12,4 … 6,2
	UV-C < FUV[2]	200 … 280	1.500 … 1.070	6,2 … 4,4
	UV-B (Mittleres UV)	280 … 315	1.070 … 950	4,4 … 3,9
	UV-A (Nahes UV)	315 … 380	950 … 790	3,9 … 3,3
Sichtbare Strahlung, Licht	VIS	380 … 780	790 … 385	3,3 … 1,6
Infrarot-Strahlung (IR)	NIR[3] < IR-A	780 … 1400	385 … 215	1,6 … 0,9
	NIR[3] < IR-B	1.400 … 3.000	215 … 100	0,9 … 0,4
	IR-C < MIR[4]	3.000 … 50.000	100 … 6	0,4 … 0,025
	IR-C < FIR[5]	50.000 … 1 · 10^6	6 … 0,3	0,025 … 0,001

[1] Vakuum UV, [2] Fernes UV, [3] Nahes IR, [4] Mittleres IR, [5] Fernes IR

Strahlungsphysikalische (radiometrische) Größen (radiometric units)

- rein physikalische Betrachtungsweise
- Index e bedeutet: energetische
- Bereich von 10^1 … 10^6 nm

Lichttechnische (fotometrische) Größen (photometric units)

- physiologische Bewertung durch das menschliche Auge
- Index v bedeutet: visuell
- Teilbereich der optischen Strahlung, 380 nm … 780 nm

Größe	Darstellung	Größen und Formelzeichen	Einheit und Einheitenzeichen	Formel
Spannung	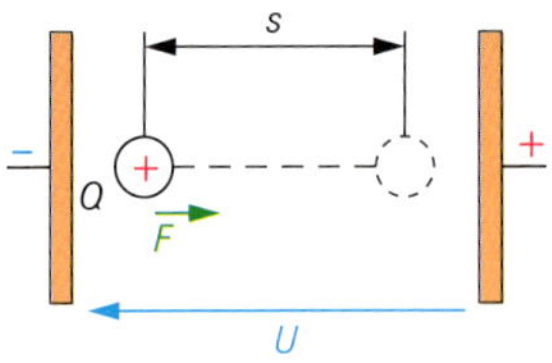 s; −; +; Q; F; U	Spannung U	Volt V	$U = \frac{W}{Q}$
		Ladung Q	Coulomb C Amperesekunde As	
		Arbeit W	Wattsekunde Ws, VAs	
	Die **elektrische Spannung** zwischen zwei Punkten eines elektrischen Feldes ist gleich dem Quotienten aus der verrichteten Verschiebungsarbeit und der bewegten Ladung.			
Stromstärke	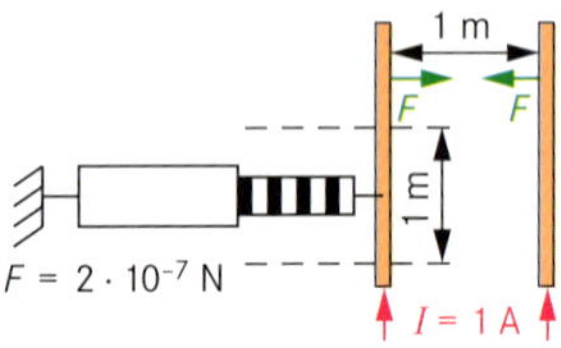 1 m; F; F; 1 m; $F = 2 \cdot 10^{-7}$ N; $I = 1$ A	Stromstärke I	Ampere A	$I = \frac{Q}{t}$
		Ladung Q	Coulomb C 1 C = 1 As	
		Zeit t	Sekunde s	
	Ein Ampere ist die Stärke eines zeitlich unveränderlichen elektrischen Stromes durch zwei geradlinige, parallele, unendlich lange Leiter, die einen Abstand von 1 m haben und zwischen denen im leeren Raum je 1 m Doppelleitung eine Kraft von $2 \cdot 10^{-7}$ N wirkt.			
Stromdichte	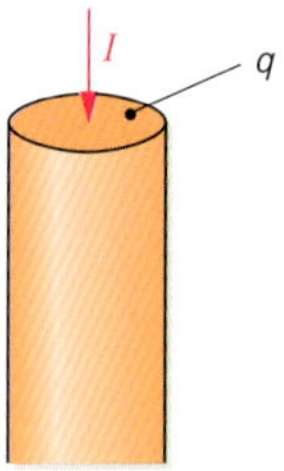 I; q	Stromdichte J	Ampere durch Quadratmeter $\frac{\text{A}}{\text{m}^2}$	$J = \frac{I}{q}$
		Querschnittsfläche q	Quadratmeter m^2 $1\ \text{m}^2 = 10^4\ \text{cm}^2 = 10^6\ \text{mm}^2$	
Stromstärke, Spannung, Widerstand und Leitwert	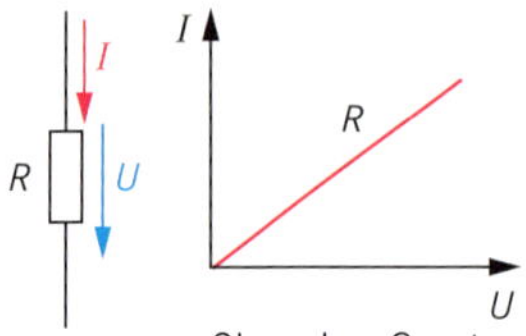 I; R; U; I; R; U; Ohmsches Gesetz	Widerstand R	Ohm Ω $1\ \Omega = 1\ \frac{\text{V}}{\text{A}}$	$I = \frac{U}{R}$
		Leitwert G	Siemens S $1\ \text{S} = 1\ \frac{\text{A}}{\text{V}}$	$G = \frac{1}{R}$ $I = G \cdot U$
Elektrische Arbeit	 I; R; U; t	Elektrische Arbeit W	Wattsekunde Ws, VAs 1 kWh = $3{,}6 \cdot 10^6$ Ws 1 Nm = 1 Ws = 1 J	$W = U \cdot I \cdot t$ $W = P \cdot t$
Elektrische Leistung	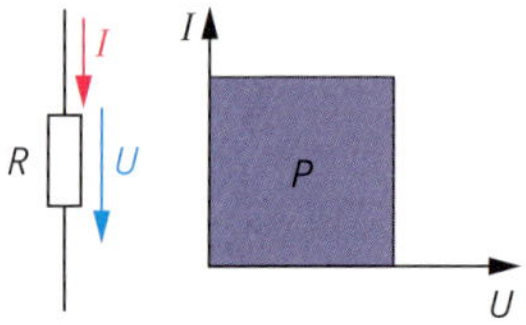 I; R; U; I; P; U	Elektrische Leistung P	Watt W, VA	$P = \frac{W}{t}$ $P = U \cdot I$ $P = I^2 \cdot R$ $P = \frac{U^2}{R}$

Spannung und Stromstärke
Voltage and Current Intensity

Sinusförmige Wechselspannung

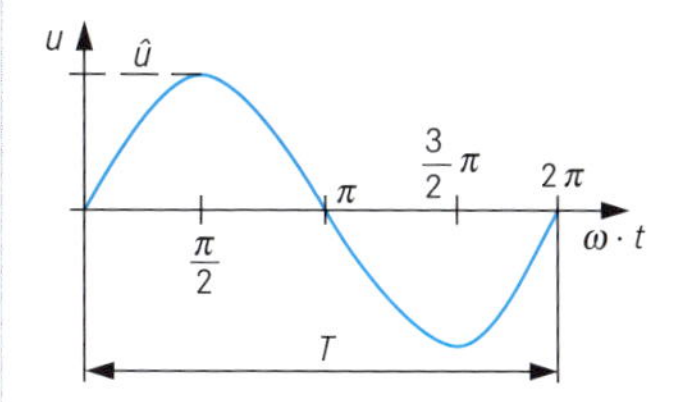

u, i: Momentanwerte (Augenblickswerte)	$u = \hat{u} \cdot \sin \omega \cdot t$	
$\hat{u}$, $\hat{\imath}$: Maximalwerte, Spitzenwerte		
f: Frequenz		
T: Periodendauer	$f = \frac{1}{T}$	$[f] = \mathrm{Hz}$
ω: Kreisfrequenz	$\omega = 2\pi \cdot f$	$[\omega] = \frac{1}{\mathrm{s}}$

Spitzen- und Effektivwerte

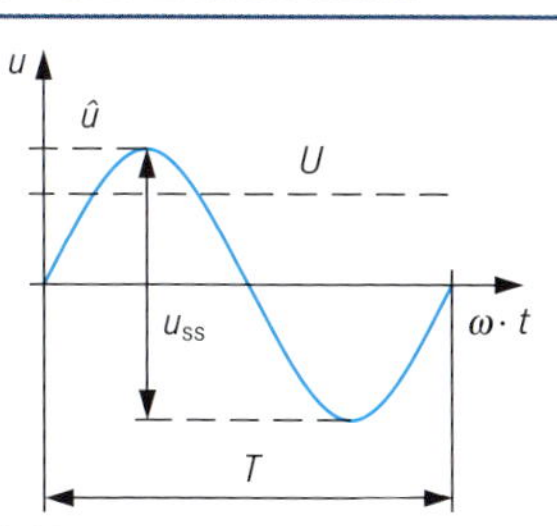

$\hat{u}$, $\hat{\imath}$: Maximalwerte, Spitzenwerte, Amplituden	$U = \frac{\hat{u}}{\sqrt{2}}$
U, I: Effektivwerte auch: U_{eff} und I_{eff}	$I = \frac{\hat{\imath}}{\sqrt{2}}$
u_{ss}, i_{ss}: Spitze-Spitze-Wert	$u_{ss} = 2 \cdot \hat{u}$
	$i_{ss} = 2 \cdot \hat{\imath}$

Symbole für Spannungen und Stromstärken

Grafisches Symbol	Kurzbezeichnung[3)]	Benennung
——— [1)]	DC	Gleichspannung Gleichstrom
= = [2)]		
∼	AC	Wechselspannung Wechselstrom
≂	UC	Gleich- und Wechselspannung oder Strom

Reihenfolge der Angaben
(nicht erforderliche Angaben können entfallen):

- Anzahl der Außenleiter
- übrige Leiter
- Spannungs- und Stromwert
- Frequenz (Zahlenwert und Einheit)
- Spannung oder Stromstärke (Zahlenwert und Einheit)

Beispiel: 1/N/PE ~ 230 V oder 1/N/PE AC 230 V

[1)] Vorzugsweise in Schaltungen
[2)] Vorzugsweise auf Betriebsmitteln und Einrichtungen
[3)] Anwendung z. B. in Datenverarbeitung und Schrifttum

Messen mit dem Elektronenstrahl-Oszilloskop
Measuring with the Oscilloscope

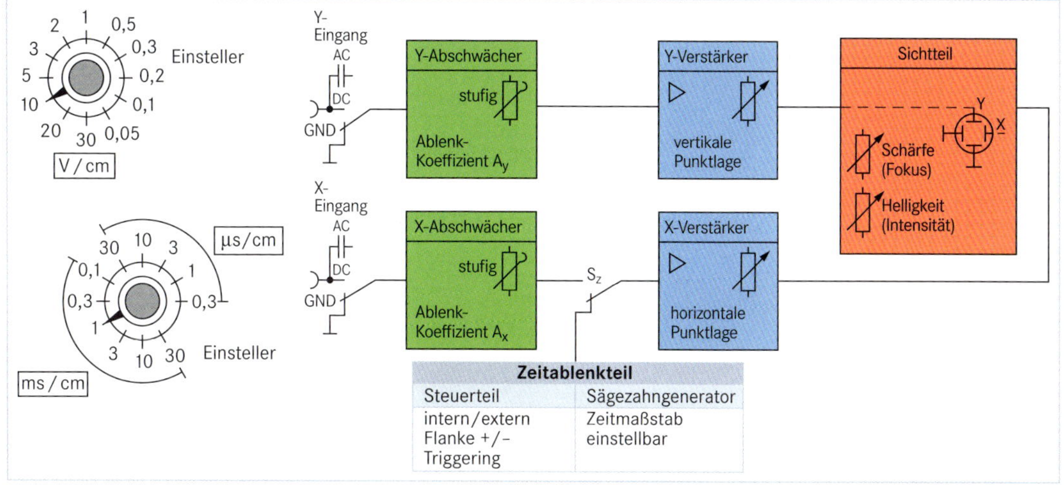

Zeitablenkteil	
Steuerteil	Sägezahngenerator
intern/extern Flanke +/– Triggering	Zeitmaßstab einstellbar

Gleichspannung

Messschaltung

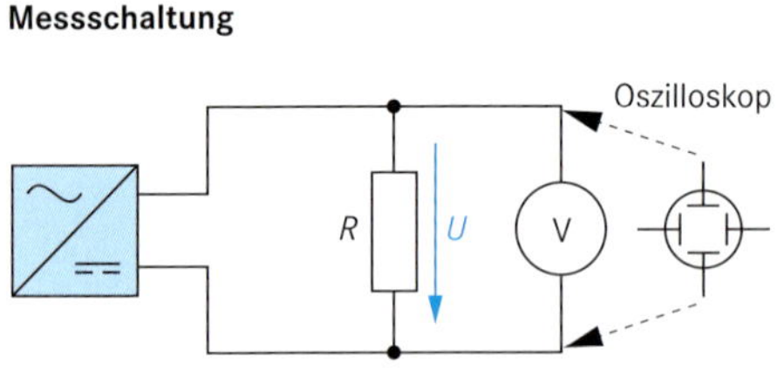

Form der Messspannung:

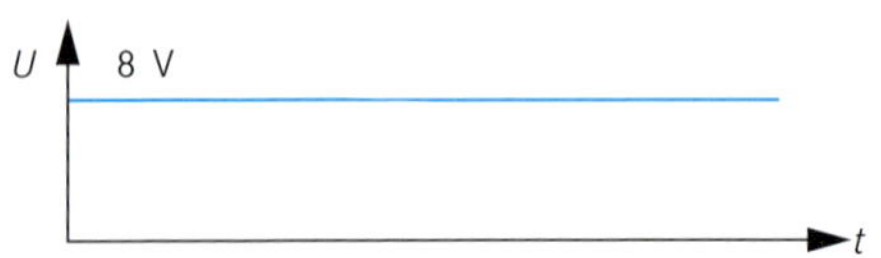

Messergebnisse:
Drehspulmessinstrument

Gleichspannungsbereich  $U = 8$ V

Oszilloskop:

Stellung DC
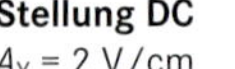
$A_Y = 2$ V/cm $U = 8$ V

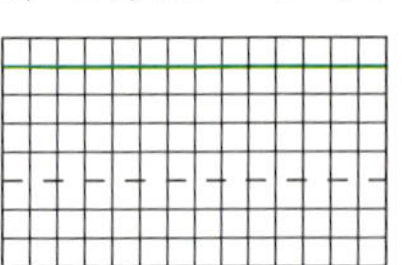

Stellung AC
$A_Y = 2$ V/cm $U = 0$ V

Wechselspannung

Messschaltung

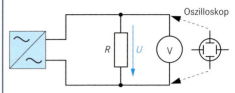

Form der Messspannung:

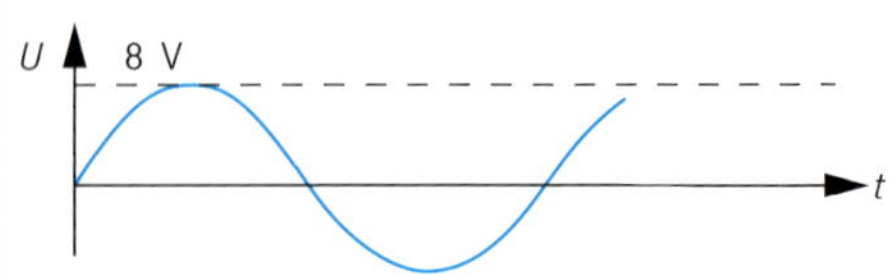

Messergebnisse:
Drehspulmessinstrument

Gleichspannungsbereich 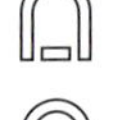 $U = 0$ V

Wechselspannungsbereich  $U = 5{,}7$ V Effektivwert

Oszilloskop:

Stellung AC bzw. DC
$A_Y = 2$ V/cm $\hat{u} = 8$ V

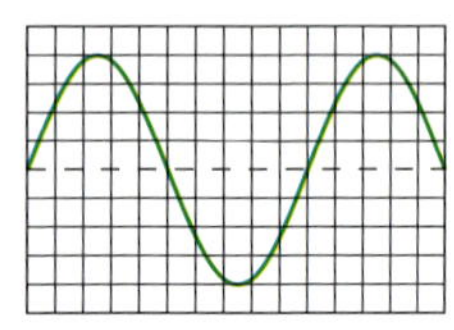

Stromstärke und Spannung

- Das Stromstärkemessgerät wird in Reihe direkt in den Stromkreis geschaltet.

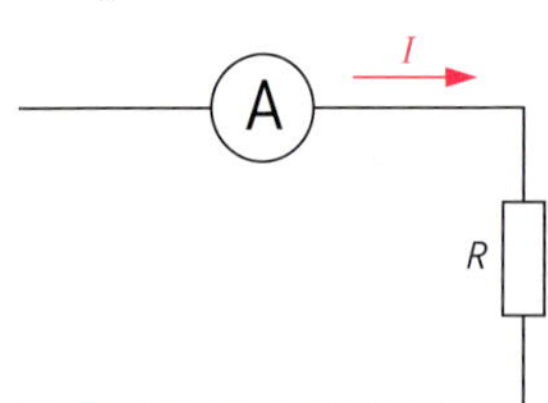

- Das Spannungsmessgerät wird parallel geschaltet.

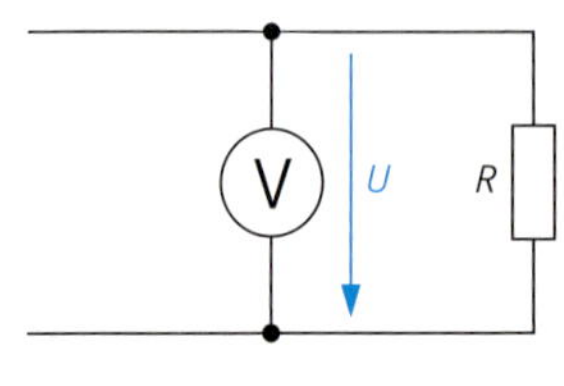

Leistung (Wirkleistung)

- Im Leistungsmessgerät werden Spannung und Stromstärke gleichzeitig gemessen, das Produkt gebildet und als Leistung angezeigt.
  Es sind drei bzw. vier Anschlüsse vorhanden.

Beispiel:
Messung einer Geräteleistung (z. B. Monitor) im Wechselstromkreis.

Erstes Kirchhoffsches Gesetz

Knotenregel:
In jedem Knotenpunkt ist die Summe aller Ströme Null.

$$\Sigma I = 0$$

Beispiel:

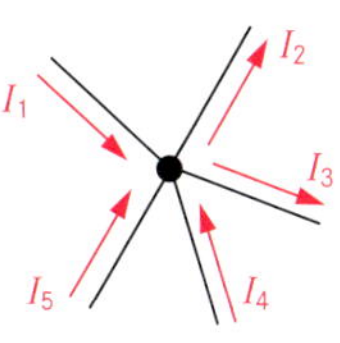

$$I_1 - I_2 - I_3 + I_4 + I_5 = 0$$

Zweites Kirchhoffsches Gesetz

Maschenregel:
Die Summe aller Teilspannungen entlang eines geschlossenen Weges (willkürlich gewählter Umlaufsinn) ist Null.

Beispiel: $\Sigma U = 0$

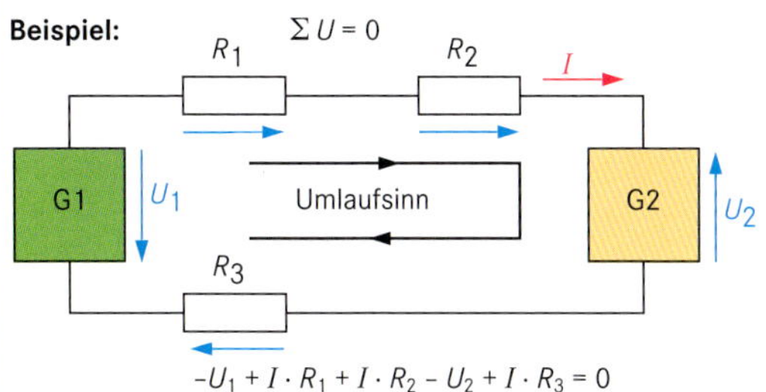

$$-U_1 + I \cdot R_1 + I \cdot R_2 - U_2 + I \cdot R_3 = 0$$

Spannungsteiler

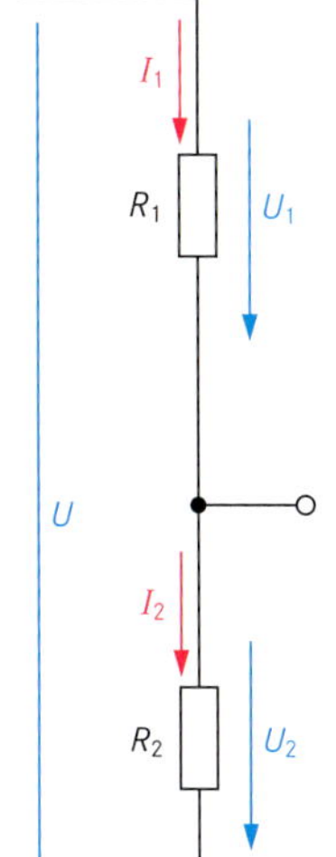

$$\frac{U_2}{U} = \frac{R_2}{R_1 + R_2}$$

belastet

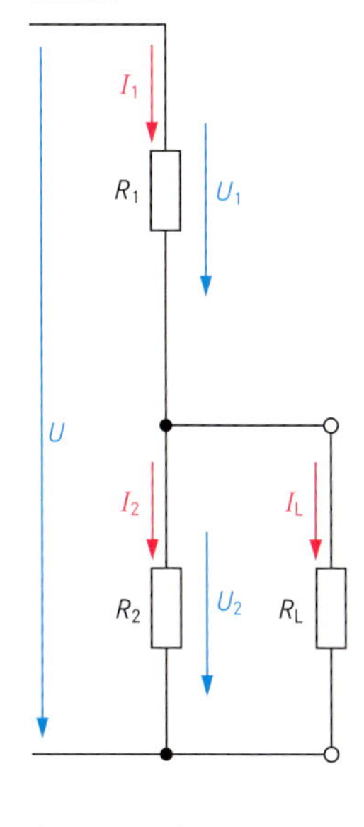

$$\frac{U_2}{U} = \frac{R_2 \cdot R_L}{R_1\,(R_2 + R_L) + R_2 \cdot R_L}$$

	Reihenschaltung	Parallelschaltung
Schaltung	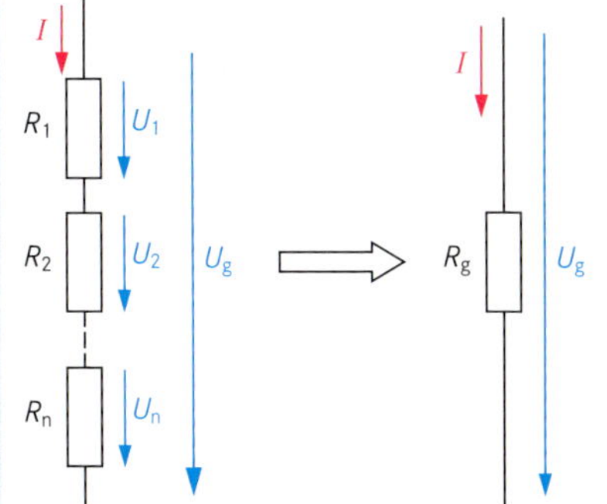	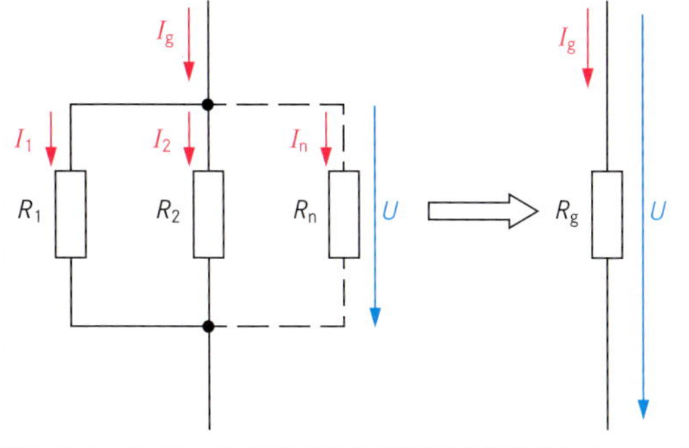
Spannung	$U_g = U_1 + U_2 + ... + U_n$	Alle Widerstände liegen an derselben Spannung U.
Stromstärke	Durch alle Widerstände fließt derselbe Strom I.	$I_g = I_1 + I_2 + ... + I_n$
Widerstände und Leitwerte	$R_g = R_1 + R_2 + ... + R_n$	$\frac{1}{R_g} = \frac{1}{R_1} + \frac{1}{R_2} + ... + \frac{1}{R_n}$ $G_g = G_1 + G_2 + ... + G_n$
Verhältnisse	$\frac{U_1}{U_2} = \frac{R_1}{R_2}$; $\frac{U_1}{U_n} = \frac{R_1}{R_n}$; $\frac{U_1}{U_g} = \frac{R_1}{R_g}$; ...	$\frac{I_1}{I_2} = \frac{R_2}{R_1}$; $\frac{I_1}{I_n} = \frac{R_n}{R_1}$; $\frac{I_1}{I_g} = \frac{R_g}{R_1}$; ...

Elektrische und magnetische Felder
Electric and Magnetic Fields

Elektrisches Feld

- Ein elektrisches Feld ist ein Raum, in dem auf Ladungen Kräfte ausgeübt werden. Je nach Ladung kommt es zur Anziehung oder Abstoßung.
- Elektrische Felder sind immer dann vorhanden, wenn elektrische Spannungen herrschen.

Elektrische Feldstärke

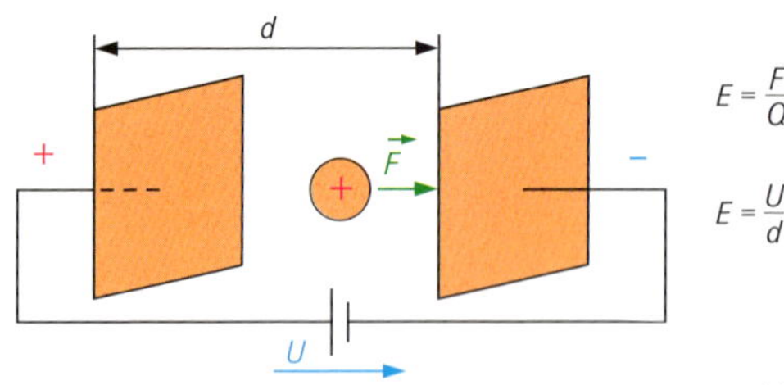

$$E = \frac{F}{Q}$$

$$E = \frac{U}{d}$$

E: Elektrische Feldstärke — $[E] = \frac{\text{N}}{\text{C}}$
F: Kraft auf die Ladung im Feld
Q: Ladung im Feld — 1 C = 1 As
U: Spannung zwischen den Platten
d: Abstand der Platten — $[E] = \frac{\text{V}}{\text{m}}$

Formen elektrischer Felder

- Elektrische Felder lassen sich durch gedachte Linien (**Feldlinien**) darstellen.
- Feldlinien gehen definitionsmäßig von positiven zu negativen Ladungen.
- Wenn Feldlinien parallel verlaufen, nennt man das Feld **homogen** ①.
- Wenn Feldlinien nicht parallel verlaufen, nennt man das Feld **inhomogen**.

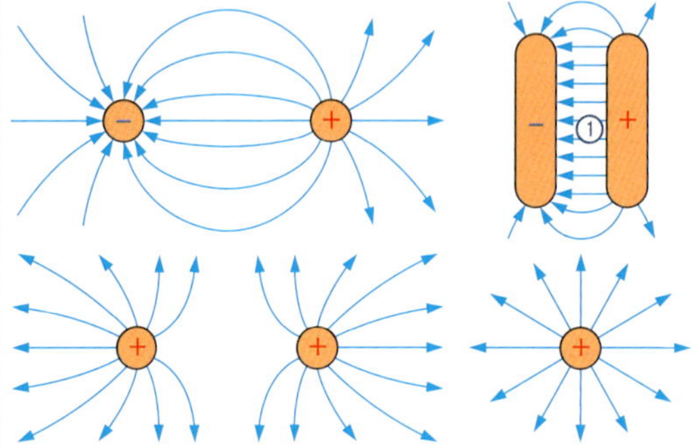

Abschirmung

- Elektrische Felder verursachen Ladungsverschiebungen (**Influenz**) in metallischen Leitern und damit für Störungen.
- Maßnahme: Abschirmung durch beliebige Metalle (Kupfer, Eisen, Aluminium ...). Der metallisch abgeschirmte bereich ist frei.
- Formen: Bleche, Gitter, Geflechte (z. B. Leitungen)

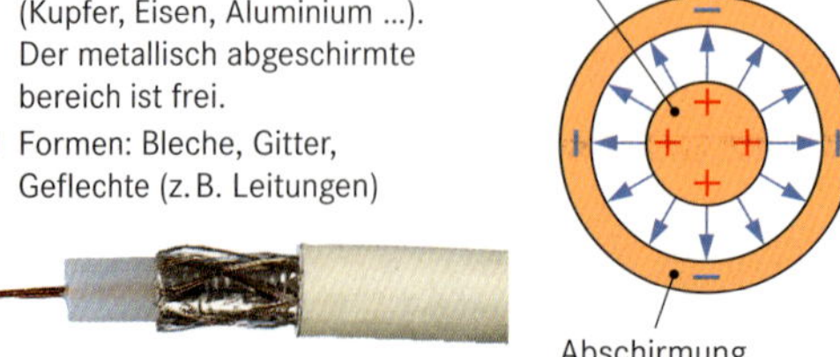

Innenleiter

Abschirmung

Magnetisches Feld

- Wenn ein elektrischer Leiter von Strom durchflossen wird, baut sich um den Leiter ein magnetisches Feld auf.
- Die Feldlinien sind geschlossen und verlaufen kreisförmig.
- Wenn sich das Magnetfeld ändert (Wechselstrom), werden in Leiter, die sich in diesem Magnetfeld befinden, Spannungen induziert.

Räumliches Magnetfeld einer Leiterschleife

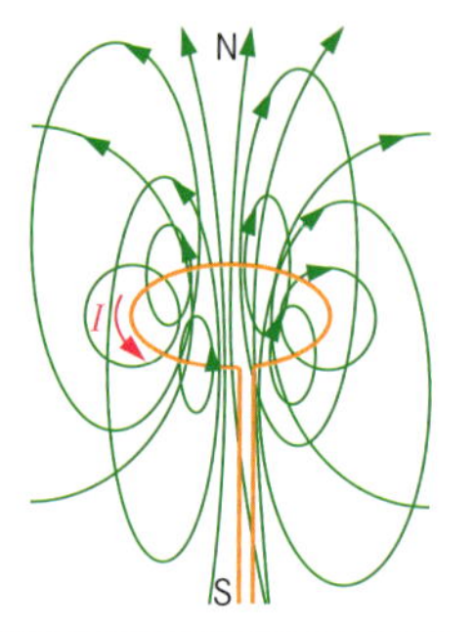

Feldlinienrichtung

Stromrichtung:
Technische Stromrichtung, vom Plus- zum Minuspol.

Leiter

Schraube mit Rechtsgewinde

entspricht Stromrichtung

entspricht Feldlinienrichtung

Magnetische Flussdichte (Induktion)

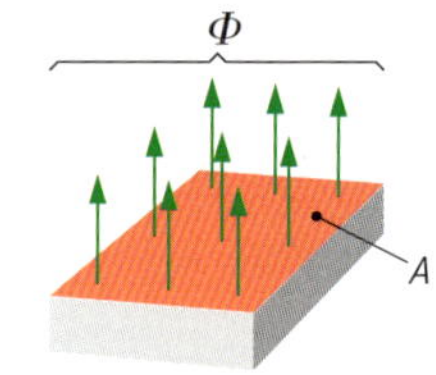

$$B = \frac{\Phi}{A}$$

$[\Phi] = \text{Vs}$

1 Vs = 1 Wb (Weber)

$[B] = \frac{\text{Vs}}{\text{m}^2}$

$1 \frac{\text{Vs}}{\text{m}^2} = 1\ \text{T}$ (Tesla)

B: Magnetische Flussdichte
Φ: Magnetischer Fluss
A: Fläche

Induktionsspannung

In einem Leiter entsteht dann eine Spannung, wenn sich der Leiter in einem sich ändernden Magnetfeld befindet (der magnetische Fluss ändert sich in einer bestimmten Zeit).

Anwendung:
Spannungserzeugung bei Generatoren, Mikrofon, ...

Abschirmung

Magnetische Felder lassen sich durch Eisen abschirmen. In geschlossenen Eisenumhüllungen verlaufen die störenden magnetischen Feldlinien nur im Eisen. Eine Spannungsübertragung (Induktion) auf umgebende Leiter kann dann nicht mehr stattfinden.

Nachricht und Information

Unter einer Nachricht versteht man jede Art von Mitteilungen. Beispiele: Ampelsignal, gesprochener Text, Mitteilung auf einer Tonkassette, ...
In die Nachricht ist immer eine Information eingebettet. Es wird unterschieden:

Syntaktischer Aspekt[1] einer Nachricht:
Aufbau der Nachricht nach seinen formalen Regeln, Zeichen, Zeichenfolge usw.

Semantischer Aspekt[2] einer Nachricht:
Bedeutung der Nachricht für den Empfänger (z. B. das Rot der Ampel bedeutet: Stopp!)

[1] Syntax (gr., lat.): Lehre vom Satzbau, Satzlehre
[2] Semantik (gr.): Wortbedeutungslehre

Prinzip der Nachrichtenübertragung

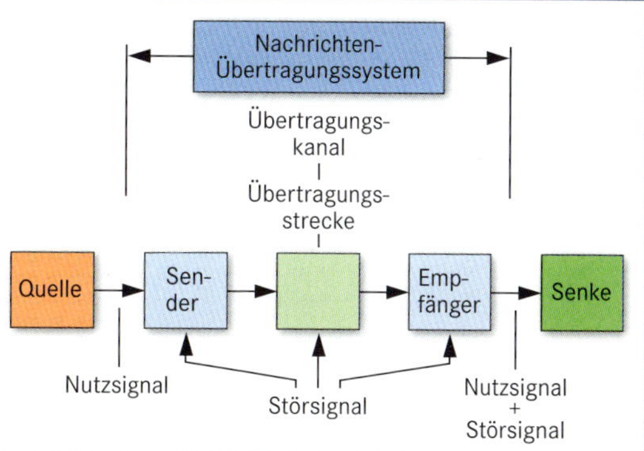

Informationsformen

Töne:
Sprache, Musik, Geräusche

Bilder:
Feste Bilder, bewegte Bilder (farbig, monochrom)

Text:
Alphanumerische Zeichen

Daten:
Elektrische oder optische Signale, die nicht direkt vom Menschen wahrgenommen werden können

Kommunikation

Einseitiger oder wechselseitiger Austausch zwischen Menschen, technischen Einrichtungen (Endeinrichtungen) oder zwischen Menschen und technischen Einrichtungen.

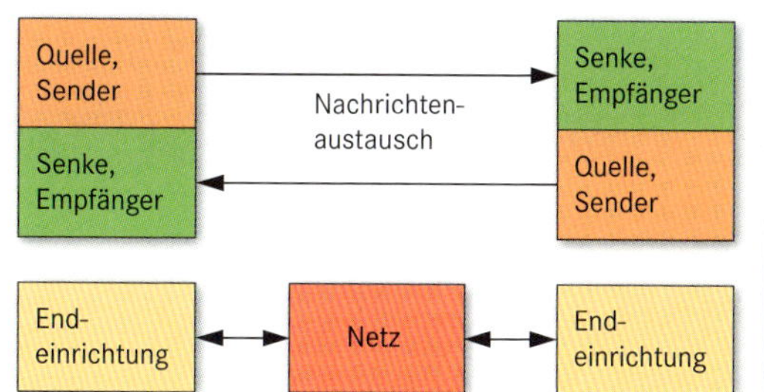

Informationsübertragung

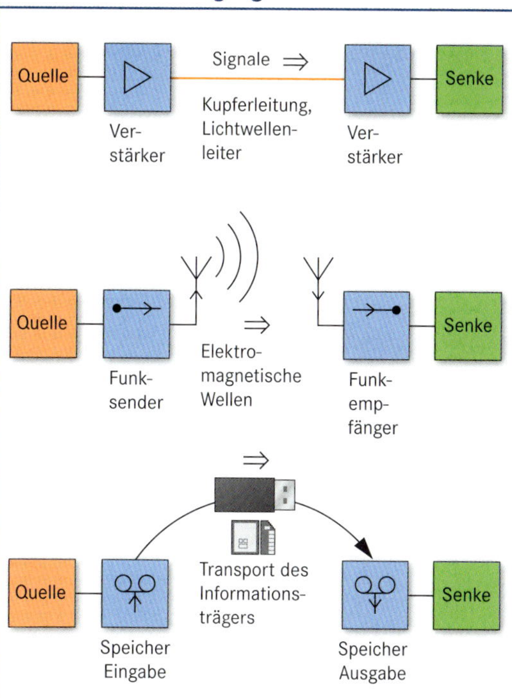

Betriebsarten der technischen Kommunikation

Duplex-Betrieb (Gegenbetrieb)
Beide Partner sind gleichberechtigt. Sie können gleichzeitig senden und empfangen (z. B. Telefon).

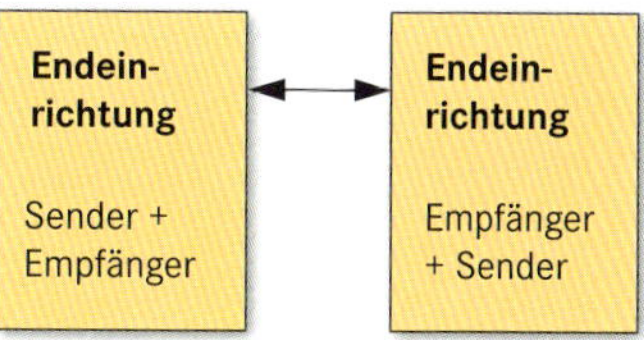

Halbduplex-Betrieb (Wechselbetrieb)
Die Kommunikationspartner können abwechselnd (alternierend) senden und empfangen.

Endein-richtung
Sender +
Empfänger

Endein-richtung
Sender +
Empfänger

Simplex-Betrieb (Richtungsbetrieb)
Der Empfänger kann keine Signale zum Sender schicken (z. B. Verteilkommunikation bei Rundfunk-Sendungen).

Endein-richtung
Sender

Endein-richtung
Empfänger

Analoges Signal

Das Signal kann jeden Wert zwischen dem negativen und positiven Maximalwert einnehmen (kontinuierlicher Werte- und Zeitbereich).

Beispiele: Sprache, Musik

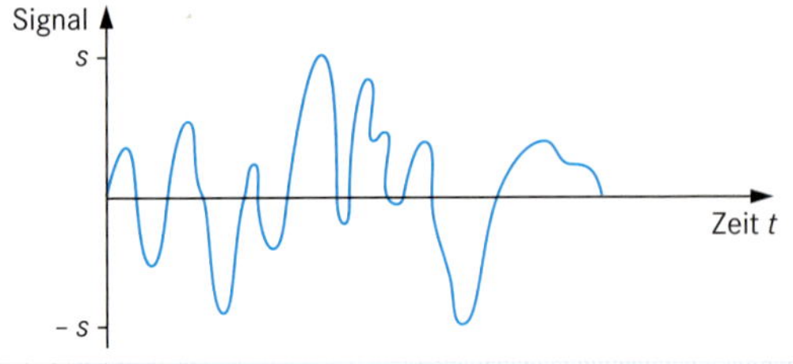

Digitales Signal

Das Signal kann nur bestimmte (diskrete) Werte annehmen (z. B. 0 und 1, binäres Signal). Die Werte sind nur in bestimmten Zeitabschnitten vorhanden.

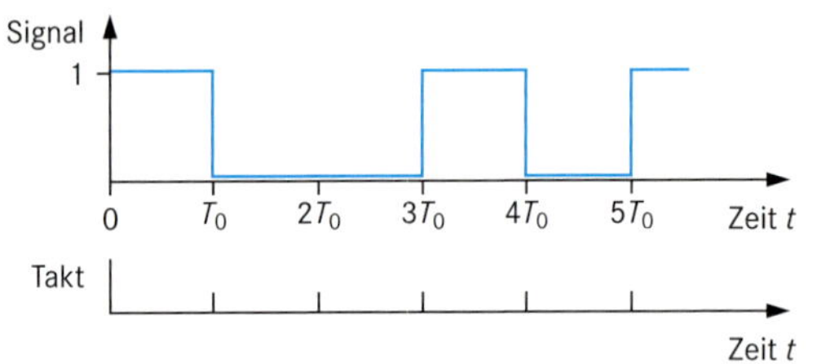

Rechtecksignale (Spannungen)

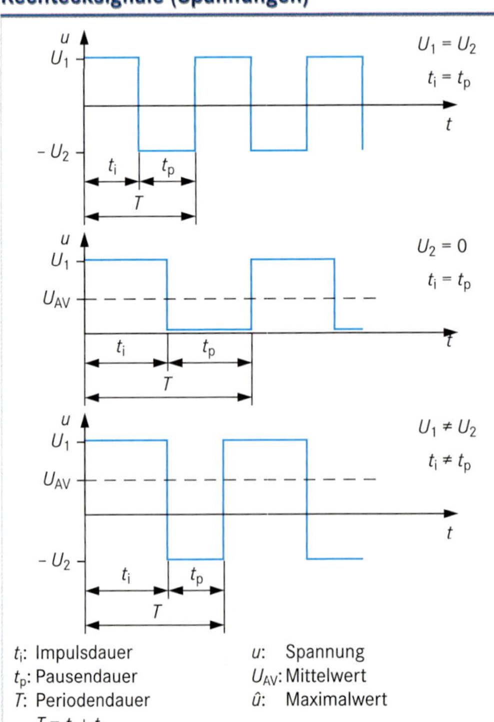

t_i: Impulsdauer
t_p: Pausendauer
T: Periodendauer
$T = t_i + t_p$
f: Frequenz

u: Spannung
U_{AV}: Mittelwert
$\hat{u}$: Maximalwert

Signaleinteilung

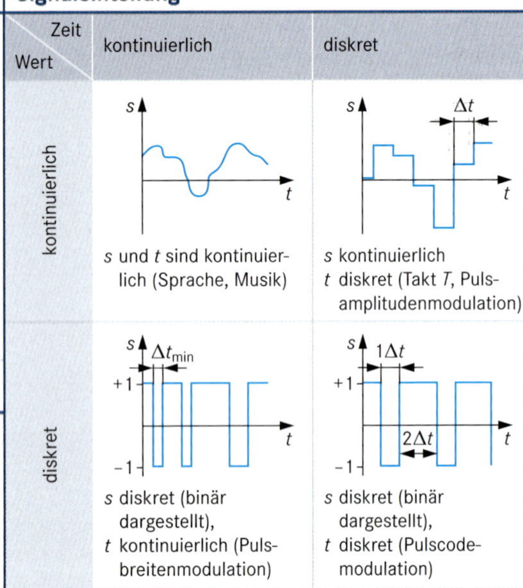

Wert \ Zeit	kontinuierlich	diskret
kontinuierlich	s und t sind kontinuierlich (Sprache, Musik)	s kontinuierlich t diskret (Takt T, Pulsamplitudenmodulation)
diskret	s diskret (binär dargestellt), t kontinuierlich (Pulsbreitenmodulation)	s diskret (binär dargestellt), t diskret (Pulscodemodulation)

Fourier-Analyse

Jede periodische Schwingung kann als Summe von Sinusschwingungen dargestellt werden.

Linienspektrum

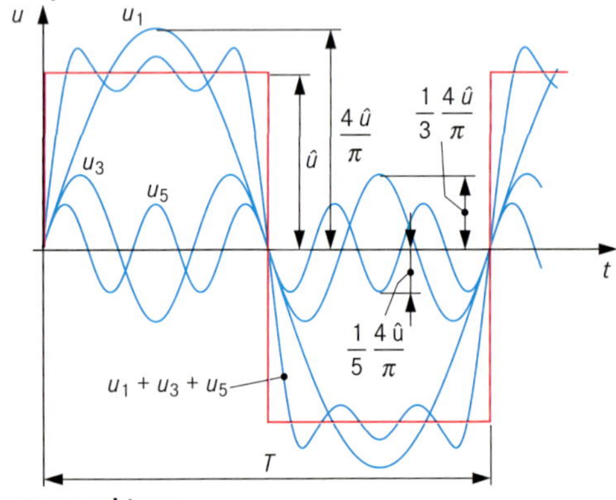

Frequenzspektrum

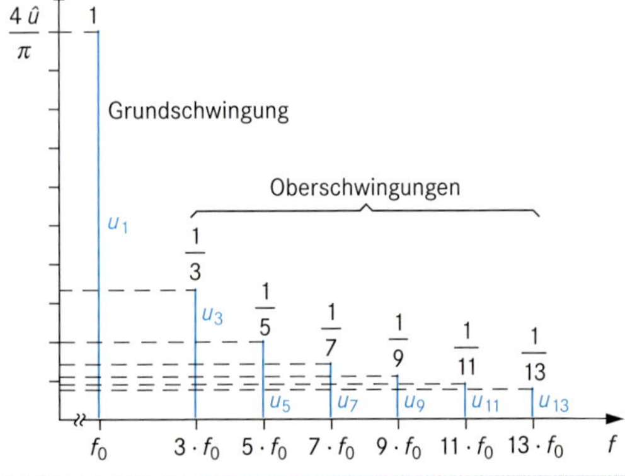

Digitalisierung

1. Die Quelle liefert ein analoges Signal ①.
2. Durch **Abtastung** werden in bestimmten Zeitabschnitten Spannungswerte entnommen ② .
3. Jeder Pulsamplitude wird in der **Quantisierungstufe** ③ ein bestimmter Wert zugeordnet. Wenn der Abtastwert zwischen den Stufen liegt, ergeben sich Fehler. Sie sind um so kleiner, je größer die Zahl der Quantisierungsstufen ist.
4. Jeder Stufe wird danach eine bestimmte Bitfolge zugeordnet (Codierung ④ durch ein Codewort). In diesem Fall sind es 3 Bit.

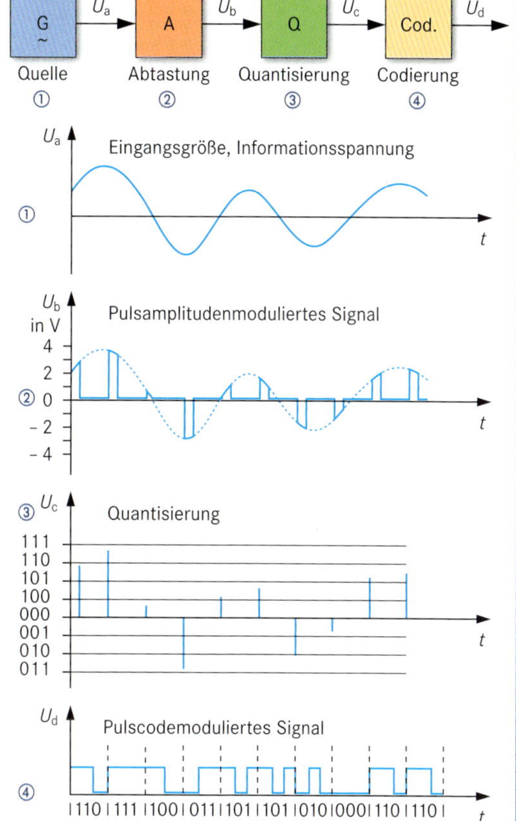

Umsetzer

Analog-Digital-Umsetzer

Beispiel:
Ein rampenförmiges Signal (analog) wird mit binären Signalen (0 und 1) in einen Signalfluss von 4 Bit (Dual-Code) umgesetzt.

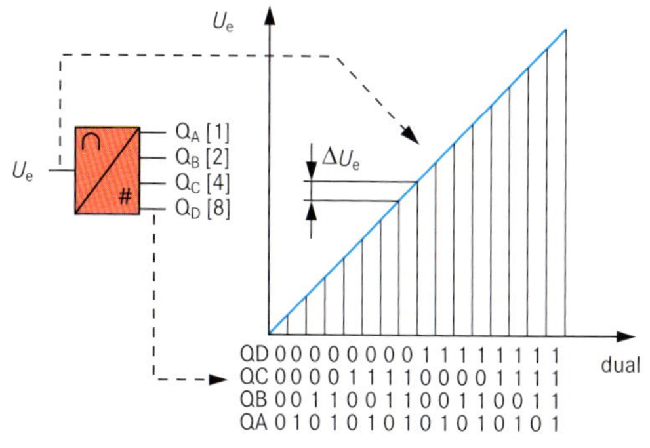

Digital-Analog-Umsetzer

Beispiel:
Eine 4 Bit Signalfolge (Dual-Code) wird in ein treppenförmiges Signal umgesetzt. Nach anschließender Glättung ist wieder ein analoges Signal vorhanden.

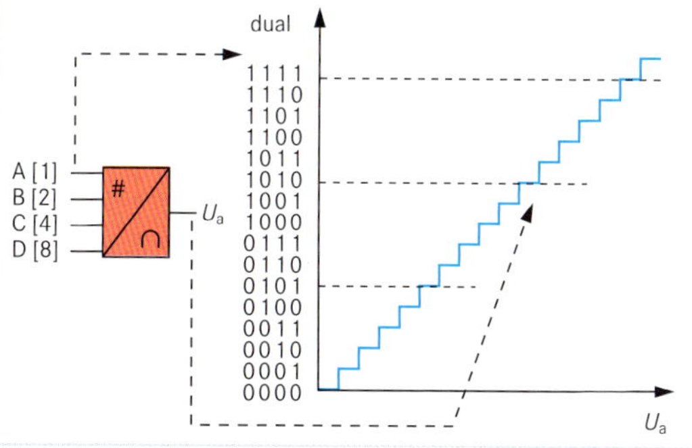

Bit und Byte

Bit: Binary Digi**t**, Binärziffer
Kleinste Informationeinheit der Computertechnik und anderer digital arbeitender Systeme.

Byte: Einheit von 8 Bit
z.B.: 01101011

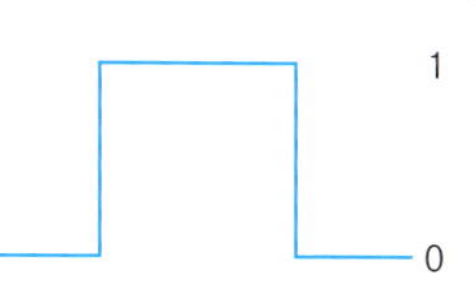

Kapazitätsangaben

- Das Byte (B) ist die Standardeinheit für die Angaben der Kapazitäten von
  - permanenten Speichermedien (z.B. Festplatte, CD, DVD, USB-Stick, Speicherkarten) und
  - flüchtigen Speichern (z.B. Arbeitsspeicher).
- Verwendet werden **Präfixe** (Vorsilben) zur Basis 10 und 2.
- Hersteller von permanenten Speichermedien verwenden zur Kapazitätskennzeichnung Dezimalpräfixe. Unterschiede entstehen, wenn z.B. im PC die Anzeige durch Binärpräfixe erfolgt.

Präfixe zur Basis 10 (Dezimalpräfixe)	
Symbol	Bedeutung
kB, Kilobyte	10^3 B = 1.000 B
MB, Megabyte	10^6 B = 1.000.000 B
GB, Gigabyte	10^9 B = 1.000.000.000 B
TB, Terabyte	10^{12} B = 1.000.000.000.000 B

Präfixe zur Basis 2 (Binärpräfixe)	
Symbol, Name	Bedeutung
KiB, Kibibyte	2^{10} B = 1.024 B
MiB, Mebibyte	2^{20} B = 1.048.576 B
GiB, Gibibyte	2^{30} B = 1.073.741.824 B
TiB, Tebibyte	2^{40} B = 1.099.511.627.776 B

Farbkennzeichnung von Widerständen

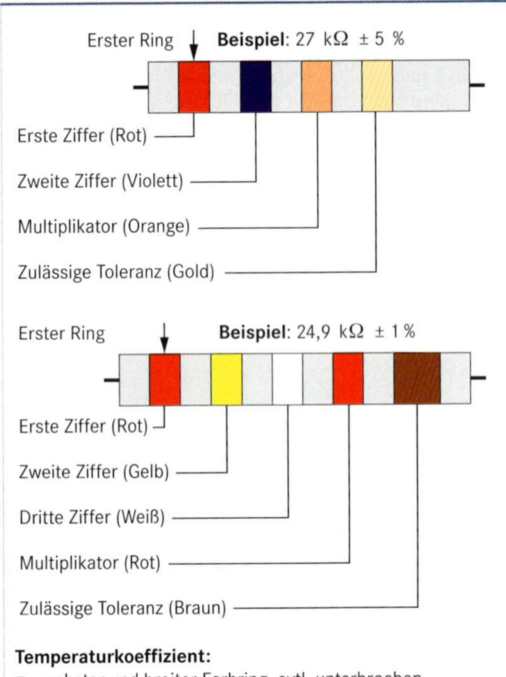

Temperaturkoeffizient:
- sechster und breiter Farbring, evtl. unterbrochen
- Schraubenlinie

Vorzugsreihen für Bemessungswerte bis ±5 % zulässige Abweichung DIN IEC 63: 1985-12

E3 (> ±20 %)	E6 (±20 %)	E12 (±10 %)	E24 (±5 %)
1,0	1,0	1,0	1,0
			1,1
		1,2	1,2
			1,3
2,2	1,5	1,5	1,5
			1,6
		1,8	1,8
			2,0
	2,2	2,2	2,2
			2,4
		2,7	2,7
			3,0
4,7	3,3	3,3	3,3
			3,6
		3,9	3,9
			4,3
	4,7	4,7	4,7
			5,1
		5,6	5,6
			6,2
	6,8	6,8	6,8
			7,5
		8,2	8,2
			9,1

Farbschlüssel

Kennfarbe	Widerstandswert in Ω		Zulässige relative Abweichung des Widerstandswertes	Temperatur-Koeffizient (10^{-6}/K)
	zählende Ziffern	Multiplikator		
silber	–	10^{-2}	±10 %	–
gold	–	10^{-1}	± 5 %	–
schwarz	0	10^{0}	–	±250
braun	1	10^{1}	± 1 %	± 100
rot	2	10^{2}	± 2 %	± 50
orange	3	10^{3}	–	± 15
gelb	4	10^{4}	–	± 25
grün	5	10^{5}	± 0,5 %	± 20
blau	6	10^{6}	± 0,25 %	± 10
violett	7	10^{7}	± 0,1 %	± 5
grau	8	10^{8}	–	± 1
weiß	9	10^{9}	–	–
keine	–	–	± 20 %	–

Wertkennzeichnung durch Buchstaben DIN EN 60 062: 1994-10

Kennbuchstabe	Multiplikator		Beispiele
p	Pico	10^{-12}	3µ3 = 3,3 µF
n	Nano	10^{-9}	m33 = 330 µF
µ	Mikro	10^{-6}	33m = 33 000 µF
m	Milli	10^{-3}	R33 = 0,33 Ω
R, F		10^{0}	3R3 = 3,3 Ω
K	Kilo	10^{3}	33K = 33 kΩ
M	Mega	10^{6}	330K = 330 kΩ
G	Giga	10^{9}	M33 = 0,33 MΩ
T	Tera	10^{12}	3M3 = 3,3 MΩ

Buchstabenkennzeichnung der zulässigen Abweichungen

Symmetrische Abweichung in %	
zulässige Abweichung	Kennzeichen
± 0,1	B
± 0,25	C
± 0,5	D
± 1	F
± 2	G
± 5	J
±10	K
±20	M
±30	N
Unsymmetrische Abweichung in %	
+30 ... –10	Q
+50 ... –10	T
+50 ... –20	S
+80 ... –20	Z
Symmetrische Abweichung in absoluten Werten (Kapazitätswerte unter 10 pF)	
± 0,1	B
± 0,25	C
± 0,5	D
± 1	F

Kapazität des Kondensators

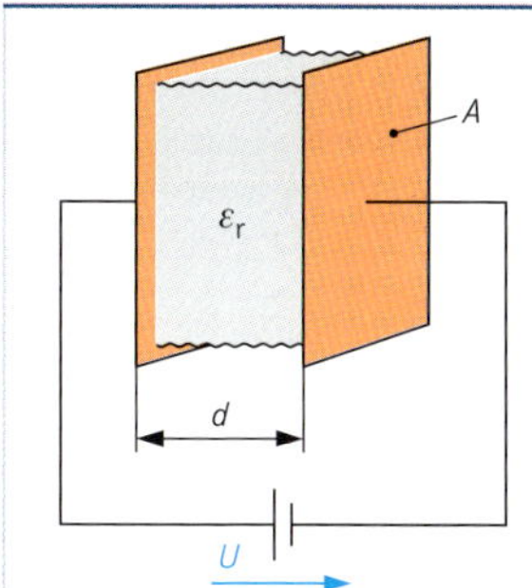

$$C = \frac{\varepsilon \cdot A}{d} \text{ (Farad)}$$

$$\varepsilon = \varepsilon_0 \cdot \varepsilon_r \quad [\varepsilon_r] = 1$$

$$\varepsilon_0 = 8{,}86 \cdot 10^{-12} \,\frac{\text{As}}{\text{Vm}}$$

$$[C] = \frac{\text{As}}{\text{V}}$$

$$1\,\frac{\text{As}}{\text{V}} = 1 \text{ F (Farad)}$$

C: Kapazität des Kondensators
Q: Ladung des Kondensators
U: Spannung zwischen den Kondensatorplatten
ε: Permittivität
ε_0: Elektrische Feldkonstante
ε_r: Permittivitätszahl
A: Plattenfläche
d: Plattenabstand

Induktivität der Spule

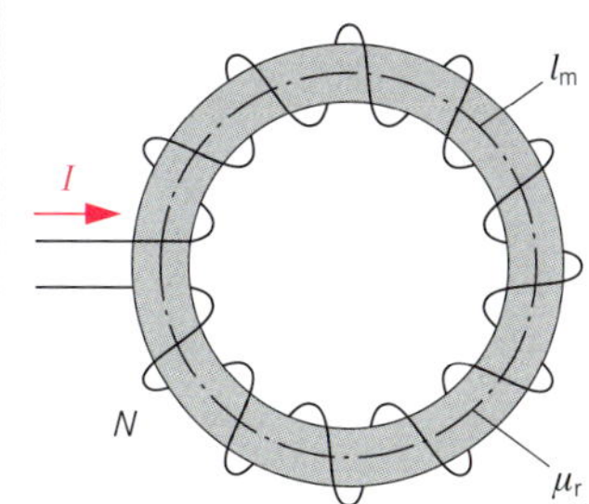

$$L = \frac{\mu \cdot N^2 \cdot A}{l_m}$$

$$[L] = \frac{\text{Vs}}{\text{A}}$$

$$1\,\frac{\text{Vs}}{\text{A}} = 1 \text{ H (Henry)}$$

$$\mu = \mu_0 \cdot \mu_r$$

$$[\mu_1] = 1$$

L: Induktivität
N: Windungszahl
A: Fläche (Querschnitt) der Spule
μ_0: Magnetische Feldkonstante
μ_r: Permeabilitätszahl
μ: Permeabilität
l_m: Feldlinienlänge (mittlere)

Blindwiderstand X_C

Im Wechselstromkreis verhält sich der Kondensator wie ein Widerstand (Blindwiderstand). Zwischen Spannung und Stromstärke besteht eine Phasenverschiebung von 90°. Die Stromstärke eilt voraus.

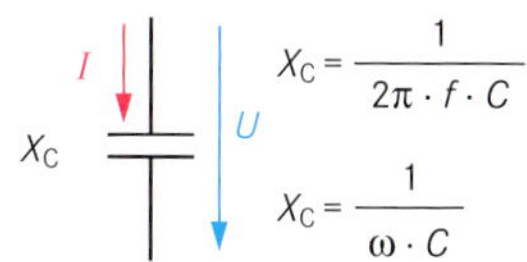

$$X_C = \frac{1}{2\pi \cdot f \cdot C}$$

$$X_C = \frac{1}{\omega \cdot C}$$

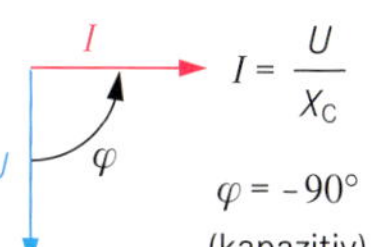

$$I = \frac{U}{X_C}$$

$$\varphi = -90°$$

(kapazitiv)

Blindwiderstand X_L

Im Wechselstromkreis verhält sich die ideale Spule wie ein Widerstand (Blindwiderstand). Zwischen Spannung und Stromstärke besteht eine Phasenverschiebung von 90°. Die Spannung eilt voraus.

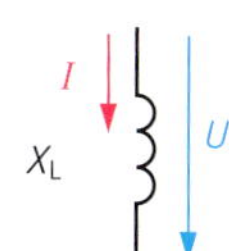

$$X_L = 2\pi \cdot f \cdot L$$

$$X_L = \omega \cdot L$$

$$I = \frac{U}{X_L}$$

$$\varphi = 90°$$

(induktiv)

Bauformen von Kondensatoren

- **Papierkondensatoren**
  Elektroden aus Aluminiumfolie, Dielektrikum aus imprägniertem Papier
- **Kunststofffolien-Kondensatoren** ①
  Aufgedampftes Aluminium auf Kunststofffolien
- **Keramik-Kondensatoren** ②
  Metallplatte oder Metallschichten durch ein keramisches Dielektrikum getrennt
- **Aluminium-Elektrolyt-Kondensatoren**
  Elektroden aus Aluminiumfolie, Dielektrikum ist elektrolytisch erzeugtes Aluminiumoxid
- **Tantal-Elektrolyt-Kondensatoren** ③
  Elektroden aus Tantal, Oxidschichten als Dielektrikum

Beispiele:

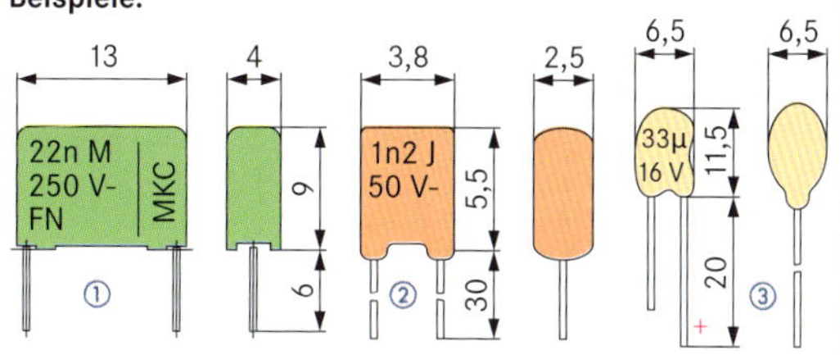

Bauformen von Spulen

Kerne aus
- Ferromagnetischen Kernmaterialien
- Oxidkeramischen Ferriten

Spulen mit
- Schalenkernen und Luftspalt
- Zylinderkernen, Rohrkernen, Gewindekernen
- E-, U-, EC-, CC-Kernen

Beispiel: Schalenkern Ø 18 x 11

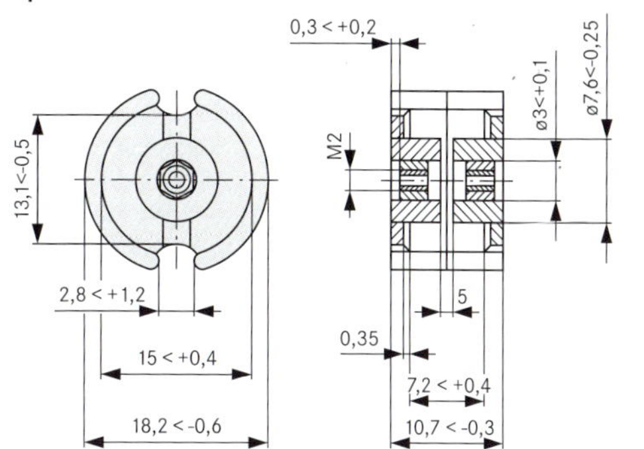

Kennzeichnungen

Beispiel: B C X 70

- Ausgangsmaterial — B
- Hauptfunktion — C
- X — Hinweis auf kommerziellen Einsatz (X, Y, Z)
- 70 — Registriernummer (2 oder 3 Ziffern)

1. Kennbuchstabe	Ausgangsmaterial	2. Kennbuchstabe	Bedeutung	2. Kennbuchstabe	Bedeutung
A	Germanium	A	Diode, allgemein	N	Optokoppler
B	Silizium	B	Kapazitätsdiode	P	z. B. Fotodiode, Fotoelement
C	z. B. Gallium-Arsenid (Energieabstand ≥ 1,3 eV)	C	NF-Transistor	Q	z. B. Leuchtdiode
		D	NF-Leistungstransistor	R	Thyristor
D	z. B. Indium-Antimonid (Energieabstand ≥ 0,6 eV)	E	Tunneldiode	S	Schalttransistor
		F	HF-Transistor	T	z. B. steuerbare Gleichrichter
		G	z. B. Oszillatordiode	U	Leistungsschalttransistor
R	Fotohalbleiter- und Hallgeneratoren-Ausgangsmaterial	H	Hall-Feldsonde	X	Vervielfacher-Diode
		K (M)	Hallgenerator	Y	Leistungsdiode
		L	HF-Leistungstransistor	Z	Z-Diode

Dioden

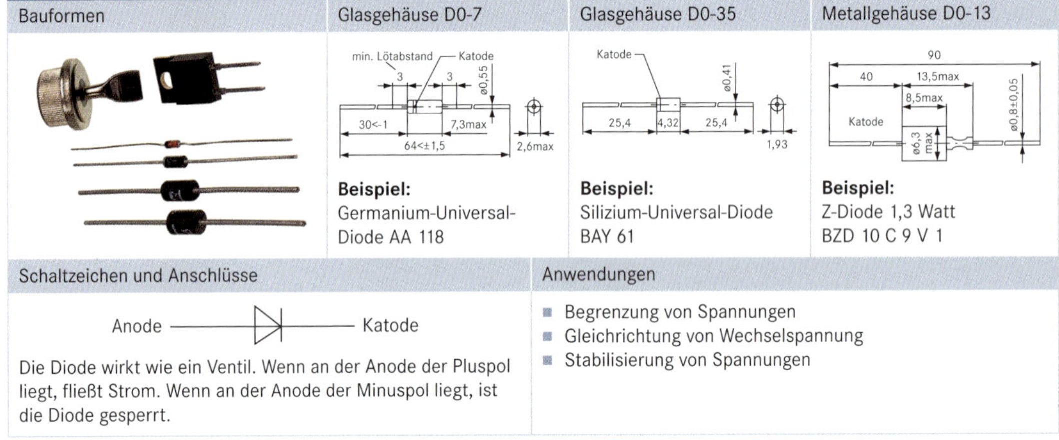

Bauformen	Glasgehäuse D0-7	Glasgehäuse D0-35	Metallgehäuse D0-13
	Beispiel: Germanium-Universal-Diode AA 118	**Beispiel:** Silizium-Universal-Diode BAY 61	**Beispiel:** Z-Diode 1,3 Watt BZD 10 C 9 V 1

Schaltzeichen und Anschlüsse	Anwendungen
Anode — Katode Die Diode wirkt wie ein Ventil. Wenn an der Anode der Pluspol liegt, fließt Strom. Wenn an der Anode der Minuspol liegt, ist die Diode gesperrt.	▪ Begrenzung von Spannungen ▪ Gleichrichtung von Wechselspannung ▪ Stabilisierung von Spannungen

Transistoren

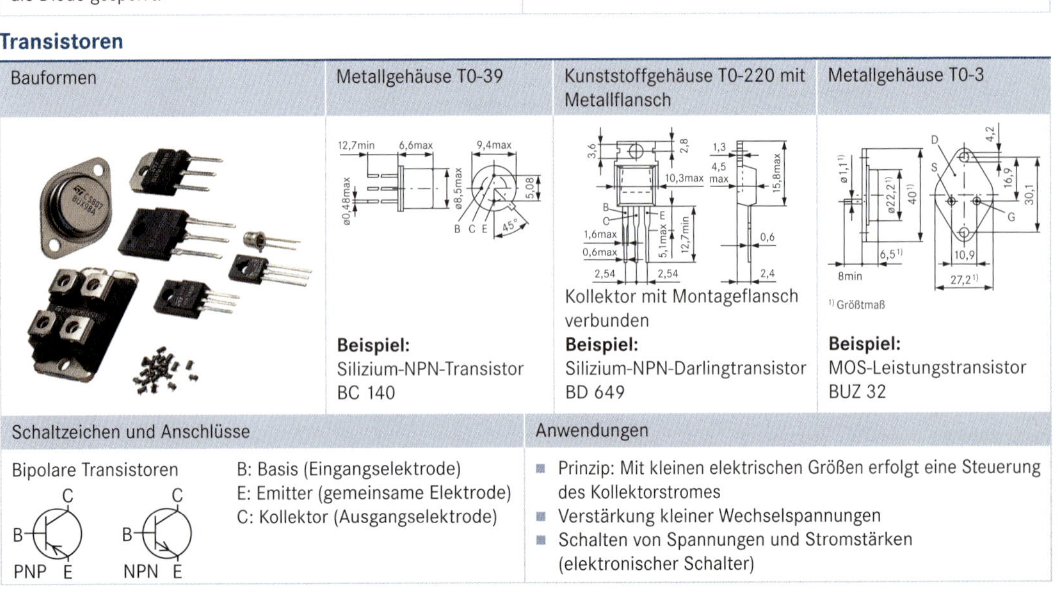

Bauformen	Metallgehäuse T0-39	Kunststoffgehäuse T0-220 mit Metallflansch	Metallgehäuse T0-3
	Beispiel: Silizium-NPN-Transistor BC 140	Kollektor mit Montageflansch verbunden **Beispiel:** Silizium-NPN-Darlingtransistor BD 649	[1] Größtmaß **Beispiel:** MOS-Leistungstransistor BUZ 32

Schaltzeichen und Anschlüsse	Anwendungen
Bipolare Transistoren: PNP, NPN B: Basis (Eingangselektrode) E: Emitter (gemeinsame Elektrode) C: Kollektor (Ausgangselektrode)	▪ Prinzip: Mit kleinen elektrischen Größen erfolgt eine Steuerung des Kollektorstromes ▪ Verstärkung kleiner Wechselspannungen ▪ Schalten von Spannungen und Stromstärken (elektronischer Schalter)

Operationsverstärker

Operational Amplifier

Grundschaltung

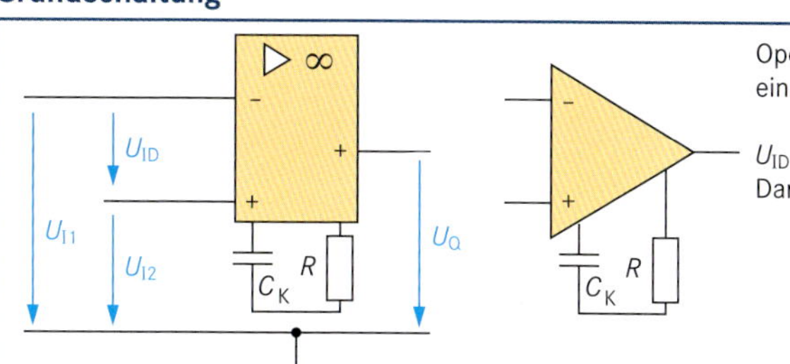

Operationsverstärker enthalten einen Differenzverstärker und einen nachgeschalteten, meist mehrstufigen Verstärker.

$U_{ID} = U_{I1} - U_{I2}$

Darstellung: einpolig, ohne Speisespannungsanschlüsse

−: Invertierender Eingang

+: Nichtinvertierender Eingang

C_K, R: Frequenzkompensation

U_{ID}: Differenz-Eingangsspannung

∞: Ideale Verstärkung

Übertragungskennlinie

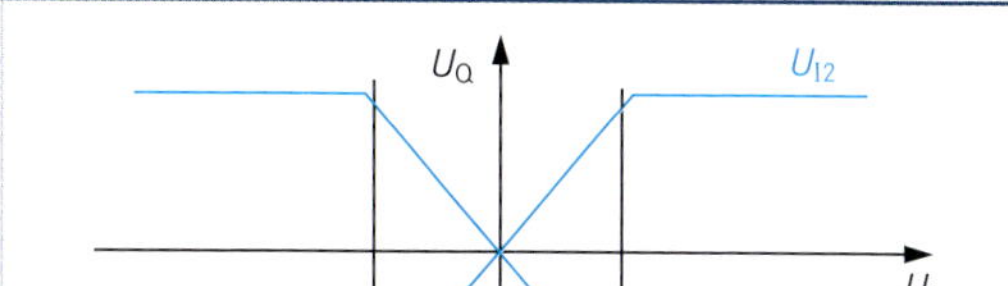

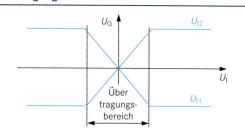

Frequenzverhalten

Infolge interner Phasendrehung bei hohen Frequenzen besteht Schwingneigung. Daher ist eine Reduzierung der Verstärkung um 20 dB/Dekade mit C_K und R notwendig (häufig bereits intern vorhanden).

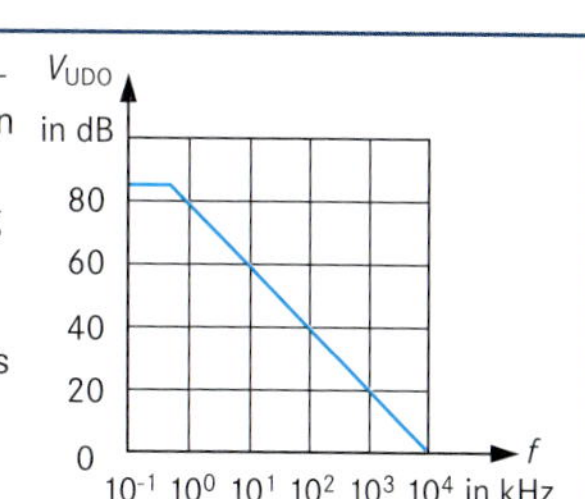

Invertierer

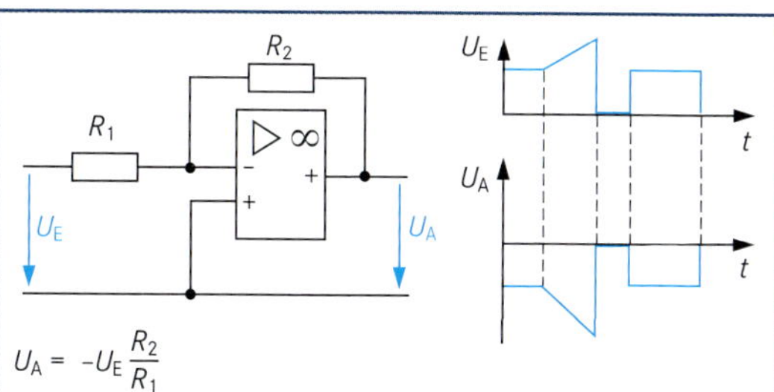

$$U_A = -U_E \frac{R_2}{R_1}$$

Nichtinvertierer

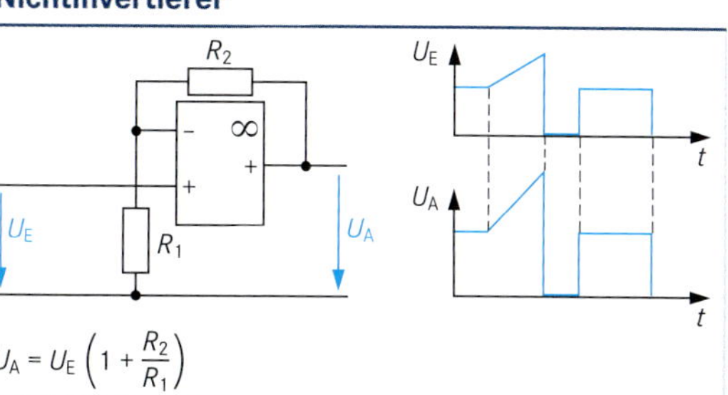

$$U_A = U_E \left(1 + \frac{R_2}{R_1}\right)$$

Differenzierer

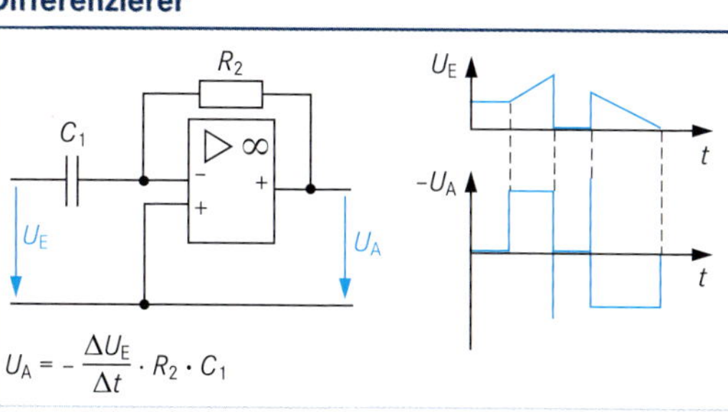

$$U_A = -\frac{\Delta U_E}{\Delta t} \cdot R_2 \cdot C_1$$

Integrierer

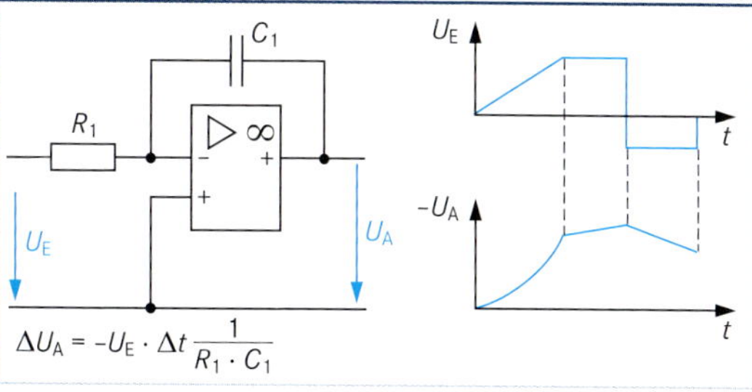

$$\Delta U_A = -U_E \cdot \Delta t \frac{1}{R_1 \cdot C_1}$$

Differenzverstärker

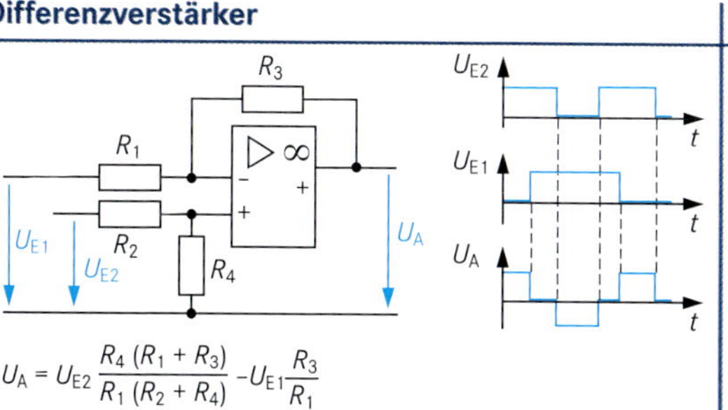

$$U_A = U_{E2} \frac{R_4 (R_1 + R_3)}{R_1 (R_2 + R_4)} - U_{E1} \frac{R_3}{R_1}$$

Summierer

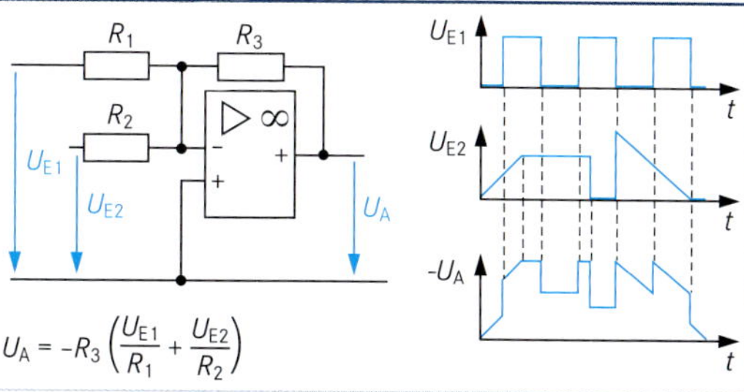

$$U_A = -R_3 \left(\frac{U_{E1}}{R_1} + \frac{U_{E2}}{R_2}\right)$$

Elektronische Verstärker
Electronic Amplifiers

Verstärkungsprinzip

- Verstärker benötigen immer eine elektrische Energieversorgung ①.
- Verstärker haben Ein- und Ausgangsgrößen.
- Verstärker besitzen einen Eingangs- und einen Ausgangswiderstand ②.

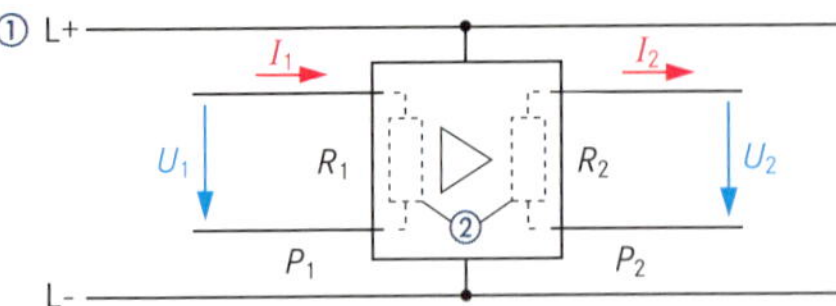

- Die Ausgangsgrößen sind größer als die Eingangsgrößen.
- Folgende Größen können verstärkt werden: Spannung, Stromstärke und Leistung.
- Die Verstärkung (**Verstärkungsfaktor *v***) ist das Verhältnis von Ausgangsgröße zu Eingangsgröße.
- Verstärker können mit einzelnen Transistoren (bipolare Transistoren, Feldeffekttransistoren) oder als integrierte Schaltungen mit vielen Transistoren (Operationsverstärker) aufgebaut sein.
- Für den Verstärker kann ein allgemeines Schaltzeichen angegeben werden.

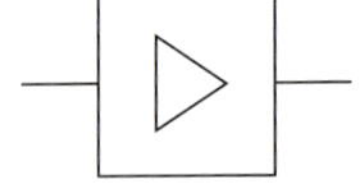

Bipolarer Transistor als Verstärker

- Eingangsgrößen sind I_B und U_{BE}.
- Ausgangsgrößen sind I_C und U_{CE}.
- Verstärkungswirkung: Mit kleinen Eingangsgrößen lassen sich die Ausgangsgrößen steuern.
- Stromverstärkung:

$$B = \frac{I_C}{I_B}$$

Beispielgrößen:

$I_B = 30\ \mu A$
$U_{BE} = 0{,}7\ V$

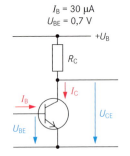

Vereinfachung:

- Die Schaltung kann wie eine Reihenschaltung aus zwei Widerständen aufgefasst werden.
- Der Transistor ist ein durch die Eingangsgrößen veränderbarer Widerstand.
- Die Betriebsspannung bleibt konstant. Daher ändert sich durch die Eingangsgrößen die Spannungsaufteilung.

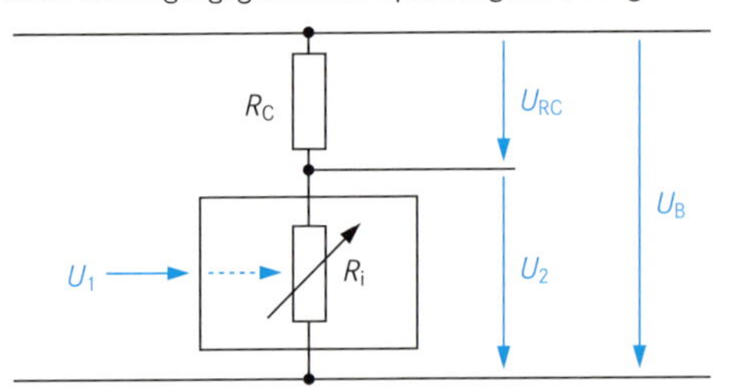

Optoelektronische Bauelemente
Optoelectronic Components

Schaltzeichen	Typische Kennlinien	Eigenschaften	Anwendungen
Fotowiderstand (**LDR**, **L**ight-**D**ependant-**R**esistor)	R_F in Ω über E in lx	Passives Bauelement: - Je nach Basismaterial empfindlich von 0,5 ... 8 µm (UV- bis IR-Bereich) - Höchste Lichtempfindlichkeit - Sehr träge bei Helligkeitsänderung	- Einsatz im Gleich- und Wechselstromkreis - Beleuchtungsstärkemessung, Dämmerungsschalter - Betriebsspannung bis zu mehreren 100 V - Belastbarkeit bis 500 mW

Lumineszenzdiode (**LED**, **L**ight-**E**mitting-**D**iode)	U_F in V, I über I_F in mA (25 °C)
	I_F: Lichtstärke in Achsenrichtung
		- Lichtaussendung im Durchlassbereich
		- Robust, hohe Lebensdauer, klein
		- Geringe Sperrspannung
		- Modulierbar bis 20 MHz
		- Betrieb an
		  - Spannungsquelle über Vorwiderstand (einfache Ansteuerung) oder
		  - Konstantstromquelle (konstante Lichtausbeute)
		- Rot, gelb, grün, blau, infrarot, weiß
			- Anzeigen, Zeichen- und Zifferndarstellung
			- Sender in Optokopplern, Lichtwellenstrecken, Infrarotsteuerungen
			- Hochstromdiode zur Allgemeinbeleuchtung mit Durchlassstromstärke > 1 A

Bildzeichen	Benennung	Bildzeichen	Benennung	Bildzeichen	Benennung
	Ein On		Lautsprecher		Achtung, allgemeine Gefahrenstelle
	Aus Off		Hörer, Hörkapsel		Akustisches Signal, Klingel
	Vorbereiten		Kopfhörer		Sirene
	Ein-/Ausstellend		Fernsprecher		Akustisches Signal, Hupe
	Ein-/Austastend		Handapparat auflegen, aufgelegt		Uhr, zeitlicher Ablauf
	Start, Ingangsetzung		Fernsprechverkehr, kontinental		Ventilator
	Stopp, Anhalten der Bewegung		Fernsehen		Schreiber
	Handbetätigung		Farbfernsehen		Drucker
	Helligkeit		Fernsehempfänger		Elektrische Maschine
	Kontrast		Farbfernsehkamera		Notruf, Feuerwehr
	Farbsättigung		Lichtenergie		Elektrorasierer
	Farbton		Strahlung, allgemein		Türöffner
	Stereophon		Mechanische Energie		Beleuchtung, Licht
	Ton (Schall)		Wärmeenergie		Sicherheitsbeleuchtung in Bereitstellung
	Sprache		Elektrische Energie		Aufnahme einer Information auf Informationsträger
	Magnettongerät		Gefährliche elektrische Spannung		Wiedergabe einer Information von Informationsträger
	Tonabnehmer		Fußschalter		Aufnahmesperre
	Mikrophon		Umschalteinrichtung		Löschen einer Information vom Informationsträger

Schaltzeichen der Elektrotechnik

Circuit Symbols in Electrical Engineering

DIN EN 60 617: 1997-08

Schaltzeichen	Benennung
Symbolelemente	
	Betriebsmittel Gerät Funktionseinheit
	Begrenzungslinie Trennlinie
	Abschirmung
Arten von Strömen und Spannungen	
	Gleichstrom
~ 50 Hz	Wechselstrom, 50 Hz
3N~	Dreiphasen-Vierleitersystem
	Wechselstrom Frequenzen niedrig, mittel, hoch
	Gleichgerichteter Strom mit Wechselstromanteil
Impulsformen	
	Positiver Impuls
	Wechselstrom-Impuls
	Positive Schrittfunktion
Veränderbarkeiten	
	Veränderbarkeit durch äußeren Einfluss
	nicht linear
	Veränderbarkeit durch Eigenschaft des Gegenstandes
	Einstellbarkeit
Steckdosen	
3	Mehrfachsteckdose dargestellt als Dreifachsteckdose
	Schutzkontaktsteckdose
	Antennensteckdose

Schaltzeichen	Benennung
Antriebsarten	
	Handantrieb, allgemein
	Betätigung durch Ziehen
	Betätigung durch Drehen
	Betätigung durch Drücken
	Betätigung durch Kippen
	Betätigung durch Annähern
	Betätigung durch Berühren
Erde, Masse, Äquipotenzial	
	Erde
	Schutzerde
	Masse Gehäuse
Widerstände	
	Widerstand, allgemein Dämpfungsglied, bevorzugte Form andere Form
	Widerstand, veränderbar, allgemein
U	Widerstand, veränderbar, allgemein
U	Widerstand, gegensinnig, spannungsabhängig
	Widerstand, mit Schleifkontakt, Potentiometer
Kondensatoren	
	Kondensator, allgemein bevorzugte Form
Induktivitäten	
	Induktivität, Spule, Wicklung, Drossel
	Transformator mit zwei Wicklungen Spannungswandler

Schaltzeichen	Benennung
Verbinder	
	Verbindung von Leitern
	Anschluss, z. B. Klemme
11 12 13 14 15 16	Anschlussleiste
	Steckverbindung
	Abzweig von Leitern
	Doppelabzweig von Leitern
	Buchse, Pol einer Steckdose
Leiter	
	Leiter, Gruppe von Leitern, Leitung, Kabel
	Einpolige Darstellung, drei Leiter
Melder – Signaleinrichtungen	
	Leuchte, allgemein Leuchtmelder, allgemein
	Horn, Hupe
	Wecker, Klingel
Halbleiterdioden	
	Halbleiterdiode, allgemein
	Leuchtdiode, allgemein
	Thyristordiode, Thyristor
Transistoren	
	PNP-Transistor
	Sperrschicht-FeldeffektTransistor (JFET) mit P-Kanal
	Isolierschicht-Feldeffekt-Transistor (IGFET), Anreicherungstyp

Elektromagnetische Antriebe	
	Elektromechanischer Antrieb, Relaisspule Form 1
	Form 2
Schalter, Kontakte	
	Schließer, Schaltfunktion, allgemeine Schalter Form 1
	Form 2
	Öffner
	Wechsler mit Unterbrechung
	Zweiwegschließer mit Mittelstellung „Aus“
Schalter, Schaltgeräte – Beispiele	
	Tastschalter mit Schließer, handbetätigt
	Stellschalter mit Schließer, handbetätigt **(Ausschalter)**
	Stellschalter mit drei Schaltstellungen, Zweiwegschließer, handbetätigt **(Gruppenschalter)**
	Stellschalter mit zwei Betätigungsstücken, handbetätigt **(Serienschalter)**
	Stellschalter mit zwei Schaltstellungen, Umschaltglied, Wechsler, handbetätigt **(Wechselschalter)**
Fernsprecher	
	Fernsprecher, allgemein
Fernsprechgeräte	
	Hörer, allgemein
	Mikrofon, allgemein
	Lautsprecher, allgemein

Netzteile, Energiequellen	
	Gleichstromumrichter
	Gleichrichter
	Gleichrichter in Brückenschaltung
	Wechselrichter
	Wechselstromumrichter
	Primärzelle Primärelement Akkumulator
	Batterie von Primärelementen, Akkumulatorenbatterie
Generatoren	
G	Generator, allgemein
G ~ 500 Hz	Sinusgenerator, 500 Hz
G	Pulsgenerator
Umsetzer	
#	Analog/Digital-Umsetzer
Messgeräte	
V	Spannungsmessgerät
A	Amperemeter Strommessgerät
W	Wattmeter, Leistungsmessgerät
Bus, Datenleitung	
	Bus, unidirektional, Signalflussrichtung von links nach rechts
	Bus, Signalfluss in beiden Richtungen

Filter	
	Hochpass
	Tiefpass
	Bandpass
	Bandsperre
Antennen	
	Antenne, allgemein
	Dipolantenne
	Parabol-Antenne
Kombinatorische Elemente	
≥ 1	ODER-Element, allgemein
&	UND-Element, allgemein
1	NICHT-Element, Inverter (in einem Schaltplan mit einheitlicher Logik-Vereinbarung)
=	Äquivalenz-Element, allgemein
Bistabile Elemente	
S, R	RS-Flipflop
6, 4, 7, 1D, 1C, C2, 2D, 10, 11, 9, 8	D-Flipflop, einzustands-gesteuert, zweifach
1, 12, 4, 13, 1J, C1, 1K, R, 2, 3	JK-Flipflop, einflanken-gesteuert

Elektrochemische Spannungsquellen
Electrochemical Voltage Sources

Begriffe

- **Ampere-Stunden**
  Stromstärke x Zeit: Bemessungskapazität der Quelle in Ah bzw. mAh
- **Batterie**
  Zwei oder mehrere Zellen, die zusammengeschaltet sind,
  Reihenschaltung: Spannungserhöhung
  Parallelschaltung: Erhöhung der Stromstärke
- **Bemessungsspannung**
  Durchschnittliche Zellenspannung während der Entladung
- **Kapazität**
  Die elektrische Energie, die eine Zelle bzw. Batterie abgeben kann (in mAh oder Ah)
- **Leerlaufspannung**
  Spannung der Quelle ohne Belastung
- **Memory-Effekt (Speicher-Effekt)**
  Aufgrund wiederholter zu geringer Entladungen verringert sich die Kapazität bestimmter Akkumulatoren (z. B. Ni-Cd, nicht bei Li-Ionen Akkus).
- **Primärelement**
  Nicht aufladbare elektrochemische Spannungsquelle, Chemische Energie wird in elektrische Energie umgewandelt
- **Sekundärelement (Akkumulator)**
  Wieder aufladbare elektrochemische Spannungsquelle (elektrische Energie wird gespeichert)
- **Selbstentladung**
  Abnahme der Kapazität durch inneren Ladungsausgleich
- **Zyklenfestigkeit**
  Anzahl der Auf- und Entladezyklen einer Zelle bzw. Batterie bis zum Versagen

Kennbuchstaben nach IEC

Kurzzeichen	Bedeutung
A	Zink-Luft-Element (saurer Elektrolyt)
M, N	Quecksilberoxid-Element
L	Alkali-Mangan-Element
P	Zink-Luft-Element (KOH-Elektrolyt)
S	Silberoxid-Element

Alkali-Mangan-Rundzellen und -Batterien

U_n in V	IEC-Bez.	C_n in mAh	Maße (max.) in mm *d*	*h*	*l*	*b*
Alkaline						
1,5	LR 1	800	12	30,2	–	–
1,5	LR 03	1.100	10,5	44,5	–	–
1,5	LR 6	2600	14,5	50,5	–	–
4,5	3 LR 12	6300	–	67	62	22
1,5	LR 14	7800	26,2	50	–	–
6	4 LR 61	605	–	9,2	48,5	35,6
1,5	LR 20	16.500	34,2	61,5	–	–
9	6 LR 61	550	–	48,5	26,5	17,5
1,5	LR 61	550	8,2	40,2	–	–
Foto						
1,5	LR 6	2.600	14,5	50,5	–	–
1,5	LR 03	1.100	10,5	44,5	–	–

Handelsbezeichnungen: Alkaline, extra longlife, FOTO
Schadstoffe: 0% Hg, 0% Cd

Entsorgung elektrochem. Spannungsquellen

- Keine Entsorgung über den Hausmüll
- Entsorgung über die dafür vorgesehenen Sammelbehälter
- Säuren, Laugen sowie Schwermetallverbindungen (z. B. Manganoxid) gefährden das Grundwasser

Primärelemente

Knopfzellen			
Eigenschaft	Silberoxid/Zink	Quecksilberoxid/Zink	Lithium/Manganoxid
Spannung in V	1,55	1,35	3,0
Energiedichte in mWh/cm^3	450–700	500–800	400–800
Elektrolyt	Kalilauge	Kalilauge	org. Elektrolyt
Belastbarkeit	hoch	hoch	niedrig
Selbstentladung	ca. 5 %/Jahr	ca. 2 %/Jahr	< 1 %/Jahr
Umweltbelastung	gering, ca. 0,3 % Hg	hoch, ca. 30 % Hg	umweltverträglich
Anwendungen	Uhren, Taschenrechner, Fotoapparate	Hörgeräte, Messgeräte, Fotoapparate	elektron. Datenspeicher, Taschenrechner, Uhren

Gerätezellen und Gerätebatterien			
Eigenschaft	Nickel-Cadmium (gasdicht)	Nickel-Metallhydrid	Lithium-Ionen
Spannung in V	1,2	1,2	3,6
Energie in mWh	840	1.200	1.800
Energiedichte in mWh/*l*	102	145	218
Kapazität in mAh	700	1.000	500
Zyklenfestigkeit	1.000	1.000	500-1.000
Selbstentladung	20 %/Monat	20 %/Monat	< 10 %/Monat
Schnelllade-Fähigkeit in min	10	60	120
Anwendungen	Fernsteuerungen, Mobiltelefone, Medizinische Geräte	Notebooks, Mobiltelefone, Spielzeug, Messgeräte, Haushaltsgeräte	Mobiltelefone, Videokameras, Notebooks, Elektrofahrzeuge

Kennfarben isolierter und blanker Leitungen

Leiterbezeichnung		Zeichen	Farbe
Wechselstrom	Außenleiter	L1; L2; L3	1)
	Neutralleiter	N	bl
Gleichstrom	positiv	L+	1)
	negativ	L−	1)
	Mittelleiter	M	bl

Leiterbezeichnung	Zeichen	Bildzeichen	Farbe
Schutzleiter	PE	⏚	grüngelb
PEN-Leiter (Neutralleiter mit Schutzfunktion)	PEN	⏚	grüngelb
Erde	E	⏚	1)

[1] Farbe nicht festgelegt

Verwendungsbereiche von Leitungen

Art	Verlegebedingungen
PVC-Mantelleitung NYM	▪ Im, unter oder auf Putz bzw. Beton, in trockenen, feuchten oder nassen Räumen ▪ im Freien (nicht bei direkter Sonneneinstrahlung) ▪ Verlegetemperatur: + 5 °C ... + 70 °C
Stegleitung NYIF	▪ Im oder unter Putz, in trockenen Räumen ▪ Verlegetemperatur: + 5 °C ... + 60 °C
PVC-Schlauchleitung H03VV-F	▪ In trockenen Räumen ▪ bei geringen mechanischen Beanspruchungen
Gummischlauchleitung (leichte Ausführung) H05RR-F	▪ In trockenen Räumen ▪ bei geringer mechanischer Beanspruchung für Hand- und Wärmegeräte

Isolierte Leitungen für feste Verlegung

Bezeichnung	Abbildung	Kurzzeichen	Aderzahl	Verwendung
PVC-Einzeladern		H05V-U/K H07V-U/K	1 1	Leitung für innere Verdrahtung von Geräten; geschützte Verlegung in und an Leuchten
Wärmebeständige PVC-Einzeladern		H05V2-K	1	Verbindungsleitung für Energieanlagen, Schaltschränke; bei höheren Temperaturen bis +105 °C
PVC-Mantelleitung		NYM	1 ... 7	Industrie- und Hausinstallationen im Innen- und Außenbereich; Schutz vor direkter Sonneneinstrahlung

Isolierte und flexible Leitungen

Bezeichnung	Abbildung	Kurzzeichen	Aderzahl	Verwendung
Spiralleitung		H05BQ-F	2, 3	Elektrowerkzeuge; Handlinggeräte; Unterhaltungselektronik
PVC-Schlauchleitung		H03VV-F	2 ... 7	Anschlussleitung bei geringer mechanischer Beanspruchung für Küchengeräte, Tisch- und Stehleuchten, TK-Anlagen usw.
PVC-Schlauchleitung (mittlere Ausführung)		H05VV-F	1 ... 7	Anschlussleitung bei mittlerer mechanischer Beanspruchung für Kühlschränke, Waschmaschinen u. a.; feste Verlegung in Möbeln, Stellwänden und Hohlräumen von Fertigbauteilen
Gummi-Schlauchleitung (leichte Ausführung)		H05RR-F H05RN-F	2 ... 5	Anschlussleitung bei geringer mechanischer Beanspruchung für Elektrogeräte in Haushalten und Büros; feste Verlegung in Möbeln, Stellwänden u. a.

Leiterkennzeichnung

L1, L2, L3	**Außenleiter**, sie verbinden die Energiequelle mit den Geräten, Anlagen usw.
N	**Neutralleiter**, er ist mit dem Mittel- oder Sternpunkt des Energienetzes verbunden.
PE	**Schutzleiter**, er verbindet die Körper und leitfähigen Teile mit der Haupterdungsklemme und Erde.
PEN	**PEN-Leiter**, er vereinigt die Neutral- und Schutzleiterfunktion in einem Leiter.

Buchstaben im Energienetz

1. Buchstabe	Beschreibung der Erdung beim Energieversorgungsunternehmen (EVU).
2. Buchstabe	Beschreibung der Erdung in der Anlage des Verbrauchers.
3. und 4. Buchstabe	Beschreibung der N- und PE-Leiterverlegung in der Anlage des Verbrauchers.

Erdungen im Energienetz

T	**T**erre (Erde) Direkte Erdung des Sternpunktes.
I	**I**solation (isoliert) Trennung aller aktiven Teile von der Erde; Sternpunkt ist isoliert (oder) über Impedanz mit der Erde verbunden.

Körpererdungen in elektrischen Anlagen

T	Direkte Erdung, unabhängig von vorhandener Erdung im Versorgungssystem
N	Die Körper sind direkt mit dem geerdeten Sternpunkt des Energienetzes verbunden.

Anordnung von Neutralleiter und Schutzleiter (TN-C-S-Netz)

S	**S**eparated (getrennt) PE-Leiter ist vom Neutralleiter getrennt.
C	**C**ombined (kombiniert) Kombinierte Neutralleiter- und Schutzleiterfunktion in einem Leiter (PE).

Energieverteilungssysteme

- TN-System
- IT-System
- TT-System

Beispiel für ein TN-C-S-System

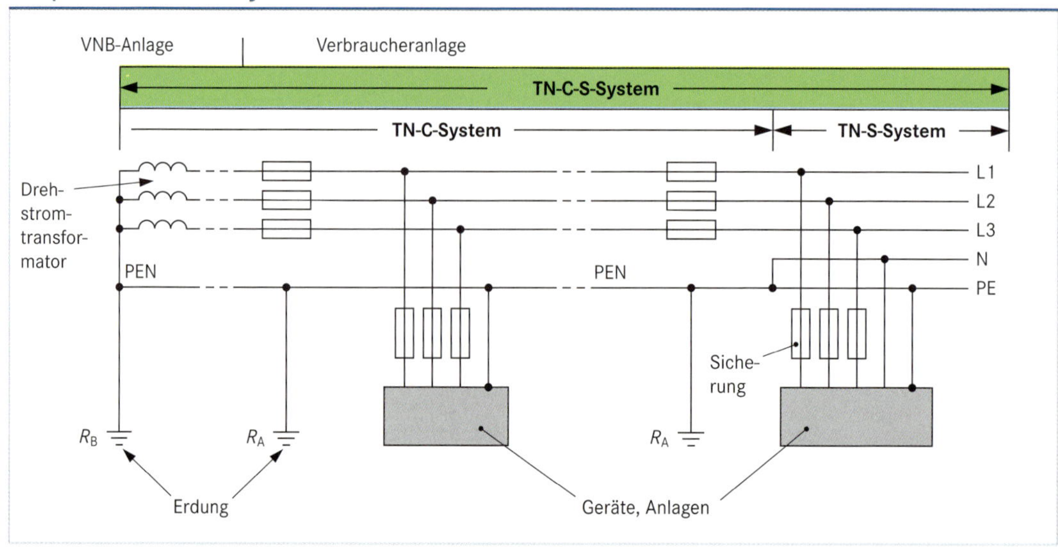

USV-Anlagen

Uninterruptible Power Supply Systems

Merkmale

- Einrichtungen für die Telekommunikation oder für Rechnernetze müssen hochverfügbar sein.
- Der direkte Betrieb der Systeme oder Anlagen aus den öffentlichen Energienetzen, die eine Verfügbarkeit von 99 % bis 99,5 % erreichen, ist nicht möglich.
- Eingesetzt werden deshalb **unterbrechungsfreie Stromversorgungsanlagen** (IEC 62040-3).
- Unterbrechungsfreie Stromversorgungen werden aus dem öffentlichen Energienetz oder/und aus Netzersatzanlagen gespeist.
- Aufgaben von USV-Anlagen sind
  - **Umsetzen** der Spannungsart bzw. Spannungshöhe auf die erforderlichen Werte,
  - **Speichern** elektrischer Energie zur Überbrückung von Netzlücken bzw. -ausfällen,
  - **Regeln** der Speisespannungen unabhängig vom Über- oder Unterschreiten der Primärversorgung,
  - **Ausfiltern** von Überspannungen (z. B. Blitzschlag),
  - **Energieverteilung** an die nachgeschalteten Verbraucher.

Bezeichnungsschema

Beeinflussung Ausgangsspannung durch Eingangsspannung ①	① – ②③ – ④⑤⑥ Normal o. Umgehung ②, Batteriebetrieb ③	Änderung der Betriebsart ④ Linearer Lastsprung ⑤ Nicht linearer Lastsprung ⑥
VFI: **V**oltage and **F**requency **I**ndependent (Spannungs- und Frequenzunabhängig) **VI:** **V**oltage **I**ndependent (Spannungsunabhängig) **VFD:** **V**oltage and **F**requency **D**ependent (Spannungs- und Frequenzabhängig)	**S:** Ausgangsspannung sinusförmig; Verzerrungsform D < 0,08 bei linearer und nichtlinearer Belastung **X:** Ausgangsspannung sinusförmig bei nichtlinearer Belastung; Verzerrungsfaktor D > 0,08 bei Überlastung **Y:** Ausgangsspannung nicht sinusförmig	**1:** unterbrechungsfrei **2:** Spannungsunterbrechung < 1 ms **3:** Spannungsunterbrechung < 10 ms **4:** Eigenschaften vom Hersteller definiert

VFD-Prinzip

bisherige Bezeichnung: Off-line USV

Normalbetrieb
Netz-filter
Gleich-richter
Wechsel-richter
V
Netz-spannung
Batterie
Netz-ausfall-betrieb

Wirkprinzip:
Normalbetrieb: Der Verbraucher (V) wird direkt aus dem Netz versorgt; die Batterie wird kontinuierlich über den Ladegleichrichter geladen. Bei Netzausfall erfolgt die Umschaltung auf den Batteriekreis über den Wechselrichter ('Backup'-Kreis).

VFI-Prinzip

bisherige Bezeichnung: On-line USV

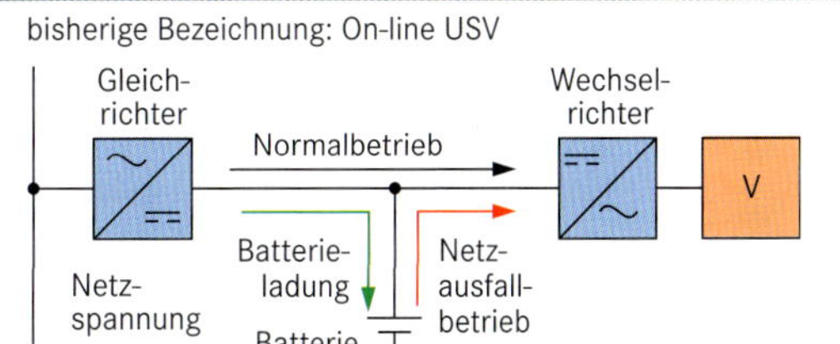

Wirkprinzip:
Normalbetrieb: Gleichgerichtete Netzwechselspannung versorgt Batterie und Wechselrichter der Gleichspannung versorgt Verbraucher (V).
Bei Netzausfall erfolgt lückenloser Übergang auf die Speisung aus der Batterie.

VI-Prinzip

bisherige Bezeichnung: Line-Interactive USV

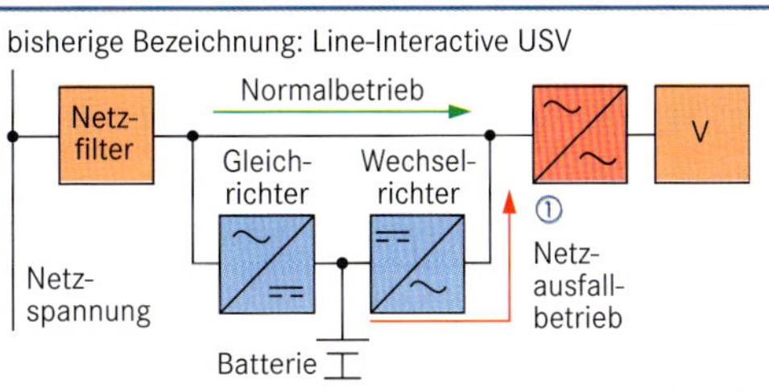

Wirkprinzip:
Normalbetrieb: Netzspannung wird über Wechselrichter ①, der die Netzschwankungen ausregelt, direkt an Verbraucher (V) geleitet; Batterie wird parallel geladen. Batteriekreis wird nur bei Totalausfall des Netzes zugeschaltet (insgesamt hoher Wirkungsgrad).

Anwendung

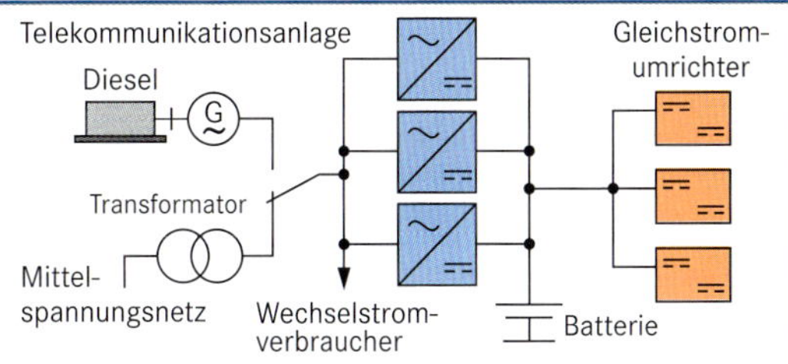

Aufbau:
Energieversorgung erfolgt aus öffentlichem Energienetz und rotierendem Umformer (Netzersatzanlage).
Netzgleichrichter sind zur Erhöhung der Verfügbarkeit mehrfach ausgeführt. Verbraucher, Gleichrichtergeräte und Batterien sind parallel an die Gleichstromsammelschiene angeschlossen.

Merkmale

- Stationäre Batterien und Batterieanlagen dienen zur **Energiespeicherung** und werden eingesetzt in
  - Telekommunikationsanlagen,
  - Kraftwerksanlagen,
  - Sicherheitsbeleuchtungen und Alarmsystemen,
  - unterbrechungsfreien Stromversorgungen,
  - ortsfesten Dieselstartanlagen,
  - photovoltaischen Anlagen.
- Die verwendeten Batterien können wieder aufgeladen werden und werden deshalb als Batterien mit **sekundären Zellen** bezeichnet.
- Die Zellen werden nach Bauart unterschieden in
  - **geschlossene Zelle** (mit Gehäusedeckel und Öffnung im Deckel zur Gasentweichung),
  - **verschlossene Zelle** (vollständig verschlossen, mit Überdruckventil zur Gasentweichung bei zu hohem Innendruck; Elektrolyt kann nicht nachgefüllt werden),
  - **gasdichte Zelle** (verschlossene Zelle, die im Betrieb weder Gas noch Elektrolyt freisetzt; überdimensionierte negative Elektrode; keine H_2 Entwicklung; kein Nachfüllen des Elektrolyten möglich; Zelle wird während der gesamten Lebensdauer im verschlossenen Zustand betrieben).
- Bei Batterien oder Batterieanlagen entstehen **Gefahren** durch
  - elektrischen Strom,
  - austretende Gase und
  - Elektrolytenflüssigkeiten.
- Zur **Vermeidung dieser Gefahren** sind Batterieanlagen mit entsprechenden Schutzmaßnahmen auszurüsten.

Schutzmaßnahmen

Schutzmaßnahmen

- Schutz gegen gefährliche Körperströme
- Schutz vor Kurzschlüssen
- Maßnahmen gegen Explosionsgefahr
- Vorkehrungen gegen Gefahren durch Elektrolyt

Direktes Berühren

- Schutz gegen **direktes Berühren aktiver Teile** ist durch folgende **Schutzmaßnahmen** realisierbar:
  - Isolierung aktiver Teile
  - Abdecken oder Umhüllen aktiver Teile
  - Einbau von Hindernissen
  - Einhalten von Schutzabstand
- Schutz durch Abdeckung oder Umhüllung muss nach Schutzart IEC 60529 P2X ausgeführt sein.
- Schutz durch **Hindernisse** oder durch **Abstand** ist z. B. bei Batterien mit DC 60 V bis 120 V zwischen den Polen bzw. gegen Erde die Unterbringung in **elektrischen Betriebsstätten**, bei höheren Spannungen die Unterbringung in **abgeschlossenen, elektrischen Betriebsstätten**.
- Batterien mit **Bemessungsspannungen bis zu DC 60 V** erfordern keinen Schutz gegen direktes Berühren, sofern die gesamte Anlage den Bedingungen für **SELV** (**S**afety **E**xtra **L**ow **V**oltage) und **PELV** (**P**rotective **E**xtra **L**ow **V**oltage) entspricht.

Indirektes Berühren

- **Schutz bei indirektem Berühren** (IEC 60364-4-41) kann wie folgt realisiert werden:
  - Automatische Abschaltung
  - Verwenden von Geräten der Schutzklasse II oder gleichwertiger Isolierung
  - Nichtleitende Räume (in besonderen Anwendungsgebieten)
  - Örtlicher, erdfreier Potenzialausgleich
  - Schutztrennung
- **Dauernd zulässige Berührungsspannung** ist festgelegt auf DC 120V (Grenzwert, IEC 60449).
- **Batteriegestelle oder -schränke** aus Metall müssen an den Schutzleiter angeschlossen oder gegen die Batterie und den Aufstellungsort isoliert sein.
- **Kriechstrecken** und **Sicherheitsabstände** sind nach IEC 60664, **Hochspannungsprüfung** mit AC 4000 V, 50 HZ, 1 Minute auszuführen.

Explosionsgefahr

- Während der Ladung, Erhaltungsladung und bei Überladung treten Gase aus allen Zellen aus.
- **Explosive Mischung** entsteht, wenn die Wasserstoffkonzentration mehr als 4 % Wasserstoff in der Luft übersteigt.
- **Batterieräume** und **Schränke** sind durch natürliche oder technische **Lüftung** unter dem oben genannten Grenzwert zu halten.

Elektrolyt

- **Bleibatterien:** Wässrige Lösung aus **Schwefelsäure**.
- **NiCd-Batterien:** Wässrige Lösung aus **Kaliumhydroxid.**
- Gefahr: **Starke Verätzungen** auf der Haut und in den Augen
- Schutz: Schutzbrille (Schutzschild), Schutzhandschuhe, Schürze zum Schutz der Haut.
- **Ausgetretener Elektrolyt** ist umgehend mit saugfähigen Materialien (neutralisierend) aufzunehmen.

Kurzschluss

- **Kurzschluss:** Gespeicherte Energie wird freigesetzt und kann zum Schmelzen von Metallen, zu Funkenbildung, zu Explosionen oder zum Verdampfen des Elektrolyten führen.
- Der **Isolationswiderstand** zwischen dem Batteriekreis und anderen leitfähigen örtlichen Teilen muss größer als 100 Ohm/V der Batteriespannung sein (Leckstrom < 10mA).

Wartungsarbeiten

- Bei **Arbeiten in der Anlage** darf nur isoliertes Werkzeug verwendet werden.
- Für **ungefährliche Wartungsarbeiten** sind Batterieanlagen wie folgt auszurüsten:
  - **Abdeckungen** für die Batteriepole
  - **Mindestabstand** von 1,5 m zwischen berührbaren, aktiven Leitern der Batterien, die ein Potenzial von mehr als DC 1 500 V führen
  - **Vorrichtung zur Auftrennung** von Zellengruppen

Wirkungen des elektrischen Stromes auf den menschlichen Körper

Physiologische Wirkungen

- Bei I_k < 0,5 mA ① wird ein **leichtes Kribbeln** wahrgenommen.
- Bei I_k > 1 mA ② kommt es zu **Muskelverkrampfungen**. Die Berührungsstelle kann mitunter nicht mehr losgelassen werden.
- Bei I_k etwa ab 50 mA kann **Herzkammerflimmern** ③ zum **Herzstillstand** ④ führen.
- Kurze Stromeinwirkungen („Wischer") können zu **Folgeschäden** (z. B. Sturz von der Leiter) führen.

Wärmewirkungen

- Verbrennungsmarken an der Stromeintrittstelle
- Gerinnung von Bluteiweiß
- Platzen von roten Blutkörperchen

Chemische Wirkungen

- Zersetzung der Zellflüssigkeit
- Vergiftung durch Zersetzungsprodukte

Stromstärkenbereiche bei Wechselstrom (50 Hz) und Gefährdungsbereiche

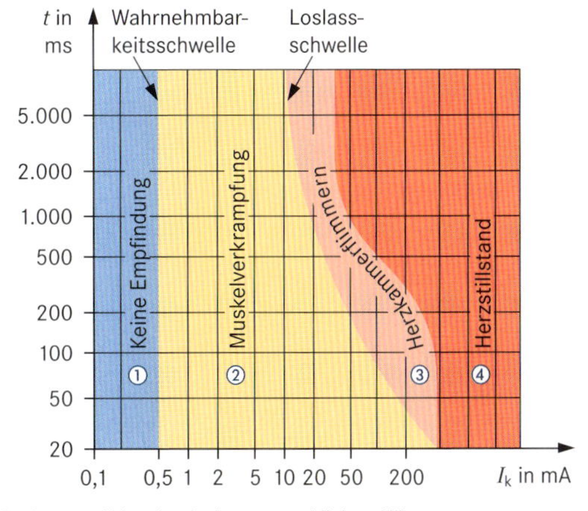

I_k: Stromstärke durch den menschlichen Körper

Weitere Einflussgrößen:
Einwirkungszeit, Körperbau, Hautbeschaffenheit (feucht, trocken), körperliche Verfassung.

Möglicher Weg des Stromes durch den Körper

Am Gerät sind keine Schutzmaßnahmen vorhanden.

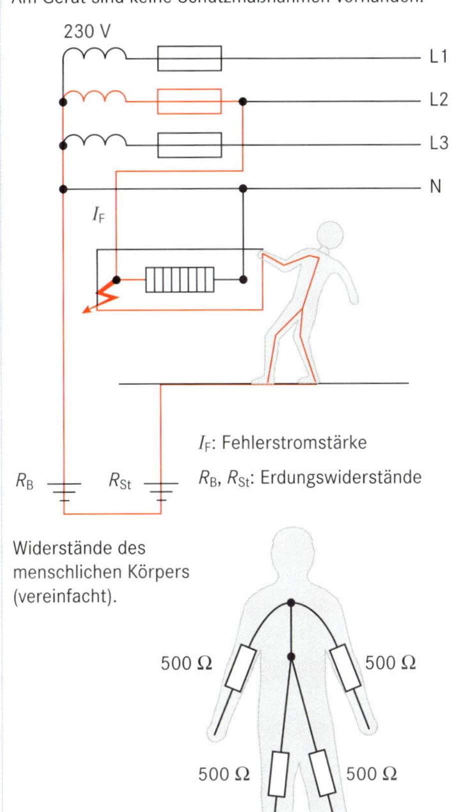

I_F: Fehlerstromstärke

R_B, R_{St}: Erdungswiderstände

Widerstände des menschlichen Körpers (vereinfacht).

Erst-Maßnahmen je nach Notfallsituation

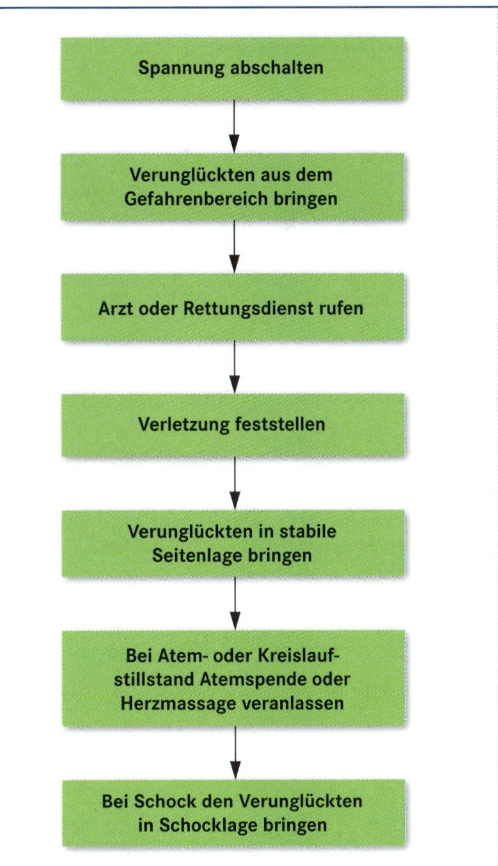

Schmelzsicherungen

Diazed-Sicherungssystem (D-System)

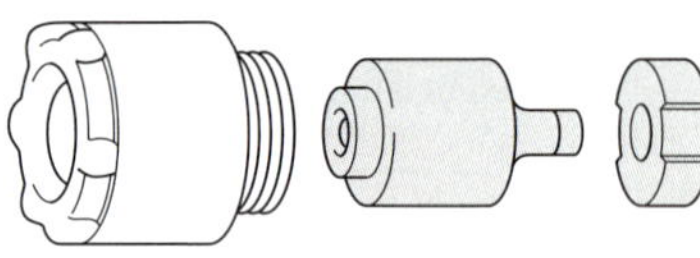

Neozed-Sicherungssystem (DO-System)

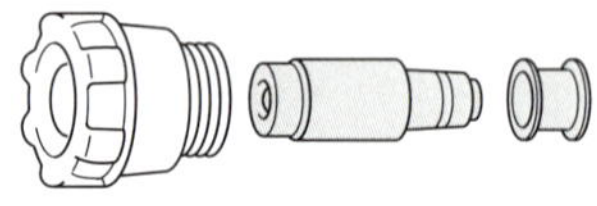

Kennzeichnung

Sicherung und Passeinsatz		Sockel Bemessungsstrom in A	Gewindegröße der Schraubkappe	
Bemessungsstrom in A	Kennfarbe		Diazed	Neozed
2	rosa			
4	braun			
6	grün			DO 1 (E 14)
10	rot	25	D II (E 27)	
16	grau			
20	blau			
25	gelb			
32/35/40	schwarz			DO 2 (E 18)
50	weiß	63	D III (E 33)	
62	kupfer			
80	silber			
100	rot	100	D IV (R ¼")	DO 3 (M 30 x 2)

Geräteschutzsicherung

Bauformen

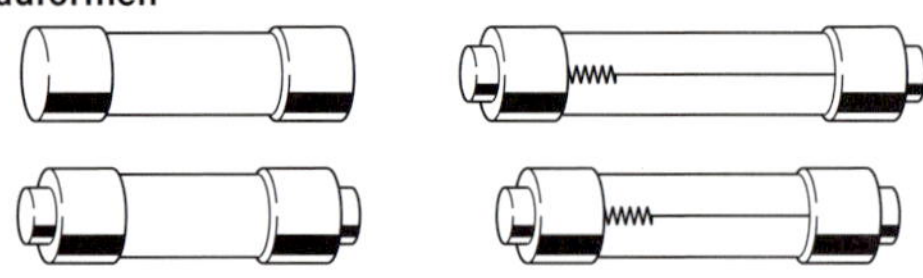

Kleinstsicherungseinsätze Ausschaltvermögen klein (flink)

Größe bis 10 mm x 10 mm

Bemessungsstrom: 2 mA bis 5 A
Bemessungsspannung: 125 V
Schmelzdauer bei:

I_n	1 x	2 x	2,75 x	4 x	10 x
t	4 h min.	5 s max.	300 ms max.	30 ms max.	4 ms max.

Bemessungsstrom: 50 mA bis 5 A
Bemessungsspannung: 250 V
Schmelzdauer bei:

I_n	2,1 x	2,75 x		4 x		10 x
t	0,5 h max.	10 ms min.	3 s max.	3 ms min.	300 ms max.	20 ms max.

Leitungsschutz-Schalter

Auslösecharakteristiken, Anwendungen

Z Verwendung für

- Überstromschutz von Leitungen
- Steuerstromkreise ohne Stromspitzen
- Messstromkreise mit Wandlern
- Halbleiterschutz

B und **C** Verwendung u. a. in Hausinstallationen

- direkte Zuordnung der LS-Schalter nach I_z der Leitungen möglich
- 2. Bedingung $I_2 = 1{,}45 \cdot I_z$ ist erfüllt

K Verwendung für

- Stromkreise mit hohen Stromspitzen durch Motoren, Transformatoren, Kondensatoren
- Vorteil: Elektromagnetischer Auslöser hält hohe Einschaltstromspitzen aus.

Auslösebedingungen

LS-Schalter laut DIN VDE 0100 T.430:

Bedingungen: 1. $I_b \le I_n \le I_z$ 2. $I_2 \le 1{,}45 \cdot I_z$

Nach der 2. Bedingung ist I_2 der Strom, bei dem spätestens nach einer Stunde der LS-Schalter abschalten muss. Er darf maximal das 1,45-fache der maximalen Strombelastbarkeit der Leitung bzw. des Kabels betragen.

Auslöseverhalten

Typ	Überstromschutz – thermisch –	Zeit	Kurzschlussschutz – elektrom. –	Zeit
Z[1]	$1{,}05\,I_n - 1{,}2\,I_n$	< 2 h	$2\,I_n - 3\,I_n$	< 0,2 s
B[2]	$1{,}13\,I_n - 1{,}45\,I_n$	< 1 h	$3\,I_n - 5\,I_n$	< 0,1 s
C[2]	$1{,}13\,I_n - 1{,}45\,I_n$	< 1 h	$5\,I_n - 10\,I_n$	< 0,1 s
K[3]	$1{,}05\,I_n - 1{,}2\,I_n$	< 2 h	$8\,I_n - 12\,I_n$	< 0,2 s
K[4]	$1{,}05\,I_n - 1{,}5\,I_n$	< 2 min	$10\,I_n - 14\,I_n$	< 0,2 s

Gültig für Baureihen: [1] 0,5–63 A [3] 0,2–8 A
[2] 6–40 A [4] 10–63 A

Auslösekennlinien

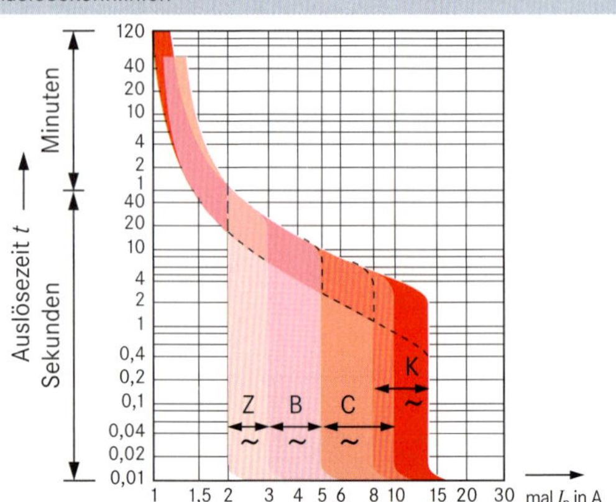

Basisschutz und Fehlerschutz

Sicherheitskleinspannung (SELV[1])

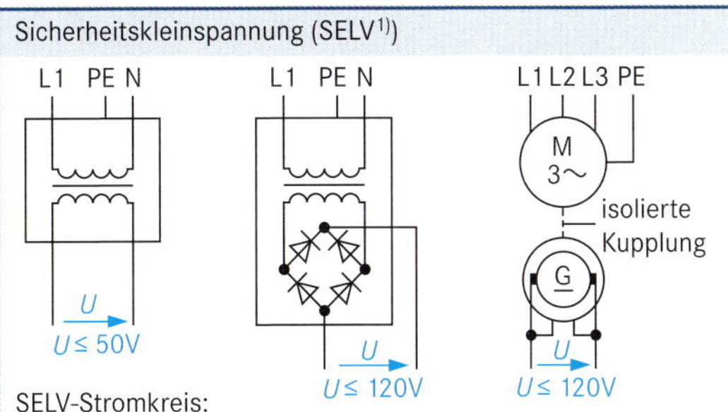

SELV-Stromkreis:
Keine Verbindung mit Erde, Schutzleiter oder aktiven Teilen anderer Stromkreise, sichere Trennung

[1] **S**afety **e**xtra-**l**ow **v**oltage

Funktionskleinspannung (PELV[2])

L1
N
PE
U
$U \leq 50\,V$

PELV-Stromkreis:
Erdung und Verbindung mit Schutzleiter anderer Stromkreise zulässig, sichere Trennung

[2] **P**rotective **e**xtra-**l**ow **v**oltage

Basisschutz

Isolierung aktiver Teile

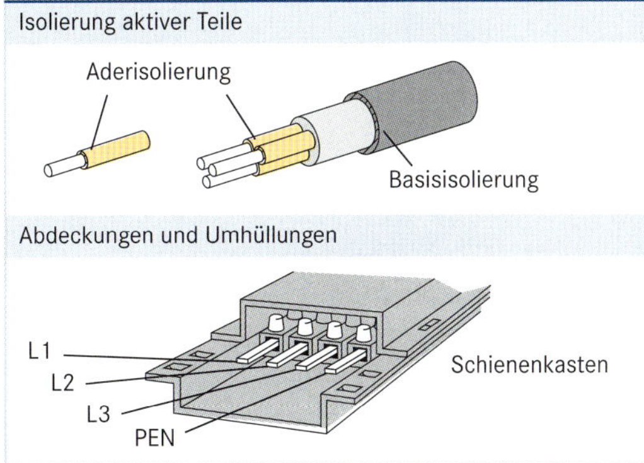

Hindernisse

z. B. Barrieren, Schranken

Anordnung außerhalb des Handbereichs

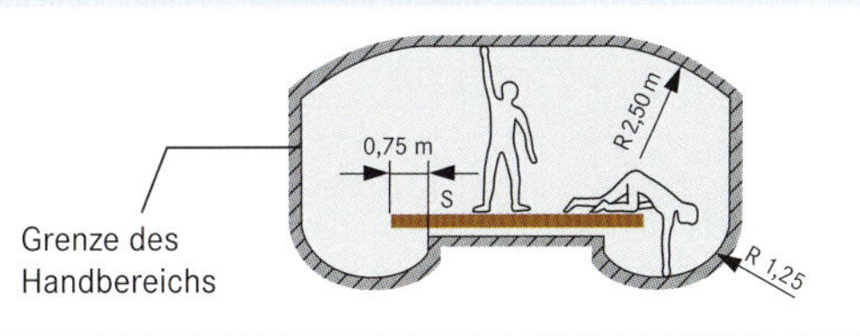

Zusätzlicher Schutz durch Fehlerstrom-Schutzeinrichtungen

($I_{\Delta n} \leq 30\,mA$)

Fehlerschutz

Schutzpotenzialausgleich

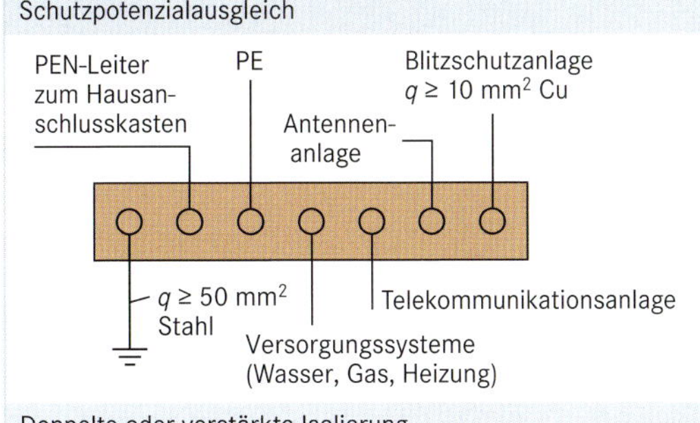

Doppelte oder verstärkte Isolierung

- Vollisolierung
- Isolierungsumkleidung
- Isolierauskleidung
- Zwischenisolierung

Nicht leitende Umgebung

L1 N
> 2,50 m
L2 N
M 1~
M 1~
Isolierschicht

Schutztrennung

$U_{1n} \leq 1000\,V$ $U_{2n} \leq 500\,V$

L1
N
PE
U_{1n}
U_{2n}
U_1 U_2 U_3

Spannungsmessungen:
$U_1 = 250\,V$
$U_2 = 0\,V$
$U_3 = 0\,V$

Trenntransformator:

- Sekundärstromkreis ohne Verbindung zu anderem Stromkreis oder Erde
- $l_{2max} \leq 500\,m$; $U_{2n} \cdot l_2 \leq 100\,000\,Vm$

Schutzmaßnahmen im TN-System

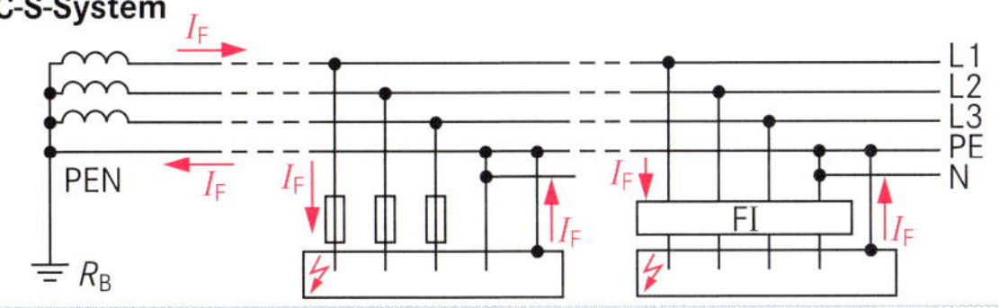

Schutzeinrichtungen:

- Schmelzsicherungen
- Leitungsschutzschalter
- RCDs

Prinzip: Fehlerstrom I_F wird zum Kurzschlussstrom und fließt über PE- und PEN-Leiter zur Spannungsquelle

Anwendung und Funktion

- Es handelt sich hierbei um eine Schutzeinrichtung, die bei Überschreiten eines bestimmten Fehlerstromes die Netzspannung allpolig abschaltet (RCD).
- Bezeichnung: **RCD** (**R**esidual **C**urrent protective **D**evice)
- RCDs schützen gegen das Bestehenbleiben einer Berührungsspannung. Die Abschaltung erfolgt innerhalb von 300 ms.
- RCDs sind kein Schutz gegen eine Überlastung des Energienetzes. Dafür werden Überstromschutzeinrichtungen verwendet (Leitungsschutz-schalter, Schmelzsicherungen).
- Fehlerfall:
  - In das Gerät fließt der Strom I ①. Wenn ein Körperschluss vorliegt, fließt ein Differenzstrom ΔI ② über den PE-Leiter.
  - Der Strom zum N-Leiter ist um ΔI kleiner.
  - Der RCD ③ überwacht den hinein und heraus fließenden Strom und schaltet bei einer Differenz (**Bemessungsdifferenzstromstärke**) ab.

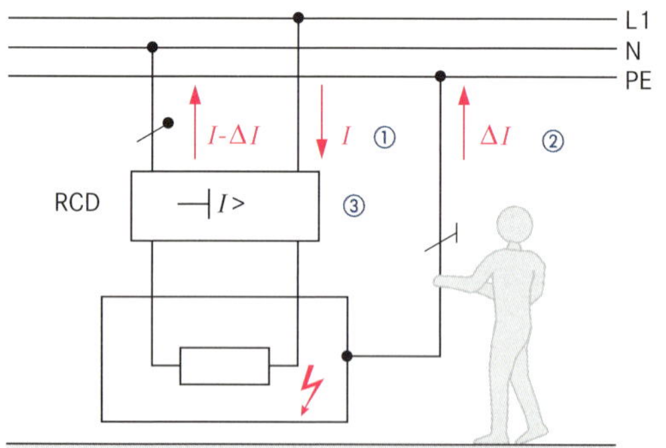

- Bemessungsstromstärke I in A:

16	25	40	63

- Bemessungsdifferenzstromstärke ΔI in mA:

10	30	100	300	500

- TEST und FI-Fehlerstromanzeige: Test-Taste halbjährlich drücken, RCD muss auslösen

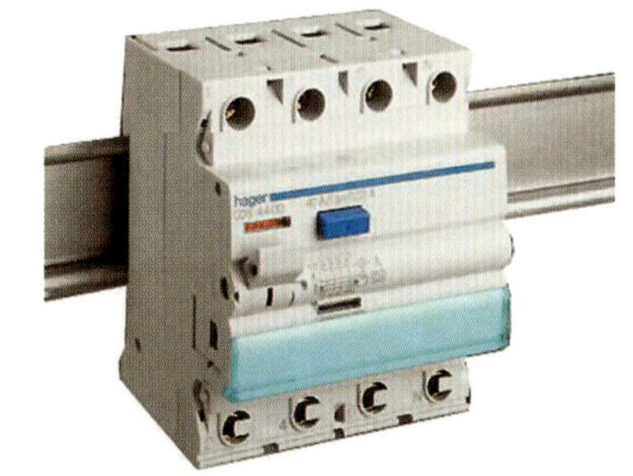

Fehlersuche beim Auslösen der RCD

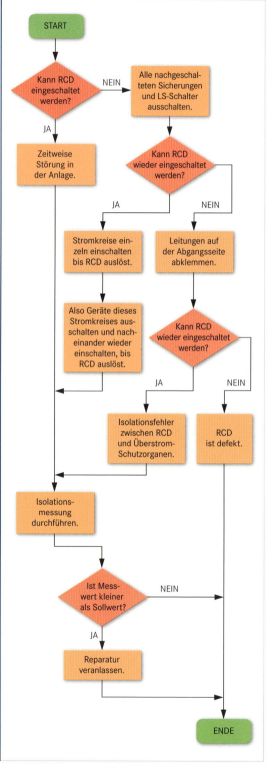

- START
- Kann RCD eingeschaltet werden?
  - JA → Zeitweise Störung in der Anlage. → Isolationsmessung durchführen.
  - NEIN → Alle nachgeschalteten Sicherungen und LS-Schalter ausschalten. → Kann RCD wieder eingeschaltet werden?
    - JA → Stromkreise einzeln einschalten bis RCD auslöst. → Also Geräte dieses Stromkreises ausschalten und nacheinander wieder einschalten, bis RCD auslöst. → Isolationsmessung durchführen.
    - NEIN → Leitungen auf der Abgangsseite abklemmen. → Kann RCD wieder eingeschaltet werden?
      - JA → Isolationsfehler zwischen RCD und Überstrom-Schutzorganen. → Isolationsmessung durchführen.
      - NEIN → RCD ist defekt. → ENDE
- Isolationsmessung durchführen. → Ist Messwert kleiner als Sollwert?
  - JA → Reparatur veranlassen. → ENDE
  - NEIN → ENDE

Überspannungsschutz
Overvoltage Protection

Störursachen

- Ferne Blitzeinschläge in Freileitungen mit Stoßspannungen > 10 kV, so dass die Spannungsfestigkeit von Geräten überschritten wird
- Elektromagnetische Störfelder durch atmosphärische Spannungsentladungen, die Übertragungsfelder in elektronischen Systemen verursachen
- Schalthandlungen in elektrischen Versorgungsnetzen und bei induktiven Verbrauchern, z. B. Motoren, Aufzügen
- Nahe Blitzeinschläge bis 1000 m, wobei starke Änderungen der magnetischen Feldstärke in Leiterschleifen, z. B. L1-N des Netzes zwischen Geräten und Gebäuden, hohe Induktionsspannungen hervorrufen
- Blitzeinschlag in Versorgungs- oder Datenkabel, wobei ein Teil des Blitzstromes kapazitiv oder galvanisch in die elektronische Anlage gekoppelt wird
- Höchste Gefährdung bei direktem Blitzeinschlag ins Gebäude oder im Nahbereich (< 1 km), Potenzialanhebung metallischer Gebäudeteile und Geräte gegen Erde; Durchschläge in geerdeten elektrischen Betriebsmitteln, Daten- und Informationssystemen

Maßnahmen gegen Überspannungen

Äußerer Blitzschutz:	**Innerer Blitzschutz:**
▪ Blitzableiter ▪ Erdungsanlage	▪ Schutzpotenzialausgleich ▪ Überspannungschutzgeräte

Überspannungsableiter

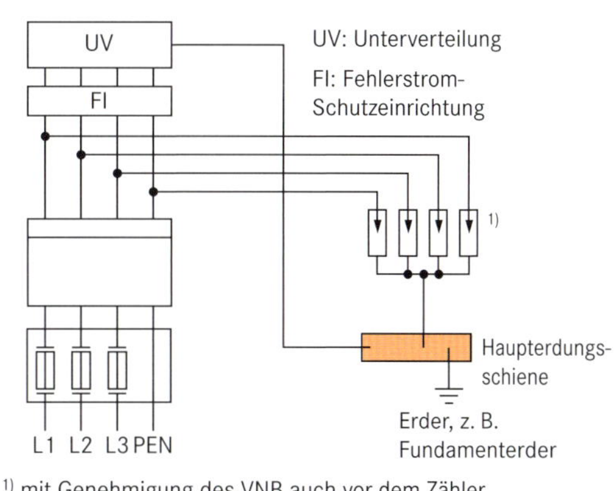

[1] mit Genehmigung des VNB auch vor dem Zähler

Erder, Erdungen, Schutzpotenzialausgleich
Earth Electrode, Earthing Arrangements, Protective Equipotential Bonding

Erdung und Schutzpotenzialausgleich für Antennen-Empfangsanlagen

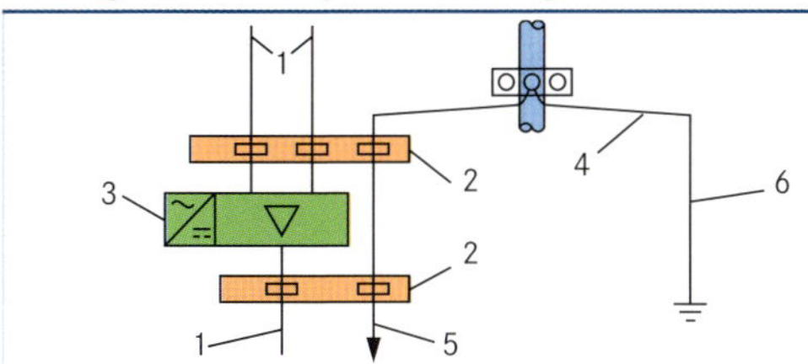

1 Koaxialkabel
2 Erdungsschienen
3 Verstärker mit Netzteil
4 Erdungsleitung vom Antennenstandrohr zu Erdungsschienen (Cu, $q \geq 4$ mm^2)
5 Erdungsleitung zum Schutzpotenzialausgleich (PA) der Anlage
6 Erdungsleitung zum Erder (Cu, $q \geq 10$ mm^2)

Erdung und Schutzpotenzialausgleich für BK-Empfangsanlagen

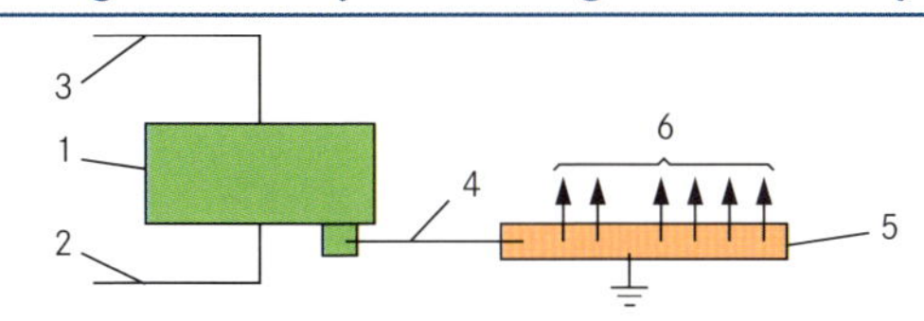

1 BK-Übergabepunkt
2 BK-Kabel
3 Koaxialkabel, doppelt geschirmt
4 Schutzpotenzialausgleichsleitung
5 Schutzpotenzialausgleich (PA)
6 Schutzpotenzialausgleichsleitung der Anlage

Funktionserdung einer Telekommunikationsanlage

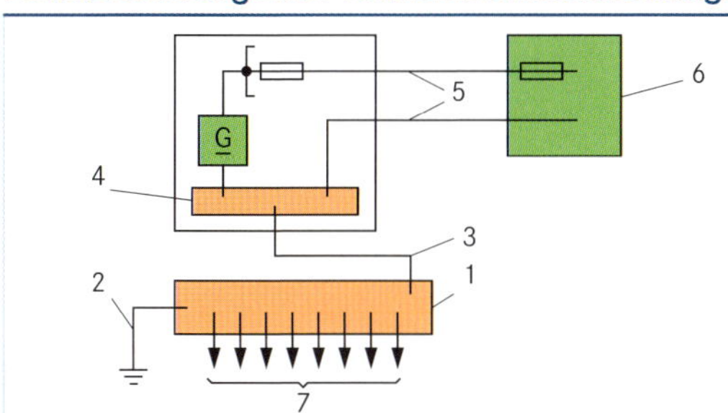

Betrieb bei:
a) Bemessungs-Gleichspannung ≤ 120 V oder
b) Bemessungs-Wechselspannung ≤ 50 V der Fernmelde-Stromversorgung

1 Schutzpotenzialausgleich der Verbraucheranlage
2 Erdungsleiter der Anlage
3 Funktionserdungsleiter FE
4 Erdungsschiene der Telekommunikations-Stromversorgung
5 Telekommunikations-Betriebsstromkreis
6 Telekommunikationseinrichtung
7 Schutzpotenzialausgleichsleitung der Anlage

Verlegearten und Strombelastbarkeit von Kabeln und Leitungen für feste Verlegung in Gebäuden

(Umgebungstemperatur 25 °C; zulässige Betriebstemperatur am Leiter 70 °C)

Referenz	A1	A2	B1	B2	C	E	F	G
Verlegeart	in wärmegedämmten Wänden im Elektro-Installationsrohr		im Elektro-Installationsrohr auf Wand		Verlegung auf und in Wand	Verlegung in Luft		
	Aderleitungen	Mehradrige Kabel und Mantelleitungen	Aderleitungen	Mehradrige Kabel und Mantelleitungen	Kabel und Mantelleitungen Abstand zur Wand: ≤ 0,3 · *d*	Mehradrige Kabel und Mantelleitungen Abstand zur Wand: ≥ 0,3 · *d*	Einadrige Kabel und Mantelleitung Abstand zur Wand: ≥ 1 · *d*	
							mit Berührung	mit Abstand *d*
Verlegung							oder; ≥ *d*	≥ *d*
Leitungsbeispiel	H07V-U/-R/-K, H07V3-U/-R/-K,	NYM, NYMZ, NYMT, NYBUY, NYY, N05VV-U/-R	H07V-U/-R/-K, H07V3-U/-UR/-K	NYM, NYMZ, NYMT, NYBUY, NYY, N05VV-U/-R	NYM, NYMZ, NYMT, NYIF, NYIFY, NYBUY, NYDY, NYY, N05VV-U/-R		NYY	NYY blanke Leiter

Zulässige Strombelastbarkeit I_r[1)] der Leitung – Bemessungsstromstärke I_n der zugehörigen Überstrom-Schutzorgane in A

q_n in mm² (Cu)	A1 Aderzahl				A2 Aderzahl				B1 Aderzahl				B2 Aderzahl				C Aderzahl				E Aderzahl				F Aderzahl						G Aderzahl			
	2		3		2		3		2		3		2		3		2		3		2		3		2		3		3		3		3	
	I_r	I_n	I_r	I_n	I_r	I_n	I_r	I_n	I_z	I_n	I_r	I_n	I_r	I_n	I_r	I_n	I_r	I_n	I_r	I_n	I_r	I_n	I_r	I_n	I_r	I_n	I_r	I_n	I_r	I_n	I_r	I_n	I_r	I_n
1,5	16,5	16	14,5	13	16,5	16	14,0	13	18,5	16	16,5	16	17,5	16	16	16	21	20	18,5	16	23	20	19,5	20	–	–	–	–	–	–	–	–	–	–
2,5	21	20	19,0	16	19,5	16	18,5	16	25	25	22	20	24	20	21	20	29	25	25	25	32	32	27	25	–	–	–	–	–	–	–	–	–	–
4	28	25	25	25	27	25	24	20	34	32	30	25	32	32	29	25	38	32	34	32	42	40	36	35	–	–	–	–	–	–	–	–	–	–
4	–	–	–	–	–	–	–	–	–	–	–	–	–	–	–	–	–	–	35[2)]	35	–	–	–	–	–	–	–	–	–	–	–	–	–	–
6	36	35	33	32	34	32	31	25	43	40	38	35	40	40	36	35	49	40	43	40	54	50	46	40	–	–	–	–	–	–	–	–	–	–
10	49	40	45	40	46	40	41	40	60	50	53	50	55	50	49	40	67	63	60	50	74	63	64	63	–	–	–	–	–	–	–	–	–	–
10	–	–	–	–	–	–	–	–	–	–	–	–	–	–	50[2)]	50	–	–	63[2)]	63	–	–	–	–	–	–	–	–	–	–	–	–	–	–
16	65	63	59	50	60	50	55	50	81	80	72	63	73	63	66	63	90	80	81	80	100	100	85	80	–	–	–	–	–	–	–	–	–	–
25	85	80	77	63	80	80	72	63	107	100	94	80	95	80	85	80	119	100	102	100	126	125	107	100	139	125	121	100	117	100	155	125	138	125
35	105	100	94	80	98	80	88	80	133	125	117	100	118	100	105	100	146	125	126	125	157	125	134	125	172	160	152	125	145	125	192	160	172	160
50	126	125	114	100	117	100	105	100	160	160	142	125	141	125	125	125	178	160	153	125	191	160	162	160	208	200	184	160	177	160	232	200	209	200
70	160	160	144	125	147	125	133	125	204	200	181	160	178	160	158	125	226	200	195	160	246	200	208	200	266	250	239	200	229	200	298	250	269	250

1) Anstatt I_r wird I_Z gesetzt, wenn weitere Einflussfaktoren berücksichtigt werden. (Vgl. nächste Seite) 2) Gilt nicht für die Verlegung auf einer Holzwand

Einflussfaktoren

Die Bemessungsstromstärke I_Z eines Überstrom-Schutzorgans einer Leitung hängt neben der Verlegeart noch von folgenden **Faktoren** (f) ab:

- Erhöhte Umgebungstemperatur f_1
- Gehäufte Leitungsverlegung f_2
- Zahl der belasteten Adern f_3
- Auswirkung von Oberschwingungen f_4

Die Faktoren f_1 bis f_4 bis sind aus Tabellen der DIN VDE 0298-4: 03-08 zu entnehmen.

Berechnungsformel:

$I_z = f_1 \cdot f_2 \cdot f_3 \cdot f_4 \cdot I_r$

I_r: Bemessungsstromstärke ohne Berücksichtigung der Einflussfaktoren (ideale Bedingungen)

Ablaufschema

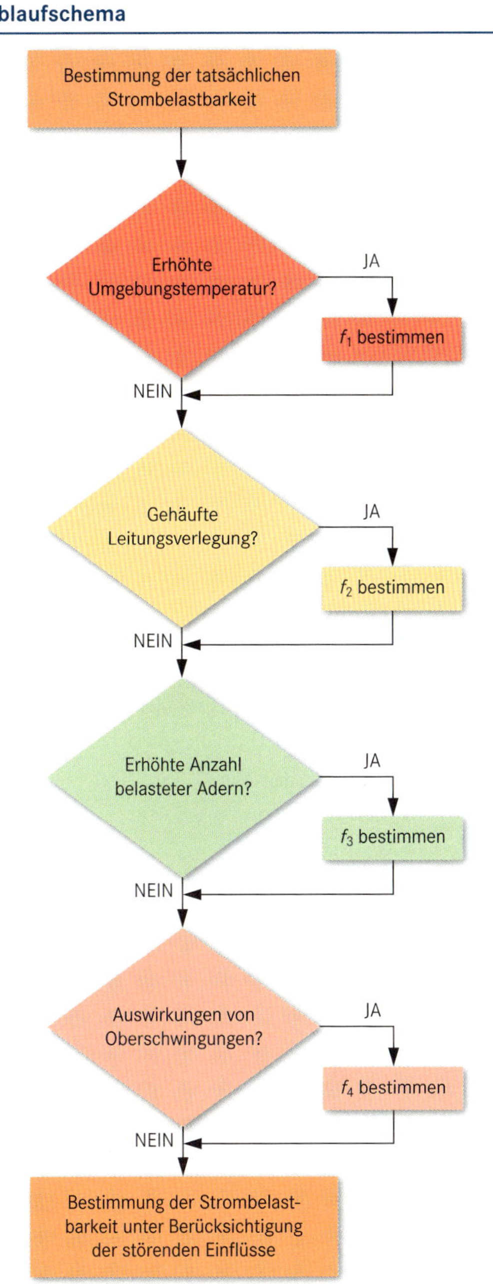

Werte der Einflussfaktoren

Erhöhte Umgebungstemperatur (Faktor f_1)

ϑ in °C	10	15	20	25	30	35
f_1	1,15	1,1	1,06	1,0	0,94	0,89
ϑ in °C	40	45	50	55	60	65
f_1	0,82	0,75	0,67	0,58	0,47	0,33

Gehäufte Leitungsverlegung (Faktor f_2)

Verlegung	Anzahl der mehradrigen Leitungen					
	1	2	3	4	6	9
gebündelt im Elektroinstallationsrohr/-kanal	1,0	0,8	0,7	0,65	0,57	0,5
Einlagig direkt auf der Wand oder dem Fußboden	1,0	0,85	0,79	0,75	0,72	0,7
in gelochter Kabelwanne	1,0	0,88	0,82	0,79	0,76	0,73
auf einer Kabelpritsche	1,0	0,87	0,82	0,8	0,79	0,78

Verlegung vieladrig belasteter Leitungen (Faktor f_3)

belastete Adern	2	3	5	7	10	14	19	24
f_3	1,0	1,0	0,75	0,65	0,55	0,5	0,45	0,4

Auswirkung von Oberschwingungen (Faktor f_4)

Wirkleistungsanteil der Geräte mit Oberschwingungen zur Gesamtwirkleistung in Prozent	0 % … 10 %	11 % … 22 %	23 % … 30 %	31 % … 34 %	35 % … 38 %	39 % … 41 %
f_4	1,00	0,86	0,70	0,67	0,61	0,56

Spannungsfall auf Leitungen
Voltage Drop on Cables

Prinzip

- Durch den Stromfluss und den Leitungswiderstand ist die Spannung am Verbraucher U_N stets geringer als an der Quelle U_0.
- Die Differenz ist der Spannungsfall ΔU. Er wird oft in % angegeben (Δu).

$\varkappa_{Cu} = \frac{56 \cdot m}{\Omega \cdot mm^2}$ $\varkappa$: Elektrische Leitfähigkeit

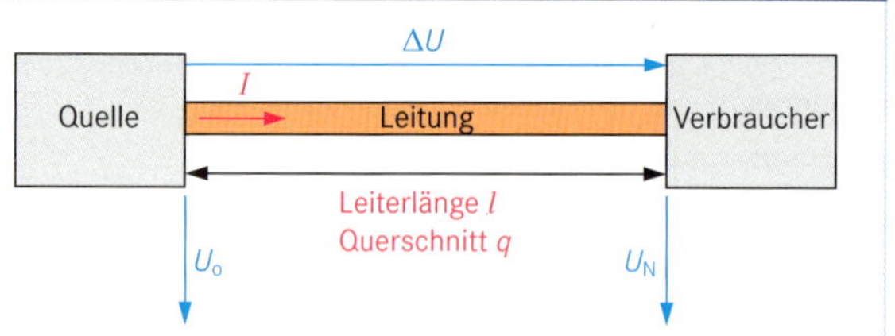

Berechnungsformel

Gleichstrom	Wechselstrom[1]	Drehstrom[2]	Spannungsfall in %
$\Delta U = \frac{2 \cdot l \cdot I}{\varkappa \cdot q}$	$\Delta U = \frac{2 \cdot l \cdot I \cdot \cos\varphi}{\varkappa \cdot q}$	$\Delta U = \frac{\sqrt{3} \cdot l \cdot I \cdot \cos\varphi}{\varkappa \cdot q}$	$\Delta u = \frac{\Delta U}{U_N} \cdot 100\,\%$

[1] 230 V, Spannung zwischen L1, L2, L3 und N
[2] 400 V, Spannung zwischen den Außenleitern L1, L2 und L3

$\cos\varphi$: Leistungsfaktor

Ermittlung des Leiterquerschnitts

I_b → (Verlegeart A, B, C ...; Umgebungstemperatur) → I_r → (Einflussfaktoren f_1 ...) → I_z → Normquerschnitt q_n → $I_b < I_z$? NEIN → Norm-querschnitt q_n vergrößern → I_r; JA → Normquerschnitt q_n → Spannungsfall ΔU → $\Delta U < \Delta U_{zul}$? NEIN → Norm-querschnitt q_n vergrößern; JA → Normquerschnitt q_n

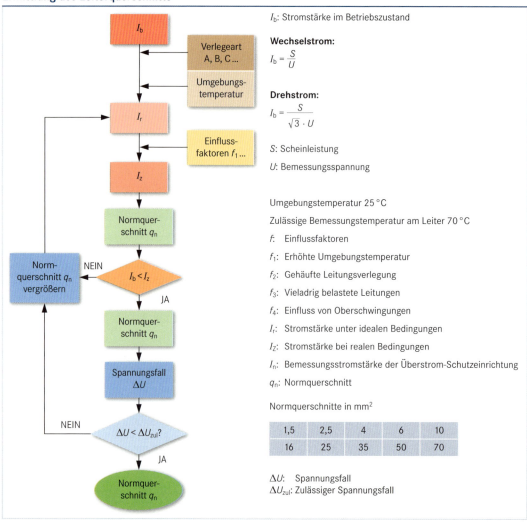

I_b: Stromstärke im Betriebszustand

Wechselstrom:

$$I_b = \frac{S}{U}$$

Drehstrom:

$$I_b = \frac{S}{\sqrt{3} \cdot U}$$

S: Scheinleistung

U: Bemessungsspannung

Umgebungstemperatur 25 °C

Zulässige Bemessungstemperatur am Leiter 70 °C

f: Einflussfaktoren

f_1: Erhöhte Umgebungstemperatur

f_2: Gehäufte Leitungsverlegung

f_3: Vieladrig belastete Leitungen

f_4: Einfluss von Oberschwingungen

I_r: Stromstärke unter idealen Bedingungen

I_Z: Stromstärke bei realen Bedingungen

I_n: Bemessungsstromstärke der Überstrom-Schutzeinrichtung

q_n: Normquerschnitt

Normquerschnitte in mm²

1,5	2,5	4	6	10
16	25	35	50	70

ΔU: Spannungsfall
ΔU_{zul}: Zulässiger Spannungsfall

Sicherheitsbestimmungen für netzbetriebene elektronische Geräte
Safety Regulations for Mains Powered Electronic Devices

Begriffe

- **Betriebserdanschluss:** Anschlussstelle für solche Teile, deren Erdung aus anderen Gründen als aus Sicherheitsgründen erforderlich ist.
- **Kriechstrecke:** Kürzeste Entfernung zwischen leitfähigen Teilen auf der Oberfläche der Isolierung.
- **Luftstrecke:** Kürzeste Entfernung zwischen leitfähigen Teilen durch die Luft.
- **Netzanschlussteil** für batteriebetriebene Geräte: Stromversorgungsgerät, das anstelle von Batterien zur Energieversorgung dient.
- **Schutzleiteranschluss:** Anschlussstelle, an die zu erdende Teile aus Sicherheitsgründen angeschlossen werden.
- **Signal-Eingangswandler:** Gerät, das Energie eines nicht elektrischen Signals in elektrische Energie umwandelt (z. B. Mikrofon, Tonabnehmer).
- **Signal-Ausgangswandler:** Gerät, das Energie eines elektrischen Signals in eine andere Energie umwandelt (z. B. Lautsprecher, Bildröhre).
- **Stromversorgungsgerät:** Gerät mit Energieaufnahme aus dem Netz, das einen oder mehrere Verbraucher speist.

Anforderungen

Bau und Bemessung des Geräts:
Gefahrloser Betrieb bei normaler Verwendung und bei Störung erforderlich.

Schutzfunktionen:
- Berührungsschutz
- Personenschutz gegen Auswirkungen zu hoher Temperaturen
- Personenschutz gegen Auswirkungen ionisierender Strahlung
- Personenschutz gegen Implosionswirkung
- Personenschutz gegen unzureichende Standsicherheit des Gerätes
- Schutz gegen Feuer
- Schutz gegen elektrischen Schlag durch Erdung (Schutzklasse I) oder durch Isolierungen (Schutzklasse II)

Prüfungen am Gerät:
- Reihenfolge laut DIN
- Normalbetrieb bei Umgebungstemperatur von 15 °C bis 35 °C, relativer Luftfeuchtigkeit von 45 % bis 75 % und Luftdruck von 860 mbar bis 1060 mbar
- Sinusförmige Spannungen und Ströme
- Verwendung von Messgeräten, die die zu messenden Werte nicht wesentlich beeinflussen

Reparatur und Änderung elektrischer Geräte
Repair and Modification of Electrical Devices

- Reparatur und Änderung fachgerecht ausführen
- Nach der Reparatur oder Änderung darf keine Gefahr für den Benutzer oder die Umgebung des Gerätes bestehen
- Nur die vom Hersteller vorgeschriebenen Ersatzteile einbauen
- Eingebaute Einzelteile, Bauelemente und Baugruppen müssen den Anforderungen an das Gerät und geltenden VDE-Vorschriften entsprechen
- Zur Sicherheit beitragende Teile des Gerätes dürfen nicht beschädigt werden

Prüfen reparierter und geänderter Geräte

1. Sichtprüfung
- Kontrollieren, ob Teile beschädigt oder ungeeignet sind und ob die Schutzklasse eingehalten wird.
- Sind Leitungen, Zugentlastung und Biegeschutzhülle ordnungsgemäß?

2. Kontrolle des Schutzleiters
- Anschluss und Verbindung durch Sicht- und Handprobe überprüfen.
- Messung des Widerstandes zwischen Gehäuse und dem Schutzkontakt des Netz- bzw. Gerätesteckers oder dem Schutzleiter am netzseitigen Ende der Anschlussleitung (Anschlussleitung dabei bewegen).

3. Isolationswiderstand messen
- Messung mit Geräten nach DIN VDE 0413 T.1.
- Schaltungen entsprechend den Schutzklassen verwenden.

4. Funktionsprüfung
- Kontrollieren, ob bestimmungsgemäßer Gebrauch des Gerätes möglich ist (Instandhaltungs- oder Instandsetzungsanleitungen benutzen).

5. Kontrolle der Aufschriften
- Aufschriften berichtigen oder ergänzen.

Schutzklassen elektrischer Betriebsmittel

Schutzklasse I	Schutzklasse II	Schutzklasse III
Schutzmaßnahme mit Schutzleiter Kennzeichen: ⏚	Doppelte Isolierung Kennzeichen: ⧈	Kleinspannung Kennzeichen: ◇III
Betriebsmittel mit Metallgehäuse	Betriebsmittel mit Kunststoffgehäuse	Betriebsmittel mit Bemessungsspannungen bis 25 V ~ bzw. 50 V ~ und bis 60 V – bzw. 120 V –
z. B. Elektromotor	z. B. TK- und FS-Geräte	z. B. Elektrische Handleuchten

Schutzarten
Protection Types

Kennzeichnung

- Durch die Schutzart (**Schutzart durch Gehäuse**, DIN VDE 0470-1: 2000-09) wird angegeben, in welcher Umgebung ein elektrisches Betriebsmittel verwendet werden kann. In dieser Umgebung ist elektrischer Schutz gewährleistet.
- Die Kennzeichnung erfolgt durch **Schutzzeichen**, die aus den Buchstaben **IP** (**I**nternational **P**rotection), zwei nachfolgenden **Kennziffern** (Schutzgrade) sowie ggf. Bildzeichen bestehen.
- Nach den beiden Kennziffern können weitere Buchstaben (A, B, C und D) Hinweise zum Berührungsschutz und zusätzliche Buchstaben (H, M, S und W) Informationen über den Einsatz im Hochspannungsbereich und Wasser-/Wetterschutz liefern.

Beispiel

Fünf Port Ethernet Switch in der Schutzart IP67

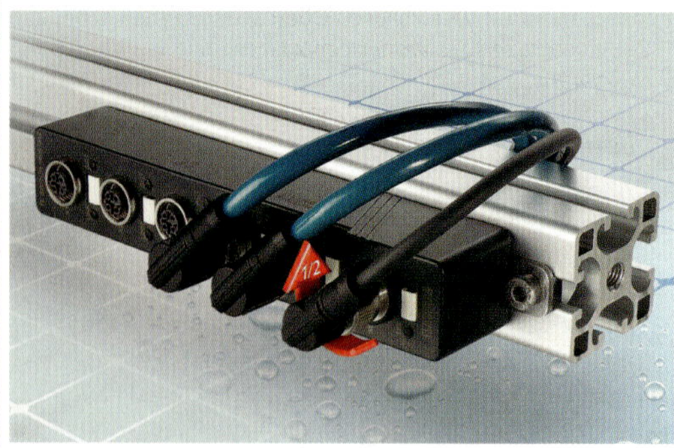

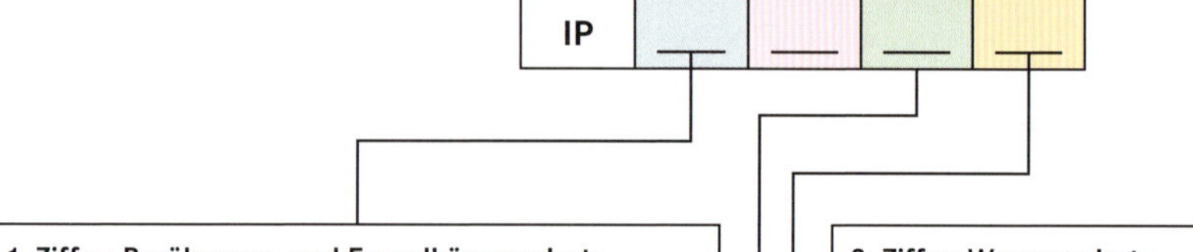

1. Ziffer: Berührungs- und Fremdkörperschutz	
0	Kein Schutz
1	Schutz gegen Eindringen großer Fremdkörper ($d \geq 50$ mm)
2	Schutz gegen Eindringen mittelgroßer Fremdkörper ($d \geq 12$ mm)
3	Schutz gegen Eindringen kleiner Fremdkörper ($d \geq 2{,}5$ mm)
4	Schutz gegen Eindringen kornförmiger Fremdkörper ($d \geq 1$ mm)
5	Staubgeschützter, vollständiger Berührungsschutz
6	Staubdicht, vollständiger Berührungsschutz

2. Ziffer: Wasserschutz	
0	Kein Schutz
1	Schutz gegen senkrecht fallendes Wasser (Tropfwasser)
2	Schutz gegen schräg fallendes Wasser bis zu 15° Neigung
3	Schutz gegen Sprühwasser mit maximal 60° zur Senkrechten
4	Schutz gegen Spritzwasser aus allen Richtungen
5	Schutz gegen Wasserstrahl aus allen Richtungen
6	Schutz gegen starken Wasserstrahl aus allen Richtungen
7	Schutz bei zeitweiligem Untertauchen
8	Schutz bei dauerndem Untertauchen
9	Schutz gegen Wasser bei Hochdruck-/Dampfstrahlreinigung

Zusätzlicher Buchstabe	
A	Handrückenschutz oder Gegenstände mit $d > 50$ mm
B	Fingerschutz, Fingerdurchmesser > 12 mm, Länge bis 80 mm
C	Werkzeugschutz, Durchmesser > 2,5 mm, Länge bis 100 mm
D	Drahtschutz, Durchmesser > 1 mm, Länge bis 100 mm

Ergänzender Buchstabe	
H	Schutz gegen Hochspannungs-Betriebsmittel
M	Schutz gegen Wasser, geprüft bei beweglichen Teilen
S	Schutz gegen Wasser, geprüft bei stillstehenden, beweglichen Teilen
W	Schutz bei festgelegten Wetterbedingungen

Oberschwingungen

- Nichtlineare Geräte (Energiesparlampen, Schaltnetzteile, Drucker, PCs, ...) verursachen Oberschwingungen, weil sie nicht kontinuierlich, sondern impulsartig Energie aus dem Netz beziehen.
- Die Oberschwingungen sind ganzzahlige Vielfache der Grundschwingung von 50 Hz.
- **Beispiel:**

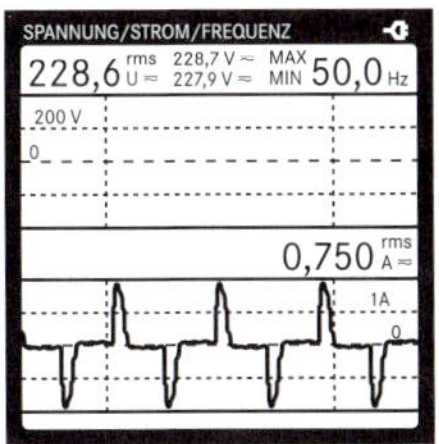

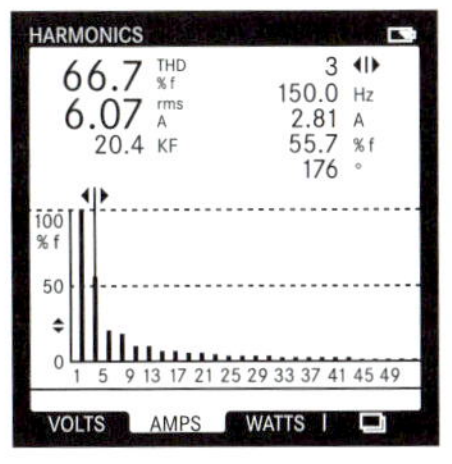

- Ein Maß für die Störung ist der Gesamtverzerrungsfaktor **THD** (**T**otal **H**armonic **D**istortion).
- Im N-Leiter addieren sich die Ströme der Oberschwingungen, so dass die Stromstärke im N-Leiter erheblich größer wird als die Stromstärken in den Außenleitern L1, L2 und L3.

Vorschriften für Energie-Netze

In den Vorschriften der DIN EN 6100-2-2, 2-4 sowie in der DIN EN 50160 sind einzuhaltende Grenzwerte für Oberschwingungen in öffentlichen und industriellen Netzen festgelegt. Folgende Klassen werden unterschieden:

Klasse 1: Netze mit sensiblen Geräten (Laborgeräte, ...)
Klasse 2: Öffentliche Netze
Klasse 3: Industrienetze

Grenzwerte von Oberschwingungen in Netzen

Ordnungszahl n			Frequenz in Hz	Klasse 1 (in % der Netzspannung)	Klasse 2	Klasse 3
5	ungeradzahlig	nicht durch 3 teilbar	250	3	6	8
7	ungeradzahlig	nicht durch 3 teilbar	350	3	5	7
11	ungeradzahlig	nicht durch 3 teilbar	550	3	3,5	5
13	ungeradzahlig	nicht durch 3 teilbar	650	3	3	4,5
17	ungeradzahlig	nicht durch 3 teilbar	750	2	2	4
19	ungeradzahlig	nicht durch 3 teilbar	850	1,5	1,5	4
23	ungeradzahlig	nicht durch 3 teilbar	1150	1,5	1,5	3,5
25	ungeradzahlig	nicht durch 3 teilbar	1250	1,5	1,5	3,5
3	ungeradzahlig	durch 3 teilbar	150	3	5	6
9	ungeradzahlig	durch 3 teilbar	450	1,5	1,5	2,5
15	ungeradzahlig	durch 3 teilbar	750	0,3	0,3	2
21	ungeradzahlig	durch 3 teilbar	1050	0,2	0,2	1,75
2	geradzahlig		100	2	2	3
4	geradzahlig		200	1	1	1,5
6	geradzahlig		300	0,5	0,5	1
8	geradzahlig		400	0,5	0,5	1
10	geradzahlig		500	0,5	0,5	1

Vorschriften für Geräte

- Oberschwingungsgrenzwerte für Geräte sind in der DIN EN 61000-3-2 festgelegt. Sie müssen von Herstellern durch entsprechende schaltungstechnische Maßnahmen eingehalten werden.
- Die Geräte werden in Klassen eingeteilt.

Geräteklassen

Klasse	Geräte
A	■ Symmetrische dreiphasige Geräte ■ Haushaltsgeräte (ausgenommen Geräte der Klasse D) ■ Elektrowerkzeuge (ausgenommen Geräte der Klasse B) ■ Beleuchtungseinsteller (Dimmer) für Glühlampen bis 1000 W ■ Audio-Einrichtungen und ■ Geräte, die nicht in eine der drei Klassen fallen
B	■ Tragbare Elektrowerkzeuge
C	■ Beleuchtungseinrichtungen einschließlich Beleuchtungsreglern ■ ausgenommen Dimmer bis 1000 W
D	■ Personal-Computer und Monitore ■ Fernsehgeräte mit einer Eingangsleistung von 75 W bis 600 W

- Für Geräte der Klasse D sind die in der nachfolgenden Tabelle aufgeführten Grenzwerte einzuhalten.

Grenzwerte von Oberschwingungen für Geräte der Klasse D

Ordnungszahl der Oberschwingung n	Maximal zulässige Stromstärke der Oberschwingung pro Leistung in mA/W	Maximal zulässige Stromstärke der Oberschwingung in A
3	3,4	2,30
5	1,9	1,14
7	1,0	0,77
9	0,5	0,40
11	0,35	0,33
$11 \leq n \leq 39$	3,86/n	s. Klasse A

Ausgleichsströme im TN-C-System

- Bei vernetzten EDV-Geräten in TN-C-Systemen kann es zu Ausgleichsströmen über die Abschirmungen der Verbindungsleitungen kommen.
- Ein Spannungsunterschied ΔU entsteht auf dem für beide Systeme gemeinsamen PEN-Leiter.
- **Folgen:**
  - Induktive Einspeisung von Störimpulsen in die Datenleitung (Störungen, Datenverlust)
  - Brandgefahr
  - Zerstörung elektronischer Bauteile
- **Abhilfe:**
  Aufbau eines TN-S-Systems mit getrenntem PE-und N-Leiter. Für die Systeme gibt es nur einen zentralen Erdungspunkt.

Begriffe

DIN VDE 0875-3: 88-12

- Von den Störquellen gehen **leitungsgebundene** und **strahlungsgebundene** elektromagnetische Störungen aus.
- Das **Frequenzspektrum** kann diskret oder/und kontinuierlich sein (z. B. 0,15 MHz bis 1 GHz).
- Der **Funkstörgrad** ist eine frequenzabhängige Grenze für Funkstörungen.

0 funkstörfrei
N funkentstört (Normalstörgrad)
K funkentstört (Kleinststörgrad)
G grobentstört (Einsatz beschränkt)

Funkschutzzeichen mit Angabe des Störgrades.

Kondensatoren zur Entstörung

Prinzip:
Einbau möglichst nahe und parallel zur Quelle, **kleiner Widerstand** für die HF-Störungen.

X-Kondensatoren:
Beliebige Kapazitäten, sie liegen parallel zur Quelle, die Störspannung wird auf einen kleinen Wert verringert.
Bei Ausfall darf es beim Berühren des Gehäuses zu keinem elektrischen Schlag kommen.

Y-Kondensatoren:
Beliebige Kapazitäten, sie überbrücken die Betriebsisolierung in elektrischen Geräten. Es gelten deshalb für sie besondere Sicherheitsanforderungen.

Beispiel Wechselstrommotor:

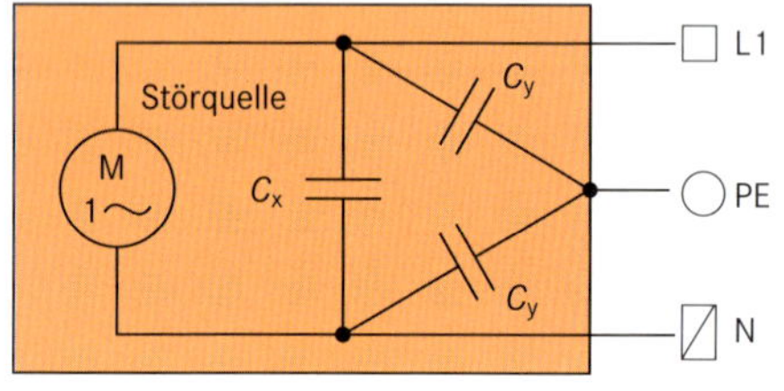

Leitungsgebundene Störungen

Störquelle
Störsenke
C_p
C_p
C_p
C_p
R
$U_{asy\,2}$
U_{sy}
$U_{asy\,1}$

Gleichtakt-Störstrom
Gegentakt-Störstrom
C_p: parasitäre Kapazität

Gegentaktstörung (symmetrische Störung, differenzial-mode):
Ausbreitung längs der angeschlossenen Leitung.
Der Strom fließt auf den beiden Anschlussleitungen hin und zurück (symmetrische Störspannung U_{sy}).

Gleichtaktstörung (asymmetrische Störung, common-mode):
Der Strom fließt auf den beiden Anschlussleitungen zur Störsenke hin und über die Erdleitung zurück (asymmetrische Störspannung U_{asy}).
Ursache: Parasitäre Kapazitäten und Masseverbindungen.

Parasitäre Kapazitäten:
Unvermeidbare Kapazitäten zum Gehäuse, anderen Bauteilen, Leitungen usw.

Entstördrosseln

Prinzip:
Sie werden in die stromführenden Leitungen eingefügt und wirken für die HF-Störungen wie ein zusätzlicher und **großer Widerstand.**
Bei stromkompensierten Ringkerndrosseln heben sich die Magnetfelder auf.

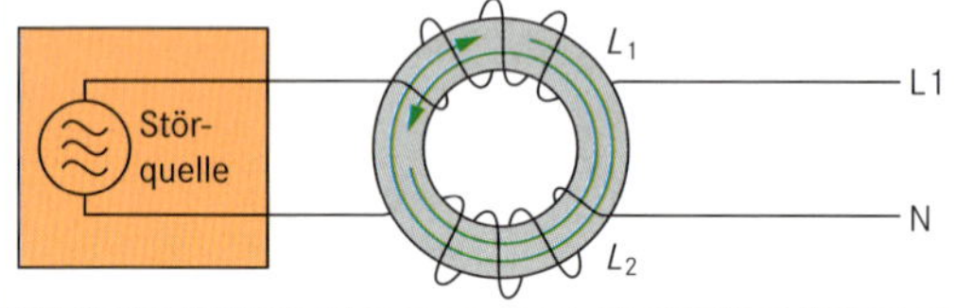

Filter

Entstöreigenschaften von Kondensatoren und Spulen werden gemeinsam genutzt.
Beispiel: Filter mit integriertem Gerätestecker (Bemessungsstromstärke 6 A).

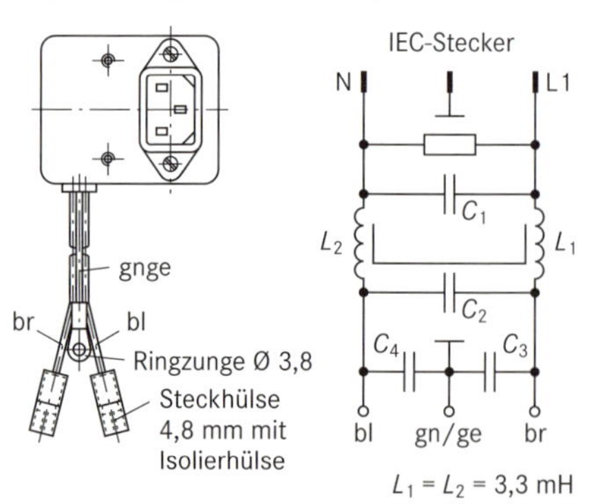

Normen/Standards
Norms/Standards

Definitionen

- **Norm** (engl.: **standard**) ist eine rechtlich anerkannte und veröffentlichte Regel zur Lösung eines Sachverhaltes.
- Sie ist durch ein **Normungsverfahren** verabschiedet und allgemeingültig.
- Normen werden von **unterschiedlichen Gremien** erarbeitet.
- Diese werden unterschieden nach
  - Internationalen Gremien,
  - Regionalen Gremien und
  - Nationalen Gremien.
- Behandelte Fachgebiete in den Gremien sind
  - **ein** spezifisches Fachgebiet (z. B.: ITU),
  - **verschiedene** Fachgebiete (z. B.: DIN).
- Der Begriff **Standard** wird häufig auch verwendet im Zusammenhang mit „Industriestandard" oder „Herstellerspezifischer Standard".
- **Industriestandards** beinhalten eine von vielen Anwendern und Herstellern erprobte Vorgehensweise bei der Lösung eines Problems, die sich als technisch nützlich und richtig erwiesen hat.
- **Industriestandards** durchlaufen kein nationales oder internationales Normungsverfahren.
- **Herstellerspezifische Standards** werden von einzelnen Anwendern eingesetzt und unterliegen der Pflege durch den jeweiligen Hersteller.
- **Empfehlungen** unterliegen keinerlei Verpflichtung und stellen somit die schwächste Form dar.
- Weiterhin gibt es sogenannte **Nutzervereinigungen**, die sich mit spezifischen Fachthemen beschäftigen (z. B.: ATM-Forum, Frame-Relay Forum).

Normungsgremien

	Telekommunikation	Elektrotechnik	Allgemein
International	ITU, IEEE	IEC, CISPR, IEEE	ISO, JTC … JTC
Europa	ETSI, ECMA, EBU	CENELEC, ITSTC	CEN
Deutschland	DKE, (Bundesnetzagentur)	VDI, VDE, DKE	DIN

Abkürzungen

CEN	Comité **E**uropéen de **N**ormalisation
CENELEC	Comité **E**uropéen des **N**ormalisation **Elec**trotechniques
CISPR	Comité **I**nternational **S**pécial des **P**ertubations **R**adioélectriques
DIN	**D**eutsches **I**nstitut für **N**ormung
DKE	**D**eutsche **K**ommission **E**lektrotechnik Elektronik Informationstechnik
EBU	**E**uropean **B**roadcasting **U**nion
ECMA	**E**uropean **C**omputer **M**anufacturers **A**ssociation
ETSI	**E**uropean **T**elecommunications **S**tandards **I**nstitute
IEC	**I**nternational **E**lectrotechnical **C**ommission
IEEE	**I**nstitute of **E**lectrical and **E**lectronics **E**ngineers
ISO	**I**nternational **S**tandards **O**rganisation
ITSTC	**I**nformation **T**echnology **St**eering **C**ommittee
ITU	**I**nternational **T**elecommunications **U**nion (früher CCITT)
JTC	**J**oint **T**echnical **C**ommittee
VDE	**V**erband **d**er **E**lektrotechnik Elektronik Informationstechnik e. V.
VDI	**V**erband **D**eutscher **I**ngenieure

Rechtscharakter technischer Normen

- Normen werden durch Einbeziehung in Rechts- oder Verwaltungsvorschriften verbindlich.
- Bei Einbindung in Lieferverträgen werden Normen ebenso rechtsverbindlich.
- Europäische Normen (EN) sind durch EU-Vertrag auch DIN-Normen.

Normenreihe des VDE

0	Allgemeines
1	Starkstromanlagen
2	Starkstromleitungen und Kabel
3	Isolierstoffe
4	Messung und Prüfen
5	Masch., Transformatoren
6	Installationsmaterial, Schaltgeräte, Hochspannungsgeräte
7	Verbrauchsgeräte
8	Fernmeldeanlagen und Rundfunkanlagen

- Die Bestimmungen der DIN VDE 0100 behandeln das „Errichten von Niederspannungsanlagen“.
- Die Deutschen Normen der Reihe DIN VDE 0100 stehen im Zusammenhang mit den CENELEC. Es sind die Harmonisierungsdokumente der Reihe HD 384 ... und die internationalen Normen der Reihe IEC 60364-... (Electrical installations of buildings)

Normenübersicht

Gruppe 100	**Anwendungsbereich**
VDE 0100-100	Allgemeine Grundsätze, Bestimmungen allgemeiner Merkmale, Begriffe
Gruppe 200	**Begriffe**
VDE 0100-200	Begriffe
Gruppe 400	Schutzmaßnahmen
VDE 0100-410	Schutz gegen elektrischen Schlag
VDE 0100-420	Schutz gegen thermische Einflüsse
VDE 0100-430	Schutz bei Überstrom
VDE 0100-442	Schutz von Niederspannungsanlagen bei Erdschlüssen in Netzen mit höherer Spannung
VDE 0100-443	Schutz bei Überspannungen infolge atmosphärischer Einflüsse oder von Schaltvorgängen
VDE 0100-444	Schutz bei Störspannungen und elektromagnetischen Störgrößen
VDE 0100-450	Schutz gegen Unterspannung
VDE 0100-460	Trennen und Schalten
Gruppe 500	**Auswahl und Errichtung elektrischer Betriebsmittel**
VDE 0100-510	Allgemeine Bestimmungen
VDE 0100-520	Kabel- und Leitungsanlagen
VDE 0100-530	Schalt- und Steuergeräte
VDE 0100-534	Überspannungs-Schutzeinrichtungen
VDE 0100-537	Geräte zum Trennen und Schalten
VDE 0100-540	Erdungsanlagen, Schutzleiter und Schutzpotenzialausgleichsleiter
VDE 0100-550	Steckvorrichtungen, Schalter und Installationsgeräte
VDE 0100-551	Niederspannungsstromerzeugungseinrichtungen
VDE 0100-557	Hilfsstromkreise
VDE 0100-559	Leuchten und Beleuchtungsanlagen
VDE 0100-560	Einrichtungen für Sicherheitszwecke
VDE 0100-570	Koordinierung elektrischer Einrichtungen
Gruppe 600	**Prüfungen**
VDE 0100-600	Prüfungen
Gruppe 700	**Anforderungen für Betriebsstätten, Räume und Anlagen besonderer Art**
VDE 0100-701	Räume mit Badewanne oder Dusche
VDE 0100-702	Becken von Schwimmbädern und anderen Becken
VDE 0100-703	Räume und Kabinen mit Saunaheizungen
VDE 0100-704	Baustellen
VDE 0100-705	Elektrische Anlagen von landwirtschaftlichen und gartenbaulichen Betriebsstätten
VDE 0100-706	Leitfähige Bereiche mit begrenzter Bewegungsfreiheit
VDE 0100-708	Caravanplätze, Campingplätze und ähnliche Bereiche
VDE 0100-709	Marinas und ähnliche Bereiche
VDE 0100-710	Medizinisch genutzte Bereiche
VDE 0100-711	Ausstellungen, Shows und Stände
VDE 0100-712	Solar-Photovoltaik (PV) Stromversorgungssysteme
VDE 0100-714	Beleuchtungsanlagen im Freien
VDE 0100-715	Kleinspannungsbeleuchtungsanlagen
VDE 0100-717	Ortsveränderliche oder transportable Baueinheiten
VDE 0100-718	Bauliche Anlagen für Menschenansammlungen
VDE 0100-719	Lichtwerbeanlagen
VDE 0100-721	Elektrische Anlagen von Caravans und Motorcaravans
VDE 0100-722	Stromversorgung von Elektrofahrzeugen
VDE 0100-723	Unterrichtsräume mit Experimentiereinrichtungen
VDE 0100-724	Elektrische Anlagen in Möbeln und ähnlichen Einrichtungsgegenständen, z. B. Gardinenleisten, Dekorationsverkleidung
VDE 0100-729	Bedienungsgänge und Wartungsgänge
VDE 0100-730	Elektrischer Landanschluss Binnenschifffahrt
VDE 0100-731	Elektrische Betriebsstätten und abgeschlossene elektrische Betriebsstätten
VDE 0100-732	Hausanschlüsse in öffentlichen Kabelnetzen
VDE 0100-737	Feuchte und nasse Bereiche und Räume und Anlagen im Freien
VDE 0100-739	Zusätzlicher Schutz bei direktem Berühren in Wohnungen durch Schutzeinrichtungen mit $I_{\Delta n}$ = 30 mA in TN- und TT-Netzen
VDE 0100-740	Vorübergehend errichtete elektrische Anlagen für Aufbauten, Vergnügungseinrichtungen und Buden auf Kirmesplätzen, Vergnügungsparks und für Zirkusse
VDE 0100-753	Fußboden- und Decken-Flächenheizungen

Stand der Auflistung: September 2016
Änderungen, Ergänzungen und Aktualität sind bei www.beuth.de einzusehen.
Nicht angegeben sind Normenentwürfe und gegebenenfalls Beiblätter.

EMV – Elektromagnetische Verträglichkeit

EMC – Electromagnetic Compatibility

Elektromagnetische Umgebung

- Grundsatz: EMV ist die Fähigkeit einer elektrischen Einrichtung (Bauelement, Baugruppe, Gerät, System, Anlage), in einer vorgegebenen elektromagnetischen Umgebung in beabsichtigter Weise zu arbeiten, ohne die Umgebung durch elektromagnetische Wirkungen in unzulässiger Weise zu beeinträchtigen.
- Die **EM-Umgebung** eines Gerätes oder einer Einrichtung wird definiert durch alle am vorgesehenen Einsatzort auftretenden **elektromagnetischen Phänomene** (Erscheinungen) und die EMV-relevanten Randbedingungen (z. B. Luftfeuchtigkeit).
- Die Phänomene entstehen durch
  - **systemfremde** natürliche Störquellen (z. B. atmosphärische Entladungen),
  - **systemeigene** künstliche Störquellen (z. B. elektrische Maschinen).

Störquellen

- Blitzentladungen mit Direkt-, Nah- oder Ferneinschlägen,
- Elektrostatische Entladungen in Form von Gleit-, Büschel-, Funken- oder blitzähnlichen Entladungen
- Schalten von Sammelschienen mittels Kontakten
- Kurz-, Erd- und Doppelerdschlüsse
- Abschalten leerlaufender Hochspannungsleitungen, Prellvorgänge an mechanischen Kontakten
- Ein- und Ausschalten von Leuchtstofflampen
- Betrieb von Lichtbogenschmelzöfen
- Zuschalten leerlaufender Kabel
- Versorgungswechselspannung (50 Hz/60 Hz)
- Öffnen und Schließen von Kontakten (Funkenentladung)
- Abschaltvorgänge von Induktivitäten (Relaisspulen)
- Flankenwechsel auf Steuer- und Datenleitungen
- Lastwechsel auf Elektronik-Stromversorgungsleitungen
- Taktsignale (hoch- und niederfrequente)
- Reflexionserscheinungen auf Leitungen
- Magnetfelder von Speicherlaufwerken
- Nukleare Explosionen

Störgrößen

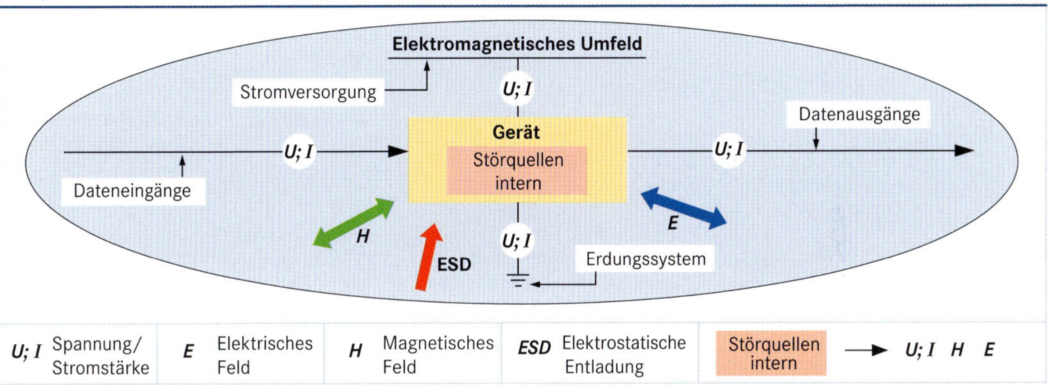

$U; I$	Spannung/ Stromstärke	E	Elektrisches Feld	H	Magnetisches Feld	ESD	Elektrostatische Entladung	Störquellen intern	→ $U; I$ H E

Umgebungsklassen

- Umgebungsbedingungen sind eingeteilt in **Umgebungsklassen.**
- Umgebungsklassen beschreiben die unterschiedlichen Anforderungen an die elektromagnetische Verträglichkeit **(EMV)** der eingesetzten Geräte und Systeme für bestimmte Einsatzorte.

Klasse 1 Gut geschützte Umgebung	Klasse 2 Geschützte Umgebung	Klasse 3 Industrielle Umgebung	Klasse 4 Erhöhte Beanspruchung
▪ EMV-gerechtes Erdungs-, Verkabelungs- und Schirmungskonzept ▪ Unterbrechungsfreie Stromversorgung für einzelne Anlagenteile ▪ Gebrauch von Sendeeinrichtungen jeglicher Art untersagt	▪ Keine Leistungsschalter in der Umgebung ▪ Abgestimmtes Erdungskonzept ▪ Steuer- und Leistungskreise teilweise mit Störschutz und Überspannungseinrichtungen ▪ Keine Funksprechgeräte oder Sendeeinrichtungen	▪ Kein Überspannungsschutz in Steuer- und Leistungskreisen ▪ Erdungsanlage vorhanden ▪ Getrennte Kabel für Steuer-, Signal- und Datenleitungen ▪ Ungenügende Trennung der Versorgungs-, Steuer- und Kommunikationsleitungen	▪ Kein Überspannungsschutz ▪ Undefinierte Erdungsverhältnisse ▪ Steuer- und Signalleitungen in einem Kabel ▪ Funksprechgeräte uneingeschränkt möglich ▪ Elektroöfen, Schweißgeräte in der Nähe

Übersicht

			Welt	Europa	Deutschland
Fachgrundnormen (EMV-Umgebung eines Gerätes)	Störfestigkeit	Wohngebiet	IEC 61000-6-1	EN 61000-6-1	DIN EN 61000-6-1
		Industriegebiet	IEC 61000-6-2	EN 61000-6-2	DIN EN 61000-6-2
	Störaussendung	Wohngebiet	IEC 61000-6-3	EN 61000-6-3	DIN EN 61000-6-3
		Industriegebiet	IEC 61000-6-4	EN 61000-6-4	DIN EN 61000-6-4
Grundnormen (physikalische Phänomene und Messverfahren)	Grundlagen		IEC 61000-2-9	EN 61000-2-9	DIN EN 61000-2-9
	Messgeräte		CISPR 16-1	EN 55016-1	DIN EN 55016-1
	Messverfahren	Aussendung	CISPR 16-2	EN 55016-2	DIN EN 55016-2
		Beeinflussung	CISPR 16-2	EN 61000-4-1	DIN EN 61000-4-1
	Ober-Schwingungen		IEC 61000-3-2	EN 61000-3-2	DIN EN 61000-3-2
	Beeinflussungsgrößen z. B.	ESD	IEC 61000-4-2	EN 61000-4-2	DIN EN 61000-4-2
		EM-Felder	IEC 61000-4-10	EN 61000-4-10	DIN EN 61000-4-10
		Burst	IEC 61000-4-4	EN 61000-4-4	DIN EN 61000-4-4
		Surge	IEC 61000-4-5	EN 61000-4-5	DIN EN 61000-4-5
Produktnormen (Grenzwerte für Störaussendung und Störfestigkeit)	Radio und TV-Geräte	Aussendung	CISPR 13	EN 55013	DIN EN 55013
		Beeinflussung	CISPR 20	EN 55020	DIN EN 55020
	Leuchten	Aussendung	CISPR 15	EN 55015	DIN EN 55015
		Beeinflussung	CISPR 15	EN 55015	DIN EN 55015
	Hausgeräte	Aussendung	CISPR 14-1	EN 55014-1	DIN EN 55014-1
		Beeinflussung	CISPR 14-2	EN 55014-2	DIN EN 55014-2
	ISM-Geräte[1]	Aussendung	CISPR 11	EN 55011	DIN EN 55011
		Beeinflussung	a)	a)	a)
	ITE-Geräte[2]	Aussendung	CISPR 22	EN 55022	DIN EN 55022
		Beeinflussung	CISPR 22	EN 55022	DIN EN 55022
	Hochspannungsanlagen	Aussendung	CISPR 18-2	–	DIN VDE 0873
	Fahrzeuge	Aussendung	CISPR 12	EN 5512	DIN EN 55012
		Beeinflussung	ISO 11451-2	ISO 11451-2	ISO 11451-2

a) Geregelt in den Qualitäts- und Sicherheitsnormen der Produktfamilien.

ISO: **I**nternational **S**tandardization **O**rganisation; Internationale Normungsorganisation

[1] **ISME:** **I**ndustrial, **S**cientific and **M**edical **E**quipment; Geräte zur Erzeugung von HF-Energie im Bereich Industrie, Wissenschaft und Medizin (ohne Telekom.)

CISPR: **C**omité **I**nternational **S**pécial des **P**ertubations **R**adioélectriques; Internationaler Sonderausschuss für Funkstörungen (in der IEC)

[2] **ITE:** **I**nformation **T**echnology **E**quipment; Informationstechnische Einrichtungen

IEC: **I**nternational **E**lectrotechnical **C**ommission; Internationale Elektrotechnische Kommission

Begriffe

EMC	**E**lectro**m**agnetic **C**ompatibility: Elektromagnetische Verträglichkeit	**EMS**	**E**lectro**m**agnetic **S**usceptibility: Elektromagnetische Empfindlichkeit
EME	**E**lectro**m**agnetic **E**mission: Elektromagnetische Emission (Abstrahlung)	**ERP**	**E**arth **R**eference **P**lane: Erdpotenzialbezugsfläche
EMI	**E**lectro**m**agnetic **I**nterference: Elektromagnetische Störung	**ESD**	**E**lectro**s**tatic **D**ischarge: Elektrostatische Entladung
EMP	**E**lectro**m**agnetic Im**p**ulse: Elektromagnetischer Impuls	**HBD**	**H**uman **B**ody **D**ischarge: Elektrostatische Körperentladung
EMR	**E**lectro**m**agnetic **R**adiation: Elektromagnetische Strahlung	**Burst**	Entladungsstoß
		Surge	Überspannungsstoß

Systemkomponenten

PC, Bausteine und Komponenten

122 Digitale Logik
123 Logikfamilien
124 Vereinfachung mit K-V-Tafeln
125 Digitale Signalumsetzer
126 Digitale Funktionsbausteine
127 Rechnerarchitektur
128 Parallele Rechnerstrukturen
129 Mikroprozessor
130 Multi-Core Prozessor
131 RISC – Reduced Instruction Set Computer
132 DSP – Digitale Signalprozessoren
133 Mikrocontroller
134 PC-Motherboard
135 Flüchtige Halbleiterspeicher und Speichermodule
136 DDR-RAM
137 Festplatten
138 Partitionieren von Festplatten
138 SATA – Serial ATA
139 SSD – Solid State Drive
140 PC-Netzteilstecker
141 Soundkarten
142 Grafikkarten
143 Farbmodelle
144 Bild und Grafik
145 Farbmanagement
146 Bildbearbeitung

Externe Datenspeicher

147 Bandlaufwerke
148 – 149 Speicherkarten
150 ExpressCard
150 PCMCIA-Card
151 Magnet-/Chip-Karten
152 Nichtflüchtige Speicher
152 ASIC – Anwendungsspezifische ICs
153 CD – Compact Disc
154 CD-Aufzeichnungsstandards
154 Audio-CD
155 DVD – Digital Versatile Disc
156 BD – Blu-ray Disc

Schnittstellen

157 PC-Schnittstellen und -Anschlüsse
158 PCI – Peripheral Component Interconnect
159 cPCI – CompactPCI
160 PCIe – Peripheral Component Interconnect express
161 M.2 – Steckverbinder
162 SCSI – Small Computer System Interface
163 SAS – Serial Attached SCSI
164 RAID – Redundant Array Independent Disc
165 Anschlüsse an IT-Geräten
166 Serielle und parallele Schnittstellen
167 Datenübertragung
168 HDMI – High Definition Multimedia Interface
169 DisplayPort
170 Thunderbolt
171 EIA-485 (RS-485)
172 I^2C – Bus
173 USB – Universal Serial Bus
174 IrDA – Infrared Data Association
175 IEEE 1394/FireWire/i.Link
176 UPnP – Universal Plug and Play

Externe Geräte

177 Mikrofone
177 Lautsprecher
178 Audio-Systeme und -Formate
179 Fernkopierer
180 Drucker
181 Scanner
182 Digitale Fotografie
183 Bildaufnehmer
184 Display-Technologien
185 Flachbild-Anzeigen
186 Datenprojektoren (Beamer)

Daten und Datenreduktion

187 Datenreduktion
188 Verlustfreie Kompression
189 MPEG-Standards
190 H.264
190 Audiodatenreduktion, MP3
191 JPEG – Joint Photographic Experts Group
192 Datenreduktion bei bewegten Bildern
193 Streaming Media
194 HD Video-Aufzeichnung
195 Videokonferenz
196 Audio-/Videocodierung

Digitale Logik
Digital Logic

DIN EN 60617-12: 1999-04; DIN 66000: 1985-11

Verknüpfungsbausteine

Schaltzeichen	Schaltfunktion, Benennung	a	b	x
& (Eingänge a, b; Ausgang x)	**UND-Verknüpfung** (Konjunktion) $x = a \wedge b$	0	0	0
		0	1	0
		1	0	0
	$x = a \cdot b$ (a und b)[1]	1	1	1
≥1 (Eingänge a, b; Ausgang x)	**ODER-Verknüpfung** (Disjunktion) $x = a \vee b$	0	0	0
		0	1	1
		1	0	1
	$x = a + b$ (a oder b)[1]	1	1	1
1 (Eingang a; Ausgang x, negiert)	**NICHT** (Negation) $x = \overline{a}$	0	–	1
		1	–	0
		–	–	–
	$\neg$ a (nicht a)[1]	–	–	–
& (Eingänge a, b; Ausgang x, negiert)	**NAND-Verknüpfung** $x = \overline{a \wedge b}$	0	0	1
		0	1	1
	$x = a \barwedge b$ (a nand b)[1]	1	0	1
		1	1	0
≥1 (Eingänge a, b; Ausgang x, negiert)	**NOR-Verknüpfung** $x = \overline{a \vee b}$	0	0	1
		0	1	0
	$x = a \overline{\vee} b$ (a nor b)[1]	1	0	0
		1	1	0
=1 (Eingänge a, b; Ausgang x)	**Exklusiv-ODER** (Antivalenz)	0	0	0
	$x = (a \wedge \overline{b}) \vee (\overline{a} \wedge b)$	0	1	1
		1	0	1
	$x = a \nleftrightarrow b$ (a xor b)[1]	1	1	0
= (Eingänge a, b; Ausgang x)	**Exklusiv-NOR** (Äquivalenz)	0	0	1
	$x = (a \wedge b) \vee (\overline{a} \wedge \overline{b})$	0	1	0
	$x = a \leftrightarrow b$	1	0	0
	(a Doppelpfeil b)[1]	1	1	1
& (Eingang a negiert, b; Ausgang x)	**Sperrgatter** (Inhibition)	0	0	0
		0	1	1
	$x = \overline{a} \wedge b$	1	0	0
		1	1	0
≥1 (Eingang a negiert, b; Ausgang x)	**Subjunktion** (Implikation)	0	0	1
	$x = \overline{a} \vee b$	0	1	1
		1	0	0
	$x = a \rightarrow b$ (a Pfeil b)[1]	1	1	1

[1] Benennung nach DIN 66000

Schaltalgebra

Konjunktion (UND-Funktion)	Disjunktion (ODER-Funktion)	Negation (NICHT-Funktion)
$x = a \wedge 0 = 0$	$x = a \vee 0 = a$	$x = \overline{a}$
$x = a \wedge 1 = a$	$x = a \vee 1 = 1$	$x = \overline{\overline{a}} = a$
$x = a \wedge a = a$	$x = a \vee a = a$	$x = \overline{\overline{\overline{a}}} = \overline{a}$
$x = a \wedge \overline{a} = 0$	$x = a \vee \overline{a} = 1$	

Rechenregeln

Vertauschungsregel (Kommutatives Gesetz)

$x = a \wedge b = b \wedge a$

$x = a \vee b = b \vee a$

Beispiel:

Verbindungsregel (Assoziatives Gesetz)

$x = a \wedge b \wedge c \;= a \wedge (b \wedge c)$

$\quad = b \wedge (a \wedge c) = c \wedge (a \wedge b)$

$x = a \vee b \vee c \;= a \vee (b \vee c)$

$\quad = b \vee (a \vee c) = c \vee (a \vee b)$

Beispiel:

Verteilungsregel (Distributives Gesetz)

$x = a \wedge b \vee a \wedge c = a \wedge (b \vee c)$

UND-Funktion geht vor ODER-Funktion

$x = (a \vee b) \wedge (a \vee c) = a \vee (b \wedge c)$

Beispiel:

De Morgansches Gesetz

$x = a \wedge b = \overline{\overline{a} \vee \overline{b}}$

$x = a \vee b = \overline{\overline{a} \wedge \overline{b}}$

Beispiel:

$x = \overline{a \wedge b} = \overline{a} \vee \overline{b}$

Beispiel:

$x = \overline{a \vee b} = \overline{a} \wedge \overline{b}$

Vereinfachungen

Beispiel:

$x = a \wedge (a \vee b) = a$

$x = a \vee a \wedge b \;= a$

$x = a \wedge (\overline{a} \vee b) = a \wedge b$

$x = a \vee (\overline{a} \wedge b) = a \vee b$

$x = a \vee \overline{a} \wedge \overline{b} \;= a \vee \overline{b}$

$x = \overline{a} \vee a \wedge b \;= \overline{a} \vee b$

$x = \overline{a} \vee a \wedge \overline{b} \;= \overline{a} \vee \overline{b}$

Ersetzen

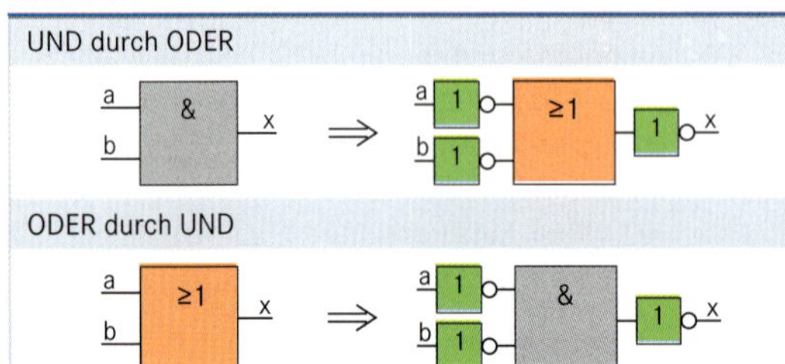

Ersetzen von Verknüpfungsgliedern

Man erhält gleichwertige Verknüpfungsglieder, wenn

1. alle UND durch ODER,
2. alle ODER durch UND ersetzt und
3. alle Anschlüsse gegenüber dem Ausgangszustand invertiert werden. (Ausnahme: NICHT-Glied)

Bezeichnungsschema[1)]

Beispiel:
SN74LS244N

SN	74	LS				244		N	
①	②	③	④	⑤	⑥	⑦	⑧	⑨	⑩

① **Kennzeichnung Standard (SN)**	
SN	Standard Vorzeichen
SNJ	Entspricht MIL-PRF-38535 (QML)
② **Temperaturbereich**	
54	Militärisch, 74 Kommerziell
④ **Spezielle Funktionen** (Beispiele)	
Leer	Keine speziellen Funktionen
C	Einstellbare Versorgungsspannung
D	Level-Shifting Diode (CBTD)
H	Bus Hold (ALVCH) Schaltung (CBTK)
S	Schottky Clamping Diode (CBTS)
⑤ **Bit-Breite** (Beispiele)	
Leer	Gates, MSI, and Octals
1G	Single Gate
2G	Dual Gate
8	Octal IEEE 1149.1 (JTAG)
16	Widebus (16-, 18- and 20-bit)
32	Widebus+ (32- and 36-bit)
⑥ **Optionen** (Beispiele)	
Leer	Keine Optionen
2	Serielle Dämpfungswiderstände am Ausgang
4	Pegelanpassung
25	25 Ω Leitungstreiber
⑦ **Funktion** (Beispiele)	
244	Nichtinvertierende Puffer/Treiber
374	D-Typ Flip-Flop
640	Invertierender Empfänger
⑧ **Ausgabestand** (Beispiele)	
Leer	Kein geänderter Ausgabestand
Buchstabe	A bis Z kennzeichnet Ausgabestand
⑨ **Gehäusebauform**	
N	Plastic-Dual-In-Line Package (PDIP)
⑩ **Verpackung**	

[1)] nach Texas Instruments

③ **Familie**	
Leer	Transistor-Transistor Logic (TTL)
ABT	**A**dvanced **B**iCMOS **T**echnology
ABTE/ETL	**A**dvanced **B**iCMOS **T**echnology/ **E**nhanced **T**ransceiver **L**ogic
AC/ACT	**A**dvanced **C**MOS Logic
AHC/AHCT	**A**dvanced **H**igh-Speed **C**MOS Logic
ALB	**A**dvanced **L**ow-Voltage **B**iCMOS
ALS	**A**dvanced **L**ow-Power **S**chottky Logic
ALVC	**A**dvanced **L**ow-**V**oltage **C**MOS Technology
ALVT	**A**dvanced **L**ow-**V**oltage BiCMOS **T**echnology
AS	**A**dvanced **S**chottky Logic
AUC	**A**dvanced **U**ltra-Low-Voltage **C**MOS Logic
AUP	**A**dvanced **U**ltra-Low-**P**ower CMOS Logic
AVC	**A**dvanced **V**ery Low-Voltage **C**MOS Logic
BCT	**B**i**C**MOS Bus-Interface **T**echnology
CB3Q	**C**ross**b**ar Bus-Switch 2.5 V/3.3 V Low-Voltage High-Bandwidth Technology Logic
CB3T	**C**ross**b**ar Bus-Switch 2.5 V/3.3 V Low-Voltage **T**ranslator Technology Logic
CBT	**C**ross**b**ar **T**echnology
CBT-C	**C**ross**b**ar 5-V Bus-Switch **T**echnology Logic with 0,2 V Undershoot Protection
CBTLV	**C**ross**b**ar **T**echnology **L**ow-**V**oltage Logic
F	**F** Logic
FB	**B**ackplane Transceiver Logic/**F**uturebus+
GTL	**G**unning **T**ransceiver **L**ogic
GTLP	**G**unning **T**ransceiver **L**ogic **P**lus
HC/HCT	**H**igh-Speed **C**MOS Logic
HSTL	**H**igh-**S**peed **T**ransceiver **L**ogic
LS	**L**ow-Power **S**chottky Logic
LV-A	**L**ow-**V**oltage CMOS Technology
LV-AT	**L**ow-**V**oltage CMOS Technology – **T**TL Comp
LVC	**L**ow-**V**oltage **C**MOS Technology
LVT	**L**ow-**V**oltage BiCMOS **T**echnology
PCA/PCF	I²C Inter-Integrated Circuit Applications
S	**S**chottky Logic
SSTL	**S**tub **S**eries-**T**erminated **L**ogic
SSTU	**S**tub **S**eries-**T**erminated **U**ltra-Low-Voltage Logic
TVC	**T**ranslation **V**oltage **C**lamp Logic
VME	**VERSAm**odule **E**urocard Bus Technology

Kenndaten einiger Logikfamilien

Technologie		AHC	AUC	CBT	F	LS	LVC	LVT
Betriebsspannung	in V	5	0,8 … 2,5	5	5	5	2,0 … 3,6	2,7 … 3,3
Betriebsspannungsbereich	in V	4,5 … 5,5	0,8 … 2,7	4,0 … 5,5	4,5 … 5,5	4,75 … 5,25	1,65 … 3,6	2,7 … 3,6
Temperaturbereich	in °C	−40 … +85	−40 … +85	−40 … +85	0 … +70	0 … +70	−40 … +85	−40 … +85
U_{IH}	in V	2	2)	2	2	2	2)	2
U_{IL}	in V	0,8	0 … 0,7	0,8	0,8	0,8	2)	0,8
I_{OH}	in mA	−8	−9[2)]	–	−1	−0,4	−24	−12
I_{OL}	in mA	8	9[2)]	–	20	8	24	12
t_{pd} (max.)	in ns	8,5	2,2[2)]	0,25	6	15	4,5	5,3

[2)] abhängig von der Betriebsspannung

Vereinfachungen mit K-V-Tafeln
Minimization with K-V-Maps

Regeln

- Karnaugh-Veitch-Diagramme (K-V-Diagramme, K-V-Tafeln) sind grafische Verfahren zur Vereinfachung von Schaltfunktionen.
- Die Anzahl a der Felder in der K-V-Tafel ist abhängig von der Anzahl n der Eingangsvariablen: $a = 2^n$.
- Angeordnet werden die Eingangsvariablen in der Form, dass jeweils von Spalte zu Spalte und von Zeile zu Zeile nur eine Variable geändert wird.
- In die Felder werden die Werte aus der Wertetabelle eingetragen.
- Felder, die nicht belegt sind, können je nach gewählter Methode mit 0 oder 1 ergänzt werden.
- **Mintermmethode:** möglichst viele Felder, die eine 1 enthalten (Vollkonjunktionen) zu 2er-, 4er-, 8er- oder 16er-Blöcken zusammenfassen.
- Es dürfen nur die Vollkonjunktionen zusammengefasst werden, die mit einer Seite aneinanderstoßen (nicht mit Ecken).
- Variable innerhalb eines Blockes, die negiert und nicht negiert auftreten, entfallen.
- Die je Block verbleibenden Variablen werden UND-verknüpft.
- Diese UND-Verknüpfungen werden durch ODER-Verknüpfungen zusammengefasst und ergeben die Schaltfunktion in Disjunktiver Minimalform.
- **Maxtermmethode:** Vereinfachen zum Zusammenfassen und Reduzieren wie bei der Mintermmethode mit den Feldern, die eine 0 enthalten.
- Die Umwandlung in die konjunktive Minimalform erfolgt durch nochmalige Negation und Anwendung des de Morgan'schen Theorems.
- K-V-Tafeln werden nur für bis zu 5 Eingangsvariable aufgestellt.

Wertetabelle | **Funktionsgleichung** | **K-V-Tafel** (Minimierte Funktionsgleichung)

Beispiel für 2 Variable

	a	b	x	Vollkonjunktion	Volldisjunktion
1	0	0	1	$x = \bar{a} \wedge \bar{b}$	
2	0	1	0		$\bar{x} = a \vee \bar{b}$
3	1	0	1	$x = a \wedge \bar{b}$	
4	1	1	0		$\bar{x} = \bar{a} \vee \bar{b}$

Mintermmethode

	$\bar{a}$	a
$\bar{b}$	1	1
b	0	0

$x = \bar{b}$

Maxtermmethode

	$\bar{a}$	a
$\bar{b}$	1	1
b	0	0

$\bar{x} = b$

Beispiel für 3 Variable

	a	b	c	x	Vollkonjunktion	Volldisjunktion
1	0	0	0	1	$x = \bar{a} \wedge \bar{b} \wedge \bar{c}$	
2	0	0	1	1	$x = \bar{a} \wedge \bar{b} \wedge c$	
3	0	1	0	1	$x = \bar{a} \wedge b \wedge \bar{c}$	
4	0	1	1	0		$\bar{x} = a \vee \bar{b} \vee \bar{c}$
5	1	0	0	1	$x = a \wedge \bar{b} \wedge \bar{c}$	
6	1	0	1	0		$\bar{x} = \bar{a} \vee b \vee \bar{c}$
7	1	1	0	0		$\bar{x} = \bar{a} \vee \bar{b} \vee c$
8	1	1	1	0		$\bar{x} = \bar{a} \vee \bar{b} \vee \bar{c}$

Mintermmethode

	$\bar{a}$	$\bar{a}$	a	a
$\bar{b}$	1	1	0	1
b	1	0	0	0
	$\bar{c}$	c	c	$\bar{c}$

Disjunktive Minimalform

$x = (\bar{a} \wedge \bar{c}) \vee (\bar{b} \wedge \bar{c}) \vee (\bar{a} \wedge \bar{b})$

Maxtermmethode

	$\bar{a}$	$\bar{a}$	a	a
$\bar{b}$	1	1	0	1
b	1	0	0	0
	$\bar{c}$	c	c	$\bar{c}$

Disjunktive Minimalform

$\bar{x} = (a \wedge c) \vee (b \wedge c) \vee (a \wedge b)$

Konjunktive Minimalform

$x = (\bar{a} \vee \bar{c}) \wedge (\bar{b} \vee \bar{c}) \wedge (\bar{a} \vee \bar{b})$

K-V-Tafel für 4 Variable

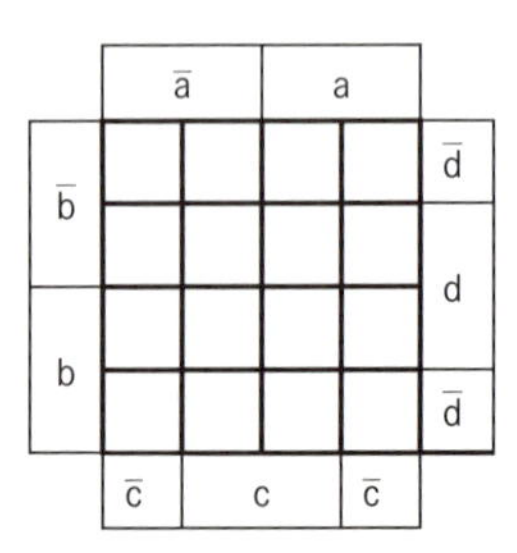

K-V-Tafel für 5 Variable

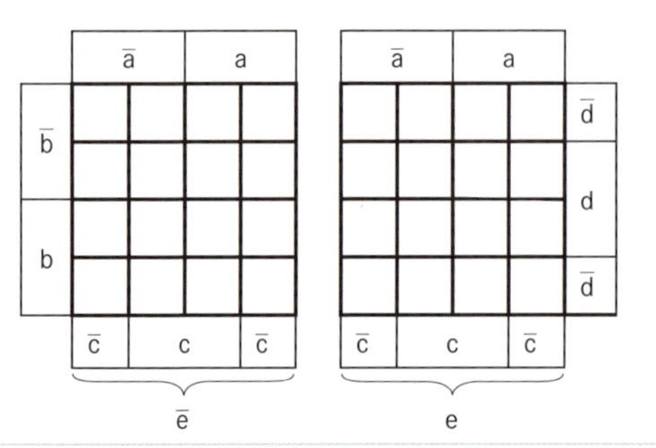

Schmitt-Trigger

- Digitale Schnittstellen, insbesondere Eingangsinterfaces, verlangen Signale mit bestimmten maximalen Anstiegs- bzw. Abfallzeiten.
- Zur Erfüllung dieser Forderung werden in der Regel Impulsformerstufen eingebaut.
- Diese Impulsformerstufen werden mit Schmitt-Trigger-Schaltungen realisiert und erzeugen aus langsam ansteigenden Eingangssignalen schlagartig umschaltende Signale.

Sechsfach invertierend (74LS14)

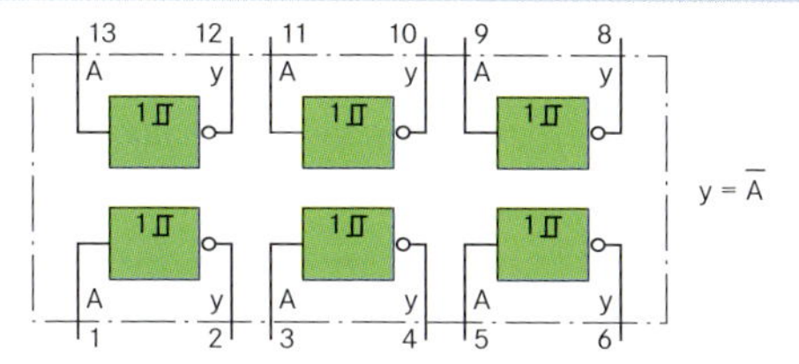

Schaltverhalten (Abhängigkeiten)

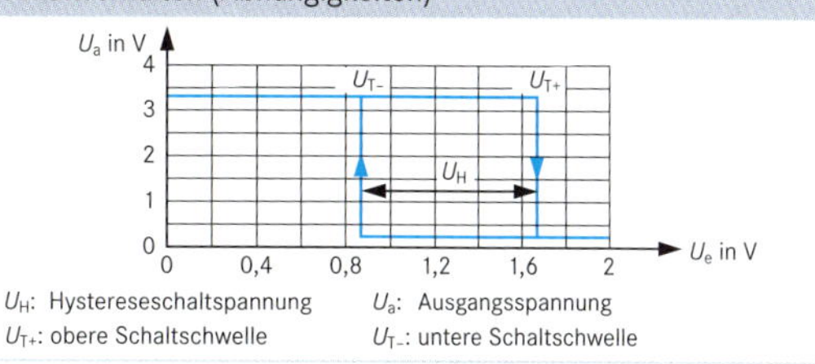

U_H: Hystereseschaltspannung
U_a: Ausgangsspannung
U_{T+}: obere Schaltschwelle
U_{T-}: untere Schaltschwelle

Analog-Digital-Umsetzer

- Analog-Digital Umsetzer setzen analoge Signale (die in der Regel gefiltert sind) in digitale Signale um.
- Sie arbeiten nach unterschiedlichen Umsetzungsverfahren.

Parallelverfahren

- Die Eingangsspannung wird **gleichzeitig** mit n festen Referenzspannungen verglichen.
- Das Ergebnis wird in einem Schritt ermittelt.

Wägeverfahren

- Eingangsspannung wird **nacheinander** mit n-Referenzspannungen verglichen.
- Anzahl der Referenzspannungen entspricht der Stellenzahl der dualen Ausgangszahl.

Zählverfahren

- Eingangsspannung wird mit einer Referenzspannung verglichen (kleinster Wert ≙ LSB).
- Dieser Wert wird so oft aufaddiert, bis Wert der Eingangsspannung erreicht ist.

Direkt-Umsetzer

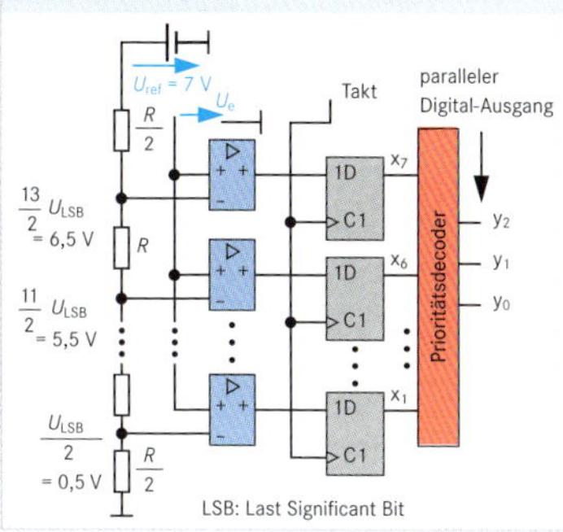

LSB: Last Significant Bit

Stufenrampen-Umsetzer

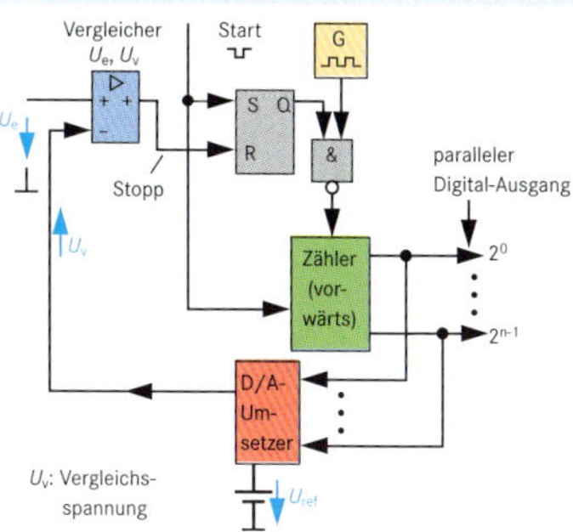

U_v: Vergleichsspannung

Dual-Slope-Umsetzer

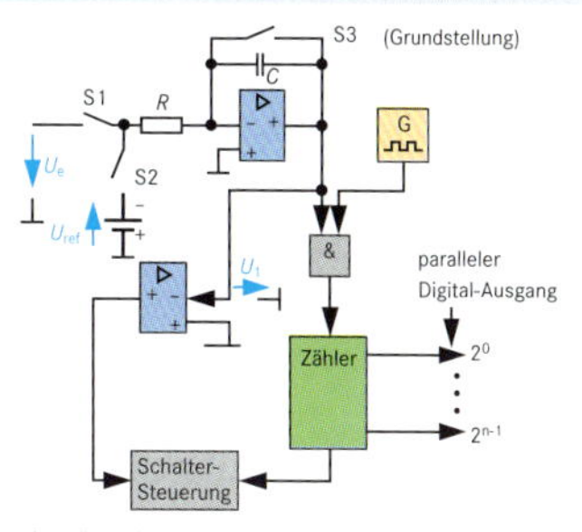

Impulse während t_2 entsprechen dem Wert der Eingangsspannung

Digital-Analog-Umsetzer

- Digital-Analog Umsetzer setzen digitale Signale in analoge Signale um.
- Sie arbeiten nach unterschiedlichen Umsetzungsverfahren.

Direktes Verfahren

- Für jede umzusetzende digitale Zahl ist eine diesem Wert entsprechende Spannungsquelle erforderlich.
- Die Spannungsquellen werden einzeln, getrennt eingeschaltet.

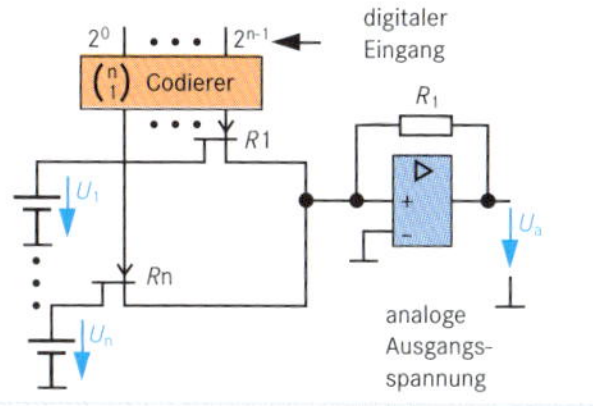

Paralleles Verfahren

- Jedem Digitaleingang ist eine unterschiedlich gewichtete Spannungs- oder Stromquelle zugeordnet.
- Sie werden entsprechend der anliegenden Dualzahl eingeschaltet und aufsummiert.

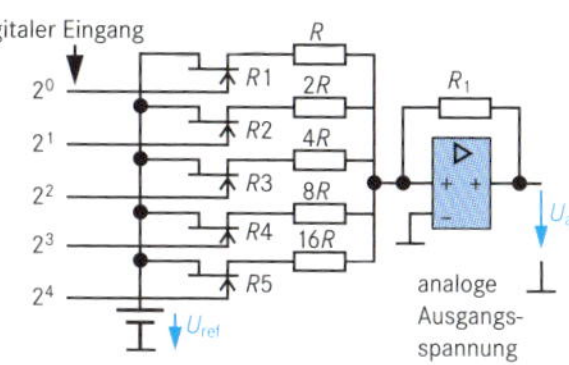

Sägezahnverfahren (Dual-Slope)

- Beim Sägezahnverfahren wird nur eine Referenzspannung benötigt.
- Digitalwert wird im Zähler auf Null gezählt. Benötigte Zeit ist proportional zum Digitalwert.

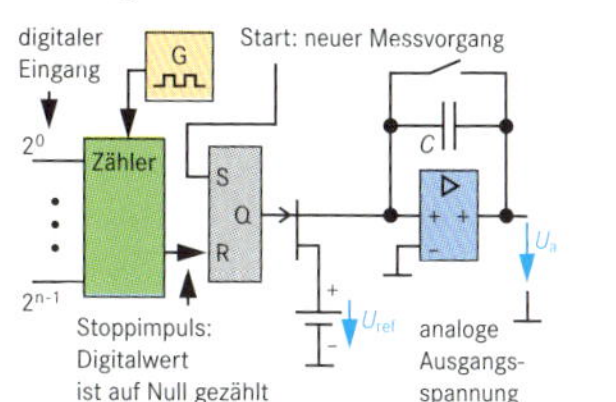

Kipp-Schaltungen

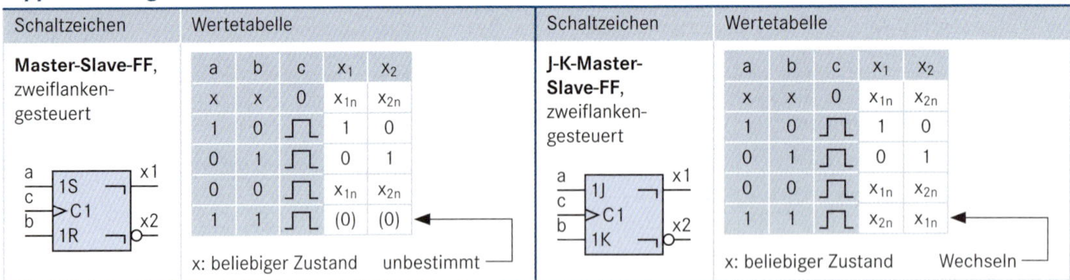

Schaltzeichen	Wertetabelle				
Master-Slave-FF, zweiflankengesteuert	a	b	c	x_1	x_2
	x	x	0	x_{1n}	x_{2n}
	1	0	⎍	1	0
	0	1	⎍	0	1
	0	0	⎍	x_{1n}	x_{2n}
	1	1	⎍	(0)	(0)

x: beliebiger Zustand — unbestimmt

Schaltzeichen	Wertetabelle				
J-K-Master-Slave-FF, zweiflankengesteuert	a	b	c	x_1	x_2
	x	x	0	x_{1n}	x_{2n}
	1	0	⎍	1	0
	0	1	⎍	0	1
	0	0	⎍	x_{1n}	x_{2n}
	1	1	⎍	x_{2n}	x_{1n}

x: beliebiger Zustand — Wechseln

Frequenzteiler

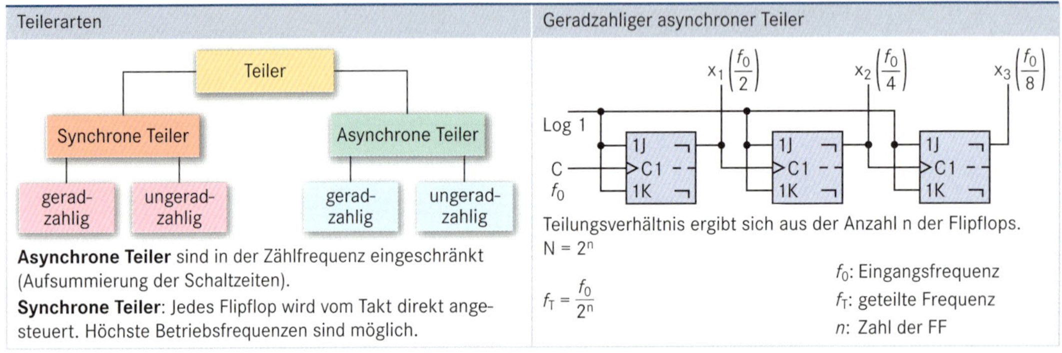

Asynchrone Teiler sind in der Zählfrequenz eingeschränkt (Aufsummierung der Schaltzeiten).

Synchrone Teiler: Jedes Flipflop wird vom Takt direkt angesteuert. Höchste Betriebsfrequenzen sind möglich.

Teilungsverhältnis ergibt sich aus der Anzahl n der Flipflops.

$N = 2^n$

$$f_T = \frac{f_0}{2^n}$$

f_0: Eingangsfrequenz

f_T: geteilte Frequenz

n: Zahl der FF

Rechenschaltungen

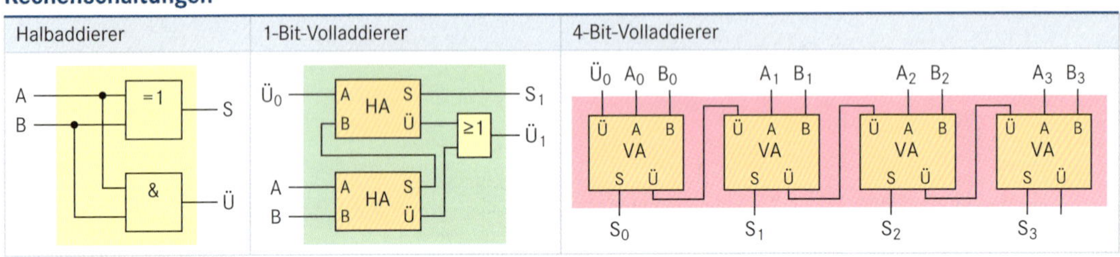

Multiplexer

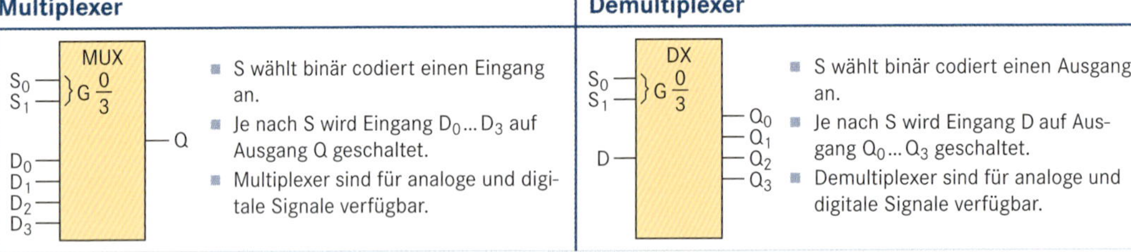

- S wählt binär codiert einen Eingang an.
- Je nach S wird Eingang $D_0 \dots D_3$ auf Ausgang Q geschaltet.
- Multiplexer sind für analoge und digitale Signale verfügbar.

Demultiplexer

- S wählt binär codiert einen Ausgang an.
- Je nach S wird Eingang D auf Ausgang $Q_0 \dots Q_3$ geschaltet.
- Demultiplexer sind für analoge und digitale Signale verfügbar.

Binärzähler

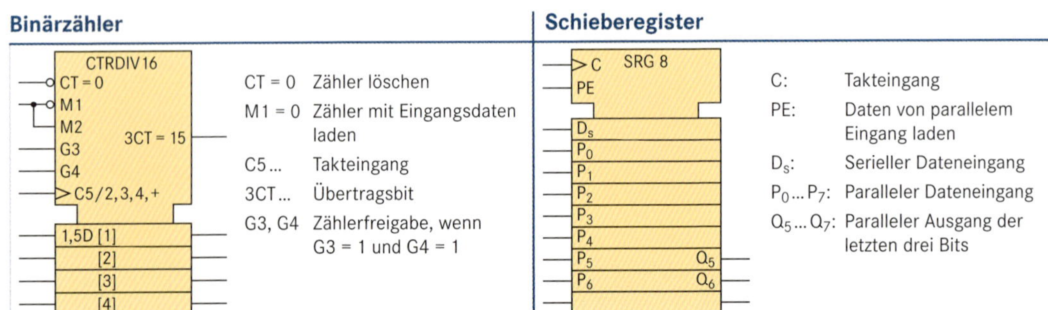

CT = 0	Zähler löschen
M1 = 0	Zähler mit Eingangsdaten laden
C5 ...	Takteingang
3CT ...	Übertragsbit
G3, G4	Zählerfreigabe, wenn G3 = 1 und G4 = 1

Schieberegister

C:	Takteingang
PE:	Daten von parallelem Eingang laden
D_s:	Serieller Dateneingang
$P_0 \dots P_7$:	Paralleler Dateneingang
$Q_5 \dots Q_7$:	Paralleler Ausgang der letzten drei Bits

Von-Neumann-Rechner

- 95 % aller Rechenanlagen arbeiten derzeit nach dem 1946 formulierten **Neumann-Prinzip**.
- Neumann unterscheidet folgende Anlagen-Komponenten:
  Zentralprozessor,
  Ein- und **Ausgabegeräte** für Daten und Befehle,
  Daten- und **Programmspeicher** und
  Bussystem zur internen Datenübertragung.
- Von-Neumann-Rechner zählt man auch zu den **SISD**-Rechnern (**S**ingle **I**nstruction, **S**ingle **D**ata). Diese Ein-Prozessor-Rechner arbeiten die Befehle grundsätzlich nacheinander (sequentiell) ab. Eine zusammenhängende Befehlsabfolge (Befehlseinheit) wird **Thread** genannt. Diese wird sequentiell verarbeitet. Rechenprozesse bauen sich aus Threads auf.
- Der **Zentralprozessor** (**CPU: c**entral **p**rocessing **u**nit) gliedert sich auf in ein **Leitwerk** und in ein **Rechenwerk**.
- Diese Rechnerstruktur ist an sich unabhängig von den zu bearbeitenden Problemen. Eine **Universalmaschine liegt** vor.
- Durch die im **Speicher** abgelegten **Befehlsfolgen** und die zu verarbeitenden **Informationen** werden unterschiedliche **Reaktionen** möglich.
- Der Neumann-Rechner ist **speicherprogrammierbar**.
- Der Speicherraum wird in einheitlich große **Zellen** zergliedert. Die Zellen sind eindeutig adressiert und können sowohl **Befehle** als auch zugeordnete **Daten** aufnehmen.
- Jeder Befehl besteht aus einer **Adresse** und einem **Operator**.
- Die einzelnen Befehle werden vom Leitwerk nacheinander (also in **serieller Abfolge**) aufgerufen.
- Die Anlagensteuerung wird vom Leitwerk organisiert.
- Alle Rechnerprozesse werden prinzipiell von der Leiteinheit überwacht. Ein **echter Parallelbetrieb** ist auf dieser Ebene nicht möglich.

Leistung des von-Neumann-Rechners

- Die Verarbeitungsgeschwindigkeit der **ALU** bestimmt die Leistungsfähigkeit des Prozessors und letztlich des Rechners.
- Das Arbeitsregister im Rechenwerk dient dazu, Operanden und Verknüpfungsergebnisse von Befehlen aufzunehmen.
- Bei leistungsfähigen Rechenwerken können auch mehrere Arbeitsregister vorliegen.

Modifikationen/Perspektiven

- Bei der **Harvard-Architektur** werden Daten- und Adressspeicher getrennt und mit unabhängigen Bussystemen organisiert.
- Bei **RISC-Architekturen** (**R**educed **I**nstruction **S**et **C**omputer) werden mehrere Befehle quasi gleichzeitig bearbeitet. Insofern wird eine Parallelverarbeitung ermöglicht.
- Bei **CISC-Architekturen** (**C**omplex **I**nstruction **S**et **C**omputer) werden komplexe Befehlsstrukturen verwendet.
- Durch die Verwendung von **Co-Prozessoren** werden Aufgaben zunehmend delegiert und quasi autonomisiert.
- Es werden Prozessoren mit mehreren Kernen (Multi-Core-Prozessoren; **Mehrprozessorkerne**) entwickelt:
  - **Doppelkernprozessoren** (Dual-Core-Prozessoren)
  - **Vier-Kern-Prozessoren** (Quad-Core-Prozessoren)
- Bei Großrechenanlagen treten gegenüber den SISD-Rechnern auch folgende Prinzipien auf: **SIMD** (**S**ingle **I**nstruction, **M**ultiple **D**ata), **MISD** (**M**ultiple **I**nstruction, **S**ingle **D**ata), **MIMD** (**M**ultiple **I**nstruction, **M**ultiple **D**ata). Durch die parallele Verarbeitung von Threads (**Hyper-Threading**) wird beschleunigte Verarbeitung ermöglicht.

Aufbau

- Das im Zentralspeicher vorliegende Programm steuert den Prozessor, der folgende Operationen ausführt:
  1. Verknüpfung von Daten aus dem Zentralspeicher,
  2. **Steuerung** des Programmablaufs unter Beachtung von **Programmverzweigungen, Schleifen** und **Sprüngen**,
  3. Datenführung im Rechner.
- Im Zentralprozessor sind zu unterscheiden:
  - Das **Rechenwerk** gestaltet die konkreten Rechenoperationen.
  - Im **Leitwerk** werden eingeleitet und überwacht:
    1. die Steuerung der Befehlsabfolge,
    2. die Entschlüsselung der Befehle und
    3. die konkrete Initiierung der Befehlsausführung.

Grundelemente des von-Neumann-Rechners

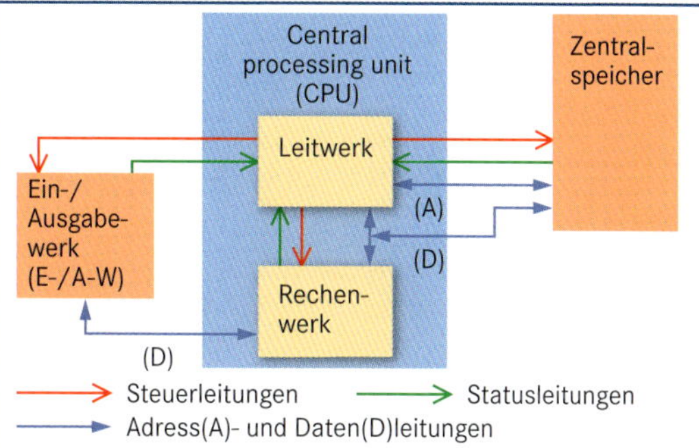

Die Datenleitungen übertragen die Daten in den verschiedenen Prozessorausprägungen seriell oder parallel.

Leitwerk

- Die **Ablaufsteuerung** ist der wichtigste Leitwerkteil.
- Sie kann als fest verdrahtetes Schaltwerk oder als ein mikroprogrammiertes Steuerwerk gestaltet sein.

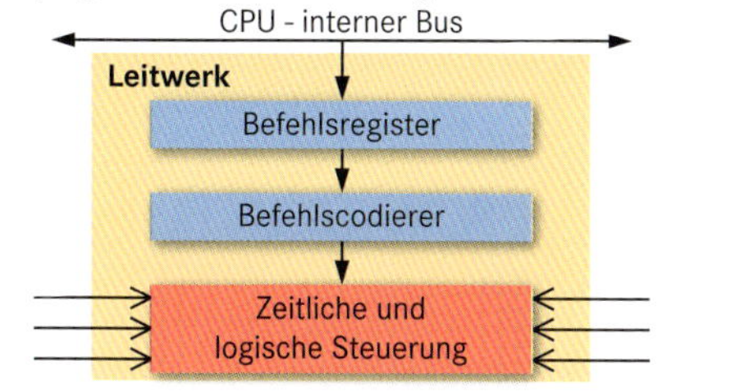

Rechenwerk (engl. core; Prozessorkern)

- Klassisch beinhaltet ein Rechenwerk nur eine ALU-Einheit.
- Es vollzieht alle arithmetischen und logischen Verknüpfungen.
- Zentral ist die **arithmetisch-logische Einheit (unit) (ALU)**. Typische ALU-Operationen sind:
  - logische und arithmetische Verknüpfungen
  - Rotations- und Schiebeoperationen
  - Register-Manipulationen und BIT-Veränderungen

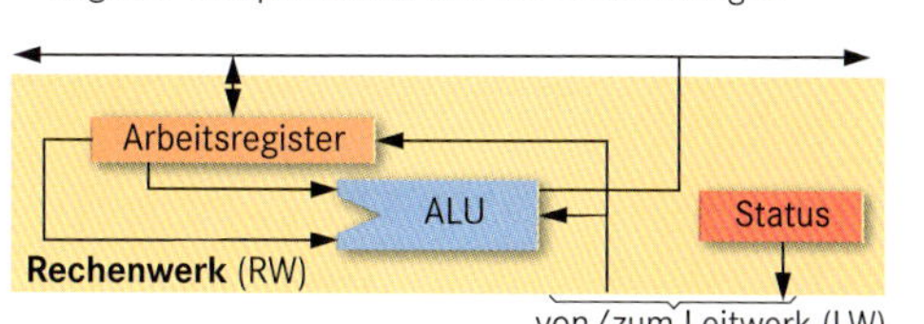

Grundaspekte paralleler Prozessorstrukturen

- Durch die direkte Zusammenschaltung einzelner Prozessoren kann eine leistungsfähige – **parallel** verarbeitende – Rechnerstruktur (**Großrechenanlage**) erreicht werden. Jeder Prozessor ist an sich autonom.
- Unterschieden werden **SIMD**- (**s**ingle **i**nstruction, **m**ultiple **d**ata) und **MIMD**- (**m**ultiple **i**nstruction, **m**ultiple **d**ata) Rechner.

  SIMD: Alle Prozessoren verarbeiten das gleiche Programm.
  MIMD: Jeder Prozessor bearbeitet sein individuelles Programm.

Vorteile/Nachteile paralleler Strukturen

+ Vorteilhaft ist, dass die Ressourcen besser genutzt werden können und schnellere Berechnungen bei komplexen Problemen möglich werden.
- Problematisch ist die Gefahr der gegenseitigen Blockierung von Prozessoren bzw. Rechnern.
- Eine zusätzliche Ablaufsteuerung wird benötigt.

Gesetz von Amdahl

Bestimmung der Einflüsse auf die Gesamtrechenzeit
S = $(\alpha + (1 - \alpha)/P)^{-1}$ (**S**: Speed-up)
α: sequentieller Phasenanteil im Algorithmus (in %)
P: Anzahl der Prozessoren (Parallelisierungsgrad)

Unterscheidungskriterien für Parallelrechner

A Speicherorganisation

- Jeder Prozessor (P) besitzt einen eigenen Speicher (M) (distributed memory).
- Ein Speicher wird gemeinsam genutzt (shared memory). Die Prozessoren verständigen sich über ein Datennetzwerk.

Netzwerk — P_1 ↔ M_1 … distributed memory … P_n ↔ M_n
Netzwerk — P_1 ↔ M … shared memory … P_n ↔ M

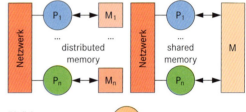

B Prozessortopologie

- **Ringtopologie:** Jeder Prozessor hat zwei Nachbarn.
- **Binärbaum:** Es gibt einen Ausgangsrechner (Wurzelknoten), der mit zwei weiteren Prozessoren verbunden ist. Diese und die weiteren stehen in Verbindung mit jeweils zwei gesonderten Prozessoren. Abgeschlossen wird dies mit einfachen „Blattrechnern". Ein Binärbaum hat 2p – 1 Prozessoren insgesamt und davon sind 2n–1 Blattrechner.
- **Gitterstruktur**
  - zweidimensionales Gitter: Im Inneren des Gitters ist jeder Prozessor mit vier Prozessoren (Nachbarn) verbunden. Die Randprozessoren haben nur drei oder zwei Nachbarn.
  - Torusstruktur: Es liegt ein zweidimensionales Gitter vor, bei dem auch die Randprozessoren mit je vier Prozessoren verbunden sind.
- **Hypercube (p-cube):** Jeder Prozessor steht in direkter Beziehung mit k weiteren Prozessoren (Nachbarn). Insgesamt liegen 2p Prozessoren vor.
- **Crossbar-Struktur:** Jeder Prozessor ist mit allen anderen Prozessoren verbunden.

Binärbaum

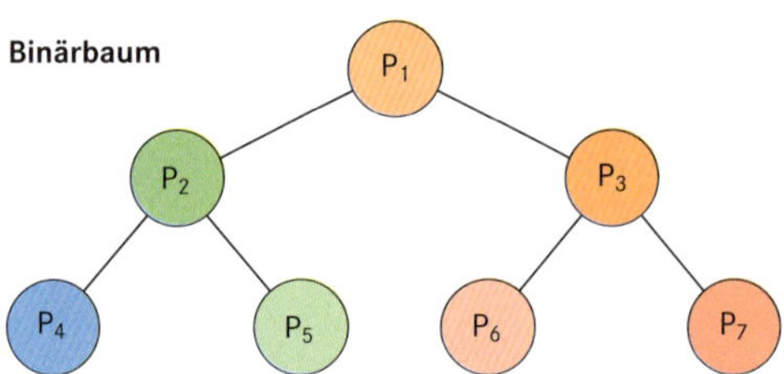

Beispiel: p = 3; $2^3 - 1 = 7$ (Prozessoren);
$2^{3-1} = 2^2 = 4$ (Blattrechner)

Hypercube (3-cube)

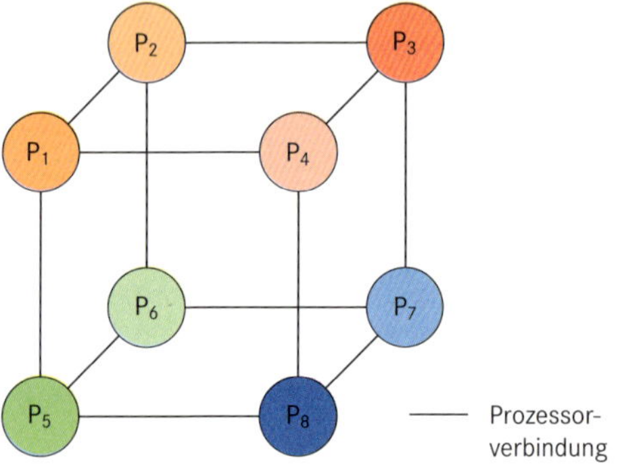

C Granularität

Damit wird erfasst, welcher Rechenumfang von jedem Prozessor quasi autonom bewältigt wird.

- **Feingranularität:** Die Prozessoren kommunizieren sehr häufig. Beispiel: System Maspar
- **Grobgranularität:** Jeder Prozessor bearbeitet seine Aufträge weitgehend selbstständig ab.

Architekturprinzip zum Beispiel bei:

IBM SP2, Cray Y-MP, System von PC-Clustern

Parallele Rechnerorganisation mit Einzelplatzrechnern

- Eine Parallelbearbeitung wird auch durch die Zusammenschaltung von Einzelplatzrechnern ermöglicht.
- Zur Gestaltung der parallelen Prozesse muss eine geeignete Betriebssystemsoftware verwendet werden. Hierzu kann auf vorgefertigte Steuerungsprogramme zurückgegriffen werden.
- **Programmbibliotheken – [Internet-Adresse]**
  - **LAM** (**L**ocal **A**rea **M**ulticomputer) – [www.mpi.nd.edu/lam]
  - **MPICH** (**MPI Ch**ameleon) – [www-unix.anl.gov/mpi/mpich]
  - **PVM** (**P**arallel **V**irtual **M**achine) – [www.epm.orni.gov/pvm/pvm-home.html]

Merkmale

- Mikroprozessoren bestehen aus einer Ansammlung von Logik-/Funktionseinheiten, die auf einem Halbleiterchip integriert und durch entsprechende Verbindungen zusammengeschaltet sind.
- Die Einteilung der Prozessoren erfolgt nach der verarbeitbaren Wortbreite in 4 Bit, 8 Bit, 16 Bit oder 32 Bit.
- Wesentliche Funktionseinheiten aller Prozessoren sind u. a.
  - die Arithmetik- und Logik-Einheit (**ALU**: **A**rithmetic and **L**ogic **U**nit),
  - der Befehlszähler und Befehlsdekoder (**PC**: **P**rogramm **C**ounter; **ID**: **I**nstruction **D**ecoder),
  - Registersätze (Register Sets).
- Das grundsätzliche Arbeitsprinzip bei der Programmbearbeitung läuft wie folgt ab:

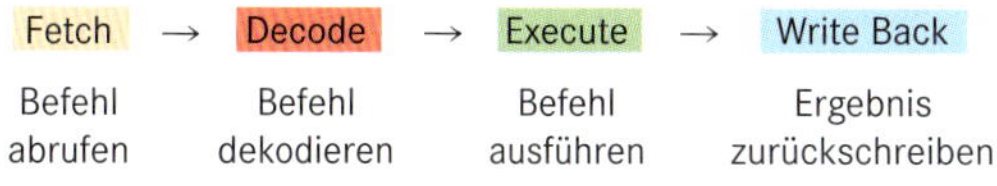

- Um die Verarbeitungsleistung der Prozessoren zu steigern, sind in aktuellen Prozessor-Architekturen verschiedene Maßnahmen realisiert, wie z. B.
  - **ILP** (**I**nstruction **L**evel **P**arallelism: paralle Befehlsverarbeitung),
  - **TLP** (**T**hread **L**evel **P**arallelism: parallele Aufgabenbearbeitung).
- Bei ILP werden mehrere Befehle in einer mehrstufigen Pipeline parallel verarbeitet.
- **Superskalare** Prozessoren verfügen über lange **Instruction Pipelines** und identische Ausführungseinheiten, die über einen Verteiler (**Scheduler**) mit den entsprechenden Teilaufgaben versorgt werden.
- Bei TLP (auch als **Multi-Threading** bezeichnet) werden die Ausführungseinheiten und die Speichereinheiten (Hauptspeicher, Cache-Speicher) auf die jeweiligen Threads (Aufgaben) aufgeteilt.
- Die wiederholte Bearbeitung von Datensätzen mit einem einzelnen Befehl (z. B. Summenbildung oder die Bearbeitung von Multi-Media-Daten) erfolgt über **Daten-Parallelisierung** (**Data Parallelismen**).
- Diese Art der Bearbeitung wird von Funktionseinheiten ausgeführt, die auf die Bearbeitung von **Vektoren** optimiert sind.
- Die Art der Behandlung von Daten wird generell bezeichnet als
  - **SISD** (**S**ingle **I**nstruction **S**ingle **D**ata: Ein Befehl, ein Datensatz),
  - **SIMD** (**S**ingle **I**nstruction **M**ultiple **D**ata: Ein Befehl, mehrere Datensätze).

Beispiel

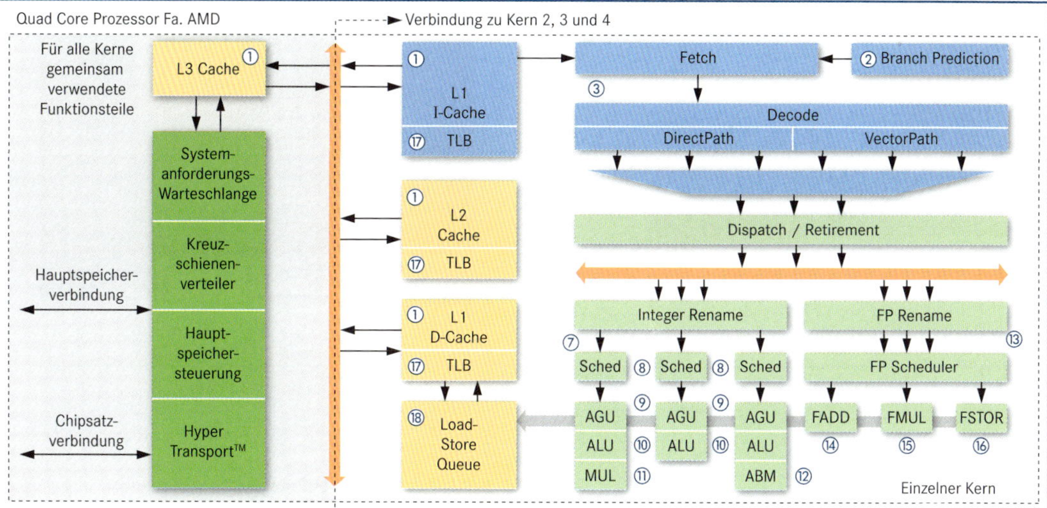

①	Cache	(schneller) Zwischenspeicher	⑩	**ALU** (**A**rithmetic **L**ogic **U**nit)	Arithmetik- und Logik-Einheit
②	Branch Prediction	Sprung-Vorhersage	⑪	**MUL** (**Mul**tiplication Unit)	Multiplikations-Einheit
③	Fetch-Decode Unit	Abruf-Dekodiereinheit	⑫	**ABM** (**A**dvanced **B**it **M**anipulation)	Verbesserte Bit-Bearbeitung
④	Direct Path	Direkter Pfad	⑬	**FPU** (**F**loating **P**oint **U**nit)	Fließkomma-Einheit
⑤	Vector Path	Vektor-Pfad	⑭	**FADD** (**F**loating **P**oint **Add** **U**nit)	Fließkomma-Additions-Einheit
⑥	Translation Lookaside Buffer	Adress-Übersetzungs-Puffer	⑮	**FMUL** (**F**loating Point **Mul**tiply Unit)	Fließkomma-Multiplikations-Einheit
⑦	Integer Unit	Festkomma-Einheit	⑯	**FSTOR** (**F**loating **P**oint **Stor**e **U**nit)	Fließkomma-Speichereinheit
⑧	Integer Scheduler	Festkomma-Verteiler	⑰	**TLB** (**T**ranslation **L**ookaside **B**uffer)	Adress-Übersetzungs-Puffer
⑨	**AGU** (**A**ddress **G**eneration **U**nit)	Adress-Erzeugungs-Einheit	⑱	Load Store Queue	Laden/Speichern-Warteschlange

Merkmale

- Multi-Core Prozessoren
  - beinhalten **mehrere Prozessorkerne** in einem Gehäuse,
  - ermöglichen die **parallele Verarbeitung** von Prozessen (threads),
  - erhöhen die Verarbeitungsleistung und
  - reduzieren den Energieverbrauch im Vergleich zu Einzelprozessoren.
- Weitere Bestandteile auf dem Multi-Core Chip sind u.a.
  - Cache-Speicher und
  - Hauptspeichercontroller.
- **Symmetrische** Multi-Core Prozessoren enthalten mehrere identische Kerne.
- **Asymmetrische** Multi-Core Prozessoren enthalten verschiedene Kerne, die u.a. unterschiedliche Funktionen (z.B. Grafikberechnung, Textverarbeitung) bearbeiten.
- In Desktop-, Laptop- und Serveranwendungen werden Prozessoren mit typisch 2 bis 4 Kernen eingesetzt.
- Für **spezielle Anwendungen** (z.B. Mobilfunk, Simulationsberechnungen) sind Multi-Core Prozessoren mit einer Vielzahl identischer Kerne (z.B. 100) verfügbar.
- Diese sind intern mit entsprechenden Bussystemen verbunden und können bedarfsweise zu **Clustern** zusammengefasst werden.
- Für die wirksame Ausnutzung ist eine
  - entsprechende Programmierung mit
  - entsprechender Compilerunterstützung

  erforderlich.
- Für den Anwendungsbereich **sicherheitsgerichteter** Systeme existieren Prozessoren, die neben der Multi-Core Architektur noch weitere Überwachungsfunktionen auf dem Chip enthalten.

Architekturen

Dual-Core

Externer Memory Controller
Beispiel: Intel

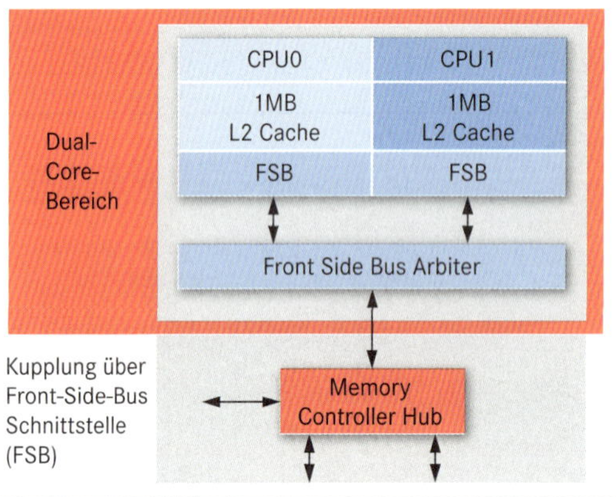

Quad-Core

Integrierter Memory Controller
Beispiel: AMD

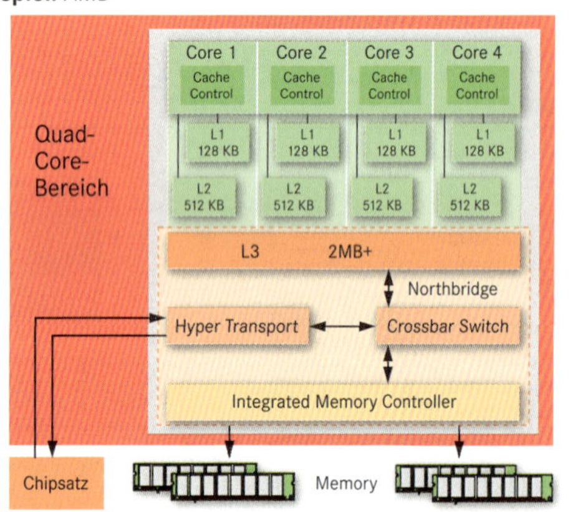

Funktionseinheiten

Die Architekturunterschiede liegen im Wesentlichen in der Anordnung bzw. in der Anzahl der Cache-Speicher und der Schnittstellen zum Hauptspeicher und zum Chipsatz auf dem Motherboard.

Quad-Core Merkmale:

- Zur Erhöhung der Verarbeitungsgeschwindigkeit ist z.B. im Quad Core ein zusätzlicher Cache (L3) integriert.
- **L1-Cache** ist unmittelbar am Rechenwerk angeordnet und kann somit sehr schnell Daten (Level 1 Data Cache) bzw. Befehle (Level 1 Instruction Cache) liefern. Falls L1 Cache Line aus dem L1 entfernt wird, wird sie im **L2-Cache** (Victim Cache) aufgefangen.
- L1- und L2-Caches operieren mit der Taktfrequenz der Kerne.
- **L3-Cache**
  - wird als Shared Cache für alle Kerne verwendet (puffert Daten aus L1 und L2),
  - wird von den Kernen nach dem Round-Robin-Verfahren verwendet,
  - organisiert zusammen mit dem Memory Controller die Kohärenz der Daten,
  - operiert mit der Taktfrequenz der Northbridge.
- **Memory Controller**
  - realisiert im Ganged Mode ein 128 Bit breites Speicherinterface,
  - im Unganged Mode stehen zweimal 64 Bit zur unabhängigen Adressierung von zwei Speicherbereichen zur Verfügung.
- **Crossbar Switch**
  - ist die zentrale Vermittlungsstelle zwischen Hypertransport-Interface, Memory Controller und L3 Cache,
  - wickelt die erforderliche Zusammenschaltung der Verbindungswege zwischen diesen ab.
- **Hypertransport**-Schnittstelle führt derzeit ein Port mit 16 Lanes zur Anbindung des Chipsatzes nach außen.

RISC – Reduced Instruction Set Computer

Merkmale

- Mikroprozessoren mit reduziertem Befehlssatz und vereinfachter interner Hardwareorganisation.
- Ausgelegt auf hohe Verarbeitungsleistung.
- Verfügen über einheitliches Befehlsformat.
- Alle Befehle sind gleich lang.
- Operationscode liegt immer an der gleichen Stelle.
- Wenige Adressierungsarten.
- Optimiert auf Lade- und Speicheroperationen.
- Arbeitet mit Befehls-Pipeline (Warteschlange).
- Großer physikalischer Adressraum (z. B. 4 GB bei MIPS R3000).
- Beinhalten keinen Mikrosequenzer.
- Befehle werden direkt decodiert.
- Verfügen intern über eine Vielzahl von Registern zur schnellen Zwischenspeicherung von Daten.
- Interne Struktur als **Harvard-Architektur** aufgebaut.
- Offene Systeme sind z. B. **MIPS** (**M**icroprocessor without **I**nterlocked **P**ipe **S**tages: Mikroprozessor ohne verriegelte Warteschlange) und **SPARC** (**S**calable **P**rocessor **Ar**chite**c**ture: Skalierbare Prozessorarchitektur).
- Eingesetzte Compiler arbeiten laufzeitoptimiert.
- Anwendungen u. a. in Workstation (Hochleistungsrechner), Servern oder Maschinensteuerungen (Roboter) als Embedded Controller (eingebettete Controller).

Blockschaltbild

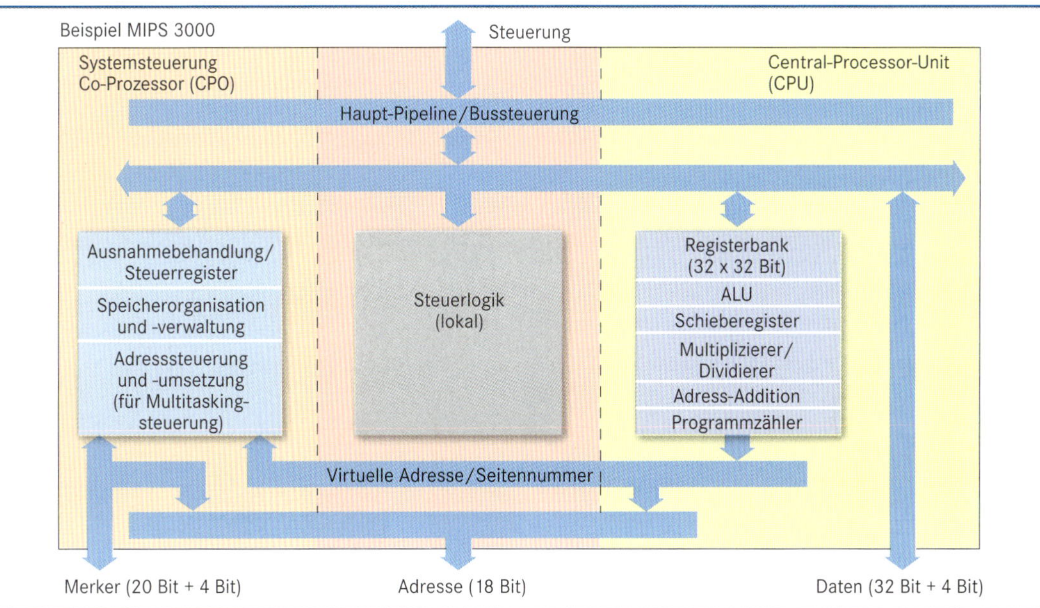

Befehls-Pipeline

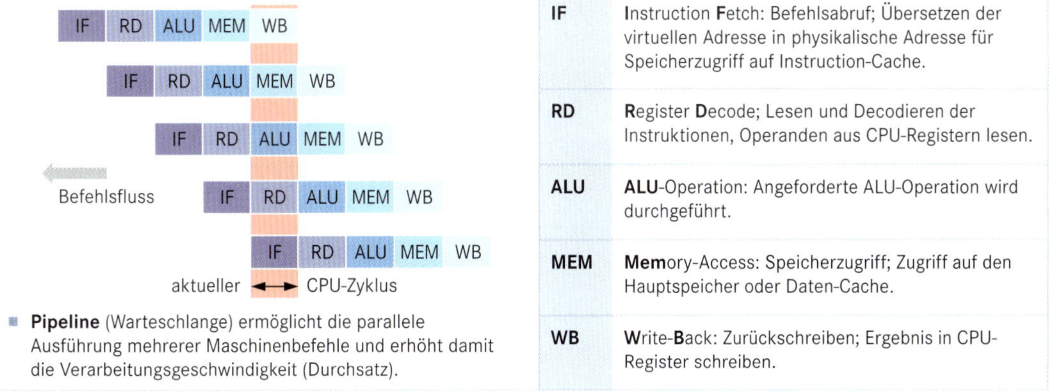

- **Pipeline** (Warteschlange) ermöglicht die parallele Ausführung mehrerer Maschinenbefehle und erhöht damit die Verarbeitungsgeschwindigkeit (Durchsatz).

IF	**I**nstruction **F**etch: Befehlsabruf; Übersetzen der virtuellen Adresse in physikalische Adresse für Speicherzugriff auf Instruction-Cache.
RD	**R**egister **D**ecode; Lesen und Decodieren der Instruktionen, Operanden aus CPU-Registern lesen.
ALU	**ALU**-Operation: Angeforderte ALU-Operation wird durchgeführt.
MEM	**Mem**ory-Access: Speicherzugriff; Zugriff auf den Hauptspeicher oder Daten-Cache.
WB	**W**rite-**B**ack: Zurückschreiben; Ergebnis in CPU-Register schreiben.

Merkmale

- Digitale Signalprozessoren werden zur digitalen Bearbeitung von analogen Signalen mit numerischen Methoden verwendet.
- Filtern unerwünschte Signalkomponenten aus einem Signalgemisch.
- Erzeugen gewünschte Wellenformen.
- Verändern Amplitudeneigenschaften.
- Ermitteln bestimmte Inhalte aus einem Signalgemisch.
- Arbeiten in Echtzeit.
- Verarbeiten die einzelnen Befehle des Befehlssatzes in einem Taktzyklus.
- Führen vollständige Multiplikation und Akkumulation in einem Taktzyklus durch.
- Sind intern in der Harvard-Architektur aufgebaut (getrennte Programm- und Datenspeicher)

Anwendungen

- Digitale Filtertechnik (Ersatz von analogen Filtern).
- Spracherkennung, Sprachsynthese.
- Bildübertragung, Bilddatenkompression.
- Robotersteuerung, Motorsteuerung.
- Digitale Vermittlungsanlagen.
- Freisprechtelefone, Funktelefon.
- Mustererkennung, Radartechnik.
- Spektralanalyse, Ultraschall-Geräte.

Anwendungsprinzip

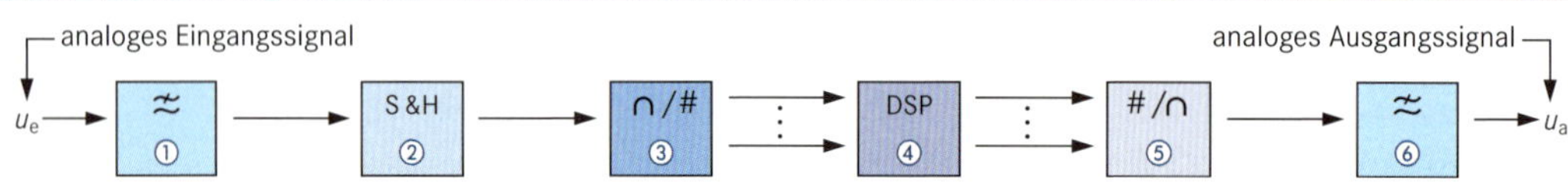

Tiefpassfilter ①

Begrenzt das Eingangssignal in seiner Bandbreite (filtert nicht gewünschte Signalanteile aus).

Sample & Hold-Schaltung ②

Tastet das Eingangssignal mit mindestens der doppelten Signalfrequenz ab (Nyquist Theorem) und stellt Amplitudenwert zur Digitalisierung bereit.

Analog-/Digital-Umsetzer ③

Setzt das analoge Signal in digitales Signal um.

Digitaler Signalprozessor ④

Verändert das digitale Eingangssignal entsprechend den Berechnungsformeln und den gespeicherten Daten.

Digital-/Analog-Umsetzer ⑤

Setzt die digitalen Ausgangssignale des DSP in analoge Werte um.

Ausgangsfilter ⑥

Filtert die bei der A/D-Umsetzung entstehenden hochfrequenten Signalanteile aus (Signalglättung).

Architektur

Beispiel: ADSP 2105

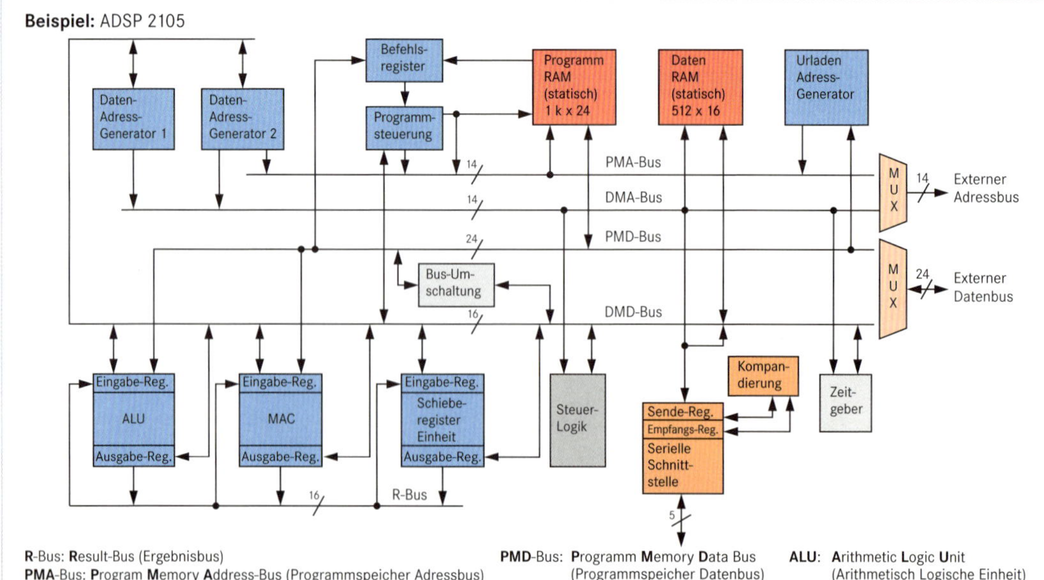

R-Bus: **R**esult-Bus (Ergebnisbus)
PMA-Bus: **P**rogram **M**emory **A**ddress-Bus (Programmspeicher Adressbus)
DMA-Bus: **D**ata **M**emory **A**ddress-Bus (Datenspeicher Adressbus)

PMD-Bus: **P**rogramm **M**emory **D**ata Bus (Programmspeicher Datenbus)
DMD-Bus: **D**ata **M**emory **D**ata Bus (Datenspeicher Datenbus)

ALU: **A**rithmetic **L**ogic **U**nit (Arithmetisch Logische Einheit)
MAC: **M**ultiplier/**Ac**cumulator (Multiplizierer/Akkumulator)

Merkmale

- Mikrocontroller sind Mikroprozessoren, die mit **zusätzlichen Funktionseinheiten** auf einem einzigen Halbleiterkristall integriert sind.
- Sie sind oft Bestandteil elektronischer Geräte (z. B. Waschmaschinen) bzw. Steuerungen und in unterschiedlchen Ausprägungen von Halbleiterherstellern verfügbar.
- Die **grundsätzlichen** Bestandteile eines Mikrocontrollers sind
  - CPU (Central Processing Unit: Zentrale Verarbeitungseinheit),
  - Programm- und Datenspeicher (program and data memory),
  - Takterzeugung/Taktverstärkung und
  - Unterbrechungssteuerung.
- Als **ergänzende** Funktionseinheiten sind mindestens integriert:
  - Ein-/Ausgaberegister (Ports)
  - Timer für Zeitfunktionen
  - spezifische Register für die Programmbearbeitung bzw. Zwischenspeicherung von Daten
- Je nach Anwendungsgebiet sind **optionale** Funktionseinheiten integriert, wie z. B.
  - Digital-/Analogwandler,
  - Pulsweitenmodulationssteuerung und
  - Kommunikationsschnittstellen.
- Die Verarbeitungsbreite (Wortbreite) beträgt 4 Bit, 8 Bit, 16 Bit oder 32 Bit.
- Die Taktfrequenzen reichen bis zu 200 MHz.
- Die auf dem Chip integrierten **Speicher** sind in unterschiedlichen Größen und Technologien verfügbar.
- Der **Programmspeicher** ist überwiegend als Flash-Speicher (EEPROM) und der Datenspeicher als statischer Speicher (Datenverlust nach Spannungsausfall) aufgebaut.
- Programme sind in der Regel durch Programmierungssteuerung auf dem Chip im System ladbar (**ISP: I**n **S**ystem **P**rogramming).
- Der Befehlsvorrat ist auf die internen Registerstrukturen (**RISC: R**educed **I**nstruction **S**et **C**omputer) optimiert.
- Die **Programm- und Ein-/Ausgabesteuerung** sind im Rahmen der Programmerstellung zu realisieren.
- Die **Programmierung** erfolgt in Assembler, einer höheren Programmiersprache (z. B. C) oder unter Anwendung von grafischen Editoren.
- Die angebotenen **Entwicklungssysteme** ermöglichen einen Programmtest sowohl auf der Simulationsebene als auch in entsprechenden Ablaufumgebungen mit der zugehörigen Hardware.
- Mit dem Begriff **Embedded Controller** (eingebettete Controller) werden Mikrocontroller bezeichnet, die als Bestandteil in Geräten integriert sind.
- Der größte Marktanteil wird derzeit durch 8 Bit Mikrocontroller belegt, wobei die 16 Bit Controller zunehmend angewendet werden (bedingt durch höhere funktionale Anforderungen).
- Die Anwendung von Mikrocontrollern erfolgt **funktionsspezifisch** für eine definierte Aufgabe (z. B. Ansteuerung eines Displays oder Motors).
- Bedingt durch die verfügbaren Speichergrößen sind Betriebssysteme, wie vom PC bekannt, nicht anwendbar.

Marktsegmentierung

- Eine grobe Marktsegmentierung ist anhand der Prozessor-Wortbreite für die interne Verarbeitung möglich.
- Bedingt durch die unterschiedlichen Leistungsmerkmale in den jeweiligen Segmenten ist eine exakte Abgrenzung zu benachbarten Segmenten nur schwer möglich

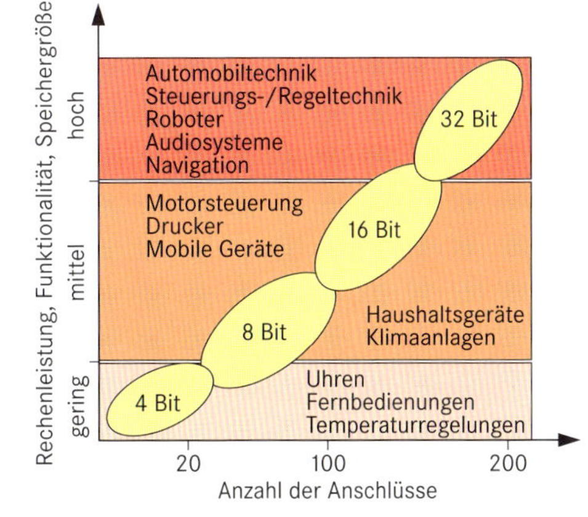

Funktionseinheiten

Beispiel:
Renesas R8C
(mit 16 Bit CPU)

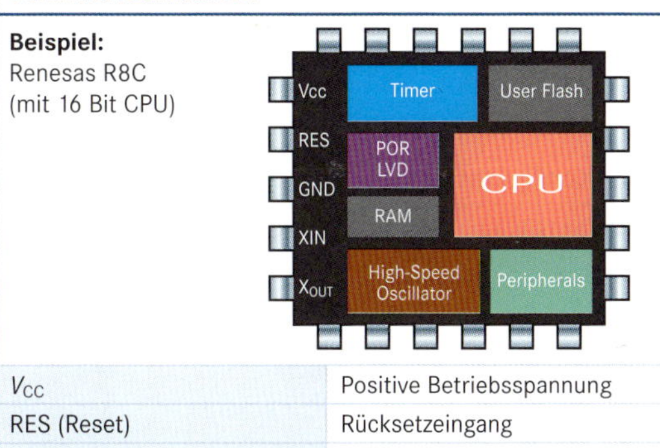

V_{CC}	Positive Betriebsspannung
RES (Reset)	Rücksetzeingang
GND (Ground)	0 V Betriebsspannung
X_{IN}/X_{OUT}	Taktanschluss
POR (Power on Reset)	Spannungseinschaltung Rücksetzsteuerung
LVD (Low Voltage Detection)	Unterspannungserkennung
User Flash	Programmspeicher
Timer	Zeitgeber
RAM	Arbeitsspeicher
Peripherals	Ein-/Ausgabeschaltungen

Aufbau

Beispiel: ASUS P5WDG2 WS

PCI: **P**eripheral **C**omponent **I**nterconnect

PCIX: **P**eripheral **C**omponent **I**nterconnect E**x**press

LAN: **L**ocal **A**rea **N**etwork

IDE: **I**ntelligent **D**evice **E**lectronics

DDR: **D**ouble **D**ata **R**ate

ESATA: **E**xternal **S**erial **ATA**

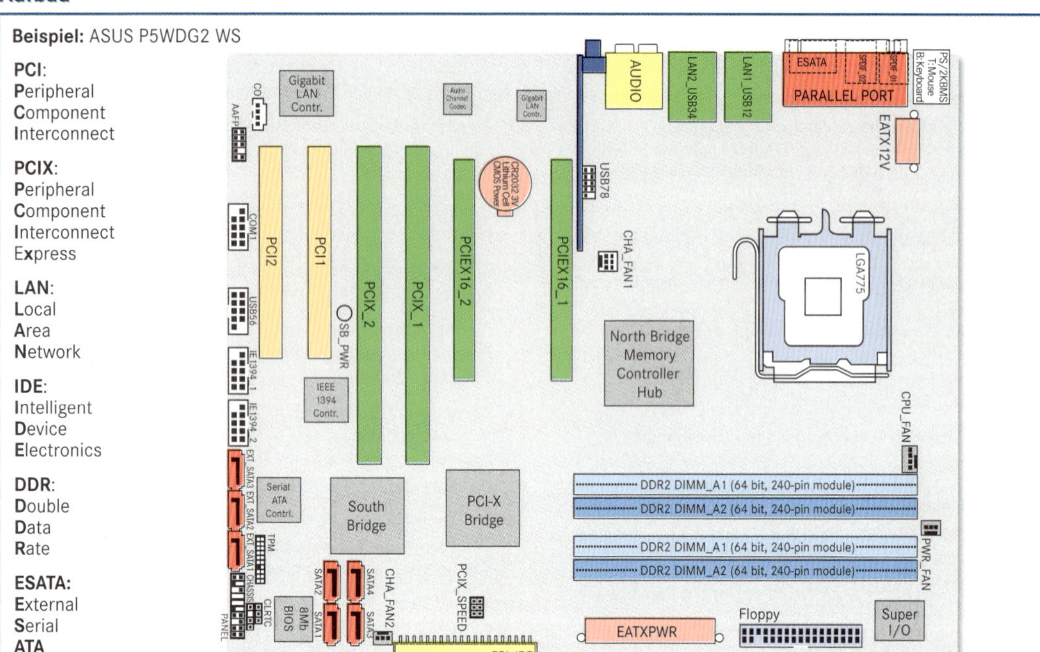

Rückseitige Anschlüsse

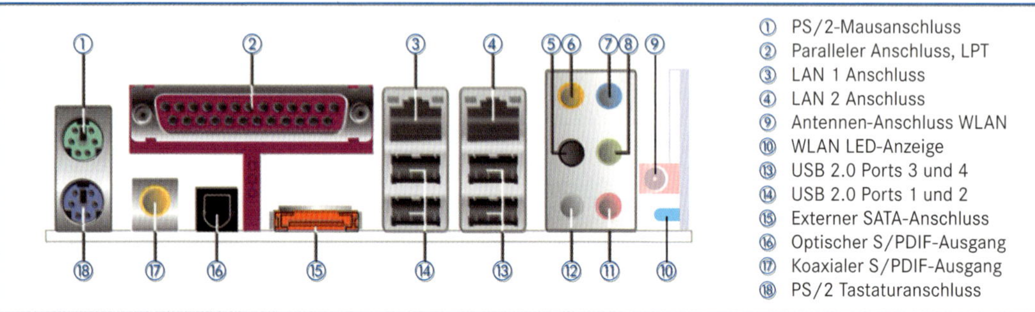

① PS/2-Mausanschluss
② Paralleler Anschluss, LPT
③ LAN 1 Anschluss
④ LAN 2 Anschluss
⑨ Antennen-Anschluss WLAN
⑩ WLAN LED-Anzeige
⑬ USB 2.0 Ports 3 und 4
⑭ USB 2.0 Ports 1 und 2
⑮ Externer SATA-Anschluss
⑯ Optischer S/PDIF-Ausgang
⑰ Koaxialer S/PDIF-Ausgang
⑱ PS/2 Tastaturanschluss

Audio-Konfiguration

Anschluss	Kopfhörer	4 Kanal	6 Kanal	8 Kanal
⑤	–	Hinterer Lautsprecher-Ausgang	Hinterer Lautsprecher-Ausgang	Hinterer Lautsprecher-Ausgang
⑥	–	–	Mitte/ Subwoofer	Mitte/ Subwoofer
⑦	Line In	Line In	Line In	Line In
⑧	Line Out	Vorderer Lautsprecher-ausgang	Hinterer Lautsprecher-Ausgang	Hinterer Lautsprecher-Ausgang
⑪	Mic In	Mic In	Mic In	Mic In
⑫	–	–	–	Seitenlaut-sprecher-Ausgang

S/PDIF

- **S/PDIF**: **S**ony/**P**hilips **D**igital **I**nter**f**ace (IEC 958 Type II) ist eine serielle Schnittstelle für die Übertragung digitaler Audio-Daten von z. B. CD oder DVD über Verstärker an TV.
- Wurde abgeleitet aus dem professionellen Audiobereich (AES/EBU: Audio Engineering Society/European Broadcasting Union) und findet Anwendung im Consumer-Bereich.
- Verwendet werden entweder Koaxialkabel mit 75 Ω (max. 10 m) oder Lichtwellenleiter (TOSLINK:Toshiba Link).
- Das Übertragungsformat hat keine festgelegte Datenrate und kann somit unterschiedliche Datenströme (z. B. DAT mit 48 kHz Abtastrate oder CD-Audio mit 44,1 kHz Abtastrate) übertragen.
- Datencodierung erfolgt mittels BMC (Biphase Marking Code) und ermöglicht somit die Taktrückgewinnung aus dem Datenstrom.
- Audio-Daten werden auf 32 Zeitschlitze (ein Bit pro Zeitschlitz) aufgeteilt und beinhalten neben den Daten auch Zustands- und Steuerinformationen (z. B. Präambel).

Begriffe

- **RAM: R**andom **A**ccess **M**emory
  Ein Speicher mit wahlfreiem Zugriff, der beliebig gelesen und beschrieben werden kann.
- **SRAM: S**tatic **RAM**
  - Bistabile Kippstufen in Form eines Flipflops pro Bit
  - Aufbau: 6-Transistor-Zelle in CMOS-Technologie
  - Der Speicherinhalt geht erst bei Abschaltung der Betriebsspannung verloren (flüchtiger Speicher).
- **DRAM: D**ynamic **RAM**
  Der Speicherinhalt muss nach kurzer Zeit wieder aufgefrischt werden (Refresh).
- **SDRAM: S**ynchronous **DRAM**
  - Der Speicher verfügt über einen Taktgeber, der mit dem Systemtakt synchronisiert ist (Taktfrequenzen z. B. 66 MHz, 100 MHz, 133 MHz).
  - Geringe Zugriffszeiten
  - Betriebsspannung 2,5 V
- **DDR-RAM: D**ouble **D**ata **R**ate **RAM (DDR-SDRAM)**
  - Daten werden auf der ansteigenden und abfallenden Flanke gelesen (doppelte Datenrate).
  - Betriebsspannung 1,8 V; 2,5 V
  - Varianten: DDR1 (Bezeichnung auch ohne Ziffer), DDR2, DDR3; 184 und 240 Kontakte
- **RDRAM: R**ambus **DRAM**
  - Speicher der Fa. Rambus mit hoher Datenrate, 10mal schneller als bei SDRAM.
  - Daten werden auf der ansteigenden und abfallenden Flanke gelesen.
  - Taktfrequenz bis 400 MHz
  - Betriebsspannung 2,5 V

Modulkennzeichnungen

- **Angaben**
  - Speicherkapazität (z. B. 256 MB, 512 MB, 1 GB, 2 GB, 4 GB)
  - Taktfrequenz (z. B. 100, 133, 400, 800 MHz)
  - Maximale Datenübertragungsrate (z. B. 1,6 GB/s)
- **Module mit SDRAM**
  Beispiele:
  - PC 100 (100 MHz Taktfrequenz)
  - PC 133 (133 MHz Taktfrequenz)
- **Module mit DDR-RAM**
  Beispiele:
  - PC 1600 (1600 MB/s max. Datenübertragungsrate)
  - PC 2100, PC 2700, PC 3200 oder höher
    Berechnung des Zahlenwertes für 2100:
    133 MHz Takt x 2 Flanken x 8 Byte = 2128

Beispiele für Kenndaten

	DDR2-RAM	DDR3-RAM	DDR4-RAM
Chip	DDR2-800	DDR3-800	DDR4-1600
Modul	PC2 6400	PC3 6400	PC4 12800
Taktfrequenz Speicher	200 MHz	100 MHz	200 MHz
I/O-Takt	400 MHz	400 MHz	800 MHz
Taktfrequenz Modul	800 MHz	800 MHz	1600 MHz
Datenübertragungsrate pro Modul	6,4 GB/s	6,4 GB/s	12,8 GB/s

SIMM

- **SIMM: S**ingle **I**nline **M**emory **M**odule
  - Verbundene Kontakte auf beiden Seiten des Moduls
  - Seitliche Einbuchtung
  - 8 Bit Datenbusbreite: 30 Kontakte, in der Regel auf zwei Speicherbänke aufgeteilt (einreihig)
  - 32 Bit Datenbusbreite: 72 Kontakte
  - Bestückung mit **DRAM** bzw. **EDO-RAM** (**E**xtended **D**ata **O**utput **RAM**, erweiterte Datenausgabe)
- **PS/2 SIMM: P**ersonal **S**ystem/**2 SIMM**
  (IBM-Bezeichnung, PC-Nachfolger)
  - Kerbe in der Mitte (einreihig)
  - 32 Bit Datenbusbreite: 72 Kontakte

DIMM

- **DIMM: D**ual **I**nline **M**emory **M**odule
  - Doppelreihiger Speicherbaustein, Kontakte auf beiden Seiten sind unabhängig voneinander
  - 64 Bit Datenbusbreite: 168 Kontakte
  - Betriebsspannungen 3,3 V (Kerbe mittig), 5 V (Kerbe links)
- **SO-DIMM**: **S**mall **O**utline **DIMM**
  - Kleine kompakte Module, z. B. für Notebooks
  - 32 Bit Datenbusbreite: 72 Kontakte
  - 64 Bit Datenbusbreite: 144 Kontakte
- **DIMM** mit **SD-RAM** (PC 100, PC 133)
  - 168 Kontakte auf beiden Seiten der Platine
  - zwei Kerben

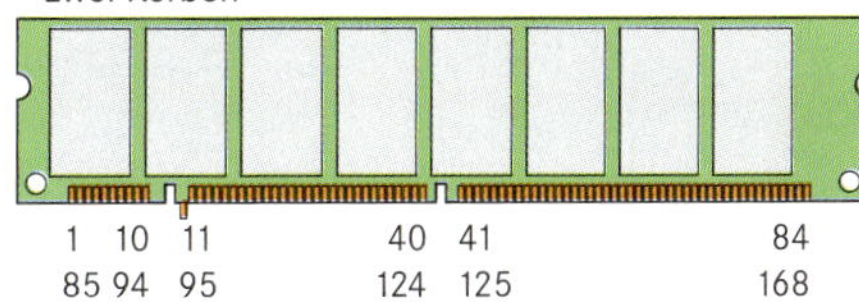

- **DIMM** mit **DDR-RAM** (PC 1600, PC 2100, ...)
  - 184 Kontakte auf beiden Seiten der Platine
  - eine Kerbe
  - Betriebsspannung 2,5 V bis 2,7 V

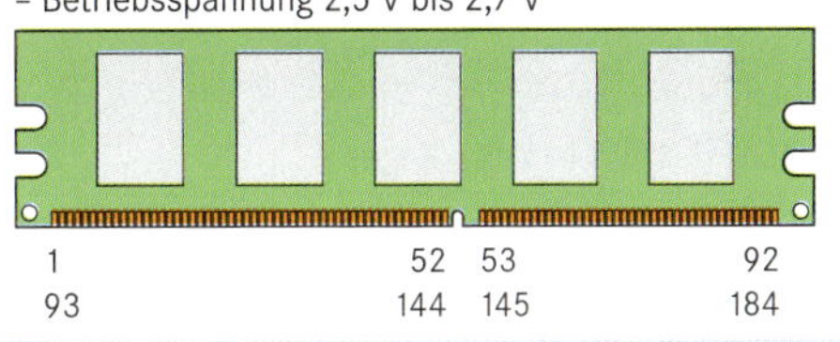

RIMM

- **RIMM: R**ambus **I**nline **M**emory **M**odule
  - 184 Kontakte auf beiden Seiten der Platine
  - 64 Bit Datenbusbreite, hohe Taktfrequenz bis 800 MHz
  - Betriebsspannung 2,5 V
- **RIMM** mit **RDRAM** (PC 800, PC 1600)

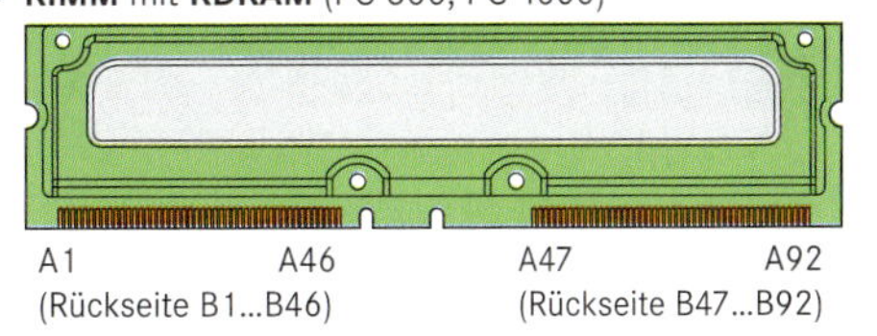

- **SO-RIMM: S**mall **O**utline **RIMM**
  - 160 Kontakte
  - Kleine kompakte Module mit geringem Platzbedarf, z. B. für Notebooks

SDRAM

Beispiel: PC133

- Chip-Kern (Memory Core), I/O-Buffer (im Speicherchip integrierter Zwischenspeicher) und der externe Speicherbus arbeiten mit gleicher Frequenz von 133 MHz.
- Nur bei aufsteigender Flanke werden Daten übertragen.

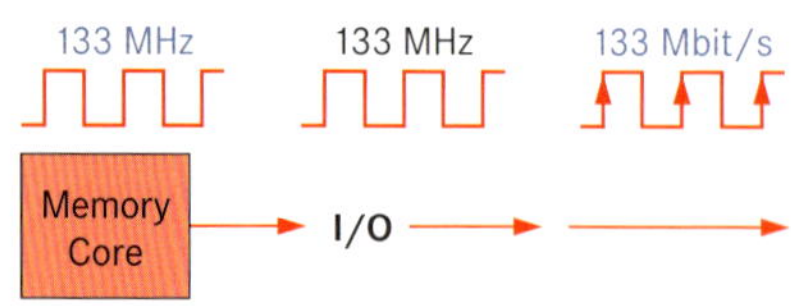

- Berechnung der Speicherbandbreite für PC133:
  → 1 Bit · 133 MHz · 64 Bit = 8.512 Mbit/s
  1 Byte besteht aus 8 Bit.
  → 8.512 Mbit/s · (1B/8bit) = 1.064 MB/s = 1 GB/s

DDR1 (DDR I, Double Data Rate)

Beispiel: PC3200

- Chip-Kern, I/O-Buffer und externer Speicherbus arbeiten mit gleicher Frequenz von 200 MHz.
- Bei steigender und fallender Flanke werden Daten übertragen.

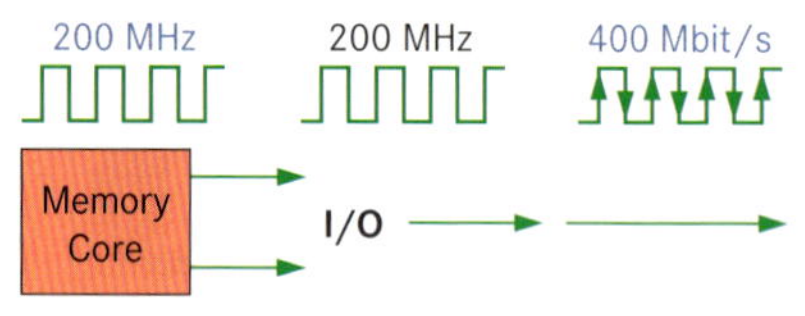

- Berechnung der Speicherbandbreite für DDR1-400:
  → 2 Bit · 200 MHz · 64 Bit = 25.600 Mbit/s
  → 3.200 MB/s (PC3200)
- Es werden Taktfrequenzen von 100 MHz, 133 MHz, 166 MHz und 200 MHz verwendet.
- Die Versorgungsspannung beträgt 2,5 V.

DDR2 (DDR II, Double Data Rate)

Beispiel: PC2-4200

- I/O-Buffer taktet mit doppelter Frequenz von 266 MHz.
- Bei steigender und fallender Flanke werden Daten übertragen.
- Die Schnittstelle zwischen Chip-Kern und I/O-Buffer ist auf vier Leitungen (Prefetch of 4) verbreitert.

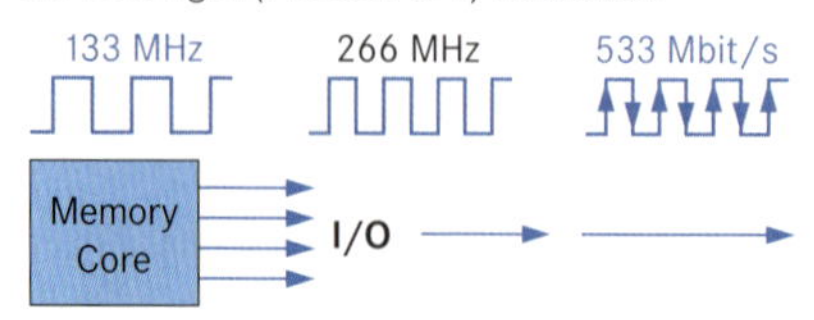

  → 2 Bit · 266 MHz · 64 Bit = 34.048 Mbit/s
  → 4.256 MB/s (PC4200)
- Taktfrequenzen 400 MHz, 533 MHz, 667 MHz
- Die Versorgungsspannung beträgt 1,8 V.
- Modulkontakte 200, 214, 240 und 244
- Geringere Leistung als bei DDR1 (247 mW gegenüber 527 mW).
- Die Chips sind um 50 % kleiner als bei DDR1.

DDR2-Varianten

Chip	DDR2-400	DDR2-533	DDR2-667	DDR2-800
Modul	PC2-3.200	PC2-4.200	PC2-5.300	PC2-6.400
Speichertakt	100 MHz	133 MHz	166 MHz	200 MHz
I/O-Takt	200 MHz	266 MHz	333 MHz	400 MHz
Effektiver Takt	400 MHz	533 MHz	667 MHz	800 MHz
Bandbreite pro Modul	3,2 GB/s	4,2 GB/s	5,3 GB/s	6,4 GB/s
Bandbreite Dual-Channel	6,4 GB/s	8,6 GB/s	10,6 GB/s	12,8 GB/s

Bus-Terminierung

- **DDR1**
  - Der Terminierungswiderstand befindet sich am Ende der Busleitung auf dem Motherboard.
  - Störungen durch Reflexionen werden erst dort abgefangen (Nachteil).

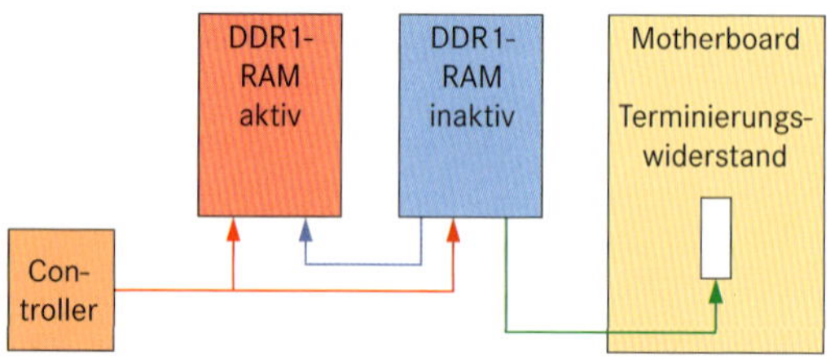

- **DDR2**
  - Die Terminierung erfolgt direkt auf dem Speichermodul (On-Die Termination).
  - Der Controller veranlasst, dass alle inaktiven Chips auf Terminierung umschalten (Vorteil).

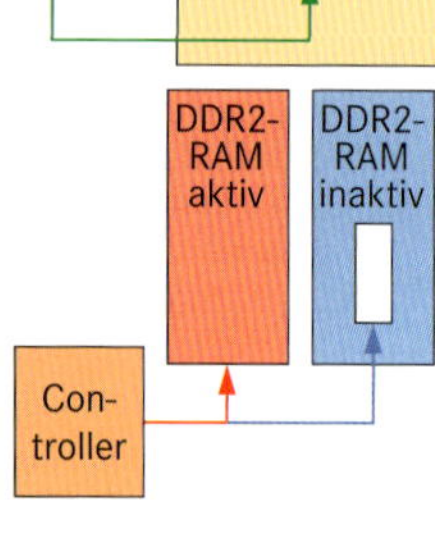

SPD (Serial Presence Detect)

- Standardisiertes Verfahren für die Erkennung der Speicherkonfiguration beim Booten eines PCs.
- Daten sind in einem EEPROM implementiert.
- Gespeicherte Daten:
  - Informationen über das Speichermodul
  - Speichergröße
  - Versorgungsspannung
  - Adressierung
  - Herstellerdaten, Codes und Teilenummern

DDR3

- Es handelt sich um eine Weiterentwicklung von DDR2.
- DDR3 arbeitet mit einem achtfachen Prefetch. Dadurch wird eine höhere Taktung des I/O-Puffers erreicht.

Aufbau

- Die Scheiben einer Festplatte sind über eine Zentralverankerung miteinander verbunden.
- Oberhalb und unterhalb jeder Scheibe befindet sich mindestens ein Arm mit einem Schreib- und Lesekopf.
- Der Arm kann an jeder beliebigen Stelle der Platte positioniert werden.

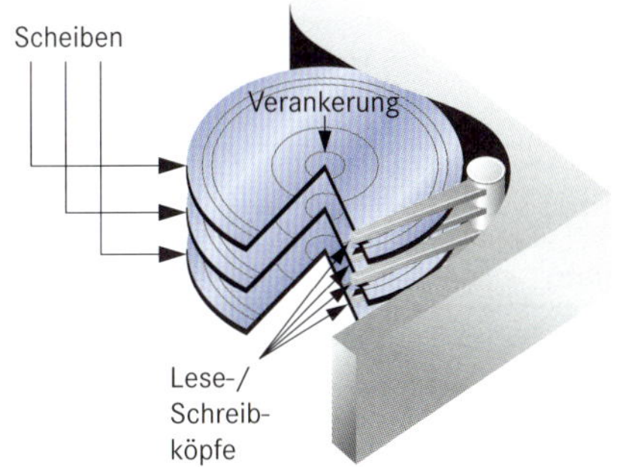

Physikalische Formatierung

Diese **Datenträgerorganisation** wird vom Hersteller durchgeführt.

Grundbausteine: Spuren, Sektoren und Zylinder.

- **Spuren:** Konzentrische Kreispfade auf jeder Scheibenseite; jede Spur erhält eine Nummer; die Spur 0 liegt am äußeren Rand.
- **Zylinder:** Der Spurensatz, der auf allen Seiten der Platten im gleichen Abstand von der Mitte angelegt wird, sind die Zylinder. Hardware und Software arbeiten häufig mit diesen Zylindern.
- **Sektoren:** Die Ausschnitte der Spuren werden als Sektoren bezeichnet. In ihnen kann eine bestimmte Datenmenge gespeichert werden.

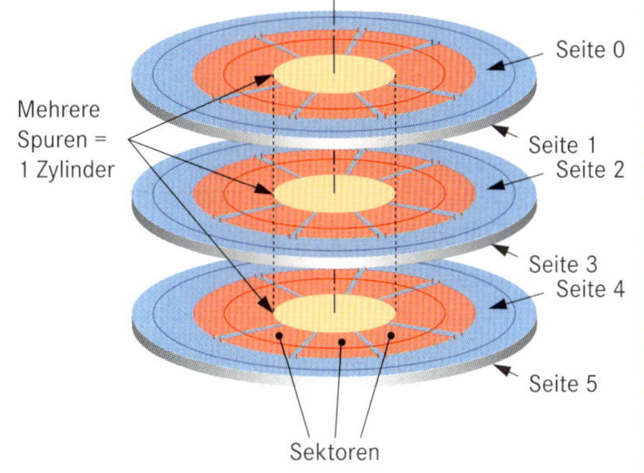

SMART

- **SMART: S**elf-**M**onitoring, **A**nalysis and **R**eporting **T**echnologie (Technologie zur Selbstüberwachung, Analyse und Statusmeldung)
- Die Festplatten protokollieren wichtige Systemwerte nach SMART. Die Auswertung kann mit entsprechender Software erfolgen.

Partitionen

Eine Festplatte kann in einzelne in sich zusammenhängende Bereiche (Partitionen) aufgeteilt werden.
Sie wirken wie separate Laufwerke und werden deshalb durch fortlaufende eigene Buchstaben gekennzeichnet.

Vorteile:

- Organisation der Dateien
- Schnellerer Datenzugriff
- Datensicherung durch Verlagerung
- Effizientere Nutzung der Festplattenkapazität

Primärpartitionen

Gespeichert sind:

- Betriebssystem
- Anwendungsprogramme, Dateien usw.

Der PC wird von einer Primärpartition (C) aus gebootet. Auf der Festplatte können mehrere Primärpartitionen für verschiedene Betriebssysteme eingerichtet sein. Es kann allerdings nur eine aktiv sein.

Erweiterte Partitionen

Es handelt sich dabei um weitere physikalische Unterteilungen der Festplatte, für die eine logische Formatierung (logische Laufwerke) vorgenommen wird.

Logische Formatierung

Es handelt sich um die Einrichtung eines Dateisystems für Partitionen.

Aufgaben eines Dateisystems:

- Verwaltung der belegten und freien Speicher.
- Verwaltung der Verzeichnisse und Dateinamen.
- Festhalten, wo die unterschiedlichen Teile einer Datei auf der Festplatte gespeichert sind.

Dateisysteme

- **Microsoft**
  - **FAT 16**: **F**ile **A**llocation **T**able, Dateizuordnungstabelle für DOS, Windows, ... wird von nahezu jedem Betriebssystem unterstützt
  - **FAT 32**: Weiterentwicklung von FAT 16, wird von neueren Betriebssystemen unterstützt
  - **NTFS**: **N**ew **T**echnology **F**ile **S**ystem, seit Windows XP Standarddateisystem
  - **exFAT**: Version von FAT 32, Einsatz für Flash-Speicher
- **Apple**
  - **HFS**: **H**irarchical **F**ile **S**ystem, hierarchisches Dateisystem für Macintosh-Modelle ab 1986
  - **HFS+**: Weiterentwickelte Variante von HFS, Standard unter (Mac) OS X
- **Linux**
  - **EXT**: Extended File System (EXT2, 3, 4)
- **OS/2**
  - **HPFS**: **H**igh **P**erformance **F**ile **S**ystem

Vorgang

- **Partitionieren** ist das Aufteilen eines Datenträgers (Festplatte) in einzelne, voneinander unabhängige Speicherbereiche.
- Die einzelnen Partitionen werden vom Betriebssystem wie **logische Laufwerke** behandelt, deren Verwaltung durch eigene **Dateisysteme** erfolgt.
- Ein Betriebssystem kann bis zu vier Partitionen verwalten ① : drei bootfähige Partitionen ② und eine **erweiterte Partition** ③.
- Die erweiterte Partition kann in nicht bootfähige logische Laufwerke ④ aufgeteilt werden.
- Jede primäre Partition und jedes logische Laufwerk können unabhängig voneinander formatiert werden und durch unterschiedliche Dateiformate (z. B. NTFS, FAT32) organisiert werden.
- Jede Partition erhält zur **Kennzeichnung** einen Buchstaben mit Doppelpunkt (C bis Z).
- Die Partitionierung kann durch Programme (z. B. bei DOS mit fdisk-Befehl) oder direkt über das Betriebssystem (Vista) erfolgen.

Beispiel

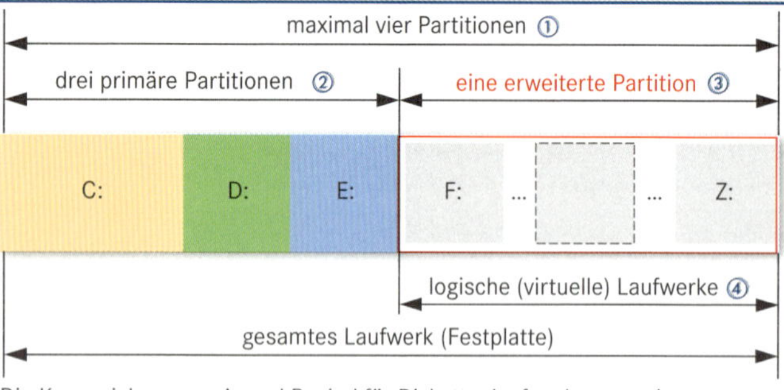

Die Kennzeichnungen A: und B: sind für Diskettenlaufwerke reserviert.

Gründe und Aufteilung

- Die Installation mehrerer Betriebssysteme ist möglich (z. B. Windows Vista, Windows 7 und Linux).
- In den einzelnen Partitionen können verschiedene Dateisysteme angelegt werden.
- Separate Partitionen können für die Speicherung bestimmter Daten (Texte, Bilder, ...) verwendet oder für Mitbenutzer reserviert werden.
- Datensicherheit wird durch Partitionierung erreicht. Wenn eine Partition Fehler aufweist, sind andere Partitionen nicht davon betroffen.
- Die Partition C: wird häufig für das Betriebssystem und die Programme verwendet.

SATA – Serial ATA

Merkmale

- **S**erial **A**dvanced **T**echnology **A**ttachment ist eine Weiterentwicklung (ab 2000) der parallelen ATA-Schnittstelle (parallel ATA, **PATA**) für Festplatten zu einer seriellen Schnittstelle.
- Vorteile gegenüber PATA:
  - vereinfachte Leitungsführung
  - Luftzirkulation im PC wird durch dünnere Leitungen weniger behindert
  - höhere Datentransferrate
  - Austausch von Datenträgern im laufenden Betrieb (Hot-Plug)
- Serial ATA ist nicht auf Festplatten beschränkt (auch z. B. für Bandlaufwerke, DVD-Laufwerke, DVD-Brenner).
- Es ist kein externer Taktgenerator zur Datensynchronisation erforderlich. Das Taktsignal wird aus dem Datensignal generiert.
- Versionen:
  - **Serial ATA 1.5 Gbit/s** (Serial ATA I bzw. 1), 150 MB/s
  - **Serial ATA 3.0 Gbit/s** (auch Serial ATA II bzw. 2), 300 MB/s, für Festplatten bis 3 TB; für externe Geräte: **eSATA** (**e**xternal **S**erial **ATA**), abgeschirmte Leitung bis 2 m, anderer Stecker
  - **Serial ATA 6.0 Gbit/s** (auch Serial ATA III bzw. 3), 600 MB/s
  - **mSATA** (**m**ini-**SATA**): Verkleinerter Anschluss, entspricht dem Mini-PCI-Express-Anschluss
  - **SATA Express 8 Gbit/s** und **16 Gbit/s** (in der Entwicklung)

Datenleitung und Steckverbinder

- 8 mm breit (1/4"), flexibel, 7 Adern, max. 6 m lang
- Punkt-zu-Punkt-Verbindung
- Terminierung nicht erforderlich
- Signalspannung 250 mV (LVDS: Low Voltage Differential Signaling), +250 mV und -250 mV
- **Beispiel:**

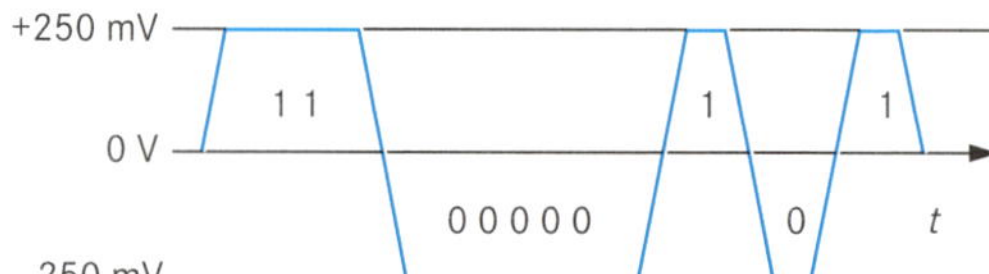

- Übertragungsfenster: 666 ps, Zeitspanne von ansteigender bis abfallender Flanke
- Steckverbinder: (Spannungsversorgung)
  - 15 Pins
  - 3 Spannungen: 3,3 V; 5 V; 12 V
  - Stecker für 2 1/2-Zoll-Notebook- und für 3 1/2-Zoll-Festplatte
  - 5 1/4"-Laufwerke

Merkmale

- **SSDs** (**S**olid **S**tate **D**isk) sind Speichermedien, die nur aus Halbleiterchips aufgebaut sind. Sie lassen sich wie Festplatten datenmäßig ansprechen.
- Vorteile gegenüber herkömmlichen Laufwerken: Mechanisch robust, kurze Zugriffszeiten, keine Geräusche
- Nachteile gegenüber herkömmlichen Laufwerken: Erheblich höherer Preis bei gleicher Kapazität.
- Aufgebaut sind die Speicherzellen in NAND-Technik (**NAND-Flash**).
- Die Speicherung der Bits erfolgt, indem man Ladungen in einer isolierten Zone eines Halbleiterbausteins (Flash-FET deponiert (Flash = Blitz).
- Ein integrierter Controller sorgt dafür, dass Daten gespeichert, gelesen und z. B. an den SATA-Anschluss (SATA 2 mit 3 Gbit/s oder SATA 3 mit 6 Gbit/s) weitergegeben werden.
- Lesevorgänge sind unbegrenzt möglich. Die erreichbaren Schreibzyklen liegen zwischen 100.000 und 5 Millionen. Um die Lebensdauer zu erhöhen, werden durch einen Controller im Speichermedium die Schreibvorgänge gleichmäßig auf alle Speicherzellen verteilt. Dazu wird mit der Speichersteuerung die Speicherhäufigkeit aller Blöcke überwacht. Fehlerhafte Blöcke werden ausgeblendet.
- Wenn eine herkömmliche Festplatte (**HDD**) mit einer SSD kombiniert ist, handelt es sich um eine **Hybridfestplatte** (**HHD**: **H**ybrid **H**ard **D**rive).

Vergleich mit einer Festplatte (1,0" bis 3,5")

		MLC SSD	HDD
Kapazität in GB		≤ 600	≤ 3000
Datentransferrate in MB/s	Lesen	bis 500	bis 150
	Schreiben	≤ 440	≤ 150
Zugriffszeit in ms (mittlere)	Lesen	ca. 0,2	ca. 3,5
	Schreiben	ca. 0,4	ca. 3,5
Leistung in W	Ruhe	0,1 ... 1,3	≥ 4
	bei Zugriff	0,5 ... 5,8	≥ 6

Speicherchiparten

- **SLC**-Chips (**S**ingle **L**evel **C**ell) speichern 1 Bit pro Speicherzelle.
- **MLC**-Chips (**M**ulti **L**evel **C**ell) speichern 2 Bit pro Speicherzelle.
  - Verwendung hauptsächlich ab 64 GB
  - Beim Lesen sind sie langsamer und beim Schreiben schneller als SLC-Chips.
- **Asynchrone Speicherchips**: Daten werden bei der aufsteigenden Flanke des Taktsignals übertragen.
- **Synchrone Speicherchips**: Daten werden bei der auf- und absteigenden Flanke des Taktsignals übertragen (wie beim DDR-RAM).

Speicherorganisation

- Mehrere Speicherzellen werden zu einer **Page** zusammengefasst, die Kapazitäten von 4 kB oder 8 kB besitzen. Pages lassen sich einzeln beschreiben, können aber nicht einzeln gelöscht werden.
- Pages werden in **Blocks** zusammengefasst, die gelöscht werden können. Beispiele:
  - 128 Pages mit 4 kB ergeben einen Block von 512 kB.
  - 256 Pages mit 8 kB ergeben einen Block von 2 MB.
- Schritte zur Datenspeicherung (**Read-Modify-Write-Zyklus**):
  1. Daten des Blocks werden ausgelesen und noch benötigte Daten werden in einem Speicher (Cache) abgelegt.
  2. Daten im Block werden gelöscht.
  3. Neue bzw. gespeicherte Daten werden im gelöschten Block abgelegt.

Speicherbereinigung

- Da die Schnelligkeit der Datenspeicherung abhängig von der Anzahl der freien Pages ist, wird bei SSDs die **Garbage Collection** (wörtlich: „Müllabfuhr", automatische Speicherbereinigung oder Freispeichersammlung) eingesetzt.
- Prinzip Garbage Collection:
  - Der Controller sammelt Daten aus nur teilweise beschriebenen Blocks.
  - Diese werden anschließend zu wenigen vollen Blocks zusammengefasst.
  - Die jetzt frei gewordenen Blocks werden gelöscht und können bei Bedarf sofort beschrieben werden.

Abnutzungsausgleich

- Die Lebensdauer einer SSD erhöht sich, wenn die Schreibzugriffe gleichmäßig verteilt werden. Deshalb wird ein Abnutzungsausgleich (**Wear Leveling**) hergestellt. Dazu führt die SSD eine interne Statistik darüber, welche Blocks wie oft beschrieben wurden.
- **Dynamic Wear Leveling**: Verteilung der Daten, die sich im Moment ändern oder geschrieben werden.
- **Static Wear Leveling**: Bei Leerlauf Verteilung abgelegter Daten auf verschiedene Blocks.

ATX-Format und ATX-Standards

- **ATX:** **A**dvanced **T**echnologie E**x**tended (Formfaktor)
- Es handelt sich um eine Norm für Gehäuse, Netzteile, Hauptplatinen und Steckkarten.
- Der ATX-Formfaktor wurde 1996 als Nachfolger für den AT-Formfaktor (Advanced Technology) eingeführt. Motherboardabmessungen: 305 mm x 244 mm (12" x 9,6")
- Im ATX-Standard verfügen die Netzteile mindestens über folgende Stecker:
  - ATX 1.0: 20-Pin-Stecker und FDPC-Stecker
  - ATX 1.3: 20-Pin-Stecker, FDPC-Stecker und APC-stecker
  - ATX EPS: 24-Pin-Stecker, FDPC-Stecker und EPS-Stecker
  - ATX 2.0: 24-Pin-Stecker, FDPC-Stecker und PCI-Express-Stecker
  - ATX 2.2: 24-Pin-Stecker, FDPC-Stecker und PCI-Express-Stecker
- Ab ATX 2.0 sind zusätzlich SATA-Stecker vorhanden
- Die in den Abbildungen verwendeten Farben sind die gängigen Farben der Leitungen. Abweichungen sind möglich.
- Der 20-Pin-Stecker passt auch in die 24-Pin-Buchse (ggf. Adapter). Bei einem hohen Energieverbrauch ist eine stabile Funktion jedoch nicht gewährleistet.
- Der 24-Pin-Stecker passt auch in die 20-Pin-Buchse, wenn genügend Platz auf dem Motherboard vorhanden ist.

Netzteil

- Leistung P in Watt (W):
  Dabei muss beachtet werden, dass die Gesamtstromstärke auf verschiedene Leitungen bzw. Geräte/Erweiterungskarten (z. B. Grafikkarte) verteilt wird.
- Eingangsgrößen AC:
  Wechselspannungsbereich U in Volt (V) und Frequenz f der Wechselspannung in Hertz (Hz)
- Ausgangsgrößen DC:
  Gleichspannung U in Volt (V), Polarität (+ oder –) gegenüber einem gemeinsamen Bezugspunkt (Masse), maximale Stromstärke I in Ampere (A)

ATX-Stecker für das Motherboard

- **20 Pin** (Blick von unten auf den Stecker)

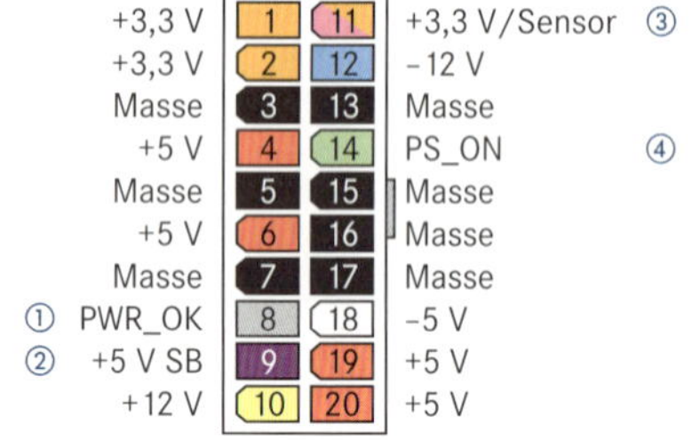

① Power OK (Indikationssignal + 5 V und + 3,3 V stabil)
② 5 V DC, Spannung für Standby
③ Sensor-Anschluss für verschiedene Funktionen
④ Power Supply On, Netzteil wird eingeschaltet, wenn eine Verbindung mit Masse hergestellt wird (Steuereingang)
⑤ Reserve, meist unbelegt

- **24 Pin**

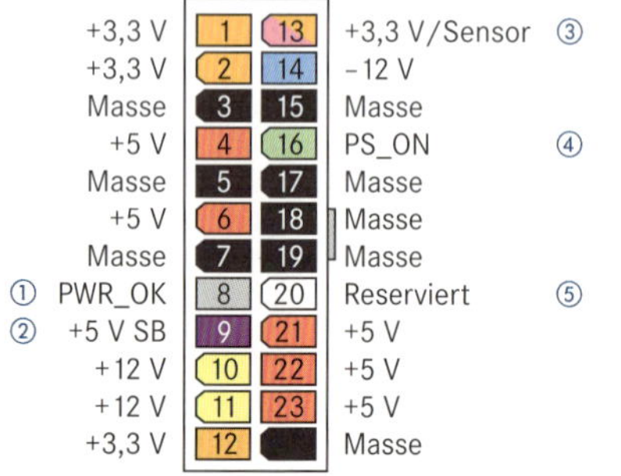

Stecker für die Spannungsversorgung von Peripheriegeräten des Motherboards

Stecker	Belegung
FDPC: Floppy **D**isk **P**ower **C**onnector Spannungsversorgung für Peripheriegeräte, 3,5"-Geräte, z. B. Diskettenlaufwerk	1: +5 V, 2: Masse, 3: Masse, 4: +12 V
PPC: Power **P**eripheral **C**onnector (Molex-Stecker) Spannungsversorgung für Peripheriegeräte, 5,25"-Geräte, z. B. Festplatte, CD-ROM, DVD-Laufwerk	1: +12 V, 2: Masse, 3: Masse, 4: +5 V
APC: Auxilary **P**ower **C**onnector, Aux Power Stecker für Hilfsspannungsversorgung (Pentium 4) Entlastung des Steckers für das Motherboard	1: Masse, 2: Masse, 3: Masse, 4: +3,3 V, 5: +3,3 V, 6: +5 V
12 V Power Zusätzliche Spannungsversorgung für Prozessoren ab 60 W	Masse 1 / 3 +12 V Masse 2 / 4 +12 V
PCI-Express 12 V Spannungsversorgung für Erweiterungskarten PCI-Express	+12 V 1 / 4 Masse +12 V 2 / 5 Masse +12 V 3 / 6 Masse
EPS Power: Extended **P**ower **S**upply Erweiterte 12 V Spannungsversorgung für Multiprozessor-Motherboards	Masse 1 / 5 +12 V Masse 2 / 6 +12 V Masse 3 / 7 +12 V Masse 4 / 8 +12 V
SATA Stecker Spannungsversorgung für Serial-ATA-Geräte (z. B. Festplatte)	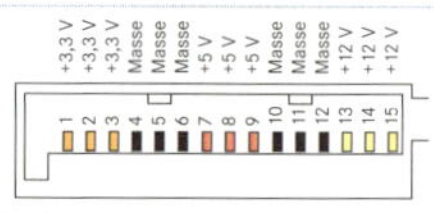

Funktion

- **Ein-/Ausgabe und Bearbeitung akustischer Signale**
  - Umformen (Sampling) der analogen Signale (Sprache, Musik oder Geräusche aus verschiedenen Quellen) in digitale Signale durch Pulse Code Modulation PCM.
  - Bearbeiten der Signale durch Software: Verändern, Teile löschen bzw. kopieren, Klangdateien zusammenfügen/ hinzufügen, mischen, speichern usw.
  - Umformen der digitalen Signale in analoge Signale (Digital-Analog-Umsetzung) und Wiedergabe
- **Erzeugung (Synthese) von akustischen Signalen**
  - FM-Synthesizer:
    Elektronische Musik wird mit Hilfe interner Tongeneratoren erzeugt (Frequenzmodulation FM).
  - Wavetable-Synthese:
    Proben von Originalklängen einzelner Instrumente sind gespeichert. Die Erzeugung erfolgt mit Software-Synthesizern.
- **Digitale Signalprozessoren** (DSP) übernehmen die Aufgaben auf der Soundkarte. Sie entlasten den Prozessor des Computersystems bei der Bearbeitung der großen Sound-Dateien. Er übernimmt auch die Datenreduktion und Komprimierung. Die Daten (z. B. WAV, MP3) werden vom Arbeitsspeicher auf die Festplatte geschrieben.

Einbaumöglichkeiten bzw. Orte im PC

- **Steckkarten:**
  - Ältere PCs: ISA-Bus
  - PCI- bzw. PCI-Express
  - PCMCIA, ExpressCard
- **Schnittstellen:**
  - USB
  - FireWire (professioneller Bereich)
- **Motherboard:**
  - Integrierte Chips (kostengünstig, geringere Qualität, für einfache Aufgaben)

Anschlüsse

- **Analog**
  - Stecker/Buchse: Klinke, Cinch
  - Farben der Buchsen:

	Farbe	Funktion
	Blau	Line-in für Aufnahmen (Stereo)
	Rosa	Mic-in, Mikrofoneingang (Mono)
	Orange	Center speaker, subwoofer-Center und Tiefbass-Lautsprecher-Ausgang
	Grün	Line-out, Kopfhörer- oder (Front-) Lautsprecher-Ausgang (Stereo)
	Schwarz	Rear speakers, Rücklautsprecher-Ausgang (Stereo)
	Silber	Side speakers, Seitenlautsprecher-Ausgang (Stereo)

- **Digital**
  - Übertragungsformat: S/P-DIF-Format (Sony/Philips Digital Interface), verkürzt: SPDIF-Format
    Typ I: Professional mode, für professionellen Einsatz
    Typ II: Consumer mode, für heimische Endverbraucher
  - Steckverbinder für Koaxialkabel (Cinch)
  - Optischer 3,5 mm Klinkenstecker
  - Optische Steckverbinder (TOSLINK-Anschluss)

Qualitätsmerkmale

- **Auflösung beim Digitalisieren:**
  8, 16, 24 Bit
- **Abtastrate (Samplingrate):**
  22; 44 (CD-Qualität); 96 oder 192 kHz
- **Weitere Qualitätsmerkmale:**
  Anzahl der Kanäle, Rauschverhalten, Frequenzgang, Abschirmung gegen Störsignale, Beschleunigerchip zur Entlastung der CPU

Gameport/MIDI-Schnittstelle

- Bei gegenwärtigen Soundkarten wird in der Regel auf diese Anschlüsse verzichtet, da entsprechende Geräte über die USB Schnittstelle angeschlossen werden.
- **Gameport** (Joystick)
  - Anschluss von Steuergeräten (Joystick, Gamepad, ...)
  - Analoge Datenübertragung
- **MIDI: M**usical **I**nstrument **D**ata **I**nterface
  - Schnittstelle, über die elektronische Musikinstrumente angeschlossen werden können. Mit dem PC können die Klangdaten koordiniert werden.
  - Digitale Datenübertragung

Standards für die Soundausgabe

- **EAX** (**E**nvironmental **A**udio **E**xtension)
  Umgebungsgeräusche in Computerspielen werden mit EAX so real wie möglich wiedergegeben. Beispiel: Der Ton einer bestimmten Quelle wird nur einmal erzeugt und je nach Wiedergabe in bestimmten Räumen entsprechend modifiziert.
- **DTS-ES** (**D**igital **T**heater **S**ystems)
  Beispiel: Mit dem Tonformat DTS-ES Discrete 6.1 können alle 6.1 Kanäle einschließlich Subwoofer unabhängig aufgenommen und entsprechend frei gestaltet werden.
- **ASIO** (**A**udio **S**tream **I**nput/**O**utput)
  Es handelt sich hierbei um ein mehrkanalfähiges Audio-Transferprotokoll, mit dem man auf die Multichannel-Fähigkeiten vieler Sound- und Recordingkarten (professionelle Soundkarten) zugreifen kann.
  ASIO 2.10 unterstützt 64-Bit-Systeme und DSD (Direct Stream Digital).

Steckkartenbeispiel

Aufbau und Arbeitsweise

- Grundsätzliche Funktion: Steuerung der Bildschirmanzeige
- Die Eingangsdaten gelangen über eine Schnittstelle (① PCI, PCIe, AGP, ...) und einen **Grafikspeicher** mit großer Kapazität (256 MB und größer) in den **Grafikprozessor** ② (**GPU**: **G**raphic **P**rocessing **U**nit).
- Im Grafikprozessor erfolgt die Berechnung der Daten für die Bildschirmausgabe. Aufgrund der großen Rechenleistung in der GPU sind gegebenenfalls Kühlmaßnahmen erforderlich.
- Der Grafikspeicher dient auch zur Ablage der in der GPU verarbeiteten Daten.
- Die Ausgabeeinheit ③ liefert das jeweils gewünschte Signal über entsprechende Steckverbindungen (VGA, DVI, ...).
- Wenn die Grafikkarte einen VGA-Ausgang besitzt, erfolgt im **RAMDAC** (**RAM**-**D**igital-**A**nalog-**C**onverter) eine Umwandlung in ein analoges Ausgangssignal.

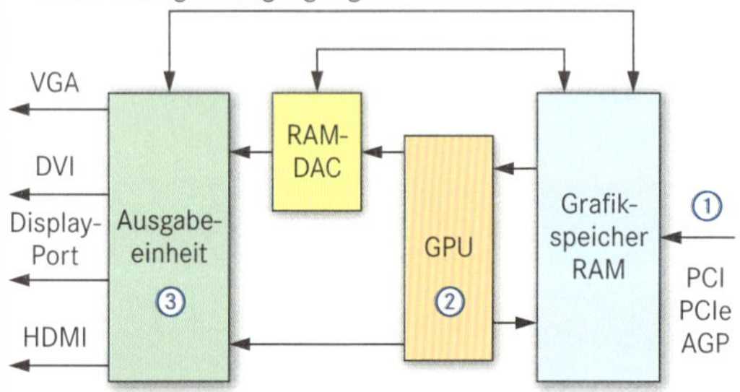

VGA-Anschluss

- Analoge Video-Datenübertragung
- **VGA:** **V**ideo **G**raphics **A**rray
- **DDC:** **D**isplay **D**ata **C**hannel (Anzeigedatenkanal)
  Die Signale dienen der Identifikation des angeschlossenen Monitor-Typs (z. B. Farbe, VGA, SVGA).
- Farben: Maximal 16 Farben
- Auflösung: Maximal 25 Zeilen x 80 Zeichen, 640 x 480 Pixel.

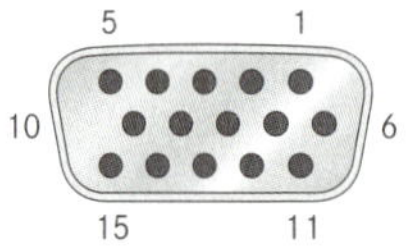

Pin	Signal, Funktion
1	Rot-Signal analog
2	Grün-Signal analog oder analoges Monochrom-Signal
3	Blau-Signal analog
4	Monitor Identifikations-Bit 2, Masse
5	Digitale Masse für DDC
6	Rot-Masse
7	Grün-Masse
8	Blau-Masse
9	Nicht belegt, DDC 1 (+5 V)
10	Synchronisations-Masse
11	Monitor Identifikations-Bit 0
12	Monitor Identifikations-Bit 1, DDC 1-Signal
13	Horizontale Synchronisation
14	Vertikale Synchronisation
15	Monitor Identifikations-Bit 3, DDC 1-Signal

DVI-Anschluss

- Schnittstelle zur Übertragung der digitalen Daten der Grafikkarte z. B. an ein TFT-Display.
- **DVI:** **D**igital **V**isual **I**nterface
- Pinbelegung:
  - 1...24 digitale Signale
  - C1...C4 analoge Signale
- **DVI-I** (DVI-Integrated):
  Digitale und analoge Übertragung
- **DVI-D:**
  Rein digitale Übertragung (nur Pin 1 bis 24, ohne C1 bis C5)
- **DVI-A:**
  Rein analoge Übertragung (C1 bis C5)

DVI — Mini-DVI

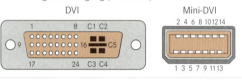

Computergrafikstandards und Bildschirmgröße

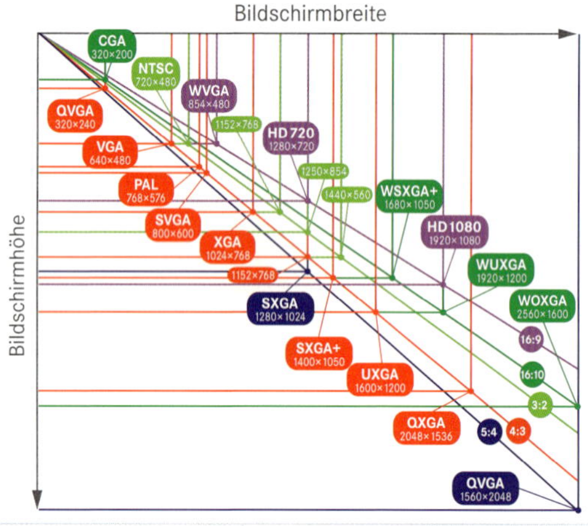

Q:	**Q**uarter	VGA:	**V**ideo **G**raphics **A**rray
S:	**S**uper	XGA:	**E**xtended **G**raphics **A**rray
U:	**U**ltra	CGA:	**C**olour **G**raphics **A**dapter
W:	**W**ide	HD:	**H**igh **D**efinition Television
PAL:	**P**hase **A**lternating **L**ine	NTSC:	**N**ational **T**elevision **S**ystem **C**ommittee

Ausgänge von Grafikkarten

Möglich sind: VGA, DVI, HDMI (**H**igh **D**efinition **M**ultimedia **I**nterface), DisplayPort, Thunderbolt.

Beispiel:

RGB

Funktion von Farbmodellen:
Beschreibung einzelner Farben durch Zahlenwerte.

Anwendung von RGB:
Farbdarstellung auf Displays, Farbmonitoren (aktiv lichterzeugende Medien)

RGB:

- **Additives** Farbmodell
- Primärfarben (Grundfarben)
  - **R**ot 610 nm (R);
  - **G**rün 535 nm (G) und
  - **B**lau 470 nm (B)
- Die Primärfarben ergeben zusammen Weiß.
  0,3 R + 0,59 G + 0,11 B = 1
- Weitere Farben lassen sich aus Mischung der drei Primärfarben erzeugen.

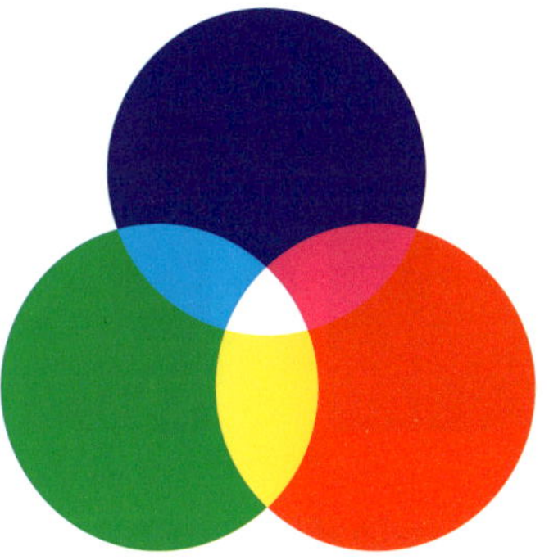

- Der Farbraum des RGB-Modells lässt sich in Form eines Würfels mit der Kantenlänge 1 darstellen.
- Vorteil: Alle Farben lassen sich durch Vektoren mit ihren Komponenten darstellen.

Beispiele:

Schwarz	(0, 0, 0);	Magenta	(1, 0, 1);
Blau	(0, 0, 1);	Weiß	(1, 1, 1);
Gelb	(1, 1, 0);	Grün	(0, 1, 0);
Rot	(1, 0, 0);	Cyan	(0, 1, 1);

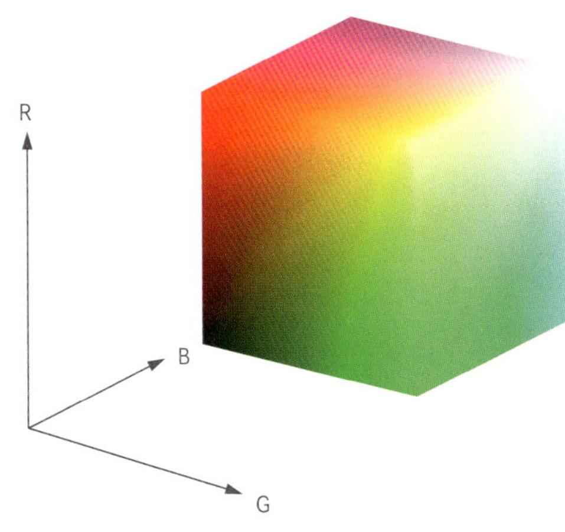

CYM

Anwendung:
Malerei und Farbausgabe durch Drucker (reflektierende Medien).

CYM:

- **Subtraktives** Farbmodell
- Grundfarben
  - **C**yan (C),
  - **Y**ellow (Y) und
  - **M**agenta (M)
- Alle Grundfarben zusammen ergeben Schwarz.

CMYK

- Neben den Grundfarben Cyan, Magenta und Yellow wird für den Farbdruck Schwarz eingesetzt (**Vierfarbendruck**).
- Bedeutung von „K“: key plate („Schlüsselplatte“, die schwarz druckende Platte)

Vorteile:

- Schwarz lässt sich klarer darstellen.
- Druckpapier würde durch das Auftragen der drei Farben zu stark durchnässt werden.

YUV

Verwendung beim PAL-Fernsehen.

Y: Leuchtdichtesignal, Helligkeitssignal (Luminanz)
U: Reduziertes Farbdifferenzsignal (R–Y)
V: Reduziertes Farbdifferenzsignal (B–Y)

Zusammenhang mit dem RGB-Farbsystem:

$$Y = 0{,}299\,R + 0{,}587\,G + 0{,}114\,B$$
$$U = -0{,}169\,R - 0{,}0331\,G - 0{,}5\,B$$
$$V = 0{,}5\,R - 0{,}419\,G - 0{,}081\,B$$

Variante: **YCbCr (YC_BC_R)**

Y: Leuchtdichtesignal, Helligkeitssignal
Cb: Blaue Chrominanzkomponente
Cr: Rote Chrominanzkomponente

Zusammenhang mit dem RGB-Farbsystem:

$$Y = 0{,}299\,R + 0{,}587\,G + 0{,}114\,B$$
$$Cr = 0{,}60\,R - 0{,}28\,G - 0{,}32\,B$$
$$Cb = 0{,}21\,R - 0{,}52\,G + 0{,}31\,B$$

YIQ

Verwendung beim NTSC-Fernsehen.

Y: Leuchtdichtesignal, Helligkeitssignal
I, Q: Reduzierte Farbdifferenzsignale

Bildarten

Schwarzweißbild	Graustufen- oder Halbtonbild	Farbbild
	Information neu pro Bildpunkt	
■ 1 Bit → $2^1 = 2$ 2 verschiedene Werte, Schwarz oder Weiß	■ 4 Bit → $2^4 = 16$ 16 verschiedene Werte möglich ■ 8 Bit → $2^8 = 256$ 256 verschiedene Werte möglich	■ 8 Bit für jeweils Rot, Grün und Blau 24 Bit → $2^{24} = 16.777.216$ 16,78 Millionen verschiedene Werte möglich (Truecolor)

Farbtiefe (Farbumfang Image Depth)

$C = 2^D$

C: Anzahl der verschiedenen Farben (bzw. Graustufen)

D: Farbtiefe in Bit/Pixel

Farbinformationen

- **Farbton** (Hue)
  Wellenlänge des Lichtes
- **Helligkeit** (Brightness)
  Wie nah an Schwarz (0 %), wie nah an Weiß (100 %)
- **Farbsättigung** (Chroma)
  Leuchtkraft der Farbe, Weißanteil

Beispiele für Farbtiefen

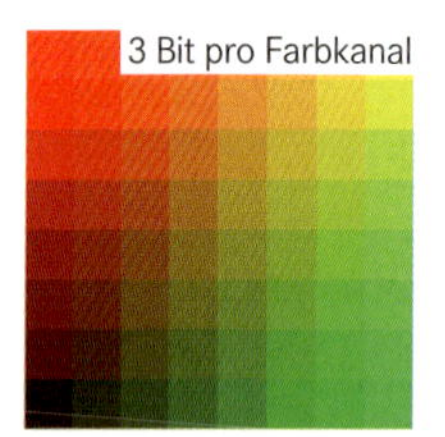

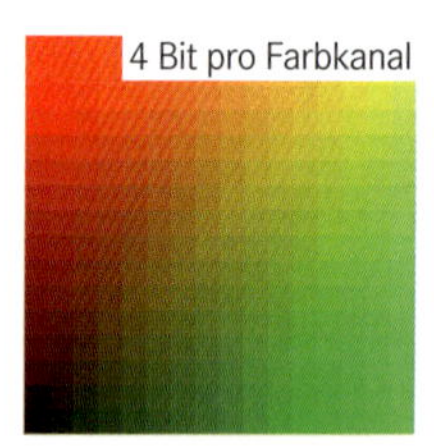

Auflösung und Bildpunkte

Auflösung:
Zwei Zahlen, die die Anzahl der darstellbaren Bildpunkte in horizontaler und vertikaler Richtung angeben.

Auflösung	Bildpunkte	Dateigröße im RGB in MB
320 x 240	76.800	0,225
640 x 480	307.200	0,900
800 x 600	480,000	1,37
1.280 x 1.024	1.310.720	3,67
1.528 x 1.146	1.751.088	5,01
1.600 x 1.200	1.920.000	5,49
2.048 x 2.048	4.194.304	12,29
3.060 x 2.036	6.230.160	17,85
6.144 x 6.144	37.748.736	110,00

Vektor-Grafiken

- Bei Vektor-Grafiken werden geometrische Formen (z. B. Kreise, Rechtecke) gespeichert. Ein Rechteck besitzt z. B. einen Ursprungspunkt und eine Ausdehnung in Form von Längen- und Breitenangaben.
- Vektor-Grafiken können ohne Qualitätsverlust frei gedreht und vergrößert werden (Skalierbarkeit).

Anwendung: Konstruktionsbereich (CAD)
Beispiele für Dateiendungen:
.ai: **A**dobe **I**llustrator
.cdr: **C**orel **D**raw
.eps: **E**ncapsulated **P**ost**s**cript

Rastergrafik, Pixelgrafik

- Bilder in Pixel-Formaten werden als Bitmaps bezeichnet.
- Die Speicherung erfolgt wie bei einem Mosaik. Jedes Pixel (Bildpunkt) wird mit Informationen über Lage (x-y-Achsen) und Farbe gespeichert.
- Pixel-Grafiken verlieren beim **Skalieren** (Vergrößern) stark an Qualität, da die Pixel vergrößert werden. Stufungen sind erkennbar.

- Anwendung:
  Wiedergabe von Fotos und Grafiken mit feinen Farbabstufungen
- Beispiele für Dateiendungen:

.bmp	**B**it**m**a**p**	.pdf	**P**ortabel **D**ocument **F**ormat
.cpt	**C**orel **P**hoto-Pain**t**	.pgm	**P**ortable **G**ray**m**ap
.dds	**D**irect **D**raw **S**urface	.png	**P**ortable **N**etwork **G**raphics
.fif	**F**ractal **I**mage **F**ormat	.ppm	**P**ortable **P**ix**m**ap
.gif	**G**raphics **I**nterchange **F**ormat	.psd	**P**hoto**s**hop **D**ocument
.jpeg	**J**oint **P**hotographic **E**xperts **G**roup	.raw	RAW Graphics Format (Rohdatenformat)
.pcx	**P**i**c**ture E**x**change	.tif	**T**agged **I**mage **F**ile Format

Kalibrieren und Profilieren

- Wenn in einer Produktionskette in Geräten Farben verarbeitet bzw. dargestellt werden (z. B. mit Scanner, Monitor, Drucker), treten Farbfehler auf, die sich fortpflanzen. Ziel des Farbmanagements ist es, diese Fehler zu korrigieren.
- **Kalibrieren** bedeutet, dass bestimmte Werte bei einem Gerät eingestellt werden.
- **Profilieren** bedeutet, dass die Eigenschaften eines Gerätes gemessen und als Profil gespeichert werden.
- Mit einem **Profil** (in Form eines Datensatzes) wird der Farbraum eines Gerätes für seine Farbeingabe bzw. Farbausgabe beschrieben.
- Genormte Profile wurden von dem 1993 gegründeten **ICC** (International **C**olor **C**onsortium) erstellt. Bei dem ICC handelt sich um einen Zusammenschluss zahlreicher Hersteller von Grafik-, Bildbearbeitungs- und Layoutprogrammen, mit dem Ziel, Farbmanagementsysteme zu vereinheitlichen.
- Folgende **Profilklassen** werden unterschieden:
  - **Monitor** (mntr): Anzeigegeräte, z. B. Monitor (LCD, CRT)
  - **Eingabe** (scnr): Eingabegeräte, z. B. Scanner, Digitalkameras
  - **Ausgabe** (prtr): Ausgabegeräte, z. B. Tintenstrahldrucker, Laserdrucker, Druckmaschinen
- Je nach Aufbau werden zwei Arten von ICC-Profilen unterschieden:
  - **Matrix-Profile** (ca. 1 kByte) enthalten 3 x 3-Matritzen und Kurvendefinitionen. Sie sind für die Beschreibung von Standard-Farbräumen und Ausgabegeräten (z. B. Monitore) geeignet.
  - **LUT-Profile** (**L**ook-**U**p-**T**able, Tabellen zum Nachschlagen, größer 1 MByte) enthalten Daten über konkrete Ausgabegeräte (z. B. Drucker).

Scanner-Profilierung

- Für die Scanner-Profilierung wir kein zusätzliches Messgerät benötigt.
- Zum Vermessen wird eine genormte Vorlage (**Target**) benötigt. Die Vorlagen werden als **IT8-Targets** bezeichnet. Sie dienen zum Kalibrieren von Scannern, Digitalkameras, Monitoren und Druckern.
- Für die Scanner-Profilierung werden Durchsicht-Targets (IT8.7 / 1) bzw. Aufsicht-Targets (IT8.7 / 2) verwendet.
- Ein IT8-Target enthält 24 Graufelder sowie 264 Farbfelder in 22 Spalten.
- Profilierungsablauf:
  - Das IT8-Target wird mit der entsprechenden Software gescannt ①. Dadurch erhält der PC Daten über die Farben.
  - Im PC sind Referenzdaten ② von der Software (Referenztabelle) über die Farben gespeichert.
  - Aus dem folgenden Vergleich wird das ICC-Profil des Scanners ③ berechnet.

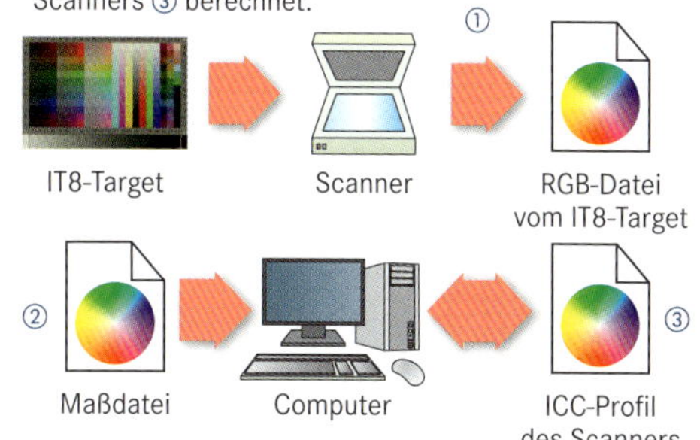

Monitor-Kalibrierung und -Profilierung

- Kalibrierungsvorbereitung durch Rücksetzung in den Hersteller-Zustand: Luminanzwert, Farbtemperatur (6500 K), Gammakorrektur (Übertragungsfunktion für eine Eingangs- in eine Ausgangsgröße als Potenzfunktion mit einem Exponenten, beim Monitor üblich 2,2)
- Messung mit einem **Kolorimeter** (Absorptions- oder Spektralfotometer)
  - Mit Hilfe einer Profilierungssoftware werden charakteristische Farben auf dem Bildschirm dargestellt (Soll-Werte).
  - Das Messgerät (z. B. über USB-Anschluss mit PC verbunden) wird vor dem Bildschirm befestigt und die Farben werden vermessen (Ist-Werte).
  - Aus dem Vergleich zwischen Soll- und Ist-Werten wird im PC das ICC-Profil berechnet und gespeichert.

Drucker-Profilierung

- Die Profilierung des Druckers entspricht der Profilierung des Monitors.
- Mit einer Profilierungssoftware werden Testfarben ausgedruckt.
- Danach wird der Testausdruck mit einem Spektralfotometer vermessen (s. Abbildung) und die Werte mit den Soll-Farbwerten im PC verglichen.
- Aus dem Vergleich wird dann das ICC-Profil des Druckers berechnet.

Zusätzliche Einflussfaktoren

- Zusätzliche Einflussfaktoren bestimmen das ICC-Profil. Aus diesem Grunde muss für jede Situation ein eigenes Profil erstellt werden.
- Weitere Einflüsse
  - Monitor: Lichtbedingungen (Tageslicht, Fremdlicht)
  - Scanner: Unterschiedliche Film- und Papiersorten
  - Drucker: Verwendetes Druckerpapier, verwendete Tinte

Tonwert

Jedem Farbkanal eines Pixels (R, G, B) ist ein bestimmter Helligkeitswert zugeordnet. Er wird als **Tonwert** bezeichnet. Bei einer 8 Bit Auflösung (Farbtiefe) ergeben sich im RGB-Modus 256 Abstufungen.

Tonwert 0: Schwarz — Tonwert 255: Weiß

Tonwerte (256 Helligkeitswerte)

0 255

R ....

G ....

B ....

Die Anzahl der möglichen Farben berechnet sich wie folgt:

$256_R \times 256_G \times 256_B = 16.777.216_{RGB}$

In der Darstellung sind vereinfachend gleiche Höhen (Häufigkeiten) dargestellt.

Die Verteilung der Tonwerte eines Bildes sowie die vorkommende Häufigkeit werden in einem **Histogramm** grafisch dargestellt. Je öfter ein bestimmter Tonwert im Bild vorkommt (Häufigkeit), desto höher ist die Anzeige.

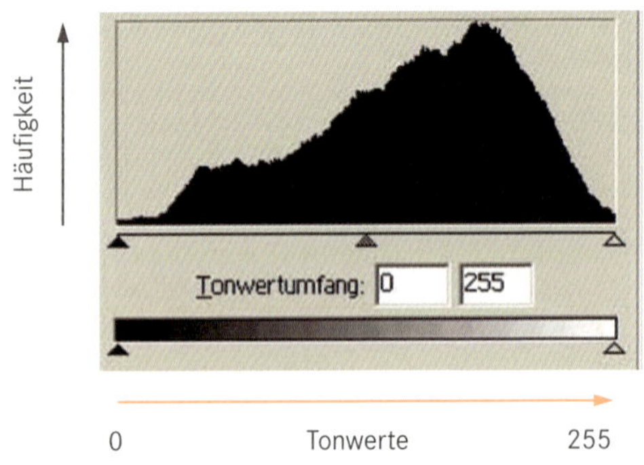

Tonwertkorrektur

Ohne Korrektur

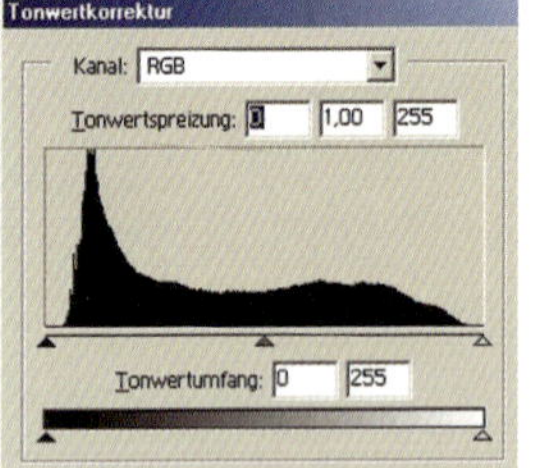

Bildbeurteilung:
Das Bild ist insgesamt recht dunkel. Es überwiegen Pixel im dunklen Bereich. Der Tonwertbereich ist nicht voll ausgeschöpft.

Automatische Tonwertkorrektur

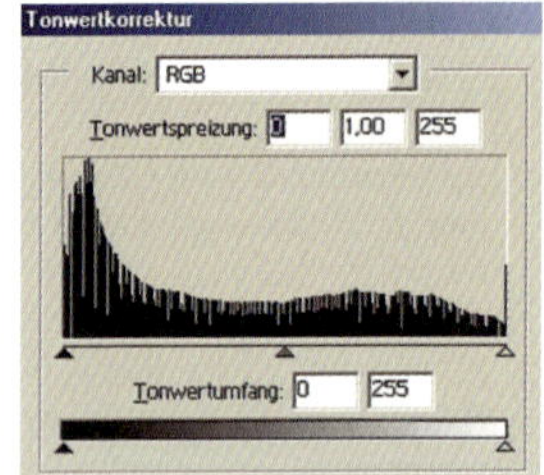

Ergebnis:

- Tonwertumfang von 0 bis 255 ist ausgeschöpft
- Durch die Spreizung entstehen im Tonwertumfang Lücken („Kammstruktur")

Korrektur mit Tonwertspreizung

Neue Verteilung der Häufigkeit der Tonwerte

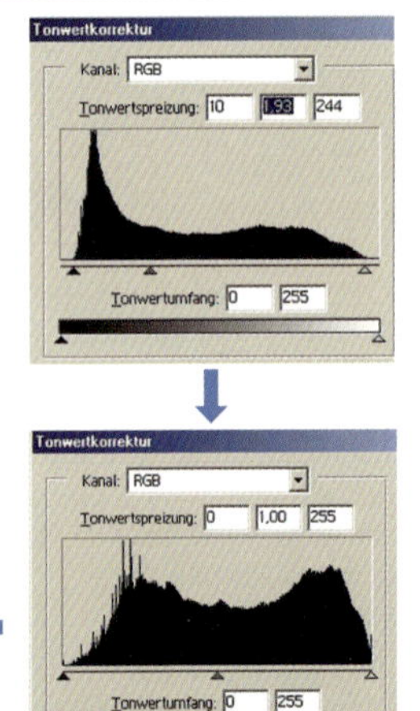

Ergebnis:

Korrektur durch Verändern der Gradation

Gradationskurve (Gammawert)
Durch Verändern der Kurve werden Helligkeitswerte verändert.

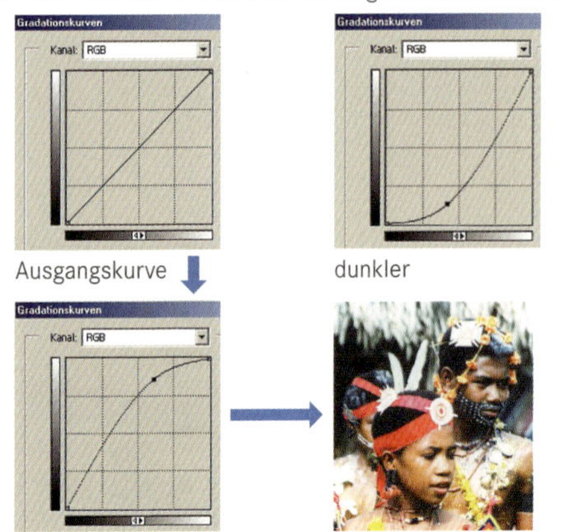

Funktion und Aufbau

- Bandlaufwerke sind Geräte zur Speicherung, Sicherung und Archivierung von mittleren bis großen Datenmengen auf externen Kassetten (Cartridges), die Magnetbänder enthalten. Bandlaufwerke sind als externe Geräte oder Einbaugeräte verfügbar.
- Die Laufwerke bestehen aus einem Antrieb für zwei Spulen und verfügen über einen Schreib-/Lesekopf sowie einen Löschkopf.
- Die Daten werden seriell geschrieben bzw. gelesen.
- Die Speicherkapazität hängt ab von der Bandlänge und dem verwendeten Standard. Sie reicht von ca. 120 MB bis zu einigen TB.
- Vorteile gegenüber anderen Speichermethoden:
  - Hohe Speicherkapazität
  - Geringe Kosten
  - Lange Lebensdauer
  - Schnelle Übertragung großer Datenmengen.
  - Geringer Platzbedarf für die Lagerung der Bänder.
  - Bänder können wieder verwendet werden.
- Texkomprimierung etwa 2,5 : 1

LTO-5 Laufwerk

Schreibverfahren

- Start-Stopp-Verfahren
  - Zum Schreiben wird das Band zunächst auf eine Mindestgeschwindigkeit beschleunigt (Startphase).
  - Nach dem Schreiben des Datenblocks wird das Band wieder gestoppt.
  - Zwischen den Datenblöcken entstehen „leere" Bereiche (Klüfte, Interblock-Gaps)
- Streaming-Verfahren
  - Das Band wird kontinuierlich beschrieben.
  - Das Streaming-Verfahren ist schneller als das Start-Stopp-Verfahren und bandschonender.

Standards

Die Kapazitätsangaben gelten für unkomprimierte Daten.

- **AIT** (**A**dvanced **I**ntelligent **T**ape)
  AIT-1 (35 GB; max. 10,4 MB/s) ... AIT-3 (100 GB, max. 31,2 MB/s), SAIT-1 (500 GB; max. 78 MB/s)
- **DAT** (**D**igital **A**udio **T**ape)
  DDS (**D**igital **D**ata **S**torage)
  DDS-3/DAT-24 (12 GB; 2,2 MB/s) ... DDS-5/DAT-72 (36 GB; max. 6 MB/s)
- **Travan**
  TR-1 (0,4 GB; max. 0,125 MB/s) ... TR-6 (20 GB; max. 4 MB/s)
- **DLT** (**D**igital **L**inear **T**ape)
  DLT 4000 (20 GB; 3 MB/s); DLT 7000 (35 GB; 29 MB/s)
- **SDLT** (**S**uper **D**igital **L**inear **T**ape)
  SDLT-1/SDLT 320 (160 GB; 32 MB/s); SDLT-2/SDLT 600 (300 GB; 72 MB/s)
- **LTO** (**L**inear **T**ape **O**pen)
  Ultrium 2 (200 GB; 80 MB/s) ... Ultrium 6 (3200 GB; 540 MB/s)

Lineare Aufzeichnung

- Das Magnetband (mit Eisenoxid) wird in Vorwärts- und Rückwärtsrichtung auf mehreren nebeneinander liegenden Spuren beschrieben.
- Die aufgezeichneten Daten werden gelesen und mit den zwischengespeicherten Daten verglichen.
- Neben den eigentlichen Daten werden auch Daten- und Servicespuren (z.B. für die Kopfnachführung) auf dem Band gespeichert.
- Bandbreite: 6 mm (QIC), 8 mm (Travan), 13 mm (DLT)
- Beispiel für Standards: DLT, QIC, Travan
- Vorteil: Hohe Geschwindigkeit (z.B. DLT 7000 ca. 4 m/s, vier Spuren werden gleichzeitig gelesen)
- Geringere Zugbelastung des Bandes und dünnes Bandmaterial als bei der Schrägspuraufzeichnung.

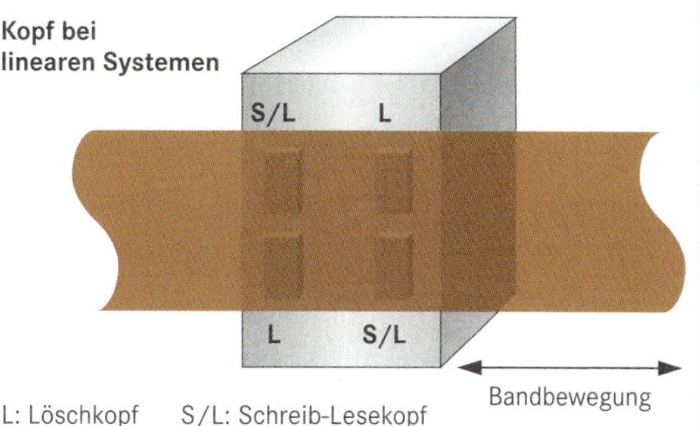

L: Löschkopf S/L: Schreib-Lesekopf

Schrägspuraufzeichnung (Helical Scan)

- Das Magnetband (mit Eisenoxid) bewegt sich langsam an den Schreib- und Leseköpfen der schräg angebrachten Kopftrommel vorbei.
- Die aufgezeichneten Daten werden nach dem Schreiben gelesen und mit den zwischengespeicherten Daten verglichen.
- Bei Fehlern werden sie beim nächsten Durchgang noch einmal geschrieben. Durch die diagonale Spur wird erreicht, dass die Spur etwa achtmal so lang ist wie die Breite des Bandes.
- Bandbreite: 4 mm, 8 mm, 19 mm
- Beispiele für Standards: DAT, DDS, AIT
- Vorteil: Dicht aneinander liegende Spuren sind verantwortlich für eine hohe Kapazität.
- Nachteile: Aufwendige Mechanik, da das Band straff gespannt sein muss, Suchvorgänge sind langsam (Abhilfe: Partitionierung des Bandes)

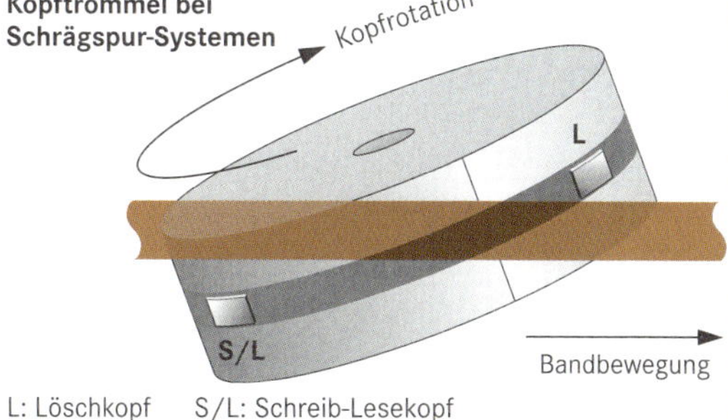

L: Löschkopf S/L: Schreib-Lesekopf

Merkmale und Anwendungen

- Nichtflüchtige Wechselspeicher (Flash-Speicherung)
- Kompatibel zu PC und Laptop (ggf. Kartenlesegerät)
- Vorwiegend eingesetzt in Kleingeräten: Digitalkamera, Videokamera, MP3-Player
- Es werden unterschieden:
  - Speicherkarten mit integriertem Controller (CF-, MMC- und SD-Karten)
  - Speicherkarten ohne Controller (SM-Karten)

Flash-Speicherung

- Die Bytes können einzeln adressiert und gelesen werden.
- Das Schreiben und Löschen kann nur blockweise erfolgen.
- Ein Überschreiben einzelner Daten ist nicht möglich. Bei jeder Änderung muss der Block komplett gelöscht werden. Zugriffszeit ca. 100 ns.
- Lebensdauer ca. 100.000 Schreib- und Löschzyklen.
- Hohe Widerstandsfähigkeit, geringe Energieaufnahme.

Die Speicherung erfolgt über das Floating-Gate ① des Flash-FETs. Es isoliert das Gate von der Source-Drain-Strecke. Wenn das Floating Gate geladen ist, ist der Stromfluss zwischen Drain und Source abgeschnürt (0-Zustand). Beim Programmieren wandern Elektronen zum Gate (Tunneleffekt; Blitz = Flash), es fließt Strom (0-Zustand).

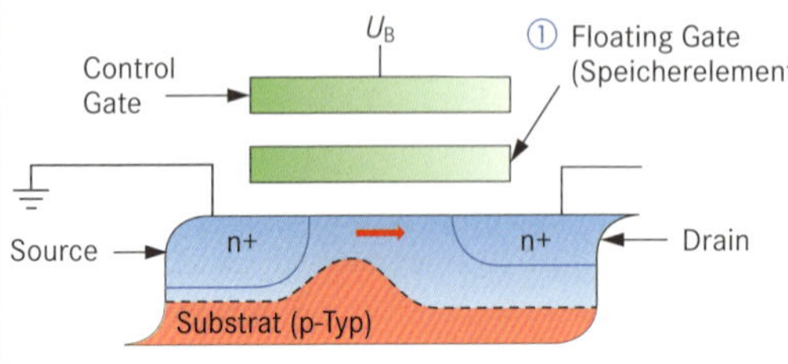

Arten

- CompactFlash (**CF**)
  - Typ I, Typ II, CFast Typ I und II
- Memory Stick (**MS**)
  - Memory Stick Select, Memory Stick PRO, Memory Stick PRO Duo, Memory Stick PRO-HG Duo, Memory Stick XC Duo, Memory Stick XC-HG Duo, Memory Stick Duo, Memory Stick Micro, Memory Stick HG Micro, Memory Stick XC Micro, Memory Stick XC-HG Micro
- MultiMediaCard (**MMC**)
  - MMCplus, MMCmobile, MMmicro, MMC DV
- Reduced Size MultiMedia Card (**RS-MMC**)
- Secure Digital Memory Card (**SD**)
  - SDHC, SDXC, miniSD, miniSDHC, microSD, microSDHC, microSDXC
- SmartMedia (**SM**)
- xD-Picture Card (**xD**)
  - xD Typ M, xD Typ M+, xD Typ H

Vergleich von Abmessungen

CompactFlash

SmartMedia

MultiMediaCard

microSD

SD Card

Memory Stick Pro

xD-Picture Card

Microdrive

- Magnetische Speicherung auf einer Miniaturfestplatte mit 3.600 Umdrehungen pro min
- Abmessungen in mm: 42,8 x 36,4 x 5
- Kapazität: 340, 512, 1.024, 2.200 MB
- Datenrate: max. 4,2 MB/s

Memory Stick

- Eigener Standard von Sony, Sticks werden auch von SanDisk und Lexar produziert
- Speicherkarte für Mobiltelefone, Digitalkameras, MP3-Player, PlayStation, Vaio-Notebooks, PDAs, Videokameras
- Flash Speicherung, Integrierter Controller
- Speicherkapazität 4 bis 128 GB
- Anschlüsse 10
- Abmessungen B x H x T in mm und Betriebsspannungen
  - Memory Stick: 21,5 x 50,0 x 2,8; 3,3 V
  - Memory Stick PRO: 21,5 x 50,0 x 2,8; 2,7 V - 3,6 V
  - Memory Stick PRO Duo: 20,0 x 31,0 x 1,6; 2,7 V - 3,6 V
  - Memory Stick Duo: 31,0 x 20,0 x 1,6
  - Memory Stick Micro: 12,5 x 15,0 x 1,2; 3,3 V
- Maximale Datenraten
  - Schreiben 14,4 Mbit/s
  - Lesen 19,6 Mbit/s
- Einige Sticks sind mit dem MagicGate-Kopierschutz ausgestattet.

CF Karte

- **CF: C**ompact **F**lash (CompactFlash)
- Neben dem Flash-**Speicher** befindet sich auf dem Chip ein Controller, der den Speicher verwaltet und die Schnittstelle realisiert.
- **Typ I**: 42,8 mm x 36,4 mm x 3,3 mm (Typ I Karten funktionieren auch im Typ II Slot)
- **Typ II**: 42,8 mm x 36,4 mm x 5 mm
- Anwendungen: Digitale Fotoapparate (professionelle Spiegelreflexkameras), PCs, Netzwerkkomponenten, PDAs (Personal Digital Assistants)
- Der Anschluss (50-polig, geschützte Kontakte) ist kompatibel mit der PATA Schnittstelle, Varianten bauen darauf auf.
- Angabe der **Datenübertragungsraten**
  - Standardkarten besitzen häufig keine Angaben. Sie beträgt dann etwa 10 MB/s. Bezeichnungsvarianten sind: Pro, Ultra, Extreme, Highspeed
  - Direkte Angabe in MB/s
  - Vielfaches bezogen auf die Lesegeschwindigkeit von CD-ROM-Laufwerken (1x ca. 150 kB/s), z. B. 80x bedeutet: 12 MB/s
- **Dateisystem** beliebig (FAT16/32 empfohlen)
- **Lesezugriff** < 1 ms
- **Schreibzugriff** 10 ms bis 35 ms
- Betriebsspannungen (CF I und CF II) 3,3 V ± 5 % oder 5 V ± 10 %, Stromstärke im Ruhezustand 0,5 mA bis 1 mA
- **Kapazität**: 2 MB bis 128 GB

XQD Karte

- Speicherkarte mit hoher Datenübertragungsrate: Lesegeschwindigkeit 400 MB/s, Schreibgeschwindigkeit 350 MB/s Mbyte/s (Serie G)
- Markteinführung 2011 (Sony), Nachfolger für Compact-Flash
- Anwendung: Professionelle Digitalfotografie (z. B. Serienfotos, Belichtungsreihen, RAW-Format) und Videoaufzeichnung (z. B. für 4K und 60p)
- PCI-Express Schnittstelle und USB 3.0
- Abmessungen: Dünner als eine CF-Karte; (BxTxH) 29,6 mm x 3,8 mm x 38,5 mm
- Masse: ca. 10 g
- Kapazität: 16 GB bis 128 GB
- Besondere Kartenlesegeräte erforderlich
- Datenübertragungsraten:

Serie	N	S	G
Lesegeschwindigkeit in MB/s	125	180	400
Schreibgeschwindigkeit in MB/s	80 (64 GB) 60 (32 GB)	180	350

SD Karte

Merkmale

- **SD: S**ecure **D**igital (Memory Card); sichere digitale Speicherkarte
- Auf Basis der älteren MMC-Karte (MultiMediaCard) entwickelt
- Flash Speicherung, integrierter Controller
- Standardspeicherkarte für Mobiltelefone, Digitalkameras, MP3-Player, mobile Navigationsgeräte, ...
- Bezeichnungen für Kartenformate:
  - **SD** für Standardformate
  - **SDHC** (**SD H**igh **C**apacity), SD 2.0
  - **SDXC** (**SD** e**X**tended **C**apacity), SD 3.0
  - Für kleinere Speicherkarten folgende Vorsilben: **mini**...; **micro** (Adapter für SD-Kartenformate)

Datenübertragungsraten, Leistungsklassen

- Die Zahl im rechts offenen Kreis (Speed-Klasse) kennzeichnet die folgenden Schreibgeschwindigkeiten (mindestens):

CLASS 2	16 Mbit/s (2 MB/s)
CLASS 4	32 Mbit/s (4 MB/s)
CLASS 6	48 Mbit/s (6 MB/s)
CLASS 10	80 Mbit/s (10 MB/s)

- **Schreibschutz**: Der Schieber an der Kartenseite ist kein mechanischer Schalter. Die Einstellung wird von der Gerätesoftware ausgewertet.

Kartenformate

	SD	SDHC	miniSD	miniSDHC	microSD	microSDHC
Merkmale	24, 2,1, 32	24, 2,1, 32	20, 1,4, 21,5	20, 1,4, 21,5	11, 1,0, 15	11, 1,0, 15
	Abmessungen in mm		Abmessungen in mm		Abmessungen in mm	
Masse	ca. 2 g		ca. 1 g		ca. 0,5 g	
Pins	9-polig		11 Pins		8 Pins	
Spannung	2,7 V–3,6 V		2,7 V–3,6 V		2,7 V–3,6 V	
Schreibschutzschalter	ja		nein		nein	
Kopierschutz	CPRM[1]		CPRM[1]		CPRM[1]	
Kompatibilität	–		ja mit Adapter		ja mit Adapter	
Dateisystem	FAT16/32	FAT32	FAT16/32	FAT32	FAT16/32	FAT32
Kapazität	bis 2 GB	4 GB bis 32 GB	bis 2 GB	4 GB bis 32 GB	bis 2 GB	4 GB bis 32 GB

[1] **CPRM: C**ontent **P**rotection for **R**ecordable **M**edia

ExpressCard

- ExpressCard ist
  - Nachfolger für die bisher verwendete PC-Card,
  - dient zur modularen Erweiterung von Desktop- und Notebook-PCs.
- Verwendet zwei Formfaktoren (Maße kleiner als bei PC-Card).
- Kartendicke beträgt 5 mm
- Die Schnittstelle unterstützt
  - USB 2.0-Schnittstelle
  - eine PCI-Express Schnittstelle (single PCI-Express lane, x1, mit 2,5 Gbit/s je Richtung)
- **SMB** (**S**ide Band **M**anagement - **B**us) dient zur Steuerung getrennter Funktionen.
- Karten können im laufenden Betrieb gewechselt werden (hot-plug-fähig).
- Steckerverbindung besteht aus 26 Anschlüssen im Raster von 1 mm.
- Der elektrische Leistungsbedarf ist spezifiziert auf
  - 2,1 W für ExpressCard/54-Modul,
  - 1,6 W für ExpressCard/34-Modul.

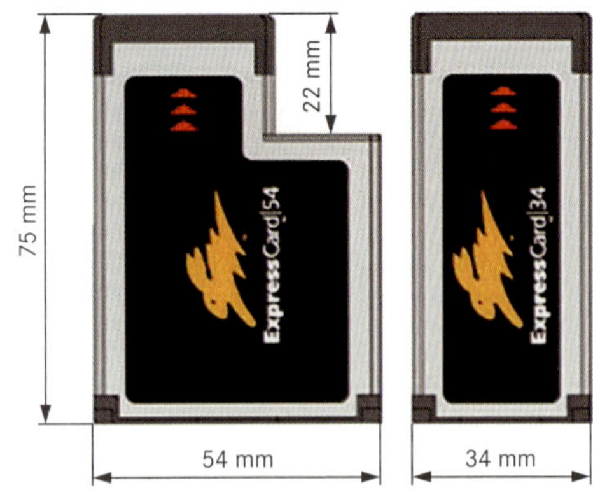

- ExpressCard/34-Module können in Steckplätze für ExpressCard/54-Module gesteckt werden.
- Einbauplätze sind nicht kompatibel zu PC-Card.

Steckplatz

Signal	Bedeutung
USBD+ USBD-	Differenzielle USB-Datenleitungen
SMB-DATA	Side Band Management - Bus Daten
SMB-CLK	Side Band Management - Bus Takt
PERn0 PERp0	Differenzielle PCI-Express Datenleitung (zum Host)
PETn0 PETp0	Differenzielle PCI-Express Datenleitung (zum Host)
WAKE#	Wecksignal von ExpressCard an PCI-Express Bus
PERST#	PCI-Express System-Reset
CPUSB#	USB-Erkennung

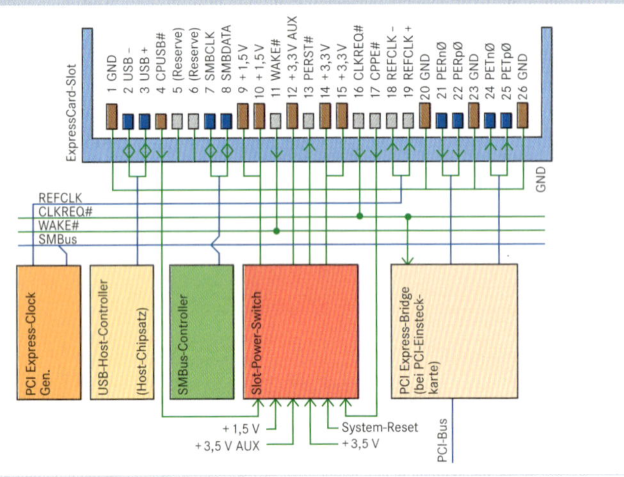

PCMCIA-Card

- PCMCIA: Personal Computer Memory Card International Association ist die Herstellervereinigung für scheckkartengroße PC-Erweiterungskarten
- Aktuelle Bezeichnung: PC-Card
- Verfügbar z. B. als Speicher-, E/A-, ISDN-, MODEM- oder Festplattenkarte
- Karten mit Versionsstand größer 2.x sind identisch mit dem **JEIDA**-Standard (**J**apanese **E**lectronic **I**ndustry **D**evelopment **A**ssociation).
- Version mit 32 Bit verwendet den gleichen Stecker (68 Pin) und wird als Cardbus-Interface bezeichnet.

Abmessungen

Version	Typ	Länge in mm	Breite in mm	Höhe in mm: Anschluss	Höhe in mm: Körper
1	-	85,6	54,0	3,3	3,3
2	I	85,6	54,0	3,3	3,3
2	II	85,6	54,0	3,3	5,0
2	III	85,6	54,0	3,3	10,5

Anschlüsse

Ansicht auf Steckverbinder der Karte

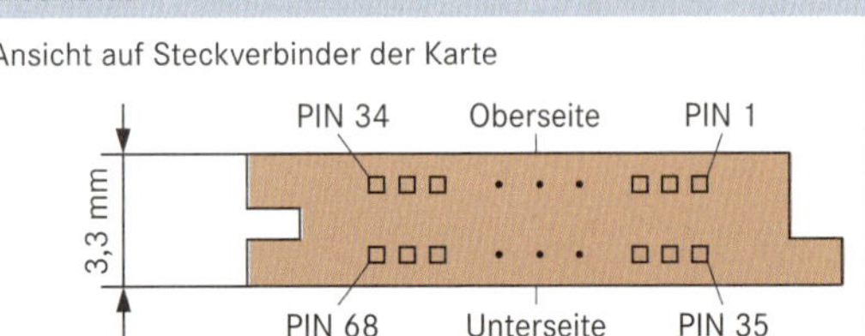

Kartengrößen

Kartenformate

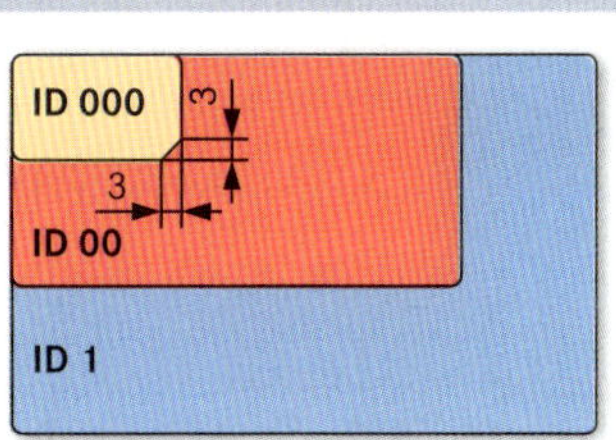

Kartenmaße

Kartenformat	Breite in mm	Höhe in mm	Dicke[1] in mm
ID 000	25	15	0,76
ID 00	66	33	0,76
ID 1	85,6	53,98	0,76
ID 2	105	74	0,76
ID 3	125	88	0,76

[1] Für Karten ohne Prägung und ohne magnetische Aufzeichnung dürfen andere Dickenwerte festgelegt werden.

Hochgeprägte Karten

Die geprägten Schriftzeichen sind für die Datenübertragung (durch Druckvorrichtung oder visuelles/maschinelles Lesen) bestimmt.

Identifikationsnummernzeile

Zeile für Schriftzeichen nach ISO 7811-1 mit maximal 19 Schriftzeichen-Positionen mit einer Nominaldichte von 7 Schriftzeichen je 25,4 mm. Die Zahl der benutzten geprägten Schriftzeichenpositionen hängt von den Erfordernissen der Anwender ab.

Namen- und Adressfeld

Vier Zeilen mit je 27 Schriftzeichen nach ISO 7811-1 mit einer Nominaldichte von 10 Schriftzeichen je 25,4 mm.

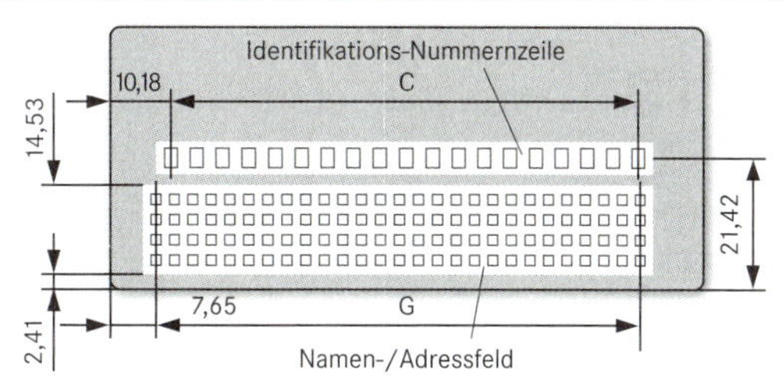

Größte kumulierte Grenzabweichung zwischen den Mittellinien des ersten und des letzten Schriftzeichens jeder Zeile +0,08 mm (Grenzabweichung von C und G).

Magnetstreifenkarten

Lage des Magnetstreifens

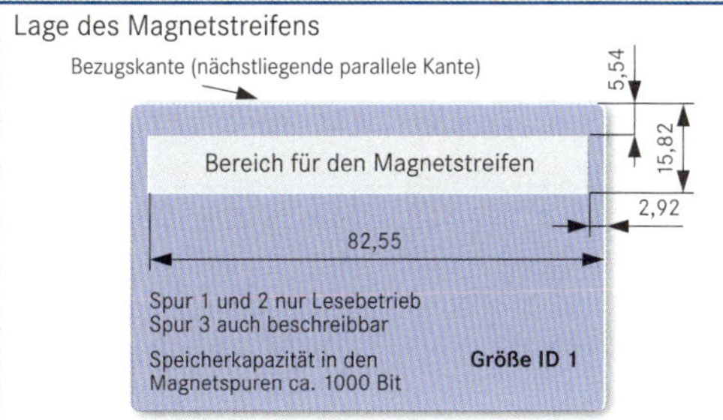

Lage der Spuren 1, 2 und 3

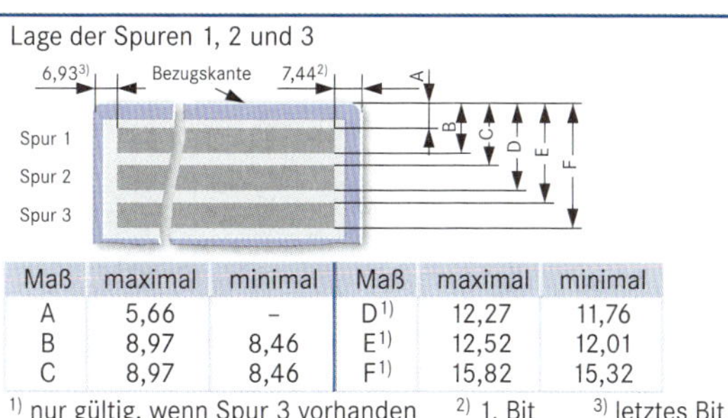

Maß	maximal	minimal	Maß	maximal	minimal
A	5,66	–	D[1]	12,27	11,76
B	8,97	8,46	E[1]	12,52	12,01
C	8,97	8,46	F[1]	15,82	15,32

[1] nur gültig, wenn Spur 3 vorhanden [2] 1. Bit [3] letztes Bit

Chipkarten

- **Speicherchipkarten**
  Ohne Sicherheitslogik, z. B. Krankenversicherungskarte (meist EEPROM)
- **Intelligente Speicherchipkarten**
  mit festverdrahteter Sicherheitslogik, z. B. Telefonkarte
- **Prozessorchipkarte**
  Intelligente Chipkarte (smartcard) mit Mikroprozessor, RAM, ROM, EEPROM und seriellem Ein- und Ausgabeport.

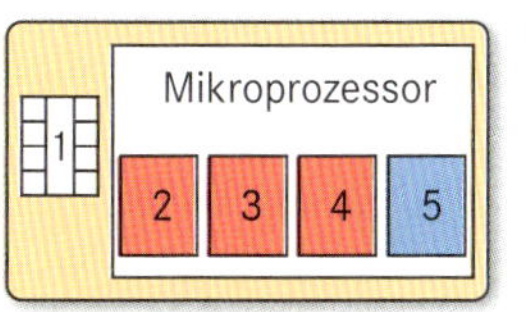

Prozessorchipkarte
1 Kontaktfelder des Chip
2 RAM
3 ROM
4 EEPROM
5 Serielle Ein-/Ausgabe-Schnittstelle

- **Cryptokarte mit mathematischem Coprozessor**

Kontaktbehaftete Karte

Kontaktbelegung	Kontakt	Signalname	Funktion
C1 C5 / C2 C6 / C3 C7 / C4 C8	C1	V_{CC}	Versorgungsspannung
	C2	RST	Reseteingang
	C3	CLK	Takteingang
	C4	RFU	Reserviert
	C5	GND	Masse
	C6	V_{PP}	Programmierspannung
	C7	I/O	Ein-/Ausgang, seriell
	C8	RFU	Reserviert

Kontaktlose Karte

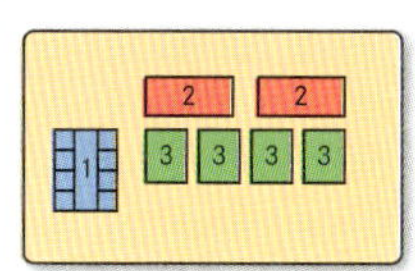

Energieübertragung meist induktiv, Datenübertragung induktiv oder kapazitiv
1 Interne Anschlüsse des Chip
2 Koppelspulen in der Chipkarte
3 Kapazitive Koppelflächen in der Chipkarte

Nichtflüchtige Speicher
Non-Volatile Memory

EEPROM

- **E**lectrically **E**rasable **P**rogrammable **R**ead **O**nly **M**emory: elektrisch lösch- und programmierbare Nur-Lese-Speicher.
- Aufbau ähnlich der EPROM-Speicherzelle.
- Dünnere Oxydschicht zwischen schwebendem Gate und Auswahlgate.
- Elektronen können durch äußere elektrische Spannung in beide Richtungen verschoben werden.
- Nachteile: geringe Anzahl von Schreibvorgängen ($\leq 10^3 \dots 10^4$); lange Schreib- und Löschzeiten für die Datenbytes.
- Speicherinhalte bleiben nach Spannungsabschaltung erhalten.

NVRAM/FRAM

- **N**on **V**olatile **R**andom **A**ccess **M**emory: RAM mit unverlierbaren Daten.
- Bestehen aus SRAM-Zellen und angekoppelten EEPROM-Zellen.
- Solange Betriebsspannung vorhanden, wird RAM-Bereich aktiv.
- Bei Spannungsausfall werden Daten des RAM-Bereichs in EEPROM-Bereich automatisch übertragen.
- Nach Spannungsrückkehr werden Daten zurückgeschrieben.
- **FRAM** (**F**erroelectric **RAM**) bieten kürzere Schreibzeiten, geringeren Energiebedarf, höhere Anzahl an Schreib-/Lesezyklen als EEPROM. Anwendung z. B. in Smart Cards (Mobiltelefonen).

Flash EEPROM

- Speicherzellen sind ähnlich aufgebaut wie bei EEPROM.
- Oxydschichtdicke für schwebendes Gate ca. 120 nm.
- Ladungsträger zwischen schwebendem Gate und Substrat durch elektrische Spannung in beiden Richtungen verschiebbar.
- Löschen des Speicherinhaltes nur gesamt durch Löschimpuls möglich.
- Betriebsarten für die Bausteine werden über Kommandoregister gesteuert.
- Speicherinhalte bleiben nach Spannungsabschaltung erhalten.

ROM/PROM

- **R**ead **O**nly **M**emory: Nur-Lese-Speicher.
- **P**rogrammable **R**ead **O**nly **M**emory: programmierbarer Nur-Lese-Speicher.
- Informationen sind remanent gespeichert.
- **ROM:** Programmierung erfolgt beim Halbleiterhersteller durch Einbringen von leitenden Verbindungen zwischen Zeile und Spalte in der Speichermatrix.
- Anwendung von ROMs nur bei großen Stückzahlen günstig.
- **PROM:** Programmierung erfolgt beim Anwender durch Aufschmelzen der programmierbaren Verbindung zwischen Zeile und Spalte in der Speichermatrix.

ASIC – Anwendungsspezifische ICs
ASIC – Application Specific Integrated Circuits

Kundenspezifisch	Standardzellen	Gate Array	PLD
■ ICs werden speziell für einen Kunden von einem Halbleiterhersteller angefertigt. ■ Grundlage sind Logikpläne, die die Schaltfunktionen beschreiben. ■ Funktionen werden als Transistorschaltungen auf Halbleiterkristall realisiert.	■ Schaltfunktionen werden nicht auf Transistorebene entworfen. ■ Halbleiterhersteller bieten Bausteinbibliotheken zur Umsetzung der Logikfunktionen. ■ Bibliotheken enthalten z. B. Gatter, Schieberegister und Zähler als Makrozellen.	■ Gatter-Felder sind vorgefertigte Schaltungen (Gatter). ■ Kundenspezifische Schaltungen werden durch Aufbringen von Metallisierungsverbindungen realisiert. ■ Neben Digitalschaltungen sind auch Analog-Arrays realisierbar.	■ **P**rogrammable **L**ogic **D**evice: programmierbare Logikeinheiten. ■ **PLA: P**rogrammable **L**ogic **A**rray. ■ **PAL: P**rogrammable **A**rray **L**ogic. ■ **FPLA: F**ield **P**rogrammable **L**ogic **A**rray. ■ **EPLD: E**rasable **P**rogrammable **L**ogic **D**evice.
	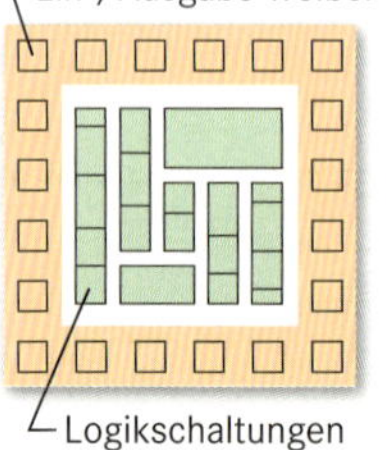	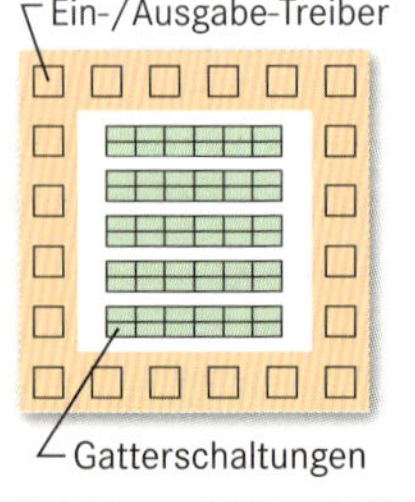	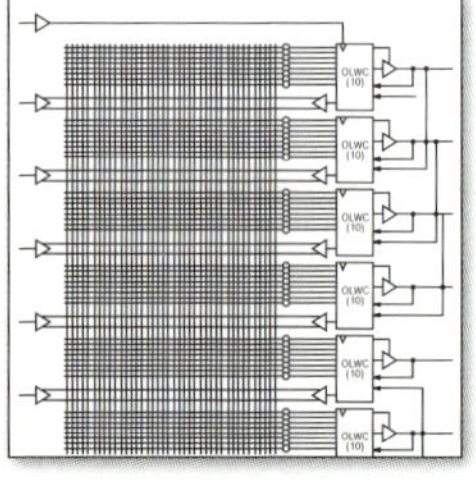

Arten

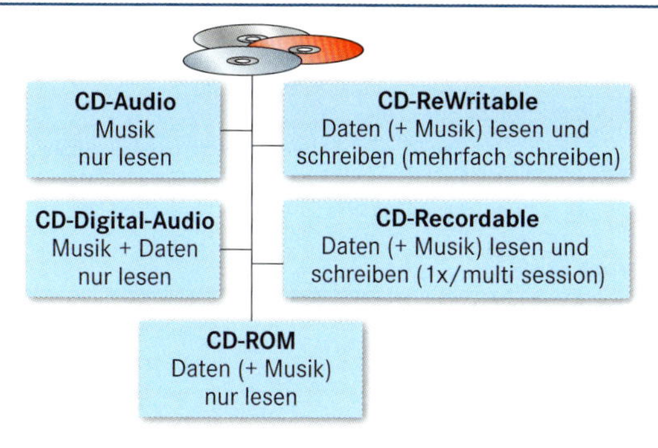

Leseverfahren

- **Konstante Übertragungsrate**
  CLV: Constant **L**inear **V**elocity
  Die Daten auf der CD sind in einer Spirale mit gleich bleibender Dichte angeordnet. Der Laser tastet zu jedem Zeitpunkt gleiche Strecken ab. Die Rotationsgeschwindigkeit muss demzufolge angepasst werden (Audio-CD).
  Single-Speed:
  - Innenbereich ca. 500 1/min
  - Außenbereich ca. 200 1/min
- **Konstante Umdrehungsgeschwindigkeit**
  CAV: Constant **A**ngular **V**elocity
  Die Übertragungsrate ist nicht konstant.
  Sie hängt vom Ort des Lasers auf der Scheibe ab.
- **Partial CAV**
  Kombination aus CLV und CAV

Übertragungsrate

Die Übertragungsrate wird zur Kennzeichnung von Laufwerken benutzt (x-Faktor, Klasse).
4x bedeutet: 4 mal so große Übertragungsrate wie ein Single-Speed-Laufwerk, 4 x 150 kB/s = 600 kB/s.

Bezeichnungen und Daten

Klasse	Bezeichnung	Übertragungsrate in kB/s	Zugriffszeit in ms
1x	Single-Speed	150	600
2x	Double-Speed	300	300
3x	Triple-Speed	450	200
4x	Quad-Speed	600	150
6x	Six-Speed	900	150
8x	Eight-Speed	1200	100
10x	Ten-Speed	1500	100
12x	Twelve-Speed[1]	1800	70-90
16x	[1]	1900	70-90
24x	[1]	2.000-3.000	60-85
32x	[1]	2.500-3.600	50-85
...	...	...	...

[1] (CLV/CAV)

Tracks und Sessions

- Ein **Track** ist ein physikalischer Abschnitt auf der CD, in dem bestimmte Daten gespeichert sind (geschlossene Datenspur). Sie sind erforderlich, um verschiedene Datentypen voneinander zu trennen.
  Beispiele:
  - Audio-CD: Jedes Stück befindet sich in einem separaten Track.
  - CD-ROM: Alle Daten befinden sich in einem Track.
  - Mixed-Mode-CD: Track für Computer-Daten gefolgt vom Track für Musik-Daten usw.
- Eine **Session** ist wie ein Track ein physikalischer Abschnitt auf der CD, allerdings sind in ihr in der Regel mehrere Tracks enthalten.
  Der Anfang (Vorspann) wird durch ein **Lead-in** gekennzeichnet. Das Ende durch ein **Lead-out**. Beide werden erst beim Schließen der Session geschrieben.
  Auf einer CD können mehrere Sessions geschrieben werden (**Multisessions**).
  - Lead-in für jede Session: 120 s
    Lücke zwischen zwei Tracks: 2 s bei gleichem Modus, sonst 3 s
  - Lead-out der ersten Session: 90 s, danach 30 s
- CDs die in einer Session geschrieben werden, werden als **Singlesession-CD** bezeichnet.

Schreibmethoden

- Bei **Track-at-Once** werden alle Tracks einzeln geschrieben. Der Schreibvorgang wird nach jedem Track unterbrochen. Er kann sofort oder später wieder fortgesetzt werden. Zwischen den Tracks sind also einleitende und abschließende Blöcke (ohne Daten) vorhanden (Run-in, Run-out). Bei „Live-CDs" sind diese Pausen mitunter unerwünscht.
- Bei **Disc-at-Once** werden alle Tracks, einschließlich der Zwischenräume, ohne Unterbrechung geschrieben (wichtig bei Audio-CDs). Die Disc wird automatisch finalisiert, so dass keine weiteren Tracks hinzugefügt werden können.
- Bei **On-the-Fly** werden die Daten direkt von der Quelle auf eine CD-R übertragen, ohne dass sie vorher zwischengespeichert werden. Es wird kein Image angelegt. Dieses ist nur dann sinnvoll, wenn gewährleistet ist, dass der Schreibspeicher ständig gefüllt ist und somit die Gefahr eines Buffer Underruns nicht besteht.

CDs Brennen

- **CD-R:** Beschreibbare CD. Die eingeprägte Spur enthält Zeitinformationen, die den Strahl des Schreiblasers führt. In der organischen Farbschicht wird durch den Laser (ca. 40 mW) die Struktur verändert (kristallin und amorph). Dadurch werden Pits und Lands eingeprägt.
- Eine CD-R ist wärmeempfindlicher als eine gepresste CD. Zum exakten Brennen ist ein kontinuierlicher Datenfluss erforderlich. Deshalb sollten im Hintergrund laufende Programme beendet werden.
- Zum Brennen von CDs wird eine spezielle Software benötigt, die mitunter im Betriebssystem eingebunden ist.
- **CD-RW:** Mehrfach beschreibbare CD.
  Vor dem Neuschreiben muss die gesamte Schicht zunächst in einen einheitlichen Zustand gebracht werden (Löschvorgang).

Red Book[1)]

Audio-CD, CD-Audio, CD-DA (**D**igital-**A**udio)
- 2.352 Byte als Nutzdaten/Sektor
- 882 Zusatzbyte (784 zur Fehlererkennung, 98 Kontroll-Bytes)
- Kapazität: 74 Minuten Musik, max. 98 Titel

CD-DA mit Grafik
- Grafikdaten werden in den Kontrollbytes transportiert.

Yellow Book[1)]

CD-ROM
- Enthält Spezifikationen der CD-DA
- Zusätzlich:
  - Fehlererkennung (EDC)
  - Fehlerkorrektur (ECC)
- Aufzeichnungsstandard ISO 9660
- Mode 1: Computerdaten mit 682 MB Kapazität
- Mode 2: Audio- und Grafikdaten mit 778 MB Kapazität

Blue Book[1)]

CD-Extra, CD-Plus, CD-V
- Audio und Daten
- Kombination aus Red- und Yellow-Book

Orange Book[1)]

CD-MO (**M**agneto **O**ptical)
- Datenträger, die mehrfach beschrieben werden können.

CD-R (**R**ecordable)
- Optisch beschreibbarer Datenträger

CD-RW (**R**ead **W**rite)
- Mehrfach beschreibbare CD-Medien

Beige Book[1)]

Photo-CD
- Aufzeichnung und Wiedergabe von Bildern

Green Book[1)]

CD-I (**C**omputer **D**isk **I**nteraktiv)
- Computerdaten
- Musik und Bilder
- 650 MB (72 min Video oder 19 h Ton)

White Book[1)]

Video-CD (MPEG-Standard)
- Video in VHS-Qualität
- Kapazität: 75 min Video

[1)] Die technischen Spezifikationen (Standards) werden als „farbige" Bücher bezeichnet.

Audio-CD

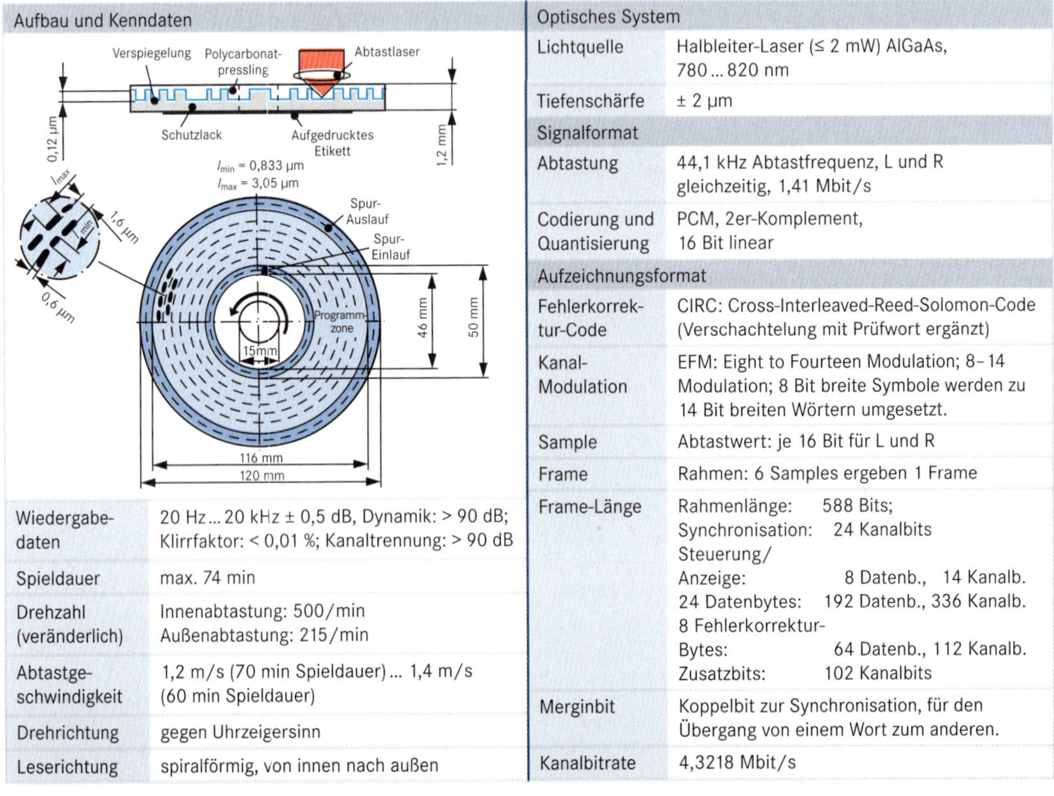

Aufbau und Kenndaten	
Wiedergabedaten	20 Hz ... 20 kHz ± 0,5 dB, Dynamik: > 90 dB; Klirrfaktor: < 0,01 %; Kanaltrennung: > 90 dB
Spieldauer	max. 74 min
Drehzahl (veränderlich)	Innenabtastung: 500/min Außenabtastung: 215/min
Abtastgeschwindigkeit	1,2 m/s (70 min Spieldauer) ... 1,4 m/s (60 min Spieldauer)
Drehrichtung	gegen Uhrzeigersinn
Leserichtung	spiralförmig, von innen nach außen

Optisches System	
Lichtquelle	Halbleiter-Laser (≤ 2 mW) AlGaAs, 780 ... 820 nm
Tiefenschärfe	± 2 µm
Signalformat	
Abtastung	44,1 kHz Abtastfrequenz, L und R gleichzeitig, 1,41 Mbit/s
Codierung und Quantisierung	PCM, 2er-Komplement, 16 Bit linear
Aufzeichnungsformat	
Fehlerkorrektur-Code	CIRC: Cross-Interleaved-Reed-Solomon-Code (Verschachtelung mit Prüfwort ergänzt)
Kanal-Modulation	EFM: Eight to Fourteen Modulation; 8-14 Modulation; 8 Bit breite Symbole werden zu 14 Bit breiten Wörtern umgesetzt.
Sample	Abtastwert: je 16 Bit für L und R
Frame	Rahmen: 6 Samples ergeben 1 Frame
Frame-Länge	Rahmenlänge: 588 Bits; Synchronisation: 24 Kanalbits Steuerung/Anzeige: 8 Datenb., 14 Kanalb. 24 Datenbytes: 192 Datenb., 336 Kanalb. 8 Fehlerkorrektur-Bytes: 64 Datenb., 112 Kanalb. Zusatzbits: 102 Kanalbits
Merginbit	Koppelbit zur Synchronisation, für den Übergang von einem Wort zum anderen.
Kanalbitrate	4,3218 Mbit/s

Vergleich DVD mit CD

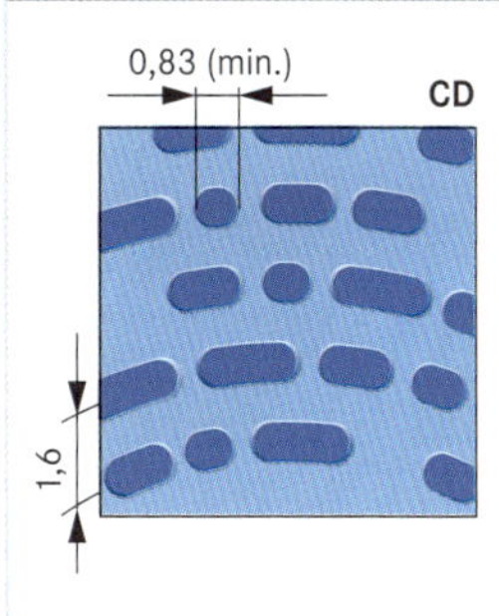

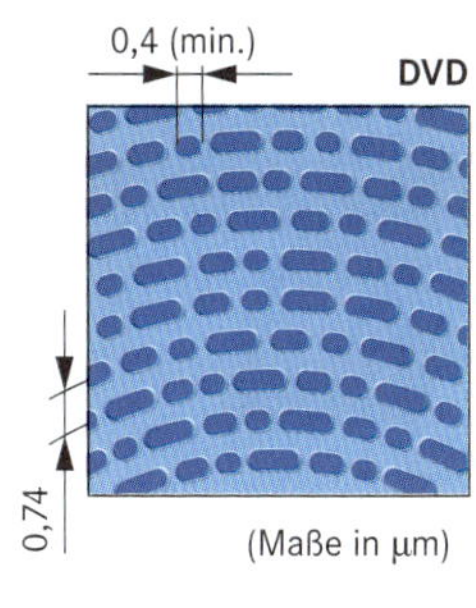

(Maße in µm)

Kenndaten

Durchmesser	120 mm (wie CD)
Dicke	1,2 mm (wie CD)
Spurweite	0,74 µm
Laser	635 nm, 650 nm (Rot)
Kapazität (Daten)	4,7 GB; 8,5 GB; 9,4 GB und 17 GB
Fehlerkorrektur	RS-PC (Reed Solomon Product Code)
Datentransferrate	1 bis 10 MB/s (Mittelwert für Audio/Video) MPEG-2
Bildkompression Dateisystem	Micro UDF (M-UDF) und/oder ISO 9660

DVD-5, einseitig und einschichtig (4,7 GB)

- Eine Aufzeichnungsebene
- Ca. 2,2 Stunden Videoaufzeichnung möglich

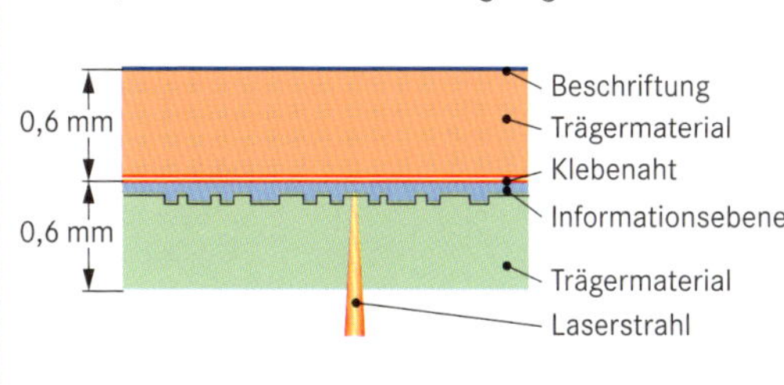

DVD-9, einseitig und zweischichtig (8,5 GB)

- Zwei Aufzeichnungsebenen
- Ca. 4,4 Stunden Videoaufzeichnung möglich

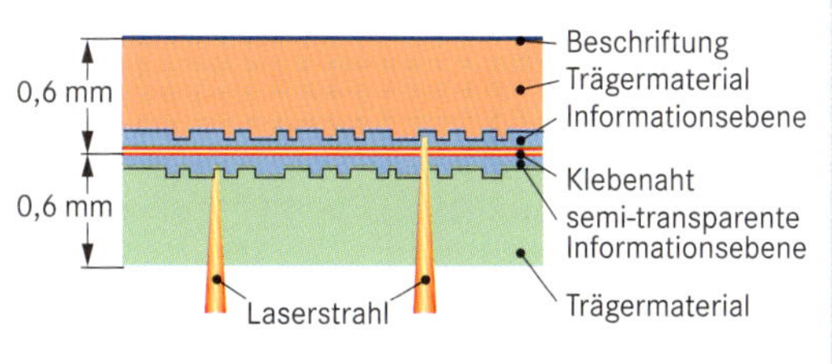

DVD-10, beidseitig und einschichtig (9,4 GB)

- Im Prinzip zwei zusammengeklebte einschichtige DVDs,
- Etwa 4 Stunden Videoaufzeichnung möglich

DVD-18, beidseitig und zweischichtig (17 GB)

- Im Prinzip zwei zusammengeklebte zweischichtige DVDs,
- Etwa 8 Stunden Videoaufzeichnung möglich.

Schreibformate

Format	DVD-R	DVD-RAM	DVD-RW	DVD+RW
Einführungsjahr	1997	1998	2000	2001
beschreibbar	einmal	100.000 Mal	1000 Mal	1000 Mal
Kapazität in GB/Seite	4,7	4,7 bzw. 9,4	4,7	4,7
Reflexionsgrad in %	45 bis 85	15 bis 35	18 bis 30	10 bis 20
Aufzeichnungsmethode	Wobbled groove[1]	Wobbled groove[1] and land[2]	Wobbled groove[1]	High-frequency wobbled groove[1]
Speicherverfahren	Organic Dye[5]	Phase Change[6]	Phase Change[6]	Phase Change[6]
Formatierung	CLV[3]	Zoned CLV	CLV	CLV oder CAV[4]
Laser Wellenlänge schreiben	635 bzw. 650 nm	650 nm	650 nm	650 nm
Laser Wellenlänge lesen	650 nm	650 nm	650 nm	650 nm

[1] „Wackelnde" Vertiefungen
[2] Land: Erhöhung
[3] **CLV: C**onstant **L**inear **V**elocity
Die Drehzahl des Mediums variiert, die Transferrate der Daten bleibt deshalb konstant.
[4] **CAV: C**onstant **A**ngular **V**elocity
Die Drehzahl des Mediums bleibt konstant, die Transferrate der Daten wird von innen nach außen größer.
[5] Die Aufzeichnungsschicht besteht aus organischem Farbstoff (Organic Dye), der sich bei der Erhitzung durch den Schreib-Laserstrahl verfärbt, so dass von diesen Stellen der Laserstrahl beim Lesen weniger stark reflektiert wird (Pits). Die Leistung des Lasers beträgt 6 bis 12 mW.
[6] Phasen-Wechsel: Der Laserstrahl erhitzt Zonen der Aufzeichnungsschicht (ca. 200 °C), die Metallatome ordnen sich kristallin an, der Refexionsgrad erhöht sich, der Zustand bleibt bei Abkühlung erhalten.
Beim Löschen erhitzt man die Aufzeichnungsschicht auf 500 bis 700 °C, nach der Abkühlung befindet sich das Metall wieder im amorphen Zustand (Ausgangszustand).

Merkmale

- Der Name ist eine verkürzte Fassung: Blauer Strahl (Blu-ray), blau-violetter Laser
- Blu-ray Discs sind Nachfolger für die DVD mit erhöhter Speicherkapazität zur Aufnahme von Videos auch im HDTV-Format (1920 x 1080 Pixel).
- Die Aufnahme im HDTV-Format ist in Echtzeit möglich.
- BDs sind nicht kompatibel zu CDs und DVDs
- Durchmesser wie bei CD und DVD 12 cm bzw. 8 cm
- Im Vergleich zur DVD ist der Abstand des Lasers zum Datenträger verkleinert worden.
- Die Schutzschicht ist im Vergleich zur DVD dünner (0,1 mm), deshalb sind BDs empfindlicher gegen Schmutz.
- Varianten:
  - BD-ROM, nur lesbar
  - BD-R, nur beschreibbar
  - BD-RE, wieder beschreibbar
- Es sind einseitige bzw. doppelseitige, ein- und zweischichtige Discs möglich.
- Kapazitäten:
  - Eine Schicht (SL: Single Layer) bis 27 GB (25,1 GiB)
  - Zwei Schichten (DL: Dual Layer) bis 54 GB (50 GiB)
- Im Rahmen der Spezifizierung ist eine Interaktive Anwendungsschicht (BD-J) definiert. Beispiele:
  - Interaktiver Film (z. B. Wahl eines von mehreren Handlungssträngen oder Wahl des Filmendes) Einblendungen, Spiele, Zusatzinformationen
- Regionalcodes wie bei der DVD (A/1, B/2 und C/3) werden verwendet. Der Code wird nicht vom Laufwerk oder Betriebssystem überprüft, sondern er ist in einer Datei der Abspielsoftware enthalten.
- Es werden die Abspielgeräte-Profile 1.0, 1.1, 2.0, 3.0 und 5.0 unterschieden. In das Profil 1.0 lassen sich die meisten Standgeräte einordnen, Profil 5.0 unterstützt stereoskopische 3D-Inhalte.
- Videocodecs: AVC, H.264 (MPEG-4), MPEG-2, VC-1 (WMV3)
- Audiocodecs:
  DTS, DTS-HD Master Audio, DTS-HD HighRes, Dolby TrueHD lineares PCM, Dolby Digital (AC-3)

Schutz

- Verwendet wird als **Kopierschutz AACS** (**A**dvanced **A**ccess **C**ontent **S**ystem)
- Verwaltung der Übertragung von Inhalten auf andere Geräte (s. Abbildung).

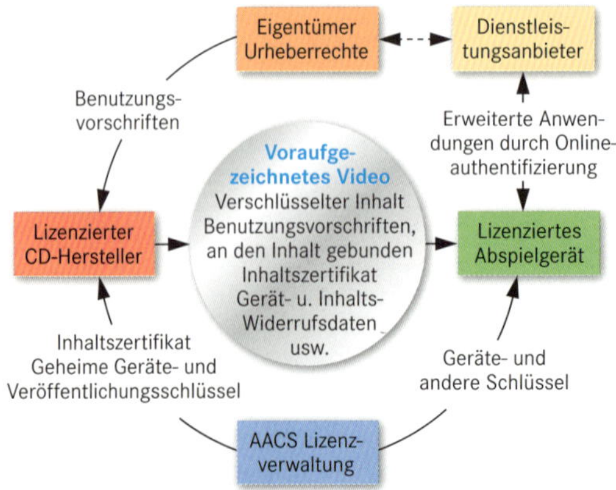

Vergleich

CD	DVD	Blu-ray Disc
Abstände der Pits in µm		
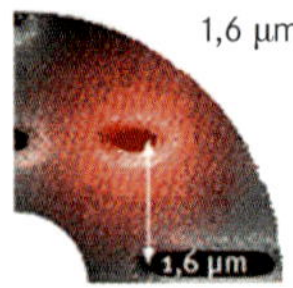 1,6 µm	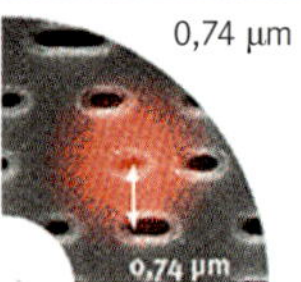 0,74 µm	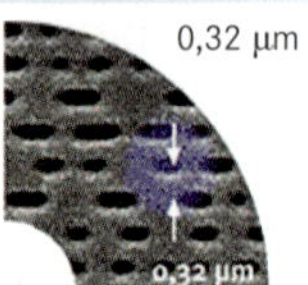 0,32 µm
Speicherkapazität in GB, SL: Single Layer, DL: Double Layer		
0,68–0,8	SL: 4,7; DL: 8,5	SL: 25; DL: 50
Wellenlänge des Lasers, Laserspot-Durchmesser		
780 nm, Infrarot 2,1 µm	650 nm, Rot 1,3 µm	405 nm, Violett 0,6 µm
Datentransferrate in Mbit/s		
Mode 1: 1,2288 Mode 2: 0,6112	11,08	36–54
Video-Codec		
MPEG-1 (VCD) MPEG-2 (SVCD)	MPEG-1 (VCD) MPEG-2 (SVCD)	MPEG-1 (VCD) MPEG-2 (SVCD) VC-1, H.264
Spurweite in µm		
1,6	0,74	0,32
Numerische Apertur		
0,45	0,6	0,85
Schutzschicht in mm		
0,6	0,6	SL: 0,1; DL: 0,075

Aufzeichnung

- Die Angabe „1x" entspricht einer Datenrate von 36 Mbit/s (viermal schneller als bei einer DVD).
- Die Tabellenwerte beziehen sich auf den **CLV**-Modus (**Con**stant **L**inear **V**elocity: Die Drehzahl des Mediums variiert, die Datentransferrate bleibt dadurch konstant).

Geschwindigkeit	Datenrate		Schreibdauer in min
	in Mbit/s	in MB/s	Single Layer
1x	36	4,5	90
2x	72	9	45
4x	144	18	22,5
6x	216	27	15
8x	288	36	11,25
12x	432	54	7,5

- Datenstrom bei Blu-ray-Video:
  - Die Datenübertragungsrate ist auf 53,95 Mbit/s begrenzt.
  - Videostream: 40 Mbit/s
  - Tonstream: 13,95 Mbit/s

Chipsatz Intel 975x

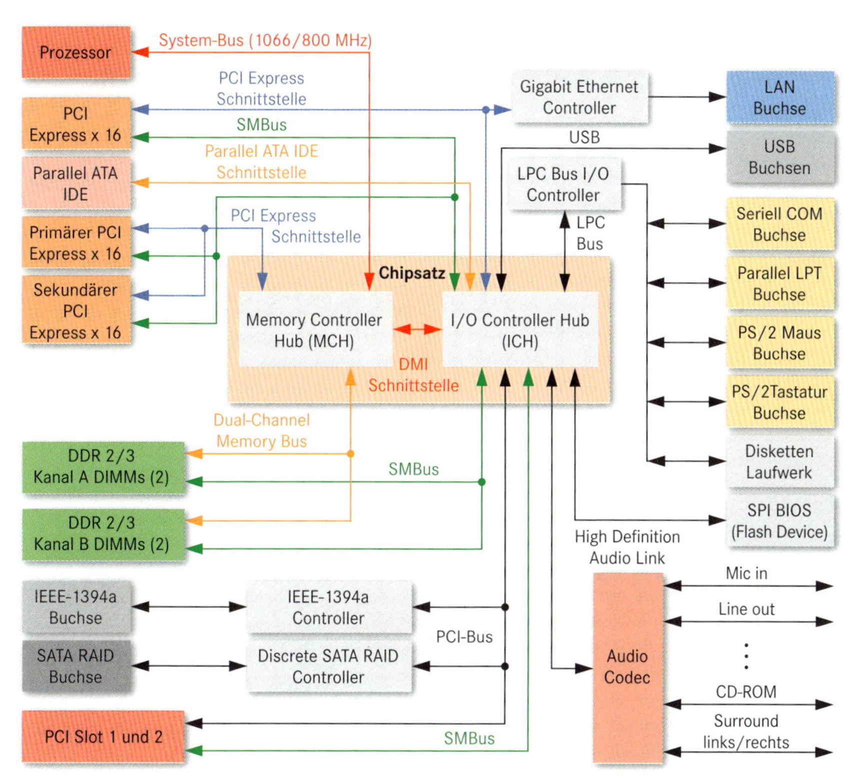

DMI:
Desktop **M**anagement **I**nterface (Schnittstelle)

LPC:
Legacy **P**ort **C**ontroller, entspricht dem seriellen ISA-Bus mit geringerer Leitungszahl, „alte" PC-Schnittstellen

PCI:
Peripheral **C**omponent **I**nterconnect, für die interne Erweiterung durch Steckkarten

SMBus:
System **M**anagement **Bus**, Steuerbus, der dem I^2C-Bus entspricht

Systembus:
verbindet Zentralspeichereinheit mit Hauptspeicher und Cache (Datenbus, Steuerbus, Adressbus)

Erläuterungen

- **AT: A**dvanced **T**echnology; fortschrittliche Technologie, Bezeichnung für PCs mit 80286 Prozessor oder höher
- **ATA: AT-A**ttachment; Synonym für IDE
- **BIOS: B**asic **I**nput **O**utput **S**ystem; Basis-Eingangs-Ausgangs-System, im BIOS werden wichtige Einstellungen für den PC in einem wieder beschreibbaren Speicher (EEPROM, meist als Flash-Speicher, 64 oder 128 Byte) auf der Hauptplatine abgelegt.
- **Chipsatz:** Er dient der Unterstützung der CPU bei der Steuerung und dem Datentransfer der einzelnen Komponenten des Mainboards und der peripheren Geräte. Er besteht hauptsächlich aus den Komponenten MCH und ICH.
- **Codec: Co**der und **Dec**oder; Einrichtung, Verfahren oder Programm, mit denen Daten oder Signale digital codiert und decodiert werden können
- **COM: Com**munication; serielle Schnittstelle zum Anschluss von Peripheriegeräten mit geringem Datentransfer (z. B. Maus, Tastatur, Modem)
- **DDR-RAM: D**ouble **D**ata **R**ate **RAM**; Arbeitsspeicher, dessen Daten bei der ansteigenden und abfallenden Flanke gelesen werden (doppelte Datenrate)
- **DIMM: D**ual **I**nline **M**emory **M**odul; Speichermodul mit 64 Bit breitem Datenbus
- **EIDE: E**nhanced **IDE**-Schnittstelle; erweiterte IDE-Schnittstelle, andere Bezeichnungen Fast-ATA, ATA-2
- **IEEE-1394a: I**nstitute of **E**lectrical and **E**lectronics **E**ngineers; serielle Schnittstelle zur Kopplung peripherer Geräte (z. B externe Festplatten, Videogeräte) an einen Rechner oder zur Kopplung von Geräten untereinander
- **ICH: I**/O **C**ontroller **H**ub; früher als Southbridge bezeichnet
- **IDE: I**ntegrated **D**evice **E**lectronics; Schnittstelle für Geräte mit integriertem Controller, andere Bezeichnungen ATA, AT-Bus
- **LPT: L**ine **P**rin**t**er; parallele Schnittstelle zum Anschluss von Peripheriegeräten, z. B. Scanner, Drucker
- **MCH: M**emory **C**ontroller **H**ubs; früher als Northbridge bezeichnet
- **PCI Express (PCIe);** Schnittstelle für Peripheriegeräte an die CPU, höhere Datenrate als PCI
- **PS/2: P**ersonal **S**ystem/**2**; serielle Schnittstelle für Tastatur und Maus
- **RAID: R**edundant **A**rray **I**ndependent **D**isc; redundante Anordnung von unabhängigen Festplatten (virtueller Massenspeicher)
- **USB: U**niversal **S**erial **B**us; serieller Bus-Anschluss zum vereinfachten Anschalten von Peripheriegeräten (Geräte während des Betriebs einsteckbar), bis zu 127 Geräte

Merkmale

- Der **PCI**-Bus ist ein **paralles taktsynchrones Bussystem** auf dem Motherboard zur Verbindung von Peripheriekomponenten (z. B. SCSI, LAN) untereinander und mit der CPU.
- Ist unabhängig vom CPU-Typ.
- Überträgt Adressen und Daten im **Zeitmultiplex** (32 Bit oder 64 Bit).
- Mit zusätzlichen Steuersignalen (C/BE) wird zwischen Kommando und Bytefreigaben unterschieden.
- Devices (Geräte) am Bus werden unterschieden in **Initiator** und **Target**, wobei der Initiator die Aktionen steuert und verwaltet.
- Geräte verfügen über einen **Konfigurationsspeicher**, der die spezifischen Anforderungen des Gerätes beschreibt (z. B. Adressbereich).
- Realisiert u. a.
  - Autokonfiguration (Interruptbelegung, Geräte-Erkennung),
  - Multi-Master-Fähigkeiten.
- Wird allgemein unterschieden in **PCI Conventional** und **PCI-X**.
- Verschiedene Versionen sind funktional kompatibel; spezifische Ausprägungen der Steckverbinder sind zu berücksichtigen.

Versionen

Typ	I/O Spannung in V	64 Bit		32 Bit		Fehlerkorrektur
		Steckplätze	MByte/s	Steckplätze	MByte/s	
PCI 33	5/3,3	4	266	4	133	P
PCI 66	3,3	2	533	2	266	P
PCI-X 66	3,3	4	533	4	266	P/ECC
PCI-X 133	3,3	2	800	2	400	P/ECC
PCI-X 133	3,3	1	1066	1	533	P/ECC
PCI-X 266	1,5	1	2133	1	1066	ECC
PCI-X 533	1,5	1	4266	1	2133	ECC

PCI Conventional PCI-X (Mode 1) PCI-X (Mode 2)

P: Parity ECC: Error Correction Code

Baugruppen Codierungen

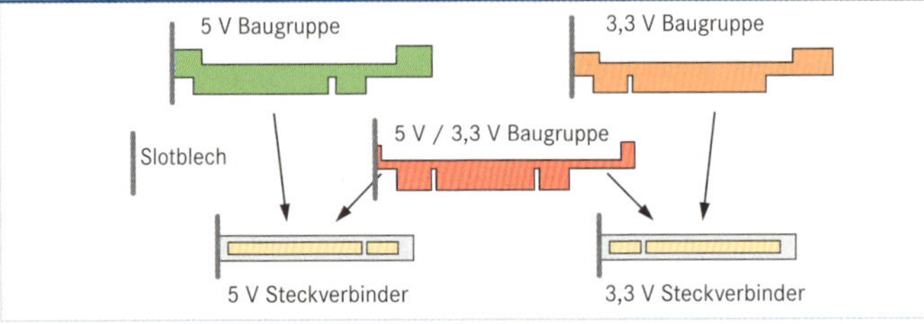

Signale

Name	Funktion
AD[....]	Adresse/Daten
C/BE(...)#	Bus - Kommando/Bytefreigabe
INT (A...D)#	Interruptleiteitung (Kanal A, B, C, D)
PAR	Parität für AD und C/BE
CLK/RST	Takt/Reset
Frame#	Zyklus Rahmen
IRDY#/TRDY#	Initiator bereit/Target bereit
STOP#	Unterbrechung
LOCK#	Sperre
IDSEL	Initialisierung
DEVSEL#	Geräteauswahl
REQ#	Anforderung

Name	Funktion
GNT#	Freigabe (Bus-)
PERR# SERR#	Paritätsfehler Systemfehler
PRSNT#	Anwesenheit
M66EN	66 MHz Freigabe
PME#	Stromversorgungsereignis
SMBCLK	SMBus Takt
SMBDAT	SMBus Daten
Txx	Test-Signale
REQ64#	Anforderung 64 Bit Transfer
ACK64#	Bestätigung 64 bit

Steckverbinder 32 Bit/3,3 V

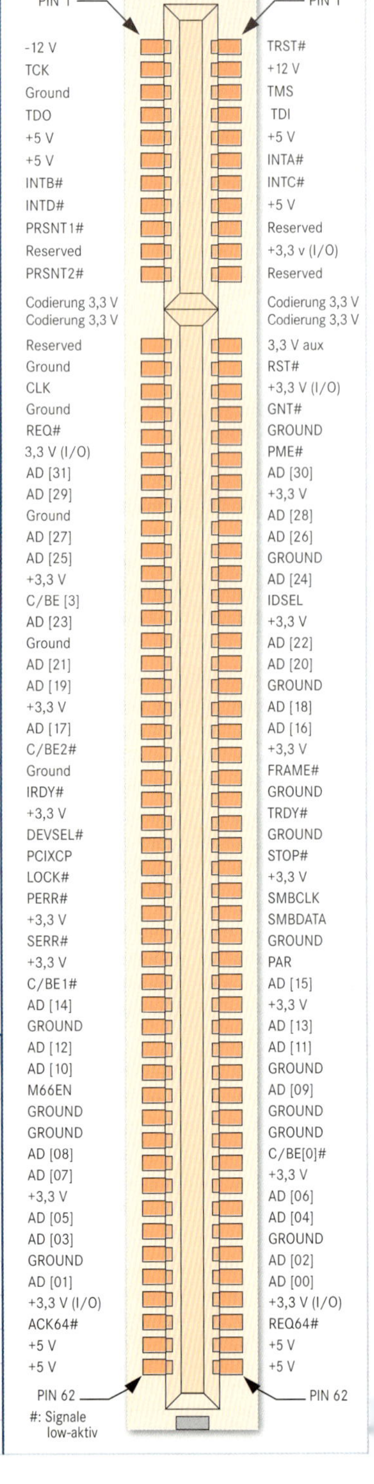

Merkmale

- Ist ein industrielles Rechnersystem und standardisiert von der **PICMG** (**P**CI **I**ndustrial **C**omputer **M**anufacturers **G**roup; in Europe: PICMG Europe)
- Besteht aus
  - passivem Rückwandbus (backplane),
  - PCI-Bus und
  - 19" Aufbautechnik.
- Besonderes Kennzeichen sind die hochpoligen Steckverbinder in 2 mm Stiftabstand (metrische Steckverbinder), wobei die Messerleisten in der Rückwandleiterplatte und die Federleisten auf den Baugruppen angeordnet sind.
- Die Steckverbinder sind in verschiedenen Typen (A, B, AB) verfügbar.
- Als Baugruppenformat werden das
  - einfache Europaformat (3U; 100 mm x 160 mm) und das
  - doppelte Europaformat (6U; 230 mm x 160 mm)

  verwendet.
- Die Anzahl der Steckverbinder ist abhängig von der Art der Baugruppe.
- Die CPU-Baugruppe enthält mindestens die Steckverbinder J1 und J2.
- Peripheriebaugruppen (z. B. I/O-Baugruppen) können auch nur mit dem Steckverbinder J1 ausgerüstet sein.
- Externe Signale (z. B. USB- oder Ethenetanschluss) werden über die Frontplatten herausgeführt.
- Über die Rückseite der Backplane könne zusätzliche Baugruppen angesteckt werden.
- Pro Rückwandbus-Einheit sind bis zu 8 PCI Einbauplätze realisierbar (über Brückenbaugruppen erweiterbar).
- **CompactPCI Serial** verwendet **serielle** Kommunikationsverbindungen (u. a. PCIe; SATA, USB, Ethernet) zwischen dem CPU-Board und den Peripheriebaugruppen.

Baugruppenformate

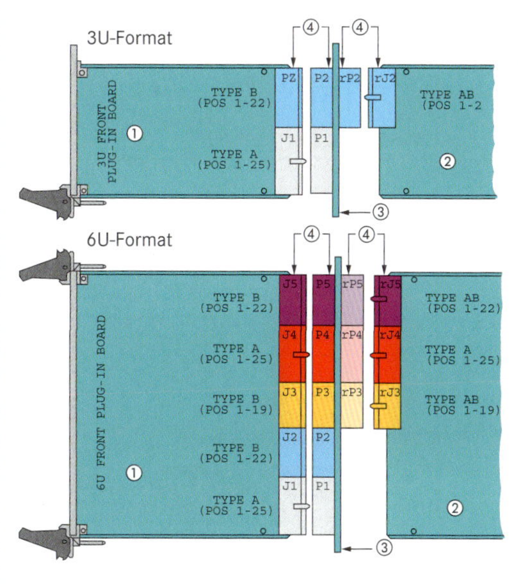

① Flachbaugruppe frontseitig
② Flachbaugruppe rückseitig
③ Backplane
④ Steckverbinder

Steckverbinderaufbau

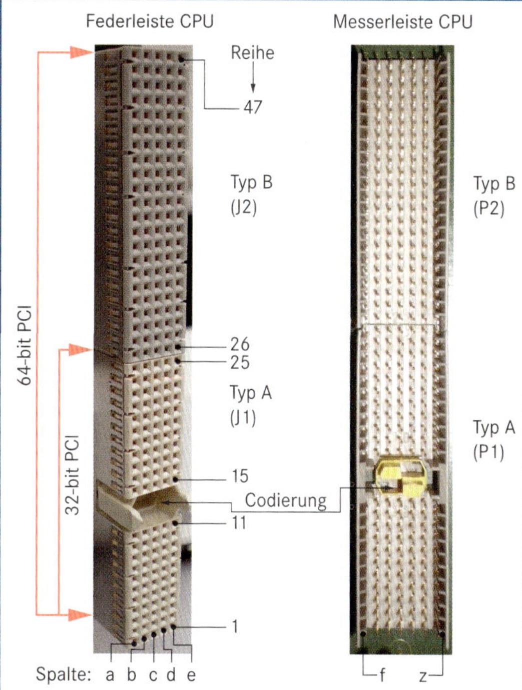

Aufbaubeispiel

CPU mit Backplane und rückseitiger Baugruppe

19" Gehäuse

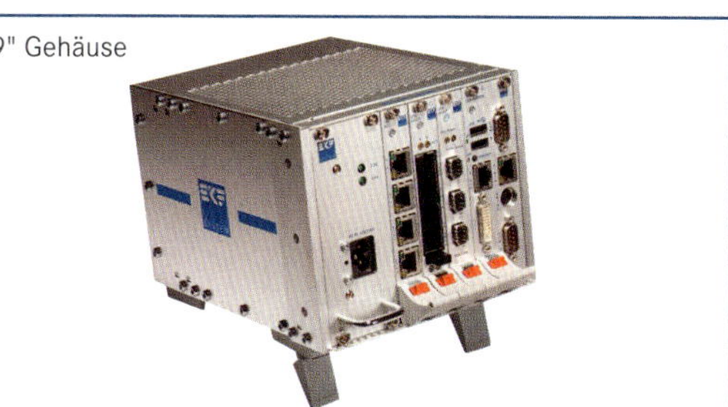

Merkmale

- **PCIe**
  - dient zur Anbindung von Peripherie-Einheiten an die CPU.
  - ist der Ersatz des bisherigen PCI-Busses.
- Die Datenübertragung erfolgt im Gegensatz zum PCI in serieller Form über sogenannte **Lanes** (unidirektionale Leitungspaare), wobei jeweils ein Paar zum Senden und das andere Paar zum Empfangen dient (Punkt zu Punkt).
- Die Anzahl der Lanes ist skalierbar mit x1, x2, x4, x8, x12, x16 und x32.
- Die Datenübertragung erfolgt in Paketen.
- Version 1.0 realisiert pro Lane 2,5 Gigatransfer pro Sekunde und Richtung.
- Version 2.0 realisiert pro Lane 5 Gigatransfer pro Sekunde und Richtung.
- Beide Versionen verwenden 8 Bit/ 10 Bit Codierung.
- Version 3.0 realisiert pro Lane 8 Gigatransfer pro Sekunde und Richtung bei 8 Bit Codierung.

Verbindungsprinzip

Beispiel: PCIe x1 (Version 1.0)

Datenraten

Version	Anzahl Lanes	Datenrate in MByte/s und Richtung
1,0		
PCIe x1	1	250
PCIe x8	8	2.000
2,0		
PCIe x1	1	500
PCIe x8	8	4.000
3,0		
PCIe x1	1	1.000
PCIe x8	8	8.000

Anwendung

Steckverbinderbelegung PCIe 1x

Pin #	Side B Name	Side B Description	Side A Name	Side A Description
1	+12 V	12 V power	PRSNT1#	Hot plug presence detect
2	+12V	12 V power	+12V	12 V power
3	RSVD	Reserved	+12V	12 V power
4	GND	Ground	GND	Ground
5	SMCLK	SMBus (System Management Bus) clock	JTAG2	TCK (Test Clock), clock input for JTAG interface
6	SMDAT		JTAG3	TDI (Test Data Input)
7	GND	Ground	JTAG4	TDO (Test Data Output)
8	+3,3 V	3,3 V power	JTAG5	TMS (Test Mode Select)
9	JTAG1	TRSAT# (Test Reset) resets the JTAG interface	+3,3 V	3,3 V power
10	3,3 Vaux	3,3 V auxiliary power	+3,3 V	3,3 V power
11	WAKE#	Signal for link reactivation	PWRGD	Power good
Mechanical Key				
12	RSVD	Reserved	GND	Ground
13	GND	Ground	REFCLK+	Reference clock (differential pair)
14	HSOp(0)	Transmitter differential pair, Lane 0	REFCLK–	
15	HSOn(0)		GND	Ground
16	GND	Ground	HSIp(0)	Receiver differential pair, Lane 0
17	PRSNT2#	Hot plug presence detect	HSIn(0)	
18	GND	Ground	GND	Ground
End of the x1 Connector				

Mechanischer Aufbau

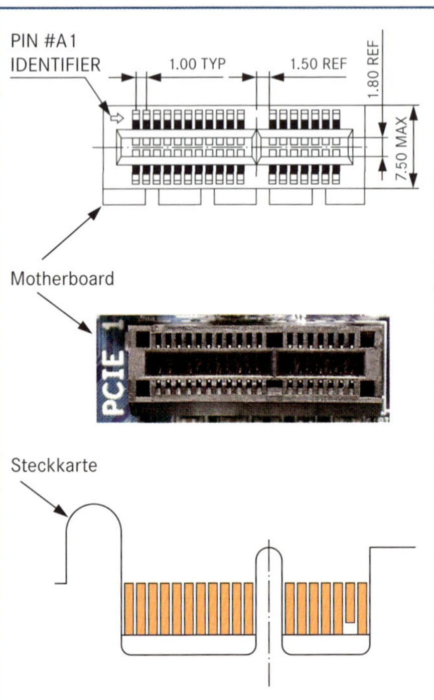

Steckverbinder PCIe x16

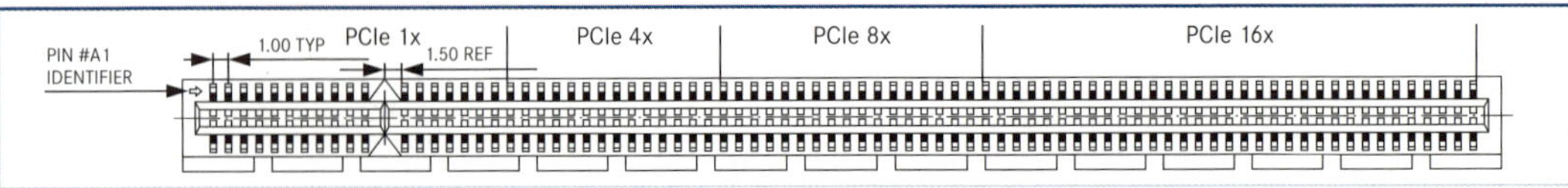

- M.2 ist die Bezeichnung für einen 75-poligen Steckverbinder zur Aufnahme kleiner Leiterplatten (add-on cards), z. B. **SSD** (**S**olid **S**tate **D**isc).
- Von den 75 Kontakten werden verwendet:
  - 8 Kontaktpositionen für die Leiterplattencodierung Form A bis M,
  - 67 Kontaktpositionen für die Signalübertragung.
- Die Bauformgröße der Leiterplatten ①, die Lage der Kodierungen ②, die Kontaktbelegung und die zugeordneten Funktionen ③, die auf den Leiterplatten realisiert sind, sind von der PCI-SIG festgelegt.
- Die Leiterplatten können einseitig oder beisdeitig mit unterschiedlichen Bauelementhöhen ④ bestückt sein.

Beispiel: Steckverbinder Typ M

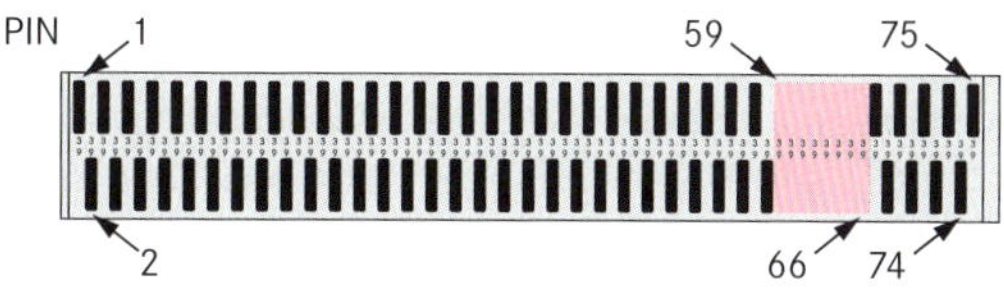

Typ - Bezeichnungen

Typ XX XX - XX - X - X ← Angabe nur bei Leiterplatten mit zweifacher Codierung

①

Breite
12
16
22
30

Länge
16
26
30
42
60
80
110

④

	Bauelementhöhe max.	
	Oberseite	Unterseite
S1	1,2	0
S2	1,35	0
S3	1,5	0
D1	1,2	1,35
D2	1,35	1,35
D3	1,5	1,35
D4	1,5	0,7
D5	1,5	1,5

② ③

Codierung	Pin	Funktion/Protokoll
A	8-15	2x PCIe x1 / USB 2.0 / I²C / DP x4
B	12-19	PCIe x2 / SATA / USB 2.0 / USB 3.0 HSIC / SSIC / Audio / UIM / I²C
C	16-23	Reserviert für spätere Anwendung
D	20-27	Reserviert für spätere Anwendung
E	24-31	2x PCIe x1/USB 2.0/I²C/SDIO/UART/PCM
F	28-35	Zukünftige Speicherschnittstelle
G	39-46	Generische Anwendung (nicht M.2)
H	43-50	Reserviert für spätere Anwendung
J	47-54	Reserviert für spätere Anwendung
K	51-58	Reserviert für spätere Anwendung
L	55-62	Reserviert für spätere Anwendung
M	59-66	PCIe x4 / SATA

Maßangaben in mm

S: single sided (einseitig)
D: Double sided (beidseitig)

Leiterplatten - Abmessungen und Codierungen

Beispiel: 2230-xx-B-M (Codierung für B und M)

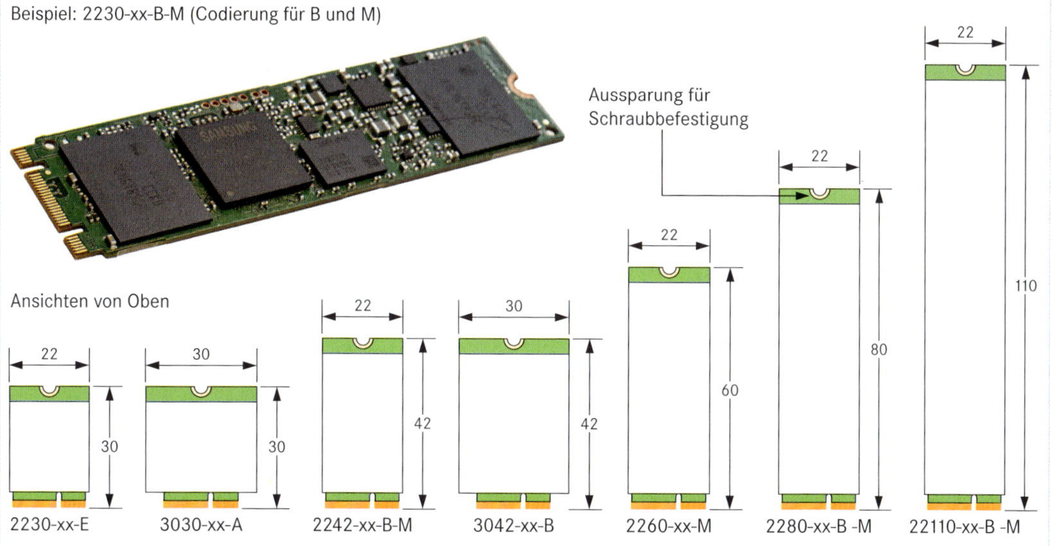

Merkmale

- SCSI (Sprechweise: skassi) ist ein geräteunabhängiger **paralleler Peripheriebus** (8 Bit oder 16 Bit breit).
- Dient zum Anschluss verschiedenartiger Peripheriegeräte (Festplatten, Scanner, Drucker) an Rechnersysteme (PC, Server).
- Bis zu 16 externe Geräte (SCSI-Devices) sind an ein Bussystem anschließbar.
- Geräte können **Initiatoren** und/oder **Targets** sein.
- Initiator veranlasst die Aktionen.
- Target führt die Aktionen aus.
- Anschluss an Rechner erfolgt über **Host-Adapter** (z. B. PC-Einsteckkarte).
- Adresseinstellung der Teilnehmer erfolgt mit Schaltern, Brücken oder softwaremäßig.
- Jede Adresse darf nur einmal vorkommen.
- **Höchste Priorität** (1) hat in allen Versionen die Ident-Adressse (ID) 7 (in der Regel der Host).
- Terminierung beachten

- Über die Entwicklungszeit entstanden mehrere Versionen (SCSI 1, SCSI 2, SCSI 3) mit unterschiedlichen Übertragungsgeschwindigkeiten, Kabellängen und Steckverbindern.

Version	Busgeschwindigkeit in MByte/s	Busbreite in Bit	Peripheriegeräte
SCSI-2	10	8	Scanner, CD-ROM
Ultra	20	8	Tape, DVD-drives
Ultra Wide	40	16	HDD
Ultra2	80	16	HDD
Ultra160	160	16	HDD
Ultra320	320	16	HDD

- Eine Weiterentwicklung von SCSI zu höheren Übertragungsraten ist nur mit einer seriellen Kopplung erreichbar (**SAS**: **S**erial **A**ttached **S**CSI).

Standard-Übersicht

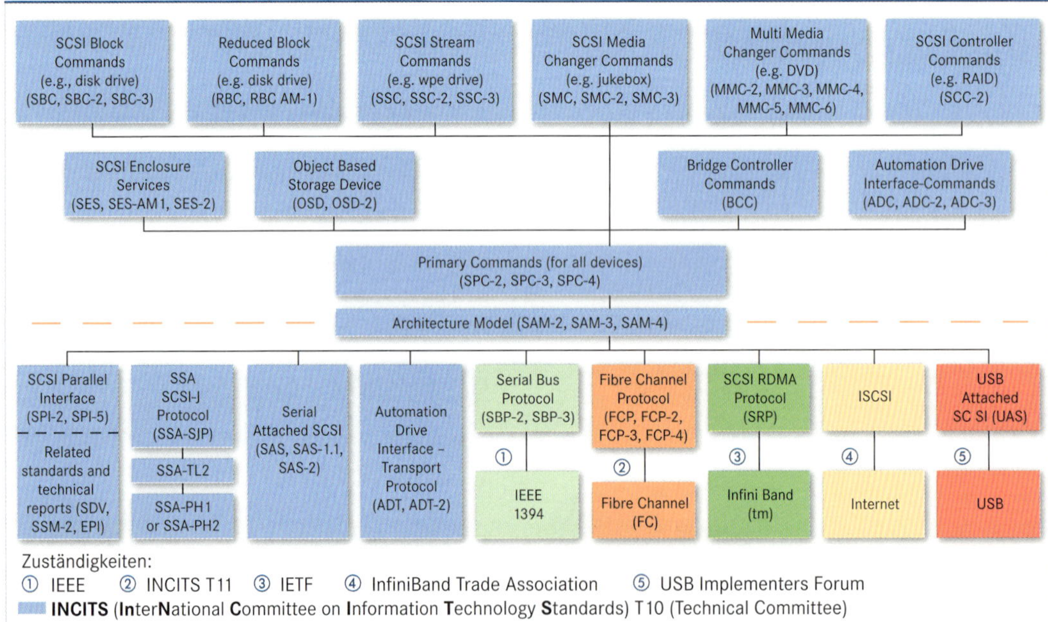

Anschaltung

Externe Schnittstelle

Interne Schnittstelle

Parallelbus

DVD-Drive CD-Drive HDD

HBA (**H**ost **B**us **A**dapter)

Steckverbinder

SCSI-1	SCSI-2	SCSI-3		
Centronics 50-polig	Micro-D 50-polig	Micro-D 68-polig	Micro Ribbon 60	Micro Ribbon 68

Merkmale

- SAS ist die Weiterentwicklung von SCSI.
- Verwendet ein **serielles Buskonzept** mit Punkt-zu-Punkt-Verbindungen.
- Pro Verbindung werden
  - zwei Aderpaare mit **LVDS** (Low Voltage Differential Signal),
  - im Vollduplex-Betrieb mit bis zu 6 Gbit/s pro Richtung (Receive und Transmit) verwendet.
- SAS-Laufwerke sind standardmäßig mit zwei getrennten Controllern über zwei Steckverbinder ausgerüstet und vermeiden somit den „**single point of failure**“ (Ausfall aufgrund eines einzelnen Fehlers).
- Über Expander lassen sich 128 Geräte ansteuern
- Insgesamt können in einem System 16384 Geräte (128 Expander x 128 Geräte/Expander) betrieben werden.
- Geräte werden mit **WWN** (**W**orld **W**ide **N**ame) adressiert.
- Stecker und Kabelspezifikationen sind abgestimmt auf den Einsatz in Backplanes und ermöglichen den Einsatz in 1 U Servern, Blade-Servern und JBOD Speicherarrays (**JBOD:** **J**ust a **B**unch **o**f **D**isks).
- Auf der Protokollebene gibt es drei verschiedene Protokollvarianten:
  - **SSP** (**S**erial **S**CSI **P**rotocol) überträgt Steuerkommandos und Daten (SAS-Betrieb),
  - **SMP** (**S**erial **M**anagement **P**rotocol) dient der Steuerung der Expander,
  - **STP** (**S**ATA **T**unnelling **P**rotocol) ermöglicht den Betrieb von SATA-HDDs an SAS-Controllern.
- Ein Mischbetrieb von SATA- und SAS-HDDs ist an SAS-Controllern somit möglich (umgekehrt nicht!).

Standard-Übersicht

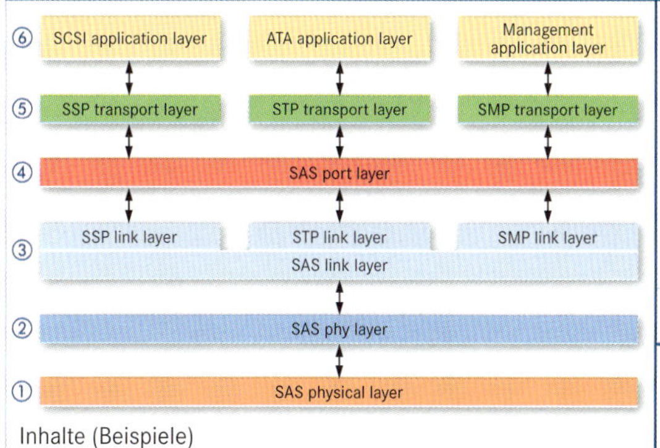

Inhalte (Beispiele)

① Steckverbinder, Kabel, elektrische Eigenschaften von Sender und Empfänger
② 8b/10b-Codierung, Bitreihenfolge, Rücksetzabläufe
③ CRC-Bildung, Adressrahmen, Erkennungsablauf
④ Port-Ebene (Verbindungsebene zwischen verschiedenen Transport- und Verbindungsebenen)
⑤ Rahmendefinition für SSP, STP und SMP
⑥ SCSI Protokolldienste, Betriebsartenparameter

Datenrahmen

4 Bytes	24 Bytes	Variable Länge	4 Bytes	4 Bytes
SOF	Header	Information Unit	CRC	EOF

SOF: Start of Frame (Rahmenanfang)
Header: Kopf (Daten-Vorspann)
Information Unit: Nutzdaten
CRC: Cyclic Redundancy Check (Prüfsumme)
EOF: End of Frame (Rahmenende)

Verbindungsprinzip

Beispiel: Narrow Link (schmale Verbindung)

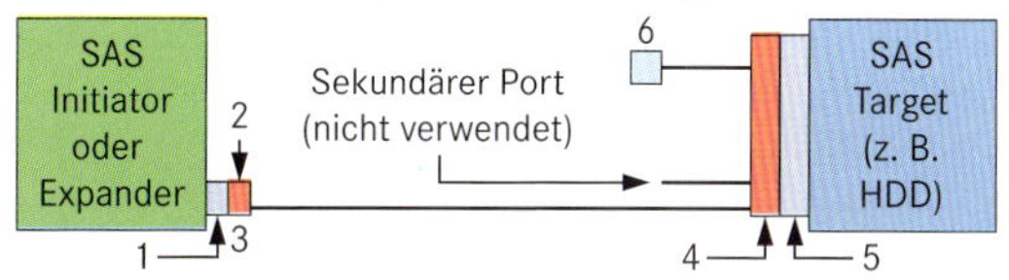

1: Host Steckverbinder
2: Host-Kabel Stecker
3: Primärer Port
4: Festplattenstecker
5: Festplattensteckverbinder
6: Stecker für Stromversorgung i.O. Anzeige (LED)

Steckverbinder Festplatte intern

Ansicht von oben — S1, S7, P1, P15

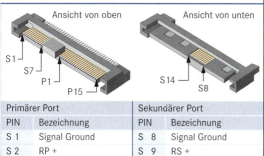

Ansicht von unten — S14, S8

Primärer Port		Sekundärer Port	
PIN	Bezeichnung	PIN	Bezeichnung
S 1	Signal Ground	S 8	Signal Ground
S 2	RP +	S 9	RS +
S 3	RP –	S 10	RS –
S 4	Signal Ground	S 11	Signal Ground
S 5	TP –	S 12	TS +
S 6	TP +	S 13	TS –
S 7	Signal Ground	S 14	Signal Ground

RP: Receive Primary TP: Transmit Primary

Stecker Festplatte intern

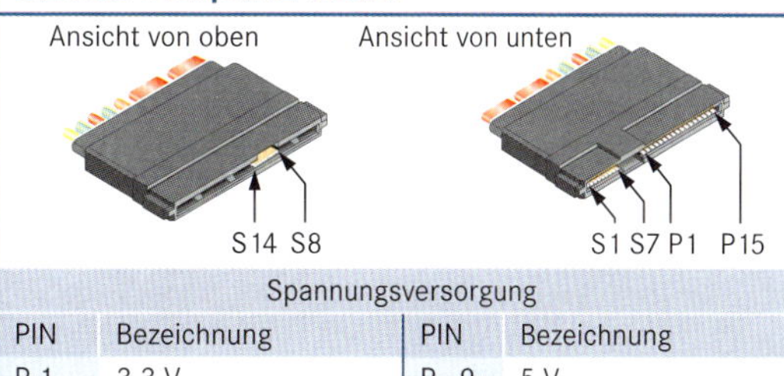

Spannungsversorgung			
PIN	Bezeichnung	PIN	Bezeichnung
P 1	3,3 V	P 9	5 V
P 2	3,3 V	P 10	Ground
P 3	3,3 V	P 11	Ready LED
P 4	Ground	P 12	Ground
P 5	Ground	P 13	12 V Precharge
P 6	Ground	P 14	12 V
P 7	5 V Precharge	P 15	12 V
P 8	5 V		

RS: Receive Secondary TS: Transmitt: Secondary

Merkmale

- **RAID**
  Redundante Anordnung von unabhängigen Festplatten (virtueller Massenspeicher).
- **Fehlertolerante** (fault tolerant) und **redundante** Speicherung von Daten in Serversystemen.
- Erhöht die Systemleistung.
- Raid-Controller erzeugt und speichert 'online' **Redundanzdaten** zu den Anwenderdaten.
- Anwenderdaten stehen auch nach Ausfall einzelner Festplatten unbeschädigt zur Verfügung.
- Prinzip beruht auf **Datenverteilung in Blöcken** über mehrere Festplatten (striping) und Paritätserzeugung und Paritätsprüfung.
- **Raid-Level** definieren verschiedene Implementierungen (Raid 0 bis Raid 5).
- Realisierung in der Regel mit Hardwarekomponenten (Disk-Array-Controllern).
- Softwarelösungen erzeugen Redundanzen per Programm (geringer Systemdurchsatz).
- Verbindungen zum Rechner erfolgt mit getrennten oder gemeinsamen Festplattencontrollern (z. B. SCSI-Controller).
- **Levelbezeichnung** sagt nichts über Qualität der Datensicherheit bzw. Leistungsfähigkeit des Systems.
- Firmenspezifische Erweiterungen sind am Markt vorhanden.

RAID-Level 0

- Daten werden in Blöcke aufgeteilt und auf die vorhandenen Festplatten verteilt.
- Keine Paritätserzeugung.
- Bei Ausfall einer Festplatte müssen die Daten von einem Backup-Medium zurückgelesen werden.
- Anwendung bei hohen Geschwindigkeitsanforderungen.
- Bietet geringsten Schutz gegen Ausfall.

Disk Array Controller

DATA 1	DATA 2	DATA 3	DATA 4	DATA 5
Block 0	Block 1	Block 2	Block 3	Block 4
Block 5	Block 6	Block 7	Block 8	Block 9
Block 10	Block 11	Block 12	Block 13	Block 14
Block 15	Block 16	Block 17	Block 18	Block 19

RAID-Level 1

- Jeder primären Festplatte ist eine **Spiegelplatte** (Mirror) zugeordnet.
- Inhalte der primären Festplatte und der Spiegelplatte sind identisch.
- Der Spiegelvorgang ist unsichtbar für den Anwender.
- Raid-Level 1 kann in Kombination mit Level 0 auf mehrere Festplatten angewendet werden.

Disk Array Controller

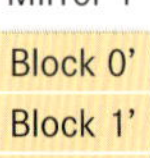
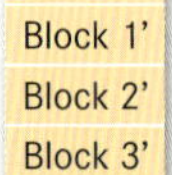

DATA 1	Mirror 1	DATA 2	Mirror 2
Block 0	Block 0'	Block 0	Block 0'
Block 1	Block 1'	Block 1	Block 1'
Block 2	Block 2'	Block 2	Block 2'
Block 3	Block 3'	Block 3	Block 3'

RAID-Level 5

- Verwendet **Datenblöcke** und **Paritätsbildung**.
- Anwenderdaten und Paritätsdaten sind auf allen Festplatten gleich verteilt.
- Unabhängige und/oder parallele Schreib-/Leseoperationen werden unterstützt.
- Bietet ausreichend Geschwindigkeit und ausreichenden Datenschutz.

Disk Array Controller

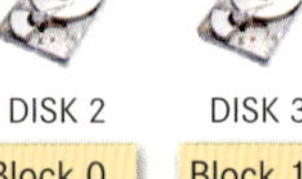

DISK 1	DISK 2	DISK 3	DISK 4	DISK 5
Parity ☆	Block 0	Block 1	Block 2	Block 3
Block 4	Parity ☆	Block 5	Block 6	Block 7
Block 8	Block 9	Parity ☆	Block 10	Block 11
Block 12	Block 13	Block 14	Parity ☆	Block 15
Block 16	Block 17	Block 18	Block 19	Parity ☆

Serielle Schnittstelle (RS-232)

Steckverbinder 25-polig

PC-Anschluss (DTE)	Anschlussbelegung Stift	Signal	Stift	Signal	Endgerät (DCE)
	1	PG	13	SCTS	
	2	TxD	14	STxD	
	3	RxD	15	TxC	
	4	RTS	16	SRxD	
	5	CTS	17	RxC	
	6	DSR	18	NC	
	7	SG	19	SRTS	
	8	DCD	20	DTR	
	9	Test	21	SQ	
	10	Test	22	RI	
	11	NC	23	CH/CI	
	12	SCD	24	XTC	
			25	NC	

Steckverbinder 9-polig

PC-Anschluss (DTE)	Anschlussbelegung Stift	Signal	Endgerät (DCE)
	1	DCD	
	2	RxD	
	3	TxD	
	4	DTR	
	5	GND	
	6	DSR	
	7	RTS	
	8	CTS	
	9	Test	

DTE: **D**ata **T**erminal **E**quipment (Datenendeinrichtung)
DCE: **D**ata **C**ommunication **E**quipment (Datenübertragungseinrichtung)

Verbindungsleitungen

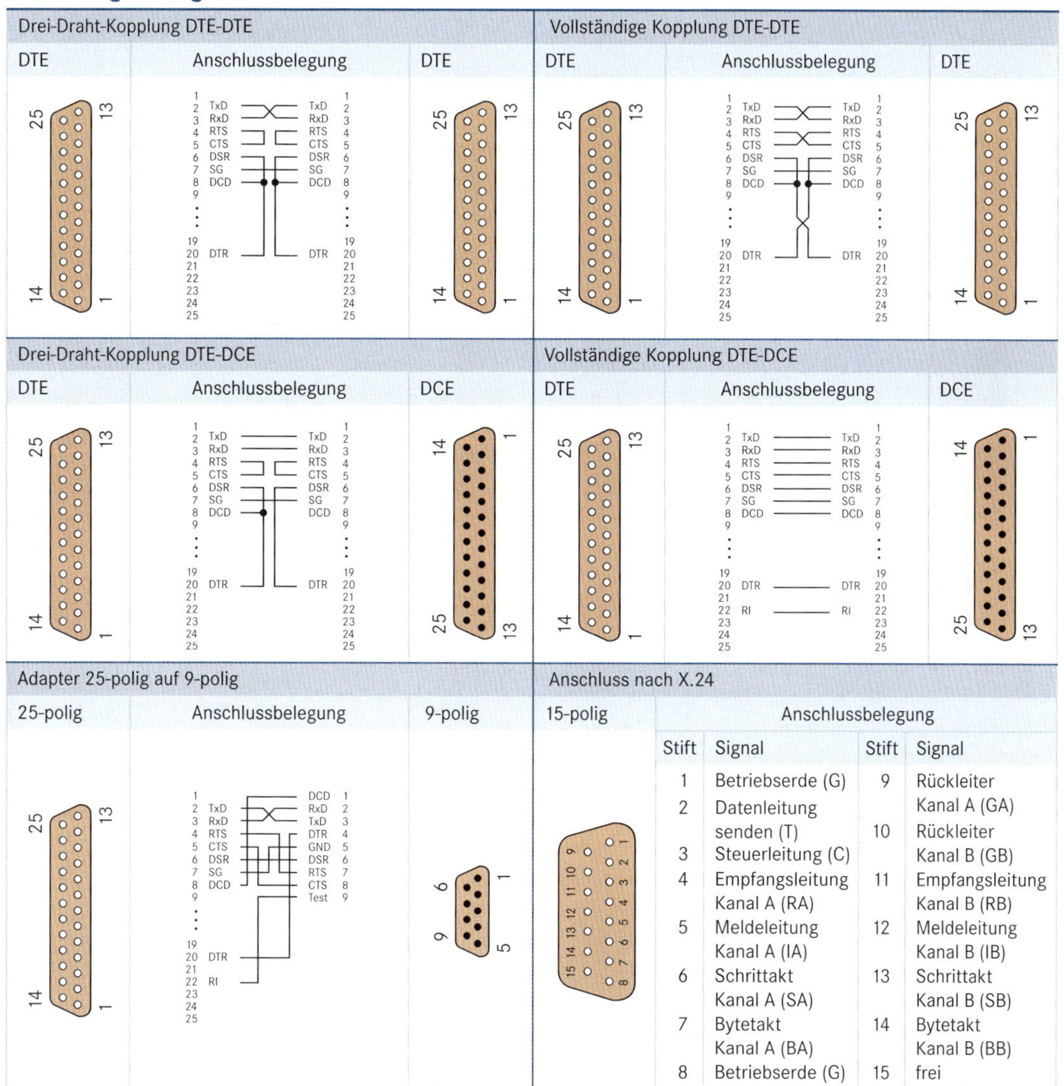

Stift	Signal	Stift	Signal
1	Betriebserde (G)	9	Rückleiter Kanal A (GA)
2	Datenleitung senden (T)	10	Rückleiter Kanal B (GB)
3	Steuerleitung (C)		
4	Empfangsleitung Kanal A (RA)	11	Empfangsleitung Kanal B (RB)
5	Meldeleitung Kanal A (IA)	12	Meldeleitung Kanal B (IB)
6	Schrittakt Kanal A (SA)	13	Schrittakt Kanal B (SB)
7	Bytetakt Kanal A (BA)	14	Bytetakt Kanal B (BB)
8	Betriebserde (G)	15	frei

Definition

- Eine Schnittstelle ist festgelegt durch die
  - physikalischen Eigenschaften des Übertragungsmediums (Leitung, Funkstrecke),
  - Signale, die auf der Übertragungsstrecke ausgetauscht werden können,
  - Bedeutung der Signale (Semantik) und
  - Verbindungssysteme (Steckverbindungen).
- Die Kommunikation zwischen den **D**aten**e**nd**e**inrichtungen (**DEE**) erfolgt nach festgelegten Regeln (Protokollen):
  - **unidirektional** (nur in eine Richtung) oder
  - **bidirektional** (in zwei Richtungen).
- Unterschiede:

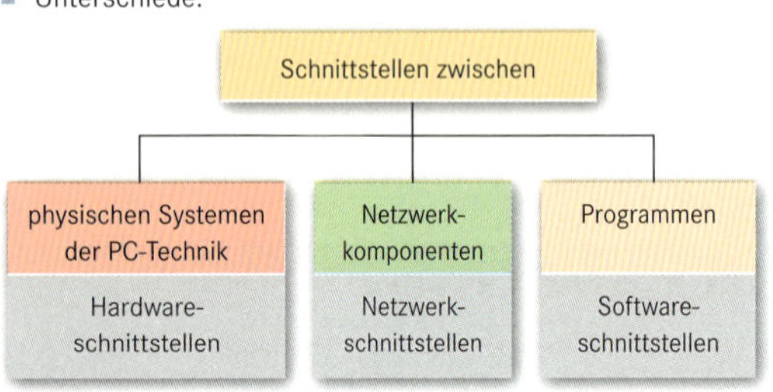

- Die Übertragung der Daten zwischen den Endeinrichtungen kann **seriell** (nacheinander) oder **parallel** erfolgen.
- Serieller Datenstrom

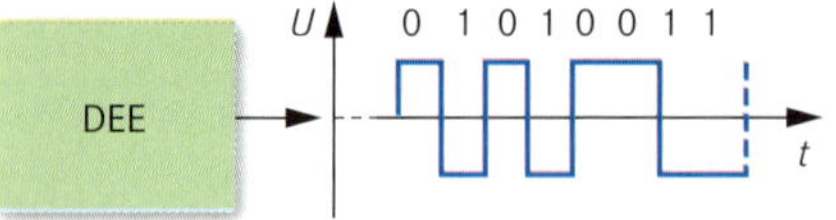

- Paralleler Datenstrom

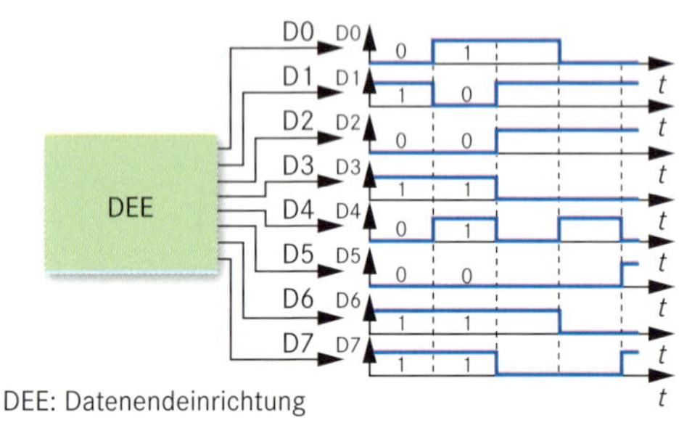

DEE: Datenendeinrichtung

V.24, RS-232

- Serielle Schnittstelle

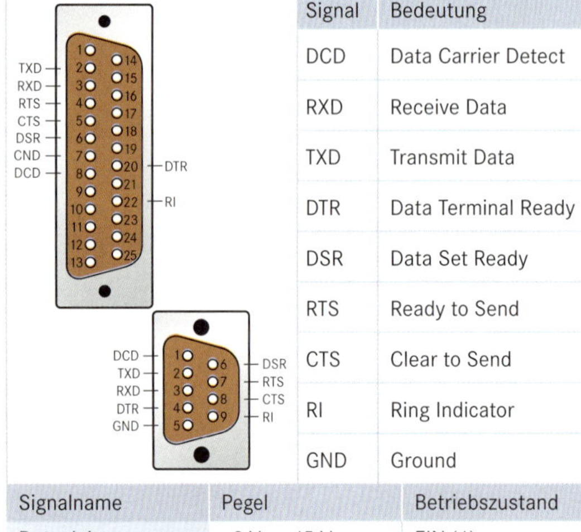

Signal	Bedeutung
DCD	Data Carrier Detect
RXD	Receive Data
TXD	Transmit Data
DTR	Data Terminal Ready
DSR	Data Set Ready
RTS	Ready to Send
CTS	Clear to Send
RI	Ring Indicator
GND	Ground

Signalname	Pegel	Betriebszustand
Datenleitung	-3 V ... -15 V +3 V ... +15 V	EIN (1) AUS (0)
Steuer- bzw. Meldeleitung	-3 V ... -15 V +3 V ... +15 V	AUS EIN

- Asynchroner Zeichenrahmen

Beispiel:

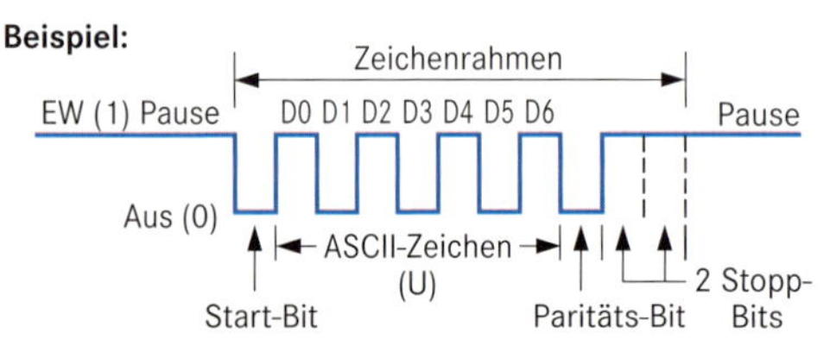

IEEE 1284

- Parallele Schnittstelle (Druckerschnittstelle)
- Steckverbindungen (Buchsenleiste)

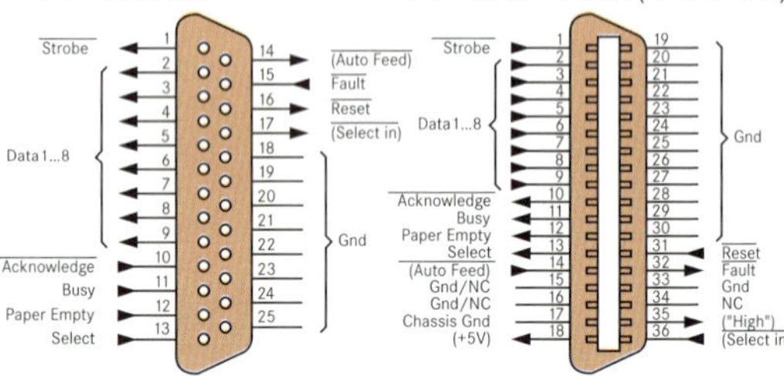

Signale in Klammern werden nicht von allen Druckern ausgewertet. Pfeile geben die Signalrichtung an.

- Signale und ihre Bedeutungen:

Signal	Bedeutung, Funktion
Strobe	Datenübergabe; Daten müssen bei 0-Signal gültig sein
Data 1...8	Datensignale 1...8
Acknowledge	Quittungssignal; Drucker empfangsbereit bei 0-Signal
Busy	Wartesignal: Drucker nicht empfangsbereit bei 1-Signal
Paper Empty	Meldung vom Drucker: Papier zu Ende
Select	Drucker ist online
(Auto feed)	automatischer Zeilenvorschub nach Zeilenende: Ein/Aus
Fault	Fehlermeldung
Reset	Drucker rücksetzen, initialisieren
Gnd	Ground: 0 V
NC	Not connected: nicht angeschlossen
(High)	+5 V, vom Drucker geliefert
(Select in)	Drucker auswählen

Prinzip

- Digitale Daten sind für die Übertragung und Verarbeitung aufbereitete Zeichen. Sie gelangen von der **Datenendeinrichtung** (Quelle, **DEE** ①) in die **Datenübertragungseinrichtung** (**DÜE** ②) und werden dort für das jeweilige Übertragungsmedium aufbereitet. Ergänzt werden die Nutzdaten z. B. durch Steuerungs-, Melde-, Takt- und Fehlerkorrekturdaten).

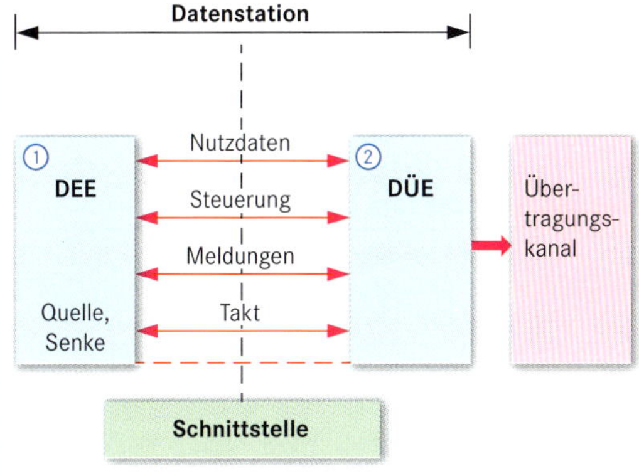

Datenübertragungsrate

- Für Datenübertragungsrate wird auch der umgangssprachliche Begriff Übertragungsgeschwindigkeit verwendet.
- Gemessen und angegeben wird die Datenübertragungsrate als **Anzahl der Dateneinheiten pro Zeit**. Da die kleinste Dateneinheit das Bit ist, wird die Datenrate in der Regel als Bit pro Sekunde (**bit/s**, **kbit/s**, **Mbit/s**, **Gbit/s**) angegeben (englisch: bps, bits per second).
- Bei paralleler Datenübertragung (Datenspeicher, Datenbus) verwendet man als Einheit in der Regel Byte (1 Byte = 8 Bit) pro Sekunde (**Byte/s**, **B/s**, englisch: Bps, Bytes per second).
- Mit **Bruttodatenrate** bezeichnet man die Datenrate, die die Nutzdaten einschließlich aller Zusatzdaten (z. B. Steuer- und/oder Codierungsinformationen) umfasst.
- Mit **Nettodatenrate** bezeichnet man die Datenrate der reinen Nutzdaten (Nutzinformationen).

Datendurchsatz

- Da für den Anwender am Ende einer Datenübertragungskette lediglich die Daten von Bedeutung sind, die reine Informationen enthalten, verwendet man den Begriff Datendurchsatz. Es sind dies die reinen Nutzdaten pro Zeiteinheit.

Datendurchsatz

- Wenn innerhalb eines Frequenzspektrums ein bestimmter Frequenzbereich zur Informationsübertragung verwendet wird, nennt man diesen Bereich Bandbreite (Frequenzband). Die Einheit ist Hz (1 Hz = 1/s), Da auch in Datenübertragungskanälen nur eine bestimmte Datenmenge pro Zeit übertragen werden kann und die Einheit für die Datenübertragungsrate bit/s beträgt, entspricht diese Angabe einer bestimmten Bandbreite. Je größer die Datenübertragungsrate ist, desto größer ist dann auch die Bandbreite (Kanalkapazität).

Größenordnungen von Datenübertragungsraten

Die hier aufgeführten Datenübertragungsraten sind Orientierungswerte. Sie hängen von den vorherrschenden und technischen Bedingungen ab.

Elektromagnetische Wellen	Leitungen	Schnittstellen
Optische Laufwerke	Festplatten	PC-Komponenten

Internet	kbit/s
GPRS (General Packet Radio Service)	54
EDGE (Enhanced Data rate for GSM Evolution)	384
HSDPA+ (High-Speed Downlink Packet Access)	7.200
LTE (Long Term Evaluation)	100.000
Modem	56
ISDN (Integrated Services Digital Network)	64
ADSL (Asymmetric Digital Subscriber Line)	16.000
VDSL (Very High Speed Digital Subscriber Line)	50.000
Koaxialkabel	100.000
Glasfaserkabel (FTTH: Fiber To The Home)	200.000
Netzwerke	kbit/s
Ethernet	10.000
Gigabit Ethernet	1.000.000
WLAN 802.11b	11.000
WLAN 802.11a, 11g	54.000
WLAN 802.11n	600.000
WLAN 802.11ac	1.300.000
Massenspeicher	kbit/s
CD-ROM 40-fach	48.000
DVD-ROM 12-fach	132.960
Blu-ray 6-fach	216.000
IDE (Integrated Drive Electronic)	1.066.667
SATA 1 (Serial Advanced Techn. Attachment)	1.500.000
SATA 3 (Serial Advanced Techn. Attachment)	6.000.000
Externe Schnittstellen	kbit/s
USB 1.0 (Universal Serial Bus)	12.000
Wireless USB	110.000
Firewire 400	400.000
USB 2.0 (Universal Serial Bus)	480.000
eSATA (external SATA)	1.500.000
USB 3.0 (Universal Serial Bus)	5.000.000
HDMI (High Definition Multimedia Interface)	10.200.000
Thunderbolt 2	20.000.000
Arbeitsspeicher	kbit/s
DDR-200 (Double Data Rate)	25.600.000
DDR-400 (Double Data Rate)	51.200.000
DDR2-800 (Double Data Rate)	102.400.000
DDR3-1600 (Double Data Rate)	204.800.000
Interne Steckplätze	kbit/s
ISA (Industry Standard Architecture)	133.000
PCI 2.0 (Peripheral Component Interconnect)	1.066.000
AGP 8x (Accelerated Graphics Port)	17.024.000
PCIe (PCI express)	64.000.000
PCIe 2.0 (PCI express)	128.000.000
PCIe 3.0 (PCI express)	252.064.000

Merkmale

- HDMI ist eine digital arbeitende Schnittstelle für die Übertragung multimedialer Daten (Video, Audio und Steuersignale der Unterhaltungselektronik, home entertainment).
- Durch HDMI wird eine bisherige komplexe Leitungsverbindung zwischen Geräten vereinfacht.
- HDMI ist abwärtskompatibel zu **DVI-D** (**D**igital **V**isual **I**nterface).
- Es ist keine Analog-Digital- oder Digital-Analog-Wandlung erforderlich.
- Bei der Übertragung erfolgt keine Datenkompression.
- In HDMI ist der Kopierschutz **HDCP** implementiert (**H**igh-Bandwidth **D**igital **C**ontent **P**rotection).
- Die Übertragung erfolgt mit großer Bandbreite (HDMI 1.2):
  - Audioübertragung bis 192 kHz mit 24 Bit auf bis zu 8 Kanälen und Videoübertragung bis 165 MHz
  - Dadurch lassen sich HDTV-Signale (Auflösung bis 1080 p) übertragen.
- Die Datenrate beträgt bis zu 8 GB/s (HDMI 1.4). Dadurch treten keine übertragungsbedingten Artefakte bei schnellen Bewegungsabläufen und komplexen Bildinhalten auf.
- Eine Fernbedienungsfunktion ist integriert. Unterstützt werden die Protokolle **CEC** (**C**onsumer **E**lectronics **C**ontrol) und **AV.link**. Damit lassen sich mehrere durch HDMI-Kabel verbundene Geräte nur über eine Fernbedienung steuern.

HDMI-Spezifikationen

Spezifikation	1.2	1.3	1.4
Stecker	A, B	A, C	A, C, Micro HDMI
Maximale Bildformate	1080p/60 Hz	1440p/60 Hz	2160p/100 Hz
Farbraum	24 Bit RGB, 36 Bit YUV		
		Deep Color 30, 36 und 48 Bit RGB/YUV, xvYCC-Farbraum (IEC 61966-2-4)	
			sYCC601, Adobe RGB, Adobe YCC601
Tonformate	8 PCM, Dolby Digital, DTS, MPEG, DVD-Audio, SACD		
		Dolby Digital Plus, TrueHD und dts-HD	
Maximale Datenrate	A: 3,96 GBit/s (165 MHz x 8 Bit x 3) B: 7,92 GBit/s (165 MHz x 8 Bit x 6)	A + C: 8,16 GBit/s (340 MHz x 8 Bit x 3)	A + C: 8,16 GBit/s (340 MHz x 8 Bit x 3)

Stecker, Buchsen und Leitungen

- HDMI 1.1 und 1.2 Steckertypen A und B
- HDMI 1.3 mit zusätzlichem kleinen Stecker Typ C (Mini HDMI) für kompakte Geräte
- Stecker A und C ermöglichen eine single-link Verbindung, bei der drei TMDS-Leitungspaare zur Verfügung stehen.
- Stecker B ermöglicht eine dual-link Verbindung mit sechs TMDS-Signalleitungspaaren (doppelte Datenrate als Stecker A und C).
- Leitungslänge bis 15 m
- Kategorie-1-Leitung bis 74,25 MHz
- Kategorie-2-Leitung bis 340 MHz

Typ A: 19 Kontakte
Typ B: 29 Kontakte

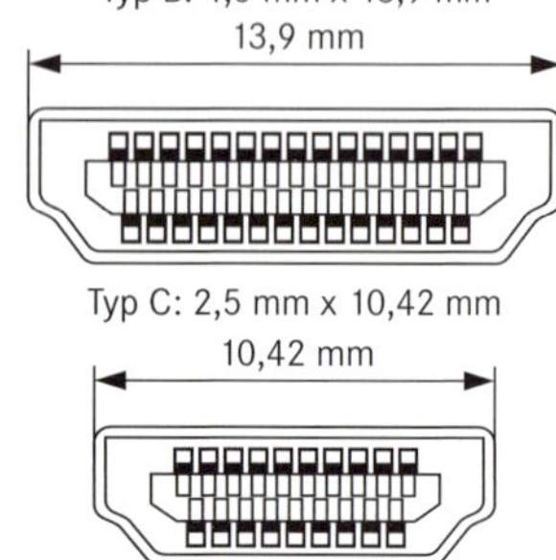

Datenübertragung

- **TMDS** (**T**ransition-**M**inimized **D**ifferential **S**ignaling) ist ein Standard für die Übertragung von unkomprimierten Multimediadaten von einer Quelle (source) zu einem Gerät (Senke, sik) in Kanälen (TMDS Channel 0, 1, 2), Datenrate max. 1,65 Gbit/s.
- **TMDS Clock**: Taktfrequenz mit 1/10 der Datenrate (max. 165 MHz)
- Über **HPD** (**H**ot **P**lug **De**tect) wird beim Erkennen eines Hot-Plugging ein entsprechendes Steuersignal übertragen.

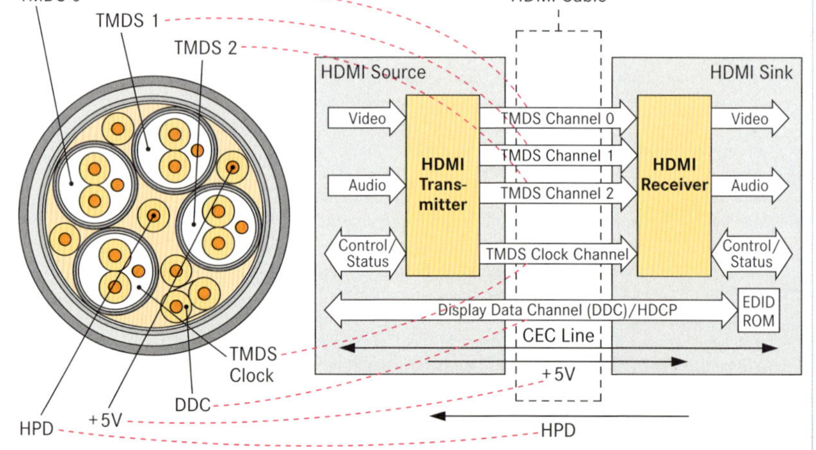

Kenndaten

- Universeller digitaler Verbindungsstandard für die Übertragung von Bild- und Tonsignalen des **VESA**-Gremiums (**V**ideo **E**lectronics **S**tandards **A**ssociation, April 2007).
- Anwendung: Verbindung von Bildschirmen und Fernsehgeräten mit PC, DVD, ... zur Übertragung hoher Datenraten.
- Gedacht als Ersatz für VGA und DVI, mit vergleichbaren Funktionen wie HDMI.
- Die Verschlüsselung erfolgt wie bei HDMI und DVI mittels **HDCP** 1.3 (**H**igh Bandwidth **D**igital **C**ontent **P**rotection) und **DPCP** (**D**isplay**P**ort **C**ontent **P**rotection).
- Die Datenübertragung erfolgt seriell, (skalierbare Punkt-zu-Punkt-Verbindung), die sich an die Eigenschaften des Übertragungskanals anpassen kann.
- Bei Verbindung zwischen Sender (z.B. Grafikkarte) und Empfänger (Display) erfolgt eine Synchronisation (ohne Taktleitung), bei der sich Signalpegel zwischen 200 mV und 600 mV einstellen.
- Mit dem DisplayPort-Anschluss können für die Übertragung 1, 2 oder 4 Kanäle (Bahnen, Leitungspaar) eingerichtet werden.
- **Video-Signal**: Die maximale Auflösung wird durch die verfügbare Bandbreite (Leitungslänge) begrenzt.

Kanäle	Leitungslängen	
	bis 2 m	bis 15 m
1	1280 x 1024 [1]	1024 x 768 [1]
2	1920 x 1200	1280 x 1024
4	2560 x 1600	1920 x 1200

[1] Pixel x Pixel

- **Datenraten** (maximal)
  1,62 Gbit/s; 2,7 Gbit/s oder 5,4 Gbit/s pro Kanal
  Beispiel:
  Mit 4 Kanälen mit jeweils 2,7 Gbit/s erreicht man bis zu 10,8 Gbit/s (max. 2 m Leitungslänge). Diese Datenrate reicht aus für ein WQXGA-Display mit 2560 x 1600 Pixeln und 30 Bit Farbtiefe pro Pixel.
- **Audio-Signal**
  1 bis 8 Kanäle, 16 oder 24-Bit-PCM, 32 bis 192 kHz Abtastrate, maximale Datenrate 49152 kbit/s
- **Zusatzkanal**
  - Verwendung zur bidirektionalen Datenkommunikation
  - **DDC** (**D**isplay **D**ata **C**hannel) für die Übertragung der Monitor-Daten
  - Übertragung der Daten von Webcams, Mikrofon, Lautsprecher
  - Datenraten: 1 Mbit/s bis 720 Mbit/s
- Die Steckverbindung ist im Vergleich zu VGA und DVI kompakter und verriegelbar.

- Ausgänge an Grafikkarte

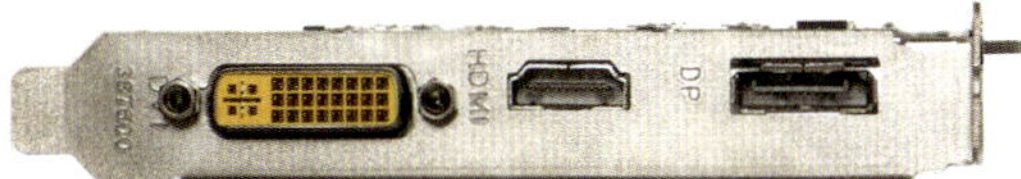

Pinbelegung

Pin	Bezeichnung	Pin	Bezeichnung
1	ML_Lane 0 (p)	11	GND
2	GND	12	ML_Lane 3 (n)
3	ML_Lane 0 (n)	13	Config 1 [1]
4	ML_Lane 1 (p)	14	Config 2 [1]
5	GND	15	AUX CH (p) [2]
6	ML_Lane 1 (n)	16	GND
7	ML_Lane 2 (p)	17	AUX CH (n) [2]
8	GND	18	Hot-Plug [3]
9	ML_Lane 2 (n)	19	Zurück
10	ML_Lane 3 (p)	20	DP_PWR [4]

- Lane: Spur, Bahn, Straße
- ML: Main Link (Hauptverbindung)
- p: positive
- n: negative

[1] kann direkt geerdet sein
[2] Zusatzkanal (AUX: Auxiliary-Wege: Hilfswege)
[3] Hot-Plug-Erkennung (Komponenten können während des Betriebs ausgetauscht werden)
[4] Anschluss 3,3 V 500 mA

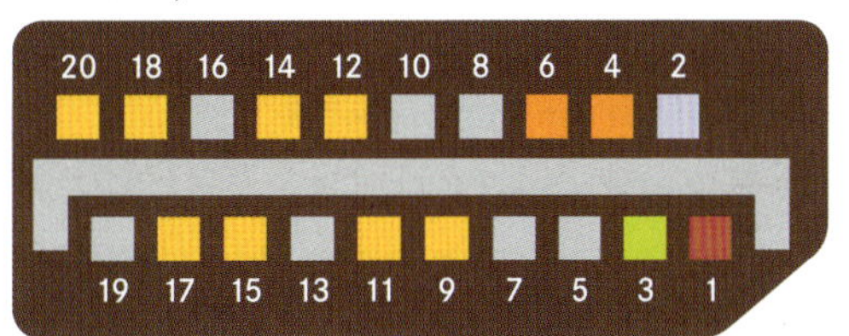

Adapter

- Die DisplayPort-Schnittstelle ist elektrisch kompatibel zu VGA- und DVI-Schnittstellen.
- In der Regel reicht zum Anschluss von Geräten mit VGA-, DVI- oder HDMI-Schnittstellen ein einfacher (fast) passiver Adapter.
- Befindet sich auf dem Weg zum Endgerät ein Adapter, erkennt die Grafikkarte eine andere Schnittstelle. Intern erzeugt die Grafikkarte dann ein Signal im richtigen Format und schickt es an den DisplayPort-Ausgang. Der Adapter sorgt dafür, dass die Signale zu den richtigen Kontakten geleitet werden.

Mini-DisplayPort

- Einführung vor allem für Notebooks
- Stecker und Buchsen sind kleiner
- Elektrische Kompatibilität zum „normalen“ DisplayPort

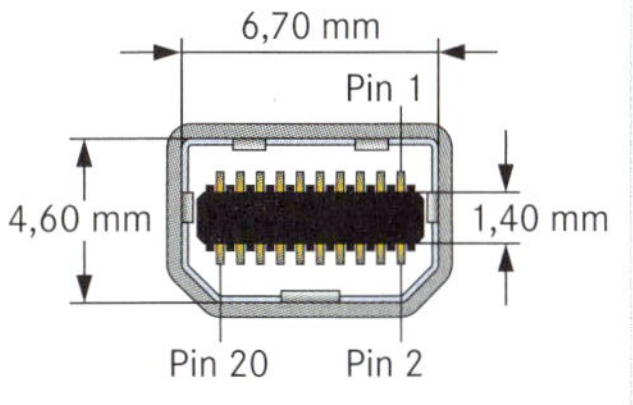

Prinzip

- Thunderbolt (englisch: Donnerkeil) ist eine serielle Schnittstelle zwischen Computern und Peripheriegeräten (Monitor, Videokameras, Festplatten usw.) für große Datenübertragungsraten (2011: 10 Gbit/s, 2015: 40 Gbit/s).
- Entwickelt wurde die Schnittstelle von den Firmen Intel und Apple (ab 2011). Zur Übertragung werden die Protokolle von PCI Express (PCIe) und DisplayPort verwendet.

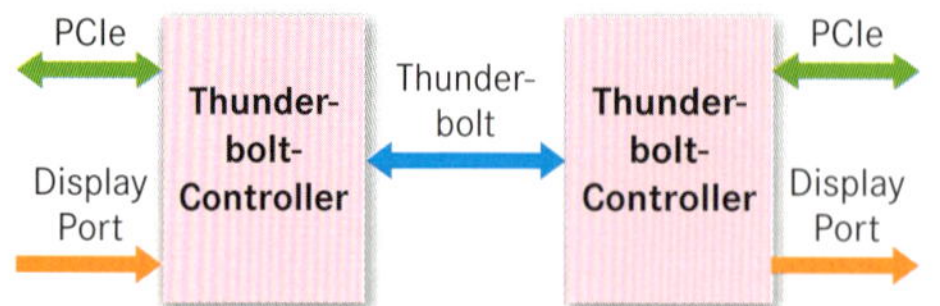

- Thunderbolt verwendet „aktive" Anschlussleitungen, in denen Transceiver-Chips integriert sind. Es sind elektrische Leitungen bis 2 m und optische Leitungen bis 60 m möglich.

Spezifikationen von Thunderbolt 3

- Als Steckverbinder wird ein USB-C Stecker verwendet.
- Eine Datenübertragungsrate bis zu 40 Gbit/s ist bei Thunderbolt 3 möglich.
- Es werden vorhandene Protokolle (PCI Express und DisplayPort) verwendet.
- Vier PCI-Express-Lanes und acht DisplayPort-1.2-Lanes (**HBR2**: DisplayPort **H**igh **B**it **R**ate **2** und **MST**: **M**ulti **S**tream **T**ransport) sind vorhanden.
- Zwei 4K-Displays (4096 x 2160 Pixel und 60 Hz) werden unterstützt.
- Kompatibilität besteht mit USB-Geräten (USB 3.1) und USB-Kabeln.
- Der DisplayPort 1.2 ist kompatibel mit DisplayPort-Geräten und DisplayPort-Kabeln.
- Die Schnittstelle lässt sich über Adapter mit DVI-, HDMI- und VGA-Displays verbinden.
- Die elektrische Energieversorgung (USB Power Delivery) externer Geräte ist realisierbar
  - bis zu 100 W Leistung (Profil 5) und
  - 15 W für bus-powered-Geräte (gleiche Verbindung zum Übertragen von Daten und elektrischer Energie).
- Ein Thunderbolt-Netzwerk ist realisierbar als
  - 10 Gbit Ethernet zwischen Computern (Punkt-zu-Punkt) und zum
  - Durchschleifen von bis zu sechs Geräten bei geringster Verzögerung für PCI-Express-Audioaufnahme.

Arten von Steckverbindern und ihre Kennzeichnungen

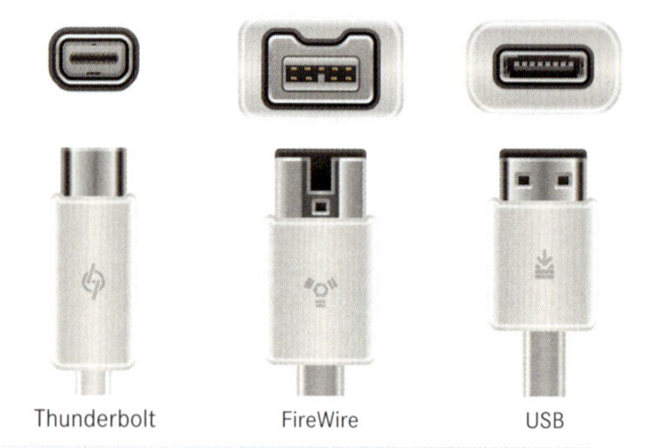

Vergleich von Datenübertragungsraten

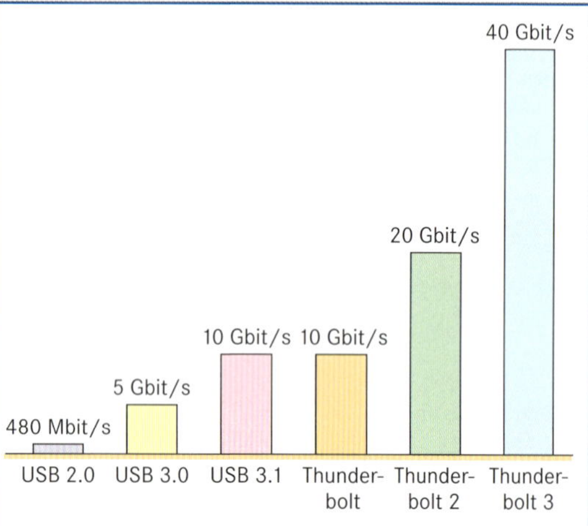

USB Power Delivery

Es sind fünf Profile für verschiedene Einsatzzwecke vorgesehen. Ab Profil 2 werden spezielle Anschlussleitungen benötigt.

Profil	Spannung	Stromstärke	Leistung	Gerätebeispiele
1	5 V	2 A	10 W	kleine mobile Endgeräte
2	5 V 12 V	1,5 A 2 A	18 W	Tablets, kleine Notebooks
3	5 V 12 V	2 A 3 A	36 W	kleine Notebooks, größere Endgeräte
4	12 V 20 V	3 A 3 A	60 W	große Notebooks, Hubs, Docking-Stationen
5	12 V 20V	5 A 5 A	100 W	Workstations, Hubs, Docking-Stationen

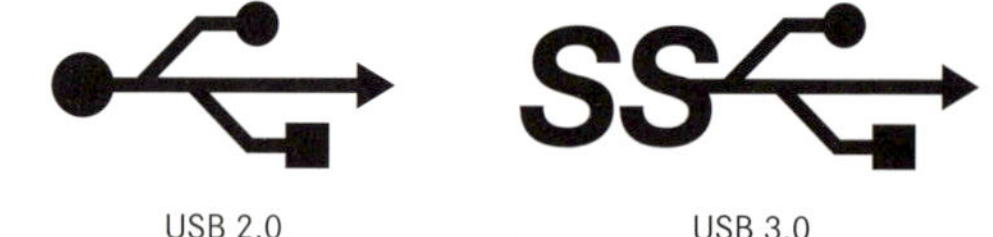

USB 2.0 USB 3.0

Merkmale

- Der Standard TIA-EIA-485 (alte Bezeichnung: RS-485) definiert die **elektrischen Eigenschaften** einer Datenübertragungsschnittstelle (Sender, Empfänger, Leitung), die
  - leitungsgebunden,
  - digital (ohne Modulation) und
  - seriell

  arbeitet.
- Übertragungssignal: **differenzielles Signal** (invertiertes und nicht invertiertes Datensignal) über ein verdrilltes, geschirmtes **Aderpaar**.
- Die Signalamplitude beträgt +/- 200 mV bezogen auf die halbe Betriebsspannung.
- **Punkt-zu-Punkt-** und **Multipunktverbindungen** ist realisierbar.
- Multipunktverbindungen: mehrere Teilnehmer an die gemeinsame Verbindungsleitung angeschlossen.
- Halbduplexkommunikation erfordert ein Aderpaar.
- Vollduplexkommunikation benötigt zwei Aderpaare.
- Die Anzahl der gemeinsam an einem Verbindungskabel betreibbaren Transceiver (Transmitter/Receiver) ist abhängig von dem Eingangswiderstand (**Unit Load**) der einzelnen Transceiver.

Aufbaurichtlinie

- Bei Transceivern mit z. B. 1/8 Unit Load sind bis zu 256 Transceiver an einem Bus betreibbar.
- Die max. **Leitungslänge** ist auf 1200 m (max. 90 kbit/s) festgelegt.
- Als max. **Datenrate** sind 10 Mbit/s spezifiziert (Leitungslänge von max. 12 m)
- Der Aufbau des Verbindungsnetzes ist als Liniennetz vorzunehmen (kurze Stichleitungen zulässig).
- Als **Verbindungsleitung** ist eine verdrillte Bauform mit 120 Ω Leitungswellenwiderstand anzuwenden.
- Die Verbindungsleitung ist an beiden Enden mindestens mit je einem **passiven Abschlusswiderstand** (120 Ω) zu versehen, um Signalreflexionen zu vermeiden.
- Bei räumlich ausgedehnten Netzen sind die entsprechenden **Potenzialunterschiede** und **Spannungsfälle** zu berücksichtigen.
- Angewendet werden u. a. die Trennung über Optokoppler oder zusätzliche Masseverbindungen zum Potenzialausgleich (zusätzliche Ausgleichsverbindung).
- Repeater werden zur Reichweitenverlängerung eingesetzt.
- Der Standard spezifiziert **keine Festlegung** für die Art des Datenaustausches (Übertragungsprotokolle) und auch keine Belegung der Verbindungsstecker.
- Diese Informationen sind, sofern erforderlich, aus den einschlägigen Dokumenten zu entnehmen.

Halbduplex-Bus

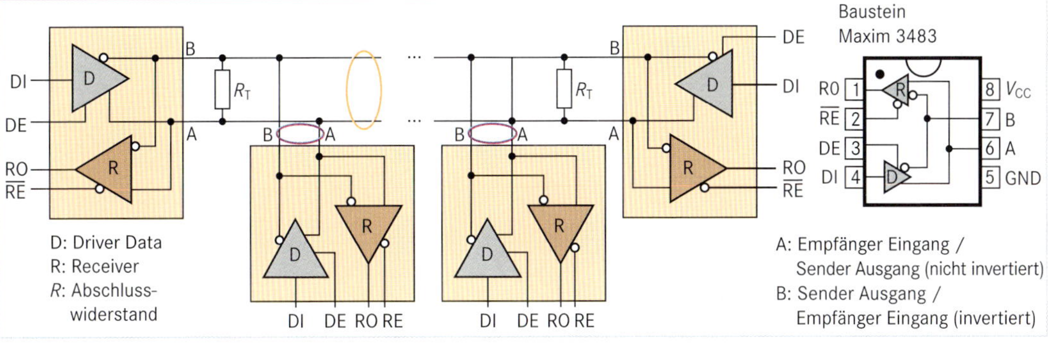

Vollduplex-Bus

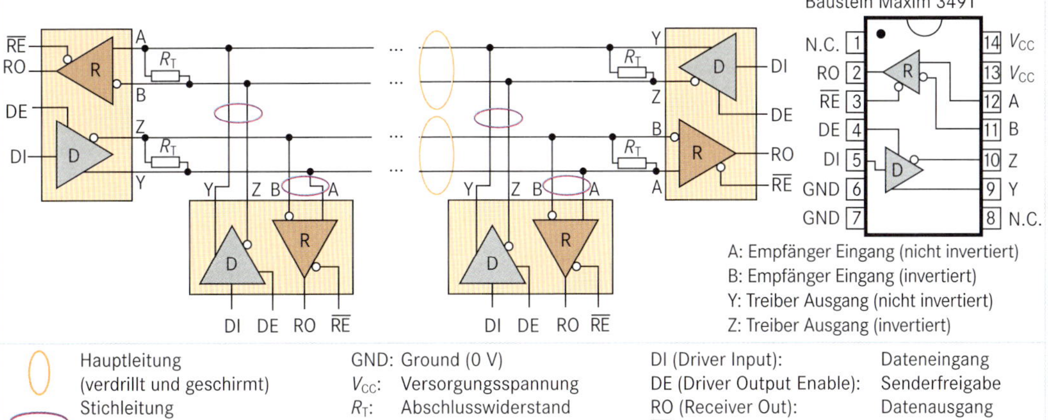

Merkmale

- **I^2C** - Bus (**I squared C**; auch Inter IC-Bus) ist ein einfaches serielles
  - byteorientiertes,
  - taktgesteuertes,
  - halbduplex

  Bussystem zur Verbindung von integrierten Schaltkreisen über kürzere Entfernungen.
- Der Master (z. B. Mikrocontroller) steuert die gesamte Kommunikation über Start-Bedingung (S), Stopp-Bedingung (P) und Takterzeugung.
- Kann auch als **Multi-Master-System** aufgebaut werden.
- Basiert auf einer Zweidrahtleitung als Übertragungsmedium mit den beiden Verbindungsleitungen
  - **SDA** (**S**erial **Da**ta Line: serielle Datenleitung) und
  - **SCL** (**S**erial **Cl**ock Line: serielle Taktleitung).
- SDA- und SCL-Ausgänge aller Schaltkreise sind als **open drain**-Ausgänge ausgeführt und werden über zentrale **pull-up**-Widerstände (wired AND: verdrahtete UND-Schaltung) gespeist.
- Die Steuerung der **Datenrichtung** (Master-Slave oder Slave-Master) erfolgt über das Richtungsbit R/W (Read/ Write, vom Master erzeugt), wobei 0: schreiben in den Slave und 1: lesen vom Slave bedeutet.
- Die **Quittierung** des empfangenen Bytes erfolgt durch Ansteuerung von SDA durch den Slave zum Zeitpunkt des neunten Taktimpulses (0: positiv; 1: negativ).
- Arbeitet mit 7 Bit- und 10 Bit- Adressierung.
- Kann bei 7 Bit-Adressierung bis zu 121 Teilnehmer in einem Bussystem ansprechen.
- **Übertragungsraten** sind spezifiziert mit bis zu 100 kbit/s (Standard Mode), 400 kbit/s (Fast Mode), 1 Mbit/s (Fast Mode Plus) oder 3,4 Mbit/s (High-Speed Mode).

Anschaltung

1: Adressauswahlanschlüsse R_p: pull-up Widerstand

Innenschaltung

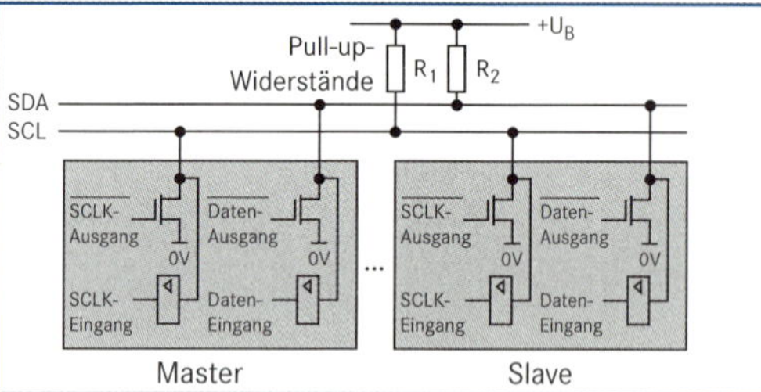

Rahmenformat

Beispiel: Datenausgabe (1 Byte) an Slave

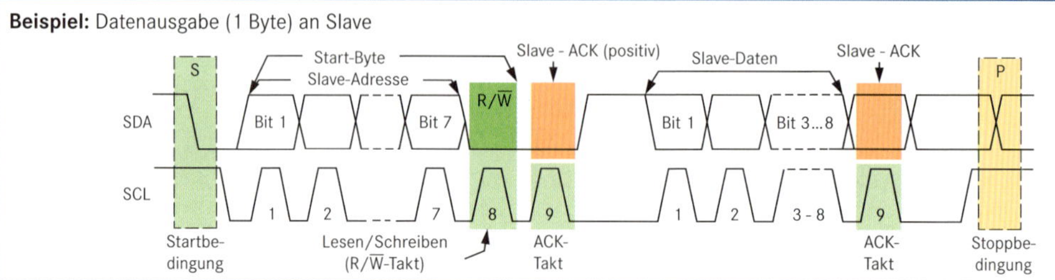

Adressaufbau/Subadressen

- Die **Adresse** jedes Teilnehmers ist einzigartig und besteht aus 7 Bit oder aus 10 Bit.
- Aus dem gesamten Adressbereich sind **8 Adressen** für **spezielle Funktionen** vergeben.
  Die übrigen Adressen sind frei verwendbar.
- Die verfügbaren Slaves werden bei der Herstellung in Typen eingeteilt (z. B. Sensoren, D/A-Wandler) und mit einer Hardwaregrundadresse bei der Herstellung belegt. Hierzu gibt es **Typ-Adresslisten**. Die übrigen 3 Bit aus der Adresse werden in der jeweiligen Schaltung über entsprechende Anschlüsse am Chip programmiert.
  Dadurch besteht die Möglichkeit, maximal 8 gleichartige Chip-Typen an einem Bus zu betreiben.

Reservierte Adressen

Slave-Adresse	R/$\overline{W}$ BIT	Bedeutung
0000 000	0	Rundruf-Adresse
0000 000	1	Start-Byte
0000 001	X	CBUS-Adresse
0000 010	X	Reserviert für verschiedene Busformate
0000 011	X	Reserv. für zukünftige Anwendung
0000 1XX	X	HS-Betrieb Master Codierung
1111 1XX	X	Reserv. für zukünftige Anwendung
1111 0XX	X	10-Bit Slave-Adressierung

Merkmale

USB 2.0	USB 3.0
▪ Ist ein serieller Bus zur Anschaltung von Peripheriegeräten (z. B. Drucker) an den PC. ▪ Ist ausgelegt als kaskadierte Sterntopologie mit bis zu 127 Geräten (Functions, inkl. Hub). ▪ Übertragungsrate: brutto ca. 60 MByte/s ▪ Stromversorgung für Endgeräte wird im Kabel mitgeführt	▪ Ist die Erweiterung (SuperSpeed) von USB 2.0 ▪ Verwendet einen doppelten seriellen Bus ▪ Übertragungsrate: brutto ca. 500 MByte/s ▪ Stecker sind nur zum Teil kompatibel zu USB 2.0 ▪ USB 3.1 mit Datenübertragungsrate von 10 Gbit/s und neuer Typ C Steckverbindung

Topologie

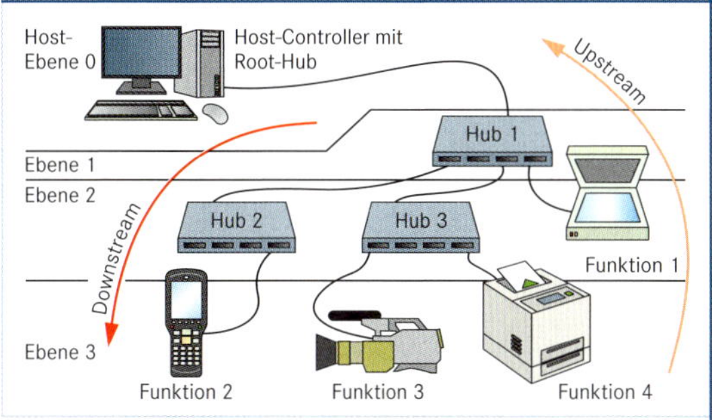

Stecker und Buchsen

Standard

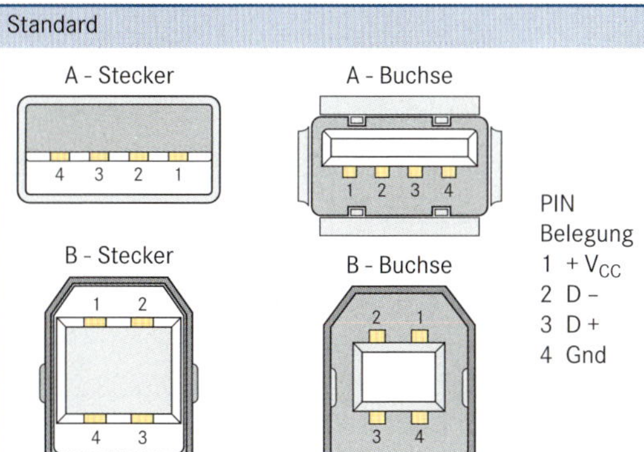

Mini

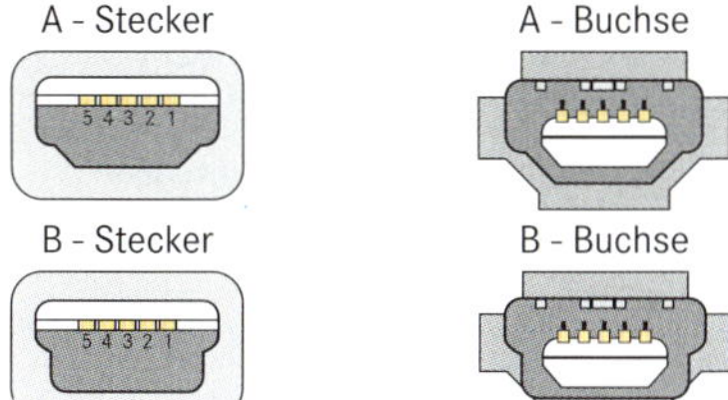

Micro

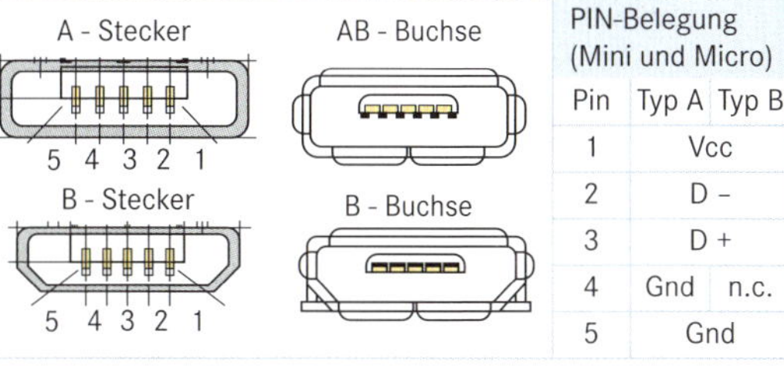

PIN-Belegung (Mini und Micro)

Pin	Typ A	Typ B
1	Vcc	
2	D –	
3	D +	
4	Gnd	n.c.
5	Gnd	

Kabelaufbau

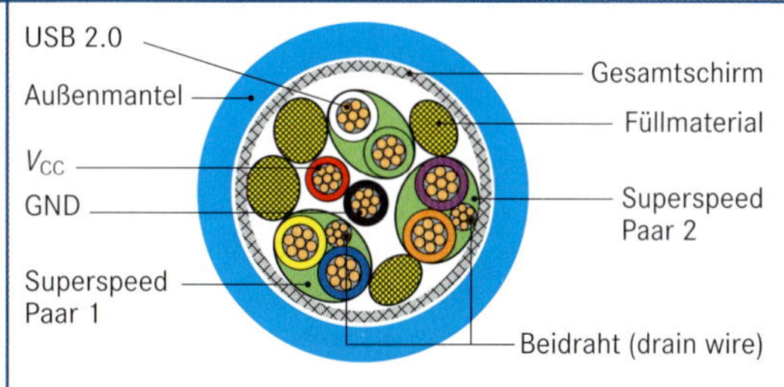

Aderfarbe	Signalname	Funktion
Rot	PWR	Stromversorgung ext. Geräte
Schwarz	GND_PWRrt	Stromversorgung Rückleiter
Weiß	UTP_D–	USB 2.0., negativ[1]
Grün	UTP_D+	USB 2.0., positiv[1]
Blau	SDP1–	Paar 1, negativ[2]
Gelb	SDP1+	Paar 1, positiv[2]
Purpur	SDP2–	Paar 2, negativ[2]
Orange	SDP2+	Paar 2, positiv[2]

[1] ungeschirmt [2] geschirmt

Stecker und Buchsen

Standard

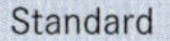

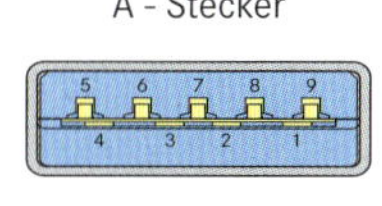

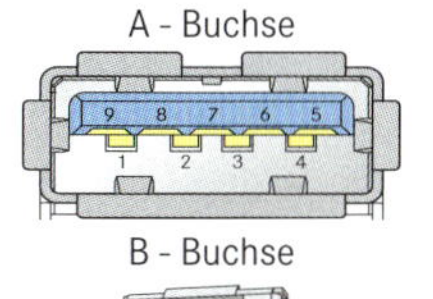

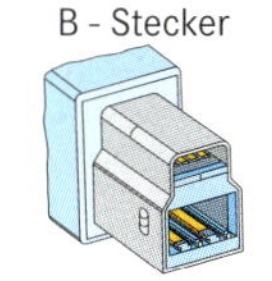

B - Buchse

5 2 3 9 1 4

Pin-Nr.	Signalname	Funktion
1	UBUS	Stromversorgung
2 3	D– D+	USB 2.0 differenziell
4	Gnd	Stromversorgungsmasse
5 6	StdA_SSRX– StdA_SSRX+	Vom Gerät zum Host
7	GND_DRAIN	Rückleitung für Signaladern
8 9	StdA_SSTX- StdA_SSTX+	Vom Gerät zum Host
Shell	Shield	Schirmung

IrDA – Infrared Data Association

Merkmale

- **IrDA** – Vereinigung für Datenübertragung auf infraroter Basis definiert Standards (IrDA 1.0 und 1.1) für **serielle Datenübertragung** mittels **infrarotem Licht** in Sichtverbindung zwischen Sender und Empfänger.
- **Übertragungsraten** können (bei PC-interner Schnittstelle) im BIOS eingestellt werden.
- **Übertragungsstrecke** beträgt standardmäßig 1 m; größere Entfernungen sind möglich (abhängig von eingesetzten optischen Sendern und Empfängern).
- **Übertragungsart** ist halbduplex; Punkt-zu-Punkt und Punkt-zu Mehrpunkt.
- Grundstandard enhält Spezifikationen für Verbindungszugriff (Link Access Protocol: IrLAP), Verbindungssteuerung (Link Management Protocol: IrLMP) und Physical Interface.
- **Anwenderprotokolle** bieten spezifische Ausführungen für unterschiedliche Anwendungen.
- Durch spezielle Kodierung des optischen Signals wird eine energiesparende und gegenüber optischen Beeinflussungen (Tageslicht, Reflexionen) zuverlässige Übertragung erreicht.
- Preiswerte **kabellose Kopplung** u. a. zwischen PCs, Notebooks, PDAs, Kamera, Drucker, Mobile usw.

Protokoll-Stack

Application | IrTran | IrMC | IrPM | IrLAN
IrComm | IrOBEX
IAS | TinyTP | SMP (für IrSimple)[1)]
IrLMP | IrLMP (für IrSimple)[1)]
IrLAP | IrLAP (für IrSimple)[1)]
SIR | MIR | FIR | VFIR
IrPHY

Erläuterungen

IrPHY	**IrDA Phy**sical Layer definiert die physikalischen Übertragungseigenschaften (z. B. Strahlungsstärke, Abstrahlwinkel, Datenrate).
IrLAP	**IrDA L**ink **A**ccess **P**rotocol definiert die Übertragungsrate und Datengröße.
IrLMP	**IrDA L**ink **M**anagment **P**rotocol regelt u. a. den Datenaustausch für mehrere paralell laufende Anwendungen.
Tiny TP	**IrDa T**ransport **P**rotocol verwaltet u. a. die Puffer für jede logische Verbindung.
IrCOMM	**Infrared Comm**unication Protocol emuliert u. a. die RS 232 Schnittstellenfunktion.
IrOBEX	**Infrared Ob**ject **Ex**change Protocol vereinheitlicht die Eigenschaften von Objekten zur Übertragung zwischen unterschiedlichen Geräten.
IrTran-P	**Infrared Tran**sfer **P**rotocol-Picture steuert die Übertragung von Bildern; verwendet UPF (Universal Picture Format).
IrMC	**Infrared M**obile **C**ommunication (mobile Kommunikationsgeräte) definiert die Objekt-Austauscheigenschaften bei mobilen Geräten (z. B. PDA)
IrFM	**Infrared F**inancial **M**essaging steuert elektronische Bezahlverfahren.
IrLAN	**Infrared LAN** definiert LAN-Verbindungen über IrDA.

[1)] **IrSimple:** regelt effiziente Übertragung großer Datenmengen (z. B. Bilddateien). Erfordert die unter [1)] genannten Ergänzungen: **SMP** (**S**equence **M**anagement **P**rotocol), **Ir LMP** und **IrLAP** (**für IrSimple**). Damit werden hohe Übertragungsraten und vereinfachter Aufbau und Abbau der Verbindung erreicht (z. B. 1 MByte JPEG über VFIR mit IrSimple in 0,6 s).

Übertragungsraten

Bezeichnung		
SIR (**S**low)	kbit/s	2,4; 9,6; 19,2; 38,4; 57,6; 115,2
MIR (**M**edium)	kbit/s	576; 1152
FIR (**F**ast)	Mbit/s	4
VFIR (**V**ery **F**ast)	Mbit/s	16
UFIR (**U**ltra **F**ast)	Mbit/s	100 (in Entwicklung)

Optische Parameter

Abstrahlwinkel

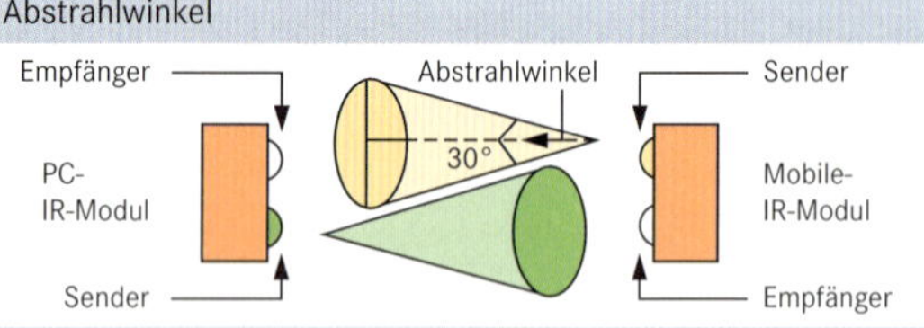

Leistungsparameter

Übertragungsrate in kbit/s	Betriebsart	Sendeleistung in mW/sr	Empfangsempfindlichkeit in µW/cm²
< 115,2	Standard	40	4
	Low Power	3,6	9
> 115,2	Standard	100	10
	Low Power	9	22,5

Modulationsarten

SIR und **MIR** (< 115,2 kbit/s) verwenden RZI
Daten „0“: Lichtimpuls; Daten „1“: Kein Lichtimpuls

SIR sendet Lichtimpuls mit 3/16 T (Impulsdauer)

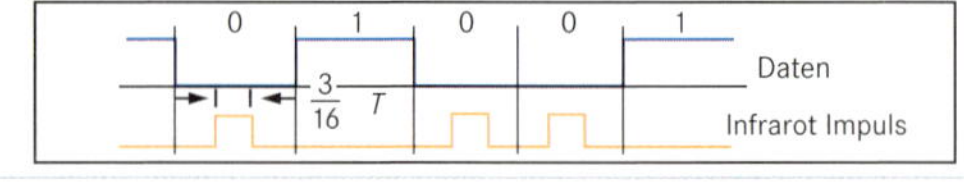

MIR sendet Lichtimpuls mit 1/4 T (Impulsdauer)

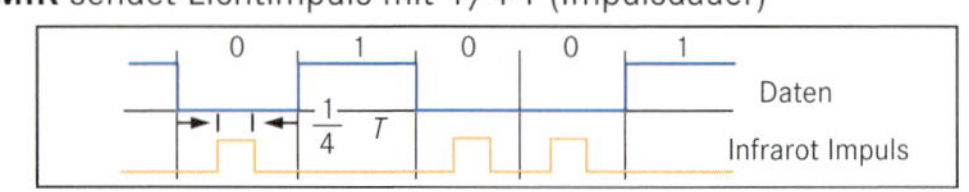

FIR verwendet **4 PPM** (**P**ulse **P**osition **M**odulation).
Jeweils 2 Datenbit werden einer bestimmten Pulsposition im Übertragungsraster zugeordnet.

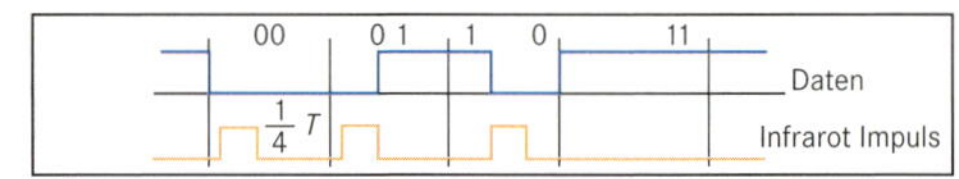

Merkmale

- IEEE 1394 definiert eine **serielle Schnittstelle** zur Kopplung peripherer Geräte (z. B externe Festplatten, Videogeräte) an einen Rechner oder zur Kopplung von Geräten untereinander.
- Verwendete Produktnamen sind FireWire (Apple), i.Link (Sony) und mLAN (Yamaha).
- Standard besteht aus mehreren Teilen: IEEE 1394a, IEEE 1394b und IEEE 1394c.
- Allgemeine Bezeichnungen sind FireWire 400 und FireWire 800.
- Basiert auf einer **seriellen Punkt-zu-Punkt**-Datenübertragung (peer to peer) zwischen benachbarten Geräten bzw. über mehrere Geräte hinweg zum Zielgerät.
- Erfordert keinen Host im System (Gegensatz: USB).
- Jedes Gerät kann die Masterfunktion übernehmen.
- Adressierung der Geräte in einem Bus durch 6 Bit; die einzelnen Busstränge werden über zusätzliche 10 Bit adressiert.
- Pro Bussystem sind 63 Geräte (Knoten) adressierbar.
- Geräte werden in Reihe (**Daisy Chain**) geschaltet.
- Bei Verwendung von Kupferverbindungskabeln können max. 17 Geräte (16 Kabelsegemente, je 4,5 m) in eine Reihe geschaltet werden (72 m Gesamtlänge).
- Durch Verwendung von Hubs (oder Mehrport-Geräten) können **Baumtopologien** aufgebaut werden.
- Max. sind 1023 Bussegmente über **Brücken** zusammen schaltbar.
- Realisiert Funktionen, wie z. B.:
  - **plug and play** (keine Adresseinstellung, keine Terminierung eforderlich),
  - **automatische Buskonfiguration** bei Hinzufügen oder Entfernen eines Gerätes,
  - **asynchroner** Datentransfer (zwischen zwei direkt adressierten Geräten, mit variablen Übertragungsintervallen und Handshake-Verfahren),
  - **isochroner** Datentransfer (feste, garantierte Übertragungsintervalle für jede teilnehmende Verbindung, ohne Wiederholung bei Datenverlust; 80 % der Bandbreite für einen oder mehrere isochrone Kanäle verfügbar),
  - bis zu 45 W elektrische Leistung bei Verwendung des 6- und 9-poligen Kabels übertragbar (**bus power**).
- **Übertragungsgeschwindigkeiten** (IEEE 1394a): **S 100** (98,304 Mbit/s), **S 200** (196,608 Mbit/s), und **S 400** (393,216 Mbit/s), bidirektional und halbduplex.
- IEEE 1394b ist abwärtskompatibel zu 1394a über bilinguale Verbindung; realisiert zusätzlich die Übertragungsgeschwindigkeit **S 800** mit 9-poliger Beta-Verbindung, bidirektional und vollduplex.
- IEEE 1394c realisiert Verbindungen mit S 800 (786,432 Mb/s) über Cat. 5e UTP.

Topologie

Daisy Chain-Prinzip

single port   dual port

Übertragungszyklus

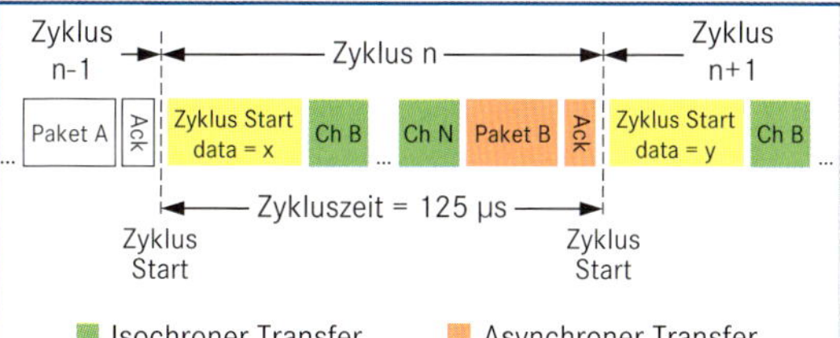

Verbindungskabel 6-polig

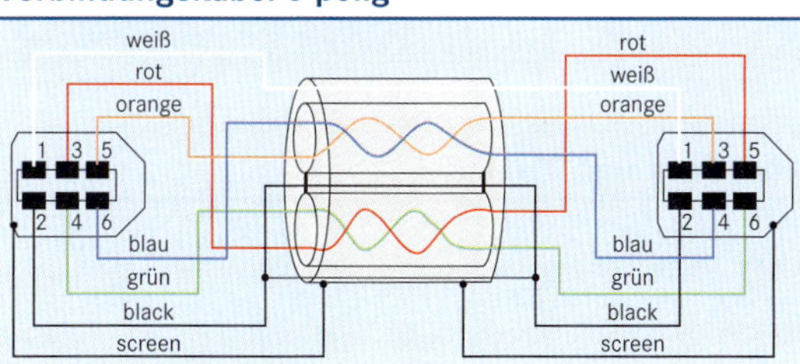

Übertragungsrichtung (DS-mode)

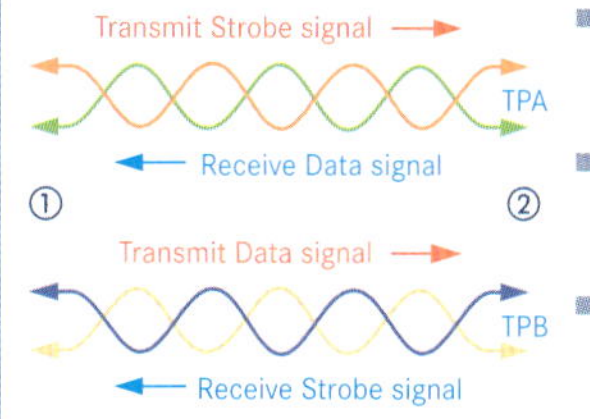

- Im DS-Mode werden Daten- und Strobesignale übertragen.
- Übertragung von ① nach ②: Strobe auf TPA und Daten auf TPB.
- Übertragung von ② nach ①: Strobe auf TPB und Daten auf TBA.

Geräteschnittstellen

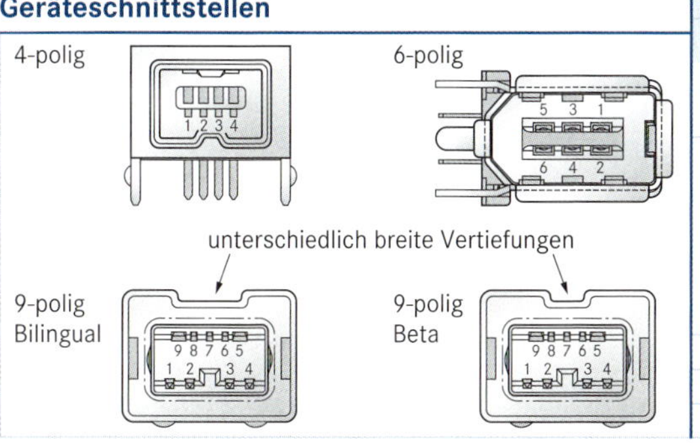

PIN-Nr. (Typ)			Bezeichnung	Funktion	Aderfarbe
(4-pin)	(6-pin)	(9-pin)			
–	1	8	Power	max. 30 V DC ohne Last	white
	2	6	Ground	Ground potential innerer Schirm	black
1	3	1	TPB –	Twisted Pair B	orange
2	4	2	TPB +	Twisted Pair B	blue
3	5	3	TPA –	Twisted Pair A	red
4	6	4	TPA +	Twisted Pair A	green
		6/9	A/B shield		
–	–	7	n.c.		
			Gehäuse	Äußerer Schirm	

UPnP – Universal Plug and Play

Merkmale

- Der Begriff „Universal Plug and Play“ wird in Verbindung mit einem Netz verwendet, in dem verschiedene Geräte (z.B. PC, Stereoanlage, Fernsehgerät, Videorecorder, Haussteuerungsgeräte) über ein IP-basiertes Netz miteinander verbunden sind und kommunizieren können. Die Ansteuerung der Geräte kann mit oder ohne zentrale Kontrolle erfolgen. Nach der Netzinstallation können Geräte eingesteckt (plug), entfernt und benutzt (play) werden.
- Für die Vernetzung ist Ethernet nicht festgelegt. Es sind Verbindungen über Funk, FireWire, USB oder serielle Verbindungen möglich.
- Geräte (Devices) sind in diesem System lediglich „Behälter“ für Dienste, die abgerufen werden können. Dienste können z.B. sein das Drucken von Informationen, Einlesen von Bildern, Ausgeben von Dateien sowie Ein- und Ausschalten von Beleuchtungen.
- In dem Netz sind mindestend vorhanden
  - Control Point,
  - Media-Server und
  - Mediarenderer.
- Ein **Control Point** ① kann z.B. ein PC oder ein Handheld sein. Der Control Point bietet keine Dienste an, sondern fordert diese ab bzw. löst sie aus.
  Beispiel: Es wird ein Gerät aufgefordert, sich zu melden.
- **Media-Server** ② sind Geräte, die Medien bereitstellen können (z.B. CD-/DVD-Player, Digitalkamera, Receiver).
- **Mediarenderer** ③ sind Wiedergabegeräte, die über keinen eigenen Speicher verfügen.
  Beispiele: Audio Player, Monitor, Fernsehgerät, HiFi-Anlage, Lautsprecher, Uhrenradio, Drucker
- Mischformen sind möglich, z.B. kann ein Handheld als Control Point und Renderer arbeiten.

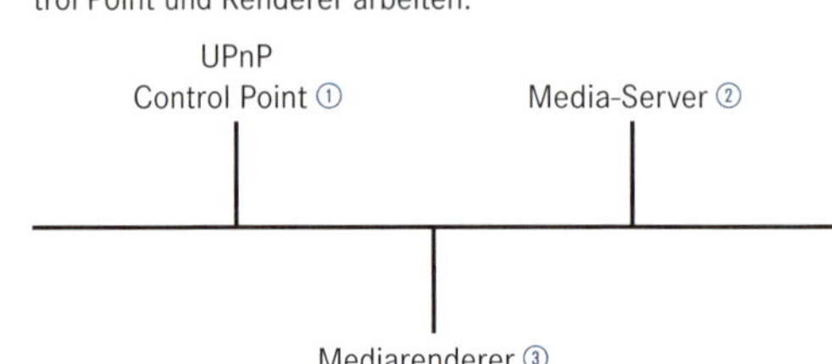

Kommunikationsprozess

- **Adresszuweisung** (Addressing)
  Die Adresszuweisung für Geräte und Control Points erfolgt über **DHCP** (**D**ynamic **H**ost **C**onfiguration **P**rotocol), sobald diese an das Netz angeschlossen sind.
- **Lokalisierung** (Discovery)
  Die Meldung der Existenz eines Gerätes erfolgt durch Senden der IP-Adresse an den Control Point. Mit **SSDP**-Nachrichten präsentiert sich jedes Gerät mit seinen Diensten regelmäßig. Dadurch ist gewährleistet, dass alle Geräte über die Möglichkeiten der Dienste im Netz informiert sind. Eine übergreifende Nutzung ist möglich.
- **Beschreibung** (Description)
  Wenn ein Kontakt zwischen dem Control Point und einem Gerät hergestellt wurde, erfolgt ein Datenaustausch über ihre Geräte- (device description) und Dienstebeschreibungen (service description) im XML-Format. Für jeden Service werden Kommandos und Aktionen sowie Datentypen und -bereiche definiert.
- **Steuerung** (Control)
  Über SOAP (beruht auf HTTP) erfolgt die Steuerung der Geräte durch den Control Point.
- **Ereignismeldung** (Eventing)
  Zustandsänderungen werden dem Control Point mit GENA gemeldet, z.B. Gerät wird gerade genutzt und steht somit nicht zur Verfügung.
- **Präsentation** (Presentation)
  Es handelt sich hierbei um die Webseite des gewählten Gerätes. Sie kann unter Umständen interaktiv sein.
- Beispiel für einen Kommunikationsablauf:

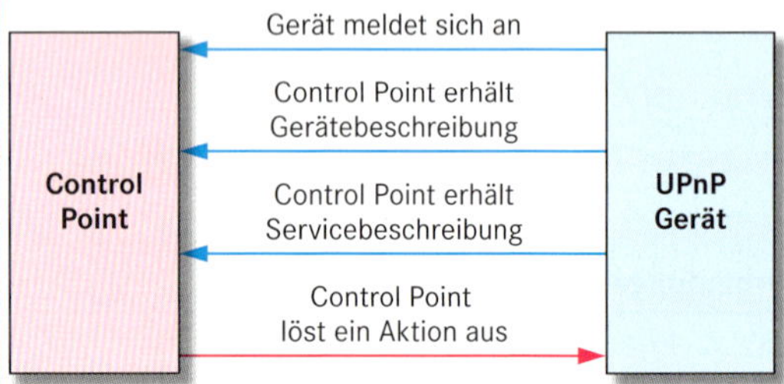

Protokolle

- **IP**: **I**nternet **P**rotocol
- **TCP**: **T**ransmission **C**ontrol **P**rotocol
- **UDP** (**U**ser **D**atagram **P**rotocol): Verbindungsloses Transportprotokoll
- **HTTP** (**H**ypertext **T**ransfer **P**rotocol): Anwendungsprotokoll (Darstellung von Webseiten)
- **HTTPU**: Erweiterung von HTTP
- **HTTPMU**: Variante von HTTPU, nutzt IP-Multicast
- **GENA** (**G**eneral **E**vent **N**otification **A**rchitecture): Information über den gegenseitigen Status
- **SOAP** (**S**imple **O**bject **A**ccess **P**rotocol): Datenaustauschprotokoll
- **SSDP** (**S**imple **S**ervive **D**iscovery **P**rotocol): Protokoll zum Suchen von UPnP-Geräten

Protokollstruktur und Dienste

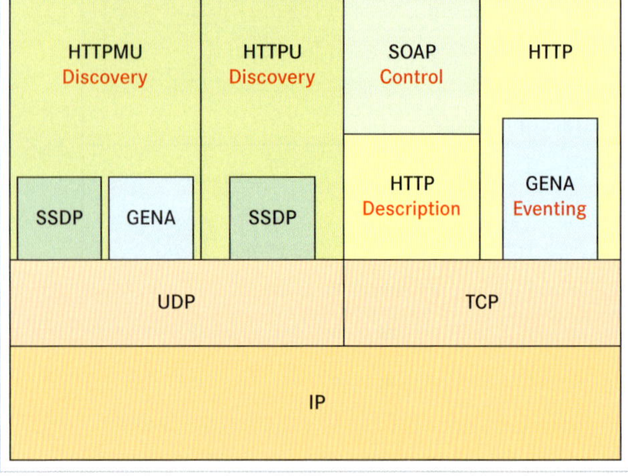

Mikrofone
Microphones

Kenngrößen

Übertragungsfaktor T

$T = \frac{U}{p}$ $f = 1$ kHz

U: Ausgangsspannung in mV
p: Schalldruck in Pa

Übertragungsmaß G

$G = 20 \cdot \lg \frac{T}{T_0}$ dB $f = 1$ kHz

T in V/Pa $T_0 = 1$ V/Pa

Schaltungen von Tauchspulmikrofonen

symmetrisch

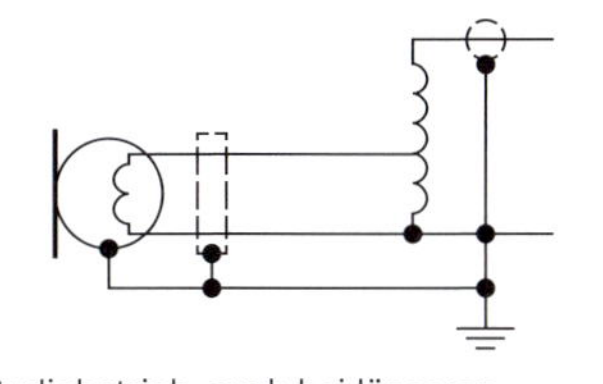

Studiobetrieb, auch bei längeren Leitungen störungsfreie Übertragung.

unsymmetrisch

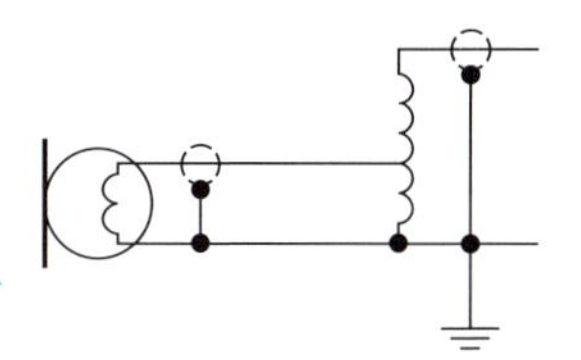

Nur bei nicht allzu großen Leiterlängen (< 5 m) störungsfrei, wird im Konsumelektronik-Bereich häufig verwendet.

Arten

Typ	Eingangsgrößen	Übertragungsfaktor T in mV/Pa (z. B.)	Frequenzgang	Klirrfaktor in %	Anwendungen, Besonderheiten
Tauchspul-Mikrofon	200 Ω	2	50 Hz ... 14 kHz	1	Tonaufzeichnung, Tonübertragung
Kristall-Mikrofon	1 MΩ...5 MΩ $C_e \approx 1$ nF	1	30 Hz ... 10 kHz	1... 2	Tonaufzeichnung und -übertragung
Kondensator-Mikrofon	50 MΩ (ohne Verstärkung) $C_e \approx 100$ pF	10	20 Hz ... 20 kHz	0,1	hochwertige Aufzeichnung und Übertragung, Hilfsspannung erforderlich

Lautsprecher
Loudspeakers

Kenngrößen

Nennscheinwiderstand Z_n
Der Scheinwiderstand darf bei keiner Frequenz innerhalb des Übertragungsbereichs mehr als 20 % unter dem angegebenen Nennscheinwiderstand liegen.

Grundresonanzfrequenz f_{res}
niedrigste Eigenfrequenz

Übertragungsfaktor T

$T = \frac{p}{U}$ in $\frac{\text{Pa}}{\text{V}}$ Bezugsabstand: 1 m

p: Schalldruck
U: Klemmenspannung des Lautsprechers

Übertragungsmaß G

$G = 20 \cdot \lg \frac{T}{T_0}$ dB $T_0 = 1$ Pa/V
Bezugsabstand: 1 m

Übertragungsbereich
$f_u \dots f_o$ (Abfall 10 dB vom Mittelwert)

Nennbelastbarkeit
maximale Leistung im Dauerbetrieb

Impulsbelastbarkeit
maximale Leistung bei getasteten Sinustönen

Arten

- Dynamische Lautsprecher (Tauchspul-Lautsprecher, Bändchen-Lautsprecher)
- Elektrostatische Lautsprecher (Kondensator-Lautsprecher)
- Piezoelektrische Lautsprecher (Kristall-Lautsprecher)

Weiche mit 6 dB Spannungsfall pro Oktave

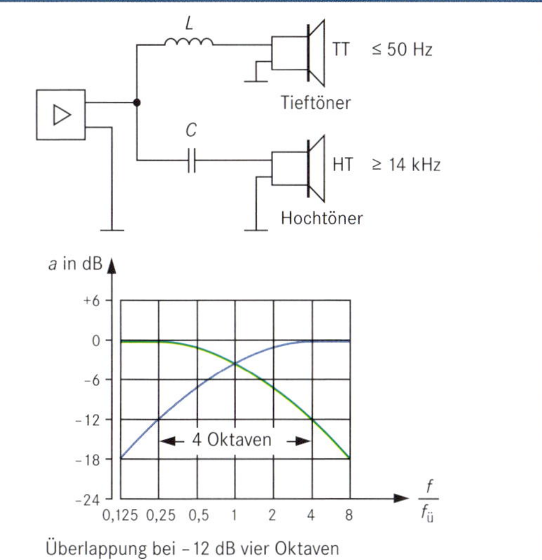

Überlappung bei – 12 dB vier Oktaven

Audio-Systeme und -Formate
Audio-Systems and -Formats

Kennzeichnungsprinzip für Audio-Systeme

Ziffer Punkt Ziffer
Beispiel: 5.1
5 Lautsprecher (Fullrange Kanäle)
1 Tieftöner (Subwoofer)

Lautsprecherpositionierung beim 5.1 System

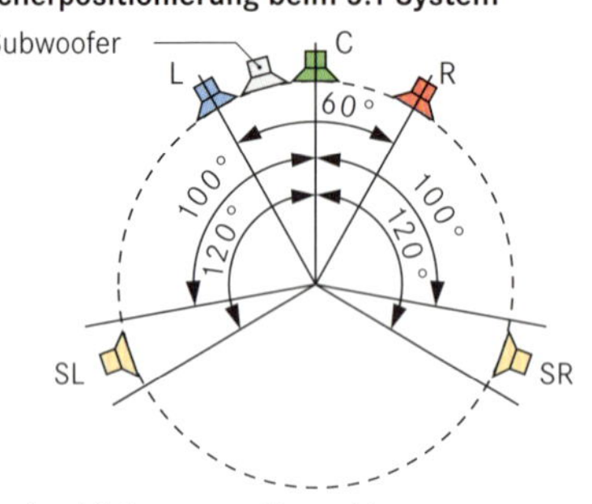

L: Stereosignal links
R: rechts
SR: Surround rechts
SL: Surround rechts
C: Zentrum, Sprachkanal
S: Hintergrund- und Nebengeräusche (Surround)

Tonformate

Symbole auf DVD-Hülle	Bedeutung
Mono 1.0	Das Schallereignis wird über einen Tonkanal wiedergegeben. Es entsteht kein räumlicher Klangeindruck.
Stereo 2.0	Das Schallereignis wird über zwei Tonkanäle wiedergegeben (links und rechts). Es entsteht ein räumlicher Klangeindruck.
Dolby Surround 3.0	Dem Stereosignal wird ein Surround-Signal verschlüsselt zugefügt. Es entsteht ein verbesserter räumlicher Klangeindruck durch einen hinteren Lautsprecher.
Dolby Pro Logic 4.0	Arbeitet wie Dolby Surround 3.0 mit zusätzlichem verschlüsselten Signal, das nach Entschlüsselung über einen weiteren Lautsprecher (Center) wiedergegeben wird.
Dolby Pro Logic II 5.1	Dem Stereo-Signal sind weitere verschlüsselte Signale zugefügt. Fünf Lautsprecher und ein Subwoofer können versorgt werden. Es entsteht ein realistischer Raumklang.
Dolby Digital 5.1, DTS 5.1	Sechs voneinander getrennte digitale Signale führen zu einem optimalen Raumklang. Mit dem 6. Kanal kann ein Subwoofer betrieben werden.
Dolby Digital Surround EX, DTS-ES 6.1	Arbeitet wie Dolby Digital 5.1, den beiden hinteren Tonkanälen wird ein weiteres Signal für besondere Effekte verschlüsselt zugefügt und über einen Effekt-Center-Lautsprecher (hinten in der Mitte) wiedergegeben.

Audio-Formate

MIDI

- **M**usical **I**nstruments **D**igital **I**nterface, seit 1983
- Im engeren Sinne kein Audio-Format, da es keine Audiodaten/Klangdaten enthält, sondern ist ein Textformat, welches Steuerdaten für Midigeräte enthält.
- Midigeräte werden über den Joystick Port der Soundkarte angeschlossen.
- Kleine Datenmengen
- Serielles Datenprotokoll: 31250 bit/s
- Serielle Datenübertragung, langsam und sicher
- 16 Kanäle
- Qualität ist von den Ausgabegeräten abhängig

AIFF

- **A**udio **I**nterchange **F**ile **F**ormat
- Von Apple 1988 entwickelt, von anderen Herstellern übernommen
- Format besitzt Chunkstruktur (Chunk: Happen, Brocken) wie Wave- und AVI-Formate.
- Daten können komprimiert werden. Größe hängt vom verwendeten Algorithmus ab. Informationen darüber werden in einem zusätzlichen Chunk gespeichert.
- Datenrate unkomprimiert 960 kbit/min
- Radioqualität (annähernd)

Wave

- Anfang 1980 von Microsoft und IBM entwickelt
- Standardformat für Window PCs
- Wave-Dateien enthalten digital codierte Analogsignale, z. B. Auflösung 16 Bit bei 44,1 kHz Samplingrate, Stereo
- Wave-Dateien sind sehr groß, in Chunks strukturiert
- Datenrate 10 MB/min

Real Audio

- Von RealNetworks 1995 als ein hochkomprimiertes Audio-Format für das Internet entwickelt
- Datei wird in kleine Pakete zerlegt und separat verschickt, in Echtzeit vom Server abspielbar (Streaming Audio)
- Geeignet für Internetradio
- Qualität hängt von der Bandbreite ab. Wenn die Bandbreite unter ein Minimum fällt, werden Datenpakete weggelassen.

VQF

- Von Yamaha 1995 entwickelt, Bezeichnung auch SoundVQ oder TwinVQ
- Aufgrund von Ähnlichkeiten der Elemente in Musikstücken lässt sich diesen „Grundbausteinen" ein Index zuweisen, der einem Eintrag in einer Bitmustertabelle (mehrdimensional) entspricht. Der Decoder kann mit der gleichen Tabelle und dem jeweiligen Index die Originalbitstruktur zusammensetzen.
- Dateigröße 25 bis 35 % kleiner als bei MP3
- Maximale Abtastrate 96 kbit/s

AAC

- **A**dvanced **A**udio **C**oding
- Erweiterung zu MPEG 2 und Teil von MPEG 4
- Im Vergleich zu MP3 gleiche Qualität bei halber Dateigröße
- Bei 64 kbit/s (ISDN) Stereoübertragung möglich

MP3

Gruppen

- **Gruppe 1 und 2**
  Heute keine Bedeutung mehr, technisch veraltet.
- **Gruppe 3**
  Standardfaxgerät mit dem, die Vorlage als Schwarz-Weiß-Bild in Form digitaler Daten über das analoge TK-Netz übertragen wird.
  Anschlusssteckdose: TAE mit N-Codierung
- **Gruppe 4**
  Digitales Faxgerät, die Vorlage wird als Graustufenbild in Form digitaler Daten über das ISDN-Netz übertragen.
  Anschlussdose: IAE oder UAE

Senden

- Text bzw. Bild wird zeilenweise abgetastet (Scanvorgang) und in einzelne schwarze bzw. weiße Pixel zerlegt ①.
- Auflösungsbeispiel:
  Horizontal:
  8 Pixel/mm (200 dpi)
  Vertikal:
  Normalauflösung 3,85 Zeilen/mm (100 dpi),
  Feinauflösung 7,7 Zeilen/mm (200 dpi)
  Superfeinauflösung 15,4 Zeilen/mm
  dpi: dots **p**er **i**nch (Bildpunkte pro Zoll)
- Zeichenfolge wird codiert.
- Modulation in Tonfrequenzsignale innerhalb der analogen Bandbreite von 3,1 kHz ②.
  Modem: Modulator + **Dem**odulator

Empfangen

- Tonfrequente Signale werden im Modem demoduliert ②.
- Digitale Signale werden decodiert.
- Der Drucker gibt den Text bzw. das Bild in Form von schwarzen und weißen Pixeln wieder ③.

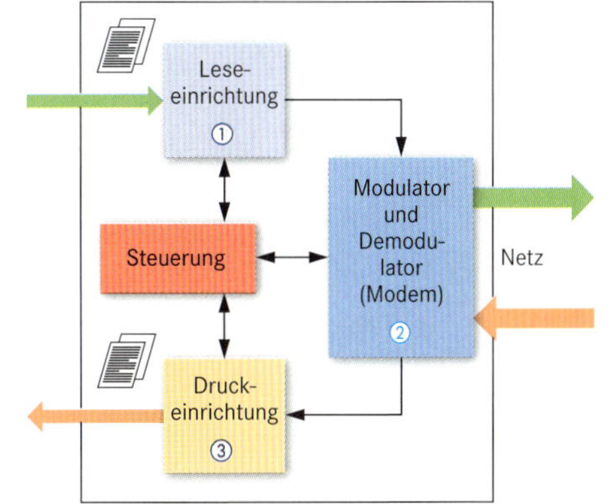

Kennung des Fernkopierers (im Ausdruck):
Beispiel: + 49 4141 935762

1. Pluszeichen (+)
2. Landeskennzahl
3. Vorwahlnummer ohne Null
4. Rufnummer

Weitere zusätzliche Angaben z. B. über den Anschlussinhaber können angefügt werden.

Kommunikationsvorgang beim Fernkopieren

1. Verbindungsaufbau
- Sendegerät meldet sich mit 2,1 kHz Rufsignal
- Empfangsgerät meldet sich mit 1,1 kHz Signal

2. Informationsaustausch
- Telefaxnummer des Absenders
- Rufnummer des Empfängeranschlusses
- Übertragungsparameter:
  Übertragungsgeschwindigkeit
  (z. B. Einigung auf 9600 bit/s), Codierung usw.
- Herstellerspezifische Funktionen

3. Kontrolle und Übertragung
- Verbindungskontrolle, Synchronisation
- Fehlerbehandlung
- Datenübertragung

4. Seitenende bzw. Fortsetzung der Übertragung
- Übertragung beendet – Bestätigung, bzw. Seite folgt noch (Mehrseitensignal)
- Ende der Übertragung

5. Ende der Verbindung
- Absender sendet Meldung zur Trennung
- Empfänger schließt sich der Trennung an

Übertragungsstandards

ITU/TS	Modulation	Bitrate
V.27ter[1]	**PSK** Phasen-umtastung	4 Phasenänderungen: 2400 bit/s 8 Phasenänderungen: 4800 bit/s
V.29	**QAM** Quadratur-Amplituden-modulation	2 Amplitudenstufen: 7200 bit/s 4 Amplitudenstufen: 9600 bit/s

[1] ter bedeutet 3. Version dieser Empfehlung (ter: französisch „die Dritte")

Datenkompression

- **Modified Huffman Codierung (MHC)**
  Codiert wird nicht jedes einzelne Pixel, sondern in jeder Zeile (eindimensionales Verfahren), wie viele weiße und schwarze Pixel an welcher Stelle vorkommen (Lauflängen-Codierung).
- **Modified Read Code (MRC)**
  Für eine begrenzte Zahl von Zeilen werden nur die Änderungen codiert, die sich aus der vorangegangenen Zeile ergeben (zweidimensionales Verfahren).
- **Modified Modified Read (MMR)**
  Ab der zweiten Zeile werden nur die Unterschiede zur vorangegangenen Zeile übertragen.

Tintenstrahldrucker

Thermo-Verfahren

- Druckdüsen mit Heizelementen
- Temperatur ca. 300 °C
- Dampfblase entsteht
- Tinte wird herausgespritzt (ca. 80 ms)
- Geschwindigkeit ca. 15 m/s
- Schussfrequenz bis 18 kHz

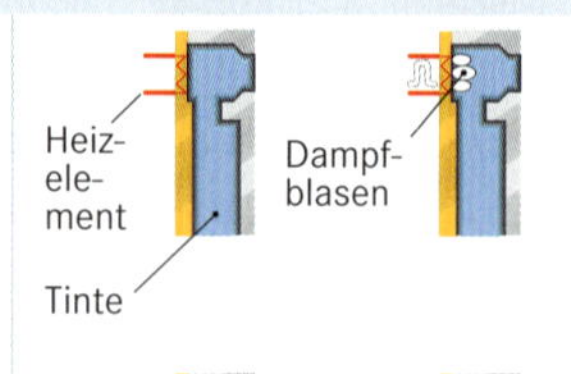

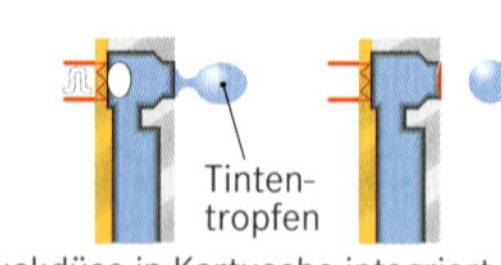

Druckdüse in Kartusche integriert

Piezoelektrisches Verfahren

- Druckdüse mit Piezo-Element
- Elektr. Spannung verformt das Element
- Zunächst Sog, dann Druck
- Tinte wird herausgedrückt
- Tropfengröße kann durch Spannung gesteuert werden

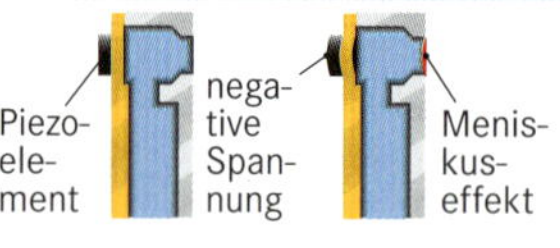

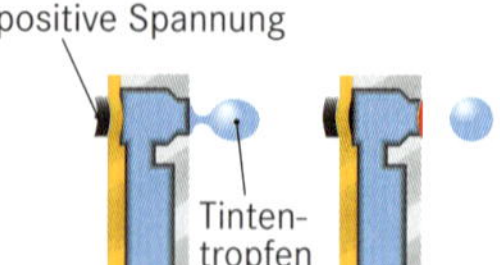

Druckdüsen befinden sich nicht in der Kartusche, sondern im Gerät

Druckvorgang

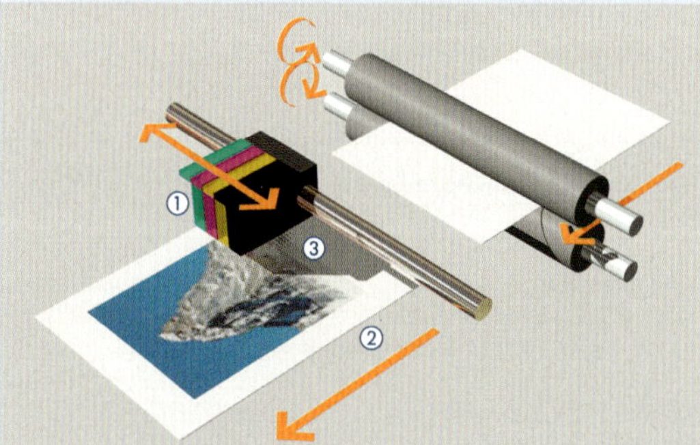

- Druckkopf bewegt sich zeilenweise über das Papier ①.
- Das Papier wird schrittweise in Längsrichtung durch den Drucker gezogen ②.
- Alle Druckfarben werden gleichzeitig auf das Papier gesprüht ③.
- Mehrere Druckpunkte bilden einen Rasterpunkt.
  Beispiel: Grüner Rasterpunkt besteht aus mehreren dicht nebeneinander oder übereinander gedruckten gelb- und cyanfarbigen Druckpunkten.

Druckauflösung (Auflösung):
Angabe in Druckpunkte pro Zoll (**dpi: D**ots **p**er **I**nch)
1 Zoll (Inch) = 2,54 cm

Beeinflussung der Druckqualität

- Erweiterung der vier Farben (CYMK) um weitere Farben (z. B. helles Cyan und helles Magenta) zur besseren Darstellung von Hauttönen.
- Für hochwertige Drucke sollte beschichtetes Papier verwendet werden, damit die Farbtropfen nicht zu tief eindringen.
- Das tiefe Eindringen der Tinte in das Papier kann durch vorheriges Aufbringen einer farblosen Flüssigkeit verringert werden.
- Größere farbige Flächen werden mit wenigen, aber größeren Tropfen schneller bedruckt.
- Die Tinte wird in mehreren Durchgängen aufgetragen.
  Ein Verlaufen der Tinte wird verringert.
- Pigmentierte Tinte verringert das zu tiefe Eindringen in das Papier.
- Für helle Farben (Farben mit geringer Sättigung) entstehen zwischen den Farbpunkten große störende weiße Flächen. Kleinere Druckpunkte verringern diese Störungen.
- Um das Verlaufen der Tinte aufgrund der Faserstruktur des Papiers zu verringern, wird schnelltrocknende Tinte eingesetzt.
- Neben diesen Hardwarelösungen werden von Herstellern verschiedene Softwarelösungen zur Steuerung der Druckpunkte eingesetzt.

Farblaserdrucker

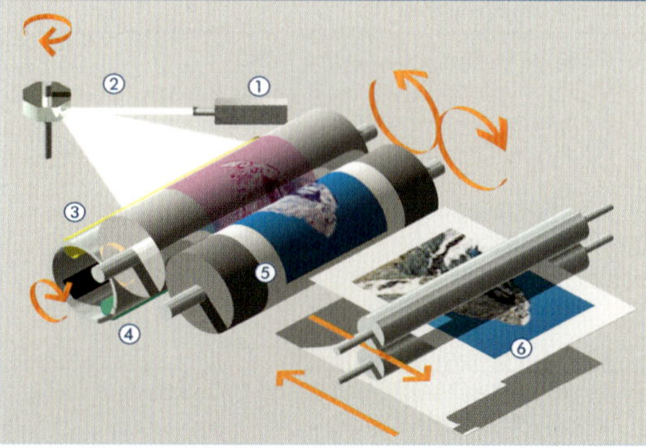

- Unbedrucktes Papier wird kontinuierlich zugeführt.
- Licht aus dem Laser ① gelangt über einen rotierenden Spiegel ② auf die lichtempfindliche Trommel ③.
- Die Trommel ist elektrostatisch aufgeladen.
- Sie dreht sich an der Tonerkartusche ④ vorbei.
  Der Toner gelangt durch elektrostatische Anziehungskräfte über die Belichtungstrommel auf das Papier ⑤.
- Für den Vierfarbendruck sind vier Durchläufe erforderlich.
- Am Ende wird das fertig bedruckte Papier ausgegeben ⑥.

Scanner

Handscanner	Einzugscanner	Flachbettscanner	Trommelscanner	Dia- und Negativscanner
▪ Vorlage wird manuell abgefahren. ▪ Es entstehen Scanstreifen von einigen cm Breite. ▪ Problem: Passgenaues Zusammenfügen der Streifen (Software).	▪ Die Vorlage wird an den fest platzierten Sensoren entlang bewegt. ▪ Problem: Vorlagen dürfen eine bestimmte Dicke nicht überschreiten.	▪ Die Sensoren werden an der Vorlage entlang geführt. ▪ Die Qualität des Scanners hängt von der Auflösung und der genauen Führung der Sensoren ab.	▪ Die Vorlage befindet sich außerhalb einer rotierenden Trommel und wird von einer Lichtquelle abgetastet. ▪ Problem: Vorlagen dürfen eine bestimmte Dicke nicht überschreiten.	▪ Die durchscheinende Vorlage wird vom Licht abgetastet, das dann auf die Sensoren fällt. ▪ Aufgrund der kleinen Vorlage ist eine hohe Auflösung erforderlich.

Arbeitsweise des Flachbettscanners

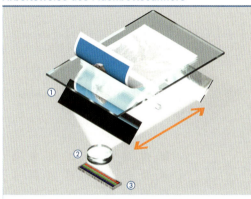

- Licht wird von der Aufsichtsvorlage reflektiert.
- Dieses gelangt dann über Spiegel ① und Linsen ② auf die lichtempfindlichen und zeilenmäßig angeordneten Sensoren ③ (CCD-Zellen, **CCD: C**harge **C**oupled **D**evice).
- Vor den Sensoren befinden sich Farbfilter für rotes, grünes und blaues Licht.
- Helligkeitsinformationen werden in den Sensoren in unterschiedlich große elektrische Ladungen umgewandelt, als Spannungen verstärkt und mit Hilfe von Analog-Digital-Umsetzern in einen Datenstrom umgeformt.

Arbeitsweise des Trommelscanners

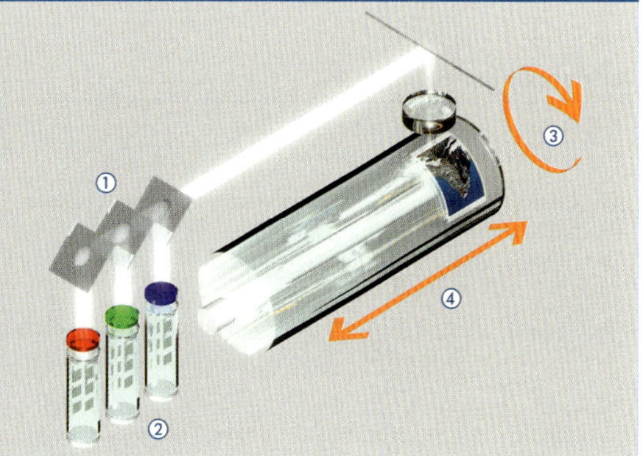

- Das von der Vorlage reflektierte oder durchgelassene Licht (je nach Vorlage) gelangt über Spiegel ① an die Photomultiplier ② (Sekundärelektronenvervielfacher).
- Durch Rot-, Grün- und Blaufilter erhält man die Farbinformationen der einzelnen Pixel.
- Die Trommel ③ rotiert, so dass die Vorlage zeilenweise abgetastet wird.
- Zusätzlich erfolgt nach jeder Zeile eine Bewegung der Trommel in Längsrichtung ④.
- Die Auflösung hängt von der Anzahl der Schritte bei der Trommelbewegung ab.

Auflösung beim Flachbettscanner

Optische Auflösung
Sie hängt von der Anzahl der CCD-Elemente ab.
Einheit: Pixel pro Zoll: **ppi** (**p**ixel **p**er **i**nch)
Punkte pro Zoll: **dpi** (**d**ots **p**er **i**nch)
Beispiel: 600 ppi
→ auf einer Länge von 1 Zoll (2,54 cm) werden 600 Pixel erfasst.

Interpolierte Auflösung
Pixel werden durch Software berechnet. Ihre Zahl ist größer als die optische Auflösung und kann zu fehlerhaften Ergebnissen führen.

Beispiel:

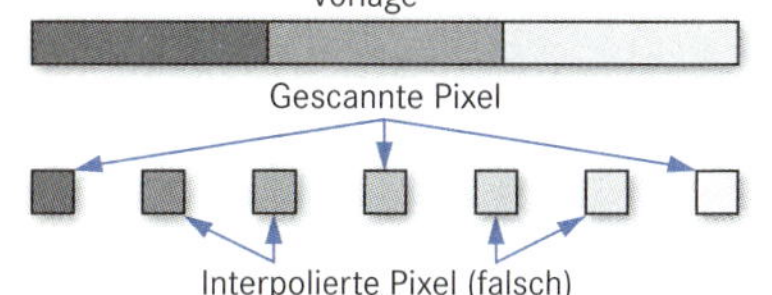

Schnittstelle

Je nach PC- und Scannerausführung:
Parallele Schnittstelle, USB- oder SCSI-Schnittstelle.

Zwischen dem Scanner als Hardware und den Anwendungsprogrammen ist oft ein **TWAIN**-Treiber in Form einer Software-Schnittstelle erforderlich.

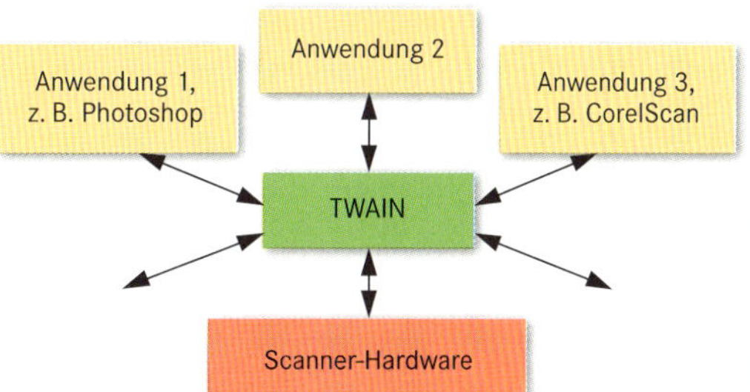

Unterschiede zwischen Film- und Digitaltechnik

Merkmal	Filmtechnik	Digitaltechnik
Bild	Zufällig verteilte lichtempfindliche Chemikalien	Lichtempfindliche Zellen, die in Gitterstrukturen angeordnet sind (Pixel)
Bildqualität	Hängt ab von der Filmempfindlichkeit, dem Licht, dem chemischen Prozess	Hängt ab von der Sensorqualität, der Farbinterpolation, der Kompression
Speicherung	Chemisch, Veränderung durch Alterung	Kurzzeitig im Arbeitsspeicher (RAM), dauerhaft auf Festplatte, CD, ...

Aufnahme-Sensoren

Ein Sensor für alle drei Farben bzw. drei Sensoren, je einer für R, G und B (3 CCD).

Die Aufnahme-Chips der Digitalkameras sind deutlich kleiner als das Kleinbildformat (24 x 36 mm).
Die Größenangabe erfolgt durch Angabe der Formatdiagonalen in Zoll (1 Zoll = 25,4 mm).

Bezeichnung	Länge *a* in mm	Breite *b* in mm	Diagonale *c* in mm
1/1"	9,6	12,8	16,0
2/3"	6,6	8,8	11,0
1/1,8"	5,1	6,8	8,5
1/2"	4,8	6,4	8,0
1/3"	3,6	4,8	6,0
1/4"	2,4	3,2	4,0

Auflösungsvermögen

Das Auflösungsvermögen wird durch die Anzahl der Bildpunkte (in Megapixel) festgelegt. Je mehr Pixel, desto mehr Informationen hat das Bild. Berechnung: Pixelzahl (der Breite) x Pixelzahl (der Höhe)

Bildschärfe

Sie ist die Fähigkeit zur Auflösung feinster Details.
Die Grenze der Bildschärfe ist abhängig vom Aufnahmeformat und der beabsichtigten Endvergrößerung.

Beispiel:
Eine DIN A4 Vorlage mit einem Betrachtungsabstand von 25 cm (deutliche Sehweite). Die Grenzauflösung des Auges beträgt dann maximal sechs Linienpaare pro mm (6 Lp/mm).

Ein Linienpaar besteht aus einer schwarzen und weißen Linie. Testgitter werden zur Beurteilung der Bildschärfe verwendet.

Die Bildschärfe hängt außerdem vom Kontrast der von der Anwendung abhängigen höchsten Linienpaarzahl ab (möglichst hoher Kontrast angestrebt).

Abhängigkeiten der Qualität digitaler Bildaufzeichnungen

Auflösungsvermögen | Objektiv | Bilddatenreduktion

Sensortypen

Mosaiksensoren

- Die Sensoren sind in einem Gitter oder Mosaik angeordnet.
- Ein Farbfilter lässt nur jeweils Licht einer Wellenlänge zu dem darunter befindlichen Pixel passieren.
- Jedes Pixel zeichnet demzufolge nur eine Farbe auf (Rot, Grün oder Blau).
- Das insgesamt einfallende Licht wird aufgeteilt in 25 % Rot und Blau sowie 50 % Grün.
- Da jedes Pixel nur $\frac{1}{3}$ der Farbinformationen erhält, müssen die fehlenden Farbinformationen durch Berechnungen über die Farben benachbarter Pixel interpoliert werden.
- Störungen durch Artefakte (Regenbogenmuster) treten auf, die sich durch Interferenzen zwischen der regelmäßigen Mosaikstruktur des Sensors und Bildmusters ergeben können.

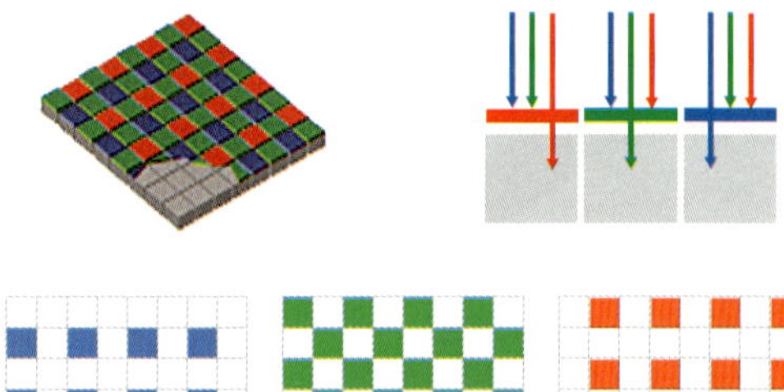

Vollfarben Bildsensor, Foveon X3

- Anwendungsprinzip: Die Eindringtiefe von Licht in Silizium ist von der Wellenlänge des Lichts abhängig.
- Jedes Pixel besteht aus drei übereinander liegenden Schichten.
- Die jeweilige Schicht ist für Rot, Blau bzw. Grün empfindlich (das Licht der jeweiligen Wellenlänge wird absorbiert).
- Da 100 % der Lichtinformation genutzt werden, entfallen aufwändige Berechnungsvorgänge.
- Die Sensorfläche wird fast vollständig genutzt.
- Störungen wie beim Mosaiksensor treten nicht auf.

Bildaufnahmeröhren

Bildwandler

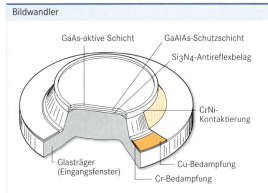

- Nehmen für das menschliche Auge primär nicht sichtbare Bildinformationen auf.
- Photonen der Objektstrahlung werden in Elektronen umgesetzt (äußerer lichtelektrischer Fotoeffekt), verstärkt und auf Leuchtschirm sichtbar als Bild wiedergegeben.
- **Bildwandler** besteht aus Fotokatode, elektronenoptischem Wandler und Leuchtschirm.
- **Fotokatode** besteht aus unterschiedlichen Materialien (z. B. Gallium-Arsenid, mit hoher Infrarotempfindlichkeit).

Kameraröhren

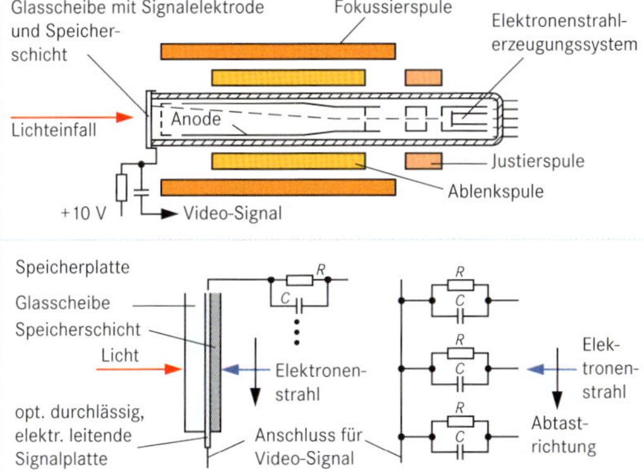

- **Vidikon** (vide, lat. = sehe, Ikon, griech. = Bild) arbeitet mit innerem Fotoeffekt.
- Halbleiterschicht am Röhreneingang (Antimonsulfid) ändert Widerstand durch äußere Belichtung (Photoneneinfall).
- Über Elektronenstrahl erfolgt zeilenweises Abtasten der Speicherschicht.
- Aufladeimpuls des Elektronenstrahls wird kapazitiv ausgekoppelt und stellt Videoinformation dar.
- Röhre bei hohen Beleuchtungsniveaus einsetzbar.
- **Plumbicon** hat Wandlerschicht aus fotoleitendem Bleioxid.
- Einsatz bei Farbfernsehtechnik, da hohe Empfindlichkeit und niedriger Dunkelstrom.

Halbleiter-Bildaufnehmer

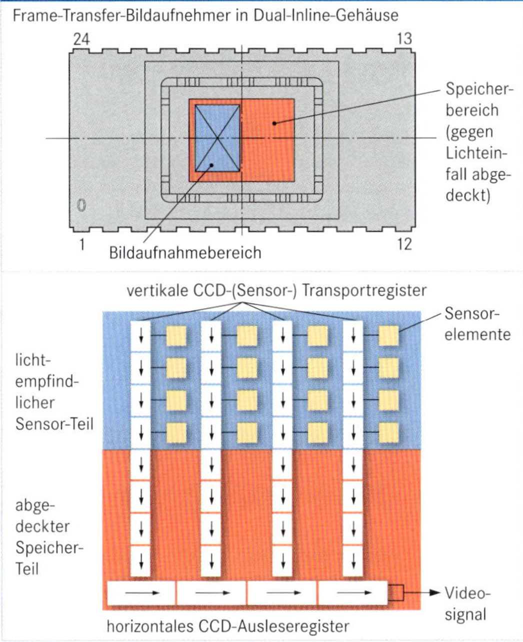

- Sensorelemente bestehen aus MOS-Kondensatoren oder pn-Dioden aus Silizium.
- Das Prinzip der Ladungsspeicherung wird verwendet.
- Signalstrom ist linear abhängig von Beleuchtungsstärke.
- **Zeilensensoren:** Aufgeladene Sperrschichtkapazitäten der Dioden werden durch Belichtung entladen, anschließend Speicherkapazitäten bildpunktweise über MOS-Transistoren wieder aufgeladen.
  Ladestrom erzeugt am Arbeitswiderstand das Videosignal. Ladungstransport kann auch über analoge CCD-Transportregister (Charged Coupled Device: Ladungsgekoppelte Einheiten) erfolgen.
- **Interline-Transfer-Bildaufnehmer:** beinhaltet Bildaufnehmer und Speicherbereich auf der optisch wirksamen Fläche. Sensoren spaltenförmig angeordnet. Anzahl entspricht der aufzulösenden Zeilenzahl. Vertikale CCD-Transportregister lesen Informationen aus und transportieren sie über horizontale Ausleseregister zum Verstärker.
- **Frame-Transfer-Bildaufnehmer** Bildbereich und Speicherbereich voneinander getrennt.
- **x-y-adressierte Bildaufnehmer:** matrixförmige Anordnung der Fotoelemente.

Einteilung

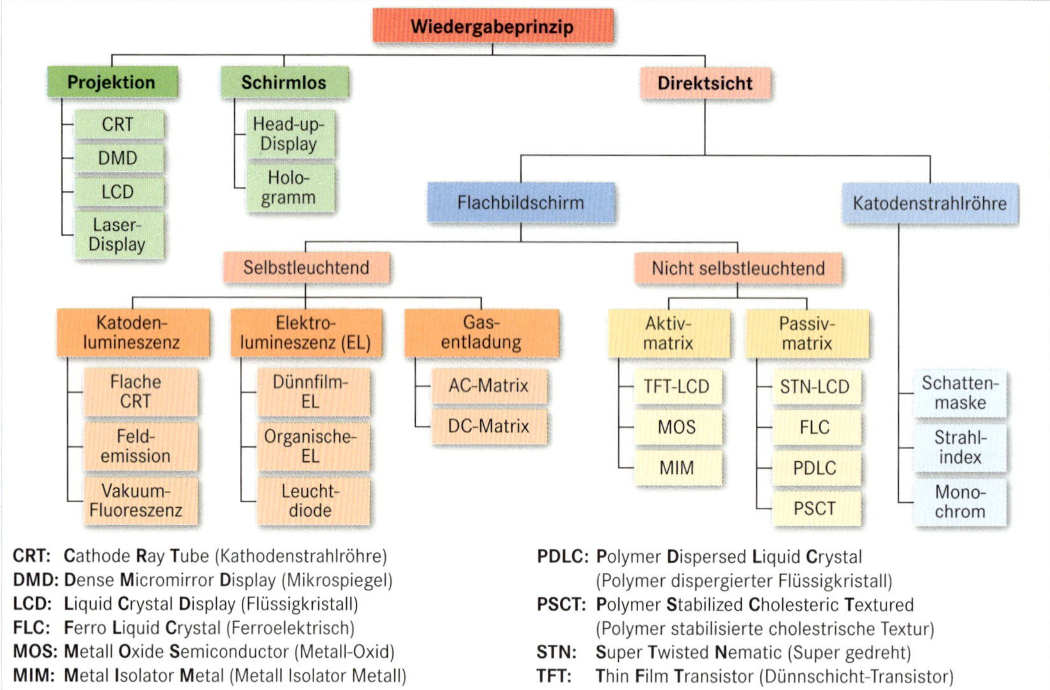

CRT: **C**athode **R**ay **T**ube (Kathodenstrahlröhre)
DMD: **D**ense **M**icromirror **D**isplay (Mikrospiegel)
LCD: **L**iquid **C**rystal **D**isplay (Flüssigkristall)
FLC: **F**erro **L**iquid **C**rystal (Ferroelektrisch)
MOS: **M**etall **O**xide **S**emiconductor (Metall-Oxid)
MIM: **M**etal **I**solator **M**etal (Metall Isolator Metall)
PDLC: **P**olymer **D**ispersed **L**iquid **C**rystal (Polymer dispergierter Flüssigkristall)
PSCT: **P**olymer **S**tabilized **C**holesteric **T**extured (Polymer stabilisierte cholestrische Textur)
STN: **S**uper **T**wisted **N**ematic (Super gedreht)
TFT: **T**hin **F**ilm **T**ransistor (Dünnschicht-Transistor)

LCD (Liquid Crystal Display)

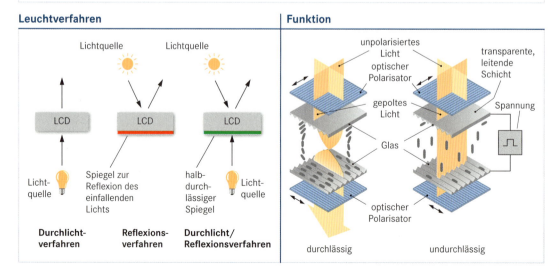

- Flüssigkristall-Anzeigen
  - basieren auf organischen Komponenten mit stäbchenhaften **Molekülen** und benötigen externe Lichtquellen,
  - wirken nach dem **Durchlicht**- oder **Reflexionsverfahren** oder einer Kombination aus beidem,
  - bilden im Temperaturbereich von –20 °C bis +85 °C **Kristallstäbchen**, die verschiebbar sind.
- Durch Anlegen elektrischer Spannungen wird die Ausrichtung der Moleküle beeinflusst.
- **Normal-White Zelle** ist ohne Spannung weiß.
- **Normal-Black Zelle** ist ohne Spannung dunkel.
- **Passiv-Matrix**-Displays beeinflussen auch Nachbarzellen (geringer Kontrast).
- **Aktiv-Matrix**-Displays sind in jeder Zelle mit einem Dünnschichttransistor als Schalter ausgerüstet und werden als **TFT-Displays** (Thin-Film-Transistor) bezeichnet.

Leuchtverfahren

Lichtquelle
Lichtquelle
LCD
LCD
LCD
Licht-quelle
Spiegel zur Reflexion des einfallenden Lichts
halb-durch-lässiger Spiegel
Licht-quelle

Durchlicht-verfahren | **Reflexions-verfahren** | **Durchlicht/ Reflexionsverfahren**

Funktion

unpolarisiertes Licht
optischer Polarisator
transparente, leitende Schicht
gepoltes Licht
Spannung
Glas
optischer Polarisator
durchlässig
undurchlässig

TFT-LCD

Funktion

- **TFT**-LCD (**T**hin-**F**ilm-**T**ransistor LCD)
  - bestehen aus LC-Zellen mit einem integrierten **Dünnschicht-Transistor** pro Farbe in jeder Zelle und werden deshalb als **Aktiv-Matrix-Displays** bezeichnet,
  - sind in der Bauform wesentlich dünner als Passiv-Displays.
- Die Transistoren steuern den Grad der Molekülablenkung und somit die Helligkeit der einzelnen Farben.
- Die **Refresh-Rate** liegt annähernd bei der von Bildröhren.
- Defekte Pixel sind entweder dauernd leuchtend bei schwarzem Hintergrund oder dunkel bei weißem Hintergrund.

Aufbau

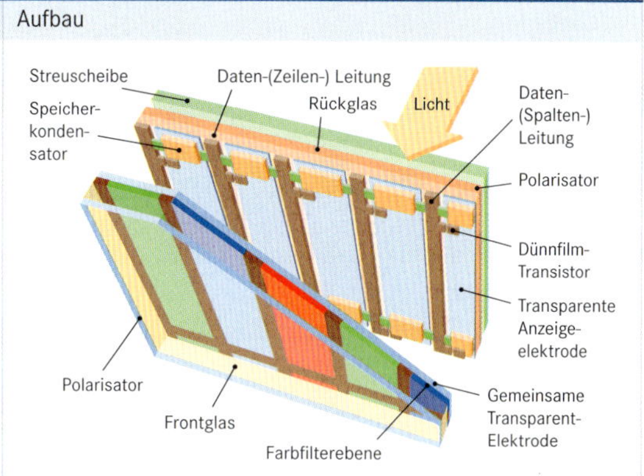

PLD

Funktion

- **Pl**asma-**D**isplays (**PLD**)
  - sind selbstleuchtend,
  - beinhalten eine Mischung aus Edelgasen (Argon, Neon) zur **Plasmaerzeugung**,
  - verwenden Phosphor (rot, grün, blau) als Leuchtmittel,
  - werden über eine x/y-Matrix angesteuert,
  - erzeugen durch **Stoßionisation** frei bewegliche Ionen und Elektronen.
- Gebundene Elektronen im Plasma werden durch die freien Elektronen auf höheres Energieniveau angehoben und erzeugen bei Rückfall auf normales Niveau **Ultraviolett-Strahlung**, die den Phosphor zum Leuchten anregt.
- Die Steuerung der Helligkeit erfolgt durch zeitabhängige Anschaltung der Zellen (Pulsdauermodulation).

Zellen-Aufbau

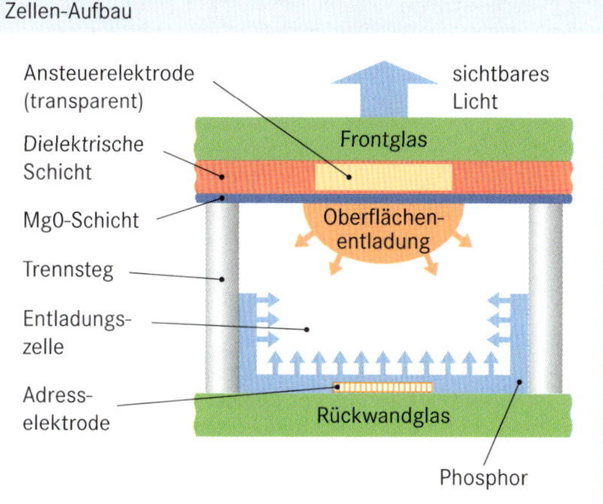

Display-Aufbau

OLED

Funktion

- **O**rganic-**L**ight **E**mitting **D**iode (**OLED**) verwenden als Leuchtschicht organische Leuchtstoffe, in denen die positiven und negativen Ladungsträger beim Zusammentreffen sichtbares Licht erzeugen.
- OLED
  - sind selbstleuchtend (Elektrolumineszenz),
  - erfordern wenig Energie,
  - bieten hohe Kontrastverhältnisse,
  - sind als Passiv- und Aktiv-Matrix Displays eingesetzt (Mobiltelefone, Leuchtsymbole).

Zellen-Aufbau

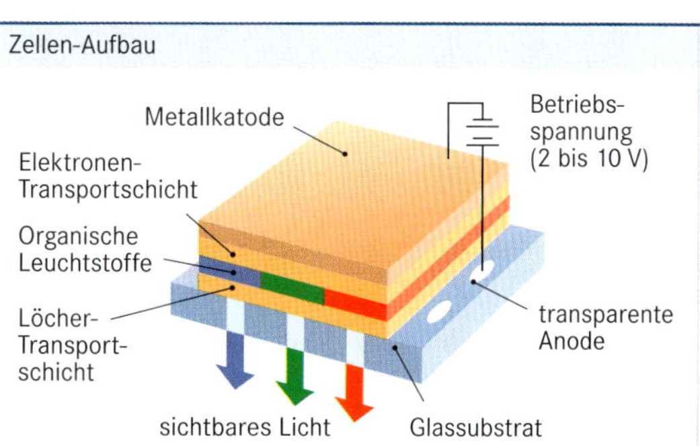

Anschlüsse (Beispiel)

- **Computer**
  15-polig D-Sub (RGB), DVI
- **Monitor**
  15-polig D-Sub (RGB), DVI
- **Maus/serielle Schnittstelle**
  9-polig D-Sub (RS232C), USB
- **Video** (PAL, SECAM, NTSC, HDTV)
  Video in, Audio in (Stereo), Audio out (Stereo), Cinch, Composite (S-VHS), Cinch/Miniklinke, Cinch

Auflösung

VGA:	640 x 480	(Video Graphics Array)
SVGA:	800 x 600	(Super VGA)
XGA:	1024 x 768	(Extended Graphics Array)
SXGA:	1280 x 1024	(Super XGA)
UXGA:	1600 x 1200	(Ultra XGA)
HDTV:	1920 x 1080	(High Definition Television)
QXGA:	2048 x 1536	(Quad XGA)

Ausleuchtung

Vergleich der Helligkeit: Die Helligkeit in der Projektionsmitte wird mit der Helligkeit am Rand verglichen. Je größer der Wert in %, desto gleichmäßiger ist die Ausleuchtung.

Gute Werte > 80 %

Kontrastverhältnis

Es handelt sich um ein Verhältniszahl, die aussagt, wie viel mal heller das projizierte Weiß gegenüber Schwarz ist. Je größer die Zahl, desto besser der Kontrast. Messung erfolgt mit einem Schachbrettmuster.

Gute Werte: 300:1, 400:1

Helligkeit

Die Angabe erfolgt durch den Lichtstrom in Lumen. Das Messverfahren ist durch ANSI festgelegt: (**ANSI: A**merican **N**ational **S**tandards **I**nstitute)

Optimale Helligkeiten:

- Kleine Räume (ca. 2 m Bildbreite): ... 1400 Lumen (ANSI)
- Mittlere Räume (ca. 3 m Bildbreite): 1400 ... 2000 Lumen (ANSI)
- Große bzw. sehr helle Räume (> 3 m Bildbreite): 2000 Lumen (ANSI)

Keystone-Korrektur (Keystone-Shift)

Bei einer Aufwärtsprojektion treten Trapezverzerrungen auf (Keystone-Effekt).

Maßnahmen:

- Optische Korrektur (mechanische Einstellung)
- Digitale Korrektur: Durch die Umrechnung des Bildschirminhaltes kann sich die Bildschärfe und der Kontrast verringern (Auflösungsverlust).

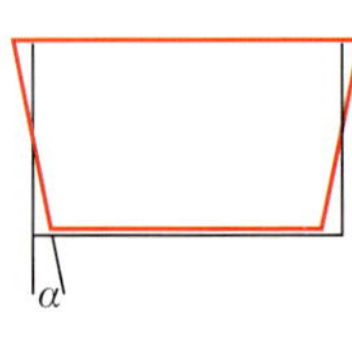

z. B.: $\alpha = 0 \dots 12°$

LCD-Projektoren (transmissive)

LCD: Liquid **C**rystal **D**isplay

- Licht der Lichtquelle ① wird mit dichroitischen (selektiv lichtdurchlässig) Spiegeln ② in die Grundfarben Rot, Grün und Blau zerlegt.
- Für jede Grundfarbe (3 Panel) ist ein transmissives (lichtdurchlässiges) Polysilizium-LCD-Panel ③ (Psi-LCD) vorhanden (Diagonale: 0,7; 0,9; 1,3 oder 1,8 Zoll). Es entstehen einfarbige Teilbilder.
- Ein Prisma ④ mischt die Einzelbilder zu einem vollfarbigen Bild zusammen (additive Farbmischung), das durch ein Objektiv auf die Leinwand projiziert wird.

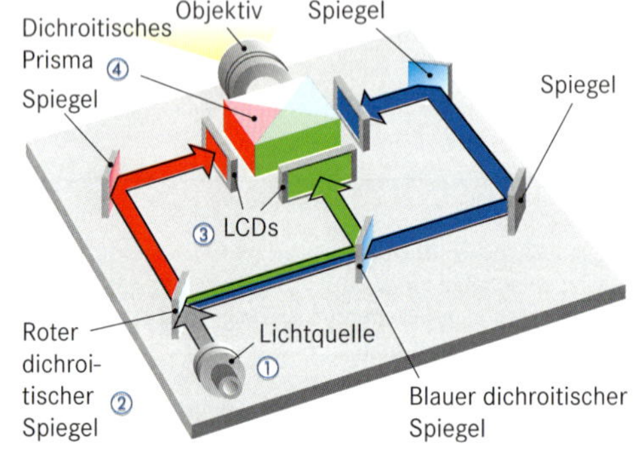

DLP-Projektoren

DLP: Digital **L**ight **P**rocessing

- Das Licht der Projektionslampe ① wird durch ein rotierendes Farbrad ② (3600 1/min, mindestens drei Farbsegmente für Rot, Grün und Blau; RGB) zerlegt. Es entstehen in schneller Folge rote, grüne und blaue Einzelbilder.
- Die Einzelbilder treffen auf den **DMD**-Chip (**D**igital **M**icromirror **D**evice, z. B. 15 x 13 mm). Auf der Chipoberfläche sind bis zu 2,4 Millionen beweglich gelagerte und einzeln angesteuerte Mikrospiegel ③ angebracht (16 µm, 14 µm, 12 µm).
- Die Speicherzellen (ähnlich SRAM) kippen über elektrostatische Anziehung die beweglichen Spiegel, so dass ein Bildpunkt hell oder dunkel projiziert werden kann. Die Spiegel können um etwa ±10° bis ±12° gekippt werden (20 µs).
- Die SRAM-Zellen werden zeilen- und spaltenweise mit einem Byte pro Pixel angesteuert (256 Helligkeitsabstufungen, 16,7 Millionen Farben).
- Durch die schnelle Folge der Einzelbilder entsteht für den Betrachter ein vollfarbiges Gesamtbild.

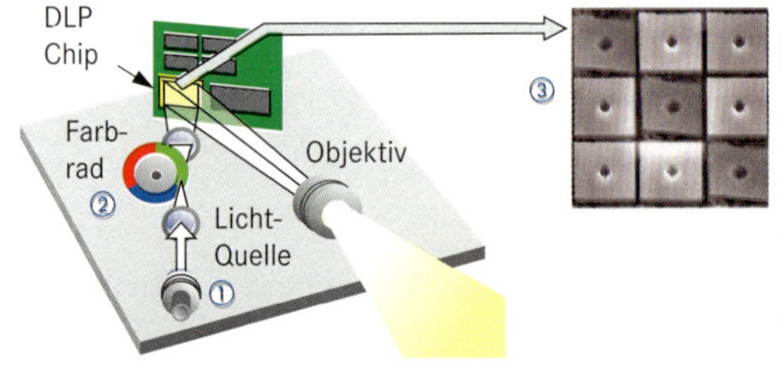

Datenreduktion und Datenkompression

Ziel: Verringerung der zu speichernden oder zu übertragenden Daten ohne wahrnehmbaren Qualitätsverlust.
Reduktion und Kompression werden häufig synonym verwendet.

Unterschiede:

- **Kompression** bedeutet eine „Verdichtung" der Daten (gepackte Daten). Die ursprünglichen Daten können ohne Verluste wiederhergestellt werden (verlustfreie Kompression).
- **Reduktion** bedeutet, dass unwichtige oder nicht wahrnehmbare Daten entfernt werden. Die ursprünglichen Daten können nicht wiederhergestellt werden (eingeplante Verluste, verlustbehaftete Kompression).

Kompressionsrate bzw. Reduktionsrate: Verhältnis von Eingangsdaten zu Ausgangsdaten (z. B.: 12:1)

Kompressionsfaktor bzw. Reduktionsfaktor: Verhältnis von Ausgangsdaten zu Eingangsdaten (z. B.: 1:12)

Erforderliche Datenraten für Medien

Medium	Annahmen	Datenrate
Text	▪ 1 Seite mit 80 Zeichen/Zeile ▪ 64 Zeilen/Seite ▪ 1 Byte/Zeichen	80 x 64 x 1 x 8 = **41 kbit/Seite**
Audio	CD-Qualität: ▪ Abtastrate 44,1 kHz ▪ 16 Bit/Abtastwert	44,1 x 1000 x 16 x 2 = **1,4 Mbit/s**
Standbild	▪ 512 x 512 Pixel/Bild ▪ 24 Bit/Pixel	512 x 512 x 24 = **6,29 Mbit/Bild**
Video	Vollbild: ▪ 1.024 x 1.024 Pixel/Bild ▪ 24 Bit/Pixel ▪ 30 Bilder/s	1.024 x 1.024 x 24 x 30 = **755 Mbit/s**

Folgerung:
Besonders bei Bildern und Videosequenzen muss die Datenrate erheblich verringert werden, um die Daten mit einem vertretbaren Aufwand speichern bzw. übertragen zu können.

Anwendung der Psycho-Akustik für die Audiodatenreduktion

Ruhehörschwelle:
Das menschliche Ohr kann nur Töne oberhalb einer bestimmten Schwelle wahrnehmen (①, oberhalb der Kennlinie).

- **Frequenzabhängige Lautstärkeempfindung:**
  Bei unterschiedlichen Frequenzen besitzt das Ohr eine unterschiedliche Lautstärkeempfindung (②, nichtlinearer Kurvenverlauf).
- **Mithörschwelle:**
  Bei lauten Tönen werden die frequenzmäßig in der „Nähe" liegenden leisen Töne vom Ohr nicht wahrgenommen. Die Hörschwelle wird angehoben (③ Maskierung).
- **Verdeckungseffekt:**
  Leise Töne werden durch zeitlich voreilende oder nacheilende laute Töne „verdeckt" und damit vom Ohr nicht wahrgenommen ④.
- **Redundanz-Reduktion:**
  Mehrfach vorhandene Teile oder Informationen werden nicht übertragen.
- **Irrelevanz-Reduktion:**
  Nicht wahrnehmbare Teile oder Informationen werden nicht übertragen.

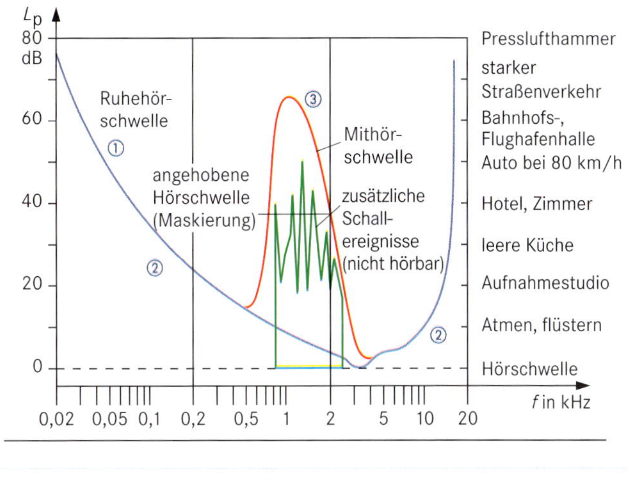

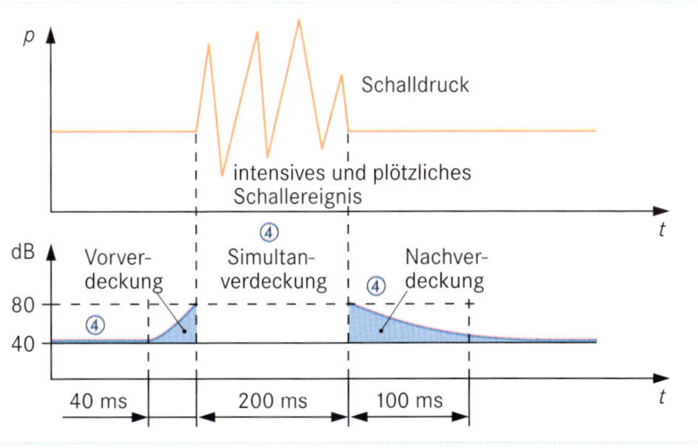

Prinzip

Bei der verlustfreien Datenkompression (**Lossless Compression**) wird durch die Codierung der ursprüngliche Informationsgehalt nicht verändert. Es werden keine Informationen aus dem Datenbestand entfernt. Die vorliegenden Daten werden in ein „dichteres" Ordnungssystem überführt (**Entropiecodierung, Entropy Coding**).

Lauflängencodierung

RLE: Run **L**ength **E**ncoding
Prinzip:
Mehrfachsymbole werden durch ein Symbol und die Angabe eines Zählers ersetzt.

Beispiele:

- YYYYYY → 6Y
- 0000000111111111100000 → 709150
  Die Zähler werden binär codiert.
- Übertragung auf Bildelemente: Große Flächen mit gleicher Farbe werden nicht pixelweise übertragen, sondern lediglich Anfangswert und Pixelanzahl.

LZW-Codierung

LZW: Lempel-**Z**iv-**W**elch
(Abraham Lempel, Jakob Ziv, Terry Welch)
Prinzip:

- Die vorliegenden Daten werden in Abschnitte zerlegt und dann in einer Tabelle eingetragen.
- Beim wiederholten Auftreten desselben Abschnittes wird nur der Tabellenverweis geschrieben, ohne dass eine neue Tabellenzeile eingetragen wird.
- Die Codetabelle wird im Laufe der Zeit immer länger, bis eine obere Grenze erreicht ist.
- Anwendung: Geeignet für jede Form von digitalen Daten (Text und Bild), z. B. GIF-, TIFF-, PostScript-Format.

Muster ersetzen (Pattern Substitution)

Prinzip:
Die im Datenstrom wiederkehrenden Muster werden durch neue Zeichen ersetzt.

Beispiel:
ABCDEABCEEABCEE

1. Muster: ABC ersetzen durch das Zeichen „1"
   → 1DE1EE1EE
2. Muster: ABCEE ersetzen durch das Zeichen „1"
   → ABCDE11

Arithmetische Codierung

Prinzip:

- Die Zeichen werden durch Häufigkeitsintervalle codiert.
- Die Zeichenfolgen werden durch bedingte (geschachtelte) Häufigkeitsintervalle codiert.

Das Verfahren ist patentiert und darf nicht ohne Lizensierung verwendet werden.
Der Code nähert sich bei sehr langen Nachrichten einer optimalen Codierung an.

Huffman-Codierung

Prinzip:
Den Zeichen eines Datenstroms werden Codewörter verschiedener Länge zugewiesen. Am häufigsten vorkommende Zeichen erhalten das kürzeste und die am seltensten vorkommenden das längste Codewort.

Beispiel: Textcodierung des Wortes Kernenergie

Buchstabe	Häufigkeit	Codewort
E	4	0
R	2	10
N	2	110
K	1	1110
G	1	11110
I	1	11111

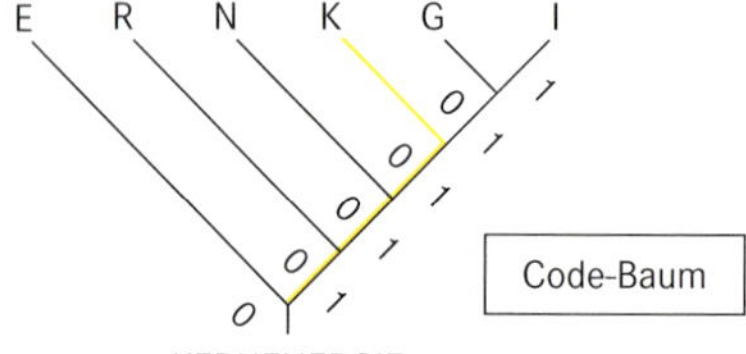

Codierung:

1110	0	10	110	0	110	0	10	11110	11111	0
K	E	R	N	E	N	E	R	G	I	E

- **Statische Codierung:** Gleiche Tabellen für Codierer und Decodierer werden verwendet.
- **Dynamische Codierung:** Relative Häufigkeit der vorliegenden Daten wird festgestellt und danach der Code festgelegt.
- **Adaptive Codierung:** Zunächst wird von festen Codes aus Tabellen ausgegangen, danach erfolgt eine dynamische Anpassung.

Anwendung (modifizierte Huffman-Codierung):
Übertragung von Faxdaten (Schwarz-Weiß) über das TK-Netz. Von der CCITT sind folgende Verfahren festgelegt:

- **Group 3, G31D (1-dimensional):**
  Das Bild besteht aus einer Folge schwarzer und weißer Pixel mit unterschiedlichen Längen (runs). Der Code wird aus festen Wertetabellen (statistische Erhebungen über Häufigkeiten) entnommen.
  Jede Zeile wird dabei unabhängig von der anderen betrachtet (1-dimensionale Betrachtung).
- **Group 3, G32D (2-dimensional):**
  Aufeinanderfolgende Zeilen ähneln sich (2-dimensionale Betrachtung), so dass prinzipiell nur Unterschiede übertragen werden müssen. Die Anzahl der gemeinsam betrachteten Zeilen werden durch den K-Faktor angegeben. Bei z. B. K = 4 werden drei aufeinanderfolgende Zeilen 2-dimensional codiert, die 4. Zeile dann 1-dimensional.
- **Group 4, G42D (2-dimensional):**
  Der K-Faktor wird auf unendlich gesetzt. Die Codierung wird dadurch komplexer und die Rechenleistung steigt.

Möglichkeiten der Datenreduktion

- Nebeneinanderliegende Bildpunkte sind mitunter in Farbe und Helligkeit ähnlich. Es können Pixelblöcke mit Mittelwerten gebildet werden.
- Gröbere Bildstrukturen werden besser erkannt als feinere. Bei der Bildanalyse kann deshalb eine obere Grenze festgelegt werden.
- Helligkeitsunterschiede werden intensiver wahrgenommen als Farbunterschiede. Die Farbauflösung kann deshalb geringer sein als die Hell-Dunkel-Auflösung.
- Aufeinanderfolgende Bilder (Video) sind häufig ähnlich. Es müssen lediglich Änderungen übertragen werden.
- Informationen in der Mitte eines Bildes werden stärker wahrgenommen als am Rand. Deshalb ist eine verminderte Bildqualität am Rand zulässig.
- Strukturen von bewegten Objekten werden weniger gut wahrgenommen, als wenn sich das Objekt in Ruhe befindet. Deshalb kann die Übertragungsqualität von bewegten Bildern geringer sein als die von Standbildern.
- In Ruhe bleibende Bildteile (z.B. Hintergrund) müssen nicht ständig, sondern nur einmal übertragen werden.

MPEG-1 (ISO/ICE 11172)

- **MPEG:**
  Motion **P**icture **E**xpert **G**roup (auch Moving Pictures Experts Group);
- Expertengruppe, die Vorschläge für die Datenreduktion erarbeitet (MPEG-Standards).
- Einzelstandards für
  Video (Videocodierung und Reduktion),
  Audio (Reduktion mit psychoakustischem Modell),
  System (Synchronisation und Multiplexing).
- MPEG-1 wird auch allein für Audiodaten verwendet.
- Datenraten von 1 Mbit/s ... 1,5 Mbit/s
- Innerhalb des Standards werden drei Schichten (**Layer**) unterschieden.

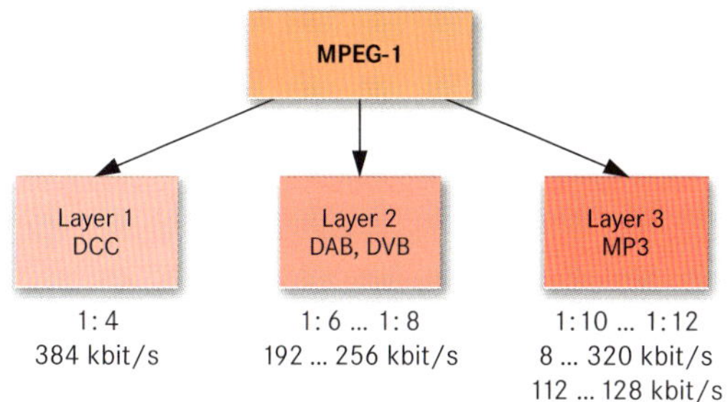

DCC: **D**igital **C**ompact **C**assette (Digitale Tonaufzeichnung),
DAB: **D**igital **A**udio **B**roadcasting (Digitale Übertragung von Audiodaten,Verfahren: MUSICAM)
DVB: **D**igital **V**ideo **B**roadcasting (Digitale Übertragung von Video-Daten)
MP3: Digitale Übertragung von Audiodaten über das Internet mit hoher Datenreduktion (1:12)

MPEG-2 (ISO/IEC 13818)

MPEG-2 ist eine Weiterentwicklung des MPEG-1 Standards und baut auf ihn auf. Die erreichbare Bildqualität erfüllt die Anforderungen gängiger FS-Normen (PAL, NTSC, HDTV).

Unterschiede zu MPEG-1:
- Die Bewegungsanalyse erfolgt halbbildbezogen und nicht bildbezogen. Das Zeilensprungverfahren kann also verarbeitet werden.
- 8 x 8 Pixel werden zu Makroblöcken zusammengefasst.
- Auflösung der Helligkeits- und Farbinformationen: 4:2:2 und 4:4:4.
- Maximale Bildgröße: 16383 x 16383 Pixel.
- Skalierbarkeit (scalability), der Endnutzer kann entscheiden, welche Teile der Übertragung er empfangen möchte (Zeit- und Qualitäts-Scalability).

Unterschiedliche Qualitätsebenen durch Levels:

Level	Bildgröße in Pixel x Pixel	Übertragungsraten		Anwendung
		M Pixel/s	Daten in Mbit/s	
Low	352 x 288	3	4	Konsum-elektronik
Main	720 x 480	10	15	Studio TV
High 1440	1440 x 1152	47	60	Konsumelektronik, HDTV
High	1920 x 1080	63	80	Filmproduktion

- **Hauptanwendungen von MPEG-2:**
  - Digitale Video-, Übertragungs- und Fernsehtechnik bei Datenraten von 1,5 Mbit/s bis 15 Mbit/s
  - Codieren von Kinofilmen auf DVD, DVD-ROM
  - Digitales Fernsehen
- **Qualitätsebenen der Audiodaten:**
  - Verbesserte Tonqualität bei erweiterten Abtastfrequenzen (16; 22,05; 24 kHz) und niedrigen Datenraten (64 kbit/s pro Kanal)
  - 5 + 1 Tonkanäle (3 Front- und 2 Surroundkanäle)
  - Ein optionaler „Low Frequency Enhancement"-Kanal (unterhalb 120 Hz)
  - 7 Sprachkanäle für Dialoge bzw. mehrsprachige Kommentare

MPEG-4 (ISO/IEC 14496)

- Gegenüber MPEG-2 stärkere Datenreduktion
- Geringe Datenraten (s. Diagramm rechts, z.B. 90 min DVD-Qualität)
- Gute Videoqualität bereits bei Datenraten von 10 kbit/s ... 1 Mbit/s
- Anwendungsbeispiele: DVB-S2, Videoübertragungen zu mobilen Fahrzeugen und über das Internet, Handyempfang
- Audioanwendung z.B. **AAC** (**A**dvanced **A**udio **C**oding)

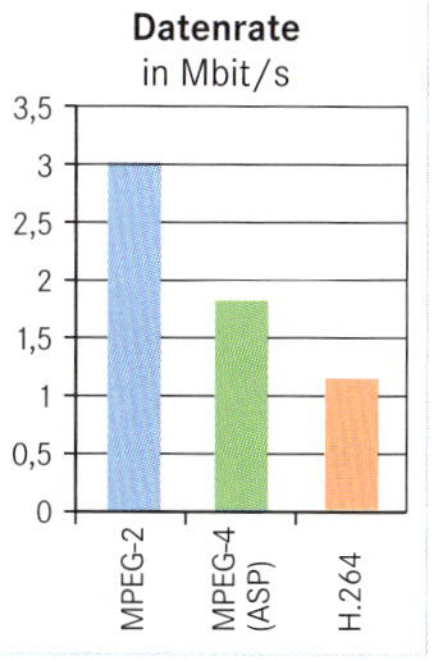

Merkmale

- H.264 ist der Standard eines blockbasierten Videokompressionsverfahrens (2003) mit unterschiedlichen Profilen (z. B. Main und High Profil) und eine Weiterentwicklung von MPEG-4 mit hoher Codiereffizienz und höherer Komplexität. Das HD-Video-Format mit bis zu 1920 x 1080 Pixel wird unterstützt.
- Bei Datenraten von 1 Mbit/s wird bereits DVD-Qualität erreicht. Artefakte bei bewegten Szenen treten kaum auf.
- Bezeichnungen bei ITU-T: H.264 und bei ISO/IEC: MPEG-4/ **AVC** (**A**dvanced **V**ideo **C**oding)

Codierung

- Codierung (Entropiecodierung):
  - **CAVLC:** **C**ontext **A**daptive **V**ariable **L**ength **C**oding (Huffman)
  - **CABAC:** **C**ontext **A**daptive **B**inary **A**rithmetic **C**oding (arithmetische Codierung)
- Makroblöcke (16 x 16 Pixel) können in Unterblöcke von bis zu 4 x 4 Pixel unterteilt werden. Für jeden Block lassen sich Bewegungsvektoren speichern, so dass komplexe Bewegungen besser kompensiert werden können. Die Bewegungskompensation ist auf ¼ Pixel genau.

16 x 16	16 x 8	8 x 16	8 x 8
0	0 / 1	0 | 1	0 1 / 2 3
8 x8	**6 x 4**	**4 x 8**	**4 x 4**
0	0 / 1	0 | 1	0 1 / 2 3

Bilder und Bildfolgen

- Darstellungen mit unterschiedlichen Makroblöcken

- Wie bei MPEG werden I-, P- und B-Frames verwendet.
- P- und B-Frames können auf beliebig viele vorhergehende Frames als Referenz zurückgreifen (Long-Term Prediction).

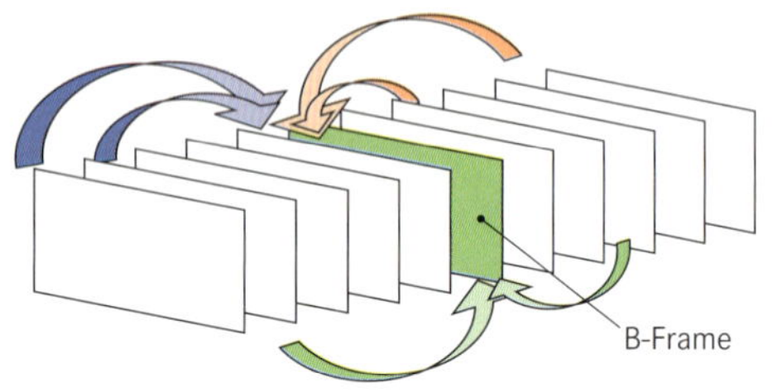

- Makroblöcke innerhalb eines Frames bzw. Slices können in freier Reihenfolge angegeben werden (Flexible Macroblock Ordering).
- Deblocking-Filter (gegen Block-Artefakte) ist integriert.

Audiodatenreduktion, MP3

Audio Data Reduction, MP3

Prinzip und Anwendungen

- Bei MP3 (MPEG-1 Layer III) handelt es sich um ein Verfahren zur Audiodatenreduktion mit guter Wiedergabequalität.
- Kompressionsfaktoren 1 : 10 bis 1 : 12 bei Datenraten von 64 kbit/s ... 192 kbit/s
- Anwendungen:
  - Kostengünstige Verbreitung von Audiodaten über das Internet.
  - Wiedergabe in kleinen robusten Geräten (MP3-Player), ohne mechanisch bewegliche Teile.

Frequenzband

- Das nichtlineare Hörverhalten des menschlichen Ohres wird besonders berücksichtigt, indem man die Subbänder mit zunehmender Frequenz breiter macht (im Gegensatz zu MUSICAM bei DAB).
- MUSICAM

0 1 2 3 4 5 6 7 8 9 10 11 12 13 14 15 16 *f*

- MP3

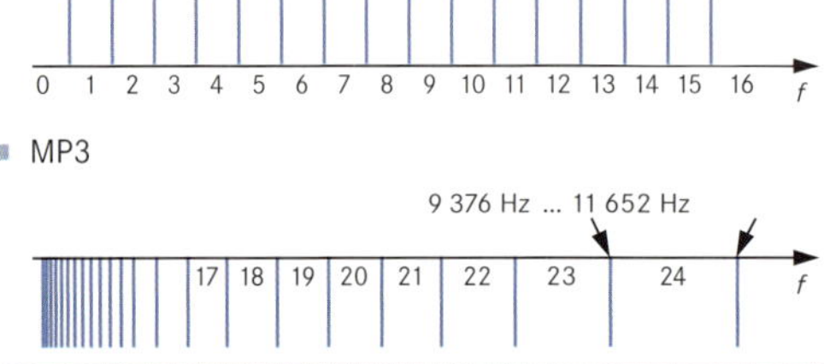

Reduktionsprinzipien

- **Transformation**
  Durch die Anwendung von **MIDCT** (**M**odifizierte **d**iskrete **C**osinus-**T**ransformation) wird der Aliasing Effekt weitgehend verhindert.
- **Blocklängen**
  Niedrige Frequenzen: Lange Blöcke mit 36 Samples.
  Hohe Frequenzen: Kurze Blocklängen mit 12 Samples.
- **Quantisierung**
  Mit der angewendeten nichtlinearen Quantisierung erreicht man eine bessere Anpassung an das nichtlineare Verhalten des Ohres.
- **Bit-Reservoire**
  Durch unterschiedliche Samples unterscheiden sich die Datenbreiten in den einzelnen Frames. Es besteht die Möglichkeit, zusätzliche Daten einzubinden, die beim Decodieren verwendet werden können (z. B. Liedtext).
- **Reduktion der Stereo-Information**
  Ab einer bestimmten Frequenz kann das Ohr Unterschiede zwischen beiden Kanälen nicht mehr wahrnehmen.
- **Intensity Stereo Coding**
  Im oberen Frequenzbereich werden nicht Links- und Rechts-Signale, sondern nur das Summensignal (L+R) übertragen.
- **MS Stereo Coding (Middle Side)**
  Aufteilung der Stereo-Informationen in:
  - Middle-Channel (Summe L+R)
  - Side-Channel (L-R)
    Die Daten des Side-Channels enthalten erheblich weniger Informationen als der Middle-Channel.

Merkmale

- **JPEG:** Vereinigte Gruppe von Fotografen
  - Datenreduktionsverfahren für digitalisierte Einzelbilder
- Maximale Bildformate:
  16.384 x 16.384 Pixel
- Das Ausgangsbild besteht aus kleinen Bildelementen (Pixeln).
- Die Farbinformation jedes Pixels im RGB-Farbraum wird in den YC_RC_B-Farbraum umgerechnet.
- Bei JPEG wird ein reduziertes Farbsystem verwendet:
  YC_RC_B ①
  Y: Helligkeitskomponente
  C_R: Rote Chrominanzkomponente
  C_B: Blaue Chrominanzkomponente
  Jede Komponente kann unabhängig voneinander reduziert werden.
- Farbinformationen werden mit geringerer Auflösung übertragen (Unterabtastung, Subsampling).
  Beispiel: $Y:C_R:C_B = 4:2:2$
- Ausgangsbild wird in Blöcken zu 8 x 8 Pixel zusammengefasst ②, Beispiel: Blockbildung beim 625-Zeilen-Fernsehbild (4 : 3).

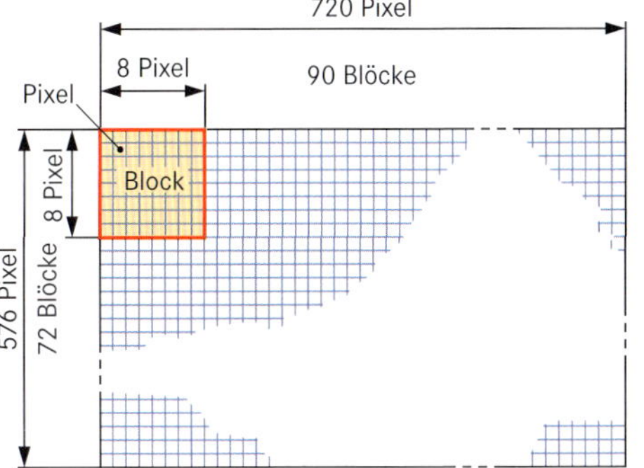

- Verwandlung der Helligkeits- und Farbinformationen in einen digitalen Datenstrom durch Diskrete Cosinus-Transformation (**DCT: D**iscrete **C**osine **T**ransformation).
  Prinzip:
  Örtlich verteilte Bildinformationen werden in den Frequenzbereich transformiert (**Ortsfrequenzen** werden ermittelt).
- DCT-Koeffizienten werden reduziert und quantisiert. In jedem Block werden alle 64 Koeffizienten durch Quantisierungskonstanten (in Tabellen festgelegte Werte, Gewichtung) und die Ergebnisse dann als Zahl gerundet.
- Der **DC-Koeffizient** gibt die tiefste Frequenz an (Gleichanteil, 0 Hz), die **AC-Koeffizienten** stellen höhere Frequenzen dar.
- Anschließend erfolgt eine Zick-Zack-Abtastung (ZigZag Scan), vom DC-Koeffizienten bis zum höchsten AC-Koeffizienten (DCT-Koeffizienten werden frequenzmäßig geordnet).

Prinzip der Datenreduktion bei JPEG

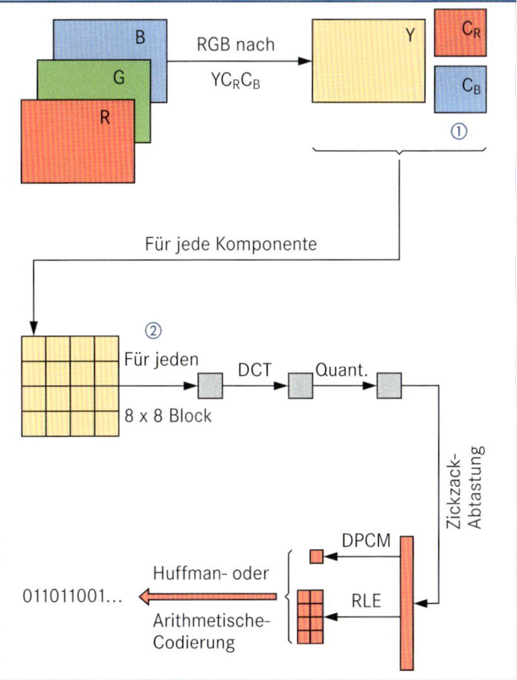

Verlustfreie Kompression

- Wenn die Informationen benachbarter Blöcke ähnlich sind, werden nur die Differenzen der DC-Koeffizienten codiert. Sie werden als AC-Anteile behandelt (**DPCM: D**ifferential **P**ulse **C**ode **M**odulation).
- Bei den AC-Koeffizienten wird die Lauflängencodierung (**RLE**) angewendet (gleiche Daten werden zusammengefasst und nur die Anzahl übertragen).
- Häufig vorkommende Informationen erhalten ein kurzes und selten vorkommende Informationen ein langes Codewort (**Huffman-Codierung**).

Zick-Zack-Abtastung

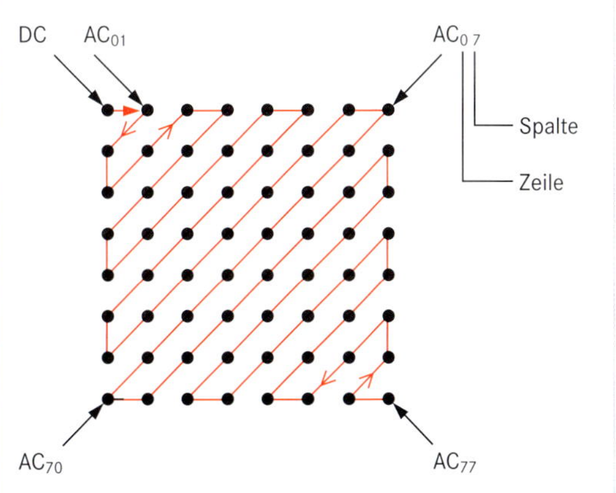

Möglichkeiten

- **Ähnlichkeit bei aufeinanderfolgenden Bildern**
  Bildfolgen unterscheiden sich häufig nur geringfügig, so dass oft nur die Unterschiede zwischen den Bildern übertragen werden müssen.

- **Ähnlichkeit benachbarter Bildpunkte**
  In vielen Flächen ändern sich Helligkeits- und Farbinformationen nicht oder nur geringfügig, so dass nicht jedes Pixel übertragen werden muss.

- **Ähnlichkeit der Grauwerte bei nachfolgenden Bildern**
  Bei technisch „guten" Aufnahmen ändern sich die Grauwerte (Helligkeit) zwischen den einzelnen Bildern nur geringfügig, so dass nicht für jedes Bild der Helligkeitsumfang übertragen werden muss.

- **Strukturen**
  Gröbere Strukturen werden besser erkannt als feinere, so dass Letztere nur bis zu einem Grenzwert übertragen werden müssen.

- **Diagonale Strukturen**
  Senkrechte und waagerechte Strukturen werden besser wahrgenommen als diagonale. Sie können deshalb reduziert übertragen werden.

- **Farb- und Helligkeitswahrnehmung**
  Helligkeitsunterschiede werden intensiver als Farbänderungen wahrgenommen, so dass eine geringere Farbauflösung gewählt werden kann.

- **Mittenwahrnehmung**
  Informationen in der Mitte eines Bildes werden intensiver wahrgenommen als Randinformationen. Eine Qualitätsverringerung am Rand ist deshalb zulässig.

- **Bewegte Objekte**
  Strukturen bewegter Objekte werden weniger gut wahrgenommen als ruhende Objekte. Die Informationen von bewegten Bildelementen können deshalb reduziert werden.

Datenreduktion bei MPEG

Prinzip:
Es werden nicht die vollständigen Informationen jedes Einzelbildes übertragen.

Es genügt oft, ein Ausgangsbild vollständig und nachfolgend nur die Differenzen zwischen dem Ausgangsbild und nachfolgenden Bildern zu übertragen.

Die vollständige Bildinformation jedes Einzelbildes lässt sich dann aus den vorliegenden Daten im Empfänger rekonstruieren ① ②.
Es werden I-, P- und B-Bildtypen unterschieden.

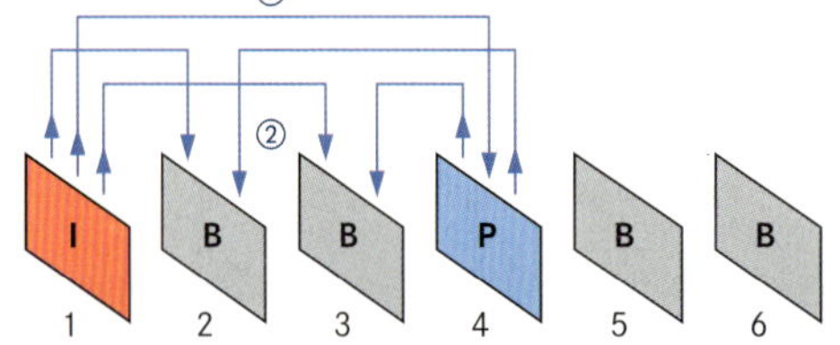

Bildtypen

I-Bild (Intra Picture)

- Es enthält die vollständigen Bildinformationen.
- Es dient als Referenzbild für die nachfolgenden Differenzbilder.
- I-Bilder sind Zugriffspunkte für den Videoschnitt und sie dienen als Orientierungspunkte für den Zugriff auf bestimmten Szenen.
- Typischerweise ist jedes fünfzehnte Bild ein I-Bild.
- Die Reduktion entspricht dem JPEG-Standard.

P-Bild (Predicted Picture)

- P-Bilder nehmen Bezug auf das vorhergehende I-Bild.
- Im P-Bild sind lediglich die inhaltliche und örtliche Differenz (Bewegungsvektor) enthalten.
- Die Differenz erhält man durch Einteilung des Bildes in gröbere Blöcke (Makroblöcke, 16 x 16 Pixel ⑤).
- Für die Farbinformation dieses Differenzbildes wird nur jedes 4. Pixel verwendet (Subsampling, 4 : 1 : 1).

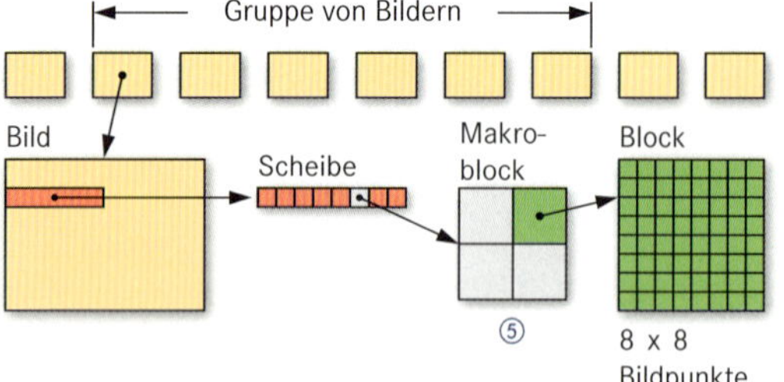

- Die Differenz zum vorangegangenen I-Bild ② wird gewonnen, indem der Makroblock im Zielbild ① solange verschoben wird, bis größtmögliche Übereinstimmung besteht.
- Die Differenz ③ wird dann wie beim I-Bild codiert ④.

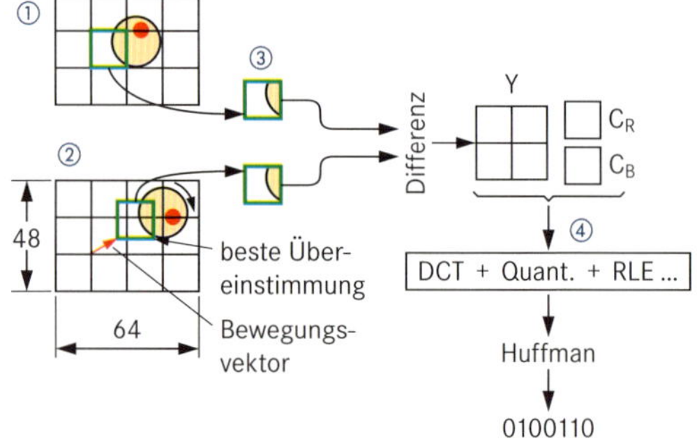

B-Bild (Bidirectional Picture)

- Für das B-Bild wird das P-Bild (Makroblöcke des P-Bildes) verwendet.
- Weil ein Differenzbild verwendet wird, ist die Datenmenge am geringsten.
- Zur Rekonstruktion des Ursprungsbildes wird auf die Daten des vorangegangenen I-Bildes und des nachfolgenden P-Bildes zurückgegriffen.

Arbeitsweise

- Streaming Media ist der Oberbegriff für Streaming Audio und Streaming Video.
- Der Begriff wird verwendet bei der Übertragung von Audio- und Videodaten (z. B. Web-TV, Webradio) über ein Datennetz (Internet).
- Beim Streaming wird für den Nutzer auf dessen Anforderung eine Punkt-zu-Punkt Verbindung zwischen dem Medienserver und dem PC des Nutzers hergestellt.
- Die Aufgabe des Encoders (Umsetzer, Konverter, Wandler) auf der Quellenseite ist es, die Daten in eine über das Netzwerk versendbare Form zu transformieren.

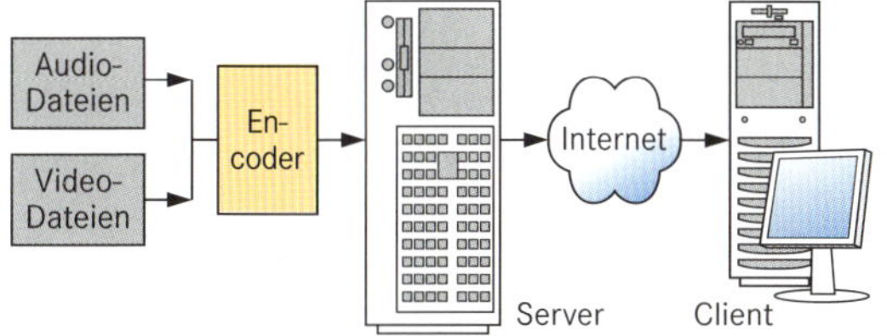

- Zwei Arten werden unterschieden:
  - **On-Demand**: Die auf einem Server liegenden Dateien werden wiedergegeben.
  - **Live-Streaming**: Live-Aufnahmen werden direkt in das Netzwerk eingespeist.
- Da die Daten aus Audio- und Videoquellen in der Regel groß sind, entfällt eine Direktübertragung. Die Daten werden in **Datenpakete** zerlegt und einzeln übertragen. Während der Ladezeit können Daten betrachtet bzw. angehört werden.

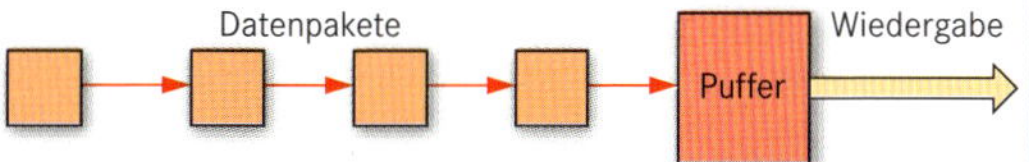

- Für einen ungestörten Empfang muss eine ausreichende Datenübertragungsrate zur Verfügung stehen. Sie muss größer sein als die für das Streaming verwendete Datenübertragungsrate.
- Um unterschiedliche Laufzeiten der Datenpakete auszugleichen, werden im Medienplayer Puffer (Datenspeicher) verwendet. Die Wiedergabe erfolgt deshalb um 2 bis 6 Sekunden verzögert.

Protokolle

- **RSVP** (**R**esource **R**eservation **P**rotocol)
  - Mit diesem Protokoll werden die erforderlichen Netzressourcen für den Datenstrom reserviert.
  - Es erlaubt Empfängern, Dienstanforderungen festzulegen. Die Reservierung erfolgt vom Empfänger, von Router zu Router bis zum Sender.
- **RTP** (**R**ealtime **T**ransport **P**rotocol)
  - Mit diesem Protokoll wird der Datentransport organisiert.
  - Beispiele: Zwischenpufferung, Erkennung der Reihenfolge der Datenpakete, Korrektur
  - RTP wird in der Regel mit dem UDP-Protokoll betrieben.
- **RTSP** (**R**ealtime **S**treaming **P**rotocol)
  - Kontrolle des Netzwerks für den Einsatz bei Entertainment- und Kommunikationssystemen
- **SMIL** (**S**ynchronized **M**ultimedia **I**ntegration **L**anguage)
  - Diese Programmiersprache dient der Stream-Beschreibung und der Formatierung.
  - SMIL basiert auf XML und ermöglicht eine einfache, textgesteuerte Synchronisation von Multimedia-Anwendungen.

Wiedergabe

- Die Wiedergabe kann erfolgen durch:
  - **Plugins** (herunterladbar und im Browser integriert)
  - **Wiedergabeprogramme** (als **Player** bezeichnet, z. B. von Quick Time, Adobe Flash, Real Media oder Windows Media)

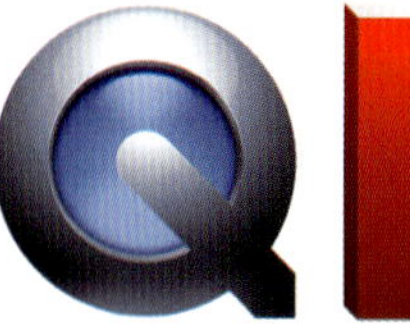
Quick Time

Adobe Flash

Windows Media

- **Quick Time**
  - Entwickelt von Apple für Mac OS und Windows
  - Anwendungen von Quick Time sind z. B. Player, Broadcast und Streaming Server.
  - Es ist mit Quick Time möglich, einen kompletten Produktionsprozess durchzuführen (Capturing, Import, Synchronisation ... Wiedergabe).
  - Dateiendungen: .mov oder .qt
  - Unterstützte Videodateiformate: MPEG-1, -2, -4, Microsoft AVI und WMV, Shockwave Flash, DV, DVC, ...
  - Unterstützte Audiocodecs und Formate: MP3, AAC, WAV, MIDI, ...
  - Quicktime Pro ist eine kostenpflichtige Erweiterung
- **Adobe Flash**
  - Entwickelt von Adobe, früher Macromedia Flash
  - Es handelt sich um eine Plattform zur Programmierung und Darstellung multimedialer, interaktiver und animierter Inhalte.
  - Der Adobe Flash Player dient der Wiedergabe in Webseiten eingebetteten SWF-Dateien (**SWF**: **S**mall **W**eb **F**ormat, Dateiendung .swf)
  - Vorteil gegenüber anderen Playern: Interaktion
- **Windows Media**
  - Entwickelt von Microsoft
  - Windows Media Player ist ein Programm zum Abspielen von Audio- und Videodateien sowie zum Brennen von Audio-CDs
  - Durch Herunterladen weiterer Codecs können Sendungen nicht unterstützter Formate abgespielt werden.
  - Verwaltung der Medienarchive möglich
  - Synchronisation tragbarer Geräte (z. B. MP3-Player, PDAs)
  - Empfang von Sendungen des Internetradios
  - Schnittstelle zum Kauf von Musik und Videos
  - Dateiendungen: .wmv, .wma

Kommunikationsarten

- **Unicast**:
  Ein oder mehrere Sender schicken Datenpakete an einen Empfänger.
- **Broadcast**:
  Ein Sender schickt Datenpakete an mehrere Empfänger.
- **Concast**:
  Viele Sender schicken Daten an einen Empfänger.
- **Multipeer**:
  Viele Sender schicken Daten an viele Empfänger (z. B. Konferenz).

Aufzeichnung ohne Band

- **AVCHD** (**A**dvanced **V**ideo **C**odec **H**igh **D**efinition, fortgeschrittener Video Codec hoher Auflösung) ist ein bandloses Verfahren zur Video-Aufzeichnung in HD-Qualität.
- Datenträger sind DVDs (8 cm Durchmesser), SD/SDHC/SDXC-Speicherkarten, Memory Sticks, Festplatten, Flash-Medien (SSD).
- Versionen: AVCD 1.0 (2006) und 2.0 (2011)
- AVCHD Lite (2009) entspricht dem AVCHD-Standard, beschränkt die Aufzeichnung auf 720 Zeilen (720p).
- AVCHD unterstützt die Standard Definition (AVCHD-SD) sowie die High Definition (AVCHD 1060i).
- Der Codec basiert auf MPEG-4 (ISO/IEC 14496-10, **AVC**: **A**dvanced **V**ideo **C**oding), technisch identisch zu H.264, ITU-T.
- Die Videosignale werden im MPEG-4 Standard aufgezeichnet und dann in einen MPEG-2-Transport-Datenstrom übertragen. Das Abspielen erfolgt z.B. mit 6, 9, 14, 18 oder 24 Mbit/s (zuzüglich Ton und Metadaten).
- Technische Daten (Version 2.0):

Name	AVCHD-Progressive	AVCHD 3D (stereoskopisch)
Framegröße in Pixel x Pixel	1440 x 1080 1920 x 1080	1280 x 720 1920 x 1080
Bildfrequenz	60 p, 50p [1]	60p, 50p, 24p, 25i, 30i [2]
Frame-Seitenverhältnis	16:9	
Video-kompression	MPEG-4 AVC/H.264	
Abtastfrequenz Luminanz	111,4 MHz 148,5 MHz	74,25 MHz
Chroma-Sampling-Format	4:2:0	
Quantisierung	8 Bit (Luminanz und Chrominanz)	
System-Datenrate	bis 28 Mbit/s	
Dateiendung	.MTS (am Camcorder), .M2TS (nach Import mit dem PC)	
Audio (Dolby Digital)		
AC-3 Kompression	Dolby Digital (AC-3)	
AC-3-Kanal Modus	1 - 5.1 Kanäle	
AC-3 Datenrate	64 ... 640 kbit/s	
Audio (PCM)		
PCM linear	PCM unkomprimiert	
PCM-Kanal Modus	1 - 7.1 Kanäle	
PCM Datenrate	2 Kanäle: 1,5 Mbit/s	

Aufzeichnung mit Band

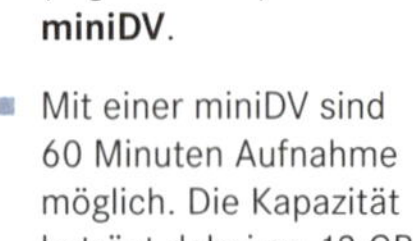

- **HDV** (**HD**-**V**ideo: High Definition Video) ist ein Verfahren zur Video-Aufzeichnung in HD-Qualität auf Magnetbänder.
- Datenträger sind in der Regel Magnetbänder im Kassettenformat **DV** (**D**igital **V**ideo) oder **miniDV**.

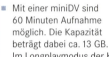

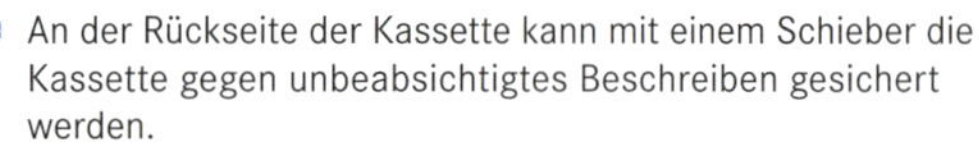

- Mit einer miniDV sind 60 Minuten Aufnahme möglich. Die Kapazität beträgt dabei ca. 13 GB. Im Longplaymodus der Kamera kann die Laufzeit um 50% erhöht werden.
- An der Rückseite der Kassette kann mit einem Schieber die Kassette gegen unbeabsichtigtes Beschreiben gesichert werden.
- Der Codec basiert auf MPEG-2 Teil 2, H.262. Die komprimierten Audio- und Videodaten werden in einen MPEG-2-Transportstrom gemultiplext
- Technische Daten:

Name	HDTV 720p [1]	HDV 1080i [2]
Frame-Seitenverhältnis	16:9	
Framegröße in Pixel x Pixel	1280 x 720	1440 x 1080
Videosignal	720p/60, 720p/30, 720p/24, 720p/50, 720p/25	1080i/30, 1080i/25, optional: 1080p/30, 1080p/24, 1080p/25
Abtastfrequenz Luminanz	74,25 MHz	55,6875 MHz
Chroma-Sampling-Format	4:2:0	
Quantisierung	8 Bit (Luminanz und Chrominanz)	
Video-Datenrate	~ 18,3 Mbit/s	~ 25 Mbit/s
Schnittstelle	IEEE 1394, iLink	
Dateiendung	.M2t	
Audio		
Audio Kompression	MPEG-1 Audio Layer II, PCM	MPEG-1 Audio Layer II
Audio Sampling-frequenz	48 kHz	
Audio Quantisierung	16 Bit	
Audio Datenrate	Pro Kanal: 192 kbit/s bzw. 96 kbit/s	

[1] **p**: **p**rogressive (Vollbildaufbau)
[2] **i**: **i**nterlaced (Halbbildaufbau)

Merkmale

- **Videokonferenzsysteme** werden zur Multimedia-Kommunikation zwischen räumlich entfernten (global verteilten) Teilnehmern eingesetzt.
- **Anwendungsbereiche** sind u. a.
  - Aus- und Weiterbildung von Firmenmitarbeitern (remote education, distant learning),
  - online Dokumentenbearbeitung (document sharing),
  - Fernüberwachung bzw. -steuerung von Anlagen, Systemen und Gebäuden (remote control).
- Systeme bieten die Möglichkeit zur **Video-, Audio-** und **Dokumentenübertragung** über unterschiedliche Übertragungsnetze.
- Die Kommunikation in Netzen zwischen Endgeräten und Teilnehmern werden geregelt durch
  - **Gateways** (Netzkoppler),
  - **Gatekeeper** (Netzverwalter),
  - **Multipoint Control Units** (**MCU**; Vielfachverbindungs-steuerungs-Einheit).
- **Gateways** realisieren die durchgängigen Verbindungen von Endgeräten, die nach den unterschiedlichen H.32X-Standards arbeiten.
- **Gatekeeper** verwalten die Kommunikationsbeziehungen der Teilnehmer (z. B. Adressierung, Bandbreitenverwaltung, Abrechnung).
- **MCUs** regeln bei verteilten Teilnehmern die Punkt- zu Mehrpunktverbindungen; können als zentrales System in einem Netz oder verteilt in den Endgeräten vorhanden sein.
- **Desktop-Systeme** (Arbeitsplatzsysteme) werden in PCs installiert und bestehen aus
  - Schnittstellenbaugruppe mit PCI-Anschluss und Anschlussmöglichkeiten für die Endgeräte, wie Videokamera, Lautsprecher, Eingabemikrofon,
  - Anwendungssoftware (Kommunikationsprotokolle).
- Die **Standards** sind von der ITU festgelegt und werden nach der Art des eingesetzten Übertragungsweges unterschieden (z. B. H.323 für Internetübertragung).

Standards

Bezeichnung	H.324	H.323	H.322	H.321	H.320
Übertragungsnetz	Analoge Verbindungen	LAN ohne QoS	LAN mit QoS	Breitband ISDN/ATM	ISDN
Video	H.261	H.261	H.261	H.261	H.261
Audio	H.263 G.723.1	G.711 G.722 G.723.1 G.728 G.729	G.711 G.722 G.723.1 G.728	G.711 G.728	G.711 G.722 G.723.1 G.728 G.729
Dokumente	T.120	T.120	T.120	T.120	T.120
Multiplexing	H.223	H.225	H.221	H.221	H.221
Verbindungs-kontrolle	H.245	H.225 H.245	H.223 H.242	H.230 H.242 Q.2931	H.230 H.242
Multipoint	H.231 H.243	H.323	H.231 H.243	H.231 H.243	H.231 H.243
Verschlüsselung	H.233 H.234	H.233 H.234	H.233 H.234	H.233 H.234	H.233 H.234
Verbindungs-kontrolle	V.34	IP	I.400 IP	I.400 I.363 I.361	I.400

QoS: Quality of Service   IP: Internet Protocol

Desktop System

WEB Kamera

- Die WEB Kamera wird an ein LAN angeschlossen und ermöglicht damit die Bildübertragung über das Internet mit TCP/IP.
- Empfänger kann über Standard-Browser die aufgenommenen Bilder auf seinem PC darstellen.
- Aktualisierung eines JPEG-Bildes dauert ca. 0,7 s.

Audio-/Videocodierung
Audio-/Video-Encoding

Merkmale

- **Audiovisuelle Kommunikation** bietet die Möglichkeit, jederzeit an jedem Ort die gewünschten Informationen abzurufen.
- Die hierzu erforderliche Übertragung und Speicherung von digitalen Daten erfordert aus Kostengründen leistungsfähige **Kompressionsverfahren**.
- Grundlage der Kompression ist die **Entfernung redundanter** und **irrelevanter** Informationen aus den Datenströmen.
- **Redundanz** entsteht durch den Zusammenhang und die Vorhersagbarkeit von Daten.
- Redundante Informationen können entfernt werden, ohne dass Informationen verloren gehen.
- **Irrelevante** Informationen liegen beim Betrachter oder Zuhörer unterhalb der Wahrnehmungsschwelle.
- Werden irrelevante Informationen entfernt, sind die ursprünglichen Informationen nicht mehr verlustfrei herstellbar.

Einteilung

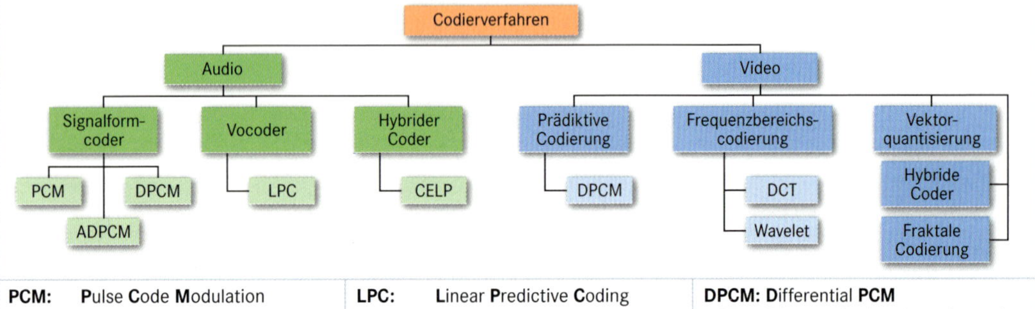

PCM: **P**ulse **C**ode **M**odulation
DPCM: **D**ifferential **PCM**
ADPCM: **Adaptive** DPCM

LPC: **L**inear **P**redictive **C**oding
CELP: **C**odebook-**E**xcited-**LP**
Vocoder: **V**oice **C**oder

DPCM: **D**ifferential **PCM**
DCT: **D**iscrete **C**osinus **T**ransformation

Audiostandards

Bezeichnung	Anwendung	Resultierende Übertragungsrate in kbit/s	Abtastfrequenz/Quantisierung
MPEG-1	CD	32 ... 448	32; 44,1; 48 kHz bis zu 24 Bit
MPEG-2	DAB; digit. Fernsehen	ab 32	16; 22,05; 24; 32; 44,1; 48 kHz bis zu 24 Bit
MPEG-4	Multimedia	ab 2	–
G 711	ISDN, Videotelefon	64	8 kHz, nicht linear 8 Bit
G 722	Videokonferenzen	64	16 kHz, linear 14 Bit
G 723.1	Videotelefon über PSTN	6,3 oder 5,3	8 kHz, linear 16 Bit
G 728	Videokonferenzen	16	8 kHz, 10 Bit
G 729	Videokonferenzen	8	8 kHz, linear 16 Bit

Videostandards

Bezeichnung	Anwendung	Verfahren	Typisches Bildformat	Eingangs-Bitrate (Mbit/s)	Ausgangs-Bitrate (kbit/s)	Datenkompression
Motion JPEG	Multimedia Video	DCT-basierend	QCIF CIF	2,5 ... 30,4	1150 ... 40 000	4 ... 100
H. 261	Bildtelefon über ISDN	Hybrid DCT block-basierend	CIF 352 x 288 10 Hz 4:2:0	12,2	n x 64	bis 200
H. 263	Bildtelefon		QCIF 176 x 144 8,33 Hz 4:2:0	2,5	8 ... 20	125 ... 313
MPEG-1	Video CD		CIF 352 x 288 25 Hz 4:2:0	30,4	1150	26
MPEG-2	TV und HDTV		CCIR 601 25 Hz 4:2:2	166	4.000 ... 9.000	18 ... 42
MPEG 4	Multimedia Studioanwendung		QCIF CCIR 601	2,5 ... 66	10 ... 1.000	ca. 300

JPEG: **J**oint **P**hotographic **E**xperts **G**roup
MPEG: **M**oving **P**icture **E**xperts **G**roup

CIF: **C**ommon **I**ntermediate **F**ormat
QCIF: **Q**uarter **CIF**

Software

Grundlagen und Entwicklungen

198 - 200 Softwaregrundlagen
201 Programmbeschreibungen
202 Programmablaufplan, Struktogramm
203 Softwarebegriffe
204 Programmierfehler

Engineering und Tests

205 - 208 Software Engineering
209 Vorgehensmodelle in Entwicklungsprojekten
210 Agile Methoden
211 Scrum
212 Anforderungsmanagement
213 Programmtest
214 Softwarequalität
215 Softwaretest

Algorithmen, Strukturen, Modelle

216 Algorithmus
217 Sortieralgorithmus
217 Mathematische Software
218 Formate
219 Kontrollstrukturen
220 Datentypen und -strukturen
221 Objektorientierter Ansatz
222 Klassenbeschreibungen
222 - 224 UML - Unified Modeling Language

Programmiersprachen

225 Programmiersprachen
226 BASIC - VB - VBA
227 Fortran
227 Ada
228 - 229 C
230 C++
231 C-Bibliotheken
231 C#
232 - 233 Java
234 Perl
234 Simulationen

Datenbanken

235 Datenbankübersicht
236 Datenbankarchitektur
237 Relationale Datenbanken
238 Datenbanksprachen
239 - 240 SQL - Standard Query Language
240 - 241 Relationale Datenbankerstellung

Anwendungssoftware

242 Office-Software
243 EXCEL
243 Softwaregeneratoren
244 Maple - Mathematical Manipulation Language
245 MATLAB - Matrix Laboratory
246 Neuronale Netze
247 Web-Technologien
248 HTML - Hypertext Markup Language
249 CMS - Content Management System
249 Schnittstellen
250 XML - Extensible Markup Language
250 - 251 JavaScript
252 PHP - (Personal) Hypertext Pre-processor
253 Reguläre Ausdrücke
254 Benutzungsschnittstelle
254 Komplexe Anwendungssysteme
255 PostScript (PS) und PDF

Betriebssyteme

256 BIOS - Basic Input-Output System
257 UEFI - Unified Extensible Firmware Interface
258 Betriebssysteme
259 Betriebssystemprozesse
260 Virtualisierung
261 UNIX
262 MS - Microsoft
263 Linux
263 Android
264 Registry
265 ActiveX
265 DirectX

Informationstheorie

266 - 267 Logik
268 Kooperationssysteme
269 - 270 Bedienprozesse
271 Informationstheorie
272 Informations- und Wissensmanagement

Einteilungen

- Es wird zwischen **Soft-** und **Hardware** unterschieden. Mit Hardware werden die materiellen Geräte, mit Software werden die immaterielle Ware bzw. Systembestandteile bezeichnet.
- Oftmals wird unter Software ein Programm verstanden.
- Die Steuerung der informationstechnischen Geräte und die Verarbeitung der Daten erfolgt durch spezifische Software.
- Programmiersprachen gehören zur systemnahen Software.

Programmierspracheneinteilung

1	Hardwarebezogene Programmiersprachen
2	Maschinennahe Programmiersprachen
3	Höhere Sprachen

- Assemblersprachen sind maschinennahe Sprachen.

Softwareunterscheidungen

Systemsoftware vs. Anwendungssoftware	**Public Domain** freie, kostenlose, ungeschützt Software
Standardsoftware vs. Individualsoftware	Kostenpflichtige Software-Lizenz
Systemgebundene Software vs. Plattformunabhängige Software	**Freeware** geschützt, aber kostenfrei
	Shareware Software – bezahlbar nach einer Testphase

vs.: versus (gegen)

Programmiersprachenbeziehungen

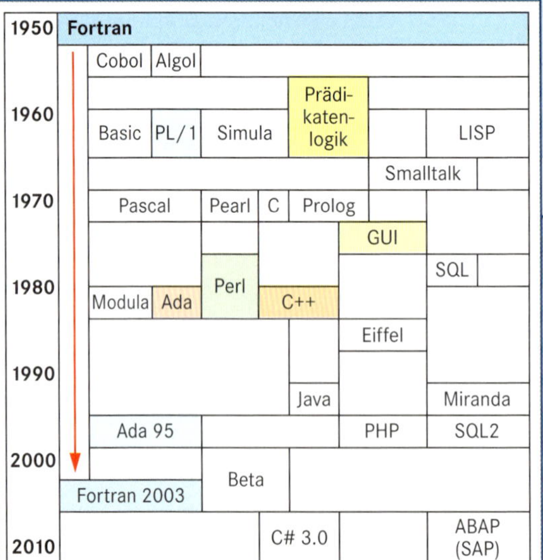

GUI: **G**raphic **U**ser **I**nterface [Graphische Schnittstelle (Maus)]

Prädikatenlogik: Vertiefte Erfassung von logischen Strukturen (Sätze); bedeutsam für KI-Sprachen und -Modelle (Lisp, Prolog, ...)

Programmierspracheneinteilungen

- **Variante A** (Fünf Generationen werden unterschieden)
  1. Maschinensprachen
  2. Assemblersprachen
  3. Problemorientierte Sprachen (Ada, C, Fortran, PL/1, ...)
  4. Nichtprozedurale Sprachen (Delphi, SQL, ...)
  5. Künstliche Intelligenz Sprachen (Lisp, Prolog, ...)

  Hierbei werden 1 und 2 zu den **systemabhängigen** und 3, 4 und 5 zu den **systemunabhängigen Sprachen** gezählt.
- **Variante B**
  Imperative (befehlsorientierte) **Sprachen**
  - Prozedurale Konzeption (Ada, FORTRAN, PASCAL, C, PL/1)
  - Funktionale Orientierung (Lisp)

  Deklarative (aussageorientierte) **Sprachen**
  - Logische Programmierung (Prolog)
  - Objektorientierung (C++, Java, Smalltalk)

Qualität

Kriterien von Programmiersprachen (nach DIN ISO 9126)

Kriterium	Inhalt
Änderbarkeit	Aufwand für Anpassungen und Korrekturen
Benutzbarkeit	Benutzungsaufwand – besonders auch aus der Sicht individueller Gruppen
Effizienz	Leistungsniveau der Software in Relation zum Umfang der eingesetzten Betriebsmittel
Funktionalität	Funktionen müssen mit festgelegten Eigenschaften vorliegen. Definierte Anforderungen müssen von den Funktionen erfüllt werden
Übertragbarkeit	Einsetzbarkeit der Software bei unterschiedlichen Bedingungen/Umgebungen
Zuverlässigkeit	Über einen definierten Zeitraum muss die Software ihre Leistung konstant erbringen können

Programmiersprachen-Entwicklung

- Ziele bei der derzeitigen Entwicklung professioneller Sprachen: Die Programmiersprache soll

1	**lernfähig** in komplexen Umgebungen (Prozessstrukturen; Internet; Netze) sein
2	**fehlertolerant** und **stabil funktionsfähig** sein
3	eine lange „**Gebrauchs-Halbwertszeit**" besitzen

- Aktuelle PS-Entwicklungen

- Einsatz von Entwicklungsumgebungen (zum Beispiel Eclipse) und von Software-Generatoren
- Integrale Programmierung (Windows-Programmierung)
- Cloud-Programmierung
- Plattform unabhängiger Programmgestaltungen
- Agenten-Programmierung
- Offene Quellcodegestaltung
- Metaprogrammierung
- Externe Programmierung
- Interface-Programmierung
- Refactoring
- Unit-Testen

Programmiersprachengestaltung

- **Ähnlichkeit:** Vergleichbare Programmierstrukturen (-konzepte) sollen einen ähnlichen Aufbau besitzen.
- **Eindeutigkeit:** Die Programmelemente sollen eindeutig und klar erkennbar sein. Ebenfalls sollten Fehler eindeutig identifizierbar sein.
- **Einfachkeit:** Möglichst wenige Konzepte und Strukturen sollen zum Einsatz kommen.
- **Lesbarkeit:** Syntax muss möglichst leicht lesbar sein (geringer Schulungsaufwand).
- **Orthogonalität:** Grundfunktionen sollen schnittstellenfrei sein.
- **Reichhaltigkeit:** Der Umfang der Sprache sollte eine möglichst einfache Problemabbildung ermöglichen.

Programmiersprachenbewertung

Bewertungsaspekte	
- **Lesbarkeit** der Syntax - **Fehlererkennung** im Programm	- Programmwartung - Erweiterbarkeit - Erlernbarkeit
- Ablaufgeschwindigkeit - Realzeitprozesse - Speicherverwaltung - Hardware-Nähe - Hardwareaufwand	- Graf. Benutzeroberflächen - Vererbung/Polymorphie - Software-Bibliotheken - Umfang der Klassenbibliotheken

Einsatzbereiche der Programmiersprachen

- **Abfragesprachen** (DB): SQL, QBE
- **Dokumente**: TeX, LaTeX, HTML
- **Echtzeitprogrammierung**: PEARL
- **Grafik (Oberflächen)**: Smalltalk
- **Industrieroboter**: IRL, ARLA, SRCL, VAL II, AML
- **Internet/Web**: HTML, Java
- **Künstliche Intelligenz**: Lisp, Prolog, LOGO
- **Lernbereich**: Basic, Delphi, Pascal, VBasic
- **Netzprogrammierung**: Perl (z.T. C, Pascal)
- **Simulationssoftware**: Simula 67
- **Systemprogrammierung**: C
- **Technik-Wissenschaft**: Fortran, C/C++, Java
- **Universell**: Ada, Algol, C++, Java, Pascal, PL/1
- **BWL**: Cobol

IT-Test-Begriffe/Abkürzungen

- **Benchmark-Tests** (Benchmark: Lösungsprogramm) Verfahren zur Ermittlung der Leistungsfähigkeit von IT-Systemen, z.B. über die Ermittlung von Primzahlen (Referenzdaten).
- Ermittelt werden die Leistungen von Hardware-Systemen und Software-Systemen (Compilern, Interpretern, Software-Rechenprogrammen, ...)
- Die Leistungsfähigkeit im Benchmark-Test wird als **IPS** (oder **MIPS**) oder über **FLOPS** ermittelt.
  - **FLOPS**: **Fl**oating Point **O**perations **P**er **S**econd [Gleitkommaoperationen (Additionen oder Multiplikationen) pro Sekunde]; (10^{15} Floating Point Instructions per Second: 1 Peta-FLOPS)
  - **IPS**: (Programm-)**I**nstruktionen **p**ro **S**ekunde (engl.: Instructions per Second)
  - **MIPS**: **M**illionen (Programm-)**I**nstruktionen **p**ro **S**ekunde (engl.: Mega Instructions per Second) (1 MIPS: eine Million Maschinenbefehle in der Sekunde)

Entwicklungswerkzeuge

- Für die Programmgestaltung werden grafische Bedienoberflächen, Softwaregeneratoren und integrierte Entwicklungsumgebungen (**IDE**: **I**ntegrated **D**evelopment **E**nvironment) eingesetzt. Vorgefertigte (Teil-)Programme werden genutzt.
- Auch werden **Testgeräte**, **speziell** Debugger verwendet. **Debugger**: Werkzeug zur Softwarefehlerbeseitigung (von **bug**: (Software-)Fehler (engl.: Küchenschabe, Laus)).

Turing-Maschine

- Folgende Bestandteile gehören zur Maschine:
  - ein Speicherband (beliebiger Länge)
  - ein Lese- und Schreibkopf
  - eine Steuerung für die Köpfe
  - feste Regeln für die Schreib- und Leseprozesse
- Das Speicherband soll zellenartig eingeteilt sein.
- Die Maschine schreibt die Informationen bitweise auf das Speicherband. So kann sie diese wieder ab- und auslesen.
- Eine Steuerung leitet die Schreib- und Leseprozesse:

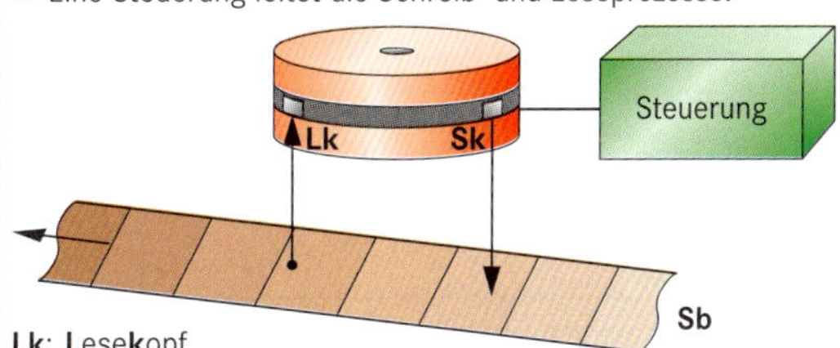

Lk: **L**ese**k**opf
Sk: **S**peicher**k**opf
Sb: **S**peicher**b**and mit Speicherzellen (Das Band wird am Kopf vorbei bewegt.)

- Die Steuerung wird durch feste Regeln geführt.
- Der interne Zustand der Maschine steht in enger Beziehung zu den Kopfbewegungen. *Informationen werden verrechnet.*
- Der Rechenprozess drückt sich in den Kopfbewegungen – nachvollziehbar – aus. Rechnen ist als Zustandsänderung zu verstehen.
- Kognitive Prozesse können nach diesem Modell geordnet in interne Rechenprozesse umgesetzt werden.

These von Church

- Jede in ein Rechenprogramm umsetzbare Problemlösung kann nach Church durch die Turingmaschine aufgelöst werden: Die Klasse der intuitiv berechenbaren Funktionen entspricht der Klasse der Turing-berechenbaren Funktionen. Intuitiv berechenbare Funktionen sind register-berechenbare Funktionen.
- Und die Turingmaschine stellt das Grundmodell jeder klassisch gestaltbaren Rechenmaschine dar.

Problem und Automat

- Programmiersprachen sind **formale Sprachen** zur Erstellung von Software. Unterschieden werden zum Beispiel:
  - reguläre Sprachen
  - kontextfreie Sprachen
  - Typ-1, Typ-0-Sprachen

  Die Problemlösungsstruktur kann mit Automatenmodellen erfasst werden. Hierfür werden Grammatiken bestimmt. Prinzipiell wird elementar unterschieden zwischen den Sprachen: Turing/LOOP/WHILE/GOTO

Algorithmische Informationstheorie

- Bei der klassischen Problemlösung wird der Schwierigkeitsgrad des Problems nach der zu verwendenden mathematischen Funktion eingeteilt:
  - Lösung mit Polynomfunktionen
  - Lösung mit exponentiellen Funktionen ($e^x = \exp(x)$)
  - Lösung mit Fakultätsfunktionen (n!)
- Die Zuordnung von Problemlösungen zu entsprechenden mathematischen Funktionen wird näher von der Komplexitätstheorie untersucht (Komplexitätsproblematik).
- Bedeutsam sind Algorithmen unter Verwendung von **Polynomfunktionen**. Diese effizienten Algorithmen können vom Rechner zeitlich angemessen gelöst wwerden.
- **Polynomfunktionen**:
  Funktion auf der Basis von Polynomen p(x):
  $\mathbf{p(x)} := a_n \cdot x^n + ... a_1 \cdot x^1 + a_0 \cdot x^0$ ($a_n ... a_1 \in$ |R; $x^0 = 1$ für $x \neq 0$)
- Problemlösungen unter Verwendung von exponentiellen Funktionen (e^x) und/oder Fakultätsfunktionen gelten als unzugänglich (bzw. hart). (Fakultät von n = n! = 1 · ... · n; mit 0! = 1)
- Die moderne Mathematik hat erkannt, dass es nicht entscheidbare Probleme gibt. Diese können nicht durch einen Algorithmus in endlicher Zeit exakt und vollständig gelöst werden.

P und NP

Unterschieden werden die Problemklassen **P** und **NP**.

- **P**: Polynome Laufzeit der Problemlösungsalgorithmen (es liegt eine deterministische Rechenzeitbeschränkung vor)
- **NP**: Klasse der probleme mit Lösungen in nichtdeterministischer polynominaler Zeit
- Allgemein gilt: P ⊂ NP; die Umkehrung ist unklar.

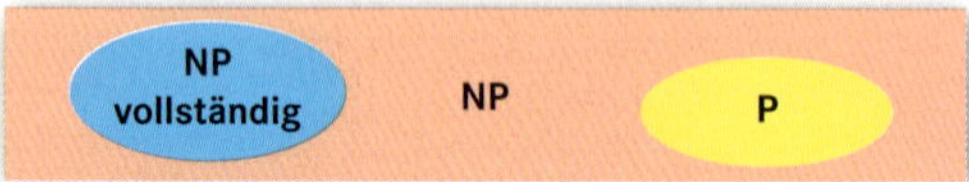

- Das **P-NP-Problem** gehört als eines der großen aus dem Bereich der Informatik zu den Milleniums-Problemen (nach Clay M. Institut, USA).

Elementare Programmiersprachen

- Jede Sprache besteht aus **Symbolfiguren** (z.B. Wörtern).
- Die Symbolmenge wird als **Alphabet** bezeichnet.
- Die Symbolfolgen dürfen unter Beachtung von Regeln (**Syntax**) verbunden werden.

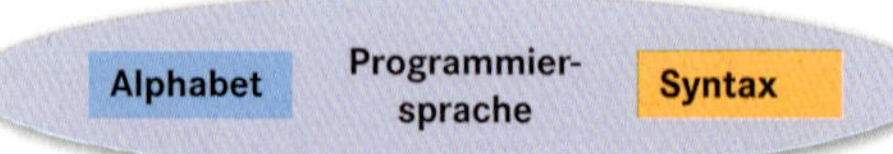

- In jeder Programmiersprache werden **Schlüsselzeichen** und -**wörter** verwendet, mit denen spezielle Aufgaben einhergehen und die nicht beliebig genutzt werden dürfen.
- **Programme**: Eine Lösungsidee für ein Problem kann mittels einer Programmiersprache in eine Anweisungsabfolge überführt werden. Diese Anweisungsabfolge wird auch kurz **Programm** genannt.
- Die Turing-Maschine ist eine Modellkonzeption zu einer (Register-)Maschine, mit der registerberechenbare Funktionen bewältigt werden können und die tatsächlich hard- bzw. softwaretechnisch realisiert werden kann.

Programmerstellung

- Ausgehend von der Problemlösungsidee wird ein geeignetes **Algorithmenkonzept** bestimmt. Diese wird in eine regelorientierte Struktur überführt. Dazu wird ein Bitcode erzeugt, der in eine maschinenlesbare Form überführt wird. Die Übersetzung wird von einem **Übersetzer** (**Compiler** bzw. **Interpreter**) vorgenommen.
- **Abfolge: Problem**
  Algorithmus
  Programm
  Allgemein wird angenommen, dass entscheidbare Probleme mit Blick auf die Maschinenkonzeption von Turing durch „do-while" - Befehlsstrukturen auflösbar sind.
- Im Detail werden u.a.
  - **Ablauf-**,
  - **Berechnungs-**,
  - **Verarbeitungs-** und
  - **Sortierstrukturen** ausgewählt.
- Gestaltung von Programmeinheiten zur **Datenein-** und **-ausgabe**.
- **Variablentypen** werden festgelegt. Den Variablen werden z.B. Namen zugeordnet und Initialisierungen erfolgen.
- Verarbeitungsanweisungen, Kontrollstrukturen und Bedingungen für Schleifenstrukturen werden bestimmt.
- Während der Programmgestaltung werden Tests vorgenommen.

Programmeinheiten

- Es werden von Herstellern vorgefertigte Programmeinheiten (**Routinen**) den Nutzern zur Verfügung gestellt. Diese sind zum Teil in der Entwicklungsumgebung integriert und können z.B. über „Schlüsselwörter" aktiviert werden. Beispiel: Der Befehl >CLS< („clear screen") verursacht eine „Bildschirmsäuberung". Der Bildschirm wird vollständig mit Leerzeichen überschrieben.
- Vorgefertigte Routinen werden zu **Bibliotheken** zusammengefasst. Sie werden zum Teil kostenlos zur Verfügung gestellt. Der Anwender kann die einzelnen Routinen an seine Fragestellung anpassen.
- Problemstellungen werden zu kleineren Problemeinheiten zusammengebunden. Hierfür werden Lösungen erstellt, die in Form von **Modulen** eingesetzt werden können.
- Durch die strikte Trennung von Funktionen und Inhalten (Daten) konnten allgemeine Problemlösungen gefunden werden. Die strikte Modularisierung der Probleme und Lösungen führt zu einer lokalen Verknüpfung von Daten und Methoden im Rahmen der objektorientierten Programmierung.

Entwicklungsprobleme

Bei vielen Softwareentwicklungen treten aufgrund von unrealistischen Vorgaben/Einschätzungen Zeitverzögerungen auf, z.B.:

Unklare Anforderungsvorgaben und kontinuierliche Veränderung der Wünsche/Ziele/Anforderungsprofile	Überschätzung der technischen Möglichkeiten und personellen Ressourcen beim Löser
Perfektionszwang bei Anwendern, Auftraggebern und Lösern.	Überschätzung der kognitiven Qualifikationen beim Löser und Anwender
Unrealistische Termin- und Kostenvorgaben	Unpassende bzw. ungeeignete Lösungskonzepte für die Erstellung von Funktionen, Eigenschaften, Bedienoberflächen
Defizitäre Dritt- und Fremdprodukte	

Sinnbilder (für (reale) Datenfluss- und Programmablaufpläne)

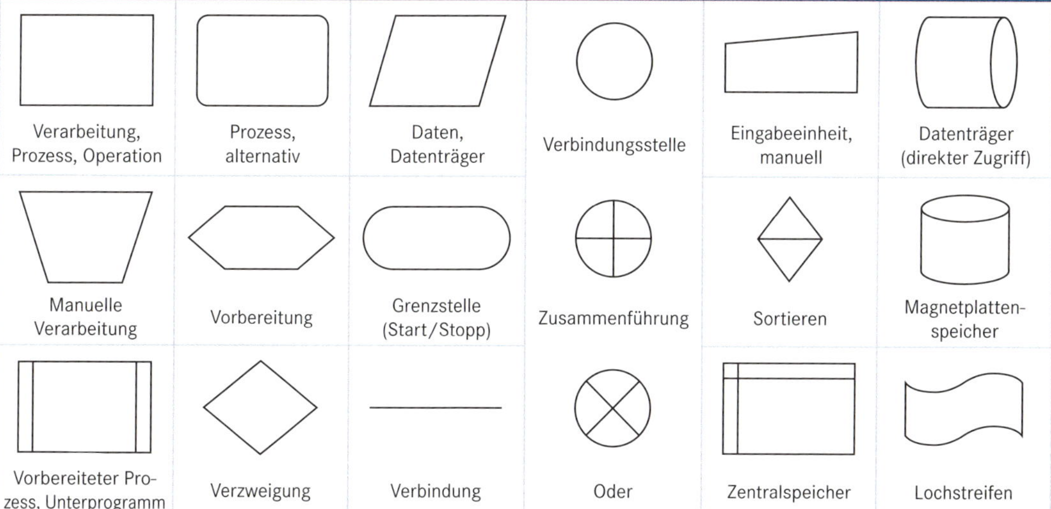

Regeln zur Erstellung von Plänen

- Pfeile geben die Flussrichtung an.
- Zwischen Sinnbildern dürfen mehrere Verbindungen verlaufen.
- Kreuzungen von Verbindungslinien vermeiden.
- Hintereinander gezeichnete Sinnbilder gleicher Art bilden eine Einheit mehrerer gleichartiger Datenträger. ①
- Sinnbilder können miteinander verknüpft werden, z. B. zu einer Ausgabeeinheit. ②
- Innenbeschriftungen sollen weitere Abläufe erkennen lassen und eindeutig zuordnen.
- Bezeichnung erfolgt oben links des Sinnbildes.
- Durch einen Querstrich oben im Sinnbild wird auf eine detaillierte Darstellung derselben Dokumentation hingewiesen, z. B. schrittweise Verfeinerung eines Programmablaufs. ③
- Mit zusätzlichen senkrechten Linien in den Sinnbildern „Daten" und „Verarbeitung" wird auf eine Dokumentation an anderer Stelle hingewiesen.

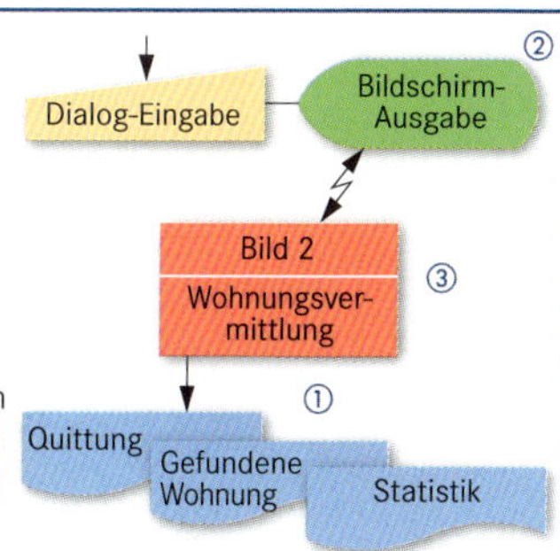

Pseudocode

Merkmale

- Pseudocode: **Code** zur Erfassung der Programmierstruktur und zur Beschreibung von Anweisungen.
- Die Pseudocode-Beschreibung stellt oftmals den Zwischenschritt vom Struktogramm bzw. Programmablaufplan zum Quellcode dar.
- Der Pseudocode ist nicht verbindlich geregelt bzw. definiert. „Pseudocode-Standards" wurden von verschiedenen Institutionen definiert.
- Keine Sprachelemente aus bekannten Programmiersprachen verwenden: Diese strenge Forderung kann nur bedingt eingehalten werden. Eindeutige und verständliche Beschreibungen wählen.

Typische Sprachelemente

- Deklarationen – ***INIT***
  - Vereinbarung einer Variablen (zahl-Z1) als Integer-Wert: ***INIT***: zahl-Z1: Integer
  - Deklaration und vorgängige Wertbelegung der Variablen zahl-Z1: ***INIT***: zahl-Z1 = 1;
- **Eingabe/Ausgaben:** (xxx: Ziel der Ein-/ Ausgabe; yyy: Inhalt der Ein-/Ausgabe)
  - Eingabe – E: E(xxx): yyy
  - Eingabe (E) über die Tastatur (T) – E(T): yyy
  - Ausgabe – A: A(xxx): yyy
  - Bildschirmausgabe (B): A(B): yyy
  - Textausgabe (Text: yyy): A(B): „yyy"
  - Ausgabe eines Variablenwerts auf dem Bildschirm: A(B): yyy
- Bedingte Anweisungen/Schleifen

```
solange BEDINGUNG
    führe aus ANWEISUNG falls BEDINGUNG
        dann ANWEISUNG
```

- Orientiert an PASCAL existiert hierzu z. B. folgende Pseudocode-Darstellung:

```
while BEDINGUNG
    do read WERT
        if BEDINGUNG
          then ANWEISUNG A
        endif
        ANWEISUNG B
    enddo
    write WERT
```

Programmablaufplan, Struktogramm

Program Flowchart, Structured Chart

Übersicht

Programmablaufplan nach DIN 66 001	Nassi-Shneidermann Struktogramm DIN 66 261

Verarbeitung (allgemein, Strukturblock, Elementarblock)

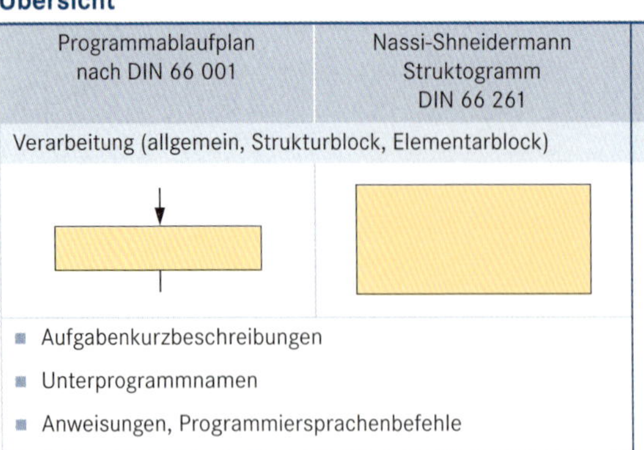

- Aufgabenkurzbeschreibungen
- Unterprogrammnamen
- Anweisungen, Programmiersprachenbefehle

Reihenfolge (Sequenz)

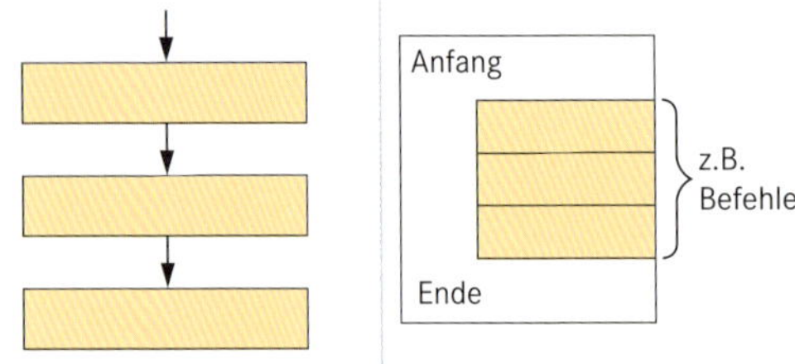

- Aneinanderreihung von mehreren Anweisungen oder Befehlen
- Aufzählung mehrerer nacheinander zu bearbeitender Aufgaben

Bedingte Verzweigung

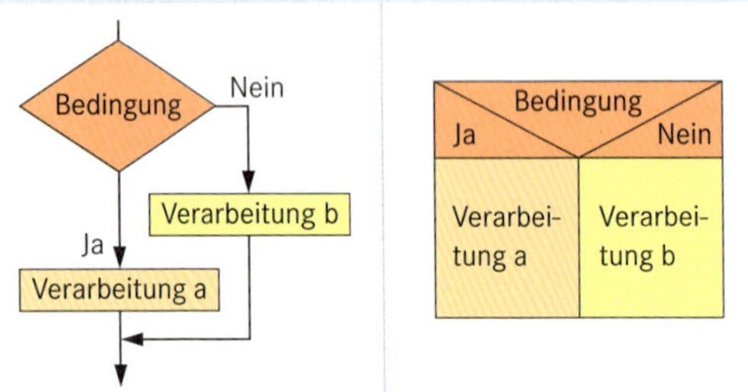

- Auswahl von einer Verarbeitung aus zwei möglichen, aufgrund einer logischen Entscheidung.
- Ist die Abfrage mit Ja beantwortet, dann Verarbeitung a, andernfalls Verarbeitung b. Diese Verzweigung wird auch als IF (wenn Bedingung erfüllt) THEN (dann Verarbeitung a) ELSE (sonst Verarbeitung b) Abfrage bezeichnet.

Fallabfrage, Fallunterscheidung

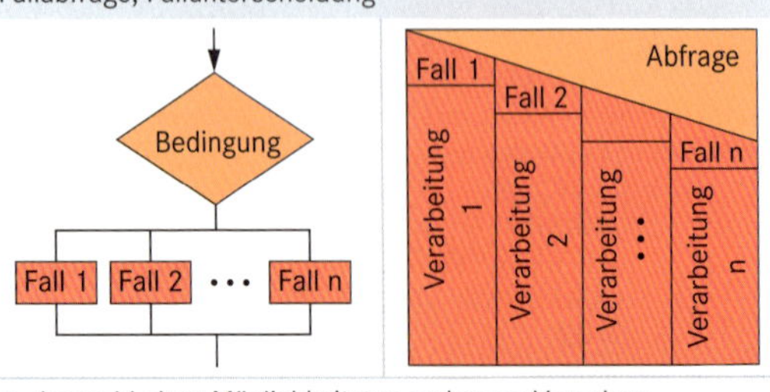

- Auswahl einer Möglichkeit aus mehreren Vorgaben (engl. Case-Block)

Programmablaufplan nach DIN 66 001	Nassi-Shneidermann Struktogramm DIN 66 261

Wiederholung (kopfgesteuerte Schleife)

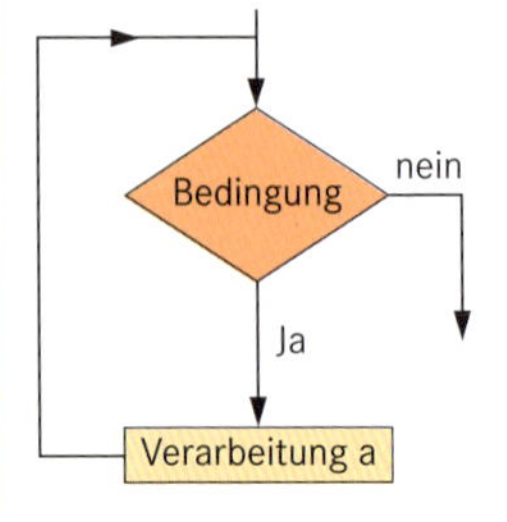

- Schleifendurchläufe
  Abfrage der Bedingung erfolgt vor der Durchführung der Verarbeitung a. Ist die Bedingung bei der ersten Abfrage schon **nicht** erfüllt, erfolgt **keine** Durchführung der Verarbeitung a (engl. WHILE-Schleife).

Wiederholung (fußgesteuerte Schleife)

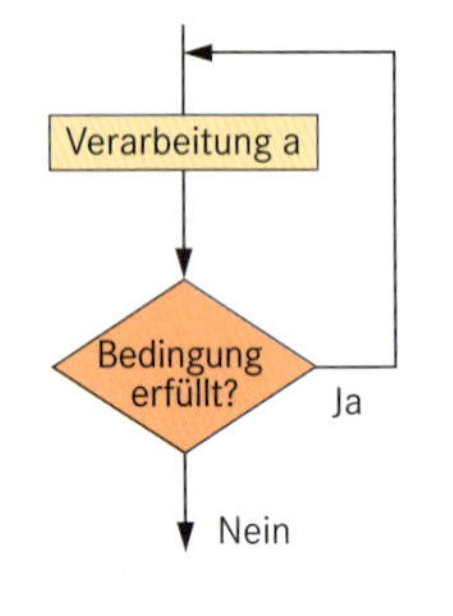

- Schleifendurchläufe
  Abfrage der Bedingung nach dem Durchlauf der Verarbeitung a (engl. REPEAT- oder UNTIL-Schleife).

Schleife mit Unterbrechung

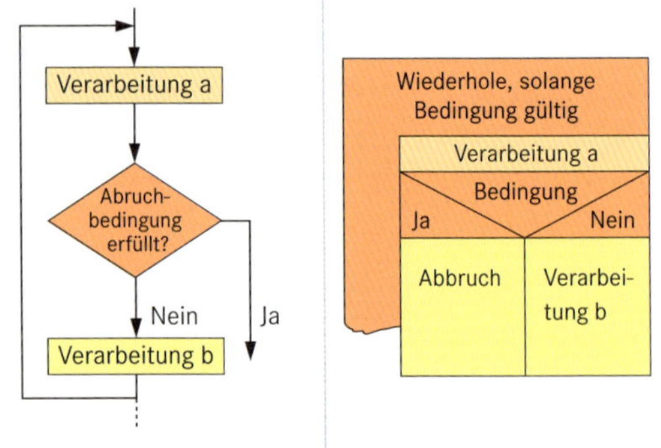

- Schleifendurchläufe
  Die Bedingung (Abbruch-Bedingung) wird während der Verarbeitung abgeprüft (engl. CYCLE-Schleife).

Softwarebegriffe
Software Terms

Einsatzprinzipien/Gestaltungselemente

- **Applet:** dynamische Programmiereinheiten (kleine Anwendung)
- **Applikation:** Anwendung
- **Batch:** Stapel (sequentielle Verarbeitung Abarbeitung von Aufträgen, Daten, Programmen)
- **call-by-reference:** die Adresse eines Arguments wird übergeben. Es wird dann auf den zugehörigen Speicherwert zugriffen. Im Prozess kann dieser Wert verändert werden.
- **call-by-value:** Eine Kopie des aufgerufenen Argumentwerts wird übergeben. Der Originalwert bleibt unverändert.
- **Dekrement:** vermindern (Abzählen um eins)
- **Destruktor:** Zerstörer
- **Dialekt:** Entwicklungsversion einer Programmsprachen mit spezifischen Entwicklungen
- **DIE:** **I**ntegrated **D**evelopment **E**nviroment – Entwicklungsumgebung
- **EOF:** **E**nd **o**f **F**ile
- **EOL:** **E**nd **o**f **L**ine (Zeile)
- **FCFS:** **F**irst **C**ome **F**irst **S**erved (Wer zuerst kommt, wird zuerst bedient)
- **FIFO:** **F**irst **I**n – **F**irst **O**ut (Abarbeitungsabfolge)
- **Freeware:** quasi kostenlose Software, die aber geschützt ist.
- **GNU:** herstellerunabhängiges BS
- **GUI:** Graphical User Interface (visuelle (Prog.-S) Oberfläche)
- **Hypertask:** Abarbeitung von endlich vielen Prozessen in endlicher Zeit
- **Inkrement:** Zuwachs (Hochzählen um eins)
- **Instanz:** Prozess in einem Rechner
- **Interface:** Schnittstelle
- **Konstruktor:** Erzeuger
- **LIFO:** **L**ast **I**n – **F**irst **O**ut (Kellerspeicher: Stack-Speicher) Das zuletzt eingegangene „Element" wird zuerst bearbeitet.
- **Modul:** abgegrenzte Programmeinheit (Funktion, Prozedur, ...)
- **Multithreading:** parallele Bewältigung von Einzelanwendungen in einem Programm
- **Multitasking:** parallele Bearbeitung von mehreren Programmeinheiten in einem System
- **Patch:** ungeplante, aber notwendige Softwareanweisungen
- **Pipeline/Pipeling:** gleichzeitige Verarbeitung mehrerer Befehle
- **Public Domain:** freie, kostenlose, ungeschützte Software
- **Portabilität:** Übertragbarkeit von Software auf Systeme
- **Packet Sniffer:** Analyse-Programme zum Beispiel auf Routern für den Datenverkehr im Netz
- **Scheduling:** Aufteilung von Rechenzeit zu Prozessen (schedule: Tabelle)
- **Shareware:** Software – bezahlbar erst nach einer Testphase
- **SJF:** **S**hortest **J**ob **F**irst
- **Stack:** temporärer Speicherbereich
- **Supertask:** Abarbeitung von endlich vielen Prozessen in endlicher Zeit
- **Task:** Systemauftrag/Software-Prozess
- **Thread:** Faden (Teil eines Prozesses)
- **Variable, lokale:** Variable gültig nur in einem Unterprogramm
- **Variable, globale:** Variable ist gültig im gesamten Programm
- **Virtualität (Cyberwelt; Cyberspace; virtuelle Realität):** Nachbildung (Simulation) von Realitätsaspekten durch Rechner.

Fehler und Testen

- **Bug:** (Software-)Fehler (engl.: Wanze bzw. Käfer)
- **Deadlock:** Prozessverklemmung
- **Debugger:** Werkzeug zur Sortwarefehlerbeseitigung
- **Endlosschleife:** Programmschleife ohne Abschluss (Abbruch)
- **Shortcut:** Tastenkombination, mit der bei Anwendungssoftware Aktionen ausgelöst werden können: z. B.: <Strg>+<Alt>+<Entf>

Objektorientierte Systementwicklungen

- **Ableitung:** Schrittweise Wortbildung aus Zeichen und -symbolen im Sinne der verwendeten Grammatik. Ausgehend vom Startsymbol wird bei jedem Schritt eine Produktion angewendet.
- **Ableitungsbaum:** Strukturierte Darstellung von Ableitungen S: Startsymbol (Baumwurzel); Innere Knoten: Nicht-Terminale Äußere Knoten (Blätter): Terminale; Elternknoten: Produktionsknoten; Kindknoten: Produktionsrumpf
- **Aggregation** (die hat-Beziehung): Spezielle Assoziation zwischen Klassen („Teilmengenbeziehung"); UML-Darstellung: Raute; Bennenung: „hat", „ist Teil von", „besteht aus"
- **Allomorphie:** Objekte, die zu mehreren Klassen gehören
- **Assoziation** (die kennt-Beziehung): Beschreibung von Klassenbeziehungen. Gerichtete und ungerichtete Assoziationen werden unterschieden (Strecke oder Pfeil). Die objektorientierte Darstellung arbeitet mit Pfeilen; die klassische Datendarstellung favorisiert ungerichtete (bidirektionale) Beziehungen.
- **Baum:** Besteht aus Knoten und Kanten. Ein Pfad im Baum besteht aus n + 1 Knoten (n: Pfadlänge des Pfades).
  - Knoten ohne nachfolgende Knoten sind Blätter (Ecken).
  - Baumhöhe: längster Baumpfad ausgehend von der Wurzel.
  - Knotentiefe bezeichnet die Pfadlänge vom Startknoten (Wurzel) zu diesem Knoten.
- **Beziehung:** Bezeichnet die Beziehung zwischen Knoten bzw. im ER-Diagramm zwischen Klassen. Kardinalität (1:1, 1:n, n:m) und Optionalität (kann, muss) beschreiben die Beziehung.
- **ER-Welt** (**E**ntity-**R**elationship-Welt): Ausschnittweise Abbildung und Darstellung der realen Welt
  - ER-Modell (ERM): Entity-Relationship-Modell
  - Entities (Objekttypen) – Darstellung durch Rechtecke
  - Entities-Attribute – Darstellung durch Ovale
  - Entities-Beziehungen (relationship) – Rautendarstellung
- **Fachkonzept:** Zusammenfassende Darstellung eines Anwendungssystems aus fachlicher Sicht.
- **Generalisierung:** Beziehung zwischen einer allgemeinen Klasse (Basisklasse) und der abgeleiteten Klasse.
- **Grammatik:** Inhalte einer Grammatik (G):
  - Menge von Terminalen T (auch Buchstaben; Symbole)
  - Menge von Nicht-Terminalen (Variablen)
  - Startsymbol S aus der Menge der variablen Produktionen P
- **Join:** Neuartige Relationsverbindung (von R_1 und R_2 zu R_1 R_2)
- **Kardinalität:** Beziehungsgrad zwischen zwei Objekttypen in einer relationalen Datenbank
- **Klasse:** Beschreibt die Objektmethoden und Eigenschaften (Attribute). UML-Darstellung: Rechtecke
- **Klassendiagramm:** Klassendarstellung und ihrer Beziehungen (Assoziation, Aggregation, Generalisierung, Vererbung)
- **Multiplizität:** Verfeinerte Darstellung von Assoziationen
- **Nicht-Terminal:** Variablen einer Grammatik
- **Objekt:** Konkrete Realisierung einer Klasse
- **Objektorientierte Analyse:** Fachkonzeptentwicklungsphase
- **Objektorientierter Entwurf:** Prozessphase zur Entwicklung der Softwarearchitektur zur Umsetzung des Fachkonzepts (zzgl. Entwicklung einer Benutzungsoberfläche und Realisierung einer konsistenten und stabilen Datenhaltung)
- **Optionalität:** „kann"-Beziehung im ER-Diagramm
- **Produktion:** Entwicklung innerhalb einer Grammatik
- **Relation:** Attribute und Tupeln konkreter Attributwerte (Tabelle)
- **Relationenmodell:** Darstellung der Relationen (Name, Attribute) der Inhalte eines Entity-Relationship-Modells (Objekttypen und Beziehungen); ein relationales Datenbanksystem basiert auf einer entsprechenden Datenmodellierung
- **Relationenalgebra:** Beschreibung zugelassener Operationen
- **Vererbung:** „ist-Beziehung": Eigenschaften werden vererbt.

Programmierfehler
Programming Mistakes

Fehler/Fehlerfreiheit

- Ziel technischer Realisierungen ist es an sich, fehlerfreie Abläufe zu gestalten.
- Fehlerursachen können psychologisch, soziologisch, technisch systematisch erfasst werden.
- Im modernen Verständnis werden **fehlertolerante** Systeme und Abläufe konzipiert. Dies gilt für soziale Prozesse (Strafprozessgestaltung, Notenermittlung, Geschäftsprozesse ...) ebenso wie für technische Realisierungen.
- Tippfehler, Unkonzentriertheit und Denkfehler verursachen die meisten Programmierfehler.
- Sinnvoll ist es, übersichtliche Programmeinheiten (Module) zu gestalten.

Bug

- In der Informationstechnik spricht man oftmals bei Fehlern von einem bug.
- bug: (engl.) Wanze bzw. Käfer
- Als Ursache für Funktionsfehler beim Computer Mark II wurden im Jahr 1947 Wanzen gefunden, die zwischen den Kontakte der Röhren und der Relais Kurzschlüsse erzeugten.
- Fehlersuche wird auch als debugging bezeichnet.
- Typische Fehlerraten (Fehleranzahl auf 10 000 Zeilen Quellcode):
  - Standard-SW (250) – Relevante SW (25) – Medizin-SW (2) – Rüstung/Raumfahrt (< 1)

Fehlerart	Erläuterung/Hintergrund	Mögliche Lösung/Reaktion
Konzeptfehler	■ Unklare Anforderungsvorstellungen: Missverständnisse zwischen dem Auftraggeber und dem Entwickler. ■ Unzutreffende bzw. widersprüchliche Problemvorstellung.	■ Das Problem muss genauer durchdrungen werden. ■ Eventuell muss der Kunde seine Vorstellungen präzisieren.
Entwurfs- bzw. Designfehler	■ Für die Problemlösungsidee wird in eine unzureichende Programmierkonzeption entwickelt. ■ Das Softwaredesign ist unzureichend.	■ Der Bezug zwischen der Problemlösungsidee und der Konzeption muss präzisiert werden. ■ Der materielle Fachbezug ist zu klären.
Programmierfehler		
logischer Fehler	■ Denkfehler, Fehlschluss ■ Ablauffehler (Algorithmusfehler)	■ Präzisierung des Problem- und Lösungsverständnisses
Syntaxfehler	■ Die grammatikalischen Regeln der jeweiligen Sprache werden nicht beachtet. Dies hat zur Folge, dass das Programm nicht kompiliert werden kann. Oder aber es wird durch die Kompilierung ein Produkt erstellt, das anderes erwirkt als an sich gewünscht. Interpreter brechen die Programmausführung an den Fehlstellen ab. ■ Oftmals liegen Missverständnisse oder Tippfehler vor.	■ Syntaxüberprüfung: – Datentypwahl/Kenndaten - Klammersetzung und -auswahl (Klammertyp) – Kommata/Semikolon - Schleifenbenennungen – Schreibweisen (Schlüsselwörter/Variablen ...) – Schlüsselwörterauswahl – Typzuweisungen/Typumwandlungen – Zuweisungen, Vereinbarungen ■ Pausen einlegen; eventuell eine andere Arbeit erledigen: danach neu analysieren.
■ **Ablauffehler** (fehlerhafte Übergabewerte, unzureichende Berechungen, fehlende Vereinbarungen) ■ **Datenfehler** (Datenübergabefehler) ■ **Rundungsfehler**	■ **Implementierungsfehler** ■ **Überlauffehler** (Cache)/Pufferüberlauf (Stack Overflow)	■ **Aufruffehler** (Funktionen, Objekte, Prozeduren) ■ **Laufzeitfehler** (→ zur Erfassung Testtools einsetzen) ■ **Verfahrensfehler**
Betriebsumgebung	■ (technisch/naturwissenschaftlich) Erschütterungen, Felder, Feuchtigkeit, Strahlung, Temperatur, Wasser ■ (betrieblich-sozial, körperlich-psychologisch) Alkohol, Erschöpfung, Müdigkeit, Stress, „Stimmung“ (Mobbing)	■ Diese Fehlerursachen treten in „besonderen“ Gefahrenlagen (Raumfahrt, Kraftwerke ...) auf und müssen bei der Gerätekonzeption berücksichtigt werden. ■ Belastungssymptome frühzeitig erkennen und lokalisieren. Geeignete Gegenmaßnahmen (Strategien) entwickeln. ■ Eigene Fehlerverursachungen systematisch erkunden und analysieren: Erfassung des individuellen Arbeitsprozesses (**PSP** – **P**ersönlicher **S**oftware**p**rozess)
Bedienkonzeptfehler	■ Das Programm arbeitet korrekt – Jedoch entspricht es den Kundenerwartungen und -wünschen nicht.	■ Klärung der Kundenvorstellungen. ■ Präzisierung der Produkterläuterungen und der Bedienungsanleitung.
Testfehler	■ Es wurden Fehler festgestellt, obwohl das Programm fehlerfrei ist. ■ Das Programm arbeitet fehlerfrei, obwohl es fehlerhaft ist.	■ Testprozesse bereits in der Entwicklungsphase der Software bedenken. ■ Testuntersuchungen systematisieren ■ Tests von „Dritten“ vornehmen lassen. ■ Kundentests gestalten.

Definition

- Software Engineering („Technik") ist ein Teilgebiet der Informatik.
- Sie wird definiert als ein systematischer, disziplinierter und bewertbarer Vorgang zur
  - Entwicklung,
  - Betrieb und
  - Pflege (Wartung)

  von Software.
- Sie umfasst eine Reihe von Tätigkeiten und Aufgaben, die über die reine Codierung eines Programmes hinausgehen.
- Verlangt, wie jede andere technische Disziplin, u. a. die Einhaltung festgelegter Standards und das Verständnis über den Anwendungs- und Einsatzbereich der zu erstellenden Software.
- Software Engineering beinhaltet eine Reihe von sogenannten Wissensbereichen. Diese beschreiben bzw. definieren die jeweiligen Aktivitäten (Vorgänge) bzw. die erforderlichen Kenntnisse, die, je nach zu lösender Aufgabenstellung, entsprechend detailliert abgearbeitet werden müssen.
- Die systematische Vorgehensweise im Bereich Software-Engineering ist eine wesentliche Voraussetzung für eine erfolgreiche Produktentwicklung.

Inhalte

Wissensbereiche (knowledge areas) [1]

Anforderungen (requirements)

Themen	
Ermittlung Analyse Spezifikation Validierung	Beschreibung von funktionalen und nicht-funktionalen Eigenschaften des zu entwickelnden Systems (Lastenheft) Aufteilung der Funktionen auf Hard- und Softwarekomponenten. Anforderungen müssen widerspruchsfrei, konsistent und nachverfolgbar sein.

Konfigurationsmanagement (configuration management)

Themen	
Konfigurations-Kontrolle Audit	KM (CM) legt die Vorgehensweisen/Verfahren für die Entwicklung des Softwaresystems fest (z. B. V-Modell, Wasserfall-Modell) Beeinhaltet die Konfigurationsüberwachung, Versionierung (Releaseplanung), Freigabe und Auslieferung.

Entwurf (design)

Themen	
SW-Struktur SW-Architektur Strategien Methoden	Der Entwurf beinhaltet die Festlegung der Systemarchitektur (Aufteilung der Funktionen auf Hardware und Softwarekomponenten). Die Softwarearchitektur beinhaltet die Beschreibung des sichtbaren Systemverhaltens nach außen und zwischen den Komponenten innerhalb des Systems.

Entwicklungsmanagement (engineering management)

Themen	
Projekt-Planung Projekt-Einführung Review	EM beinhaltet planen, steuern und überwachen der Durchführung der Entwicklungstätigkeiten. Definiert beteiligte Abteilungen/Personen und ordnet diesen Rollen im Entwicklungsprozess zu. Realisiert das Ressourcemanagement. Identifiziert Risiken im Prozess und definiert Maßnahmen zur Risikominderung.

Implementierung (construction)

Themen	
Modelle Programmier-sprachen Methoden	Mit der Implementierung wird die eigentliche Codierung eines Softwaresystems bezeichnet. Anwendung finden hier die unterschiedlichen Programmiersprachen und Methoden: ■ Activity Charts (Aktivitäts-Diagramme) ■ Endliche Automaten ■ optimiert für automatischen Test

Entwicklungsprozess (engineering process)

Themen	
Prozess - Definition - Einführung - Anpassung - Messungen	Planung und Einführung (Umsetzung) des Entwicklungsprozesses. Durchführung des Ressourcen-, Risiko-, Änderungsmanagements (change request) und Qualitäts-Managements. Durchführung der Prozessüberwachung, Prozesssteuerung und Berichterstattung.

Testen (testing)

Themen	
Ziele Techniken Prozess Messungen	Mit dem Testen soll die Sicherstellung der Korrektheit, Vollständigkeit und Qualität der erstellten Software erreicht werden. Die Art des Testens ist abhängig von der Art der gewählten Implementierung und kann z. B. auf formaler oder funktionaler Ebene erfolgen. Grundlage sind Testspezifikationen.

Entwicklungs-Tools und -Methoden

Themen	
Tools für - Design - Implementierung, - Methoden	Anwendungsbereiche/Leistungsmerkmale - SE-Tools für z. B. Anforderungsmodellierung und -nachverfolgung, Implementierung, Engineering Prozess usw.) - Methoden, wie z. B. Heuristische-(Objektorientiert, Datenorientiert), Formale-Methoden (Spezifikationssprachen, ...)

Wartung/Pflege (maintenance)

Themen	
Wartungs-Prozess Wartungs-Techniken	Wartung/Pflege ist der Teil des Lebenszyklus eines Systems nach seiner Auslieferung. Dabei ist ggf. die Korrektur von Fehlern, die Ergänzung von Funktionen oder die Umstellung auf eine andere Systemplattform erforderlich.

Qualität (quality)

Themen	
Management Verifikation Validierung Review Audit	Anwendung von - Qualitätsmodellen (Anwendungsbereiche), - Verifikations-Methoden/Techniken, - Validierungs-Methoden/Techniken, - Review- u. Audit (Organsiation u. Durchführung) Qualitätskriterien der spezifischen Applikation

Verwandte Disziplinen (related disciplines)

Computertechnk, Informatik, Informationstechnik, Mathematik, Systemengineering, Projektmanagement, Qualitätsmanagement, Softwareergonomie

[1] Siehe: SWEBOK (Guide to the Software Engineering Body of Knowledge)

Hintergrund

- Generell erfasst der Mensch nur **Teilaspekte** der Realität, die sich für ihn über Objekte und deren Beziehungen und vermittelnden Prozesse untereinander ausdrückt.
- Einzelne Objekte werden im Rahmen von Erkenntnismodellen zu **Objektmengen** vereinigt und mit maschinell erfassbaren Strukturen und Verfahren näher beschrieben, so dass Problemlösungen automatisiert werden können.

Welt → Ausschnitt → Modell

- Die Problemerfassung und -lösung hängt von der gewählten Lösungsbasis ab.
- Die methodischen Konzeptionen und technischen Werkzeuge ermöglichen verschiedenartige Lösungsperspektiven.
- Darüber hinaus müssen gerade bei komplexen Vorhaben Probleme aus den Bereichen der **Kommunikations- und Arbeitslehre** berücksichtigt werden. Angefangen von der Mehrdeutigkeit menschlicher Äußerungen bis zu uneffektiven Organisationsformen bestehen vielfältige Bereiche, die aufgrund ihrer Störbarkeit Entwicklungen beeinträchtigen können.

- Es existieren verschiedene Ebenen der Logik:
  - Bekannt sind **aussagen-** und **prädikatenlogische Kalküle**, mit denen Sprach- und Wissensstrukturen formalisiert werden können. Unter Verwendung prädikatenlogischer Konzeptionen zur Wissensrepräsentation entstand seit Mitte der 70er Jahre die KI (Künstliche Intelligenz)-orientierte Programmiersprache PROLOG (Programming in Logic).
  - Die Theorie der unscharfen Mengen führte zu **Fuzzy-Logik**, auf deren Basis leistungsfähige und schnelle Algorithmen zur Erfassung ungenauer und vager Aspekte erstellt werden können.

- Die systematische **Software-Entwicklung** unter ingenieurwissenschaftlichen Gesichtspunkten wurde aus folgenden Gründen notwendig:
  - Zunehmende Komplexität der Software-Produkte
  - Gestiegene Erwartungen an die Leistungsfähigkeit und Zuverlässigkeit der Programme

- Softwareprojekte ab etwa 100.000 Zeilen Quellcode werden als große Projekte bezeichnet:
  - Die Erfahrung zeigt, dass bei neu erstellter Software etwa 4 Fehler auf 1.000 Zeilen gefunden werden.
  - Die Wartungskosten machen etwa 70 % aus. Die Kosten der Programmkodierung nur 5 %.

Qualitätsebenen und -sichten

- Zur **inneren Ebene** gehören besonders die Aspekte Wartbarkeit und Systemdokumentation.
- Zur **äußeren Ebene** gehören die Aspekte Korrektheit, Robustheit, Zuverlässigkeit, Effizienz, Dokumentation für den Benutzer.

- Qualitätsaspekte aus **Sicht des Auftraggebers:** Effizienz, Zuverlässigkeit, Korrektheit, Wartbarkeit
- Qualitätsaspekte aus **Sicht des Benutzers:** Benutzerfreundlichkeit, Robustheit, Korrektheit, Zuverlässigkeit, Effizienz eines Programms
- Qualitätsaspekte aus **Sicht des Betreuers:** Wartbarkeit, Korrektheit, Zuverlässigkeit

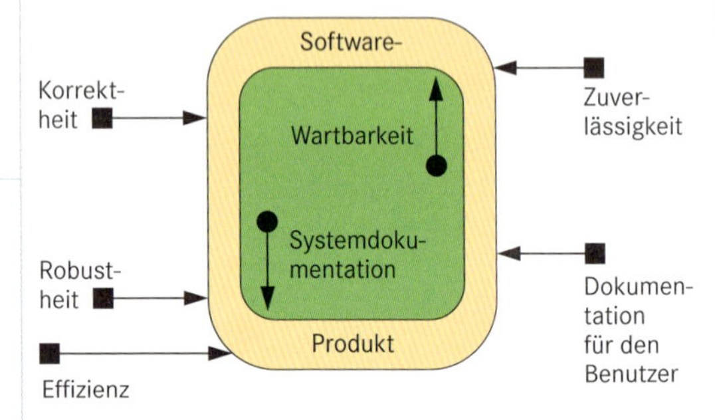

Prozessmodelle

Klassisches Phasenmodell (Wasserfallmodell)

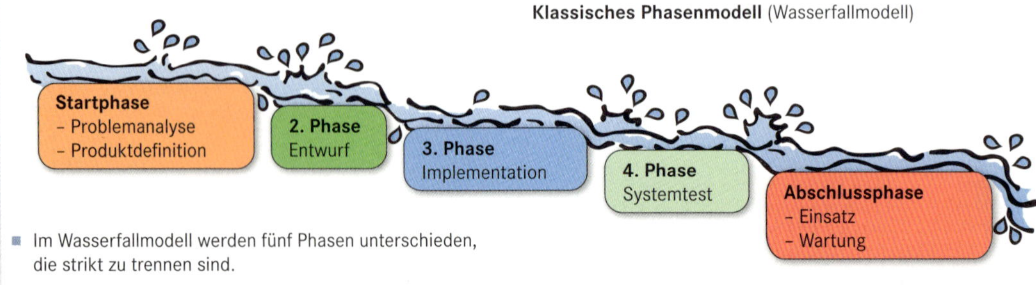

- Im Wasserfallmodell werden fünf Phasen unterschieden, die strikt zu trennen sind.

- In einigen Modellen werden sechs Phasen unterschieden:
  1 Projektvorbereitung, 2 Spezifikation, 3 Entwurf, 4 Codierung, 5 Test/Inbetriebnahme, 6 Nutzung/Wartung

- Seit 1975 sind Phasenkonzepte in der Softwareentwicklung zum Teil auch gesetzlich geregelt. Dies ist für die Festlegung der Lastenhefte von großer Bedeutung.

Grundelemente

- Das klassische Phasenmodell („Wasserfallmodell") wurde einer umfassenden **Kritik unterzogen**, **verfeinert** und **ergänzt**.
  Im Phasenmodell wurde die Phase „Erstellung eines Prototyps" zwischen den Phasen „Problemanalyse ..." und „Entwurf" eingefügt.
  Zur Beschreibung des Software-Entwicklungsprozesses wurden
  - **transformatorische Modelle** und
  - **evolutionäre Modelle** formuliert.

- Eine umfassende Prozessbeschreibung wird mit dem **Spiralmodell** nach Boehm ermöglicht.
  - Zunehmend wird die Entwicklung komplexer: durchläuft aber immer wieder gleichartige Entwicklungs-„phasen".
    Das klassische Phasenmodell, aber z. B. auch das evolutionäre Softwareentwicklungsmodell können als Sonderfälle des Spiralmodells verstanden werden.

Spiralmodell

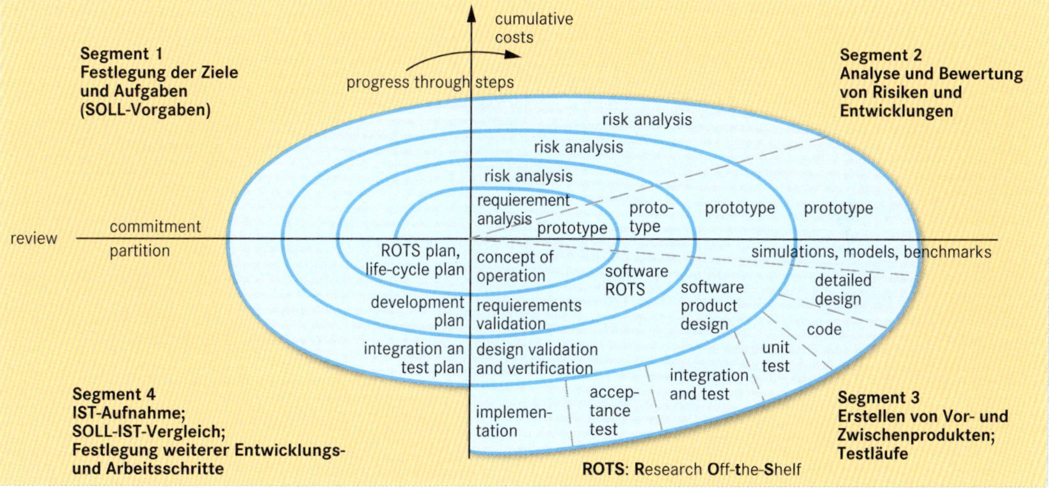

Optimierungsprinzipien

Komplexitätsreduktion

Bei der Problemformulierung und der Erstellung von Lösungen ist zu beachten, dass der einzelne Mensch nur eine **begrenzte Komplexität** erfassen und auflösen kann. Es ist ratsam, bei der Software-Entwicklung die Gesamtproduktion in überschaubare Teilprobleme zu zerlegen, die jeweils für sich entwickelt und auch getestet werden können.

Weiterverwendung entwickelter Software

- Analytische Ergebnisse und Softwareprodukte, die bereits entwickelt wurden oder aber als Marktprodukte erworben werden können, sollen so weit wie möglich verwendet werden.
- Sollten keine geeigneten Produkte vorliegen, ist zu prüfen, ob durch Anpassung und Weiterentwicklung vorhandener Software sinnvolle Ergebnisse zu erzielen sind.

Arbeitsprozessorganisation

- Die Notwendigkeit besteht, effektive **Arbeitsteilungen** vorzunehmen. Hierzu müssen die Aufgaben
  - in einzelne,
  - überblickbare,
  - in sich geschlossene und
  - (subjektiv) sinnvolle Teilaufgaben zerlegt werden.
- Die einzelnen **Arbeitsprozesse** müssen
  - in ihrer inneren Entwicklungslogik,
  - im Bezug zu anderen Tätigkeiten,
  - in ihren Voraussetzungen und Bedingungen im Zeitablauf und
  - im notwendigen Aufwand deutlich bestimmt werden.
- Die **Verantwortlichkeiten** müssen verbindlich und konfliktreduzierend festgelegt werden. **Termine** müssen realistisch festgelegt werden.

Dokumentation

- Auf allen Entwicklungsebenen und zu allen Zeitpunkten müssen die Problemstellungen und Lösungsansätze nachvollziehbar festgehalten werden.
- Die **Dokumentation** muss jederzeit allen Beteiligten zugänglich sein. Im Programm selbst müssen strukturelle Überlegungen und Vereinbarungen ausgewiesen werden.
- Vielfältige textliche und grafische Methoden und Mittel stehen zur Optimierung der Programmieraufgaben zur Verfügung. Zur Darstellung der Programmstrukturen können folgende Verdeutlichungsmittel verwendet werden:
  - Datenflusspläne
  - Petri-Netze
  - Struktogramme
  - Syntaxgraphen
  - V-Graphen
  - Datenstrukturdiagramme
  - Entscheidungstabellen
  - Interaktionsdiagramme
  - Programmablaufpläne

Evolutionäres Software Engineering

Hintergründe:

- Die Gestaltungsidee des Wasserfallmodells ist vollständig. Es ist in normaler Hinsicht sinnvoll einsetzbar. Im Rahmen der Softwareentwicklung ermöglicht es den „Blick von außen“ auf das Projekt.
- Problematisch ist das Wasserfallmodell da, wo speziell die internen Entwicklungsaspekte erfasst werden sollen. Insofern versperrt es die Prozessbeobachtung, den „inneren Blick“.
- Zur Erfassung der Entwicklungsmöglichkeiten wurde das Wasserfallmodell unter Beachtung von Detailaspekten erweitert. Neben dem Spiralmodell ist hierbei das evolutionäre Entwicklungsmodell hervorzuheben.
- Im modernen Projektmanagement werden in ergänzender Art – in Abhängigkeit von der Betrachtungsperspektive – verschiedene Modelle quasi zugleich eingesetzt.
- Im Rahmen der Modelle liegen jeweils veränderte Erwartungen und Anforderungen an die beteiligten Mitarbeiter vor. So müssen bei evolutionären Entwicklungen die leitungsebene vielfältige Aspekte ergänzend erfassen und managen.

Grundidee der Evolutionären Modelle

- Grundgedanke beim evolutionären Modell ist, das SW-Produkt vom Ansatz her stufenweise zu entwickeln. Jede Version (X) als Prototyp für die weitere Version (X + 1) zu verstehen.
- Jede Version durchläuft einen vollständigen Entwicklungszyklus im Sinne des Wasserfallmodells.
- Das Modell ist bedeutsam gerade für komplexe Entwicklungen, die dann auftreten, wenn der Auftraggeber seine Vorstellungen im Verlauf modifizieren wird bzw. muss.
- Unterschieden werden:
  - Evolutionäre Modelle mit partieller Analyse
  - Evolutionäre Modelle mit vollständiger Analyse
- Beim Modell mit vollständiger Analyse werden alle Daten bereits in der ersten Analysephase ermittelt. Diese Daten sollen stabil bleiben. Insofern werden die fachlichen Anforderungen in ihrer Gesamtheit in der ersten Analysphase erfasst.
- Beim Modell mit partieller Analyse entwickeln sich die Grunddaten im Verlaufsprozess.

Evolutionäre Modellstruktur

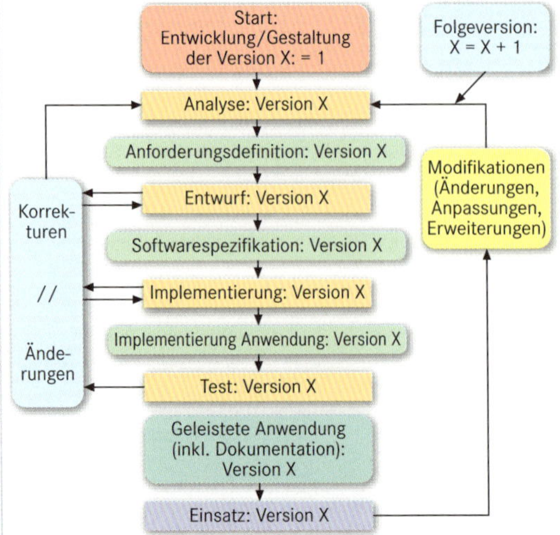

BVB (EDV-Anlagen und DV-Programme)

Besondere Vertragsbedingungen:

- Der Gesetzgeber hat **b**esondere **V**ertrags**b**edingungen (**BVB**) für den Umgang mit EDV-Anlagen und DV-Programmen seit den 1970er Jahren erlassen.
- Veröffentlichung im **Bundesanzeiger** (**BAZ**).
- **EDV-Anlagen/DV-Programme**
  - **Miete** (BAZ 23; vom 2.2.1973)
  - **Kauf** und **Wartung** (jeweils BAZ 135; vom 25.7.1974)
  - **Erstellung** (BAZ 13a; vom 21.1.1986)
  - **Pflege** (BAZ 139/79; vom 21.12.1979)
  - **Planung** (BAZ 227a; vom 6.12.1988)
  - **Überlassung** (BAZ 26/77; vom 19.11.1977)

Projektbegriffe

Vom Gesetzgeber definierte Begriffe für Softwareprojekte (BVB)		
Ausfallzeit	Einführung der Programme	Instandhaltung
Ausweichanlage		Instandsetzung
Betriebsbereitschaft	Fachliches Feinkonzept	Mängelbeseitigung
DV-Anlage		Programm
DV-Geräte	Grobkonzept	Vorbereitende Arbeiten
DV-technisches Feinkonzept	Grundsoftware	
		Wartung

Klassifikationen

- **Phasenkonzept** (nach BVB)
  Im Bundesanzeiger werden bei einem Projekt drei Verfahrensabschnitte/-phasen unterschieden:
  1. **Planung** 2. **Realisierung** 3. **Einführung**
- Der erste Abschnitt gehört zur **Planung von DV-gestützten Verfahren**. Der zweite (und wenn vorhanden auch der dritte) Abschnitt gehört zur **BVB-Erstellung**.

Kenngrößen für die Bestimmung von Projektgrößen:

- **APM**: **A**nzahl der am **P**rojekt beteiligten **M**itarbeiter
- **SAPM**: **S**umme der **A**rbeitsjahre der **P**rojekt**m**itarbeiter
- **GKP**: **G**esamt**k**osten des **P**rojekts

Projektumfang	APM (Anzahl)	SAPM (Jahre)	GKP (Mio. €)
sehr kleines Projekt	1 – 2	bis 0,5	unter 0,1
kleines Projekt	bis 5	bis 2	bis ca. 0,4
mittleres Projekt	5 – 50	2 – 50	bis ca. 10
großes Projekt	50 – 200	500	bis ca. 100
sehr großes Projekt	über 200	über 500	über 100

- Besonderheiten im Softwareverlauf ergeben sich, wenn aus rechtlichen Gründen ein **Datenschutzbeauftragter** bei Abstimmungen, Festlegungen und Kontrollen beteiligt wird.
- Die Überprüfung des Projektprodukts kann auf seine 1. **Korrektheit**, 2. **Vollständigkeit**, 3. **Robustheit**, 4. **Einwandfreiheit** und 5. **Effektivität** im Allgemeinen nur eingeschränkt und vorläufig erbracht werden.
- Die Erfahrung zeigt, dass Softwareprodukte erst durch umfangreiche **Praxistests** (⇒ **β-Versionen** usw.) optimiert werden können.

Vorgehensmodelle in Entwicklungsprojekten
Design Methods in Development Projects

Grundanforderungen

- Vorgehensmodelle beschreiben definierte Prozesse und dienen somit u. a.
  - zur Veranschaulichung der Abläufe,
  - Festlegung der Arbeitsweise,
  - Definition von Aufgaben und Teilaufgaben,
  - Festlegung von Schnittstellen,
  - Beschreibung von Rollen und Zuordnungen in Software-Entwicklungsprojekten.
- Abhängig vom Projektumfang und den Kundenanforderungen können entsprechende Vorgehensmodelle eingesetzt werden, wie z. B.
  - Qualitätsmodell des **SEI** (**S**oftware **E**ngineering **I**nstitute),
  - Rational Unified Process,
  - V-Modell XT (weiterentwickeltes V-Modell 97),
  - Extreme Programming.
- Hauptziel in allen Modellen ist es,
  - eine hohe Produktivität und
  - eine ausgezeichnete Qualität bei der Erstellung und Pflege der Produktsoftware zu erreichen.

V-Modell XT

- Das **V-Modell XT** (**V**: Vorgehensmodell) ist für alle IT-Projekte des Bundes einzusetzen und beschreibt u. a. Projekttypen:
  - Systementwicklungsprojekt eines Auftraggebers,
  - Systementwicklungsprojekt eines Auftragnehmers,
  - Einführung und Pflege eines organisationsspezifischen Vorgehensmodells.
- Bei Anwendung des V-Modells XT in Projekten werden
  - Projektrisiken minimiert,
  - Entwicklungsergebnisse qualitativ verbessert,
  - Gesamtkosten über den gesamten Systemlebenszyklus transparent und beherschbar,
  - Kommunikation für alle Beteiligten verbessert.

Einfachste Variante

Beispiel: Inkrementelle Systementwicklung

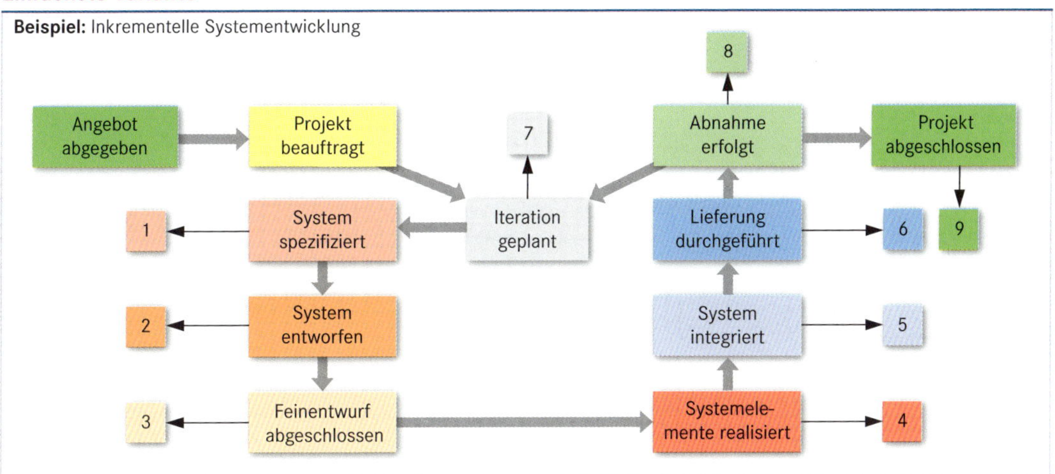

Dokumente (Beispiele)

Nr.	Dokumente
1	▪ Gesamtsystemspezifikation ▪ Gefährdungs- und Systemsicherheitsanalyse ▪ Prüfspezifikation Systemelement
2	▪ Systemspezifikation ▪ Prüfspezifikation Systemelement ▪ Implementierungs-, Integrations- und Prüfkonzepte
3	▪ Software-/Hardware-Architektur ▪ Software-/Hardware-Spezifikation ▪ Prüfspezifikation Systemelement
4	▪ Software-/Hardware-Einheiten ▪ Externe Software-/Hardware-Module ▪ Prüfprotokoll Systemelement
5	▪ System/Segmente/Externe Einheiten ▪ Logistische Unterstützungsdokumente ▪ Prüfprotokoll Systemelement
6	▪ Prüfprotokoll Dokument ▪ Prüfprotokoll Systemelemente
7	▪ Projekt-/QS-Handbuch
8	▪ Abnahmeerklärung des Auftraggebers
9	▪ Projektabschlussbericht

Merkmale

- Basis ist das **Agile Manifesto** (Agile Manifest: Grundsatzerklärung)
- Agile Methoden (agil: flink, schnell) beinhalten als Grundansatz die **schnelle Entwicklung** von Software.
- Realisiert wird dieses durch
  - **wiederholte Zyklen** (iterativ: schrittweise wiederholend) in
  - **kurzen Zeitabständen** (inkrementel: aufeinander aufbauend).
- **Ziel** ist die **frühzeitige Bereitstellung** von funktionsfähigen Teilen der Software für den Anwender (Kunden).
- Diese wird dann in der Regel in weiteren Zyklen vervollständigt und optimiert.
- **Vorteil**: Entwickler und Anwender können gemachte Erfahrungen und neue oder geänderte Anforderungen im neuen Zyklus berücksichtigen.
- Bei **konventionellen Verfahren** (z. B. Wasserfallmodel) erfolgt die Bearbeitung des folgenden Schritts erst nach vollständiger Abarbeitung des vorangegangenen Schritts (z. B. Softwaretest erst am Ende aller Entwicklungen).

Wertigkeiten im Agilen Manifest	
Höher	Niedriger
Individuen und Interaktionen	Prozesse und Werkzeuge
Funktionierende Software	Umfassende Dokumentation
Zusammenarbeit mit dem Kunden	Vertrags-verhandlungen
Reagieren auf Veränderung	Befolgen eines Plans

Hinweis: Die Inhalte beider Themenblöcke sind vorhanden, werden aber nach höherer und niedrigerer Wichtigkeit kategorisiert und bearbeitet.

- Prinzipien sind z. B.
  - Funktionierende Software ist das wichtigste Fortschrittsmaß
  - Errichte Projekte rund um motivierte Individuen

Methodenbeispiele

- ActiF
- Adaptive Software Development (ASD)
- Agile Enterprise
- Agile Model Driven Development (AMDD)
- Behavior Driven Development (BDD)
- Crystal
- Design Driven Development (D3)
- Dynamic System Development Method (DSDM)
- Eclipse Way Process
- Evolutionary Process For Integrating Cots-Based-Systems (EPIC)
- Evolutionary Project Management & Product Development (EVO)
- Extreme Programming (XP)
- Feature Driven Development (FDD)
- Iconix
- Internet-Speed Development
- Lean Software Development
- Microsoft Solutions Framework For Agile Software Development
- Mobile-D
- Rapid Application Development (RAD)
- Rational Unified Process (RUP)
- Scrum
- Test Driven Development
- Agile Unified Process (AUP)
- Essential Unified Process (EssUP)
- Open Unified Process (OpenUP)

Funktionsumfang

Der Funktionsumfang der Methoden ist unterschiedlich:

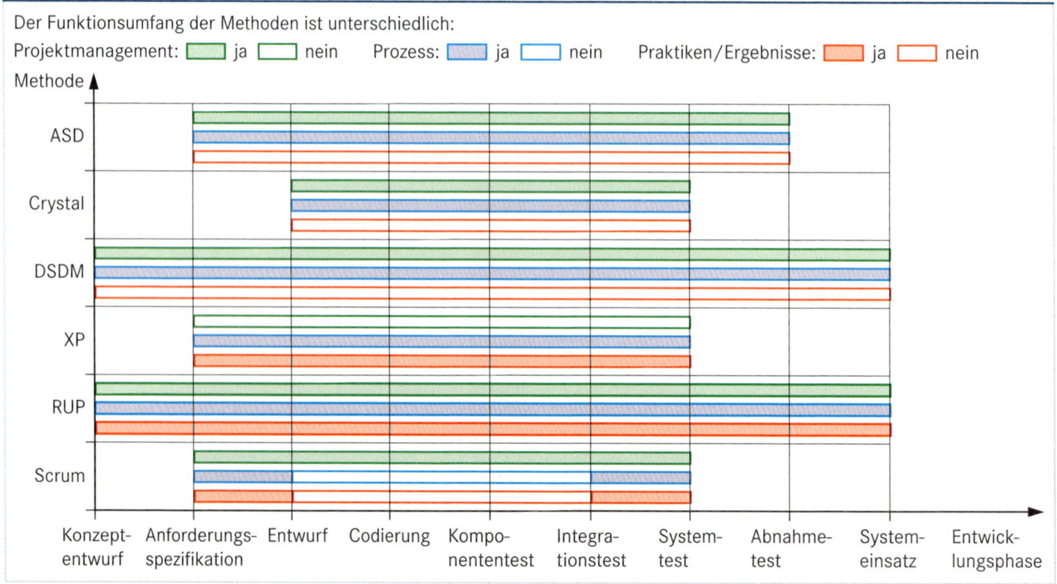

Scrum
Scrum

Merkmale

- Gehört zu den agilen Methoden
- Oberstes Ziel ist die Lieferbarkeit von funktionierender Software innerhalb kurzer Zeiträume
- Schreibt keine spezifische Entwicklungsmethode vor
- Anforderungen sind im Product Backlog (‚Auftragsbestand‘) festgehalten
- Entwicklung erfolgt in Schritten, z. B. (monatlichen) Sprints (Spurt, Kurzstreckenlauf)
- Teams sind selbstorganisierend mit begrenzter Anzahl an Teammitgliedern
- Verzichtet auf vollständige Durchplanung des Projekts am Anfang

Prozessdarstellung

SM
24 h Sprint
T
2 ... 4 Wochen Sprint
Lieferbares Produkt
SB
PO
PB
Neue Anforderung

Rollen

Product Owner (PO)

- Definiert Produkt-Features (Merkmale, Eigenschaften, Funktionen)
- Bestimmt Auslieferungsdatum und Inhalt
- Ist verantwortlich für das finanzielle Ergebnis des Projekts (ROI)
- Priorisiert Features abhängig vom Marktwert
- Passt Features und Prioritäten nach Bedarf für jeden *Sprint* an
- Akzeptiert oder weist Arbeitsergebnisse zurück

Scrum Master (SM)

- Repräsentiert das Management gegenüber dem Projekt
- Verantwortlich für die Einhaltung von Scrum-Werten und -Techniken
- Beseitigt Hindernisse
- Stellt sicher, dass das Team vollständig funktional und produktiv ist
- Unterstützt die enge Zusammenarbeit zwischen allen Rollen und Funktionen
- Schützt das Team vor äußeren Störungen

Team (T)

- Typisch: 5 (+/– 2) Personen
- Funktionsübergreifend (z. B. Qualitätssicherung, Programmierer)
- Vollzeitmitglieder (Ausnahme z. B. Systemadministratoren)
- Selbstorganisierend
- Teammitglieder sind gleichberechtigt (z. B. keine Titel)
- Mitgliedschaft kann sich nur zwischen Sprints verändern

Stakeholder

- Beobachten und empfehlen

Meetings

Sprint Planning

- Alle Teammitglieder; max. 0,5 Tage
- Input: Product Backlog, letzter Zuwachs; Geschäfts- und Technolgiebedingungen
- Output: Sprint Ziel, Sprint Backlog
- PO präsentiert Sprint - Ziel und höchstpriore Product Backlog-Einträge
- T schätzt Einträge und Budget ab
- T wählt Einträge entsprechend der Prioritäten für den anstehenden Sprint aus

Daily Scrum

- Täglich; max. 15 Minuten lang; stehend (Stand-up); alle sind eingeladen; reden dürfen nur Teammitglieder, der SM und der PO (falls gefragt)
- Jeder Teilnehmer beantwortet die drei Fragen:
  - Was hast Du gestern getan?
  - Was wirst Du heute tun?
  - Was steht Dir im Weg?
- Ist kein Statusbericht an den SM; dient nicht zur Problemlösung
- Persönliche Verpflichtung in Anwesenheit der Kollegen!

Sprint Review

- Vollständiges T präsentiert (formlos) was während des letzten Sprints erreicht wurde, z. B. Demonstration der neuen Features
- Informell; keine Folien
- Max. zwei Stunden zur Vorbereitung

Sprint Retrospektive

- Regelmäßige Überprüfung: Was funktioniert gut und was nicht

Artefakte

Product Backlog (PB)

- Liste aller gewünschten Projektarbeiten
- Einträge sollen wertvoll für Benutzer des Produktes oder Kunden sein
- Vom PO priorisiert
- Zu Beginn jedes Sprints neu priorisiert

Sprint Goal

- Zusammenfassung in einem Satz
- Gemeinsam akzeptiert vom T und PO

Sprint Backlog (SB)

- Liste von Aufgaben für jede ausgewählte Anforderung des Product Backlogs
- Inhaber: T; Status und Abschätzungen täglich
- Änderung nur durch T

Blocks List

- Behinderungen, ausstehende Entscheidungen
- Inhaber: SM; täglich aktualisiert

Product Burndown Chart

- Visualisiert Gesamtfortschritt und Team-Geschwindigkeit; aktualisiert nach jedem Sprint

Sprint Burndown Chart

- Visualisiert Sprint-Fortschritt; dient zur Ermittlung von Problemen; täglich aktualisiert

Definition of Done (DoD)

- Liste zutreffender Qualitätskriterien für alle Anforderungen; gemeinsam akzeptiert durch T und PO

Product Increment

Information Radiators

Product **O**wner (PO): ‚Produkteigentümer‘
Scrum **M**aster (SM): Scrum ‚Meister‘

Stakeholder: Geschäftsinteressent
Retrospektive: Rückblick

Backlog: Rückstand
Burndown: ‚Abarbeitung‘

Definition

Anforderungen sind **Bedingungen** oder **Fähigkeiten**, die ein System erfüllen oder besitzen muss, um einen Vertrag, eine Norm oder eine Spezifikation zu erfüllen. [1)]

- Anforderungen werden gestellt u. a.
  - vom Auftraggeber
  - vom Projektleiter
  - von Projektmitarbeitern
  - von der Geschäftsführung
- Sie werden eingeteilt in
  - **Funktionale Anforderungen**,
  - **Qualitätsanforderungen** und
  - **Randbedingungen**.
- Qualitätsanforderungen und Randbedingungen werden auch als **nichtfunktionale Anforderungen** bezeichnet.
- Anforderungen
  - werden zu Beginn eines Projektes festgelegt (Anforderungsermittlung, -erhebung)
  - sind die Grundlage für die Projektkalkulation (Kosten, Termin, Laufzeit)
  - können sich im Projektverlauf durch innere oder äußere Einflüsse ändern
  - müssen vom Projektteam ganzheitlich verstanden werden
  - sind im Projektteam zu kommunizieren und abzustimmen
  - sind in geeigneter Form zu dokumentieren und zu verwalten
  - beinhalten auch die Vorgaben für den Test des Systems bzw. der Komponenten

[1)] nach IEEE Std 610.12

Einteilung

Tätigkeiten und Methoden

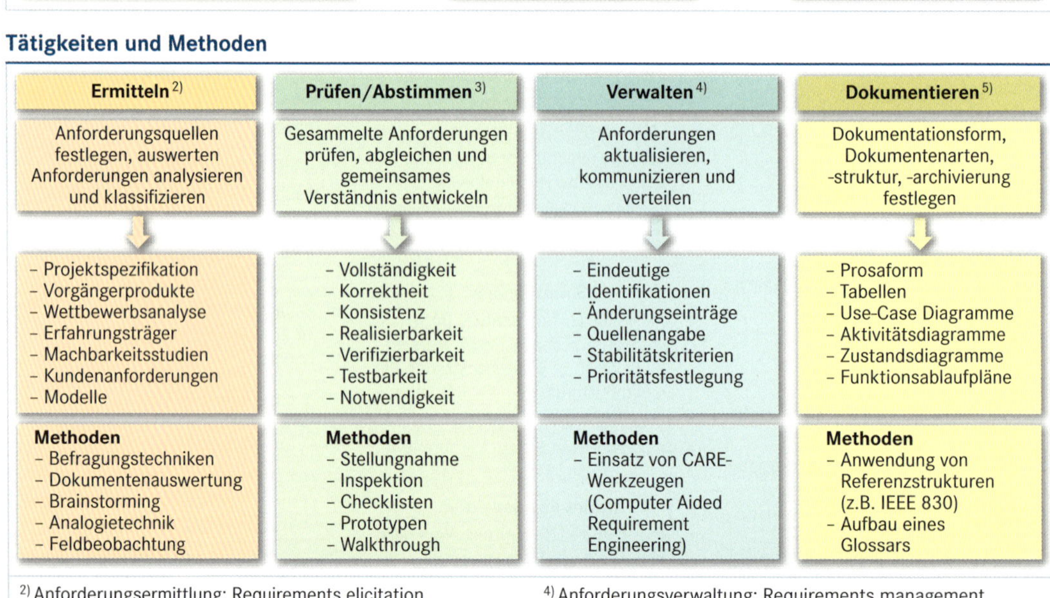

[2)] Anforderungsermittlung: Requirements elicitation
[3)] Anforderungsprüfung (-abgleich): Requirements review
[4)] Anforderungsverwaltung: Requirements management
[5)] Anforderungsdokumentation: Requirements documentation

Programmtest
Program Test

Merkmale

- Der Programmtest hat die Aufgabe, Fehlerwirkungen in der Software gezielt und systematisch aufzudecken.
- Er dient zum Nachweis der Korrektheit eines Programmes im Sinne der **Validation** und **Verifikation**.
- Die Validierung ist eine Prüfung auf Übereinstimmung von spezifischer Anforderung und implementierter Funktionalität.
- Die Verifikation ist ein formaler Beweis der Korrektheit eines Programmes mit mathematischen Hilfsmitteln.
- Die Basis für Programmtests sind alle Dokumente, aus denen Anforderungen ersichtlich werden, die an das Testobjekt gestellt werden. Hierzu gehören auch die Dokumente, die zur Erstellung der Testfälle verwendet wurden.
- Ein **Testfall** beinhaltet folgende Vorgaben:
  - Notwendige Vorbedingungen für die Ausführung des Testfalls
  - die Menge der Eingabewerte und die Menge der erwarteten Sollwerte
  - die Prüfanweisung, wie Eingaben an das Testobjekt übergeben und Sollwerte abzulesen sind
  - die erwarteten Nachbedingungen
- Das **Testkonzept** beschreibt
  - den Umfang
  - die Vorgehensweise
  - die erforderlichen Ressourcen und
  - die Zeitplanung

  der vorgesehenen Tests (z. B. Inhalt nach IEEE 829)
- Programmtests werden mit verschiedenen Methoden (Verfahren) durchgeführt.

Testverfahren

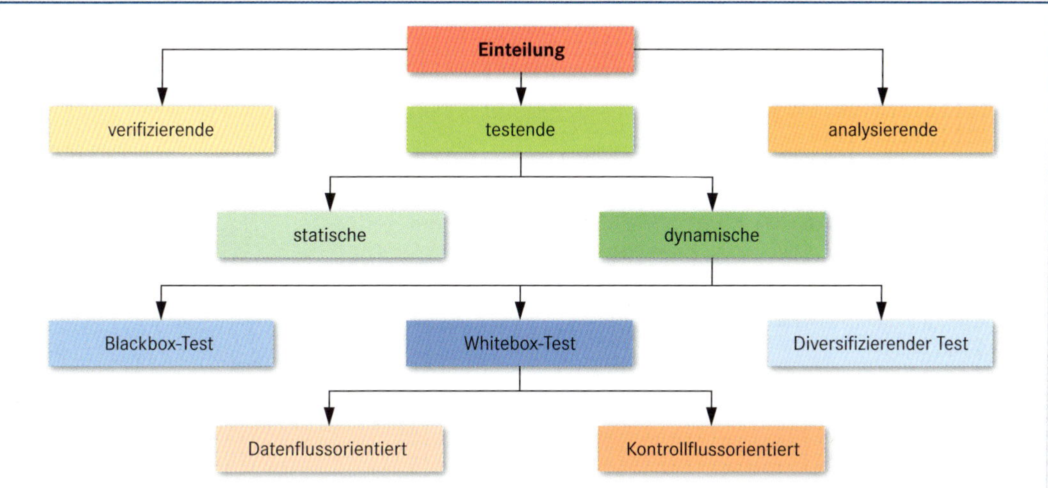

Verifizierende

- Stellen die Korrektheit des Programms sicher
- Werden unterschieden nach der eigentlichen Verifikation (s. o.) und der symbolischen Ausführung (Quellprogramm wird mit symbolischen Eingabewerten durch einen Interpreter getestet)

Analysierende

- Dienen zur Vermessung bzw. Darstellung von Systemkomponenten (z. B. Bindungsart)
- Verwenden **Metriken** zur Darstellung der Eigenschaften, wie z. B.
  - der strukturellen Komplexität
  - der Programmlänge
  - Anzahl der Kommentare

Statische

- Programmkomponenten werden anhand des Quellcodes getestet (Analyse auf Papier)
- Verwendet Methoden wie **Inspection, Review** und **Walkthrough** (Präsentation des Dokuments vor einer Gutachtergruppe)

Testende

- Sollen Fehler im Programm aufdecken
- Werden unterschieden nach dynamischen und statischen Testverfahren

Dynamische

- Übersetzte, ausführbare Programme werden mit konkreten Eingabewerten versehen und in einer realitätsnahen Umgebung getestet

Blackbox-Test

- Wird auch als funktionaler Test bezeichnet
- Testfälle werden aus der Spezifikation der Komponente abgeleitet (z. B. Test spezieller Werte)

Whitebox-Test

- Leitet die Testfälle aus dem Kontroll- oder Datenfluss ab. Verwendet z. B. **Anweisungs-**, **Zweig**- und **Datenkontext-überdeckung**.

Diversifizierender Test

- Vergleicht Ergebnisse verschiedener Programmversionen (z. B. **Mutationstest, Back-to-Back-Test**)

Merkmale

- In technischen und kommerziellen Softwaresystemen spielt die Qualität der Software eine entscheidende Rolle für den Erfolg von Produkten oder Unternehmen.
- **Qualität** ist definiert als:
  Die Beschaffenheit einer Einheit bezüglich ihrer Eignung, festgelegte und abgeleitete Erfordernisse zu erfüllen.
- Die Qualität einer Software wird durch eine Reihe von **Eigenschaften** bestimmt.
- Hersteller und Benutzer haben unterschiedliche Anforderungen an die Software.
- Einzelne Eigenschaften können in negativer Wechselwirkung zu anderen stehen.
- Die zu erreichende Qualität in einer Software ist in einer **Qualitätszielbestimmung** festzulegen.

Qualitätseigenschaften

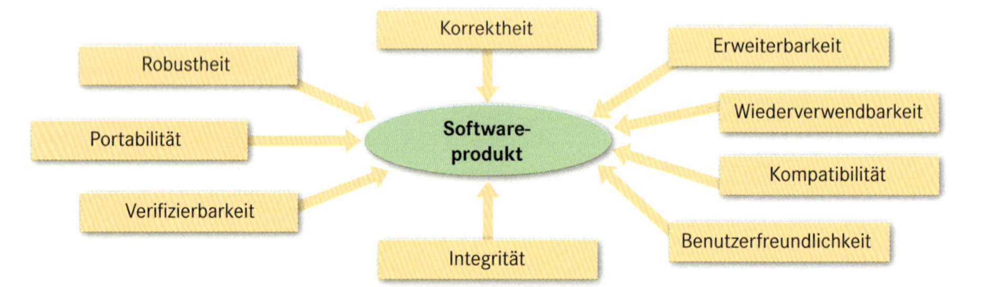

Korrektheit	Erweiterbarkeit
Übereinstimmung von Realisierung und Anforderung (exakte Erfüllung der Anforderungen).	Einfachheit der Anpassungsfähigkeit von Software an Spezifikationsänderungen.
Robustheit	**Wiederverwendbarkeit**
Verhalten gegen außergewöhnliche Bedingungen wie z. B. gegenüber Fehlprogrammierung, Fehlbedienung, Fehlerbehandlung.	Eigenschaft der Software, ganz oder teilweise für neue Anwendungen wieder verwendbar zu sein.
Portabilität	**Kompatibilität**
Einsetzbarkeit erstellter Software auf anderen Zielsystemen (andere Hard- und Software).	Einfachheit, mit der Software mit anderer Software verbunden werden kann.
Verifizierbarkeit	**Benutzerfreundlichkeit**
Aufwand, mit dem Abnahmeprozeduren während der Validations- und Betriebsphase durchgeführt werden können.	Einfachheit, mit der die Benutzung von Softwaresystemen (z. B. Bedienung, Art der Dateneingabe, Auswerten von Ergebnissen, Wiederaufsetzen nach Benutzerfehlern) erlernt werden kann.
Integrität	
Schutz der verschiedenen Komponenten gegen unberechtigten Zugriff und Veränderung.	

Software-Messung

- Software-Messung wird verwendet, um definierte **Eigenschaften** von Programmen zu **quantifizieren**.
- Software-Maße **(Metriken)** werden u. a. angewendet in den Bereichen
  - Qualitätskontrolle
  - Komplexitätskontrolle
  - Aufwands-, Kosten- und Zeitabschätzung
  - Definition/Kontrolle der Einhaltung von Standards
  - Vergleich und Beurteilung von Produkten
  - Kontrolle des Software-Entwicklungsprozesses
- Die **Darstellung** von Messwerten erfolgt in der Regel in grafischer Form, z. B. in Linien-, Balken- oder Flächendiagrammen. Eine übersichtliche Darstellung der Werte unterschiedlicher Maße bietet das **KIVIAT**-Diagramm.

Maßtypen werden u. a. unterschieden in
- **Produktmaße** (Eigenschaften des Programms)
- **Prozessmaße** (Eigenschaften des Entwicklungsprozesses)
- **Projektmaße** (Projektsteuerung)

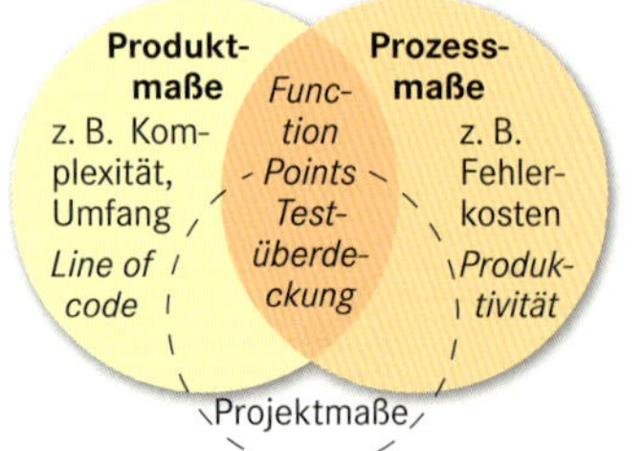

Merkmale

- Wird angewendet zur Feststellung
  - der Eigenschaften bzw.
  - der Unterschiede zwischen **tatsächlichem** und **erforderlichem** (geforderten) Zustand einer Software.
- Ist
  - Bestandteil der Qualitätssicherung und
  - der Umfang ist abhängig von jeweiligen Projekt.
- Beinhaltet die Prozesschritte
  - Testplanung,
  - Testvorbereitung,
  - Testfallspezifikation,
  - Testfalldurchführung,
  - Testauswertung und
  - Testabschluss.
- Kann verschiedene **Testarten** (z.B. Lasttest) beinhalten.

Grundsatz: Das Testen von Software kann lediglich das **Vorhandensein** von Fehlern nachweisen, nicht deren **Abwesenheit** (nach E. W. Dijkstra).

Prozessschritte

- Sind u.a. abhängig vom Entwicklungsmodell.
- Die Testphasen ❶ werden für jede Teststufe ❷ durchgeführt.
- Nach Abschluss des Komponententests 1 erfolgt der Integrationstest auf Subsystemebene.
- Nach Abschluss des Integrationstests 2 erfolgt der Systemtest.

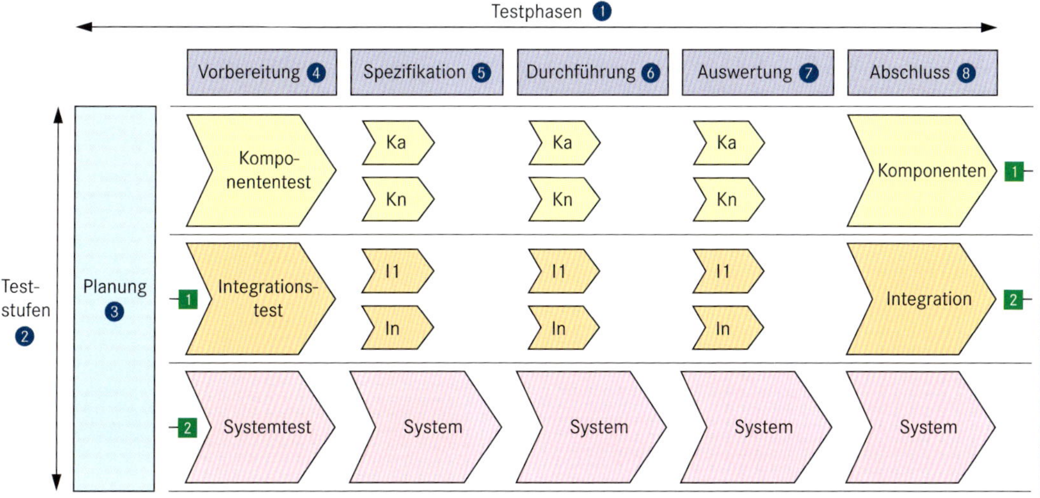

Ka ... Kn: Komponententest für Komponente a bis n I1 ... In: Integrationstest für Subsystem 1 bis n

Planung ❸
- Testorganisation (z.B. Terminplan, erforderliche Resourcen, Personal)
- Teststrategie (z.B. Testumfang, Testabdeckung),
- Testziele (für alle Teststufen; Kriterien für Testbeginn, Testende oder Testabbruch)
- Testarten (z.B. statischer oder dynamischer Test)
- Testdaten (z.B. zulässige und unzulässige Eingabe- bzw. Ausgabewerte)
- Testumgebung (z.B. Simulator oder Zielsystem)
- Hilfsmittel und Werkzeuge (z.B. Messgeräte, Datengenerator)
- Dokumentation (u.a. Art, Inhalte)
- Metriken (z.B. Fehlerraten)

Vorbereitung ❹
- Dokumente der Testbasis bereitstellen
- Werkzeuge konfigurieren
- Testumgebung(en) aufbauen und einrichten (Systeme, Daten)
- Testobjekte in die Testumgebung integrieren
- Test- bzw. Eingabedaten projektieren/konfigurieren

Spezifikation ❺
- Spezifische Testfälle festlegen (Testfallfindung, Testfalloptimierung
- Exakte Testfallbeschreibung (was ist zu testen unter welchen Vorbedingungen)
- Abhängigkeiten zu anderen Testfällen festlegen
- Testreihenfolge, Soll-Ergebnis für Testerfüllung festlegen

Durchführung ❻
- Durchzuführende Testläufe auswählen und ausführen
- Testdaten, Testergebnisse und Umgebungsdaten dokumentieren und archivieren

Auswertung ❼
- Testergebnisse (je Testfall): Vergleich der Ist-Ergebnisse mit den Soll-Ergebnissen
- Entscheidung: Testergebnis in Ordnung oder fehlerhaft
- Wenn fehlerhaft: Fehlerklassifizierung, Fehlerbeschreibung, Weitergabe an Fehlermanagement (Testfall offen, muss nach Softwarekorrektur wiederholt werden)

Abschluss ❽
- Testdaten archivieren (Teststatistik)
- Entscheidungen über nicht erreichte Soll-Ergebnisse treffen

Grundlagen

- **Nach DIN 44300:** Vorschrift, nach der Ergebnisse systematisch ausgehend von Eingabedaten erzeugt (umgewandelt) werden können.
- Gesucht werden **Verfahrensabläufe**, mit denen Probleme

– eindeutig **– erfolgreich** **– nachvollziehbar**

in endlich vielen Schritten aufgelöst werden können.
- Im klassischen Verständnis besteht ein **Programm** im Kern aus einem **Algorithmus** kombiniert mit **Datenstrukturen**.

Darstellung von Algorithmen/Ablaufstrukturen

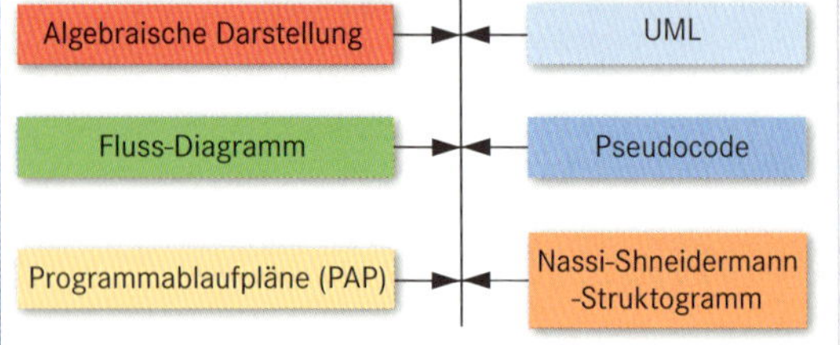

Elementare Beispiele

- **Alltägliche Lebenswelt**
  - Kochrezepte (Frühstückseier; Kuchen; ...)
  - Reparaturen/Gestaltungen (Fahrradreifen; .../ Schrankaufbau)
  - Geldabhebung bei einem Geldautomaten
  - Reinigung (Körper/Kleidung)/Medizinische Behandlungen
  - Telefonnutzung (Grundgebühr/Einzelkosten/Flatrate)
- **Mathematik**
  - **Bogenmaßbestimmung:** x (rad) = x (Grad) · 2 · π/360 mit x (rad): x in Bogenmaß und x (Grad): x in Grad
  - **Euklidischer Algorithmus:** Bestimmung des größten gemeinsamen Teilers (ggT) zweier Zahlen.
  - **Gaußscher Algorithmus:** Lösung von linearen Gleichungssystemen
  - **p-q-Formel:** Auflösung von quadratischen Funktionen
- **Technik**
  - Hausbau/Flugzeugsteuerung/Ampelsteuerung
  - Verfahrensabläufe in der chemischen Industrie
  - Aufbau von Systemen (Telefonanlagen; Rechnervernetzung)
- **Ökonomie/Zinsrechnung** (bei einmaliger Einzahlung)
  - Einfache Verzinsung: $K_t = K_0 \cdot (1 + t \cdot i)$
  - Verzinsung mit Zinseszins: $K_t = K_0 \cdot (1 + i)^t$

i: Zinssatz (Zinsen – engl.: interest); $i = p/100$
K: Kapital; K_0: Anfangskapital
K_t: Endkapital (Kapital am Ende des Jahres t)
p: Prozentwert; t: Zeit (Laufzeit (in Jahren)

Algorithmen-Einteilungen

Die konkrete Problemlösungsstruktur eines Programms wird im Algorithmus erfasst.

Basis-Algorithmen
(für Grundberechnungen/elementare Anwendungen/ ...)
- Anweisungen und Zuweisungen
- elementare Beziehungen (+/-/*/:/√/log/sin/ ...)
- Einfache Zählverfahren (Schleifenstrukturen)

Grundlegende Algorithmen
(für Datenbankanalysen/techn.-wissens. Berechnungen/ ...)
- Suchalgorithmen
- Sortieralgorithmen
- Iterative/Rekursive Algorithmen

IT-Anwendungsalgorithmen
(für Simulationen/Sicherheit/Wegesuche/Filter ...)
- Zufallsalgorithmen
- Routingalgorithmen

Komplexe Algorithmen
(für Mustererkennung/adaptive Verfahren (Lernen/ ...) ...)
- Transformationsalgorithmen
- Genetische Algorithmen
- Evolutionäre Algorithmen

Anforderungen an einen Algorithmus

Determinismus
Bei gleichen Eingabewerten und unter gleichen Rand- bzw. Anfangswerten des Programms muss jeweils das gleiche Resultat erzielt werden. (Bei veränderten (äußeren) Rahmenbedingungen kann die Programmausführung – in gewollter Art – variieren.)

Korrektheit
Ein Algorithmus soll (muss) zum richtigen (wahren) Ergebnis führen. Die Korrektheit muss überprüfbar sein. (Ein elementares Problem, da Programme im Allgemeinen nur falsifiziert und nicht im strengen Sinne verifiziert werden können. – Auch bleibt das Problem, wie der Test in seiner Korrektheit getestet werden kann.)

falsifizieren: widerlegen
verifizieren: Wahrheit nachweisen

Endlichkeit/Zielgerichtetheit
Nach einer endlichen Anzahl von Schritten muss der Lösungsalgorithmus
- vollständig beschrieben und
- technisch (maschinell; mechanisch; informationstechnisch) umsetzbar sein.

Der Beschreibungscode muss begrenzt (endlich) und die Ausführungszeit muss endlich sein.
Komplexität von Algorithmen: Untersucht wird, ob Problemstellungen überhaupt lösbar sind. Und es wird analysiert, ob in endlicher Zeit die Lösungen ermittelt werden können.

Eindeutigkeit
Jeder Befehl muss zu einem eindeutigen Ergebnis führen.

Universalität
Algorithmus ist jederzeit auf alle möglichen (definierten) Daten anwendbar.

Sortieralgorithmus
Sorting Algorithm

Suchalgorithmen

- Das Ziel ist, in einem gegebenen Datenbestand entsprechend dem Suchkriterium Daten zu identifizieren.
- Liegt nur ein Kriterium vor, dann spricht man auch von einem Primärschlüssel, der den Suchvorgang leitet.
- Unterschieden werden binäre und sequentielle Suchprozesse:
  - binäre Suche: ein linear sortierter Datenbestand liegt vor
  - sequentielle Suche: Verarbeitung beliebiger Datenbestände
- Algorithmuskern für eine sequentielle Suche ($n \in \mathbb{N}$)

```
ANFANG
  position = 1;
    while (position < n + 1) UND
          (daten[position] ≠ suchkriterium) do
          position = position + 1
    end-while
    if (position = n +1) then fund = false;
  else fund = true
  end-if
ENDE
```

- Die Qualität der Suchalgorithmen ist von hoher Bedeutung für die Leistungsfähigkeit von WWW-Suchmaschinen.

Zufallsalgorithmen

- **Zufallsabläufe** (random; rand; srand) können unter Verwendung von Algorithmen im Rechner simuliert werden.
- Die Abläufe sind rechentechnisch exakt definiert und laufen auch deterministisch nach dem Start ab. Durch die Aufnahme von „zufälligen" Rand- bzw. Anfangsbedingungen (Zeit; Tastendruck; Temperatur; ...) können undeterminierte, aber doch exakt rechentechnisch erzeugte Funktionen kreiert werden.
- Elementare Realisierungen von Quasi-Zufallswerten
  - **Quadratmittenverfahren** (Neumann 1946):
  - **„Zahlabschneidungen"** (x_{n+1} = frac ($a \cdot x_n$)) (frac ordnet einer Zahl ihre Nachkommastellen zu)
  - **modulo-Rechnung** ($x_{n+1} = a \cdot x_n + b \pmod b$) (modulo: Restwert einer Division)
  - **Nichtlineare Funktionen** (iterative Berechnung): $X_{t+1} = X_t + r \cdot X_t \cdot (1 - X_t)$
- Echte Zufallsrealisierungen sind zum Beispiel durch die Nutzung von radioaktiven Quellen (Zerfallsprozesse) möglich.

Sortierverfahren

- Das Ziel dieser Verfahren ist es, eine Ordnung innerhalb der Elemente eines Datenbestands zu ermitteln.
- Im einfachsten Fall wird das Element e_1 identifziert und abgespeichert. Danach e_2; usw.: $e_1 \geq e_2 \geq e_3 \geq ... \geq e_n$.
- Durch geschickte Vergleichs- und Tauschoperationen kann der Sortieraufwand reduziert werden.
- Unterschieden wird, ob bei der Sortierung ein Element ausgewählt und gesondert abgespeichert oder aber ob zwei Elemente im gleichen Speicherraum ausgetauscht werden.
- **Bekannte Sortierverfahren**
  - **Insertionsort:** Sortieren durch Einfügen
  - **Selectionsort:** Sortieren durch Auswählen
  - **Bubblesort** (warndernde Blase): Sortieren durch Austauschen
  - **Quicksort:** Sortieren durch Zerlegen
  - **Heapsort:** binäres Sortierverfahren

  Diese Suchverfahren werden zum Teil kombiniert und verfeinert: Zum Beispiel: - Bottom-Up-Heapsort
- Algorithmuskern für Insertionsort ($n \in \mathbb{N}$)

```
ANFANG
   for i = 2 to n do
         element = feld [i]
         feld[0] = feld [i]
         k = i
         while (element < feld[k - 1]) do
               feld[k] = feld[k - 1]
               k = k - 1
         end-while
         feld[k] = feld[0]
   end-for
ENDE
```

- Sortierkomplexität

  Die mittlere Anzahl der Vergleichsoperationen bei den Sortiervorgängen wird angegeben. Rechts steht die ungünstigste Vergleichsanzahl. Nicht alle Verfahren sind vollständig analysiert. (ldn = $\log_2 (n)$;$n \in \mathbb{N}$)

Verfahren	Mittlere Anzahl	Ungünstige Anzahl
Insertionsort	$n \cdot (n - 1)/4$	$(n \cdot (n - 1))/4$
Selectionsort	$n \cdot (n - 1)/2$	$(n \cdot (n - 1))/2$
Bubblesort	$n \cdot (n - 1)/2$	$n \cdot (n - 1)/2$
Quicksort	$1{,}4\,(\text{ldn})\,(n + 1) - 2{,}8 \cdot n$	$(0{,}5 \cdot n^2 - 0{,}5 \cdot n)$

Mathematische Software
Mathematical Software

Bibliotheksname	Routinen für	Routinen für folgende Bereiche	
NAG (**N**umerical **A**lgorithms **G**roup)	Ada, FORTRAN, Pascal	Komplexe Arithmetik; Reihen; Differenzialgleichungen; Integralgleichungen; Matrizen; Orthogonalisierung; Lineare Algebra; Statistik; Zeitreihenanalysen und Operationsforschung	
Aachener Bibliothek	APL, MODULA 2, C, PL/1	Lösungsverfahren für nichtlineare Gleichungen und für Systeme linearer und nichtlinearer Gleichungen; Matrizen; Numerische Differentiation und Quadratur; Differenzialgleichungen	
IMSL (**I**nternational **M**athematical and **S**tatistical **L**ibrary)	FORTRAN	für allgemeine mathematische und statistische Problemstellungen	Lineare Systeme; Differenzialgleichungen; Eigenwerte; Regression Korrelation; Cluster; Probleme; Zeitreihenanalyse; Verteilungen
		für spezielle Funktionen	Gamma-Fkt.; Bessel-Fkt.; Kelvin-Fkt.; eliptische Integrale

Mathematische Anwendungsprogramme: Derive; Mathematica; Maple; SAS (Statistical Analysis System)
Technische Anwendungsprogramme: PSpice zur Simulation elektronischer Schaltungen; **EAGLE** zur Schaltplan-Erstellungen (CAD)

Standards

- Für die Darstellung von gebrochen rationalen Zahlen gibt es zwei zu unterscheidende Vorgaben:
  - die **Gleitkommadarstellung** (floating point)
  - die **Festkommadarstellung** (fixed point)

Festkommazahlen

- Bei Festkommazahlen werden m Stellen für den Nachkommabereich und n Stellen für den ganzzahligen Bereich festgelegt. Außerdem wird noch eine Stelle für das Komma reserviert.
- Rechentechnisch ist das Festkommaformat dann sinnvoll, wenn vorab bekannt ist, in welcher Größenordnung die Zahlen in den einzelnen Rechnungen auftreten können.
- Die größte darstellbare Zahl hat den Wert $\mathbf{2^n - 2^{-m}}$
- Der kleinste darstellbare Wert lautet: $\mathbf{2^{-m}}$
- Der absolute Wandlungsfehler (von einer gebrochenen Dezimalzahl in eine Dualzahl) beträgt maximal: $\mathbf{2^{-m}}$

Gleitkommazahlen

- Die Verwendung der **Gleitkommadarstellung** vergrößert den von den Rechnern zu bewältigenden Zahlenraum.
- Für jede Zahl werden ein Vorzeichen, die **Mantisse** (lat. mantissa: Zugabe) und ein **Exponent** angegeben.

Charakteristik

- Beim Exponenten kann auf eine Vorzeichenangabe verzichtet werden, wenn zum vorliegenden Exponenten ein konstanter Wert E^0 addiert wird, so dass der modifizierte Exponentialwert immer größer/gleich Null ist. Dieser Wert wird auch als Charakteristik C bezeichnet.
- Charakteristik (C) = E^0 + Exponent (E)
- 1985 wurde von der IEEE ein Standard für Gleitkommazahlen festgelegt. Die IEEE spricht auch von Gleitpunktzahlen (GPZ).

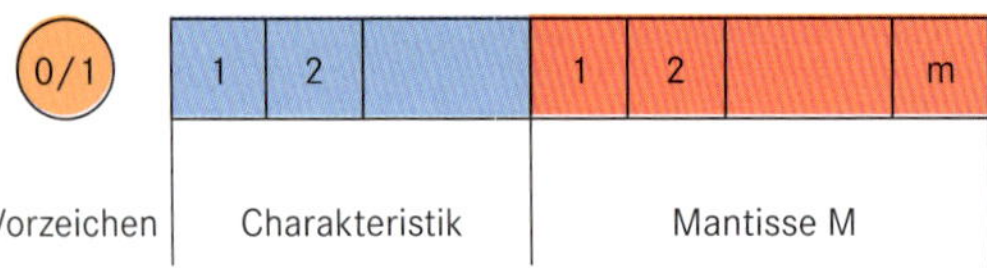

Parameter	einfach-genaue GPZ	doppelt-genaue GPZ
Bits der Mantisse	24	53
Bits des Exponenten	8	11
Größe von E^0	127	1023

Zweierkomplementbildung

- Prozessoren führen rechentechnisch quasi nur Additionen aus. Negative Zahlen werden als **Zweierkomplement** des Betrags einer Zahl Z gebildet. Dieses Zweierkomplement (Z**) wird addiert. Durch das Wegfallen der höchsten Ziffernstelle ergibt sich als Ergebnis die ursprüngliche Differenz.
- Rechenprozessgestaltung für die Subtraktion im B-Raum: (B: Zahlenbasis; Z: betrachtete Zahl (k-stellig))
  Das (B – 1) – Komplement (Z*) von Z ergibt sich, in dem man jede Zahlziffer von der reduzierten Basis (B – 1) subtrahiert.
  I: Bildung des (B – 1) – Komplements zur Zahl Z
  II: Stellenweise Inversion der Einzelzahlen: (B – 1) – Z'
  III: Addition von 1 auf die niedrigste Zahlstelle Z'
- Rechenprozessgestaltung für die Subtraktion im Dualraum: (Z*: Einerkomplement; Z**: Zweierkomplement)
  I: Bildung der Dualzahl für den Betrag einer Dezimalzahl
  II: Stellenweise Inversion der Dualzahl (0 ⇒ 1 und 1 ⇒ 0): Z'
  III: Addition von 1 auf die niedrigste Bitstelle: Z**
  (Z** = B* – Z + 1)
- Da die Multiplikation auf die Addition und die Division auf die Multiplikation und Subtraktion zurück geführt werden, können all diese Rechenprozesse über die Addition gestaltet werden. Alle höheren Rechenoperationen basieren auf den Grundrechenarten. Insofern wird durch die Zweierkomplementbildung im Dualraum eine einfache Rechenprozessgestaltung realisiert.

Konkrete Rechengestaltungen

- Zweierkomplementbildung im Dezimalraum
  1. Überführung der positiven Dualzahl in ihr Einerkomplement: (z. B.: $Z = -1642|_{10} \Rightarrow 9999 - 1642 = 8357|_{10} = Z^*$)
  2. Vom Einer- zum Zweierkomplement: (z. B.: $Z^* = 8357|_{10} \Rightarrow 8357 + 1 = 8358|_{10} = Z^{**}$)
- Überführung der Subtraktion von Z zur Addition von Z**:
  a) 2010 – 1642 = 2010 + (+ 10000 - 10000) – 1642
  b) 2010 + (9999 + 1) – 10000 – 1642
  c) 2010 + 9999 + 1 – 1642 – 10000
  d) 2010 + (9999 – 1642) + 1 – 10000
  e) 2010 + (8357) + 1 – 10000 = 2010 + (8537 + 1) – 10000
  f) 2010 + (8358) – 10000 = 10368 – 10000 = 368 (Ergebnis)
- Überführung der Subtraktion zur Addition von Zahlen im Dualraum:
  a) Bildung der Dualzahl $|Z| = 114{,}3125|_{10} = 0111\,0010{,}0101|_2$
  b) 1-er Komplement: $Z^* = 1000\,1101{,}1010|_2$
  c) 2-er Komplement: $Z^{**} = 1000\,1101{,}1011|_2$
- Stellenweise Inversion im Dualraum: 0 ⇒ 1; 1 ⇒ 0

Festkommaformat

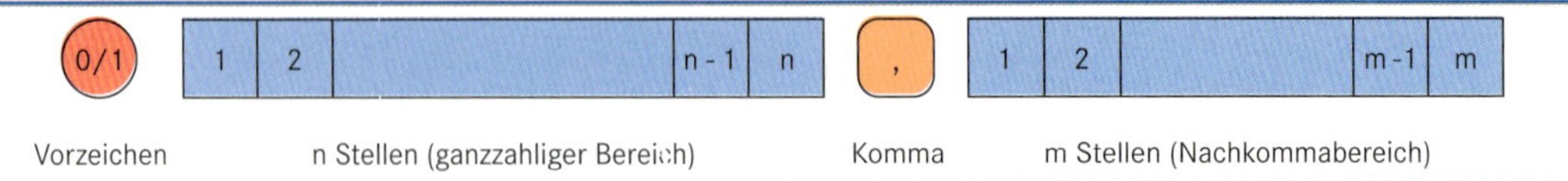

Gleitkommaformat

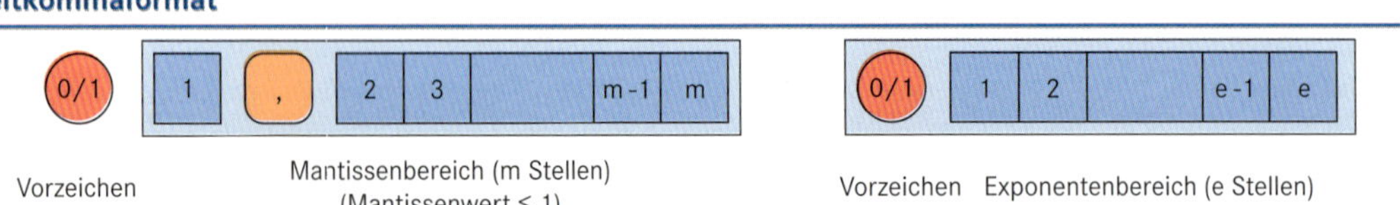

Kontrollstrukturen
Control Structures

Merkmale

Mit Kontrollstrukturen wird der Ablauf eines Programms geregelt. Somit wird die Abfolge einzelner Anweisungen in Abhängigkeit von Bedingungen und Entscheidungen bestimmt.

- **Abfolge**
  Einzelne Aktivitätsanweisungen werden nacheinander (schrittweise) abgearbeitet.

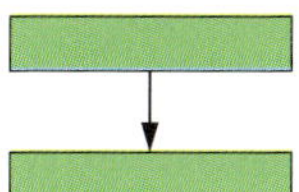

- **Verzweigung/Fallunterscheidung**
  In Abhängigkeit von Bedingungen erfolgt der Programmablauf gesondert.

- **Schleife:** Unterschieden werden kopf- und fußgesteuerte Schleifen.
  - **Kopfgesteuerte Schleife**
    Vor Beginn der Schleife erfolgt die erste Bedingungsüberprüfung. Eventuell wird die Schleife gar nicht durchlaufen.

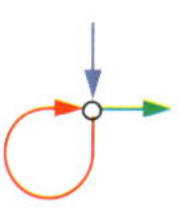

  - **Fußgesteuerte Schleife**
    Die Schleife wird wenigstens einmal durchlaufen. Erst am Ende des Schleifendurchlaufs erfolgt eine Bedingungsüberprüfung.

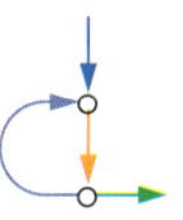

- **Sprünge**
  Bedingte und unbedingte Sprünge werden in Programmen eingesetzt (→ Schlüsselwort: z. B. GOTO)

  Ein Sprung erfolgt
  - zu Zeilennummern
  - zu Sprungmarkierungen bzw.
  - um eine relative Anzahl von Programmzeilen

  Ein guter Programmierstil sieht vor, dass Sprünge in Programmen zu vermeiden sind.

Kopfgesteuerte Schleife | **Fußgesteuerte Schleife**

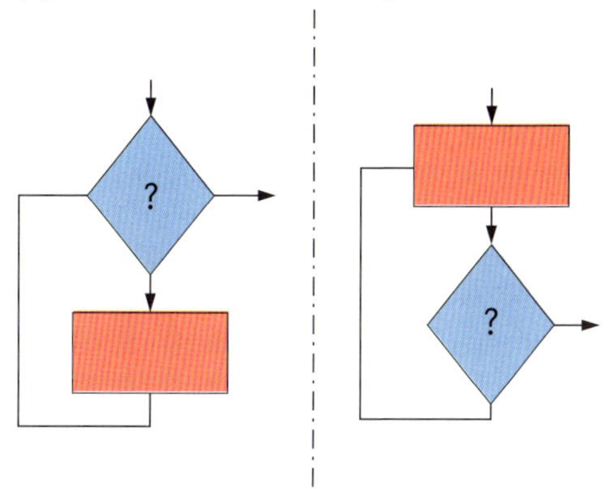

- **Rekursion**
  Im Programmablauf wird innerhalb einer Prozedur (Funktion) diese Prozedur (Funktion) selbst aufgerufen.

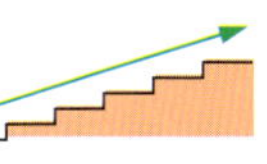

Beispiel A (Fakultätsberechnung)
n! = n · (n – 1)!

(Hinweis: n ∈ IN; z. B.: 6! = 1 · 2 · 3 · 4 · 5 · 6 = 720)

Beispiel B (Summe der Quadrate der Zahlen von 1 bis **n**):

```
prozedur qs-name (variable: n (typ));
    einstieg
        wenn (bedingungsüberprüfung zu n (n > 0)) dann
                Rückgabe (n · n + qs-name (n – 1));
        oder
                rückgabe 0;
        abschluss-von-wenn;
    ausstieg qs-name
```

mit n ∈ IN

- **Iteration**
  Eine Prozedur wird nacheinander neu aufgerufen, wobei an die Prozedur die bisher errechneten Werte übergeben werden.

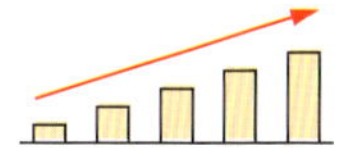

Beispiel C (Summe der Quadrate der Zahlen von 1 bis **n**):

```
prozedur qs-name (variable: n (typ));
    einstieg
        qs-name = 0;
        solange(bedingungsüberprüfung zu n (n > 0)) mache
                qs-name: = qs-name + (n · n);
                n: = n – 1;
        abschluss-von-solange;
    ausstieg qs-name
```

mit n ∈ IN

Beispiele nach **Fibonacci/Ackermann**

- **Fibonacci (F)**

```
F(n) = F(n – 1) + F(n – 2) für n > 2
```

Berechnungskomplexität: $O(K^n)$

- **Ackermann-Funktion (ack)** (vereinfachte Darstellung)

```
ack(0, m) = m + 1
ack(n + 1, 0) = ack(n, 1)
ack(n + 1, m + 1) = ack(n, ack(n + 1, m))
```

Datentypen und -strukturen
Data Types and Structures

Merkmale

- Unterschieden werden **numerische, alphabetische** und **alphanumerische** Daten.
- Weitere Unterscheidungen:
  - formatierte/unformatierte Daten
  - sprachliche/bildliche/textliche (textuale)/Video-Daten
  - Basis- bzw. Stammdaten/Prozessdaten
  - Eingabe-/Ausgabedaten
  - Datumstypen (z. B.: tt.mm.jj oder jjjj-mm-tt)
  - Zeitangaben
- Datentypen können explizit vereinbart werden. Teilweise nehmen die Programmiersprachen automatisch Typzuweisungen bei Variablen (implizite Vereinbarungen) vor.
- Bei der Verarbeitung von Daten unterschiedlichen Typs ist es teilweise notwendig, Typanpassungen explizit vorzunehmen. Hierzu kann es notwendig sein, Zusatzvariable einzufügen.

integer (int)

- Ganzzahlige Zahlfolge (Werte liegt zwischen - 2.147.483.648 und 2.147.483.647); Speicherbedarf: 32 Bit
- Bei Integer-Werten, die zwischen -32.768 und 32.767 liegen, spricht man von **short int** (kurzen Integer-Werten); Speicherbedarf: 16 Bit
- Bei vorzeichenlosen Integer-Werten (unsigned int) liegen die Werte zwischen 0 bis 4.294.967.295; Speicherbedarf: 32 Bit
- Zum Teil können auch große (lange) Integer-Werte vereinbart werden: Bezeichnung long (z. B. in Java): die Werte liegen zwischen -2^{63} bis $+ 2^{63} - 1$ Speicherbedarf: 64 Bit

real; float

- Rationale Zahlen: Gleitkomma- (auch Gleitpunkt-) und Floatingpoint-Zahlen.
- Mit diesen Zahlen können rationale – und somit genähert – reelle Zahlen dargestellt werden.
- Unterschieden werden:
  - einfach genaue Zahlen (float: Speicherbedarf 32 Bit)
  - doppelt genaue Zahlen (double: Speicherbedarf: 64 Bit)
  - lange Zahlen (long double – Speicherbedarf: 80 Bit)

char (Character-Typ-Anweisung)

- Datentyp- für alpha-numerische-Zeichen.
- Speicherplatzbedarf: Üblicherweise 8 Bit.
- Char-Vereinbarungen für den Unicode nehmen dagegen – z. B. unter Java – 16 Bit Speicherplatz ein.

string (Zeichenfolge)

Ein String besteht aus einer Reihe von char-Werten.

Boolean

Dieser Datentyp nimmt nur den Wert „true“ („1“) bzw. „false“ („0“) ein. Speicherplatzbedarf: 1 Bit.

array (Felder) – (auch: Listen, Matrizen/Matrix)

- Ein Feld besteht aus einer Abfolge von Daten des gleichen Datentyps. Unterschieden werden
  - 1, 2 und mehrdimensionaler Felder
- Durch Indexangaben können die einzelnen Feldelemente identifiziert werden.

Record-Typ (Verbund-, z. T. auch Struktur-Typ (struct))

Aufbau wie beim array, jedoch können die Objekte von verschiedenen Datentypen sein

Zeiger (pointer)

- Ein Zeiger verweist auf die Adresse einer Variable, d. h. er beinhaltet als Wert die Speicheradresse von Objekten.
- Über Zeiger ist es problemlos möglich, auf die einzelnen Elemente eines Feldes zugreifen zu können.
- Definitionsmöglichkeiten für Zeiger am Beispiel der PS C:

  (1) `typ* zeiger_a;`

  (2) `typ *zeiger_a;`

  Über `zeiger_a` kann nun die Adresse angezeigt werden. `*zeiger_a` würde dagegen den Wert, auf den der Zeiger weist, angeben.

Strukturen

- Mit Strukturen kann der Anwender eigene Typen von Variablen unter Rückgriff auf vorab definierte „primitive“ Datentypen festlegen.
- Für die Festlegung von Strukturen existieren Schlüsselwörter.

  Beispiel in C:

```
struct Eigene-Struktur {
        int POS;
        char NAME[17]; };
```

Klassen und Objekte

- **Klasse** – Typ eines Objektes
  - Objekte werden über eine Klassenbeschreibung definiert.
  - Mit einer Klasse wird bestimmt, wie sich ein Objekt gegenüber seiner Umwelt verhält.
  - Dies drückt sich in den Reaktionsweisen von Objekten auf ausgewählte und zugelassene Botschaften aus.
  - Über eine Klasse wird der innere Zustand des Objekts bestimmt. Damit gehen die Festlegungen einher, in welcher Art Botschaften im Objekt verarbeitet werden.
  - Klassen werden über Methoden und Instanzenvariablen festgelegt. Die Instanzenvariablen bestimmen den inneren Objektzustand.
  - Eine Klasse kann im Rahmen der Testvorgänge vollständig für sich allein geprüft werden.
  - **Beispiele für Klassendefinition**

Java
```
public class ClassName {
        // Definition von Datenfeldern
        // Definition von Konstruktoren
        // Definition von Methoden }
```

C++
```
class KlassenName {
public: ... // öffentliche Daten und Funktionen
private: ... //private Daten und Funktionen };
```

- **Objekte** - Gekapselte Datenstruktur
  - Objekte können Zahlen, Texte, Felder, aber auch Prozesse und Rollen sein.
  - Objekte besitzen einen inneren Zustand, der nicht beliebig beeinflusst werden kann.
  - Durch die Aufnahme von äußeren Informationen (Botschaften) kann der innere Zustand modifiziert werden.
  - Die inneren Objektzustände sind nach außen unsichtbar.
  - Das Objekt selbst ist eine eindeutige Instanz einer Klasse.

Grundsätze

- Ziel dieses Ansatzes ist es, Programmkerne zu gestalten, die
  - Realitätsaspekte einheitlich darstellen und
  - zu überschaubaren Programmieranforderungen führen.
- Datenobjekte und die erlaubten Datenoperationen werden als Einheit gesehen. Dies hat zur Folge, dass die informationstechnischen Beschreibungskonzepte für die objektorientierte Beschreibung erweitert werden müssen.
- Prinzipiell müssen die statischen und dynamischen Struktur- und Beziehungsaspekte gesondert erfasst werden.
- Die Begriffe der Objektorientierung werden in vielen objektorientierten Programmiersprachen verwendet. Im Detail verbinden sich jeweils auch verschiedene Nuancen mit diesen Begriffen.

Begriffe

- **Objekte und Klassen:**
  - Objekte (object) sind reale Ausprägungen (auch: Instanzen (instance) von Klassen (class)), die vom Anwender selbst definiert werden können.
  - Bei einer Klasse werden Daten (Datenelemente) und Funktionen (Methoden) festgelegt.
  - Durch einen Zugriff auf eine Methode wird üblicherweise eine zugehörige Funktion aktiviert.
  - Der äußere Zugriff ist nur auf die unter „public" deklarierten Elemente möglich. Die als „privat" deklarierten Elemente sind vor äußeren Zugriffen geschützt.

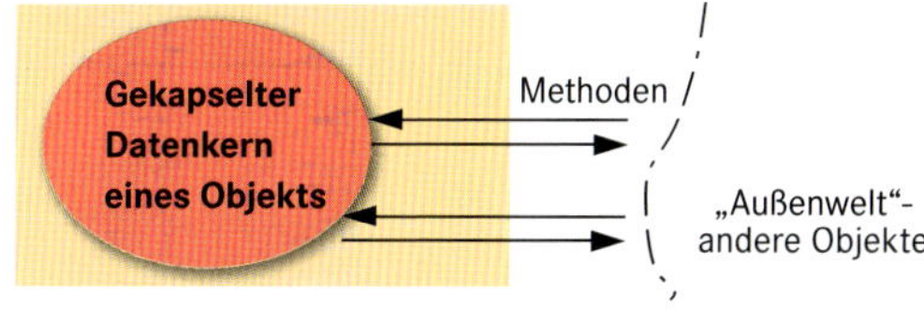

- **Botschaft:** Nachricht bzw. Daten an ein Objekt, die dort um Verarbeitung „bitten".
  - Botschaften werden an Objekte verschickt.
  - An den Sender der Botschaft wird ein Resultat (Botschaft) über die Objektveränderungen geschickt.
  - Jedes Muster, das in einem Objekt durch eine Botschaft ausgelöst werden kann, muss über eine Methode definiert werden.
  - Botschaften können geschachtelt und mit Parametern bestückt sein. Botschaften sind Objektaufträge.
- **Kapselung:** Im Objekt werden Daten, die an das Objekt geführt werden, nach „autonomer" Kontrolle selbstständig verarbeitet. Es erfolgt eine strikte Abgrenzung gegenüber anderen Objekten.
- **Methode:** Mit einer Methode wird die Reaktion der Instanzen (der inneren Objektzustände) auf Botschaften festgelegt (→ klassenspezifische Operation).
- **Protokoll:** Mit einem Protokoll wird beschrieben, wie Botschaften auf Objekte „stoßen" können.
- **Vererbung:**
  - Eine Hierarchie von Klassen wird dadurch gebildet, dass eine „nachrangige" Klasse, die das Ergebnis einer Ableitung aus ihrer Bezugs- bzw. Basisklasse ist, die Methoden der Basisklasse automatisch auch für sich übernimmt.
  - Eine Klasse kann sich auch auf mehrere vorab definierte Klassen beziehen. In diesem Fall liegt eine multiple Vererbung vor.
- **Polymorphie:** Die Wirkung von Botschaften (Funktionsaufrufe) bestimmt sich von der Situation des konkreten Objekts.

Objektorientierte Softwareentwicklung

- Im Kern werden vier Projektaspekte spiralförmig (siehe Software Engineering) durchlaufen.
  1. **Analysephase:** Ausgehend von den konkreten Geschäftsprozessen werden die Softwareerwartungen bestimmt.
  2. **Design- und Modellphase**
     Erarbeitung einer objektorientierten Lösungskonzeption
  3. **Realisierungsphase:** Codierung und Testen
  4. **Einsatzphase:** Schulung, Installation, Erprobung
- Bei den einzelnen Phasen werden unterschieden:
  - Auftretende Aktivitäten (z. B. Abstraktionen und Konzeptbildungen in der Analysephase)
  - Aktivitätsgegenstände (z. B. Module)
  - Wissensbasis - Ergebnisse
- Verschiedene **Objektmodelle** existieren:
  - **COM C**omponent **O**bject **M**odel (von Microsoft)
  - **ODP O**pen **D**istributed **P**rocessing - ISO-Rahmen zur Standardisierung innerhalb der objektorientierten IT-Welt
  - **OMA O**bject **M**anagement **A**rchitecture
  - **OMG O**bject **M**anagement **G**roup
  - **TINA T**echnical **I**nformation **N**etwork **A**rchitecture Consortiums
  - **USCM U**niversal **S**ervice **C**omponent **M**odel
- Bedeutsam sind die Modelle von **Booch** und **Rumbaugh**.

Rumbaugh- und Booch-Modelle

- Nach **Rumbaugh** werden drei Detailmodelle für die Realitätserfassung in fünf Schritten benötigt:
  1 ein **Objektmodell**
    1.1 Klassen und Objektidentifikation
    1.2 Datenbestimmung
    1.3 Aggregationsbestimmung (Objektbeziehungen)
    1.4 Festlegung der Attribute für die Objekte und Beziehungen
    1.5 Bestimmung von Vererbungshierarchien
    1.6 Anfragezugriffe auf Objekte werden bestimmt
      - Die Abfolge unter 1 bis 6 wird mehrfach durchlaufen. -
    1.7 Abschließend erfolgt eine modulartige Zusammenfassung der Klassen.
  2 ein Modell zur Erfassung der **dynamischen Beziehungen**
    2.1 Erfassung der relevanten Interaktionen und Folgen
    2.2 Ereignisidentifikation und -abfolge
    2.3 Bestimmung von Zustandsdiagrammen (der Objekte)
    2.4 Zuordnung Ereignis-Objekt
  3 ein **Funktionalitätsmodell**
    3.1 Bestimmung der Eingabe- und Ausgabedaten (Typ etc.)
    3.2 Erfassung der funktionalen Beziehungen (und Abhängigkeiten) über Flussdiagramme
    3.3 Festlegung und Beschreibung der Verarbeitungsfunktionen
  4 Einschränkungen, Begrenzungen, Rahmen, Bedingungen werden erfasst bzw. definiert
  5 Ausarbeitung und Festlegung von Regeln zur Optimierung
- Nach **Booch** soll gemäß einem Vorgehensmodell ein System in einzelnen Schritten - quasi abschnittsweise (inkrementelles Vorgehen) - entwickelt werden. Dabei sind **iterative Verfahrensweisen** zu bestimmen bzw. zu identifizieren:
  - Klassen und Strukturen
  - Verhalten zwischen Klassen/zwischen Objekten
  - Klassen- Objektbeziehungen
  - Gestaltung (Codierung) der Klassen und Objekte

  Verwendet werden zur Modellierung:
  - Klassen- und Objektdiagramme
  - Interaktionsdiagramme
  - Moduldiagramme
  - Prozessdiagramme

Klassenbeschreibungen
Classes Description

- Klassen fassen Datenattribute und -operationen zusammen. Generell werden in der objektorientierten Programmierung Daten und Funktionen verkapselt.
- Funktionen beziehen sich dann auf eine konkrete Klasse bzw. ein konkretes Objekt.
- Diese Funktionen (→ Methoden) können von außen in ihrer Funktionalität nicht aufgebrochen werden.
- Es werden u. a. Klassennotationen von **Booch** und **Rumbaugh** verwendet.

Klassennotation nach Booch

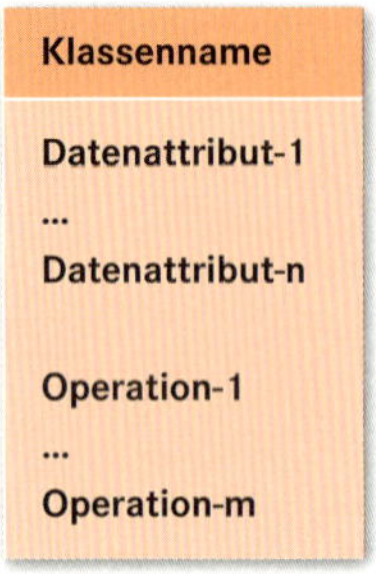

Klassenname

Datenattribut-1
...
Datenattribut-n

Operation-1
...
Operation-m

Klassennotation nach Rumbaugh

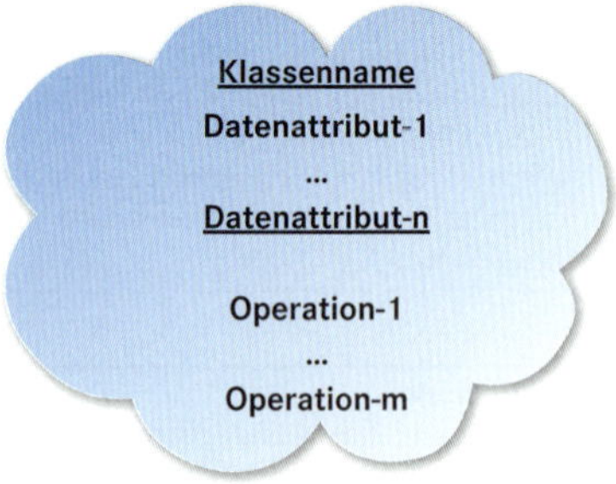

Klassenname
Datenattribut-1
...
Datenattribut-n

Operation-1
...
Operation-m

Realitätsdatenmodelle

Die Begriffe der objektorientierten Realitätsbeschreibung und die der Beschreibung der Realität über Tabellen können in einem ersten Schritt naiv zugeordnet werden.

UML – Unified Modeling Language

Begriff/Verwendung

- **UML** steht für **U**nified **M**odeling **L**anguage
- UML ist
  - eine graphische Notationsweise zur Darstellung objektorientierter Software-Entwicklungsschritte,
  - eine Modellierungssprache,
  - keine eigenständige Modellierungsmethode,
  - keine Programmiersprache (im engeren Sinne).
- Die UML-Techniken werden in Verbindung mit Projekmethoden zu objektorientierten Entwicklungsmethoden verbunden. Von besonderer Bedeutung sind (→ Software Engineering):
  - das Evolutionäre Entwicklungsmodell,
  - das Modell der inkrementellen Entwicklung,
  - das Konzept „Extreme Programmierung“,
  - das Spiralmodell,
  - das V-Modell,
  - das Wasserfallmodell,
  - der Objektory Process,
  - RUP (Rational Unified Process) und
  - SEPP/OT.

  Durch die UML allein erfolgt keine ausreichende Strukturierung des Programmentwicklungsprozesses.
- **OCL: O**bject **C**onstraint **L**anguage
  Formale Sprache – durch die den UML-Modellen inhaltliche Ergänzungen beigefügt werden können.

Standardisierungen

- Die UML wurde von der Object Management Group (OMG) standardisiert: siehe **www.omg.org**
- Zur Beschreibung von vielfältigen Aspekten existieren in der UML verschiedene Diagramme.

Klasse

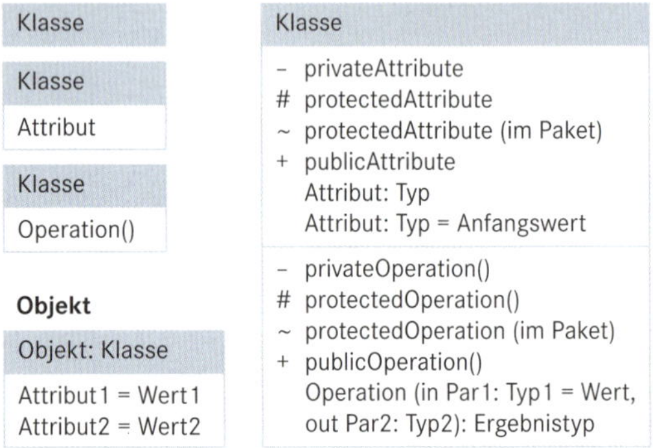

Klasse

Klasse
Attribut

Klasse
Operation()

Objekt

Objekt: Klasse
Attribut1 = Wert1 Attribut2 = Wert2

Klasse
- privateAttribute # protectedAttribute ~ protectedAttribute (im Paket) + publicAttribute Attribut: Typ Attribut: Typ = Anfangswert
- privateOperation() # protectedOperation() ~ protectedOperation (im Paket) + publicOperation() Operation (in Par1: Typ1 = Wert, out Par2: Typ2): Ergebnistyp

Vererbungen

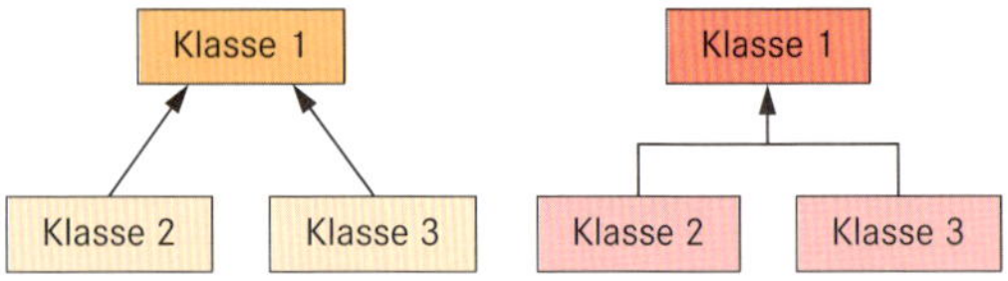

Klasse 1
Klasse 2
Klasse 3

Klasse 1
Klasse 2
Klasse 3

Mehrfachvererbung

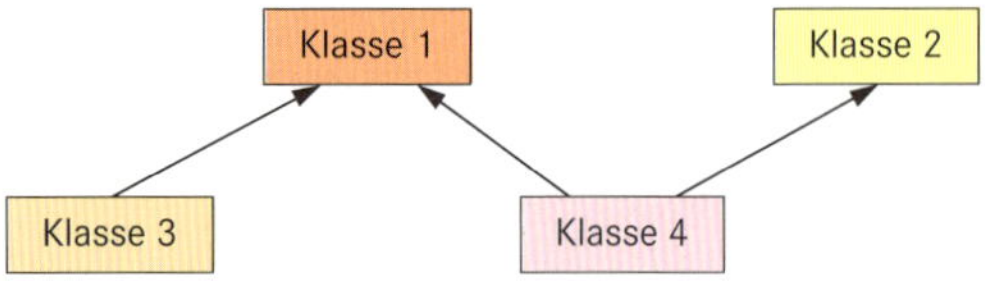

Klasse 1
Klasse 2
Klasse 3
Klasse 4

UML – Unified Modeling Language

Elementare Begriffe

- **Attribut:** Datenelemente, die individuell zu einem Objekt gehören
- **Klasse:** allgemeine Struktur (allgemeiner Plan; auch Baubeschreibung). Einer Klasse sind Attribute und Operationen (Methoden) zugeordnet.
- **Objekt:** konkrete Ausprägung einer Klasse
- **Operation/Methode:** konkrete Verhaltensweisen (Anweisungen) bezüglich einer Klasse
- **Vererbung:** Beziehung zwischen Klassen
- **Zusicherung:** Operationsvoraussetzungen

Assoziations-Darstellung

Assoziation (⟶ A.): Klassenbeziehung

- allgemeine A.: ____________ (einfache Linie)

(A. mit) Kardinalität n	n	genau n
(A. mit) Kardinalität n – m	n .. m	**n** bis **m**
(A. mit) Kardinalität *	*	**0** bis **viele**
(A. mit) Kardinalität m, n, o	m, n, o	**m, n** oder **o**

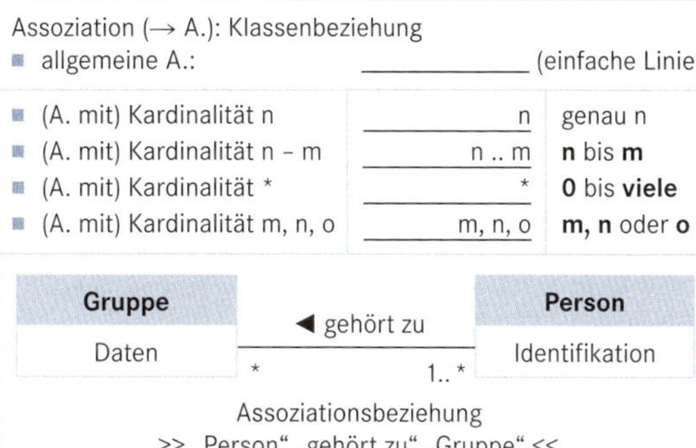

Assoziationsbeziehung
>> „Person" „gehört zu" „Gruppe" <<
(Pfeil (◀) gibt die Leserichtung an.)

Analyseansichten

- Ausgehend von der Problemanalyse müssen die Zustände und Aktivitäten dargestellt werden.
- Die folgenden Sichten mit Inhalten und zugeordneten UML-Diagrammen werden unterschieden:

Logische Sicht
- funktionale Analyseergebnisse
- Klassenmodell

UML
- Klassendiagramme
- Paketdiagramme

Implementierungssicht
- Subsysteme
- Schnittstellen

UML
- Komponentendiagramm

Physische Sicht
- Netzwerke (Server, ...)
- Zielhardware

UML
- Deploymentdiagramme (Verteilungsdiagramme)

Szenarien

UML
- Aktivitätsdiagramm
- Use-Case-Diagramm

Ablaufsicht
- Prozesse
- Nebenläufigkeit
- Synchronisation

UML
- Kommunikationsdiagramm
- Sequenzdiagramme
- Zustandsdiagramme

Diagramme

Strukturdiagramme	Verhaltensdiagramme
Klassendiagramm	Aktivitätsdiagramm
Objektdiagramm	Interaktionsübersichtsdiagramm
Komponentendiagramm	Anwendungsfalldiagramm
Paketdiagramm	Kommunikationsdiagramm
Verteilungsdiagramm	Interaktionsdiagramm
Kompositionsstrukturdiagramm	Sequenzdiagramm
	Timingdiagramm
	Zustandsdiagramm

Schnittstelle

Schnittstelle
Eine > interface< – Klasse – eine Musterklasse.

Akteur

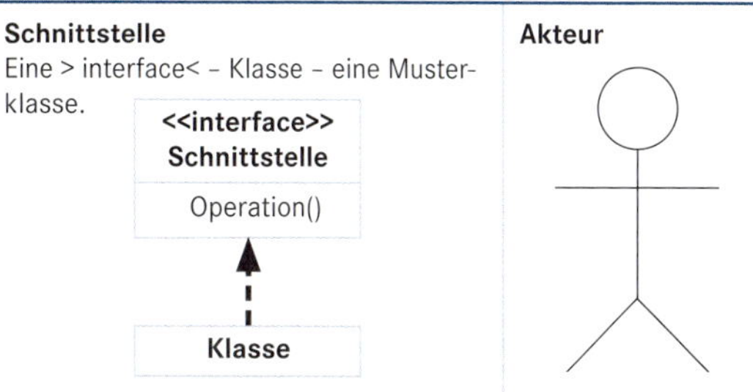

Modellierungsansatz

Anwendungsfalldiagramme (use case diagrams)
Systemerwartungen (Anforderungen) aus der Sicht des Anwenders (hierbei Erfassung der realen Geschäftsprozesse).

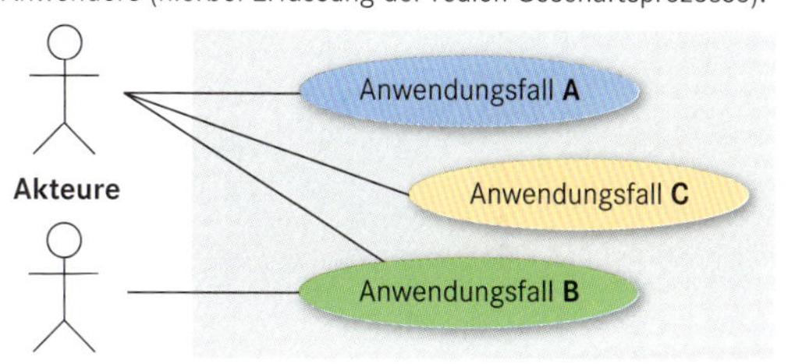

Gerüst der Softwareentwicklung: zur statischen Struktur

Klassendiagramm (class diagram) (auch Klassenstrukturdiagr.)
- Klassen und zugehörige Objekte werden bestimmt.
- Objektattribute werden definiert.
- Methoden (Objektoperationen) bestimmen die Möglichkeiten der Objektkommunikation.
- Klassenbeziehungen werden definiert.
- Die Objektbeziehungsaspekte Vererbung, Assoziation und Aggregation werden dargestellt.
- Die Informationskapselung der einzelnen Objekte wird erfasst.

UML und Geschäftsprozesse

- Reale Geschäftsprozesse können im Rahmen der Geschäftsprozessmodellierung (GPM) erfasst werden.
- Im Mittelpunkt der GPM stehen Aktivitätsanalysen, nicht Zustandsdarstellungen.
- GPM in Verbindung mit der UML wird zur übersichtlichen objektorientierten Darstellung komplexer Abläufe genutzt.

Darstellung der dynamischen Strukturbeziehungen mit Verhaltensdiagrammen (behaviour diagrams)

Zustandsdiagramme (statechart diagrams)
(Endliche, hierarchische) Automatendiagramme, die das vollständige Systemverhalten darstellen. (Mathematisch präzise abbildbar.) Zustände sind Klassen eindeutig zugeordnet.

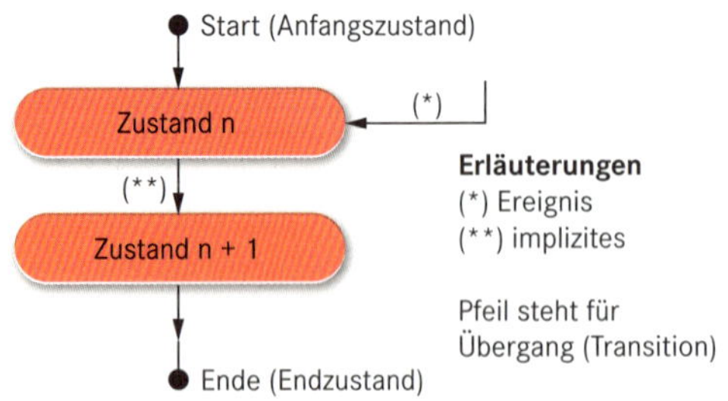

Aktivitätsdiagramme (activity diagrams)
Darstellung von **Workflow** und **Multithreading** – Zustandsübergänge ausgelöst durch Aktionsabschlüsse innerhalb einzelner Zustände. Die „innere“ Ablauflogik wird dargestellt. Eine Ereignisreaktion ist nicht vorgesehen.

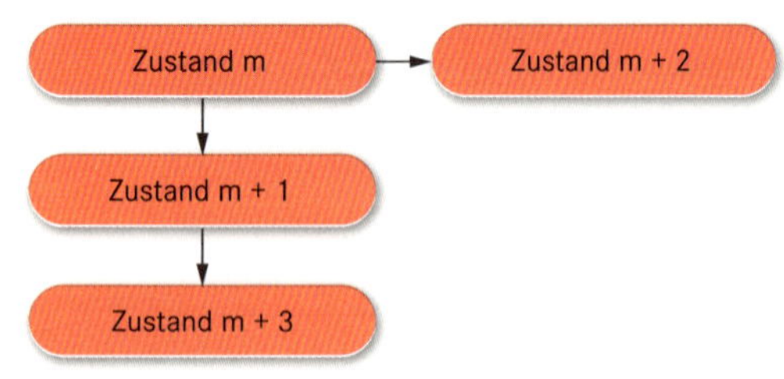

Sequenzendiagramme (sequence diagrams)
Darstellung der Interaktionsmöglichkeiten zwischen den Objekten – die zeitlichen Abläufe werden erfasst.
[Bei den Zusammenspieldiagrammen (Kollaborationsdiagrammen) wird der zeitliche Aspekt nicht berücksichtigt.]

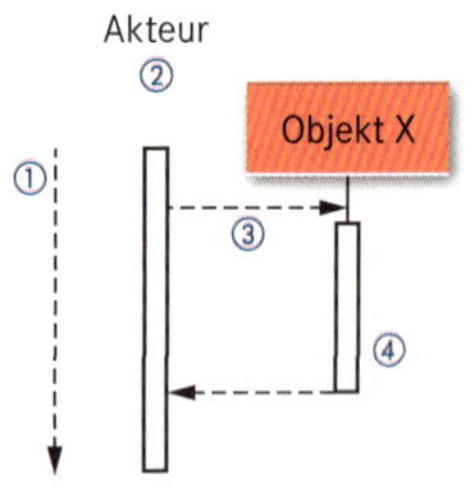

①: Zeitachse
②: Aufrufendes Objekt (hier: Akteur)
③: Botschaft (**Nachricht**) von Akteur an ObjektX
[Information vom objektA zum objektB: *nachricht*()]
④: Botschaft aktiviert Abarbeitung der Methode (Operation)
[Rückmeldung vom objektB zum objektA: *antwort*]

Kollaborationsdiagramme (collaborations diagrams)
(Diagramme der Zusammenarbeit)
Darstellung der Objektwechselwirkungen – der zeitliche Aspekt wird bei dieser Darstellung nur nachrangig dargestellt.
Dabei werden die Objektbeziehungen durch Verbindungslinien erfasst.

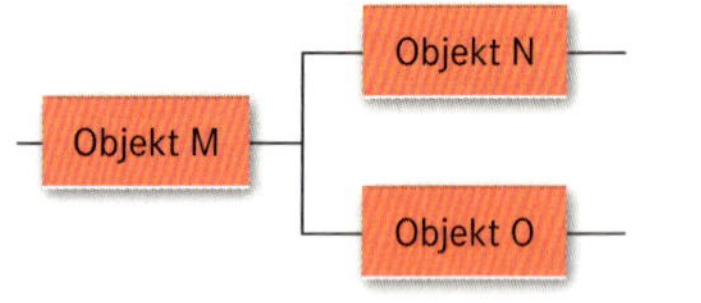

Implementierungsphase

- Im Rahmen der Beschreibung der Implementierung werden Komponenten- und Verteilungsdiagramme verwendet.
- **Komponentendiagramm** – component diagram Komponente: reale Quell-Code-Datei, die sich auf Klassen bzw. Objekte bezieht.
- **Verteilungsdiagramm** – deployment diagram
  Darstellung der physischen Systemzuordnung
  (z. B. Zuordnung der Software zu Systemkomponenten)

Letztlich muss die mit den UML-Diagrammen dargestellte Struktur in einen maschinenlesbaren Code überführt werden.

Geschäftsprozessanalyse – UML – Programm

Gemäß RUP werden folgende iterativ abzuarbeitende Analyseaspekte beachtet:

- Abstraktes Geschäftsprozessmodell
- Konkrete Geschäftsprozessgegebenheiten
- Anforderungsanalyse
- Design
- Implementierung
- Test
- Installation
- Konfigurations- und Änderungsmanagement
- Projektmanagement
- Projektumfeld

Im Entwicklungsprozess werden folgende Phasen beachtet:
1. Konzeption
2. Konstruktion
3. Ausarbeitung
4. Inbetriebnahme

Programmentwicklung

- Ausgehend von den Klassendiagrammen werden sogenannte Programmskelette erzeugt.
- Hierzu werden CASE-Instrumente (CASE: Computer Aided Software-Engineering) verwendet. Diese werden kommerziell bzw. auch als Open-Source-Software angeboten.
- Die Entwicklungsumgebung Eclipse ist unter http://eclipse.org zu beziehen.

Name	Anwendung/Eigenschaften
Ada benannt nach Ada Byron	■ leichtes Programmieren durch klare Ausdrücke ■ gute Fehlererkennung ■ assemblernahe Programmierung ■ andere Programmiersprachen lassen sich leicht einbinden ■ echte Realtime-Sprache
Algol **Algo**rithmic-**L**anguage	■ algorithmische Formelsprache ■ strukturiertes Programmieren möglich ■ Ursprache für neuere Programmiersprachen ■ keine Realtime-Sprache
Basic **B**eginners **A**ll **P**urpose **S**ymbolic **I**nstruction **C**ode	■ leicht erlernbar ■ problemorientierte Sprache ■ Einsatz im technisch-wissenschaftlichen Bereich ■ vielfältige Abwandlungen verfügbar (GW-Basic, Turbo-Basic, ...) ■ bedingtes Realtime-Verhalten
C entwickelt aus Basic **C**ombined Programming Language	■ maschinennahe Programmierung ■ kompakter Code ■ Einsatz u. a. für Programmiersprachenentwicklung ■ Syntax sehr kompakt ■ strukturiertes Programmieren möglich ■ andere Programmiersprachen können eingebunden werden
C++	■ objektorientierte Variante von C
Cobol **Co**mmon **B**usiness **O**riented **L**anguage	■ problemorientierte Programmiersprache für kaufmännischen und administrativen Bereich ■ Programmcode ist lesbar wie englischer Text ■ entwickelt von der Mathematikerin Grace Murray Hopper ■ Cobol 85 ist standardisiert durch ANSI (ANSI-Cobol)
Fortran **For**mula **Tran**slation	■ geeignet für Programmierung mathematischer Formeln ■ keine leistungsfähigen Sprachelemente für Ein-/Ausgaben ■ Buchstaben oder Zahlenfolgen nur umständlich programmierbar ■ strukturiertes Programmieren kaum möglich ■ Realtime-Verhalten bedingt ■ große Programmbibliotheken
JAVA	■ baut auf C++ auf ■ kleiner, portabler und leichter anwendbar als C++ ■ plattformneutral ■ Programme werden in Bytecode compiliert
Lisp **Lis**t **P**rocessing	■ listenverarbeitende Sprache (Listen: Aufzählung von Zahlen oder Zeichenfolgen) ■ nicht prozedural (keine Aneinanderreihung von Befehlen) ■ Programmaufbau besteht aus Funktionen ■ Anwendung in der künstlichen Intelligenz
Modula Modulare Sprache	■ Anwendung in der Prozesstechnik, Text-, Datei-Verarbeitung ■ maschinennahe Programmierung ■ Syntax ähnlich Pascal ■ Ablaufgeschwindigkeit ähnlich C-Programmen ■ für PCs verfügbar
Pascal benannt nach Blaise Pascal (1623 – 1662)	■ ursprünglich als Universalsprache gedacht ■ gute Strukturierung möglich ■ leichte Dokumentation ■ wenige Grundbefehle ■ mit Turbo-Pascal annähernd Realtime-Programmierung
Pearl **P**rocess and **E**xperiment **A**utomation **R**ealtime **L**anguage	■ problemorientiert ■ rechnerunabhängig ■ Realtime Programmierung ■ Anwendung in Prozesssteuerung ■ Syntax ähnlich wie Pascal ■ unterstützt echtes paralleles Multitasking auf Multipozessor-Anlagen
PL/1 **P**rogramming **L**anguage No. **1**	■ problemorientierte Programmiersprache entwickelt von IBM ■ Anwendung auf Großrechnern ■ geeignet für technisch-wissenschaftliche und kaufmännische Anwendungen ■ enthält Elemente von Fortran und Cobol ■ weiterentwickelt zu PL/M
Prolog **Pro**gramming in **Log**ic	■ nichtalgorithmisch ■ anstelle von Prozeduren stehen Funktionen, die „wahr" oder „falsch" sein können ■ Anwendung bei der objektorientierten Programmierung
Simula **Simula**tion **La**nguage	■ erste objektorientierte Programmiersprache ■ einsetzbar für komplexe Anwendungen und zur Durchführung von Simulationen ■ entwickelt in Norwegen in den 60er Jahren
SMALLTALK	■ objektorientierte Programmiersprache ■ entwickelt von der Firma Rank Xerox (1970) ■ durch objektorientierte Entwicklungsumgebung (Editor, Compiler usw.) sehr benutzerfreundlich

Grundaspekte

- **BASIC** ist die Abkürzung für **B**eginners **A**ll-Purpose **S**ymbolic Instruction (Symbolischer Allzweck-Befehlscode für Anfänger (der Programmierung)).
- **VB** - **V**isual **B**asic: Objektorientierte Erweiterung zu BASIC mit grafischer Oberfläche.
- **VBA** - **V**isual **B**asic for **A**pplication: Vollwertige Sprache unter Nutzung von BASIC-Begriffen und -Konstrukten und MS-Makros.
- BASIC: Basisbefehle zur Eingabe und Ausgabe: INPUT (Eingabe); PRINT („Bildschirm-Ausdruck")

Elementare Strukturen

Zweiseitige Auswahl

```
if Bedingung then
    Anweisung11
    Anweisung12
    ...
else
    Anweisung21
    Anweisung22
    ...
end if
```

Fallauswahl

```
select case Selektor
case Auswahlwert-1
        Auswahlblock-1
case Auswahlwert-2
        Auswahlblock-2
        ...
case
        else Auswahlblock-n
end select
```

Wiederholungen

- **kopfgesteuerte**

```
do while / until
    Bedingung
        Anweisungsblock
loop
```

- **fußgesteuerte**

```
do
    Anweisungsblock
loop while / until
    Bedingung
```

Prozedurdefinition

```
sub Prozedurname()
        Deklarationsblock
        Anweisungsblock
end sub
```

Prozeduraufruf

```
sub QuellRoutine()
        Anweisungsblock
        Prozedurmane
end sub
```

Beispielprogramm unter BASIC

- **Problemstellung**: Ermittlung der Summe der ersten **n** ungeraden Zahlen von 1 bis ... (Es gilt hierbei: n ∈ |N)
- **Quellcode**

```
(1)   Start:
(2)   INPUT; N
(3)   S = 0
(4)   Z = 0
(5)   DO WHILE Z < N
(6)       Z = Z + 1
(7)        S = S + (2 · Z - 1)
(8)   LOOP
(9)   GUZ = 2 · N - 1
(10)  PRINT "Anzahl der ungeraden Zahlen: "; N
(11)  PRINT "Größte ungerade Zahl: "; GUZ
(12)  PRINT "Summe der ungeraden Zahlen: "; S
```

- **Erläuterung zum Quellcode**

(1)	Starten des Programms.
(2)	Einlesen des Wertes N.
(3-4)	Initialisierung von S und Z - jeweils mit dem Wert Null [0].
(5)	Start einer kopfgesteuerten Schleife: Überprüfung der Ablaufbedingung: Ist Z kleiner N? Bei "JA" zu Position (6), ansonsten zu Position (9).
(6-7)	Anweisungen in der Schleife - (6): Z wird um den Wert Eins [1] erhöht. - (7): S wird gebildet: Summe des bisherigen S-Werts mit dem aktuellen Wert [2 · Z - 1]
(8)	Rücksprung zum Schleifenanfang [DO WHILE ...]
(9)	Schleife wurde verlassen; Berechnung von GUZ
(10ff)	Ausgabeteil

VB-Merkmale

- Aufruf unter MS-WORD: **Extras/Makro/Visual Basic-Editor** bzw.: **<ALT>** + **<F11>**
- Ein- und Ausgabe erfolgt mit Fenstern (Ereignisse).
- Die Arbeitsoberfläche der Programme ist grafikorientiert.
- Übersichtlicher Programmaufbau mit Modulen und Objekten.
- Mehrere Programme können parallel ablaufen.
- **„Projekt"** bezeichnet einsetzbare Anwendungen.
  Zu einem Projekt gehören 1. die Projektdatei (*.VBP) und 2. weitere Dateien (min.eine).

s (VB)

- Nach dem Starten von VB erscheint eine Bedienoberfläche auf dem Bildschirm mit dem Titel ***Projekt1*** (⇒ Titelleiste).
- Im **Formular-Designer-Fenster** (mittlere freie Arbeitsfläche, auch Formfenster genannt) erscheint ein leeres Formular mit dem Titel ***Form1***.
- Auf der linken Seite befindet sich eine **Werkzeugleiste**.
- Rechts liegt unter anderem das **Eigenschaftsfenster**.
- Zugriff auf die einzelnen VB-Fensterelemente:

Fenster	Ein-/Ausblenden: jeweils ANSICHT
Projektfenster	PROJEKTEXPLORER
Eigenschaftsfenster	EIGENSCHAFTSFENSTER (bzw. <F4>)
Formular	FORMULAR-LAYOUT-FENSTER
Werkzeugleiste	WERKZEUG-SAMMLUNG

Syntaxfestlegungen

- Variablendeklaration:
  `Dim Variabel As` Datentyp, `Variable2 As` Datentyp, ...
- Deklaration einer Konstanten:
  `Const` Konstante1 [Kürzel] = Ausdruck1,
  Konstante2 [Kürzel] = Ausdruck2, ...
- Objektvariablendeklarartion:
  `Dim NeuObject As Objekttyp`
- Zuweisung: `Variable = Ausdruck`
- Funktionszuweisungen: `Ziel = Funktionsname [$]` (Argument1, Argument2, ...)
  (Mit $-Zeichen: Ergebnis als `Character`, sonst als `Variant`)
- Prozedur: `Prozedurname Argument1, Argument2, ...`

Vorgehensweise bei der Programmerstellung (VB)

1. Erstellen einer Bedienoberfläche (Fenster anlegen).
2. Auf dem Formular werden ausgehend von der Werkzeugleiste einzelne Steuerelemente in die aktuelle Form eingebunden, z.B.: Befehlsschaltflächen, Textfelder, Bezeichnungsfelder usw.; **Steuerelemente** anpassen und ausrichten.
3. Festlegung der **Eigenschaften** (⇒ Eigenschaftsfenster) - Objektbenennungen und Modifikation von Einstellungen.
4. Mit dem **Code-Editor** (Schaltfläche Code anzeigen) wird der Quell-Code programmiert.
5. Erstellen und speichern einer ausführbaren **exe-Datei**.

VBA (Visual Basic for Applications)

- VBA-Programme greifen auf MS-Office-Software zu.
- Einbindung von **COM** (**C**omponent **O**bject **M**odel)-Programmen in VBA-Software. COM: Software-Objekt-Modell von MS.
- Einbindung von nicht-COM-Software über SendKeys-Methode.
- **SendKeys**: Durch die Sendung von Tastaturkürzeln wird das gewünschte Programm eingebunden.
- Programmaufrufmöglichkeit in VBA: appID = ...
- Aktivierung über: sendKeys typ [makro-inhalt]

Fortran

Basisvereinbarungen

- Im Programmkopf kann (und sollte!) „`program`" und ein Programmname stehen.
- Das Programm wird mit der Anweisung „`end`" (auch: „`end program`" oder „`end program` name") abgeschlossen.

Spalte 1:	C oder * oder !	→ Kommentarzeile folgt
Spalten 1-5, 7-72: !		→ Kommentaranfang
Spalten 1-5:	Ziffer(n)	→ Bezugsnummer
Spalte 6:	weder 0 noch Leerzeichen	→ Fortsetzungszeile
Spalten 7-72:	Fortran-Anweisung	
Spalten 7-72:	Ein Semikolon trennt Anweisungen	
Spalten 73-80:	(Optionale) Identifikationsangaben, sie sind für den Computer ohne Bedeutung	

Spaltennummer (Quellentextzeile)

1 5 6 7 72 73 80

a | b | c | d

Bereich	Anfangszeile	Fortsetzungszeile
a	Marke oder blank	blank
b	blank oder 0	Zeichen (ohne 0 oder blank)
c	– Anweisung –	
d	– Identifikation (optional) –	

Unterprogramme

- SUBROUTINE `name [(Parameter...)]`
- FUNCTION `name [Parameter...`
- BLOCK `DATA [name]`

Datentypen

Integer: ganzer Wert	**DOUBLE PRECISION**: (doppelt genaue reelle Zahl; Exponent wird mit D angezeigt)
REAL: reelle Zahl (kein Komma)	
COMPLEX: komplexe Zahlen, bestehen aus einem Paar ganzer oder reeller Zahlen (real, imag)	**LOGICAL**: logische Konstanten `- .TRUE.` ǀ `.FALSE.`
Für Felder müssen DIMENSION-, COMMON- oder Typanweisungen vereinbart werden.	

Programmablaufsteuerung

Spannungsanweisungen: GO TO	Pause: `PAUSE [n]`
`Continue`-Anweisung	Stop: `STOP [n]`
Rücksprung: `RETURN [n]`	

IF-Anweisungen

- `IF` (arithmetischer oder logischer Ausdruck) `Anweisung`
- `IF` (ogischer Ausdruck) `THEN`
- `ELSE IF` (logischer Ausdruck) `THEN`

DO-Schleifen: `DO_variable = E1, E2 [, E3]`

Datenobjekte

- Konstanten
- Skalare
- Strukturen
- Variable
- Felder

Ein-/Ausgabe-Dateistatus

- Sequentieller Zugriff: `READ/WRITE`
- Datenübertragung: `PRINT/...`
- Direkter Zugriff auf externe Dateien: `OPEN (...,FILE..)`
- `Close ([UNIT = ...)`

Ada

- Eine prozedurale, objektorientierte Sprache, die bei zeitkritischen Systemen verwendet wird.
- Modulare Strukturierungselemente sind:
  - Funktionen und Prozeduren als Unterprogramme
  - Pakete, Generische Einheiten und Prozesse.
- Komplexe – auch parallel ablaufende – Prozesse werden durch den Austausch von Botschaften gestaltet.
- Kein gesondertes Hauptprogramm wird vereinbart.
- Schlüsselwörter werden fettgedruckt und kleingeschrieben.
- Keine Unterscheidung zwischen Groß- und Kleinschreibung.
- (Daten-)Typen müssen exakt vereinbart werden.
- Bei Feldern können offene Grenzen definiert werden.
- Verbundtypen können als **`record`** vereinbart werden.
- Keine Zeiger (pointer): Zugriffe erfolgen über **`access`**.
- Sprachelemente werden über Bibliotheken zugänglich gemacht: Sie werden vor einer Prozedur eingebunden mit **`with`**.

Datentypen

- Standard `(INTEGER, BOOLEAN, LOAT, CHARACTER, STRING)`
- `TEXT_IO` (`GET` (String-Eingabe), `PUT` (String-Ausgabe))
- Prozesstypen und Private Typen
- Zugriffstypen (ähnlich den üblichen „Zeigertypen")
- Zusammengesetzte Typen: Reihungstypen und Verbundtypen
- Skalare Typen (diskrete Typen und reelle Typen)
  - Diskrete Typen (lineare Anordnung der Elemente): Aufzählungstypen (z. B.: `BOOLEAN, CHARACTER`) Ganzzahlige `(INTEGER, SHORT_INTEGER, LONG_INTEGER)`
  - Reelle Typen: 1. Gleitkommazahlen 2. Gleitkommazahlen `(FLOAT, SHORT_FLOAT, LONG_FLOAT)`

Anweisungen (Steuerungen)

- `for` <Variable> `in` <Bereich> `loop` <Anweisungen> `end loop;`
- `while` <Bedingung> `loop` <Anweisungen> `end loop;`
- `if` <Anweisung> `then` <Anweisungen>
`elsif` <bedingung> `then` <Anweisungen>
`elsif` ... `else` <Anweisungen> `end if;`
- `procedure` <name> <Parameter> `is` <Vereinbarungen>
`begin` <Anweisungen> `end` <name>;

- `case` <Ausdruck> `is`
`when` <Wertebereich> =>
<Anweisungen>
...
`when others =>`
<Anweisungen> `end case`
- `Block: declare`
<(lokale) Vereinbarungen>
`Begin` <Anweisungsteil>
`end;`
- `loop` <Anweisungen>
`end loop;`

Pakete

- Mit Paketen werden Typen, Prozeduren, Objekte einheitlich verbunden: Sie werden **eingekapselt.**
- **Abstrakten Datentypen** (**ADT**): Zusammenfassung von Objekttypen mit entsprechenden Operationen.
- Prozeduredetails können bei Pakten im privaten Teil (**private**) versteckt werden.

Generische Programmelemente

- **Generische Prozedur** (auch: Programmschablone)
  - Sie legt Operationen usw. allgemein gültig fest
  - Einsetzbar für unterschiedliche Typen

Grundaspekte

- C wurde Anfang der 1970er Jahre von Dennis Ritchie an den Bell Laboratories entwickelt.
- Die Entwicklung des Betriebssystems UNIX ist untrennbar mit der C-Sprache und C-Gestaltung verbunden.
- C ist betriebssystemunabhängig und umfangsarm.
- Der gültige Standard für C wurde 1989 von der **ANSI** (**A**merican **N**ational **S**tandards **I**nsitute: „**ANSI – C**") festgelegt.

Ein-/Ausgabe

- Für die Ein- und Ausgabe von Daten greift C bei den grundlegenden Formen auf die Definitionsdatei **`stdio.h`** zu. Im Programm wird die Anweisung **`#include<stdio.h>`** eingefügt.
- Mit <*Dateiname*> können Standarddateien und mit **`#include`** „*Dateiname*" benutzerdefinierte Dateien dem Programm zur Verfügung gestellt werden.
- Formatierte Ein- und Ausgaben mit **`printf`** und **`scanf`**
- **`putchar`** – Ausgabe eines Zeichens auf dem Bildschirm
- **`put`** – Ausgabe einer Zeichenfolge auf dem Bildschirm
- **`getchar`** – Einlesung eines Zeichens über die Tastatur
- **`gets`** – Einlesung einer Zeichenfolge

`\n` – Zeilenvorschub; `\b` – Backspace
`\t` – Horizontal-Tabulator; `\v` – Vertikal-Tabulator

`eof` – end of file; `eol` – end of line

Vordefinierte Datentypen

[in Klammern: Kennbuchstabe]

- Integer-Typ (`int`) [d / I / u / x / X]
  - mit und ohne Vorzeichen (signed/unsigned)
  - Unterscheidungen: short, long int, signed long int
  - Beziehungen: short int ≤ int ≤ long int
- Character-Typ (`char`) [c]
- Aufzählungstyp (`enum`)
- Fließkommatyp (`float`) [f / e / E]
  - float (einfach-genau)
  - double (mindestens so genau wie float) – long double
- Zusammengesetzte Typen
  - Zeigertypen (&: Adressoperator: `&variable` – benennt die Hauptspeicheradresse der Variable)
  - Feldtypen, Strukturtyp (`struct`), Bitfelder
  - Vereinigungstyp (`union`), Funktionstypen
- Leerer Typ (`void`)

Typ	Speicherplatz (in Byte)	Vorzeichen
unsigned char	1	nein
(signed) char	1	ja
unsigned short (int)	2	nein
(signed) short (int)	2	ja
unsigned int (16-Bit)	2	nein
(signed) int	2	ja
unsigned int (32-Bit)	4	nein
(signed) int	4	ja
unsigned long (int)	4	nein

Programmentwicklung

1. Ein **Lösungsalgorithmus** wird gefunden.
2. **Quellcodegestaltung:** C-Quellcodedatei ***xxx.c***
3. **Compilierungsprozess**
   (mit einem Präprozessor und C-Compiler)
   Erzeugt wird eine Datei ***xxx.obj.***
4. **Linkprozess:** Bibliotheken werden eingebunden

(1) Algorithmus
(2) Quellcode-Einstellung (mittels Editor)
(3) Übersetzung der Quelldatei mittels Präprozessor und C-Conpiler → Ergebnis: Quelldatei: ****.obj
(4) Erzeugt wird ein lauffähiges Programm: → Ergebnis: Datei: ****.exe (eine exe-Datei)
Programmaufruf: Programmausführung

Vorrangig: menschliches Tun

Vorrangig: maschinelles Tun

Benutzerdefinierte Datentypen

- **Konstanten**
  - `const` typ bezeichner = wert;
    Beispiel: `const double exp = 2.718281828459;`
    [const-Definitionen sind in C-Programmen vorrangig zu nutzen (→ Typsicherheit)]
  - `#define` <Name> <zeichenfolge>
    Beispiele: `#define pi 3.14159265358979323846`
    `#define EURO 1.95583`
    Definitionsende mit `#define` ohne Semikolon.

- **Strukturtyp:** `struct {...};`
  Daten verschiedenerer Typen werden im Verbund erfasst:
  Beispiel:
  ```
  struct Teilnehmer        {
         int POS;
         char NAME [21];
         char VORNAME [15];
         float GEHALT;      };
  ```
  Aufruf erfolgt (z. B.) über:
  Teilnehmer person_1 = {1, „Einstein", „Albert", 10.5}

- **Aufzählungstyp:** `enum` (enumeration)
  Beispiele:
  `enum bool {false, true};`
  `enum` NOTEN {EINS = 1, ZWEI, DREI, VIER, FÜNF, SECHS};
  (ZWEI erhält nun den Wert 2 etc.
  Ohne die Angabe EINS = 1 hätte EINS den Wert 0 usw.)

Programmbeispiel

```
# include <stdio.h>          /* Vereinbarung der Standardbibliothek stdio.h */
void main(void)             /* Das Hauptprogramm wird mit main bezeichnet. */
{   int i, y;               /* Geöffnete Schleife: Programmanfang und Vereinbarung der Variablen. */
     i = 1;                 /* Zuweisung eines festen Werts an i */
   scanf(„%i", &y);         /* Wert für y wird eingelesen. */
   printf(„i = %i\n", i); } /* Ausdruck des Wertes zu i und Ende des Programms. */
```

Strukturen

- **Schleifen**

while
```
while (ausdruck)
anweisung
```

do-while
```
do anweisung
while (ausdruck);
```

for
```
for (ausdruck-1;...; ausdruck-n) anweisung
```

- **Auswahlanweisungen**

if
```
if (ausdruck)
anweisung
```

if-else
```
if (ausdruck)
    anweisung_1
else
    anweisung_2
```

switch
```
switch (ausdruck)
{ case konstante_1:
        anweisung_1
  case konstante_2:
        anweisung_2
  ...
  default: Anweisung }
```

else if
```
if (ausdruck_1)
    anweisung_1
else if (ausdruck_2)
    anweisung_2
...
else
    anweisung
```

- **Sprunganweisungen**

break
```
break;
```
Die innerste umgebende Schleife einer Anweisung wird verlassen.

goto
```
goto Marke
```
Sprung zu vorgegebenen Position (Marke). Möglichst zu vermeiden.

continue
```
continue;
```
Ein aktueller Schleifendurchlauf wird abgebrochen.

return
```
return ausdruck;
```
Rückkehr von einer Funktion zur aufrufenden Stelle.

Standardbibliotheken (Header-Vereinbarungen)

- `<assert.h>`: Fehlerdiagnose
- `<ctype.h>`: Test- und Umwandlungsfunktionen für Zeichen (Characterbehandlung)
- `<errno.h>`: Funktionen zur Fehlerbehandlung
- `<float.h>`: Grenzwerte der Fließkommadarstellung
- `<limits.h>`: Grenzwerte für Ganzzahltypen
- `<locale.h>`: Funktionen für lokale Besonderheiten
- `<math.h>`: Mathematische Funktionen (double)
- `<setjmp.h>`: Nichtlokale Sprünge über Funktionen
- `<signal.h>`: Signalbehandlung
- `<stdarg.h>`: Funktionen mit variablen Listen
- `<stddef.h>`: Allgemeine Typdefinitionen und Makros
- `<stdio.h>`: Ein-/Ausgabe- und Dateioperationen
- `<stdlib.h>`: Hilfefunktionen
- `<string.h>`: Zeichenfolge
- `<time.h>`: Zeitbestimmungsfunktionen

Dateiverwaltungsbefehle

- **Dateistruktur:** `FILE`
- **Dateizeiger:** `FILE` **datei_zeiger*
- **Dateiöffnung:** `datei_zeiger = fopen` *(Name der Datei, Zugriffsmodus)*
- **Dateischließung:** *int* `fclose` (*FILE *datei_zeiger*)
- **Abfrage Dateiende:** *int* `feof` (*FILE *datei_zeiger*)

Lesen aus einer Datei
- zeichenweise: *int* `fgetc` (*FILE *datei_zeiger*);
- zeilenweise:
  *char * fgets* (*char *string, int n, FILE *datei_zeiger*);
- satzweise: `fscanf` (datei_zeiger, steuerstring, & variable_1,..., &variable_n);

Schreiben in eine Datei
- zeichenweise: *int* `fputc` *(int c, FILE datei_zeiger)*
- zeilenweise: *int* `fputs` (*char *string, FILE *datei_zeiger*)
- satzweise: `fprintf` (datei_zeiger, steuerstring, & variable_1,..., &variable_n)

Zugriffsmodus

„r" – (read) Lesen aus einer Textdatei
„w" – (write) Schreiben einer Textdatei
„a" – (append) Anlegen einer Datei bzw. an eine bereits vorhandene anfügen
„r+" – Lesen und Schreiben einer bereits vorhandenen Datei
„w+" – Schreiben und Lesen einer neuen Datei

Typkonvertierungen

`atof`:	Text in Float	`atoi`:	Text in Integer
`atol`:	Text in Long	`strtod`:	String in Double
`strtol`:	String in Long		
`strtoul`:	String in Unsigned Long		
`tolower`:	in Kleinschreibung (ohne Umlaute)		
`toupper`:	in Großschreibung (ohne Umlaute)		

Dynamische Speicherplatzreservierung

Speicherplatzanforderung erfolgt während des Programmablaufs (Dynamische Vereinbarung während der Laufzeit)

Adressen	Name	Aufgabe/Funktion
hohe	**Heap**	– dynamische Speicherplätze
↑	**Stack**	– lokale Funktionsvariablen – aktuelle Parameter – Rücksprungadressen
	Daten	– globale Variablen – lokale static-Variablen
↓ niedrige	Programm	– dynamische Speicherplätze

z. B.: Stack: Speicherraumumfang in C ca. 2048 Bytes

Reservierung von Heap-Speicherplatz erfolgt über
- **malloc:** Speicher einer vorgegebenen Größe werden reserviert (void * `malloc` (unsigned int size))
- **calloc:** Speicher für Felder werden reserviert (inkl. Initialisierung) (void* `calloc` (unsigned int n, unsigned int size))
- **realloc:** existierende Speicherbereiche werden erweitert
- **free:** Speicherraum wird wieder freigegeben (void `free` (void *block))

Die Möglichkeit zur dynamischen Vereinbarung gilt auch für Felder und Zeichenketten.

- C++ existiert seit etwa 1983
- Gegenüber C liegt in C++ eine strenge Typenkontrolle vor
- Mit C++ sollen sehr große Softwareprojekte realisiert werden
- In C++ können Objekte gebildet werden

Grundstrukturen

Speicherbedarf der Ganzzahl-Variablentypen		
Typ	Bits	Zahlbereich
`char`	8	-128 bis 127
`int; short`	16	-32768 bis 32767
`long`	32	-2147483648 bis 2147483647
Genauigkeit der Fließkommazahlen		
Typ	Bits	Wertebereich
`float`	32	3.4*(10**-38) bis 3.4*(10**38)
`double`	64	1.7*(10**-308) bis 1.7*(10**308)
`long double`	80	3.4*(10**-4932) bis 1.1*(10**4932)
Escape-Sequenzen		
`- '\n'`	new line (neue Zeile)	
`- '\r'`	carriage return (Wagenrücklauf)	
`- '\\'`	Backslash	
`- '\f'`	formfeed (neue Seite)	
`- '\b'`	backspace (Leerfläche)	
`- '\t'`	horizontaler Tabulator	
`- '\v'`	vertikaler Tabulator	
`- '\''`	Apostroph	
`- '\"'`	Anführungszeichen	
`- '\a`	Alarm	

iostreams

Header	Name und Verwendung
`<iostream.h>`	ostream → Ausgabe istream → Eingabe iostream → Ein-/Ausgabe
`<fstream.h>`	ofstream → Datei-Ausgabe ifstream → Datei-Eingabe fstream → Datei-Ein-/Ausgabe
`<strstream.h>`	ostrstream → Speicher-Ausgabe istrstream → Speicher-Eingabe strstream → Speicher-Ein-/Ausgabe

Standardbefehle

Bezug	Bedeutung	// Bezeichnung
istream	Standardeingabe:	**`cin`**
ostream	Standardausgabe:	**`cout`**
ostream	Standard-Fehlerausgabe:	**`cerr`**
ostream	Log-Ausgabe:	**`clog`**

- Einleseoperator
  `>> cin >> abc`
- Einfügeoperator
  `<< für die Ausgabe: out << def`

Elementare Erweiterungen gegenüber C

- // Kommentareinleitung, geht bis zum Zeilenende
- Deklarationen können zwischen Anweisungen stehen
- Variablen können über Referenzen angesprochen werden: Hierzu wird das Zeichen & hinter den Typ bzw. vor den Namen gesetzt
- bool logischer Datentyp
- Typkonversionen (Casts) sind möglich
- :: Scope-Operator; ermöglicht den Zugriff auf gleichnamige globale Größen innerhalb von Blöcken

Operatoren **new** und **delete**:

- Mit `zeiger = new typ` wird eine dynam. Variable erzeugt und Speicherraum zur Verfügung gestellt
- Mit `delete zeiger` wird der Speicherraum wieder freigegeben

Objektorientierte Erweiterungen in C++ gegenüber C

Klassen

Eine Klasse ist eine vom Benutzer definierte Struktur: Gleichartige Objekte werden so beschrieben.

- **`class:`** Schlüsselwort, dient zur Definition einer Klasse.
- **`private:`** Alle Anweisungen hinter private können nur innerhalb der Klasse angesprochen werden.
- **`public:`** Die Anweisungen können von überall angesprochen werden.
- **`protected:`** Die Elementarfunktionen der Klasse und abgeleitete Klassen (→ Vererbung) können auf diese Abschnitte zugreifen.
- Die Reihenfolge ist vertauschbar.
- Mit **`struct`** kann die Vereinbarung auch bestimmt werden. (Achtung: Standardgemäß beginnt eine `class` mit `private` Angaben; bei `struct` liegt als Voreinstellung `public` vor.)

Beispiel einer Klassendefinition

```
class name
 {
 private:
   //klasseninterne Komponenten
 public:
   //allgemein zugängliche Komponenten
 protected:
   //geschützte Abschnitte
 };
```

Vererbung

- Eine neu gebildete Klasse kann Deklarationen einer bereits existierenden Klasse übernehmen.
- Die Bezugsklasse wird **Basisklasse** genannt.
- Die neu gebildete Klasse wird als **abgeleitete Klasse** bezeichnet.
- Syntax: `call X: public Y, public Z,` ...

Standardfunktionen

Funktion	Beispiel	Header	Hinweis
abs	`int abs(int i)`	stdlib.h	Absoluter Wert von i wird bestimmt
calloc	`void *calloc(size_t nitems, size_t elsize)`	stdlib.h	Zuweisung von Speicherplatz
clock	`clock_t clock (void)`	time.h	Abgelaufene Prozessorzeit
div	`div_t div (int num, int denom)`	stdlib.h	Division num/denom erfolgt
erf	`(typ) erfc (typ x)`	math.h	Wert der Fehlerfunktion von x
exp	`(typ) exp ((typ) x)`	math.h	Exponentialfunktion
fclose	`Int fclose(FILE *stream)`	stdio.h	Schließt eine Datei
fflush	`int fflush (FILE *stream)`	stdio.h	Puffer wird in Datei gespeichert
floor	`double floor (double x)`	math.h	Positive Zahlen werden abgerundet Negative werden aufgerundet
fmax	`double fmax (double x, double y)` `float fmaxf (float x, float y)`	math.h	Der größere Wert wird zurückgegeben
fmod	`float fmodf (float a, float b)`	math.h	Rückgabe vom Divisionrest a/b (→ a − n · b)
fopen	`FILE *fopen(char *filename, char *access)`	stdio.h	Dateiöffnung im Modus access
fprintf	`int fprint(FILE *stream, char *format, ...)`	stdio.h	Ausgabe in Datei
fputs	`int fputs(char *string, FILE *stream)`	stdio.h	String wird in stream-Datei geschrieben
free	`void free(void *block)`	stdlib.h	Gibt Speicherplatz frei
log	`double log (double x); float logf (float x); long flot logl (long double x)`	math.h	logarithmus naturalis (x muss größer Null sein)
malloc	`void *malloc(size_t size)`	stdlib.h	Speicherplatzreservierung
mktime	`time_t mkxtime (struct tmx *tp)`	time.h	Zeitstruktur wird in Ganzzahl umgewandelt
modf	`double modf(double x, double *ip); float modff(float x, float *ip); long double modfl(long double x, long double *ip)`	math.h	Zerlegung von x in ganzzahligen Anteil und einen Dezimalanteil. Dezimalanteil wird gespeichert unter der Adresse, auf die ip verweist
pow	`float powf(float a, float b)`	math.h	Potenzberechnung (a^b)
qsort	`void squort (void base, size_t n, size_t size, int (cmp)(const void *, const void *))`	stdlib.h	Sortierfunktion – bezogen auf Arrayelemente
remove	`int remove (const char *` *filename*`)`	stdio.h	*filename(Datei)* wird gelöscht
rename	`int rename (const char` **oldname*`, const char` **newname*`)`	stdio.h	Datei *oldname* wird in *newname* umgenannt
sin	`double sin (double x); float sinf (float x); long double sinl(long double x)`	math.h	Sinusberechnung mit x in Bogenmaß
sqrt	`double sqrt (double x); float sqrtf(float x); long double sqrtl(long double x)`	math.h	Berechnet die Quadratwurzel
srand	`void srand (unsigned int seed)`	stdlib.h	Zufallzahlenabfolge wird über seed geleitet
strlen	`size_t strlen (const char *string)`	string.h	Bestimmung der Anzahl eines String
tgamma	`double tgamme (double x);...`	math.h	Verallgemeinerte Fakultät (Gammafunktion G)
time	`time-t time (time-t *ip)`	time.h	Liefert die aktuelle Kalenderzeit

C#

- C# wird gesprochen „C Sharp“.
- Von Microsoft im Jahr 2000 entwickelte Programmiersprache in Anlehnung an C/C++ und Java für die .NET-Technologie.
- Sie ist eine objektorientierte Programmiersprache.
- Anweisung und Schlüsselwörter von C# entsprechen den von C++.
- C# besteht vollständig aus Klassen; alle Typen (inkl. Konstanten) werden mit Klassen beschrieben.
- C# nutzt keine C-Bibliotheken.
- Es gibt keine Header-Angaben.
- Der Compiler verarbeitet die Anweisungen direkt.
- Zeichenketten sind Objekte von string-Typ.
- Es gibt keine festen Links.
- Das Ende einer Anweisung wird mit einem ; angegeben.
- C# ist case-sensitiv: Es wird strikt zwischen Groß- und Kleinschreibung unterschieden.
- Bei Arrays werden die Klammerangaben [...] an die Typangabe angehängt, z. B.:
  `int [ ] nummer; nummer = new int [9]`
- **System. Console** ist eine Klasse, über die Dateneingaben und -ausgaben möglich werden, z. B.:
  `System.Console.Writeline („\n" + „5 + 2=" + (5+ 2));`
- Die Hauptfunktion (**main**) tritt genau einmal auf.
- Innerhalb von Funktionen kann der goto-Befehl verwendet werden. Das Ziel von goto wird mit einem Label bestimmt.

Merkmale

- Es ist eine objektorientierte, plattformunabhängige Sprache, die von **SUN** entwickelt wurde. Die Syntax orientiert sich an der von C++; auf Zeiger und Mehrfachvererbungen wurde verzichtet.
- Die Programmcompilierung erfolgt für einen virtuellen Maschinenprozessor, der unabhängig vom realen Mikroprozessor arbeitet. Mit der Universalität von Javaprogrammen gehen aber verlängerte Laufzeiten einher.
- Java setzt den **Unicode 1.1.5** (ISO - 16-Bit-Zeichensatz) ein.
- **JDK** (**J**ava **D**evelopment **K**it) ist eine Entwicklungsumgebung.
- `javac` aktiviert den Java-Compiler. Er erzeugt einen Java-Bytecode. Er wird von `java` interpretativ verarbeitet.
- `java` aktiviert die virtuelle Maschine **JVM** (**J**ava **V**irtual **M**achine). Dies ist der Java-Interpreter. Unter einer virtuellen Maschine ist hierbei eine quasi nur gedachte Maschine zu verstehen.

Programmerstellung (Java-Prinzip)

1. Quelltext wird mit einem **Editor** geschrieben. Speicherung mit der Endung `.java` → Ergebnis: Quellmodul
2. Quellmodul wird mit dem **Compiler** (`javac`) compiliert: der Java-Bytecode wird so erzeugt.
   - Erzeugt wird so eine Class-Datei (Endung: `.class`)
   - Diese class-Datei enthält einen Byte Code, der auf der **V**irtuellen **M**aschine (**JVM**) zum Einsatz kommt.
3. Die virtuelle Maschine (`java`) interpretiert den Code.

- Durch die Verarbeitung des Bytecode kann der Interpreter eine größere Geschwindigkeit erzielen. Die Universalität in der Verwendung bleibt zugleich gewahrt.
- Unterschieden werden Applets und Applikationen.
  - **Applet:** Java-Programm, eingebettet in eine HTML-Seite. Es kann über das WWW aktiviert werden.
  - **Applikationen:** eigenständiges Java-Programm; es ist zum Beispiel unabhängig von einem WWW-Browser.
- Mittels **RMI** (**R**emote **M**ethod **I**nvocation) werden verteilte (netzweite) Anwendungen realisierbar.
- **J2EE** (**J**ava **2** **E**nterprise **E**dition) ermöglicht:
  - Webserver-Anwendungen und
  - Datenbankanbindungen.
  - Auch wird ein Transaktionsmanagement realisierbar.
- **Java im Internet**
  Der Java-Compiler (javac) und der java-Interpreter (java) werden kostenlos im Internet angeboten (siehe Suchmaschine).

Basiselemente

- **Operationen**
  - arithmetische [++ -- + - * / %]
  - Vorzeichen [+ -] - Typumwandl. [(typ)]
  - Vergleichsop. [== != < <= > >=]
  - logische [! & ^ | && |<]
  - Bitoperationen [~ & ^ |]
- **Operatoren**
  - instanceof (→ *Objekt instanceof gesuchteKlasse*) Prüfung, ob ein Objekt zu einer Klasse gehört.
  - ? Konditional-Operator (→ *bool ? a1 : a2*) Bedingungsabhängig wird ein Objektwert zugeordnet.
- **Kommentare**
  // alle Zeichen in der Zeile werden ignoriert
  /* *alle eingeklammerten Zeichen werden ignoriert* */
  /** *Hinweise mittels* java-doc *zwecks Online-Dokumentation* */

Primitive Datentypen

- Vordefinierte Typen, die keine Methoden besitzen.

Name	Bit(s)	Ergebnisbereich
`boolean`	1	true or false
`char`	16	von \u0000 bis \uFFFF
`byte`	8	von –128 bis +127 (Ganzzahl)
`short`	16	-32768 bis +32767 (Ganzzahl)
`int`	32	von -2**31 bis +[2**31] - 1 (Ganzzahl mit Vorzeichen)
`long`	64	von -2**63 bis [+2**63] - 1 (Ganzzahl mit Vorzeichen)
`float`	32	von ± 1.40239846 E -45 bis ± 3.40282347 E +38; (Fließkommazahl)
`double`	64	von ± 4.940656458412465 E -324 bis ± 1.797693138462315750 E +308 (Fließkommazahl)

Kontrollstrukturen

Block	`{ Anweisung 1; ... }`
Entscheidungsanweisung	`if - else` - Anweisungen
geschachtelte if-Anweisung	`switch`-Anweisung
Abweisende Schleife	`while`
Nicht-abweisende Schleife	`do-while`
Zählschleife	`for`

Logische Operationen

- && - und
- || - oder
- ! - nicht (Negation)

Postfix-Notation

- i++ => i = i + 1
- i– => i = i - 1

Präfix-Notation

- ++1 => i = i + 1
- --1 => i = i - 1

Schlüsselwörter

```
abstract / boolean / break / byte / case /
char / class / const / continue / default /
do / double / else / float / for / goto /
if / implements / import / instanceof / int /
interface / long / new / pachage / private /
protected / public / return / static / switch /
synchronized / this / throw / throws /
transient / try / void / volatile / while
```

Namensbezeichner

Für Klassen, Objekte, Methoden gilt:

- Erstes Zeichen ist ein Buchstabe oder $ oder _
- Groß- und Kleinschreibung werden unterschieden
- Nach dem ersten Zeichen folgen beliebige Buchstaben/Zahlen
- Typischerweise ist der erste Buchstabe ein großer.

Beispiel für eine Programmklasse

```
class Name
    { public static void main (String [ ] args)
        {...
        }
    }
```

Aufbau einer Methode

Zugriffsrecht Ergebnistyp
Methodenname (Parameterliste)
{ ...;
return Ergebniswert;
}

Zugriffsrechte auf Klassenkomponenten

Kernvereinbarungen innerhalb der bzw. zur Objektorientierung	
`public`	▪ öffentliche Komponenten ▪ Zugriff aus allen Klassen möglich
`protec-ted`	▪ teilweise geöffnete Klassen ▪ Zugriff nur aus abgeleiteten Klassen und aus Klassen im gleichen Package
`private`	▪ private Komponente ▪ Zugriff nur innerhalb der Klasse
`default-Zustand`	▪ Zugriff nur innerhalb des Packages (abgeleitete Klassen haben kein Zugriff)

Abstrakte Klassen

- **Abstrakte Klassen** sind Klassen ohne eigene Objekte
  Quellcode:
```
abstract class NameKlasse{
}
```
- Diese Klassen können abstrakte und konkrete Methoden beinhalten.
- Von dieser Klasse können direkt keine Objekte gebildet werden. Jedoch können Klassen abgeleitet werden aus der abstrakten Klasse. Hierzu können Objekte gebildet werden.
- Objektbildung: Instantiierung einer Klasse (engl.: instantiated)
- Klassenhierarchisierungen sind in JAVA möglich. In diesem Fall liegen Ableitungen zwischen Klassen vor. Dies ist die Voraussetzung für die Polymorphie. Ein Objekt kann eine Zusammenfassung von Objekten verschiedenen Klassen sein, die zueinander in einer eindeutigen Ableitungsbeziehung stehen.

Vererbungen

- Klassen können aus Klassen abgeleitet werden.
  - Erblasser-Klasse (Erb-Lasser): Vater-Klasse
  - Abgeleitete Klasse (Erb-Nehmer): Kinder-Klasse
- Das Erbe kann erweitert werden. Es kann nicht beseitigt werden.
- Herstellung einer Vererbung:
```
class Erb-NehmerKlasse extends Erb-LasserKlasse
{
}
```

Ableitungsbeziehung

(→ steht für „ist ein ...")
1: Kindklasse → Elternklasse
2: Subklasse → Superklasse
3: Abgeleitete Klasse → Basisklasse
Konkret kann dabei eine Superklasse auch wieder die Subklasse einer übergeordneten Superklasse sein.

Interface

- Dies ist eine abstrakte Klasse ohne Datenkern.
  Quellcode: `interface Name{ }`
- Weiterhin werden die Methoden nur als Prototyp bestimmt.
  Quellcode: `void schnittstelleXYZ();`

Datenkern und Methoden

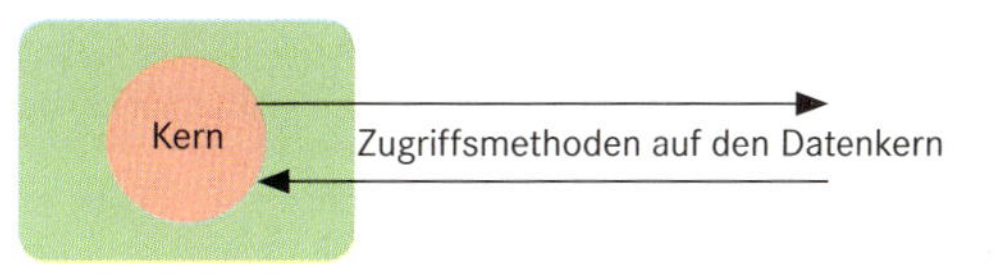

- Der Datenkern von Objekten ist geschützt.
- Der Anwender kann Daten aus dem Kern in Erfahrung bringen.
- Die Methoden beziehen sich jeweils zwingend auf die Klasse, zu der sie programmiert wurden.
- Die Klassen sind Paketen zugeordnet.

Programmierbeispiel für einen Datenkern

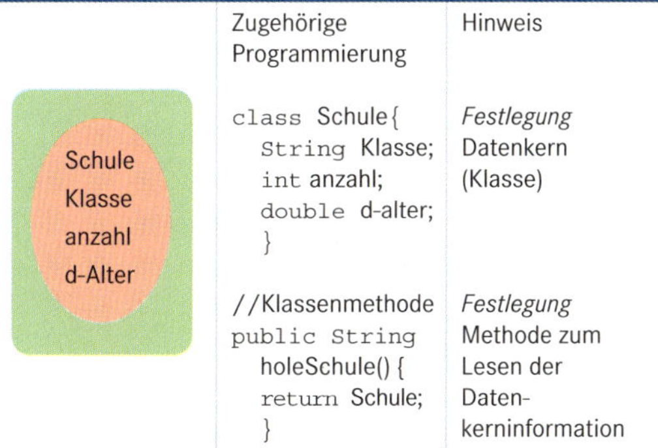

	Zugehörige Programmierung	Hinweis

	`class Schule{`
	`String Klasse;`
	`int anzahl;`
	`double d-alter;`
	`}`
		Festlegung Datenkern (Klasse)

	`//Klassenmethode`
	`public String holeSchule() {`
	`return Schule;`
	`}`
		Festlegung Methode zum Lesen der Datenkerninformation

Java-Packages (java.xxxx.xxx ...)

.applet (Klassen für Applets und ihren Kontext)
.awt (graphische Oberflächen)
.awt.dnd (Drag- und Drop-Klassen)
.awt.geom (geometrische Objekte)
.awt.image (Bildbearbeitung)
.awt.print (Druckaufgaben)
.io (Ein-/Ausgabe)
.lang (Fundamentalklassen)
.math (Arithmetiklassen)
.net (Netzwerkklassen)
.security (Sicherheitsklassen)
.sql (Datenbankzugriff)
.text (Textzugriff)
.sound (Audioklassen)

- Die Einbindung der Klassen und der zugehörigen Methoden erfolgt über eine Importierung zu Beginn des Quellcodes des Programms. Zum Beispiel: `import java.lang.XYZ;`

Java im Web (WWW)

- Programmspeicherung
  (Hinweis: Applet ist die Bezugsklasse; bezug über extends)
```
import (Java-Packages); ...
public class Name extends Applets { ....}
```
- Einbindung in HTML-Code
```
<APPLET CODE="Name.class"
        WIDTH="..."
        HEIGHT="...">
</APPLET>
```

Perl

- **Perl** (**P**ractical **E**xtraction and **R**eport **L**anguage) ist eine plattformunabhängige Skript-Sprache (Erstversion 1987).
- Für viele Probleme gibt es unter Perl mehrere, voneinander unabhängige Lösungsansätze. – Perl-Motto: TIMTOWTDI („There Is More Than One Way To Do It“: Viele Wege führen zum Ziel.)
- Im Ablauf wird Perl interpretiert: Es ist aber keine reine Interpretersprache. Als Interpreter wird Parrot – eine virtuelle Maschine auf der Basis der Registertechnik – eingesetzt.
- Sie ist bedeutsam für die **Netzprogrammierung** und im Bereich der Bioinformatik. Sie eignet sich gut für den **Client-Server-Datenaustausch** und den Zugriff auf E-Mail- und Web-Seiten-Server im Netz. Sie kann große Datenmengen bewältigen. Perl ist modular konzipiert. Es existieren viele Programmbibliotheken.
- Es werden Strukturen aus den Bereichen der funktionalen, imperativen, objektorientierten und strukturierten Programmierung realisiert. Sie hat den Ruf, eine Hacker-Sprache zu sein.

Variablen

- Variablen werden durch ein Sigil (Präfix vor dem Namen) gekennzeichnet (nachfolgend in Klammern):
  - Skalare ($): `$scalar` (Skalare: typlose Variablen)
  - Vektoren/Arrays (@): `@array` – Hashes (%): `%hash`
  - Funktionen (&): `&function` – Typeglobs (*): `*all`
  - Variable zum „Zwischenspeichern“: `$_`

Beispiel:
```
(1) GutenTag_A.pl
(2) #! /usr/bin/perl -w
(3) print "Hallo und guten Tag \n!";
```
zu (1): Programmname (Endung bei Perl .pl);
zu (2): -w: Warnhinweise
zu (3): ein `print`-Befehl (Ausgabe von „Hallo und guten Tag!“)

Strukturbefehle

- Ende einer Befehlszeile mit einem Semikolon (`;`)
- **Zeilenumbruch** (Vorschub) über `\n`
- **logische Operatoren**: `||`, `&&`, `or`, `and`
- **Strukturbefehle/Ablaufbefehle**
  - **`goto`** [label]: Sprungbefehl (zu einer Schleife)
  - **`last`**: Befehl zum sofortigen Verlassen einer Schleife
  - **`next`**: Sprung zur nächsten Iteration
  - **`redo`**: Sprung zum continue-Block
  - **`unless`**: (Gegenteil zu if)
- **Kontrollstrukturen**
  Sie entsprechen im Kern den Vorgaben aus den C-, Java- und JavaScript-„Welten“.
  - `if (<Bedingung>)… / elsif… / else…`
  - `unless (<Bedingung>)… else…`
    (steht für: `if(!(<Bedingung>))`)
  - `<Bedingung> ? <Anweisung A>: <Anweisung B>;`
  - `<Ausdruck A> || <Ausdruck B>;`
  - `<Ausdruck A> && <Ausdruck B>;`
  - `?:`
- **Schleifen** (`- while… - until… - for…`)

```
- [label:] while (<Bedingung>)
    {<Anweisungen>} [continue {<Anweisungen>}]
- [label:] until (<Bedingung>)
  {<Anweisungen>} [continue {<Anweisungen>}]
- [label:] for ([<Startanweisung>];
                                    [<Bedingung>];
  [<Updateanweisung>])
  {<Anweisungen>} [continue {<Anweisungen>}]
- [label:] for[each] [[my] $element] (<Liste>)
  {<Anweisungen>} [continue {<Anweisungen>}]
```

Simulationen
Simulations

Zur Erfassung und Beschreibung der **Realität** nutzt der Mensch verschiedene Quellen:

- „Naive“ Erfassung von Daten der Welt mittels der Sinne und der Sensoren (**„Phänomen“**).
- Erzählungen und Überlieferungen: **Geschichten**.
- Auslegung von Texten und Dokumenten (**Bibliothek**)
- Klärung von Realitätsaspekten über Experimente
- Erfassung von Realitätsbeziehungen und -entwicklungen (Prozesse und Prognosen) durch mathematisch-informationstechnische **Simulationen** („Rechnermodelle“).

- **Definition der Simulation**
  Nach VDI (Richtlinie 3633): „Nachbildung eines Systems mit seinen dynamischen Prozessen in einem experimentierfähigen Modell“.
- Mit Simulationen können Erkenntnisse für Bereiche gewonnen werden
  - die aus **ethischen** Gründen nicht untersucht werden können (z. B. Krankheiten),
  - die **theoretisch** nicht geschlossen erfasst werden können (Physik/Ökonomie/Soziologie),
  - die **experimentell** nur unter unverhältnismäßigen Aufwand (Rechnernetze) bzw. prinzipiell gar nicht (Astrophysik) erfasst werden können.

Erkenntniszugänge/Welterschließung

Sinnesdaten, Sensorwelt: **Phänomen**	Erzählung, Überlieferung: **Geschichten**
Bericht, Buch, Hermeneutik: **Bibliothek**	Messwerte, Experiment: **Labor**
Modellbau: **Modellierungen**	Rechnermodelle: **Simulationen**

Simulationsarten

- Abbildungsbeziehungen

Reale Welt ——— (Abbildung) ———►	**Modell**
Diskrete Gegebenheiten	diskrete Strukturen
Diskrete Gegebenheiten	stetige Strukturen
Stetige Gegebenheiten	diskrete Strukturen
Stetige Gegebenheiten	stetige Strukturen

- Weitere Einteilungen: Ereignis-, prozess- und transaktionsorientierte, zeitgesteuerte und zellulare Simulationen.
- Für Prognosen werden mit Differenzialbeziehungen und diskreten Strukturen (Automatentheorien) Gleichungssysteme bestimmt, mit denen (kausale) Abläufe nachgebildet werden können. Bedeutsam sind Simulationen besonders bei stochastischen Gegebenheiten. Hierfür werden gute Zufallsfunktionen für die Nachbildung benötigt.

Datenbankübersicht

Database Overview

Datenverarbeitung auf der Basis von Dateisystemen

- Eine Datei ist eine explizit benannte Ansammlung von Sätzen eines oder mehrerer Satztypen.
- Ein **Dateisystem** ist ein Softwarepaket, das den Zugriff auf einzelne Sätze in einer Datei organisiert, wenn das Anwendungsprogramm die entsprechenden Parameter liefert.
- Das Dateisystem kennzeichnet die „traditionelle Datenverarbeitung“, dass jeder Anwendungsprogrammierer die Dateien definiert, die er für seine Anwendung braucht.
- Übliche Dateisysteme unterstützen nur den Zugriff über den Schlüssel eines Satzes, wobei der **Schlüssel** eine von vornherein festgelegte Kombination von Feldern ist, deren Werte den Satz identifizieren.
- Typisch für die konventionelle Datenverarbeitung auf der Basis von Dateisystemen ist es, dass die Dateien in aller Regel **für eine Anwendung** oder für **eng zusammenhängende Anwendungen** entworfen werden.

Traditionelle Datenverwaltung

- **Zur Redundanz:** Da die Daten nur für bestimmte Anwendungen entworfen werden, werden dieselben Daten in verschiedenen Dateien auftreten. Eine hohe Redundanz führt zu einem hohen Bedarf an Speicherplatz und zu wesentlich erhöhten Materialbereitstellungs- und Verarbeitungskosten.
- **Zur Inflexibilität:** Es ist sehr kompliziert, neue Datenanwendungen mit bereits erfassten Daten zu realisieren.
- **Zur Inkonsistenz:** Die Konsistenz (Einheitlichkeit) der Daten kann nur schwer gewährleistet werden. Durch Veränderungen von Dateien können in den einzelnen Dateien unterschiedliche (widersprüchliche) Aktualisierungen entstehen.
- **Daten-Programm-Abhängigkeit:** Dateiveränderungen machen Modifikationen an den darauf basierenden Programmen notwendig. Programmdeklarationen müssen angepasst und eventuell ganze Programmteile neu entwickelt werden.

Datenverarbeitungssysteme

- Die Daten werden als ein eigenständiges Betriebsmittel verstanden.
- Die Daten werden einmal definiert und für alle **Benutzer** zentral verwaltet.
- Die gesamte Kontrolle der Datenbank liegt beim **Datenbankmanagementsystem (DBMS)**.
- Datenbank und Datenbanksoftware bilden zusammen das **Datenbanksystem (DBS)**.
- Das **DBMS** ist ein Programm (Software), das die Beziehung zwischen den Benutzern und einer Datenbank organisiert.
- Die Beziehung zwischen der Datenbank und dem **DBMS** wird vom jeweiligen Betriebssystem des Rechners gestaltet. Durch das **DBMS** wird eine Trennung von Programm und Daten realisiert.
- Das **DBMS** übergibt dem Anwendungsprogramm nur noch die benötigten Datenelemente.

Datenbanksysteme

- **Vereinheitlichung:** Es gibt eine einheitliche Basis für alle Anwendungen.
- **Redundanz** wird reduziert; wo Redundanz nützlich ist, wird sie vom DBMS kontrolliert.
- Das Datenbanksystem kann nach dem Auftreten von Fehlern zentral **eine korrekte Datenbank** wieder erstellen.
- Die **Anwendungsprogrammierung vereinfacht** sich, da der Programmierer nicht die spezielle Organisation auf den Speichern kennen muss.
- Wegen des Wegfalls der Redundanz-Problematik **entfallen** alle **Konsistenzprobleme** der traditionellen Dateiorganisationen.
- Die **Abhängigkeit** zwischen Programmen und Daten wird **vermindert**.
- Die Datenauswertung wird flexibilisiert.
- Das Datenbanksystem kann **zentral** die Korrektheit von Daten **überprüfen**.

Architektur

- Drei Datenebenen werden unterschieden:
  - **Logische Gesamtsicht**
  - **Interne Sicht:** Die Datenorganisation der Daten auf den Speichern.
  - **Externe Sichten:** Die Sichten einzelner Benutzergruppen.
- Die Datenweltmodelle werden mit Datenbeschreibungssprachen in einer für das Datenbankmanagementsystem verständlichen Form beschrieben; diese Beschreibung heißt **Schema**.
- Jede Ebene der Daten modelliert die Daten auf einem anderen Abstraktionsniveau.

Datenbankarchitektur
Database Architecture

Drei-Schicht-Architektur

Unterschieden werden
- verschiedene externe Schemata,
- ein konzeptionelles Schema (logische Gesamtsicht) und ein internes Schema.

Konzeptionelles Modell

- Es erfasst die logische Gesamtsicht auf die Datenbank.
  - Alle Daten der Datenbank werden erfasst.
  - Die wesentlichen Beziehungen zwischen den Daten und den Bedingungen, die für die Daten gelten, werden beschrieben (**Integritätsbedingungen**).
  - Die erlaubten Datenoperationen werden festgelegt. Wird zum Beispiel in der Datenbank eine Verkaufsoperation gebucht, dann muss zugleich eine Veränderung im Lager erfolgen. Komplexe Buchungsschritte werden somit vereinbart.

Vorteile des konzeptionellen Systems

- Das konzeptionelle Modell stellt einen stabilen Bezugspunkt für alle Anwendungen dar.
- Alle wesentlichen Datenaspekte werden einheitlich gespeichert.
- Die Daten werden zentral kontrolliert.
- Die Datenunabhängigkeit der Anwendungsprogramme wird über das konzeptionelle Modell ermöglicht.

Datenbankmanagementsysteme

- Verbreitet sind Datenbankmanagementsysteme vom Typ
  - **hierarchisch**
  - **netzwerkorientiert**
  - **relational**

  Diese Systeme bieten generische Operationen (wie z. B.: speichern, lesen, löschen, modifizieren) an.
- Das relationale DBMS ist zur Zeit das wichtigste System.

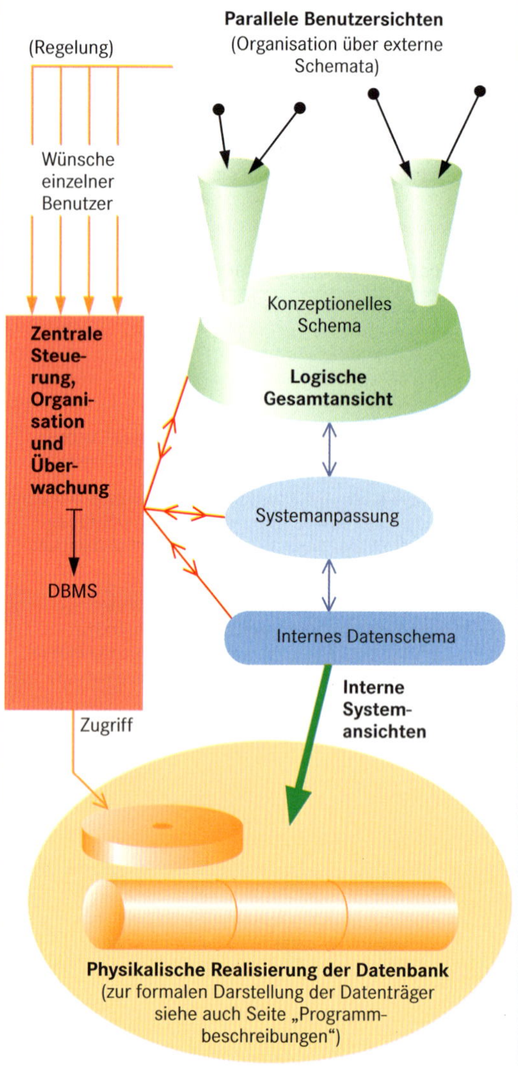

(Regelung)
Wünsche einzelner Benutzer
Zentrale Steuerung, Organisation und Überwachung
DBMS
Zugriff
Parallele Benutzersichten
(Organisation über externe Schemata)
Konzeptionelles Schema
Logische Gesamtansicht
Systemanpassung
Internes Datenschema
Interne Systemansichten
Physikalische Realisierung der Datenbank
(zur formalen Darstellung der Datenträger siehe auch Seite „Programmbeschreibungen")

Datenmodellübersicht

- **Hierarchisches Modell:** Jedes Datenobjekt hat genau einen Vorgänger – eine Ausnahme bildet die oberste Ebene. 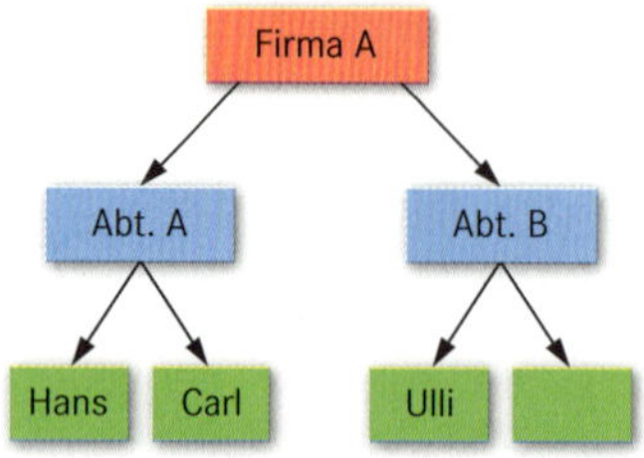
- **Netzwerkmodell:** Ein Datenobjekt hat wenigstens einen Vorgänger. 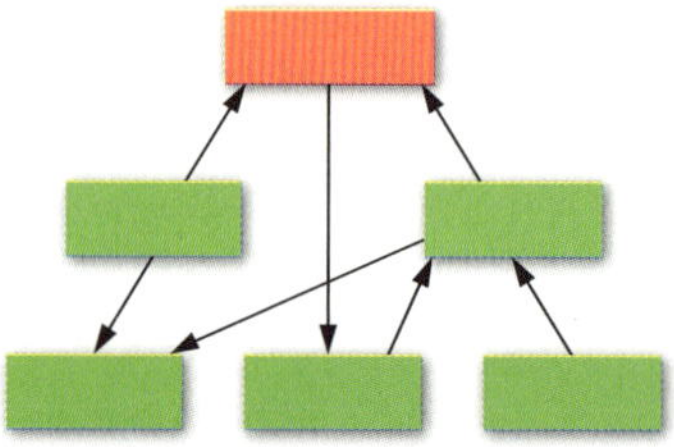
- **Relationales Modell:** Die Datengrößen stehen in Beziehungen zueinander, die in Tabellen dargestellt werden können.

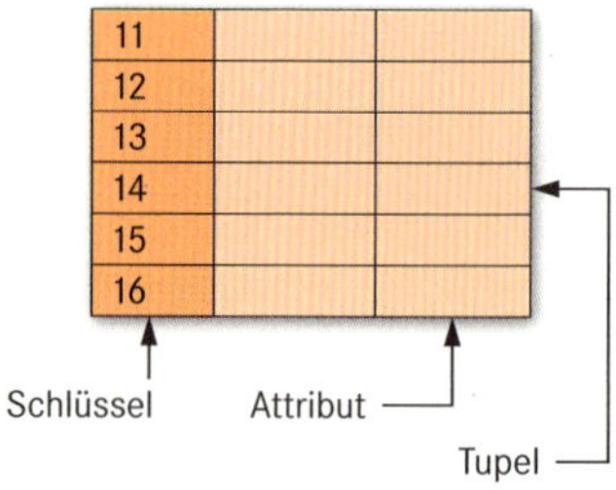

Firma A
Abt. A
Abt. B
Hans
Carl
Ulli

11		
12		
13		
14		
15		
16		

Schlüssel
Attribut
Tupel

Relationale Datenbanken
Relational Databases

Merkmale

- Entwickelt wurde das Konzept von E.F. Codd 1970.
- Es ermöglicht eine übersichtliche, tabellarische Informationsdarstellung. Insofern können die Datenbeziehungen über eine zweidimensionale Tabelle dargestellt werden. Es basiert auf einem mengenorientiertem Zugriffsverfahren.
- Die Daten und deren Beziehung können grafisch über das Entity-Relationship-Modell dargestellt werden.

Vorgehensweise

- Die Daten und Beziehungen, die in Entity-Relationship-Diagrammen erfasst sind, können auf das relationale Datenmodell übertragen werden.
- Für die einzelnen Beziehungen werden Tabellen angelegt.
- Über einen Normalisierungsprozess können die Daten fehlerfrei und redundanzfrei erfasst und gespeichert werden.

Begriffe

- **Atomarität:** Ein atomares Attribut besteht nur aus einer einfachen Wertgröße: Mengen, Listen, Vektoren, Relationen sind nicht erlaubt.
- **Attribut:** Es beschreibt eine Eigenschaft. In einer Tabelle wird es als Spalte dargestellt.
- **Tupel:** Zusammenfassung verschiedener Attribute in einer Tabelle als Zeile dargestellt.
- **Relation:** Eine Sammlung von Tupeln, die tabellarisch dargestellt werden können.
- **Primärschlüssel:** Herausgehobenes Attribut in einer Tabelle. Alle Tupel unter dem Schlüssel müssen sich unterscheiden. In einer Tabelle kommt jeder Wert des Primärschlüssels nur einmal vor. Über diesen Primärschlüssel ist eine eindeutige Zuordnung einer Entität möglich.
- **Fremdschlüssel:** Ein Schlüssel (in einer Tabelle), der in einer anderen Tabelle ein Primärschlüssel ist.

Beispieltabelle

Relationsname → („IT-Auszubildender...")

IT-Auszubildender in einer Klasse			
Personal-Nr.	Name	Alter	Betrieb
7.899	Meier	26	UBZ
7.900	Scheuch	22	BBU
7.901	Maier	19	BZU
7.902	Adlus	22	ZUZ
7.903	Meyer	38	UZZ

→ Bezeichnung der einzelnen Attribute (Spalten in der Tabelle)

- In der Tabelle liegen fünf **Tupel** vor.
- Jedes Tupel enthält vier **Attribute**.
- Über das Attribut „Personal-Nr." wird der Datensatz eindeutig beschrieben (**Primärschlüssel**).

Relationsbeziehungen (Beziehungstypen)

Durch einen Beziehungstyp werden die Elemente der verschiedenen Datenmengen einander zugeordnet.

- **1:1-Beziehung** z. B.: Jede Ausbildungsklasse (A-Klasse) besitzt genau eine Benennung. Das Schlüsselfeld der ersten Tabelle („1"-Tabelle) wird in die zweite Tabelle („n"-Tabelle) eingefügt.
- **1:n-Beziehung** z. B.: In einer A-Klasse sind n Schüler. Jeder Schüler ist nur in einer A-Klasse.
- **m:n-Beziehung** z. B.: Jeder Schüler bearbeitet m Projekte; an jedem Projekt arbeiten n Schüler mit. In diesem Fall muss eine zusätzliche Entitätsmenge eingefügt werden, durch die eindeutige Beziehungen festgelegt werden können. Aus der m:n-Beziehung wird eine 1: m/n: 1-Beziehung. Für die zusätzliche Entitätsmenge wird eine gesonderte Tabelle im Datenbankentwurf angelegt, die die Primärschlüssel der „m"- und der „n"-Tabellen übernimmt.

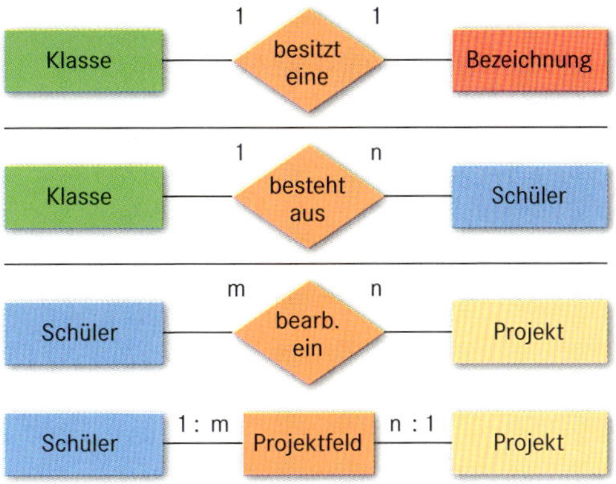

Normalisierungen

Die Daten werden in Tabellen eingetragen. Durch den Normalisierungsprozess werden übersichtliche Relationen ermittelt. Das Ziel ist es, redundanzfreie Datenbeziehungen zu finden/zu gestalten. Üblicherweise werden drei Normalisierungen durchgeführt:

- **Erste Normalform:** Ein Datenfeld in einer Tabelle darf nur einen Wert beinhalten. Es treten nur noch atomare Attribute auf. Mehrfachzuweisungen sind nicht erlaubt.
- **Zweite Normalform:** Die Tabelle, die bereits in der ersten Normalform sein muss, wird thematisch aufgeteilt und so gestaltet, dass jedes Attribut vollständig abhängig wird vom Primärschlüssel.
- **Dritte Normalform:** Die Tabelle muss bereits in der zweiten Normalform sein. Es dürfen keine transitiven Abhängigkeiten vorliegen; d. h., abhängig sollen alle Datenfelder nur direkt vom Schlüssel sein.

Es gibt insgesamt sechs Normalisierungsstufen.

Grundelemente

- Die Daten der Datenbank beziehen sich auf **Objekte** der Welt, die physikalisch oder gedanklich eindeutig identifiziert werden können.
- Die Objektbeziehungen der **Realwelt** müssen in eine programmiertechnisch abbildbare **Modellwelt** transformiert werden.
- Bei den Datenbanksprachen werden prinzipiell drei **Aufgabenbereiche** voneinander abgegrenzt:
  1. **DDL** (**D**ata **D**efinition **L**anguage: Datendefinitionssprache) – dient zur abstrakten Beschreibung der verschiedenen Bereiche und Ebenen in einer Datenbank.
  2. **DML** (**D**ata **M**anipulation **L**anguage: Datenmanipulationssprache) – mit ihr werden Eingriffsoperationen auf die Datenbank beschrieben: z. B. zur Änderung, Findung und Löschung von Daten.
  3. **DCL** (**D**ata **C**ontrol **L**anguage: Datenkontrollsprache) – mit ihr wird die „innere Situation" der Daten (mit Blick auf die Konsistenz und Integrität im Sinne der referentiellen Integrität) erfasst.

Von den verschiedenen Datenbanksprachen müssen diese drei Aspekte bewältigt werden.

- Von großer Bedeutung ist das **Entity-Relationship-Modell** (ERM) für die konzeptionelle Ebene im Datenbankmanagemententwurf. Hierbei werden im Wesentlichen die logischen Zusammenhänge erfasst.
- Die ERM-Notation wurde 1976 von P. Chen entwickelt.
- Objekte der Realwelt, die voneinander zu unterscheiden sind, werden **Entities** genannt.
- Die einzelnen Entities sind Ausprägungen eines Entity-Typs (Entity-Sets).
- Ein Entity-Typ wird durch **Attribute** näher gekennzeichnet, die auch sehr abstrakte Aspekte erfassen können. Die identifizierenden Attribute, die einzeln oder aber auch in eine Menge gefügt sein können, mit denen ein Entity-Typ erfasst wird, werden **Schlüssel** genannt.
- Entity-Typen und die zugehörigen Attribute verändern sich nicht in der Zeit.
- Ein Entity-Typ wird üblicherweise durch ein **Rechteck**, ein Attribut durch einen **Kreis bzw. ein Oval** symbolisiert.
- Der Inhalt eines Entity-Typs ist zeitlich veränderlich.

Symbolik

Entity-Typ

Attribut

Beispiel: Entity-Diagramm über Auszubildende einer IT-Klasse

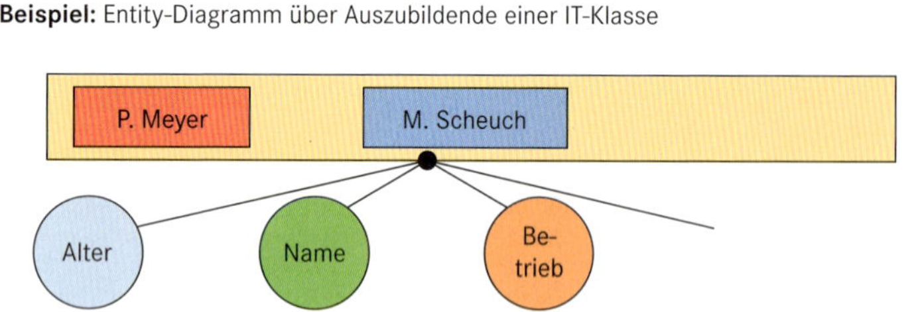

Relationale Abfragesprachen

- Bekannte relationale Abfragesprachen für die Gestaltung von Datenbanken sind:
  - **Structured Query Language (SQL)**
  - **Query by Example (QBE)**
- Mit SQL können Daten definiert und mittels SQL-Abfragen Dateninformationen unter Vorgabe von definierten Sichten erfasst werden.
- SQL ist eine eigenständige Programmiersprache.
- SQL kann verbunden mit Hochsprachen verwendet werden. Hierzu wird SQL in eine Wirtssprache eingebettet.
- Weitverbreitete DBMS für Datenbanksysteme mit der Abfragesprache SQL sind z. B.:
  – DB2 – ORACLE – SQL/DS – SYBASE
- Mit QBL steht eine grafisch orientierte Sprache zur Verfügung, die eine dialogorientierte Datenbankgestaltung und -verwaltung am Bildschirm ermöglicht.

Sprachenerweiterungen

- Es existieren objektorientierte SQL-Erweiterungen: **O_2SQL** als objektorientierte SQL-Version für das O_2 Datenbanksystem. Für dieses System steht auch O_2C als Sprache zur Verfügung.
- **OPAL:** Eine wichtige, an Smalltalk angelehnte objektorientierte Datenbanksprache, die eine für das GemStone System entwickelte Datendefinitions- und Datenmanipulationssprache ist.

Entwicklungen/Ausblick

- Entwickelt werden deduktive Datenbanken unter Verwendung der Programmiersprache PROLOG.
- **Objektorientierte Datenbanken** werden entwickelt, um die Grundüberlegungen der objektorientierten Programmierung zu verwenden. Auch sollen die Modellansätze aus dem Bereich der Künstliche-Intelligenz-Forschung zur Wissensrepräsentation eingesetzt werden, um die interne Organisation der Informationsbeziehungen zu gestalten. Mit diesen Ansätzen soll die Trennung von Daten und (externen) Funktionsbeziehungen durch eine integrative Darstellung und Verarbeitung aufgehoben werden.
- Bei den objektorientierten Datenbankansätzen werden die Daten verkapselt. Von außen ist somit die interne Datenstruktur nicht erkennbar. Neue semantisch orientierte Datenmodelle werden im Rahmen der automatischen Wissensverarbeitung ausgearbeitet.
- Derzeit werden verteilte Datenbanksysteme entwickelt, die auch in offenen Systemstrukturen unter Verwendung objektorientierter Konzeptionen eingesetzt werden können. Zum Beispiel wird so das gesamte Internetsystem als Datenbank verstanden.

Basis

- SQL: Standard Query Language (ursprünglich: Structured Query Language).
- Gesprochen: „S – Q – L“ bzw. auch: „Sequel“.
- Bedeutende Abfragesprache für relationale Datenbanken. Wurde von IBM entwickelt. Es existieren verschiedene Dialekte.
- In den Datentabellen müssen die einzelnen Zeilen durch eindeutige Angaben (Leitgrößen) identifizierbar werden. Die Leitgröße wird Schlüssel genannt. Es gibt Primär- und Fremdschlüssel (auch: Bezugs bzw. Sekundärschlüssel). Bei der Festlegung der Datentabellen müssen die Coddschen Regeln beachtet werden.

Datentypen

- **Ganzzahlen**
  TINYINT – 8 Bit | SMALLINT – 16 Bit
  MEDIUMINT – 24 Bit | INT – 32 Bit
  BIGINT – 64 Bit
- **Fließkommazahlen**
  FLOAT – 4 Byte
  DOUBLE – 8 Byte (auch REAL statt DOUBLE)
- **Festkommazahl**
  DECIMAL – beliebige Stellenzahl: werden als String gespeichert
- **Binärdaten (Basis: BLOB-Format – Binary Large OBject)**
  TINYLOB – bis zu 255 BYTE
  BLOB – bis zu 65.535 Byte
  MEDIUMLOB – bis zu 16,7 Mio. Byte
  LONGBLOB – bis zu 4 Mrd. Byte
- **Aufzählungstypen**
  ENUM – Zeichenketten (maximal 65535)
  SET – Zeichenketten (maximal 255)
- **Textdatentypen**
  CHAR(n) – Zeichenkette mit n Zeichen
  ($n \leq 255$; Speicherlänge ist fest bestimmt)
  VARCHAR(n) – Zeichenkette mit veränderbarer Länge
  ($n \leq 255$; Stringgröße 0 bis 65534)
  TINYTEXT steht für VARCHAR(255)
  TEXT – Text mit bis zu 65.535 Zeichen (Länge variabel)
  MEDIUMTEXT – Text mit bis zu 16,7 Mio. Zeichen
  LONGTEXT – Text mit über 4 Mrd. Zeichen
- **Datumsangaben/Uhrzeitangaben**
  DATE – Datum jjjj-mm-tt (von 1000-01-01 bis 9999-12-31)
  DATETIME – Datum mit Uhrzeitangabe
  TIME – Zeitangabe gemäß hh:mm:ss (z. B.: 23:47:39)
  TIMESTAMP – trennungslose Angabe von:
  Jahr/Monat/Tag/Stunden/Minuten/Sekunden
  z. B.: 20090317181047
  17. März 2009, 18 Uhr 10 Minuten 47 Sekunden
  YEAR – Jahreszahl (von 1900 bis 2155)

Feldoptionen

- **BINARY** – Umwandlung von Textdatentypen in Binärtypen
- **UNSIGNED** – Absehen vom Vorzeichen (inkl. Transformation in den positiven Wertbereich: Verschiebung)
- **ZEROFILL** – Leere Felder erhalten den Wert Null
- **NULL/NOT NULL** – Festlegung, ob Felder leer sein dürfen.
- **DEFAULT** – Standardwertvorgabe (Vorbelegung)
- **AUTO_INCREMENT** – Spaltenwerte erhalten automatisch fortlaufende Integer-Werte
- **PRIMARY KEY** – In jeder Tabelle wird genau ein Feld als Primärschlüssel bestimmt.

Schlüsselwörter/Funktionen

ABS(zahl) - Absolut	commit - übergeben
concat - verketten	copy - kopieren
help - Hilfe / TABLE - Tabelle	Value - Wert
SET - Setzen (Festlegen)	SQR(zahl) - Quadratwurzel
EXP(zahl) - Exponentalfunktion	LOG() - Natürlicher Logarithmus
RANDOMIZE() ; RND() - Zufallszahl	

Trigonometrische Funktionen

ATN(zahl) – Arkustangens	COS(bogenmaßangabe) – Cosinus
SIN(bogenmaßangabe) – Sinus	TAN(bogenmaßangabe) – Tangens

Vergleichsoperatoren

<= kleiner/gleich	< kleiner als
= gleich	<> ungleich
>= größer gleich	> größer als
! nicht (Negation)	

Basisbefehle

- Anlegen einer Datenbank: `CREATE DATABASE` schuldaten
- Löschen einer Datenbank: `DROP DATABASE` schuldaten
- Schließen einer Datenbank: `CLOSE DATABASE` schuldaten
- Dateneingabe: `INSERT INTO` schuldaten `VALUES`(42,'AGS','SB','BG',137)
- Detail-Dateneingabe: `INSERT INTO` schuldaten (schulnr) `VALUES`(1076)

Abfragen

- Grundstruktur einer Abfrage

```
SELECT A1, ..., An
FROM R1, ..., Rn
WHERE Prädikat (R1 , ..., Rn)
```

- `Select Queries` – Auswahlabfragen
  Tabellenfelder werden – auch kriteriengeleitet – geliefert
- `Insert Queries` – Einfügeabfragen
  Neue Datensätze werden in Tabellen eingefügt
- `Update Queries` – Änderungsabfragen
  Felderwerte werden regelorientiert modifiziert
- `Delete Queries` – Löschabfragen
  Datensatzentfernung – gemäß festgelegter Kriterien

Beziehungen

Beziehungsarten zwischen Tabellen	
Art der Beziehung	Notation
Eins-zu-Eins-Beziehung	1 : 1
Eins-zu-Mehrfach-Beziehung	1 : m
Mehrfach-zu-Mehrfach-Beziehung	m : n
Eins-zu-Eins-bedingt-Beziehung	1 : 1c
Eins-zu-Mehrfach-bedingt-Beziehung	1 : mc

JOINS

- Verknüpfungen zwischen Tabellen werden gestiftet.
- `EQUIL-JOIN`: Gleichheitsverknüpfung
- `INNER JOIN`: Beziehung zwischen Primärschlüssel der einen Tabelle und dem Fremdschlüssel der anderen, bei 1:n
- Beispiel: `SELECT` ... `FROM` ... `INNER JOIN` ...

SQL – Basisbefehle
SQL – Basic Instructions

Befehl	Erklärung	Beispiel mit Erläuterung
`ALTER TABLE...`	Ändern von Tabellen ...	`ALTER TABLE... ADD` (Einfügen neuer Spalten) `ALTER TABLE... MODIFY` (Neuer Datentyp einer Spalte) `ALTER TABLE... DROP` (xyz) [Löschen der Spalte (xyz) in der Tabelle ...]
`CLOSE...`	Schließen von ...	`CLOSE TABLE...` (Schließen einer Tabelle ...) `CLOSE DATABASE...` (Schließen einer Datenbank ...)
`CREATE...`	Erzeugen (Anlegen) ...	`CREATE DATABASE ...` (Anlegen einer Datenbank ...) `CREATE TABLE...` (Anlegen einer Tabelle ...)
`DELETE...`	Löschen	`DELETE FROM...` (Löschen aller Tabellendaten) `DELETE FROM... WHERE` (Bedingtes Löschen)
`DROP...`	Löschen (von Datenbankobjekten)	`DROP DATABASE...` (Löschen einer Datenbank ...) `DROP TABLE...` (Löschen einer Tabelle ...)
`GROUP BY...`	Gruppierung von Zeilen	`GROUP BY xyz, abc` (Gruppierung nach xyz und abc)
`INSERT...`	Einfügen (neuer Tupel)	`INSERT INTO... SELECT` (Übergabe aus anderen Tabellen) `INSERT INTO... VALUES` (...) (Zeilenweise Eingabe von Werten in Tabellen)
`LIKE...`	Zeichenkettenvergleich	`WHERE ... LIKE „...“`
`MAX...`	Größter Spaltenwert	`SELECT MAX(...) FROM ...`
`MIN...`	Kleinster Spaltenwert	`SELECT MIN(...) FROM ...`
`ORDER BY...`	Sortieren von Daten	`ORDER BY... ASC` (Aufsteigende Sortierung) `ORDER BY... DESC` (Absteigende Sortierung)
`RENAME...`	Umbenennung von Tabellen	`RENAME TABLE abc TO xyz` (Umbenennung von abc zu xyz) `RENAME COMUMN...` (Umbenennung einer Spalte)
`SELECT...`	Auswahl (Abfrage aus)	`SELECT... FROM...` (Ausgabe aller Tabellendaten)
`SHOW...`	Anzeigen	`SHOW DATABASE` (Anzeigen der Datenbanken)
`SUM...`	Summenbildung einer Spalte	`SELECT SUM(...) FROM ...`
`START...`	Öffnen	`START DATBASE...` (Öffnen einer Datenbank ...)
`STOP...`	Schließen ...	`STOP DATABASE...` (Schließen einer Datenbank ...)
`UPDATE...`	Ändern ...	`UPDATE - SET` (Bedingungsabhängige Datenänderung)
`WHERE...`	Suchbeschränkung	`SELECT... FROM... WHERE... LIKE...`

Relationale Datenbankerstellung
Relational Database Design

Entwicklungsziele und -phasen

- Ziel ist es, die Daten auf überschaubare Tabellen zu verteilen.
- Im Sinne der konzeptuellen Ebene soll die Datenbank stabil für die Anwendungen sein. Die Daten sollen mit ihren Beziehungen konzeptionell vollständig und widerspruchsfrei erfasst werden.
- Zu gewährleisten ist, dass der (externe) Nutzer nur die für ihn relevanten Daten einsehen kann.
- **Begriffsentsprechungen**:

ER-Begriffe	Objektorientierte SW-Welt
Entität	Klasse
Beziehung	Beziehung
Datensatz	Objekt
Merkmale	Objektvariablen

Entwicklungsphasen

1. **Planungsebene**:
1.1 Auffinden der Informationen; Analyse der Daten im Sinne des Lastenhefts (Anforderungsanalyse).
1.2 Erstellung des ER-Modells (**ER**: **E**ntity-**R**elationship – Entitäten, Beziehungen, Attribute, Schlüssel, ...)
Prüfung, Modifikation und Erweiterung des ER-Modells
1.3 Einsatz bestehender Tabellen und Datenbanken
2. **Umsetzungsphase** (ER-Modell in Tabellen):
2.1 Konkrete Ausgestaltung eines ER-Modells als relationale Datenbank – Erzeugung der zugehörigen konkreten Tabellen
2.2 Überprüfungen: Konsistenz- und Integritätsprüfung unter Beachtung der Normalform-Vorgaben – 1. NF ... 3. NF – Referentielle Integrität – Analyse der Konsistenzen
2.3 Realisierung eines relationalen DBMS (RDBMS)
3. **Test- u. Optimierungsphase** – Zugriffsverhalten der Nutzer

Symbole

- Entität
- Beziehungen

ID-Angabe

- Merkmale mit **ID_** ... Angabe
ID: Eindeutiger Schlüssel

ID-Kunde
Nachname
Vorname

Relationale Datenbankerstellung
Relational Database Design

Relationserfassung

- R ist die Relation einer Menge von Tupeln (A_i). R (A_1, A_2, ..., A_n) sei eine Menge von n-Tupeln. Jedes Tupel steht für ein atomares Attribut. Die Relationen verkörpern die **Informationen**.
- Eine Relationsbeschreibung erfolgt unter Beachtung der Attribute (= Tabellenspalten):

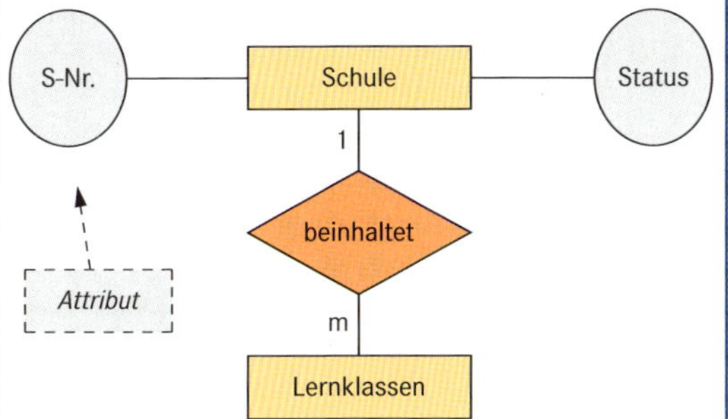

- Prinzipiell sind Entities und Relationen über Relationen zu erfassende Einheiten. Sowohl interne als auch externe Tabellenbeziehungen können mit Relationen erfasst werden.
- Begriffsentsprechungen:

ER-Begriffe	Objektorientierte SW-Welt
Entität	Klasse
Beziehung	Beziehung
Datensatz	Objekt
Merkmale	Objektvariablen

Beziehungsdarstellungen

- Mehrfachbeziehung

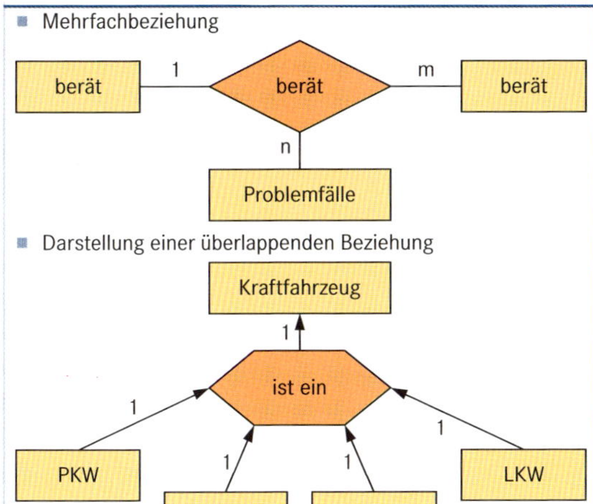

- Darstellung einer überlappenden Beziehung
- Die Merkmale (Attribute) werden mit der Entität verknüpft.

Schlüssel

- Für jede Tabelle wird zumindest ein Bezugsschlüssel (`PRIMARY KEY`; auch: Hauptschlüssel bzw. Schlüssel) ermittelt. Über ihn ergibt sich eine eindeutige Datenzuschreibung und Identifizierung (in einer Bezugstabelle).
- Die Tabellen werden mit Schlüsseln in Beziehung gesetzt. Die Schlüssel ordnen die Beziehungen.
- Fremdschlüssel werden zum Teil aus der Kombination von Einzelschlüsseln fremder Tabellen gebildet.

Tabellenerstellung

- Tabellen zur Darstellung der Daten werden gebildet – z.B.

ID_Autor	Name	Geburtsort	Geburtsjahr
1	Kant	Königsberg	1724
2	Shannon	Petoskey	1916

ID_Buch	Titel	Jahr
1	Kritik der reinen Vernunft	1781
2	Kritik der Urteilskraft	1790
3	A Mathematical Theory of Communication	1948

Bei einem Buch ist zum Beispiel auch die ISBN eindeutig, quasi als ID_Buch vergeben. Über die **ID_...** kann eine Tabelle zügig durchsucht werden. Ansonsten müssten alle Tabellenzeilen in ihrer Gesamtheit aufwändig analysiert werden.

- Eine m:n-Beziehung wird durch die Einschaltung einer Verbindungstabelle ausdifferenziert. Insofern wird hier für die m:n-Beziehung („schreibt") eine Tabelle erstellt:

ID_Autor	ID_Buch
1	1
1	2
2	3

Tabellenerstellung

- Die DB-Konstruktion erfolgt gemäß der Relationsalgebra. Unterschieden werden hierbei folgende Grundoperationen:
  1. Vereinigung (von Tupelmengen)
  2. Bildung der Mengendifferenz zweier Tupel R und S: R-S
  3. Kartesisches Produkt: Bildung der Verbindung aller möglichen Verknüpfungstupel zweier Relationen R und S
  4. Tabellenmodifikationen: Spalten- und Zeilenentfernung bzw. -zufügung
  5. Selektion aller Tupel unter Beachtung der Bedingungen
  6. Einfügen von Verbundoperationen (join)
- Es sind die Daten- und die Relationskonsistenzen und die referentielle Integrität zu überprüfen.
- Konkret erfolgt die Tabellenkontrolle durch die schrittweise Beachtung der Anforderungen im Rahmen der Normalisierungen.
- Es gilt (1. NF) ⊂ (2. NF) ⊂ (3. NF) ⊂ ...
  Betrachtet werden die Mengen der funktionalen Abhängigkeiten: **Fd**-Menge (Fd: **f**unctional **d**ependencies).
  1. NF: Die Merkmale besitzen atomare (elementare) Werte
  2. NF: Über den Primärschlüssel werden in der Tabelle alle Attribute eindeutig erfasst.
  3. NF: Es existieren keine transitiven Abhängigkeiten. D.h. Attribute, die nicht zum Primärbereich gehören, sind nicht voneinander abhängig. Vertieft wird innerhalb der 3. NF die **B**oyce-**C**odd-**N**ormal**f**orm (**BCNF**) bestimmt. Sie hat zum Ziel, dass die Beziehungen zwischen den Attributen der Schlüssel bestimmt werden.
- Beziehungen sind als Entitäten – über gesonderte Tabellen – zu erfassen, wenn Merkmale eigene Objekte bezeichnen.

SQL-Tabellenoperationen

Mit SELECT (Merkmal(e)) FROM (Tabelle) WHERE (Prädikat); wird die Tabelle selektiert.

Festlegung der Benutzer: CREATE USER name;

Passwortfestlegung: IDENTIFIED BY 'passwort';

Löschen eines Nutzers: DROP USER name;

WYSIWYG-Applikationen

Grundideen von Microsoft

1. Alle Programme beziehen sich auf einen gemeinsamen Softwarekern. Die Anwendungsprogramme sind untereinander eng verbunden: Sie werden integral vom Betriebssystem erfasst und gesteuert.
2. Die Bildschirmdarstellung von Texten und Bildern orientiert sich an der WYSIWYG-Idee:
   WYSIWYG steht für: „**W**hat **Y**ou **S**ee **I**s **W**hat **Y**ou **G**et":
   In Abhängigkeit vom Zusammenspiel der Software mit den Treibern der Drucker können jedoch (geringfügige) Unterschiede zwischen der Bildschirmdarstellung und einem Ausdruck auftreten.

- Die Office-Software gehört zur Anwendungssoftware.
- Es wird auch von „**Applikationen**" (nach (engl.) Application) gesprochen.
- Diese Programme werden speziell im geschäftlichen und privaten Bürobereich eingesetzt.
- Vielfältige Aufgaben können damit bewältigt werden, wie z. B.:
  - Texterstellung, -verarbeitung und Drucken von Texten (integriert können auch Bilder, Zeichnungen und Fotos bearbeitet werden)
  - Bildbearbeitung
  - Erstellung von Bildschirmpräsentationen
  - Verarbeitung von Zahlen u. Daten (Kalkulationsprogramme)
  - Gestaltung von Datenbanken
  - Organisation von Terminen, Adressen usw.
- Zur Bewältigung dieser Aufgaben werden Standardprogramme angeboten, die oftmals Sonderfunktionen besitzen. Diese Programme werden zum Teil kostenfrei angeboten.
- Kommerzielle Programme und Programmpakete können als Anwenderprogramme erworben werden.
  Hierzu zählen auch Virensuchprogramme, Browser, ...

Office-Paket von Microsoft

- Von großer Bedeutung ist das Office-Softwarepaket von Microsoft mit den Einzelprogrammen:
  - **Access** (Datenbankprogramm)
  - **Document Imaging** (Bildverwaltung, ...)
  - **Excel** (Kalkulationsprogramm)
  - **Infopath** (dynamische Formulare)
  - **Outlook** (Organisator)
  - **Power-Point** (Präsentationserstellung)
  - **Word** (Textverarbeitung)

  Von herausgehobener Bedeutung sind:
  Excel, **Power-Point**, **Outlook** und **Word**

  Mit den Programmen gehen Ergänzungsprogramme einher, z. B.:
  - Basic, QBasic bzw. VisualBasic-Programme
  - Druckprogramme
  - Grafikprogramme
  - Rechtschreibprogramme
  - Suchprogramme
- Einige Anwendungsprogramme sind bei Microsoft Teil der Betriebssystemsoftware (MS XP, MS Vista, ...), wie z. B.:
  - Browserprogramme
  - Netzwerkeinrichtungsprogramme
  - Rechtschreibhilfen
  - Sicherungsprogramme
  - Spielprogramme
  - Suchhilfen
  - Taschenrechner
  - Texteditoren
  - Zeichenprogramme
  - Zeileneingabekonsolen

Norm-Dokumente

- Für die Texterstellung speziell im Internet haben Skriptsprachen eine große Bedeutung. Hierbei ist besonders HTML zu nennen. Zur „HTML-Welt" gehören auch die Sprachen bzw. Gestaltungsinstrumente:
  DHTML, PHP, JavaScript und Typo3
- Große Bedeutung hat der Adobe Reader für pdf-Dokumente.
- Ein besonders leistungsfähiges Texterstellungsprogramm liegt mit TeX vor. In einer reduzierten Version existiert es als LaTeX.
- Mit HTML, TeX und LaTeX liegen nicht-kommerzielle, an offiziellen Dokumentenstandards orientierte Applikationen vor, deren Quellcode einsehbar ist.

TeX (T_EX)

- T_EX wurde von Donald E. Knuth entwickelt.
- Gesprochen: „Tech". Gebräuchliche Schreibweisen: TeX, $\tau\varepsilon\chi$
- Leistungsfähiges Textgestaltungssystem, mit dem umfangreiche (Bücher) und wissenschaftliche Texte in professioneller Qualität erstellt werden können.
- TeX verarbeitet Layoutinformationen über einzelen Befehle.
- LaTeX (gesprochen „Lah-tech") wurde von Leslie Lamport entwickelt. Es basiert auf TeX.
- TeX und LaTeX sind keine WYSIWYG-Programme. Es sind Formatierungsprogramme.

Leistungsmerkmale von TeX/LaTeX

Vorteile	Nachteile
- Möglichkeit zur Verarbeitung komplexer Strukturen und Zeichen (mathematische Symbole und Formeln, Tabellen, ...) - professionelle Layouts	- Größerer bedarf an Speicherplatz - Rechenkapazitäten (Rechenzeit) - aufwändigere Einarbeitungszeit (Lernbedarf)

TeX-Realisierung

Basisstruktur	
(1)	\documentstyle[options]{style}
(2)	\begin{document}
(3)	\end{document}

Erläuterung:
Zu (1): Erster Befehl im LaTeX-File:
Optionale Angaben werden in den eckigen Klammern festgehalten. Document Styles werden in den geschweiften Klammern angegeben.
Zu (2): Anfang eines Schriftstücks
Zu (3): Abschluss vom Schriftstücke – Ende eines Textes

Beispielprogramm

\documentsstyle[artikel} \begin[document} Hallo! Dies ist nur ein einfacher Satz. \end{document}	Dies ist eines der einfachsten LaTeX-Files mit dem Ausdruck: *Hallo! Dies ist nur ein einfacher Satz.*

Gestaltungsinstrumente

In TeX (und LaTeX) existieren vielfältige vorgegebene Befehle, die individuelle Gestaltungen ermöglichen, z. B.: Dokumentarten, Mathematische Symbole, Textteile, Schriftgrößen/Schriftarten und Überschriften.

Eingaben

- Eingabe von Daten und Verarbeitungsstrukturen in Tabellen:

SUMME ▾ × ✓ fx =MITTELWERT(C1:C3)

	A	B	C	D	E
1		**Beispiel**	2		
2			3,6		
3			3		
4		Summe:	8,6		
5		Mittelwert:		=MITTELWERT(C1:C3)	

- Daten werden in Tabellen eingetragen, die durch Zeilennummern (1; 2; ...) und Spaltenbuchstaben (A; B; ...) bestimmt sind.
- Die Tabellenzellen sind eindeutig bestimmt, z. B.: C1
- Zellen ziehen mit rechter Maustaste.
- Zellen können verbunden und umrahmt werden.
- Zellenverbindung: => `START/AUSRICHTUNG` (bzw. `Zellen formatieren)/Zellen verbinden`.
- Zellenschutz: `START/ZAHL/SCHUTZ`
  Danach unter `ÜBERPRÜFEN/BLATT SCHÜTZEN`
  Kennwort eingeben.
- Automatische Sicherungskopien:
  `DATEI/OPTIONEN/SPEICHERN` ...
- Daten, Überschriften usw. können in die Zellen direkt eingetragen werden.
- Erlaubte Datumsangaben (vollständige Angabe notwendig):
  `01.05.2017`; `01-05-2017`; `01/05/2017`
- Formel anzeigen unter Formeln/Formel anzeigen
- Mathematische Operationen

UND	ODER	Größer: >	Größer/gleich ≥: >=
NICHT		Kleiner: <	Kleiner/gleich ≤: >=

  In UND, ODER, NICHT nur Wahrheitswerte.
- Verarbeitungsbefehle werden auch in die Zellen eingetragen. Beispiel:
  (1) Mit = wird ein Befehl eingeleitet, EXCEL gibt Hinweise auf mögliche Befehle, die in der „Bibliothek“ existieren.
  (2) Beispiel SUMME: In Klammern wird der zu Zählbereich (C1 bis C3; `C1:C3`) bestimmt. Ergebnis in C4: `8,6`.
  (3) In der Kopfzeile wird die Funktion angegeben:
  Für D5: `=MITTELWERT(C1:C3)`

Elementare Befehle

- Addition der Inhalte von zwei Zellen, z. B.: = `C1 + C2`
  (Entsprechend die Subtraktion, Multiplikation und Division.)
- Mathematische Summe Σ, z. B.: `=SUMME(C1:C10)`
- Größte Zahl: `=MAX(C1:D5)`
- Kleinste Zahl: =MIN
- Anzahl aller Zellen, die ...; z. B.: `=ANZAHL2(F1:G6)`

ANZAHL	Zellen mit Zahlen
ANZAHL2	Nicht leere Zellen
ANZAHLLEEREZELLEN	Leer Zellenanzahl

Strukturen

- WENN-DANN-Struktur:
  `=WENN(Bedingung; DANN-Wert; SONST-Wert)`
  zum Beispiel: `=WENN(B2>B3;A2;A3)`
- `VERWEIS-Funktion`: Suchprozess in ener Tabelle (Matrix) nach einem bestimmten Kriterium;
  `SVERWEIS`: Senkrechter Verweis
  `SVERWEIS(Bezugszelle; Matrix;Suchspalte)`
  (zum Beispiel:
  `SVERWEIS(B2;C$2:E$8;2)`)
- $ fixiert die Bezugszellen
- Zum Sortieren und Filtern siehe auch: START/SORTIEREN ...

Von A bis Z sortieren
Von Z bis A sortieren
Benutzerdefiniertes Sc
Filtern

Diagramme

- Gestaltung von Diagrammen: `Diagramme/Einfügen`
- Diagramm mit Jahreszahlen auf Bezugsachse

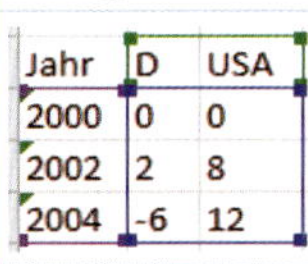

Jahr	D	USA
2000	0	0
2002	2	8
2004	-6	12

Apostroph (') vor der Jahreszahl

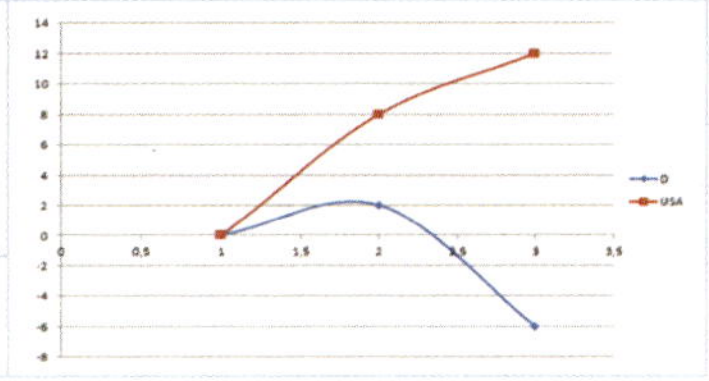

Softwaregeneratoren
Software Generators

Ansatz

- Im Rahmen der professionellen und industriellen Codeentwicklung sind sie ein bedeutsames Entwicklungsinstrument.
- Softwaregeneratoren werden
  a) zur Analyse von Datenbeziehungen und
  b) zur Strukturierung von Informationen verwendet.
- Ein Softwaregenerator überführt eine Problemlösungsstruktur in eine höhere (abstraktere) oder tiefere (feinere; reichhaltigere) Struktur.
- Sie können z. B. zu gegebenen Formallösungen in Form von Struktogrammen Quellcodeanteile automatisch generieren.
- Auch können sie einen Quellcode strukturell darstellen.
- Es besteht die Möglichkeit, direkte Übersetzungen von einer Quellcodesprache in eine andere Sprache vorzunehmen.
- Ein Softwaregenerator kann durch Softwaregestaltungen realisiert werden.

Aufbau

- Folgende Teilgeräte bilden einen Softwaregenerator:

1. **Scanner**: Zuständig für die lexikalische Analyse von Zeichen. Er liest Bitfolgen und kombiniert diese zu Wörtern und Zeichen.
2. **Parser**: Zuständig für eine syntaktische Analyse von Symbolfolgen (Grammatik). Er übernimmt vom Scanner die Symbole und kombiniert sie zu Sätzen.
3. **Compiler**: Er nimmt die semantische Satzanalyse vor.
4. **Codegenerator**: Zuständig für die Umsetzung der Lösung in einen Quellcode.

- Bei der Generierung arbeiten Scanner, Parser, Compiler und Codegenerator komplex zusammen. Es liegt kein eindimensionaler Produktionsprozess vor.
- **Beispiel**: EasyCODE ist ein Instrument zur Analyse und zum Design von Quellcodes. Es unterstützt die Code-Erstellungen in vielfältigen Sprachen.

Maple – Mathematical Manipulation Language

Grundlagen

- Darstellungen bei Maple
  1. Text (üblich: **schwarze** Schriftfarbe)
  2. Maple-Input (üblich: rote Schriftfarbe)
  3. Maple-Output (üblich: **blaue** Schriftfarbe)
- Programmerstellung unter Maple-Worksheet
- Befehlsabschluss durch eine Semikolon-Eingabe (`;`)
- Variablenzuweisung durch `:=`
- Prozentoperator `%` verweist auf die letzte, `%%` verweist auf die vorletzte und `%%%` auf die drittletzte Berechnung.
- Alle Objekte sind über einen Typ zumindest einer Klasse zugeordnet. Die Zuordnung ist widerspruchsfrei.
- Ermittlung des jeweiligen Objekttyps über:
  `> whattype(obj);`
- `whattype` gehört dabei zum Typ `type`
- Allgemeine Eingabestruktur: $obj_0(obj_1, obj_2, \dots obj_n)$;
- obj_0 ist zumeist ein Operator oder eine Funktion
- Symbole werden in Maple festgelegt
- Unterschieden wird zwischen Groß- und Kleinschreibung
- Befehlshinweise unter `?befehle` (z.B. `?mod`).
- `?Name xyz` erkundet, ob `xyz` als Name (Symbol) vorliegt.

Ausdrücke

Maple verarbeitet bzw. nutzt:

- Algebraische Ausdrücke: `> := x^5 + 7 * x^3 - 7`
- Folgen (Erzeugung einer Folge): `> seq(f(i), 1 = 1..n);`
- Listen (Erzeugung): `> Ln := [ a, b, c, d, e, f ];`
- Strukturen, Vektoren und Matrizen;
  Befehl zur Erzeugung: `table` und `array`
- Funktionen und Operatoren (λ-Funktionen)
- Ableitungen (Differenzialoperator): D
- Term-Ableitung: `abl:=diff( f(x), x );`
- Funktionaloperator map

Programmbeispiel

- Elementare Abfrage: `> irem( n, m ) ;`
- Berechnungsstruktur:

```
> # Ermittlung von Würfeldaten:
  x := rand(1 .. 6):
  a = x();
```

Programmstrukturen

- Summierungsbefehl: `sum(f(n),n = a..b);`
  Beispiel: Summe der ersten 100 Quadratzahlen:
  `sum(n^2,n=1..100);`
- `if bedingung then anwl else anw3 fi`
- `elif bed i then anw i fi`
- `do … anw … cd`
- for-Schleifen: `for i from n to m by di do`
- while-Schleifen: `for ind while bed`
- Prozedurvereinbarung:

```
proc(args)
   local …
   options …
   anw
end;
```

Elementare Operatoren

Addition	+	Kleiner bzw. größer	< , >
Subtraktion	–	Kleiner-gleich	<=
Division	/	Größer-gleich	>=
Multiplikation	*	Ungleich	<>
Exponentiation	^		

Zahlenarten

Art		Hinweis	Eingabe
Ganze Zahl	`integer`	Länge ist beliebig	nnnnn
Rationale zahl	`fraction`	Bruch zweier ganzer Zahlen	pppp/qqqq
Gleitpunktzahl	`float`	Gleitpunktzahlen	nnn.mmm

- `integer` und `fraction` bilden zusammen rational
- Komplexe Zahlen werden mit der Einheit `I` gebildet.
- `I` gehört zum Type `radnum`
- Weitere fest vorgegebene Zahlen:
  Catalan = 0.91596559417721901505 (Catalan-Konstante)
  E = 2.7182818284590452354 (Eulersche Zahl)
  gamma = 0.57721566490153286061 (Euler-Konstante)
  infinity => Unendlich
  Pi = 3.1415926535897932 … (Kreiszahl mit 10.000 Stellen)
- Die Ziffernanzahl wird bestimmt über: `> Digits := m;`
- Zahlkonvertierungen über: `convert(ausdr, form, opt)`

Funktionen

- Elementare Funktionen:
  `abs, and, or, exp, log, ln, sin, cos, sinh, cosh, arcsin, sqrt, ...`
- Spezielle Funktionen:
  Besselfunktionen: BesselK, BesselJ, BesselY
  über `Bessel..(v, z)`
  Gammafunktion: `GAMMA(x)`
  Integralexponentialfunktion `Ei(x)`
  Fresnelsche Funktionen und Orthogonale Polynome (Hermitesche, Laguerre, Legendre, Jacobi, Tschebyscheff)

Sonderfunktionen	
`numer(Bruch)`	Zähler eines Bruchs
`denom(Bruch)`	Nenner eines Bruchs
`isprime(n)`	Überprüfung, ob n prim ist
`nextprime(n)`	Bestimmt die kleinste Primzahl oberhalb n
`solve`	Lösung von Gleichungen / Ungleichungen
`fsolve`	Näherungsweise Lösung einer Gleichung
`lhs`	bestimmt die linke Gleichungsseite
`rhs`	Bestimmt die rechte Gleichungsseite
`subs`	Ersetzungsfunktion für: Variable / Term …
`simplify`	Termvereinfachung
`evalf`	Zahlberechnung genähert
`combine`	Kombinierte Zusammenfassung
`ifactor`	Primzahlfaktorisierung
`normal`	Normalisierung eines Terms
`expand`	Termvergrößerung
`factor`	Termfaktorisierung

Matrizen, Integrale, DGLs

- Matrizen können eingegeben und detailliert verarbeitet werden.
- Auch können Eigenwerte und Eigenvektoren bestimmt werden.
- Unbestimmte und bestimmte Integrale, Mehrfachintegrale und Differenzialgleichungen können aufgelöst werden:
  `> int( f(x) …);`

Grafik unter Maple

- Es können 2D- und 3D-Darstellungen erzeugt werden.
- Graphische Darstellung über `> plot`
- 2D-Syntax: `> plot(funct, hb, vb, options);`
- 3D-Syntax: `> plot3d(funct, x = a..b, y = c..d);`

MATLAB – Matrix Laboratory

Grundaspekte

- MATLAB ist die Abkürzung für: **mat**rix **lab**oratory
- Bezüge: LINPACK- und EISPACK-Routinen
- Aktueller Entwickler und Vertrieb: The MathWorks
- MATLAB ist besonders geeignet für numerische Berechnungen.
- MATLAB überführt alle Berechnungen in Matrix-Operationen. Skalare Werte werden als Matrix-Sonderfall verstanden.
- Simulationen in Verbindung mit: **SIMULINK** und **Stateflow**
- Die Programme werden quasi interpretiert (nicht kompiliert).
- Für spezielle Anforderungen existieren **Toolboxen**, z. B. für

Bild- und Signalverarbeitung	Datenbanken
Statistik und Datenanalyse	Regelungstechnik
Distributed Computing und Server	Finanzdaten/-modelle
Signalverarbeitung und Telekommunikation	

Arbeitsumgebung

- Aktivierung (unter MS-Windows) durch die linke Maustaste.
- Das MATLAB-Fenster beinhaltet die Felder:
  1. Kommandofenster (Command Window)
  2. Kommandohistorie (Command History)
  3. Aktuelle Inhalte (Current History)
- Kommandoeingabe hinter (Prompt): `>>`
- Ergebnisangabe über: `ans =`
- Einloggen unter UNX: `unix> matlab`
- Starten von Hintergrundprogrammen: `unix> xyz &`
- Programmende im Kommandofenster: `exit` bzw. `quit`

Grundbefehle

- `help` *`name`* (Hilfeangabe im Sytem zu: *name*)
- `doc` *`name`* (Hilfeangabe im Help-Fenster zu: *name*)
- `lookfor` *`name`* (Funktionssuche mit Bezügen zu: *name*)
- Variablenauflistung: `>> who`
- Editor-Aufruf: `>> edit`

Vereinbarungen und Darstellungen

- Keine Deklarationen bei Variablen notwendig.
- Gerechnet wird mit Fliesskommazahlen vom Typ `double` (doppelt genau); der Zahlenbereich geht von 10^{-308} bis 10^{308}
- Statt Komma wird ein Punkt für Nachkommastellen gesetzt.
- Komplexe Zahlen (z. B.): `>> 25 - 16 i`
- spezielle Ausgaben:
  `ans` = **Inf** bezeichnet plus Unendlich
  `ans` = **– Inf** bezeichnet minus Unendlich
  `ans` = **NaN** (**N**ot **a** **N**umber) Ergebnisse, die keine Zahlen sind
- Konstanten: `>> pi = 3,1415926... => ans = 3.1416`
- Anzeigeeinstellungen über: format type
  `format short`: Darstellung mit vier Nachkommastellen
  `format long`: Darstel. mit 14 bis 15 Nachkommastellen
  `format type e`: Darstellung mit Zehnerpotenzen

`>> format short e, pi` `ans = 3.1416e+000`	`>> format long, pi` `ans = 3.1415926535897933`

Beispielprogramm	[Erläuterung]
`% Genauigkeit (floating point)`	[Kommentar]
`e = 1; n = 0;`	[Initialisierung]
`while e > 0`	[Schleifenbeginn]
`    n = n + 1;`	[Hochzählen von n]
`    EPS = e;`	[epso-Zuweisung]
`    e = e/2;`	[Berechnung: Teiler]
`end`	[Schleifenende]
`fprintf('EPS = %g , n = %i\n',EPS, n`	[Ausgabe]

Operatoren und Funktionen

gleich	= =	NOT	~
ungleich	~ =	XOR	`XOR`
größer	>	Wurzel von x	`sqrt(x)`
kleiner	<	cos, sin (in rad)	`cos( ), sin( )`
größer gleich	> =	cos, sin (in deg)	`cosd( ), sind( )`
kleiner gleich	< =	Hyperbelfunktionen	`sinh, ...`
AND	&	Logarithmen (Basis 10,2)	`log10,log2`
OR	|		

Matrixoperationen

- Matrizen werden über eckige Klammern definiert: `A = [ ... ]`
- Zeilenvektor: `>> x = [ 1 2 3 ]` bzw. `x = [ 1, 2, 3 ]`
- Spaltenvektor: `>> x = [ 1; 2; 3; 4 ]`
- Addition und Subtraktion von Matrizen: `x + y` bzw. `x - y`
- `>> A = [ 2 4; 3 5 ]`

```
    ans =  2  4
           3  5
```

- Rechtsdivision von Matrizen: /
- Linksdivision von Matrizen: \
- Matrixerweiterung: Matrix `XY = [ x y ]` besteht aus der Aneinanderreihung der Elemente von x und y.
- Nullmatrix: `zeros( x, y )`
- 1er-Matrix: `ones( x, y )`
- Quadratische Matrix: nur eine Angabe in der Klammer.
- Determinate einer quadratischen Matrix: `det ( M )`
- Eigenvektoren von Matrizen: `eig( M )`
- Einheitsmatrix (1 in der Hauptdiagonalen): `eye(x)`

```
eye(2) =  1  0
          0  1
```

- Matrizen-Multiplikation: `( * ): A * B`
- Exponentialfunktion von Matrizen: `expm( M )`
- Matrixinverse: `inv( M )` ■ Matrizenrang: `rank( M )`
- Wurzeln von Matrizen: `sqrtm( M )`

Interaktionen

- Speicherung von Variablen: `>> save`
  `>> save Name-Speicherdatei Liste-Variablen`
- Variablen-Rückspeicherung in den Arbeitsspeicher: `>> load`
- Löschen eines Speicherbereichs: `>> clear`
- Aktivierung zum Ablaufabspeichern (Logbuch): `>> diary on`
- Schließen des Logbuchs: `>> diary off`
- Formatierte Ausgabe: `>> fprint(fid, format, var)`
- Öffnen des Grafikfensters (Grafik-Darstellungen): `>> figure`
- Grafikrasterung: `>> grid on`
- Diagrammerzeugung: `>> plot( ... )`
- Schließen eines Grafikfensters: `>> close`
- Struktur- und Ablaufsteuerungen

if-Ablaufsteuerung

```
if BedingungA BefehlA
 elsif BedingungB
       BefehleB
 else BefehleC
end
```

switch-Ablaufsteuerung

```
switch Bedingung
  case Bedingung Befehle
  ...
end
```

FOR: `for ... end`

WHILE-Do-Schleifen: `while ... end`

- Eingabeaufforderung: `>> x = input ...`
- Eingefügte grafische Benutzeroberfläche: `>> x = menu`
- Funktionsaufruf: `function [ ... ] = funcname( ... )`

Neuronale Netze
Neural Networks

Hintergründe und Beispiele

- Im Konzept des klassischen „von Neumann-Rechners“ ist letztlich eine zufällige Prozessparallelität nicht möglich. Das Leitwerk kontrolliert im System zentral alle Prozesse.
- Neuronale IT-Netze orientieren sich an den Modellen der Organisations- und Arbeitsstruktur biologischer Informationseinheiten.
- Die biologischen Neuronen gehen über Synapsen Signaldaten unter Verwendung physikalisch-chemischer Mechanismen weiter.
  - Ein Neuron nimmt mit seinen Dendriten Informationen von anderen Neuronen auf, die diese über ihr Axon gesendet haben.
  - Eine Synapse verbindet ein Dendrit mit einem Axon.
  - Das Neuron gibt über ein Axon Informationsimpulse weiter.
  - Ein Neuron ist mit ca. 10.000 anderen Neuronen verknüpft.
  - Das vernetzte Neuronenfeld verarbeitet quasi kollektiv die Informationen. (Es liegt eine vernetzte Neuronenstruktur vor).

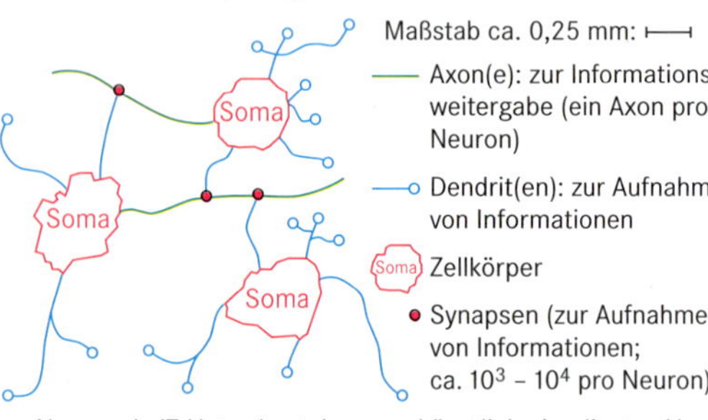

- Neuronale IT-Netze bestehen aus künstlich simulierten Neuronen, die (komplexe) Eingangsindormationen verarbeiten. Das Schaltverhalten der Neuronen wird durch mathematische Funktionen (Transferfunktionen (T)) erfasst.
- Unter einem neuronalen Netz versteht man (im einfachsten Fall) ein **McCulloch-Pitts-Netz**. In diesem Netz treten nur einfache (schlichte und elementar gerichtete) Graphenstrukturen auf.
- Auf der elementaren Ebene wird zwischen zwei- und dreischichtigen **Feed-Forward-Netzen** unterschieden. Man spricht auch von einem **vorwärtsgerichteten McCulloch-Pitts-Netz**. Davon werden **rekursive Netze** unterschieden. Bei zweischichtigen Knoten terten nur Eingangs- und Ausgangsknoten auf. Bei dreischichtigen Netzen treten auch innere (verborgene) Knoten auf.
- **Feed-Forward-Netz** (Beispiel: Dreischichtiges Netz) (Eingangswerte: x_i; Ausgangswert: y_j; Transferfunktionen: T_i)

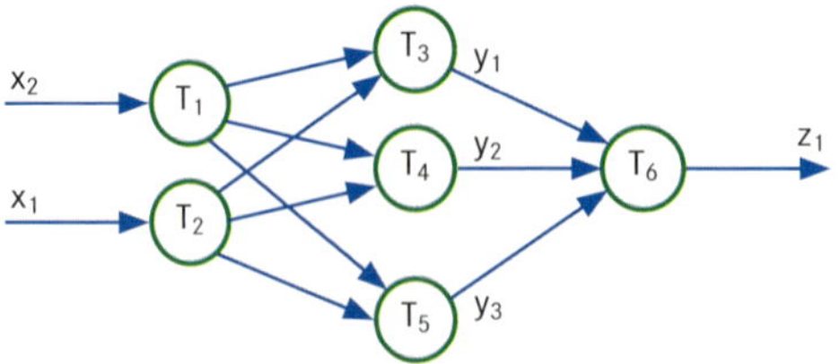

- Neuronale Netze können sich in einem sogenannten **Lern-** oder aber auch **Ausführungsmodus** befinden.
- „Neuronen-Rechner“ sind eine echte Alternative zum „Neumann-Rechner“. Bei niedrigen Taktraten (~ 1 kHz) ist die Verarbeitung parallel und selbstorganisiert. So werden schnelle, parallel arbeitende „Algorithmensysteme“ gestaltet. Das Konzept steht in Spannung zur Idee der exakten Reproduzierbarkeit der Ergebnisse.

Darstellung neuronaler Netze

- **Kreise** symbolisieren die Schaltzellen (formales Neuron) und **Pfeile** die Informationsübertragungswege.
- **Graphen** stellen die Strukturen da. Es werden Ecken und Kanten (Verbindungen (gerichtete und offene)) unterschieden.
- Die **Ecken** (bzw. auch Knoten) repräsentieren die Neuronen.
- Bei einem Neuron liegen Eingangskanäle (x_1 ... x_n) vor.
- Die einzelnen Eingangsinformationen werden jeweils separat gewichtet (g_i: Gewichtsfaktor)
- Unterhalb einer Verarbeitungssensibilität (Schwellenwert (S_i; Θ)) des Neurons wird von ihm kein Impuls verarbeitet.
- Die Informationen werden mit typischen Transferfunktionen (T) verrechnet (verarbeitet). Am Ausgang stellt das Neuron Daten zur Verfügung (y_i), wobei alle y_i gleich groß sind.
- Es gilt: $y_j = T(\Sigma_{i=1}^{n}\ g_{ij} \cdot x_i - S_j)$; $y = T(\Sigma_{i=1}^{n}\ w_j \cdot x_i - \Theta)$

Künstliche Neuronenstruktur

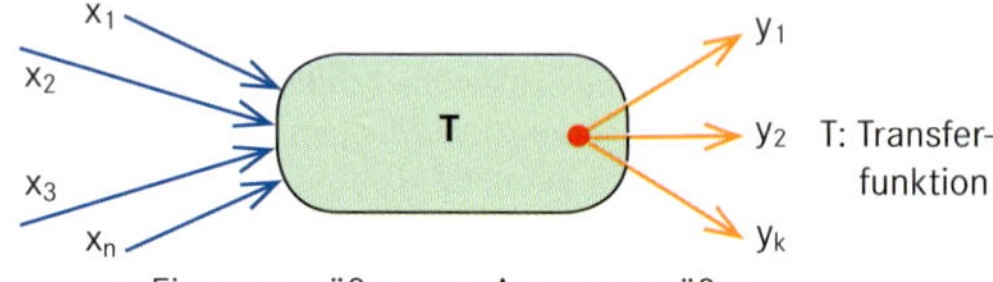

x_i: Eingangsgrößen, y_i: Ausgangsgrößen

Übliche Transfermethoden (T)

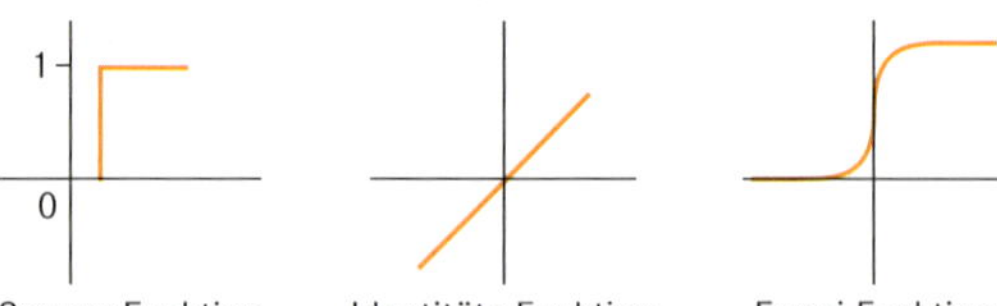

- Zur **Transferfunktion** (T-Fkt.):

Nr.	Name (der Funktion)	Funktion
1	Identität: T_I	$T(x) := x$
2	Sprung: T_1	$T(x) := \begin{Bmatrix} 0 \text{ für } x < 0 \\ 1 \text{ für } x \geq 0 \end{Bmatrix}$
3	Fermi: T_F	$T(x) := \frac{1}{1 + \exp(-x)}$
4	Tangenshyperbolicus: T_H	$T(x) := \frac{1 + \tanh(x)}{2}$

- **Softwaregestaltung** (für den Lernmodus mit **FOR-Schleifen**):

```
FOR i = 1 TO m DO
  BEGIN
  Y(i) = 0
  FOR j = 1 TO n DO
    BEGIN
    L = 0
    FOR k = 1 TO p DO L = L + w(k, j) · X(k)
    Y(i) = Y(i) + g(j, i) · T(L - Θ(j))
    END
  END
```

- Im Rahmen der mathematischen-technischen Simulation werden die Gewichtungsfaktoren ("lernende Gewichte" (g)) im Prozess "selbstständig" modifiziert (berechnet): (z. B.) $g_{ij}^{(t)} = g_{ij}^{(t-1)} \pm y_j^{(t)} \cdot x_i^{(t)}$
- Bezeichnungen/Zuordnungen
  a) Eingangsknoten – Eingangsschicht (Input-Layer)
  b) Verborgene Knoten – Verborgene Schicht (Hidden-Layer)
  c) Ausgangsknoten – Ausgangsschicht (Output-Layer)

Grundidee

- Mit dem Schlagwort „Web 2.0" wird ein Netzzugang bezeichnet, bei dem u. a. folgende Aspekte bedeutsam sind:
  - Aktive Inhalte (Aktivität des Einzelnen)
  - Interaktivität zwischen gleichberechtigten Partnern
  - Kontrolle der individuellen Daten und Sphären
  - Transparenz der Übertragungen
  - Individuelle Softwaregestaltungen (von unten)
  - Simulation von (virtuellen) Spiel- und Lebenswelten
- In technischer Hinsicht um die kreative Kombination bekannter Technologien (Ajax, RSS, DHTML, XML), um neuartige Verständigungs- und Nutzerräume zu ermöglichen, wie:
  - Bildsharing Portale bzw. Anwendungen
  - Newsfeeds
  - Permalinks
  - Videosharing Portale bzw. Anwendungen
  - Weblogs (digitales Online Tagebuch; Blogger: Weblog-Autor)
  - Wikis

  Die zugehörigen Techniken gehören zum **semantischen Web**.
- Zum Teil werden dafür entsprechende graphische Steuerungs-elemente) entwickelt, wie zum Beispiel **Widgets**:
  - Dashboard bei Mac OS X
  - Gadgets bei MS Vista
- Im Jahr 2006 wurde von Tim Berners-Lee und anderen der Begriff „Web-Wissenschaft" geprägt. Es geht hierbei um die Entwicklung einer eigenständigen **Computer-Web-Wissenschaft**:
  - Kreative Gestaltung und Modellierung von Sprachen,
  - Algorithmen und Konzepten,
  - (gleichzeitige) Beachtung von Rechts- und Sicherheitsfragen.

long tail

- Untersuchungen – unter anderem von Chris Andersen aus dem Jahr 2004 – zeigen, dass über das Internet Produkt stark individualisiert – mit Gewinn – angeboten werden können.

Y

X-Achse (Abszisse): Produktreihenfolge nach der erzielten Verkaufsanzahl geordnet
Y-Achse (Ordinate): Verkaufsanzahl

X

- Die Kundenbeziehungen werden komplexer und virtueller.
- Dies hat zur Folge, dass im Sinne der Gleichberechtigung vielfältige Kundenzugänge geebnet werden können.

Kompetenzentwicklung und Lernen

- **Soziales Lernen** und die individuelle **Kompetenzentwicklung** gewinnen über netzorganisierte Beziehungsräume eine herausgehobene, zum Teil sogar neuartige Bedeutung. Die Technik wird als Teil der sozialen Welt interpretiert. Die kommunikative Vernetzung der Individuen wird besonders betont. In Folge wird die **Kompetenzentwicklung** der Lernenden und die Bedeutung des Vertrauens in die Netz-Begegnungen thematisiert.
- Unter **Kompetenz** wird eine grundlegende Fähigkeit des Menschen zum effektiven Handeln und Problemlösen verstanden. Die Herausbildung dieser Fähigkeit übersteigt die bloße Wissens-, Informations- und Kenntnisvermittlung. Es werden im Rahmen der Kompetenzentwicklung persönliche, soziale, methodische und fachliche Aspekte unterschieden.
- Über die Kompetenzentwicklung sollen die **Selbstlernfähigkeiten** der Individuen gestärkt werden.

Technologien

Ajax (**A**synchronous **Ja**vaScript und **X**ML)

- Diese Technik ermöglicht das sukzessive Nachladen und die Aktualisierung veränderter Datenanteile von Webseiten. Der Ladeprozess greift auf im Cache-Inhalte zurück, die unverändert geblieben sind. Dieser Prozess wird zeitlich und nach Bedarf gesteuert. Er verläuft im Hintergrund quasi automatisch. Der Nutzer hat somit jederzeit die aktuelle Seite zur Verfügung.
- Die Basis für die interaktiven Prozesse wird durch JavaScript bzw. DHTML gegeben. Optional sind die XML Anteile.

RSS (seit 2002: **R**eally **S**imple **S**yndication)

- Mit RSS können Daten aus verschiedenen Kontexten abonniert werden. Es wird vorrangig von News-Seiten im Internet genutzt.
- RSS liefert eine Überschrift und verweist auf einen Bezugslink. Es ist quasi ein Nachrichtenticker der auf Web-Seiten zugreift.
- Diese Datenzuführung wird auch als RSS-Feed bezeichnet (Feed: (engl.) zuführen, versorgen).
- Über RSS kann der Empfänger eine Nachrichtenzuführung autonom aktivieren.
- RSS kann für vielfältige Aufgaben und Dienste eingesetzt werden, wie zum Beispiel: Informationssuche, Realisierung von Foren.

DHTML (**D**ynamic **HTML**)

- Ergänzung zu HTML.
- Möglichkeit zur Gestaltung von dynamischen Webseiten

CSS (**C**ascading **S**tyle **S**heets)

- Mit CSS werden fürs Web die HTML-Formatvorlagen designtechnisch beschrieben.
- Style Sheets bestimmen folgende Aspekte:
  - Farben
  - Schriftarten
  - Rahmengestaltung (Ränder, Schatten)
  - Form
  - Größe
- Tabellen werden weiterhin mit HTML beschrieben.

SSI (**S**erver **S**ide **I**ncludes)

- Dateiendungen: `.shtm` bzw. `.shtml`
- Shtml – Server parsed HTML
- Im HTML-Code werden Includes vereinbart:

```
<! -- #angabe-Includes -->
```
- Es können externe Dateien eingebunden werden.
- Mit SSI können Module als Vorlagen gestaltet werden.

FTP (**F**ile **T**ransfer **P**rotocol)

- Bezug: RFC 172, RFC 959.
- Besonders geeignet für den Zugang zur Website; aber auch zum Abruf von E-Mail-Daten (zusammen mit POP3).
- Möglichkeit zur zeilenorientierten Klartexteingabe; es existiert auch ein graphisch orientiertes FTP-Programm.
- Kommandozeileneingabe: `Ftp>` ... `xyz` ...
- **Elementare Befehle** (orientiert an UNIX und Basic):

`pwd`	**p**rint **w**orking **d**irectory	Arbeitsverzeichnis
`cd`	**c**hange **d**irectory	Verzeichniswechsel
`ls`	list - Inhaltsangabe zum Verzeichnis	
`help`	Anzeigen aller Befehle	
`put`	Hochladen einer Datei	
`quit`	Beenden eines Programms bzw. einer Sitzung	

HTML – Hypertext Markup Language

Merkmale

- **HTML** (**H**ypertext **M**arkup **L**anguage) ist ein **SGML** (**S**tandard **G**eneralized **M**arkup **L**anguage) Derivat (nach ISO 8879). Informationen zu HTML-Spezifikationen unter http: //www.w3.org/TR
- Darstellung der HTML-Dokumente mit einem WWW-**Browser** (browse – blättern). Die Darstellung ist abhängig vom Browser.
- **DHTML** (**D**ynamic **HTML**) ermöglicht die Modifikation des Aussehens eines HTML-Dokuments im Betrieb.
- Im HTML-Code werden
  - **Inhalte** und
  - **Steuerinformationen** (**Tag** – Schildchen) festgelegt.
- **Strukturelemente** werden von HTML bestimmt, z. B.:
  - Texttitel
  - Gliederung
  - Listen
  - Hervorhebungen

Verweise (Hyperlinks)

- Bezugs-Verweis: `<A HREF = „[Ziel]"> text </A>`
- Verweise können zu anderen Web-Adressen und Dateien und zu entfernten Seiten in der gleichen Datei führen.
- Verweisaufbau ist einheitlich `(a: anchor [Anker]; href: hyper reference [Hyper-Referenz]): <A ...> </A>`

Tabellen, Listen und Formatierungen

Stichwort	Ordnungsbefehl
Dokumentstruktur	
Kommentar	<!--...--< bzw. <!-- ... ... //-->
Identifikation	<HTML> </HTML>
Kopfteil	<HEAD> </HEAD>
Dokumentinhalt	<BODY> </BODY>
Textfarbe	<BODY TEXT= >
Hintergrundfarbe	<BODY BGCOLOR= >
Basis-URL	<BASE HREF= >
Objektvernetzung	<LINK >
Blockformat des Dokuments	
Urheber	<ADRESS> </ADRESS>
Zeilenumbruch	
Zentrierung	<CENTER> </CENTER>
Schriftgröße	<FONT SIZE= >
Art der Schrift	<FONT FACE= >
Linie	<HR>
Textspalten	<MULTICOL> </MULTICOL>
Absatz	<P> </P>

Tabellen, Listen und Formatierungen

Stichwort	Ordnungsbefehl
Tabelle	
<TR>: Einleitung einer Tabellenzeile (tr – table row) <TH>: Kopfzeile (fett gedruckt; th – table header) <TD>: Allg. Tabellenzeile (td – table data)	
Rahmen	<TABLE> </TABLE>
Dicke der Linien	<TABLE BORDER= >
Breite	<TABLE WIDHT=... >
Höhe	<TABLE HEIGHT=...>
Listenelemente	
Blockzählung	<DIR> </DIR>
Menüliste	<MENU> </MENU>
Nummerierung	<OL> ... </OL>
Art der „Nr."	<OL TYPE=...>
Innere Zählung	<UL> ... </UL>
Schriftformatierungen	
Betonung	<EM> ... </EM>
Hervorhebung	<SAMP> </SAMP>
Fett/Kursiv	<B>... </B> / <I> ... </I>

Einbindungen

Stichwort	Ordnungsbefehl
Frames	
Fenster	<FRAMESET ...> <FRAMESET...>
Segmentteilung	<FRAMESET rows= „..., ... ">
	<FRAMESET cols= „..., ... ">
Formulare Sie ermöglichen eine Dokument-Interaktion.	
Definition	<FORM> ... </FORM>
Eingabe	<INPUT>
Typ der Eingabe	<INPUT TYPE=...>
Auswahlliste	<SELECT ...> ... </SELECT>
Auswahllist	<SELECT MULTIPLE>
Bilder, Videos	
Grafik	<IMG SRC=...>
Video	<IMG DYNSRC=...>
SOUND	<SOUND SRC=...>
Objekte	<EMBED>
JAVA	<APPLET> ... </APPLET>
Musik	<BGSOUND SRC=...>

Umlaute

ä, Ä, ü, Ü	ä, Ä, ü, Ü	ö, Ö, ß	ö, Ö, szlig

Beispiel – Quellcode

```
<html>
<!--HTML-Beispielprogramm-->
  <head>
    <title> Beispiel - HTML! </title>
  </head>
    <body>
    Guten Tag! Dies ist der Inhalt des Programms.
  </body>
</html>
```

Erläuterung zum Beispiel

- Beginn des HTML-Programms
- Kommentartext
- Kopf des HTML-Programms beginnt
- Dieser Titel (>Beispiel - HTML!<) erscheint im Browser
- Ende vom Kopf
- Der Textteil (das Textdokument) beginnt
- Inhalt, der ausgedruckt wird
- Ende vom Textdokument
- Ende vom HTML-Programm

CMS – Content Management System

Hintergrund und Grundidee

- **CMS** – **C**ontent **M**anagement **S**ystem; Inhaltsverwaltungssystem. Auch: Redakteurssysteme bzw. Redaktionssystem
- Die CMS-Konzeption ist bedeutsam für die Gestaltung und den Einsatz von Webseiten, Blogs und Weblogs.
- Gemäß CMS werden Content, Struktur und Design einer Webseite getrennt behandelt.
- Content: Behälter und Gestaltung; Medieninhalt von Web-Seiten.
- Content-Charakteristika: Kommunikationsabsicht; Publikums- und Kontextbezug; urheberrechtlicher Schutz; Speicherort
- Kern der Gestaltung ist die Idee einer Aufgabentrennung:
  - Autoren: sie beschreiben die Inhalte (Content)
  - Redakteure: Sichten die Qualität der Beiträge
  - Layouter: gestalten das Design
- Software, zur Unterstützung für die Herstellung und den Betrieb von Websites geeignet ist, wird **Web-CMS** (**WCMS**) bzw. auch **Weblog-Software** genannt. Es existieren verschiedene Unterstützungssysteme (Weblog-SW), wie Drupal, Joomla, OpenCms, Typo3, WordPress, ...
- **Content-Prozess**: Erstellung – Prüfung und Überarbeitung – Explizite Freigabe (!) – Veröffentlichung – Archivierung (!)
- Es existieren vielfältige CMS-Ausgestaltungen.

Charakteristika/Leistungsmerkmale eines Web-CMS

- **Webseitengestaltung** ohne Kenntnisse einer Script-Sprache (HTML, DHTML, ...) – relativ leicht zu erlernen
- **Trennung von Inhalt und Form** (Speicherung der Inhalte in einer Datenbank)
- (Automatische) Generierung von **Navigations-Elementen** (Hyperlinks ...)
- Externspeicherung der Inhalte (Datenbank)
- **Management** von: Dokumenten, Layout, Links
- Konsistente Designplanung und -gestaltung: eindeutige **Design-Gestaltung** (Corporate Design (visuelle Identität)) als Teil einer Corporate Identity (CI; (Unternehmensidentität))
- Explizite **Zuweisungen** von Nutzerrollen und Rechten
- **Dynamische Inhalte** (Aktivierung über integrierte Module)
- Zeitliche Steuerung (der Veröffentlichung von Inhalten etc.): Content-Life-Cycle-Management
- **Dezentralisierte Wartung**

Schnittstellen
Interfaces

Grundidee

- Schnittstelle: Verbindung zwischen an sich getrennten Systemen
- **interface:** Technische Schnittstelle
- **API:** **A**nwendungs-**P**rogrammier-**I**nterface
- **Technische Übertragungsrealisierung**
  parallele und serielle Schnittstellen
- **Funktions-, geräte- bzw. nutzerspezifische Schnittstellen**
  - Benutzerschnittstelle – Druckerschnittstelle
  - Hardwareschnittstelle – Programmierschnittstelle
  - Speicherschnittstelle – Softwareschnittstelle
  - Übertragungsschnittstelle
- **Schnittstellengeräte**
  - Tastatur – Maus – Bildschirm
  - Drucker – Netzwerkkarte – Modem – Proxy

Barrierefreier Zugriff

- Ein barrierefreier Zugriff wird gerade für technikfernen, behinderten und älteren Mitmenschen verlangt.
- **Gesetzliche Vorgaben**
  GG (Grundgesetz), Artikel 3, Absatz 3
  BGG (Behindertengleichstellungsgesetz)
  BGG, § 7: „Benachteiligungsverbot"
  BGG, § 11: „Barrierefreie Informationstechnik"

JCR-Schnittstelle

- **JCR**: **J**ava **C**ontent **R**epository
- Universelle Datenschnittstelle: entwickelt von der Sun Java Community (im Jahr 2003)
- als **API** im Jahr 2009: **JSR** (**J**ava **S**pecification **R**equest) 283
- Die JCR-API vermittelt zwischen dem konkreten Speicherraum und seiner Architektur (Datenbank, File-System, DMS, ...) und den (Web orientierten) Anwendungen.
- Unterstützt wird die JCR-API bei Web-Anwendungen durch:
  - **CMIS**: Content Management Interoperability Services
  - **WebDAV**: **Web**-based **D**istributed **A**uthoring and **V**ersioning

Benutzerschnittstelle nach IFIP

- **IFIP**: **I**nternational **F**ederation for **I**nformation **P**rocessing
- Gemäß IFIG müssen vier zentrale Schnittstellen im komplexen Umfeld von Nutzer, Rechner, Anwendung, Arbeitsumfeld betrachtet werden:
  - Organisationsschnittstelle – Funktionsschnittstelle
  - Dialogschnittstelle – Ein-/Ausgabeschnittstelle
- **Dialogschnittstelle:** Sie regelt die Mensch-Computer-Interaktion im engeren Sinne.
- **Funktionsschnittstelle:** Sie bestimmt die anwendungsspezifischen Funktionalitäten.

IFIP-Schnittstellenmodell

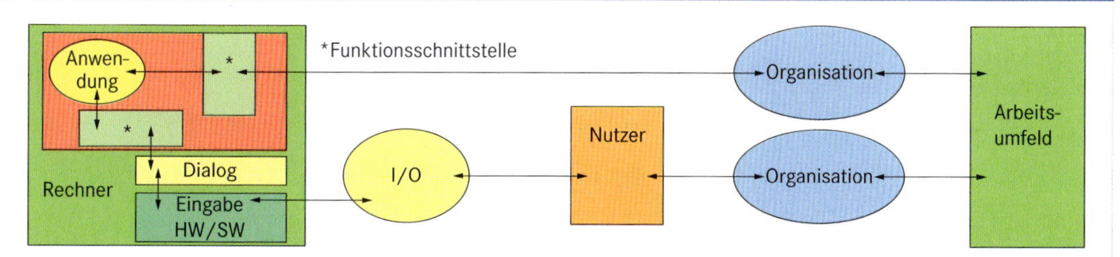

XML – Extensible Markup Language

Merkmale

- **XML:** e**X**tensible **M**arkup **L**anguage – erweiterbare Auszeichnungssprache.
- XML ist eine Abfolge von SGML (Standard Generalized Markup Language) – und entstand 1998.
- XML nutzt ca. 20 % der SGML-Befehle.
- Im Gegensatz zu HTML kann XML **beliebig viele Tags** nutzen. (Tag: Formatierungsbefehl)
- **Tags** müssen geschlossen werden.
- Prinzipiell kann XML andere Auszeichnungssprachen – zum Teil unter Verwendung einer Dokumentationstyp-Definition – „erfinden": so z. B. **XHTML**. Hierbei wird HTML zur XML-Anwendung. Insofern ist XML eine **Meta-Sprache**.
- Eine Dokumentstyp-Definition (**DTD: D**ocument **T**ype **D**efinition) begrenzt dabei die nutzbare Tags-Vielfalt.
- XML unterscheidet zwischen Groß- und Kleinschreibung.
- Ein **wohlgeformtes XML-Dokument** ist grammatikalisch einwandfrei: dies kann im Rahmen einer Basisüberprüfung von einem Parser erkannt werden.
- XML verwendet den **Unicode**.
- HTML-Dokumente können in XHTML-Dokumente (automatisch) umgewandelt werden.
- **Kommentare:** `<! -- ... -->`
- Nur mittels einer **API** (**A**pplication **P**rogramming **I**nterface – Anwendungsschnittstelle) kann aus einer Anwendungen heraus ein XML-Dokument aktiviert werden.
- Aufbau eines **Elements**
  <(öffnender) Tag> - <Inhalt> – <(schließender) Tag>
- **Element-Deklaration**
  <!ELEMENT *Name-des-Elements* (Inhaltsmodell)>
- **Inhaltsmodelle**
  EMPTY – leeres Element
  #PCDATA – parsed Character (nur Zeichentext)
- Aufbau eines **Attributs:** `Attributname = ` *Attributwert*
- **Attribute-Deklaration**
  Ein Attribut bezieht sich auf ein bestehendes Element.
  <!ATTLIST *Element-Name Attribut1, ...* >
- **Attribut-Standardwerte**
  1. #IMPLIED (optional)
  2. #REQUIRED (verpflichtend)
  3. #FIXED *Wert* (fester Wert)
  4. „*Wert*" (direkte Wertzuweisung)
- **Entity-Referenzen:** Darstellung von Zeichen im Text, die an sich eine Meta-Bedeutung (Steuerfunktion) besitzen:
  `< - lt; > - > & - & " - " ' - &apos`

JavaScript

Merkmale

- Eine eigenständige, von HTML unabhängige Programmiersprache, die von Netscape mit Blick auf HTML-Dokumente entwickelt wurde: Eine Scriptsprache.
- Mit ihr können in HTML-Programmen dynamische Elemente eingebunden werden. (Hierzu können zum Beispiel auch die Sprachen VHScript und JScript verwendet werden.)
- JavaScript-Programme können auch als eigenständige xxx.js-Dateien Verwendung finden.
- Keine echte objektorientierte Sprache: Klassen können nicht bestimmt werden; Vererbungen sind nicht möglich.
- Es gibt vordefinierte Objekte (vom jeweiligen Browser). Und es können eigene Objekte definiert werden.

Basiselemente

- Einleitung eines JavaScript-Teils im HTML-Code:
  `<SCRIPT LANGUAGE=„JavaScript">` bzw.
  `<SCRIPT TYPE=„text/javascript">`
- Abschluss: `</SCRIPT>`
- Im HTML-Dokument wird ein JavaScript-Teil als HTML-Kommentar deklariert: `<!-- ... //-->`

Anweisungen

- `Wert = WERT;`
- **(z. B.:)** `Quadrat(x) = X · X;`
- `if(wert < WERT-A) Wert = WERT-B;`

- Es können bedingte Anweisungen mit if-else-Strukturen realisiert werden.
- Fallunterscheidungen können gestaltet werden mit:
  `switch (...) {case „...": ... break;}.`

```
if(zahl > WERT)
{zahl = ...;
        anweisung;}
```

```
while(i <= WERT)
{SUMME(i);
i = i + 1;}
```

Neben while-Schleifen existieren auch noch:

for- Schleifen

```
for (i = ; i <= ...; i++)
    {...;}
```

do-while-Schleifen:

```
do {...;}
```

- Kommentare innerhalb von JavaScript: /* ...*/

Beispiel (mit Kommentar)

`<HTML><HEAD><TITLE> Bspl. f. JavaScript</TITLE>`	HTML-Dokument, HTML-Kopf, Titel
`<script language=„JavaScript">`	Festlegung der Scriptsprache
`<!--`	Beginn HTML-Kommentar
`function Quadratzahl(ZAHL)`	Definition einer Funktion
`{`	Funktionsanweisungen stehen in Klammern: (...)
`var ERGEBNIS=ZAHL*ZAHL;`	Defintion der Variablen ERGEBNIS
`alert("Die Quadratzahl ist " + ERGEBNIS);`	Ausgabe des Ergebnisses in einem Meldefenster
`}`	Ende der Funktion
`//-->`	Abschluss des HTML-Kommentars
`</script></HEAD></HTML>`	Skriptende, Kopfende, Ende HTML-Dokument

Objekte

- Vielfältige Objekte sind in JavaScript vordefiniert.
- Zu einem Objekt gehören spezifische Eigenschaften und (eventuell) streng zugehörige Methoden.
- Methoden sind den Objekten zugeordnete Funktionen, mit denen spezifische Aktionen vorgenommen werden.
- Die Objektbeziehungen sind zum Teil hierarchisch geordnet.
- Das höchste Objekt – im Sinne der Hierachie – ist **window** (ein Fenster-Objekt). **document** ist das erste nachrangige Objekt. Insofern ist das Objekt **document** ein Inhalt im Objekt **window**.
- Durch die Definition einer Funktion `function ... {...; ...;}` kann ein neues, individuelles Objekt bestimmt werden. Die Funktionsparameter, die beim Aufruf übergeben werden, entsprechen den Objekteigenschaften.
- Durch den Aufruf der Funktion verbunden mit dem Schlüsselwort **new** wird eine Objektinstanz im Programm bestimmt.
- Zu jedem Objekt gehören spezifische Eigenschaften und Methoden (Unterobjekte sind festgelegt).
- **CSS** (**C**ascading **S**tyle-**S**heets) ist eine HTML-Ergänzungssprache für detailliertere Formatierungen.
- Das Frame-Fenster ist eine Variante des Window-Fensters.

Objekthierarchie	
1	window (Anzeigefenster)
2	array (Feld (Ketten/Vektor) von gleichartigen Variablen)
3	boolean (Logische Werte (Ja/Nein – true/false))
4	date (Zeitangabe und Datum)
5	function (Funktion)
6	math (Mathematische Berechnungen)
7	navigator (Informationen zum Browser)
8	number (numerische Werte)
9	reg exp (reguläre Ausdrücke)
10	screen (Informationen zum Anwender-Bildschirm)
11	string (Zeichenketten)

Dialogboxen/Eingabefelder

- `function dialog () {alert („...");} ...` → `alert` erzeugt ein **Dialogfenster** (OK-Knopf und Ausrufezeichen)
- `function dialog () {var Eingabe; Eingabe = confirm („..."); if (Eingabe == true) {...;}} ...` → `confirm` erzeugt ein Fenster mit **zwei Schaltern**
- `function dialog() { var Eingabe; Eingabe = prompt („..."); if (...) {...;} else {...} } ...` → `prompt` erzeugt ein Fenster mit einem **Eingabefeld**
- `function fenster() {var fen; fen=window.open („", „Fenster", „width =..., height= ..."):}` → ein Fenster wird über `window.open` erzeugt.

Operatoren

Elementare (der C-Welt) entnommene Operatoren sind:

- i++: i = i + 1 → Inkrement (→ aufwärts zählen)
- i--: i = i - 1 → Dekrement (→ abwärts zählen)

Zuweisung	Programmieroperation	Mathe. Operation
+=	n+ = 10	n = n + 10
-=	n- = 10	n = n - 10
*=	n* = 10	n = n * 10
/=	n/ = 10	n = n / 10
%=	n % = 10	n = n % 10
∧=	n∧ = 10	n = n ∧10

Objekt `window`

Eigenschaften	
closed	geschlossenes Fenster
defaultStatus	Normalanzeige in der Statusanzeige
innerHeight	Höhe des Anzeigenbereichs
innerWidth	Breite des Anzeigenbereichs
locationbar	URL-Adresszeile
menubar	Menüleiste
name	Fenstername
outerHeight	Höhe des gesamten Fensters
outerWidth	Breite des gesamten Fensters
pageXOffset	Fensterstartposition von links
pageYOffset	Fensterstartposition von oben
personalbar	Zeile für Lieblingsadressen
scrollbars	Scroll-Leisten
statusbar	Statuszeile
status	Inhalt der Statuszeile
toolbar	Werkzeugleiste

Methoden	
alert ()	Dialogfenster mit Informationen
back ()	Zurück in History (history.back() – zurück zu bereits besuchten URL-Adressen)
blur ()	Fenster verlassen
captureEvents ()	Überwachung von Ereignissen
clearIntervall ()	Abbrechen der zeitlichen Anweisungsfolge
close ()	Schließen des Fensters
confirm ()	Dialogfenster zum Bestätigen
find ()	Suche von Text
focus ()	Aktivierung eines Fensters
forward ()	Vorwärts in History – history.forward()
home ()	Zur Startseite
open ()	Öffnen eines neuen Fensters
print ()	drucken
prompt ()	Dialogfenster für Werteingabe
releaseEvents ()	Ereignisabschluss
scrollBy ()	Scrollen um Pixel-Anzahl
scrollTo ()	Scrollen zur Position
stop ()	Abbruch

Unterobjekte

- document
- history
- event
- location

Objekt `document`

charset	verwendeter Zeichensatz
defaultVharset	normaler Zeichensatz
referrer	letzte besuchte Seite
title	Dateititel

Methoden	
captureEvents()	Überwachung der Ereignisse
close()	schließen
getSelection()	selektierter Text
handleEvents()	Ereignisse verarbeiten
open()	Dokument öffnen
releaseEvents()	Abschließen der Ereignisse
write()	Schreiben ins Dokumentfenster
writeln()	zeilenweise schreiben

Unterobjekte

- all
- anchors
- applets
- forms
- images
- layers
- links

Merkmale

- **PHP** steht heutzutage für (**P**ersonal) **H**ypertext **P**reprocessor; ursprünglich für **P**ersonal **H**ome **P**ages.
- Es ist eine Skriptsprache, die stark von den Programmiersprachen C, Java und Perl beeinflusst ist.
- PHP-Skripte werden nicht vom Browser, sondern vom (Web-) Server interpretiert und umgesetzt.
- Bevorzugt wird der Apache-Webserver verwendet.
- PHP kann als **C**ommon **G**ateway **I**nterface (**CGI**)-Programm oder – vorrangig – als Modul unter Apache installiert werden.
- Codezeilen von PHP werden direkt in den HTML-Code geschrieben. Für den Aufruf existieren vier Möglichkeiten:
  1: <? . . . ?>
  2: <?php . . . ?>
  3: <SCRIPT LANGUAGE = „PHP"> . . . >/SCRIPT>
  4: <% . . . . %>
- Code-Darstellung auf dem Bildschirm über den Befehl `echo` (`echo` „Dies wird geschrieben.")
- PHP ist case-sensitiv: insofern ist auf Groß- und Kleinschreibung bei den Variablen zu achten.

Sprachelemente

- Mehrzeiliger Kommentar: `/* . . . . . */`
- Einzeiliger Kommentar: `// . . .`
- Variablen: `$xxx` ; mit Zuweisungen über: =
- Felder: `$xxx[i]`
- Anweisungsende: ;

Datentypen in PHP

- Boolean – Wahrheitswert (0/1; TRUE/FALSE)
- Integer – Ganzzahl (–2147483648 bis + 2147483647)
- Double – doppeltgenaue Gleitpunktzahl ($-1{,}7 \cdot 10^{-308}$ bis $-1{,}7 \cdot 10^{-308}$)
- String – Textvariable (mit alphanumerischen Zeichen) (Vereinbarungsbeispiel: $stringA = „Hallo Welt";)
- Array-Felder (können unterschiedliche Datentypen enthalten.)
  Vereinbarungsbeispiel: $feld[0] = 26: Die Adressierung beginnt mit der Nummer Null ([0]).
- Object – konkrete Ausprägung einer Klasse
  `class` ZEUGNISFOLIE ... ;
  $Zeugnis-Müller = `new` ZEUGNISFOLIE

Basis-Operationen

Addition	+	Subtraktion	–	Multiplikation	*
Division	/	Reste	%	Stringverknüpfung	.

Kontrollstrukturen

- if-Struktur mit Bedingung

```
if (Bedingung) {Befehle;}
  else {Befehle;}
```

- while-Schleife:

```
while (Ausdruck) Befehl
```

- switch-Befehl:

```
switch (Ausdruck) {
  case 0: Befehl
  ...
  case n: Befehl
  default: Befehl
  }
```

- Schleifen:

```
for (Ausdruck-A [, ...];
   Ausdruck-B [, ...])
Befehl
```

```
do Befehl
   while (Ausdruck)
```

www-Kommunikation von php

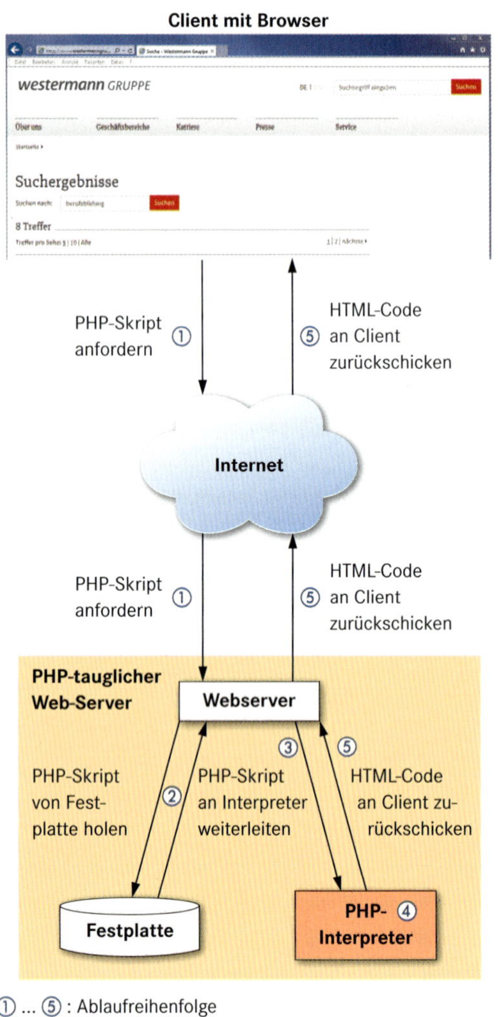

① ... ⑤ : Ablaufreihenfolge

Bearbeiten von (Server-)Dateien

- Dateiöffnung: `fopen`
- Dateispeicherung: `$datei`

  `$datei = fopen` („Datei", „Parameter")

- Schließen der Datei: `fclose($datei)`
- Auslesen einer Datei (auf dem Browser): `readfile`
- Schreiben in die Datei: `fwrite`
- **Parameter**
  - `r` ausschließlich lesen (vom Dateianfang her)
  - `r+` lesen und schreiben
  - `w` ausschließlich schreiben
  - `a` ausschließlich schreiben (vom Dateiende her)

- Formulardatei: `formular.htm`
- Funktionen: `function name ($parameter, ...)`
- Datumsfunktion: `getdate ()`
- Konfigurationsanzeige: `phpinfo ()`

Grundlagen

- Ausdrücke, die zum Parsen und zur Textmanipulation eingesetzt werden. Sie gehören zur Chomsky-Hierarchie (Typ 3).
- Integrierter Bestandteil von Programmiersprachen und speziell von Script-Sprachen: C#; Java; JavaScript; Net; Perl; PHP; Python; Ruby
- Aufbau eines regulären Ausdrucks:
  String + normale Zeichen + Metazeichen
- Die Syntax der Metazeichen variiert zum Teil in den verschiedenen Sprachkontexten.
- Bei den zugehörigen Maschinen werden unterschieden:
  1. Deterministische Finite Automaten (**DFA**)
  2. Nichtdeterministische Finite Automaten (**NFA**)
     2.1 Traditionelle NFA-Engines
     2.2 POSIX NFA-Engines

  DFA: schnell arbeitende Regex-Maschinen
- Reguläre Ausdrücke unter Java: `java.util.regex`-Paket

POSIX-Zeichenklasse [:*xyz*:]

`Alnum`	Alphabetische und nummerische Zeichen
`Alpha`	Alphabetische Zeichen
`Blank`	Leerzeichen/Tabulatorfunktion
`Cntrl`	Kontrollzeichen
`Digit`	Dezimale Zeichen
`Graph`	Druckzeichen (schwarze Zeichen ohne Leerzeichen)
`Lower`	Kleinbuchstaben
`Print`	Druckzeichen (schwarze Zeichen inkl. Leerzeichen)
`Punct`	Interpunktionszeichen
`Space`	Whitespace
`Upper`	Großbuchstaben
`Xdigit`	Hexadezimale Ziffern

Metazeichen unter Java/JavaScript

`\a`	Alarm (BEL)	Backspace (`\x08`) (nur in Zeichenklassen)
`\b`	Backspace (`\x1B`)	
`\e`	ESC (`\x1B`)	
`\n`	Newline (`\x0A`)	
`\r`	Carriage Return (`\x0D`)	
`\f`	Formfeed (`\x0C`)	
`\t`	Tabulator (`\x09`)	Tabulator, horizontal (`\x09`)
`\v`		Tabulator, vertikal (`\x0B`)
`\cZeichen`	Kontrollzeichen, benannt	
`\0`		Nullzeichen (`\x00`)

Ankerzeichen etc. unter Java

`^`	Stringanfang	`$`	Stringende
`\A`	String-Anfang im Match-Modi		
`\z`	String-Ende im Match-Modi		
`\b`	Wortgrenze		
`\B`	Nicht-Wortgrenze		
`\G`	Suche, aktuelle, Startposition		

Java.lang.String (Pattern-Matching-Methoden)

- `boolena matches (String Regex)`
- `String[ ] split (String Regex)`
- `String replaceFirst (String Regex, String Ersatz)`
- `String replaceAll (String Regex, String Ersatz)`

Elementare Zeichen

`\n`	Zeilenvorschub (newline) `[LF (oktal 102); CR [oktal 015)]`
`\b`	Wortgrenze (word boundary)
`\b`	Leerraum (Backspace)
`\Zahl`	Oktale Ziffern (zwei oder drei)
`\xZahl`	Zeichen gemäß den Hexadezimalzahlen (auch: `\x{Zahl}` bzw. `\uZahl` etc.)
`\cZeichen`	ASCII-Steuerzeichen (Werte unter 32) (benanntes Kontrollzeichen)
[...] [... – ...]	Zeichenklassen (normale Klassen; auch: [^...] (... – ... : Zeichenbereich)

Kommentarfunktionen etc.

`m`	mehrzeilig
`s`	einzeilig (dot-Beeinflussung)
`i`	Vernachlässigen (ignorieren) von Klein-/Großschreibung
`x`	Freie Formen (z. B. Kommentare in regulären Ausdrücken)
`?#`	Kommentar
`#`	Kommentar

Kontrolle

(...)	Gruppierende Klammern und Capturing
`\i`	(i: Integer)
...|...	Alternativen
`(?if) then | else`	bedingte Ausdrücke
`*, +, ? {Anzahl,Anzahl}`	gierige Quantoren

Apache-Webserver

`\cZeichen`	Steuerzeichen, benannt
`\w`	Wortzeichen
`\W`	Nicht-Wortzeichen
`\d`	Ziffer [0 ... 9]
`\D`	Nicht-Ziffer [^(0 ... 9)]
`\s`	Whitespace-Zeichen
`\S`	Nicht-Whitespace-Zeichen
`^`	Stringanfang
`$`	Ende des Such-Strings
`\b`	Wortgrenze
`\B`	Nicht-Wortgrenze
#...	Rest als Kommentar
`*`	keinmal/mehrmals
`+`	einmal/mehrmals
`?`	keinmal/einmal

Apache-Webserver (http-Header)

HTTP_USER_AGENT	HTTP_REFERER
HTTP_COOKIE	HTTP_FORWARDED
HTTP_HOST	HTTP_ACCEPT
HTTP_PROXY_CONNECTION	

Apache-Webserver (Verbindung/Anfragen)

REMOTE_ADDR/_HOST/_PORT/_USER/_IDENT	
REQUEST_METHODE	SCRIPT_FILENAME
PATH_INFO	AUTH_TYPE

Benutzungsschnittstelle
User Interface

Merkmale

- Graphische Benutzungsschnittstellen (z.T. auch Benutzeroberflächen) eignen sich für die Gestaltung von anwenderfreundlichen Programmieroberflächen
- Über die GUI wird eine ereignisgesteuerte Benutzerinteraktion - unter anderem durch die Verwendung einer Maus - ermöglicht.
- GUI - Systeme existieren u. a. von Microsoft (**„Windows“**), von IBM (**„Presentation Manager“**) und **„Motif“** im Unix-Bereich.
- Bedeutsam für die Gestaltung von Oberflächen sind besonders **Fenster, Menüs** und **Dialogfelder**.

Fenster

- **Fenstertechniken**
  - **SDI**-Fenster (single document interface) und **MDI**-Fenster (**m**ultiple **d**ocument **i**nterface) werden unterschieden.
  - Im Rahmen der **SDI-Technik** kann nur eine Datei (oder eine Datenbank), im Rahmen der **MDI-Technik** können mehrere Dateien zugleich geöffnet sein.
- **Typische Fensterelemente**
  - Titelbalken - Symbolleisten - Statusleiste
  - Fenster - Menübalken
  - Rollbalken (vertikal und horizontal) - Arbeitsfenster
  - Knöpfe für Bildgröße/Beenden/Minimierung
- **Übliche Fenstertypen**
  - **Anwendungsfenster:** Zentrales Primärfenster
  - **Primärfenster:** für die Primärdialoge des Benutzers
  - **Sekundärfenster:** geeignet für sekundäre Benutzerdialoge
  - **Dialogboxen** (Dialogfenster; „aktives Fenster“): Basale Fenster; geeignet zur Aufnahme von Daten etc.
  - **Mitteilungsfenster** („passives Fenster“): Statusmitteilungen werden gegeben Dialogfelder

Dialoganforderungen

- Die Dialoggestaltung wird durch die **ISO 9241-10** beschrieben.
- Gemäß der Norm sollen gebrauchstaugliche und konsistente Benutzerschnittstellen gestaltet werden, um eine höhere Produktivität zu erzielen.
- Ermittlung der Gebrauchstauglichkeit nach **ISO 9241-11** über die
  - **Effektivität:** Genauigkeit und Vollständigkeit der Ergebnisse
  - **Effizienz:** benötigter Aufwand zur Zielerreichung
  - **Zufriedenheit:** Nutzungsakzeptanz und Beeinträchtigungsfreiheit
- Dialoganforderungen gemäß **ISO 9241-10**:
  - **Angemessenheit** gegenüber der Aufgabe: Effektive und effiziente Unterstützung des Benutzers bei der Aufgabenbewältigung
  - **Dialogverständlichkeit/Lernförderung:** Die Dialoggestaltung soll den Systemumgang verständlich machen.
  - **Erwartungshorizont** (Erwartungskonformität): Die Dialoge sollen in sich eindeutig und konsistent sein. Sie sollen verständlich sein und den Anforderungen entsprechen. Sie sollen den üblichen Erwartungen der Benutzer (Kenntnisund Erfahrungshintergrund) entsprechen.
  - **Fehlertoleranz** und **Korrekturfähigkeit**: Fehler bei der Eingabe und Steuerung sollen die Systemstabilität nicht beeinträchtigen. Auch soll ein Laie Korrekturen leichtgängig vornehmen können.
  - **Individualisierbarkeit:** In Abhängigkeit von den Anforderungen und Aufgaben und den individuellen Konfigurationsbedürfnissen und Vorlieben sollen die Dialoge angepasst werden können.
  - **Selbsterklärung** (Selbstbeschreibungsfähigkeit): Jeder Dialog soll aus sich heraus verständlich sein. Rückmeldungen sollen sich die Dialogschritte erklären.
  - **Steuerbarkeit:** Der Benutzer soll die Dialogabfolge starten und die Geschwindigkeit und Richtung steuern können.

Komplexe Anwendungssysteme
Complex Systems of Application

Merkmale

- Durch die Nutzung intelligenter Techniken, speziell von **Such-**, **Verarbeitungs-** und **Aufbereitungsalgorithmen** sollen in der IT-Welt automatisiert **Daten, Informationen** und Strukturen zuverlässig erfasst werden.
- Dies betrifft die automatisiert organisierbaren Bereiche:
  - Suchmaschinen (lycos, rrzn, google, ...),
  - Datenarchive, - Kataloge,
- Zur Realisierung werden Methoden aus vielfältigen Informatikbereichen (Algorithmen, Graphen, Logik, KI, ...) eingesetzt.

Begriffe

- **Expertensystem** (gebräuchliche Abkürzung: **XS**) System mit einer Wissensbasis und einer Schlussfolgerungskonzeption zur automatischen Lösung von Problemen.
- **Inferenz** (engl. to infer - schließen): Schlussfolgerungsformen auf der Basis unterschiedlicher logischer Konzepte.
- **Shells** (auch: **leere Expertensysteme**) Reine Wissenserwerbs- und -verarbeitungssysteme.
- **XS-Werkzeuge** (auch: **XS-tools/Toolkits**) Programmiersprachenkonzeptionen, mit denen Expertensysteme (konstruktiv) entwickelt werden.

Forschungs-/Anwendungsfelder

Forschungsbereiche		Anwendungen	
Software	Hardware	Software Engineering (Sprachen/Strukturen)	Mustererkennung
Simulationen Klimamodelle	Sensorik		Fertigung (Roboter)
Expertensystem	Roboter	**Sprachsysteme** Übersetzung, Ansagen, Auskunft (Abfragen)	Multimedia (Bildverarbeitung)
Neuronale Netze	Grammatik		Medizin/Meteorologie/... (Geräte/Analyse)
Logische Systeme	Kognitive Strukturen		
	Sprachverarbeitung	Meteorologie (Wetter)	
	Lernkonzepte	Wirtschaft	

PostScript (PS) und PDF
PostScript (PS) and PDF

Merkmale von PostScript

- Geräteunabhängige und stackorientierte Programmiersprache zur **Seitenbeschreibung** (Versionen 1 bis 3).
- 1983 von Adobe Systems entwickelt.
- Grundlegende Sprache für computerunterstütztes Publishing und die digitale Drucktechnik.
- Mit PostScript ist eine Ausgabe von
  - Text,
  - geometrischen Figuren und
  - gerasterten Bildern möglich.
- Eine PostScript-Datei liefert eine **geräteunabhängige** Schnittstelle für die Ausgabe der Dateien auf Drucker, Kopierer, Bildschirm, Belichtungs- oder Publishing-Geräten (Vorstufe für den Druck).
- Eine PostScript-Datei besteht aus ASCII-Text.
- Da Ausgabegeräte in der Regel rasterorientiert arbeiten, muss die programmierte Seite in das Bildpunkte umgewandelt werden. Dazu ist ein **PS-Interpreter** (**RIP: R**aster **I**mage **P**rocessor) erforderlich. Er führt PS-Anweisungen aus und erzeugt die jeweilige Ausgabe.
- PS-Interpreter analysieren die Anweisungen und wandeln diese in eine Sprache um, die das Ausgabegerät versteht. Er ist gewissermaßen das Betriebssystem des Ausgabegerätes und analysiert die PS-Datei zeilenweise. Vom Ausgabegerät hängt es ab, ob der Interpreter Rasterformate (z. B. TIFF, GIF) oder objektorientierte Grafikformate (z. B. WMF, PICT) erzeugt.
- Grundlage für die Struktur einer Seite in PostScript ist ein kartesisches Koordinatensystem, in mathematische Objekte eingefügt werden. Der Ursprung ist in der Regel die linke untere Blattecke. Das Koordinatensystem besitzt für den Programmierer keine Begrenzungen. Erst bei der Ausgabe wird dieses Benutzerkoordinatensystem in ein gerätespezifisches Koordinatensystem umgerechnet. Folgende Manipulationen des Koordinatensystems sind möglich:
  - Translation
  - Rotation
  - Skalierung (Streckung, Stauchung)
- Schriften werden als PostScript-Informationen dargestellt. Der Umriss wird durch Linien- und Kurvensegmente geometrisch beschrieben. Dadurch wird die Schrift in der Ausgabe beliebig skalierbar.

PostScript-Interpreter

- **Hardware-RIP**
  PS-Controller befindet sich auf einer Platine im Drucker mit Speicher und ROM.
- **Software-RIP**
  Interpretation wird durch Software im Rechner geleistet, z. B. mit Ghostscript.

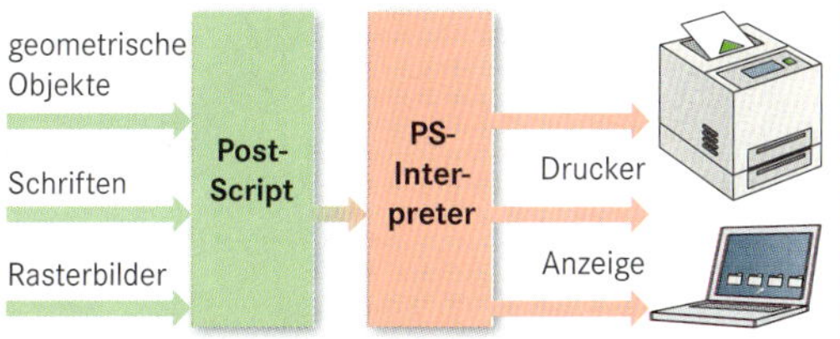

Erzeugung von PS-Dateien

- **Quelltext erstellen**
  Lesbare Anweisungen, die den Aufbau der auszugebenden Seite beschreibt (Prolog, Strukturkommentar, Autor, Titel, Seitenzahl, PS-Version und Skript zur Seitenbeschreibung).
- **Systemtreiber**
  Verwendet werden hierbei Treiber, die im Betriebssystem verankert sind. Über standardisierte und aktualisierbare Schnittstellen (Windows GDI, Mac QuickDraw) aktiviert die Anwendungssoftware den Systemtreiber und erstellt ausgabefähige Seiten.
- **Anwendungsprogramm**
  PS-Treiber werden durch das Anwendungsprogramm (z. B. Adobe Illustrator, Photoshop) zur Verfügung gestellt. Dadurch ist das Verfahren unabhängig vom Betriebssystem.
- **PS-Konverter (Filter)**
  Das Eingangsformat wird durch Filter in PostScript übersetzt. Man unterscheidet Text- und Grafikkonverter. Das Ergebnis ist häufig eine **EPS**-Datei (Encapsulated PostScript).

Das Ergebnis in allen Fällen ist eine **geräteunabhängige** PS-Datei.

PDF

- **P**ortable **D**ocument **F**ormat
- Offenes Dateiformat zum Austausch elektronischer Dokumente. Schriftarten, Bilder, Grafiken und Layout jedes Ausgangsdokuments bleiben unverändert, unabhängig von der Anwendung und der Plattform (z. B. MacOS, Windows), die zur Erstellung verwendet wurde. Zum Öffnen der Datei ist ein „Leseprogramm" erforderlich, z. B. Adobe Acrobat.
- PDF ist keine Programmiersprache. Es sind keine Kontrollstrukturen wie z. B. Schleifen oder Abfragen vorhanden.
- PDF baut auf PostScript auf, verwendet jedoch nur einen eingeschränkten Befehlssatz.
- Die Dateien sind kleiner (komprimiert) als PS-Dateien und lassen sich dadurch einfacher auswerten.
- Die Verwendung von hierarchisch geordneten Lesezeichen ist möglich (Hypertext Funktionalität).
- Vorschaugrafiken einzelner Seiten können erstellt werden.

Lesezeichen
Lesezeichen
Piktogramme
Kommentare
START
Heft 01/2002
Heft 02/2002
Heft 03/2002
Heft 04/2002
Heft 05/2002
Heft 06/2002
Heft 07/2002
Heft 08/2002
Heft 08/2002 - Inhalt
Heft 09/2002
Heft 10/2002

- PDF-Dokumente können mit speziellen Zugriffsrechten und digitalen Signaturen versehen werden.
- Die mit Tags versehenen Dateien enthalten Informationen zum Inhalt und der Struktur eines Dokuments. Sie können abgerufen und dargestellt werden.
- Dokumentenerstellung: Beliebiges Dokument → Speicherung als PostScript-Datei → Interpretation der Datei z. B. durch Acrobat Distiller (ein Post-Script RIP) und Speicherung als PDF-Datei.

Einstellungen

- **BIOS:** **B**asic **I**nput **O**utput **S**ystem (Basis-Eingangs-Ausgangs-System)
- Im BIOS werden wichtige Einstellungen für den PC in einem wieder beschreibbaren Speicher (EEPROM, meist als Flash-Speicher, 64 oder 128 Byte) ① auf der Hauptplatine abgelegt. Der Speicher wird permanent durch einen Akku oder eine Batterie ② mit Spannung versorgt. Der Speicher ist oft mit der Echtzeituhr des Systems kombiniert.
- Nach dem Einschalten wird das Programm unmittelbar ausgeführt. Der Start des Betriebssystems wird eingeleitet.
- BIOS-Einstellungen können über das BIOS-Setup vorgenommen werden.
- Das BIOS-Setup kann kurz nach dem Start durch eine bestimmte Tastenkombination aufgerufen werden, z. B.
  - „Press F1 to enter SETUP" oder
  - „Press DEL (deutsch: Entf) to enter SETUP" (vom Hersteller abhängig)
- Es gibt verschiedene BIOS-Hersteller, z. B.: AMI, ATI, Award Software, Phoenix Technologies
- Es empfiehlt sich aus Sicherheitsgründen, die bestehenden Einstellungen vor der Änderung zu notieren oder auszudrucken (Taste „Druck" oder „Print").
- Beispiel BIOS-Hauptmenü (Hersteller Award):

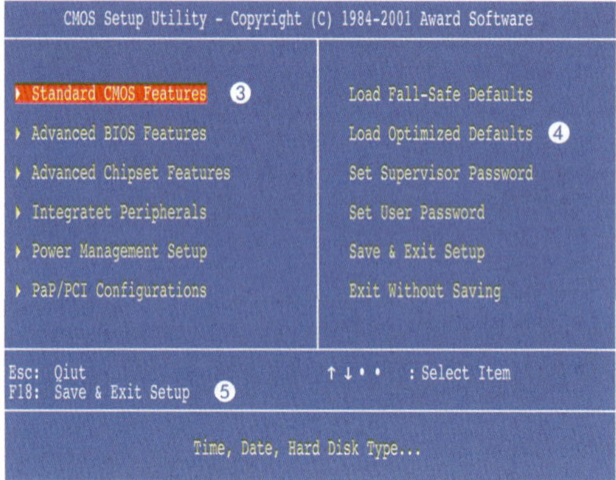

- Es sind Menüeinträge ③ mit Untermenüs vorhanden, bei denen der ausgewählte Eintrag farblich hervorgehoben wird. Der Menüpunkt wird durch „Enter" gewählt.
- Allgemeine Steuerungsfunktionen ④ (z. B. Speichern der Einstellungen, Verlassen der BIOS-Einstellungen)
- Informationen zur Navigation innerhalb des Menüs ⑤, Bewegung um jeweils einen Schritt nach oben, unten, rechts und links
- Sicherheitsabfragen werden durch die Tasten „Y" oder „N" und anschließend durch „Enter" durchgeführt.
  Achtung: Es wird die englische Tastaturbelegung verwendet, „Y" und „Z" sind vertauscht.

SAVE to CMOS an EXIT (Y/N)? Y

- Mit „ESC" kann man das Menü bzw. jeden Dialog im BIOS verlassen.

Menüs und ihre Bedeutung (Auswahl)

Award	AMI	Bedeutung
Standard CMOS Features	Standard CMOS Setup	Einstellungen für Datum und Uhrzeit; Parameter für Laufwerke und Grafikkarte
Advanced BIOS Features	Advanced CMOS Setup	Besondere BIOS-Einstellungen: Bootreihenfolge, Cache- und Prozessoreinstellungen, Tastatur, Speicher
Advanced Chipset Features	Advanced Chipset Setup	Einstellungen für den Chipsatz: Speicherzyklus, AGP und PCI-Optionen, Onboardkomponenten
Integrated Peripherals	Peripheral Setup	Kommunikationssteuerung mit angeschlossenen Geräten: Festplatten, Parallelport usw.
Power Management Setup	Power Management Setup	Einstellungen der Stromsparfunktionen im PC
PnP/PCI Configuration	PCI/Plug and Play Setup	Verteilung der Systemressourcen für Erweiterungskarten (IRQ, DMA)

Wichtige Steuerungsfunktionen ④

Award	AMI	Bedeutung
Load Fail-Safe Defaults	Autoconfig. with Fail-Safe Settings	BIOS-Einstellungen werden auf Standardeinstellung zurückgesetzt
Load Optimized Defaults	Autoconfig. with optimal Settings	BIOS-Einstellungen werden auf Optimal-Einstellungen zurückgesetzt
Set Supervisor Password	Change Supervisor Password	Passwort für den Zugang zum BIOS-Setup wird festgelegt (Supervisor)
Set User Password	Change User Password	Passwort für den Zugang zum BIOS-Setup wird festgelegt (User)
Save & Exit Setup	Save Settings and Exit	Verlassen des BIOS-Setup, Speichern der Änderungen

CMOS-Speicher mit Spannungsquelle

Prinzip und Funktion

- Es handelt sich bei UEFI um eine „Vereinheitlichte erweiterbare Firmware Schnittstelle“.
- Die Schnittstelle liegt zwischen der Firmware, den einzelnen PC-Komponenten und dem Betriebssystem.
- Vorgänger: **EFI** (**E**xtensible **F**irmware **I**nterface)

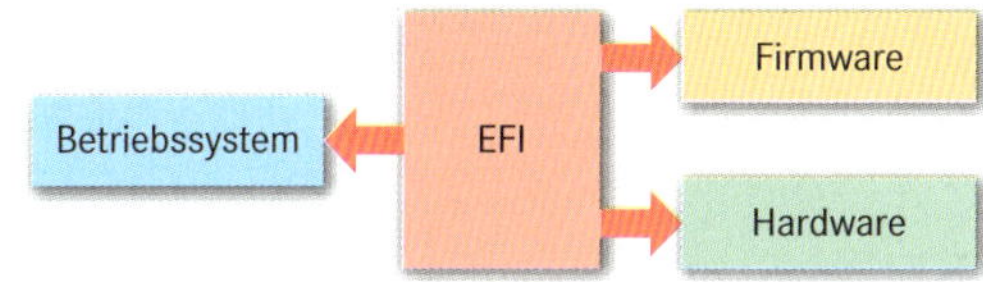

- Die **Firmware** (engl. firm = fest) ist eine Software, die in der Hardware funktional fest eingebettet ist (meist in einem nicht flüchtigen Speicher, Flash-Speicher).
- UEFI wird das traditionelle BIOS ersetzen. Auf den Windows-8-PCs wird UEFI bereits vorhanden sein. Für die Installation auf älteren PCs wird Windows 8 auch weiterhin das herkömmliche BIOS unterstützen.
- UEFI wird unterstützt von Linux, diversen Unix-Versionen, Windows Vista (SP1) und Windows 7 in den 64-Bit-Versionen.
- Gründe für eine BIOS-Ablösung:
  - Die Bedienung des Setup-Screens entspricht nicht mehr den zeitgemäßen Anforderungen (Bedienoberfläche, Einstellmöglichkeiten).
  - Größe der Boot-Festplatte < 2 TB
  - Lange Boot-Zeiten

Bedienoberfläche

- Der Unterbau von UEFI ist standardisiert. Die Hersteller (Asus, Gigabyte, MSI, AS Rock ...) verwenden aber unterschiedlich höher auflösende grafische Oberflächen zur leichten Bedienung mit der Maus. Textbasierte Darstellungen sind ebenfalls möglich.
- Angeboten werden auf der Bedienoberfläche aber auch wichtige Informationen.
  Beispiele: Prozessor, Speicher, Temperatur, Lüfterdrehzahl
- Die Auswahl des Boot-Laufwerks kann in der Regel per Drag and Drop erfolgen.

Textbasierte Bedienoberfläche (Beispiel)

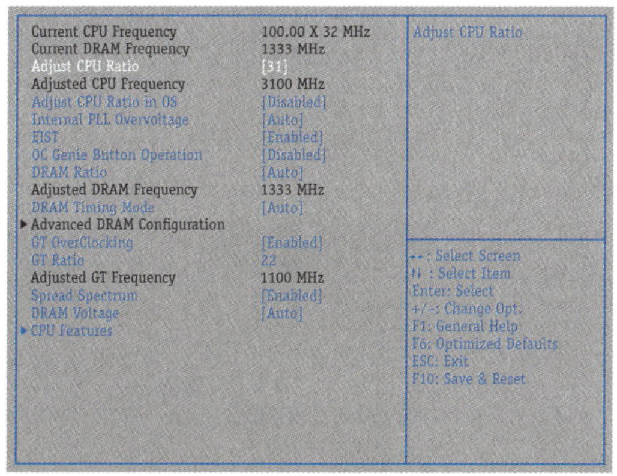

Techniken und Möglichkeiten

- Übergreifende Prinzipien:
  - Einfach veränder- und erweiterbar
  - Weniger Zeit zum Booten (angestrebt < 8 s)
- Mit dem integrierten Netzwerktreiber lässt sich über UEFI bereits der Netzwerkanschluss nutzen (z. B. Fernwartung).
- Grundfunktionen der Grafikkarte (**GOP**: **G**raphic **O**utput **P**rotocol) stehen beim PC-Start bereits zur Verfügung (höhere Auflösung).
- Es besteht durch Emulation Kompatibilität zu einem vorhandenen BIOS.
- Über eine Shell können EFI-Applikationen (.efi) aufgerufen werden.
- Treiber können integriert sein, so dass sie nicht vom Betriebssystem geladen werden müssen.
- Anstatt auf dem Betriebssystem können Netzwerk- und Speicherverwaltung auf der Firmware laufen.
- Installierte Betriebssysteme können problemlos ausgewählt werden (Boot-Loader nicht erforderlich).
- Boot-Möglichkeiten von Festplatten > 2 TB sind durch **GPT** (**G**UID **P**artition **T**able, GUID: Globally Unique Identifier) möglich.
- Eine Beschränkung auf vier primäre Partitionen pro Festplatte entfällt.

Grafische Bedienoberflächen (Beispiele)

① BIOS-Einstellungen ② Restart (PC startet neu)
③ Save CMOS (Änderungen im BIOS werden gespeichert)

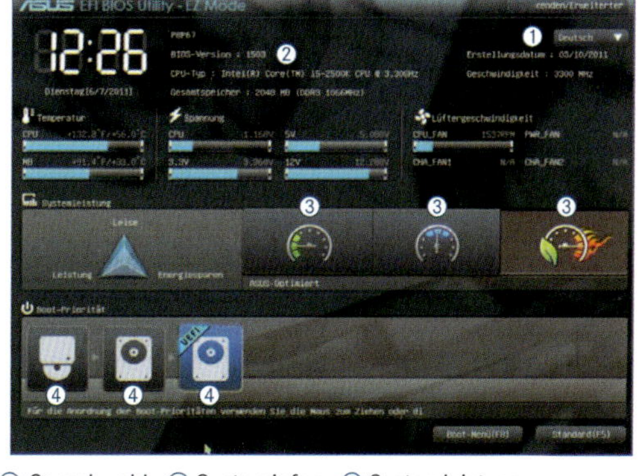

① Sprachwahl ② Systeminfos ③ Systemleistung
④ Boot-Priorität

Aufgaben

- Ein Betriebssystem
  - steuert und überwacht die Prozessabläufe im System
  - verwaltet die technischen Komponenten eines Rechners
  - regelt den Einsatz von Anwendungen und Programmen
  - verwaltet die Daten und managt die Speicherzugänge
  - gestaltet den Zugriff auf das System (Eingaben/Datenzuflüsse)
  - leitet die Datenausgabe auf periphere Geräte und Komponenten
- Hierzu nutzt ein Betriebssystem vielfältige unterstützende Geräte (Prozessoren) und Treiber.
- **Elementare Systemkriterien**
  - Nur ein Nutzer: **s**ingle **u**ser system
  - Nur ein Auftragsbearbeitung im System: **s**ingle **t**asking system
  - Mehrere Nutzer parallel: **m**ulti **u**ser system
  - Mehrere Aufträge parallel im System: **m**ulti **t**asking system

Dateisysteme

- **FAT 16** (**F**ile **A**llocation **T**able mit 16 Bit; oftmals FAT): Verzeichnis der Speichereinheiten
- **FAT 32:** Partitionen bis zu 2 TByte sind möglich.
- **VFAT** (**V**irtual **F**ile **A**llocation **T**able): Im Gegensatz zu FAT16 werden lange Dateinamen ermöglicht.
- **NTFS** (**N**ew **T**echnology **F**ile **S**ystem von MS (Windows))
- **HPFS** (**H**igh **P**erformance **F**ile **S**ystem): Partitionen bis 2 TByte

Einteilungen

Einsatzebenen: Echtzeitbetriebssysteme, Embedded Systems, Handheld Systems, Mainframes, Minicomputer, PC-Systeme, PDA, Server, Smartphone-Systeme, Tablets, Workstation

Systeme	Beispiel(e)
Großrechner-BS	OSD BS 2000/OSD (Siemens Fujitsu)
Netbooks	Chrome OS (Goolge)
PC-Systeme	Unix, Linux, MS Win: XP, Vista, 7, 8
Smartphone-BS, PDA, (Tablets)	Android, Apple iOS, BlackBerry (10)
Workstation, Server	FreeBSD, HP-UX, JVM (Java Virtual Machine), Mac OS X, Open Solaris, Server 2008 Banyan Vines, VMS-DEC

Betriebsarten

Systemkategorien	Beispiele
Abwicklung (Prozesse)	Stapelverarbeitung/Dialogverarbeitung
Benutzerzugang	Offener/Geschlossener Betrieb
Programmanzahl	Einprogramm-/Mehrprogrammbetrieb
Prozessoranzahl	Einprozessor-/Mehrprozessorbetrieb
Taskanzahl	Singletasking/Multitasking
Verteilung (Räumlich)	Lokaler Betrieb/Verteilte Struktur/ Fernverarbeitung
Programmnutzung	Teilnehmerbetrieb/Teilhaberbetrieb

Betriebsprobleme beim PC

Phänomen	(mögliche) Ursache(n)	(mögliche) Reaktion(en)
▪ Bildschirm bleibt schwarz ▪ Keine Aktivitäten ▪ Keine Geräusche	▪ Die Energieversorgung ist ausgeschaltet ▪ Netzstecker ist nicht eingesteckt ▪ Netzversorgungskabel ist beschädigt	▪ Energieversorgung zu Verfügung stellen ▪ Netzverbindung stabil (wackelfrei) einschalten ▪ Gerätehauptschalter betätigen (Rechnerrückseite)
▪ Bildschirm bleibt schwarz ▪ Gerätegeräusche liegen vor	▪ Energieversorgung zum Bildschirm ist fehlerhaft (eventuell direkt am PC) ▪ Datenverbindung zum Bildschirm ist fehlerhaft	▪ Kabelverbindungen überprüfen (Wackelkontakt)
▪ Bildschirm bleibt schwarz	▪ eventuell befindet sich der PC im Standby-Modus	▪ Maus bewegen ▪ Tastatur betätigen ▪ „Sleep"-, „Freen"-, Standby"-Taste betätigen
▪ Rechner fährt nicht hoch	▪ Maus- und Tastaturanschlüsse sind nicht bzw. fehlerhaft angeschlossen	▪ Maus- und Tastatur anschließen (eventuell die Anschlüsse von Maus und Tastatur austauschen)
	▪ Ausfall der Festplatte	▪ Austausch der Festplatte (=> Fachhändler)
	▪ Befindet sich im Stand-by-modus	▪ Aktivierung der Maus bzw. einer Taste
▪ Akustische Fehlersignale	▪ Konfigurationsproblem interner Komponenten	▪ beachte Fehlermeldeangaben des BIOS-Herstellers
▪ Bildschirmausgabe: „non system disk or disk error"	▪ Es wird kein Betriebssystem gefunden	▪ Datenträger aus dem zuerst angesprochenen Laufwerk entfernen und auf **ENTER** drücken ▪ Bootreihenfolge ändern (BIOS: BOOT SEQUENCE) ▪ Es liegt gar kein BS vor ▪ Festplatte ist beschädigt
▪ Maus kann nicht bewegt werden	▪ Verbindung zwischen Maus und PC ist unterbrochen bzw. (noch) nicht aktiviert	▪ Maus anschließen ▪ Maustreiber installieren ▪ die Einbindung der Maus abwarten (!)
▪ Bildschirm: „Check sum" bzw. „Parity error"	▪ Arbeitsspeicher (RAM) ist nicht korrekt einsetzbar	▪ RAM ist fehlerhaft eingesteckt ▪ verkehrte Speicherbausteinparität/-bankbelegung
▪ Bildschirm: „No ROM-Basic"	▪ es konnte kein BIOS aktiviert werden	▪ Überprüfung des BIOS-Chip
▪ Bildschirmmeldung „Hdd-/fdd controller failure"	Controller der Festplatte (hdd) oder des Laufwerks (fdd) ist fehlerhaft	▪ Gerätefehler ▪ Verkabelungsfehler ▪ Anmeldefehler im BIOS

HW-SW-Grundbeziehung

HW: Hardware (1, 2, 3); **SW:** Software (5, 6, 7, 8)

Bereich	Nr.	Inhalt/Aufgabe
SW	8	Anwendungen (Office, ...) (Benutzermodus)
	7	Schnittstelle (System-Anwendungen [**JVM; CLR**])
	6	Betriebssystemnahe SW (Compiler, Interpreter, ...)
	5	(eigentliches) Betriebssystem (**BS**)
HW/SW	4	Schnittstelle (HW-SW) (**vBM; VM-***Monitor*)
HW	3	Maschinenorganisation (M,-sprache) [Firmware]
	2	Mikroarchitektur
	1	Geräte (Physikalische Ebene)

- Mit **Kernel** (engl.; Obstkern) wird das prozessornahe Computerkernprogramm bezeichnet. Bei jeder Anwendung läuft es mit.
- Zum **Kernel** gehören die Aufgaben unter 5 und 6 (Kernelmodus). Er kann einheitlich oder auch schichtorientiert gestaltet sein.
- Arbeitet das Betriebssystem insgesamt als integrierter und geschlossener Kern, dann spricht man von einem monolithischen Kernel. Alle Teilprogramme beziehen sich auf diese Einheit.
- Durch die Auslagerung von Betriebssystemaufgaben kann eine Kernelreduktion auf einen Microkernel erzielt werden.
- Auf der HW-SW-Schnittstellenschicht (4) können virtuelle Organisationseinheiten (virtuelle Infrastruktur) realisiert werden.
  vBM: virtuelle **B**asis**m**aschine
  VM-Monitor: Virtuelle **M**aschine - **Monitor**
  Durch die virtuellen Maschinen können verschiedene Betriebssysteme parallel auf einer Maschine zum Einsatz kommen.
- Die Firmware kann sowohl hard- als auch softwareorientiert aufgebaut sein. Sie ist fest implementiert und gehört zur HW-Ebene.
- Auf der oberen Schnittstellenebene (7) können virtuelle Maschinen verwendet werden. Diese gehören dann nicht mehr zum Kernel des Betriebssystems (**BS**).
  JVM: Java **V**irtual **M**aschine; **CLR: C**ommon **L**anguage **R**untime
- Virtuelle Maschinen können auch als Schnittstelle zu einem Server- Netz (auch Internet) agieren. Parallel können dann verschiedene Kernel und von daher auch unterschiedliche BS für verteilte Aufgaben betrieben werden.
- Anwenderprogramme aktivieren das BS über Systemaufrufe. Der Programmablauf wird als **Prozess** bzw. **Task** (Aufgabe) gestaltet. Zum Prozess-Kontext gehören jeweils vielfältige Zustandsinformationen.
- Das gleichzeitige Bewältigen von verschiedenen Prozessen wird als **Multitasking** bezeichnet. Im Detail werden unterschieden:
  - Kooperatives Multitasking (Steuerung über Interrupts)
  - Präemptives Multitasking (Steuerung über den Systemkern unter Verwendung von Warteschlangen)
- Prozesse können in selbstständige Teilabläufe (**Threads**) aufgegliedert werden.
- Unter **Thread** [θɪɛd] (engl.: Faden (auch Strang)) werden schmale Prozessaktivitäten verstanden. Sie werden in einem einheitlichen Datenkontext aktiviert. So erfolgt eine dynamische, effiziente und ressourcensparende Verarbeitung von Programmanforderungen. Ein Thread ist letztlich immer ein Teilprozess.
- **Hyper-Threading Technology (HTT)** wird auf Intelprozessoren eingesetzt. So können Prozesse parallel ablaufen.

Kommunikationsprozesse

Polling

- Eine zyklische Abfrage von Geräten und Prozessen.
- Dazu kann ein Poll von einer Abfragestation zur anderen geordnet weitergereicht werden. Die Meldungen erfolgen an die Zentraleinheit.
- Der Pollabruf kann aber auch - nach einem geordneten Schema - direkt von der Zentrale an die einzelnen zugeordneten Einheiten geleitet werden. Eine Einheit kann dann Informationen übertragen, wenn ihr ein Poll vorliegt.

Interrupt (**IRQ: I**nterrupt **Req**uest)

- Bei diesem Verfahren wird die Zentraleinheit über Meldungen aktiviert. Diese werden von den Einheiten selbstständig verschickt.
- Unterschieden werden zum Beispiel:
  - Hardware-Interrupts und Software-Interrupts (Traps)
  - Synchrone (Systemcalls etc.) und asynchrone Interrupts. Asynchrone Interrupts gehen auf nicht vorhersehbare Ereignisse zurück.
- Interrupts provozieren eine Kernelreaktion.
- Interrupts sind gemäß ihrer Relevanz gewichtet. Hierzu werden Prioritäten bestimmt (**IRQL** (**I**nterrupt-**Req**uest-**L**evels)).
- Für die einzelnen Interrupts stehen Software-Routinen zur Bearbeitung zur Verfügung: **ISP** (**I**nterrupt **S**ervice **R**outine)
- Unterdrückte Interrupts sind maskierte Interrupts. Hierfür existiert ein **I**nterrupt **M**ask **R**egister (**IMR:** Maskenregister zur Kennzeichnung von Interrupts)
- Ein Interrupt-Controller erfasst Hardware-Interrupts. Dieser veranlasst ein **IRQ** (**I**nterrupt-**Req**uest (Anforderung)) an die CPU.
- Nach jedem Befehlszyklus überprüft die CPU, ob eine Interrupt-Anforderung existiert.
- Die Identifizierung von Interrupts erfolgt über eine **IDT**-Tabelle (**I**nterrupt-**D**ispatcher-**T**abelle). Sie erfasst ie **ISP**-Reaktionen gemäß der IRQL.
- Standard-IRQ-Belegung (Auswahl)

1	Tastatur	3; 4	serielle Schnittstellen
8	Uhr	6	Diskettenlaufwerk
12	Maus	7	parallele Schnitstelle

Scheduling

- Mit Scheduling [sch edju:l] (engl.: Tabelle, Fahrplan) wird der zeitliche Befehlsablauf beschrieben.
- Eine optimale CPU-Auslastung soll erreicht werden.
- Zentral werden unterschieden:
  - preemptives Scheduling: Prozesse dürfen unterbrochen werden;
  - non-preemptives Scheduling: Prozesse müssen vollständig abgearbeitet werden.
- Die konkreten Zielsetzungen und Bewältigungsweisen beim Scheduling sind vom Betriebssystemkonzept abhängig. Unterschieden werden hierbei folgenden Systemkonzeptionen:
  - Batch-Systeme - Dialog-Systeme - Realtime-Systeme
- Beachtet werden die Aspekte:
  - Antwortzeiten, Durchlaufzeit, Fairness, Wartezeit, CPU-Auslastung, Durchsatz, Vorhersehbarkeit

Merkmale

- Mit der **Virtualisierungstechnologie** (von lat. virtus: Tüchtigkeit, Kraft) ist die gleichzeitige Ausführung von zwei oder mehreren Betriebssystemen (VM: virtuelle Maschinen) auf einer Rechnerhardware (Host) möglich.
- Wesentliches Ziel dieser Technologie ist die Steigerung bzw. optimale Auslastung der vorhandenen Rechnerhardware.
- Bei der Virtualisierung gibt es die beiden grundsätzlichen Konzepte
  - **Hosted Virtualisierung** („Gastgeber") und
  - **Bare-Metal Virtualisierung** („nacktes System").
- Bei der Hosted Virtualisierung werden die virtuellen Maschinen auf die vorhandene Rechnerhardware und das vorhandene Host Betriebssystem aufgesetzt.
- Bei der Bare-Metal Virtualisierung werden die virtuellen Maschinen direkt auf der Systemhardware ohne Host-Betriebssystem aufgesetzt.
- Für beide Realisierungen ist eine Steuerungssoftware zur Verwaltung der Ressourcen für die jeweiligen virtuellen Maschinen erforderlich.
- Diese Software wird mit **VMM** (**V**irtual **M**achine **M**onitor: virtueller Maschinenüberwacher) oder auch mit **Hypervisor** (Überwacher) bezeichnet.
- Angewendet wird die Virtualisierung zum Beispiel im Bereich
  - Parallellaufender Applikationen (Datenbanken),
  - Softwareentwicklung (Entwicklungs- und Zielsystem auf einer Maschine),
  - Nutzen von Multicore-Prozessoren und
  - Sicheres Surfen im Internet.
- Vorteile der Virtualisierung sind unter anderem
  - Bessere Ausnutzung der leistungsfähigen Hardware durch die Zusammenlegung verteilter Systeme auf wenige konzentrierte Systeme (Servereinsparung) mit Energieeinsparung und Stellflächenreduzierung),
  - Optimierung von Softwareentwicklungen und -tests durch gleichzeitigen Betrieb mehrerer (unterschiedlicher) Betriebssysteme auf einem Rechner ohne zusätzlich zu erstellende Testumgebung.
- Höhere Sicherheit durch Abschottung der VMs untereinander und gegen ein Host-System.
- Nachteile der Virtualisierung sind zum Beispiel
  - Leistungsfähigkeit der virtuellen Maschine,
  - Umfangreiche Kenntnisse bei der Umsetzung eines Virtualisierungskonzeptes erforderlich.

Standardarchitektur

Appli-kation 1 … Appli-kation n

Hostbetriebssystem

Hardware

- In der Standradarchitektur erfolgt die Steuerung der Hardware und der Applikationen durch das eingesetzte Betriebssystem.
- Das Betriebssystem hat dabei Zugriff auf alle Ressourcen.

Hosted Virtualisierung

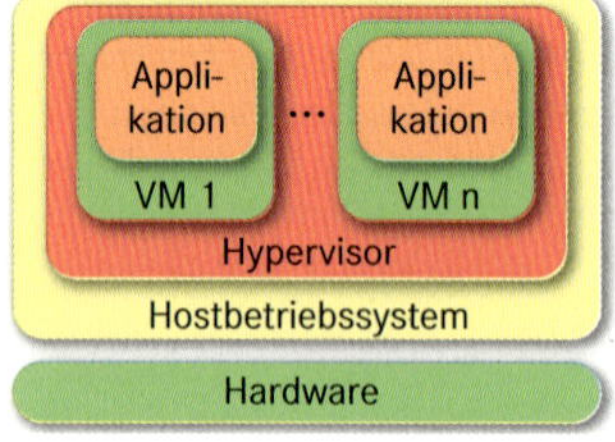

- Das Host Betriebssystem
  - bildet die Grundlage auf dem der Hypervisor und die VM-Betriebssysteme installiert werden und
  - behält die Kontrolle über alle angeschlossenen Geräte.
- Der Hypervisor läuft oberhalb des Host-Betriebssystems.
- Beispiele für Desktopanwendungen: VMWare-View, Microsoft Virtual PC.

Bare-Metal Virtualisierung

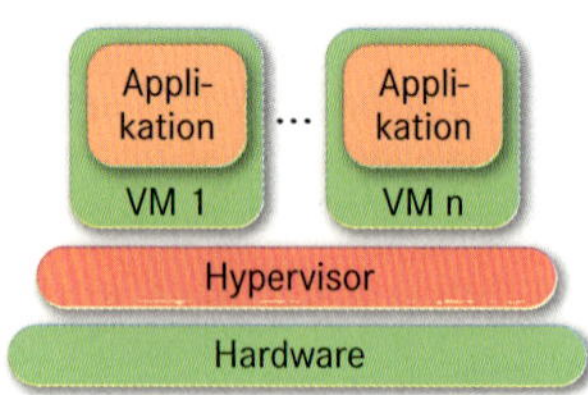

- Der Hypervisor
  - arbeitet als Hardwarecontroller und Überwacher der VM-Betriebssysteme und
  - bildet (emuliert) für jede VM die erforderlichen CPU-Eigenschaften nach (Nachteil: u. a. hoher Zeitbedarf)
- **Beispiel:** VMWare ESX

Paravirtualisierung

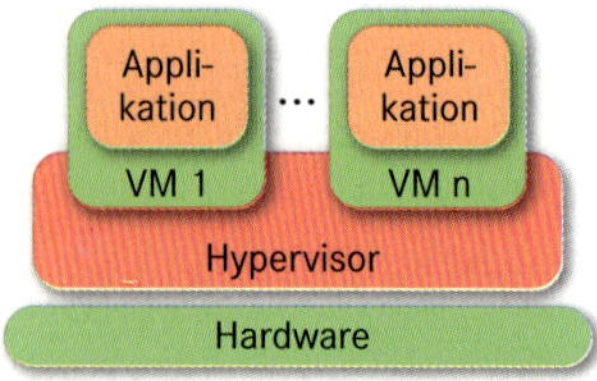

- Bei der Paravirtualisierung ist der Kern des VM-Betriebssystems spezifisch an den Hypervisor angepasst.
- Durch die direkte Kommunikation zwischen Hypervisor und VM-Betriebssystem wird eine hohe Verarbeitungsgeschwindigkeit erreicht.
- **Beispiel:** Microsoft Hyper-V, Citrix XenServer

UNIX-Konzept

- Im UNIX-Konzept erfolgt der Zugriff der Nutzer über gesonderte Shells von der Anwendungsebene auf den Kernel des Betriebssystems über ein einheitliches Interface.

Anwendungen	↑	Benutzersicht
System Call Interface	↕	Schnittstelle zum Kernelmodus
Kernelprogramme und Hardware	↓	Betriebssystemebene

Charakteristika

- Das UNIX-Betriebssystem ist aus verschiedenen„Programmschichten" aufgebaut.
  1. Schicht: hardwarenahe Schicht, der sog. **Kernel**
  2. Schicht: Shell
  3. Schicht: Anwendungsprogramme
- Die erste Schicht wird vom Prozessortyp bestimmt. Sie umfasst etwa 10 % des gesamten Programmcodes: Hiervon sind nur 10 % herstellervariant.
- Entwickelt von AT&T (1969; Tompson und Ritchie). 1973 einheitlich neu in C erstellt (von Ritchie).
- Prägende Unix-Entwicklungen [Startup-Skripten]
  1. **BSD** (Berkeley Software Distribution - Version 4.4-1990 **[*/etc/rc**]**
  2. **System V.4.2** (Stand 1993; von AT&T entwickelt) **[*/etc/inittab*]**
- Befehl zur Erfassung der verwendeten Unix-Version: `uname -a`
- Im UNIX-Konzept erfolgt der Zugriff der Nutzer über gesonderte Shells von der Anwendungsebene auf den Kernel des Betriebssystems über ein einheitliches Interface.

Anwendungen	Benutzersicht
System Call Interfase	Schnittstelle zum Kernelmodus
Kernelprogramme u. Hardware	Betriebssystemebene

- Betriebsmerkmale von UNIX auf der Anwenderebene: Multithreading, Multitasking, Multiuser
- Betriebsmerkmale von UNIX auf der technischen Ebene: Daemonen-Konzept, Virtuelle Speichertechnik, IP-Netzwerkfähigkeit
- Es ist ein echtes Timesharing-System: D.h. verschiedenen Programmen wird (nacheinander) in etwa die gleiche Rechenzeit eingeräumt, so dass die Programme quasi parallel arbeiten.

Allgemeiner Installationsablauf

Unterschieden werden: Update-Installation und Neuinstallation

1. **Einschalten** des Rechners
2. Interne (automatische) **Überprüfung** der Hardware-Komponenten
3. CD-ROM wird aktiviert
   (Alternative: Installation im Netz über Server)
   System nimmt den Zustand **SASH (S**tand **A**lone **Sh**ell) ein.
   Das **Betriebssystem wird geladen**
   (**Installationsbefehl** (eventuell ***install***) eingegeben.)
4. **Installation erfolgt dialoggesteuert** (menügesteuert)
   - Auswahl von: Dialogsprache, Bildschirm- und Tastaturtyp
   - Basisinformationen und aktuelle Mitteilungen (Readme) können eingesehen werden
   - Daten auf Festplatte können gesichert werden
   - Formatierung und Partitionierung der Festplatten erfolgen
   - Eingaben zu: Rechnername (IP-Adresse), Passwort, Landessprache, Zeitzone, Plattenpartition usw.
5. **Neustart** (**Überprüfung** der angezeigten Abläufe und Daten)
6. **Vervollkommnung** der Konfiguration (Anwendungen, Drucker, ...)

Benutzersicht

- Groß- und Kleinschreibung werden unterschieden.
- Bei den benutzern gibt es drei Benutzerklassen (Kl: Klasse): Kl 1: u = login user; Kl 2: g = group; Kl 3: o = others
- **Anmeldung**
  1. Eingabe des Benutzernamens: **`login:`** Benutzername
  2. Eingabe des Passwortes: **`password:`** Passwort
- **Abmeldung** (Verlassen des Systems)
  1. Möglichkeit: Eingabe des Befehls **`$ exit`**
  2. Möglichkeit: Gleichzeitiges betätigen der Tasten CRTL (bzw. Strg) und d: ***<CRTL D>; <Strg D>***

Timesharing in UNIX

Die Struktur der Dateien ist unter UNIX hierarchisch aufgebaut (root: Wurzel). Ein Aufbau mit typischen Dateien:

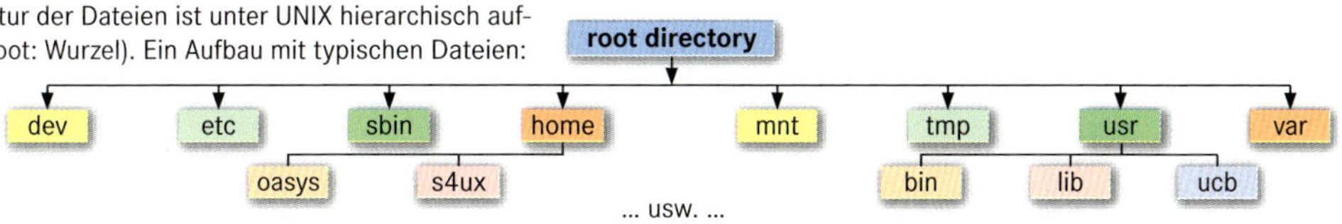

root directory

dev | etc | sbin | home | mnt | tmp | usr | var

home: oasys | s4ux

usr: bin | lib | ucb

... usw. ...

bin: Dienstprogramme; **dev**: Geräteeinträge; **etc**: Systemverwaltungsprogramme; **home**: Benutzer Directories; **lib**: Systembibliotheken; **mnt**: leeres Verzeichnis; **sbin**: Systemverwaltung; **tmp**: temporäre Dateien; **usr**: user-Verzeichnis; **var**: variable Systemdateien

Zugriffsrechte unter UNIX

- Das Kommando ***ls -l*** zeigt die File-Informationen im Detail an.
- Aufbau der Darstellung auf den Befehl ***ls -l***:

(1)	(2)	(3)	(4)	(5)

(1): Filetyp (Dateityp); (2): Zugriff für den Besitzer; (3): Zugriff für die Gruppe; (4): Zugriff für den Rest; (5): (Besitzer/Gruppe/Speicherdatum/Name)

- Bei den Zugriffsrechten können jeweils – in dieser Abfolge – die Buchstaben **r**, **w** und **x** eingetragen sein. (r: read; w: write; x: execute); Ein steht für fehlende (Teil-)Rechte

MS-DOS

- **MS-DOS** steht für **M**icro**s**oft **D**isk **O**peration **S**ystem.
- Unveränderliche Dateien im Sytem: IO.SYS; MSDOS.SYS; COMMAND.COM
- Veränderbare Dateien (durch den Anwender): AUTOEXE.BAT; CONFIG.SYS; COMMAN.COM
- COMMAND.COM ist das Kernstück von MS-DOS. (Andere Bezeichnungen: Befehlsinterpreter,Befehlsprozessor, Benutzerschnittstelle) Er enthält in Maschinensprache den Code der internen Befehle. Alle Befehle werden auf dieser Ebene analysiert.
- Ausgehend von MS-DOS wurde 1985 die erste Windows-Version vorgestellt.

- MS-DOS kann quasi als Anwendung aktiviert werden. Die Nutzung erfolgt über eine Zeiteingabe: C:\>dir
- Zugriff: CTRL + ALT + DEL => BIOS ①
- Zugriff: CTRL + BREAK => MSDOS.SYS ②

Strukturaufbau (HW: Hardware)

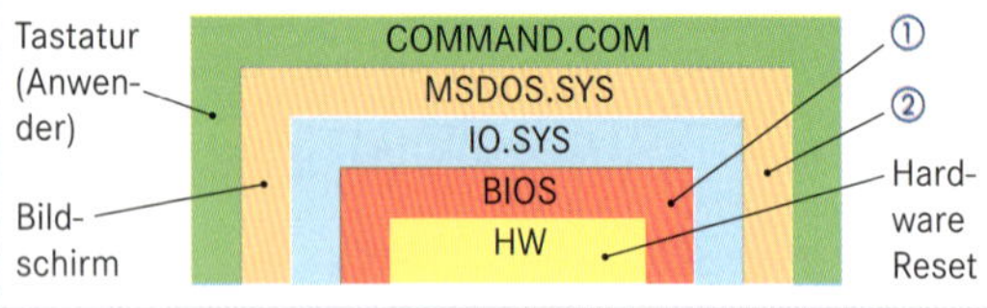

Vergleich MS-DOS/UNIX-Befehle

MS-DOS	Vorgang	UNIX
`DIR .. (directory);` speziell: `DIR/R, DIR/W, DIR/A, DIR/O, DIR/S, DIR/B, DIR/L`	Auflistung von Dateien und Verzeichnissen	`ls`
`CD name`	Auswahl eines Verzeichnisses	`cd name`
`CD .. (CDDIR)`	Wechsel des Verzeichnisses	`cd ..`
`CD \`	Rückgang ins Wurzelverzeichnis	`cd /`
`MD (MKDIR) name`	Anlegen eines Verzeichnisses	`mkdir name`
`DEL name`	Löschung einer Datei	`rm name`
`Copy alt neu`	Kopieren einer Datei	`cp alt neu`
`MD name`	Anlegen von Verzeichnissen	`mkdir name`
`RD (RMDIR) name`	Entfernen (Löschung!) eines Verzeichnisses	`rmdir name`
`PRINT name`	Drucken einer Datei	`lp name`

MS-Windows

WIN 10/WIN 2016

- MS möchte die BS-Entwicklung im Wesentlichen ausgehend von WIN 10 gestalten. Mit WIN 10 sollen alle Plattformen abgedeckt werden.
- Im Bereich der Server-Welt wird WIN 2016 angeboten.
- WIN 10 setzt (wieder) ein Startmenü ein.
- Technische Mindestanforderungen: für 16-Bit- und 32-Bit-Architekturen: Prozessor – 1 GHz 16-Bit/32-Bit: Arbeitsspeicher – 1/2 GB; HDD – 16/20 GB
- WIN 10 – Anwendungen beziehen sich auf eine universelle Windows Plattform (UWP).
- Die Update-Prozesse sollen weitgehend automatisert ablaufen.
- Vielfältige Anwendungen sind unter MS-Windows integriebar.
- Der Kernablauf erfolgt weitgehend im Windows-Kernelsystem.
- Die Verbindung zwischen der Hardware und dem Kernel erfolgt über die **HAL** (**H**ardware **A**bstraktion **L**ayer). So wird eine vollständige Hardwareabkapselung erreicht.
- Über Ntdll.dll wird den Diensten die Kernelleistung zur Verfügung gestellt.

CPU-Auslastung | Arbeitsspeicher | Verwendungsverlauf des physikalischen Speichers

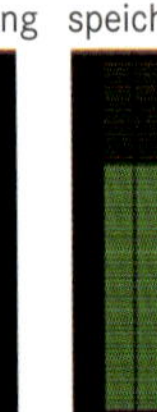

Verlauf der CPU-Auslastung

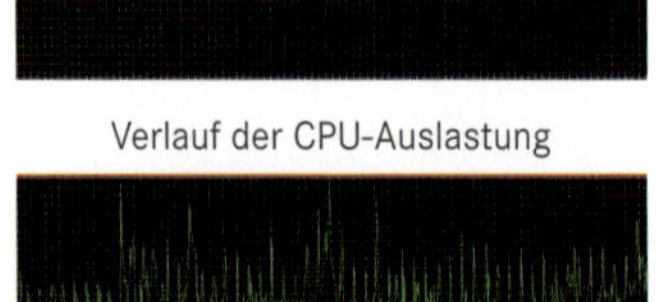

Sticherheit/Task-Manager

- Mit `STRG + ALT + ENT(DEL)` (zugleich) aktivieren.
- Er zeigt unter anderem die aktuellen Systemzustände an.
- Unter `>Datei<` kann (speziell im Störungsfall) ein neuer Task aktiviert werden. Hierzu `>explorer<` unter `>Öffnen<` eingeben.

Eingabaufforderung

- Mit der Eingabeaufforderung kann das System (eventuell) im Störfall noch betrieben werden.

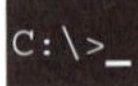

- Es erfolgt quasi eine Bedienung im MS-DOS-Rahmen. Die zugehörigen Befehle können (zumindest zum Teil) aktiviert werden.
- Datenspeicherungen und Aktivierung von Geräten (Maus ...) kann so eventuell ermöglicht werden.

Systemwiederherstellung

- Unterschieden werden:
  - Installationsprüfpunkte
  - Programmprüfpunkte
  - Update-Prüfpunkte
  - zeitabhängige Prüfpunkte
- Aktivierung von manuellen Prüfpunkten unter: `Start / Alle Programme / Zubehör Systemprogramme / Systemwiederherstellung`
- Abgesicherter (Start-) Modus aktivieren unter: `Windows-Startvorgang => Taste F8 betätigen`

Linux

Hintergrund

- Linux ist ein Mehrbenutzer-Multitasking-Betriebssystem.
- Linux orientiert sich vergleichbar UNIX am Kernel-Konzept.
- Der Quellcode ist vollständig einsehbar.

Prozesse

- Alle Rechnerbearbeitungsprogramme sind Prozesse.
- Die parallel laufenden Prozesse können durch den Befehl ***ps*(Process Status)** dargestellt werden. Einzelinformationen werden tabellarisch dargestellt: (PID) (TTY) (STAT) (TIME) (COMMAND) – (Inhalte einer ***ps ax*** Abfrage)
- **TTY**: Angabe des Ausgabegerätes (Tty) des Prozesses
- **PID**: Process Identification
- **STAT**: Prozessstatus wird angegeben:
  - R "runnable": Ein laufender Prozess
  - S "sleeping": Ein schlafender Prozess
  - D "dead": Prozess schläft und kann nicht gestört werden
  - T "stopped or traced": Ein gestoppter Prozess bzw. ein vom Debugger verfolgter Prozess.
  - Z "zombie": Ein verloren gegangener Prozess

Shell

- Bezeichnung für den primären Befehlsinterpreter.
- Es ermöglicht den Zugriff auf das Betriebssystem.
- Verschiedene Shells (z. B.: bash, ksh, tcsh, zsh) existieren.

Befehle zur Systemadministration

- `group` – Angabe des Zugriffs auf Gruppen
- `passwd` – Passwortänderungen
- `chown` – Besitzer einer Datei können gewechselt werden
- `chmod` – Veränderung der Datei- bzw. Verzeichniszugriffsrechte
- `finger` – Benutzerinformationen werden angezeigt

Linux-Befehle

- Bei Linux-Befehlen wird strikt zwischen großen und kleinen Buchstaben unterschieden.

Linux-Befehle

Befehl	Bedeutung
|	Verknüpfung von Befehlen
>	Befehlsausgabe in eine Datei
alias	Festlegung von Befehlsnamen
cat	Ausgabe eines Dateiinhalts
cc	Programmkompilierung
cd	Verzeichniswechsel
cfdisk	Partitionierung der Festplatte
chgrp	Veränderung der Gruppenzugehörigkeit
chmod	Zugriffsänderung
chown	Besitzer ändern
clear	Bildschirm säubern
cmp	Vergleich von Dateiinhalten
cp	Kopieren von Dateien
csh	C-Shell aktivieren (Aufruf)
date	Datumsanzeige
dhclient	DHCP-Server (Konfiguration des Netzwerks)
dirs	Verzeichnispfad
dirname	Verzeichnisname
echo	Zeichenkette auf dem Bildschirm ausgeben
exit	Sitzungsende/Verlassen der Shell
fc	Vorherige Kommandos
fdisk	Partitionierung der Platte
find	Suche von Dateien (Kommandos)
finger	Informationen über den Nutzer
format	Formatierung des Datenträgers
fsck	Überprüfung (und Reparatur) von Dateisystemen
ftp	Übertragung von Daten mittels TCP/IP
grep	Suchen nach (Text-) Mustern in Dateien
head	Dateianfang wird dargestellt
less	Angeben des Dateiinhalts (nacheinander)
ls	Angabe d. Dateinamens u. zugehöriger Informationen
man	(manual) Beschreibung von Befehlen (Hilfe)
mkdir	Dateiverzeichnis anlegen
mv	Umbenennung/Verschiebung von Dateien
ps	(Process Status) – Prozessinformationen

Android

System

- Android steht für (engl.): Androide; (griech.): Mensch/Gestalt
- Ein freies Betriebssystem (bzw. Software): es ist quelloffen
- Es wurde von Andy Rubin entwickelt und von Google aufgekauft.
- Weiterentwicklung durch Open Handset Alliance
- Betriebssystem auf Basis von Linux (monolithischer Kernel)
- Software-Basis für mobile (Smartphones, Netbooks, Tablets, ...) und spezielle Geräte (Sticks, Datenbrillen, ...)
- Es existieren vielfältige Derivate.
- Dominierender Marktanteil im mobilen Kommunikationsmarkt
- Bedeutsam auch für Infotainment-Systeme im Autoverkehr
- Plattformunabhängige Prozessorarchitektur
- Einsatz einer virtuellen Maschine auf Java-Basis (Dalvik (dx); eine Registermaschine)
- dx: Dalvik Cross-Assembler; Anpassung der Registermaschine an Vorgaben aus d. Bereich eines Kellerautomaten (VM-Lava)
- Der Kernel gestaltet die Speicher- und Prozessverwaltung.

Applikationen (Apps)

- Android ist auch eine Plattform für Software. Spez. Applikationen: Android-Apps
- Steuerung von Android über Tasten (Nutzung von Apps)
- Applikationen – elementare Anwendungen (Anwendersoftware): Bildbearbeitung, Computerspiele, Tabellenkalkulation, Textverarbeitung, Videobearbeitung etc.

Android-Struktur	
Appplikation	
Apps. Framework	
Lib.	Run Time
Linux Kernel	

- Beispiele für Apps:
  - AirDroid: Datenübertragung zum Computer
  - BrailleBack; TalkBack – Unterstützung bei Seheinschränkungen
  - Google Übersetzer
  - Inbox-App (E-Mail-Verkehr)
  - Meine Tracks (GPS-Tracker)
  - Wecker

Aufbau und Struktur

- Bei der Registry (Windows Registrierungsdatenbank) handelt es sich um eine Datenbank, in der wichtige Informationen über das Betriebssystem und die installierten Programme gespeichert sind.
- Die Einträge sind in einer Baumstruktur angeordnet und werden als **Schlüssel** (**keys**) bezeichnet. Sie stammen von **fünf Hauptschlüsseln** ab.
- In der Registry können die Schlüssel und ihre Werte angelegt, bearbeitet und gelöscht werden. Teile können exportiert und importiert werden.
  Vorsicht bei Änderungen:
  Gefahren durch Instabilität des Systems, Sicherheitskopien
- Neben direkten Änderungen können Programme verwendet werden, mit denen sich bestimmte Einstellungen bearbeiten lassen (z. B. Gratis-Tool von Microsoft: Tweak UI). Vor Änderungen sollte die ursprüngliche Registry gesichert werden.
- Ein Schutz vor ungewollten Änderungen durch Benutzer erreicht man durch die Funktion „Berechtigungen".

Registry-Editor

- Er wird standardmäßig zur Bearbeitung von Registry-Einträgen verwendet und wird über die Eingabe von **regedit** unter Start/Ausführen geöffnet.

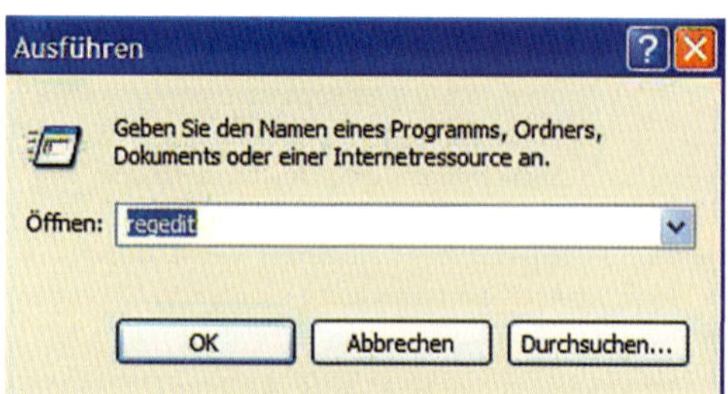

- Ein Schlüssel kann geöffnet werden, indem man auf das Minuszeichen klickt ① ②.

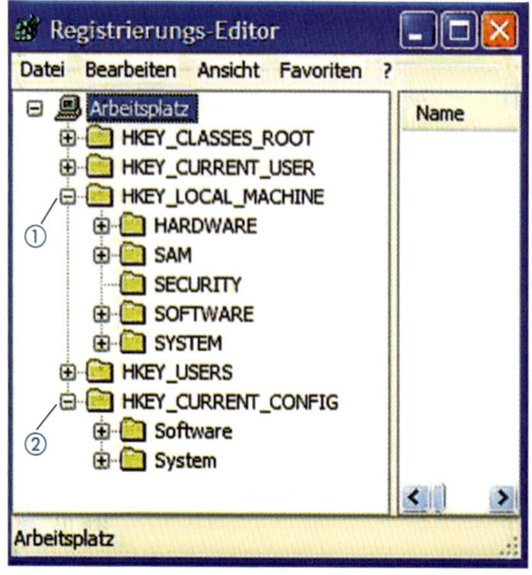

Fünf Schlüsseldateien

Name	Abkürzung
HKEY_CLASSES_ROOT	HKCR

- In dieser „Wurzel" sind alle Verknüpfungen von Dateitypen mit Anwendungen enthalten.
- Zusammengeführt sind HKEY_LOCAL_MACHINE\Software\Classes und HKEY_CURRENT_USER\Software\Classes.
- Jeder Dateityp verfügt über einen Unterschlüssel.
- In der Regel sind hier keine Änderungen erforderlich, da sich diese Einstellungen einfacher über den Explorer vornehmen lassen.

HKEY_CURRENT_USER	HKCU

- Es sind hier die benutzerspezifischen Konfigurationsdaten für aktuell angemeldete Benutzer gespeichert.
- Es handelt sich um einen Teil von HKEY_USERS.
- Der Unterschlüssel „Software" enthält benutzerbezogene Anwendungseinstellungen.
- Für jeden Softwarehersteller wird ein eigener Unterschlüssel angelegt (z. B. Microsoft).

HKEY_LOCAL_MACHINE	HKML

- Enthalten sind alle computerspezifischen Einstellungen (komplette Hardware- und Softwarekonfiguration, einschließlich der peripheren Geräte).

HKEY_USERS	HKU

- Enthalten sind die benutzerspezifische Konfigurationsdaten der Benutzer (Benutzerprofil), die sich im System angemeldet haben, z. B. die Liste der installierten Software.

HKEY_CURRENT_CONFIG	HKCC

- Gespeichert sind hier die Informationen über das jeweilige Hardwareprofil, mit dem der PC gestartet wurde.

- Die Daten werden in mehreren Dateien (Hives) in einem speziellen Datenbank-Format gespeichert.
  Beispiele:
  - HKEY_LOCAL_MACHINE bei Windows XP in den Verzeichnissen „%windir%\System32\Config"
  - HKEY_CURRENT_USER ist im Benutzerprofilverzeichnis gespeichert
- Da die Unversehrtheit dieser Dateien wesentlich für ein funktionierendes System ist, wird bei Windows automatisch eine Sicherheitskopie angelegt.

Registry Einträge finden

- Einträge können vom Typ her als Zeichenkette (REG_SZ ③), Binärwert (REG_BINARY) oder DWORD (REG_DWORD ④) vorkommen.
- Einträge können mit einem Doppelklick oder über das Untermenü (Rechtsklick) über „Ändern" angepasst werden.
- Beispiel für einen Suchvorgang zum Internetexplorer.
  Einstellung:
  Arbeitsplatz\HKEY_LOCAL_MACHINE\Software\Microsoft\InternetExplorer\Setup\7.0
  Ergebnis:

Name	Typ		Wert
(Standard)	REG_SZ	③	(Wert nicht gesetzt)
IE6UpdatesHidden	REG_DWORD	④	0x00000001 (1)

ActiveX

Merkmale

- Es handelt sich um eine Technologie, über die Softwarekomponenten miteinander in Netzwerkumgebung interagieren können (Softwarekomponenten für aktive Inhalte).

activex

- ActiveX-Komponenten sind unabhängig einsetzbar von der Sprache, in der die Komponenten erstellt wurden.
- ActiveX ist eine Entwicklung von Microsoft und als solche im Internet Explorer implementiert.
- Die Verwaltung und Konfiguration erfolgt über den Internet Explorer (Add-Ons).
- WWW-Seiten können mit ActiveX um eine Vielzahl von multimedialen Effekten, unterschiedliche Layouts und ausführbare Applikationen geladen und erweitert werden.

ActiveX-Techniken im Internet

- **ActiveX-Steuerelemente**
  Komponenten oder Objekte, die in eine Webseite oder eine andere Anwendung eingefügt werden können.
- **ActiveX-Dokumente**
  Dateien, die nicht als HTML-Dateien gespeichert sind (z. B. Excel-, Word-Dateien), können mit Webbrowser geöffnet werden.
- **ActiveX-Scripting**
  Unterstützung von gängigen Skriptsprachen (einschließlich Visual Basic Script, JavaScript)

Gefahren

- ActiveX-Komponenten unterliegen keinerlei Einschränkungen bezüglich der Systemfunktionalität. Deshalb besteht ein hohes Sicherheitsrisiko.
- Bei Einsatz besteht die Gefahr, dass sicherheitsrelevante Daten ausgelesen, gelöscht oder manipuliert werden. Der Rechner kann umkonfiguriert, ein Virus oder ein Trojaner installiert werden.
- Lösung: ActiveX-Komponenten bei Bedarf aktivieren bzw. deaktivieren.

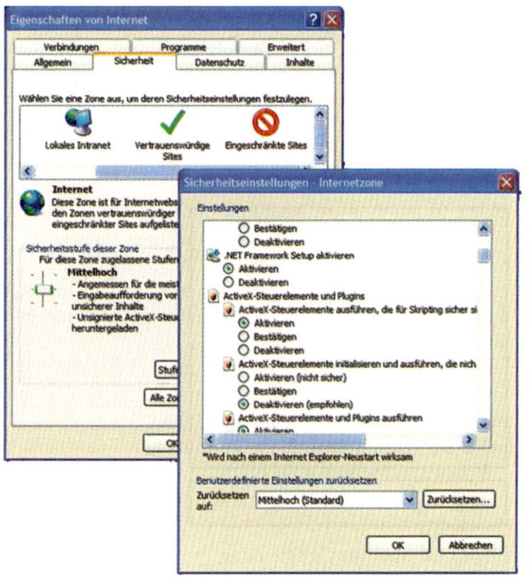

DirectX

Merkmale

- DirectX ist eine multimediale Schnittstelle.
- Sie besteht aus einer Sammlung von **DLL**s (**D**ynamic **L**ink **L**ibraries) zur Erweiterung des Betriebssystems.
- Es erfolgt ein Zugriff auf die Hardware, ohne die Programme von der Hardware abhängig zu machen.
- Folgende Programmiersprachen werden unterstützt:
  - MS Visual C und C++
  - MS Visual Basic
  - Borland Delphi
  - Smalltalk MT
  - Java
- **DirectX-Foundation**
  Sie stellt den Hardware Abstraction Layer (HAL) zur Verfügung, der die Anwendung mit der Hardware verbindet.

DirectDraw
DirectInput
DirectX Foundation
DirectSound
Direct3D Immediate Mode
DirectSound 3D

Komponenten (ab Version 8.1)

- **DirectX Graphics**
  Grafikprogrammierung, Direct2D, Direct3D (3D-Grafik)
- **DirectSound**
  Wiedergabe und Aufnahme von Soundeffekten
- **DirectMusic**
  Wiedergabe von Musik (MIDI-Musik)
- **DirectInput**
  Unterstützung von Eingabegeräten wie z. B. Tastatur, Maus, Joystick
- **DirectPlay**
  Kommunikation von Multiplayerspielen untereinander
- **DirectShow**
  Verarbeitung von Video- und Audio-Dateien (AVI, MPEG, MP3)
- **DirectSetup**
  Automatische Überprüfung programmierter Installationsroutinen
- **DirectX Media Objects**
  Veränderung von Audio- und Video-Strömen
- **XInput**
  Xbox-360-Controller unter Windows

Begriff und Einteilungen

- Logik: von logos (griech.) - Wort, Vernunft, auch: Lehre vom folgerichtigen Denken bzw. auch vom vernünftigen Reden
- Sprache, Semantik, Grammatik, Denken und psychologischer Akt, ebenso Wort, Gedanke und Idee werden unterschieden
- Innerhalb der Logik als wissenschaftlicher Disziplin existieren:
  1. Formale Logik: es geht um logische Gesetze
  2. Methodologie: es geht um den systematischen Gebrauch der Gesetze
  3. Philosophie der Logik: es geht um das Wesen der Logik

  Die mathematische Logik gehört zur formalen Logik.
- Unterschieden werden:

aristotelische Logik (Logik der Zweiwertigkeit)	materiale Logik
	mehrwertige Logik
Aussagenlogik	modale Logik
dialektische Logik	Prädikatenlogik
formale Logik	transzendentale Logik

- Durch die Formalisierung der Schlussformen ist es möglich, die Beweisformen so zu automatisieren, dass sie von Maschinen (Computern) ausgeführt werden können.
- **Urteilslehre:** In ihr werden Urteilsformen im Detail analysiert.
- **Syllogismen:** Hierunter werden Schlussweisen verstanden, die allgemein gültig sind.
- Innerhalb der mathematischen Logik werden verschiedene Logikkonzepte eingesetzt. Bedeutsam sind hierbei speziell die **Aussagenlogik** und die **Prädikatenlogik**:
  - **Aussagenlogik:** untersucht die Verbindung von Aussagen.
  - **Prädikatenlogik:** Hierbei werden die Aussagen in ihrer Tiefenstruktur näher aufgelöst und analysiert.

Symbol der Mengenlehre bzw. der mathematischen Logik

Allquantor („für alle") ∀	Individuenvariablen (Subjektvariablen) x, y, ...
Alternative („oder") ∨, +	Konjunktion („und") ∧, &, ·
Äquivalenz („genau dann, wenn") ↔, ⇔, ≡	Leermenge (Menge ohne Element) {}, Ø
Aussagenvariablen p, q, ...	
Differenz von Mengen \	Negation („nicht") ¬, ~
Disjunktion („entweder-oder") ⊕	Partikularisator; Existenzquantor („es gibt (ein)") ∃
Durchschnitt von Mengen ∩	Peirce-Funktion ↓
Elementbeziehung (zu einer Menge) ∈	Sheffer-Funktion /
	Relationsvariable R
keine Elementbeziehung (zu einer Menge) ∉	Teilmenge/Inklusion ⊆
(Grundmodalität) „möglich" ◊	echte Teilmenge/echte Inklusion ⊂
(Grundmodalität) „notwendig" □	keine Teilmenge ⊄
Identität =	umgekehrte Mengenbeziehung /umgekehrte Inklusion ⊇, ⊃
Implikation („wenn – so") →, ⇒, ⊃	Vereinigung von Mengen ∪

Grundaussagen der Logik

- Identitätssatz: `A ist A`
- Satz vom Widerspruch: `A ist nicht nicht-A`
- Satz vom ausgeschlossenen Dritten: `A ist entweder B oder nicht-B`
- bedingtes Urteil: `wenn A ein B, so ist C ein D`

Symbole der Urteilslehre

(k. S.: kategorischen Syllogismus)

- **S: S**ubjekt eines Urteils; Unterbegriff eines k.S.
- **P: P**rädikat eines Urteils; Oberbegriff eines k.S.
- **M: M**ittelbegriff eines k.S.

Elementare Schlussfiguren

- erste Figur des einfachen kategorischen Syllogismus

M – P	Alle Blumen sind Pflanzen
S – M	Alle Rosen sind Blumen
S – P	Alle Rosen sind Pflanzen

- Weitere Figuren des einfachen kategorischen Syllogismus

zweite Form d. kS	dritte Form d. kS	vierte Form d. kS
P – M	M – P	P – M
S – M	M – S	M – S
S – P	S – P	S – P

- Für jede Schlussfigur können verschiedene Modi unter Variation der folgenden Ausdrücke bestimmt werden:

`S a P`: Alle S sind P	`S e P`: Alle S sind nicht P
`S i P`: Einige S sind P	`S o P`: Einige S sind nicht P

- Insgesamt können 256 (4 · 64) Modi für die vier Schlussweisen bestimmt werden. Davon sind 15 unbedingt und 9 weitere unter bestimmten Bedingungen gültig.

Schlüsse

Ausgehend von akzeptierten Voraussetzungen (Prämissen) können Schlüsse (Konklusionen) gezogen werden.

- deduktiver Schluss: Schluss mit strenger Gültigkeit
- induktiver Schluss: Verallgemeinerung von Sachverhalten (hypothetischer Schluss)
- abduktiver Schluss: Plausible Ursachen für Gegebenes werden bestimmt
- prohabilistischer Schluss: Schlüssen auf Folgerungen mit gewissen Wahrscheinlichkeiten.

Schlusssätze

- Kategorische Sätze:
  - universell bejahend **(A)** => Alle S sind P.
  - universell verneinend **(E)** => Kein P ist S.
  - partkulär bejahend **(I)** => Einige S sind P.
  - partikulär verneinend **(O)** => Einige S sind nicht P.

  Verschiedene Schlüsse gelten unmittelbar. Ihre Beziehungen zueinander können im logischen Quadrat verdeutlicht werden.
- Auf der Basis von kategorischen Sätzen können die Schlüsse
  - der Konversion - der Kontraposition - der Kontradiktion
  - der Opposition - der Subalternation

  gezogen werden.

Logisches Quadrat

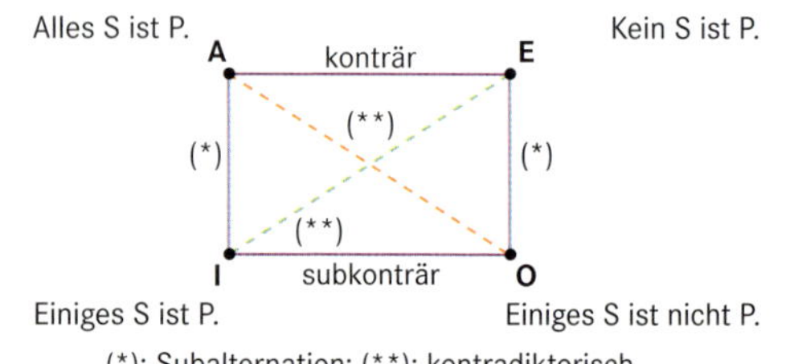

(*): Subalternation; (**): kontradiktorisch

Aussagenlogik

- Die Aussagenlogik untersucht den Wahrheitswert von Aussagenverbindungen. Die Zusammenhänge werden mit **Wahrheitsfunktionen** und **-tabellen** (Wahrheitstafeln) dargestellt.
- Klassische Junktoren in der Aussagenlogik
  "nicht A" => ~A = ¬A
  "A und B" => (A ∧ B)
  "A oder B" => (A ∨ B)
  "Wenn A, dann B" => (A > B)
  "A genau dann, wenn B" => (A <=> B)
- **Grundgesetze in der Aussagenlogik**
  Assoziativgesetze:
  (A ∧ B) ∧ C = A ∧ (B ∧ C)
  (A ∨ B) ∨ C = A ∨ (B ∨ C)
  Kommutativgesetze:
  A ∧ B = B ∧ A ; A ∨ B = B ∨ A
  Distributivgesetze:
  (A ∨ B) ∧ C = (A ∧ C) ∨ (B ∧ C)
  (A ∧ B) ∨ C = (A ∨ C) ∧ (B ∨ C)
  Absorptionsgesetze:
  A ∧ (A ∨ B) = A ; A ∨ (A ∧ B) = A
  Idempotenzgesetze: A ∧ A = A ; A ∨ A = A
  Gesetz vom ausgeschlossenen Dritten:
  A ∧ ¬A = Falsch ; A ∨ ¬A = Wahr
  Regeln von De Morgan:
  ¬(A ∧ B) = ¬A ∨ ¬B ; ¬(A ∨ B) = ¬A ∧ ¬B
  Doppelte Negation: A = ¬ (¬ A) = ¬¬A
- Digitale Schaltungen können aussagenlogische Funktionen nachbilden. Mit **NAND-** und **NOR-Funktion** können jeweils alle möglichen Wahrheitsfunktionen vollständig dargestellt werden.

Quantorenlogik/Prädikatenlogik

- Mit den Mitteln der Quantorenlogik kann die innere Struktur genauer als mit den Mitteln der Aussagenlogik beschrieben werden.
- Quantoren der Quantorenlogik
  "für alle" => ∀; "es gibt ein" => ∃
- Quantorenbeziehungen
  ∀x P(x) = ¬ ∃ x ¬ P(x)
  ∃x P(x) = ¬ ∀ x ¬ P(x)
- **Tautologien** und **Implikationen** in der Prädikatenlogik
  ∀x ∀y P(x,y) = ∀y ∀x P(x, y)
  ∃x ∃y P(x,y) = ∃y ∃x P(x, y)
  ∀x P(x) ∧ ∀x Q(x) = ∀x (P(x) ∧ Q(x))
  ∃x P(x) ∨ ∃x Q(x) = ∃x (P(x) ∨ Q(x))
  ∀x P(x) ∨ ∀x Q(x) => ∀x (P(x) ∨ Q(x))
  ∃x (P(x) ∧ Q(x)) => ∃x (P(x) ∧ Q(x))
  ∀x (P(x) => Q(x)) => (∀x P(x) => ∀x Q(x))
  ∀x (P(x) <=> Q(x)) => (∀x P(x) <=> ∀x Q(x))
  ∃x ∀y P(x, y) => ∀y ∃x P(x, y)

Mehrwertige Logik

In diesem Logikkonzept werden mehrwertige Wahrheitsstrukturen angenommen und entsprechende formale Beschreibungssysteme entworfen. Diese Konzepte werden auch als nichtklassische Logikkonzepte bezeichnet.

Temporale Logik

Ein geordneter zeitlicher Relationsrahmen in der Modallogik führt zur Temporalen Logik. Die Relationsfolge R (siehe modale Logik) wird als zeitliche Abfolge interpretiert.

Logik und Programmierung (PROLOG)

- Auf der Basis der Prädikatenlogik sind Logik-Programme entwickelt worden, mit denen es möglich ist, aus vorgegebenen Sachlagen Schlüsse (Konsequenzen) durch (intelligente) Automaten folgern zu lassen.
- Logik-Programme bestehen hierbei aus einer endlichen Anzahl von Programmklauseln.
  - **Klausel:** Menge von disjunktiv verknüpften Literalen
  - **Literale:** Unnegierte und negierte atomare Formeln
  - **atomare Formeln:** einfache prädikative Ausdrücke in der Prädikatenlogik
  - **Menge von Klauseln:** Konjunktiv verknüpfte Literalen-Mengen
  - **Horn-Klauseln:** Klausen, bei denen z. B. nur eine Literale in der zugehörigen Literalen-Menge eine nicht negierte atomare Formel ist: $\{ \alpha \wedge \neg\beta_1 \wedge \neg\beta_2 \wedge ... \wedge \neg\beta_n \}$
- Die logische Programmiersprache PROLOG (→ Programming in Logic) basiert darauf, prädikatenlogische Ausdrücke unter Verwendung von Horn-Klauseln darzustellen, die automatentechnisch selbstständig verarbeitet werden können.

Modallogik

- Von besonderer Bedeutung für die Informatik ist die Modallogik.
- Die Aussagenumstände bestimmen die Möglichkeit bzw. Notwendigkeit des Wahrheitswertes einer Aussage.
  - α steht für: „α gilt notwendig“
  - α steht für: „α gilt möglicherweise“
- In der Modallogik können Rahmen (W,R) bestimmt werden.
- R gibt dabei eine Erreichbarkeitsrelation auf die Referenzpunkte (Elemente) in W an.

Fuzzy-Logik

- Begriff: fuzzy: (engl.; gesprochen „fassi“) fusselig (→ unscharf)
- Mit der Fuzzy-Logik werden nicht genau begrenzte (→ unscharfe), allgemein vage und auch ungesicherte Sachverhalte einer exakten Beschreibung zugänglich gemacht.
- Auch „ungenaue“ sprachliche Ausdrücke (→ „niedrig“, „gering“, „oftmals“, „viel“, „hoch“, „im Mittel“) werden innerhalb des Konzepts der Fuzzy-Logik mathematisch beschreibbar.
- Basis der Fuzzy-Logik ist die Theorie der unscharfen Mengen.
- Jedem Element einer Menge (also jeder Aussage), wird ein gradueller Wahrheitswert zugeordnet, der im Intervall [0, 1] liegt.
- Die klassische zweiwertige Logik ist als Sonderfall dieser Zuordnungsbeziehung zu verstehen.

Zugehörigkeitsfunktionen zur Fuzzy-Logik

- Mit unterschiedlichen Funktionen können die (jeweils exakten) Werte der Variablen (Abnutzungsgrad, Alter, Druck, Helligkeit, Qualität, Verspätung, ...) einem Werteintervall (Wertemenge) zugeordnet und als unscharfer Wert bestimmt werden.
- Die Zugehörigkeitsfunktionen können individuell – z. T. abschnittsweise – definiert werden. Bekannte Funktionen sind: Trapezfunktionen; Glockenfunktionen

Regeln und Fuzzy-Inferenz

- Es existieren Verknüpfungsregeln für Fuzzy-Mengen (Mengenregeln: Schnitt- und Vereinigungsmengen von Fuzzy-Mengen) und Rechenregeln für fuzzywertige Relationen und Funktionen.
- Innerhalb der Fuzzy-Inferenz werden Schlussformen eingesetzt, die nicht mit klassischen Logik-Kalküle darstellbar sind.

Merkmale

- Unter Verwendung von informationstechnischen Systemen soll die (virtuelle – unternehmensweite) **Kommunikation** ermöglicht, erleichtert bzw. verbessert werden, um so das – Informieren – Koordinieren – Kollaborieren – Kooperieren zwischen Menschen zu ermöglichen.
- Bezüglich der **K**ommunikation, **K**oordination und **K**ooperation in Gruppen spricht man vom **3K-Modell**.
- **Kenntnisbereiche:** Neben den technischen Realisierungs- und theoretischen Beschreibungsmöglichkeiten sind Kenntnisse aus folgenden Bereichen relevant:
  - Arbeitswissenschaften
  - Soziologie
  - Ergonomie
  - Design
  - Lern- und Arbeitspsychologie
  - Kognitionswissenschaften

Systemabkürzungen

- **CSCL: C**omputer **S**upported **C**ooperative/**C**ollaboratives **L**earning – Computerunterstütztes Lernen
- **CSCW: C**omputer **S**upported **C**ooperative **W**ork – Computerunterstütztes kooperatives Arbeiten (Gruppenarbeit)
- **HCI: H**uman **C**omputer **I**nteraction – Endbenutzergerechte Gestaltung interaktiver Systeme (Individualsystem)
- **MIS**: **M**anagement **I**nformation **S**ystems – EDV gestützte Informationsverarbeitung (System zur Organisationsunterstützung)
- **SIS: S**ocial **I**nformation **S**ystems – Gemeinschaftsunterstützende System

Konkrete Systeme

- Nachrichtensysteme: Information Lens, Imail
- Mehrbenutzereditoren (M)
  - asynchrone M.: Quilt
  - synchrone M.: CoWord, CoPowerPoint, DistEdit, Grove, Iris
- Elektronische Sitzungsräume: DOLPHIN
- Rechnergesteuerte Konferenzen: Cognoter, Video, Link, MMConf, Rapport
- Intelligente Agenten: LIZA
- Koordinierungssysteme: DOMINIO, ECF (Electronic-Circulation- Folder) System, COORDINATOR

Gestaltungsprinzipien

- Relevant für die Gestaltung von kooperierenden Gruppenprozessen ist, den Anwendern zeitlich möglichst gleiche (identische) Prozesskonzeptionen/Produktvorstellungen zugänglich zu machen.
- Hierzu sind die „WYSIWIS"-Ideen bedeutsam:
  - **WYSIWIS:** what you see is what I see
  - **WYSIWYG:** what you see is what you get
  - **WHSIWIMS:** what you see is what I may see
  - **WYSIWNIS:** what you see is not what I see
- **Netiquette (Network Etiquette):** Verständigungsregeln für die Internet-Kommunikation:
  - Den Kommunikationspartner als Mensch sehen und achten.
  - Texte sorgfältig erstellen und präzise berichten.
  - **Rechtsregeln** beachten (bezüglich Beleidigung, üble Nachrede und Verleumdung siehe §§ 185ff, StGB).
  - **Betreff-Zeile** sinnvoll nutzen.

Kommunikationsmöglichkeiten

Unterschieden wird: **asynchrone** und **synchrone** Kommunikation:

- asynchrone
  E-Mail-Kommunikation
- synchrone
  - Textbasierte Konferenzsysteme: IMS, IRC, Talk
  - Audiokonferenzsysteme
  - Videokonferenzsysteme

CSCW-Klassifikation nach Zeit und Raum (Ort)

Zeit\Ort →	getrennt	gleich
getrennt	Meeting – gemeinsam	Pinwand; schw. Brett
gleich	Tele-/Videokonferenz	E-Mail

Zuordnungen der Dienste im 3K-Modell

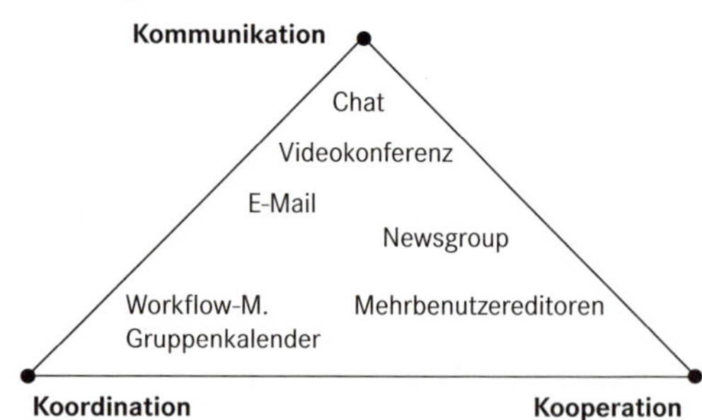

Die Systemgruppen können entsprechend zugeordnet werden.

Workflow-Systeme

- **Workflow** – auch Geschäftsvorgang, -prozess, Prozesskette
- Unterschieden werden bei den Geschäftsprozessen
  - starre Abläufe (Produktionsworkflow)
  - ad-hoc Abläufe
  - semistrukturierte bzw. semiflexible Abläufe
- Beim Management von Workflow-Prozessen müssen folgende Aspekte erfasst bzw. bewältigt werden:
  1. Modellierung (Ist-Erfassung/Soll-Konzept)
  2. Spezifikation
  3. Simulation
  4. Ausführung
  5. Steuerung
- Modellierungserfassung mit:
  - Fluss- und UML-Diagrammen
  - Use-Case-/Interaktionsdiagramme
  - Prozess-Algebren
  - Petri-Netze
- Im Rahmen der Gruppenarbeit werden erfolgreich virtuelle Realitäten **kreiert und eingesetzt**.

Verständigungssysteme (Unterstützungsbereich(e))

- Bulletin-Board-Systeme (K, I)
- E-Mail (K, WM)
- Mehrbenutzereditoren/ Planungssysteme (WC)
- Verteilte Hypertextsysteme (I, WC)
- Videokonferenzsysteme (K)
- Elektronische Sitzungsräume (WC)
- Datenbanken (I, WM)
- Workflow-Management-Systeme (WM)

Unterstützungsbereich(e))
K: Kommunikationsunterstützungssystem
I: Gemeinsame **I**nformationsräume; **WC: W**orkgroup **C**omputing
WM: Workflow **M**anagementsysteme

Merkmale

Informationstechnische Prozesse werden **unter Verwendung von**
- stochastischen und
- graphentheoretischen Methoden.

- **nachgebildet**,
- **im Rechner simuliert,**
- in ihrer **Leistungsfähigkeit charakterisiert**

Anwendungsbereiche der Prozessuntersuchungen:
- Datenübertragungs- und -verarbeitungsprozesse
  - in Einzelrechnern und
  - zwischen verschiedenen Einzelgeräten,
- Client-Server-Beziehung und
- Verkehrs- und Bedienprozesse in öffentlichen Netzen.

Stochastische Grundbegriffe

Ergebnis	Möglicher, aber nicht sicherer Ausgang eines Prozesses.
Ereignis	Zusammenfassung von Ergebnissen. Es können sichere, zufällige (mögliche) und unmögliche Ereignisse unterschieden werden.
Gegenereignis	Für die Beziehung zwischen einem Ereignis (E) und seinem Gegenereignis (G) gilt: P (E) = 1 – P (G)
Zufallsvariable	Symbol zur eindeutigen Erfassung von Merkmalen eines Zufallsexperiments, dem eine reelle Zahl zugeordnet wird.
Erwartungswert	Mittelwert einer Zufallsvariablen X mit der üblichen Symbolik: E (X).
Häufigkeit	Maß für das Auftreten eines Ereignisses. Unterschieden werden absolute und relative Häufigkeit. Tritt ein Ereignis (bei einem Experiment/Geschehen) mit n Versuchen H-mal auf, dann ist H die absolute Häufigkeit des Ereignisses. Die relative Häufigkeit h ist h = H/n.
Wahrscheinlichkeit	Symbol P: Geht die Anzahl der Versuche n gegen einen unbegrenzt hohen Wert und konvergiert h gegen einen festen Wert, dann wird P = h = H/n als Wahrscheinlichkeit des entsprechenden Ereignisses aufgefasst.
Berechnung von E (X)	$E(X) = x_1P(x_1) + x_2P(x_2) + ... + x_nP(x_n)$

Urnenmodelle

- Zufallsprozessabläufe können mit Urnenmodelldarstellungen erfasst werden.

Urne mit drei Elementen:
○ (drei Stück)
☆ (vier Stück)
□ (zwei Stück)

- Weitere elementare Simulationsmodelle: Münze, Würfel

Baumdiagrammdarstellungen

- Ein- und mehrstufige Zufallsexperimente können anschaulich dargestellt werden.

Baumdiagrammdarstellung für ein einstufiges Zufallsexperiment:

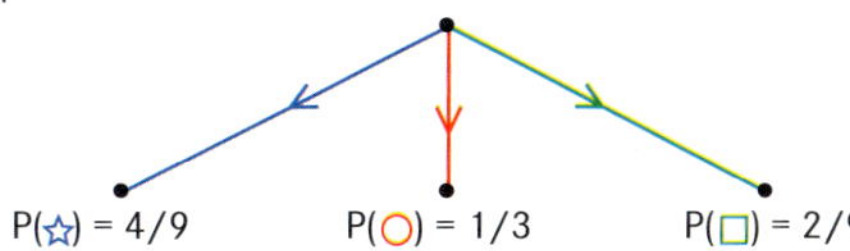

- Bei der Darstellung werdendie Pfadregeln beachtet.
  1. Pfadregel: Die Wahrscheinlichkeitssumme der Pfade von einem Knoten ist gleich eins.
  2. Pfadregel: Die Wahrscheinlichkeit eines Weges über Einzelpfade berechnet sich über das Produkt der einzelnen Pfadwahrscheinlichkeiten.

Anwendungsbeispiele

- Rechnerprozesse können durch die Analyse der Warte- und Bediengegebenheiten erfasst werden.
- Vorgaben für die Modellbildung:
  - Warteplätze (Zugriffsseite auf den Rechner).
  - Ankunftsrate (λ) (Die **Ankunftsrate** λ ist gleich dem **Erwartungswert** der Anzahl der Anforderungen in einer vorgegebenen Zeiteinheit).
  - Rechnerbedien- und Verweilzeiten (Enderate μ gibt die erfüllten (erfolgreich abgegebenen) Anforderungen an).

- Beschreibung von „von Neumann-Prozessoren“:
  - Beschreibung des Zusammenspiels von Leit- und **Rechenwerk.**
  - Auftragsanteile (1 – ü) werden vom Leitwerk nicht ans Rechenwerk, sondern an andere Steuerwerke gegeben.

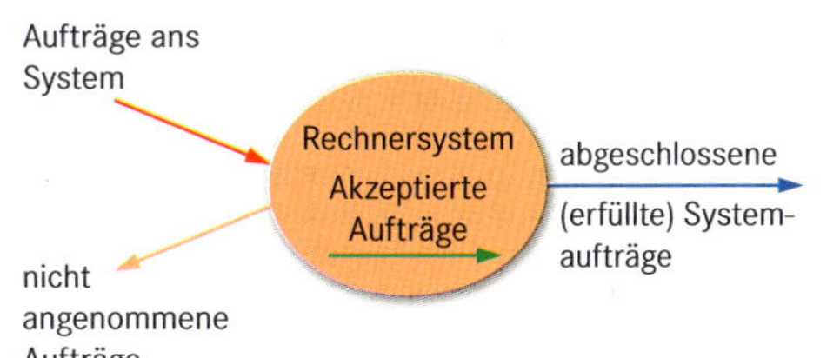

Struktur eines Zentralprozessors

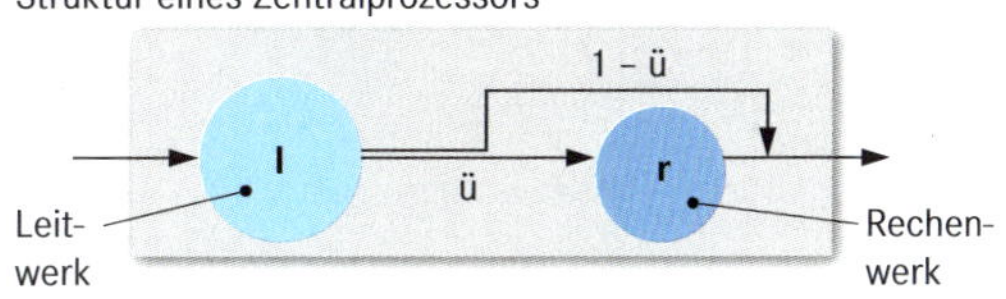

I: Erwartungswert der Bedienrate im Leitwerk
r: Erwartungswert der Bedienrate im Rechenwerk

Mittelwert, Modalwert, Medien

- **Mittelwert**: Arithmetisches Mittel (Durchschnitt): $\Sigma(x_i)/n$
- **Modalwert(e)**: Häufigste(r) Einzelwert(e) in einer Verteilung
- **Medien**: Konkreter Wert genau in der Mitte der systematisch angeordneten Daten

Zustandsbeschreibungen

- **Zustandsübergangsdiagramme** bilden Systemzustände ab. Erfasst werden:
  - Zustandssituationen zu bestimmten Zeitmomenten
  - Informationen zu möglichen Übergangsprozessen (Übergangswahrscheinlichkeiten der Zustände)
- **Zustandsdiagramme** können mit
  - Zustandstabellen und -matrizen und
  - mit mathematischen Gleichungen (Funktions- und Automatengleichungen)

  dargestellt werden.

Zustandsübergangsdiagramm

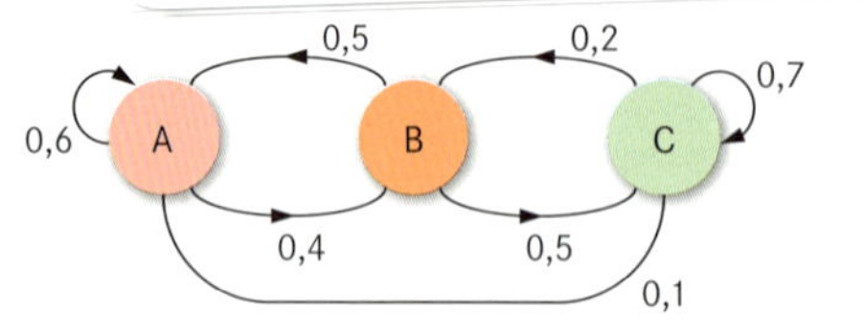

Übergangsmatrix

$$Ü = \begin{vmatrix} Ü_{AA} & Ü_{AB} & Ü_{AC} \\ Ü_{BA} & Ü_{BB} & Ü_{BC} \\ Ü_{CA} & Ü_{CB} & Ü_{CC} \end{vmatrix} = \begin{vmatrix} 0,6 & 0,4 & 0 \\ 0,5 & 0 & 0,5 \\ 0,1 & 0,2 & 0,7 \end{vmatrix}$$

$Ü_{XY}$: Übergangswert vom Zustand X zum Zustand Y

Bedienmodelle

- Ein **einfaches Bedienmodell** ist das System M/M/1:
  - Der erste Buchstabe steht für die Ankunftssituation,
  - der zweite symbolisiert die Bearbeitungssituation,
  - die dritte Angabe nennt die Zahl der Bedieneinheiten.
- Der Buchstabe M drückt aus, dass **Markoff'sche** Prozessbedingungen vorliegen.
  - Hierbei ist nur der aktuelle Systemzustand (mit den zugehörigen Übergangswahrscheinlichkeiten) von Bedeutung.
  - Die Systemverweildauer in einem Zustand beeinflusst nicht die Übergangswahrscheinlichkeiten (= gedächtnislosen Verteilungen).
- Der Buchstabe G drückt beliebige (engl. general) Verteilzeiten aus.
- Warte- und Verlustsysteme werden unterschieden.
  - Bei einem **Wartesystem** existiert ein unbegrenzter Speicherraum zur Aufnahme von Anforderungen.
  - In einem **Verlustsystem** ist der Warteraum begrenzt: Anforderungen können ganz abgewiesen, eventuell verloren gehen.
- **Symbolik**

  p: Auslastungsrate der Bedieneinheit
  V_w: Auftragsverlustwahrscheinlichkeit
  D: Durchsatz von Aufträgen
  $E(k)$: Erwartungswert für die Anzahl der Systemanforderungen
  $E(l)$: Erwartungswert für die Zahl der wartenden Aufträge im System

Systembeispiele

- **Einfache Systeme** bestehen aus
  - einem Warteraum, in dem ankommende Systemanfragen zwischengespeichert werden können und
  - einer Bedieneinheit zur Abarbeitung der einzelnen Anfragen.

System mit einem Warteraum für ankommende Anfragen und einer Verarbeitungseinheit

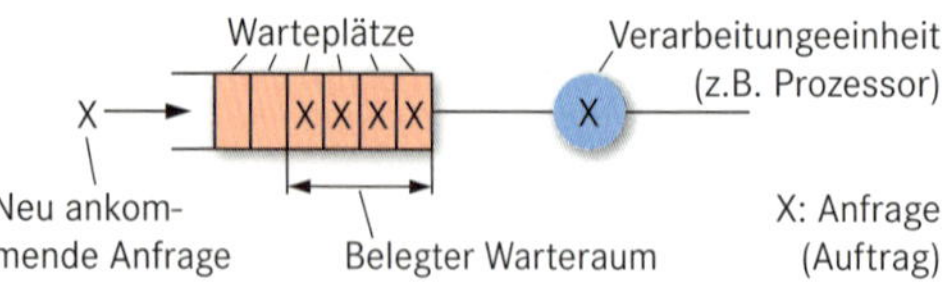

- **Komplexe Systeme** bestehen aus
  - mehreren Bedieneinheiten/Warteräumen.
- Im abgebildeten System liegen
  - drei unabhängige Warteräume und
  - zwei unabhängige Bedieneinheiten vor.

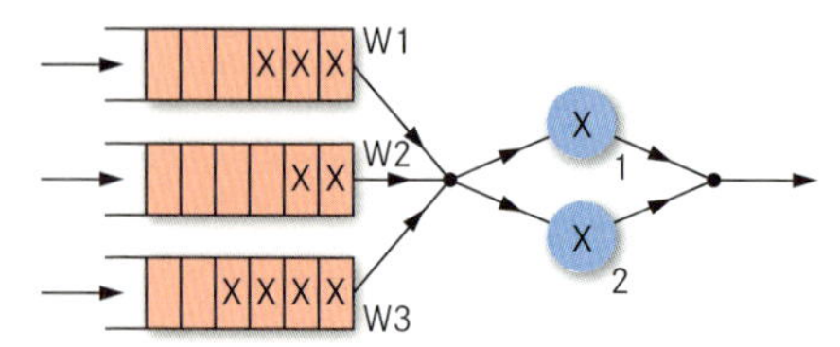

- Beim **M/M/1-Wartesystem** liegen unendlich viele Warteplätze (S = ∞) vor.
  - Ankunftsrate: λ
  - Bedienrate: μ
- Im System befinden sich (L + 1) Aufträge (L im Wartebereich und bei Vollauslastung).
- Es gilt: ($p = \lambda/\mu$): – $E(k) = p/(1-p)$
  – $E(l) = p^2/(1-p)$
  – $V_w = 0$ und – $D = \lambda$

M/M/1-Wartesystem

Richtung der zu bearbeitenden Aufträge
S
Bedieneinheit (hier: eine Einheit), mit der Bedienrate μ
Ankunft der Aufträge mit der Rate λ
Warteraum zur Aufnahme von Aufträgen mit S (Speicher-)Plätzen

Technische Information

- Nach Claude Elwood Shannon (1916 – 2001) kann eine Information da auftreten, wo zufällige Geschehnisse vorliegen. Mit vollständig festgelegten Signalfolgen geht keine Information einher. Über die Wahrscheinlichkeit eines Ereignisses als Ausdruck seiner Zufälligkeit findet Shannon ein Informationsmaß.
- Die Entropie wird nach Shannon zum Maß der Information:
  Entropie = Information

Informationsberechnungen in der Technik

„Kanal"-betrachtungen

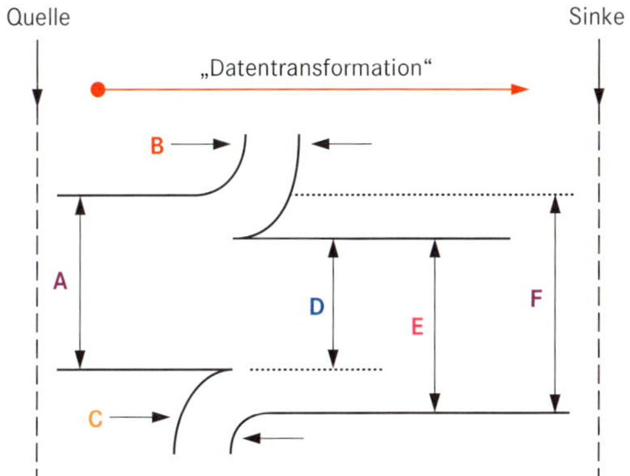

Entropien (Informationen)

- A = **H** (X): **Kanaleingangsentropie**
- B = **H** (X | Y): **Rückschlussentropie** – (Äquivokation); „Verluste“
- C = **H** (Y | X): **Irrelevanz** (Streuentropie) – „Rauschen“
- D = **H** (X; Y): **Synentropie** (Mittlerer Transinformationsgehalt)
- E = **H** (Y): **Kanalausgangsentropie**
- F = **H** (X, Y): **Gesamt-Verbundentropie**
- Für Signalfolgen gilt (**Erwartungswert** – (*E* {...}):
  $\mathbf{H_x} = E\{\mathbf{I}(x)\} = P(x_1) \cdot \mathbf{I}(x_1) + P(x_2) \cdot \mathbf{I}(x_2) + \ldots + P(x_n) \cdot \mathbf{I}(x_n)$
  $\mathbf{H_x} = -[P(x_1) \cdot \mathrm{ld}(P(x_1)) + P(x_2) \cdot \mathrm{ld}(P(x_2)) + \ldots + P(x_n) \cdot \mathrm{ld}(P(x_n))]$

Sätze von Shannon/Informationsgrenzen

- Es liegen zwei in Reihe geschaltete Kanäle K_1 und K_2 vor.
  Es gilt: $H(X; Z) = H(X; Y) - H((X; Y)/Z)$
  $\Rightarrow (*)\ H(X; Z) \le H(X; Y)$

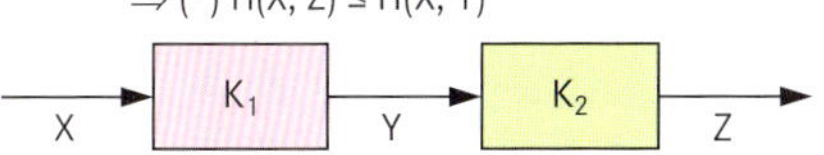

  K_1: erster Kanal; K_2: zweiter Kanal
  X: erstes Eingangssignal; Z: zweites Ausgangssignal
  Y: erstes und zweites Ausgangssignal
- Es gilt weiterhin: $H(Y; Z/X) = H(Z/X) - H(Z/XY)$
  und $H(X; Z) \le H(Y; Z)$
- Shannon-Funktion (Entropie von Binärquellen)
  $H_b(p) = p \cdot \mathrm{ld}p - (1 - p) \cdot \mathrm{ld}(1 - p)$

- Diese Beziehung (*) ist als der **Hauptsatz der Datenverarbeitung** bekannt. Die im ersten Kanal als Äquivokation (H(X/Y)) verloren gegangene Information kann durch die Verarbeitung im zweiten Kanal nicht zurück gewonnen werden. Dieser Informationsteil ist unwiederbringlich verloren.

Informationsgehalt

- Informationsgehalt eines Symbols: $I(x) = -\log_2(P(x)) = -\mathrm{ld}(P(x))$
  P(x): Wahrscheinlichkeit für das Auftreten des Symbols x
  (logarithmus dualis: $\log_2(x) = \mathrm{ld}(x)$)
  Interpretation: Je seltener x auftritt (– d. h. P (x) ist klein –), um so größer ist der Informationsgehalt.
- Bzgl. ld(x) gilt : $\mathrm{ld}(x) = \log_2(x) = (1/\ln(2)) \cdot \ln(x)$
- Bei statistisch unabhängigen Symbolen (x; y) gilt:
  $P(x \cdot y) = P(x) \cdot P(y) \longrightarrow \mathbf{I}(x \cdot y) = \mathbf{I}(x) + \mathbf{I}(y)$
- **Erwartungswert** (*E* {...}) von I(x):
  $\mathbf{H} = E\{I(x)\} = P(x) \cdot \mathbf{I}(x) = -P(x) \cdot \mathrm{ld}(P(x))$
- **H:** Symbolentropie (einer Signalquelle); [**H**] = bit/Symbol
- **H** gibt den mittleren Informationsgehalt der Quellsymbole an.

Übertragungsgegebenheiten

- Unter Übertragungen sind allgemein Übertragungen in der Zeit und/oder örtlich gemeint. Dies gilt für:
  - Übertragung von einem System zu einem anderen
  - Übertragung (z. B. über Busse) in einem System
  - „Übertragung“ von einem Zeitmoment zum anderen (z. B. Datenerhalt in der Zeit auf einem Speichermedium)
- Im einfachsten Fall können die Übertragungsgegebenheiten über ein symmetrisches Binärkanal-Modell dargestellt werden.
  X_A: gesendete Information A der Quelle usw.
  Y_A: Empfang der Information A in der Sinke.
- Nachrichtenverfälschungen können beim Übergang auftreten.
- p: Wahrscheinlichkeit für die Verfälschung der Information

Modell des symmetrischen Binärkanals

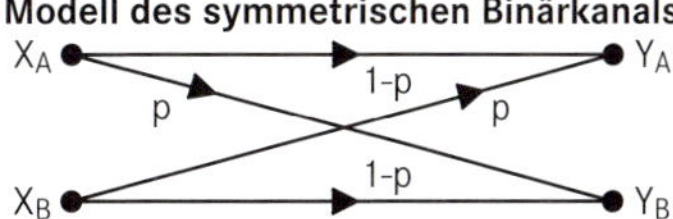

- Bedingte Wahrscheinlichkeit: $P(A \mid B) = [P(A \cap B)]/P(B)$

Maßeinheiten

Maßeinheiten:
Informationsgehalt $\mathbf{I}(ai) = \log_r(P(a_i))$

- r = 2: $\mathbf{I}(a_i) = \log_r(P(a_i)) = \mathrm{ld}(P(a_i))$; $[\mathbf{I}(a_i)]$ = **bit**
- r = e: $\mathbf{I}(a_i) = \log_e(P(a_i)) = \ln(P(a_i))$; $[\mathbf{I}(a_i)]$ = **nat**
- r = 10: $\mathbf{I}(a_i) = \log_r(P(a_i)) = \lg(P(a_i))$; $[\mathbf{I}(a_i)]$ = **Hartley**

- Verloren gegangene Quellinformation kann nur dann rekonstruiert werden, wenn durch geeignete Codierungen Fehlerkorrekturen möglich werden.
- Durch die Quellcodierung wird die Redundanz minimiert. Über die Kanalcodierung werden Redundanzen systematisch zugeführt, um Fehlererkennungen und -korrekturen zu ermöglichen.

Elementare Kanaldiagramme

	Eingang Ausgang	Erläuterungen
A.)		Der Kanal ist rauschfrei und verlustfrei.
B.)		Der Kanal ist rauschbehaftet und verlustbehaftet.

Informationszuordnungen

- Bei der Realitätsbeschreibung unterscheidet der Mensch verschiedene Grundkategorien, wie zum Beispiel: Abbild, Bewusstsein, Figur, Form, Idee, Inhalt, Materie, Verstand und auch Energie, Entropie, Information.
- Große Bedeutung haben heutzutage die Begriffe Daten – Information – Wissen.
- Im Übertragungsprozess sind fünf Ebenen zu unterscheiden:

1. Statistik: **Signal**
2. Sytax: **Code**
3. Semantik: **Bedeutung**
4. Pragmatik: **Handlung**
5. Apobetik: **Zielorientierung/Wertzielorientierung**

- Eine präzise Zusammenstelung erfasst sieben Schichten, die drei Ebenen zugeordnet werden:

Blau: Erkenntnisebene
Grün: Ebene der Pragmatik/Ethik
Rot: Ebene der Ökonomie/Verwertung/Verwaltung-Recht

Zeichen	Blau
+ Beachtung der Syntax	Blau
Daten	Blau
+ Beachtung der Bedeutungslehre	Blau
Informationen	Blau
+ Beachtung begrifflicher Vernetzungen und Kontexte	Blau
Wissen	Blau
+ Beachtung der Anwenderbezüge	Grün
Handeln (zielorientierte Tätigkeit)	Grün
+ Beachtung der (technisch-ethischen) Korrektheit	Grün
(individuelle) Kompetenz	Grün
+ Beachtung von Einmaligkeit und Besonderheit	Rot
Ökonomischer Wert/Wettbewerbsfähigkeit	Rot

- Die **D**eutsche **G**esellschaft für **I**nformantions- und Daten**q**ualität (**DGIQ**) hat zur Beschreibung der Informationsqualität **Beurteilungskriterien** bestimmt.

Bf	**Informationsqualitätskriterien** (gemäß DGIQ)
Z	Angemessener Umfang (appropriate amount of data)
Z	Aktualität (timeliness)
I	Ansehen (hohes Ansehen; Wertschätzung) (reputation)
S	Bearbeitbarkeit (ease of manipulation)
D	Eindeutige Auslegbarkeit (Interpretationsfähigkeit/Klarheit) (interpretability)
D	Einheitliche Darstellung (consistent representation)
I	Fehlerfreiheit (free of error)
I	Glaubwürdigkeit (believability)
I	Objektivität (objectivity)
Z	Relevanz (relevancy)
D	Übersichtlichkeit (concise representation)
D	Verständlichkeit (understandability)
Z	Vollständigkeit (completeness)
Z	Wertschöpfung (value-added)
S	Zugänglichkeit (accessibility)

Bf (**B**eschreibungs**f**acetten):
D: Darstellungsbezogene Aspekte; **I**: Inhärente Aspekte
S: Systemunterstützende Aspekte; **Z**: Zweckabhängige Aspekte

- In vergleichbaren Modellen werden zum Teil noch erfasst:
  – Integrität – Richtigkeit – Systemzugang – Vollständigkeit
  – Widerspruchsfreiheit – Zugangssicherheit – Zusatznutzen

Wissenspyramide

- Im Rahmen einer Wissenspyramide werden betrachtet: Daten-, Informations- und Wissensmanagement:

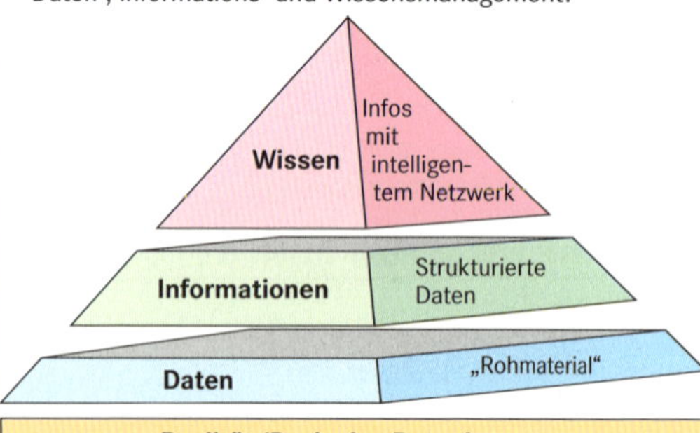

Wissensmanagement

- Unterschieden werden folgende **Wissensarten**

Situatives Wissen	Deklaratives Wissen
Konzeptuelles Wissen	Prozedurales Wissen
Strategisches Wissen	Soziales Wissen
Metakognitives Wissen	Domänenspezifisches Wissen

- Unterschieden werden folgende **Wissensbereiche**

Externes Wissen/internes W.	Explizites W./implizites W.
Aktuelles W./Zukünftiges W.	Realwissen/normatives W.
Erfahrungswissen/Rationalitätswissen	

Wissensbeschreibung in der Informationspolitik

- Schlüsse von Repräsentationen zur Welt (bzw. von einer Repräsentation zu einer anderen Repräsentation*) erfolgen unter Beachtung unterschiedlicher Schlussweisen.

Wissensoperation	Status
Abduktion	A unvollständig
Analogie	A zu B unvollständig; A* zu B* bekannt
Deduktion	A vollständig bekannt; B gesucht
Induktion	A im Regelteil unvollständig
Planen	A ist ressourcensensitiv
Probalistik	A unsicher; probabilistische Informationen nutzbar
Vagheit	A und B unpräzise

- Wissensbereiche werd. über **Ontologien** konzeptionell erfasst.
- Ontologisierung vereinfacht die Kommunikation und die sich mit den Sichtweisen verbindenden Handlungen u. Methoden.

Schlussweisen (Inferenzformen)

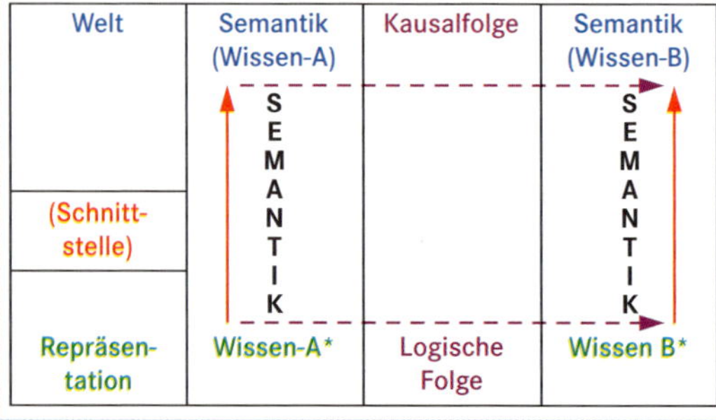

Kommunikationsnetze

7

Grundkomponenten
274 OSI-Referenzmodell
275 Netze
276 LAN – Local Area Network
277 Ethernet-Bezeichnungen
278 – 279 Ethernet
280 Gigabit-Ethernet
281 10 Gigabit-Ethernet
282 Power over Ethernet
283 Netzwerkkomponenten

Strukturierte Verkabelung
284 Kommunikationskabelanlagen
285 – 286 Strukturierte Verkabelung
287 Übertragungsstrecken-Klassifikation
288 Datenkabelaufbau
289 Nachrichtenkabel (Kupfer)
290 Netzwerkverkabelung
291 Installationskanäle
292 Prüfen installierter Verkabelung
293 Messen in Datennetzen

Optische Übertragungstechnik
294 LWL – Lichtwellenleiter
295 Grobes Wellenlängenmultiplex
296 Wellenlängenmultiplex
297 Laserschutz in LWLKS
298 Optische Messtechnik

Funkbasierte Übertragungstechnik
299 Drahtlose Netzwerk-Technologien
300 WLAN – Wireless Lan
301 WLAN-Einsatz
302 WLAN-Sicherheit
303 WLAN Begriffe
304 Antennensysteme
305 WiMAX – Worldwide Interoperability for Microwave Access
306 WUSB – Wireless USB
307 ZigBee
308 Bluetooth
309 RFID – Radio Frequency Identification

Netzwerkkommunikation
310 RFC – Request for Comments
311 Netzzugriffsverfahren
312 Schichtenmodelle/Protokollfamilien
313 Protokolle
314 – 315 Netzprotokolle
316 Protokoll-Diameter
317 – 318 Netzkommunikation
318 HTTP – Hypertext Transfer Protocol
319 VLAN – Virtual LAN
320 VPN – Virtuelles privates Netzwerk
321 Internet Telefonie
322 Netzwerk-Adressen
323 Netzwerktools
323 Graphenbeschreibungen
324 Netze und Graphen
325 Netzbeschreibungen
325 – 326 Routing

Telekommunikationstechnik
327 – 328 ITU (CCITT) Empfehlungen
329 Anschluss analoger Telekommunikationsgeräte
330 ISDN-Dienste und -Anschlüsse
331 Anschluss von ISDN-Geräten
332 DSL-Techniken
333 ADSL – Asymmetric Digital Subscriber Line
334 VDSL – Very High Speed Digital Subscriber Line
335 DECT – Digital Enhanced Cordless Telecommunications
336 ATM – Asynchronous Transfer Mode
337 SDH – Synchrone digitale Hierarchie
338 Frame Relay
339 FDDI – Fibre Distributed Data Interface
340 GSM – Global System for Mobile Communication
341 UMTS – Universal Mobile Telecommunications System
342 UMTS-Netzarchitektur
343 LTE – Long Term Evolution
344 Cloud Computing
345 WAP – Wireless Application Protocol
346 GPRS – General Packet Radio Service
347 Bündelfunk-TETRA
348 Richtfunk

Netzanwendungen
349 Server
349 ICMP – Internet Control Message Protocol
350 Blade-Server
351 Speichersysteme
352 FC – Fibre Channel
353 Digital-TV
354 IPTV – Internet Protocol Television
355 Multimedianetze
356 Empfang über Satelliten
357 Satelliten für Direktempfang
358 GPS – Global Positioning System

Elektromagnetische Wellen und Frequenzen
359 Elektromagnetische Welle
360 Frequenz- und Wellenlängenbereiche
361 Frequenzbänder
362 Dämpfung, Übertragung, Pegel
363 Kabel für Telekommunikations- und Informationsverarbeitungsanlagen
364 Koaxiales HF-Kabel für Innenverlegung

Modulationsverfahren
365 AM – Amplitudenmodulation
365 FM – Frequenzmodulation
366 PCM – Pulscodemodulation
367 – 368 Digitale Modulationsverfahren
369 Zeitmultiplex, TDM
369 Frequenzmultiplex, FDM
370 Signalcodierung für Basisbandübertragung

Prinzip

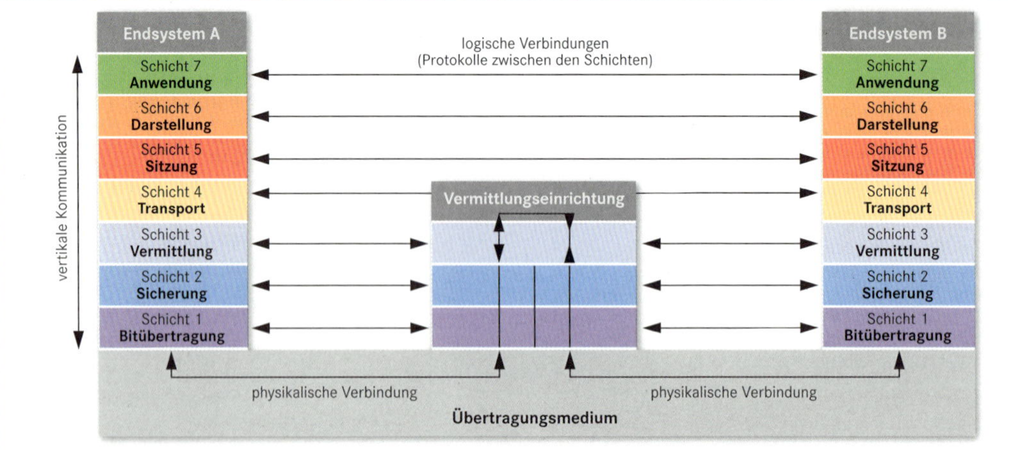

Erläuterungen

- OSI-7 Schichtenmodell ist Referenzmodell für herstellerunabhängige Kommunikationssysteme.
- Jede Schicht bietet der darüberliegenden Schicht definierte Dienste an und realisiert seinerseits die Dienste für die darunterliegende Schicht.
- Schichteneinteilung erfolgt mit definierten Schnittstellen.
- Einzelne Schichten können ohne große Gesamtsystemänderungen ausgetauscht und angepasst werden.
- Schichten 1...4 sind die transportorientierten Schichten (physikalischer Datentransport bis zu den physikalischen Endpunkten der Systeme).
- Schichten 5 ... 7 sind anwendungsorientierte Schichten (Handhabung der Schnittstellen).
- Übertragungsmedium (Verbindungskabel) ist nicht im OSI-Modell festgelegt.

Bitübertragungsschicht	
Schicht 1 **(Physical)**	▪ Zuständig für den physikalischen Transport der digitalen Informationen. ▪ Spezifiziert Schnittstellen (mechanisch, elektrisch, optisch, Funk) und deren Übertragungseigenschaften und Funktionen zum Übertragungsmedium.
Datensicherungsschicht	
Schicht 2 **(Link)**	▪ Zuständig für den unverfälschten Datentransport über einen einzelnen Übermittlungsabschnitt. ▪ Flusssteuerung überwacht die vollständige und richtige Übertragung der Daten von der darunter liegenden Schicht.
Vermittlungsschicht	
Schicht 3 **(Network)**	▪ Zuständig für die Überbrückung geografischer Entfernungen zwischen den Endsystemen durch Einbeziehung von Vermittlungssystemen. ▪ Steuert die zeitlich und logisch getrennte Kommunikation zwischen verschiedenen Endsystemen.
Transportschicht	
Schicht 4 **(Transport)**	▪ Zuständig für die Erweiterung von Verbindungen zwischen Endsystemen zu Teilnehmerverbindungen. ▪ Bildet die Verbindungsschicht zu den anwendungsorientierten Schichten.
Sitzungsschicht	
Schicht 5 **(Session)**	▪ Zuständig für den geordneten Ablauf des Dialoges zwischen den Endsystemen. ▪ Festlegen und verwalten der Berechtigungsmarken für die Kommunikation.
Darstellungsschicht	
Schicht 6 **(Presentation)**	▪ Zuständig für den gemeinsamen Zeichensatz und die gemeinsame Syntax. ▪ Umwandeln der lokalen Syntax in die für den Transport festgelegte Syntax und umgekehrt.
Anwendungsschicht	
Schicht 7 **(Application)**	▪ Zuständig für die Steuerung der untergeordneten Schichten. ▪ Übernimmt die Anpassung an die jeweilige Anwendung. ▪ Stellt dem Anwenderprogramm die Verbindung zur Außenwelt zur Verfügung.

Klassifikationen

- **Netztopologie**
  - Stern- oder Baumstruktur
  - Ring- oder Maschenstruktur
- **Übertragungstechnik**
  - analoge Netze
  - digitale Netze
- **Vermittlungstechnik**
  - Festgeschaltete Leitungen
  - Leitungsvermittelte Netze
  - Paketvermittelte Netze
- **Übertragungsweisen**
  - serielle
  - parallele
  - asynchrone
  - synchrone
- **Übertragungsmedium**
  - Kupferkabelnetze
  - Koaxialnetze
  - Funknetz
  - Glasfasernetze
- **Übertragungsbandbreite**
  - Schmalbandnetze
  - Breitbandnetze
- **Kommunikationsrichtung**
  - Einwegkommunikation (Simplex)
  - alternative Zweiwegkommunikation (Halbduplex)
  - simultane Zweiwegkommunikation (Vollduplex)
- **Diensteintegration**
  - Dienstspezifische Netze (z. B. Telexnetz)
  - Diensteintegrierende Netze (z. B. ISDN, IBDN)

Einteilungen

- **CAN** (**C**ontroller **A**rea **N**etwork bzw. **C**ar **A**rea **N**etwork, da Herkunft aus der Kfz-Industrie): Ausdehnung bis ca. 1 m. Insofern wird der PC als Netz verstanden.
- **PAN** (**P**ersonal **A**rea **N**etwork): Netze im Heimbereich
- **LAN** (**L**ocal **A**rea **N**etwork): Netze im Office- und Firmenbereich. Sie erstrecken sich über einen Verbindungsraum von wenigen Kilometern.
- **MAN** (**M**etropolitan **A**rea **N**etwork): Sie besitzen Ausdehnungen von bis zu 100 km.
- **WAN** (**W**ide **A**rea **N**etwork): Sie überspannen ganze Länder und ermöglichen weltweite Übertragungen.
- **Terminalnetze** (Terminals an Rechenanlagen)
- **Mehrpunktnetze** bzw. Netze mit Multiplex- oder Konzentrationsverbindungen

Gebräuchliche LANs

- **Sternförmige Vernetzung** zur Verbindung von
  - Arbeitsplatz-PCs mit Switch über Twisted Pair-Kupferkabel,
  - Switch mit Server über Twisted Pair-Kupferkabel oder Lichtwellenleiter und
  - Switch untereinander zur Verbindung von Netzwerksegmenten mit Lichtwellenleiter.
- **Ringförmige Vernetzung** zur Verbindung von Rechnersystemen mit ausfallsicherer und deterministischer Datenübertragung

Netzstrukturen

Stern

- Punkt-zu-Punkt-Verbindung der DEEn zur Zentrale
- Daten werden über Zentrale weitergeleitet

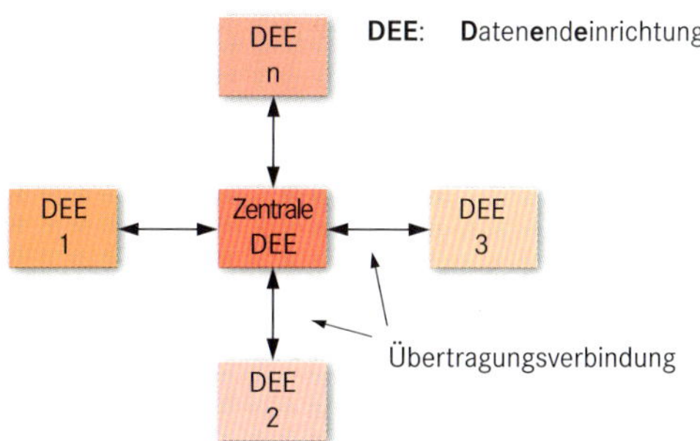

Bus

- DEEn elektrisch parallel an ein Kabel angeschlossen
- Daten werden direkt zwischen den jeweiligen DEEn ausgetauscht

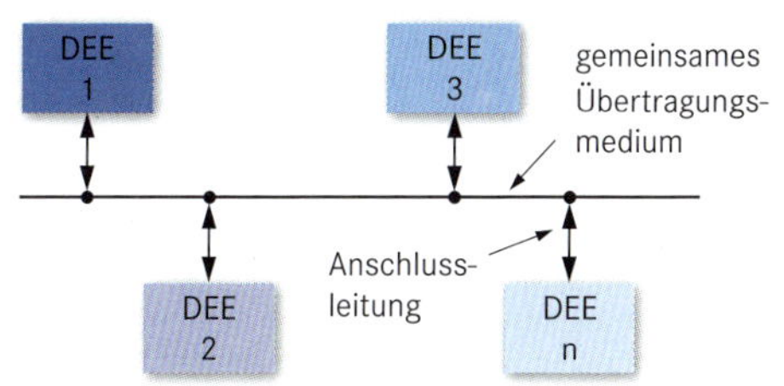

Ring

- Ringförmige Verbindung der Stationen untereinander
- Daten werden von DEE zu DEE weitergeleitet

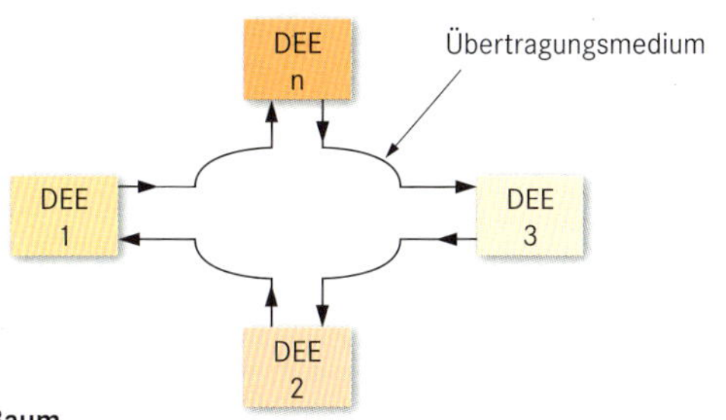

Baum

- Struktur ähnlich dem Bus, der um Abzweige erweitert wurde
- Daten werden direkt zwischen den jeweiligen Datenendeinrichtungen ausgetauscht

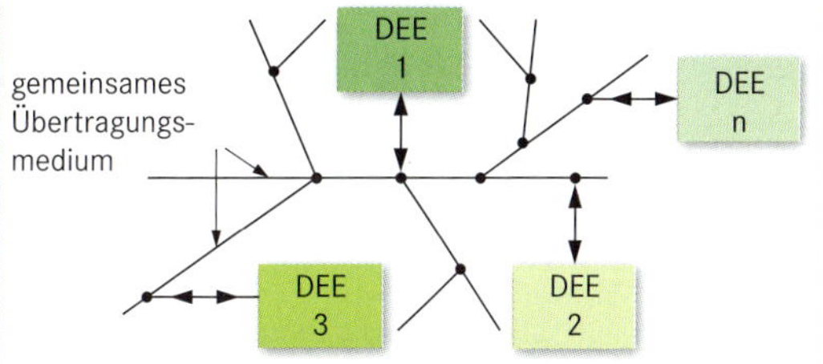

Lokale Netze	Möglichkeiten	Standard
▪ Sind räumlich abgegrenzt ▪ Werden von einem Betreiber verwaltet und organisiert ▪ Ermöglichen einen direkten Datenaustausch zwischen den Teilnehmern des Netzes ▪ Übertragungsmedien sind Kupferleitungen, Lichtwellenleiter oder Funkwellen. Sie bieten unterschiedliche Übertragungsgeschwindigkeiten und Reichweiten	▪ Zentrale Datenhaltung auf großen Massenspeichern ▪ Elektronischer Datenaustausch zwischen den einzelnen Stationen untereinander bzw. mit der Zentralstation ▪ Gemeinsame Nutzung von Programmen, Geräten und Kommunikationsschnittstellen zu externen Datenübertragungseinrichtungen	▪ Standardisiert nach IEEE 802 (Institute of Electrical and Electronic Engineers) in verschiedenen Normenreihen (z. B. IEEE 802.3, IEEE 802.16) ▪ Unterschieden anhand der Zugriffsverfahren auf das Übertragungsmedium (z. B. CSMA/CD: Carrier Sense Multiple Access/Collision Detection: Trägerkennung mit Mehrfachzugriff/Kollisionserkennung)

IEEE 802.3

- Bei lokalen, leitungsgebundenen Netzen ist Ethernet die bevorzugt eingesetzte Technologie.
- Gründe dafür sind u.a.
  - stabile und verfügbare Standards,
  - große Produktvielfalt,
  - hohe Konfigurationsflexibilität,
  - große Marktakzeptanz und
  - niedrige Produktkosten.

OSI-Referenzmodell[1]		IEEE-Standard		
Schicht	Funktion	Schicht	Funktion	Standardisiert durch
3	Vermittlungsschicht (Network-Layer) (Packet)	**3 (HILI)**	Netzwerkverwaltung Netz-/Netz-Verwaltung (Higher-Layer-Interface)	IEEE 802.1
2	Sicherungsschicht (Data-Link-Layer) (Frame)	**2b (LLC)**	Logische Verknüpfungssteuerung (Logical-Link-Control)	IEEE 802.2
		2a (MAC)	Mediumszugriff-Steuerung (Medium-Access-Control)	IEEE 802.3
1	Bitübertragungsschicht (Bitstrom) (Physical-Layer)	**1 (Phy)**	Elektronischer und mechanischer Aufbau (Physical-Layer)	Ethernet siehe 802.3 Varianten

IEEE 802.3 Varianten

10 Mb/s	1000 Mb/s (1 Gb/s)	40 Gb/s
10BASE[1] -5, -2, -T, -F, -FL, -FB, -FP	100BASE[1] -X, -SX, -LX, -CX, -T, -KX	40GBASE[1] -KR4, -CR4, -SR4, -LR4, -FR
100 Mb/s	**10 Gb/s**	**100 Gb/s**
1000BASE[1] -T2, -T4, -TX, -FX, -SX	10GBASE[1] -SR, -LR, -ER, -SW, -LW, -EW, -LX4, -CX4, -T, -LRM, -KX4, -KR	100GBASE[1] -CR10, -SR10, -LR4, -ER4

[1] Erläuterungen siehe unter Ethernet-Bezeichnungen

IEEE 802.xxx

IEEE 802.5	IEEE 802.11	IEEE 802.15	IEEE 802.16
Token Ring	Wireless LAN	Wireless Personal Area Network (WPAN)	Broadband Wireless Access

IEEE 802.17	IEEE 802.18	IEEE 802.19	IEEE 802.20	IEEE 802.21	IEEE 802.22
Resilient Packet Ring Access Protocol	LAN/MAN Radio Regulatory	Wireless Coexistance Technical Advisory Group	Mobile Broadband Wireless Access	Media Independent Handover Services	Wireless Regional Networks (WRANs)

[1] OSI; Open System Interconnection: Referenzmodell für allgemeine herstellerunabhängige Kommunikationsstruktur 1983 von der ISO (International Standard Organisation) festgelegt.

Merkmale

- Die Standards beinhalten eine Reihe von Festlegungen für z. B.
  - Datenübertragungsraten (z. B. 100 Mbit/s),
  - logische Schnittstellen und Funktionen,
  - Hardwarekomponenten (z. B. Steckverbindungen, Kupferleitungen, Lichtwellenleiter)
  - Signalcodierung (Basisband, keine Modulation)
- Die Varianten werden durch die Kapitelangabe aus den Standarddokumenten gekennzeichnet (z. B. IEEE 802.3 Clause 40).
- Die Bezeichnungsversion mit Buchstaben (z. B. IEEE 802.3ab) wurde abgeschafft.
- Das **CSMA/CD**-Verfahren (**C**arrier **S**ense **M**ultiple **A**ccess/**C**ollision **D**etection: Trägererkennung mit Mehrfachzugriff/Kollisionserkennung) ist lediglich bei Übertragungsmedien, die von mehreren Teilnehmern genutzt werden, erforderlich (shared medium).
- Aktuelle Realisierungen von Ethernet verwenden Punkt-zu-Punkt Verbindungen im Vollduplex zwischen den Teilnehmern (somit kein CSMA/CD erforderlich).
- Die Originalversionen der Ethernet Standards sind unter http://standards.ieee.org/about/get/802/802.3.html kostenlos abrufbar.
- Das nachfolgend gezeigte Schema wird überwiegend zur Einteilung bzw. Unterscheidung verwendet.

Bezeichnungsschema

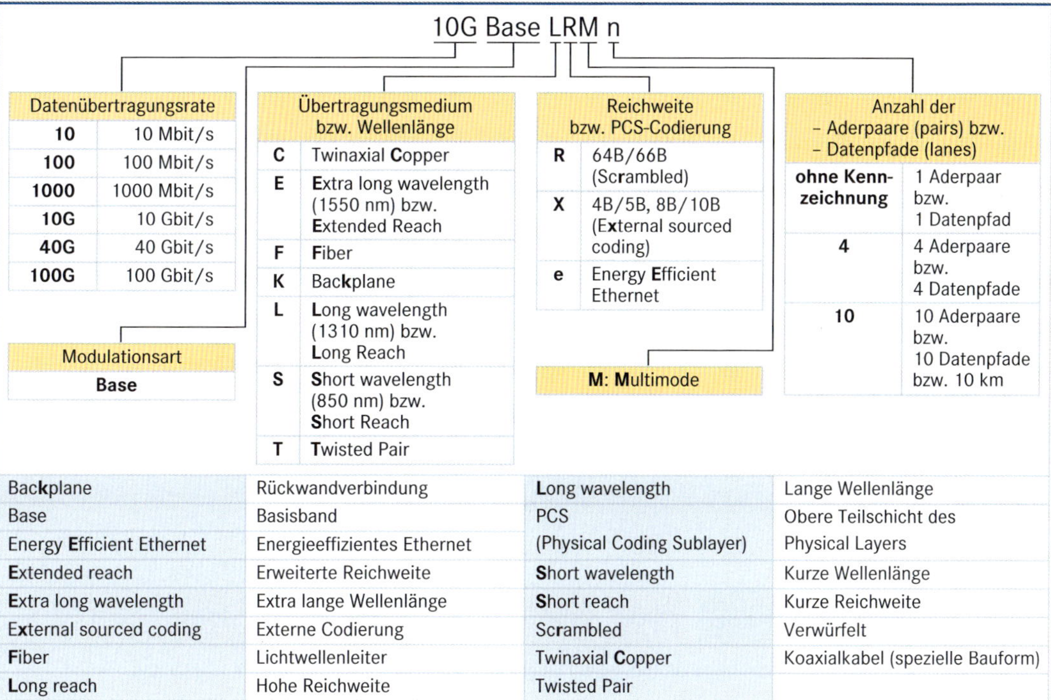

Bac**k**plane	Rückwandverbindung	**L**ong wavelength	Lange Wellenlänge
Base	Basisband	PCS	Obere Teilschicht des
Energy **E**fficient Ethernet	Energieeffizientes Ethernet	(Physical Coding Sublayer)	Physical Layers
Extended reach	Erweiterte Reichweite	**S**hort wavelength	Kurze Wellenlänge
Extra long wavelength	Extra lange Wellenlänge	**S**hort reach	Kurze Reichweite
E**x**ternal sourced coding	Externe Codierung	Sc**r**ambled	Verwürfelt
Fiber	Lichtwellenleiter	Twinaxial **C**opper	Koaxialkabel (spezielle Bauform)
Long reach	Hohe Reichweite	**T**wisted Pair	

Beispiele

Bezeichnung	Merkmale	Bezeichnung	Merkmale
10Base-T IEEE 802.3i (Clause 14)	10 Mbit/s; 2 Aderpaare (twisted pair; Cat. 3 oder höher); Vollduplex; max. 100 m	1000Base-SX IEEE 802.3z (Clause 38)	1000 Mbit/s; 2 LWL Multimode; Vollduplex; 1 Wellenlänge (850 nm); 200 m bis 500 m
10Base-FL IEEE 802.3j (Clause 15)	10 Mbit/s; 2 LWL Multimode; 1 Wellenlänge (850 nm); max. 2000 m	1000Base-T IEEE 802.3ab (Clause 40)	1000 Mbit/s; 4 Aderpaare (twisted pair; Cat. 6_a); Vollduplex; je Aderpaar 250 Mbit/s pro Richtung; 100 m
100Base-TX IEEE 802.3u (Clause 24)	100 Mbit/s; 2 Aderpaare (twisted pair; Cat. 5 oder höher); Vollduplex; max. 100 m	10GBase-T IEEE 802.3an (Clause 55)	10 Gbit/s; 4 Aderpaare (twisted pair); Vollduplex; je Aderpaar 2,5 Gbit/s pro Richtung; 100 m
100Base-FX IEEE 802.3u (Clause 24)	100 Mbit/s; 2 LWL Multimode; 1 Wellenlänge; 1310 nm; bei Vollduplex max. 400 m	40GBase-LR4 IEEE 802.3ba (Clause 87)	40 Gbit/s; 2 LWL Singlemode; Vollduplex; 4 Wellenlängen (WDM) je 10 Gbit/s pro Richtung; 10 km
1000Base-CX IEEE 802.3z (Clause 39)	1000 Mbit/s; 2 Adern, gemeinsamer Rückleiter (Twinaxialkabel); Vollduplex; max. 25 m	100GBase-ER4 IEEE 802.3ba (Clause 88)	100 Gbit/s; 2 LWL Singlemode; Vollduplex; 4 Wellenlängen (WDM) je 25 Gbit/s pro Richtung; 40 km

Merkmale

- Ist die Bezeichnung für eine **serielle** Datenübertragung zwischen mehreren Teilnehmern, die an einem gemeinsam genutzten Medium über Netzwerkkarten angeschlossen sind.
- Die Datenübertragung erfolgt dabei in **Rahmenformat** (Frames).
- Die Zuteilung der Sendeerlaubnis wird durch **CSMA/CD** (**C**arrier **S**ense **M**ultiple **A**ccess/**C**ollision **D**etection: Trägererkennung mit Mehrfachzugriff/Kollisionserkennung) gesteuert.
- Ist verfügbar in verschiedenen Übertragungsgeschwindigkeiten (10 Mbit/s, 100 Mbit/s, 1000 Mbit/s und 10 Gbit/s).
- 10 Mbit Ethernet überträgt die Daten auf dem physikalischen Medium im **Basisband** als Manchester-Kodierung.
- Die existierenden **Rahmenformate** stammen aus der Entwicklungsgeschichte und werden bezeichnet als
  - IEEE 802.3 (Ethernet 802.2),
  - IEEE 802.3 SNAP (Ethernet SNAP),
  - Ethernet Version II (Ethernet II),
  - IEEE 802.3 RAWS (Novell Proprietary).
- Jeder zu übertragende Rahmen beginnt mit einer **Präambel** (Rahmeneinleitung) und dient zur Synchronisation der angeschlossenen asynchron betriebenen Netzwerkbaugruppen.

Rahmenformate

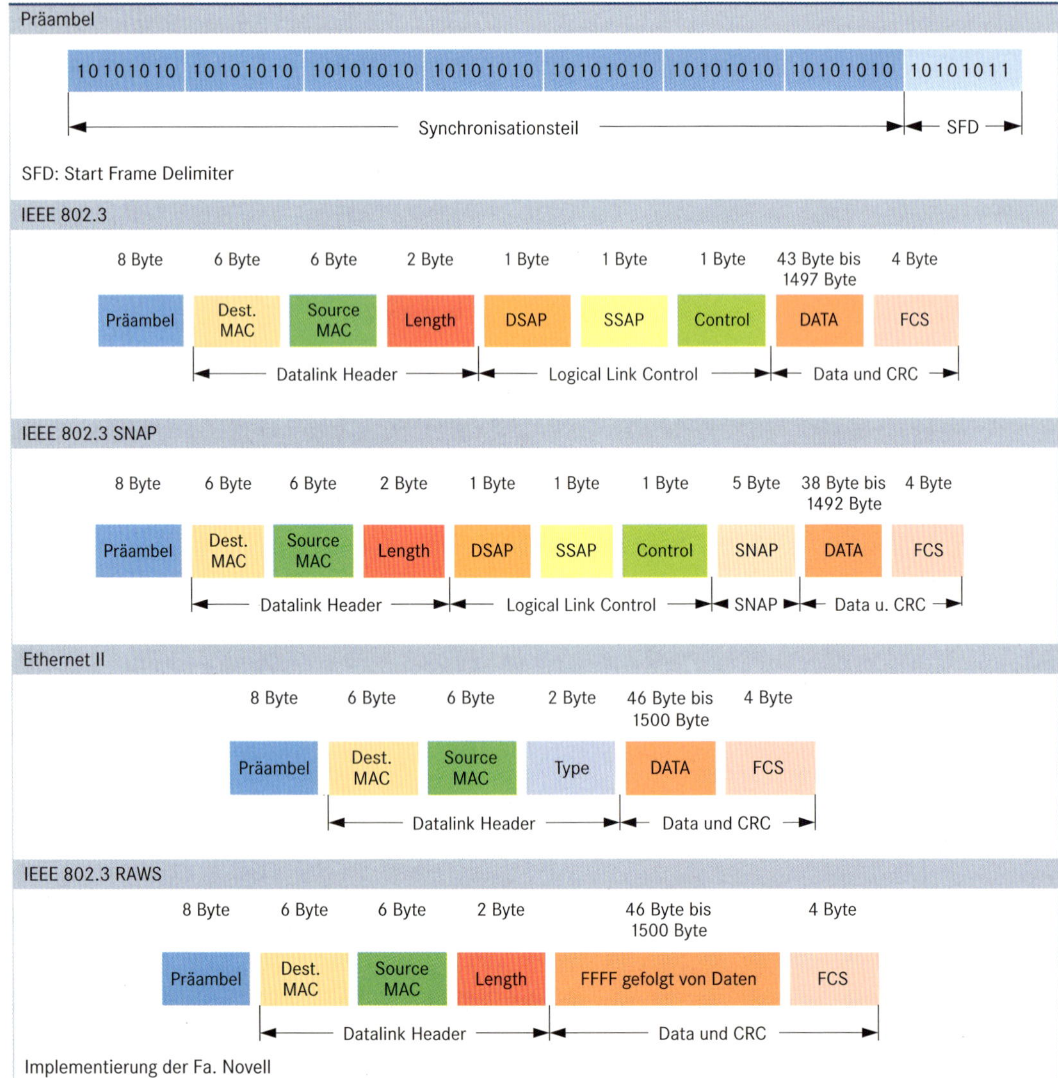

Rahmendefinitionen

- **Destination MAC** (**D**estination **M**edium **A**ccess **C**ontrol: Zieladresse)
  - definiert die Zieladresse (Netzwerkkarte), zu der die Daten gesendet werden sollen
  - beinhaltet in den ersten drei Byte die Kennzeichnung des **Kartenherstellers**, wobei niederwertigste Bit des ersten Bytes nachfolgendes definiert:
    Bit = 0 bedeutet Adresse für **individuelle** Zielstation,
    Bit = 1 bedeutet Adresse für **logische Gruppe** von Zielstationen und das **zweite Bit** zur Unterscheidung zwischen lokaler und globaler Adresse verwendet wird
  - definiert mit den folgenden drei Byte den Typ der Netzwerkkarte
  - Sonderfall: alle 48 Bit = 1 bedeutet **Broadcasting** (Rundsendung) an alle Stationen

- **Source MAC** (**S**ource **M**edium **A**ccess **C**ontrol: Absender-Adresse)
  - beinhaltet die Absender-Adresse mit drei Byte als feste Kennung für den Kartenhersteller

- **Length** (Länge)
  - dient zur Angabe der Anzahl von Byte im Logical Link Control (LLC) Feld

  Hinweis: Ethernetrahmen dürfen nicht kürzer als 64 Byte bzw. länger als 1518 Byte sein.

- **DSAP** (**D**estination **S**ervice **A**ccess **P**oint: Dienstzugangspunkt)
  - entspricht einem Zeiger auf dem Pufferspeicher im empfangenden Netzwerkadapter zur Ablage der Daten

- **SSAP** (**S**ource **S**ervice **A**ccess **P**oint: Dienstausgangspunkt)
  - definiert die Quelle des sendenden Prozesses

- **Control Byte** (Kontroll-Byte)
  - spezifiziert den Type des LCC-Rahmens

- **Data** (Daten)
  - beinhaltet die Daten (Header und Daten) der höher liegenden Protokollschichten von z. B. TCP/IP oder IPX/SPX

- **FCS** (**F**rame **C**heck **S**equence: Rahmenprüfbits)
  - dient zur Sicherung der übertragenen Bits gegen Verfälschung mittels **CRC-Verfahren** (**C**yclic **R**edundancy **C**heck)
  - verwendet Generatorplynom $G(x) = x^{32} + x^{26} + x^{23} + x^{22} + x^{16} + x^{12} + x^{11} + x^{10} + x^{8} + x^{7} + x^{5} + x^{4} + x^{2} + x + 1$

- **SNAP**
  - beinhaltet auf den ersten drei Byte die Herstellerkennung (wie in der Absender-Adresse), die normalerweise auf null gesetzt ist
  - die folgenden zwei Byte beinhalten eine Kennung zum Ethertyp, um die Anwärtskompatibilität zu Ethernet II zu erhalten

- **Type** (Typenfeld)
  - kennzeichnet den Typ des darüber liegenden Protokolls
  - Werte sind grundsätzlich größer als 05DC (Hex) bzw. 1500 Dez. zur Kennzeichnung, ob der nachfolgende Rahmen ein Ethernet II-Rahmen oder z. B. ein 802.3 Rahmen ist

- **Novell-Daten-Rahmen**
  - beginnen in den Anwender-Daten mit einem IPX-Protokollkopf
  - diese beinhalten in den ersten beiden Bytes optional eine Prüfsumme (FFFF)
  - zeigen damit an, dass die Prüfsumme nicht verwendet wird
  - damit unterscheiden die Netzwerkkarten zwischen Novell-Rahmen und anderen Rahmen

Ethernet Parameter

Parameter	Bezeichnung Formel	Einheit	100Base-TX	100Base-FX	1000Base-SX
Übertragungsrate	u	bit/s	100 000 000		1 000 000 000
Lichtgeschwindigkeit	c	m/s	299 792 458		
Ausbreitungskoeffizient	n		0,75	0,68	0,68
Maximale Segmentlänge	l_{max}	m	100	450	550
Maximale Signallaufzeit	$t_{max} = l_{max}/n \cdot c$	µs	0,445	2,207	2,698
Dauer eines Bits	$t_{bit} = 1/u$	µs/bit	0,01	0,01	0,001
Länge eines Bits	$l_{bit} = n \cdot c \cdot t_{bit}$	m/bit	2,248	2,038	0,203
Anzahl Bits pro Segment	$b_{Segment} = l_{max}/l_{bit}$		44,48	220,80	2709,35
Dauer von 64 Bytes	$t_{64Byte} = t_{bit} \cdot 8 \cdot 64$	µs	5,12	5,12	0,51

Grundlagen

- Gigabit Ethernet ist eine Erweiterung des 10 Mbit/100 Mbit-Ethernet Standards auf eine Übertragungsrate von 1 Gbit/s
- IEEE-Spezifikation beinhaltet die unteren beiden Schichten des OSI-Modells
- Übertragungsmedien sind Lichtwellenleiter und Kupferkabel
- Arbeitet bei **Kupferkabel** im Halb- und im Vollduplexbetrieb
- Rahmenformat wie bei 10 Mbit/100 Mbit-Ethernet (64 Byte Rahmengröße automatisch auf 512 Byte verlängert)
- **Cat. 5 (Category)** Übertragung verwendet 4B/5B Leitungscodierung
- Verwendet 4 Aderpaare [pro Aderpaar 125 Mbit Symbolrate, 5-stufige Pegelcodierung (PAM 5) mit 2 Bit pro Symbol]
- Bei **Einsatz auf Cat. 5 (Category)** ist die Leistungsfähigkeit der Verkabelung zu berücksichtigen:
  - **FEXT** (**F**ar-**E**nd Cross **T**alk: Fernübersprechen)
  - **Return Loss** (Rücklaufverluste)
  - **NEXT** (**N**ear-**E**nd Cross **T**alk: Nahübersprechen)
  - **Attenuation** (Dämpfung)
- **Delay** (Laufzeitverzögerung)
- Anwendungsbereiche sind z. B.:
  - Kopplung von Switches
  - Verbindung von Switch mit Servern

Übertragungsmedien

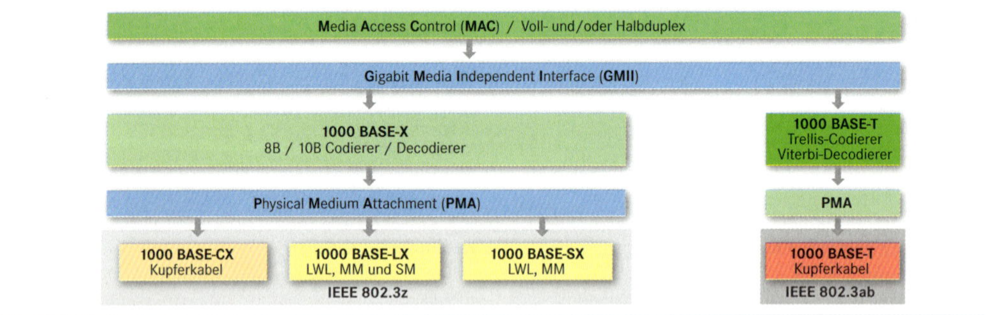

Medien-Spezifikationen

Transceiver-Typ	Medien-Typ	Bandbreiten-Längen-Produkt in MHz x km	Zulässige Länge in m	Typische Anwendung
1000BASE-CX	Kupferkabel, 150 Ω, symmetrisch, geschirmt	-	25	Verkabelungsschrank
1000BASE-LX (1300 nm)	LWL MM 62,5 µm LWL MM 50 µm LWL MM 50 µm LWL SM 10 µm	500 400 500 -	2 bis 550 2 bis 550 2 bis 550 2 bis 5000	Horizontale Verkabelung Kurzes Backbone Kurzes Backbone Gelände Backbone
1000BASE-SX (850 nm)	LWL MM 62,5 µm LWL MM 62,5 µm LWL MM 50 µm LWL MM 50 µm	160 200 400 500	2 bis 220 2 bis 274 2 bis 500 2 bis 550	Horizontale Verkabelung Horizontale Verkabelung Kurzes Backbone Kurzes Backbone
1000BASE-T	Cat. 5 Kupferkabel	-	100	Horizontale Verkabelung

MM: **M**ulti-**M**ode Faser **SM**: **S**ingle-**M**ode Faser (Mono-Mode)

Anwendung

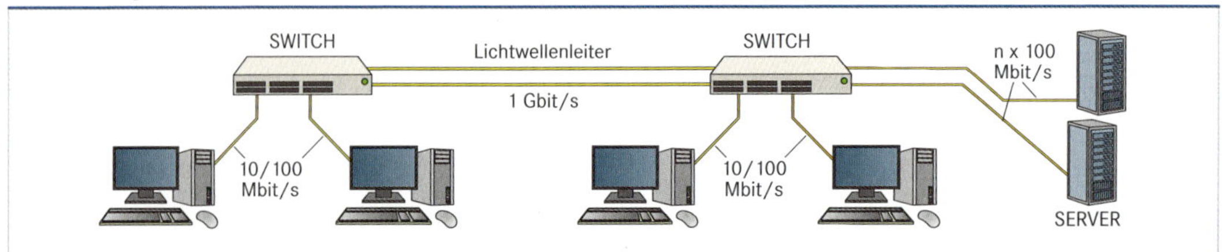

Merkmale

- 10 Gbit Ethernet ist die Erweiterung der Ethernet-Technologie auf eine Übertragungsrate von 10 Gbit/s
- Standard ist spezifiziert in IEEE 802.3 ae und 802.3 an
- Arbeitet nur im **Vollduplex-Betrieb** als **Punkt-zu-Punkt Verbindung** (ohne Kollisionen)
- Verwendet als **Übertragungsmedium**
  - **LWL** (Single- und Multi-Mode mit Wellenlängen 850 nm, 1310 nm, 1550 nm).
  - **Kupferkabel** (4 Paare, Twisted Pair, 55 m über Klasse E/CAT. 6 und 100 m über Klasse F/CAT. 7
- Kupferkabel **Übertragungsparameter** (pro Aderpaar):
  - 2,5 Gbit/s bei 833 Mega-Symbolen/s (1,25 ns Symboldauer)
  - 3 bit Nutzdaten pro Symbol
- Verwendet **16-stufige Pulsamplitudenmodulation** als Leitungscodierung
- Amplitudenwerte liegen zwischen +1V und -1V
- Amplitudenabstand zwischen zwei benachbarten Signalen beträgt 0,13 V
- **Bitfehlerrate** spezifiziert auf max. 1 x 10^{-12} pro Sekunde über alle unterstützten Klassen und Entfernungen

Architektur

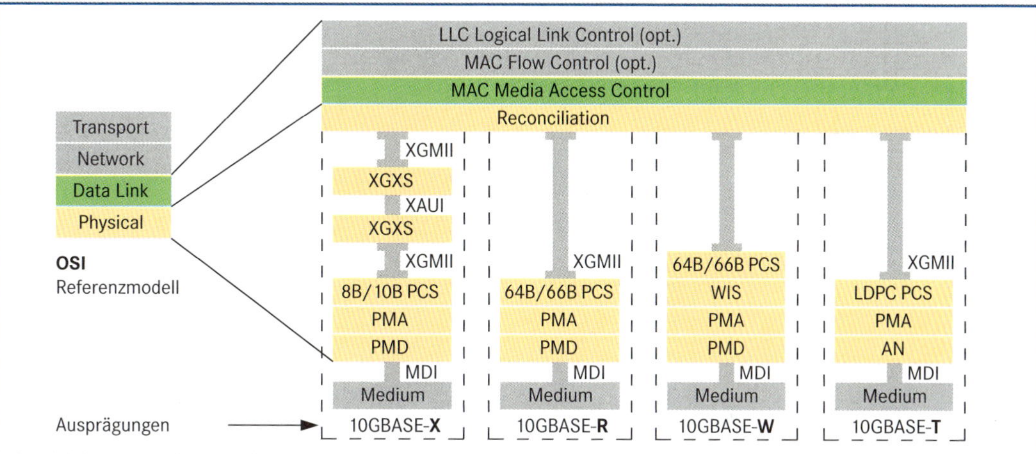

AN: **A**uto **N**egotiation
LDPC: **L**ow **D**ensity **P**arity **C**heck
MDI: **M**edium **D**ependet **I**nterface
PMA: **P**hysical **M**edium **A**ttached
PCS: **P**hysical **C**oding **S**ublayer
PMD: **P**hysical **M**edium **D**ependant
WIS: **WAN** **I**nterface **S**ublayer
XAUI: **X** **A**ttachment **U**nit **I**nterface
XGMII: **X** **M**edium **I**ndependant **I**nterface
XGXS: **XGMII** **EX**tender **S**ublayer

X entspricht der römischen 10

Bezeichnungsschema

Bezeichnung	Wellenlänge in nm	Codierung	Typ	Multi-Mode Fibre	Single-Mode Fibre
10GBASE-S R	850	64b/66b	seriell	65 (300) m	nicht unterstützt
10GBASE-S W	850	64b/66b	SONET/SDH	65 (300) m	nicht unterstützt
10GBASE-L X 4	1310	8b/10b	WWDM	300 m	10 km
10GBASE-L R	1310	64b/66b	seriell	nicht unterstützt	10 km
10GBASE-L W	1310	64b/66b	SONET/SDH	nicht unterstützt	10 km
10GBASE-E R	1550	64b/66b	seriell	nicht unterstützt	40 km
10GBASE-E E	1550	64b/66b	SONET/SDH	nicht unterstützt	40 km
10GBASE-T	–	64b/65b	–	–	–

Wellenlängen-Multiplex: 1 → serielle Übertragung;
n → Anzahl der Wellenlängen (4 für WWDM)

Codierung: X → LAN 8B/10B; R → LAN 64B/66B Blockcodierung; W → WAN

Wellenlänge: S(hort) → 850 nm; L(ong) → 1310 nm; E(xtra long) → 1550 nm

T: Kupferkabel (4 Paare, Twisted Pair)

Merkmale

- Power over Ethernet (Leistung über Ethernet)
  - ist standardisiert nach IEEE 802.3at (Poe+; ersetzt IEEE 802.3af)
  - versorgt Ethernet-Geräte (z. B. IP-Telefon) gleichzeitig mit elektrischer Energie und Daten über das Kupfer-Netzwerkkabel
  - unterscheidet Endgeräte nach Typ 1 und Typ 2
- Leistung für Endgeräte (PD: Powered Device): Typ 1 max. 13 W, Typ 2 max. 25,5 W
- Die Energie für alle versorgten Geräte wird von dem **PSE** (**P**ower **S**ourcing **E**quipment) bis zu einer maximalen Leistung pro Anschluss bereitgestellt.
- Netzanschlüsse für Endgeräte entfallen.

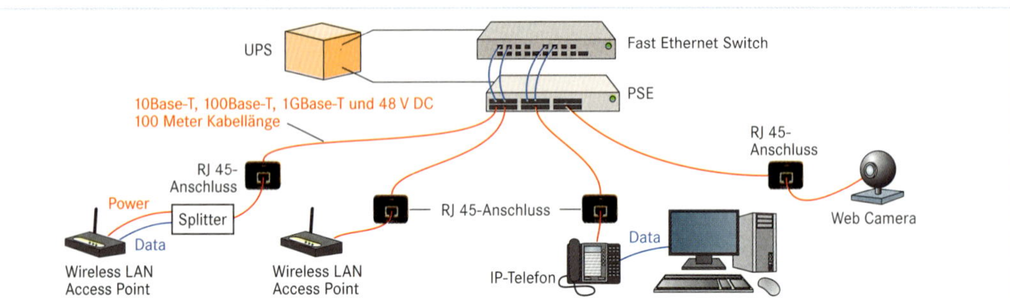

Übertragungsprinzip

Energie und Daten über getrennte Adern

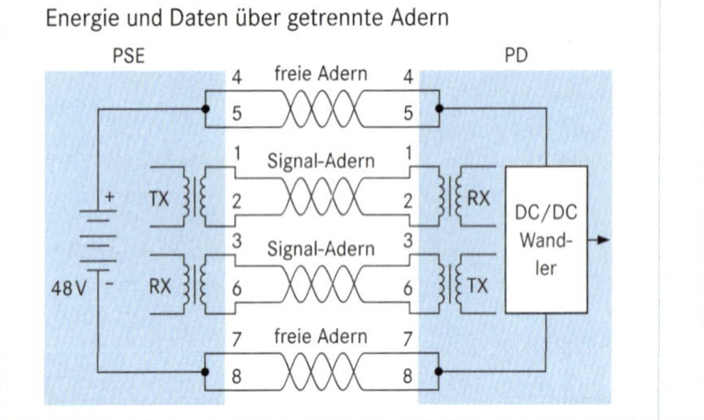

Energie und Daten über gemeinsame Adern

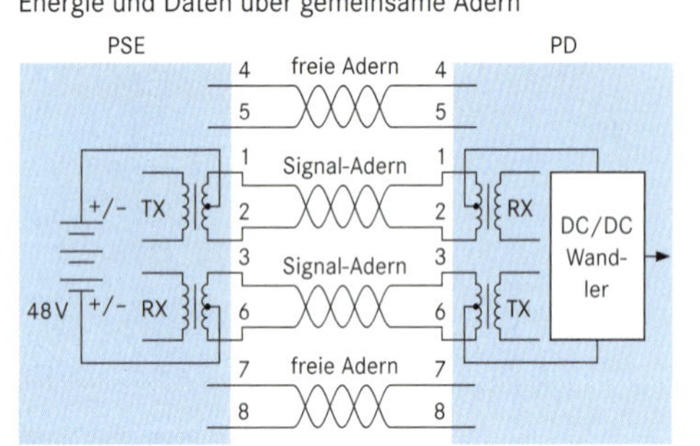

PSE: Power **S**ourcing **E**quipment – Leistungsquelle

PD: Powered **D**evice – Versorgtes Gerät

Geräteklassen

Klasse	Erkennungsstrom in mA	PD-Leistung (maximal in W)	PSE-Leistung (minimal in W)	Klassenbeschreibung
0	0 bis 4	12,95	15,4	Unbekannt, PD entspricht nicht der Klassifikation
1	9 bis 12	3,84	4,0	PD mit niedriger Leistung
2	17 bis 20	6,49	7,0	PD mit mittlerer Leistung
3	26 bis 30	12,95	15,4	PD mit hoher Leistung
4	36 bis 44	25,5	30,0	Typ 2 Geräte

Verbindungsaufbau PSE-PD

PSE Spannungsbereich in V	PD Spannungsbereich in V	Zustand	Funktion
0 bis 2,8	-	Ruhe	PSE liefert Leistung
2,8 bis 10	2,7 bis 10,1	Erkennung	PSE testet PD auf 25 kΩ Widerstand
15,5 bis 20,5	14,5 bis 20,5	Klassifikation	PSE erhöht Spannung und misst PD Stromaufnahme
30 bis 44	30 bis 42	Start	PSE schaltet Leistung
44 bis 57	36 bis 57	Dauerversorgung	PSE schaltet auf Dauerversorgung

Repeater

- Ein Repeater verbindet verschiedene Netze mit vollkommen gleichartigen Zugriffsweisen und Protokollen.
- Er reduziert Signalverzerrungen und -dämpfungen.
- Es wird auch als **Aufholverstärker** bezeichnet.
- Moderne Repeater verbinden auch unterschiedliche Medien.

Hub (engl. Nabe)

- Im engeren Sinne ein Sternkoppler bzw. Sternverteiler (auch Kabelkonzentrator).
- Ein Hub ist quasi die Verbindung eines Konzentrators mit einem Repeater. Es sind Multiport-Repeater.
- Hubs haben die Repeater in vielen Bereichen verdrängt.

Bridge (engl. Brücke)

- Verbindet Netze auf den Teilschichten MAC oder LLC der OSI-Schicht 2 (→ MAC-Level-Bridge)
- Die Netze können eine unterschiedliche Topologie besitzen.

Router (engl. „ruter"; us-engl. „rauter")

- Analysiert selbstständig das Netz (Transparenz).
- Sucht geeignete Wege im Netz auf der Basis routbarer Protokolle. Erstellt Wegetabellen (Routingtabellen).
- Vermittelt zielgerichtet Datenpakete.
- **Bridging Router - BRouter**: Router mit integrierter Bridge.

Gateway

- Es realisiert einen umfassenden Netzübergang und die komplette Anpassung von an sich getrennten Netzwelten.
- Es nimmt folgende Über- und Umsetzungen zwischen den verschiedenen Netzen vor:
  1. Adressübersetzungen
  2. Übersetzung der Datenübertragungsgeschwindigkeiten
  3. Protokollanpassungen (Konvertierung bzw. Umschreibung)
- Es ist eine intelligente Schnittstelle, die besonders Funktionsaufgaben der Schichten 3 bis 7 übernehmen kann.
- Es ermöglicht hohe Sicherheitsstandards.

Switch (engl. Schalter)

- Ein Switch ist quasi eine Bridge mit mehreren Zugängen für Rechner, aber auch für Netze.
- Ein paralleler Datenaustausch zwischen den verschiedenen Switch-Zugängen ist möglich.
- Ein Switch ermöglicht eine Punkt-zu-Punkt-Geräte-Verbindung.
  Ein Switch ist oftmals ein Hardware-Produkt.
- Typen
  - Layer 1-Switches: Es erfolgt keine Adressauswahl (Hub-System)
  - Layer 2-Switches/Layer 2/3-Switches: Die Zieladressen der Datenpakete werden über Adresstabellen automatisch ermittelt. Die Adressinformation werden den im Datenpaket festgehaltenen MAC-Adressen entnommen
  - Layer 3-Switches arbeiten auf der Schicht 3 - es verarbeitet (auch) IP-Adressen
- **Leistungsdaten:**
  - **Durchleitrate** (Forwarding Rate): Pakete/s
  - **Filterrate** (Filter Rate): Bearbeitete Paketanzahl/s
  - **Adressanzahl:** Verwaltete (MAC-)Adressen
  - **Backplanedurchsatz:** Transportkapazität auf den Vermittlungsbussen
- **Funktionsprinzipien:**
  - **Store-and-Forward:** Ein Datenpaket wird komplett über ein Port eingelesen; erst dann wird die Adresse verarbeitet. Ein sehr sicheres Verfahren. Es erfolgt eine vollständige Fehlerüberprüfung. Fehlerhafte Pakete werden selbstständig verworfen.
  - **Cut-Through:** Die Auswertung der Adresse erfolgt bereits nach dem Einlesen des Steuerkopfs der Datenpakete. Parallel dazu werden die Nutzinformationen aufgenommen. So wird die Latenzzeit reduziert. Datenkollisionen sind möglich.
  - **Fragment-Free:** Die Datenweitergabe erfolgt bereits nach der Aufnahme der ersten 72 Bytes.

  Ein modernes Switch realisiert alle drei Prinzipien zeitgleich (**adaptives Switching**, auch **Error-Free-Cut-Through**). Es wird situationsabhängig das optimalste Verfahren ausgewählt.
- Netzausdehnung von bis zu 150 km wird versorgt/betreut.
- Üblicherweise haben Switches 4 bis 32 Ports.

Charakteristika

Kriterium/Gerät	Repeater/Hub	Switch/Bridge	Layer3-Switch/Router	Gateway
Aufgabe	(einfache) Signalverstärkung (bzw./inkl. Signalgenerierung)	MAC-Adressierung: Datenpakete werden zwischengespeichert	Verarbeitung der IPAdressen (IP-Adressierung; Routing)	Komplexe Anpassung (zum Beispiel an verschiedene Protokolle)
OSI/ISO-Layer	Physical	Data Link	Network	
OSI-Schicht	1	2	3	((1), 2, 3)-4, 5, 6, 7
Store-and-Forward	Bits	Frames	Messages	
Datenraten - unterschiedliche	nein	ja	ja	ja
Datentransport	Bits	Pakete	Pakete	
Durchsatz	hoch	mittel	geringer	
Datenfilterung	nein	ja	ja	ja
Medien - unterschiedliche	ja	z. T. ja	ja	ja
Medienanpassung	(nein)/ja	nein	ja	ja
Protokolle - unterschiedliche	ja	ja	z. T. ja	ja
Protokollanpassungen	nein	z. T. ja/nein	ja/nein	ja
Zugriffsverfahren - verschiedene	nein	ja	ja	ja
Flusskontrolle	nein	nein	ja	ja
Entfernung	begrenzt	beliebig	beliebig	ja

Merkmale

- Kommunikationskabelanlagen sind der Hauptbestandteil in der Kommunikationstechnik und stellen einen hohen Investitionsaufwand dar.
- Sie werden zu einem bestimmten Zeitpunkt errichtet und sollen dann über längere Zeiträume für die unterschiedlichsten Dienste genutzt werden (anwendungsneutrale Verkabelung).
- Kabelanlagen sind deshalb sehr sorgfältig zu planen, zu errichten, zu betreiben und zu überwachen.
- Grundlagen für die Gestaltung einer Kabelanlage sind u. a.
  - zu übertragende Datenvolumina
  - gefordertes Zeitverhalten
  - Anzahl der Kommunikationsteilnehmer
  - Verfügbarkeitsanforderungen
  - Sicherheitsanforderungen
  - Einsatzbereiche (Umweltbedingungen)
  - Schnittstellen zu anderen Kommunkationsnetzen

Strukturierte Verkabelung

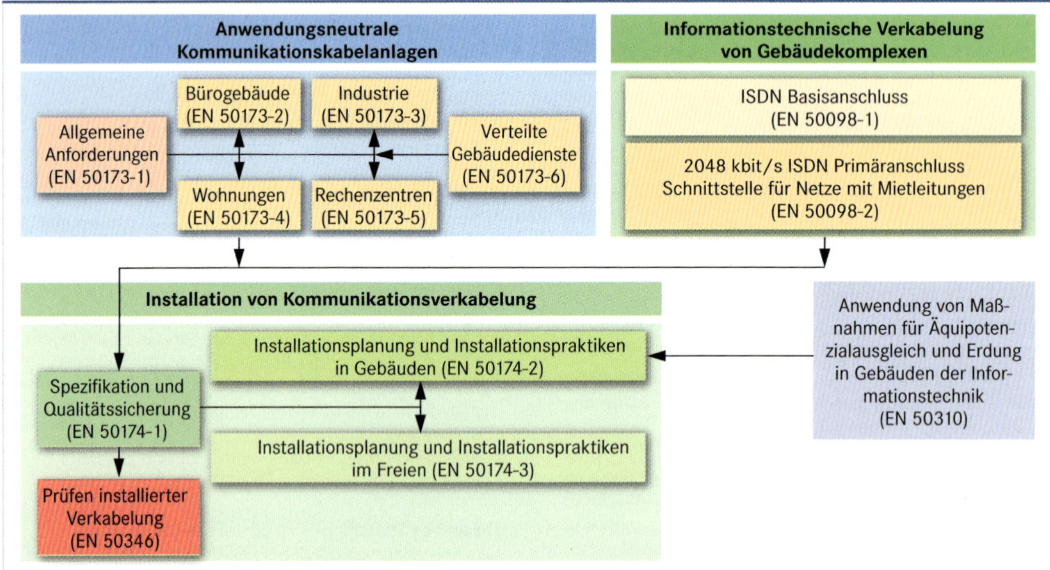

Anwendungsbereiche

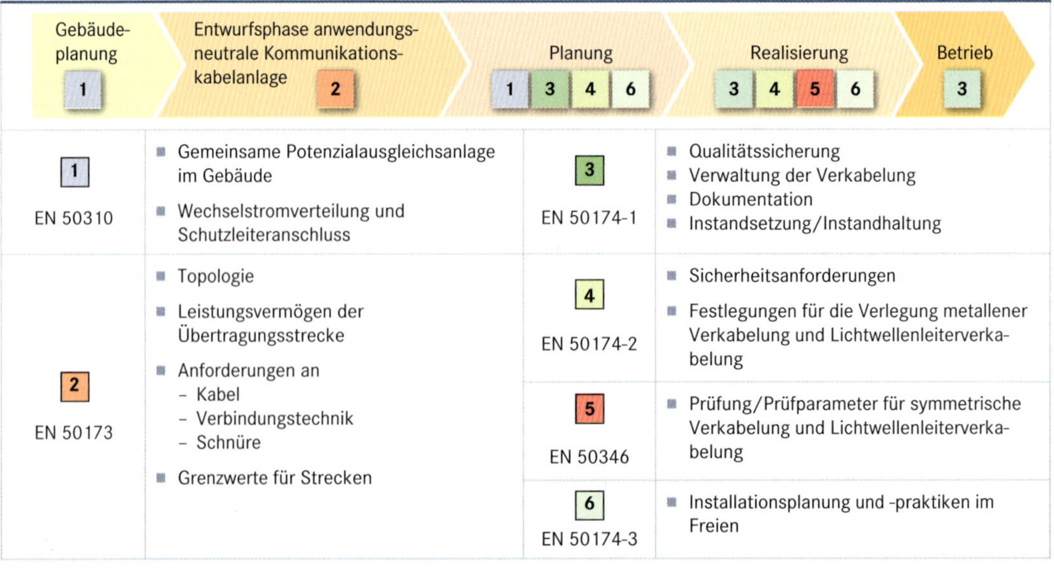

1 EN 50310	■ Gemeinsame Potenzialausgleichsanlage im Gebäude ■ Wechselstromverteilung und Schutzleiteranschluss	3 EN 50174-1	■ Qualitätssicherung ■ Verwaltung der Verkabelung ■ Dokumentation ■ Instandsetzung/Instandhaltung
2 EN 50173	■ Topologie ■ Leistungsvermögen der Übertragungsstrecke ■ Anforderungen an – Kabel – Verbindungstechnik – Schnüre ■ Grenzwerte für Strecken	4 EN 50174-2	■ Sicherheitsanforderungen ■ Festlegungen für die Verlegung metallener Verkabelung und Lichtwellenleiterverkabelung
		5 EN 50346	■ Prüfung/Prüfparameter für symmetrische Verkabelung und Lichtwellenleiterverkabelung
		6 EN 50174-3	■ Installationsplanung und -praktiken im Freien

Grundlagen

- Anwendungsneutrales **Verkabelungssystem** dient zur Vereinheitlichung des Aufbaues von Kabelnetzwerken für die **Integration unterschiedlicher Dienste** (z. B. Sprache, Daten)
- Kategorie: Definiert die Anforderungen an die eingesetzten Komponenten (z. B. Datenkabel, Steckverbinder)
- Klasse: Definiert die Leistungsmerkmale der gesamten Übertragungsstrecke.
- Verkabelungsstruktur wird eingeteilt in:
  - **Tertiären Bereich** (Stockwerk, horizontal) mit Einteilung in **Übertragungsstrecke** und **Installationsstrecke** (permanent link)
  - **Sekundären** Bereich (Stockwerksverbindung, vertikal)
  - **Primären** Bereich (Gebäudeverbindung)
- Eingesetzt werden Kupferkabel mit einem Nenn-Wellenwiderstand von 100 Ω und einem Gleichstrom-Schleifenwiderstand von z. B. 25 Ω (Klasse E) oder Lichtwellenleiter (Mehrmoden oder Einmoden) für 850 nm, 1300 nm, 1310 nm und 1550 nm Wellenlänge
- Steckverbindungen: Bis Cat.6 RJ45
  Für Cat.7/7a GG45 oder TERA
- Jeder Arbeitsplatz soll mind. zwei Informationstechnische Anschlüsse erhalten (Anschluss 1: Kupfer, symmetrisch, Category 5, s. u.; Anschluss 2: wie zuvor oder LWL)
- **Tertiäre** Verkabelung mit Kupferkabel oder LWL
- **Sekundäre** Verkabelung mit Kupfer oder LWL
- **Primäre** Verkabelung erfolgt mit LWL
- **Parameter** für Übertragungs- und Installationsstrecken sind abhängig von der Verkabelungsklasse und spezifisch festgelegt
- Höhere Klasse unterstützt jeweils niedrigere Klassen
- Installationsverfahren zur Berücksichtigung der Elektromagnetischen Verträglichkeit, Erdung und Potenzialausgleich sind in EN 50174 und EN 50310 festgelegt

Übertragungsstrecken-Klassifikation

Kupfer-Verkabelung

Category (Cenelec/ISO)	Class (Cenelec/ISO)	Frequenzbereich in MHz	Netz-Anwendung
–	A	0,1	Analoge Sprache
Cat. 3	B	1	Digitales Telefon
Cat. 4	C	16	Einfache Datendienste
Cat. 5	D	100	100Base-T 1000Base-T
Cat. 6	E	250	100Base-T 1000Base-T
Cat. 6A	EA	500	10GBase-T
Cat. 7	F	600	10GBase-T Breitband Kabel-TV
Cat. 7A	FA	1000	10GBase-T >10GBase-T

A: Augmented (verstärkt)

Category (Cenelec/ISO)	Class (Cenelec/ISO)	Frequenzbereich in MHz	Netz-Anwendung
Cat. 8.1	I	1600 (2000)	40GBase-T; Anmerkung: – Steckertyp: RJ45 – Kabel: mindestens F/UTP – Übertragungsstrecke: max. 30 m – Nur rückwärtskompatibel zu Cat. 6A und niedriger – Nicht kompatibel zu Cat. 7 und Cat. 7A
Cat. 8.2	II	1600 (2000)	40GBase-T; Anmerkung: – Steckertyp: ARJ45 (Augmented RJ45) oder Tera 8 – Kabel: mind. S/FTP oder F/FTP – Übertrag.str.: max. 30 m – kompatibel zu Cat. 7/Cat. 7A

Verkabelungsstruktur

Prinzip

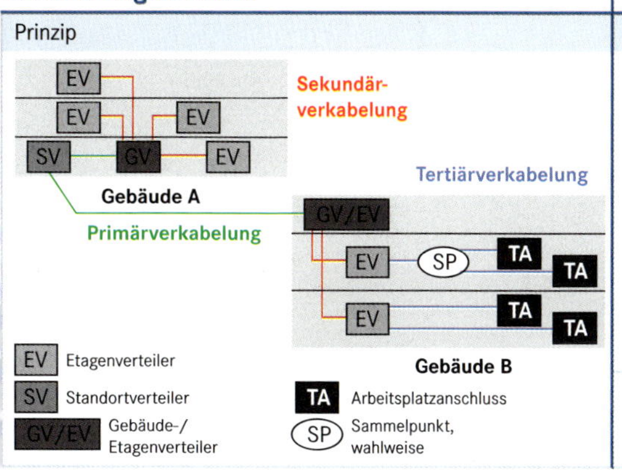

Symmetrische Tertiärverkabelung

Anwendung: Kupferkabel mit Etagenverteiler

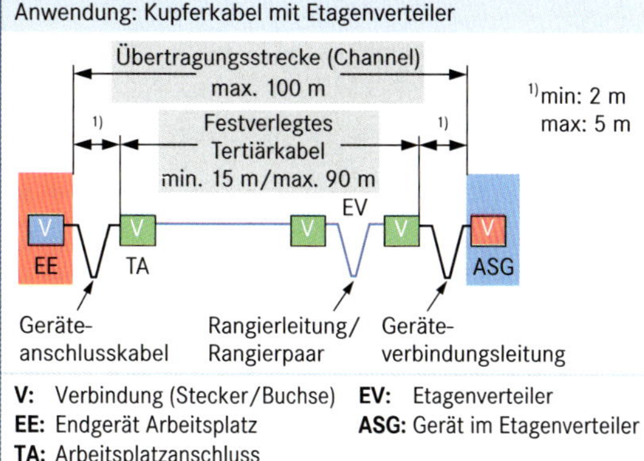

V: Verbindung (Stecker/Buchse)
EE: Endgerät Arbeitsplatz
TA: Arbeitsplatzanschluss
EV: Etagenverteiler
ASG: Gerät im Etagenverteiler

Lichtwellenleiter

Die im Rahmen der strukturierten Verkabelung eingesetzten Lichtwellenleiter sind in folgende Kategorien eingeteilt:

- **OM**1 bis **OM**4 (**O**ptical **M**ultimode: Multimode)
- **OS**1 und **OS**2 (**O**ptical **S**inglemode: Monomode)

Die einzelnen Typen unterscheiden sich u. a. hinsichtlich des Faserkerndurchmessers, der anwendbaren Wellenlänge und der maximal zulässigen Dämpfung.

Faser-typ	Faserkern-durchmesser in µm	Wellen-länge in nm	Maximale Dämpfung in db/km
OM1	62,5	850 1300	3,5 1,5
OM2	50	850 1300	3,5 1,5
OM3	50 optimiert auf 850 nm Laser	850 1300	3,5 1,5
OM4	50 optimiert auf 850 nm Laser	850 1300	3,5 1,5
OS1	9	1310 1550	1,0 1,0
OS2	9	1310 1550	0,4 0,4

Steckverbinder

Neben den bekannten Steckverbindern (z. B. LC) wird für die Anwendungen OM3 und OM4, die mit mehreren paralleloptischen Verbindungen arbeiten, der Steckverbinder mit der Bezeichnung **MPO** (**M**ultifiber **P**ush **O**n) bzw. MTP (verbesserter MPO) eingesetzt. Diese Bauform kann bis zu 72 LWL-Fasern auf kleinstem Raum aufnehmen.

Beispiel:
MPO-Stecker 12-fach für 40GBase SR4

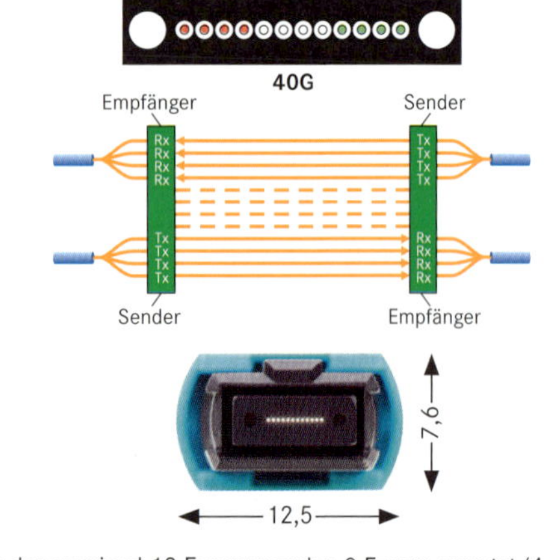

Von den maximal 12 Fasern werden 8 Fasern genutzt (4 Fasern in Senderichtung und 4 Fasern in Empfangsrichtung).

Anwendungsbereiche und Übertragungsentfernungen

Anwendung	OM1 850	OM1 1300	OM2 850	OM2 1300	OM3 850	OM3 1300	OM4 850	OM4 1300	OS1/OS2 1310	OS1/OS2 1550
10/100BASE-SX	300 m	–	300 m	–	300 m	–	300 m	–	–	–
100BASE-FX	–	2000 m	–	2000 m	–	2000 m	–	2000 m	–	–
1000BASE-SX	275 m	–	550 m	–	800 m	–	800 m	–	–	–
1000BASE-LX	–	550 m	–	550 m	–	800 m	–	800 m	5000 m	–
10GBASE-S	33 m	–	82 m	–	300 m	–	550 m	–	–	–
10GBASE-LX4[1)]	–	300 m	–	300 m	–	300 m	–	300 m	10000 m	–
10GBASE-L	–	–	–	–	–	–	–	–	10000 m	–
10GBASE-LRM	–	220 m	–	220 m	–	220 m	–	220 m	–	–
10GBASE-E	–	–	–	–	–	–	–	–	–	40000 m
40GBASE-SR4[2)]	–	–	–	–	100 m	–	150 m	–	–	–
40GBASE-LR4[1)]	–	–	–	–	–	–	–	–	10000 m	–
40GBASE-ER4	–	–	–	–	–	–	–	–	–	40000 m
100GBASE-SR10[3)]	–	–	–	–	100 m	–	150 m	–	–	–
100GBASE-SR4[2)]	–	–	–	–	70 m	–	100 m	–	–	–
100GBASE-LR4[1)]	–	–	–	–	–	–	–	–	10000 m	–
100GBASE-ER4[1)]	–	–	–	–	–	–	–	–	–	30000 m

(Kategorien und Wellenlänge in nm)

1) Pro Faser 4 Wellenlängen
2) 4 Fasern in Senderichtung und 4 Fasern in Empfangsrichtung
3) 10 Fasern für Senderichtung und 10 Fasern für die Empfangsrichtung

Grundlagen

- Übertragungsstrecken bzw. Abschnitte einer Übertragungsstrecke können unter unterschiedlichen Umgebungsbedingungen betrieben werden.
- Zur Abdeckung der unterschiedlichen Anforderungen werden Übertragungsstrecken klassifiziert (eingeteilt) unter Berücksichtigung von Anforderungen aus den Bereichen
  - **M** (mechanisch)
  - I (Eindringen)
  - **C** (klimatisch und chemisch)
  - **E** (elektromagnetisch)
- Jeder Anforderungsbereich ist in drei Klassen eingeteilt (1, 2, 3), wobei die Klasse 1 die freundlichste und Klasse 3 die schärfste Umgebung spezifiziert.
- Eine höhere Klasse deckt die niedrigere Klasse ab.
- Als Umgebung wird die direkte Umgebung der Verkabelung und der eingesetzten Komponenten betrachtet.
- Die Umgebung kann durch jede beliebige Kombination der MICE-Klassen definiert werden.

Klassifikation an Standorten (auszugsweise sind jeweils nur die Klassen 1 und 2 dargestellt)

Mechanisch	M_1	M_2
Schocken (Einzelstöße)/Dauerschocken*		
Spitzenbeschleunigung	40 ms^{-2}	100 ms^{-2}
Auslenkungsamplitude (2 Hz bis 9 Hz)	1,5 mm	7,0 mm
Beschleunigungsamplitude (9 Hz bis 500 Hz)	5 ms^{-2}	20 ms^{-2}
Druck	45 N über 25 mm (linear) min.	1100 N über 150 mm (linear) min.
Stoß	1 J	10 J
Eindringen	I_1	I_2
Eindringen von Teilchen (größter Durchmesser)	12,5 mm	0,05 mm
Untertauchen	keine	Zeitweilig aussetzender Flüssigkeitsstrahl ≤ 12,5 l/min, ≥ 6,3 mm Strahl ≥ 2,5 m Abstand
Klimatisch	C_1	C_2
Umgebungstemperatur	-10°C bis +60°C	-25°C bis +70°C
Temperaturänderungsgeschwindigkeit	0,1°C je Minute	1,0°C je Minute
Feuchte	5 % bis 85 % (nicht-kondensierend)	5 % bis 95 % (kondensierend)
Sonnenstrahlung	700 Wm^{-2}	1120 Wm^{-2}
Natriumchlorid (Salz/Meerwasser) (ppm)	0	< 0,3
Öl (ppm)	0	< 5,0
Natriumstearat (Seife)	keine	5 % wässerig, nicht-gelierend
Waschmittel	keine	in Beratung
Leitfähige Werkstoffe in Lösung	keine	zeitweise (Kondensation)
Gasförmige Verschmutzung Verunreinigungen (cm^3m^{-3} = ppm)	Mittelwert/Spitzenwert	Mittelwert/Spitzenwert
Schwefelwasserstoff	< 0,003/< 0,01	< 0,05/< 0,5
Schwefeldioxid	< 0,01/< 0,03	< 0,1/< 0,3
Schwefeltrioxid	< 0,01/< 0,03	< 0,1/< 0,3
Chlornässe (> 50 % Feuchte)	< 0,0005/< 0,001	< 0,005/< 0,03
Chlortrockenheit (< 50 % Feuchte)	< 0,002/< 0,01	< 0,02/< 0,1
Chlorwasserstoff	-/< 0,06	< 0,06/< 0,3
Fluorwasserstoff	< 0,001/< 0,005	< 0,01/< 0,05
Ammoniak	< 1/< 5	< 10/< 50
Stickoxide	< 0,05/< 0,1	< 0,5/< 1
Ozon	< 0,002/< 0,005	< 0,025/< 0,05
Elektromagnetisch	E_1	E_2
Entladung statischer Elektrizität - Kontakt (0,667 µC)	4 kV	4 kV
Entladung statischer Elektrizität - Luft (0,132 µC)	8 kV	8 kV
Abgestrahlte Hochfrequenz, amplitudenmoduliert	3 V/m bei (80 bis 1000) mHz 3 V/m bei (1400 bis 2000) MHz 1 V/m bei (2000 bis 2700) MHz	3 V/m bei (80 bis 1000) mHz 3 V/m bei (1400 bis 2000) MHz 1 V/m bei (2000 bis 2700) MHz
Leitungsgeführte Hochfrequenz	3 V bei 150 kHz bis 80 MHz	3 V bei 150 kHz bis 80 MHz
Schnelle elektrische Transiente/Burst	AC 500 V	AC 1000 V
AC 1000 V Stoßspannung (transiente, Erdpotenzialunterschied) - Signalleitung/Erde	500 V	1000 V
Magnetfeld (50/60 Hz)	1 Am^{-1}	3 Am^{-1}
Magnetfeld (60 Hz bis 20000 Hz)	in Beratung	in Beratung

* Die Wiederholungen des Schockens, dem die Übertragungsstrecke ausgesetzt ist, muss berücksichtigt werden.

U/UTP Cat.5

U: **U**nshielded (ungeschirmt)
UTP: **U**nshielded **T**wisted **P**air (ungeschirmtes Aderpaar)

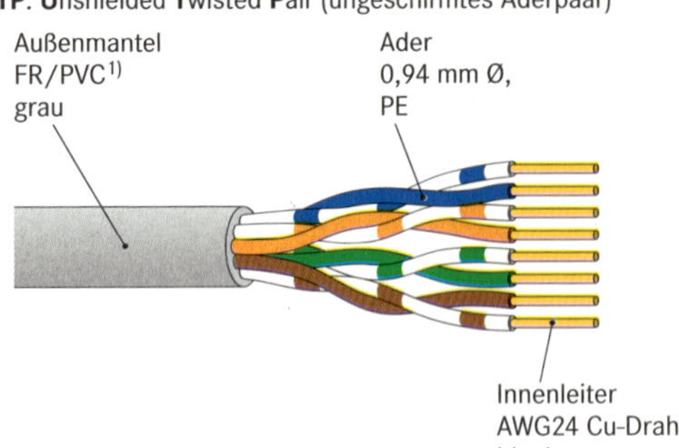

PE: **P**oly**e**thylen
AWG: **A**merican **W**ire **G**auge

F/UTP Cat.5/Cat.5e

F: **F**oiled (Gesamtschirm Folie)
UTP: **U**nshielded **T**wisted **P**air (ungeschirmtes Aderpaar)

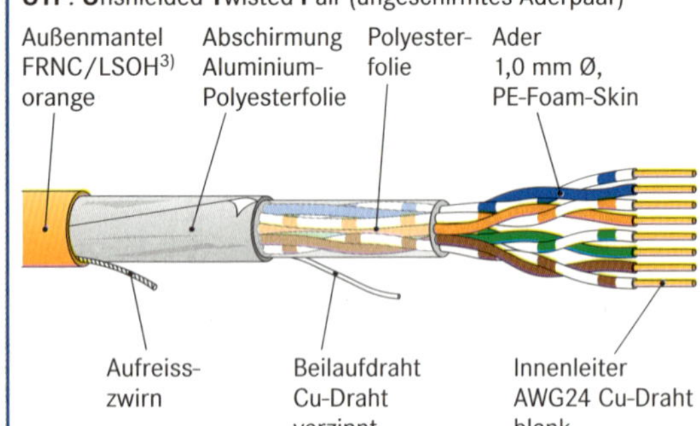

AWG: **A**merican **W**ire **G**auge

U/FTP Cat.6

U: **U**nshielded (ungeschirmt)
FTP: **F**oiled **T**wisted **P**air (Folienschirm je Aderpaar)

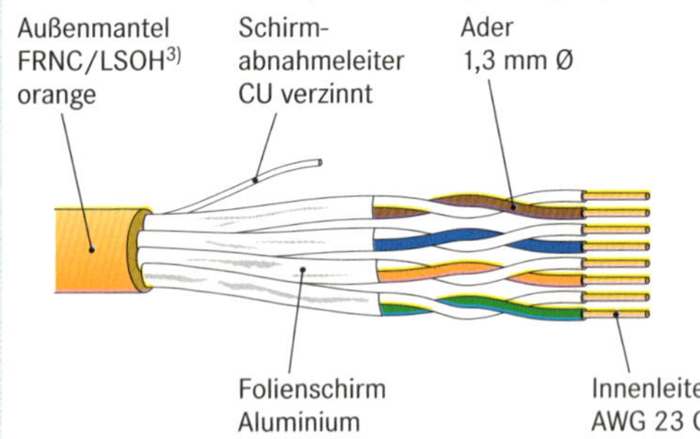

AWG: American Wire Gauge

S/FTP Cat.7_A

S: **S**hielded (Gesamtschirm Schirmgeflecht)
FTP: **F**oiled **T**wisted **P**air (Folienschirm je Aderpaar)

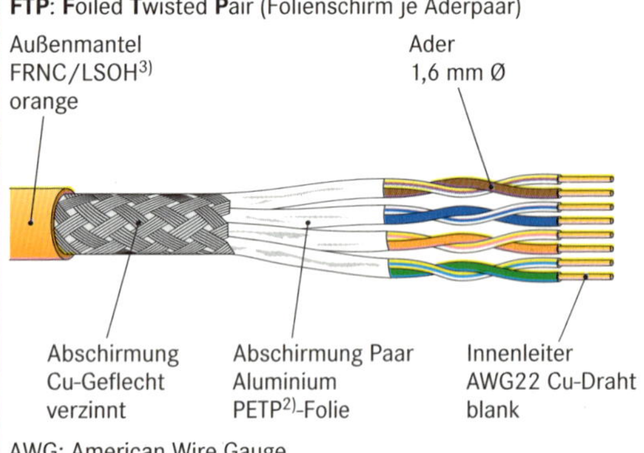

AWG: American Wire Gauge

[1] **FR**/PVC: **F**lame **R**etardant/Polyvinylchlorid (flammwidrig/Polyvinylchlorid)
[2] **PETP**: **P**oly**e**thylen**te**re**p**hthalat
[3] **FRNC**/LSOH: **F**lame **R**etardant **N**on **C**orrosive/Low Smoke Zero Halogen (flammwidrig, nicht korrosiv/raucharm, halogenfrei)

Anschlussbelegung

RJ 45	EIA/TIA 568A	EIA/TIA 568B
PIN 1 · · · 8	Paar-Nr. 3 2 1 4; 1 2 3 4 5 6 7 8	Paar-Nr. 2 3 1 4; 1 2 3 4 5 6 7 8

EIA/TIA: Electr.-/Telecomm. Ind. Association

GG 45

- Datenraten ab 10 Gbit/s erfordern geschirmte Steckverbinder (Cat. 7)
- Verfügbar sind TERA, GG 45 und EC 7
- GG 45 Buchse ist kompatibel zu RJ 45 Stecker

GG 45 Stecker

GG 45 Buchse

Kontaktbelegung Endgerät

Dienst	Steckeranschluss-Nr.			
	1 und 2	3 und 6	4 und 5	7 und 8
Analoges Telefon	n	n	T/R	n
ISDN, Token Ring	n	T	R	n
10Base-T (802.3)	T	R	n	n
100Base-TX (802.u)	T	R	n	n
FDDI 100 Mbit/s (TP)	T	O	O	R
ATM User Device	T	O	O	R
ATM Network Equipm.	R	O	O	T
1000Base-T 10GBase-T 40GBase-T	B	B	B	B

T: Transmit; R: Receive; B: Bidirectional; O: Optional
n: nicht verwendet

Übertragungseigenschaften

Niedrige Frequenzen

- Die Übertragungseigenschaften sind bestimmt durch
  - **Leiterwiderstand**,
  - **Isolationswiderstand** und
  - **Betriebskapazität**.
- Der Leiterwiderstand ist abhängig von
  - dem Leiterquerschnitt,
  - der Leiterlänge und
  - der Qualität des Kupfers.
- Der Isolationswiderstand
  - wird bestimmt durch den verwendeten Isolierstoff und
  - wird kleiner bei zunehmender Länge.
- Die Betriebskapazität
  - ergibt sich aus den Kapazitäten der Einzeladern untereinander und gegen den Kabelschirm und
  - steigt linear mit der Kabellänge (längenabhängig).

Hohe Frequenzen

Bei hohen Frequenzen sind zu berücksichtigen:

- **Wellenwiderstand** (setzt sich u.a. zusammen aus Kapazitäts- und Induktivitätsbelegen der Leitung; ist unabhängig von der Leitungslänge)
- **Leitungsdämpfung** (abhängig von Leiterwiderstand und Betriebskapazität; nimmt linear mit der Leitungslänge zu)
- **Nebensprechen** (gegenseitige Beeinflussung benachbarter Adernpaare durch Induktionsspannungen; abhängig von der Frequenz; unabhängig von der Leitungslänge)
- **Übersprechdämpfung** (**ACR: A**ttenuation **C**ross **R**atio; Verhältnis des Nutzsignalpegels am Empfängereingang zum Störpegel)
- **Erdunsymmetrie** (verursacht durch mechanische Unsymmetrien im Kabel oder unterschiedliche Wirkwiderstände)

Beeinflussungen und Gefährdungen

- Nachrichtenkabel werden beeinflusst durch Energieanlagen, Blitzeinschlag, Feuchtigkeit und Brände.
- **Gefährdende elektrische Beeinflussungen** in unsymmetrischen Kreisen von Kabeln (Leiter gegen Erde) werden hervorgerufen durch **Langzeiteinflüsse** (z. B. dauernde Betriebsströme von Bahnanlagen) und/oder **Kurzzeiteinflüsse** (z. B. Erdkurzschlüsse in Energieanlagen).
- **Störende elektrische Beeinflussungen** treten in symmetrischen Kreisen (Leiter gegen Leiter) des Nachrichtenkabels auf.
- Grundlage für **gefährdende** und **störende** Beeinflussung sind **induktive Kopplungen** bei Parallelführung von Energiekabeln oder galvanische Kopplung (gleiche Leitungsabschnitte).
- **Kapazitive Kopplungen** sind für geschirmte Nachrichtenkabel unkritisch, für Fernmeldefreileitungen jedoch möglich (DIN VDE 0228-1).
- **Fremd-** und **Geräuschspannungen** sind **niederfrequente Störungen**.
- **Fremdspannungen** bestehen aus einem Frequenzgemisch mit Oberschwingungen und Grundschwingungen. Es handelt sich um die **effektive Spannungssumme** aus allen Amplituden. Gestört werden hauptsächlich **Signalkreise**.
- Bei **Geräuschspannungen** werden alle Frequenzanteile entsprechend der Empfindlichkeit des menschlichen Ohres im Zusammenhang mit der Übertragungscharakteristik des Fernhörers betrachtet (Bezugsfrequenz ist 800 Hz).
- **Hochfrequente Störungen** entstehen durch Sendeanlagen oder Schaltvorgänge (z. B. Thyristorschalter).
- Für Kabelanlagen sind **Grenzwerte für die zulässigen Beeinflussungsspannungen** zum Schutz von Personen und entsprechende Schutzmaßnahmen festgelegt.

Beeinflussungsspannungen

Gefährdende Spannungen nach	DIN VDE 0228	ITU K.21
Langzeitbeeinflussung von Nachrichtenkreisen ohne Abschluss durch Trennübertrager	65 V	60 V
Langzeitbeeinflussung von Nachrichtenkreisen mit Abschluss durch Trennübertrager	250 V	150 V
Kurzzeitbeeinflussung (max. 0,5 s) von Nachrichtenkreisen mit spannungssicheren Abschlusskreisen	300 V (öffentl. Netze)/500 V	430 V
Bewertete Störspannung		
Fernsprechkreise des öffentlichen Verkehrs	0,5 mV	0,5 mV
Fernsprechkreise des nichtöffentlichen Verkehrs	2,5 mV	2,5 mV

Brandverhalten

Aspekt	Deutsche Norm	Internationale Norm
Einaderbrennprüfung	DIN EN 60332	IEC 60332
Einkabelbrennprüfung	DIN EN 60332	IEC 60332
Mehrkabelbrennprüfung	DIN EN 60332	IEC 60332
Korrosivität	DIN EN 50267	IEC 60754
Halogenfreiheit von Materialien	DIN EN 50267	IEC 69754
Rauchgasdichte	DIN EN 50268	IEC 61034
Toxizität	DIN 53436	IEC 60695-7
Isolationserhalt	DIN VDE 0472-814	IEC 60331

Netzwerkverkabelung

Network Cabling

DIN EN 50174-2: 2011-09

Kabeleinteilung

- **Daten-Kabelarten**
  - Kupferdatenkabel
  - Lichtwellenleiterdatenkabel

Verlegung

In Gebäuden	Im Freien	In der Erde

- Offene Verlegung, wenn Beschädigungen ausgeschlossen
- Direkt Unterputz, im Rohr Unterputz, auf Kabeltragsystemen, in Elektroinstallationskanälen
- Kupferdatenkabel:
  EMV-Beeinflussung berücksichtigen (Mindestabstände z. B. zu Hochleistungslampen, Hochfrequenzinduktionsheizungen, Funksendeanlagen)

Verlegeanforderungen

- **Kabellagerung**
  - Kabel bis zum Einbau in Originalverpackung belassen
  - An geschütztem Ort lagern (Schutz gegen mechanische und klimatische Einflüsse)
- **Kabelauslegung**
  - **Verlegevorgaben** der Hersteller beachten
  - Kabel nicht über Trommelrand abziehen
  - **Biegeradien** einhalten (während des Einziehens mindestens 8 x Kabelaußendurchmesser)
  - **Keinen Druck** auf die Kabel durch Befestigungsmaterial ausüben (Kabelbinder, Kabelschnellverleger; veränderte Übertragungseigenschaften)
  - **Kabeleinzug** immer mit Ziehstrumpf
  - Offene Kabelenden mit Isolierband zwischen Einziehwerkzeug und Kabelmantel bandagieren
  - Nur **zugelassene Schmiermittel** einsetzen
  - **Trennungsabstände** bei Kupferdatenkabeln zu Energiekabeln einhalten
  - **Kabelschirme** mindestens im Etagenverteilerschrank an die Erdung anschließen
  - Bei lokaler Montage von Steckverbindern gleichartige Belegung der Stecker und Buchsen einhalten (z. B. TIA 568 A)
  - **Kabelenden** beschriften
  - **Abnahmemessungen** zur Qualitätssicherung durchführen (DIN EN 50346)
  - Bei **LWL-Fasern**:
    Vorsichtsmaßnahmen für die Bearbeitung, Entsorgung von Reststücken und gegebenenfalls gegen Laserstrahlung einhalten

Beispiel:
Kabelführung in Etagenverteilerschrank

Bei Parallelführung von Datenleitungen (Kupfer) und Energieleitungen berechnet nach

$$A = S \cdot P$$

A: Mindesttrennanforderung in mm
S: Mindesttrennabstand in mm
P: Faktor der Stromversorgungsverkabelung

Beispiel:

Mit Lagefixierung der Leitungen

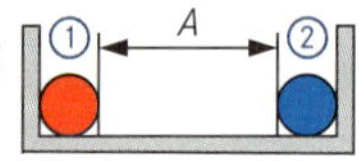

① Stromversorgungsleitung
② Datenleitung

Mindesttrennabstand *S*

Trennklasse/ Datenkabelkategorie	Trennung ohne elektromagnetische Barrieren	Für informationstechnische Verkabelung oder Stromversorgungsverkabelung verwendete Kabelkanäle		
		Offener metallener Kabelkanal	Lochblech-Kabelkanal	Massiver metallener Kabelkanal
a [1]	300 mm	225 mm	150 mm	0 mm
$b/5, 6, 6_E$ [2]	100 mm	75 mm	50 mm	0 mm
$c/5, 6, 6_E$ [3]	50 mm	38 mm	25 mm	0 mm
$d/7, 7_E$ [3]	10 mm	8 mm	5 mm	0 mm

[1] z. B. Koaxialkabel
[2] Ungeschirmte Datenkabel
[3] Geschirmte Datenkabel

Faktor *P* (für einphasigen Stromkreis 20 A, 230 V)

Anzahl einphasige Stromkreise	Faktor *P*
1 bis 3	0,2
4 bis 6	0,4
7 bis 9	0,6
10 bis 12	0,8
13 bis 15	1,0
16 bis 30	2
31 bis 45	3
46 bis 60	4
61 bis 75	5
> 75	6

- Dreiphasige Leitungen als 3 einphasige Leitungen
- Stromstärke > 20 A: Vielfache von 20 A rechnen
- Geringere Wechsel- oder Gleichspannung nach Bemessungsstromstärke (z. B. 30 V DC mit 100 A: 5 · 20 A ergibt $P = 0,4$)

Einteilung

Anwendung
- Wand/Decke
- Sockelleiste
- Freistehend (Säule)
- Unterboden, Aufboden, bodenbündig

Werkstoff
- Kunststoff (PVC)
- Aluminium
- Aluminium mit Edelstahlaufdoppelung
- Stahl

Klassifizierung

- Merkmale des jeweiligen Kanaltyps:
  - Angabe durch Hersteller (z. B. Schlagfestigkeit, Temperaturbereich, Widerstand gegen Flammenausbreitung, Schutzarten)
  - Erkennbar durch Markierung (z. B. Produktnummer)

Spezifische Anforderungen

- Festgelegt für:
  - Anbau an Wand und Decke (DIN EN 50085-2-1)
  - Unterboden, Aufboden, bodenbündig (DIN EN 50085-2-2)
  - Freistehende Installationseinheiten (DIN EN 50085-2-4)

Brandschutz

- Brandschutzkanäle:
  - Halten bei Kabelbrand Flucht- und Rettungswege frei von Rauch (Feuerwiderstandsklasse I 30, I 60, I 90)
  - Schützen die Leitungsanalge gegen Brandeinwirkung von außen (Funktionserhalt; Feuerwiderstandsklasse E 30, E 60, E 90)
  - Bestehen aus speziellen Gipsplatten oder zementgebundenen Silikatplatten

Längenausdehnung

Werkstoff	Ausdehnungskoeffizient	Längenänderung pro 2 m Kanallänge pro 20 K
Kunststoff	$\alpha = 71 \cdot 10^{-6}\ K^{-1}$	2,84 mm
Aluminium	$\alpha = 24 \cdot 10^{-6}\ K^{-1}$	0,96 mm
Stahlblech	$\alpha = 14 \cdot 10^{-6}\ K^{-1}$	0,56 mm

Metallene Kanäle

- Elektrische Schutzmaßnahmen:
  - Alle metallenen Komponenten einbeziehen
  - Unterbrechung an Wanddurchführung: Leitende Verbindung zum weiterführenden Kanal herstellen
  - Prüfen der Wirksamkeit nach Fertigstellung durch Errichter (DIN VDE 0100-600)
- Überprüfen durch Errichter:
  - Anzugsmomente der Kontaktschrauben an den Erdungsklemmen
  - Ordnungsgemäße Montage der Kupplungen

Bearbeitung

- Zuschneiden:
  - Feingezahnte Handsäge (Sägeblätter für Metall, Kunststoff, NE-Metalle)
  - Kreissäge (Sägeblattart und Schnittgeschwindigkeiten beachten, z. B. Aluminium, Hartmetallsägeblatt, 40 m/s)
- Bohren:
  - HSS Bohrer für alle Materialien; Bohrung bei Kunststoff **nicht** ankörnen; Ränder entgraten

Leitungsverlegung

- Leitungsarten:
  - NYM, Koaxialkabel, Telekommunikationsleitung
  - Einaderleitungen (z. B. H07V/U/R/K) nur, wenn das Kanaloberteil ausschließlich mit Werkzeug zu öffnen ist und nur die Adern eines Hauptstromkreises einschließlich der Adern des zugehörigen Hilfsstromkreises verlegt sind
    Ausnahme: Elektrisch abgeschlossene Betriebsstätte
- Gemeinsame Verlegung

Energie- und Telekommunikationsleitungen:
- Mindestabstand: 10 mm oder mit Trennsteg
- Kombinierte Klemmeinrichtungen getrennt abgedeckt
- Bei gemeinsamer Abdeckung: Berührungsschutz für Energieteil

Verschiedene Telekommunikationsstromkreise:
- Spannungsfestigkeit der Stromkreise gegeneinander erforderlich
- Maßnahmen zur Vermeidung gegenseitiger elektrischer Beeinflussungen

Energie- und Datenleitungen:
- Verlegevorgaben nach DIN EN 50172-2 beachten

Kanalquerschnitt

- Abhängig von
  - Anzahl zu verlegender Leitungen
  - Geräteeinbauten im Kanal
- Kabelhäufung: Temperaturerhöhung berücksichtigen

Beispiel:
Getrennte Kammern für Datenleitungen ①, Energieleitungen ② und Einbaugeräte ③

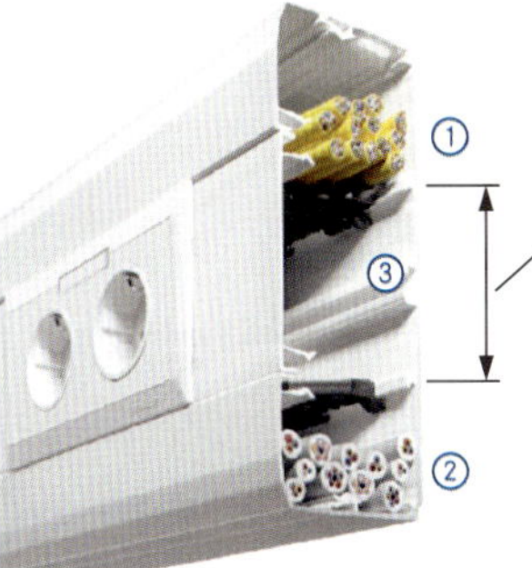

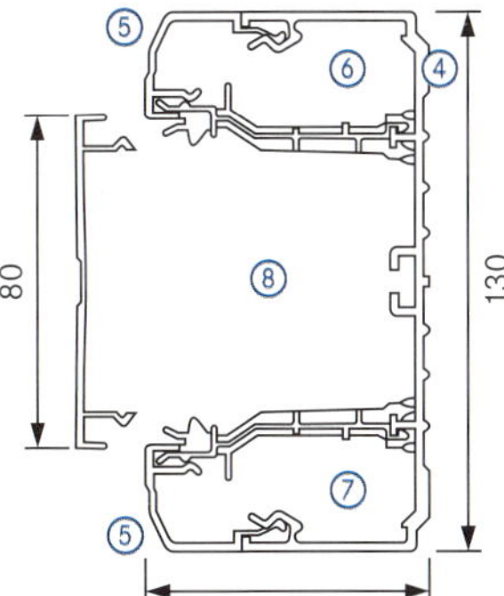

Leitungsanzahl
Füllgrad 50 %

NYM-J 3x1,5 mm²
⑥ 10 Leitungen
⑦ 8 Leitungen

Netzwerkleitung
⑥ 15 Leitungen
⑦ 12 Leitungen

Maße in mm

④ Grundträger ⑤ Abnehmbare Eckteile ⑧ Einbaugeräte

Grundlagen

- Das Prüfen informationstechnischer Verkabelungen (Kupfer- und LWL) an Standorten dient zur Feststellung des übertragungstechnischen Leistungsvermögens der Installation.
- Prüfverfahren sind u.a. definiert in DIN EN 61935 und werden verwendet für die
  - **Abnahmemessung** nach vereinbarten Grenzwerten
  - Überprüfung einer vorhandenen Installation auf Unterstützung einer bestimmten Netzanwendung
  - **Fehlersuche** im Störungsfall
- Diese Prüfverfahren sind **nicht** für konfektionierte Kabelgarnituren oder Komponenten geeignet.
- In DIN EN 50346 sind u. a. festgelegt:
  - Prüfparameter
  - Prüfverfahren
  - Prüfsystem
  - Prüfgeräte
  - Kalibrierung
  - Interpretation der Prüfergebnisse
  - Dokumentation
- Die zu prüfende Verkabelung kann sein: eine
  - **Übertragungsstrecke** oder
  - **Verkabelungsstrecke**
- Prüfungen auf Übertragungsstrecken dienen zur Fehlersuche, auf Verkabelungsstrecken zur Überprüfung des Leistungsvermögens.

Bezugsebenen

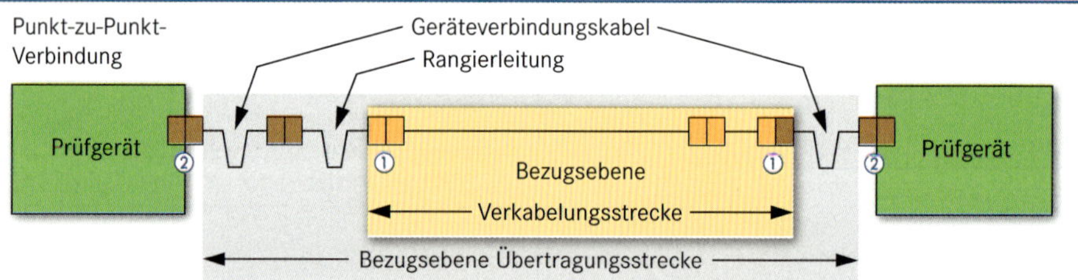

① Leistungsvermögen der **Verkabelungsstrecke beinhaltet** die Verbindungen an den Anschlusspunkten.

② Leistungsvermögen der **Übertragungsstrecke beinhaltet nicht** die Verbindungseinrichtungen an der Übertragungs- und Endeinrichtung.

Prüfparameter für symmetrische Kupferverkabelung

- Verdrahtungsplan
- Länge
- Laufzeit
- Laufzeitunterschied
- Dämpfung (Einfügedämpfung)
- Dämpfungsabweichung
- Nahnebensprechdämpfung (NEXT, zwischen Paaren und leistungssummiert)
- Ausgangsseitige Fernnebensprechdämpfung (ELFEXT, zwischen Paaren und leistungssummiert)
- Dämpfungs-Nahnebensprechdämpfungs-Verhältnis (ACR, zwischen Paaren und leistungssummiert)
- Rückflussdämpfung
- Erdunsymmetriedämpfung am nahen Ende (LCL)
- Kopplungsdämpfung
- Gleichstrom-Schleifenwiderstand
- Widerstandsunterschied

Prüfparameter für Lichtwellenleiter-Verkabelung

- Laufzeit
- Länge
- Abstand zwischen Komponenten
- Dämpfung
- Rückflussdämpfung

Prüfverfahren für LWL

Schritt 1:
Optische Leistung wird als **Bezugsleistungs**messung (P_1) aufgezeichnet.

Prüfleitung 1 Prüfleitung 2 Prüfleitung 3

Lichtquelle optisches Leistungsmessgerät

Schritt 2:
Optische Leistung wird als **Prüfleistungs**messung (P_2) aufgezeichnet.

zu prüfende Verkabelung

Prüfleitung 1 Prüfleitung 3

Lichtquelle optisches Leistungsmessgerät

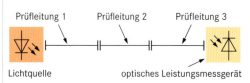

Schritt 3: Berechnung der Dämpfung mit $\boldsymbol{L} = \boldsymbol{P_1} - \boldsymbol{P_2}$ (in dB)

Messprinzip

- Die Messanordnung besteht aus dem Messgerät ① (Senden, Empfangen, Auswerten) und der Remote-Einheit ②.
- Die Messergebnisse werden mit Normwerten verglichen und als erfüllt (pass) oder nicht erfüllt (fail) gekennzeichnet.
- **Channel Link:** Messung der Übertragungsstrecke ohne Steckverbinder
- **Permanent Link:** Messung der Übertragungsstrecke mit Steckverbinder auf beiden Seiten

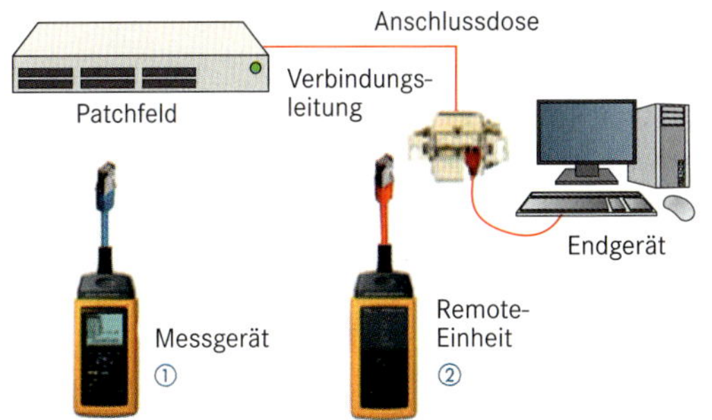

Dämpfung

- **Leitungsdämpfung**
  - Logarithmisches Maß in dB
  - Abhängigkeit von Länge, Frequenz, Wirkwiderstand, induktivem und kapazitivem Belag der Leitung
- **Rückflussdämpfung** (return loss)
  - Leitung wird mit einem Widerstand abgeschlossen

Die Dämpfung der Übertragungsstrecke ändert sich z. B. durch Klemmen oder Anschlüsse in Dosen; Signale werden teilweise reflektiert.

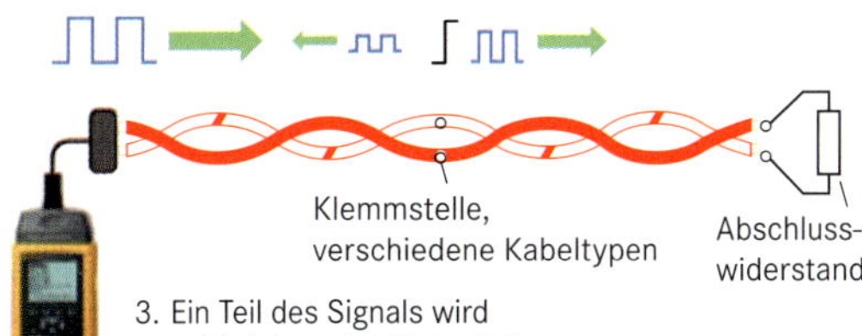

Laufzeit und Länge

- Offener Ausgang
- Über die Signallaufzeit wird die Länge der einzelnen Adernpaare ermittelt und angezeigt.

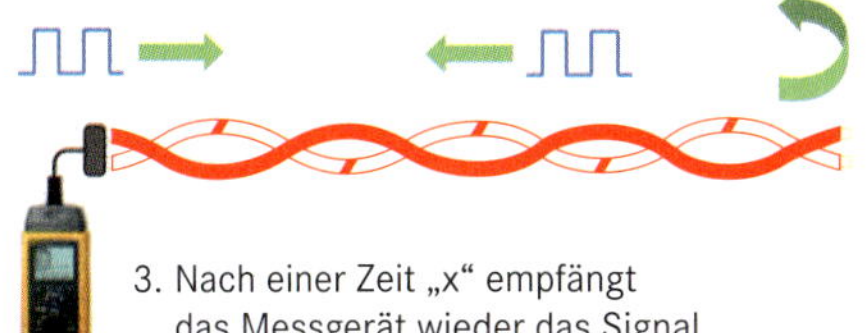

1. Das Messgerät sendet
ein Signal auf die Leitung.
2. Das Signal wird am
Kabelende reflektiert
3. Nach einer Zeit „x“ empfängt
das Messgerät wieder das Signal

Nebensprechen

- **Nebensprechen** (crosstalk)
  - Das sendende Signal (Leitung 1) induziert eine Spannung in die Leitungspaare 2, 3 und 4.
  - Durch die Kabeldämpfung wird das Nebensprechen mit zunehmender Leitungslänge geringer.

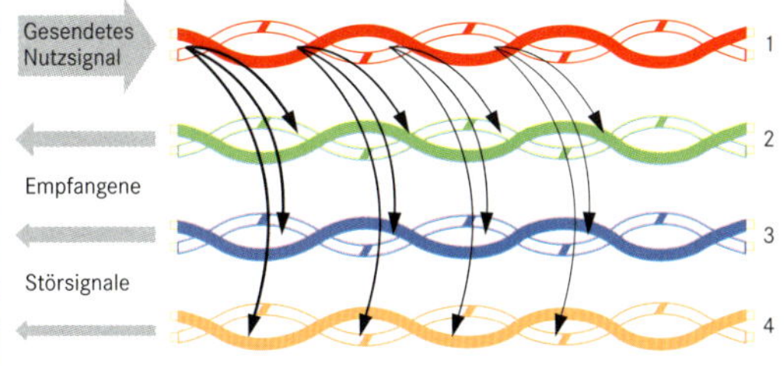

- **Nahes Nebensprechen** (NEXT, near end crosstalk)
  - NEXT entsteht zwischen anliegenden Leitungspaaren, z. B. Leitungspaar 1 und 2,
  - ist frequenzunabhängig und verursacht die häufigsten Fehler in Datennetzen.
- **Fernes Nebensprechen** (FEXT, far end crosstalk)
  - wird am fernen Ende gemessen und entspricht dem Nahen Nebensprechen (NEXT).

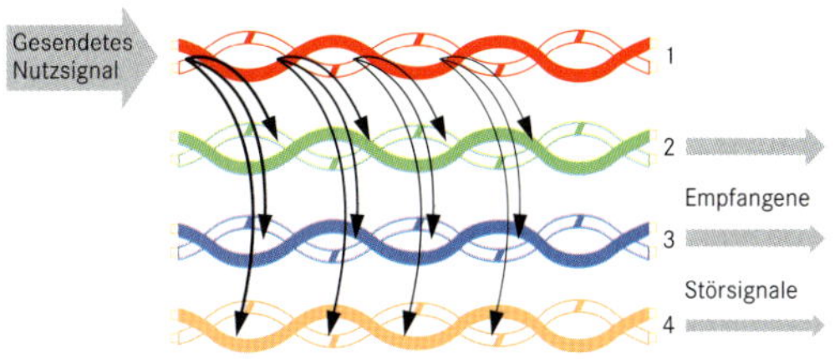

- **Längenabhängiges Nebensprechen am fernen Ende** (ELFEXT, equal level far end crosstalk)
  - Den ELFEXT-Wert erhält man, wenn man die Differenz zwischen FEXT und Dämpfung bildet.
  - Der ELFEXT-Wert ist längenunabhängig und kann mit verschieden langen Leitungen verglichen werden.

Rausch-Signal-Abstand

- **ACR:** attenuation to crosstalk ratio
- Differenz aus dem NEXT-Wert ① und der Dämpfung (ACR = NEXT – Dämpfung)
- Abstand zwischen Nutzsignal und Störsignal
- Je größer der ACR-Wert, desto besser kann das Nutzsignal erkannt werden.
- Der ACR-Wert ist ein Maßstab für die Qualität der gesamten Verbindung.

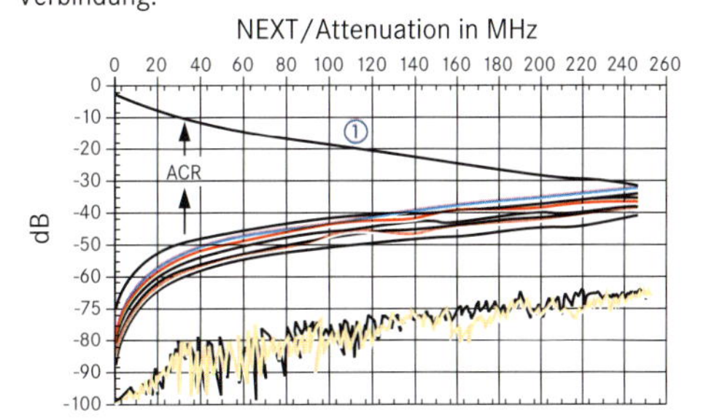

Mehrmoden-Stufenfaser

- **Stufenindex-Profil**

Typische Werte:
n_M = 1,517 (Mantel)
n_K = 1,527 (Kern)
d_k = 100 µm, 200 µm, 400 µm
d_M = 200 µm, 300 µm, 500 µm

n: Brechzahl

- **Modenausbreitung Multimode**
  - Große Laufzeitunterschiede der Lichtstrahlen
  - Starke Impulsverbreiterung
  - **Bandbreite-Reichweite-Produkt**: $B \cdot l > 100$ MHz · km

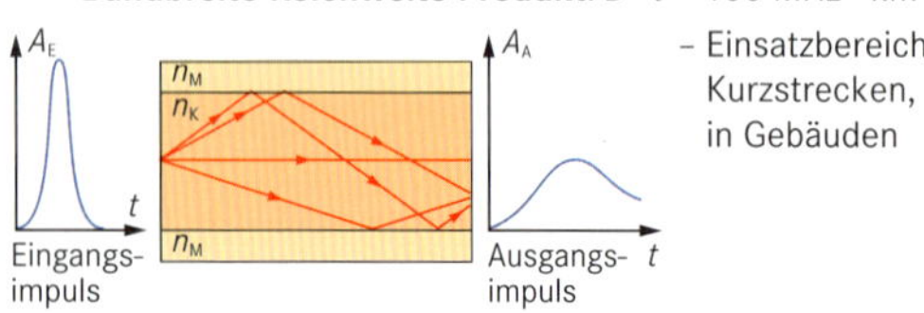

- Einsatzbereich: Kurzstrecken, in Gebäuden

Mehrmoden-Gradientenfaser

- **Gradientenindex-Profil**

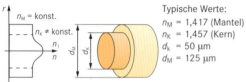

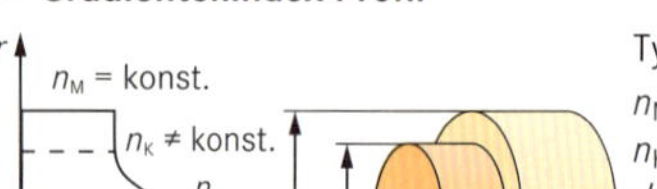

Typische Werte:
n_M = 1,417 (Mantel)
n_K = 1,457 (Kern)
d_k = 50 µm
d_M = 125 µm

- **Modenausbreitung Multimode**
  - Große Laufzeitunterschiede der Lichtstrahlen
  - Geringe Impulsverbreiterung, $B \cdot l > 1$ GHz · km

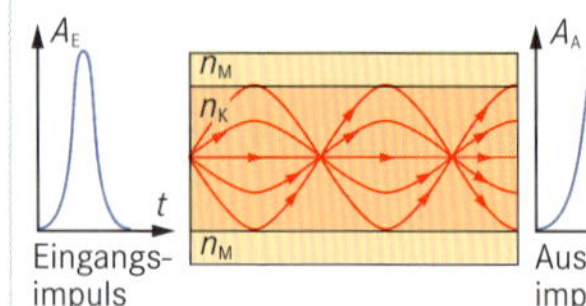

- Einsatzbereich: Ortsnetz, Bezirksnetz

Einmoden-Stufenfaser

- **Stufenindex-Profil**

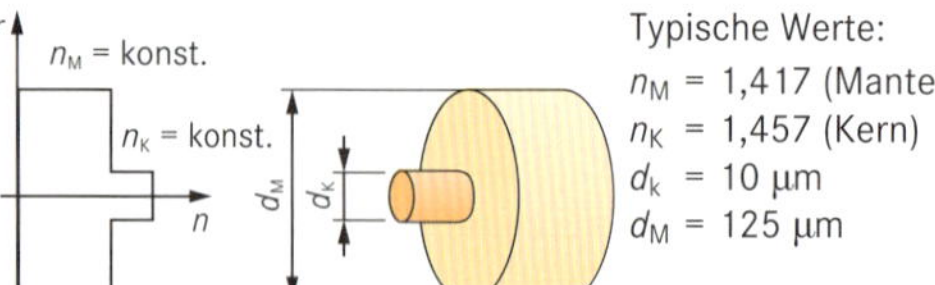

Typische Werte:
n_M = 1,417 (Mantel)
n_K = 1,457 (Kern)
d_k = 10 µm
d_M = 125 µm

- **Modenausbreitung Singlemode**
  - Keine Laufzeitunterschiede, da nur eine Ausbreitungsrichtung
  - Formtreue Impulsübertragung $B \cdot l > 10$ GHz · km

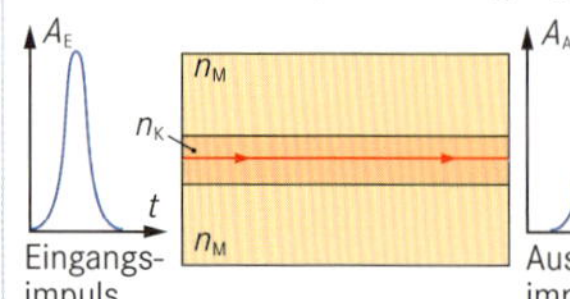

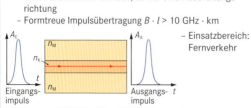

- Einsatzbereich: Fernverkehr

Dämpfung

- Dämpfung wird hervorgerufen durch: Abstrahlende Moden, Abstrahlung durch Krümmung, Absorption, Streuung, Leckmoden
- **Optische Fenster**: Wellenlängenbereiche mit geringer Dampfung bei 850 nm, 1300 nm und 1550 nm.

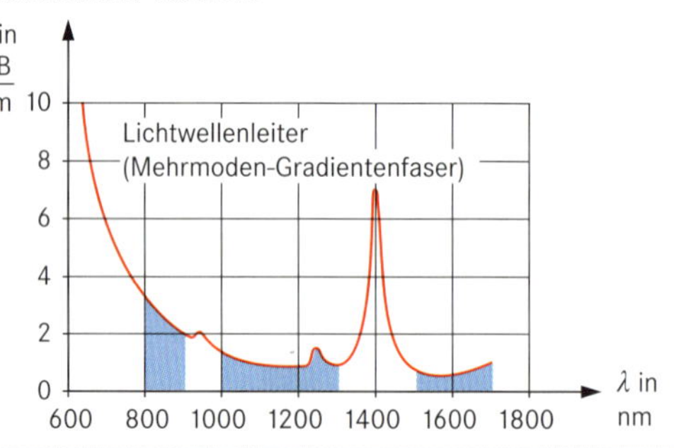

Steckverbinder

- **Grundsätzlicher Aufbau**:
  - Der zylinderförmige Steckerhals (**Ferul**) aus Silbermetall, Hartmetall oder Keramik (auch Kombinationen verschiedener Materialien) enthält in einer zentrischen Bohrung die meist eingeklebte Faser.
  - Ein schlupffreier, aber nicht klemmender Sitz zwischen Steckerhals und Kupplung wird durch eine geschlitzte Kupplungshülse gewährleistet.
- Befestigungsarten:
  - Gewinde, Bajonettverschluss, Schnappvorrichtung
  - Beispiel **ST** (**S**ingle **T**erminator): Faser wird durch Drücken und Verdrehen des Bajonettverschlusses mit der Kupplung verrastet (in der Regel Drehverhinderung).
- **Einfügeverluste** entstehen durch Radialer Versatz, Winkelfehler, Lücken
- **Beispiele**:

Simplex (eine einzige Faser)

FC	ST	SC	DIN	FSMA

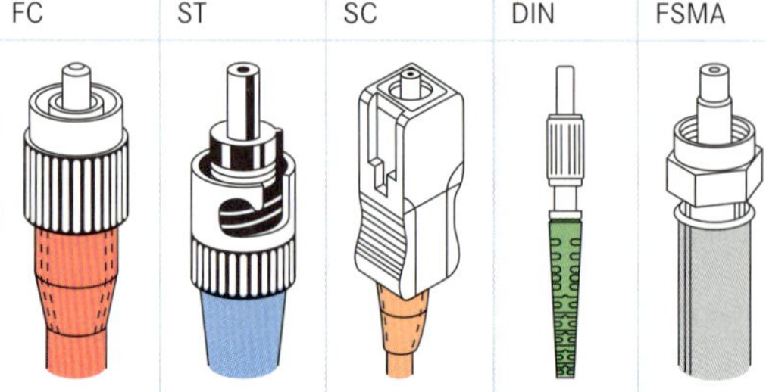

Duplex (zwei Fasern für Sender und Empfänger)

Escon	SC Duplex	FDDI Duplex

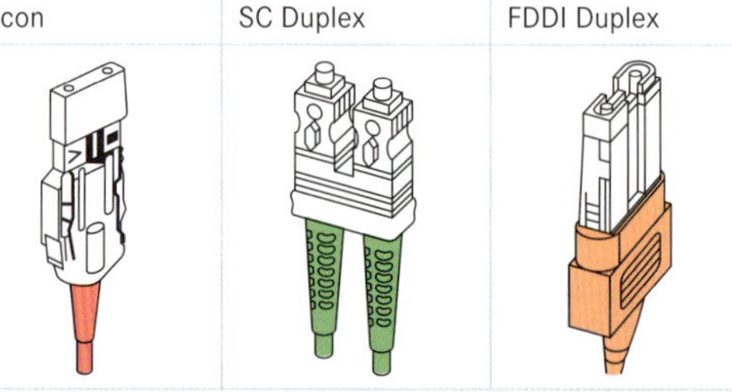

Merkmale

- **CWDM** (**C**oarse **W**avelength Division **M**ultiplex: grobes Wellenlängen-Multiplex) ist ein Wellenlängen-Multiplexverfahren mit einem breiteren Bandspektrum als z. B. **DWDM** (**D**ense **W**avelength **D**ivision **M**ultiplex: dichtes Wellenlängenmultiplex).
- Wird eingesetzt in **Zugangsnetzen** wie z. B. in Metro-Netzen und Kurzstrecken-Übertragungsnetzen.
- Ist abgestimmt auf die Verwendung der bestehenden Faser-Infrastrukturen.
- Verwendet die Wellenlängenbereiche im
  - **O**-Band (**O**riginal-Band)
  - **E**-Band (**E**xtended Band)
  - **S**-Band (**S**hort Band)
  - **L**-Band (**L**ong Band)
  - **C**-Band (**C**onventional Band)
- Ist spezifiziert nach ITU G.694.2 und verwendet 18 Wellenlängen mit einem Kanalabstand von 20 nm.
- Bei Lichtwellenleitern, die nach ITU G.652 spezifiziert sind, wird das E-Band nicht verwendet.
- Lichtwellenleiter, die nach ITU G.652.C spezifiziert sind, weisen keine erhöhte Dämpfung durch eingeschlossene Wassermoleküle auf und verwenden deshalb auch das E-Band.
- Als **Sendedioden** werden direkt modulierte CWDM Laser-Dioden eingesetzt, die
  - mit Bitraten bis zu 2,5 Gbit/s arbeiten und
  - bis zu 80 km Entfernung überbrücken.
- Die eingesetzten **Empfänger** verwenden **Avalanche Photodiodes Detectors (APD)** oder Agnostic PIN-Dioden.
- Die jeweiligen Wellenlängen werden mittels optischer Filter aus dem Spektrum gefiltert.
- Aufgebaut sind die optischen Filter in **TFF** Technologie (**T**hin **F**ilm **F**ilter: Dünnschichtfilter in diskreter Form oder als integrierte Multiplexer bzw. Demultiplexer).

WDM-Gegenüberstellung

	Coarse WDM (mit WWDM)	**WDM**	**DWDM** (mit ultra dense WDM)
Kanalabstand	in der Regel 20 nm	1310 nm und 1550 nm	≤ 1,6 nm
Verwendetes Band	O, E, S, C und L	O und C	C und L
Kosten pro Kanal	gering	gering	hoch
Anzahl der Kanäle	18 Kanäle	2 Kanäle	Hunderte von Kanälen
Anwendung	Short-haul, Metro[1]	PON[2]	Long-haul[3]

[1] Kurzstrecken [2] Passive Optical Network [3] Langstrecken

Wellenlängenbänder

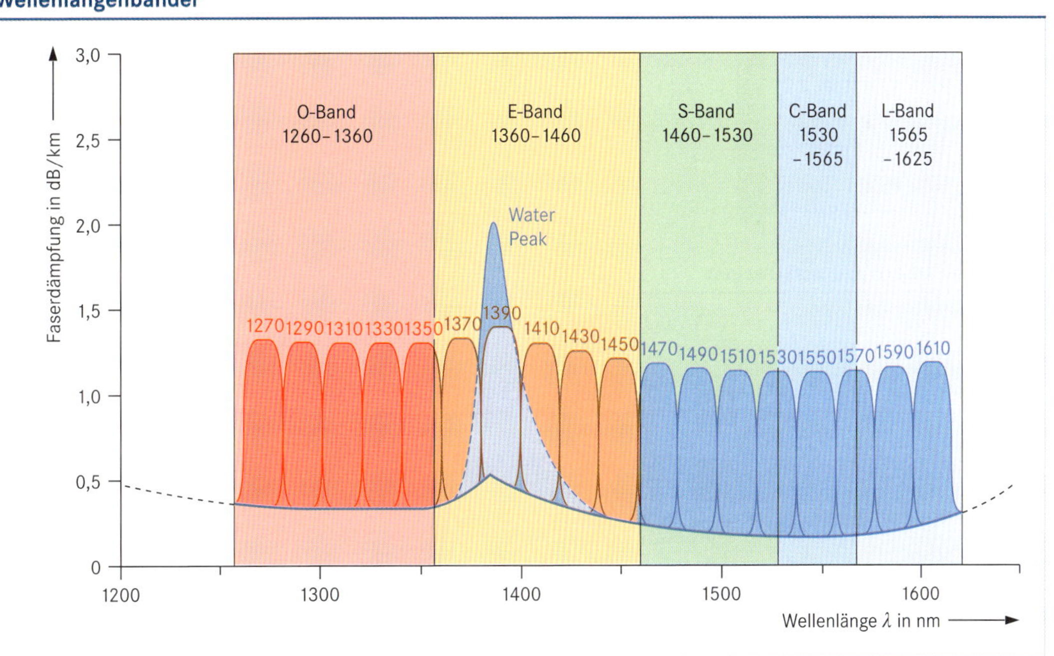

Grundlagen

- Verfahren zur Erhöhung der Datenübertragungsrate auf Lichtwellenleitern
- Verwendet die Verfahren **WDM** und **DWDM**

WDM

WDM:
Wavelength **D**ivision **M**ultiplex (Wellenlängenmultiplex)

- Übertragung erfolgt in unterschiedlichen optischen Fenstern (1310 nm und 1550 nm)
- Wellenlängen werden mit optischen Filtern zusammengefügt, auf einer Faser übertragen und am Empfänger durch optische Filter wieder in ursprüngliche Wellenlängen zerlegt
- Wird auch als **Breitband WDM** bezeichnet, da pro Wellenlänge nur ein Kanal übertragen wird

Prinzip

ohne WDM

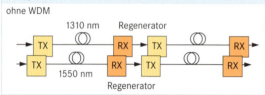

1310 nm | Regenerator | TX | RX | TX | RX | 1550 nm | Regenerator

mit WDM

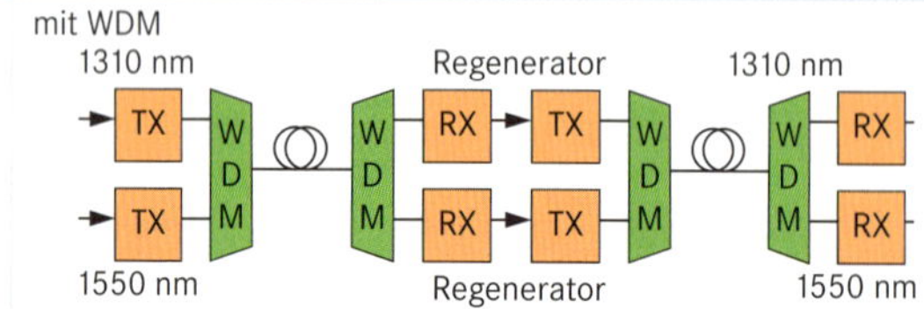

DWDM

DWDM:
Dense **W**avelength **D**ivision **M**ultiplex (Schmalband Wellenlängenmultiplex)

- Mehrkanalübertragung auf geringfügig unterschiedlichen Wellenlängen
- Wellenlängen liegen im dritten optischen Fenster (1530 nm bis 1565 nm)
- Verwendet **optische Verstärker** mit erbiumdotierter Glasfaser und Pumplaser
- Nutzsignale lassen sich somit um 20 dB bis 30 dB verstärken
- Übertragungsstrecken sind, je nach überbrückbarer Entfernung, in **Kategorien** eingeteilt (**L, V, U**)
- Standardisiert von ITU in G.692 mit 4 und 8 Nutzkanälen bei Bitraten bis zum STM-16 Standard. Geplant sind 16 und 32 Kanalsysteme (STM-64) und bidirektionale Übertragung
- Nutzkanäle liegen im 100 GHz Raster
- Bietet die Möglichkeit, vorhandene LWL-Strecken kostengünstig auf höhere Übertragungsleistung aufzurüsten

Prinzip

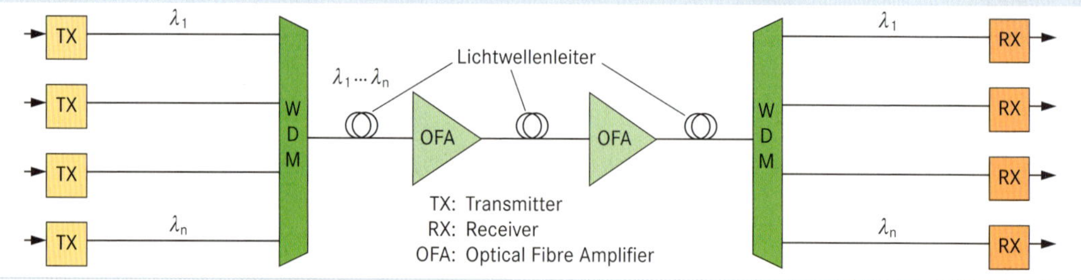

Kategorien Übertragungsstrecken

			Teilstrecke	Dämpfung
L	Long Haul	L: TX – LWL – RX	~ 80 km	22 dB
		3L: TX – LWL – OFA – LWL – OFA – LWL – RX		3 x 22 dB
V	Very Long Haul	V: TX – LWL – RX	~ 120 km	33 dB
		3V: TX – LWL – OFA – LWL – OFA – LWL – RX		3 x 33 dB
U	Ultra Long Haul	U: TX – LWL – RX	~ 160 km	44 dB

Merkmale

- **L**icht**w**ellen**l**eiter **K**ommunikations**s**ysteme (LWLKS) sind Bestandteile heutiger Datenübertragungssysteme.
- Sie werden eingesetzt im Nah- und Weitverkehrsbereich sowie im LAN-Bereich (**FTTH:** **F**ibre **T**o **T**he **H**ome, **FTTD:** **F**ibre **T**o **T**he **D**esk, Ethernet usw.).
- Bestandteile sind u. a. Sendeelemente auf Basis von LED (Light Emitting Diode), Laserdioden (**L**ight **A**mplification by **S**timulated **E**mission of **R**adiation), optische Verstärker und Pumplaser.
- Wesentliche Eigenschaft dieser Komponenten ist die Erzeugung von energiereichen und schmalbandigen optischen Strahlungen im sichtbaren und unsichtbaren-Wellenlängenbereich, die über Lichtwellenleiter (Kunststofffaser oder Glasfaser) übertragen werden.
- Diese optische Strahlung (zugänglich z. B. am Kabelende stellt primär eine Gefahrenquelle für das menschliche Auge und die menschliche Haut dar.
- Der Grund dafür ist Fokussierung des kohärenten (gleichförmigen) Lichtstrahls durch die Augenlinse auf die Netzhaut.
- Die Höhe der Gefährdung ist u. a. abhängig von der Wellenlänge, dem Betrachtungsabstand zur Austrittsquelle, der Betrachtungsdauer, der Strahlungsleistung

Definitionen

- Zum Schutz gegen diese Gefährdung sind Maßnahmen zu treffen, die die Bereiche Betrieb, Wartung, Instandhaltung, Entwicklung und Herstellung abdecken.
- **MZB** (**M**aximal **z**ulässige **B**estrahlung) definiert den Grenzwert von Laserstrahlung (400 nm bis 1400 nm), dem Personen ausgesetzt werden dürfen, ohne schädliche Folgen zu erleiden.
- **GZB** (**G**renzwerte **z**ugänglicher **B**estrahlung) ist der Maximalwert zugänglicher Strahlung, der innerhalb einer bestimmten Klasse zugelassen ist (abgeleitet aus MZB).
- Grundsätzlich sind sämtliche Systeme auf Basis optischer Übertragungstechnik zu bewerten und zu klassifizieren.
- Für Lasersysteme sind deshalb Laserklassen festgelegt.
- **Zusätzlich** sind für LWLKS **Gefährdungsgrade** definiert.
- Standorte mit **uneingeschränktem Zugang** müssen den Gefährdungsgrad 1, 1M, 2 oder 2M haben.
- Standorte mit **eingeschränktem Zugang** müssen den Gefährdungsgrad 1, 1M, 2, 2M oder 3R haben.
- Standorte mit **kontrolliertem Zugang** müssen den Gefährdungsgrad 1, 1M, 2, 2M, 3R oder 3B haben.
- Die erforderlichen Schutzmaßnahmen ergeben sich aus dem Gefährdungsgrad und einer kategorisierten Zugänglichkeit des jeweiligen Standortes.
- Folgende Schutzmaßnahmen (in der Rangfolge) sind einzuhalten
  - technische (z. B. Abschirmung)
  - organisatorische (z. B. Betriebsanweisung)
  - persönliche (z. B. Schutzbrillen)

Laser-Klassifizierung

Steigende Gefährdung ↓

Laser-Klasse	Wellenlänge in nm	Potenzielle Gefahren	**G**renzwerte **z**ulässiger **B**estrahlung (**GZB**)
1	alle	Augensicher (auch bei längerer Bestrahlung)	40 µW im blauen Spektralbereich 40 µW im roten Spektralbereich
		Gekapselte Laser höherer Leistung	Kein Strahlaustritt
1M	302,5 ... 4000	Augensicher für das freie Auge (Augenschaden möglich bei Betrachtung mit Lupen)	wie Klasse 1 (Messblende für das freie Auge)
2	400 ... 700	Augensicher innerhalb 0,25 s (Lidschlussreflex) (auch bei Betrachtung mit Lupen)	max. 1 mW
2M	400 ... 700	Augensicher innerhalb 0,25 s (Lidschlussreflex)	wie Klasse 2; max. 1 mW auf Netzhaut
3R	400 ... 700 302,5 ... 1 x 10^6	Praktisch keine Gefahr bei kurzzeitiger unabsichtlicher Bestrahlung Gefahr bei unsachgemäßer Verwendung	5-facher Wert von Klasse 2 im sichtbaren Bereich 5-facher Wert von Klasse 1 außerhalb des sichtbaren Bereichs
3B	200 ... 1 x 10^6	Gefahr für Augen durch direkten Strahl und spiegelnde Reflexionen; geringfügige Hautverletzungen nahe der Leistungsobergrenze	< 500 mW
4	alle	Gefahr für Augen durch direkten und diffus reflektierten Strahl; Gefahr für Haut; Brandgefahr	nach oben hin offen

Kennzeichnung

Zugänglicher Gefährdungsgrad	Standort: uneingeschränkt	Standort: eingeschränkt	Standort: kontrolliert
1	–	–	–
1M	–	X	–
2	X	X	X
2M	X	X	X
3R	nicht zulässig	X	X
3B	nicht zulässig	nicht zulässig	X
4	nicht vorgesehen		

Beispiel

Laser Klasse 2

Standort uneingeschränkt oder eingeschränkt oder kontrolliert

allg. Gefahrensymbol

LASERSTRAHLUNG
NICHT IN DEN STRAHL BLICKEN
LASER KLASSE 2
NACH EN 60825-1;2001
P ≤ 1 mW; λ= 632,8 nm

Hinweisschild (zusätzlich)

Anwendungsbereiche

- Analog zur elektrischen Messtechnik gibt es für die optische Messtechnik eine Reihe von Geräten für die unterschiedlichen Messaufgaben.
- Die Anwendung der Geräte erfolgt u. a.
  - an optischen Bauelementen und
  - Lichtwellenleiter-Übertragungsstrecken

Sicherheitshinweis

Grundsätzlich sollten die Test- und Messanschlüsse der Geräte niemals direkt mit dem Auge betrachtet werden, da durch die austretende Strahlungsleistung irreparable Schäden am Auge entstehen können.

Gerät / Funktion	Optische Leistung	Lichtquellen-Wellenlänge	Leistungs-verlust	Optische Erkennung	Anpassungs-dämpfung	Lichtwellenleiter-untersuchung
Leistungsmesser	✓		✓		✓	✓
Dämpfungsmesser	✓		✓	✓	✓	✓
Spektrumanalysator	✓	✓	✓		✓	
Wellenlängenmultiplex-Tester	✓	✓	✓			
Optisches Rückstreumessgerät	✓		✓	✓	✓	✓

Optisches Rückstreumessgerät

- Optische Rückstreumessgeräte (**O**ptical **T**ime **D**omain **R**eflectometer [**OTDR**]) messen die Reflexionen eines in den Lichtwellenleiter eingekoppelten Impulses.
- Reflexionen im Lichtwellenleiter entstehen u. a. durch
  - Steckverbinder
  - mechanische Spleiße
  - Faserbeschädigungen (Anriss)
  - Faserende
- Nicht reflektierende Zustände entstehen zum Beispiel beim
  - Schmelzspleißen
  - unzulässigen Biegungen der Faser
- Die auf dem Messgerät dargestellte Kurve zeigt sowohl die Reflexionsstellen als auch die nicht reflektierenden Ereignisse in Abhängigkeit von der jeweiligen örtlichen Lage (Entfernung von der Messstelle).
- Die ermittelte Dämpfung gibt die Gesamtdämpfung der Übertragungsstrecke wieder (keine absolute Leistungsmessung).
- Als Messimpulse werden optische Impulse mit unterschiedlichen Impulsbreiten verwendet.
- Kurze Impulse (5 ns bis 1 µs)
  - ergeben bessere Entfernungsauflösung, allerdings mit höherem Rauschen
  - dienen zur Verlustmessung an Spleißen oder Steckverbindern in der mittelbaren Nähe
- Lange Impulse (100 ns bis 10 µs)
  - ergeben geringere Auflösung
  - dienen zur Erkennung von Unterbrechungen

Messkurve

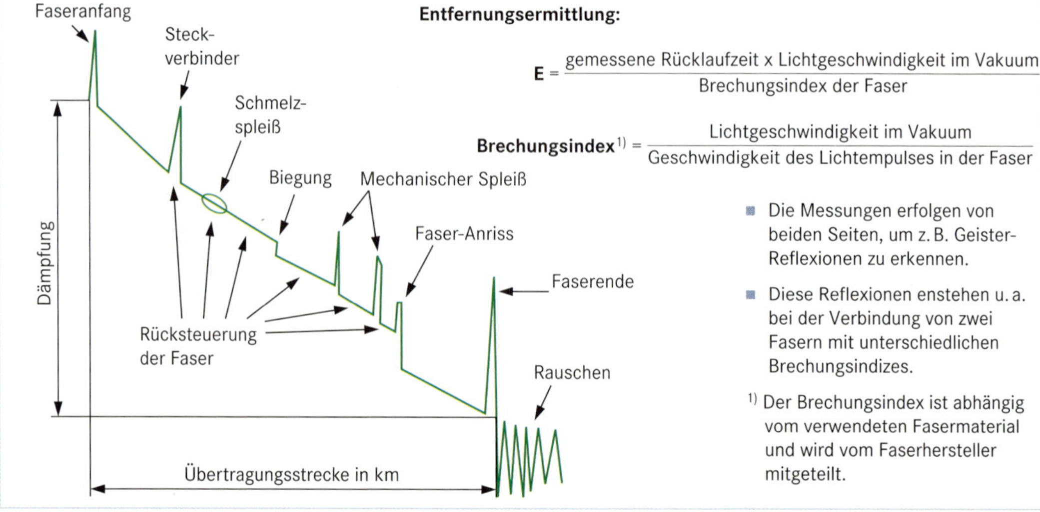

Entfernungsermittlung:

$$\mathbf{E} = \frac{\text{gemessene Rücklaufzeit x Lichtgeschwindigkeit im Vakuum}}{\text{Brechungsindex der Faser}}$$

$$\textbf{Brechungsindex}^{1)} = \frac{\text{Lichtgeschwindigkeit im Vakuum}}{\text{Geschwindigkeit des Lichtempulses in der Faser}}$$

- Die Messungen erfolgen von beiden Seiten, um z. B. Geister-Reflexionen zu erkennen.
- Diese Reflexionen enstehen u. a. bei der Verbindung von zwei Fasern mit unterschiedlichen Brechungsindizes.

[1] Der Brechungsindex ist abhängig vom verwendeten Fasermaterial und wird vom Faserhersteller mitgeteilt.

Drahtlose Netzwerk-Technologien
Wireless Network Technologies

Merkmale

- Drahtlose Netzwerk-Technologien basieren für die Datenübertragung auf der Anwendung von Funktechniken und verwenden somit die Luft als Übertragungskanal.
- Damit besteht die Möglichkeit, bisher nicht erschlossene Regionen ohne die Verlegung von Kabeln (Kupfer, LWL) kostengünstig zu vernetzen.

Einteilung

- Die unterschiedlichen Technologien bieten spezifische Leistungsmerkmale und werden, wie die drahtgebundenen Netzwerke, in folgende Segmente eingeteilt:
  - **PAN** (**P**ersonal **A**rea **N**etwork)
  - **LAN** (**L**ocal **A**rea **N**etwork)
  - **MAN** (**M**etropolitan **A**rea **N**etwork)
  - **WAN** (**W**ide **A**rea **N**etwork)
- Die segmentspezifischen Leistungsmerkmale unterscheiden sich in
  - erforderliche Bandbreite
  - Übertragungsentfernungen
  - Funkleistung
  - angebotene Dienste
  - Netzbetreiber

Standards

- Standardisiert werden die Technologien durch
  - **IEEE** (**I**nstitute of **E**lectrical and **E**lectronics **E**ngineers)
  - **ETSI** (**E**uropean **T**elecommunications **S**tandards **I**nstitute)
  - **3GPP** (Third-**G**eneration **P**artnership **P**roject)
- IEEE- und ETSI-Standards sind
  - interoperabel
  - konzentrieren sich hauptsächlich auf paketbasierende Netzwerke
- 3GPP-Standards konzentrieren sich auf zellulare Netzwerke mobiler Systeme der 3. Generation.
- Zwischen den Segmenten gibt es Überlappungen, die aus der jeweiligen Implementierung resultieren.

Anwendungen

- PAN: Vernetzung von lokalen Rechnern, Rechnerperipherie, Digital Video usw.
- WiFi: Überbrückung der letzten Meile als Alternative zu DSL
- WiMAX: Überbrückung der letzten Meile mit optimierter Service-Qualität

Leistungsmerkmale

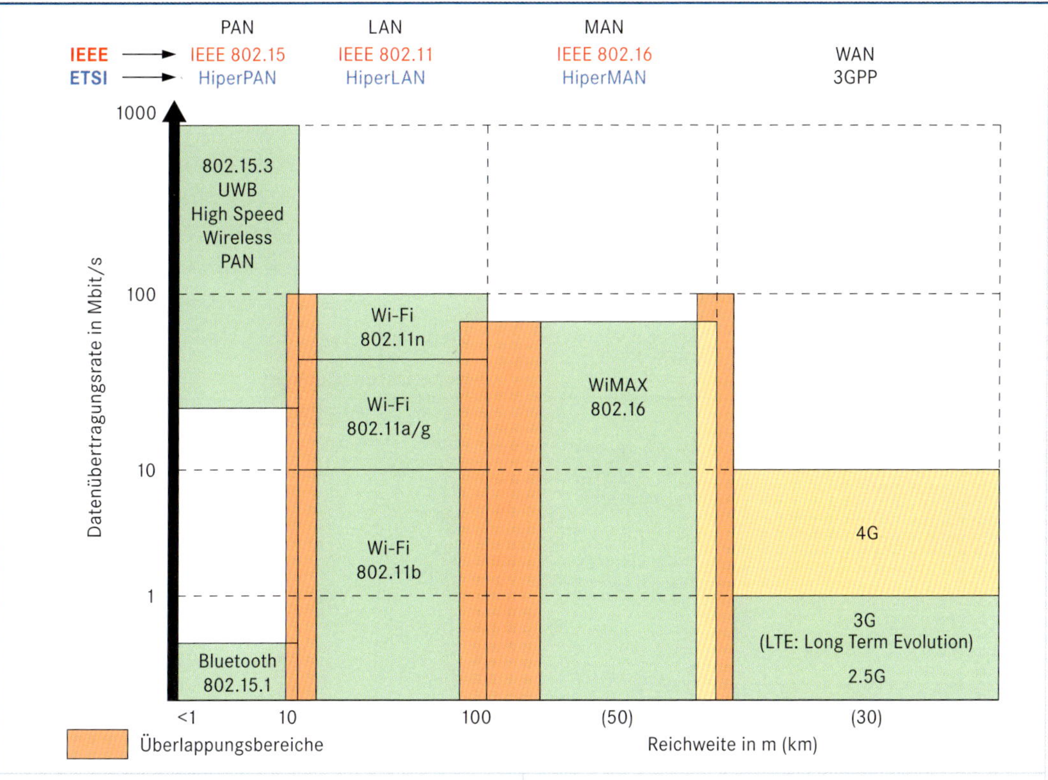

UWB: **U**ltra-**W**ide **B**and (Ultra Breitband)
PAN: **P**ersonal **A**rea **N**etwork
Wi-Fi: **Wi**reless **Fi**delity (Allgemeiner Begriff für drahtlose Netzwerke, wie 802.11b, 802.11a usw.)

WiMAX: **W**orldwide **I**nteroperability for **M**icrowave **A**ccess (Weltweite Interoperabilität für Netzzugang auf Mikrowellen-Basis)
IEEE: **I**nstitute of **E**lectrical and **E**lectronics **E**ngineers

Merkmale

- **WLAN** (**W**ireless **LAN**: drahtloses LAN) sind lokale Netzwerke, die auf Funkbasis arbeiten.
- Endgeräte werden mit Funkeinrichtungen ausgerüstet.
- Der Zugang zu ortsfestem LAN erfolgt über Zugangspunkte (**AP**: **A**ccess **P**oint).
- Wireless LAN sind spezifiziert nach **IEEE 802.11**, dem **DECT**-Standard oder nach **HIPER** LAN (**Hi**gh **Per**formance LAN) oder **WPAN** (**W**ireless **P**ersonal **A**rea **N**etwork: drahtloses persönliches Netzwerk).
- WLAN-Funktionen sind auf OSI-Schicht 1 und 2 geregelt.
- Gegen **externe Störungen** sind Maßnahmen im Funkkanal und in den Kommunikationsprotokollen realisiert.
- Die **Reichweiten** dieser Netzwerke sind durch HF-Leistungsbeschränkungen begrenzt.
- Bedingt durch die Übertragung der Daten über eine Luftschnittstelle sind besondere **Schutzmaßnahmen** gegen Abhören (z. B. hochwertige Verschlüsselung) vorzusehen.
- **Vorteile** von WLAN-Einrichtungen sind u. a.
  - weltweite Standardisierung,
  - lizenzfreier Betrieb,
  - große Flexibilität (anpassbar z. B. an Baulichkeiten) und
  - einfache Administration in den Endgeräten.

IEEE 802.11

- In WLAN nach IEEE 802.11 sind eine Reihe von Einzelspezifikationen enthalten, die unterschiedliche Anforderungen abdecken.
- Als Grundlage sind folgende Architekturelemente spezifiziert:
  - **BSS** (**B**asic **S**ervice **S**et: Basis-Dienstelement) ist das grundlegende Architekturelement.
  - **STA** (**Sta**tion: Station) ist das Mitglied eines BSS
  - **IBSS** (**I**ndependent **BSS**: unabhängiges BSS) ist ein BSS, in dem die Kommunikation der STA direkt untereinander erfolgt
  - **DS** (**D**istribution **S**ystem: Verteilungssystem) ist das Element zur Verbindung mehrerer BSS untereinander oder der Zugang zum Festnetz.
  - **AP** (**A**ccess **P**oint: Zugangspunkt) ist der Zugang zum DS; nutzt das Wireless Medium (WM) sowie das Distributed System Medium (DSM).
  - **ESS** (**E**xtended **S**ervice **S**et: erweiterte Dienstelemente) ist die Zusammenschaltung mehrerer BSS über DS.
  - **Portal** realisiert den Übergang zu einem anderen LAN.
- Grundsätzlich wird bei IEEE 802.11 das CSMA/CA-Verfahren angewendet (Kollisionsvermeidung).

IEEE 802.11 Standards

Standard	Inhalt	Standard	Inhalt
802.11	1 Mbit/s und 2 Mbit/s im 2,4 GHz Band	802.11k	System Management
802.11ac	bis 6,933 Gbit/s im 5 GHz Band	802.11n	bis 600 Mbit/s im 2,4 und 5 GHz Band
802.11ad	bis 6,75 Gbit/s im 60 GHz Band	802.11p	Drahtloser Zugang für Fahrzeugeinsatz
802.11b	11 Mbit/s im 2,4 GHz Band	802.11r	Schneller Zellenwechsel
802.11c	Wireless Bridging	802.11s	Erweiterte Dienste vermaschter Netze
802.11e	Quality of Service und Streaming-Erweiterung für IEEE 802.11a/g/h	802.11t	Leistungsvorhersage, Testmethoden
802.11g	54 Mbit/s im 2,4 GHz Band	802.11u	Vernetzung mit nicht 802 Netzwerken
802.11h	54 Mbit/s im 5 GHz Band mit Frequency Selection (DFS) und Transmit Power Control (TPC)	802.11v	Netzwerk-Management
802.11i	Authentifizierung und Verschlüsselung für IEEE 802.11a/g/h	802.11w	Geschützte Managementrahmen
		802.11z	Erweiterung für Direktverbindungsaufbau

Buchstaben: l, o, q und x sind nicht verwendet, um Verwechselungen zu vermeiden

Betriebsarten

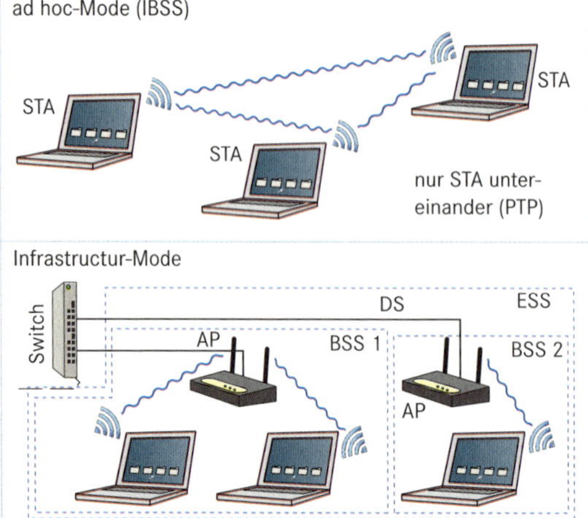

Typische Daten (Europa)

Bezeichnung	802.11a/h	802.11b	802.11g	802.11n
Frequenzbereich in GHz laut Bundesnetzagentur	5,150 … 5,725	2,40 … 2,4835	2,40 … 2,4835	2,40 … 2,4835 5,150 … 5,725
Datenrate brutto (Mbit/s)	54	11	54	bis 600
Codierung	OFDM	DSSS CCK	OFDM CCK DSSS	OFDM CCK DSSS
Kanäle (max.) (in Europa)	19	13	13	13[1] 19[2]
ohne Überlappung	19	3	3	13[1] 19[2]

[1] im 2,4 GHz-Band [2] im 5 GHz-Band

OFDM: **O**rthogonal **F**requency **D**ivision **M**ultiplex
CCK: **C**omplementary **C**ode **K**eying
DSSS: **D**irect **S**equence **S**pread **S**pectrum

WLAN-Einsatz
WLAN Deployment

Grundlagen

- Die **Einrichtung** (Anwendung) von WLAN-Technik erfordert eine **detaillierte Planung** u. a. in der Bereichen
  - der einzusetzenden WLAN-Technik,
  - des Aufbaus und
  - des Betriebes.
- Die einzusetzende **WLAN-Technik** wird bestimmt durch
  - Leistungsanforderungen und
  - Verfügbarkeit der Systemtechnik (Stabilität des Standards).
- Der **Aufbau** (Architektur) eines WLANs ist in hohem Maße abhängig von
  - betrieblichen Anforderungen und
  - örtlichen Gegebenheiten
- Beim **WLAN-Betrieb** sind neben den funktionalen Aspekten die Anforderungen an die systemtechnische Sicherheit (z. B. Manipulation von außen und innen) zu berücksichtigen.
- Hierzu gehören neben den **technischen Maßnahmen** auch die entsprechenden **organisatorischen Maßnahmen** in Form von Anwendungs- und Sicherheitsrichtlinien (Security Policy), die jedem Anwender bekannt sein müssen und eingehalten werden müssen.

Ablauf

1. Klärung

Anforderungen spezifizieren
- Welche Anwendungen sollen betrieben werden, wie viele Anwender (Anwendergruppen) sind zu berücksichtigen
- Welche Zugriffs- bzw. Durchsatzzeiten sind erforderlich
- Welche rechtlichen Grundlagen sind zu berücksichtigen
- Welche Sicherheitsmaßnahmen sind erforderlich
- Zukünftige Änderungen (Erweiterungen/Rückbauten) festlegen
- ...

2. Standortbesichtigung

Objektbesichtigung durchführen
- Gebäudestruktur (Wand- und Deckenaufbau) ermitteln
- Einrichtungen (Mobiliar) feststellen
- Raumgrößen und auszuleuchtende Flächen erfassen
- vorhandene Funknetze ermitteln
- Verkabelungswege und Aufstellmöglichkeiten der Access Points ermitteln
- Umweltbedingungen (Temperatur, Staub, Feuchte, ...) ermitteln
- Stromversorgung klären
- ...

3. Planen

Planung/Projektierung durchführen
- Funkausleuchtung berechnen, simulieren, modellieren
- WLAN-Standards auswählen und festlegen
- Ortsfeste Verkabelung planen
- Aufstellorte der APs festlegen
- Stromversorgung (Spannungen, Leistungsbedarf) ermitteln
- Schutzmaßnahmen (Zugangsschutz, Bitzschutz, ...) festlegen
- Baustellenbelieferung und Montageablauf festlegen
- ...

4. Beschaffen

Beschaffung organisieren
- Ausschreibung für zu liefernde Geräte, Materialien, Bauleistungen, erstellen und herausgeben
- Angebote einholen und auswerten
- Lieferanten beauftragen
- Materialien auf Baustelle ausliefern und sachgerecht lagern
- ...

5. Realisieren

Montage/Einrichtung/Inbetriebsetzung durchführen
- Technik installieren
- Schutzmaßnahmen einbauen
- Systeme einrichten
- Abnahmemessung realisieren (Funkausleuchtung, Datendurchsatz, ...)
- Redundanzmaßnahmen überprüfen
- ...

6. Betreiben

Betrieb/Überwachung/Wartung
- Aktive Überwachung (Monitoring) des Systems auf Funktionstüchtigkeit
- Störfallerkennung und Behebung
- Sabotageerkennung betreiben
- Zyklische Wartungsmaßnahmen (Sicherheitsüberprüfung) durchführen
- Umbauten, Rückbauten vorbereiten
- ...

Funkausleuchtung

- Ein wesentlicher Aspekt bei der Einrichtung eines WLANs ist die **Funkausleuchtung** innerhalb bzw. außerhalb von Gebäuden.
- Die Funkwellen des WLANs können durch lokale Gegebenheiten in der Ausbreitung gestört werden.
- **Störfaktoren** sind u. a.
  - Abschattung durch Wände oder Büroschränke
  - Reflexion durch große Metallteile
  - erhöhte Dämpfung durch Wände und Decken
- Insgesamt kommt es durch diese Eigenschaften zu **Ausbreitungsverzögerungen** und **Mehrwegausbreitung** der ausgesendeten Funksignale.
- Eine sorgfältige Auswahl der einzusetzenden **Antennen** und der **Aufstellstandorte** der Access Points ist daher erforderlich.
- Die **Antennenarten** unterscheiden sich durch die Abstrahlcharakteristik (Antennengewinn).

Beispiel: Büroraum

Abstrahlungscharakterisitk

Antenne | Horizontal | Vertikal

● Antennenstandorte

Grundlagen

- WLANs auf Basis IEEE 802.11 sind mit geringem Aufwand schnell aufzubauen und bieten eine große Flexibilität in der Konfigurierbarkeit.
- **Nachteilig** ist allerdings die **Angreifbarkeit** der Systeme, da die Übertragung der Daten über die Luftschnittstelle erfolgt.
- Diese Schnittstelle wird als **shared medium** (geteiltes Medium) verwendet und ist somit jedem Angreifer zugänglich.
- **Angriffe** bzw. Beeinflussungen auf diese Systeme sind mit relativ **einfachen Mitteln** realisierbar und ermöglichen Manipulationen in unterschiedlichster Art und Weise.
- Die erforderlichen **Schutzmaßnahmen** werden anhand der möglichen Gefährdungen ermittelt und sind auf **unterschiedlichen Ebenen** zu realisieren.

Gefährdungen

Gefährdungen

Höhere Gewalt
- Ausfall oder Störung eines Funknetzes
- Ausfall oder Störung in der Stromversorgung
- Witterungsbedingte Störungen

Vorsätzliche Handlungen
- Vertraulichkeitsverlust schützenswerter Informationen
- Auswertung von Verbindungsdaten der drahtlosen Kommunikation
- Angriffe auf WLAN-Komponenten
- Abhören der WLAN-Kommunikation

Organisatorische Mängel
- Fehlende oder unzureichende Regelungen
- Unzureichende Kenntnis über Regelungen
- Unzureichende Kontrolle der IT-Sicherheitsmaßnahmen
- Fehlende oder unzureichende Planung des WLAN-Einsatzes
- Unzureichende Regelungen zum WLAN-Einsatz
- Ungeeignete Auswahl von WLAN-Authentifikationsverfahren

Menschliche Fehlhandlung
- Nichtbeachtung von IT-Sicherheitsmaßnahmen
- Fehlerhafte Administration des IT-Systems
- Konfigurations- und Bedienungsfehler
- Ungeeigneter Umgang mit Passwörtern
- Fehlerhafte Konfiguration der WLAN Infrastruktur

Technisches Versagen
- Unkontrollierte Ausbreitung der Funkwellen
- Unzuverlässige oder fehlende WLAN-Sicherheitsmechanismen

Schutzmaßnahmen

- Die **Absicherung** von WLANs
  - ist **gesetzlich erforderlich** (verhindern von Missbrauch durch Unbekannte)
  - kann unter Anwendung verschiedener Maßnahmen realisiert werden und ist abhängig u. a. von der Größe des Netzwerkes
- Grundlegende Maßnahmen für ein **SOHO**-WLAN (**S**mall **O**ffice **H**ome **O**ffice) sind
  - WLAN-Geräte nur **kabelgebunden konfigurieren**
  - **Benutzername** und **Passwort** für das WEB-Interface am AP (Router) **ändern**
  - **starke Passwörter** verwenden (max. Länge nutzen, Buchstaben und Symbole verwenden)
  - aktuelle Firmware des Geräteherstellers installieren
  - **Zugriffskontrollliste** (ACL) aktivieren und nur eingetragene MAC-Adressen vom AP zulassen (MAC-Filter)
  - **leistungsfähige Verschlüsselung** (WPA: Wi-Fi protected Access oder WPA2) aktivieren; falls nur WEP von den Geräten unterstützt wird, dann mit 128 Bit Schlüssellänge verwenden
  - **SSID ändern** in unverfänglichen Namen (z. B. WLAN), damit keine Rückschlüsse auf Anwender oder Einsatzort möglich sind und die Aussendung abschalten
  - **Fernkonfiguration** im AP **abschalten**
  - WLAN-**Reichweite begrenzen** durch Einstellung der Sendeleistung (überprüfen mit frei verfügbaren Programmen wie z. B. NetStumble)
  - **Schlüssel** zur Verschlüsselung **regelmäßig ändern**
  - Firewall einrichten
  - Backup der Einstellungen auf externem Medium speichern (z. B. Memory Stick)
  - **LOG-Dateien** regelmäßig auf unbekannte MAC-Adressen **überprüfen,** um Zugriffe durch Fremde zu erkennen

Sicherheitsmechanismen

- Die **grundsätzlichen Sicherheitsmechanismen**, die in Form von Verfahren und Kommunikationsprotokollen angewendet werden, dienen zur Sicherstellung der
  - **Vertraulichkeit** (confidentiality)
  - **Integrität** (integrity) und
  - **Authentizität** (authenticity)

  der Daten im WLAN
- **Vertraulichkeit:** Informationen (Daten) nur für Berechtigte zugänglich machen,
- **Integrität:** Datensicherheit (Schutz vor Verlust) und Fälschungssicherheit (Schutz vor vorsätzlicher Veränderung),
- **Authentizität:** Sichere Zuordnung einer Information zum Absender
- Zur Anwendung kommen dafür
  - **WEP** (**W**ired **E**quivalent **P**rivacy)
  - **WPA** oder WPA2 (**Wi-Fi P**rotected **A**ccess) und/oder
  - IEEE 802.11 i
- **WEP** ist in der Anfangsphase der WLAN-Technik angewendet worden; bietet allerdings keinen hinreichenden Schutz und wird somit als **ungenügend** eingestuft.
- **WPA** ist ein Standard
  - der von der Wi-Fi Alliance veröffentlicht wurde
  - wird unterschieden in WPA-Personal (kleines WLAN im Bereich SOHO) und WPA-Enterprise (größere WLAN im Unternehmensbereich)
- **WPA** für SOHO-Anwendungen verwendet für die
  - Verschlüsselung: **TKIP** (**T**emporal **K**EY **I**ntegrity **P**rotocol)
  - Integritätsprüfung: **Michael** (MIC: Message Integrity Check)
  - Authentisierung: **PSK** (**P**re-**s**hared **K**eys)
- Bei größeren Netzen erfolgt die Authentisierung und das Schlüsselmanagement mit **IEEE 802.1x.**
- **WPA2** ist **nicht abwärtskompatibel** zu den vorhandenen Verfahren; verwendet **CCMP** (**C**ounter mode with **C**BC-**MAC P**rotocol) [CBC-MAC: Cipher Block Chaining Message Authentication Code].

AES (**A**dvanced **E**ncryption **S**tandard: Erweiterter Verschlüsselungsstandard)	Symmetrisches Verschlüsselungsverfahren mit einer variablen Schlüssellänge von 128, 192 oder 256 Bit. AES bietet ein sehr hohes Maß an Sicherheit.
Authentication (Authentisierung: Beglaubigung)	Prüfen der Identität (Echtheit) eines Benutzers oder eines Gerätes. Zweck ist in der Regel die anschließende Autorisierung (Zuweisung von Rechten) für Zugriffe im WLAN. Ohne Authentisierung ist i. A. keine sinnvolle Autorisierung möglich.
Beacon („Leuchtfeuer")	Von einem Access Point zyklisch übertragenes Paket. Enthält Daten für die Übertragungsparameter und dient den Clients u. a. als Information zur Parametereinstellung.
CBC (**C**ipher **B**lock **C**haining Mode: Blockchiffre mit Blockverkettung)	Betriebsart, in der Blockchiffrierungsalgorithmen arbeiten; vor dem Verschlüsseln eines Klartextblocks wird dieser erst mit dem im letzten Schritt erzeugten Geheimtextblock per XOR (exklusive Oder) verknüpft.
CCM (**C**ounter with **C**BC-**M**AC [CBC-MAC = Cipher Block Chaining with Message Authentication Code])	Ist eine generische Methode für die Verschlüsselung und Authentisierung von Daten. Ist für die Verwendung einer 128-Bit-Blockchiffrierung (z. B. AES) spezifiziert.
Certificate (Zertifikat, Urkunde)	Von einer Certificate Authority beglaubigter öffentlicher Schlüssel, der einer Person oder einem Objekt zugeordnet ist.
DoS (**D**enial **o**f **S**ervice: Dienstblockade)	Ein Angriff vom Typ Denial of Service hat zum Ziel, die Arbeitsfähigkeit des angegriffenen Objektes möglichst stark zu reduzieren (z. B. systematische Überlastung eines Netzknotens durch unsinnigen Verkehr [„Dummy Traffic"]).
EAP (**E**xtensible **A**uthentication **P**rotocol: Erweiterbares Authentifizierungsprotokoll)	Allgemeines Authentifizierungs-Protokoll, das unterschiedliche Authentisierungsverfahren (z.B. Username/Passwort) unterstützt (z. B. RFC 3748).
EAPOL (**E**xtensible **A**uthentication **P**rotocol **o**ver **L**AN: erweiterbares Authentifizierungsprotokoll über LAN)	Anwendung von EAP über LAN-Verbindungen. Kernprotokoll des IEEE 802.1X-Standards.
EAP-TLS (**EAP**-**T**ransport-**L**ayer **S**ecurity: EAP-Transport-Layer-Sicherheit)	EAP-Methode, die Zertifikate zur gegenseitigen Authentisierung benutzt.
Hotspot („heißer Fleck")	Öffentlicher Internet-Zugang über ein WLAN.
IDS (**I**ntrusion **D**etection **S**ystem: Eindring-Erkennungssystem)	Überwachungssystem, um unerwünschte Zugriffe, Inhalte und Angriffe zu erkennen. Sobald das IDS einen Verstoß gegen die vereinbarten Regeln erkennt, erfolgen z. B. eine Protokollierung und eine Meldung an den Administrator.
Man in the Middle („Mann in der Mitte")	Ein Angreifer, der sich zwischen zwei Kommunikationspartnern positioniert. Täuscht beiden Parteien vor, der jeweils erwartete eigentliche Partner zu sein. Kann den Dialog zwischen den beiden Parteien belauschen oder auch verfälschen. Ziel ist oft die Ermittlung von Passwörtern.
MIC (**M**essage **I**ntegrity **C**heck: Nachrichten Unversehrtheitsüberprüfung)	Kryptografischer Integritätsschutzmechanismus.
Michael	Name des MIC, der bei WPA und TKIP Verwendung findet.
Nonce (for the nonce: einstweilen, für dieses eine Mal)	Zufallszahl (Zahlen u./o. Buchstaben), die spontan gewählt wird und nach einmaliger Verwendung verworfen wird. Wird u. a. eingesetzt zur Abwehr von „man in the middle-Attacken".
PSK (**P**re-**S**hared-**K**ey: Vorab vereinbarter bzw. verteilter Schlüssel)	Schlüssel, der bis zur Verteilung eines neuen PSK für jede Verbindung verwendet wird.
PKI (**P**ublic **K**ey **I**nfrastructure: Öffentliche Schlüssel-Infrastruktur)	System zum Erstellen, Verteilen und Prüfen von digitalen Zertifikaten.
RADIUS (**R**emote **A**uthentication **D**ial-**I**n **U**ser **S**ervice: Fern-Authentisierungs-Einwahl-Anwender-Dienst)	Authentisierungs- und Überwachungsprotokoll auf Anwendungsebene für Authentisierung, Integritätsschutz und Accounting im Bereich Netzzugang (AAA: protocol für Authentication, Authorization and Accounting).
RSN (**R**obust **S**ecurity **N**etwork: Robustes, sicheres Netz)	WLAN, das ausschließlich eine durch die in IEEE 802.11i spezifizierten Sicherheitsmechanismen geschützte Kommunikation erlaubt.
Supplicant (Antragsteller)	Komponente eines Gerätes (Clients), die sich über IEEE 802.1x an einem Port authentifiziert.
Spoofing (Vortäuschung; Verschleierung)	Untergrabung von Authentisierungs- und Identifikationsverfahren durch Methoden, die auf der Verwendung vertrauenswürdiger Adressen oder Hostnamen beruhen.
TKIP (**T**emporal **K**ey **I**ntegrity **P**rotocol: Temporäres Schlüssel-Integritätsprotokoll)	Im Standard IEEE 802.11i spezifiziertes Protokoll zur Verschlüsselung und zum Integritätsschutz in WLAN; abwärtskompatibel zu WEP.
Wi-Fi Alliance (Wi-Fi-Vereinigung)	Markenname einer Hersteller-Vereinigung, die u. a. Sicherheits-Standards veröffentlicht und durch Zertifizierung die Kompatibilität der Geräte verschiedener Hersteller bescheinigt.

Grundlagen

- Bei drahtlosen Kommunikationssystemen gehen die Forderungen in Richtung höherer Datenraten mit entsprechend hoher Dienstgüte (Quality of Service).
- Die vorhandenen Frequenzspektren sind deshalb so effizient wie möglich auszunutzen.
- Freiheitsgrade für die Effizienzsteigerung liegen in den Bereichen
  - Zeit (**TDMA: T**ime **D**ivision **M**ultiple **A**ccess)
  - Frequenz (**FDMA: F**requency **D**ivision **M**ultiple **A**ccess)
  - Code (**CDMA: C**ode **D**ivision **M**ultiple **A**ccess)
  - Raum (**SDMA: S**pace **D**ivision **M**ultiple **A**ccess)
- TDMA, FDMA und CDMA werden in bestehenden Systemen z. T. auch in Kombination entsprechend eingesetzt.
- SDMA verwendet den Freiheitsgrad Raum (Space) und wird realisiert durch die Anwendung mehrerer Antennen, sowohl auf der Sende- als auch der Empfangsseite.
- Es wird dabei der Effekt des Mehrwegeempfangs des ausgestrahlten Signals zur Erhöhung der Empfangsleistung ausgenutzt.
- Gesendet wird gleichzeitig auf derselben Frequenz.
- Je nach Anzahl der Übertragungskanäle (Antennen) werden die Systeme bezeichnet als
  - **SISO** (**S**ingle **I**nput **S**ingle **O**utput)
  - **SIMO** (**S**ingle **I**nput **M**ultiple **O**utput)
  - **MISO** (**M**ultiple **I**nput **S**ingle **O**utput)
  - **MIMO** (**M**ultiple **I**nput **M**ultiple **O**utput)
- Die Bezeichnungen Input bzw. Output beziehen sich dabei immer auf den Übertragungskanal.

Übersicht

SISO

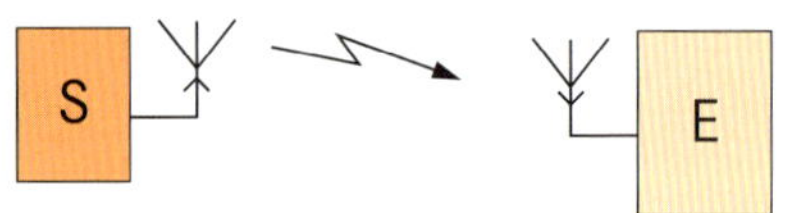

Eine Sendeantenne. **Eine** Empfangsantenne.
- Einfachster Fall
- Nachteile:
  - geringer Datendurchsatz
  - störanfällige Datenübertragung
  - geringe Reichweite (Abdeckung)
- Vorteile:
  - geringer Hardwareaufwand
  - einfache Codierung bzw. Decodierung

S: Sender E: Empfänger

MISO

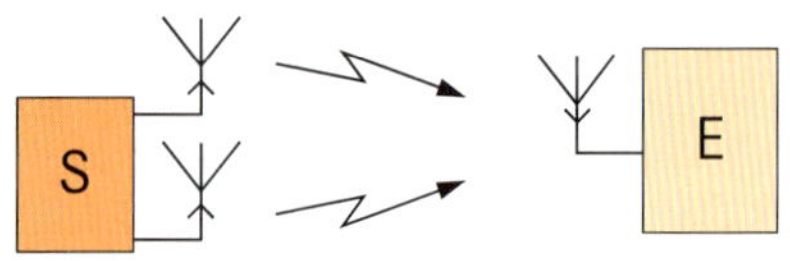

Mehrere Sendeantennen. **Eine** Empfangsantenne.
- Unterschiedliche Sendeverfahren
  - **Sendediversität:** Gleiches Signal über räumlich nah angeordnete Sendeantennen
  - **Space Time Block Coding:** Im ersten Schritt gleichzeitig zwei unterschiedliche Datenblöcke, im zweiten Schritt identische Datenblöcke konjugiert komplex über vertauschte Antennen
- Nachteil: Keine Erhöhung der Übertragungsrate
- Vorteil: Verbesserte Zuverlässigkeit und höherer Abdeckungsgrad

SIMO

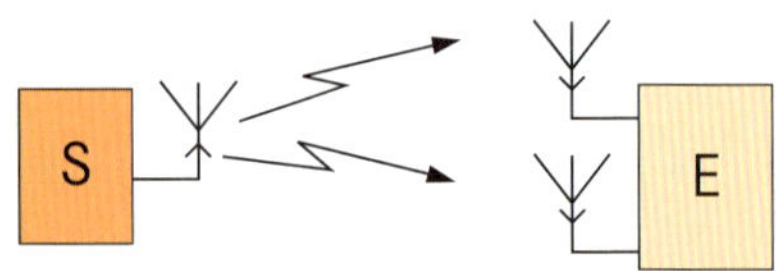

Eine Sendeantenne. **Mehrere** Empfangsantennen.
- Möglichkeiten der Signalauswertung:
  - **Switched Diversity:** Nur das stärkste Empfangssignal wird ausgewertet; übrige Signale werden ignoriert
  - **MCR** (**M**aximum **R**atio **C**ombining) wertet Sie Summe aller Signale aus
- Nachteil: Keine Erhöhung der Datenübertragungsrate, da nur eine Sendeantenne
- Vorteile
  - geringere Störanfälligkeit
  - höhere Reichweite, da alle empfangenen Signalanteile ausgewertet werden

MIMO

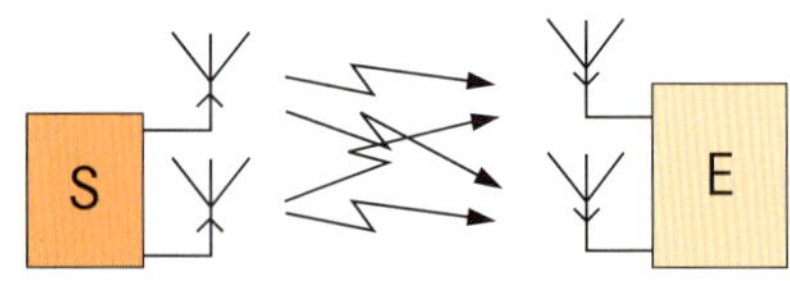

Zwei oder **mehr** Sendeantennen.
Zwei oder **mehr** Empfangsantennen.
- Nachteile
  - erhöhter Aufwand an Sende- und Empfangsantennen
  - umfangreiche Sende- und Empfangselektronik mit entsprechendem Leistungsbedarf erforderlich
- Vorteile:
  - höhere Datenübertragungsrate
  - höhere Reichweite
  - hoher Abdeckungsgrad
  - geringe Störanfälligkeit
- Anwendung z. B. in WLAN (IEEE 802.11n)

Theoretische Kanalkapazität

$$C_{\text{SISO}} = f_{\text{G}} \cdot \log_2 (1 + S/N)$$

$$C_{\text{MIMO}} = M \cdot f_{\text{G}} \cdot \log_2 (1 + S/N)$$

f_{G}: Grenzfrequenz

M: Anzahl der symmetrischen Sende- und Empfangsantennen Kombination (z. B. 2 S x 2 E ergibt $M = 2$)

S/N Verhältnis Nutzsignal (**S**: Signal) zu Störsignal (**N**: Noise)

C: Kanalkapazität

Merkmale

- **WiMAX** (**W**orldwide **I**nteroperability for **M**icrowave **A**ccess: Weltweite Interoperabilität für Netzzugang auf Mikrowellen-Basis) ist der Vermarktungsname (WiMAX-Forum) für den Standard IEEE 802.16
- Dieser Standard definiert eine Technologie
  - für eine Funktechnik (Radio interface)
  - mit einem drahtlosen Breitband-Zugang zur Anbindung von Endkunden.
- Die Anschlüsse sind vorgesehen für
  - stationären Betrieb (fixed)
  - portablen Betrieb (mobile)
  - wandernden Betrieb (roaming)
- Betrieb ist dabei möglich
  - ohne Sichtverbindung (**N**on **L**ine **of** **S**ight)
  - mit Sichtverbindung (**L**ine **of** **S**ight) zur Basisstation
- Verwendete Frequenzbereiche liegen zwischen 2 GHz und 68 GHz
- Reichweiten bis zu 50 Kilometer
- Wird als Alternative zu DSL und Leitungsmodems eingesetzt
- Der Physical-Layer beinhaltet mehrere Sub-Standards, um eine leichte Anpassung an die jeweiligen landesspezifischen Vorgaben und Einschränkungen für die Nutzung von Frequenzbändern zu ermöglichen
- WiMAX 2.0 ist eine Erweiterung mit höherem Datendurchsatz (300 Mbit/s downlink, 135 Mbit/s uplink) unter Verwendung der MIMO-Technologie und einer Kanalbandbreite von 20 MHz
- Wird bevorzugt in Ländern und Regionen eingesetzt, in denen keine drahtgebundene Infrastruktur vorhanden ist bzw. aufgebaut wird

Standard-Übersicht

Frequenzband in GHz	10 ... 66	2 ... 11	2 ... 6
Anwendung	Rücktransportverbindung (Backhaul)	Drahtloses DSL Rücktransportverbindung	Mobiles Internet
Kanalanforderungen	Sichtverbindung	Keine Sichtverbindung	Keine Sichtverbindung
Bitrate in Mbit/s	32 ... 134	bis zu 75	bis zu 15
Modulationsprinzip	QPSK, 16 und 64 QAM	OFDM 256 Unterträger QPSK, 16 und 64 QAM	Skalierbares OFDM
Kanal-Bandbreite in MHz	20, 25, 28	1,5 u 20 (wählbar)	802.16a mit Unterkanälen
Zellradius (typ.) in km	1,6 ... 4,8	6,4 ... 9,6 (max. 48, abhängig von Masthöhe und Sendeleistung)	1,6 ... 4,8

Netzaufbau

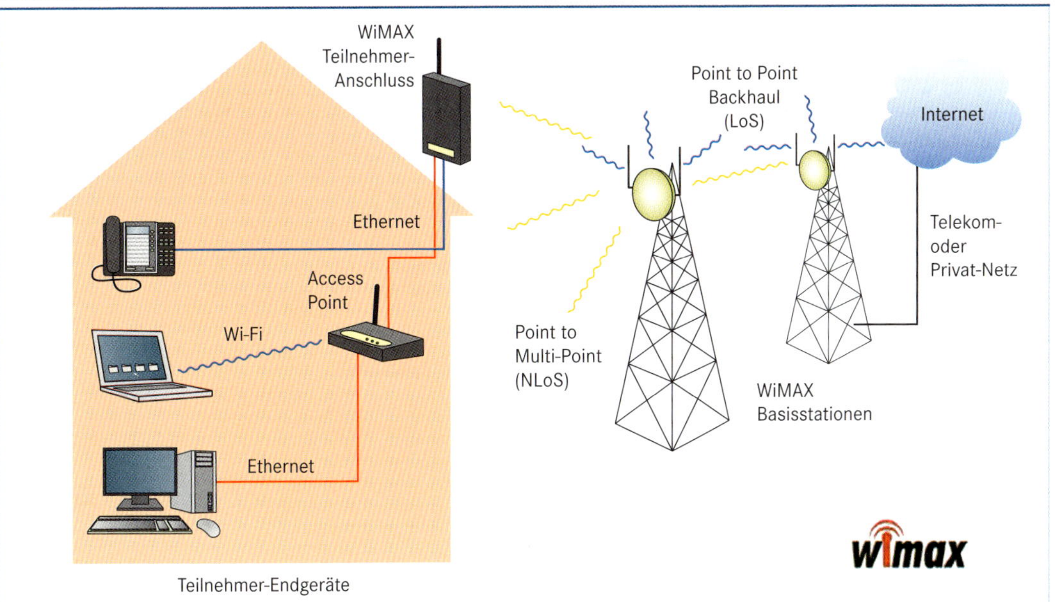

Teilnehmer-Endgeräte

Merkmale

- Wireless **USB** (**WUSB**)
  - ist die drahtlose Version von USB (Universal Serial Bus)
  - arbeitet auf Funkbasis
  - verwendet den Polling-Betrieb auf TDMA-Basis
- Analog zu USB werden die Verbindungen zwischen dem Host und den Teilnehmern (max. 127) grundsätzlich vom Host gesteuert.
- Basis für die Funktechnik ist die **UWB**-Technologie (**U**ltra **W**ide **B**and: Ultra Breitband).
- UWB verwendet OFDM (Orthogonal Frequency Division Multiplex).
- Bedingt durch die von den Regulierungsbehörden zugelassenen Sendeleistungen in den vorgegebenen Frequenzbereichen sind bei kurzen Entfernungen sehr hohe Datenraten übertragbar (z. B. 480 Mbit/s bei 3 m Distanz).
- Durch diese Begrenzung wird die Beeinflussung anderer Funktechniken (z. B. drahtlose Telefone, Bluetooth, IEEE 802.11) verhindert.
- Die verwendeten Frequenzbänder liegen im GHz-Bereich.
- Die Bandbreiten der jeweiligen Kanäle liegen bei 528 MHz.
- Die begrenzte Reichweite ermöglicht auch eine einfache Wiederverwendbarkeit der Frequenzen durch benachbarte Systeme.
- Die bei Funkanwendungen erforderliche Sicherheit (z. B. gegen Abhören) wird u.a. erreicht durch
  - Authentifizierung der Teilnehmer
  - Verschlüsselung der Kommunikation
- Wesentlicher Vorteil von WUSB ist die Kommunikation z. B. zwischen PC und Multimedia-Geräten ohne die bisher erforderlichen Verbindungskabel mit den unterschiedlichsten Steckeinrichtungen.

Spektrale Leistungsdichte

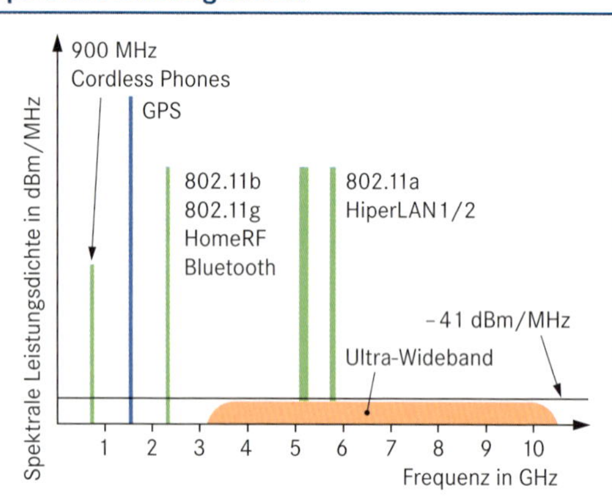

Kommunikations-Architektur

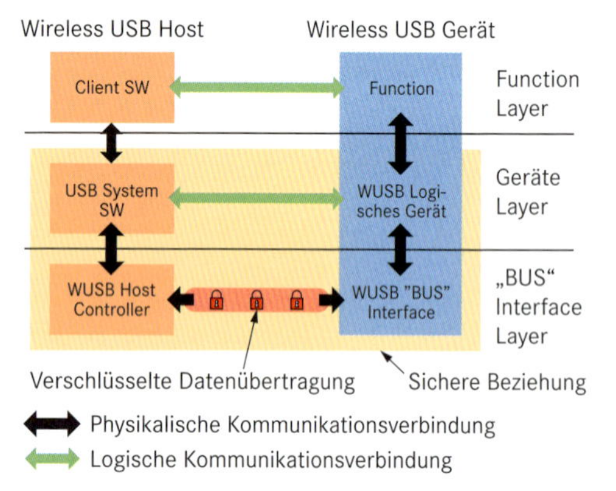

Frequenzbandeinteilung

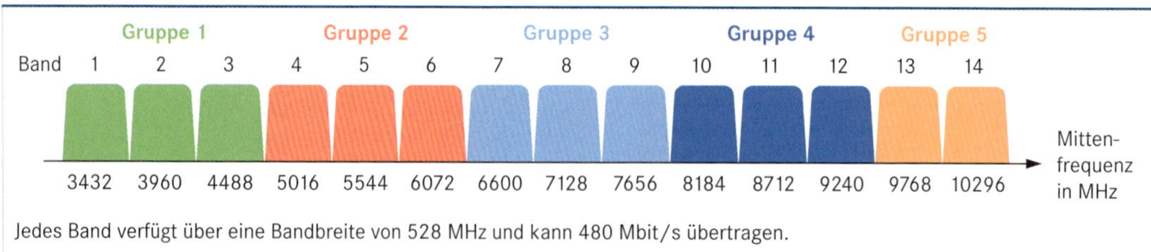

Jedes Band verfügt über eine Bandbreite von 528 MHz und kann 480 Mbit/s übertragen.

Bus-Protokoll

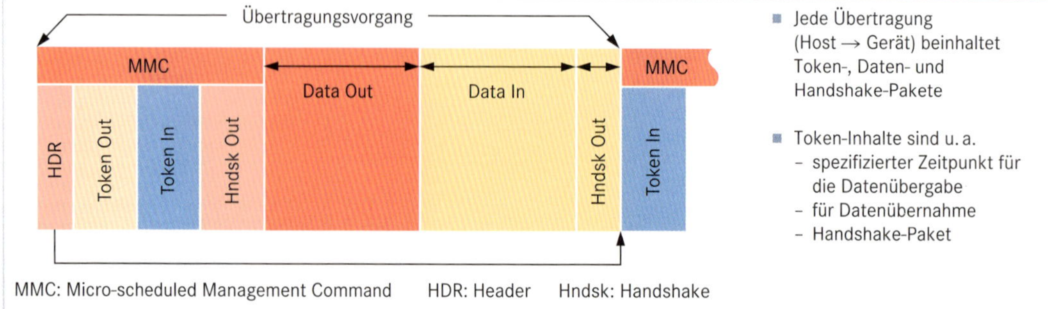

MMC: Micro-scheduled Management Command HDR: Header Hndsk: Handshake

- Jede Übertragung (Host → Gerät) beinhaltet Token-, Daten- und Handshake-Pakete
- Token-Inhalte sind u. a.
  - spezifizierter Zeitpunkt für die Datenübergabe
  - für Datenübernahme
  - Handshake-Paket

Grundlagen

- ZigBee ist ein offener Funkstandard
  - auf der Basis von IEEE 802.15.4
  - wird dem Bereich der WPAN (Wireless Personal Area Network: drahtloses persönliches Netzwerk) zugeordnet
- Systemdesign ist ausgelegt auf minimalen Energieverbrauch und einfache Implementierung

Anwendungsbereiche

- Anwendungen liegen z. B. im Bereich
  - Heim- und Gebäudeautomatisierung
  - drahtlose Patientenüberwachung
  - Sensor-/Aktornetzwerke in der Industrie-Automatisierung
  - Steuerung von Unterhaltungselektronik und Computerperipherie

Kenndaten

Frequenzbereiche in MHz (Ländern)	915 (Amerika)	868 (Europa)	2400 (Weltweit)
Datenraten in kbit/s	40	20	250
Kanäle	10	1	26
Reichweite in m	typ. 30 (5 bis 500, abhängig von Umgebung)		

Geräteklassen	**F**ull **F**unction **D**evice (**FFD**)/ **R**educed **F**unction **D**evice (**RFD**)
Netzzugriff	CSMA/CA
Adressierung	64 bit bzw. 16 bit
Kodierung Luftschnittstelle	Direct Sequence Spread Spectrum (DSSS)

Protokollstruktur

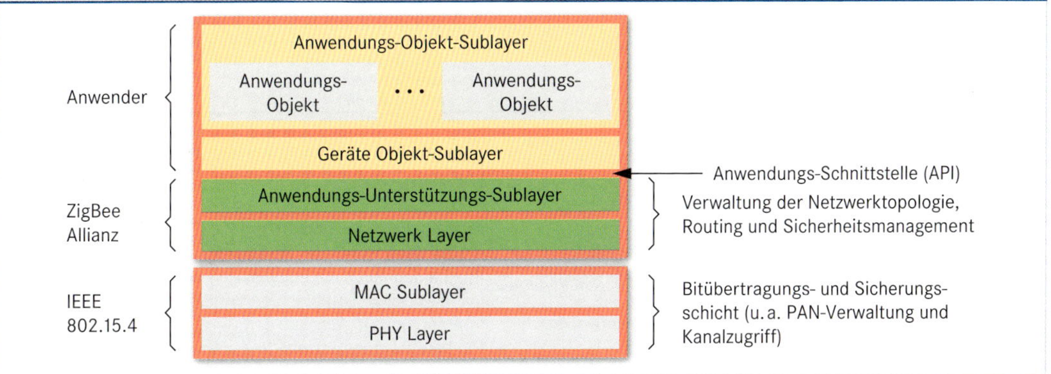

MAC Rahmenformat

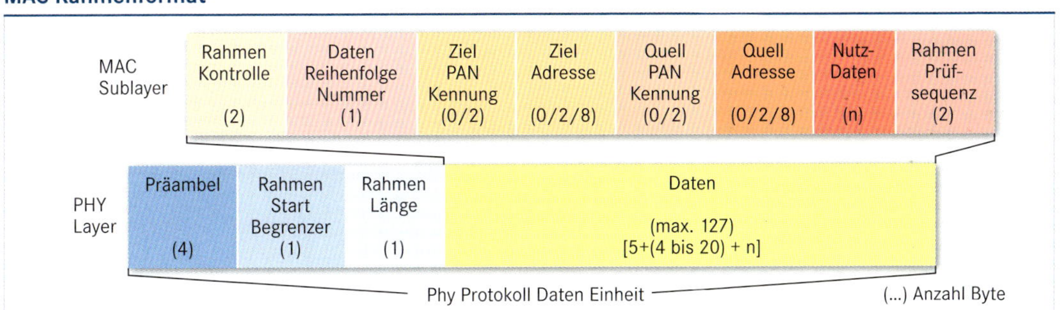

Netztopologien

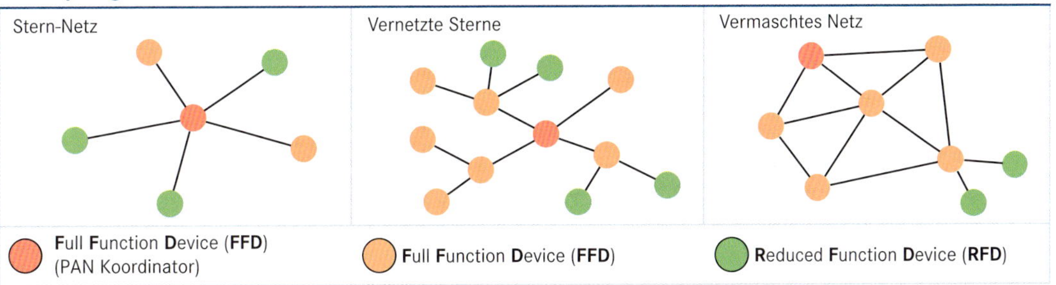

Merkmale

- **Drahtlose** Kommunikationsverbindung für **Kurzstrecken** auf Funkbasis
- Arbeitet im Bereich von 2,402 GHz bis 2,480 GHz (2,4 GHz **ISM-Band**)
- Frequenzband ist unterteilt in **79 Kanäle** mit je 1 MHz Abstand
- Übertragung erfolgt durch **Frequenzsprungverfahren** (**FHSS: F**requency **H**opping **S**pread **S**pectrum)
- Insgesamt werden 79 **HOPS** (Sprünge) mit einer maximalen **Hopping-Frequenz** von 1600 Hz realisiert
- **Hopping-Sequenz** wird über die Geräteadresse des Masters ausgewählt
- Kommunikation zwischen Master und Slave erfolgt im **T**ime **D**ivision **D**uplex (**TDD**)
- Sendeleistung ist in drei Klassen eingeteilt
  - **Klasse 1:** 100 mW (20 dBm); automatische Sendeleistungsanpassung ist erforderlich
  - **Klasse 2:** 2,5 mW (4 dBm) und
  - **Klasse 3:** 1 mW (0 dBm)
- Reichweite 10 cm bis 10 m (100 m)
- Pro **Pico-Netz** werden 8 aktive Geräte (1 Master und 7 Slaves) unterstützt (zusätzlich noch bis zu 255 passive Slaves möglich)
- Pro System sind maximal 10 Pico-Netze möglich (**Scatter**-Netz)

Datenübertragungsarten

- Punkt zu Punkt (**SCO: S**ynchronous **C**onnection **O**riented)
- Punkt zu Multipunkt (**ACL: A**synchronous **C**onnection**l**ess)
- SCO dient der synchronen Sprachübertragung mit symmetrischen Datenraten (64 kbit/s)
- Sprachcodierung erfolgt mittels **C**ontinuous **V**ariable **S**lope **D**elta Verfahren (**CVSD**);
- ACL-Übertragung ist asynchron und verbindungsunabhängig
- Datenpakete können dabei auch 3 oder 5 Zeitschlitze beanspruchen (ohne Frequenzwechsel)
- Symmetrie der Datenraten wird vom Master festgelegt:
  - asymmetrisch: max. 721 kbit/s vorwärts und 57,6 kbit/s rückwärts
  - symmetrisch: 432,6 kbit/s in beiden Richtungen
- Maximal **7 Datenkanäle** und **3 Sprachkanäle** pro Pico-Netz

Schutzmaßnahmen

- Schutz gegen **Übertragungsstörungen** durch
  - **FEC**-Codierung (**F**orward **E**rror **C**orrection: Vorwärts-Fehlerkorrektur) und
  - **ARQ** (**A**utomatic **R**etransmission **Q**uery: Wiederholungs-anforderung)
- Header jedes Paketes grundsätzlich mit FEC geschützt
- Datenschutz für die Übertragung auf physikalischer Schicht durch **Authentifizierung** und **Verschlüsselung**
- Verschlüsselung erfolgt mit **Stream-Cipher**-Verfahren über Schlüssellängen von 40 Bit oder 60 Bit
- Jedes Bluetooth-Gerät verfügt über eine eindeutige **Geräte-Adresse** mit **48 Bit** (ähnlich MAC-Adresse bei LAN-Netzwerken):
  - **LAP** (**L**ower **A**ddress **P**art) 24 Bit
  - **UAP** (**U**pper **A**ddress **P**art) 8 Bit
  - **NAP** (**N**on Significant **A**ddress **P**art) 16 Bit
- **Profile** definieren die gemeinsame Basis für Geräte mit identischen Diensten und ermöglichen damit die Interoperabilität zwischen den Geräten
- Die **Leistungsaufnahme** der Geräte wird über Betriebsarten (Active, Sniff, Park, Hold) gesteuert

Netzstruktur

Time Division Duplex

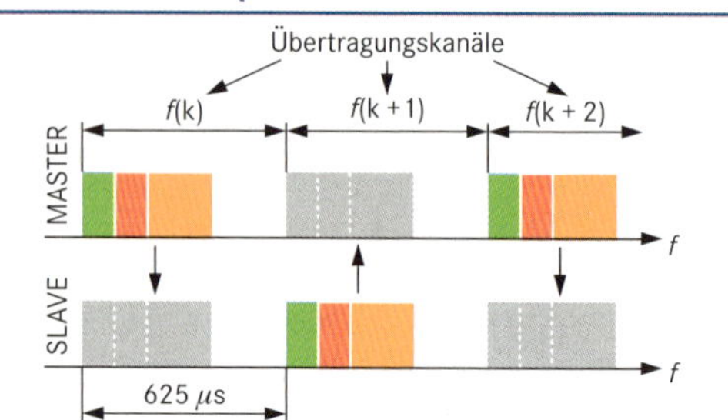

Rahmenformat

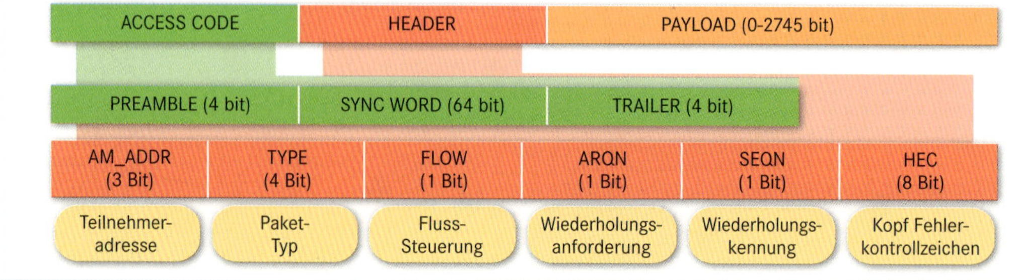

Merkmale

- **R**adio **F**requency **I**dentification (funkbasierte Erkennung) gehört zu den kontaktlosen Erkennungssystemen.
- Besteht aus passiven oder aktiven Transpondern (transceive und respond) und Lesegeräten.
- Der Datenaustausch erfolgt über magnetische bzw. elektrische Felder.
- Die Transponder beinhalten dabei codierte Daten von Personen oder Gegenständen, die von den Lesestellen kontaktlos empfangen und ausgewertet werden.

Transponderarten

- **Passive Transponder** [auch als Tag (Anhänger)] bezeichnet
  - bestehen aus einem Siliziumchip
  - einer integrierten Antenne
  - entnehmen die Energie zum Senden aus dem HF-Feld des Lesegerätes
- Bauformen passiver Tags sind u.a.
  - Plastikkarten
  - Münzformen
  - Glasröhrchen
  - Armbänder
- Der Aktivierungsbereich bei passiven Transpondern ist auf kurze Entfernungen zwischen Lesegerät und Transponder begrenzt
- Aktive Transponder
  - beinhalten eine zusätzliche Energiequelle (Batterie), die nach entsprechender Betriebszeit ausgetauscht werden muss
  - bieten größere Reichweiten als passive Transponder
  - beinhalten zusätzliche elektronische Schaltungsteile
  - sind in der Regel mechanisch größer aufgebaut
- Transponder können fest codiert oder wiederbeschreibbar sein
- Arbeitsfrequenzen liegen im Bereich von 100 kHz bis ca. 30 MHz
- Niederfrequente Systeme bieten eine wesentlich geringere Dämpfung als hochfrequente Systeme
- Die Luftschnittstelle wird gegen mögliche Übertragungsstörungen geschützt durch
  - Prüfsummenverfahren oder
  - Mehrfachübertragungen.
- Der zulässige Schreib-Leseabstand zwischen Transponder und Lesegerät ergibt sich aus
  - der verwendeten Frequenz
  - der Geschwindigkeit des Transponders
  - der Aufenthaltsdauer im Ansprechbereich
- Transponder sind im Allgemeinen unempfindlich unter anderem gegen
  - Staub
  - Feuchtigkeit
  - Gase
- Glas- oder Kunststofftransponder sind darüber hinaus
  - vollkommen staub- und wasserdicht
  - werden als Implantate eingesetzt
- Anwendung finden RFID-Systeme u. a. bei
  - Zugangskontrolle
  - Warenverfolgung
  - Dokumentenkennzeichnung
  - Mautstellen (z. B. Skilifte)
  - Personen-Nahverkehr

Systemaufbau

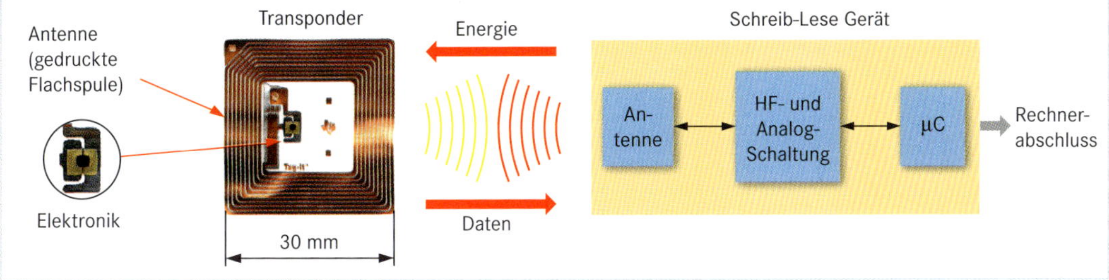

Richtdiagramm

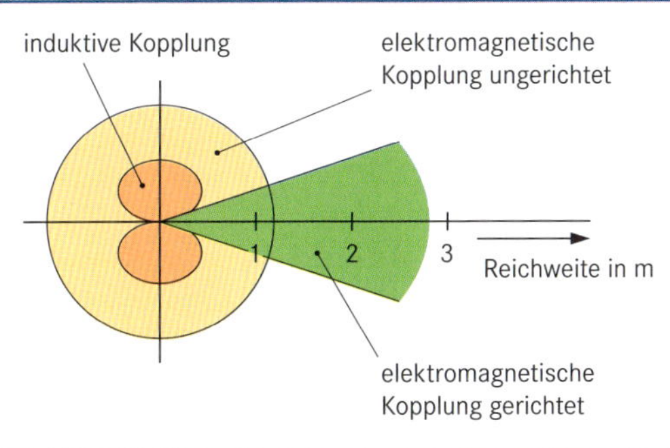

Beispiele

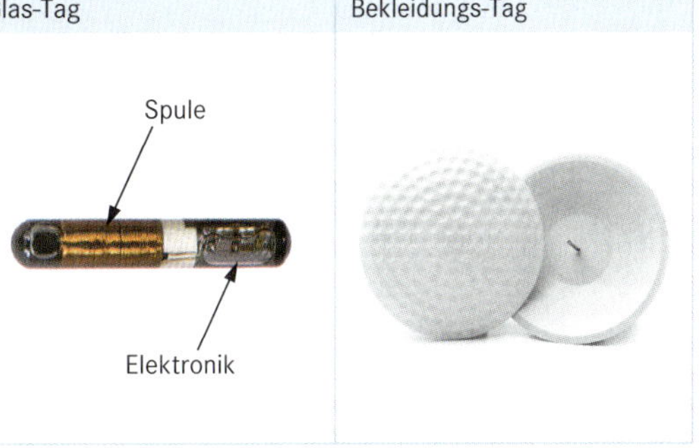

RFC – Request for Comments

Grundlagen

- RFC-Dokumente werden erstellt von
  - Spezialisten und
  - Arbeitsgruppen

  auf freiwilliger Basis in Form einer Empfehlung (**Internet Drafts**), die im Internet zur Diskussion veröffentlicht wird.
- Nach Abschluss der Diskussion werden diese Dokumente durch offizielle Bekanntgabe im Internet zur Umsetzung in Hard- und/oder Software freigegeben.
- Die offiziellen Spezifikationsdokumente für die **Internet Protocol Suite** werden
  - durch **IETF** (**I**nternet **E**ngineering **T**ask **F**orce) und
  - **IESG** (**I**nternet **E**ngineering **S**teering **G**roup) als standard tracks RFCs veröffentlicht
- **R**equest **f**or **C**omments („Bitte um Stellungnahme") beschreiben
  - sämtliche Internetprotokolle
  - Standards
  - Verfahren
  - Algorithmen
  - Regeln und
  - Strategien

  der Kommunikationstechnik in Netzwerken
- Die Herausgabe und Verwaltung der RFCs erfolgt vom RFC Editor.
  (http://www.rfc-editor.org/)

Beispiele

RFC-Nr.	Kurzform	Bezeichnung
3700	–	Internet Official Protocol Standards
791	P√4	Internet Protocol , Version 4
792	ICMP	Internet Control Message Protocol
919	–	Broadcasting Internet Datagrams
950	–	Internet Standard Subnetting Procedure
1112	IGMP	Host extensions for IP multicasting
768	UDP	User Datagram Protocol
793	TCP	Transmission Control Protocol
854	TELNET	Telnet Protocol Specification
855	TELNET	Telnet Option Specifications
959	FTP	File Transfer Protocol
821	SMTP	Simple Mail Transfer Protocol
1034	DOMAIN	Domain names – concepts and facilities
1035	DOMAIN	Domain names – implementation and specification
1155	SMI	Structure and identification of management information for TCP/IP-based internets
1001	NETBIOS	Protocol standard for a NetBIOS service on a TCP/UDP transport
862	ECHO	Echo Protocol
866	USERS	Active users
867	DAYTIME	Daytime Protocol
856	TOPT-BIN	Telnet Binary Transmission
857	TOPT-ECHO	Telnet Echo Option
1350	TFTP	The TFTP Protocol (Revision 2)
1006	TP-TCP	ISO Transport services on top of the TCP: Version 3
1390	IP-FDDI	Transmission of IP and ARP over FDDI Networks
826	ARP	Ethernet Address Resolution Protocol
907	IP-WB	Host Access Protocol specification
894	IP-E	Standard for the transmission of IP datagrams over Ethernet networks
895	IP-EE	Standard for the transmission of IP datagrams over experimental Ethernet networks
1055	IP-SLIP	Nonstandard for transmission of IP datagrams over serial lines: SLIP
1088	IP-NETBIOS	Standard for the transmission of IP datagrams over NetBIOS networks
1132	IP-IPX	Standard for the transmission of 802.2 packets over IPX networks
1661	PPP	The Point-to-Point Protocol (PPP)
1662	PPP-HDLC	PPP in HDLC-like Framing
1209	IP-SMDS	Transmission of IP datagrams over the SMDS Service
1939	POP3	Post Office Protocol – Version 3
2328	OSPF2	OSPF Version 2
2460	IPv6	Internet Protocol, Version 6
2865	RADIUS	Remote Authentication Dial In User Service
3853	SIP S/MIME	AES Requirement for the Session Initiation Protocol (SIP)

Zugriffsformen

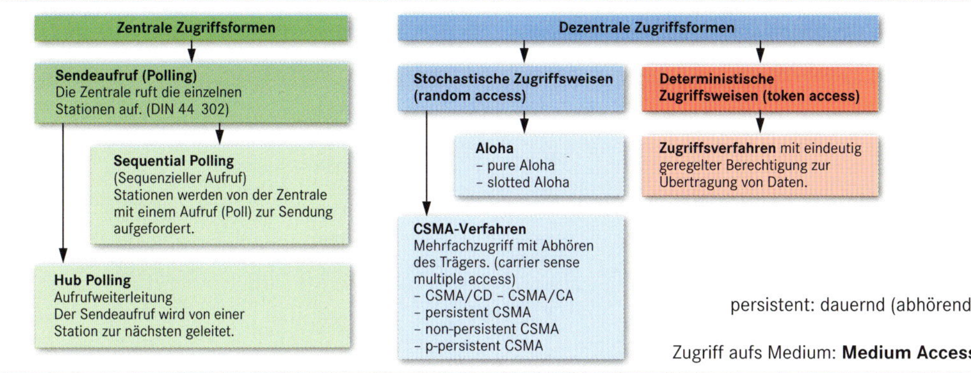

persistent: dauernd (abhörend)

Zugriff aufs Medium: **Medium Access**

CSMA-Verfahren

Prinzipien

- Grundsätzlich wird ein Sendezugriff dezentral von den einzelnen Stationen selbst eingeleitet.
- Vor dem Senden wird das Übertragungsmedium abgehört („listen before talk“).
- Kollisionen können auftreten, wenn zeitgleich verschiedene Stationen mit einer Nachrichtenübermittlung beginnen.
- Datenkollisionen können auch auftreten, wenn eine Station mit einer Übertragung beginnt und – zum Beispiel auf Grund einer größeren Entfernung einer anderen sendenden Station – ohne ihre Kenntnis eine andere Station bereits sendet.

Übertragungsverhalten

- **Nonpersistent:** ein nichtbeharrendes-Verhalten. Bei einer vorliegenden Datenübertragung auf dem Medium zieht sich eine sendewillige Station für eine zufällig bestimmte Zeit zurück und beginnt erst dann wieder zu prüfen, ob das Medium für eine Übertragung frei ist. (Durchsatzrate max. 90 %)
- **Persistent:** das beharrende Verhalten. Das Übertragungsmedium wird kontinuierlich abgehört. Sobald das Medium frei ist, wird eine Übertragung aufgenommen. (Durchsatz max. 55 %.)
- **P-persistent:** ein beharrendes, mit einer bestimmten Wahrscheinlichkeit sendendes Verhalten. Das Medium wird kontinuierlich bei einem Sendewunsch überwacht. Bei einem freien Medium wird mit der Wahrscheinlichkeit p eine Übertragung aufgenommen. (Durchsatzrate max. 92 % bei p = 0,01.)

Datenkollisionserkennung unter CSMA/CD

- Ein Sender benötigt eine Kollisionsmeldung, die ihm vor Abschluss seiner Datensendung vorliegen muss. Die Datenpaketmindestlänge muss mindestens dem doppelten Stationsabstand entsprechen.
- **Berechnung:**
  1. Bestimmung der Signalübertragungsgeschwindigkeit: Es gilt: $c = c_0/n$; mit c_0 = 300.000 km/s und dem Brechungsindex n des Materials (Koaxial: $c = c_0 \cdot 0{,}77$; Twisted-Pair: $c = c_0 \cdot 0{,}6$)
  2. Ermittlung der maximalen Stationsentfernung (l)
  3. Mindestübertragungszeit: $t = 2 \cdot l/c$
  4. Bestimmung der minimalen Paketlänge (P_L) unter Beachtung der Übertragungsrate und einer Toleranz von 30 %.

Varianten

- **CSMA/CD** (**C**arrier **S**ense **M**ultiple **A**ccess (**with**) **C**ollision **D**etection): Bei einer **Datenkollision** wird von der Station, die die Störung erkennt, ein Störsignal (ein **jam**) gesendet. Zugleich bricht diese Station ihre eigene Datenübertragung ab.

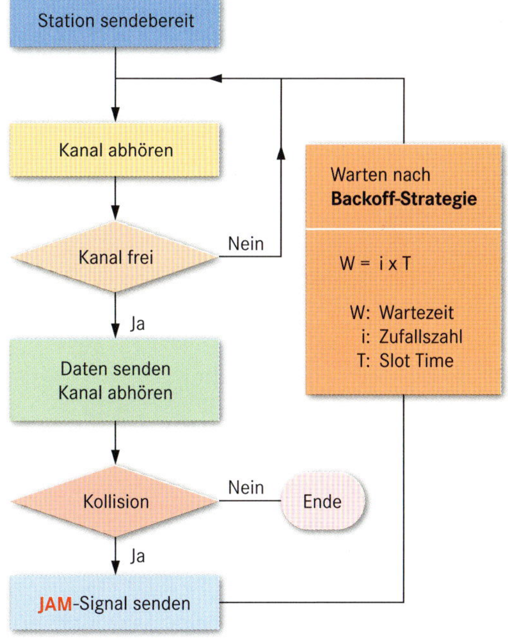

- **CSMA/CA** (**C**arrier **S**ense **M**ultiple **A**ccess (with) **C**ollision **A**voidance): Ein Übertragungswunsch wird anderen Stationen mit einem „**R**eady-**t**o-**S**end“-Signal (**RTS**) mitgeteilt. Ein RTS-Signaleingang führt zum Aufschub eines eigenen Sendewunsches. Angerufene Stationen senden ein „**C**lear-**t**o-**S**end“-Signal (CTS). Dies führt zur Reservierung einer Verbindung. Mit einem Quittungssignal (acknowledgement; **ACK**-Signal) wird das Datenübertragungsende den anderen Stationen mitgeteilt.

Schichtenmodelle/Protokollfamilien

Layer Models/Protocol Families

ISO - OSI (ISO-Modell)	SNA	TCP/IP	TCP/IP-Protokollstruktur	DEC NET	IEEE Local Area Network (Referenzmodell)
Anwendungsschicht	End User (SMB: Server Message Block)	Process/Application Layer	File Transfer [FTP - File Transfer Protocol] [HTTP WWW - Hyper-Text Transfer Protocol]; E-Mail [SMTP - Simple Mail Transfer Protocol]; Terminal Emulation [TELNET Protocol]; Network Management [Simple Network Management Protocol]	Application	Höhere Protokolle
Darstellungsschicht	Presentation Services				
Kommunikationssteuerungs (sitzungs)-schicht	Data Flow Control			Session Control	
Transportschicht	Transmission Control	Host-to-Host Layer	[TCP - Transmission Control Protocol]; [UDP - User Datagram Protocol]	End-to-End Communication	
Vermittlungsschicht	Path Control	Internet Layer	Address Resolution; [IP - Internet Protocol]; Internet Control Message Protocol	Routing	
Sicherungsschicht	Data Link Control	Network Access or Local Network Layer	Ethernet, IEEE 802, Arcnet, X.25 [SNAP: Sub-Network-Access Protocol] [ISL: Inter-Switch Link] [IEEE 802.4 (Token Bus); IEEE 802.5 (Token Ring); FDDI (Fiber Distributed Data Interface)] [IEEE 802.3/Ethernet (CSMA/CD)] [BPDU: Bridge Spanning Tree Protocol] [Ethernet DIX V2]	Data Link Control	2d - Bridging 2c - Secure Data Exchange 2b - Logical Link Control (LLC) (Verbindungssteuerungsschicht) 2a - Media Access Control (MAC) (Medienzugriffsschicht)
Bitübertragungsschicht	Physical			Physical	Physical Layer

Schicht „Null“: Physikalische Beschreibungsebene – z. B. Kupfer-, Koaxial-, Glasfaserkabel (Ethernet 50 Ohm Coax; 10 BASE-T/-F/5/2; 100 BASE-T/-F)

Abkürzungen: [Protokollbezeichnungen werden oben in rechteckigen Klammern aufgeführt.]

ISO: International Standardization Organisation
SNA: Systems Network Architecture (IBM-Architec.)
TCP: Transmission Control Protocol
OSI: Open System Interconnection
DEC NET: Digital Equipment Corporation
IP: Internet Protocol

Protokollgestaltungen

- Bei den Protokollzuordnungen und -gestaltungen werden auch
  - **Funktionsprinzipien** (Peer-to-Peer; Client-Server; (Terminal)),
  - **Übertragungsprinzipien** (Punkt-zu-Punkt; Punkt-zu-Mehrpunkt) und
  - **sendetechnische Aspekte wie**

    a): Kanalvermittlung (Durchschalteverbindung);
    b): Speichervermittlung (Sendungsvermittlung: Paketverfahren/Datagrammtechnik))

  der Datenvermittlung beachtet.

- Im Kern wird das OSI-Modell bei der **logischen** Strukturierung beachtet. Auf Grund seiner strukturellen Komplexität wird es bei den konkreten technischen Gestaltungen jedoch nicht im Detail realisiert.

- Bei Lokalen Netzen (LAN) und im Bereich der ATM-Technik bzw. der **zellorientierten** Übertragung erfolgt abweichend vom 7-Schichten-Modell der ISO eine Orientierung an einem **3-Schichten-Modell**.
  Hierbei werden unterschieden:
  1. Schicht: Bitübertragungsschicht
  2. Schicht: Zellvermittlungsschicht
  3. Schicht: Anwendungsschicht

- Der logische Strukturierungsgedanke (Module) des OSI-Modells ist weiterhin bedeutsam.

Protokoll-Aufbau bzgl. OSI (ISO-Modell)

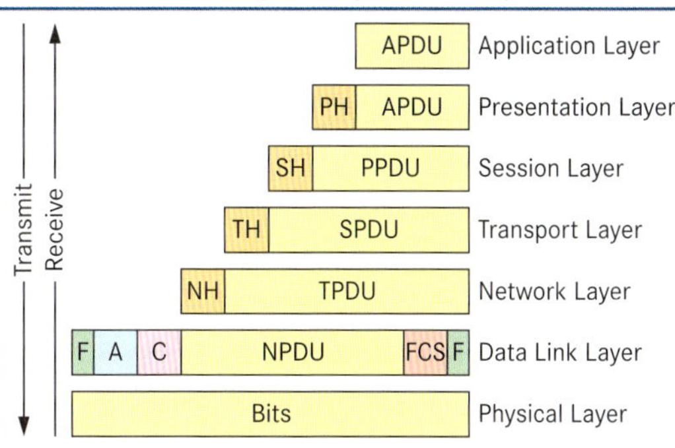

H (**H**eader): Kopffeld;
PDU (**P**rotocol **D**ata **U**nit): Informationsfelder

Übliches (vereinfachtes) Netz-Referenzmodell

- Bei der Beschreibung der Netzgegebenheiten wird zumeist auf ein vereinfachtes Modell zurück gegriffen.
- Die Anwendungsschichten werden hierbei zu einer Schicht zusammen gefasst. Dies vereinfacht besonders die Sicherheitsbetrachtungen.
- Dieser Modellzugang ist besonders für die Beschreibung von Server-Firewall-Proxy-Beziehungen bedeutsam.

Nr.	Bezeichnung	Übertragungsleitidee
5	Applikationen	Organisation: Ende zu Ende
4	Transport	
3	Netzwerk	Organisation: Vermittlung über Zwischenstationen
2	Datenverbindungen	
1	Physikalische	

Schicht	Protokolle	OSI-Aufgaben
1 Bitübertragung	▪ ISO 802.3 (CSMA/CD) ▪ ISO 802.4 (Token Ring) ▪ ISO 802.5 (Token Ring) ▪ ISO 802.6 (DQDB) ▪ X.21/X.21bis (Leitungsvermittlung) ▪ V.24 (Modem-Interface) ▪ I.430 (Bitübertragung) ▪ Modem: V.21, V.22, V.26, V.32, V.42 ▪ MAC-CDPD (Medium Access Control - Cellular Digital Packet Data)	▪ Übertragungsmedien werden aktiviert und deaktiviert. ▪ Die Nachricht wird als Folge von Bits übertragen. ▪ Mit geeigneten Leitungscodes werden effektive Übertragungen ermöglicht und die Energieversorgung für die Datenübertragung wird zur Verfügung gestellt, auch die Notversorgung. ▪ Bei Fernübertragungen wird die Bitsynchronisation zwischen benachbarten Systemen organisiert.
2 Sicherung	▪ SNAP (Sub-Network Access Protocol) ▪ ISO 8802.2; Ethernet DIX V2 ▪ IEEE 802.3 (CSMA/CD); IEEE 802.4 (Token Bus) ▪ IEEE 802.5 (Token Ring) ▪ FDDI (Fiber Distributed Data Interface) ▪ MLP - X.25 (Multi-Link-Protocol) ▪ MAC (FDDI) (Medium Access Protocol) ▪ X.212/222; T.71; I.440 (Sicherung); HDLC ▪ MNLP (Mobile Network Location Protocol) ▪ Frame Relay; PPP (Point-to-point) ▪ SSCOP (Service-Specific Connection-Oriented Prot.)	▪ Die zur Verfügung gestellten Daten von den Diensten der Schicht 1 (wortweise Multiplexbildung) werden strukturiert und der Datenfluss wird kontrolliert. Außerdem wird von ihr die Datensicherung bei der Übertragung auf Teilstrecken durchgeführt. ▪ Zur Strukturierung der Datensätze werden Synchronisationszeichenfolgen eingeführt. - Beim Protokoll X.25 wird z.B. die Zeichenfolge 01111110 verwendet. - Bei der PCM 30-Technik wird die Zeichenfolge 0011011 eingesetzt.
3 Vermittlung	▪ ISO 8880/8473/9542/10589/8208/8881 ▪ X.25 (Paketvermittlung) ▪ X.213; T.30; I.450 ▪ X.75 (Packet Switched Signaling between Public Networks) ▪ DDP (Datagram Delivery Protocol) ▪ IP (Internet Protocol) ▪ IPX (Internet Packet Exchange) ▪ SNA XID (Exchange ID - IBM Protocol)	▪ Routen und Ersatzrouten werden bestimmt: Verbindungen zum Datenaustausch werden über die gesicherten Teilstrecken aufgebaut. Feste Datenübertragungswege können geschaltet werden. Denkbar sind virtuelle Verbindungswege für die Paketvermittlung (alle Pakete nehmen den gleichen Weg) oder für das Datagramm-Verfahren (jedes Paket nimmt seinen Weg). ▪ Netzverbindungen werden verwaltet und überwacht.
4 Transport	▪ TCP (Transport Control Protocol) (RFC 793) ▪ T.70 ▪ UDP (User Datagram Protocol) (RFC 768) ▪ X.214/224 ▪ ISO 8072/3 ▪ NSP (Network Services Protocol) ▪ ISO TP (Transport Protocol) ▪ SNA RH (Request/Response Header - IBM Prot.)	- Authentifizierungen, - Codierungen, - Datenverschlüsselungen - Flussendkontrollen zwischen Endsystemen, - Ende-zu-Ende-Sicherungen (inkl. Auf- und Abbau der Ende-zu-Ende-Verbindungen), - Kanalaufteilungen (Multiplexing) und - Datensegmentierung
5 Kommunikation	▪ ISO 8326/7 ▪ X.215/225, T.62 ▪ SNA FMD (Function Management Data - IBM Prot.)	- Verwaltung von Sitzungen (Senderechtvergabe) - Dialogsynchronisation - Sitzungsorganisation
6 Darstellung	▪ ISO 8822/3/4/5 ▪ X.216/226 ▪ T.50/51/61	▪ Sie stellt die Informationen der Schicht 7 einheitlich dar. Hierbei werden lokale und neutrale Datendarstellungen angeglichen.
7 Anwendungen	▪ ISO 9579 (Remote Database Access) ▪ ISO 10026 (Distributed Transaction Processing) ▪ ISO 8571 (FTAM); ISO 8831/2 (JTAM); ISO 9040 ▪ X.400 (Message Handling); TTX (Teletex); ▪ IBMNM (IBM Network Management) ▪ SMB (Server Message Block - IBM Protocol)	▪ Sie ist der Ausgangspunkt (Quelle) und das Ziel (Senke/Sinke) der Informationsübertragung (File Transfer). Die Kommunikationsbeteiligten werden zum Beispiel identifiziert.

Die Schichten 1 bis 4 sind **transportorientierte Schichten**. Die Schichten 5 bis 7 sind **anwendungsorientierte Schichten**.

X.25

- Netzzugangsprotokoll für paketorientierte Datenübermittlung, entsprechend dem Schicht 3 Protokoll im OSI-Referenzmodell.
- Die Pakete werden stoßweise über eine einheitliche Route (virtuelle Verbindung) im Netz geführt.
- Die Transportreihenfolge der Pakete muss eingehalten werden (⟶ Paketvermittlungsverfahren).
- Ein Datagramm-Transport wird nicht unterstützt.

TCP – Transmission Control Protocol

- Es ist im OSI-Modell auf der vierten Schicht (Transport-Schicht) angesiedelt. Über TCP werden **verbindungsorientierte Datenübertragungen** ermöglicht. Es ist dem Internet Protokoll (IP) überlagert.
- Es zergliedert die zu übermittelnde Datei in kleine Datenpakete, die dann nummeriert als IP-Pakete im Netz transportiert werden.
- Beim Empfänger der Datenpakete setzt TCP die IP-Pakete in richtiger Reihenfolge wieder zusammen.

UDP – User Datagram Protocol

- Wie TCP jedoch verbindungslos und ohne Quittierung.

IP – Internet Protocol

- Es gehört zur dritten Schicht des OSI-Modells.
- Die einzelnen Daten werden mit einem Adresskopf versehen.
- Es ermöglicht eine **verbindungslose Datenübertragung**. Die IP-Pakete werden als **Datagramme** bezeichnet. Die Transportreihenfolge der einzelnen Datagramme ist beliebig.
- Jeder Rechner im Internet besitzt eine unverwechselbare IP-Adresse, der einem Host-Namen entspricht.
- Unterschieden werden besonders IPv4 und IPv6.
- IPv5 wird für Forschungs- u. miltärische Aufgaben eingesetzt.

IEEE 802.4 Format (Token-Bus)

≥ 1 Byte	1	1	*	*	≥ 0 Bytes	4	1
(1)	(2)	(3)	(4)	(5)	(6)	(7)	(8)

(Längenangaben in Bytes; *: 2 bzw. 6 Bytes)
(1): Vorspann im Protokoll (Preamble)
(2): SD: Start Delimiter
(3): FC: Frame Control
(4): Zieladresse (DA: Destination Address)
(5): Quelladresse (SA: Source Address)
(6): Informationsdaten
(7): 32-Bit-Prüfsequenz (CS: Frame Check Sequence: CRC 32)
(8): End Delimiter

SNMP – Simple Network Management Protocol

- Liegt oberhalb der Schicht 4: In dieser Hinsicht vergleichbar zu: ftp, telnet, SMTP, WWW
- Es wird zur Überwachung von Netzwerkaktivitäten eingesetzt.

Protokollzusammenspiel

Im Übertragungsprozess werden die einzelnen Protokolle auf den tieferen OSI-Schichten als Nutzdaten aufgenommen und transportiert.

Protokollaufbau

X.25-Protokoll
(Zugeordnet der Schicht 3 im OSI-Modell. Es ermöglicht eine Datenpaketvermittlung.)

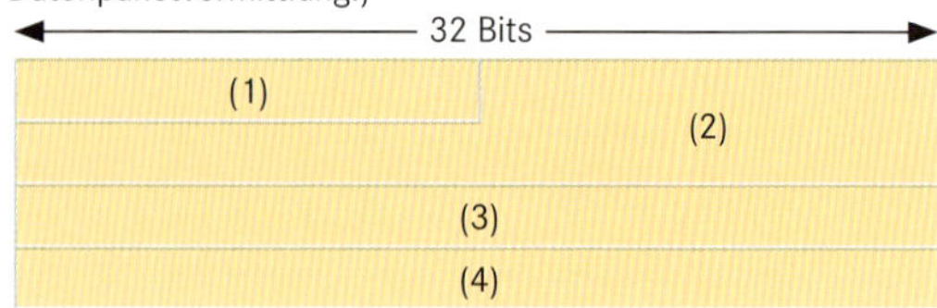

(1): Formatangabe (GFI: General Format Identifier)
(2): Adresse der (virtuellen) Verbindung (LCI: Logical Channel Identifier)
(3): Meldungstyp (packet type)
(4): Meldungsinhalt (Remainder)

TCP-Protokoll

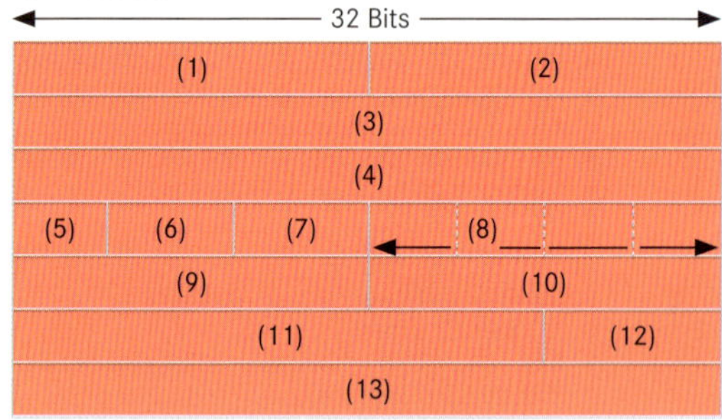

(1): Quellport; (2): Zielport; (3): Sequenznummer
(4): Bestätigungsnummer; (5): Offset;
(6): Reservierter Raum (6 Bits); (7): Flags
(8): Fenster (16 Bits); (9): Prüfsumme
(10): Dringlichkeitsangabe;
(11): Ergänzende Informationen (Optionen);
(12): Füllbits; (13): Eigentlicher Informationsbereich

IP-Protokoll – Version v4 (Adressenumfang 32 Bits)

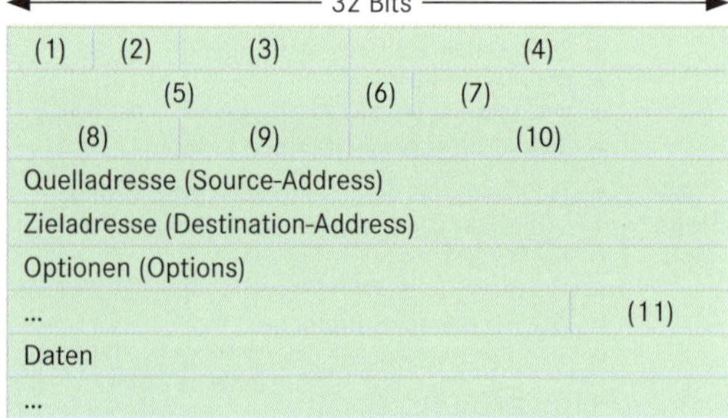

(1): Versionsnummer im IP-System
(2): Kopfgröße (-länge) (IHL: Internet Header Length)
(3): Dienstart (Priorität und spezifische Anforderungen)
(4): Datagramm-Länge (Gesamtgröße des Datagramms in Bytes)
(5): Kennung (Identification)
(6): Steuerungsinformationen für die Fragmentierung (Flags)
(7): Positionsinformation für Fragmente im Datagramm (Fragment-Offset)
(8): Lebensdauer des Datagramms im Netz (Time-to-Live)
(9): Protokollangaben für die Transportschicht (Protocol)
(10): Prüfsumme für den IP-Protokollkopf (Header-Checksum)
(11): Füll-Bits (Padding)

IPv6

- Der Adressumfang beträgt 128 Bit.
- $2^{128} = (2^4)^{32} = 16^{32} = 3{,}4 \cdot 10^{38}$ Adressen
- Die Einteilung in Netzklassen kann abgebaut werden.
- Die Verwendung von DHCP wird reduziert.
- IPsec wird integriert in IPv6.

	0–3	4–11	12–15	16–23	24–31
1	Version	Traffic Class	Flow Label		
2	Payload Length			Next Header	Hop Limit
3	Source Address				
4	Source Address				
5	Source Address				
6	Source Address				
7	Destination Address				
8	Destination Address				
9	Destination Address				
10	Destination Address				

Version: 4 Bits – Angabe zur Version	traffic class (Verkehrsklasse): 8 Bits – Priorität des Paktes (Dringlichkeit)
flow label (Flussangabe; Flusskontrolle: 20 Bits – Angaben zu den Datentypen	Payload – Length (Länge der Nutzlats): 16 Bits – Nutzdatenlänge nach dem IPv6 – Header (Extension Header)
next header (nh): 8 Bits – Headertyp nach der Zieladresse	hop limit (hl) (Sprunglimit): 8 Bits – Angabe der maximalen „Sprünge" im Netz. Basiswert 254: jeder Systemabschnitt reduziert den Wert um 1. Bei Null erfolgt die Datagramm-Vernichtung. hl kann individuell eingestellt werden.
Source Address (Quelladresse): 128 Bit (ermöglicht in etwa 340 Sextilionen = 3,4 · 1038 Adressen)	
Destination Address (Zieladresse): 128 Bits	
Extension Header: Erweiterungs-Header – Aufruf über **nh**	

NGN-Protokolle (Next Generation Networks Protocols)

- Im Rahmen der NGN-Technik, durch die in einheitlicher Art vielfältige Netzfunktionen und Übertragungsarten gestaltet werden sollen, werden neuartige Protokolle auf der Basis bereits existierender eingesetzt. Hierbei sollen auch Telephonie- und TV-Übertragungen integriert ermöglicht werden.
- Typische NGN-Protokolle (**P**.: Protocol):
  NTP: **N**etwork **T**iming **P**. **RSVP**: **R**esource **R**eservation **P**.
  PSTN: **P**ublic **S**witched **T**elephone **N**etwork
  RTCP: **R**ealtime **T**ransport **C**ontrol **P**.
  RTP: **R**ealtime **T**ransport **P**. **SAP**: **S**ession **A**nnouncement **P**.
  SCTP: **S**tream **C**ontrol **T**ransmission **P**rotocol – verbindungsorientiertes Transportprotokoll: Verbindung von TCP mit UDP. Der Header der SCTP-Meldung besteht aus 3 x 32 Bit. Dazu treten Informationen (Chunk Meldungen) zur transportierten Information. So können z.B. Payload-Daten übertragen werden.

8 Bit	8 Bit	8 Bit	8 Bit
Source Port Number		Destination Port Number	
Vertification Tag			
Checksum (vergleichbar TCP)			
Chunk Type	Chunk Flags	Chunk Length	

SDP: **S**ession **D**escription **P**rotocol; **SIP**: **S**ession **I**nitiation **P**.

ARP – Address Resolution Protocol

- Es dient dazu, die zu einer IP-Adresse gehörende MAC-Adress zu bestimmen.
- **Protokoll-Aufbau** (ARP-Header):

Zeilen	Bitbreite 1–8
1	Hardware Type
2	
3	Protocol Type
4	
5	Hardware Length
6	Software Length
7	Option Code
8	
9	Hardware Source Address
10	
...	
14	
15	Software Source Address
...	
18	
19	Hardware Destination Address
...	
24	
25	Software Destination Address
...	
28	

- **Hardware Type**; Umfang: 2 Bytes
  Angabe des Netzwerktyps:

1	Ethernet 10 Mps
2	Experimental Ethernet
3	Amateur-Radio AX.25
4	Proteon PROnet Token-Ring
5	CHAOSnet
6	IEEE 802.x LANs
7	ARCnet

- **Protocol Type**; Umfang: 2 Bytes
  Protokoll-Kennung unter Verwendung der EtherType-IDs
- **Hardware Length**; Umfang: 1 Byte
  Angabe zur Länge der MAC-Adresse (Hardware-Adresse)
- **Software Length**; Umfang: 1 Byte
  Angabe zur Länge der IP-Adresse (Software-Adresse)
- **Options Code**; Umfang: 2 Bytes
  ARP-Funktionskennzeichnung:

0	ARP Request
1	ARP Reply
2	RARP Request
3	RARP Reply

- **Hardware Source Address**; Umfang: 6 Bytes
  Es wird die MAC-Adresse des Senderechners angegeben.
- **Software Source Address**; Umfang: 4 Bytes
  Es wird die IP-Adresse des Senderechners angegeben.
- **Hardware Destination Address**; Umfang: 6 Bytes
  Es wird die MAC-Adresse des Empfangsrechners angegeben.
- **Software Destination Address**; Umfang: 4 Bytes
  Es wird die IP-Adresse des Empfangsrechners angegeben.

Hintergründe und Grundlagen

- Bezeichnung **Diameter**: Kunstwort, Diameter (engl.) bezeichnet den Durchmesser. Somit ist Diameter größer (und somit besser) als Radius (RADIUS-Protokoll: Remote Authentication Dial-In User Service – RFC 2058).
- Diameter ist ein **AAA**-Protokoll. Die AAA-Definitionen finden sich in RFC 3539.
- Es basiert auf dem **RADIUS**-Protokoll.
- Diameter nutzt TCP und SCTP (und IP) zum sicheren Transport und für die Verschlüsselung TLS und IPSec.
- Diameter ist in RFC 3588 definiert.
- Es ist – in Erweiterung zum RADIUS – für mobile Zugriffe auf IP-Netze geeignet.
- Protokolleinbettung:

IP	TCP/SCTP	DH	AVP 1	AVP 2	...

  IP: IP-Protokoll; TCP: TCP-Protokoll
  DH: Diameter Header; AVP: Attribute Value Pair
- Zu Diameter gehören eine Sicherheitsergänzungen (CMS) und Dienste-Anwendungen, wie zum Beispiel: Credit-Control, EAP, MIPv4, NAS, ...
- Diameter wird im IP Multimedia Subsystem eingesetzt.
- Es ermöglicht die Peer-to-Peer-Kommunikation und das Roaming.

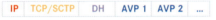

Begriffe und Abkürzungen

- **AAA**: **A**uthentication, **A**uthorization, **A**ccounting (Triple-A-System)
- **AVP: A**ttribute **V**alue **P**air – 32 Bitraum zur Darstellung von 256 Attributen.
- **CMS: C**ryptographic **M**essage **S**yntax
- **Credit-Control:** Dienstnutzung über Prepaid Guthaben
- **Dial-in-Zugang:** Zugriff auf ein Netz von außen
- **EAP** (**E**xtensible **A**uthentication **P**rotocol): WLAN-Authentifizierungsprotokoll gemäß RFC 4072
- **MIPv4** (**M**obile **IPv4** Anwendungen): Ermöglicht die Netzmobilität gemäß RFC 4004
- **NAS: N**etwork **A**ccess **S**erver
- **RADIUS: R**emote **A**uthentication **D**ial-**in** **U**ser **S**ervice (Standard fürs Internet: RFC 2058 (1997) bis RFC 2865 (2000)) Radius nutzt zum Transport das unsichere **UDP**.
- **RAS: R**emote **A**ccess **S**ervices – ermöglicht den Zugriff auf ein Firmennetz (Intranet) aus dem mobilen Internet heraus
- **SCTP: S**tream **C**ontrol **T**ransmission **P**rotocol (verbindungsorientiertes Transportprotokoll)
- **TLP: T**ransport **L**ayer **S**ecurithy
- **UDP: U**ser **D**atagram **P**rotocol (unsichere TCP Alternative, da quittierungslos)

Protokollaufbau

Header

1 … 8	9 … 16	17 … 24	25 … 32
Version	Message Length		
Command F.	Command Code		
Application- Identifier			
Hop-by-Hop- Identifier			
End-to-End- Identifier			
AVPs...			

Aufbau der AVPs

1 … 8	9 … 16	17 … 24	25 … 32
AVP Code			
Flags-AVP	AVP Length		
Vendor-ID (optional)			
Daten ...			

- Im AVP Code (32 Bit) wird angegeben, welcher Bedeutungsinhalt im Datenbereich dargestellt wird.
- Die AVP-Dateninhalte sind im Detail vorbestimmt. Die RADIUS-Mitteilungen werden vollständig berücksichtigt.
- **AVPs**

Code	Name	Code	Name
257	Host IP-Adresse	281	Error Message
258	Auth-Application ID	283	Destination Realm
263	Session ID	291	Authorization Lifetime
273	Disconnect Cause	292	Redirect Host

Architekturprinzipien

A: Client und Server kommunizieren direkt miteinander.
B: Die Kommunikation zwischen Client und Server wird über ein **DRLA** (**D**iameter-**Re**l**a**y-**A**genten) ermöglicht.
C: Wie unter B erfolgt die Kommunikation über ein DRLA. Der DRLA greift dabei auf ein zugeordnetes **DRDA** (**D**iameter- **Re**direct-**A**genten) zurück.
D: Die Kommunikation wird vermittelt durch einen **TLA** (**T**rans**l**ation-**A**genten).

AAA

Beim Zugriff auf einen Dienst bzw. eine Ressource müssen in geordneter Abfolge die Zugangsberechtigung und die erlaubten Details geklärt werden:

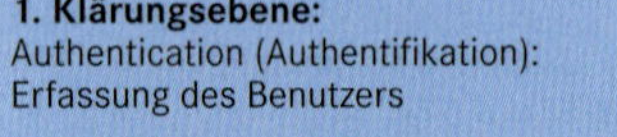

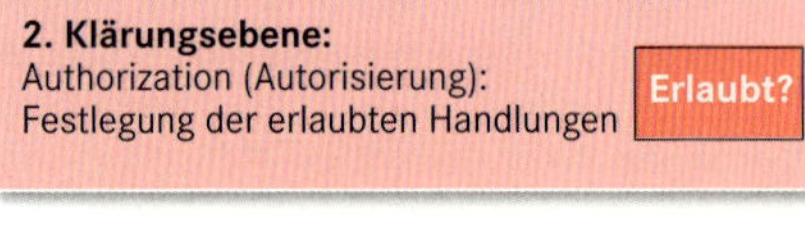

2. Klärungsebene:
Authorization (Autorisierung):
Festlegung der erlaubten Handlungen
Erlaubt?

3. Klärungsebene:
Accounting (Abrechnung):
Erfassung der Dienste und Ressourcen

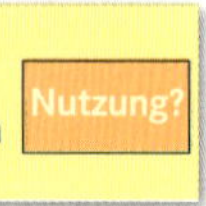

Diameter-Nachrichten

Command Code	Abkürzung	Information
257	CER	Capabilities Exchange Request
257	CEA	Capabilities Exchange Request
258	RAR	Re-Auth Request
258	RAA	Re-Auth Answer
268	AAR	AA-Request
268	AAA	AA-Answer
271	ACR	Accounting Request
271	ACA	Accounting Request
274	ASR	Abort Session Request
274	ASA	Abort Session Answer
275	STR	Session Termination Request
275	STA	Session Termination Answer
282	DPA	Disconnect Peer Answer

Port

- Mit der IP-Adresse wird ein PC als Netz-Einheit erkannt. Eine präzise Identifikation (zum Dienst usw.) wird über diese erreicht. Über die Protnummern kann ein Verständigungsprozess ablaufen.
- Auch bei einer Server-Client-Kommunikation, die vom **RPC**-Protokoll (**R**emote **P**rocedure **C**all) organisiert wird, werden RPC-Dienste über Portnummern näher erfasst.
- Die Port-Nummer wird als 16-Bit große Zahl bestimmt.

Portnummer	Dienst/Hinweis
0 - 511	Well know services (ftp; telnet; ...)
0 - 1023	trusted ports: systemnahe Serverprozesse
512 - 767	Berkley-services (UNIX-Services)
768 - 1023	dynamische privilegierte Client-Anwendungen
1024 - 32767	dynamische unprivilegierte Client-Anwendung.

Port-Nr.	Dienst	Port-Nr.	Dienst	Port-Nr.	Dienst
0	`ip`	20	`ftp (data)`	79	`finger`
1	`icmp`	21	`ftp (control)`	109	`pop2`
6	`tcp`	23	`telnet`	110	`pop3`
80	`http`	25	`smtp`	513	`login`

Socket

- Bezeichnung und Konzeption gehen auf das BS BSD Unix (Berkeley Software Distribution) von 1976/77 zurück. Im Rahmen des Socket-Konzepts wird eine freie Zuordnung zu beliebigen Netzzielen ermöglicht.
- Eine IP-Adresse verbunden mit einer Port-Nummer wird als Socket bezeichnet. Allgemein versteht man hierunter eine Angabe, die aus den IP- und Port-Nummern der miteinander kommunizierenden Rechner und der Angabe des Übertragungsprotokolls besteht. So kann von der IP-Schicht über die TCP-Schicht ein eindeutiger Zugang zum „oberhalb" von TCP (bzw. UDP) liegenden (Verarbeitungs-)Protokoll gefunden werden.
- Bedeutsam ist das Socket-Konzept für die programmiertechnische Gestaltung der Schnittstellen für Kommunikationsprozesse in verteilten Systemen bei TCP/UDP - IP. Die damit einhergehende „hardwarenähe" steht in Spannung zu den favorisierten Objekt-Beziehungen der objektorientierten Programmierung.
- Mit der Erstellung eines Sockets [allgemein: `socket()`] bzgl. TCP: `socket(AF_INET, OCK_STREAM, 0)` und bzgl. UDP: `socket(AF_INET, SOCK_DRAM, 0` wird im Kommunikationsprozess ein Bezugspunkt erzeugt.
- Geöffnet wird ein Socket über einen `open`-Befehl. Mit einem `close`-Befehl muss es auch wieder geschlossen werden.
- In der Server-Client-Kommunikation erfolgt auf der Seite des Servers die Übertragung über die „Stationen" `socket()`, `bind()`, `listen()`, `accept()`. Die Client-Seite kann über `socket()`, `connect()` einen Verbindungsaufbau vornehmen. Mit `read()` und `write()` wird der Server-Client-Datenaustausch gestaltet.
- **Netzverbindungsbefehle**:

`socket`	Kommunikationsendpunkt wird angefordert
`bind`	Festlegung von Portnummern
`listen`	Verbindungsanzahl (Pufferzahl) wird bestimmt
`accept`	Bereitschaft zum Empfangen wird signalisiert
`connect`	Anforderung einer Verbindung
`send`	Senden von Daten
`recv`	Warten auf eine Antwort
`close`	Auflösen einer Verbindung

DNS - Domain Name Service

- Die Einführung des Dienstes erfolgte 1984. Unter Verwendung von Tabellen werden IP-Adressen den zugehörigen logischen Namen (Host-Name) zuordnet. DNS arbeitet weltweit.
- Eine IP-Adresse besteht prinzipiell aus dem konkreten lokalen Anteil (Rechner-Adresse) und der Subnetz-Adresse.
- Die Adressvergabe wird von der **IANA** organisiert und überwacht.
- **IANA**: **I**nternet **A**ssigned **N**umbers **A**uthority (USA)
- Die Vergabe wird zum Teil regionalisiert - an die **RIR**s.
- **RIR**: **R**egional **I**nternet **R**egistries.
- Adressvergabe in Europa: durch die RIPE NCC (Amsterdam).
- Der DNS-Namensraum ist von hierarchischer Struktur. Ausgehend von einer Wurzel (Root) werden mit den einzelnen Baumverzweigungen separierte Räume (Domain) erreicht, denen weitere Unterräume zugeordnet sind. Den einzelnen Knoten im Baum sind Name-Server zugeordnet.

Top Level Domain (TLD) - Einteilungen

- Länderspezifische Zuordnungen (**ccTLDs** - **C**ountry **C**ode **TLDs**) - auch Geographische Domänen (z. B. Deutschland: .de; Polen: .pl)
- Generische TLDs (gTDLs; auch Organisatorische Domänen) Beschränkte (A) und unbeschränkte (B) gTDLs:
  (A) Firmen - .com; ...; .net; .info; .org; ...
  (B) Regierungsorganisationen: .gov
  Bildungseinrichtungen: .edu; usw.

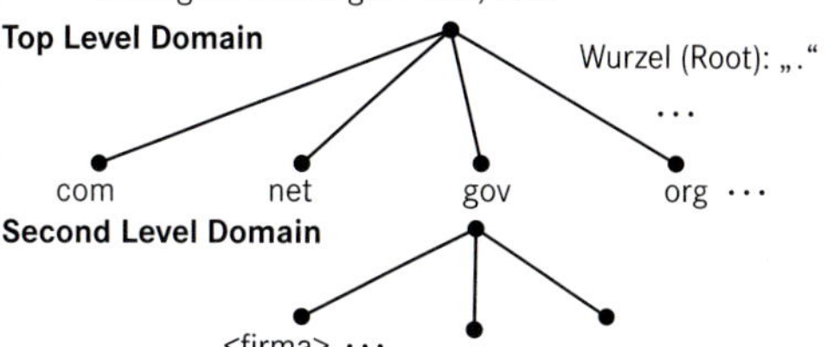

Basisspezifikationen: RFC 882; RFC 883
und später RFC 1034, RFC 1035

DHCP - Dynamic Host Configuration Protocol

- **DHCP** („dynamisches Protokoll für die Konfiguration des Computers") wurde 1993 entwickelt.
- Ein DHCP-Server kann in dynamischer Art IP-Adressen automatisch an Clients vergeben. Es ist ein Netzwerkdienst (Daemon) und gehört zur Gruppe der Internet-Protokolle.
- DHCP bezieht sich dabei direkt auf das IP-Protokoll.
- Nutzer erhalten eine identifizierenden IP-Adresse. Nach der Nutzung kann sie anderen Rechnern zugeordnet werden.
- Client und Server müssen sich auf das gleiche Subnetz beziehen, da die Initialisierungskommunikation über **Rundsendungen** (**broadcast**) erfolgt. Sollte die Nachricht über die Grenzen eines Subnetzes hinaus gehen, dann muss in den jeweiligen Routern der einzelnen Subnetze geeignete Agenten (**DHCP-Relay-Agenten**) installiert werden. Router selbst geben Broadcasts über das Subnetz hinaus nicht weiter.
- Quellport-Nummer: Port 68; Zielport-Nummer: Port 67
- Vergabevorgang (Prozesse: Client →; Server ←)
  1. DHCP - discover - Nachricht →:
  2. DHCP - offer - Nachricht ←:
  3. DHCP - request - Nachricht →:
  4. DHCP - acknowledge - Nachricht ←:
- Bezugs-RFCs: 1531, 1533, 1534, 1541, 2131

- Das WWW wird grundsätzlich von einer **Client-Server-Struktur** geprägt. Die Clients fordern über WWW-Verbindungen Server-Dienste ein.
- Die Verbindung zwischen lokal definierten Netzbereichen und dem WWW kann über **Proxy-Server** gestaltet werden.
- Ein Proxy-Server arbeitet für den Client als Server, für einen WWW-Server als Client. Mit dem Proxy-Server kann eine **Firewall** gestaltet werden.
- Ein Proxy-Server kann Informationen, die oftmals im Netz abgerufen werden, zwischenspeichern (im cache). Insofern ist eine vereinfachte und kostengünstige Datenübermittlung möglich.

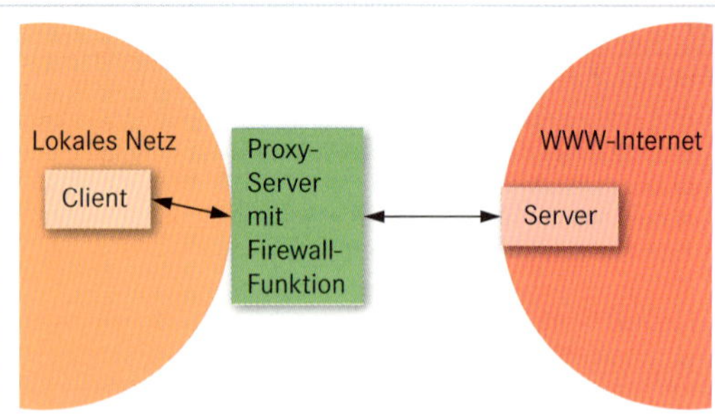

- Nach dem OSI-Modell kann jede Schicht nur mit den direkt benachbarten Schichten über **Primärmeldungen** (**Primitives**) kommunizieren.
- Die Kommunikation wird in einer Schicht jeweils von einer Instanz (aktive Schichteinheit) gestaltet. Zur Datenübertragung muss eine Datenverbindung aufgebaut werden.
- Hierzu wird ein Datenübertragungswunsch z. B. von einem Client-Rechner an einen Proxy-Server gesendet.
- Grundsätzlich unterscheidet man folgende Phasen:
  ① Verbindungsaufbau
  ② Verbindung (Datenaustauschphase)
  ③ Abbau der Verbindung

Übertragungsfolge

Folgende **Primärmeldungen** werden ausgetauscht:

Verbindungsaufbau ①
A: Verbindungswunsch (Connect Request)
B: Anzeige des Verbindungswunsches (Connect Indication)
C: Verbindungsannahme (Connect Response)
D: Bestätigung des Verbindungsaufbaus (Connect Confirm)

Datenaustauschphase (Verbindungsphase) ②
A: Datenübertragungswunsch (Data Request)
B: Anzeige des Datenpakets (Data Indication)
C: Annahme des Datenpakets (Data Response)
D: Bestätigung der Datenübermittlung (Data Confirm)

Verbindungsabbau ③
A: Verbindungsabbauwunsch (Disconnect Request)
B: Anzeige des Abbauwunsches (Disconnect Indication)
C: Annahme des Wunsches zum Abbau (Disconnect Response)
D: Bestätigung des Verbindungsabbaus (Disconnect Confirm)

HTTP – Hypertext Transfer Protocol

Grundlagen

- **HTTP** steht für **H**ypertext **T**ransfer **P**rotocol.
- Es ist neben ftp ein zentrales Übertragungsverfahren in Netzen.
- Wird im Internet keine Protokollangabe vor der Adresse gegeben (**www**.westermann ...), dann wird automatisch das HTTP-Protokoll (**http:// www**.westermann ...) eingesetzt.
- HTTP unterstützt die das WWW prinzipiell prägende Client-Server-Struktur.
- Das HTTP überträgt alle vorhandenen Datenformen im Netz.
- Es ist der Port-Nummer 80 im Rahmen des Socket-Konzeptes zugeordnet (TCP-Port und UDP-Port).
- HTTP ist ein zustandsloses und persistentes Verfahren.
- SHTTP ist eine Variante von HTTP, die Verschlüsselungen ermöglicht: SHTTP – Secure HTTP.

Die HTTP-Protokoll-Informationen werden als ASCII-Text übertragen.

In den übertragenen HTTP-Protokoll-Informationen wird nach der Angabe zur HTTP-Version eine Status-Code-Angabe gegeben.

Status-Mitteilungen unter HTTP

1XX – eine nur informative Nachricht (Informational)	
100 – Continue	101 – Switching Protocols
2XX (Sucessfull)	
200 – OK 201 – Created 202 – Accepted	203 – Non-Authoritive Information 204 – No Content 205 – Reset Content
3XX – Die Client-Anfrage geht an eine andere URL (Redirection)	
300 – Multiple Choices 301 – Moved Permanently	305 – Use Proxy
4XX – Es liegt ein Clientfehler vor (Client Error)	
400 – Bad Request 401 – Unauthorized 403 – Forbidden 404 – URL not found 405 – Method Not Allowed 406 – Not Acceptable 407 – Proxy Authentification Required 408 – Request Timeout	409 – Conflict 410 – Gone 411 – Length Required 412 – Precondition Failed 413 – Method Not Allowed 414 – Request Entity Too Long 415 – Requets-URI Too Long 408 – Unsupported Media Type
5XX – Es liegt ein Servicefehler vor (Server Error)	
500 – Internal Server Error 501 – Not Implemented 502 – Bad Gateway	503 – Service Unavailable 504 – Gateway Timeout 505 – HTTP Version not supported

Merkmale

- Mit **VLANs** (**V**irtual **LAN**: virtuelles LAN) werden physikalische Netzwerke in **logische Gruppen** (z. B. für eine Projektteam und ein Entwicklungsteam) eingeteilt.
- Die Teilnehmer jeder logischen Gruppe können sich dabei räumlich an beliebigen Orten befinden.
- Somit ist es z. B. möglich an einem Unternehmensstandort einzelne Mitarbeiter verschiedener Abteilungen in ein zugeordnetes VLAN zu integrieren, ohne das die jeweiligen Mitarbeiter ihren bisherigen Arbeitspalatz wechseln müssen.
- VLANs sind nich auf einen geografischen oder physischen LAN-Standort begrenzt und können somit auch weltweit (über Internet) aufgebaut werden.
- Das jeweilige VLAN bildet dabei eine **Broadcast-Domäne**, die sich über mehrere Switche ausdehnen kann.
- Eine wesentliche Komponente beim Aufbau eines VLANs sind die eingesetzten Switche, die verwaltet (gemanaged) werden können.
- Die Zuordnung zu einem bestimmten VLAN kann wahlweise erfolgen durch
  - **portbasierte** Zuordnung an einem Switch (statische Zuordnung),
  - MAC-Adressen-Zuordnung (dynamische Zuordnung) oder auf der Protokollebene.
- Bei der portbasierten Zuordnung werden am Switch die Endgeräteanschlüsse fest dem jeweiligen VLAN zugeordnet (konfiguriert).
- In VLAN Netzwerken mit mehreren Switchen erfolgt die Übertragung der Datenpakete zwischen den Switchen mit einer Kennzeichnung für das jeweilige VLAN (**802.1Q TAG** ①).
- Diese Kennung wird im absendenden Switch in den Datenrahmen eingefügt und im empfangenden Switch wieder entfernt.
- Zur Übertragung über das Internet wird eine zusätzliche Kennung (**Outer TAG, auch QinQ** ②) zur Erweiterung des Adressraumes für VLANs eingefügt.
- Vorteile von VLANs sind u. a.
  - ein geringer administrativer Aufwand bei Umzug oder Änderung von Endgeräten,
  - ein reduzierter Bandbreitenbedarf in den einzelnen VLANs,
  - eine erhöhte Sicherheit durch isolierte Bereiche und
  - eine vereinfachte Fehlersuche bzw. -behebung.

Netzarchitektur

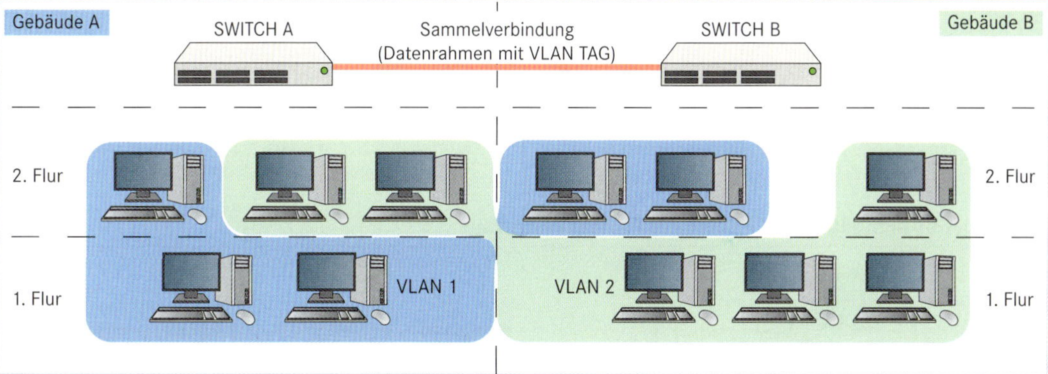

Rahmenformate

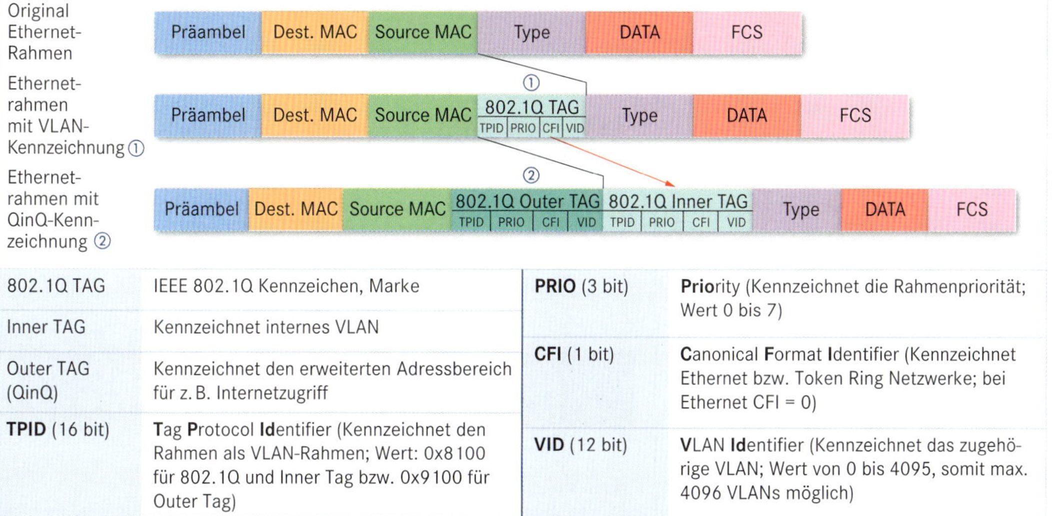

802.1Q TAG	IEEE 802.1Q Kennzeichen, Marke	**PRIO** (3 bit)	**Prio**rity (Kennzeichnet die Rahmenpriorität; Wert 0 bis 7)
Inner TAG	Kennzeichnet internes VLAN		
Outer TAG (QinQ)	Kennzeichnet den erweiterten Adressbereich für z. B. Internetzugriff	**CFI** (1 bit)	**C**anonical **F**ormat **I**dentifier (Kennzeichnet Ethernet bzw. Token Ring Netzwerke; bei Ethernet CFI = 0)
TPID (16 bit)	**T**ag **P**rotocol **Id**entifier (Kennzeichnet den Rahmen als VLAN-Rahmen; Wert: 0x8100 für 802.1Q und Inner Tag bzw. 0x9100 für Outer Tag)	**VID** (12 bit)	**V**LAN **Id**entifier (Kennzeichnet das zugehörige VLAN; Wert von 0 bis 4095, somit max. 4096 VLANs möglich)

VPN – Virtuelles privates Netzwerk
VPN – Virtual Private Network

Merkmale

- **VPN**
  - ist ein **geschlossenes** logisches Netzwerk zur **sicheren** Datenübertragung über öffentlich zugängliche Übertragungsnetzwerke (z. B. Internet), bei denen die Verbindungen durch einen öffentlichen **ISP** (**I**nternet **S**ervice **P**rovider) bereitgestellt werden
  - erzeugt zur Übertragung im Internet einen sogenannten **Tunnel** (Tunneling)
- Grundprinzip des Tunneling ist das Verpacken (encapsulation) von Anwendungspaketen in die Datenpakete des Transportprotokolls.
- Angewendete **Sicherheitsmechanismen** wie Identifikation, Authentifikation und Verschlüsselung der Daten verhindern den Zugang durch Unbefugte.
- **Vorteile** gegenüber echten privaten Netzen (z. B. Corporate Network) sind
  - höhere Flexibilität (u. a. eigene Adressierung)
  - niedrigere Kosten für die Übertragung

Anwendungen

- **Einsatzfelder** von VPN sind
  - **Remotezugriff** auf Unternehmensdaten über das öffentliche Internet durch Außendienstmitarbeiter oder Heimarbeiter
  - Verbindung von Netzwerken (Zweigstelle mit Unternehmenszentrale)
  - Verbinden von Computern über ein **Intranet** (firmeneigenes Netzwerk) zum Aufbau geschlossener Benutzergruppen

Protokolle

- Protokolle zur Implementierung eines VPN sind z. B.
  - **PPTP**
    (**P**oint-to-**P**oint **T**unnelling **P**rotocol: Punkt-zu-Punkt-Tunnel Protokoll)
  - **L2TP**
    (**L**ayer **2** **T**unneling **P**rotocol: Ebene 2 Tunnel Protokoll)
  - **IPSec**
    (**IP** **Sec**urity Protocol: Internet Sicherheits Protokoll)
- **PPTP**
  - Transport von IP, IPX oder Net BEUI über IP-Netzwerke
  - arbeitet auf Schicht 2 des OSI-Modells und nur über IP-Netzwerke
  - packt die Datenpakete in Rahmen des PPP (Point-to-Point Protokoll)
- **L2TP**
  - Transport von IP, IPX oder NetBEUI über beliebige Medien wie z. B. X25, Frame Relay, ATM (Punkt-zu-Punkt Datagramm Übertragung) oder IP-Netzwerke
  - arbeitet auf Schicht 2 des OSI-Modells
  - packt die Datenpakete in Rahmen des PPP
- **IPSec**
  - Transport von IP-Daten über ein IP-Netzwerk
  - arbeitet auf Schicht 3 des OSI-Modells
  - verwendet Transport- oder Tunnelmodus
  - Protokolle sind **AH** (**A**uthentication **H**eader: Authentifikations-Kopf) und/oder **ESP** (**E**ncapsulated **S**ecurity **P**ayload: verschlüsselter Kopf und Anhang)
  - kann auch als normales Transportprotokoll verwendet werden (nur Nutzlast verschlüsselt, Header bleibt original erhalten, ergibt geringere Bandbreitenbelastung)

Heimarbeiter-Anbindung

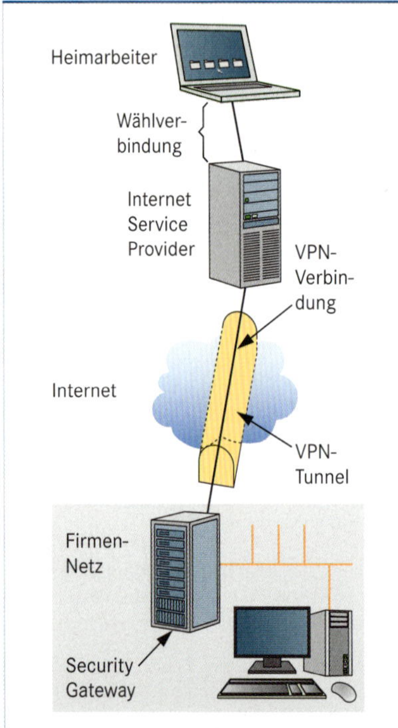

Protokoll-Struktur

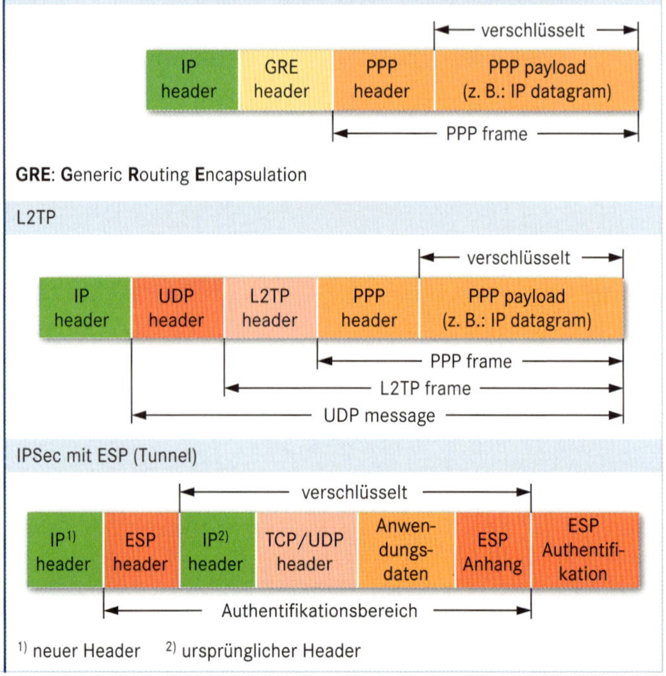

Internet Telefonie
Voice Over IP

Merkmale

- **VoIP** (**V**oice **o**ver **IP**: Sprache über IP) ist die Bezeichnung für Sprachübertragung über IP-Netzwerke (Internet, Intranet, LAN); wird auch als **IP-Telefonie** bezeichnet.
- Anwendung zwischen
  - PC zu Telefon (und umgekehrt)
  - Telefon zu Telefon
- Im Gegensatz zu ISDN wird die codierte Sprache in Daten-Paketen über das Netz übertragen.

Standards

- Wesentliche Standards:
  - ITU-T (International Telecommunication Union)
  - IETF (Internet Engineering Task Force)
- ITU-T normiert die Standards nach **H.323** (Packet Based Multimedia Communication Systems: Paket basierende Multimedia-Kommunikation)
- H.323 ist die Zusammenfassung einer Reihe von Standards und definiert die technischen Voraussetzungen für
  - die Komponenten (z. B.: Terminal)
  - Verarbeitung von Sprache, Daten und Video
  - Verbindungsmanagement
  - Internetworking verschiedener Netze
- Die Architektur von H.323 beinhaltet
  - **Terminal** (z. B. IP-Telefon)
  - **Gateway** (Verbindung von paketorientiertem Netz mit leitungsvermitteltem Netz)
  - **Gatekeeper** (Terminal Registrierung, Verbindungsaufbau und -abbau, Zugriffskontrolle)
  - **M**ultipoint **C**ontrol **U**nit (**MCU**) (Aushandlung der Terminaleigenschaften und Steuerung von Multimedia-Konferenzen)
- **SIP** (**S**ession **I**nitiation **P**rotocol: Sitzungs-Initiierungs Protokoll) ist von der IETF entwickeltes Signalisierungs-protokoll auf OSI Schicht 5 bis 7
- SIP dient zum Aufbau, zur Veränderung und Abbau von Sitzungen mit einem oder mehreren Teilnehmern und kann sowohl TCP als auch UDP verwenden.
- SIP ist einfacher strukturiert und schneller als H.323

H.323 Architektur

H.323-Terminal, H.323-Terminal, H.323-Terminal, LAN
H.323-Gatekeeper, H.323-Gateway, H.323-MCU
GSTN, QoS LAN, N-ISDN, B-ISDN
H.324-Terminal, H.322-Terminal, H.320-Terminal, H.321-Terminal

Anwendung

Beispiel: IP-Telefone, ISDN-Telefon, ISDN-Netz, LAN, S_0, Gateway, IP-Telefon, Gatekeeper

H.323 Protokoll-Übersicht

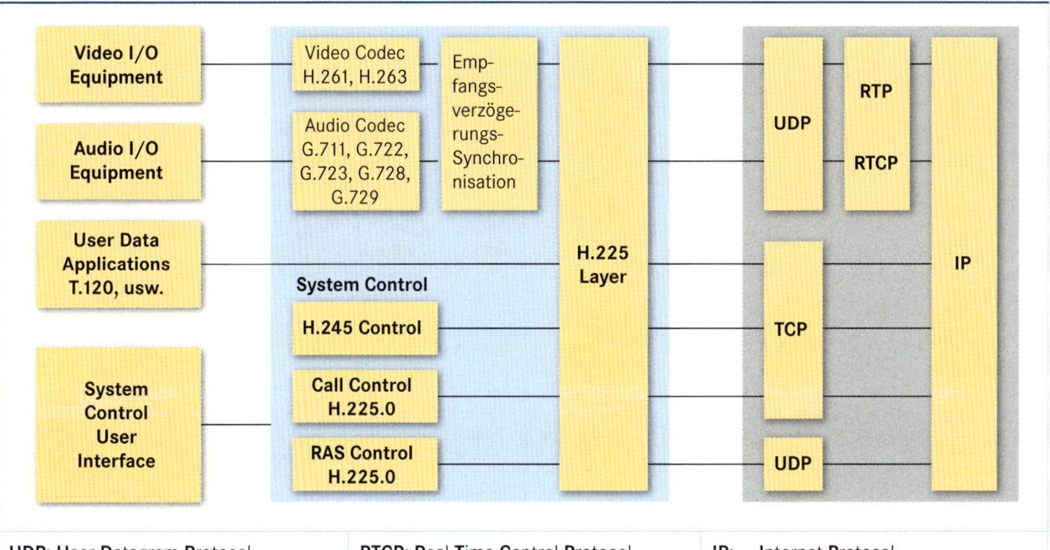

UDP: **U**ser **D**atagram **P**rotocol	**RTCP:** **R**eal **T**ime **C**ontrol **P**rotocol	**IP:** **I**nternet **P**rotocol
RTP: **R**eal **T**ime **P**rotocol	**TCP:** **T**ransport **C**ontrol **P**rotocol	**RAS:** **R**emote **A**ccess **S**ervice

MAC-IP-Adressen

MAC-Adressen – **MAC**: **M**edia **A**ccess **C**ontrol

- Diese Adresse wird der Netzwerkkarte des Rechners in Form einer 48 Bit großen Zahl zugeordnet.
- Adressaufbau: Die ersten 24 Bit kennzeichnen den Hersteller und die letzten 24 Bit die konkrete Karte. Bezogen auf eine Herstellernummer können 16.777.216 Rechner unterschieden werden.

IP-Adressen

- Den Netzwerkkarten kann auch eine (logische) IP-Adresse zugeordnet werden. Die IP-Adresse verweist auf eine MAC-Adresse.
- Eine IP-Adresse ist im Rahmen der IPv4-Konzeption 32 Bit (4 Bytes) lang. Im Rahmen der IPv6-Konzeption besteht eine IPAdresse aus 128 Bit. (IPv5 wird unter anderem für experimentelle Untersuchungen verwendet.)
- Die 32 Bit unter IPv4 werden in vier 8-Bit-Blöcke aufgeteilt. Acht Bit werden üblicherweise als Dezimalzahlen genannt. Insofern geht mit jedem Block eine Zahl von 0 bis 255 einher. Zum Bspl.: 10001101.10000101.00000101.10010001 ® 141.133.5.145
- Mit der IP-Adresse wird ein konkretes Teilnetz (Subnetz) und die Rechnernummer in dem jeweiligen Netz angegeben. Die Kennzeichnung erfolgt über eine zugeordnete Subnet-Mask. Sie beschreibt, welche Anteile der IP-Adresse ein Bezugsnetz (Subnet) und welche (nachgeordneten) Nummernanteile eine konkrete Netzkarte benennen.
- Üblicherweise werden fünf Netzklassen unterschieden. Im LAN-Bereich werden die Klassen A, B und C eingesetzt. Seit 1993 können die Netzmasken auch variabel gestaltet werden. Dies wird speziell bei WAN genutzt.

PC

Protokoll-Ebenen

Schicht 4 – Protokoll TCP/ UDP
(Daten-Pakete werden weitergereicht)

↓

Schicht 3 – Protokoll IP
(Die IP-Adresse ist dem IP-Protokoll bekannt)

↓ IP-Adresse [Einwirken des ARP (s. o.):Umwandlung der IP- in die Hardware-(MAC)Adresse]

Schicht 2 (...)
– ...
– Teilschicht MAC (Aufgaben: Datenpaketadressierung; „Träger" der Netzwerktreiber)

↓

Netzwerkkarte (Schicht 1)
Hardware-Adresse des Rechners

→ Übertragung zum Netz

- Die IP-Adressen müssen eindeutig vergeben werden. Dies wird zentral durch eine Vergabebehörde geregelt.
- Den IP-Adressen werden nun im öffentlichen Netz leicht lesund merkbare (alphanumerische) Bezeichnungen zugeordnet.
- Die Zuordnung eines Namen zu einer Hardwareadresse im Netzbetrieb über **DNS**-Server vorgenommen. (**DNS: D**omain **N**ame **S**ervice.)
- Die (aktuellen) RFC-Bezüge lauten: 1918, 2544, 3171, 3232, 3330, 3927, 5735

IP-Adressenaufbau unter IPv4

Die 32 Bit werden in 4 Bytes aufgeteilt. Ein Byte repräsentiert eine natürliche Zahl im Bereich von 0 bis 255. Üblich ist folgende Nummerierung:

Bit 1 bis 8	Bit 9 bis 16	Bit 17 bis 24	Bit 25 bis 32
Byte 1	Byte 2	Byte 3	Byte 4

Unterschieden werden folgende Klassen:

- **Klasse A (Class A):** Der Wert des ersten Byte muss kleiner $128_{|10}$ sein. D.h., das erste Bit muss eine 0 sein. Insgesamt gibt es max. 128 Netze (praktisch nur 125) dieser Größe. Zur Kennzeichnung der Rechner stehen 24 Bit zur Verfügung: D.h., es können 16.777.216 Rechner maximal in einem Netz der Klasse A unterschieden werden.
- **Klasse B (Class B):** Das erste Byte beginnt mit einer 10. D.h., es gilt: $128_{|10} \leq$ Byte $1 \leq 191_{|10}$ Das Netzwerk wird durch die ersten beiden Bytes erfasst. Es gibt 16.384 Netzwerke. In jedem Netz können max. 65.536 Rechner (praktisch 65.534) unterschieden werden.
- **Klasse C (Class C):** Startbits im ersten Byte: 110
  D.h., es gilt: $192_{|10} \leq$ Byte $1 \leq 223_{|10}$
  Das Netzwerk wird durch die ersten drei Bytes erfasst. Es gibt max. 2.097.152 Netze. Jedem Netz können max. 256 Rechner (Knoten) (praktisch 254) zugeordnet werden.
  (Die Nummern 0 und 255 werden nicht individuell vergeben.)

Spezielle Adressen

- xxx.xxx.xxx.255: Nachricht geht an alle Knoten im Netz (→ Broadcast).
- xxx.xxx.xxx.0: Das Netz wird direkt adressiert (→ Loopback-Adresse).
- 192.168.xxx.xxx: Diese Adresse wird nicht im Netz geroutet (Adresse der Klasse C).

Subnetze

- Mit Subnetz-Masken kann ein Netz in einzelne Segmente aufgeteilt werden. Die einzelnen Subnetze bleiben autonom.
- Subnetz-Maske für ein Netz der Klasse A:
  Ein Byte wird mit acht Einsen belegt:
  $11111111_{|2} = 255_{|10}$
  (→ Ein Byte wird mit dem Wert 255 maskiert.)
- Subnetz-Maske für ein Netz der
  Klasse B: 255.255 ...
  Klasse C: 255.255.255 ...
- Der Wert der Maskierbytes bestimmt sich aus der Differenz von 256 und der Anzahl der Knoten im zu betrachtenden Segment: Bytewert = 256 – Knotenzahl im Segment

Subnetze variabler Länge

- Es können Subnetze variabler Länge durch eine Bitverschiebung vereinbart werden: Subnetzmaske variabler Länge (**VLSM** – **V**ariable **L**ength **S**ubnet **M**ask).
  So kann der Adressraum um ein (oder zwei) Bit erweitert werden.
- Es kann sich das Problem ergeben, dass verschiedene Rechner mit einer Adresse versehen werden. Mittels spezieller Routing-Protokolle, die das VLSM unterstützen, kann dies bewältigt werden.

Subnetz-Präfix

Hinter einer IP-Adresse wird (nach einem Schrägstrich) die Anzahl der Bits der Subnetzmaske notiert. Xxx.xxx.xxx.xxx/24 kennzeichnet z. B. ein Subnetz der Klasse C.

Netzwerktools
Network Tools

Tools

- **finger:** Ermittlung einer E-Mail-Adresse, die auf Fremdrechnern eingesetzt wird. Für die Suche von Adressen etc. können auch die Dienste **X.500, netfind** und **whois** eingesetzt werden. (Bedeutsam in der Unix-/Linuxwelt)
- **ipconfig:** Darstellung einer Netzkonfiguration
- **NBSTAT:** Anzeige von NetBIOS-Namen inkl. der IP-Adresse
- **netstat:** Darstellung der aktuellen TCP/IP-Verbindungen
- **nslookup:** Ermittlung der IP-Adressen fremder Rechner
- **traceroute:** Darstellung des Wegs einzelner IP-Pakete im Netz (Befehl: tracert ...; Bspl: tracert www.westermann.de)

ping: Überprüft, ob ein Fremdrechner überhaupt Daten empfangen kann.
Befehlseingabe: C:\>ping
Syntax:
ping [-t] [-a] [-n Anzahl] [-l Größe] [-f] [-i Gültigkeitsdauer] [-v Diensttyp] [-r Anzahl] [-s Anzahl] [-j Hotliste] [-k Hotliste] [-w Zeitlimit] Zielname
Optionen:
-t Sendet fortlaufend ping-Signale zum angegebenen Ziel (Host)
-a Löst Adressen in Hostnamen auf
-n Anzahl zu sendender Echoanforderungen (Anzahl)
-l Pufferlänge senden (Länge)
-i Gültigkeitsdauer (TTL: Time To Live)

telnet

- Mit telnet ist es möglich, auf fremden Rechnern zu arbeiten. Quasi wird mit telnet eine terminalähnliche Arbeitsweise auf einem Fremdrechner ermöglicht.
- Es ist direkt oberhalb von TCP angesiedelt.
- Es ermöglicht einen Halbduplex-Betrieb.

telnet-Steuerungskommandos

Name	ASCII	Beschreibung
EOF	236	Dateiende
SUSP	237	Halte den laufenden Prozess an
ABORT	238	Abbrechen des Prozesses
EOR	239	Zeilenende
SE	240	Ende der Unterverhandlungsparameter
NOP	241	Keine Operation
DM	242	Datenteil eines SYNCH-Signals
BRK	243	Pause
AO	245	Unterbreche die Ausgabe
AYT	246	Bist Du da? (Are You These?)-Lebenszeichen
EC	247	Lösche Zeichen
EL	248	Lösche Zeile
GA	249	Zeichen für „Gehe Weiter“

Graphenbeschreibungen
Graphs Descriptions

Grundlagen

- Rechnernetze können mit Graphen erfasst werden.
- Auch können Programmierfragen (Suchprozesse; Gestaltung von parallelen Programmabläufen etc.) mit Graphenbeschreibungen erfasst werden.
- Im OSI-Modell werden die mit der Gestaltung der Vermittlungswege einhergehenden Fragen von der dritten Schicht (Vermittlungsschicht) organisiert. Die Auswahl von vollständigen Routen im Gesamtnetz gehört neben detaillierten Flussregelungs- und Effektivierungsaspekten zu den Grundproblemen in Rechnernetzen.
- Euler konnte 1737 unter Verwendung graphentheoretischer Überlegungen das „Königsberger“ Brückenproblem lösen. Es ist nicht möglich, unter Verwendung jeder Brücke – nur und genau einmal – zum Startpunkt zurückzu- kommen.

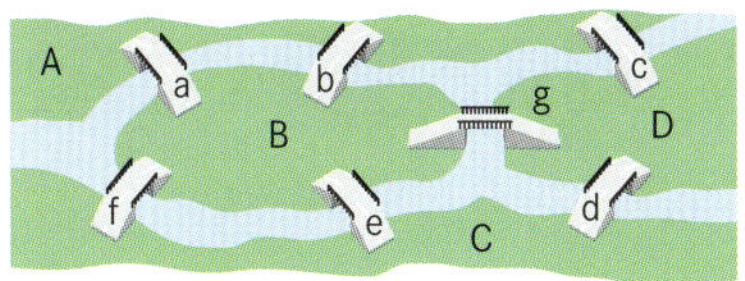

- In einem Datennetz werden Rechner durch Ecken bzw. Knoten symbolisiert. Eine Kante verbindet Knoten in einem Netz; sie gibt die Datenverbindung an.

Netzfestlegungen

- In einem Netz werden
  - ① **Knoten bzw. Ecken (E)** (auch vertices (V); nodes) und
  - ② **Kanten (K)** (auch: edges (E)) und - **Verbindungen (v)** (auch: Inzidenzen (I)) unterschieden.
- Mit Tripeln werden Graphen dargestellt. Zu einem Tripel gehören die Eckenmengen, die Menge der Kanten und die Menge der Verbindungen.
- Üblicherweise werden Graphen (G) formal über folgende Tripel dargestellt: G = (Ecken, Kanten, Verbindung) Abgekürzt: G = (E, K, v) (bzw. auch: G = (V, E, I))
- Werden zwei Knoten mit mindestens zwei Kanten verbunden, dann nennt man diese auch Parallelkanten.
- Sind die verbundenen Knoten identisch, dann spricht man bzgl. der Kante auch von einer **Schleife** bzw. **Schlinge („loop“)**: ③ **Pseudographen** enthalten Schleifen und parallele Kanten. Pseudographen ohne Schleifen sind **Multigraphen**. Multigraphen nur mit einfachen Kanten, also ohne parallele Kanten, sind einfache bzw. schlichte **Graphen (G)**.
- Unterschieden werden **gerichtete** ④ und **ungerichtete** ⑤ **Kanten**. Bei **gerichteten Graphen** sind alle Kanten gerichtet.
- Bei geschlossenen Kantenzügen bzw. -folgen in einem Netz sind der Anfangs- und Endknoten identisch.
- Bei einem Kreis liegt ein geschlossener Kantenzug vor, bei dem jeder Knoten nur einmal auftritt.

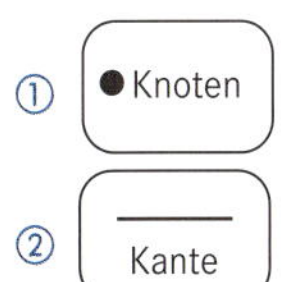

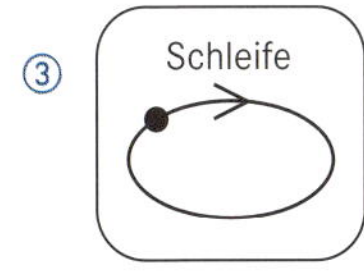

Gerichteter Graph

④

Ungerichteter Graph

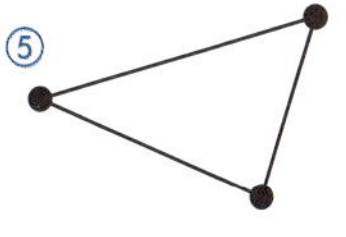

Adjazenzmatrix (Adjazenzmatrizen)

- Mit der Verbindungsmatrix A werden die einzelnen Knotenverbindungen im Netz A erfasst. Diese Matrix wird auch als **Adjazenzmatrix** bezeichnet, da sie die Verbindung von adjazenten Knoten (adjazent: benachbart) erfasst.
- Zugehörig zu den Spalten der Matrix werden die Anfangspunkte der Verbindungen und entsprechend in den Zeilen die Endpunkte festgelegt. Die Netzverbindungen werden dann in der Matrix abgetragen. (Die Matrix ist **symmetrisch**.)

Gerüst

- Ein **Gerüst** eines Graphen besteht aus allen Ecken eines Netzes und der minimalen Anzahl aller Kanten, so dass jede im Netz eingebundene Ecke erfasst ist.
- Bei einem Gerüst liegen keine Kreise, keine Schleifen und auch keine Parallelitäten vor. Keine Ecke ist isoliert. Ein Gerüst spannt einen Graph vollständig auf. Alle im Graph vorhandenen Ecken können über Verbindungen (Kanten) erreicht werden.
- Ein Gerüst ist ein den Graphen aufspannender Baum. Es ist ein zusammenhängender **Wald**.
- Die Anzahl der Kanten (K) in einem Gerüst ist gleich der Anzahl der Ecken (E) minus eins: $|K| = |E| - 1$.
- In einem vollständigen Graphen mit n Knoten liegen nach Cayley $n^{(n-2)}$ Gerüste vor.
- Netzverbindungen können durch einfache Schnitte (Auflösung von Verbindungen (Kanten)) so in Teilgraphen zerlegt werden, dass in übersichtlicher Art die Komplexität des Gesamtgebildes erfasst werden kann.

Beispiel: Netz A

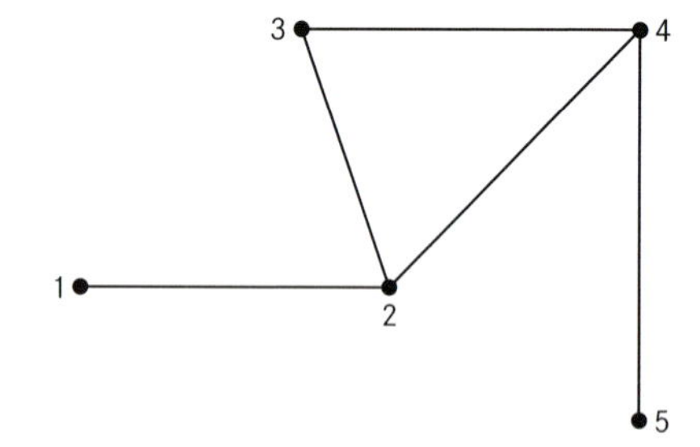

Knotennummern: 1, 2, 3, 4 5

Verbindungserfassung für das Netz A

$$A = \begin{pmatrix} 0 & 1 & 0 & 0 & 0 \\ 1 & 0 & 1 & 1 & 0 \\ 0 & 1 & 0 & 1 & 0 \\ 0 & 1 & 1 & 0 & 1 \\ 0 & 0 & 0 & 1 & 0 \end{pmatrix} \qquad A^2 = \begin{pmatrix} 1 & 0 & 1 & 1 & 0 \\ 0 & 3 & 1 & 1 & 1 \\ 1 & 1 & 2 & 1 & 1 \\ 1 & 1 & 1 & 3 & 0 \\ 0 & 1 & 1 & 0 & 1 \end{pmatrix}$$

Die 2 (bei A^2) benennt die Weglänge (hier: zwei).
Die rote 3 zum Beispiel die Anzahl der Wege der Länge 2 vom Knoten 2 zum Knoten 2 (2-1-2; 2-3-2; 2-4-2).

Rechnernetze

- Die mit Graphen abgebildeten Rechnernetze können mit Matrizen algebraisch erfasst und programmiertechnisch unter Beachtung von zusätzlichen Bewertungsgrößen
  - Übertragungsdauer
  - Auslastungsgrad
  - Verbindungs- bzw. Vermittlungskosten
  - Ausfall- und Blockierungswahrscheinlichkeit
  - Verfälschungssicherheit
  - Abhörgrad usw. dargestellt werden
- Auf Basis der Festlegungen werden die Übertragungsvorgänge in Netzen auch rechentechnisch simuliert.

  So können auch unter Beachtung von ökonomischen Vorgaben geeignete Netzstrukturen entwickelt werden.

Reale Rechnervernetzung

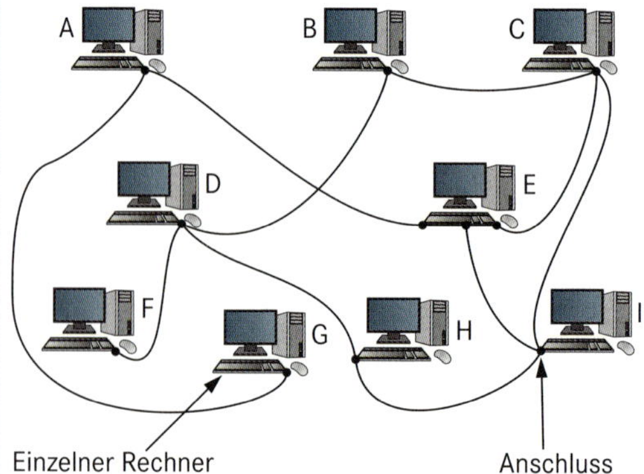

Zugehöriges Graphenmodell

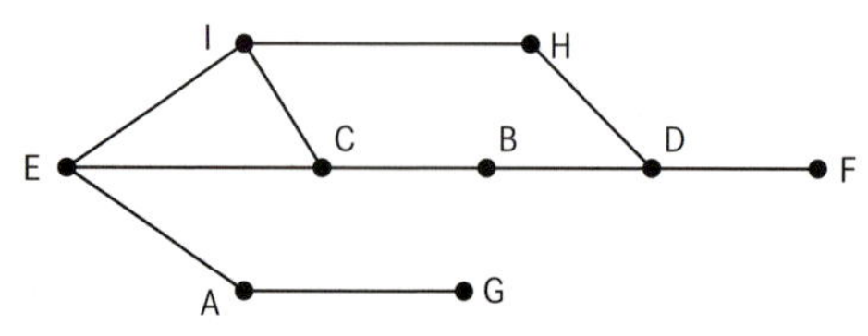

Gerüst zum Graphenmodell

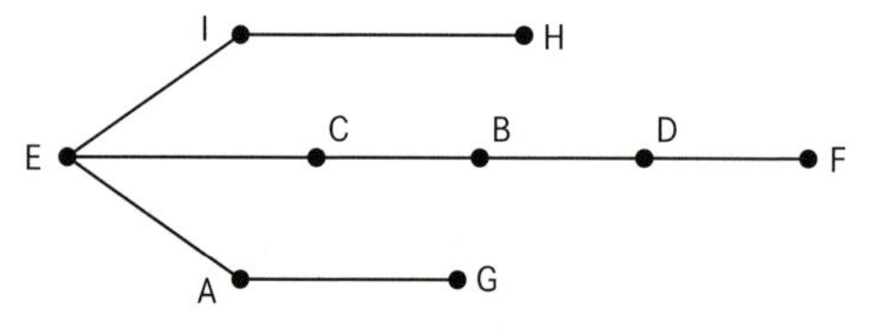

Netzbeschreibungen
Network Description

Ungerichtete Graphen

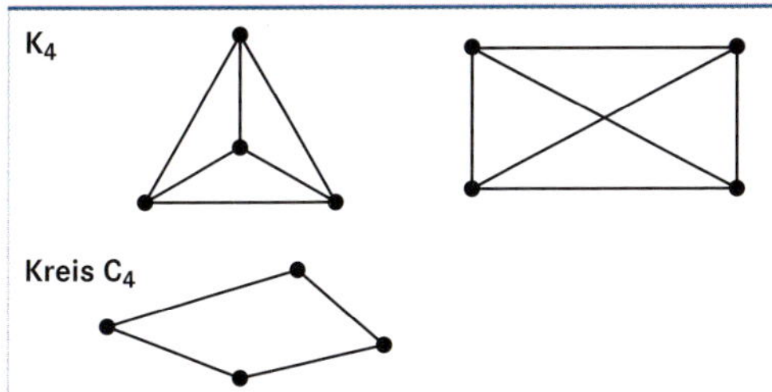

Bitpartiter Graph

Petersen-Graph
(nach **Petersen**,
dänischer Graphentheoretiker,
1839 - 1910)

Funktionsbeziehungen für Graphen

- In einem Graphen mit **n** Knoten, **m** Kanten und der Vorgabe, dass der Graph in **k** eigenständige Komponenten zerfällt, gilt:
  - **Rang** des Graphen: **r(M) = n – k**
  - Anzahl der Sehnen (jene Kanten, die nicht zum Gerüst des Graphen gehören): **m(M) = m – n + k**
- Mit **dist(u,v)** wird die Anzahl der zwischen den Knoten u und v liegenden Kanten bezeichnet (auch **dist uv**).
- Grad eines Knotens (auch **deg**): Anzahl der mit dem Knoten verbundenen (indizierten) Kanten
  - Isolierte Knoten (n): deg(n) = 0
  - Δ(G): Höchste Gradzahl eines Knoten im Graphen (G); Maximalgrad
  - δ(G): Geringste Gradzahl eines Knoten im Graphen (G); Minimalgrad

Planarität eines Graphen

- Ein in der Ebene IR^2 vollständig darstellbarer Graph, bei dem sich die Kanten nicht überschneiden, wird **planar** genannt.
- Für einen solchen Graphen gilt: $k \leq 3n-6$
- **Eulersche Polyederformel**
  Für einen zusammenhängenden, planaren Graphen gilt:
  n - m + r = 2 (r: Einzelne Graphengebiete)
- **Nichtplanare Graphen**

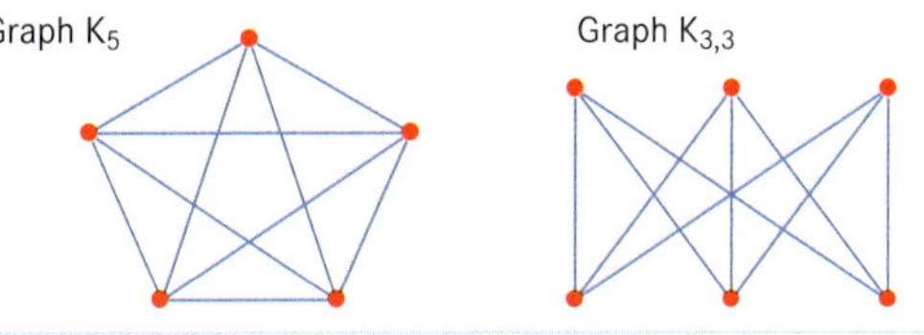

Routing

Ziel

- Mit Routing-Verfahren sollen in Netzen
  - kostengünstige, - schnelle, - stabile und - sichere Datenübertragungsstrecken ermittelt werden.

Algorithmus nach Dijkstra
((1930–2002) – niederländischer Informatiker)

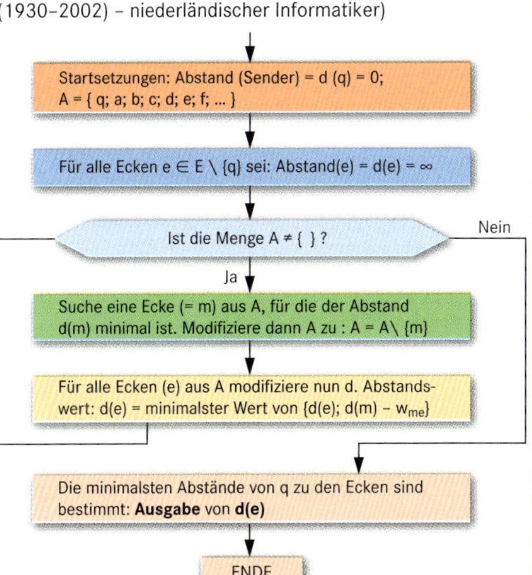

Allgemeine Verfahrensanforderungen

- Möglichst **einfache** Algorithmen und Realisierungen nutzen
- Gleichberechtigte Akzeptanz der angeschlossenen Rechner (**Fairness**)
- Verfahrens**korrektheit** (Ziele sollen erreicht werden)
- **Robustes** Verfahren, das jeweils situationsabhängig optimiert wird (→ **selbstadaptives** Verfahren)
- **Optimale** Realisierungen unter Beachtung der gewichteten Leitgrößen wie zum Beispiel: a) Auslastung b) Ausnutzung c) Kosten d) Sicherheit e) (Paket-)Verzögerungszeiten f) Laufzeitschwankungen g) Verlustraten
  e)–g) sind bedeutsam für VoIP und Echtzeitverständigungen im Internet (Kooperationsbeziehungen und Multimedia)
- **Stabiles** Verfahren (Verfahrensgleichheit bei gleichen Bedingungen und Vorgaben)
- Topologieunabhängigkeit

Vorgaben zum Dijkstra-Algorithmus

- Alle Kanten sollen eine „Länge“ [=: w] (einen Wert) größer/gleich Null besitzen: $w \geq 0$. (w_{ij} ist hierbei die Länge der Kante zwischen den Ecken i und j.)
- Zu Beginn soll die Menge A aus allen Eckpunkten eines Netzwerkes bestehen. A = E = {q; a; b; c; d; e; f; ...}
- Der sendende Rechner (Quelle) ist q (q:Quelle).
- Die minimalsten Wege von q zu allen anderen Ecken (real: Rechnern) im Netzwerk sollen bestimmt werden.
- Der Abstand wird als **d** (**d**istance) für eine Ecke bezogen auf die betrachtete Quelle q bestimmt.

Merkmal: Mit dem Dijkstra-Algorithmus wird der vollständige Verbindungsweg im Netz von der Quelle zur Sinke erfasst.

Routingkonzepte

- Unterschieden werden das zentrale und das verteilte Routing.
  - Beim **zentralen Routing** wird ein Weg vorab vollständig festgelegt und zum Beispiel in MAC-Tabellen festgehalten.
  - Beim **verteilten Routing** wird die zu übertragende Information von einer Vermittlungsstation an die nächste weitergereicht. Die jeweils nächste Station wird lokal ermittelt (Suchalgorithmen).
- Unterschieden werden **dynamisches** u. **statisches** Routing:
  - Beim **statischen Routing** wird für die - auch virtuelle - Datenübertragung nur einmal ein Weg festgelegt.
  - Beim **dynamischen Routing** wird der Übertragungsweg in Abhängigkeit von den lokalen Gegebenheiten im Übertragungsprozess immer wieder neu bestimmt.
- Im Rahmen des Datagrammverkehrs werden verschiedene Paketwege individuell bestimmt.
- **MPLS** (**M**ulti **P**rotocol **L**abel **S**witching - RFC 3031, 3036) ermöglicht es, für eine Zieladresse verschiedene Verbindungswege im Netz alternativ zu bestimmen.

Routingprotokolle im Internet

- **RIP** - **R**outing **I**nformation **P**rotocol
  Ein einfaches Protokoll, das zum Betriebssystem Unix gehört. Auswahlkriterium für einen Verbindungsweg im Netz ist die Anzahl der benötigten Vermittlungsrouter („Hops“: Übergänge von einem Router zum folgenden) von der Quelle zur Senke. Maximal sind 16 Sprünge erlaubt.
- **OSPF** - **O**pen **S**hortest **P**ath **F**irst
  Dieses Protokoll basiert auf dem **Dijkstra-Algorithmus.** Es gilt üblicherweise als RIP-Nachfolgeprotokoll. Es wird zum dynamischen Routing eingesetzt. Es können bessere Übertragungsraten im Netz erreicht werden.

Routingtabellen

- Die ermittelten Netzdaten werden tabelliert erfasst und den anderen Servern zur Verfügung gestellt.
- Beispiel: Einzelne Vermittlungsrechner: A, B, C, D, E

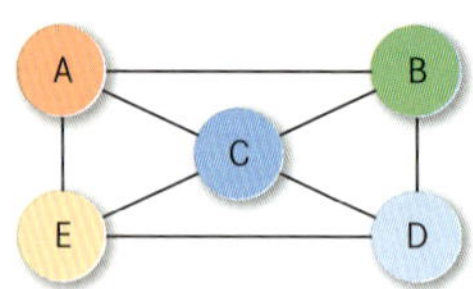

Verbindungswege
(inkl. Weglänge (in LE)):
AB: 5; AC: 19; AE: 14;
CB: 17; CD: 3; CE: 2;
ED: 14; BD: 26

Entwicklungsschritt (in Längeneinheiten (LE))

1: AB-5 / 2: AC-19 / 3: AE-14

1.1: ABC-22 / 1.2: **ABD-31** / **1.3:** ACB-36

2.2: **ACD-22** / **2.3:** ACE-21

3.1: AEC-16 / **3.2: AED-28**

1.1.1: **ABCD-25** / 1.2.1: ABCE-24

2.1.1: **ACBD-62** / 2.3.1: **ACED-35**

3.1.1: AECD-19 / **3.2.1:** AECB-33

1.2.1.1: ABCED-38 / **3.2.1.1: AECBD-59**

- **Ergebnisse**:
  Kürzester Weg:
  Weg 3.1.1-AECD mit nur **19 LE**
  Kürzester Weg mit den geringsten Zwischenstationen:
  Weg 2.2-ACD (nur eine Vermittlungsstation) mit **22 LE**)
- Unter Beachtung von Gewichtungsfaktoren können vielfältige Aspekte (Kosten, Längen, Blockierungswahrscheinlichkeiten ...) über eine konstruierte Gütefunktion verrechnet werden. So kann ein optimaler Weg bestimmt werden.

Einsatzbereiche

Name	BGP	RIP	IGRP	EIGRP	OSPF
Einsatz	Netzwerke beliebiger Größe	Kleinere Netzwerke mit geringer Dynamik	Reine Cisco Netzwerke in beliebiger Größe		Netzwerke beliebiger Größe
Protokolltyp	EGP	IGP			
Metriken	Keine Metriken, wählt gemäß Netzwerkregeln	Hop-Count	Verzögerung, Bandbreite, Verfügbarkeit und Last		Knoten, Last
Routing-algorithmen	Entfernungsvektoralgorithmus von Bellman-Ford			**D**iffusing **U**pdate **Al**gorith (**DUAL**)	Dijkstra-Algorithmus
Stärken	▪ Schleifenerkennung	▪ Einfache Konfiguration ▪ Leichte Nutzung ▪ RIPv2 unterstützt VLSM	▪ Einfache Konfiguration ▪ Exakte Routenbestimmung	▪ Kleine Update-Pakete ▪ Sehr schnelle Konvergenz ▪ Exakte Routenbestimmung ▪ Unterstützt VLSM	▪ Kleine Update-Pakete ▪ Sehr gut geeignet für große Netzwerke ▪ Bandbreitenerkennung einer Verbindung ▪ Unterstützt VLSM
Schwächen	▪ Keine Lastverteilung ▪ Keine direkte Bandbreitenerkennung	▪ Hop-Count auf 15 begrenzt ▪ RIPv1, kein VLSM ▪ keine Bandbreitenerkennung ▪ Netzwerklast bei Update der Routingtabellen möglich	▪ Kein Internet-Standard ▪ Nur Cisco-Geräte sind möglich ▪ VLSM wird nicht unterstützt	▪ kein Internet-Standard ▪ Nur Cisco-Geräte sind möglich	▪ Komplexe Konfigurationen ▪ Schwierige Administration

Routing-Protokolle

BGP: Border Gateway Protocol
DVMRP: Distance Vector Multicast Routing P.
EGP: Exterior Gateway Protocol
E-IGRP: Cisco Enhanced IGRP
GRE: Generic Routing Encapsulation
HSRP: Hot Stand-by Routing Protocol
IGMP: Internet Group Management Protocol
IGP: Internet Gateway Protocol
IGRP: Internet Gateway Routing P.
IPinIP: IP within IP
NHRP: Next Hop Routing Protocol
MOSPF: Multicast OSPF
PIM-DM: Protocol Independent Multicast Dense Mode
PIM-SM: Protocol Independent Multicast Sparse Mode
RIP(ng): (TCP/IP) Routing Information P.
RSRB: Remote Source Route Bridging P.
RSVP: Resource Reservation Protocol
VRRP: Virtual Router Redundancy Protocol

Grundlagen

- **ITU** (**I**nternational **T**elecommunication **U**nion) wurde 1865 als International Telegraph Union gegründet
- Ist Teil der **Vereinten Nationen**
- Weltweit zuständig für die Entwicklung der Telekommunikation
- Organisiert die Verwendung der **Frequenzspektren** im terrestrischen-, Raum- und geostationären Satelliten Bereich
- Tätigkeitsbereiche liegen u. a.
  - bei der **Entwicklung** und dem **Einsatz** effizienter Telekommunikationseinrichtungen
  - bei der Unterstützung von **Entwicklungsländern** bei der Einführung und dem Betrieb von Telekommunikationseinrichtungen
- ITU beinhaltet u. a.
  - ITU-**T**: **T**elecommunication Standardization Sector
  - ITU-**R**: **R**adiocommunication Sector
- ITU erarbeitet **Empfehlungen**, die in Serien zusammengefasst sind
- Empfehlungen sind keine **Dienstvorschriften**, werden aber in der Regel dort berücksichtigt

ITU-T

Serie	Inhalt	Serie	Inhalt
A	Organisation der Arbeit der CCITT	**N**	Unterhaltung von Ton- und Fernsehübertragungswegen
D	Allgemeine Tarifgrundsätze	**O**	Eigenschaften von Messgeräten
E	Allgemeiner Netzwerkbetrieb, Telefondienste, Servicebetrieb	**P**	Endgeräte und subjektive und objektive Bewertungsmethoden
F	Nicht-Telefon Kommunikationsdienste	**Q**	Fernsprech-Zeichengabe, Fernsprechvermittlung
G	Übertragungssysteme und Medien, digitale Systeme und Netzwerke	**R**	Telegrafieübertragung
		S	Geräte für Telegrafieübertragung
H	Audiovisuelle Systeme und Multimediasysteme	**T**	Endgeräte für Telematikdienste
I	Diensteintegrierende Netze (ISDN)	**U**	Telegrafievermittlung
J	Kabelnetze und Fernsehübertragung	**V**	Datenübertragung über das Fernsprechnetz
K	Schutz gegen Störungen	**X**	Datennetze, Kommunikation über offene Systeme und Sicherheit
L	Aufbau, Installation und Schutz von Kabeln	**Z**	Sprachen und allgemeine Softwareaspekte für Telekommunikationssysteme
M	Telekommunikationsmanagement		

V-Serie (Datenübertragung über das Telefonnetz)

V.1 … V.7	Grundlagen und allgemeine Festlegungen	**V.50 … V.57**	Übertragungsqualität und Unterhaltung
V.10 … V.32	Schnittstellen und Modems im Fernsprechband	**V.100**	Verknüpfung von öffentlichen Daten- und Telefonnetzen
V.35 … V.37	Breitbandmodems	**V.110**	Unterstützung von Datenendeinrichtungen mit V-Schnittstellen durch ein ISDN
V.40 … V.41	Fehlersicherung		
Beispiele einzelner Empfehlungen			
V.1	Äquivalenz zwischen den Binärzeichen 0 und 1 und den Kennzuständen eines Zwei-Zustands-Codes	**V.22**	Duplex-Modem mit 1200 bit/s zur Benutzung im öffentlichen Telefonwählnetz und auf festgeschalteten Zweidrahtleitungen
V.2	Leistungspegel für Datenübertragung über Fernsprechleitungen	**V.24**	Liste der Definitionen der Schnittstellenleitungen zwischen Datenend- und Datenübertragungseinrichtungen
V.5	Normierung der Übertragungsgeschwindigkeit für synchrone Datenübertragung über das öffentliche Telefonwählnetz	**V.90**	Digitales und analoges Modem-Paar zur Anwendung im öffentlichen Telefonnetz. Übertragungsraten bis zu 56 kbit/s in Empfangs- und 33,6 kbit/s in Senderichtung
V.15	Anwendung von akustischer Kopplung für die Datenübertragung		
V.21	Modem mit 300 bit/s zur Benutzung im öffentlichen Telefonwählnetz	**V.92**	Erweiterung der V.90 Empfehlung mit bis zu 48 kbit/s in Senderichtung und „Modem on hold“ Funktion

ITU-T

Empfehlungen der X-Serie (Datenübermittlungsnetze)			
X.1... X.4	Dienste und Leistungsmerkmale in Datennetzen	**X.200... X.229**	OSI-Modell, Dienste und Protokolle
X.20... X.32	Schnittstellen in Datennetzen	**X.300... X.330**	Zusammenarbeit von verschiedenen Netzen
X.40... X.87	Übertragung, Kennzeichengabe und Vermittlung in Datennetzen	**X.400... X.430**	Nachrichten Behandlungs-Systeme
X.92... X.141	Netzaspekte in Datennetzen		
Beispiele einzelner Empfehlungen			
X.1	Internationale Klassen für Benutzer in öffentlichen Datennetzen	**X.25**	Schnittstelle zwischen Datenendeinrichtung und Datenübertragungseinrichtung für Endeinrichtungen, die im Paketmodus in öffentlichen Netzen arbeiten. (Hier werden u.a. die Eigenschaften der DEE/DÜE-Schnittstelle, die Zugriffsprozeduren und der Paketierungs-Modus beschrieben.)
X.2	Internationale- und Leistungsmerkmale für Benutzer in öffentlichen und ISDN-basierenden Netzen		
X.4	Allgemeine Struktur von Signalen, die nach dem internationalen Alphabet Nr. 5 codiert sind und zur Übertragung in öffentlichen Datennetzen verwendet wird (entspricht im wesentlichen der Empfehlung V.4)	**X.700**	Management-Rahmen für OSI bei CCITT-Anwendungen
		X.800	Sicherheitsarchitektur für OSI bei CCITT-Anwendungen
X.21	Schnittstelle zwischen Datenendeinrichtung und Datenübertragungseinrichtung für Synchronverfahren zur Anwendung in öffentlichen Datennetzen	**X.1205**	Übersicht über Cybersecurity (Internetsicherheit)
Beispiele der I-Serie (ISDN)			
I.112	Verzeichnis der Begriffe des ISDN	I.254	Zusätzliche Dienste mit mehreren Teilnehmern
I.120	Diensteintegrierte digitale Netze	I.310	ISDN; funktionelle Netzprinzipien
I.121	Breitbandaspekte für ISDN	I.320	ISDN Protokoll-Referenzmodell
I.150	Asynchrone Übertragungsform im B-ISDN; Funktionsbeschreibung	I.324	ISDN Netz-Architektur
I.210	Grundsätze der durch ein ISDN unterstützten Telekommunikationsdienste und Mittel zu deren Beschreibung	I.327	Funktions-Architektur des B-ISDN
		I.330	ISDN Nummern- und Adressierungs-Prinzipien
I.211	Diensteaspekte des B-ISDN	I.340	ISDN Verbindungsarten
I.230	Definition der Kategorien von Träger-Diensten	I.361	Spezifikation der ATM-Schicht des B-ISDN
I.240	Definition der Tele-Dienste	I.375	Netzwerkfähigkeiten für Multimedia-Dienste
I.241	Von einem ISDN unterstützte Tele-Dienste		
I.250	Definition zusätzlicher Dienste	I.380	Internet Protokoll Datenübertragungs-Dienst
I.251.2	ISDN Mehrfachrufnummer		
I.251.7	Identifizierung böswilliger Anrufe	I.420	Basis-Nutzer-Netz-Schnittstelle

ITU-R Serien

BO	Broadcasting-satellite service (sound and television)	RA	Radioastronomy
BR	Sound and television recording	S	Fixed-satellite service
BS	Broadcasting service (sound)	SA	Space applications and meteorology
BT	Broadcasting service (television)	SF	Frequency sharing between the fixed-satellite service and the fixed service
F	Fixed service		
IS	Interservice sharing and compatibility	SM	Spectrum management
M	Mobile, radiodetermination, amateur and related satellite service	SNG	Satellite news gathering
		TF	Time signals and frequency standards emissions
P	Radiowave propagation	V	Vocabulary and related subjects

TAE

TAE:
Steckdose zum Anschluss analoger Endgeräte an das **TK**-Netz (**Te**le**k**ommunikations-Netz).
Es dürfen nur zugelassene Geräte angeschlossen werden (Bundesnetzagentur, BNetzA).

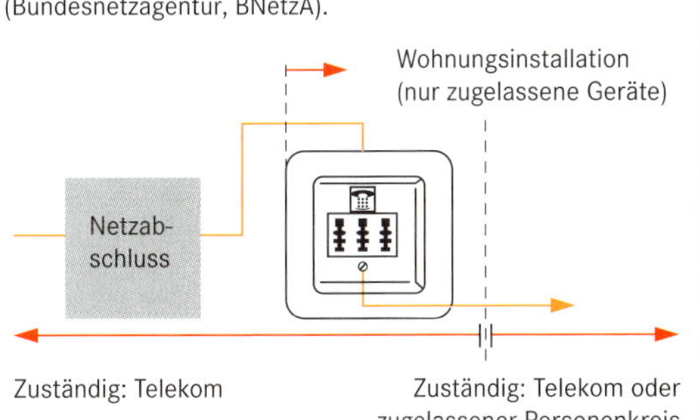

TAE 3 x 6 NFN

Mechanische Codierung:

- **N: N**icht-Fernsprechbetrieb, z. B. Anrufbeantworter, Fax, Modem
- **F: F**ernsprechbetrieb, z. B. Telefon, TK-Anlage

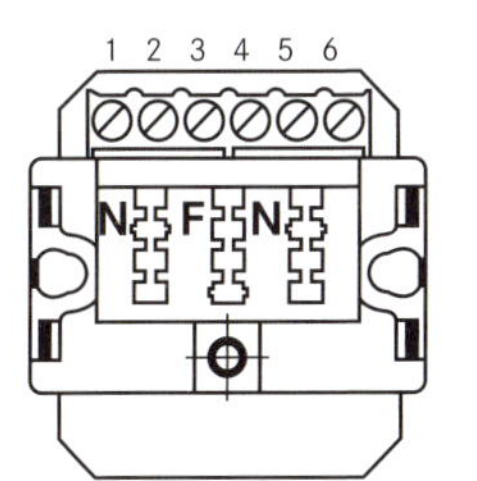

Innenschaltung der TAE 3 x 6 NFN

Durch die Stecker werden in der Dose Schalter betätigt (Schaltbuchsen), die den Signalfluss unterbrechen.

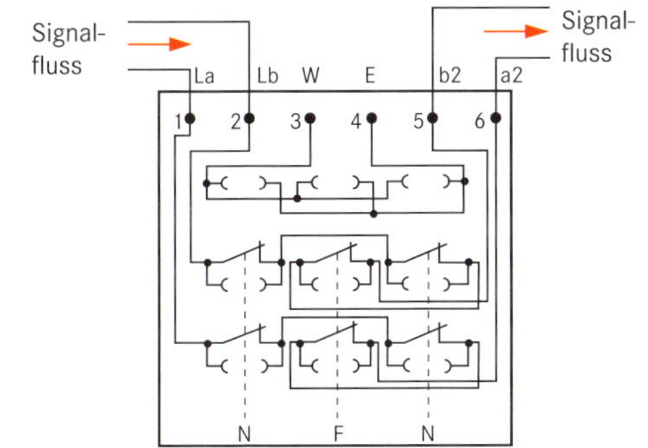

Kontakte der TAE-Stecker

Kontakt	Bedeutung der Anschlüsse	Farbe
1	La, a-Ader, Signalleitung	ws ... weiß
2	Lb, b-Ader, Signalleitung	br ... braun
3	W, Wecker	(gn) ... grün
4	E, Erde, Nebenstelle	ge ... gelb
5	b2, b-Ader, Weiterführung	(br) ... braun
6	a-Ader, Weiterführung	gn ... grün

TAE-Stecker

F-Codierung

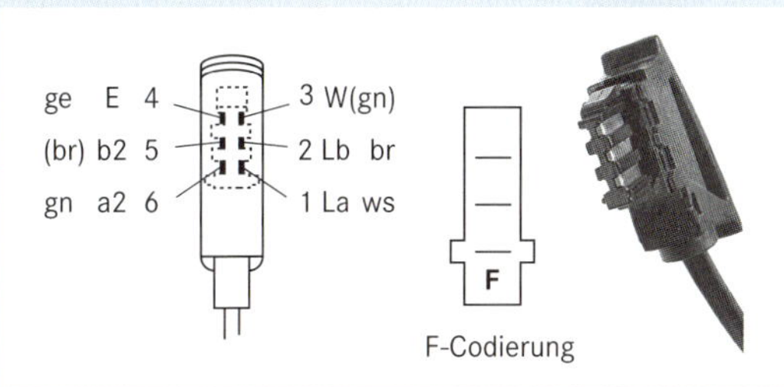

F-Codierung

N-Codierung

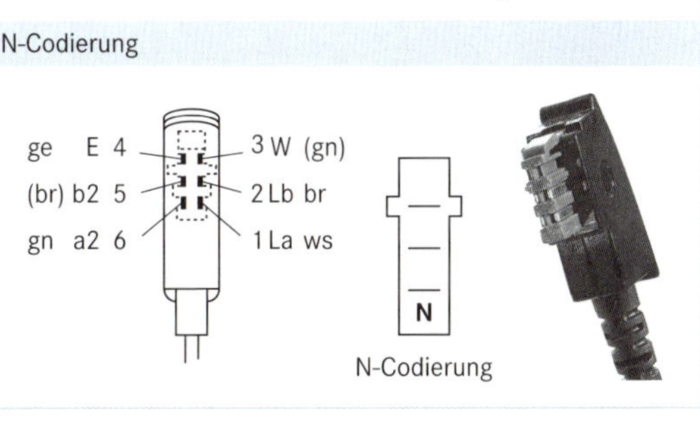

N-Codierung

Western-Steckverbindung

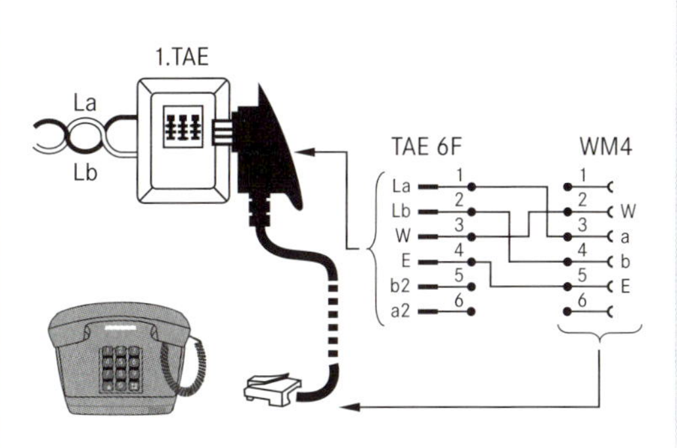

Telefonkabel (Sternvierer)

Ringcodierung bei einem Sternvierer (Farbe: Rot)

1. Paar: 1a, a-Ader, ohne Ring
1b, b-Ader, ein Ring

2. Paar: 2a, a-Ader, zwei Ringe mit großen Intervallen
2b, b-Ader, zwei Ringen mit kleinen Intervallen

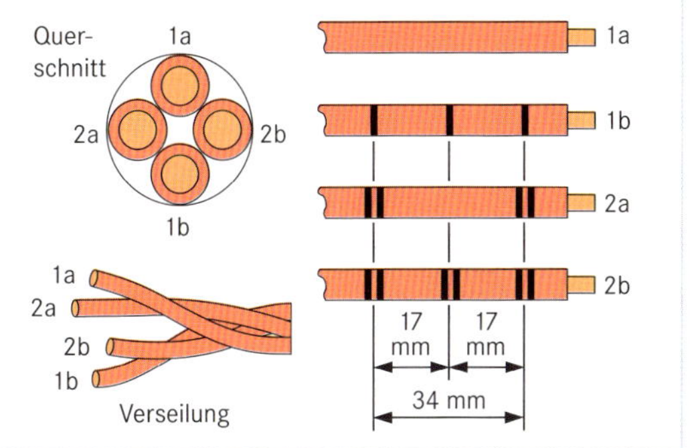

Merkmale

- Bei **ISDN** (**I**ntegrated **S**ervices **D**igital **N**etwork) handelt es sich um ein diensteintegrierendes digitales Telekommunikationsnetz für die Sprach- und Datenübertragung.
- Ab dem Jahr 1997 ist dieses System in der Bundesrepublik Deutschland flächendeckend verfügbar.
- ISDN soll durch die **IP-basierte Telekommunikation** ersetzt werden.

Basisanschluss (BaAs)

NTBA: Network **T**ermination for ISDN **B**asic **A**ccess (Netzabschlussgerät für den ISDN-Basisanschluss)

- U_{k0}: Netzseitige ISDN-Schnittstelle
- S_0: Kundenseitige ISDN-Schnittstelle
- B1, B2: Nutzkanäle mit jeweils 64 kbit/s
- D: Steuer- und Zeichengabekanal mit 16 kbit/s (DSS1-Protokoll)

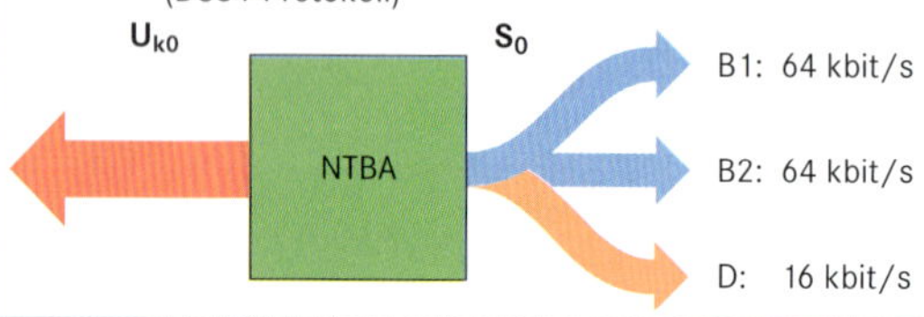

Primärmultiplexanschluss

NTPMA: Network **T**ermination for ISDN-**Prim**ary Rate **A**ccess

- U_{2M}: Netzseitige ISDN-Schnittstelle
- S_{2M}: Kundenseitige ISDN-Schnittstelle
- Synchronisationskanal mit 64 kbit/s
- B1 bis B15: Nutzkanäle mit jeweils 64 kbit/s
- B16 bis B30: Nutzkanäle mit jeweils 64 kbit/s
- D-Kanal: 64 kbit/s (DSS1-Protokoll)

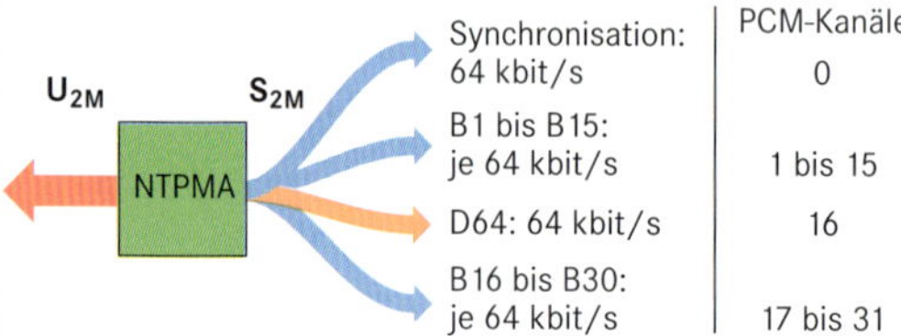

Mehrgeräteanschluss

- Bis zu zwölf Anschlusssteckdosen (IEA) können installiert werden.
- Acht ISDN-Endgeräte oder eine TK-Anlage können gleichzeitig eingesteckt/angeschlossen sein (maximal vier Telefone).
- Drei Rufnummern (**Mehrfachnummern, MSN: M**ultiple **S**ubscriber **N**umber) stehen zur Verfügung. Sieben weitere können beantragt werden.
- Entfernung vom NTBA zur letzten Dose: ≤ 180 m

Beispiel:

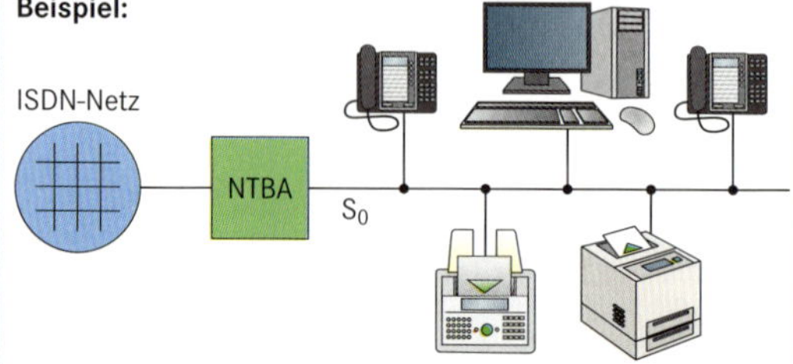

Anlagenanschluss

- Anschluss einer TK-Anlage:
  - Eine Durchwahl zu jedem Teilnehmer der Nebenstelle ist möglich.
  - Entfernung vom NTBA zur letzten Dose: ≤ 1 km
  - Keine Einschränkung der Zahl der anzuschließenden Telefone
  - Kostenlose interne Gespräche
  - Mehrere Basiskanäle sind möglich

Beispiel:

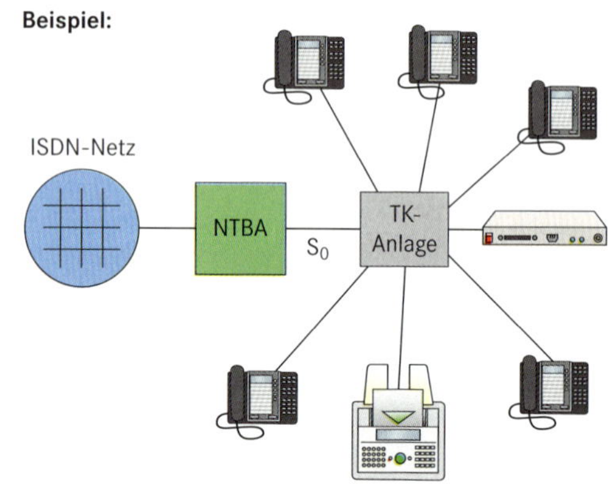

ISDN-Adapter

- Bei einem IP-basierten Telekommunikationsanschluss erfolgt die Telekommunikation über das Internetprotokoll (IP).
- Bezeichnungen dieser Art der Telekommunikation sind auch Voice-over IP (**VoIP**). Die Sprachübertragung erfolgt dabei nicht wie bei einer leitungsgebundenen Übertragung kontinuierlich, sondern in Datenpaketen.
- Diese werden auf der Empfängerseite wieder zu einem kontinuierlichen Datenstrom vereinigt. Zum Ausgleich zeitlicher Schwankungen werden Pufferspeicher verwendet.

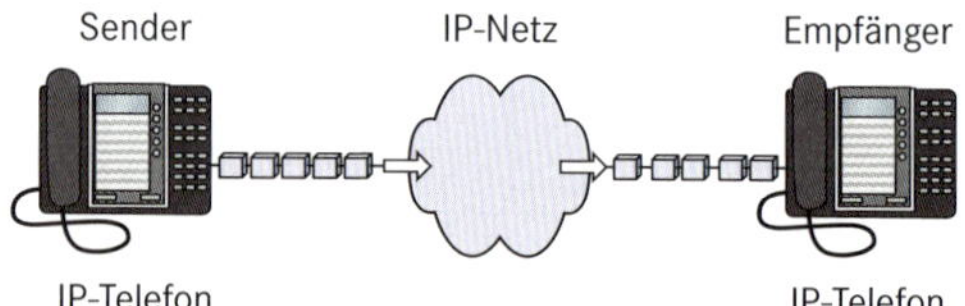

- Um die vorhandenen ISDN-Geräte weiterhin nutzen zu können, steht ein ISDN-Adapter zur Verfügung, z. B. mit zwei S_0-Bussen.

Anschluss von ISDN-Geräten

Connection of ISDN Equipment

NTBA

NTBA: Network **T**ermination for ISDN **B**asic **A**ccess (Netzabschlussgerät für den ISDN-Basisanschluss)
Mit ihm erfolgt die Umsetzung der 2-Draht-Leitung in eine hausinterne 4-Draht-Leitung (S_0-Schnittstelle).

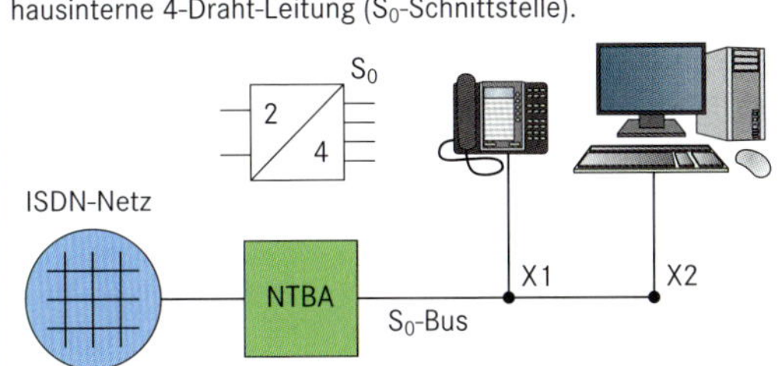

ISDN Anschlusseinheit IAE

Beispiel: IAE 8 (4) (8-polig, 4 Buchsenkanäle)

Buchse 8 (4)
8 7 6 5 4 3 2 1
Anschluss-klemmen
4 5 3 6
S_0-Bus 1a 1b 2a 2b

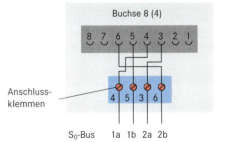

S_0-Bus

- Für die Leitungsverlegung vom NTBA muss die Busstruktur eingehalten werden (s. Abb.).
- Leitungen:
  - 1a und 1b (Sendeleitungen)
  - 2a und 2b (Empfangsleitungen)
- Die Anschlussdosen werden mit **IAE** (**I**SDN-**A**nschluss**ein**heiten) bezeichnet.
- Zwölf IAEs sind möglich, acht ISDN-Endgeräte können gleichzeitig angeschlossen sein, zwei können gleichzeitig betrieben werden.
- Die Leitung in der letzten IAE muss mit zwei Widerständen von 100 Ω +/-5 % abgeschlossen werden.
- Die Anschlussleitung für ein Gerät darf 10 m nicht überschreiten.
- Die Gesamtlänge des Busses darf 180 m nicht überschreiten (hängt vom Leitungstyp ab).

Bus-Strukturen

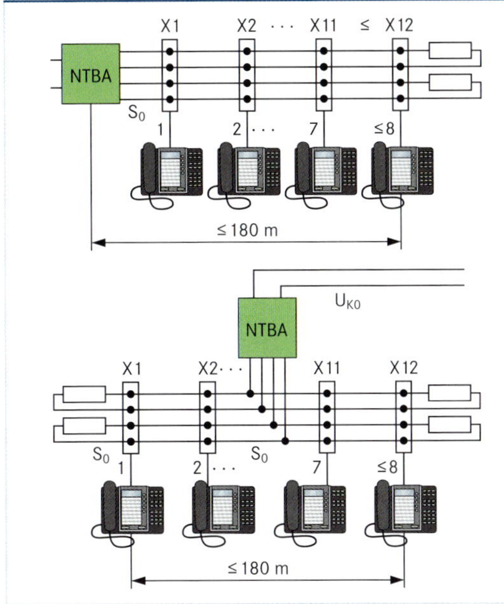

Universal-Anschlusseinheit UAE

UAE: Universal **A**nschluss**e**inheit

Beispiel: UAE 8 (4)
(8-polig, 4 Buchsenkontakte)

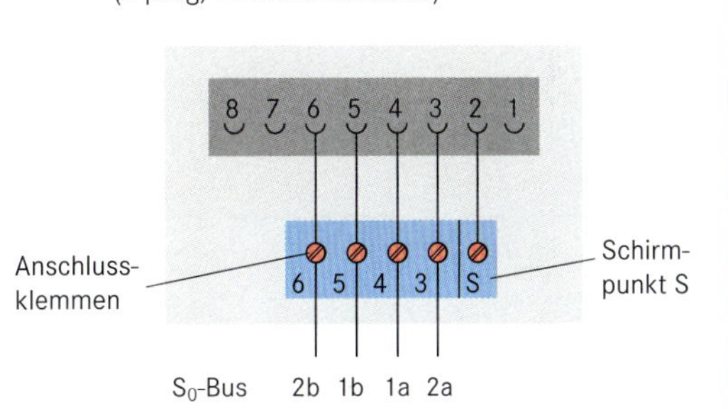

Western-Steckverbinder

- Sie wurden von der US-Telefongesellschaft Western Bell entwickelt.
- Die Steckerform entspricht einem 8-poligen Stecker, wie sie für ISDN-Geräte zum Anschluss an die IAE bzw. UAE verwendet werden.
- Andere Bezeichnung: RJ-45.
- Verwendet werden auch Stecker mit 4 (IAE-Stecker) oder 6 Kontakten.
- Vierpolige Stecker werden auch für Telefonhörer verwendet.

Belegung der Buchsenkontakte

Klemmen-Nummer	4	5	3	6
ISDN-Anschluss	1a	1b	2a	2b
Analoger Anschluss	a	b	E	W

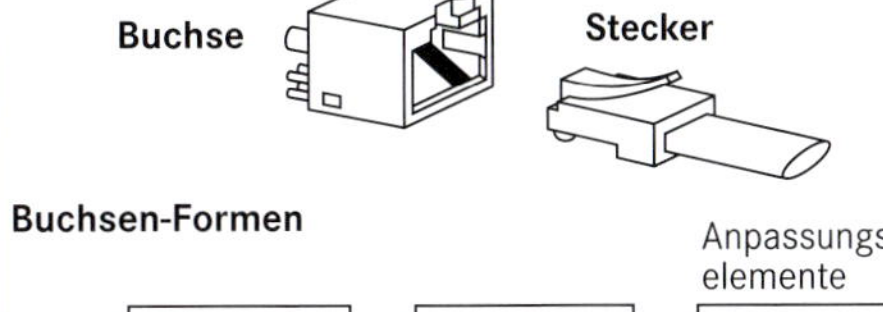

Buchsen-Formen

Anpassungs-elemente

4 1 — IAE-4
8 1 — UAE-8
6 1 — UAE-6

Merkmale

- **DSL**
- Übertragungstechnik zur Erhöhung des Datendurchsatzes auf Teilnehmeranschlussleitungen im Ortsnetz
- Verwendet die vorhandene Teilnehmer-Kupferleitung mit der gesamten verfügbaren Leitungsbandbreite
- Übertragenes Signal ist nicht digital, sondern definiertes analoges Signal
- Signalcodierung/-decodierung erfolgt durch entsprechende Endgeräte beim Teilnehmer und in der Vermittlungsstelle
- Angewendete **Leitungscodes** sind
  - **2B1Q** (**2 B**inary **1 Q**uaternary), 4B3T und TCPAM
  - **PAM** (**P**ulse-**A**mplitude **M**odulation)
  - **CAP** (**C**arrierless **AM**/**PM**: Trägerloses AM/PM)
  - **QAM** (**Q**uadrature **A**mplitude **M**odulation)
  - **DMT** (**D**iscrete **M**ulti **T**one: Einzelne Vielfach-Träger)
- Filter übernehmen die Aufteilung des Frequenzspektrums in Sprach- und Datenband
- Übertragungsrichtungen werden bezeichnet mit
  - **Upstream** (aufwärts): Teilnehmer zur Vermittlungsstelle
  - **Downstream** (abwärts): Vermittlungsstelle zum Teilnehmer
- **DSL Varianten** werden durch vorangestellten Buchstaben gekennzeichnet:
  z. B. **A**DSL: **A**symmetric DSL (asymmetrisches DSL)
- Anwendung bei **Video on Demand** (Video auf Anforderung), interaktive Multimedia Dienste, **SOHO** (**S**mall **O**ffice – **H**ome **O**ffice: Kleines Büro – Heimbüro)

Frequenzbandaufteilung

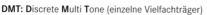

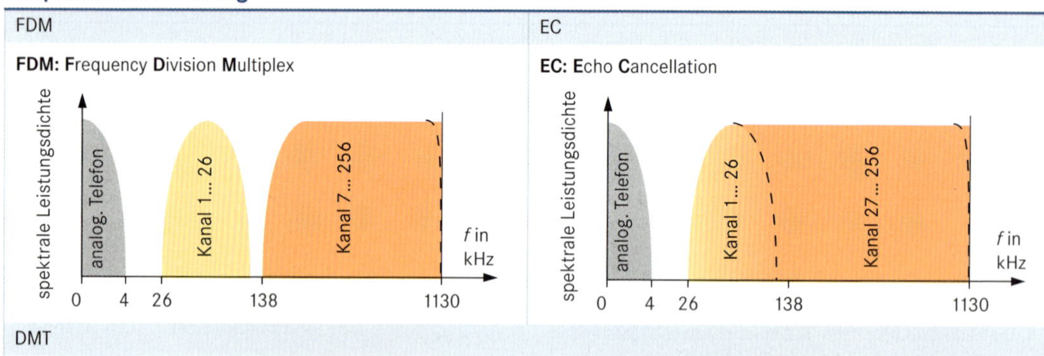

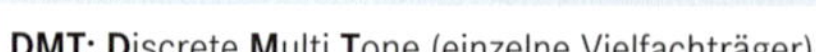

DMT: Discrete Multi Tone (einzelne Vielfachträger)

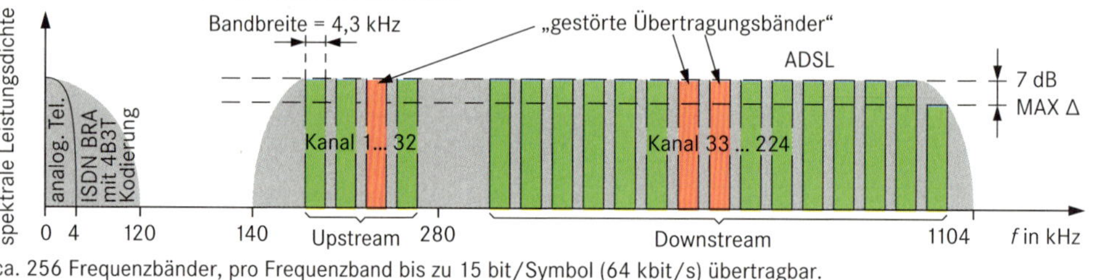

ca. 256 Frequenzbänder, pro Frequenzband bis zu 15 bit/Symbol (64 kbit/s) übertragbar.

Varianten

Variante Standard	Bezeichnung	Übertragungsart Leitungspaare	Upstream-Datenrate in Mbit/s*	Downstream-Datenrate in Mbit/s*	Reichweite in km ca.*
ADSL TS 101388	**A**symmetric **D**igital **S**ubscriber **L**ine	asymmetrisch 1	0,768	8	5
SDSL TS 101524	**S**ymmetric **D**igital **S**ubscriber **L**ine	symmetrisch 1	2,048	2,048	2,5
HDSL ETSI TS 101135	**H**igh Data Rate **D**igital **S**ubscriber **L**ine	symmetrisch 3 bei 2,048 Mbit/s	2,048	2,048	4
VDSL ETSI TS 1011270	**V**ery High Data Rate **D**igital **S**ubscriber **L**ine	sym./asymmtr. 1	2,3	52	1,5
SHDSL ITU G.991.2	**S**ingle-Pair **H**igh-Speed **D**igital **S**ubscriber **L**ine	symmetrisch 1	2,3	2,3	3
VDSL2 ITU G.993.2	**V**ery High Data Rate **D**igital **S**ubscriber **L**ine	sym./asymmtr. 1	100	100	0,5

* Datenraten und Entfernungen sind abhängig von Leitungsqualität und vom Leitungsquerschnitt.

Merkmale

- Die **ADSL**-Technik (**A**symmetric **D**igital **S**ubsciber **L**ine) wird angewendet, um digitale Signale mit hoher Geschwindigkeit zu übertragen.
- Der zur Verfügung stehende Frequenzbereich wird in 224 einzelne Kanäle von jeweils 4,3 kHz unterteilt und die Daten auf einzelne Träger mit unterschiedlichen digitalen Verfahren aufgeprägt (moduliert).

  Dabei werden zwei Kanäle unterschieden:
  - **Upstream**-Kanal (Aufwärtskanal) Sendekanal vom Teilnehmer
  - **Downstream**-Kanal (Abwärtskanal) Empfangskanal zum Teilnehmer

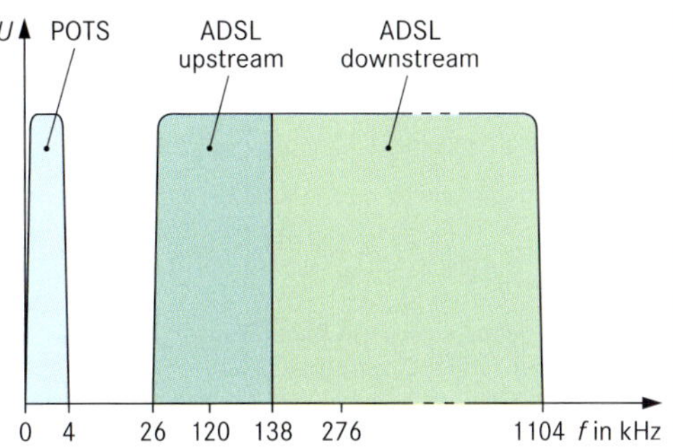

- Mit **POTS** (**P**lain **O**ld **T**elephone **S**ervice) wird der Frequenzbereich für analoge Sprachsignale bezeichnet.
- Für die jeweils angewendete Technik werden vom Netbetreiber Datenübertragungsraten angegeben. Diese sind jedoch nicht konstant. Sie hängen im Wesentlichen ab von der
  - Leitungsdämpfung,
  - Entfernung des Nutzers bis zur Vermittlungsstelle und
  - induktiven Signalübertragung zwischen den Leitungen (Übersprechen).

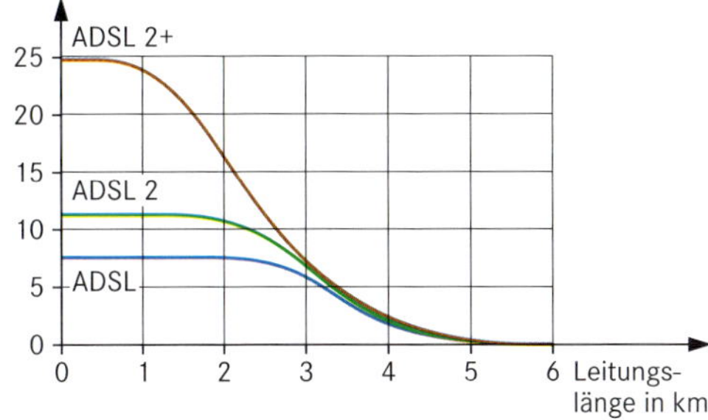

- Da unterschiedliche Frequenzbereiche verarbeitet werden müssen, setzt man Weichen ein, die als **Splitter** oder **Breit**band**a**nschluss**e**inheit bezeichnet werden (**BBAE**).
- Auf der Teilnehmerseite wird ein DSL-Modem verwendet, das heute häufig in einem Router integriert ist.
- Das Modem wird auch als **NTBBA** (**N**etzwerk**t**erminationspunkt **B**reit**b**and**a**ngebot) bezeichnet und ist der Netzabschluss (Netzschnittstelle) des Betreibers. Die im NTBBA enthaltenen elektronischen Schaltungen setzen die DSL-Signale von der Netzschnittstelle auf eine für den PC geeignete Schnittstelle um (Modulation bzw. Demodulation).

DSL-Installation mit externen Komponenten

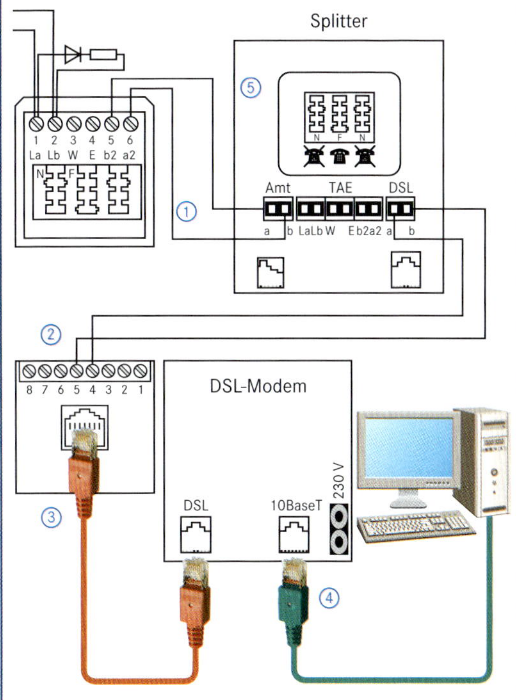

- TK-Anschlussdose TAE ①
- Verbindungsleitung ②
- Datensteckdose RJ45 ③
- DSL-Modem ④
- Splitter ⑤

DSL-Installation mit Router

Technische Weiterentwicklungen haben zu einer höher integrierten Gerätetechnik geführt, sodass nur noch ein IP-basierter Anschluss und ein Router erforderlich sind.

Routerbeispiel:
- IP-basierter TK-Anschluss (TAE) ①
- Integrierter WLAN-Router ②
- Glasfaser-Anschluss ③
- DECT-Basisstation
- Analogtelefon-Anschluss ④
- Ethernet-LAN-Anschlüsse (1 Gbit/s und 100 Mbit/s) ⑤
- USB-Anschluss für Drucker oder Speichermedien ⑥
- UMTS-Zugang über USB-Modem bei DSL-Ausfall

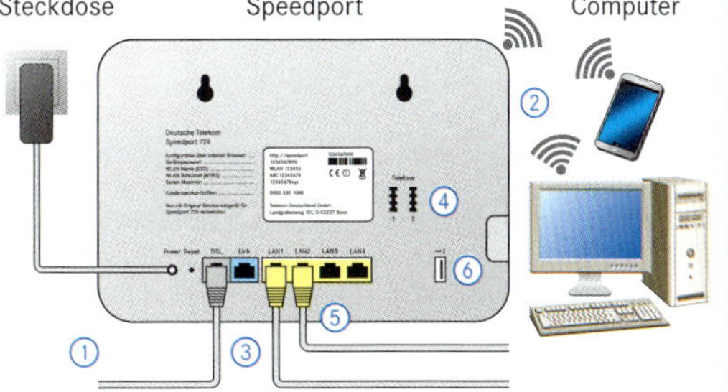

Merkmale

- VDSL-Techniken werden besonders in hybriden Netzen (Glasfaser-/Kupferkabelnetzen) für Datenraten bis 100 Mbit/s bei Downstream (Downlink) und Upstream (Uplink) eingesetzt.
- Die Datenrate von 100 Mbit/s ist ein theoretischer Wert ①. Die tatsächliche Datenrate hängt von der Entfernung sowie von der Länge und Qualität der Kupferleitung vom Kabelverzweiger ② bis zum Teilnehmeranschluss ab.

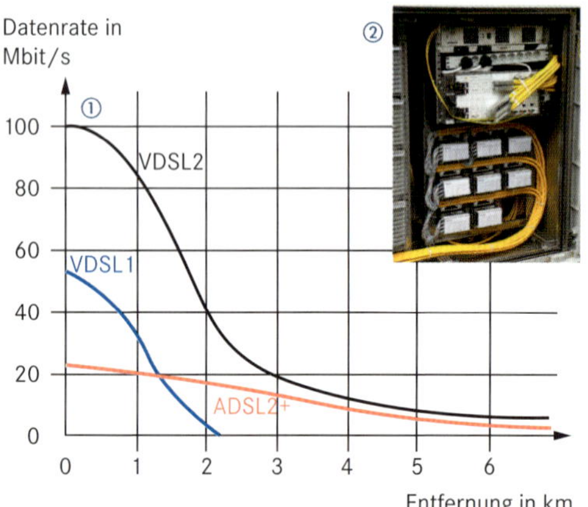

- Das schnelle VDSL-Übertragunsverfahren wird auch als Breitband-Internet bezeichnet und bei **Triple Play** eingesetzt (gemeinsames Angebot von Internet, Telefonie (VoIP) und Fernsehen (IPTV)).
- VDSL1 hat sich in Deutschland nicht durchgesetzt. Es ist nicht kompatibel zu VDSL2.
- VDSL2 reicht bis zum Frequenzbereich von 30 MHz, ist zu ADSL, ADSL2 und ADSL2+ abwärtskompatibel und kann mit symmetrischer oder asymmetrischer Übertragung arbeiten.
- Die symmetrische Übertragung wird vor allem von Unternehmen genutzt, die nicht nur Informationen aus dem Internet beziehen, sondern auch als Informationsanbieter agieren.

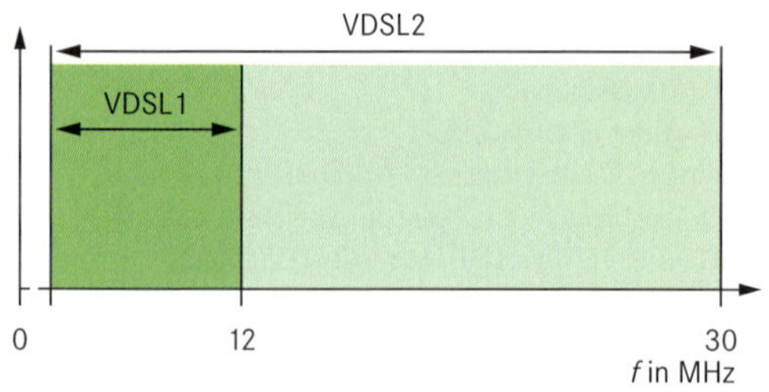

- VDSL2 ermöglicht garantierte Datenraten (**QoS: Q**uality **o**f **S**ervice).
- Das Netz wird vorwiegend in Baumstruktur aufgebaut. Die DSL-Vermittlungsstelle (**DSLAM: D**igital **S**ubscriber **L**ine **A**ccess **M**ultiplexer) befindet sich nicht in der Ortsvermittlungsstelle, sondern in den Kabelverzweigern (KVz, Ortsverteiler), z. B. am Straßenrand (FTTC).
- Ein DSLAM kann ca. 100 Haushalte versorgen.

VDSL-Profile und Frequenzen

- In den Profilen sind u. a. die Grenzfrequenz, der Trägerabstand und die Signalstärke definiert.
- Der Netzbetreiber legt sein jeweiliges Profil fest.
- Zusätzlich zum Profil gibt es einen Frequenzbandplan, in dem die gemeinsame Nutzung der Frequenzen mit POTS, ISDN, ADSL ... festgelegt ist.

Profil	Bandbreite in MHz	Anzahl der genutzten Frequenzen ③	Frequenzabstand in kHz ④	Übertragungspegel in dBm	Max. Datenrate ⑤
8a	8,832	2047	4,3125	+ 17,5	50
8b	8,832	2047	4,3125	+ 20,5	50
8c	8,5	1971	4,3125	+ 11,5	50
8d	8,832	2047	4,3125	+ 14,5	50
12a	12	2782	4,3125	+ 14,5	68
12b	12	2782	4,3125	+ 14,5	68
17a	17,6604	4095	4,3125	+ 14,5	100
30a	30	3478	8,625	+ 14,5	200 [1]

[1] symmetrisch

- Die Modulation erfolgt mit **DMT** (**D**iscrete **M**ulti**t**one **M**odulation, **QAM: Q**uadratur**a**mplituden**m**odulation). Dabei wird der genutzte Frequenzbereich in bis zu 4096 Träger unterteilt ③. Die Bandbreite beträgt 4,3125 bzw. 8,625 kHz ④.
- Der gesamte Frequenzbereich wird in unterschiedliche Downstream- und Upstream-Bereiche aufgeteilt ⑤.
- In Deutschland wird der Frequenzbereich bis mindestens 138 kHz für POTS (analoges Telefon) und ISDN ausgeblendet, um gegenseitige Störungen zu vermeiden.

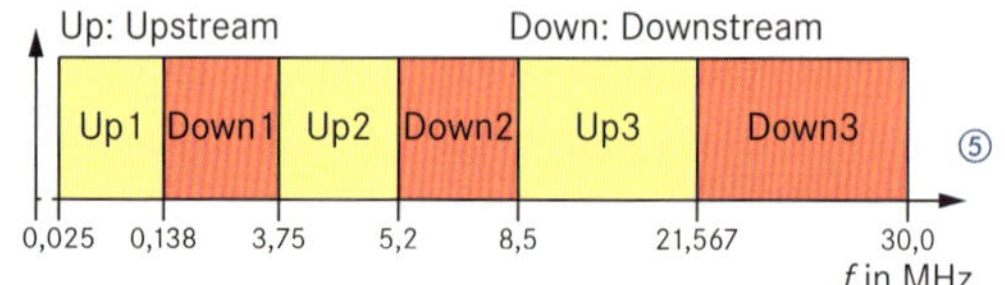

Netzarchitekturen

- **FTTN** (**F**iber-**t**o-**t**he-**n**ode, node: Knoten)
  Das Glasfaserkabel ist weit weg vom Endkunden, bis zu mehreren Kilometern.
- **FTTC** (**F**iber-**t**o-**t**he-**c**abinet, cabinet: Schrank)
  Das Glasfaserkabel endet in einer Straße (am Bürgersteig), typischerweise 300 m von dem Standort des Kunden. Die endgültige Anschlussleitung ist aus Kupfer (städtischer Bereich ⑥).
- **FTTP** (**F**iber-**t**o-**t**he-**p**remises, premises: Gelände)
  Glasfaserkabel reicht bis zum Gelände
- **FTTB** (**F**iber-**t**o-**t**he-**b**uilding, building: Gebäude)
  Glasfaserkabel reicht bis zur Grenze des Gebäudes
- **FTTH** (**F**iber-**t**o-**t**he-**h**ome, home: Wohnraum)
  Glasfaserkabel reicht bis zur Grenze des Wohnraums ⑦

ca. 1700 m
ca. 300 m
Endkunde
Kabelverzweiger
Endverzweiger
Teilnehmervermittlungsstelle für Hauptverteiler
Glasfaser
Kupferkabel
ADSL
⑥
Glasfaser
Glasfaser für VDSL
Kupferkabel
FTTC
Glasfaser
FTTH
⑦

DECT – Digital Enhanced Cordless Telecommunications

Merkmale

- **DECT** ist ein europäischer Standard für schnurlose Telekommunikation.
- Ist standardisiert durch ETSI in ETS 300175.
- Anwendungsbereiche sind
  - Telefonie, Datenübertragung
- Anwendungsgebiete werden definiert für
  - Privathaushalte
  - Klein-, Mittel- und Großbetriebe
  - öffentliche Netze
- Reichweiten innerhalb von Gebäuden liegen zwischen 20 m und 50 m, außerhalb bis zu 300 m. DECT ist multizellenfähig und unterstützt Verfahren wie Roaming und Handover.
- Übergänge in das ISDN sind realisiert; für GSM in der Realisierungsphase.
- Verkehrswerte von bis zu 10000 Erlang/km^2, d.h. 100000 Teilnehmer pro Quadratkilometer.
- Sprachqualität aufgrund der verwendeten Codierung (**ADPCM: A**daptive **P**uls **C**ode **M**odulation; nach G.726) besser als bei GSM.
- Die Sprachcodierung erfolgt mit 32 kbit/s.
- Verwendeter Frequenzbereich liegt europaweit zwischen 1880 MHz und 1900 MHz mit 10 Trägerfrequenzen bei 1,8 MHz Bandbreite pro Träger.
- Übertragungsverfahren verwenden **TDMA** (**T**ime **D**ivision **M**ultiple **A**ccess) und **TDD** (**T**ime **D**ivision **D**uplex).
- Jede Trägerfrequenz arbeitet mit 12 Duplex- bzw. 24 Simplex-Übertragungskanälen; insgesamt also 120 Übertragungskanäle bidirektional.
- Durch Zeitmultiplexverfahren können mehrere Mobilgeräte gleichzeitig mit einer Basisstation und untereinander kommunizieren.
- Mobilteile können an mehreren Basisstationen angemeldet werden und sind dann über verschiedene Rufnummern erreichbar (Multilink); angewendet überwiegend bei schnurlosen Telekommunikationsanlagen.
- Die Grundlage für alle Sprachanwendungen in DECT sind im **GAP** (**G**eneric **A**ccess **P**rofile) festgelegt.
- Durch die verwendeten Zugriffsverfahren ist eine hohe Übertragungssicherheit gegen Abhören gegeben.
- Für Datenübertragungen ist die Möglichkeit von Kanalbündelungen mit n x 24 kbit/s bis auf max. 552 kbit/s gegeben.

Rahmenstruktur

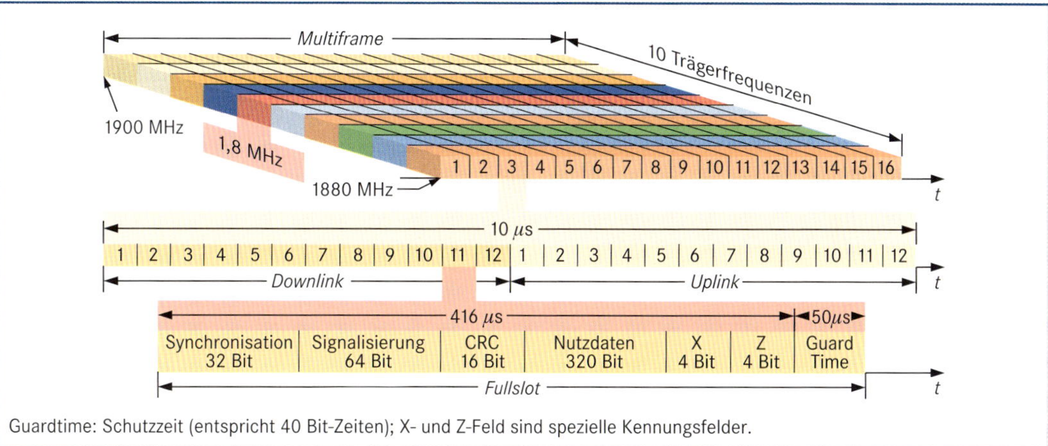

Guardtime: Schutzzeit (entspricht 40 Bit-Zeiten); X- und Z-Feld sind spezielle Kennungsfelder.

Mobilgerät

Tastatur
Display
HF-Teil
Analogteil
DECT-Digitalteil
Tonruf
Stromversorgung
EE-PROM
NiCd-Akku
Ladeanschluss

Systemaufbau

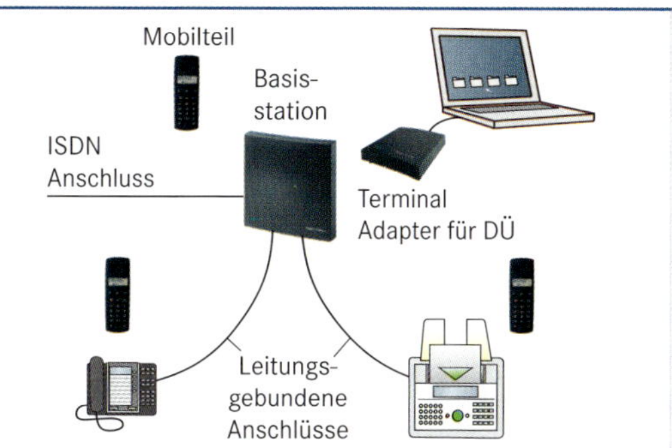

ATM – Asynchronous Transfer Mode

Merkmale

- **ATM** ist eine verbindungsorientierte Multiplex- und Vermittlungstechnik
- Findet Anwendung im Bereich **globaler Netze** und lokaler **multimediafähiger Netze**
- Ist eine Kombination der Vorteile von **paket**- und **leitungsvermittelnden** Netzen (paketvermittelt bietet variable Bitraten; leitungsvermittelt bietet Echtzeit)
- Ist derzeit die Grundlage für **B-ISDN** (**B**reitband **ISDN**)
- Dient zur Übertragung von digital codierten Informationen, wie z. B.
  - Sprache
  - Stand- und Bewegungsbilder
  - Daten und Texte
  - Datenströme jeder Kapazität (z. B. **Video on Demand** Video auf Anfrage)
- Arbeitet mit Nutz- und Steuerungskanälen, über die **Nutzzellen** und **Steuerungszellen** übertragen werden
- Zellen haben das einheitliche Format mit 53 Byte (Kopffeld 5 Byte, Informationsfeld 48 Byte)
- Im **Kopffeld** sind die Adressierungsdaten zur Vermittlung enthalten
- Die Vermittlungsknoten werten lediglich die Adressinformationen (mit Hardwareschaltungen) aus, wodurch die hohe Vermittlungsgeschwindigkeit erreicht wird
- Für die Teilnehmer-Schnittstelle (**UNI: U**ser **N**etwork **I**nterface) sind Datenraten spezifiziert mit 2, 34, 140, 155, 622 Mbit/s
- Zwischen den Netzknoten (**NNI: N**etwork **N**ode **I**nterface) und dem Übergang zwischen Netzen verschiedener Betreiber (**BICI: B**roadband **I**nter**c**arrier **I**nterface) sind Datenraten mit 34, 140, 155 und 622 Mbit/s festgelegt
- ATM arbeitet nach OSI-Referenzmodell auf der Schicht 1 und Teilen von Schicht 2

Schichtenmodell

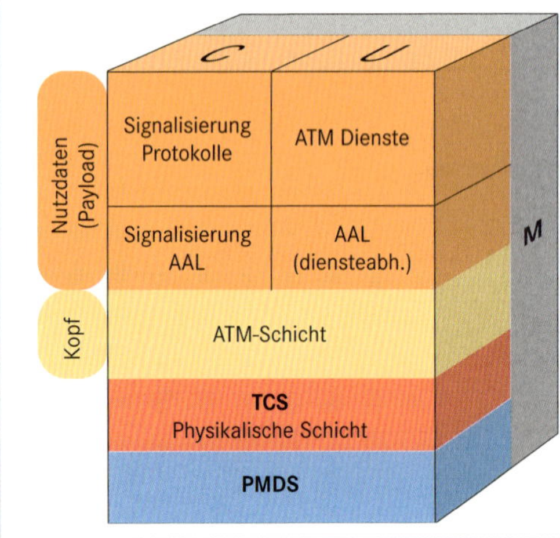

- **U-Plane** (**U**ser-Plane: Anwender-Säule) enthält Regeln und Protokolle für die Übertragung der Nutzinformationen über ATM-Verbindungen.
- **C-Plane** (**C**ontrol-Plane: Signalisierungssäule) enthält Regeln und Protokolle für die Übertragung der Steuerung, die für die Signalisierung benötigt werden.
- **M-Plane** (**M**anagement-Säule) enthält Regeln und Protokolle für die Übertragung der Managementinformationen der Nutz- und Signalisierungsverbindungen.
- **ATM**-Schicht realisiert den dienstunabhängigen Transport von ATM-Zellen sowie die Identifikation virtueller ATM-Verbindungen.
- **AAL**-Schicht (**A**TM **A**daptation **L**ayer: ATM Anpassung) realisiert Funktionen zur Unterstützung unterschiedlicher Telekommunikationsdienste; bildet die ATM-Zellen.

Physikalische Schicht

- Die physikalische Schicht ist wegen der Abhängigkeit vom Übertragungsmedium in zwei Schichten unterteilt.
- **TCS** (**T**ransmission **C**onvergence **S**ublayer) erzeugt beim Senden
  - Prüfsumme für den Zellkopf (**HEC: H**eader **E**rror **C**heck); wird auf Empfangsseite zur Fehlererkennung verwendet;
  - Leerzellen für einen kontinuierlichen Zellenstrom
- Leerzellen werden besonders markiert und an der Empfangsseite wieder entfernt.
- **PMDS** (**P**hysical **M**edium **D**ependent **S**ublayer) realisiert:
  - Leitungscodierung
  - Timing und Synchronisation auf dem Signalniveau

Zellenaufbau

Beispiel: UNI-Schnittstelle

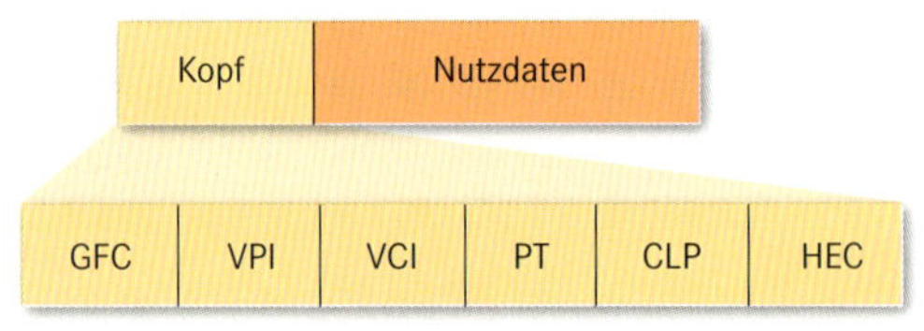

GFC: **G**eneric **F**low **C**ontrol (Flusskontrolle)
VPI: **V**irtual **P**ath **I**dentifier (virtuelle Pfadkennung)
VCI: **V**irtual **C**hannel **I**dentifier (virt. Kanalkennung)
PT: **P**ayload **T**ype (Nutzlastkennung)
CLP: **C**ell **L**oss **P**riority (Zellen Verlustpriorität)
HEC: **H**eader **E**rror **C**ontrol (Kopfprüfsumme)

Einteilung

- Zur Übertragung mehrerer logischer Kommunikationskanäle über einen physikalischen Übertragungsweg (Kabel) wird die **Multiplextechnik** angewendet.
- Anwendung hauptsächlich auf Fernleitungen, um Kosten für Übertragungskabel gering zu halten.
- Grundsätzliche Multiplexprinzipien sind:
  - **Frequenzmultiplex** (Leitungsbandbreite wird in mehrere Frequenzbereiche aufgeteilt)
  - **Zeitmultiplex** (Übertragungskanälen werden einzelne Zeitabschnitte zugeteilt)

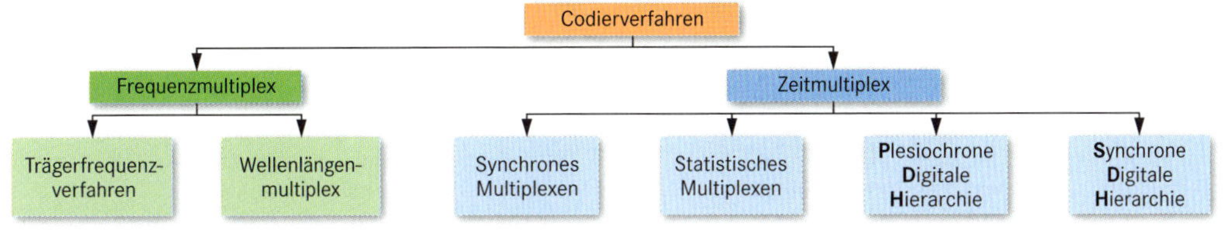

PDH: ‚fast' synchrone Multiplextechnik; Vorgänger der SDH-Technik

Synchrone Digitale Hierarchie

- Die **S**ynchrone **D**igitale **H**ierarchie (**SDH**)-Technik ist eine spezielle digitale, transparente, zeitsynchrone Multiplex-Übertragungstechnik für Weitverkehrsnetze.
- Übertragungsmedium sind Lichtwellenleiter und Richtfunkstrecken (niedrige Bitraten).
- Datenströme mit unterschiedlichen (niedrigeren) Bitraten werden auf einheitliche, standardisierte höhere Bitraten für den Transport umgesetzt (gemultiplext), bzw. am Empfangsort wieder entnommen (demultiplext).
- Zentrale Elemente eines SDH-Systems sind u. a.:
  - **Terminalmultiplexer** (fassen Eingangssignale mit unterschiedlichen Bitraten zusammen)
  - **Add Drop Multiplexer**
  - **Regeneratoren**
- SDH-Strecken können als **Ring**- oder **Maschenstruktur** aufgebaut werden.
- Netzweit wird mit einem **Mastertakt** gearbeitet.
- Mastertakt wird in kleinen Netzen von einem Multiplexknoten erzeugt.
- Bei größeren Netzen (internationale Verbindungen) werden spezielle, hochgenaue Taktgeneratoren (z. B. GPS oder Caesium-Zeitnormale) eingesetzt. Verwendet zur Übertragung zwischen den Netzknoten (Multiplexern) strukturierte Zeitrahmen. Zeitrahmen werden als Synchronous Transport Module (STM-1, da erste Multiplexerstufe) bezeichnet.
- Die Gesamtdatenrate an der STM-1 Schnittstelle beträgt 155,520 Mbit/s.
- **Höhere Hierarchiestufen** der SDH-Technik werden durch Zusammenfassen von STM-1 Modulen erreicht.
  - **STM-4** besteht aus 4 x STM-1 mit einer Bitrate von 622,080 Mbit/s
  - **STM-16** besteht aus 16 x STM-1 Rahmen mit einer Bitrate von 2488,320 Mbit/s
- SDH-Technik ist standardisiert von der ITU-T in der G-Reihe:
  - G.707 (Bitraten), G.708 (Signalstrukturen) G.709 (Multiplexstruktur)

Rahmenaufbau

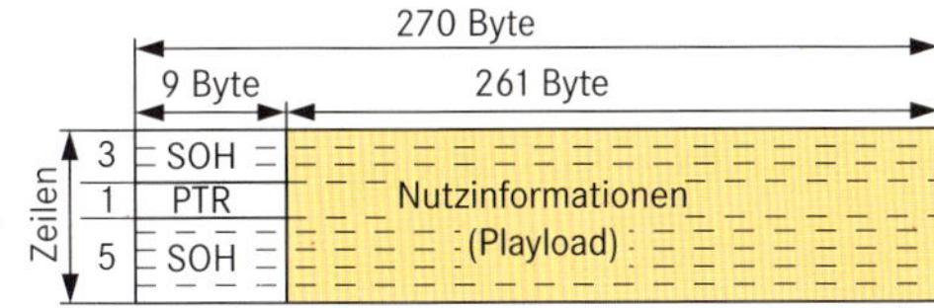

SOH (**S**ection **O**ver**h**ead): Transportinformation
PTR (**Poi**n**t**e**r**): Anfangsadresse der Nutzinformation

- Jeder STM-1 Rahmen besteht aus 2430 Byte, die in 9 Zellen zu je 270 Byte eingeteilt sind.
- In jeder Zelle sind 9 Byte für die Rahmenorganisation und die Steuerung reserviert.
- Die Nutzlast (Payload) ist in 261 Byte pro Zelle enthalten.
- Insgesamt werden pro Sekunde 8000 Rahmen übertragen (125 µs pro Rahmen).

Netzstruktur Ring

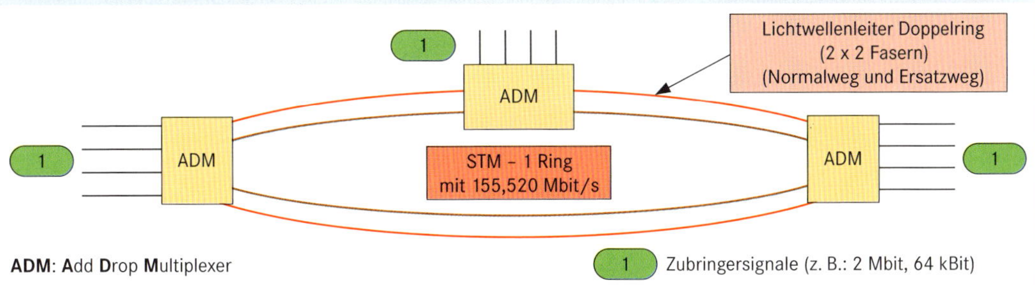

ADM: **A**dd **D**rop **M**ultiplexer

1 Zubringersignale (z. B.: 2 Mbit, 64 kBit)

Merkmale

- Frame Relay ist ein **schnelles paket- und verbindungsorientiertes Übermittlungsverfahren** für Breitbandanwendung im Punkt- zu Punkt-Betrieb.
- Vereinigt die Eigenschaften des X.25-Protokolls in Verbindung mit statistischen Multiplexern.
- FR bietet in der Regel die **geringste Durchlaufverzögerung** gegenüber anderen Protokollen; maximale Grenze der Durchlaufverzögerung kann nicht garantiert werden.
- Für **Sprach- und Videoübertragung** nur begrenzt verwendbar.
- FR stellt **hohe Anforderungen** an Qualität der Übertragungsleitungen (Bit Error Rate: Bitfehlerrate).
- **Vermittlung** der Frames erfolgt anhand der Daten im Header (**DLCI:** **D**ata **L**ink **C**onnection **I**dentifier).
- Ermöglicht **gleichzeitig mehrere virtuelle Übertragungskanäle** über ein Übertragungsmedium.
- Die Datenübermittlung erfolgt abschnittsweise zwischen den Netzknoten ohne Quittung.
- FR-Verbindungen sind **duplexfähig**.
- Die Netzknoten prüfen lediglich auf **Übertragungsfehler** mittels CRC-Verfahren.
- Die Überprüfung der Vollständigkeit der Daten muss von den Endteilnehmern durchgeführt werden.
- **Fehlerhafte** oder **verlorene Datenpakete** müssen von den Partner-Endgeräten erneut angefordert bzw. übertragen werden.
- Verkehrsparameter definieren u. a. die **garantierte Informationsrate** (**CIR:** **C**ommitted **I**nformation **R**ate).
- Die **logische Struktur** von FR-Netzen ist ähnlich der von X.25-Netzen.
- FR arbeitet auf den OSI-Schichten 1 und 2.
- Die Netzzugangsschnittstelle wird als **FR-UNI** (**FR-U**ser **N**etwork **I**nterface) bezeichnet.
- Der Anschluss ans Netz kann mit allen üblichen physikalischen Schnittstellen (z. B. X.21, V.35, E1) aus dem Bereich der Datenkommunikation erfolgen.
- Die **Paketlänge** ist variabel von 261 Byte (Grundeinstellung) bis 8192 Byte.
- Angewendet werden in der Regel 1512 Byte.
- **Übertragungsgeschwindigkeiten** sind einstellbar von
  - 56 kbit/s bzw. 64 kbit/s
  - n x 64 kbit/s
  - bis 1,544 Mbit/s bzw. 2,048 Mbit/s
- Die wesentlichen **Steuerungsmechanismen** sind im Rahmenkopf enthalten (z. B. **Zieladresse**).
- FR unterstützt **permanente** und **geschaltete virtuelle** Verbindungen.
- **Überlastkontrolle** im Netz erfolgt durch Verfahren wie
  - **BECN** (**B**ackward **E**xplicit **C**ongestion **N**otification: Überlast-Rückwärtsanzeige)
  - **FECN** (**F**orward **E**xplicit **C**ongestion **N**otification: Überlast-Vorwärtsanzeige)
  - **DE** (**D**iscard **E**ligibility: Wegwerf-Erlaubnis)
- FR wird eingesetzt zur Kopplung von LANs, als Backbone für X.25-Systeme und in privaten Datennetzen.

Übermittlungsprinzip

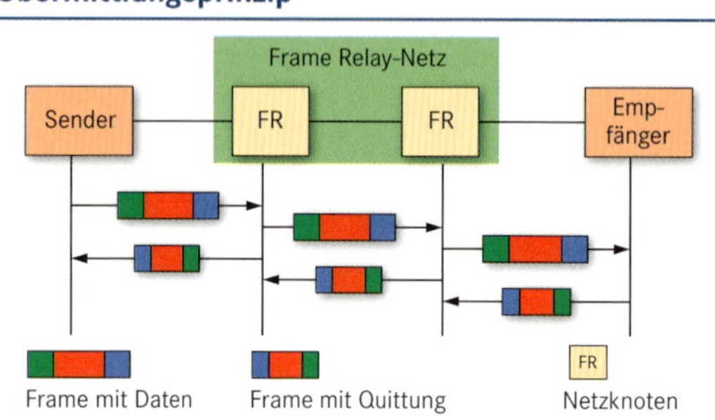

Netzknotenaufbau

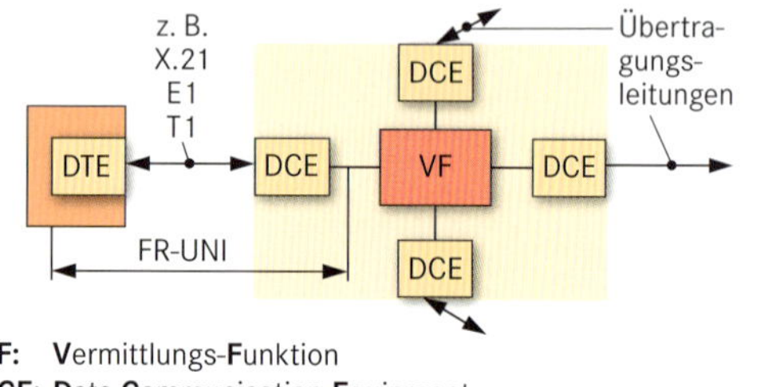

VF: **V**ermittlungs-**F**unktion
DCE: **D**ata **C**ommunication **E**quipment
DTE : **D**ata **T**erminal **E**quipment

Rahmenaufbau

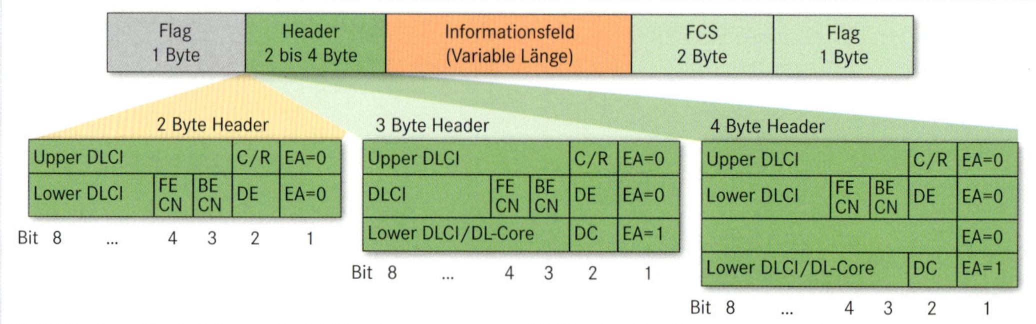

BECN: **B**ackward **E**xplicit **C**ongestion **N**otification
C/R: **C**ommand/**R**esponse Field
DC: **D**LCI oder DL-**C**ore Control Indicator
DE: **D**iscard **E**ligibility Indicator
DLCI: **D**ata **L**ink **C**onnection **I**dentifier
EA: **A**ddress **E**xtension
FECN: **F**orward **E**xplicit **C**ongestion **N**otification
Flag: 01111110

Merkmale

- **FDDI:** verteilte Schnittstelle auf LWL-Basis
- Kommunikationsnetz für höhere Geschwindigkeiten, größere Entfernungen und große Anzahl von Endgeräten
- Netzwerk besteht aus zwei LWL-Ringen (**Primär-** und **Sekundärring**; werden in entgegengesetzter oder gleicher Richtung betrieben)
- LWL-Ring ist definiert für:
  - Maximal 100 km Leitungslänge (pro Ring)
  - Maximal 1000 optische Transceiver, die jeweils bis zu 2 km bei Gradientenfaser und 60 km bei Monomodefaser auseinander liegen dürfen
  - Übertragungsrate beträgt 100 Mbit/s
- Zugriff zum Übertragungsmedium erfolgt im **Token-Passing-Verfahren**, wobei der Frei-Token unmittelbar nach Aussenden des letzten Datenpaketes von der sendenden Station erzeugt wird (Early Token Release: Frühestmögliche Freigabe), Stationen sind mit zwei oder vier LWL-Anschlüssen ausgerüstet
- Stationen mit vier LWL-Anschlüssen werden direkt an doppelten Glasfaserring angeschlossen (**Class A**)
- Stationen mit zwei Anschlüssen (**Class B**) werden über Konzentrator (**Class C**) an den doppelten Ring angeschlossen
- Konzentrator übernimmt die 'back-up'-Funktion als eine Art Ringleitungsverteiler
- Class A und C werden als **DAS**-Stationen (**D**ual-**A**ttached-**S**tation), Class B als **SAS** (**S**ingle-**A**ttached-**S**tation) bezeichnet
- **FDDI 1** Standard unterstützt asynchrone und synchrone Datenübertragung
- **FDDI 2** Standard realisiert auch isochrone Datenübertragung; hierzu wird der Ring zentral verwaltet (cycle master: Zyklus Meister).
- FDDI ist auch mit Kupferleitungen realisierbar (twisted pair: Verdrilltes Paar)
  - **SDDI** (**S**hielded **D**istributed **D**ata **I**nterface: Verteilte Datenschnittstelle mit Schirmung)
  - **CDDI** (**C**opper **DDI**: Verteilte Datenschnittstelle mit Kupfer, ungeschirmt, RJ 45 Stecker)
  - **FDDI TP-PMD** (**T**wisted **P**air **P**hysical Layer **M**edium **D**ependent: Verdrilltes Paar Medienabhängig, mit STP oder UTP, Codierung gemäß MLT-3 (Multi Level Transmit-3 Kodierung))
  - **FDDI nach Greenbook** (FDDI nach Grünbuch: Mit 150 Ω oder 100 Ω STP, Kategorie 5 Kabel, höhere Pegel als SDDI)
  - Versionen beziehen sich alle auf 100 m Leitungslänge in Sternverkabelung

Topologie

B DAS A
A DAS B
B DAS A
A DAC B
M M
SAC
M M
SAS
SAS
SAS

DAC: Dual Attached Concentrator
DAS: Dual Attached Station
M: Zusätzliche MAC-Komponete
SAC: Single Attached Concentrator
SAS: Single Attached Station

Rahmenformat

PA	SD	FC	DA	SA	Anwender-daten	FCS	ED	FS
8 Byte	14 Byte				46 Byte	6 Byte		

PA: **P**re**a**mble (Vorlauf)
SD: **S**tart **D**elimiter (Anfangsbegrenzung)
FC: **F**rame **C**ontrol (Rahmenkontrolle)
DA: **D**estination **A**ddress (Zieladresse)
SA: **S**ource **A**ddress (Quelladresse)
FCS: **F**rame **C**heck **S**um (Rahmenprüfsumme)
ED: **E**nd **D**elimeter (Ende Begrenzung)
FS: **F**rame **S**tatus (Rahmen Status)

NRZI/MLT-3-Codierung

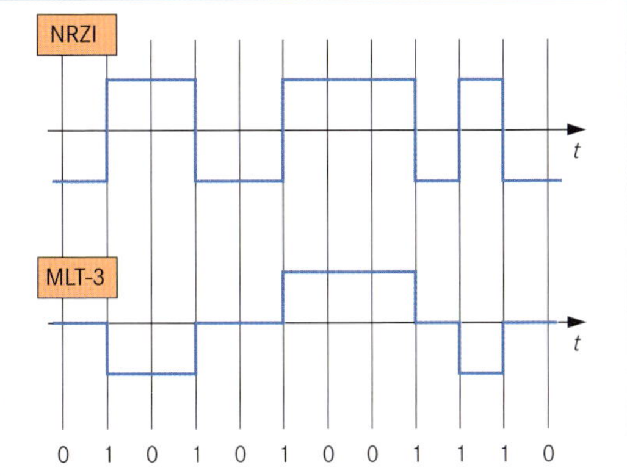

Merkmale

- **GSM: G**lobal **S**ystem for **M**obile Communication (Mobilfunksystem).
- Weltweit sind drei Frequenzbänder für GSM freigegeben:
  - GSM 900 (Up: 890 MHz...915 MHz/Down: 935 MHz... 960 MHz)
  - GSM 1800 (Up: 1710 MHz...1785 MHz/Down: 1805 MHz... 1880 MHz)
  - GSM 1900 (Up: 1850 MHz...1910 MHz/ Down: 1930 MHz... 1990 MHz)
- Dienste im GSM orientieren sich an den Diensten im ISDN
- Neben Sprachdiensten werden auch Datendienste angeboten, z. B. GPRS: General Packet Radio Service (Paketorientierter Datendienst)
- Versorgungsgebiet ist in Funkbereiche aufgeteilt (Funkzelle max. 35 km Durchmesser)

Netzarchitektur

Wabenförmige Anordnung der Funkzellen

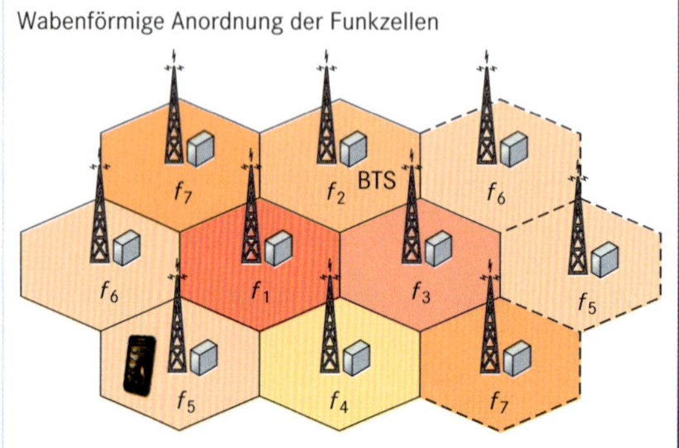

f_1 ... f_7: Funkzellen mit fest zugeteilten Frequenzbündeln. Wegen begrenzter Reichweite können Frequenzbündel in anderen Zellen wieder verwendet werden.

Technische Daten

Funkübertragung erfolgt nach **TDMA**-Prinzip (**T**ime **D**ivision **M**ultiple **A**ccess: Zeitschlitz mit Vielfachzugriff)

Frequenzen	
Uplink (UL) Mobilstation → Basisstation	890 ... 915 MHz
Downlink (DL) Basisstation → Mobilstation	935 ... 960 MHz
Kanalraster	200 kHz
Trägerfrequenzen (gesamt)	2 x 124
Bitrate (gesamt)	270,833 kBit/s
Sprachkanal	13 kBit/s
Anzahl Sprachkanäle/Träger	8
Modulationsverfahren	GMSK
Modulationsindex	0,3

Netzkonfiguration

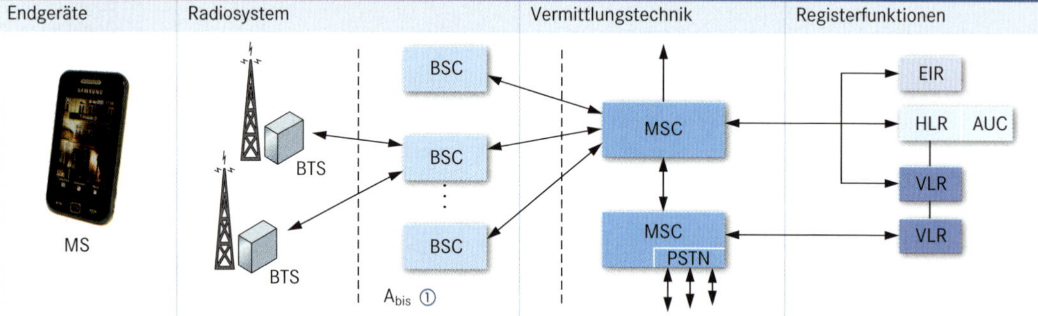

MS (**M**obile **S**tation)

Teilnehmereinrichtung; Teilnehmer wird unabhängig vom Gerät über **SIM** (**S**ubscriber **I**dentity **M**odule: Teilnehmer Erkennungs-Modul) identifiziert.

BTS (**B**ase **T**ransceiver **S**tation)

Basisstation versorgt jeweils eine Funkzelle und wickelt Funkverkehr mit Mobilstationen über Luftschnittstelle ab.

BSC (**B**ase **S**tation **C**ontroller)

- Steuert eine oder mehrere BTS
- Ist über Datenleitungen (A_{bis}-Schnittstelle) ① mit den BTS verbunden
- Verwaltet die Funkkanäle
- Steuert HF-Leistung der Basis- und Mobilstationen und Handover zwischen BTS

MSC (**M**obile **S**witching **C**entre)

- Mobilfunkvermittlungsstelle verwaltet die BSCs und stellt den Übergang in das Drahtnetz (PSTN-Public Switched Telephone Network) her.
- Führt zentrale Steuerung durch, z. B. für
  - Gesprächsaufbau und Gesprächsabbau
  - Location Update (Orts-Aktualisierung)
  - Handover (Gesprächsweitergabe)
- **EIR** (**E**quipment **I**dentity **R**egister): Geräte-Kennungsverzeichnis
- **HLR** (**H**ome **L**ocation **R**egister): Heimat-Standortverzeichnis
- **VLR** (**V**isitor **L**ocation **R**egister): Besucher-Standortverzeichnis
- **AUC** (**Au**thentication **C**enter): Authentisierungszentrum

Merkmale

- **UMTS** (**U**niversal **M**obile **T**elecommunications **S**ystem: Universelles mobiles Telekommunikations System) wird als **Mobilfunk der dritten Generation** (3G) bezeichnet und wurde von **ETSI** (**E**uropean **T**elecommunication **S**tandards **I**nstitut: Europäisches Telekommunikations Standardisierungs Behörde) spezifiziert.
- International wird UMTS von der ITU mit **IMT** (**I**nternational **M**obile **T**elecommunication: Internationale Mobile Kommunikation) bezeichnet.
- UMTS erlaubt weltweit angeglichene drahtlose **paketorientierte** Kommunikation mit im Wesentlichen zwei Endgerätetypen.
- Endgeräte müssen in der Lage sein, im **Multi-Band-Betrieb** arbeiten zu können.
- Insgesamt realisiert UMTS ein modulares Kommunikationskonzept mit terrestrisch festen und mobilen Bestandteilen und auch satellitengestützten Bestandteilen.
- Luftschnittstelle **UTRA** (**U**niversal **T**errestrial **R**adio **A**ccess: Universeller terrestrischer Funkzugriff) wird realisiert über
  - **W-CDMA** (**W**ideband **C**ode **D**ivision **M**ultiple **A**ccess) für Versorgung größerer Bereiche
  - **TD-CDMA** (**T**ime **D**ivision **CDMA**) für lokale Gebiete
- **Angebotene Dienste** sind:
  - Sprachübertragung (hohe Qualität)
  - E-Mail Versand
  - SMS (short message service)
  - Informationsdienste (Nachrichten, Wetter, Verkehr)
  - Internet-Zugriff (mittels WAP)
  - electronic shopping
  - Multimedia-Dienste (interaktiv)
  - Verteildienste, breitbandig (Video- und Audiodaten in Echtzeit)
  - Bildtelefonie und
  - elektronische Finanzdienstleistungen (electronic bankingelectronic cash, Börsendienste)
- **Gebietseinteilung** erfolgt in vier Bereichen:
  - **Piko-Zelle, Heim-Zelle:** Hohe Teilnehmerzahlen, hoher Kommunikationsverkehr, Radius ca. 500 m, Datenrate bis 2 Mbit/s
  - **Mikro-Zelle:** Innerstädtischer Betrieb, erhöhter Kommunikationsaufwand, Radius ca. 3 km, Datenrate bis 384 kbit/s
  - **Makro-Zelle:** Außerstädtische Gebiete, niedriges Verkehrsaufkommen, höhere Mobilität der Teilnehmer, Datenrate deutlich über 144 kbit/s
  - **Welt-Zelle:** Uneingeschränkte Mobilität (Kommunikation auch aus Flugzeugen), Übertragungsraten noch oberhalb 144 kbit/s

Gebietseinteilung

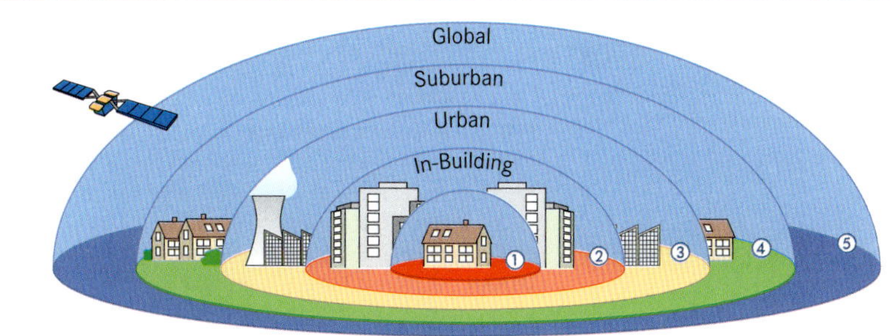

① Heim-Zelle
② Piko-Zelle
③ Mikro-Zelle
④ Makro-Zelle
⑤ Welt-Zelle

Frequenzbereichseinteilung

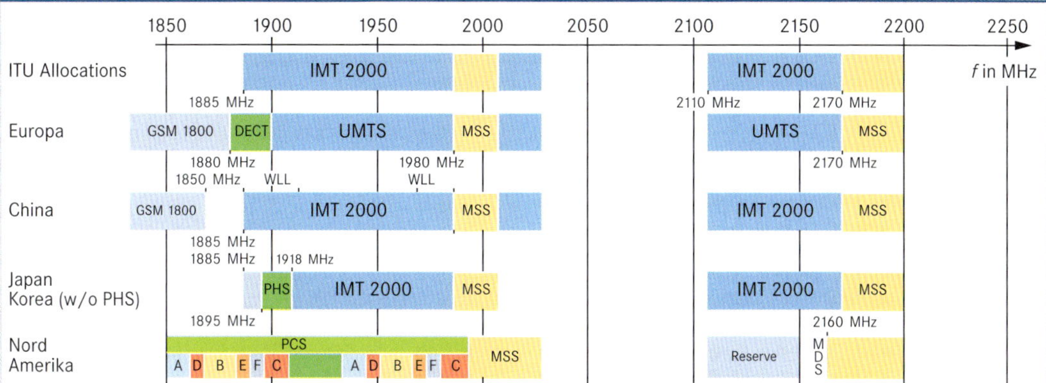

Dargestellt ist der Stand Jahr 2000. Ab Jahr 2010 kommen die Bänder **MSS** (**M**obile **S**atellite **S**ystem) und **PCS** (**P**ersonal **C**ommunication **S**ystem) hinzu: 806 ... 960 MHz; 1710 ... 1885 MHz und 2500 ... 2690 MHz.

Merkmale der Netzarchitektur

- Die UMTS Netzarchitektur besteht aus den Komponenten
  - **CN** (**C**ore **N**etwork: Kernnetz),
  - **UTRAN** (**U**MTS **R**adio **A**ccess **N**etwork: UMTS Funkzugangsnetz) und
  - **UE** (**U**ser **E**quipment: Endgerät)
- Da für UMTS eine andere Funktechnik eingesetzt wird als für GSM, müssen Endgeräte auch entsprechend ausgerüstet sein.
- Das UTRAN besteht aus den Komponenten
  - **RNC** (**R**adio **N**etwork **C**ontroller: Funknetzwerkcontroller) und
  - einem oder mehreren (typisch 3) **NodeB**s (Basisstationen).
- Jeder RNC verwaltet die Funkresourcen (z. B. Sendeleistung, WCDMA Kanalcodes) seiner an ihn angeschlossenen **RNS** (**R**adio **N**etwork **S**ystem).
- Im NodeB wird die Funkverbindung über die physikalische und die Netzwerkschicht realisiert (z. B. die Kanalcodierung, Modulation, Demodulation).

Netzarchitekturbeispiel

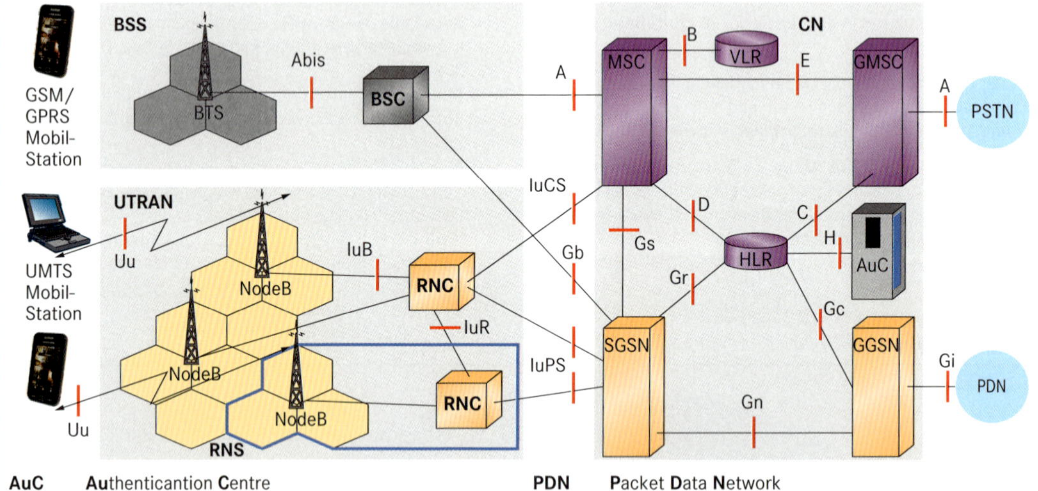

AuC	**Au**thenticantion **C**entre
BSC	**B**ase **S**tation **C**ontroller
BSS	**B**ase **S**tation **S**ubsystem
BTS	**B**ase **T**ransceiver **S**tation
CN	**C**ore **N**etwork
GGSN	**G**ateway **GPRS** **S**ervice **N**ode
GMSC	**G**ateway **M**obile Services **S**witching **C**entre
HLR	**H**ome **L**ocation **R**egister
MSC	**M**obile Services **S**witching **C**entre
NodeB	Base Station
PDN	**P**acket **D**ata **N**etwork
PSTN	**P**ublic **S**witched **T**elephone **N**etwork
RNC	**R**adio **N**etwork **C**ontroller
RNS	**R**adio **N**etwork **S**ystem
SGSN	**S**erving **GPRS** **S**ystem **N**ode
UTRAN	**U**niversal **T**errestrial **R**adio **A**ccess **N**etwork
Uu	UMTS Air Interface
VLR	**V**isitor **L**ocation **R**egister
|XY	Schnittstellenbezeichnung

Weiterentwicklungen

- **HSDPA** (**H**igh **S**peed **D**ownlink **P**acket **A**ccess)
  - Hochgeschwindigkeits-Paket Zugang in Abwärtsrichtung (Downlink)
  - Übertragungsraten von 5,76 Mbit/s (Empfänger Kategorie 8)
  - Latenzzeit (Verzögerungszeit bei Übertragung) liegt zwischen 50 ms und 100 ms.
  - Erweiterung auf bis zu 15 Kanäle
  - **QPSK**-Modulation (**Q**uadrature **P**hase **S**hift **K**eying, Vierphasenmodulation), bei guter Empfangslage **16QAM** (**Q**uadratur **A**mplituden **M**odulation)
- **HSUPA** (**H**igh **S**peed **U**plink **P**acket **A**ccess)
  - Hochgeschwindigkeits-Paket Zugang in Aufwärtsrichtung (Uplink)
  - Übertragungsraten 5,76 Mbit/s (Kategorie 69 und bis 23 Mbit/s (Kategorie 9)
- **HSPA+**
  - **MIMO**-Antennentechnologie (**M**ultiple **I**nput **M**ultiple **O**utput), Verbesserung der Funkverbindung durch mehrere Antennen
  - Übertragungsrate bis 28 Mbit/s (Downlink) und 11 Mbit/s (Uplink), Release 7
  - Modulationsverfahren Uplink 16QAM, Downlink zusätzlich 64QAM
  - Kanalbündelung (Dual-Carrier), Zusammenfassung von zwei 5 MHz Kanälen
- **HSOPA** (**H**igh **S**peed **O**FDM **P**acket **A**ccess)
  - Effektivere Nutzung des Frequenzspektrums durch **OFD** (**O**rthogonal **F**requency **D**ivision **M**ultiplexing)
  - Kanalbandbreite zwischen 1,25 MHz und 20 MHz (5 MHz bei UMTS)
  - Vorgängertechnik von **LTE** (**L**ong **T**erm **E**volution)

Merkmale

- LTE wird als **4G** (4. Mobilfunkgeneration) bezeichnet, kann als Nachfolger von UMTS (3G) aufgefasst werden, mit u. a. erhöhter Datenrate, größerer Bandbreiteneffizienz, geringeren Verzögerungszeiten, verbesserten Modulationsverfahren (**QAM**: **Q**uadratur**a**mplituden**m**odulation), geringerem Energieaufwand.
- Begründung für die Einführung: Durch eine verstärkte Internetnutzung im Mobilfunkbereich reicht die Kapazität des UMTS-Netzes nicht mehr aus.
- Für die Nutzung des LTE-Netzes sind eigene Endgeräte erforderlich.
- Durchmesser der Zellengrößen bis zu 5 km.
- Verwendung von Mehrfachantennen (**MIMO**: **M**ultiple **I**nput **M**ultiple **O**utput)

Frequenzbänder

- **800-MHz-Frequenzband**

Duplexlücke
Downlink
Uplink
780 790 800 810 820 830 840 850 860 *f* in MHz

- 791 MHz ... 862 MHz, Aufteilung in 5 MHz Bänder
- Duplexlücke 11 MHz
- Beispiel der Nutzung durch Deutsche Telekom: Uplink 852 MHz ... 862 MHz, Downlink 811 MHz ... 821 MHz
- **2,6-GHz-Frequenzband**

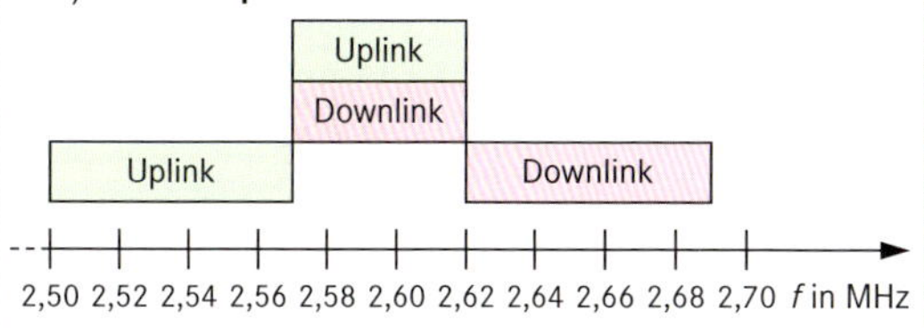

- 2,5 GHz ... 2,69 GHz
- Einsatz besonders in Metropolregionen
- Beispiel der Nutzung durch Deutsche Telekom:
  - Frequenzduplex (**FDD**)
    Uplink 2,52 MGHz ... 2,54 MGHz,
    Downlink 2,64 GHz ... 2,66 GHz
  - Zeitduplex (**TDD**)
    Uplink und Downlink 2,605 GHz ... 2,61 GHz

Modulation

- **OFDMA** (**O**rthogonal **F**requency **D**ivision **M**ultiple **A**ccess)
  - Festgelegt bei LTE für den Downlink
  - Die verfügbare Bandbreite wird in viele Subträger aufgeteilt (orthogonale zueinander, dadurch kaum gegenseitige Beeinflussung der Trägersignale).
  - Bei 20 MHz sind beispielsweise im Abstand von 15 kHz 1333 Subträger vorhanden.
  - Jeder Subträger kann unabhängig moduliert werden, je nach Empfangslage z. B. mit QPSK, 16QAM (4 Bits pro Signal) oder 64QAM (8 Bits pro Signal).
  - Jeder Subträger enthält nur die Informationen eines Signals.
  - Mehrere Nutzer können auf die verfügbare Bandbreite zugreifen.
  - Zeitintervall 1 ms, vor jedem Zeitintervall wird entschieden, welcher Nutzer welche Ressourcen erhält.
- **SC-FDMA** (**S**ingle **C**arrier-**F**requency **D**ivision **M**ultiple **A**ccess)
  - Festgelegt für den Uplink
  - Ähnlich OFDMA, verringerte Leistung bei LTE-Geräten
  - Jeder Subträger enthält die Informationen über alle in einer Periode übertragenen Signale.
- **TDD** (**T**ime **D**ivision **D**uplex, Zeitduplexverfahren)
  - Aufteilung der Signale in Subframes von 1 ms
  - Up- und Downlink-Frames werden zeitlich getrennt über den selben Kanal übertragen.
  - Zwischen der Umschaltung vom Down- zum Uplink wird ein Subframe benötigt (**DwPTS**: **Dow**nlink **P**ilot **T**ime**s**lot, **GP**: **G**uard **P**eriod, **UpPTS**: **Up**link **P**ilot **T**ime**s**lot).

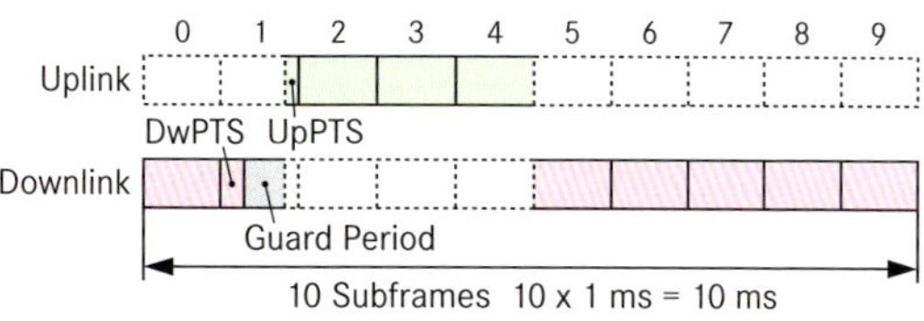

- **FDD** (**F**requency **D**ivision **D**uplex, Frequenzduplexverfahren)
  - Je ein Kanal wird für Up- und Downlink-Frames verwendet.

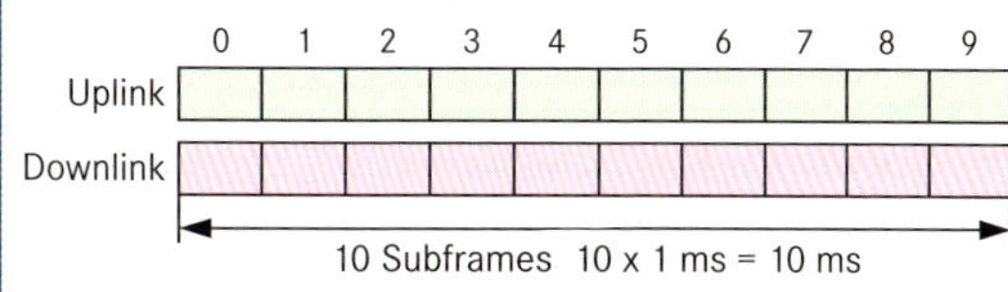

Vergleich

	UMTS	LTE	
Frequenzband in GHz	2,1	0,8	2,6
Datenraten – maximal in Mbit/s – durchschnittlich in Mbit/s – bei Drosselung[1] in kbit/s	 21,6 < 2 64	 50 mindestens 2 384	 100
Verlust durch geteilte Datenrate[2], je nach Nutzeranzahl	deutlich	geringer	
Bandbreite in MHz	5	5, 10, 20	
Reichweite in km	bis 5	bis 10	
Antennenzahl	1	4 (MIMO)	

[1] bei Ausschöpfung des Tarifvolumens
[2] mehrere Nutzer teilen sich die maximale Datenrate

Netzarchitektur

- LTE besitzt gegenüber UMTS eine vereinfachte Netzarchitektur.
- Die einzelnen Funknetze werden als **E-UTRAN** (Evolved UTRAN) bezeichnet (**UTRAN**: **U**niversal **T**errestrial **R**adio **A**ccess **N**etwork, evolved: entwickelt). E-UTRAN wird auch als LTE-Luftschnittstelle bezeichnet.
- Ein RNC (Radio Network Controller) wie bei UMTS wird nicht mehr benötigt. Seine Funktionen übernehmen LTE-Basisstationen (**eNodeB**, Evolved Node B).
- eNodeB sind miteinander vermascht und kommunizieren untereinander über X2-Schnittstellen.
- Über S1-Schnittstellen kommunizieren die eNodeB direkt mit dem Kernnetz (**EPC**: **E**volved **P**acket **C**ore Network).
- Weiterentwicklung: **LTE-Advanced** mit Datenraten bis zu 1000 Mbit/s und geringeren Latenzzeiten

Merkmale

- Cloud Computing (‚Rechnen in der Wolke') bezeichnet das **dynamisch an den Bedarf** angepasste
  - **Anbieten**,
  - **Nutzen** und
  - **Abrechnen** von IT-Dienstleistungen

  über ein Netz.
- Angebot und Nutzung dieser Dienstleistungen erfolgen dabei ausschließlich über
  - definierte technische Schnittstellen und
  - Protokolle.

(Definition nach BSI [Bundesamt für Sicherheit in der Informationstechnik])

- Angebotene Dienstleistungen beinhalten das komplette Spektrum der Informationstechnik z. B.
  - Rechenleistung, Speicherplatz,
  - Plattformen und
  - Software.
- **Vorteile** u. a.:
  - Einsparungen bei eigener IT-Infrastruktur (z. B. bei IT-Systemen, Energiekosten, Personal)
  - Ressourcen können auf Anforderung genutzt werden
- **Nachteile** u. a.:
  - Datenschutz und -kontrolle bei Speicherung von Daten (insbesondere länderübergreifend)

Cloud-Arten

Private Cloud (Private Cloud)	**Public Cloud** (Öffentliche Cloud)	**Community Cloud** (Gemeinschafts-Cloud)
■ Cloud-Infrastruktur wird nur für eine Institution betrieben. ■ Sie kann von der Institution selbst oder einem Dritten organisiert und geführt werden. Kann im Rechenzentrum der eigenen oder einer fremden Institution stehen.	■ Die Services können von der Allgemeinheit oder einer großen Gruppe (z. B. ganze Industriebranche) genutzt werden. ■ Die Services werden von einem Anbieter (Provider) zur Verfügung gestellt.	■ Die Infrastruktur wird von mehreren Institutionen geteilt, die ähnliche Interessen haben (z. B. öffentliche Verwaltungen). ■ Kann von einer dieser Institutionen oder einem Dritten betrieben werden.
Private Cloud	Public Cloud	Community Cloud

Hybrid Cloud (Gemischte Cloud)

- Mehrere Cloud-Infrastrukturen, die für sich selbst eigenständig sind, werden über standardisierte Schnittstellen gemeinsam genutzt (z. B. private Cloud in Verbindung mit öffentlicher Cloud)

Basis-Servicemodelle

IaaS ①
(**I**nfrastructure **as a S**ervice: Infrastruktur als Service)

- Hier werden IT-Ressourcen als Service zur Nutzung angeboten (z. B. Rechenleistung, Datenspeicher oder Netze).
- Der Cloud-Kunde kauft bzw. mietet diese virtualisierten (in hohem Maß standardisierten Services) und baut darauf eigene Services zum internen oder externen Gebrauch auf (z. B. Betriebssystem mit Anwendungen).

PaaS ②
(**P**latform **as a S**ervice: Plattform als Service)

- PaaS-Provider stellt komplette Infrastruktur bereit und bietet dem Kunden standardisierte Schnittstellen an, die von den Services des Kunden genutzt werden.
- Der Kunde hat keinen Zugriff auf die darunterliegenden Schichten (Betriebssystem, Hardware); kann aber auf der Plattform eigene Anwendungen laufen lassen.

SaaS ③
(**S**oftware **as a S**ervice: Software als Service)

- Vom Kunden gewünschte Anwendungen werden vom Provider bereitgestellt, aktualisiert und gewartet
- Beispiele: Finanzbuchhaltung, Textverarbeitung

Referenzarchitektur

- Gibt eine Übersicht über die Komponenten, die vom **Service Provider** vorzuhalten und zu managen sind.
- Zur Umsetzung der vielfältigen und komplexen Aufgaben wird die Anwendung von Vorgehensmodellen (z. B. ILTIL oder COBIT) empfohlen.

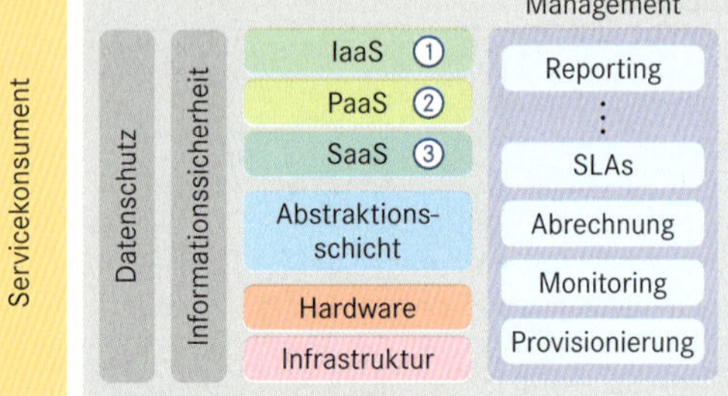

①②③ Externe Service Leistungen
Reporting: Berichterstattung (u. a. Störungsstatistik)
ALA (Service Level Agreement: Dienstgütevertrag)
Monitoring: Überwachung des Betriebes
Provisioning: Bereitstellung von Software und Hardware

Merkmale

- **WAP** (**W**ireless **A**pplication **P**rotocol: Drahtloses Anwendungsprotokoll) ist ein Stamdard für drahtlose Informationsdienste über digitale mobile Telefone und andere drahtlose Terminals, z. B. **PDA** (**P**ersonal **D**igital **A**ssistant)
- Überträgt Internet-Inhalte, E-Mail und FTP-Dienste
- Unterstützt verschiedene **Übermittlungsdienste** und **Übertragungssysteme**
- Spezifikation beschreibt die Architektur als Cient-Server-Modell
- Schichtenmodell lehnt sich an OSI an
- Nutzt Standardaufrufe des WWW mit URLs
- Verwendet HTML, Java Script und HTTP
- Endgeräte enthalten **Mikro-Browser** (arbeiten analog zu Standard WEB-Browsern)
- Kommunikation zwischen Client (Endgerät) und Server erfolgt über **WAP-Proxy**
- WAP-Proxy arbeitet als **Protokoll-Gateway** und Codierer bzw. Decodierer
- Übersetzt Anfragen (requests) aus dem WAP-Protokoll-Stack (z. B. **WSP: W**ireless **S**ession **P**rotocol) in WWW Protocol-Stacks wie HTTP oder TCP/IP
- Kodierfunktion übersetzt u.a. den WAP-Inhalt in kompaktes Format zur Reduzierung des Datenaufkommens im Netz
- **WTA** (**W**ireless **T**elephony **S**erver: Drahtloser Telefon Server) für normale Sprachkommunikation dient zum Übergang vom digitalen Mobilfunknetz in entsprechendes Festnetz
- **WML** (**W**ireless **M**ark-up **L**anguage: Drahtlose Darstellungssprache) ist eine spezielle Sprache zur Wiedergabe von Informationen auf Displays von mobilen Endgeräten

Protokolle

- **WDP** (**W**ireless **D**atagram **P**rotocol: Drahtloses Daten-Protokoll) ist das Transport-Layer-Programm
- WDP verwendet unterschiedliche Anpassungen (Profile) für die Übermittlungsdienste
- Enthält **WCMP** (**W**ireless **C**ontrol **M**essaging **P**rotocol: Drahtloses Kontroll-Nachrichten-Protokoll) zur Übertragung von Fehlermeldungen an Netzknoten
- **WTLS** (**W**ireless **T**ransport **L**ayer **S**ecurity) ist ein Sicherheitsprotokoll mit der Realisierung folgender Funktionen:
  - Daten-Integrität zwischen Server und Client
  - Privacy (Vertraulichkeit)
  - Authentication (Schutz vor unberechtigtem Zugriff)
  - Denial of Service Protection (Zugriffsverweigerung auf Dienste) zum Entdecken und Zurückweisen unkorrekt verifizierter Daten
- **WTP** (**W**ireless **T**ransaction **P**rotocol) realisiert den Datagramm-Dienst, arbeitet transaktionsorientiert und bietet drei Dienstklassen:
  - **Erste Klasse:** Unzuverlässige Einwege-Kommunikation für gelegentlichen Datenverkehr ohne Antwort
  - **Zweite Klasse:** Zuverlässige Einwege-Kommunikation mit Antwort
  - **Dritte Klasse:** Zuverlässige Zweiwege-Kommunikation für gegenseitigen Datenaustausch mit wechselseitiger Bestätigung
- **WSP** (**W**ireless **S**ession **P**rotocol) bietet WAE zwei Dienste zur Datenübertragung:
  - **Erster Dienst:** Sicher, verbindungsorientiert
  - **Zweiter Dienst:** Verbindungslos, sicher oder nicht sicher

Protokollstruktur

Wireless Application Layer (**WAE**)

Wireless Session Layer (**WSP**)

Wireless Transaction Layer (**WTP**)

Wireless Security Layer (**WTLS**)

Wireless Transport Layer (**WDP**) | **WCMP**

Andere Anwendungen und Dienste

Träger: SMS | GSM | CSD | PDC-P | IS-136 | CDMA | andere

WAP-Modell

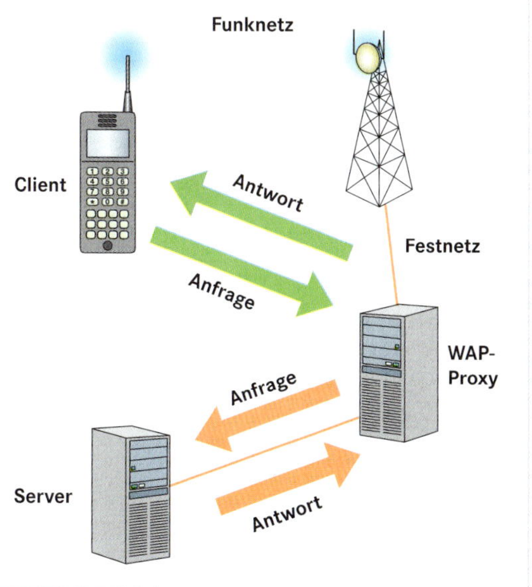

GPRS – General Packet Radio Service

Merkmale

- **GPRS** (**G**eneral **P**acket **R**adio **S**ervice) ist eine Erweiterung des **circuit switched** zum **packet switched** GSM-Netz
- Realisiert die **Funk-Datenübertragung** mit bis zu 171,2 kbit/s
- Arbeitet als **paketorientierter** Dienst
- Datenstrom wird dabei in Pakete aufgeteilt, die über momentan freie GSM-Kanäle übertragen werden
- Empfänger setzt die Datenpakete in der richtigen Reihenfolge wieder zusammen
- Für GPRS ist das GSM-Netz erweitert worden um
  - **paketorientiertes Protokoll** für die Luftschnittstelle
  - **Core Netzwerk**, auf Internet-Protokoll basierendes Netzwerk, das über Standardschnittstellen an GSM angeschlossen wird
- Standards (ETSI) für GPRS sind spezifiziert in z. B.:
  - GSM 02.60 (GPRS Überblick)
  - GSM 03.60; 03.64; 03.61; 03.62 (Systemarchitektur und Dienste-Definitionen)
- GRPS ist erster Dienst im Rahmen der **GSM-Phase 2+**
- Bietet Zugang zu paketorientierten Datendiensten wie z. B. Internet oder Intranet
- Codierungsverfahren auf der Luftschnittstelle ist in vier Gruppen eingeteilt (**CS 1** bis **CS 4**)
- CS 1: Geringster Datendurchsatz, beste Fehlerkorrektur
- CS 4: Höchster Datendurchsatz ohne Fehlerkorrektur
- **Nettodatenrate** wird bestimmt durch:
  - Verfügbarkeit von Zeitschlitzen (speziell in Spitzenzeiten)
  - Qualität der Funkübertragung (Wiederholung von fehlerhaften Datenpaketen)
  - Verhältnis von Overhead- zu Nutz-Daten
- GSM-Netze mit GPRS-Funktionen enthalten neue Netzelemente wie
  - **SGSN** (**S**erving **G**PRS **S**upport **N**ode)
  - **GGSN** (**G**ateway **G**PRS **S**upport **N**ode)
  - **BG** (**B**order **G**ateway)
  - **PTM-SC** (**P**oint-**t**o-**M**ultipoint **S**ervice **C**entre)

Datendurchsatz

Kanal-Codierungsverfahren	CS 1	CS 2	CS 3	CS 4
Einfacher Zeitschlitz (kbit/s)	9,05	13,4	15,6	21,4
Achtfacher Zeitschlitz (kbit/s)	72,0	107,2	124,8	171,2

Endgeräteklassen

Class	Merkmal
A	Sprach- und Datenverbindungen **gleichzeitig**
B	**Entweder** Sprach- oder Datenverbindung (automatische Umschaltung)
C	Manuelle Auswahl von Sprach- oder Datenverbindung

Referenzmodell

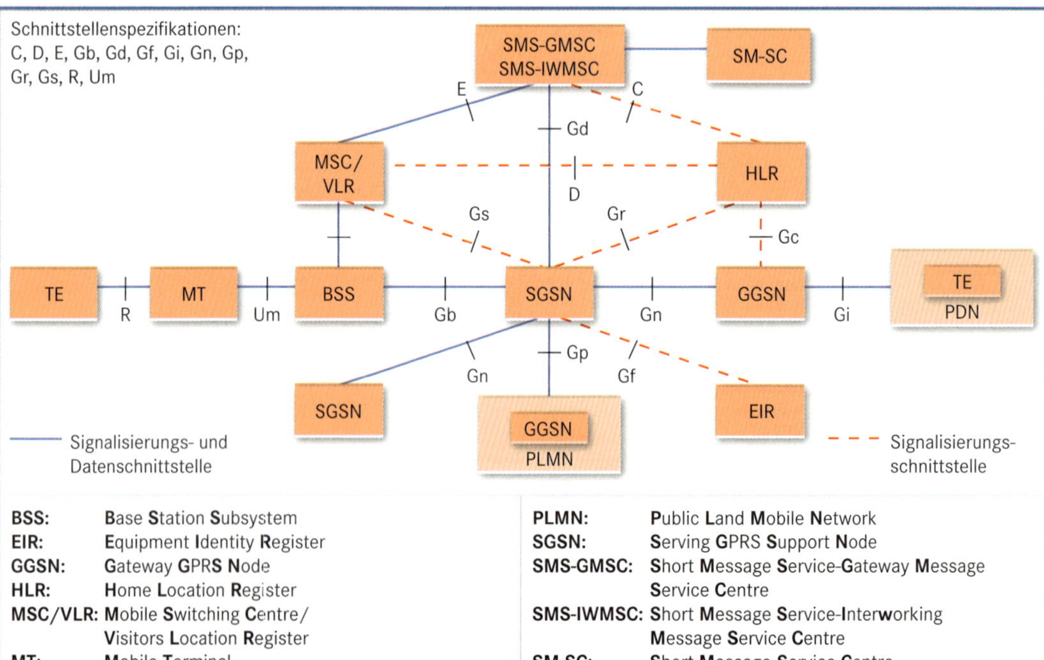

BSS: **B**ase **S**tation **S**ubsystem
EIR: **E**quipment **I**dentity **R**egister
GGSN: **G**ateway **G**PRS **N**ode
HLR: **H**ome **L**ocation **R**egister
MSC/VLR: **M**obile **S**witching **C**entre/ **V**isitors **L**ocation **R**egister
MT: **M**obile **T**erminal
PDN: **P**ublic **D**ata **N**etwork
PLMN: **P**ublic **L**and **M**obile **N**etwork
SGSN: **S**erving **G**PRS **S**upport **N**ode
SMS-GMSC: **S**hort **M**essage **S**ervice-**G**ateway **M**essage **S**ervice **C**entre
SMS-IWMSC: **S**hort **M**essage **S**ervice-**I**nter**w**orking **M**essage **S**ervice **C**entre
SM-SC: **S**hort **M**essage-**S**ervice **C**entre
TE: **T**erminal **E**quipment

Merkmale

- **TETRA** (**Te**rrestrial **T**runked **Ra**dio: „gebündelter irdischer Funk") ist ein zellulares digitales **Bündelfunksystem** für Sprach- und Datenübertragung
- Wird eingesetzt für private und öffentliche **Betriebsfunknetze** (z. B. Taxi- und Fuhrunternehmen) und für Sicherheitsfunkanwendungen (z. B. Polizei und Feuerwehr) in Form geschlossener Benutzergruppen
- Standardisiert durch ETSI in
  - ETS 300 392 TETRA **V**oice + **D**ata
  - ETS 300 383 TETRA **P**acket **D**ata **O**ptimised
  - ETS 300 396 TETRA **D**irect **M**ode **O**peration
  - ETS 300 394 TETRA Testing
- Im Gegensatz zu öffentlichen Mobilfunksystemen bietet TETRA schnellen Verbindungsaufbau (max 500 ms)
- Angebotene Dienste (Teledienste):
  - Individual Call (Individualruf)
  - Group Call (Gruppenruf)
  - Broadcast Call (Punkt-zu Multipunkt-Ruf)
  - Emergency Call (Notruf)
  - Open Channel (Offener Sprechkanal)
- **Datendienste:**
  - Status Transmission
  - Short Data Service
  - Leitungsvermittelte Datendienste (ungeschützte, geschützte und hochgeschützte Datenübertragung)
  - Paketvermittelte Datendienste (verbindungsorientiert, verbindungslos und TCP/IP-Zugriff)
- **Zusatzdienste** sind u. a. Priority Call, Discreet und Ambience Listening
- Frequenzbereiche in Europa:
  - 410 ... 430 MHz; 450 ... 470 MHz
  - 870 ... 876 MHz gepaart mit 915 ... 921 MHz
  - 385 ... 390 MHz gepaart mit 395 ... 399,9 MHz
- Pro Zelle werden typisch vier bis fünf Träger (16 bis 20 logische Kanäle) aufgebaut

Netzstruktur

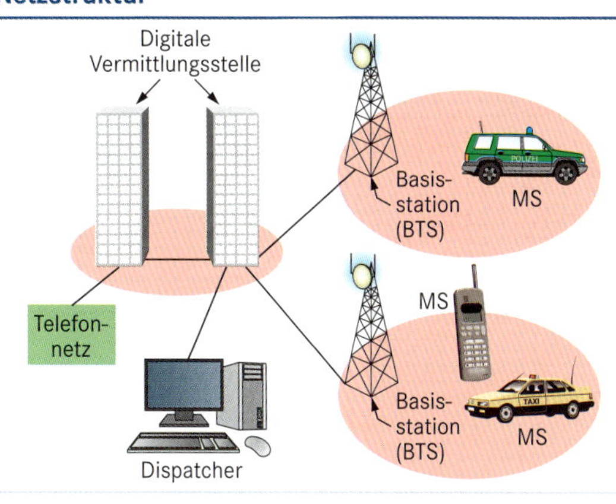

Betriebsarten

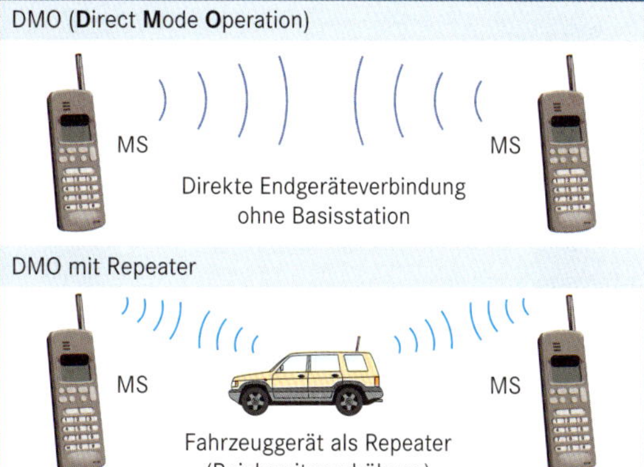

Kenndaten

Parameter	Wert
Kanalraster	25 kHz
Sendeleistung Basisstation pro Trägerfrequenz (typ.)	25 W ERP
Sendeleistung Mobilgerät	1 W, 3 W, 10 W
Empfängerempfindichkeit statisch (BER = 1,2 %; 4,8 kBit/s; N = 4)	MS: –113 dBm BTS: –115 dBm
Empfängerempfindichkeit dynamisch (TU50; N = 4; BER = 1,2 %; 4,8 kBit/s)	MS: –104 dBm BTS: –106 dBm
Betriebsart	Semi-, Vollduplex
Kanalzugriffsverfahren	TDMA
Modulation	$\pi/4$-DQPSK
Kanalbitrate	36 kbit/s
Maximale Datenrate, ungeschützt (gross bit rate)	28,8 kbit/s

Parameter	Wert
Netto-Datenrate: – non-protected – low-protected – high-protected	(n = 1, 2, 3, 4) n x 7,2 kbit/s n x 4,8 kbit/s n x 2,4 kbit/s
Sprachcodierung **(A-CELP: A**lgebraic **C**ode-**E**xcited **L**inear **P**redictive)	4,567 kbit/s
Spektrumseffiziens in interferenzbegrenzter Umgebung (viel Verkehr, viele Zellen)	50 bit/(s · kHz · Zelle)
Spektrumseffiziens in rauschbegrenzter Umgebung (eine isolierte Zelle)	384 bit/(s · kHz)
Reichweite: – Rural – Suburban	 ca. 14 km ca. 14,5 km

Merkmale

- Bei Richtfunk wird eine Funkstrecke zwischen zwei festen Punkten (Antennen) aufgebaut.
- Die elektromagnetische Energie wird gebündelt im Freiraum übertragen.
- Durch starke Bündelung bleibt der Einfluss auf gleicher Frequenz sehr klein und ermöglicht kleine Sendeleistungen.
- Unterer anwendbarer Frequenzbereich liegt bei 200 MHz.
- Allgemein verwendet wird der Frequenzbereich zwischen 2 GHz und 60 GHz.
- Übertragungskapazitäten: 2 Mbit/s, 4 Mbit/s, 8 Mbit/s, 2 x 8 Mbit/s, 34 Mbit/s, 140 Mbit/s.
- Modulationsverfahren: 4 PSK, 4 FSK, 16 QAM, 64 QAM, 128 TCM.
- Übertragungsentfernungen liegen zwischen 5 km und 50 km (freie Sichtverhältnisse); größere Entfernungen werden durch hintereinander geschaltete Stationen erreicht.
- Reichweite wird begrenzt durch:
  - **Flachschwund**; entsteht durch Änderung des Brechungsindexes der Luft (breitbandige Reduzierung des Empfängersignals), Niederschläge (Regen oder Nassschnee).
  - **Mehrwegeschwund**; entsteht durch Beugung oder Reflexion an Luftschichten oder Reflexionen an der Erdoberfläche (Verzerrungen).
- Freiraumausbreitung bedeutet freie optische Sicht zwischen den Antennen (Fresnelzone).
- Fresnelzone beschreibt ein Ellipsoid mit den Antennen als Brennpunkte.

Frequenzbandeinteilung

- Schwerpunktmäßig genutzter Bereich im Richtfunk verwendet 4 GHz bis 38 GHz mit Teilbändern von 200 MHz bis 2 GHz
- Frequenzbereiche werden in **Ober-** und **Unterband** eingeteilt
- Teilbänder werden durch Mittenlücke getrennt (in der Regel größer als der Nachbarkanalabstand)
- Bänder mit gleichen Ziffern in beiden Bändern bilden Frequenzpaare für die Hin- und Rückübertragung einer Verbindung

Fresnel-Zone

Reflexionsfreie Übertragung ist gegeben, wenn keine Hindernisse in die 1. Fresnelsche Zone ragen.

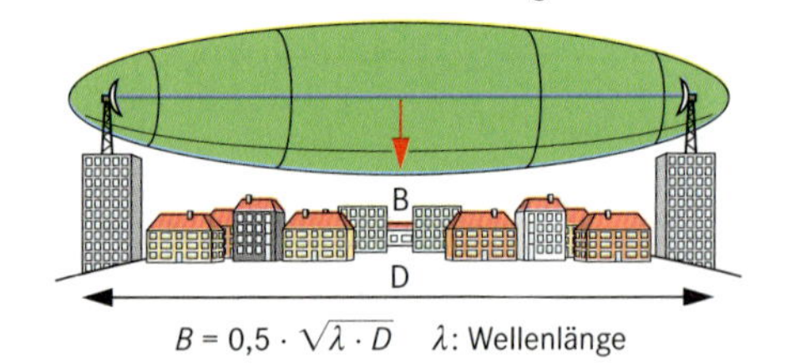

$B = 0{,}5 \cdot \sqrt{\lambda \cdot D}$ λ: Wellenlänge

Antennen

- Sendeantennen wandeln die Leitungswelle in eine Raumwelle
- Empfangsantennen wandeln die Raumwelle in eine Leitungswelle
- Die abgestrahlte Energie wird durch die Bauform der Antenne scharf gebündelt und in bevorzugter Richtung abgestrahlt

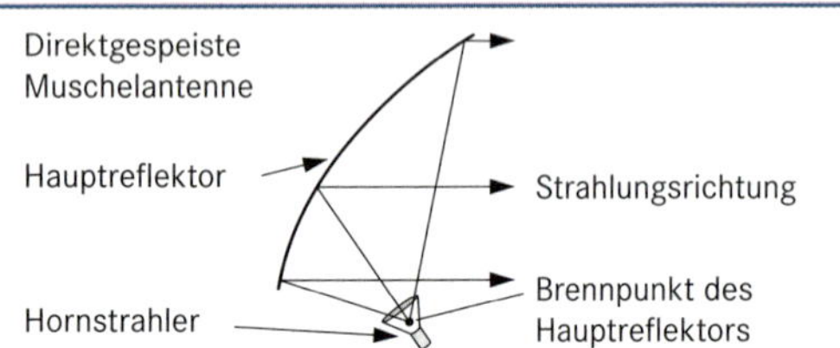

Beispiel Standortvernetzung

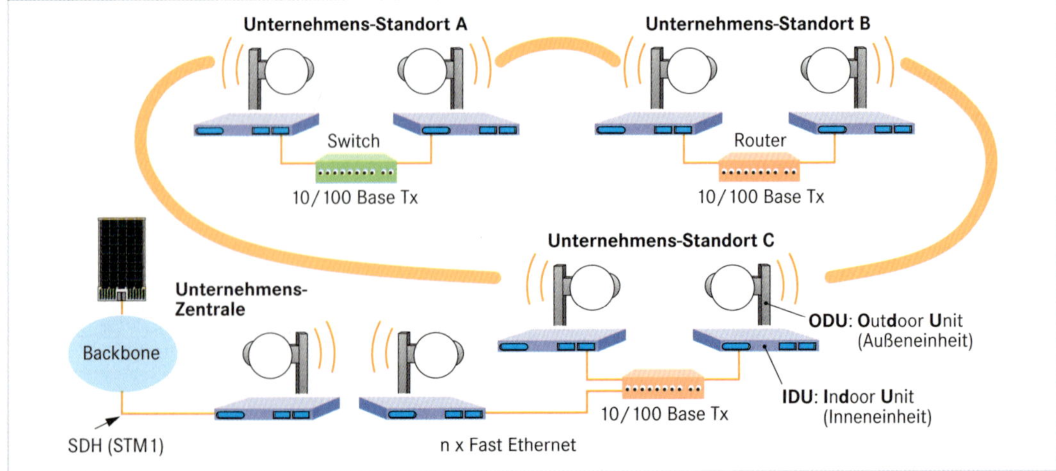

Server

Merkmale

- Server: Dienst-Erbringer
- Clients beziehen sich auf Server (Client: Kunde)
- Server können auf einem lokal orientierten Gerät installiert sein.
- Server können im Rahmen offener Systemstrukturen auch als verteilte Systeme realisiert werden. In diesem Sinne können Dienste verteilt angeboten werden. Einzelne Rechner können in komplexen und offenen Strukturen einerseits als Client operieren und zugleich Serverteilleistungsfunktionen (Teildienste) offerieren.

Einteilungen

- **SQL-Server**: Arbeitet als relationales Datenbank-Management-System innerhalb von verteilten Netzstrukturen.
- **Exchange Server**: Gemeinsame Verwaltung von E-Mails, Formularen, Groupware-Anwendungen und Terminsystemen.
- **SMTP-Server** (**S**imple **M**ail **T**ransport **P**rotocol-Server): Server zum Versenden von E-Mails. (Versandrichtung nur vom Client zum Server. Rücktransport nur über SMTP-Clients.)
- **SNA-Server**: Arbeitet als Gateway im Hinblick auf IBM-Mainframes und Mini-Computer.
- **Systems Management Server**: Verwaltet den Zugriff auf ein Gesamtsystem.
- **Proxy Server**: (Proxy – Stellvertreter-„Software": quasi „an Stelle von".) Ermöglicht den Einzelrechnern einen Internetzugang und steht zwischen Client und Netz. Einfachste Firewall-Funktionen werden zugleich realisiert. Unterschieden werden: -http, -FTP-, -SMTP- und Telnet-Proxies.

Weiterhin werden unterschieden:

- **Server**: DHCP-Server, DNS-Server, POP3-Server, Webserver, Streaming Server und Terminal Server
- **Serverdienste**: Backup-Dienste, Dateidienste, Druckdienste, Kommunikationsdienste und Webdienste

Domänen

- Eine technisch-organisatorische (logische) Einheit von Rechnern (Nutzern), die im Netz gemeinsam verwaltet und sicherheitstechnisch organisiert werden. Es gibt einzelne Domänen und komplexe Domänenstrukturen. Es charakterisiert Microsofts NT-Selbstverständnis.
- Eine Domäne besteht aus einem **PDC** und eventuell mehreren **BDCs**.
- **PDC: P**rimary **D**omain **C**ontroller – erster Domänen-Rechner: zuständig für die (primäre) Benutzerkontenverwaltung. Zu jeder Domäne gehört nur ein PDC.
- **BDC: B**ackup **D**omain **C**ontroller – Sicherungs-Domänen-Rechner: zuständig für alle Ressourcen und Kopien.
- Es gibt autonome Server, die ohne PDC- oder BDC-Zuordnung operieren.

Domänenkonzepte

- **Single Domain Model**: Geeignet für Netze mittlerer Größe (max. 15.000 Nutzer); zentrale Verwaltung der Rechte.
- **Single Master Domain Model**: Geeignet für große Netze.
- **Complete Trust Model**: Geeignet für Netze, die ohne gesonderte Zentrale existieren; jede Domaine operiert im Netz autonom – allerdings vertrauen sich die Domainen gegenseitig.
- **Multiple Master Domain Model**: Geeignet für große Netze mit denzentralen Zentren.

Apache-Server (Apache-http-Server)

- Web-Server (Bereitstellung von Webseiten)
- Erfüllt die Spezifikationen der RFC 2616 zu http/1.1
- Marktanteil bei etwa 70 % – Open-Source-Produkt
- Unterstützt vielfältige Laufzeitmodelle (**MPM: M**ulti-**P**rocessing-**M**odule); Prozesse gemäß Standard-UNIX-MPM (prefork)/Threads (worker)
- **Adressen:** http://modules.apache.org
  http://www.apachefriends.org/de/xampp.html

ICMP - Internet Control Message Protocol

- **ICMP: I**nternet **C**ontrol **M**essage **P**rotocol
- Es gehört zur TCP/IP-Protokollfamilie.
- Es gestaltet folgende Aufgaben (mit) unter IPv4:
  - **Diagnose von Verbindungen**
  - **Überlastvermeidung** bei Routern durch Flusskontrolle,
  - Verwaltung von **Routing-Tabellen**.
- **ICMPv4:** ICMP in der Verwendung unter IPv4
- **ICMPv6:** ICMP in der Verwendung unter IPv6
- Neben der Erfassung und Übertragung von
  - **Diagnoseinformationen** und
  - **Fehlermeldungen** dient das ICMPv6 auch dazu, die **automatische Konfiguration** von **Adressen** zu unterstützen.

ICMPv4 – Angaben

Type	Inhalt der Nachricht
0	Echo Reply Message: Echo-Antwort
3	Destination Unreachable Message
4	Source Quench Message: Drosselung der Senderate
5	Redirect Message: Route ändern
8	Echo Request Message: Echo-Anforderung
9	Router Advertisement Message: Router-Bekanntmachung
10	Router Solicitation Message: Suche nach einem Router
11	Time Exceede Message: Lebenszeit des IP-Pakets ist überschritten
12	Parameter Problem Message: Parameterfehler im IP-Paket
13	Time Stamp Request Message: Uhrzeitangabe-Anforderung
14	Time Stamp Reply Message: Uhrzeitangabe-Antwort
15	Information Request Message: Informationsanforderung
16	Information Reply Message: Antwort auf Informationsanfrage
17	Address Mask Request: Abfrage der Subnetz-Maske
18	Adress Mask Response: Antwort auf Abfrage der Subnetmaske

Merkmale

- Blade-Server (sinngemäß: Blatt-Server) sind Server, die aus mehreren eigenständigen Server-Modulen aufgebaut sind.
- Jedes Server-Modul entspricht dabei einem vollständigen PC mit
  - einer oder mehreren CPUs
  - Festplatte(n)
  - Arbeitsspeichern

  auf **einer** Flachbaugruppe.
- Die Höhe der Flachbaugruppe wird in Units (1 U = 1,75 inch) angegeben und definiert damit auch die Bezeichnung des Servers (z. B. 7 U).
- Die Blade-Server werden in einem Baugruppenträger (Chassis) eingesteckt und sind über einen oder mehrere rückseitige Platter miteinander verbunden.
- Die Verbindungen zur Außenwelt (z. B. Firmen-Netzwerk) können über entsprechende Netzwerk-Switche, die ebenfalls in das Chassis gesteckt werden, erfolgen.
- Diese Aufbauform bietet Vorteile
  - durch Reduzierung des Bauvolumens
  - keinen zusätzlichen Verdrahtungsaufwand, da alle Verbindungen für die Module bereits im Chassis enthalten sind
  - einfachen Austausch der Module gegen Nachfolge-Systeme (Investitionssicherheit)
- Das Management für die Module wird von eigenen Management-Modulen im Chassis übernommen.
- Die Funktionen der einzelnen Server-Blades werden vom Anwender durch entsprechende Konfigurationen festgelegt und können z. B. sein
  - Web-Server
  - Mail-Server
  - Datei-Server
  - Backup-Server
- Zur Erhöhung der Systemverfügbarkeit besteht die Möglichkeit, die vorhandenen Stromversorgungen ebenfalls zu verdoppeln.

Server-Blade

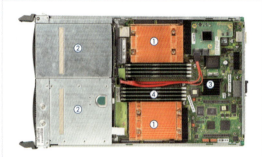

① Prozessoren (bis max. 4)
② Festplatten
③ Anschaltung für Rückwandbus
(z. B. Fibre Channel oder Gbit-Ethernet)
④ Arbeitsspeicher

Portzuordnung

Beispiel:
Pro Server-Blade zwei LAN-Kanäle:
Jeweils ein Kanal verbunden mit entsprechendem Ethernet-Switch-Blade.

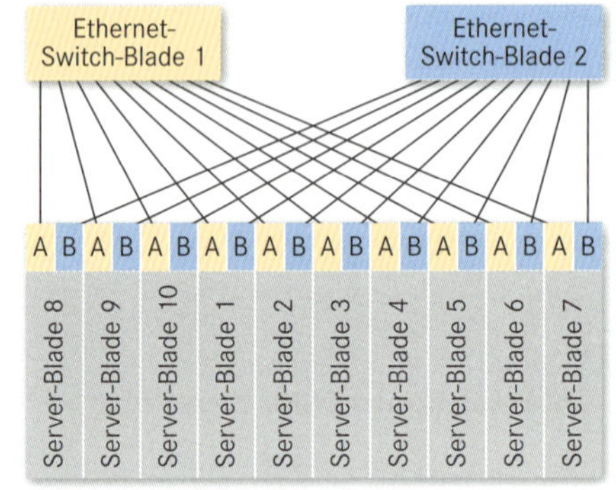

7-U Rack

Frontseite

① ... ⑩ Server-Blade Einbauplätze

Rückseite

① Up-Link LAN Anschlüsse
② Fibre Channel oder Ethernet Switch Blade

Definitionen

- Storage-Systems sind Speicher-Einrichtungen, die als Massenspeicher große Datenmengen zuverlässig und mit hohen Geschwindigkeiten speichern.
- Grundsätzlich werden Storage-Systeme nach Art der technischen Realisierung unterschieden in
  - **DAS** (**D**irect **A**ttached **S**torage: direkt zugeordneter Speicher)
  - **NAS** (**N**etwork **A**ttached **S**torage: Netzwerk zugeodnete Speicher)
  - **SAN** (**S**torage **A**ttached **N**etwork: zugeordnetes Speicher-Netzwerk)
- Kombinationen aus NAS und SAN nutzen die Vorteile beider Systeme und bauen auf IP-Kommunikation auf wie z. B. Internet **SCSI** (**iSCSI**) oder **I**nternet **F**ibre **C**hannel **P**rotocol (**iFCP**).

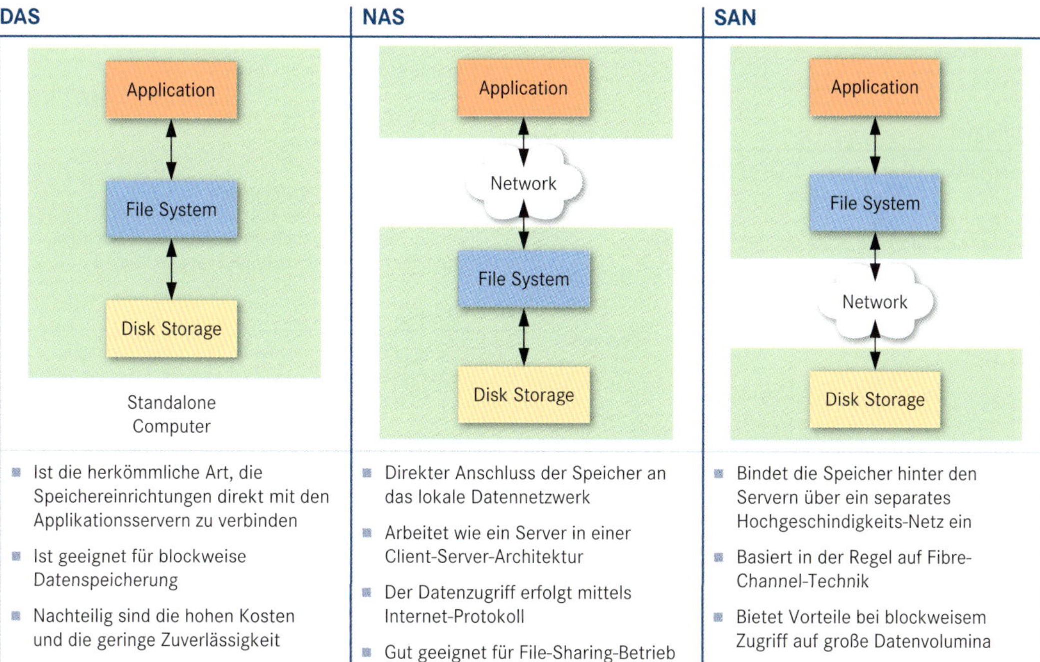

DAS

- Ist die herkömmliche Art, die Speichereinrichtungen direkt mit den Applikationsservern zu verbinden
- Ist geeignet für blockweise Datenspeicherung
- Nachteilig sind die hohen Kosten und die geringe Zuverlässigkeit

NAS

- Direkter Anschluss der Speicher an das lokale Datennetzwerk
- Arbeitet wie ein Server in einer Client-Server-Architektur
- Der Datenzugriff erfolgt mittels Internet-Protokoll
- Gut geeignet für File-Sharing-Betrieb

SAN

- Bindet die Speicher hinter den Servern über ein separates Hochgeschindigkeits-Netz ein
- Basiert in der Regel auf Fibre-Channel-Technik
- Bietet Vorteile bei blockweisem Zugriff auf große Datenvolumina

SAN mit Fibre Channel

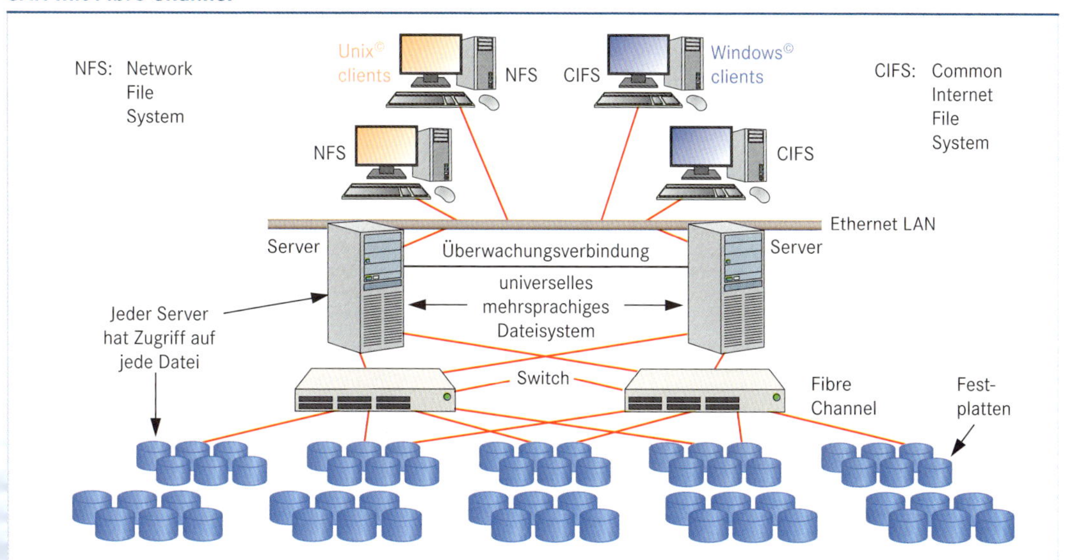

Merkmale

- **FC** (Faserkanal) ist ein Hochgeschwindigkeitsübertragungskanal mit Übertragungsraten von 133 Mbit/s, 266 Mbit/s, 531 Mbit/s und 1,062 Gbit/s
- Übertragungsmedium sowohl Kupfer (STP) als auch LWL
- Kupferübertragung erfordert zwei Aderpaare, eines zum Senden, eines zum Empfangen, deshalb ‚full duplex' möglich
- Übertragungsentfernungen:
  - Kupfer maximal 47 m zwischen zwei Knoten
  - LWL (9 µm single mode bzw. 50/60 µm multimode) maximal 10 km
- Mischung der Medien ist möglich

Topologien

- Topologien können sein:
  - Punkt-zu-Punkt-Verbindung
  - **Arbitrated Loop** (gesteuerter Ring)
  - **Fabric-Switching** (Fibre Channel Switching)
- Punkt-zu-Punkt-Verbindungen verlangen gleiche Datenraten bei den Teilnehmern
- Bei Switching Ports können unterschiedliche Datenraten gefahren werden
- Übertragung ist protokollunabhängig

Dienste

- Dienste werden in Klassen eingeteilt:
  - **Service Class 1** (Dienstklasse)
    Punkt-zu-Punkt-Verbindung mit Standleitung.
    Anwendung bei Kopplung von Servern mit Massenspeichern
  - **Service Class 2** (Dienstklasse 2)
    Verbindungslose Übertragung, gesteuert über Rahmenaufbau, mit Rückmeldung.
    Anwendung in gemischten Systemen mit Netzwerken und Massenspeichern
  - **Service Class 3** (Dienstklasse 3)
    Ähnlich wie Klasse 2; Anwendung für ‚one to many' (einer für viele); keine Rückmeldung über versendete Daten; keine Datenwiederholung
  - **Service Class 4** (Dienstklasse 4)
    Verbindungsgesteuerter Dienst mit garantierter Bandbreite und garantiertem Zeitverhalten; isochrone Datenübertragung für realtime Video und Daten

Anwendung

Übertragung großer Datenmengen wie z. B. bei Bilddaten, 3-D Rendering, CAD-Daten, Video-Erstellung, Massenspeicherkopplung mit Netzwerken

Topologie

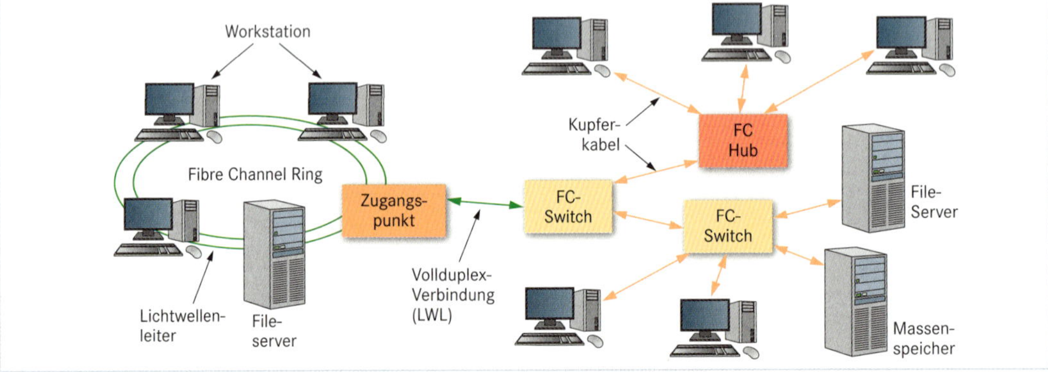

Kommunikationsstruktur

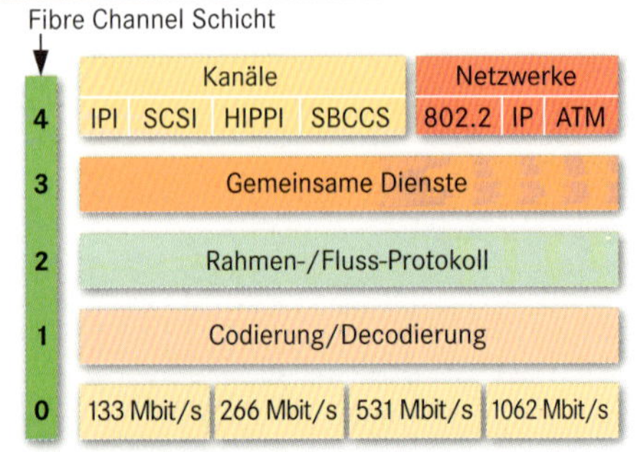

IPI: Intelligent Peripheral Interface
HIPPI: High Performance Parallel Interface

Rahmenstruktur

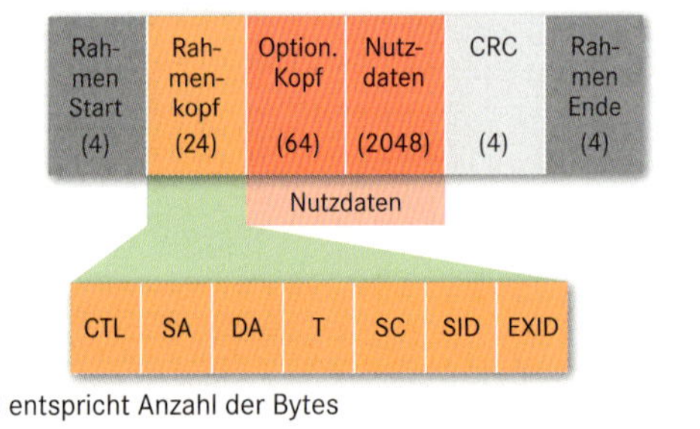

(n) entspricht Anzahl der Bytes

SA: Source Address
DA: Destination Address
T: Type
SC: Sequence Counter
SID: Sequence Identifier
EXID: Exchange Identifier

DVB

- **DVB: D**igital **V**ideo **B**roadcasting (Digitaler Fernsehempfang)
- **DVB-T** (**D**igital **V**ideo **T**errestrial)
  - Drahtlose Ausbreitung über terrestrische Sender
  - 4 bis 32 Mbit/s, Bandbreite 7 MHz bzw. 8 MHz
  - Modulation QPSK und QAM-16, QAM-64

- **DVB-C** (**DVB C**able)
  - Ausbreitung über Kabelnetze
  - Hyperbandkanäle S21 bis S41
  - Datenrate bis 51 Mbit/s, Bandbreite 8 MHz
  - Modulation QAM-64, QAM-256

DVB C CABLE

- **DVB-C2**
  - Effektivere Datenreduktion durch MPEG-4 (H.264), dadurch Steigerung der Übertragungskapazität
  - Neue Dienste wie z.B. Video on Demand, interaktive Angebote
- **DVB-S** (**DVB S**atellite)
  - Drahtlose Ausbreitung über Satelliten
  - Transponder zwischen 26 und 54 MHz
  - Modulation QPSK, Datenrate bis 65 Mbit/s

DVB S SATELLITE

- **DVB-S2**
  - Andere Modulationsverfahren als bei DVB-S (z.B. PSK, APSK)
  - Datenübertragungsrate um ca. 30 % höher als bei DVB-S

HDTV

- **HDTV: H**igh **D**efinition **Te**le**v**ision (hochauflösendes Fernsehen)
- Größere Bildauflösung (siehe Tabelle rechts) im Vergleich zum analogen PAL-Fernsehen
- Bildformat 16:9 (Kinoformat), PAL-Fernsehen 4:3
- Verbesserte Tonübertragung (Dolby Digital 5.1 oder Dolby Digital Plus)
- Die Datenraten betragen bis zu 25 Mbit/s. Der Bandbreitenbedarf steigt dadurch auf das Vierfache.
- Datenreduktion (Codecs) mit MPEG-2, MPEG-4, H.264/AVC
- Bei der Abtastung der Bildvorlage werden folgende Verfahren angewendet:
  - **Vollbildverfahren** (Kennzeichnung: **p**)
    Jede Zeile wird nacheinander abgetastet (progressive scan).
  - **Zeilensprungverfahren** (Kennzeichnung: **i**)
    Das Bild wird in zwei Teilbilder zerlegt, wobei beim ersten Halbbild die geraden Zeilen und beim zweiten Halbbild die ungeraden Zeilen abgetastet und übertragen werden (**interlaced**).

HDTV Standards

HD ready 1080p

HD ready 1080p

- Auflösung: 1.920 x 1.080 Bildpunkte
- Analoger Eingange **YUV** (Y: Helligkeit und Farbdifferenzsignale U: Rot, V: Blau), Signale werden direkt Cinch-Verbindung weitergegeben (ab 2007)
- Digitale Eingänge mit
  - **HDMI** (**H**igh **D**efinition **M**ultimedia **I**nterface)
  - oder **DVI** (**D**igital **V**isual **I**nterface), rein digitales Signal, bis zu 4,9 Gbit/s und
  - mit Kopierschutz **HDCP** (**H**igh Bandwidth **D**igital **C**ontent **P**rotection).
- **Overscan** (Bereich an den äußeren Rändern eines Videobildes) im Setup-Menü ist abschaltbar.
- **Auflösungen**, die über YUV unterstützt werden müssen:
  - 720p (1.280 x 720 Pixel progressiv) und
  - 1080i (1.920 x 1.080 interlaced) mit 50 und 60 Hz
- **Auflösungen**, die über HDMI oder DVI unterstützt werden müssen:
  - 720p (1.280 x 720 Pixel progressive[1)])
  - 1080i (1.920 x 1.080 interlaced[2)]) mit 50 und 60 Hz
  - 1080p (1.920 x 1.080 progressive) mit 50 und 60 Hz
  - 1080p/24 Hz (24p) (1.920 x 1.080 progressive)

[1)] Progressive Scan: Vollbildverfahren
[2)] Interlace: Zeilensprungsverfahren

HDTV 1080p

- Es gelten die gleichen Bedingungen wie beim Logo „HD ready 1080p“.
- Zusätzlich muss das Gerät direkt HDTV-Signale über DVB-C, DVB-S und DVB-S2 verarbeiten können und in 720p/1080i an das Display weiterleiten können.
- Die Decodierung von MPEG-2 und MPEG-4/AVC muss unterstützt werden.

HD TV 1080p

Vergleich

Merkmale	PAL	720p	1080i
Auflösung	786 x 576	1.280 x 720	1.920 x 1.080
Pixel gesamt	442.368	921.600	2.073.600
Pixel/s	11.059.200	46.080.000	51.840.000
Bildaufbau	Halbbild (interlaced)	Vollbild (progressive)	Halbbild (interlaced)
Bildfrequenz	50 Hz	50 Hz	50 Hz
Bildformat	4:3	16:9	16:9

TV-Standards

Qualität	LDTV Low Definition Television VHS-Qualität	SDTV Standard Definition Television PAL-Qualität	EDTV Enhanced Definition Television Studioqualität	HDTV High Definition Television – Hochauflösendes Fernsehen	UHD Ultra High Definition Television
Auflösung in Pixel x Pixel	376 x 282	640 x 480	704 x 480	1920 x 1080	3840 x 2160
Datenrate in Mbit/s	1,5	4 ... 6	8	24 ... 30	ca. 300

Merkmale

- Unter IPTV versteht man eine Fernsehübertragung unter Verwendung des Internetprotokolls (IP).
- Weitere Protokolle sind
  - **IGMP** (**I**nternet **G**roup **M**anagement **P**rotocol) für die Kanal-Signalisierung beim Livestream ① (s. Abb. unten) und
  - **RSTP** (**R**apid **S**panning **T**ree **P**rotocol) für zeitversetztes ② On-Demand (auf Anforderung, bei Bedarf).

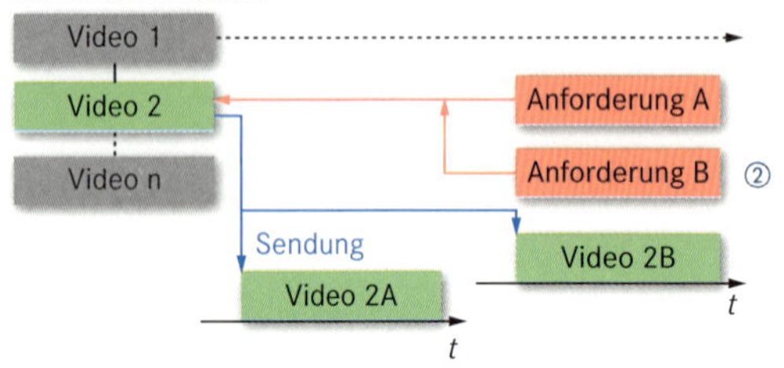

- Der Datenstrom setzt sich aus Paketen konstanter Größe zusammen, die auf verschiedenen Wegen den Empfänger über das Internet erreichen. Durch die IP-Adressen erfolgt ein gezielter Informationsaustausch zwischen zwischen dem Provider und den jeweiligen Endgeräten.
- Im Gegensatz zum Digital-TV ist IPTV **interaktiv** verwendbar:
  - Bereitgestellte Programme können gleichzeitig von vielen Teilnehmern abgerufen werden ②.
  - Die Sendungen lassen sich bedarfsgerecht und zeitversetzt (On-Demand, Timeshift-TV) abrufen bzw. speichern ④.
- Für die Übertragung von IPTV werden die Daten in Videocodecs komprimiert. Verwendet werden z. B. MPEG-2, MPEG-4, H.264/AVC, XviD, DivX oder WMV9.
- Für die Qualität und Abbildungsgröße auf dem Bildschirm ist die benutzte Hard- und Software sowie die im Netz verfügbare Datenübertragungsrate (Bandbreite) entscheidend. ADSL ist für IPTV gerade ausreichend. Eine höhere Qualität wird mit ADSL2+, VDSL und VDSL2 erzielt. Es können aber auch optische Netze oder die Funknetztechnik (WiMAX) eingesetzt werden. Für HDTV (1920 x 1080 Pixel) ist eine Datenübertragungsrate von 8 Mbit/s erforderlich.

Unterschied zum TV-Empfang über ein Kabelnetz

- Im TV-Kabelnetz (BK-Netz) sind alle Programme und Dienste bestimmten Frequenzbereichen zugeordnet. Sie können deshalb von den Abnehmern gleichzeitig genutzt werden.
- IPTV erfolgt in der Regel über den DSL-Anschluss des TK-Netzes. Grundsätzlich ist auch eine Überagung über das BK-Netz und über Funknetze möglich.
- Bei IPTV hängt die gleichzeitige Nutzung von der zur Verfügung gestellten Daterate (Bandbreite) des Anbieters ab. Bei z. B. 2 Mbit/s kann nur auf ein Programm bzw. einen Dienst gleichzeitig zugegriffen werden.

Streaming-Verfahren

- Beim Streaming ③ (Strömung) handelt sich um eine kontinuierliche Übertragung von Daten, bei der diese im Endgerät sofort für die Wiedergabe aufbereitet werden (Echtzeit).
- Für die Laufzeitunterschiede der Datenpakete werden je nach Bedarf Zwischenspeicher von einigen Sekunden eingesetzt.
- Im Gegensatz zum Rundfunk werden beim Streaming jedem Empfänger die Daten direkt zugeführt.
- Für die Wiedergabe wird entsprechende Software eingesetzt, die als Player bezeichnet werden.
  Beispiele: Windows Media Player, Real Player, Quicktime Player, Flash Player

Podcasting

- Allgemein wird beim Podcasting ④ (Kunstwort aus **iPod** und Broad**casting**) auf gespeicherte Daten eines Servers zurückgegriffen.
- Die Wiedergabe kann in der Regel erst dann erfolgen, wenn die Speicherung abgeschlossen ist.
- Wenn die gespeicherten Daten eines Servers genutzt werden, kann dieses als On-Demand oder als Download erfolgen.
- Unter Podcasting wird auch das Anbieten und abonnieren von Multimediadateien (Audio und Video) über das Internet verstanden. Das Abonnieren kann automatisiert werden, so dass der Abnehmer stets auf dem neusten Stand gehalten wird. Das Aufrufen der Webseite und das manuelle Abrufen der Daten entfallen.

Möglichkeiten für IPTV

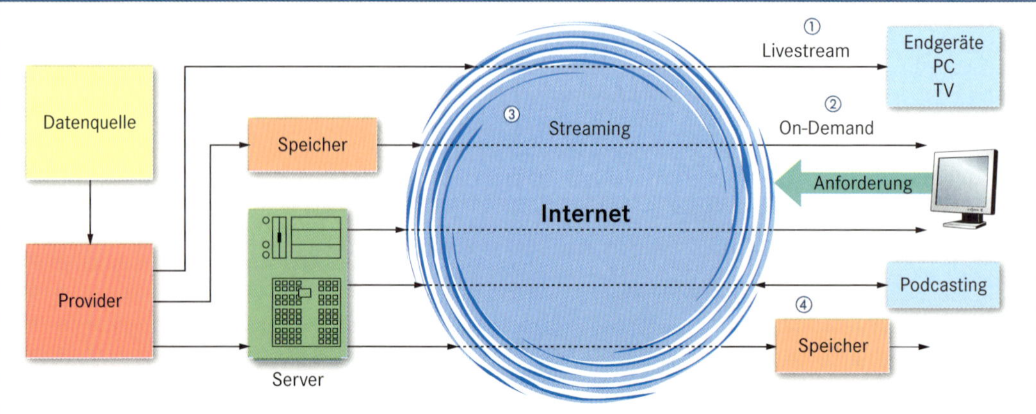

Breitbandkabelnetz

- Breitbandkabelnetze (BK-Netze) sind in der Regel Hausverteilanlagen bis zu einer Frequenz von 862 MHz mit einem Rückkanal (z. B. das bestehende analoge Kabelnetz) in Baumtopologie.
- Anbieterseite:
  CMTS (**C**able **M**odem **T**ermination **S**ystem)
  Diese Einheit befindet sich in der Regel an oder in der Nähe der Kopfstelle und ist für die bidirektionale Datenübertragung im Hin- und Rückkanal verantwortlich. Sie arbeitet wie eine Vermittlungsstelle.
- Jede CMTS besitzt nur eine bestimmte Anzahl von Modulatoren für die Hinkanäle und eine entsprechende Zahl von Demodulatoren für die Rückkanäle. Deshalb kann nur eine begrenzte Teilnehmerzahl angeschlossen werden (z. B. 5000 bis 10000).
- Bei großen Kabelnetzen werden Teilnetze (Cluster) gebildet.
- Die Up- und Downstreamdaten liegen in unterschiedlichen Frequenzbändern.
  - Downstream: Kanäle oberhalb 450 MHz, Quadraturamplitudenmodulation (QAM)
  - Upstream (Rückkanal): 10 MHz bis 65 MHz, Quadraturphasenumtastung (QPSK)
- Auf der Teilnehmerseite befindet sich das Kabelmodem.

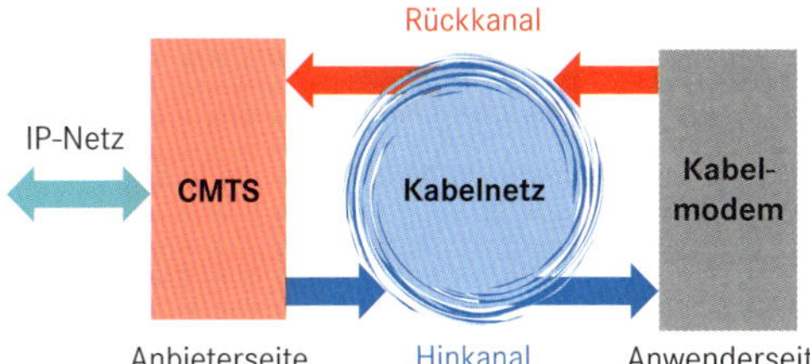

- Für das Zusammenwirken zwischen CMTS und Kabelmodem wird der **DOCSIS**-Standard (**D**ata **O**ver **C**able **S**ervice **I**nterface **S**pecification) verwendet. Mit DOCSIS werden Kabelinternet und -telefonie realisisert (Voice over Cable, Variante von IP-Telefonie).
- Die DOCSIS-Komponente **MAC** (**M**edia **A**ccess **C**ontrol) steuert folgende Funktionen:
  - Konfiguration des Kabelmodems
  - Aktivierung und Deaktivierung der Dienste
  - Verschlüsselung (Data Encryption Standard)
- DOCSIS 3.0:
  - Hinkanal max. 200 Mbit/s bei Bündelung von vier Kanälen
  - Rückkanal max. 120 Mbit/s

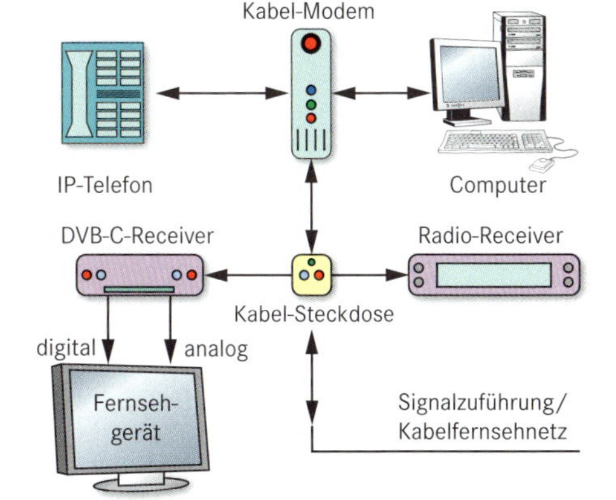

Kabelmodem

- Das Kabelmodem ist ein Gerät, mit dem Daten im Breitbandkabelnetz übertragen werden. Es befindet sich zwischen dem Kabelanschluss und dem Router bzw. PC.
- Ein Splitter zur Frequenztrennung ist nicht erforderlich.
- Die Verbindung mit dem Netz erfolgt über Ethernet oder die USB-Schnittstelle.
- Der Netzwerkanschluss für den PC wird nicht benötigt.

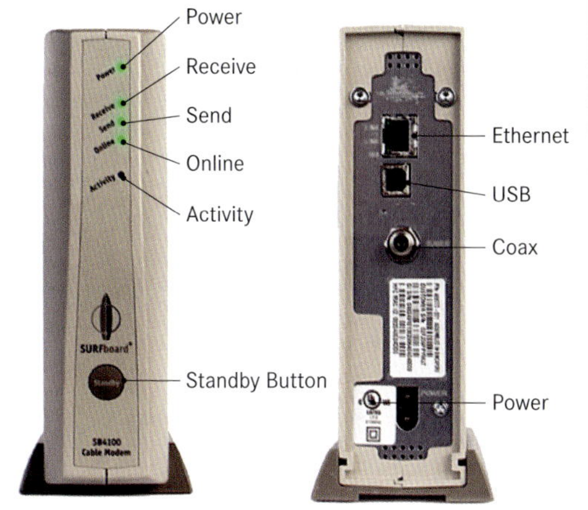

TK-Netz

- Breitbandige, zuverlässige und verzögerungsarme IP-basierte Zugänge (ADSL, VDSL, Glasfasern) sind für die Übertragung erforderlich.
- Leistungsfähige Datenreduktionen werden angewendet (z. B. MPEG-4, AVC).

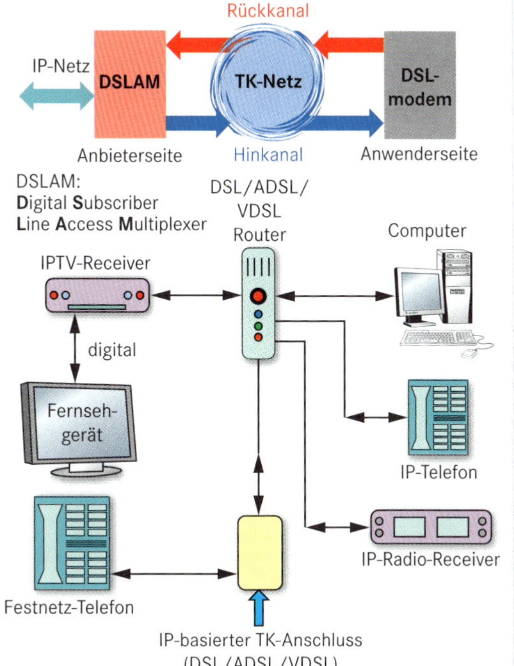

Parabol-Offset

Nenndurchmesser in cm		55 ... 150
Abmessungen in mm	Höhe	694 ... 1661
	Breite	568 ... 1525
Frequenzbereich in GHz		10,95 ... 12,75
Gewinn bei 11,325 GHz		34,1 dBi ... 43 dBi
12,1 GHz		34,75 dBi ... 43,5 dBi
12,625 GHz		35,10 dBi ... 43,9 dBi
Windlast bei Staudruck q = 800 N/m²		256 N ... 1920 N

Parabol-Reflektor

Nenndurchmesser in cm	60 ... 150
Frequenzbereich in GHz	10,95 ... 12,75
Gewinn bei 11,325 GHz	34,5 dBi ... 42,4 dBi
12,1 GHz	35,1 dBi ... 42,9 dBi
12,625 GHz	35,6 dBi ... 43,4 dBi
Windlast bei Staudruck q = 800 N/m²	339 N ... 2120 N

Planar

Nenndurchmesser in cm	Kantenlänge 32 Dicke 6
Frequenzbereich in GHz	11,7 ... 12,5
Gewinn bei 11,7 ... 12,5 GHz	≥ 30 dBi
Elevation	0° ... 40°
Azimut	0° ... 360°
Polarisation	linksdrehend zirkular

dBi ≙ dB bezogen auf den isotropen Strahler (isotroper Strahler: strahlt in den gesamten Raumwinkel 4 π mit der gleichen Intensität elektromagnetische Wellen ab).

Antennenausrichtung

- Es können nur die Satelliten empfangen werden, die in der Nähe des Längengrades des Nutzers positioniert sind.
- Zusätzlich ist der Breitengrad, in dem sich der Nutzer befindet, ausschlaggebend.
- Die Blickrichtung zum Satelliten darf nicht durch Gebäude o. Ä. verhindert sein.

- **Azimut**
  Himmelsrichtung, aus der ein Satellitensignal empfangen wird.
  Beispiele: 0° ≙ Norden, 120° ≙ Südosten
  180° ≙ Süden, 240° ≙ Südwesten
- **Elevation**
  Erhebungswinkel; Winkel zwischen theoretischem Horizont und Satellit
  Beispiele: 0° ≙ Waagerechte, 90° ≙ Senkrechte

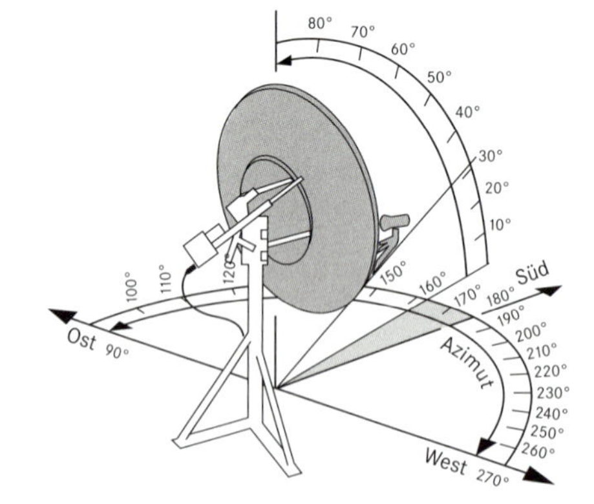

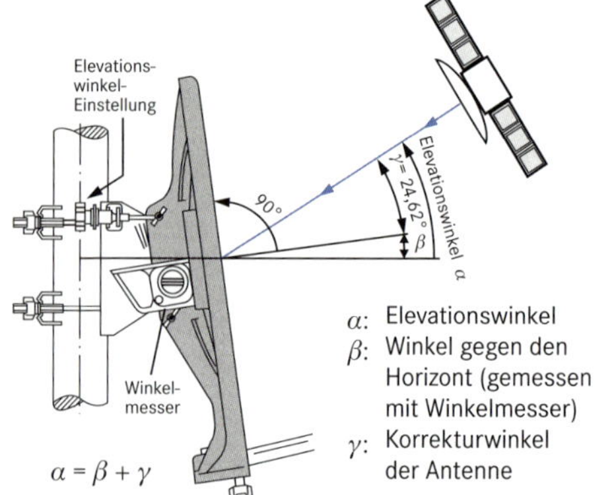

Elevations- und Azimut-Winkel für Satellit Astra (19,2° Ost)

Stadt	Elevation in Grad	Azimut in Grad	Stadt	Elevation in Grad	Azimut in Grad
Berlin	29,8	172,3	Leipzig	30,8	171,3
Braunschweig	29,6	169,1	München	34,3	169,8
Kiel	30,6	167,6	Zwickau	31,6	171,5

Merkmale

- Satellitendirektempfang erfolgt über Empfangsanlagen, die aus einer **Satellitenantenne** (Schüssel), einem **LNB** (**L**ow **N**oise **B**lock: Beinhaltet Verstärker und Down Converter) und dem **Satelliten-Receiver** oder einer **PC-Karte** bestehen.
- Empfangen werden die Signale geostationärer Satelliten, auf die die Empfangsantenne mit freier Sicht ausgerichtet sein muss.
- Zur Ausnutzung des Frequenzbereichs werden die Signale **horizontal, vertikal, linksdrehend** und **rechtsdrehend zirkular polarisiert** ausgestrahlt.

Dienste

- Dienste bei ASTRA NET sind
  - **IP-Multicast-Package-Delivery** (Übertragen von Datenpaketen an geschlossene Benutzergruppen, z. B. Firmenzentrale an Außenfilialen).
  - **IP-Multicast-Streaming-Service** (Übermittlung von PC-TV, Audio- oder Datentickern, z. B. Börsenkurse).
  - **Internet-Services** (Internetdienste).
- Für Internetdienste war bisher als Rückkanal (Kunde zum Provider) ein Telefonanschluss erforderlich; zukünftig wird mit direktem Rückkanal zum Satelliten – **Satellite Interactive Terminal** (**SIT**) – eine Übertragung mit 150 kbit/s möglich.

LNB-Arten

- Bei Empfang des Satellitensystems ASTRA ist ein Universal LNB mit **Empfangsbereich von 10,70 GHZ bis 12,75 GHz** erforderlich (analoger und digitaler Empfang).
- **Universal LNB** erlaubt die Auswahl zwischen unterem oder oberen ASTRA-Band (22 kHz Schaltton) sowie zwischen horizontaler und vertikaler Polaristion (14 V oder 18 V Schalt-Gleichspannung jeweils vom Receiver ausgegeben).
- Universal **Twin LNB** verfügt über zwei getrennte Ausgänge; damit ist die gleichzeitige Ansteuerung von zwei digitalen, einem digitalen und einem analogen oder von zwei analogen Empfängern möglich.
- **Quatro LNBs** liefern über vier Ausgänge beide Bandbreiten und Polarisationen gleichzeitig.
- Satellitenempfänger sind verfügbar für analogen und digitalen Empfang.
- Digitale Empfänger sind als **Set-Top-Box** für freie Dienste oder **Pay-TV-Box** eines Anbieters digitaler Programmpakete erhältlich.
- **Multimedia-Dienste** über Satellit versenden Inhalte direkt an adressierte PCs in Unternehmen oder Privathaushalte (z. B. ASTRA NET).
- Die Datenübertragung erfolgt dabei verschlüsselt oder unverschlüsselt auf der Basis von Internet-Protokollen und den DVB/MPEG-Standards.
- Die **Nettodatenrate** liegt bei 6,5 Mbit/s (einzelner PC) und 38 Mbit/s bei Server-Anschluss.

Satellitenstandorte

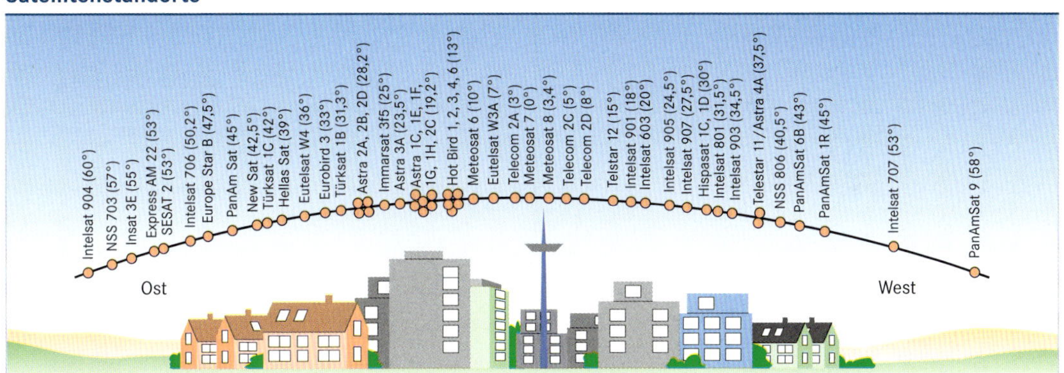

Empfangsanlage

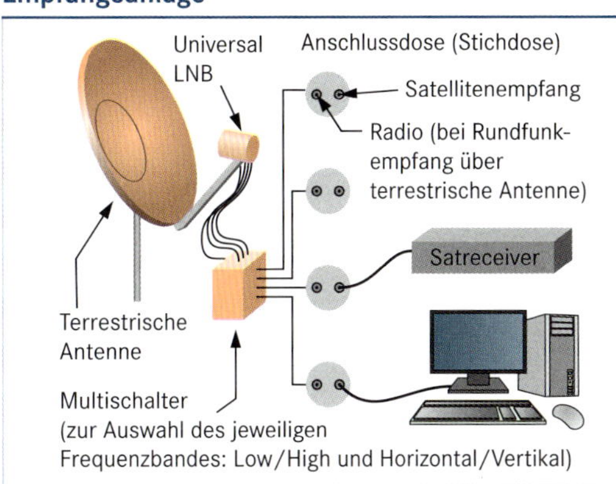

Bidirektionale Satelliten-Kommunikation

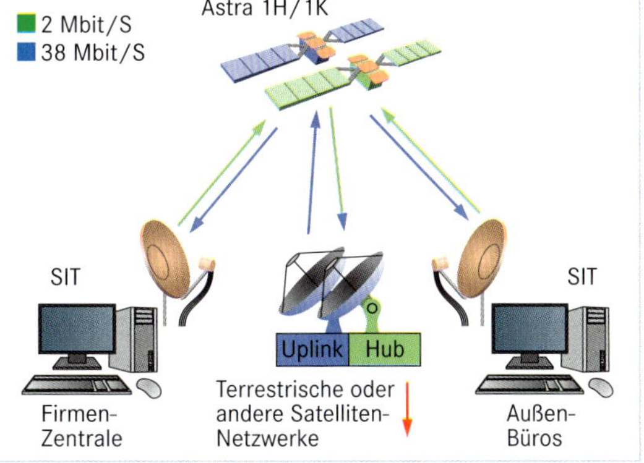

Ortungsprinzip

Nacheinander werden zwei Entfernungen zu einem sich bewegenden Satelliten gemessen (Messung der **Entfernungsänderung**).
a_1: Entfernung zum Satelliten zum Zeitpunkt t_1
a_2: Entfernung zum Satelliten zum Zeitpunkt t_2
$\Delta a = a_2 - a_1$
Diese Entfernungsänderung ist ein Messgröße, die für eine Ortung verwendbar ist.

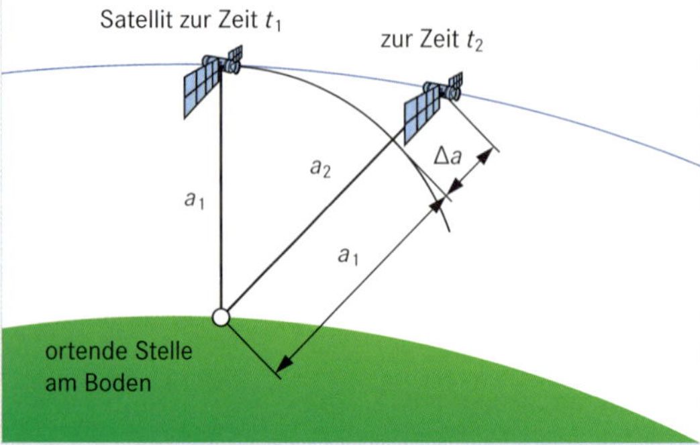

Segmente im GPS-System

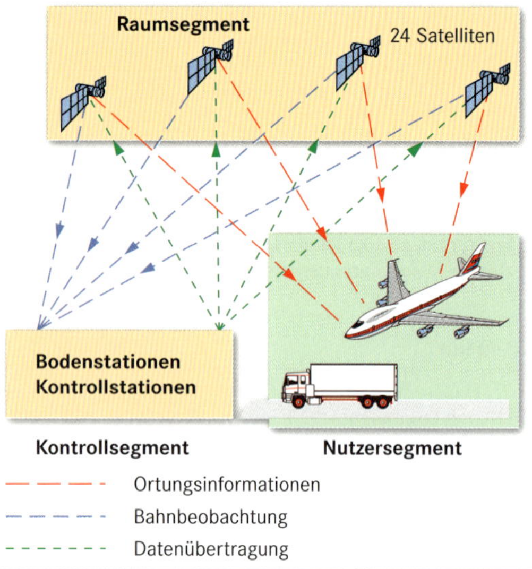

GPS-Grundkonzeption

Aufgaben	Positionsbestimmung (Ortung), Geschwindigkeitsbestimmung, Zeitinformationsbestimmung
Ortungsverfahren	Entfernungsmessung, dreidimensional
Satelliten	24 umlaufende Satelliten (21 aktiv, 3 Ersatz)
Bahnhöhe	20 230 km
Sendefrequenzen (Träger)	Träger L1: f_1 = 1575,42 MHz Träger L2: f_2 = 1227,60 MHz (aus Atomfrequenznormal f_0 = 10,23 MHz abgeleitet)
Messgrößen	Entfernung durch Messen von **Signallaufzeiten** (Impulslaufzeitverfahren), **Trägerphasendifferenz** (kontinuierliche Schwingungen, CW-Verfahren)
Positionsbestimmung	Genauigkeit: Signallaufzeitmessung: 30 bis 100 m Trägerphasendifferenz: 3 bis 30 cm
Geschwindigkeit	Genauigkeit: Fehler 3 m/s
Zeitinformation	Genauigkeit: Fehler 100 ns

Anwendung von GPS im zivilen Bereich

Ortung und Navigation:

- **C/A**-Code (**C**oarse **A**cquisation) des Trägers L1 wird empfangen, ausgewertet und daraus die Position berechnet.
- Zur Berechnung muss der Standort des Satelliten bekannt sein. Die Daten liefern 5 auf der Erde verteilte Kontrollstationen (Kontrollsegmente).
- Zur dreidimensionalen Positionsbestimmung sind Signale von drei Satelliten erforderlich.
- Voraussetzung für eine exakte Messung ist die mitgesendete „Uhrzeit" (GPS-Zeit).

Differenzial-GPS (DGPS)

Bei der Auswertung der GPS-Signale können Abweichungen von 30 bis 500 m auftreten. Eine verbesserte Positionsbestimmung wird durch eine **Differenzialmessung** erreicht.

Prinzip:

- Genau vermessene Referenzstation mit GPS-Empfänger, Referenzprozessor, Referenzsender.
- Die Differenz zwischen den über die GPS-Daten ermittelten Koordinaten und den geodätischen Koordinaten wird ständig ermittelt, ausgewertet und Korrekturdaten errechnet.
- Die Korrekturdaten werden über einen Sender abgestrahlt (z. B. über RDS, Langewelle).
- Der GPS-Nutzer kann beide Signale verwenden, um seine Position zu bestimmen. Genauigkeit bis zu 10 m.

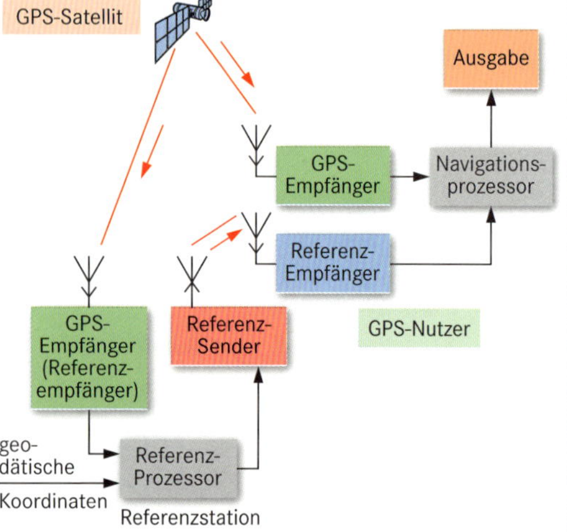

Elektromagnetische Welle
Electromagnetic Wave

Schwingung

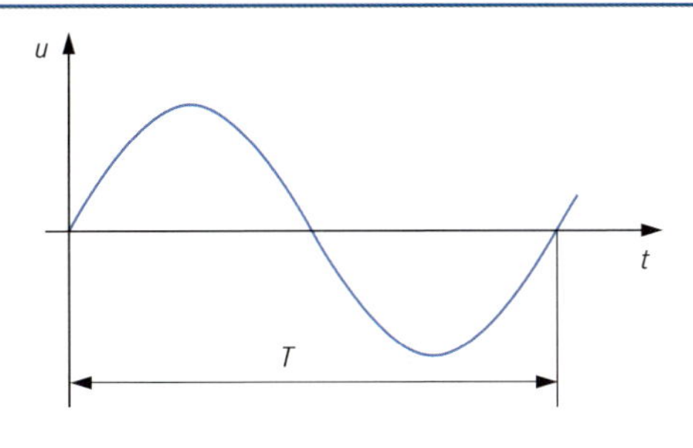

T: Periodendauer	$[T]$ = s
f: Frequenz	$[f]$ = Hz
$f = \frac{1}{T}$	$1\ \text{Hz} = \frac{1}{\text{s}}$

Welle

$c = 3 \cdot 10^8\ \frac{\text{m}}{\text{s}}$ (Vakuum)

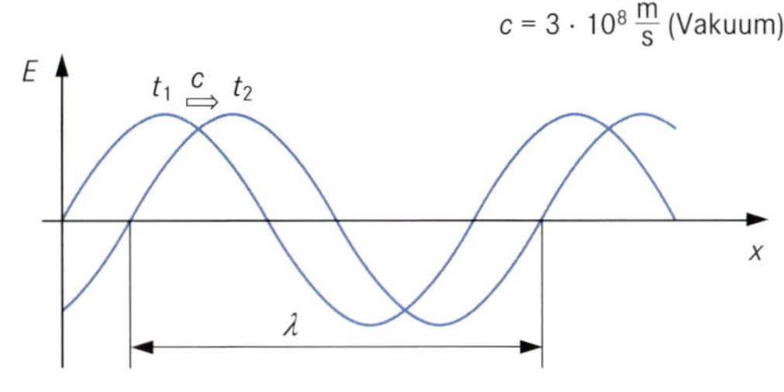

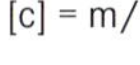

c: Ausbreitungsgeschwindigkeit, Lichtgeschwindigkeit	$[c]$ = m/s
λ: Wellenlänge	$[\lambda]$ = m
f: Frequenz	$[f]$ = Hz
x: Weg, Strecke	

$\lambda = \frac{c}{f}$ $\qquad \lambda = c \cdot T$

Wellenabstrahlung

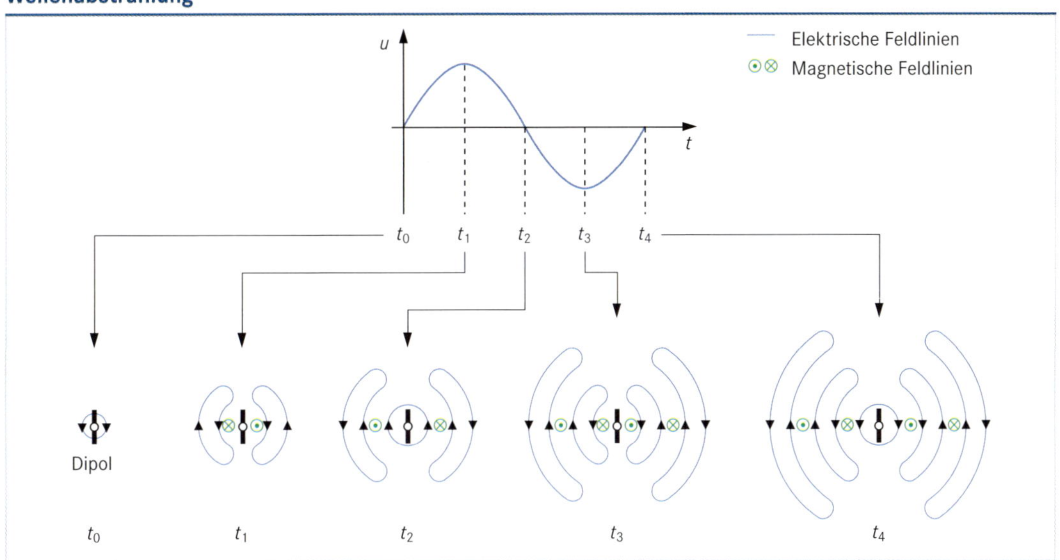

Ausbreitungseigenschaften verschiedener Wellenlängenbereiche

Kurzwellen

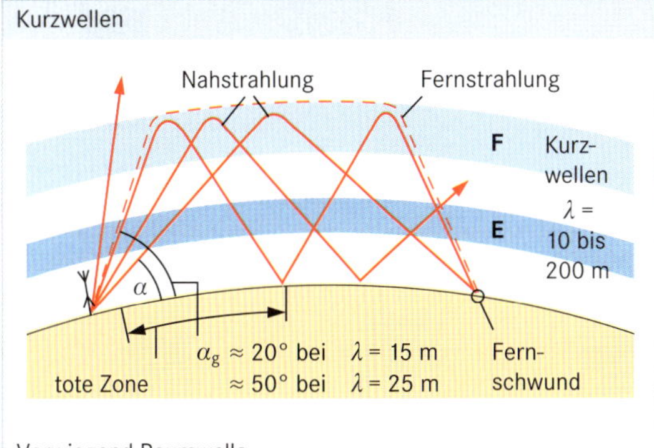

Vorwiegend Raumwelle.
Ausbreitung abhängig von Tages- und Jahreszeit und von Sonnenaktivität, Mehrfachreflexion möglich.

Ultrakurzwellen

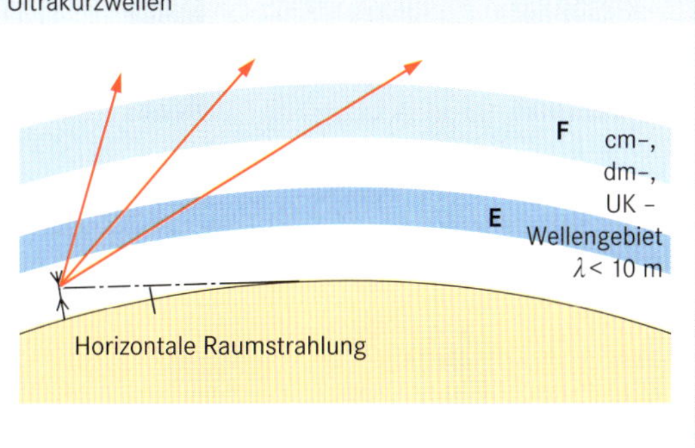

Quasioptische Wellen

E, F: Schichten der Erdatmosphäre

Elektromagnetischer Frequenz- und Wellenlängenbereich

$$c = \lambda \cdot f$$

c: Ausbreitungsgeschwindigkeit der elektromagnetischen Welle
$c = 299792{,}5\ \mathrm{m/s}$

λ: Wellenlänge f: Frequenz

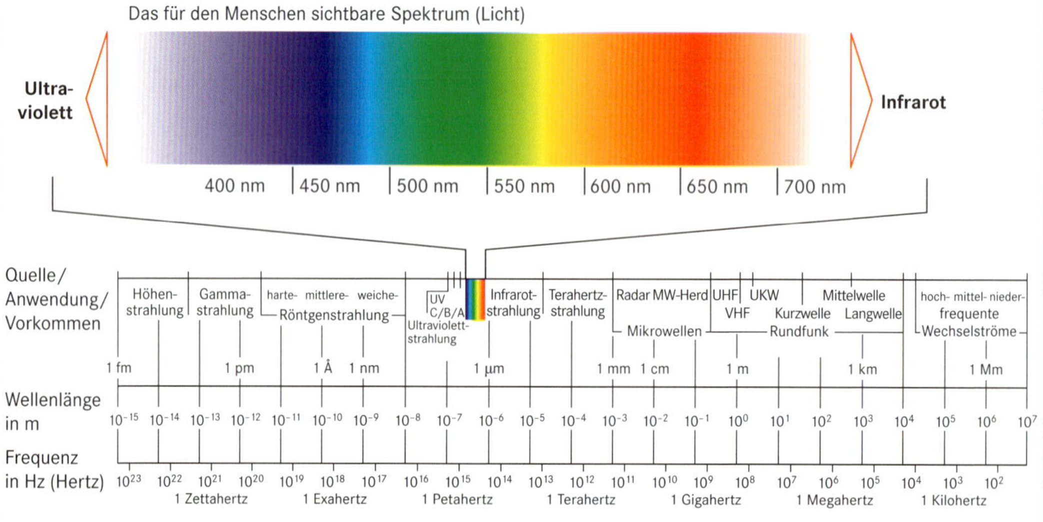

Das für den Menschen sichtbare Spektrum (Licht)

Ultraviolett | 400 nm | 450 nm | 500 nm | 550 nm | 600 nm | 650 nm | 700 nm | Infrarot

Quelle/Anwendung/Vorkommen: Höhenstrahlung; Gammastrahlung; harte-, mittlere-, weiche- Röntgenstrahlung; UV C/B/A Ultraviolettstrahlung; Infrarotstrahlung; Terahertzstrahlung; Radar, MW-Herd, Mikrowellen; UHF, VHF; UKW, Kurzwelle, Rundfunk; Mittelwelle, Langwelle; hoch-, mittel-, nieder-frequente Wechselströme

Wellenlänge	1 fm			1 pm		1 Å	1 nm			1 µm			1 mm	1 cm		1 m			1 km			1 Mm	
Wellenlänge in m	10^{-15}	10^{-14}	10^{-13}	10^{-12}	10^{-11}	10^{-10}	10^{-9}	10^{-8}	10^{-7}	10^{-6}	10^{-5}	10^{-4}	10^{-3}	10^{-2}	10^{-1}	10^{0}	10^{1}	10^{2}	10^{3}	10^{4}	10^{5}	10^{6}	10^{7}

Frequenz in Hz (Hertz)	10^{23}	10^{22}	10^{21}	10^{20}	10^{19}	10^{18}	10^{17}	10^{16}	10^{15}	10^{14}	10^{13}	10^{12}	10^{11}	10^{10}	10^{9}	10^{8}	10^{7}	10^{6}	10^{5}	10^{4}	10^{3}	10^{2}
			1 Zettahertz			1 Exahertz			1 Petahertz			1 Terahertz			1 Gigahertz			1 Megahertz			1 Kilohertz	

Frequenzbänder von Mobilfunksystemen

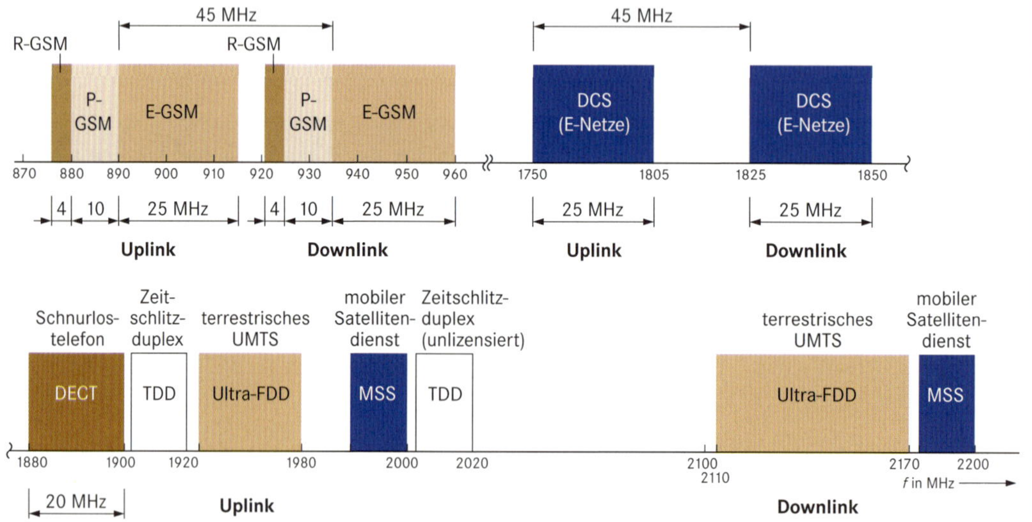

45 MHz · R-GSM · P-GSM · E-GSM · R-GSM · P-GSM · E-GSM · 45 MHz · DCS (E-Netze) · DCS (E-Netze)

870 880 890 900 910 920 930 940 950 960 · 1750 1805 1825 1850

4 | 10 | 25 MHz — Uplink · 4 | 10 | 25 MHz — Downlink · 25 MHz — Uplink · 25 MHz — Downlink

Schnurlostelefon: DECT · Zeitschlitzduplex: TDD · terrestrisches UMTS: Ultra-FDD · mobiler Satellitendienst: MSS · Zeitschlitzduplex (unlizensiert): TDD · terrestrisches UMTS: Ultra-FDD · mobiler Satellitendienst: MSS

1880 1900 1920 1980 2000 2020 2100 2110 2170 2200 · f in MHz

20 MHz · Uplink · Downlink

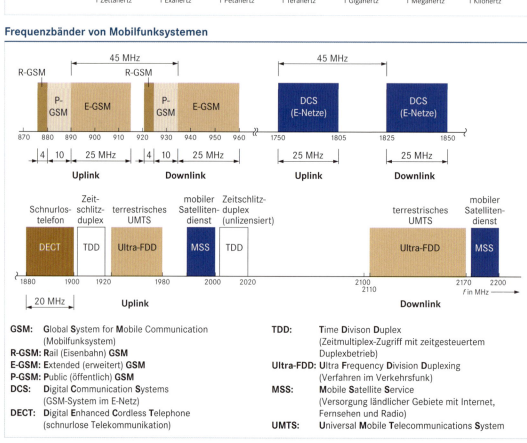

GSM: **G**lobal **S**ystem for **M**obile Communication (Mobilfunksystem)
R-GSM: **R**ail (Eisenbahn) **GSM**
E-GSM: **E**xtended (erweitert) **GSM**
P-GSM: **P**ublic (öffentlich) **GSM**
DCS: **D**igital **C**ommunication **S**ystems (GSM-System im E-Netz)
DECT: **D**igital **E**nhanced **C**ordless **T**elephone (schnurlose Telekommunikation)

TDD: **T**ime **D**ivison **D**uplex (Zeitmultiplex-Zugriff mit zeitgesteuertem Duplexbetrieb)
Ultra-FDD: **U**ltra **F**requency **D**ivision **D**uplexing (Verfahren im Verkehrsfunk)
MSS: **M**obile **S**atellite **S**ervice (Versorgung ländlicher Gebiete mit Internet, Fernsehen und Radio)
UMTS: **U**niversal **M**obile **T**elecommunications **S**ystem

Institutionen und Organisationen

- International werden für die einzelnen Frequenzbänder verschiedene Bezeichnungen verwendet, die mitunter willkürlich oder nach dem jeweiligen technischen Entwicklungsstand festgelegt wurden. Verschieden Institutionen und Organisationen befassen sich mit der Festlegung der Frequenzbänder.
- **ITU:** **I**nternational **T**elecommunication **U**nion, Internationale Fernmeldeunion
  - Es handelt sich hierbei um eine Sonderorganisation der Vereinten Nationen die sich weltweit mit technischen Aspekten der Telekommunikation beschäftigt.
  - Sie ist **WRC**-Veranstalter (**W**orld **R**adiocommunication **C**onference), in der über die Zuweisung von Frequenzbändern entschieden wird.
- **Struktur der ITU**
  - **ITU-T** (Telecommunication Standardization Sector), früher **CCITT** (**C**omité **C**onsultatif **I**nternational **T**éléphonique et **T**élégraphique, Beratender Ausschuss für den Telegrafen- und Telefondienst)
  - Wesentliches Aufgabengebiet der ITU-T: Herausgabe von technischen Normen, Standards und Empfehlungen für alle Gebiete der Telekommunikation, die weltweit anerkannt werden.
  - **ITU-R** (Radiocommunication Sector), früher **CCIR** (**C**omité **C**onsultatif **I**nternational des **R**adiocommunication, Internationaler Beratender Ausschuss für den Funkdienst)
  - **ITU-D** (Telecommunication Development Sector)
- **FCC** (**F**ederal **C**ommunications **C**ommission) Es handelt sich um eine unabhängige Fernmeldebehörde der US-Regierung. Sie hat die Aufgabe, Richtlinien für die Rundfunk-, Fernseh-, Satelliten- und Kabel-Kommunikation zu erarbeiten und regulierend einzugreifen.
- **CEPT** (**C**onférence **E**uropéenne des Administrations des **P**ostes et des **T**élécommunications, Europäische Konferenz der Verwaltungen für Post und Telekommunikation)
  - Es handelt sich um eine Dachorganisation für die Zusammenarbeit der **Regulierungsbehörden** aus 48 Staaten Europas.
  - Für Deutschland ist die **Bundesnetzagentur** die Regulierungsbehörde für das Postwesen und für Telekommunikation.
- Nach **IEEE** (**I**nstitute of **E**lectrical and **E**lectronics **E**ngineers) werden die Frequenzbänder systematisch gemäß den unterschiedlichen Eigenschaften annähernd logarithmisch eingeteilt.
  - Die Einteilung erfolgt in alphabetischer Reihenfolge, beginnend mit dem A-Band.
  - Beim M-Band ist die obere Bandgrenze nicht festgelegt.

Terrestrische Rundfunkbänder (ITU und CEPT)

Band	Frequenz Bereich in MHz	Rundfunkdienste und Nutzung
I	47–68	[1], feste Funkdienste; Amateurfunk
II	87,5–108	Hörfunk, UKW (FM)
III	174–230	[1], [2], T-DAB, DVB-T, DMB
IV	470–582	[1], [2], DVB-T, DVB-H
V	582–960	[1], [2], DVB-T, DVB-H
L	1000–2000	T-DAB, DMB

[1] Analoges Fernsehen (auslaufend) [2] drahtlose Mikrofone

Frequenzbänder nach ITU und FCC

- Das Frequenzband ist dekadisch von 3 Hz bis 3 THz unterteilt.
- Die Unterteilung erfolgt durch Bandnummern von 1 bis 12.

Bandnummer	Frequenzbereich und Bezeichnung
1	3 Hz–30 Hz **ELF** (**E**xtremly **L**ow **F**requencies), Niederfrerquenz
2	30 Hz–300 Hz **SLF** (**S**uper **L**ow **F**requencies)
3	300 Hz–3 kHz **ULF** (**U**ltra **L**ow **F**requencies)
4	3 kHz–30 kHz **VLF** (**V**ery **L**ow **F**requencies), Myriameterwellen, Längstwellen
5	**LF** (**L**ow **F**requencies), Kilometerwellen, Langwellen
6	0,3 MHz–3 MHz **MF** (**M**edium **F**requencies), Hektometerwellen, Mittelwellen
7	3 MHz–30 MHz **HF** (**H**igh **F**requencies), Dekameterwellen, Kurzwellen
8	30 MHz–300 MHz **VHF** (**V**ery **H**igh **F**requencies), Meterwellen, Ultrakurzwellen
9	300 MHz–3 GHz **UHF** (**U**ltra **H**igh **F**requencies), Dezimeterwellen, Ultrakurzwellen
10	3 GHz–30 GHz **SHF** (**S**uper **H**igh **F**requencies), Zentimeterwellen
11	30 GHz–300 GHz **EHF** (**E**xtremly **H**igh **F**requencies), Millimeterwellen
12	300 GHz–3 THz **THF** (**T**remendously **H**igh **F**requencies), Dezimeterwellen

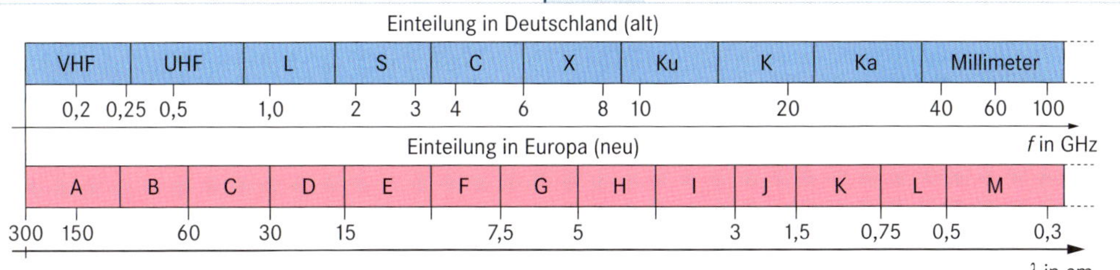

Dämpfungs- und Übertragungsfaktoren

Schaltung	Dämpfungsfaktor *D*	Übertragungsfaktor, Verstärkungsfaktor *T*
I_1, I_2, U_1 P_1, Dämpfung oder Verstärkung, P_2 U_2, Eingang, Ausgang	Stromdämpfungsfaktor $D_I = \frac{I_1}{I_2}$	Stromübertragungsfaktor $T_I = \frac{I_2}{I_1}$
	Spannungsdämpfungsfaktor $D_U = \frac{U_1}{U_2}$	Spannungsübertragungsfaktor $T_U = \frac{U_2}{U_1}$
	Leistungsdämpfungsfaktor $D_P = \frac{P_1}{P_2}$	Leistungsübertragungsfaktor $T_P = \frac{P_2}{P_1}$

Dämpfungs- und Übertragungsmaße

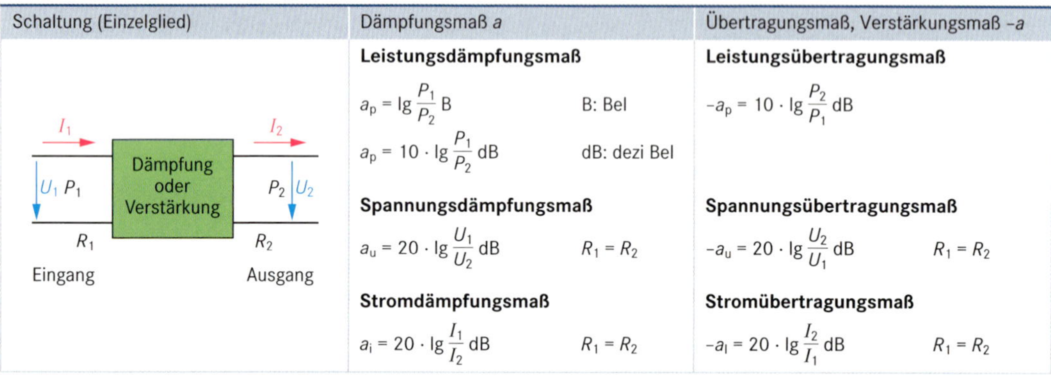

Schaltung (Einzelglied)	Dämpfungsmaß *a*		Übertragungsmaß, Verstärkungsmaß *–a*	
I_1, I_2, U_1 P_1, Dämpfung oder Verstärkung, P_2 U_2, R_1, R_2, Eingang, Ausgang	**Leistungsdämpfungsmaß**		**Leistungsübertragungsmaß**	
	$a_p = \lg \frac{P_1}{P_2}$ B	B: Bel	$-a_p = 10 \cdot \lg \frac{P_2}{P_1}$ dB	
	$a_p = 10 \cdot \lg \frac{P_1}{P_2}$ dB	dB: dezi Bel		
	Spannungsdämpfungsmaß		**Spannungsübertragungsmaß**	
	$a_u = 20 \cdot \lg \frac{U_1}{U_2}$ dB	$R_1 = R_2$	$-a_u = 20 \cdot \lg \frac{U_2}{U_1}$ dB	$R_1 = R_2$
	Stromdämpfungsmaß		**Stromübertragungsmaß**	
	$a_i = 20 \cdot \lg \frac{I_1}{I_2}$ dB	$R_1 = R_2$	$-a_I = 20 \cdot \lg \frac{I_2}{I_1}$ dB	$R_1 = R_2$

Zusammenhang zwischen Dämpfungsfaktoren und Dämpfungsmaßen

Dämpfungsmaß in dB	a	0	1	3	6	10	20	30	40
Leistungsdämpfungsfaktor	D_p	0	1,26	2	4	10	100	1000	10000
Spannungsdämpfungsfaktor	D_u	1	1,12	1,41	2	3,16	10	31,6	100

Absoluter Pegel L_{abs}

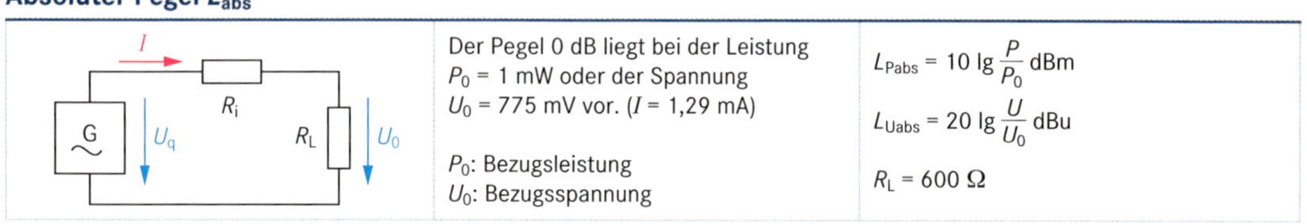

Der Pegel 0 dB liegt bei der Leistung P_0 = 1 mW oder der Spannung U_0 = 775 mV vor. (I = 1,29 mA)

P_0: Bezugsleistung
U_0: Bezugsspannung

$L_{Pabs} = 10 \lg \frac{P}{P_0}$ dBm

$L_{Uabs} = 20 \lg \frac{U}{U_0}$ dBu

$R_L = 600\ \Omega$

Pegelplan

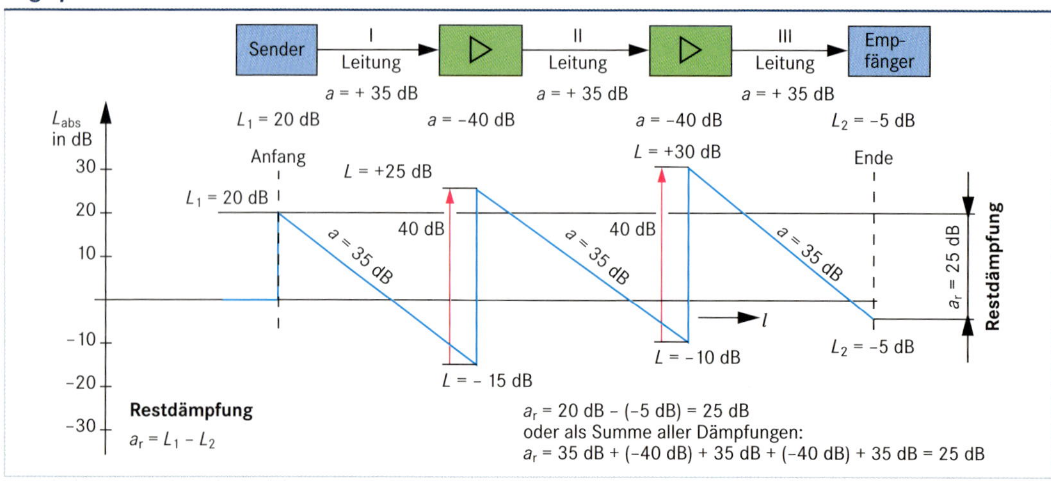

Restdämpfung

$a_r = L_1 - L_2$

a_r = 20 dB – (–5 dB) = 25 dB
oder als Summe aller Dämpfungen:
a_r = 35 dB + (–40 dB) + 35 dB + (–40 dB) + 35 dB = 25 dB

Schaltkabel

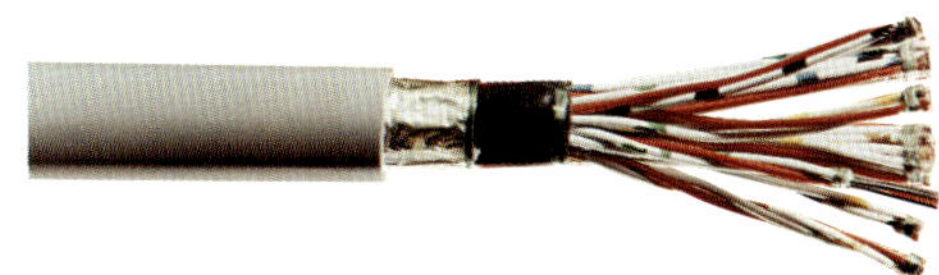

Schaltkabel zur Signalübertragung
z. B. S-Y(ST)Y 10 x 2 x 0,6 BD
Kupferleiter von 0,6 mm Durchmesser, PVC-Isolierhülle,
Adern zu Paaren, Dreiern oder Fünfern verseilt,
je 5 Verseilelemente zum Bündel verseilt,
Bündel zur Seele verseilt

Verseilung

Adern a bis e entsprechend verseilt zu Paaren, Dreiern, Vierern oder Fünfern

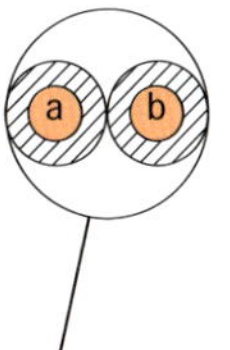

Paar:
2 Adern

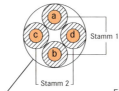

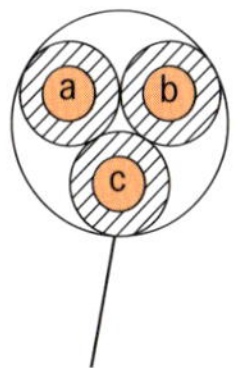

Dreier:
3 Adern

Vierer:
4 verseilte Adern

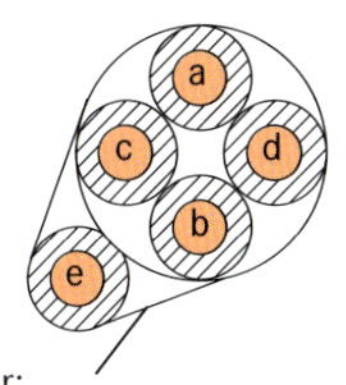

Fünfer:
Vierer und eine unverseilte Ader

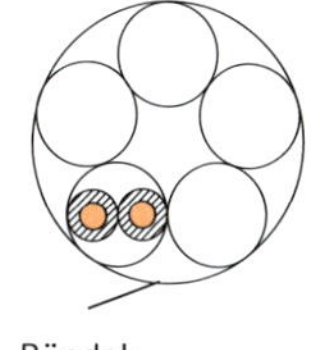

Bündel:
5 Verseilelemente,
z. B. 5 Paare

Arten

- Schaltkabel mit geschirmter Kabelseele
  z. B. S-Y (ST) Y 10 x 3 x 0,6 BD
- Schaltkabel mit geschirmten Paaren
  z. B. S-YY 10 x 2 x 0,6 PIMF LG
- Schaltkabel für Signalzwecke
  z. B. S-YY 30 (5 x 6) x 1 x 0,6 LG

Kurzzeichen

S: Schaltkabel
Y: Isolierhülle oder Mantel (PVC)
(ST): statischer Schirm
PIMF: geschirmtes Paar
BD: Bündelverseilung
LG: Lagenverseilung

Aufbau, Verwendung und elektrische Kennwerte

Schaltkabel	S-Y(ST)Y... BD									S-YY... PIMF LG			S-YY... LG		
Verseilart	Bündelverseilung									Lagenverseilung					
Verseilelement	Paar				Dreier			Vierer	Fünfer	Paar (geschirmt)			Ader		
Cu-Leitung d in mm	0,6									0,6			0,5	0,6	1,0
Isolierhülle, Wanddicke in mm	0,2									0,4			0,3	0,4	0,5
Anzahl der Verseilelemente	1	3	4	5	5	10	11	1						10	20
	6	10	11	12	15	18	20	5		2	5	6		20	24
	15	16	18	20	21	24	25	10	10				60	30	32
	22	24	25	30	28			20		10	12	20		60	40
	32	40	50					25						80	60
Verwendung	■ Verlegung in trockenen, zeitweise feuchten Betriebsstätten ■ nicht zugelassen für Starkstrominstallation und im Erdreich														
R_{Ltg}, 1 km, in Ω	Schleife: 130												96	65	23,4
R_{iso}, 1 km, in MΩ	100 (bei 20 °C)														
C_b bei 800 Hz max. 1 km, in nF	120									150			–		
Verlustfaktor bei 800 Hz max.	0,1														
Spannungsfestigkeit U_{eff} in kV	0,8/0,8												2/-	2,5/-	
U_b, U_{max} in V	300												374	375	600

C_b: Betriebskapazität

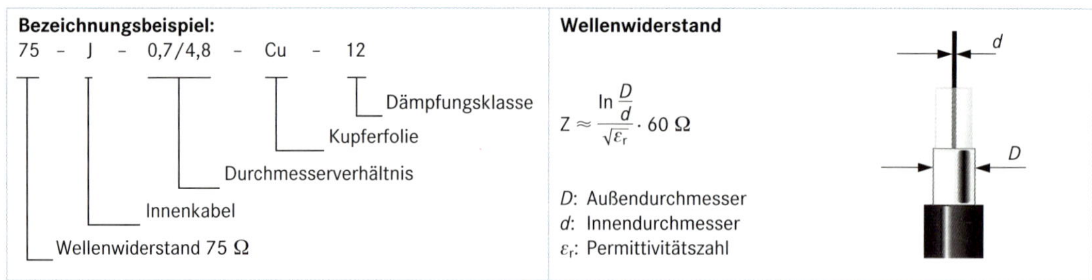

$$Z \approx \frac{\ln \frac{D}{d}}{\sqrt{\varepsilon_r}} \cdot 60\ \Omega$$

Kabeltyp HF-Kabel 75-J-... (Abmessungen in mm)

Merkmale		0,4/1,9-Al	0,6/2,7-Al	0,7/4,8-Al	0,7/4,8-Cu
Werkstoff des Innenleiters		Stahlkupfer	Stahlkupfer	Kupfer	Kupfer
Werkstoff der Isolierung		Zell-PE[1)]	Zell-PE[1)]	Voll-PE[1)]	Voll-PE[1)]
Werkstoff der Außenleiterfolie		Alu-Doppel-verbundfolie	Alu-Doppel-verbundfolie	Alu-Doppel-verbundfolie	Kupfer-Folie
d (Richtwert)		0,40	0,57	0,73	0,73
Durchmesser über Isolierung		1,9 ± 0,1	2,7 ± 0,1	4,8 ± 0,2	4,8 ± 0,2
Dicke der Außenleiterfolie		0,04 ... 0,06	0,04 ... 0,06	0,04 ... 0,06	0,02 ... 0,03
Durchmesser der Geflechtdrähte		0,10 ... 0,14	0,10 ... 0,14	0,12 ... 0,16	0,12 ... 0,16
Wanddicke des Mantels (Nennwert)		0,5	0,6	0,7	0,7
D (Höchstwert)		4,0	5,0	7,5	7,5
Wellenwiderstand in Ω		75 ± 4	75 ± 4	75 ± 3	75 ± 3
Isolationswiderstand bei 20 °C, in GΩ · km (mindestens)		10	10	10	10
Rückflussdämpfung (mind.) in dB	40 ... 300 MHz	18	18	19	19
	>300 ... 600 MHz	15	15	16	16
	>600 ... 860 MHz	12	12	14	14
Schirmungsmaß (mind.) in dB	50 ... 100 MHz	70	70	70	70
	>100 ... 500 MHz	75	75	75	75
	>500 ... 1000 MHz	70	70	70	70
Wellendämpfung (höchstens) in dB/100 m	50 MHz	12,2	8,4	6,4	5,8
	100 MHz	17,0	12,1	8,6	8,2
	200 MHz	24,3	17,5	12,2	11,8
	300 MHz	30,2	21,8	15,1	14,6
	500 MHz	39,8	29,0	20,0	19,5
	800 MHz	51,6	37,8	26,0	25,2
	1000 MHz	58,5	43,0	29,4	28,5
einmaliger zulässiger Biegeradius in der Steckdose, mind.		10	13	18	18
zul. Biegeradius, Montage, mindestens		20	25	35	35
zul. Biegeradius unter Zugbelastung, mindestens		40	50	75	75
Zugkraft während der Montage in Newton, höchstens		30	40	60	60

[1)] PE: Polyethylen

AM – Amplitudenmodulation
AM – Amplitude Modulation

Prinzip

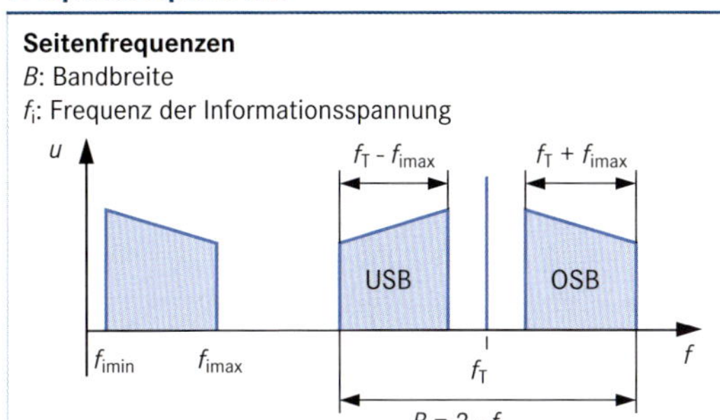

Liniendiagramme

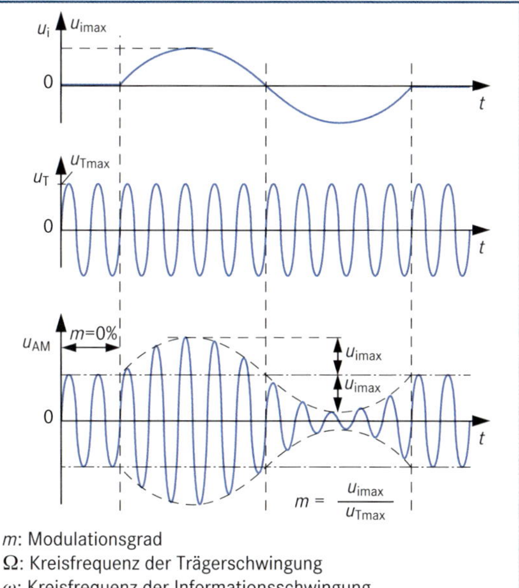

m: Modulationsgrad
Ω: Kreisfrequenz der Trägerschwingung
ω: Kreisfrequenz der Informationsschwingung

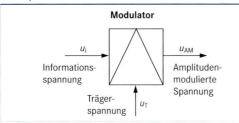

Frequenzsspektrum

Seitenfrequenzen
B: Bandbreite
f_i: Frequenz der Informationsspannung

FM – Frequenzmodulation
FM – Frequency Modulation

Frequenzmoduliertes Signal

u_i: Informationsspannung
u_T: Trägerspannung
u_{FM}: Frequenzmodulierte Spannung
f_i: Informationsfrequenz
f_{imin}: minimale Informationsfrequenz
f_{imax}: maximale Informationsfrequenz
ω_i: Kreisfrequenz Informationsspannung
m: Modulationsindex
f_T: Trägerfrequenz
ω_T: Kreisfrequenz der Trägerspannung

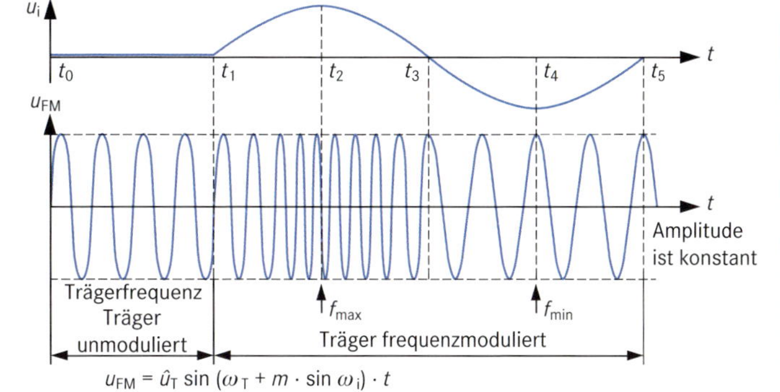

$u_{FM} = \hat{u}_T \sin(\omega_T + m \cdot \sin \omega_i) \cdot t$

Frequenzhub Δf_T

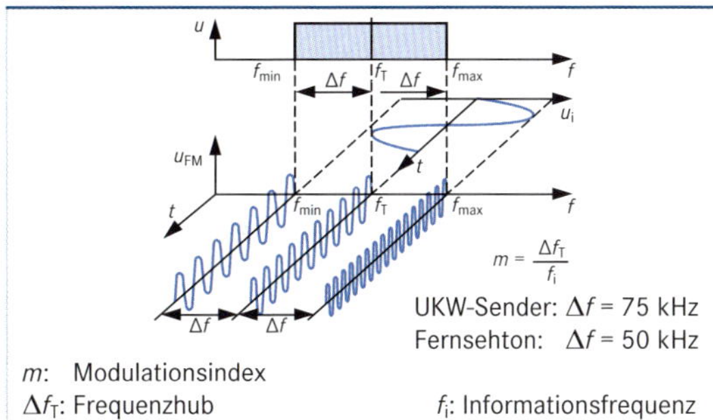

UKW-Sender: Δf = 75 kHz
Fernsehton: Δf = 50 kHz

m: Modulationsindex
Δf_T: Frequenzhub
f_i: Informationsfrequenz

Bandbreite *B*

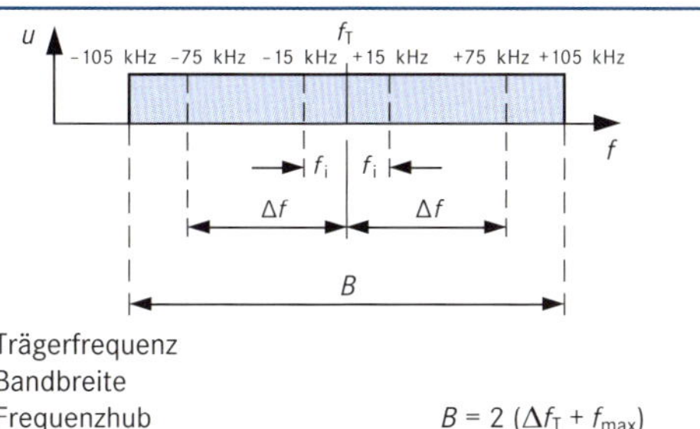

f_T: Trägerfrequenz
B: Bandbreite
Δf_T: Frequenzhub
f_i: Informationsfrequenz

$B = 2\,(\Delta f_T + f_{max})$

Prinzip

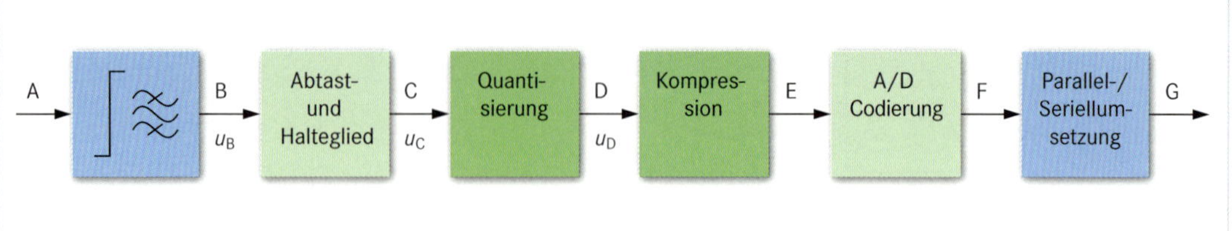

Erläuterungen (Sprachsignale)

A: Analoges Signal als Eingangssignal.

B: Sprachsignal auf 3,4 kHz begrenzt (Bandbreite *B*).

C: **Abtastung**: Erzeugung eines PAM-Signals (zeitdiskret amplituden-analog), Abtastfrequenz $f \geq 2 \cdot B$ (8 kHz, CCITT); Signalspeicherung

D: **Quantisierung**: Zuordnung der Analogwerte zu diskreten Werten, 256 Quantisierungsabschnitte

E: **Kompandierung** (nichtlineare Quantelung): Kleine Quantisierungsstufen in der Mitte und große am Ende des Aussteuerbereichs (vgl. Kompressionskennlinie).

F: **Codierung**: 256 Code-Wörter, PCM-Bitrate, 64 kbit/s je Sprachkanal

G: Serielle Bitfolge zur Signalübertragung

Kompressionskennlinie

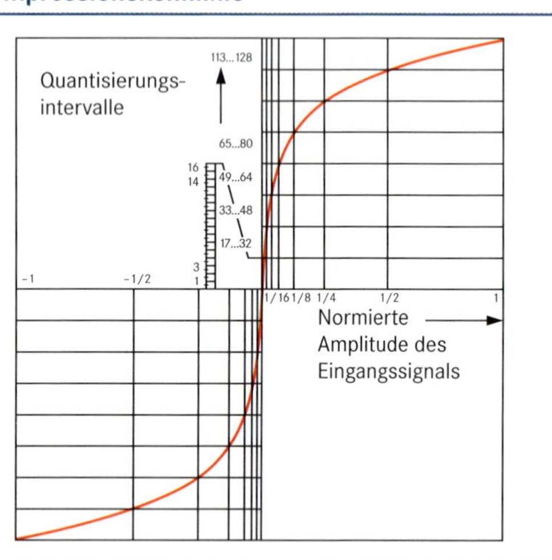

Quantisierung eines Signals und Zuordnung zu Code-Wörtern

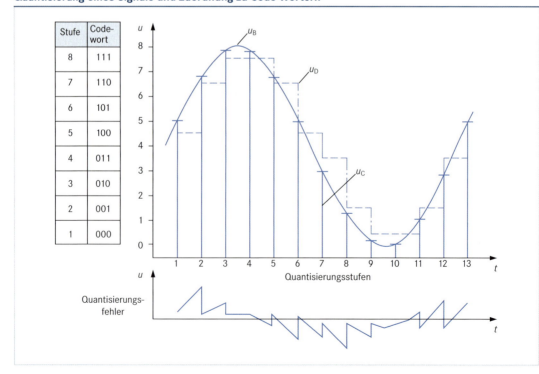

Stufe	Code-wort
8	111
7	110
6	101
5	100
4	011
3	010
2	001
1	000

Quantisierungsstufen

Quantisierungs-fehler

Amplitudenumtastung, ASK (Amplitude Shift Keying)

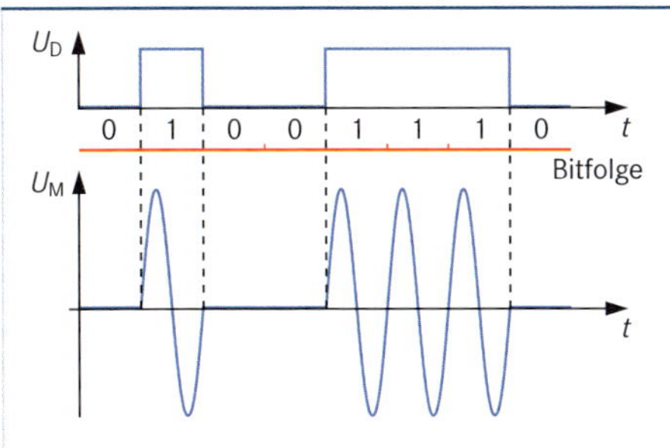

- Amplitude des Trägers wird geändert (Ein- und Ausschalten des Trägers, **ON-Off-Keying**, OOK, digitale Glasfasersysteme).

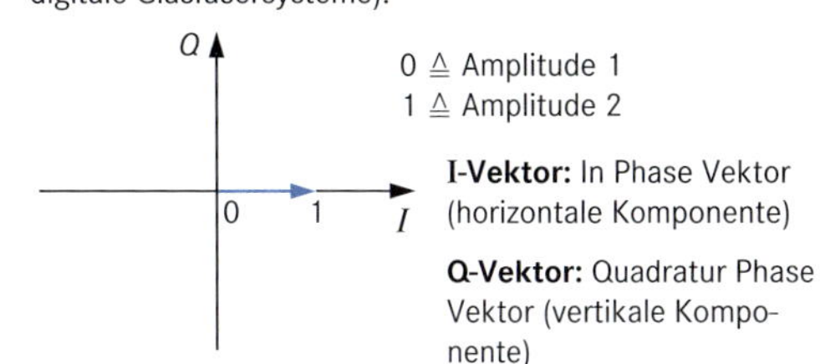

0 ≙ Amplitude 1
1 ≙ Amplitude 2

I-Vektor: In Phase Vektor (horizontale Komponente)

Q-Vektor: Quadratur Phase Vektor (vertikale Komponente)

Frequenzumtastung, FSK (Frequency Shift Keying)

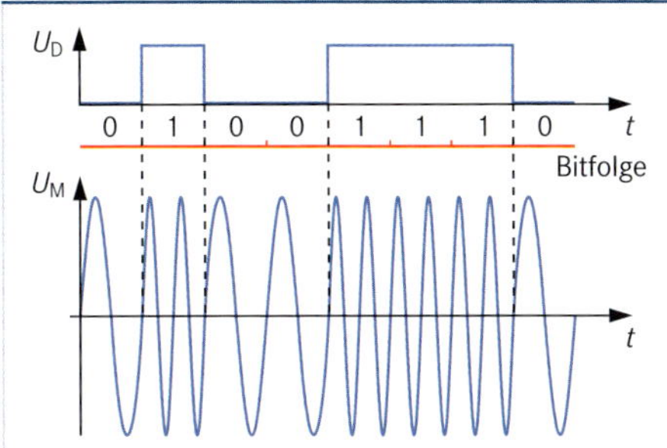

- Umschaltung von zwei Oszillatoren (Phasensprünge)
- Umschaltung eines Oszillators (phasenkontinuierliche FSK, **CPFSK**, **C**ontinuous **P**hase **F**requency **S**hift **K**eying)

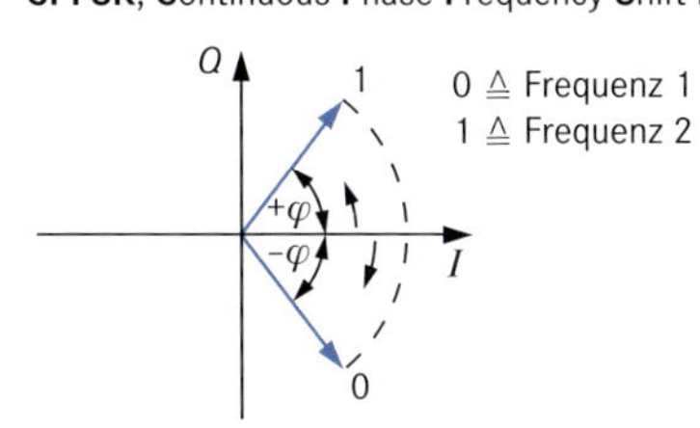

0 ≙ Frequenz 1
1 ≙ Frequenz 2

Phasenumtastung, PSK (Phase Shift Keying)

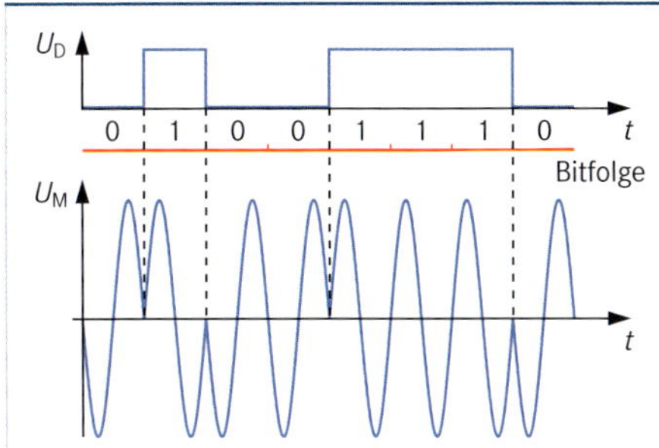

(**binäre PSK, BPSK**)

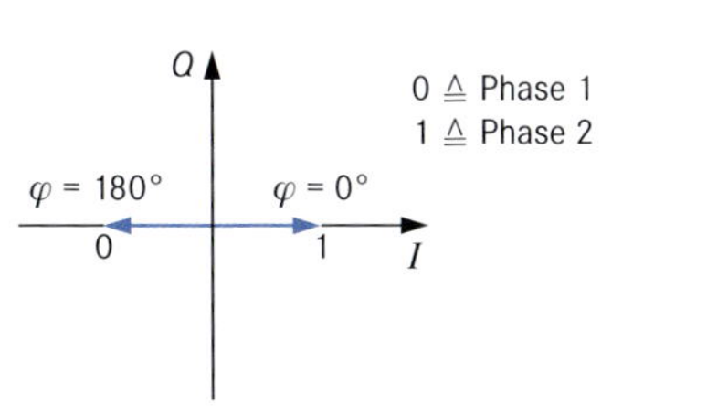

0 ≙ Phase 1
1 ≙ Phase 2

Höherwertige Verfahren der Phasenumtastung

- **Quadrature PSK, QPSK (Vierphasenumtastung)**

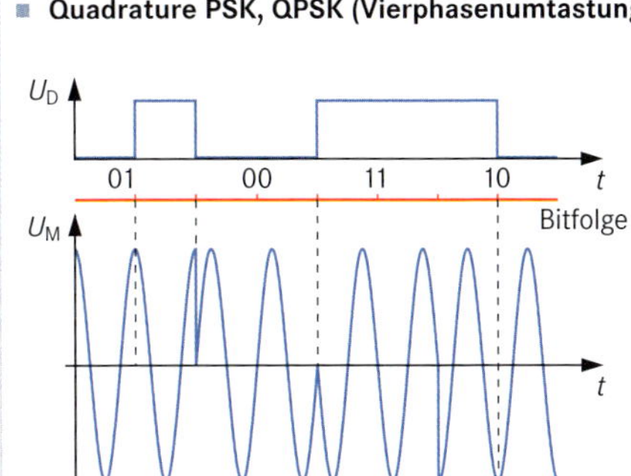

Q, I: 01 (φ = 135°), 00 (φ = 45°), 11 (φ = 225°), 10 (φ = 315°)

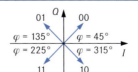

Zusammenfassung von je 2 Bits (Dibit) für vier verschiedene Phasenlagen (Satellitenübertragung).

Bit	Phase	I-Komp.	Q-Komp.
00	45°	+1	+1
01	135°	−1	+1
11	225°	−1	−1
10	315°	+1	−1

- **8-PSK** (Zusammenfassung von 3 Bits)
  000 ≙ 45°; 001 ≙ 90°; 010 ≙ 135° usw. (360°/8 = 45°)
- **16-PSK** (360°/16 = 22,5°)

Anwendung: UMTS (4-PSK)
EDGE: **E**nhanced **D**ata Rates for **G**SM **E**volution (8-PSK)

Höherwertige Verfahren der Phasenumtastung

- **Quadratur PSK, QPSK (Vierphasenumtastung)**

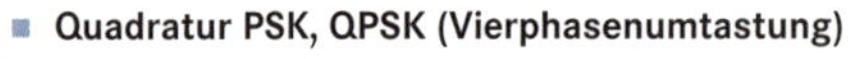

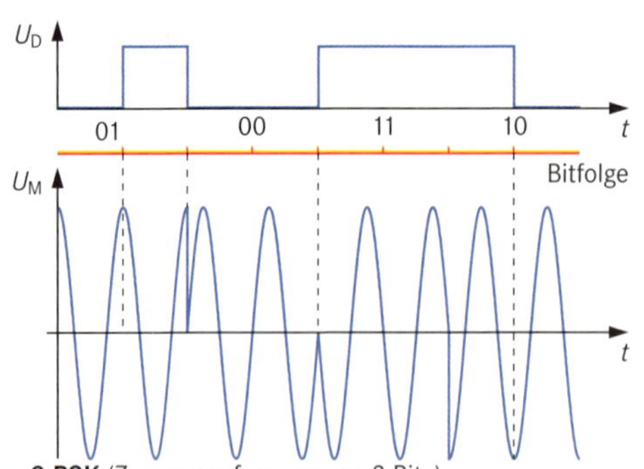

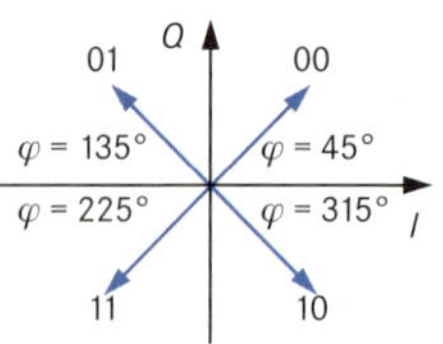

Zusammenfassung von je 2 Bits (Dibit) für vier verschiedene Phasenlagen (Satellitenübertragung).

Bit	Phase	I-Komp.	Q-Komp.
00	45°	+1	+1
01	135°	-1	+1
11	225°	-1	-1
10	315°	+1	-1

- **8-PSK** (Zusammenfassung von 3 Bits)
  000 ≙ 45°; 001 ≙ 90°; 010 ≙ 135° usw. (360°/8 = 45°)
- **16-PSK** (360°/16 = 22,5°)

Anwendung: UMTS (4-PSK)
EDGE: **E**nhanced **D**ata rate for **G**lobal **E**volation (8-PSK)

Offset QPSK, OQPSK

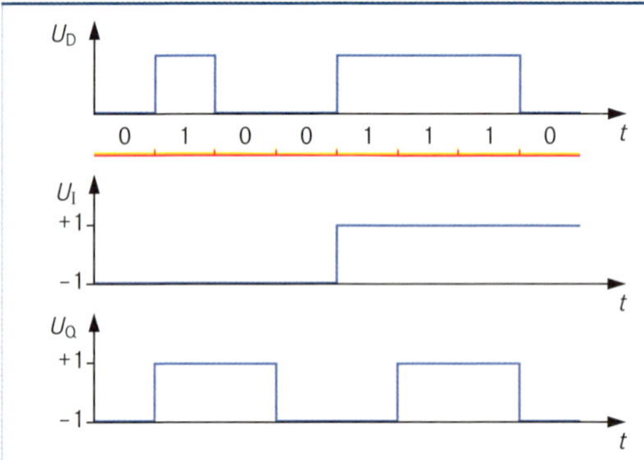

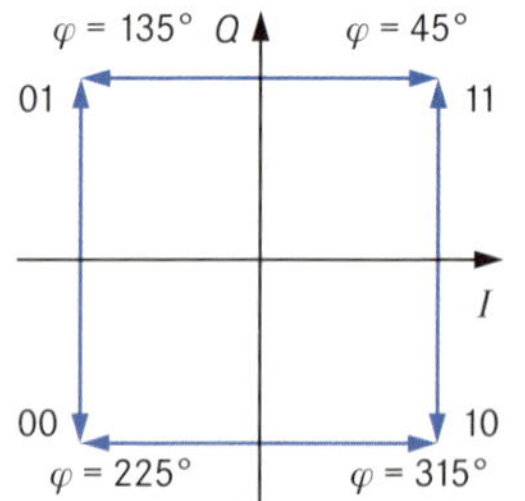

Übergänge zwischen den verschiedenen Phasenlagen erfolgen zeitlich versetzt in jeder Achsenrichtung. Vorteil: Geringere Schwankung der Amplitude als bei QPSK.

Differenzielle QPSK, DQPSK

DPSK: Differential **P**hase **S**hift **K**eying

Bitfolge	$\Delta\varphi$ (Phasenänderung)
11	$-3\,\pi/4$
01	$3\,\pi/4$
00	$\pi/4$
10	$-\pi/4$

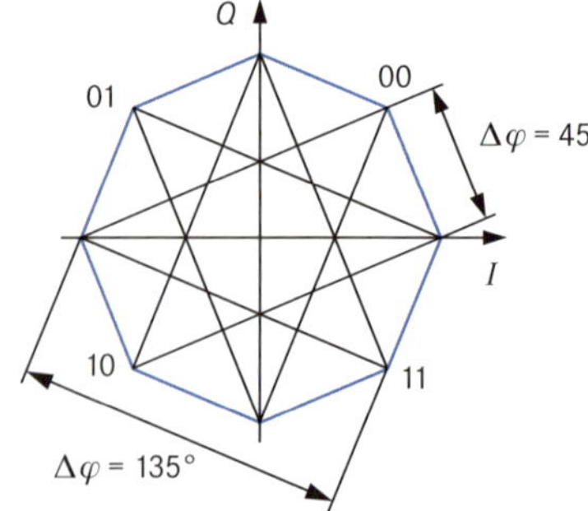

Die Information ist in der Phasenänderung enthalten ($\Delta\varphi$);

- Mobilfunk ADC/JDC (amerikanisch/japanisch)
- WLAN-Standard IEEE 802-11b

Minimum Shift Keying, MSK

- **CPFSK** mit Modulationsindex 0,5 (Optimale Unterscheidung von Bit 1 und 0).
- **Gauß'sche MSK, GMSK**
  Keine Rechteckimpulse für die Daten, sondern Gaußimpulse (Vorteil: günstigeres Spektrum als bei MSK). Anwendung: Mobilfunk, GSM.

Quadratur Amplitudenmodulation, QAM

- Phasen- und Amplitudenumtastung kombiniert.
- Zusammenfassung mehrerer Bits;
  z. B. 16 QAM (16 Symbole, jeweils 4 Bit).
- Systeme: 16-, 64-, 256-, 1024-QAM.
- Anwendung: DVB (64- und 256 QAM)

Zeitmultiplex, TDM
Time Division Multiplex

Prinzip

- Mehrere Signale werden zeitlich gestaffelt (zeitversetzt) in bestimmten Zeitabschnitten (**Zeitschlitzen**) übertragen.
- Abtasttheorem:

$$T_A \leq \frac{1}{2 \cdot f_{imax}}$$

T_A: Abtastfrequenz
f_{imax}: Maximale Informationsfrequenz

- Es sind mindestens zwei Abtastungen innerhalb einer Periodendauer der Übertragungsfrequenz erforderlich.

Synchrones Verfahren (STDM)

- Zur Übertragung werden Übertragungsrahmen definiert, die aus einer bestimmten Anzahl von Zeitschlitzen fester Größe bestehen. Für jeden Sender ist ein fester Zeitschlitz vorgesehen (feste Position des Senders).
- Vorteile: Für jede Verbindung kann eine konstante Datenrate genutzt werden. Jeder Sender ist durch seine Position im Übertragungskanal identifizierbar.
- Nachteil: Wenn nicht gesendet wird, bleiben die reservierten Zeitabschnitte ungenutzt (keine optimale Ausnutzung).

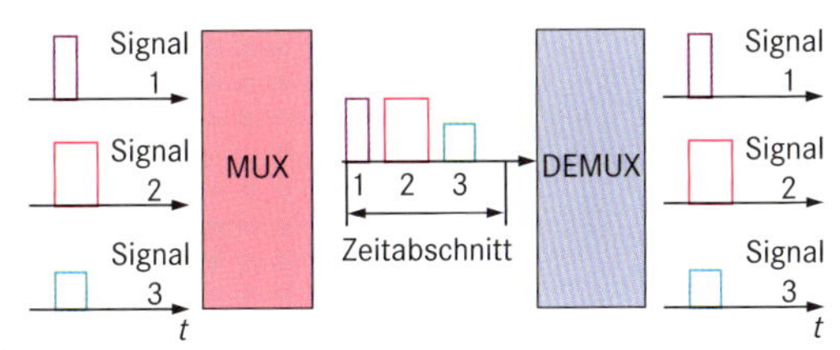

Asynchrones Verfahren (ATDM)

- Bei diesem Verfahren dürfen nur diejenigen Sender auf den Übertragungskanal zugreifen, die senden wollen.
- Damit noch eine eindeutige Zuordnung von Senderdaten und Zeitabschnitt bestehen bleibt, werden jedem Datenpaket eine Kanalinformation hinzugefügt (Header, Channel Identifier). Das Verfahren wird deshalb auch als Adressen-Multiplexing (Label-Multiplexing) bezeichnet.
- Mit der Kanalinformation können im Demultiplexer die Datenpakete dem richtigen Strom zugeordnet werden.
- Freie Zeitabschnitte können durch andere Sender mitbenutzt werden (dynamisches Multiplexing)
- Vorteil: Ökonomische Nutzung des Datenübertragungskanals.

PCM 30

- 30 Fernsprechkanäle in PCM-codierter Form
- Informationsfrequenz f_{imax} = 3,4 kHz
  Trägerfrequenz f_T = 8 kHz
- Periodendauer der Abtastung 125 µs
- 32 Kanäle, zwei für Synchronisier-, Kennzeichen- und Alarminformationen (Kanal 0 und Kanal 16)

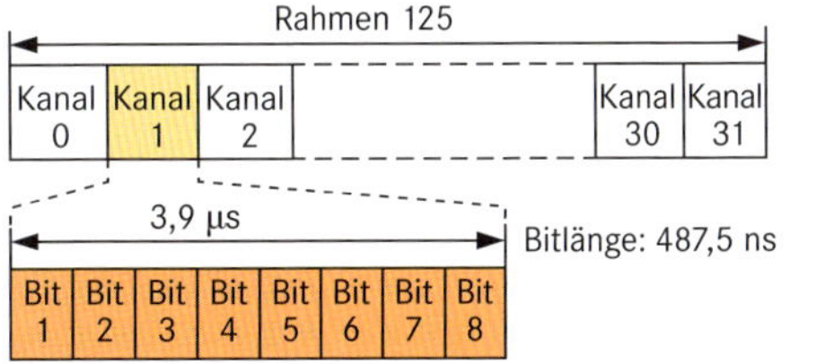

Frequenzmultiplex, FDM
Frequency Division Multiplex

- **Leitungsübertragung**
  Mehrere Signale werden frequenzmäßig gestaffelt übertragen
- **Funkübertragung**
  Mehrere Signale werden mit unterschiedlichen Wellenlängen übertragen
- **Optische Übertragung** (Optisches Wellenlängenmultiplexverfahren)
  - **WDM: W**avelength **D**ivision **M**ultiplex
  - Licht mit unterschiedlichen Spektralfarben (Lichtfrequenzen) wird zur Übertragung in einem Lichtwellenleiter verwendet
  - Unterscheidungen: **DWDM, CWDM und WWDM**
- **DWDM: D**ense **W**avelength **D**ivision **M**ultiplex (Dichtes ...)
  - Dichter Wellenlängenabstand (C- oder L-Band) von 0,4 nm (50 GHz) bis 1,6 nm (200 GHz)
  - Datenraten 10 Gbit/s bis 40 Gbit/s pro Kanal
- **CWDM: C**oarse **W**avelength **D**ivision **M**ultiplex (Grobes ...)
  - 18 genormte Wellenlängen zwischen 1311 nm und 1611 nm
  - Kanalbreite 20 nm
  - Datenraten 10 Gbit/s pro Kanal
- **WWDM: Wi**de **W**avelength **D**ivision **M**ultiplex (Weites ...)
  - Einfachstes und am häufigsten verwendete Verfahren
  - Gleichzeitige Übertragung bei 1310 nm und 1550 nm in einer Faser
- **Beispiel Trägerfrequenztechnik (TF), Sprachkanal mit 300 Hz bis 3,4 kHz**

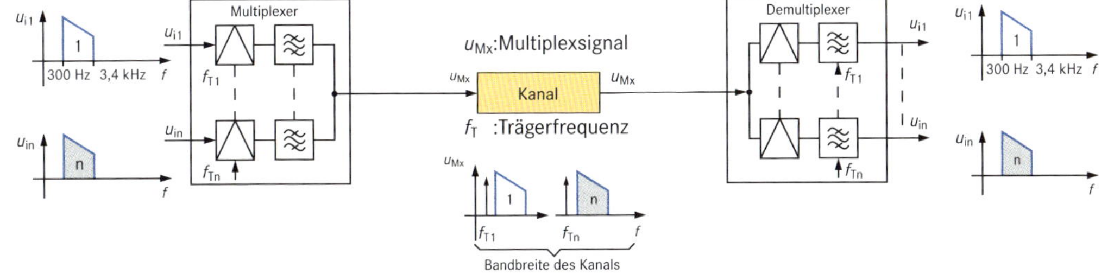

Anwendung

- Digitale Signale werden bei der Übertragung im Basisband nicht moduliert.
- Signale werden als rechteckförmige Impulse auf den Leitungen übertragen.
- Es wird eine hohe Bandbreite oberhalb 0 Hz auf den Leitungen (Übertragungswegen) benötigt.
- Bei galvanischer Kopplung zwischen Sender und Empfänger dürfen die Signale Gleichstromanteile beinhalten.
- Bei galvanischer Trennung zwischen Sender und Empfänger (Übertragerkopplung), wird Gleichstromfreiheit der Signale durch spezielle Codierung der Signale erreicht.
- Taktinformationen können in der Signalcodierung enthalten sein und werden auf der Empfängerseite zurückgewonnen.

NRZ-Code (Non Return to Zero)

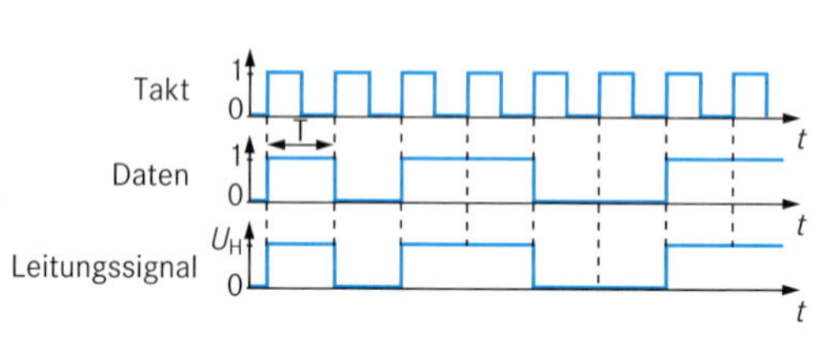

log. 0 ≙ 0-Signal

log. 1 ≙ $+U_H$-Signal

- Leitungssignal nicht gleichstromfrei
- Keine Taktrückgewinnung auf der Empfängerseite

RZ-Code (Return to Zero)

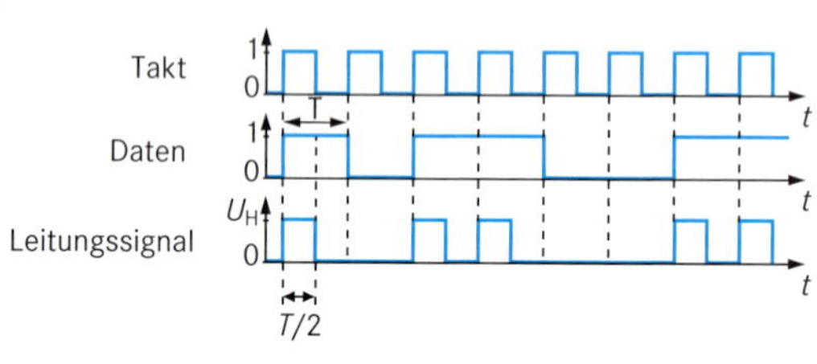

log. 0 ≙ 0-Signal

log. 1 ≙ $+U_H$-Signal während $T/2$

- Leitungssignal nicht gleichstromfrei
- Taktinformation nur bei 1-Signalen mitübertragen

AMI (Alternate Mark Inversion), Bipolar-Verfahren

Tastverhältnis 1:1

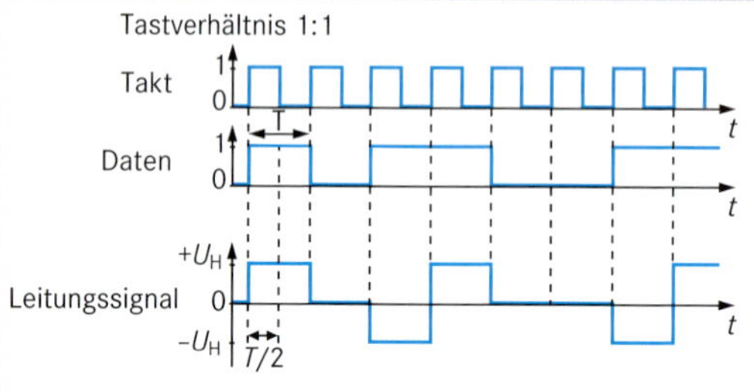

log. 0 ≙ 0-Signal

log. 1 ≙ alternierend $+U_H$-Signal und $-U_H$-Signal

- Signal ist gleichstromfrei
- Taktinformation nur in 1-Signal

Tastverhältnis 1:2

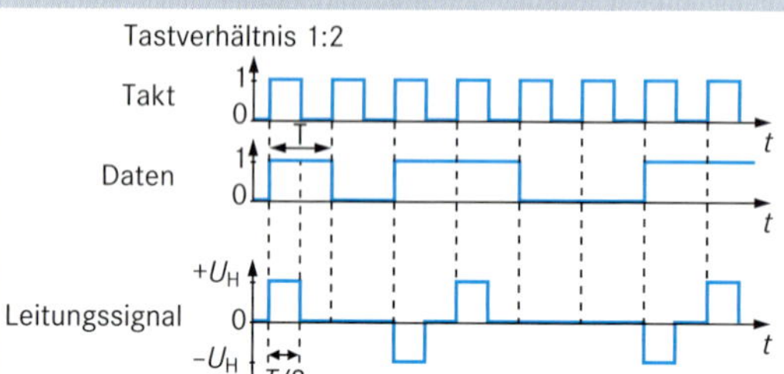

log. 0 ≙ 0-Signal

log. 1 ≙ alternierend $+U_H$-Signal und $-U_H$-Signal bei $T/2$

- Signal ist gleichstromfrei
- Taktinformation nur in 1-Signal

Manchester-Code

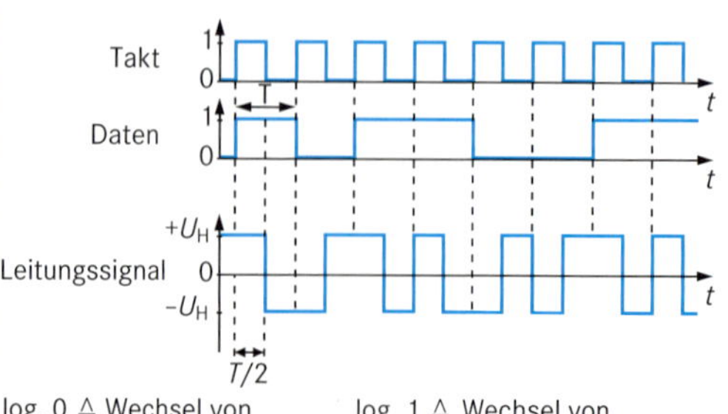

log. 0 ≙ Wechsel von $-U_H$-Signal nach $+U_H$-Signal bei $T/2$

log. 1 ≙ Wechsel von $+U_H$-Signal nach $-U_H$-Signal bei $T/2$

- Signal ist gleichstromfrei und selbsttaktend

Differenzial-Manchester-Code

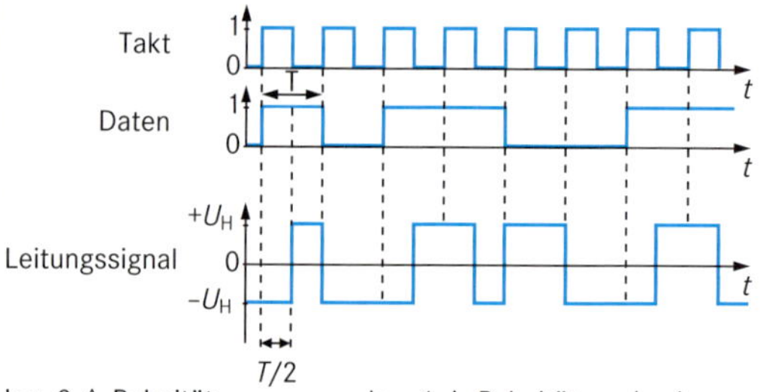

log. 0 ≙ Polarität wechselt am Schrittanfang

log. 1 ≙ Polarität wechselt nicht am Schrittanfang

- Signal ist gleichstromfrei und selbsttaktend

Projekte, Sicherheit, Qualität und Schutz

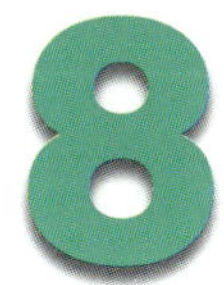

Projekte

372 – 375 Projekte

376 Lastenheft, Pflichtenheft

377 Projektmanagement/Begriffe

Sicherheit

378 Sicherheit von Einrichtungen der Informationstechnik

379 IT-Systemsicherheit

380 IT-Sicherheitsstandards

381 Datentechnische Sicherheit

382 Sicherheitsebenen

382 Qualität

Qualität

383 Qualitätsmerkmale

384 Entwicklung von Qualitätsmaßnahmen

385 Entwicklungsbewertung

386 SAS – Software Anforderungsspezifikation

387 Zuverlässigkeit, Ausfall, Verfügbarkeit

387 Lebenszykluskosten

388 Rechenzentrum – Energieeffizienz

389 Rechenzentrum – Hochverfügbarkeit

390 Verfügbarkeit

391 Redundante Systeme

392 Fehlerbaumanalyse

393 Kontinuierlicher Verbesserungsprozess (KVP)

394 Kundendokumentation

Schutz

395 Biometrische Authentifizierung

396 Firewall-Systeme

397 Sicherheit und Datenschutz

398 Bundesdatenschutzgesetz

399 Prüfzeichen an elektrischen Betriebsmitteln und Geräten

400 Prüfsiegel und Umweltzeichen

401 Energy Star

402 Energielabel

403 Regeln für das Arbeiten in elektrischen Anlagen

404 Bildschirm- und Büroarbeitsplätze

405 Umwelt- und Klimabedingungen

406 Umweltvorschriften

407 Umweltschutz

408 Recycling

409 Arbeits- und Gesundheitsschutz

410 Unfall und Unfallschutz

411 Brandschutzordnung

412 Brandbekämpfung

Codes

413 Grundbegriffe der Codierung

414 Zahlen-Codes

415 ASCII-Code

416 Lineare Barcodes

417 2D-Codes

418 – 419 Codierungsverfahren

420 Codes

421 – 423 Verschlüsselungsverfahren

424 Kryptographische Netzprotokolle

Charakteristika

- Projekte sind zeitlich befristet und einmalige Vorhaben.
- Der Zeitrahmen von Projekten kann vorab festgelegt werden, bzw. er wird vom Auftraggeber vorgegeben.
- Die **Zielfestlegung** erfolgt zum Projektbeginn.
- In Projekten werden umfangreiche und vielschichtige Aufgabenstellungen behandelt.
- Während eines Projektes arbeiten verschiedene Abteilungen (Stellen) und Personen zusammen.
- Die Zusammenarbeit der einzelnen Mitarbeiter muss koordiniert werden.
- Zur Projektdurchführung können nur begrenzte Ressourcen verwendet werden.
- Unterschieden werden **sachzielorientierte** von **prozessorientierten Projekten** und **Produkt**- und **Anlagen-Projekten**.
- Während der Projektdurchführung müssen erreichte Ziele, Probleme usw. dokumentiert werden.
- Liegen konkurrierende Zielkomponenten vor, müssen die Prioritäten festgelegt werden.
- Der **Projektträger** erteilt den Projektauftrag und trägt letztlich die Entscheidungen.
- Das **Projektmanagement** ist für die konkrete Projektdurchführung verantwortlich.
- Die **Projektdefinition** wird vom Projektmanagement in Abstimmung mit dem Projektträger vorgenommen.
- Aufgaben des Projektmanagements:
  - **Planung** (Entwurf eines Projektablaufs)
  - **Organisation** (Definition der Arbeitsstrukturen)
  - **Personaleinsatz** (Personalauswahl/-fortbildung)
  - **Führung** [Überwachung] (Leitung der Arbeiten und des Personals)
  - **Kontrolle** (Überprüfung der erreichten Ergebnisse)
- **Interne Projekte:** Im Unternehmen werden Projekte von Führungsstellen durchgeführt.
- **Externe Projekte:** Auftraggeber eines Projektes ist ein Kunde außerhalb des Unternehmens.

Projektvorgaben /-ziele

Einzuhaltende Aspekte eines Projektauftrages

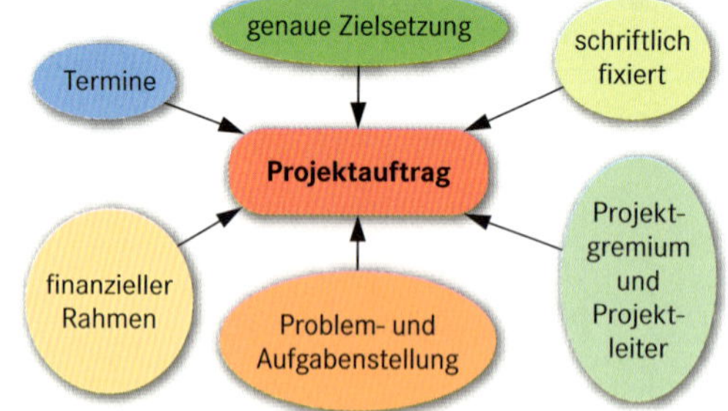

- Wesentlich ist eine exakte Bestimmung des **Projektziels**, das verbindlich für **Auftraggeber** und **-nehmer** ist.
- Bei der **Zielfestlegung** müssen
  - **sachliche**
  - **ökonomische (finanzielle)**
  - **zeitliche**
  - **soziale** Vorgaben und Möglichkeiten (→ **Rahmenbedingungen**) beachtet werden.
- Die festgelegten Ziele müssen
  - schriftlich festgelegt
  - eindeutig definiert
  - klar und widerspruchsfrei formuliert
  - realistisch ausgewählt
  - transparent festgelegt
  - überprüf- und beurteilbar sein.
- Mit der konkreten Zielbestimmung müssen
  - ein exakter **Anforderungskatalog,**
  - die **Nachweisform der erreichten Ergebnisse,**
  - die denkbaren Verhaltensweisen bei **Durchführungsschwierigkeiten** und
  - die Kriterien zur Erfassung der **Projektergebnisse**
- nachvollziehbar festgelegt werden.

Projektablauf

Start
Projektablauf
Projektgestaltung
Projektdefinition
- Ziel/Probleme
- Potenziale
Planung
- Ablauf
- Strukturen
- Verantwortung
Projektrealisierung
- Organisation (Mittel/Methoden)
- Personal (Auswahl/Ausbildung)
- Führung (Leitung)
Abschluss
- Kontrolle
- Test
- Dokumentation
- Übergabe
Auftrag
Begleitende Kontrolle
Zeit

Projektstart

- Initiierung und Gründung des Projektes
- Definition der Projektziele
- Analyse der zu lösenden Probleme
- Bestimmung der Lösungsmöglichkeiten
- Festlegung eines Lösungsansatzes
- Ermittlung der organisatorischen Möglichkeiten
- Festlegung eines Projektauftrages

Planungsphase

Aufgaben innerhalb der **Planungsphase**

- Inhaltliche und terminliche Strukturierung der Projektarbeit
- Abschätzung des Arbeitsaufwands
- Festlegung des Kostenrahmens
- Bestimmung der Projektteilverantwortung
- Definition wesentlicher Zwischenziele
- Im Rahmen der Planung ist festzulegen, auf welchen Wegen die einzelnen Teilziele zu erreichen sind.
- Die Zielerreichungskriterien (Maßstäbe/Qualitätskriterien) sind festzulegen.
- Die Vernetzung und Abhängigkeit der Inhalte und Ziele ist übersichtlich darzustellen.

Planungsdarstellung

- Planungsabläufe, Planungsaktivitäten, Zwischenziele und Termine können mit **Tabellen**, **Diagrammen** und **Graphen** anschaulich dargestellt werden.
- Wesentliche Zwischenergebnisse werden auch als **Meilensteine** in der Projektabwicklung bezeichnet.
- Mit den **Ablaufplänen** können Aktivitätsabhängigkeiten übersichtlich dargestellt werden.

Entwicklungswege mit wesentlichen Zwischenergebnissen

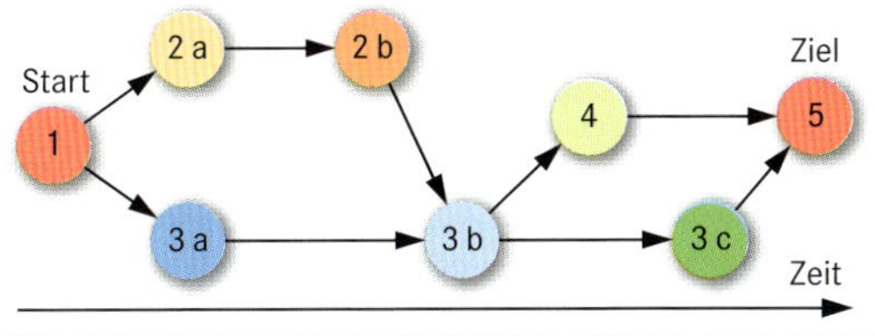

Projektrealisierung

Während der Projektrealisierung müssen drei Managementfunktionen erfüllt werden:

- die konkrete **Projektorganisation**
- der **Personaleinsatz**
- die konkrete **Leitung der Arbeitsausführung**

Personaleinsatz

Aufgaben beim **Personaleinsatz**

- Bestimmung der notwendigen Personalqualifikationen
- Personalsuche/-werbung (Stellenanzeigen)
- Personalauswahl
- Weiter- und Fortbildung des Personals
- Zuordnung des Personals auf Stellen
- Gestaltung einer leistungsgerechten Entlohnung

Projektorganisation

Aufgaben innerhalb der **Projektorganisation**

- Erstellung eines zielorientierten Handlungsgefüges
- Festlegung von überschaubaren Aufgabeneinheiten
- Kompetenz- und Stellenzuweisungen
- Schaffung einer Kommunikationsstruktur

Projektführung

Aufgaben innerhalb der **Projektführung**

- Feinregelung der alltäglichen Arbeitsaufgaben
- Kontinuierliche und konkrete Motivation, Regulierung und Entscheidungen im Arbeitsprozess
- Abstimmungen zwischen den Beteiligten
- Gestaltung der konkreten Kommunikation
- Kontinuierliche Überprüfung der Arbeiten

Teamarbeit

Die vorherrschende Arbeitsform ist die Teamarbeit innerhalb der Projektarbeiten. Deren Qualität bestimmt auch die Qualität der Projektarbeit. Die Gestaltung der Kommunikationsbeziehungen (Effektivität, Sensibilität, Klarheit, Eindeutigkeit und Zielorientierung) bestimmt die Qualität der Arbeitsbeziehungen.

Projektkontrolle

- Die Projektkontrolle erfolgt kontinuierlich während der Projektdurchführung und stellt darüber hinaus auch eine eigenständige Phase dar.
- Generell wird ein SOLL-IST-Abgleich vorgenommen.
- Die kontinuierliche Kontrolle ist vom Projektleiter vorzunehmen.
- Bei umfangreichen Projekten sind autonome Kontrollteams zu bilden.

Kontrollaspekte im Projekt

- Aufwands- und Kostenkontrolle (Budgetrahmen)
- Terminkontrolle
- Projekt- und Produktfortschritt
- Qualitätsentwicklung
- Gestaltung der Produktdokumentation
- Entwicklung der Projekt-/Fortschrittsberichte
- Projektdokumentation und -präsentation

Projektabschluss

Aufgaben gegenüber dem Auftraggeber

- Dem Auftraggeber ist das Produkt zu präsentieren.
- Die Abnahmetestergebnisse sind vorzustellen.
- Das Produkt ist zu übergeben.
- Eine Produktdokumentation ist auszuhändigen.
- Eine Analyse der Produkteigenschaften (Abweichungsanalyse) ist zu erstellen.
- Ein Produktabnahmebericht ist zu erstellen.
- Eine Abschlusskalkulation muss erarbeitet und dem Auftraggeber übergeben werden.

Aufgaben innerhalb der Projektgruppe

- Der Projektphasenablauf muss analysiert werden.
- Herausstellung der Stärken und der Schwachpunkte.
- Diskussion der Qualität des Projektmanagements und der Projektleitung.
- Die Produktqualität, die Qualität der Dokumentation und der Präsentation müssen erfasst werden.
- Erstellung einer internen Kostenanalyse.
- Beurteilung der Projektteilnehmer (→ Zeugnisse).
- Das Projekt und die Projektgruppe sind aufzulösen.

Alltag von Projektmanagern

- Projektmanager benötigen etwa **70 %** ihrer Arbeitszeit für **Gespräche.**
- Die Kontakte/Begegnungen sind durch **Fragen** und **Zuhören** bestimmt.
- **Anweisungen** treten nur selten auf.
- **Probleme** sind oftmals nicht eindeutig aufzulösen.
- **Sach- und Personalaspekte** sind oft nicht klar voneinander zu trennen.
- **Freie Gestaltungsräume** treten nur begrenzt auf.
- Die **Prozessabläufe** sind oft sehr komplex, ineinander verschränkt und können nur schwer strukturiert werden.
- Die **Informationsbasis** zur Lösung (**Entscheidung**) vieler Probleme ist fast immer unvollständig und uneindeutig.
- **Handlungserfordernisse** und innere und äußere **Handlungsbegrenzungen** bestimmen wesentliche Entscheidungsmöglichkeiten der Projektbeteiligten.

Team-Kennzeichen

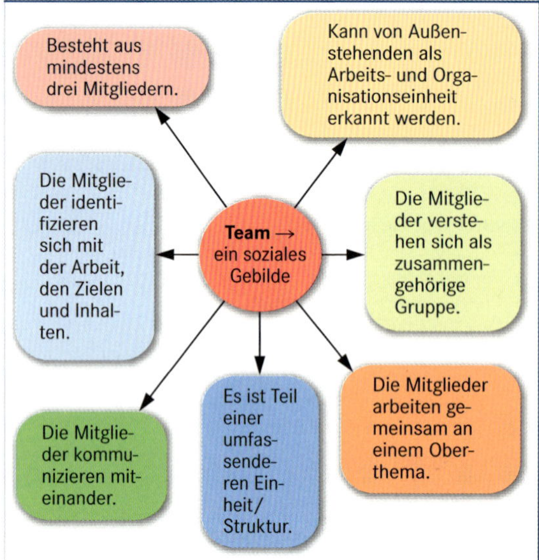

Teamarbeitsqualität

- Offene und transparente **Kommunikationsbeziehungen** unter den Mitgliedern
- **Klare** und **eindeutige Aufgabenkoordination** durch die Projektleitung
- **Gerechte** und **einsichtige Arbeitsverteilungen** innerhalb des Teams
- **Gleichberechtigung** der Mitgliederbeiträge
- Gegenseitige **Unterstützung** der Teammitglieder
- **Einheitliche** (Arbeits-)**Erwartungsnormen** bei den Mitgliedern
- **Zufriedenheit** des einzelnen Mitarbeiters mit dem Arbeitsprozess im Team
- **Positive Akzeptanz** der eigenen Rolle im Team
- **„Innere Identität"** (Zusammenarbeit/Kohäsion) in der Gruppe
- **Positive Einschätzung** der Teamarbeitsziele durch die Mitarbeiter (**„Innere Übereinstimmung"** mit dem Projekt)
- Eindruck/Einschätzung/Gefühl der **Sinnhaftigkeit** des Tuns der Teamgruppe, wobei dieser Sinn einheitlich – von allen Mitgliedern – benannt werden kann.

Optimierungsregeln für die Teamarbeit

- **Zuhören** ist (oftmals) wichtiger als reden.
- **Schweigen** ist weder als Zustimmung noch als Ablehnung zu verstehen.
- **Konflikte** und Irritationen sollen benannt und besprochen werden.
- **Missverständnisse** sind (unverzüglich) aufzuklären.
- Probleme sollen selbstständig gelöst werden.
- Besprechungsergebnisse sind zu **dokumentieren.**
- Alle Vereinbarungen, Festlegungen, Dokumente usw. sind **für alle jederzeit einsehbar.**
- **Zuständigkeiten** sind überprüfbar und eindeutig festzulegen.
- **Vorgehensweise** und Positionen sind abzusprechen und einzuhalten.
- **Alle Mitglieder** begreifen sich **als vollwertige** und **gleichberechtigte** Projektmitarbeiter.
- **Probleme** der Projektentwicklung sind zu thematisieren.
- Der **Kundenwunsch** steht zentral im Mittelpunkt des Arbeitsinteresses (**Kundenorientierung** der Arbeit).

Ebenen der Kommunikationsbeziehungen

(1) Eigen- und Selbstverständigung (innerer Monolog)
(2) Dialogische Kommunikationsstruktur (Ich-Du-Beziehung)
(3) Verständigung zwischen Gruppen und Abteilungen
(4) Komplexe (taktische und strategische) interne und externe Unternehmenskommunikation

Training schrittweise von (1) zu (4).

Formale Projektbeschreibungen

1. Funktionsmatrix /-diagramm	2. Verantwortungsmatrix
3. Meilensteinpläne /-listen	4. Netzablaufpläne
5. Aktivitätspläne	6. Fortschrittsberichte

Zu allen Aspekten existieren Anwenderprogramme (MS Project ...).

Projektarbeitsaufwand

Zur Festlegung von Projektteams muss der zu erwartende Arbeitsaufwand geschätzt und der Bedarf an Mitarbeitern festgelegt werden.

- Der Zeitaufwand für die Kommunikation in Teamgruppen hängt von der Anzahl der Mitarbeiter exponentiell ab:

  $$\mathbf{KA = A \cdot exp\,(AM \cdot B) = A \cdot e^{AM \cdot B}}$$

  PM: Projektmonate; **A, B:** Faktoren

  KA: Kommunikationaufwand in PM

  AM: Anzahl der Projektmitarbeiter
- Der Zeitaufwand für die Lösung einer Projektaufgabe nimmt mit der Zahl der Mitarbeiter ab.

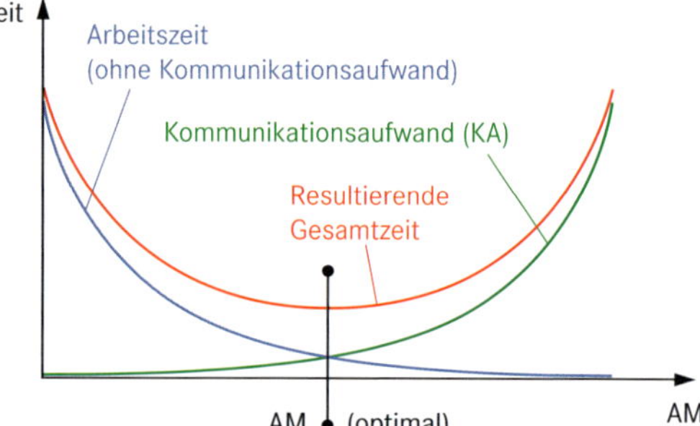

Der Projektaufwand kann mit folgenden – auch kombiniert eingesetzten – Methoden abgeschätzt werden:

- **Expertenschätzung**: Ein Fachmann hat bereits entsprechende Pojekte durchgeführt.
- **Delphi-Methode**: Mehrere Fachleute prognostizieren unabhängig voneinander den Aufwand. Diese Einschätzungen werden später offen diskutiert und die ursprünglichen Einschätzungen werden modifiziert.
- **Berechnungsmethoden**: Expertenwissen wird mathematisch aufbereitet.

Begriffe von Softwareprojekten

Ausfallzeit:
Die Zeit, in der die Anlage oder Geräte keine oder fehlerhafte Leistungen erbringen.

Ausweichanlage:
Eine der Konfigurationen des Anwenders entsprechende Anlage, die für seine Programme geeignet ist.

Betriebsbereitschaft:
Uneingeschränkte Einsatzfähigkeit der Anlage(n) oder Geräte

DV-Anlage:
Zentraleinheit(en) einschließlich angeschlossener und zugeordneter Geräte

DV-Geräte:
Zentraleinheit oder die an diese unmittelbar oder mittelbar angeschlossenen oder der Anlage zugeordneten Maschinen.

DV-technisches Feinkonzept:
Festlegung der DV-technischen Realisierungen der maschinell auszuführenden Funktionen eines DV-gestützten Verfahrens zur Erfüllung der Programmanforderungen. Die Festlegung ermöglicht unmittelbar und ohne weitere Vorarbeiten die Programmierung.

Fachliches Feinkonzept:
Vollständige Festlegung eines Verfahrens durch die detaillierte Beschreibung der Funktionen und Schnittstellen sowie der von ihnen benötigten und zu erzeugenden Informationen. Bei DV-gestützten Verfahren sind deren maschinell auszuführende Funktionen als solche ausgewiesen.

Grobkonzept:
Der nach vorbereitenden Arbeiten vorgeschlagene Lösungsweg. Lösungsweg in diesem Sinne ist ein Verfahrenskonzept, das die Forderungen an Leistung und Eigenschaften des Verfahrens berücksichtigt.

Grundsoftware:
Elementare Betriebsprogramme speziell zur Steuerung, Überwachung, Wartung und Diagnose der einzelnen Systeme (Zentraleinheit, Arbeitsspeicher, Anschlussgeräte) sowie die zur Verwaltung/Kontrolle der Programmabläufe erforderlichen Betriebsprogramme.

Instandhaltung:
Alle vorbeugenden, zur Werterhaltung und Aufrechterhaltung der Betriebsbereitschaft der Anlage oder Geräte erforderlichen Leistungen.

Instandsetzung:
Beseitigung von Störungen an der Anlage durch Reparatur und/oder Ersatz.

Mängelbeseitigung:
Umfasst neben der endgültigen Beseitigung des Mangels auch die Diagnose und gegebenenfalls eine behelfsmäßige Lösung.

Programm:
Eine Anweisung zur Aufgabenlösung zusammen mit allen erforderlichen Vereinbarungen (DIN 44300). In den BVB auch benutzt für Programmsysteme einschließlich der für deren Funktionsfähigkeit notwendigen Hilfsmittel.

Programmeinführung:
Der Programmzustand auf einer EDV-Anlage ermöglicht die Aufnahme der Funktionsüberprüfung.

Vorbereitende Arbeiten:
Vorarbeiten für ein Grobkonzept (Verfahrensiodee, Ist-Analyse, Forderungen)

Wartung:
Leistungen zur Instandhaltung und Instandsetzung der EDV-Anlage bzw. Geräte

IT-Projektmitarbeiter/Führungsorganisation

Grundsätzlich ist die intrinsische und extrinsische Motivation der Mitarbeiter zu beachten. Anreizsysteme (Entlohnung ...) können die Motivation lenken und stärken. Einzelne Mitarbeiter sind für spezielle Aufgaben besoonders geeignet.

Mitarbeitertypologie speziell mit Blick auf die IT-Projektarbeit (Benennung und nähere Charakterisierung)	
Completer, Finisher sorgfältig, zielorientiert, Interesse an vollständigen Handlungen	**Plant** originelle, anregend, mit Blick auf die Hauptlinie, Details vernachlässigend
Implementer pragmatische Machbarkeitsorientierung, kein Visionär	**Monitor Evaluator** hohe Analysefähigkeit, kreativ, zum Teil distanziert
Coordinator Teamführer, diszipliniert, ruhig, gelassen	**Resource Investigator** Kommunikator (nach außen)
Shaper Teamkoordinierung, problemlösungsorientiert	**Spezialist** technisches Detailinteresse
Teamworker anpassungsfähig, Kooperationsfähigkeit	

Arbeitstreffen (Gestaltungsprinzipien)

Veranstaltung langfristig planen und organisieren	Tagesordnungspunkte vorab allen rechtzeitig mitteilen
Allen Teilnehmern alle Materialien (vorab) zustellen	Pünktliche, präzise Gestaltung
Klare Vorstellung/Absprachen	Thema und Teilnehmer vorstellen/bekannt machen
Termine vereinbaren	Verbindliche Vergabe von Aufträgen und Vorgaben
Kontrollen, Rückmeldungen und Überprüfungen festlegen	Erfolgskontrolle (IST-SOLL-Vergleich; Schwachstellenanalyse)
Protokolle zeitnah erstellen und allen zugänglich machen	
Vorleben der eigenen Maßstäbe und Ideen	

Prinzipien der Mitarbeiterführung

Klare, eigene Wertvorstellungen und Beurteilungsmaßstäbe	Präzise, eindeutig und zeitlich knapp fragen und antworten
Ohne Hektik, ohne Zeitnot in der Begegnung	Keine Abwertungen von Beiträgen und Mitteilungen
Lösungsorientiert arbeiten und diskutieren	Trennung von sachlichen und persönlichen Facetten
Konzentration auf das Wesentliche	Delegation von Routineaufgaben
Vorleben der eigenen Maßstäbe und Ideen	

Lastenheft

Definition

DIN VDI/VDE 3694: 91-04

- Das Lastenheft enthält alle Forderungen des Auftraggebers (Kunden) an die Lieferungen und/oder Leistungen eines Auftragnehmers.
- Die Forderungen sind aus Anwendersicht einschließlich aller Randbedingungen zu beschreiben. Diese sollten quantifizierbar und prüfbar sein.
- Im Lastenheft wird definiert, was für eine Aufgabe vorliegt und wofür diese zu lösen ist.

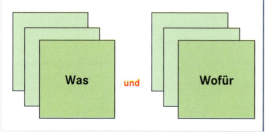

Was und **Wofür**

Pflichtenheft

Definition

DIN VDI/VDE 3694: 91-04

- Das Pflichtenheft enthält das vom Auftragnehmer erarbeitete Realisierungsvorhaben auf der Grundlage des Lastenheftes.
- Das Pflichtenheft enthält als Anlage das Lastenheft.
- Im Pflichtenheft werden die Anwendervorgaben detailliert und in einer Erweiterung die Realisierungsforderungen unter Berücksichtigung konkreter Lösungsansätze beschrieben.
- Im Pflichtenheft wird definiert, wie und womit die Forderungen zu realisieren sind.

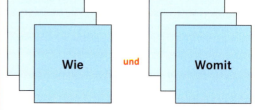

Wie und **Womit**

Voraussetzungen für die Erstellung

- Guten Kontakt zwischen allen Beteiligten herstellen
- Wesentliche Anforderungen durch Markt-, Kunden- und Umfeldanalyse ermitteln

Durchführung

- Keine allgemeingültigen Vorgaben
- Umfang und Inhalt ist stark von der Zielsetzung abhängig
- Ermittlung der z. B.
  - Anforderungsträger
  - Produktfaktoren aus Kundensicht
  - Kaufentscheidende Faktoren
  - Anforderungen aus dem Umfeld
  - Anforderungen aus dem Unternehmen
  - Anforderungen des Vertriebs
  - Anforderungen von Lieferanten und von Kooperationspartnern
  - Produktionsprofile

Vorteile

- Einheitliche Vorgabe für alle am Entwicklungsprozess Beteiligten
- Weniger Missverständnisse und Versäumnisse durch eine systematische Dokumentation
- Rechtsverbindliche Festlegungen

Nachteile

- Hoher Aufwand
- Individuelle Erstellung (keine Standardisierung)
- Statische Problemlösungsstruktur

Einsatzbereiche

- Dokumentation der Anforderungen als Abschluss der Planung eines Produktes bzw. einer Dienstleistung
- Prinzipiell für alle Produkte bzw. Dienstleistungen einsetzbar

Funktion

- „Roter Faden" während des Ablaufs der Entwicklung, Produktion, ...

Wesentliche Bestandteile (Beispiele)

- Name des Prozesses, Projektes, Vorhabens, ...
- Verfasser des Pflichtenheftes
- Version
- Ablage der Datei, Dokumentation
- Ziele
  Beschreibung, Nutzen für den Auftraggeber (Kunden), aktuelle Situation (z. B. bisheriges System)
- Anforderungen
  - **Vollständigkeit**
    Alle Details der Anforderungen sind zu definieren. Es sollten so wenig wie möglich Aspekte als selbstverständlich eingeschätzt werden.
  - **Eindeutigkeit**
    Damit keine Missverständnisse entstehen, sind die Anforderungen möglichst mit einfachen Worten zu definieren.
  - **Testbarkeit**
    Alle Anforderungen müssen überprüfbar sein. Dieses ist eine Voraussetzung für die Abnahme durch den Auftraggeber.
- Schnittstellen
  (Verbindungen zu anderen Systemen, Projekten usw.)
- Randbedingungen
- Service- und Wartungshinweise
  (Kontaktadressen)
- Unterschriften
  (Projektauftraggeber/Projektleiter/...)

Abnahmebereitschaft

Zustand, in dem alle Bedingungen von Seiten des Auftraggebers und Auftragnehmers erfüllt sind, die für die Durchführung der Abnahme erforderlich sind.

Abnahmeerklärung; Abnahmebestätigung

Bestätigung durch den Abnahmeberechtigten, dass vertraglich vereinbarte Lieferungen und Leistungen erbracht sind.

Abnahmephase

Projektphase, in der eine oder mehrere Abnahmen erfolgen.

Abwicklungsmanagement

Aufgabengebiet innerhalb des Projektmanagements, das sich auf die auftrags- bzw. vertragsgerechte Realisierung des Projektziels (Objektes) erstreckt.

Auftragsverhandlung

Verhandlung zwischen Auftraggeber und Anbieter zur Festlegung der für den Fall der Auftragserteilung zum Auftrag gehörenden Lieferungen und Leistungen beider Seiten sowie der sonstigen vertraglichen Bedingungen.

Freigabe

Erlaubnis zur Durchführung nachfolgender Arbeiten festgelegten Inhalts.

Nachforderungsmanagement (engl.: claim management)

Aufgabengebiet innerhalb des Projektmanagements zur Übrwachung und Beurteilung von Abweichungen bzw. Änderungen und deren wirtschaftlichen Folgen zwecks Ermittlung und Durchsetzung von Ansprüchen.

Restleistungen (engl.: pending points)

Zum Auftragsumfang gehörende, nicht planmäßig erbrachte Liefer- und Leistungsanteile von untergeordneter Bedeutung, die erst nachträglich erbracht werden.

Projektabschluss

Beendigung aller Tätigkeiten, die mit dem Projekt in Zusammenhang stehen.

Projektabwicklung

Aufgabendurchführung vom Anfang bis zum Ende eines Projekts.

Projektaudit

Von einem unabhängigen Auditor systematisch durchgeführte Projektanalyse.

Projektgegenstand

Durch die Aufgabenstellung gefordertes materielles oder immaterielles Ergebnis der Projektarbeit.

Projekthandbuch

Zusammenstellung von Informationen und Regelungen, die für die Planung und Durchführung eines bestimmten Projekts gelten sollen.

Projektinformationsmanagement

Aufgabengebiet innerhalb des Projektmanagements, das sich mit der Erfassung, Weiterleitung, Be- und Verarbeitung, Auswertung und Speicherung der Projektinformationen befasst.

Projektinfrastruktur

Alle materiellen und immateriellen Einrichtungen und Hilfsmittel, die zur Durchführung eines Projekts notwendig sind.

Projektkalkulation

Ermittlung der voraussichtlichen kostenwirksamen Projektleistungen und ihre Bewertung.

Projektmanagementhandbuch

Zusammenstellung von Regelungen, die innerhalb einer Organisation generell für die Planung und Durchführung von Projekten gelten.

Projektmanagement-Instrumentarium

Gesamtheit der Arbeitsmittel, Methoden, Verfahren und Vorgehensweisen, die dem Projektmanagement zur Verfügung stehen. Unter diesen werden diejenigen im Einzelfall ausgewählt, die der Durchführung der Aufgaben dienen sollen.

Projektbeobachtung (engl.: project monitoring)

Fortlaufende Erfassung von Ist-Werten der Projektabwicklung einschließlich Berichterstattung.

Projektplan; Projektmanagementplan

Gesamtheit aller im Projekt vorhandenen Pläne.

Projektrisiko

Risiko, durch das der vorgesehene Ablauf oder Ziele des Projekts gefährdet werden.

Projektziel

Gesamtheit von Einzelzielen, die durch das Projekt erreicht werden sollen, bezogen auf Projektgegenstand und Projektablauf.

Risikoanalyse; Projektrisikoanalyse

Teil einer Projektanalyse, der sich auf das Projektrisiko bezieht.

Risikomanagement

Aufgabengebiet innerhalb des Projektmanagements zur Ausschaltung, Vermeidung oder Verringerung von Projektrisiken.

Sistierung

Vom Auftraggeber formell geforderter Stillstand in der Auftrags- bzw. Projektabwicklung, bei dem zunächst offenbleibt, ob der Auftrag bzw. das Projekt weitergeführt wird.

Teilabnahme

Abnahme einer Teillieferung oder Teilleistung aus dem Vertrag, die funktions- bzw. objektbezogen oder aufgrund besonderer Umstände abgegrenzt wird.

Übergabe

Nach Form, Inhalt und Durchführung vertraglich vereinbarte oder durch Rechtsvorschriften geregelte Abgabe von Lieferungen und Leistungen an den Empfänger.

Übernahme

Nach Form, Inhalt und Durchführung vertraglich vereinbarte oder durch Rechtsvorschriften geregelte Entgegennahme von Lieferungen und Leistungen von einem Abgebenden.

Vertragsmanagement

Aufgabengebiet innerhalb des Projektmanagements zur Steuerung der Gestaltung, des Abschlusses, der Fortschreibung und der Abwicklung von Verträgen zur Erreichung der Projektziele.

Vorabangebot; Richtangebot; Schätzangebot

Angebot mit vorläufigem Charakter zum Abstecken des Rahmens.

Sicherheit von Einrichtungen der Informationstechnik
Safety of Information Technology Equipment

Vorgaben

- IT-Systeme werden von einem großen Anwenderkreis (Benutzer, Instandhalter) verwendet.
- Deshalb müssen diese Systeme
  - die bestimmungsgemäßen Funktionen und
  - entsprechende Sicherheitsfunktionen erfüllen.
- Bei der Entwicklung und Konstruktion sind deshalb neben gerätetypischen Sicherheitsanforderungen u. a. folgende allgemeine Sicherheitsanforderungen zu beachten.
  - wahrscheinliche Fehlerbedingungen (Fehler oder Ausfall),
  - Folgefehler,
  - vorhersehbarer Missbrauch,
  - äußere Einflüsse, wie z. B. Temperatur, Höhenlage, Verschmutzung, Feuchte, Überspannungen.
- Im Rahmen der Entwicklung bzw. Konstruktion sind deshalb folgende Maßnahmen anzuwenden (Reihenfolge der Priorität: 1, 2, 3):

1. Merkmale festlegen, die Gefahren
   - ausschließen,
   - verringern,
   - Schutz davor bieten.
2. Schutzmaßnahmen festlegen (z. B. Personenschutzeinrichtungen).
3. Falls 1. und 2. nicht durchführbar, mit Aufschriften und/oder Anleitungen auf die verbliebene Gefahr hinweisen.

Übersicht

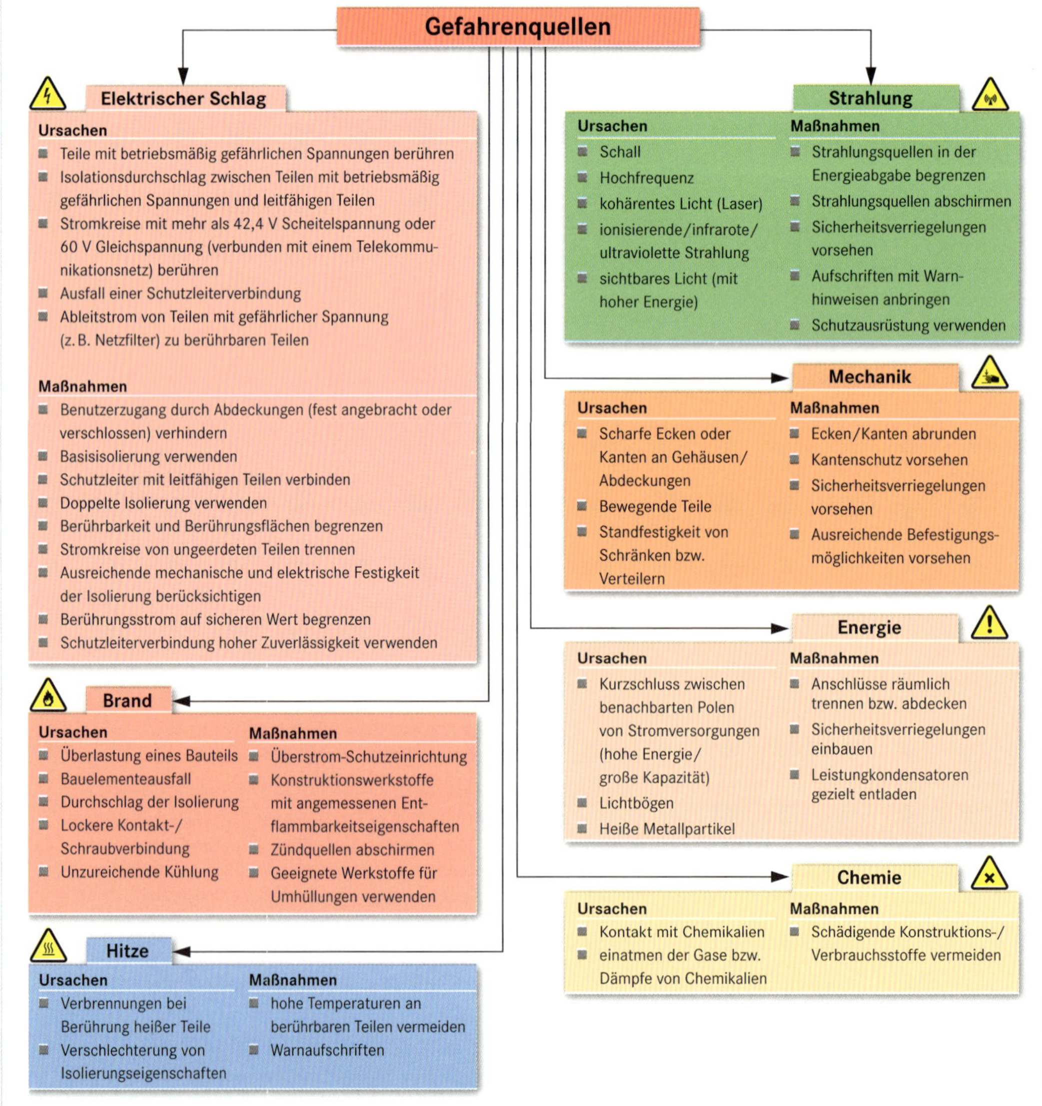

Systemsicherheitsbewertung

Geschichte/Hintergrund

- 1983 wurde das **„Orange Book"** vom amerikanischen Verteidigungsministerium (Pentagon) verabschiedet
  - Darin werden Sicherheitsstandards zum Schutz von Kommunikationssystemen vor unberechtigter Benutzung festgelegt. Es wird auch mit **TCSEC** (**T**rusted **C**omputer **S**ystem **E**valuation **C**riteria) bezeichnet.
  - Es definiert sieben Sicherheitsebenen, die jeweils verschiedene Sicherheitsmechanismen vorsehen:
    Level D: kein Schutz
    Level C: vom Benutzer festlegbarer Grundschutz
    Level B: vorab definierter (regelorientierter) Schutz
    Level A: nachprüfbare Schutzvorgänge
- 1987: HP legt kommerzielle Fassung vom „Orange Book" vor
- 1987 wurden Sicherheitskriterien vom Pentagon für Netze unter der Bezeichnung **TNI** (**T**rusted **N**etwork **I**nterpretation) bzw. auch **„Red Book"** veröffentlicht
- 1988: ISO veröffentlichte **„Security Architecture"**
- 1989: **ZSI** (**Z**entralstelle für **S**icherheit in der **I**nformationstechnik, später **BSI**) legt die Sicherheitsklassen F1 bis F10 fest

Kern der Sicherheitsstruktur

- Der Zugriff eines Nutzers (eines Systems) auf Hardware, Datenspeicher, Daten, Betriebssysteme, Software eines anderen System (Zugriffs-Objekt) wird im Sinne des „Orange Book" auf der Basis definierter (externer) Sicherheitsregeln durch einen Referenzmonitor ermöglicht und kontrolliert.

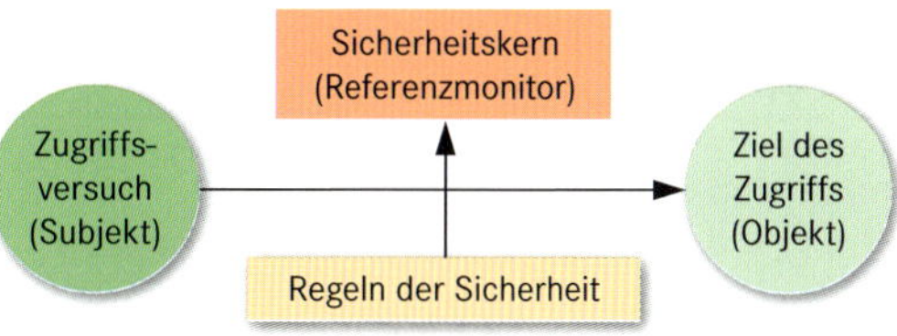

- Wesentlich ist das Interesse der Informationsbeteiligten, dass die Informationen privat (also geheim) bleiben.
- Darüber hinaus ist es bedeutsam, dass die Informationen nicht verfälscht werden. Hierzu werden z. B. Prüfsummen gebildet. Es werden kryptologische Verfahren benötigt.

Systemsicherheitsebenen

Sicherheitsebenen		Aufgabe	Sicherungsvorgang
1	Identifikation	Identitätsbestimmung der Teilnehmer	Anonymität
2	Authentizität	Verifizierung der angegebenen Identität – auch während der Datenübertragung. **Teilnehmerauthentifizierung:** Teilnehmer beweist seine Identität, **Datenursprungsauthentifizierung:** Empfänger kennt den Datenursprung	(Permanenter) Nachweis der Identität
3	Zugriffskontrolle	Überprüfung der Zugangsberechtigung des Teilnehmers auf ein System, eine Ressource oder einen Datenbestand	Prüfung und Verwaltung der Rechte
4	Protokollierung	Protokollierung der Abläufe (Systemeinsatz, Datum, Zeit, Aktionen)	Erfassung der Zugriffe und der Ausübung von Rechten
5	Regeneration	Regeneration der Betriebssoftware	Wiederaufbereitung/Erneuerung
6	Datenintegrität	Überprüfung und Gewährleistung der **Fälschungssicherheit** von Daten und Gewährung der **Datenkonsistenz**	Authentizität und Unversehrtheit von Nachrichten
7	Vertraulichkeit	Verhinderung der Ausforschung einer Nachricht	Vertraulichkeit einer Nachricht garantieren
8	Fehlerfolgen-reduktion	Reduzierung der Fehlverhaltensfolgen	Funktionalität des Systems ermöglichen
9	Systemfunk-tionalität	Funktionalitätsgewährung eines Systems und seiner Prozesse und Sicherung von Datenübertragungen	

IT-Sicherheitszertifizierungen

Zertifizierungsinhalte/-bereiche

- Wichtige Prüfaspekte nach der **ITSEC** (**I**nformation **T**echnology **S**ecurity **E**valuation **C**riteria) von 1991 sind:
  - **Funktionalität** und **Vertrauenswürdigkeit**
- Die Vertrauenswürdigkeit wird in die Aspekte
  - **Korrektheit** und **Wirksamkeit** aufgegliedert
- **Zertifizierungsbereiche** (Produkte/Produktbereiche):
  - Großrechner-Systeme
  - Mittlere Systeme
  - Sicherheitsoberflächen
  - Viren-Scanner und Integritätsschutz
  - Datenübertragung
  - Smartcard (Betriebssysteme, Kartenleser) und
  - Chipkarten-Lesegeräte

Zertifizierungsklassen

- F1 bis F10: IT-Sicherheitsklassen in Deutschland
- Die Klassen F1 bis F5 betreffen **Betriebssysteme** Definiert wurden Anforderungen bezüglich
  - der **Identifikation** und **Authentisierung**
  - der **Rechteverwaltung** und **-prüfung**
  - der **Beweissicherung** und der **Wiederaufbereitung**
- F1: geringste Anforderungen;
- F5: umfassende Anforderungen
- F6: Kriterien bezüglich der integrität der Daten
- Bzgl. **Fehlerüberbrückung** und **Gewährleistung der Funktionalität** wurden in der Klasse F7 Anforderungen bestimmt
- In der Klasse F8 werden Forderungen für die
  - **Identifikation** und **Authentisierung**
  - **Übertragungssicherung** und
  - **Beweissicherung** vorgenommen
- F9–F10: Forderungen zur Datenverschlüsselung

Informationssicherheits-Managementsystem (ISMS)

ISO/IEC 27001	Information security management systems – Requirements
ISO/IEC 27002	Code of practice for information security management
ISO/IEC 27006	Requirements for bodies providing audit and certification of information security management systems
IT-GS	IT-Grundschutz

Sektor-Spezifische ISMS

Richtlinie VDI/VDE2182	Informationssicherheit in der industriellen Automatisierung
ISO/IEC 27011	Information security management guidelines for telecommunications
PCI DSS	Payment card industry data security standard

Sicherheitsmaßnahmen und Monitoring

ISO/IEC 1882	IT network security
ISO/IEC 15816	Security information objects for access control

Risikomanagement

MaRisk	Mindestanforderungen an das Risikomanagement für Banken

Standards mit Sicherheitsaspekten

Cobit	Control Objectives for Information and Related Technology (Kontrollziele Informations- und verwandte Techniken)
ITIL IT	Infrastructure Library (IT Infrastruktur Verfahrensbibliothek)
IDW PS 330	Abschlussprüfung bei Einsatz von Informationstechnologie

Vorschriften

KonTraG	Gesetz zur Kontrolle und Transparenz im Unternehmensbereich
Basel II	–
SOX	Sarbanes-Oxley Act
EURO-SOX	8. EU-Richtlinie in Anlehnung an Sarbanes-Oxley Act
BDSG	Bundesdatenschutzgesetz

Evaluierung von IT-Sicherheit

ISO/IEC 15408 (CC)	Evaluation criteria for IT security (CC) (Evaluationskriterien für IT-Sicherheit)
ISO/IEC TR 15443	A framework for IT security assurance (Rahmenrichtlinien für Sicherung von IT-Sicherheit)
ISO/IEC 18045	Methodology for IT security evaluation (Methodik zur Evaluation von IT-Sicherheit)
ISO/IEC TR 19791	Security assessment for operational systems (Bewertung Sicherheit von Systemen im Betrieb)
ISO/IEC 19790 (FIPS140-2)	Security Requirements for Cryptographic Modules (Anforderungen an kryptographische Module)
ISO/IEC 19792	Security evaluation of biometrics (Evaluation der IT-Sicherheit biometrischen Technologien)
ISO/IEC 21827 (SSE-CMM)	System Security Engineering – CMM Modell der Ablaufstauglichkeit (ISO 21827)

Kryptografische-/IT-Sicherheitsverfahren

ISO/IEC 7064	Check character systems (Prüfsummensysteme)
ISO/IEC 18033	Encryption algorithms (Verschlüsselungsalgorithmen)
ISO/IEC 10116	Modes of operation for an n-bit block cipher (Betriebsarten für einen n-bit-Blockschlüssel-Algorithmus)
ISO/IEC 19772	Data encapsulation mechanisms (Daten verkapselnde Mechanismen)
ISO/IEC 9796	Digital signature schemes giving message recovery (Digitaler Unterschriftsmechanismus mit Rückgewinnung der Nachricht)
ISO/IEC 14888	Digital signatures with appendix (Digitale Signaturen mit Anhang)
ISO/IEC 15946	Cryptographic techniques based on elliptic curves (Auf elliptischen Kurven aufbauende kryptografischeTechniken)
ISO/IEC 10118	Hash functions (Hash-Funktionen)
ISO/IEC 18031	Random bit generation (Erzeugung von Zufallszahlen)
ISO/IEC 18032	Prime number generation (Primzahlerzeugung)
ISO/IEC 9798	Entity authentication (Authentisierung von Instanzen)
ISO/IEC 9797	Message Authentication Codes (Nachrichten-Authentisierungscodes)
ISO/IEC 15945	Specification of TTP services to support the application of digital signatures (Spezifizierung der Dienste eines vertrauenswürdigen Dritten zur Unterstützung der Anwendung von digitalen Signaturen)
ISO/IEC TR14516	Guidelines for the use and management of Trusted Third Party Services (Richtlinien für die Nutzung und das Management eines vertrauenswürdigen Dritten)
ISO/IEC 11770	Key management (Schlüsselmanagement)
ISO/IEC 13888	Non-repudiation (Nicht-Abstreitbarkeit)
ISO/IEC 18014	Time-stamping services (Zeitstempeldienste)

Physische Sicherheit

Technische	Produkte für die materielle Sicherheit
DIN 4102	Brandverhalten von Baustoffen und Bauteilen
DIN 18095	Rauchschutztüren
DIN EN 1047	Wertbehältnisse – Klassifizierung/Methoden zur Prüfung des Widerstandes gegen Brand
DIN EN 1143-1	Widerstandsgrad
DIN V ENV 1627	Fenster, Türen, Abschlüsse – Einbruchhemmung
DIN EN 60529	Schutzart durch Gehäuse
DIN 66399	Vernichten von Datenträgern

Quelle:
BITKOM/DIN: Kompass der IT-Sicherheitsstandards V 3.0

Grundlagen

- Die **Betriebsfähigkeit** und **Stabilität** datentechnischer Anlagen kann durch die **Infiltration** unerwünschter Software gefährdet werden. Dies betrifft Funktionsabläufe und Datensätze.
- Die Schädigungen reichen von manipulierten Bildschirmausgaben bis zur Zerstörung von Programmen.
- Schädigende Software wird zumeist über das **Internet** transportiert. Sie befinden sich aber auch auf **Datenträgern**.
- Zum Teil besitzt diese Software die Fähigkeit, sich selbst reproduzieren und eventuell auch **modifizieren** bzw. **mutieren** („evolutionär entwickeln") zu können. Diese **Selbstreproduktionsfähigkeit** wurde von Neumann (1946) beschrieben und von Cohen um 1970 erprobt.
- Große Schadwirkungen entfaltet auch **Spamware** („Müllsoftware" zum Sammeln von Mail-Adressen.
- **Problematisch sind auch Dialer** (kostenverursachende Einwählsoftware) und **Spionageprogramme** (unerwünschte **Agenten; Spyware**).
- Zur **Abwehr** und Aufhebung der Schadwirkung werden
  - **Proxy-Server und Firewalls**
  - **Spam-Schutzsysteme** und Anti-Spam-Filter
  - **Virenscanner (Antivirensoftware)**
  - verbessertes maschinelles Lernen (Switch) und intelligente Filter eingesetzt.

Viren, Wanzen, Würmer, Trojanische Pferde

- **Bootsektorviren** (Speicherresidente Viren): Sie setzen sich im Bootbereich des Speichers fest. Sie nehmen einen festen Platz in der Konfiguration der Systemsoftware ein, da sie den Originalcode im Bootsektor ersetzen.
  Sie reagieren u. a. auf Systemanforderung.
- **Call-Viren:** Ein Virenprogramm wird als ein (externes) Unterprogramm abgelegt und über einen Call-Aufruf aktiviert. Nach außen wird ein veränderter Speicherplatzbedarf selten sichtbar, da diese Viren sehr klein sein können.
- **Linkviren**: Nicht überschreibende Viren: Sie nisten sich im Wirtsprogramm ein. Oftmals besetzen sie den Speicherplatz direkt vor oder nach dem Trägerprogramm. Das Wirtsprogramm bleibt dabei funktionsfähig. Die Prüfsummen der einzelnen Programme werden oftmals nicht verändert, manipulieren Informationen zur Dateilänge, die Dateiattribute und Einsatzzeit des Programms. Bei MS-DOS sind besonders *.COM-, *.Bat-, und *.EXE-Dateien betroffen.
- **Makro-Viren:** Aktivierung über Dokumenten-Makros.
- **Quellcode-Viren:** Sie sind Bestandteile von Programmbibliotheken. Aktivierung über Anwendungsprogramme.
- **Überschreibende Viren:** Sie zerstören in Wirtsprogrammen Programmabschnitte. Wird das entsprechende Programm aufgerufen, arbeitet nur das Virenprogramm – das Wirtsprogramm ist funktionsunfähig.
- **Computerwanzen:** Sie können Software und Betriebssysteme manipulieren. Ihre Wirkung bleibt jedoch lokal begrenzt.
- **Computerwürmer:** Durch ihre Aktivierung werden meistens ungefährliche Meldungen in den befallenen Rechner ausgegeben. Selten kommt es zu tiefgreifenden Funktionsbeeinträchtigungen.
- **Trojanische Pferde:** Es sind funktionsfähige Programme, die eine gewünschte Aufgabe kontrolliert ausführen. Erst durch spezifische Aktivierungen – zum Beispiel Kalenderdaten – werden die Wirkungen hervorgerufen.

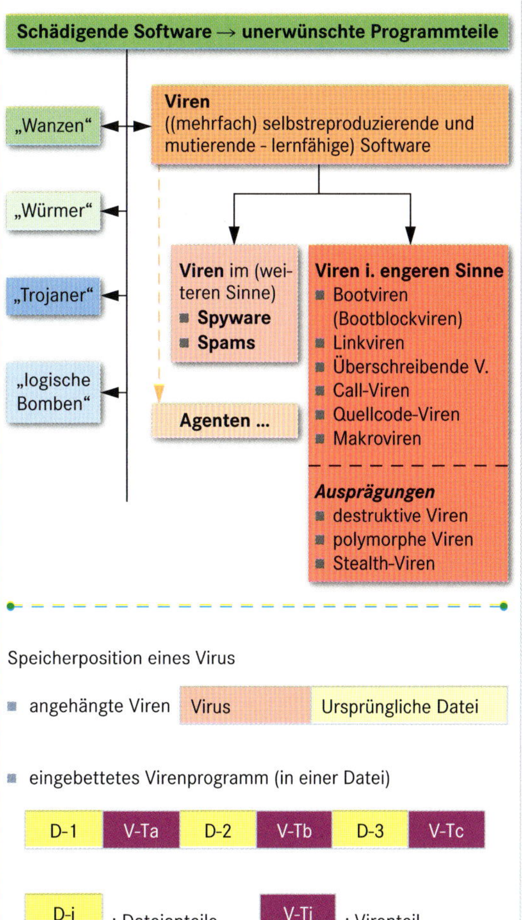

Fehlermerkmale

- Werbefenster öffnen sich unaufgefordert.
- PC läuft verzögert hoch (Bootprozess)/... arbeitet langsamer.
- Unbekannte Startseiten öffnen sich beim Internetzugang/ beim Aktivieren des Browsers.
- Datenaustauschvorgänge im Internet werden angezeigt, obwohl der Internetzugang nicht aktiviert wurde.

Dateiendungen

- Dateien mit folgenden Endungen kritisch „ansehen" und vermeiden. Zum Teil akzeptieren die Provider diese Dateien nicht.
  1. ***.bat**, ***.com**, ***.exe**, ***.js**, ***.pif**, ***.shs**, ***.vbs**
  2. ***.doc**, ***.etc**, ***.mbd**, ***.scr**, ***.wpd**, ***.xls**
- „Sichere" Dateien sind: ***.dat**, ***.txt**, ***.zip**, ***.rtf**

Abwehrstrategien

- Im E-Mail-Verkehr möglichst nur einfache Textdateien – ohne Anhänge versenden
- Regelmäßig das **Betriebssystem**, die **Anwendungssoftware** und die **Anti-Virensoftware** aktualisieren

Sicherheitsebenen

Security Levels

Gegenüberstellung der Sicherheitsebenen von TCSEC/BSI

TCSEC	Inhalte der Sicherheitsebenen des „Orange Book"/BSI-Funktionalitätsklassen	BSI
D	Kein Schutz (bzw. nur ein minimaler Schutz)	-
C1	Benutzergesteuerter Zugangsschutz (Authentifizierung und Identifikation)	F1
C2	Kontrollierter Zugriffsschutz auf die Systeme; alle Vorgänge (Zugriffe und Prozesse) werden protokolliert	F2
B1	Objektklassifikation - Vorgeschriebene Zugriffskontrolle	F3
B2	Strukturierungsschutz	F4
B3	Anlegen von Sicherheitsdomänen - Systemverwaltung durch einen zentralen Administrator	F5
A1	Komplexer Sicherheitsentwurf	
-	Integritäts-Anforderungen für Datenbanken	F6
-	Verfügbarkeit besonders bei Prozessrechner	F7
-	Beweis-, Integritäts- und Übertragungssicherung bei Datenübertragungen (im Netz)	F8
-	Verschlüsselung/Geheimhaltung von Nutzdaten bei Datenübertragungen (Vertraulichkeit)	F9
-	Integrität und Vertraulichkeit bei vernetzten Strukturen	F10

Qualität

Quality

Begriffe und Grundlagen

- **Qualität** heißt im eigentlichen Sinne des Wortes **„Beschaffenheit"** (auch „Eigenschaft")
- Umgangssprachlich wird das Wort nicht einheitlich verwendet
- Qualität und Qualitätssicherung sind in den Unternehmen zu strategischen Zielen geworden, da nur so Kunden zufriedengestellt, langfristig gebunden und kostengünstige - auch umweltfreundliche - Produkte erstellt werden können.

- **Klassische Qualitätssicherung** in der Industrie wurde als **Abnahmeprüfung** verstanden. Diese Kontrolle basierte auf der Erhebung von Stichproben. Hierzu wurde eine umfangreiche statistische Testtheorie entwickelt. In zunehmendem Maße wird der gesamte Fertigungsprozess überwacht.
- Im Rahmen der Qualitätssicherung sind zu unterscheiden:
  - die **Qualitätsplanung** unter Beachtung der Qualitätsziele,
  - die **Qualitätsprüfung** und
  - die **Qualitätslenkung.**

ISO 9000ff

- Die ISO 9000 - 9004 Normen legen Maßnahmen fest, durch deren Einhaltung ein Unternehmen eine hochwertige Qualitätssicherung erreichen kann.
- Die ISO 9000 gibt Hinweise zur Anwendung der ISO 9001 - 9004 Normen.
- Seit 2012 wir die ISO 9001 revidiert. 2015 wurden 10 Kapitel im Sinne der veränderten Managementsystemnormen **HLS** (**H**igh **L**evel **S**tructure) für die ISO 9001 vorgestellt. Sie sollen im Jahr 2018 verbindlich werden.

ISO/FDIS 9001: 2015

- Folgende **Systemfehler** (**Grundsätze**) werden beachtet: Kundenorientierung, Faktengestützte Entscheidungsfindung, Führung, Beziehungsmanagement, Einbeziehung von Personen, Verbesserung
- Orientierende **Leitdimensionen**:
  Kontext der Organisation, Prozessansatz, Verantwortung der leitung, Risiken und Chancen, Wissen (in) der Organisation, Dokumentierte Information
- Das **PDCA**-Konzept (**P**lan **D**o **C**heck **A**ct) prägt das Projektselbstverständnis.
- **Strukturabschnitte** (1 - 10; z.T. in Auswahl):
  1 Anwendungsbereich
  2 Normative Verweise
  3 Begriffe
  4 Kontext der Organisation (Pos. 4.1 - 4.3; 4.3 Festlegen des Anwendungsbereichs des Qualitätsmanagementsystems)
  5 Führung (Pos. 5.1 - 5.3; 5.1 Führung und Verpflichtung, 5.2 Qualitätspolitik, 5.3 Rollen, Verantwortlichkeiten und Befugnisse in der Organisation)
  6 Planung für das Qualitätsmanagementsystem (Pos. 6.1 - 6.3; 6.1 Maßnahmen zum Umgang mit Risiken und Chancen, 6.2 Qualitätsziele und Planung zu deren Erreichung, 6.3 Planung von Änderungen)
  7 Unterstützung [Support] (Pos. 7.1 - 7.5; 7.1 Ressourcen, 7.2 Kompetenzen, 7.3 Bewusstsein, 7.4 Kommunikation, 7.5 Dokumentierte Information
  - 7.5.1 Allgemeines,
  - 7.5.2 Erstellung und Aktualisierung,
  - 7.5.3 Lenkung dokumentierter Information
  8 Betrieb [Operation] (Pos. 8.1 - 8.7)
  9 Bewertung der Leistung (Pos. 9.1 - 9.3)
  10 Verbesserung (10.1 - 10.3)

ISO 9002, 9003, 9004

ISO 9002: Mit Ausnahme der Positionen (4) und (19) müssen alle ISO 9001 Normpositionen erfüllt werden.
ISO 9003: Die Positionen (3), (4), (6), (7), (9), (14), (17) und (19) der ISO 9001 entfallen.
ISO 9004: Beschreibung der einzelnen Qualitätssicherungselemente.

Qualitätskreis

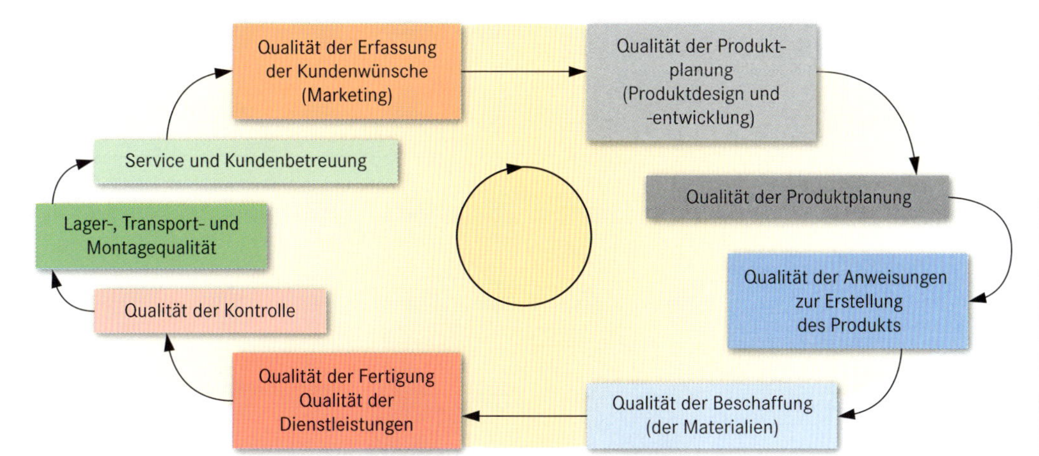

- Die ISO 9000ff ist gültig in Deutschland (DIN) und Europa (EN). Es wird auch von der DIN EN ISO 9000 Normenreihe gesprochen. ISO steht für die weltweite Gültigkeit der Norm.
- Unternehmen können sich durch unparteiische Dritte ihr internes Qualitätsmanagement – orientiert an der DIN 9000 – zertifizieren lassen. Dies wird auch von Unternehmen aus dem Dienstleistungs- und Bildungsbereich vorgenommen.
- Grundlegende Qualitätssicherungsnormen sind in der **ISO 9000ff** definiert.
- Im Rahmen der umfassenden Qualitätsorientierung wurde ein **Total Quality Management** (**TQM**) – Ansatz entwickelt. Dieser erfasst die gesamte Unternehmenskultur. Definiert wird dieser Ausdruck des Total Quality Managements (TQM) in der DIN EN ISO 8402, die 1995 veröffentlicht wurde.

Qualitätsbeurteilungsaspekte in Unternehmen

- Bei der Umsetzung eines umfassenden betrieblichen Qualitätsmanagementsystems werden neun Kernbereiche von der European Foundation for Quality – u. a. auch für einen jährlichen Preis – betrachtet.
- Die internen Faktoren – wie z. B. die transparente Gestaltung der Unternehmensprozesse – werden dabei ebenso beachtet wie Ergebnisse, zu denen u. a. auch grundsätzlich die Kundenzufriedenheit gehört.

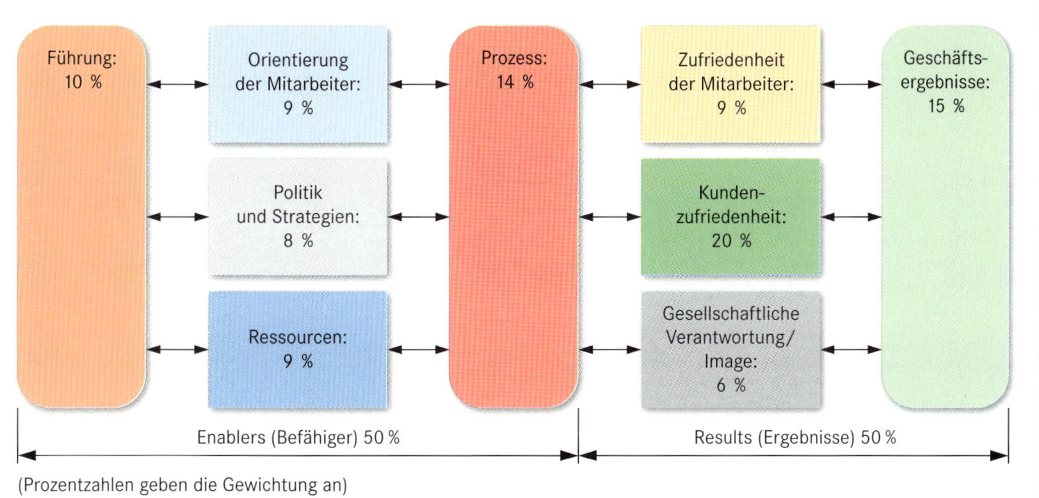

(Prozentzahlen geben die Gewichtung an)

Merkmale

- **QFD** (**Q**uality **F**unction **D**eployment)
  - ist eine strukturierte Methode zur systematischen und ganzheitlichen Produkt- und Qualitätsplanung
  - wird angewendet zur gezielten Umsetzung von **Kundenwünschen** (Forderungen) in Produktmerkmale und in Prozessabläufe
  - hat bei konsequenter Anwendung einen hohen Einfluss auf die Qualität
  - wird eingesetzt in den Phasen von der **Produktidee** bis zur **Prozessplanung**
- Ziele von QFD sind:
  - Gewinnung zufriedener Kunden
  - Optimierung des Kundennutzens
  - Verbesserung der relativen Wettbewerbsposition
  - Gewinnung von Marktanteilen
- Aus der Orientierung an den Kundenwünschen (Stimme des Kunden) werden alle Anforderungen an das Produkt in Form eines Lastenheftes für alle betroffenen Abteilungen innerhalb einer Firma zur Realisierung als verbindlich vorgegeben.

Qualitätshaus

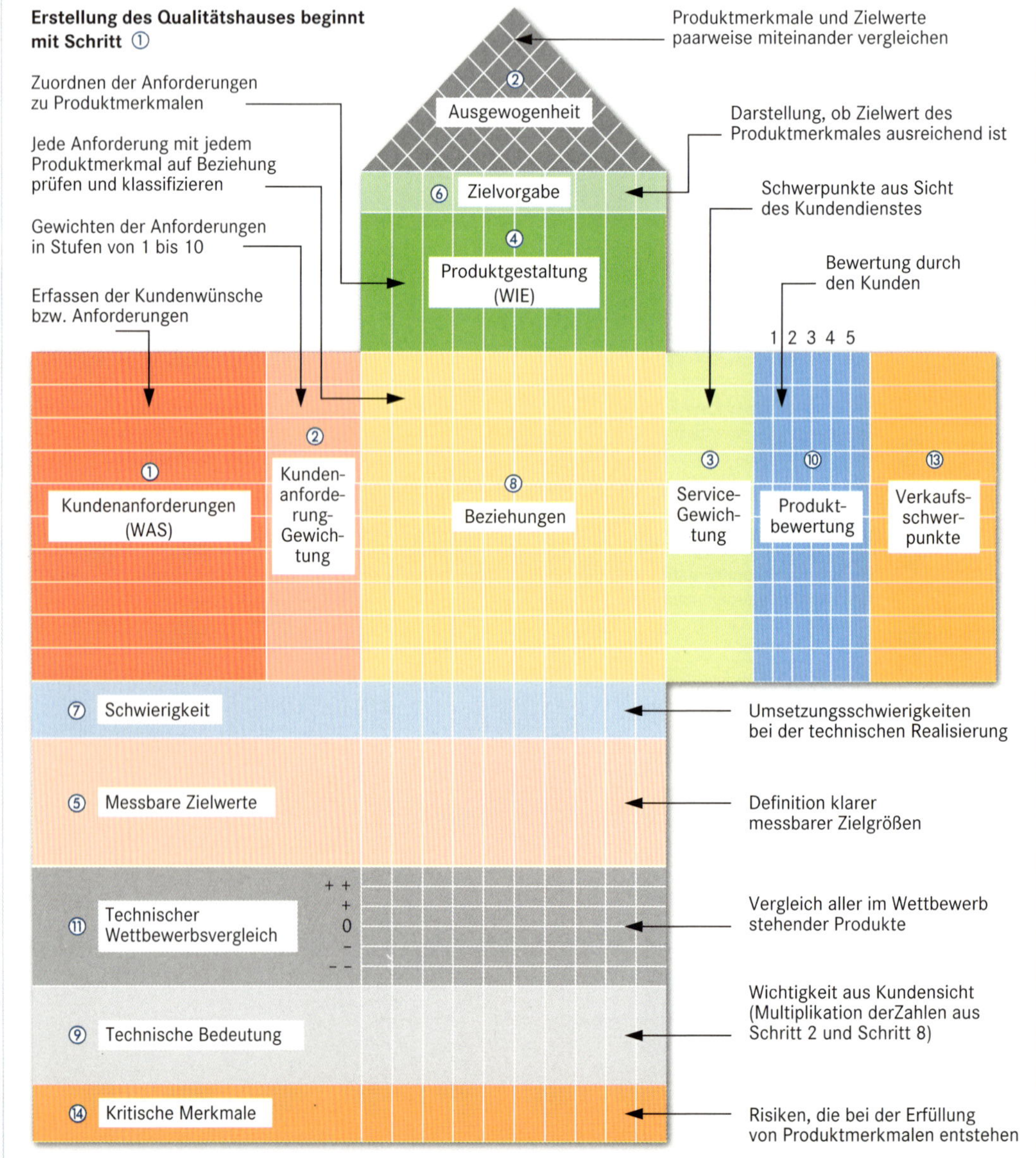

Merkmale

- Die Entwicklungsbewertung dient als Überprüfung (**Verifizierung**) einer Entwicklungsleistung.
- Es wird dabei ermittelt, ob die am Anfang definierten Entwicklungstätigkeiten
  - geeignet,
  - angemessen und
  - wirksam

  sind, die festgelegten Ziele zu erreichen.
- Im Rahmen der Bewertung erfolgt ein **Soll-Ist-Abgleich** von festgelegten, mit den jeweils zu dem Zeitpunkt erreichten Zielen.
- Der **Zeitpunkt** der Bewertung(en) wird im Rahmen der Entwicklungsplanung festgelegt und kann z. B. erfolgen
  - nach Erstellung des Lastenheftes (Lastenheftreview),
  - nach Erstellung des Pflichtenheftes (Pflichtenheftreview),
  - nach Aufbau der Prototypen (Prototypenreview).
- Die **Inhalte** der Bewertung orientieren sich u. a. an
  - den Anforderungen an das Produkt (System),
  - bereits in früheren Projekten gemachten Erfahrungen (**Lernkurve**) und
  - dem Entwicklungsprozess.
- Entwicklungsbewertung ist eine **beratende Tätigkeit** und dient zur Anregung für das Entwicklungsteam ggf. bestimmte Aspekte zur Produkt- und Prozessverbesserung zu optimieren.
- Kreative Neuentwicklungen sind nicht gewollt.
- Die Entwicklungsbewertung dient **nicht** zur **Kritik** an einer Entwicklungsleistung bzw. einem Entwicklerteam.
- Die **Zusammensetzung** des Bewertungsteams muss sich an der Entwicklungsaufgabe orientieren.
- Es sind entsprechende Erfahrungsträger bzw. fachkundige Mitarbeiter (ggf. auch der Kunde) einzubeziehen.
- Entwicklungsbewertungen sind nicht zu verwechseln mit dem Projektmanagement.
- Der Projektleiter kann aus den Ergebnissen der Bewertung Entwicklungsentscheidungen (ggf. auch Korrekturen) ableiten und umsetzen, damit die Entwicklungsziele (u. a. Funktionalität, Termin, Kosten) erreicht werden.

Ablauf Entwicklungsbewertung

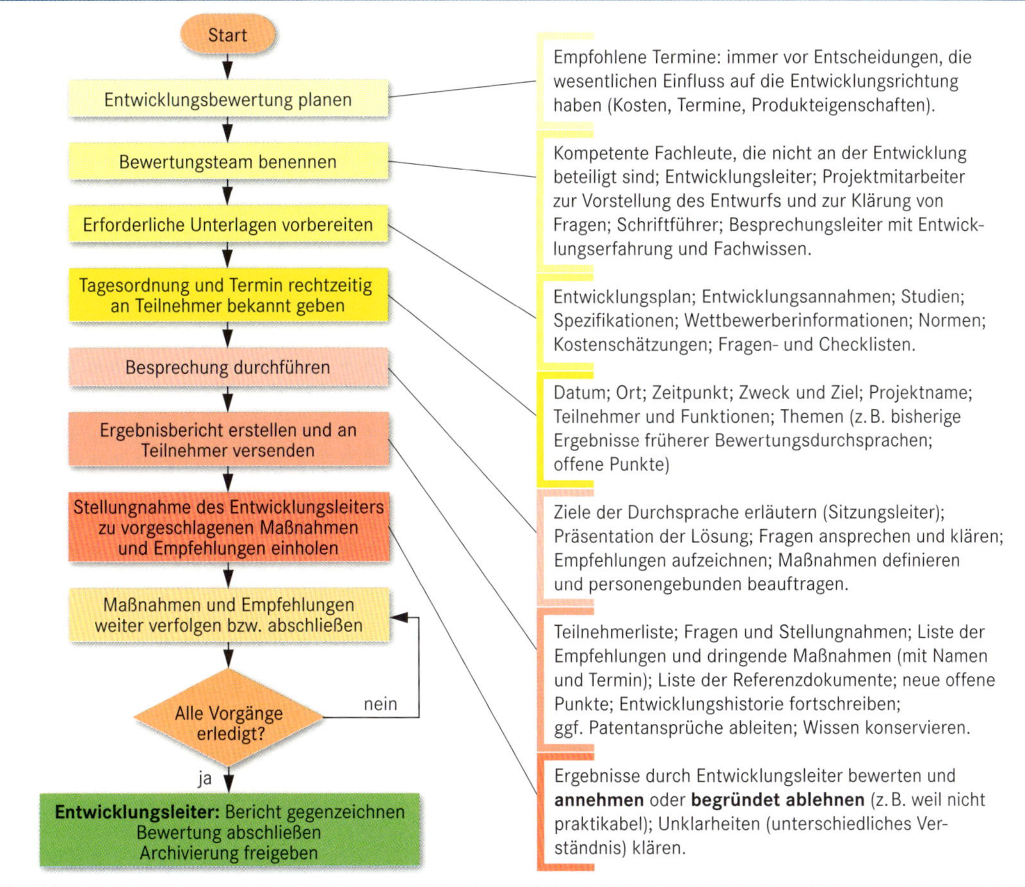

SAS – Software Anforderungsspezifikation
SRS – Software Requirements Specification

Merkmale	Qualitätsanforderungen
■ Die SRS – dient zur Spezifikation (Definition und Festlegung) von zu entwickelnder Software (Entwicklungsgrundlage), – beschreibt die Anforderungen aus dem Lasten- und Pflichtenheft für den Softwareanteil und – beinhaltet **funktionale** und **nichtfunktionale** Anforderungen.	■ Der Inhalt einer SRS muss sein: – Korrekt (correct) – Unzweideutig (unambiguous) – Vollständig (complete) – Konsistent (consistent) – Verifizierbar (verifable) – Modifizierbar (modifiable) – Nachverfolgbar (traceable)

Gliederung

1. Introduction *(Einführung)*	
1.1 Purpose *(Zweck)*	Zweck der Spezifikation und Leserkreis
1.2 Scope *(Umfang)*	Produkt und Anwendungsbereich
1.3 Definitions, Acronyms and Abbrevations *(Definitionen, Kurzbegriffe u. Abkkürzungen)*	
1.4 References *(Referenzen)*	Normen, Richtlinien, Vorgängerprodukte
1.5 Overview *(Übersicht)*	Inhalt und Struktur der restlichen SRS
2. Overall Description *(Gesamtübersicht)*	
2.1 Product Perspective *(Produktumfang)*	Kurze Beschreibung aller externen Schnittstellen: System, Nutzer, Hardware; Software
2.2 Product Functions *(Produktfunktionen)*	
2.3 User Characteristics *(Anwendermerkmale)*	
2.4 General Constraints *(Allgemeine Randbedingungen)*	Entwicklungseinschränkungen: Normen, Anwendungsbereich
2.5 Assumptions and Dependencies *(Annahmen und Abhängigkeiten)*	
3. Specific Requirements *(Spezifische Anforderungen)*	
3.1 External Interface Requirements *(Anforderungen an externe Schnittstellen)* 3.1.1 User Interfaces *(Anwenderschnittstellen)* 3.1.2 Hardware Interfaces *(Hardwareschnittstellen)* 3.1.3 Software Interfaces *(Softwareschnittstellen)* 3.1.4 Communication Interfaces *(Kommunikationsschnittstellen)* 3.2 Functional Requirements *(Funktionale Anforderungen)* 3.2.1 Mode 1 *(Betriebsart 1)* 3.2.1.1 Functional Requirement 1.1 *(Funktionale Anforderungen 1.1)* ... 3.2.2 Mode 2 *(Betriebsart 2)* 3.2.2.1 Functional Requirement 2.1 *(Funktionale Anforderungen 2.1)* ... 3.3 Performance Requirements *(Leistungsanforderungen)* 3.4 Design Constraints *(Einschränkungen, z.B. Speichervolumen)* 3.4.1 Standards Compliance *(Normen – Übereinstimmung)* 3.4.2 Hardware Limitations etc. *(Hardwarebegrenzungen usw.)* 3.5 Software System Attributes *(Merkmale des Softwaresystems)* 3.5.1 Reliability *(Zuverlässigkeit)* 3.5.2 Availability *(Verfügbarkeit)* 3.5.3 Security *(Sicherheit)* 3.5.4 Maintainability *(Wartbarkeit)* 3.5.5 Portability *(Portierbarkeit)* 3.6 Other Requirements *(andere (weitere) Anforderungen)* 3.6.1 Project Documentation *(Projektdokumentation)* 3.6.2 User Documentation *(Anwenderdokumentation)* ...	**Detaillierte Anforderungen** Hilfsmittel zur Darstellung (u.a.): – Ablaufdiagramme – Zustands-/Übergangsdiagramme – Funktionstabellen – Algorithmen – ...
Anmerkung: – Struktur nach IEEE STD 830 – Ist bei Bedarf auf das vorliegende Projekt anzupassen	

Zuverlässigkeit, Ausfall, Verfügbarkeit
Reliability, Failure, Availability

- Bei technischen Systemen ist Zuverlässigkeit definiert als die Beschaffenheit einer Einheit (z. B. Bauelement, Baugruppe, Anlage) bezüglich ihrer Eignung während oder nach vorgegebenen Zeitspannen bei vorgegebenen Anwendungsbedingungen die Zuverlässigkeitsforderung zu erfüllen (DIN 40 041).
- Zur Berechnung der vorausgesagten Zuverlässigkeit werden zahlreiche Zuverlässigkeitsmodelle angewendet, z. B.:
  - Fehlerbaumanalyse (Analyse potenzieller Störfälle)
  - Monte-Carlo-Simulation (Simulationsmodelle mit Zufallsvariablen)

Ausfall, Ausfallrate

- Der **Ausfall** ist die Beendigung der Funktionsfähigkeit einer Einheit, im Rahmen der zugelassenen Beanspruchung.
- Die **Ausfallrate** λ (failure rate) ist der Anteil ausgefallener Bauelemente (oder Systeme) während einer Beanspruchungsdauer geteilt durch die Beanspruchungsdauer.
- Die Ausfallrate wird in **fit** (**f**ailure **i**n **t**ime) angegeben. 1 fit entspricht einem Ausfall in 1 Million Betriebsstunden.

Beispiele für Ausfallraten:

Pentium Prozessor	300 fit
Bestückte Leiterplatte	800 bis 4000 fit
Maschinenlötstelle	0,01 fit

- Das Ausfallverhalten von technischen Bauelementen und Geräten wird u.a. durch eine „Badewannenkurve" beschrieben
  - Phase A: Frühausfälle
  - Phase B: Zufallsausfälle **(konstante Ausfallrate)**
  - Phase C: Verschleißausfälle

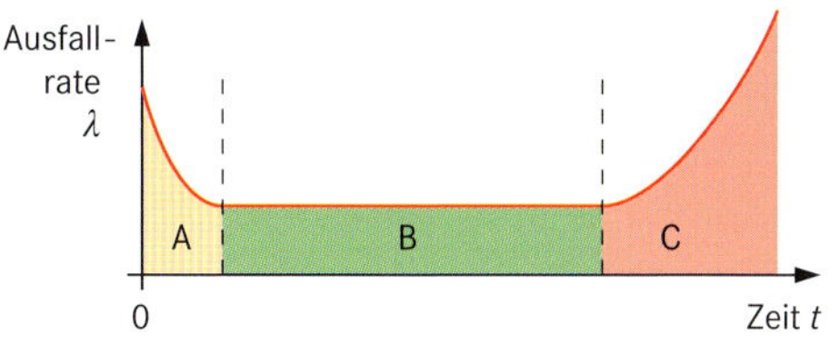

- *MTBF* (**M**ean **T**ime **B**etween **F**ailure) ist die mittlere Betriebsdauer zwischen zwei Ausfällen $MTBF = \frac{1}{\lambda}$

Verfügbarkeit

- Die **Momentane Verfügbarkeit** ist die **Wahrscheinlichkeit**, eine Einheit zu einem vorgegebenen Zeitpunkt der geforderten Anwendungsdauer in einem funktionsfähigen Zustand anzutreffen.
- Die **Stationäre Verfügbarkeit** ist die mittlere Betriebsdauer zwischen zwei Ausfällen dividiert durch die Summe von mittlerer Betriebsdauer zwischen zwei Ausfällen und mittlerer Störungsdauer.

Bei konstanter Ausfallrate und Instandsetzungsrate ist die stationäre Verfügbarkeit definiert als

$$P_A = \frac{MTBF}{MTBF + MDT}$$

***P*$_A$:** Point **A**vailability (Stationäre Verfügbarkeit)
***MTBF*:** **M**ean **T**ime **B**etween **F**ailure (mittlere Betriebsdauer zwischen zwei Ausfällen)
***MDT*:** **M**ean **D**own **T**ime (mittlere Störungsdauer)

Lebenszykluskosten
Life Cycle Costs

- Lebenszykluskosten **LCC** (**L**ife **C**ycle **C**osts) sind alle Kosten einer Anlage oder eines Systems, die während der gesamten Lebenszeit der Anlage oder des Systems entstehen.
- Die Berechnung der Lebenszykluskosten dient als Vergleichsmaßstab für Varianten von Anlagen oder Systemen und ist Basis der Wirtschaftlichkeitsbetrachtung.

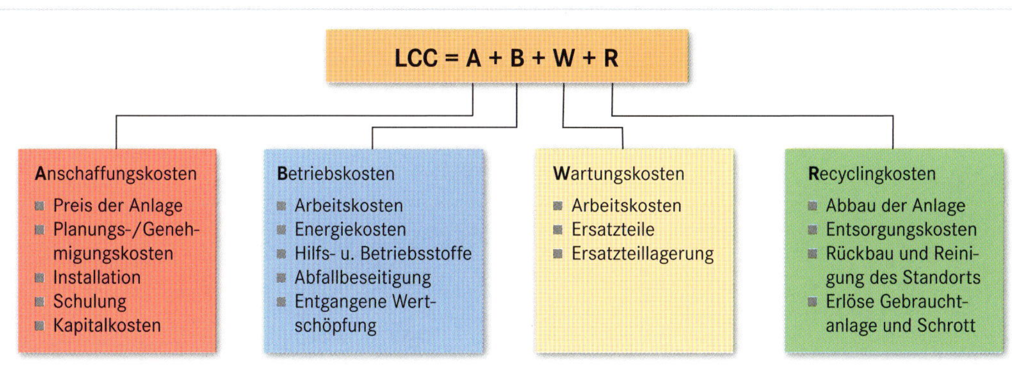

Energiebedarf

- Der für den Betrieb eines Rechenzentrums erforderliche elektrische Energiebedarf (Energieverbrauch)
  - steigt mit zunehmendem Datenaufkommen (Rechenleistung, Speichervolumen, Serveranzahl) und
  - teilt sich auf verschiedene Verbraucher auf.
- Die **Energieeffizienz** eines RZs wird durch Kennzahlen dargestellt (z. B. PUE).
- Die Kennzahlanalyse ermöglicht die Ermittlung von Optimierungspotenzial z. B. für
  - Beschaffung leistungsarmer IT-Infrastruktur
  - USV Anlagen
  - Lüftung, Klimatisierung, Kühlung
  - Outsourcing, Cloud-Computing
- Grundlage für die Kennzahlen ist das Verhältnis des Energieverbrauchs für die reine Rechenleistung zum gesamten Energieverbrauch des Rechenzentrums.

Beispiel: Energiebedarfsaufteilung eines RZs (in %)

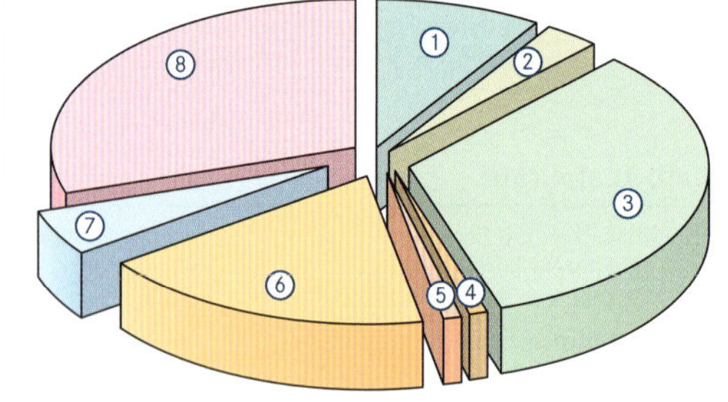

① Klimaanlage 9 % ② Luftbefeuchter 3 % ③ Kühlgeräte 33 % ④ Beleuchtung 1 % ⑤ Schaltanlagen 1 % ⑥ USV Verluste 18 % ⑦ Stromverteilung 5 % ⑧ IT-Ausrüstung 30 %

PUE Kennzahl

Allgemein

$$PUE = \frac{\text{Gesamtenergieverbrauch des RZ}}{\text{Energieverbrauch der IT-Einrichtungen}}$$

PUE (**P**ower **U**sage **E**ffectiveness): Energieeinsatz-Effektivität

RZ: Rechenzentrum

- Gesamtenergieverbrauch: **Alle** elektrisch betriebenen Geräte und Systeme **einschließlich** der IT-Einrichtungen
- Energieverbrauch der IT-Einrichtungen: **Nur** die IT-Technik
- PUE Wertebereich: $1 \leq PUE \leq \infty$
- Beispielwert (abhängig vom Aufbau des RZs): *PUE* = 2,0 (Uptime Institute, Studie 2011, 500 RZ)

PUE Kategorien

	0	1	2	3
Ort der Energiemessung	USV Ausgang ①	USV Ausgang ①	PDU Ausgang ②	IT-Einrichtung Eingang ③
Definition der elektrischen Leistung bzw. IT-Energie	Elektrische Spitzenleistung (in kW) der IT-Einrichtungen	Jährlicher Energieverbrauch (in kWh) der IT-Einrichtungen	Jährlicher Energieverbrauch der IT-Einrichtungen	Jährlicher Energieverbrauch der IT-Einrichtungen
Defintion Gesamtenergie	Elektrische Gesamtspitzenleistung (in kW)	Jährlicher Gesamtenergieverbrauch (in kWh)	Jährlicher Gesamtenergieverbrauch (in kWh)	Jährlicher Gesamtenergieverbrauch (in kWh)

Kategorie 0: Ursprüngliche Definitionsgröße; nur **wenn ausschließlich** elektrische Energie eingesetzt wird (kein Erdgas, keine Fernkälte)

Kategorie 1 bis 3: Falls zusätzlich andere Energieträger eingesetzt werden, sind diese entsprechend zu messen und in elektrische Energiewerte umzurechnen.

Messstellen

Beispiel: Einfache Stromversorgungsanlage

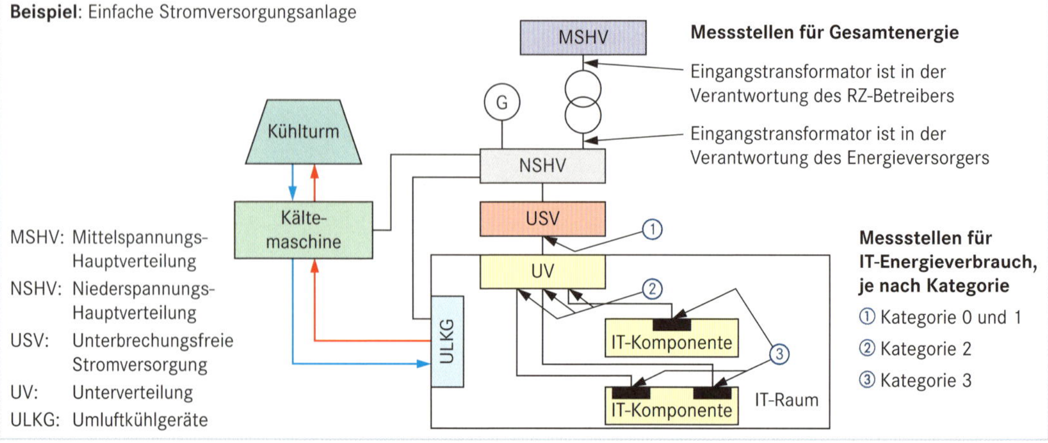

MSHV: Mittelspannungs-Hauptverteilung
NSHV: Niederspannungs-Hauptverteilung
USV: Unterbrechungsfreie Stromversorgung
UV: Unterverteilung
ULKG: Umluftkühlgeräte

Standards

- Maßnahmen gegen bzw. bei Verlust der Verfügbarkeit werden in die drei Kategorien **Organisation**, **IT-Systeme** und **Infrastruktur** gegliedert.
- Innerhalb jeder Kategorie sind eine Reihe von Standards, Regeln bzw. Vorgaben vorhanden, die sich entsprechend ergänzen.
- **ITIL**
  Bündelung der Betriebsleistungen der IT-Organisation und IT-Services; beschreibt Prozesse und organisatorische Strukturen für den Betrieb der IT-Services
- **COBIT**
  Beschreibt Qualitätsanforderungen aus Sicht der Geschäftsprozesse an die von der IT gelieferten Services
- **ISO**
  Internationale Standards u.a. zum IT-Sicherheitsmanagement
- **DIN/IEEE**
  Standards aus technischer Sicht (z.B. elektrotechnische Anforderungen)
- **Grundschutz**
  BSI-Standards/ -Empfehlungen und -Lösungsvorschläge u.a. zum Thema Managementsysteme für Informationssicherheit, Risikoanalyse auf Basis IT-Grundschutz

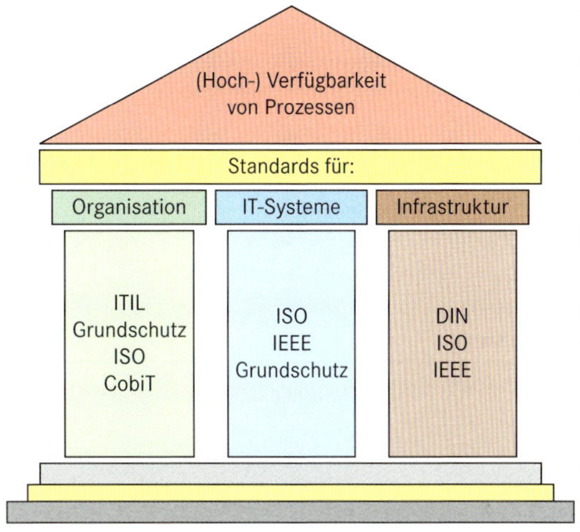

ITIL: **I**nformation **T**echnology **I**nfrastructure **L**ibrary
ISO: **I**nternational **O**rganization for **S**tandardization
CobiT: **C**ontrol **Ob**jectives for **I**nformation and Related **T**echnology

Verfügbarkeitsansätze

- Die Erhöhung der Verfügbarkeit im IT-Bereich ist durch unterschiedliche aufeinander abgestimmte Maßnahmen realisierbar.
- Die anwendbaren Prinzipien wirken jeweils gegen spezifische Ausfall-/Störungsarten.

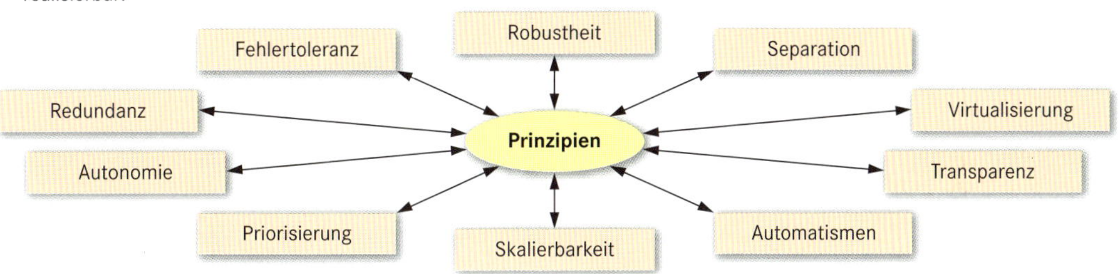

Fehlertoleranz
Gewährleistet die Diensterbringung auch im Fall von Störungen/bei Ausfall von Teilsystemen.
Beispiel: Zurücksetzen auf vorherigen betriebsfähigen Stand

Robustheit
Der funktionelle Ablauf ist durch äußere Störungen nicht beeinflussbar.
Beispiel: Einsatz robuster Hardwarekomponenten, die im erweiterten Temperaturbereich arbeiten können.

Separation
Bedarfsgerechte Trennung von Prozessen und Ressourcen
Beispiel: Speicheraufteilung nach Hierarchien

Virtualisierung
Anwendungen für Ablauf auf unterschiedlichen Umgebungen gestalten
Beispiel: Server-, Speicher- oder Anwendungsvirtualisierung

Transparenz
IT-Ressourcen unabhängig vom Ort der Implementierung zugreifbar halten
Beispiel: Allgemein verständliche Darstellung im Rahmen der Dokumentation (Anwendung z.B. von UML)

Automatismen
Automatischer Ablauf der Aufrechterhaltung des Betriebes (ohne menschliches Einwirken)
Beispiel: Umschaltung im Fehlerfall

Skalierbarkeit
Bedarfsgerechte Bereitstellung von IT-Ressourcen
Beispiel: Dynamische Speicherzuordnung ohne Veränderung der Architektur

Priorisierung
Geschäftskritische Anwendungen im Fehlerfall mit Vorrang bedienen
Beispiel: Netzwerkkommunikation für untergeordnete Funktionen einschränken

Autonomie
Selbstverwaltung von IT-Ressourcen (Selbststabilisierend)
Beispiel: Bedarfsgerechte Selbstkonfiguration bei Hinzufügen von Komponenten

Redundanz
Gleichartige Komponenten sind mehrfach vorhanden (z.B. Geräte im stand-by-Betrieb)
Beispiel: Übernahme der Energieversorgung bei Ausfall des primären Netzes durch Dieselgenerator

Definition

- Die **Verfügbarkeit** (availability) einer Betrachtungseinheit ist die **Wahrscheinlichkeit**, dass die Betrachtungseinheit alle zugesicherten Eigenschaften bei den beschriebenen Umgebungsbedingungen zum **beliebigen Teitpunkt *t***
  - einhält oder
  - fehlerfrei funktioniert.
- Die Verfügbarkeit beschreibt den Zustand der Betrachtungseinheit über die diskreten Werte
  - Einheit funktioniert (ist verfügbar) oder
  - Einheit funktioniert nicht (ist nicht verfügbar).
- Angegeben wird die Verfügbarkeit als Prozentzahl zwischen 0 % und 100 % (z. B. 99,99 %).
- **Verfügbarkeitsklassen** (VK 0 bis VK 5) definieren Mindestverfügbarkeiten bei zulässigen Ausfallzeiten pro Monat oder Jahr.
- Sie werden im Rahmen von Verträgen (z. B. **SLA**: **S**ervice **L**evel **A**greement [Dienstgütevereinbarung]) festgelegt.
- Sie dienen u. a. als Grundlage für Zahlungen des Dienstleistungsnehmers an den Dienstleistungsgeber.

Berechnung

Verfügbarkeit allgemein

$$V = \frac{\text{Ausfallfreie Betriebszeit}}{\text{Ausfallfreie Betriebszeit + Ausfallzeit}}$$

Ausfallfreie Betriebszeit: System funktioniert

Ausfallzeit: System ist ausgefallen, z. B. Reparaturzeit

$$V = \frac{MTTF}{MTTF + MTTR} \quad \text{ohne Einheit}$$

MTTF: Mean Time To Failure (Mittlere ausfallfreie Zeit)

MTTR: Mean Time To Repair (Mittlere Reparaturzeit)

Nicht-Verfügbarkeit *N*

$$N = 1 - V \qquad N = \frac{MTTR}{MTTF + MTTR}$$

Verfügbarkeitsklassen

Verfügbarkeitsklasse	Mindestverfügbarkeit in %	Ausfallzeit pro Jahr
VK 0	~ 95	438 Stunden
VK 1	99	87,6 Stunden
VK 2	99,9	8,76 Stunden
VK 3	99,99	52,56 Minuten
VK 4	99,999	5,256 Minuten
VK 5	100	0

VK 0: Ohne zugesicherte Verfügbarkeit
VK 1: Normale Verfügbarkeit
VK 2: Erhöhte Verfügbarkeit
VK 3: Hochverfügbarkeit
VK 4: Höchstverfügbarkeit
VK 5: Verfügbar unter extremen Bedingungen (Disaster Tolerant: Höhere Gewalt, z. B. Feuer, Erdbeben, Überschwemmung)

Beispiel

Ausgangssituation

Komponenten **einfach** vorhanden

Gesamtverfügbarkeit:
= Produkt der Einzelverfügbarkeiten

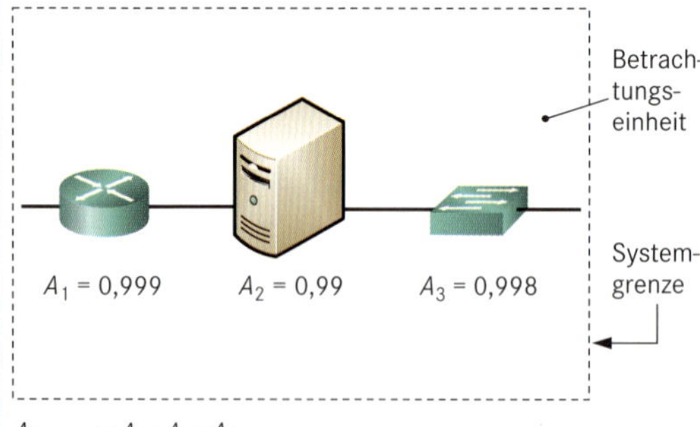

$$\begin{aligned} A_{\text{Gesamt}} &= A_1 \cdot A_2 \cdot A_3 \\ &= 0{,}999 \cdot 0{,}99 \cdot 0{,}998 \\ &= 0{,}98703 \\ &= 98{,}703\,\% \end{aligned}$$

$N_{\text{Gesamt}} = 1{,}297\,\%$

Hinweis: Gesamtverfügbarkeit ist niedriger als kleinste Einzelverfügbarkeit

Ausfallzeit pro Jahr = 113,617 h

Optimierte Version

Komponenten **verdoppelt** (Systemverdoppelung)

Gesamtausfallzeit:
= Produkt der Einzelausfallzeiten

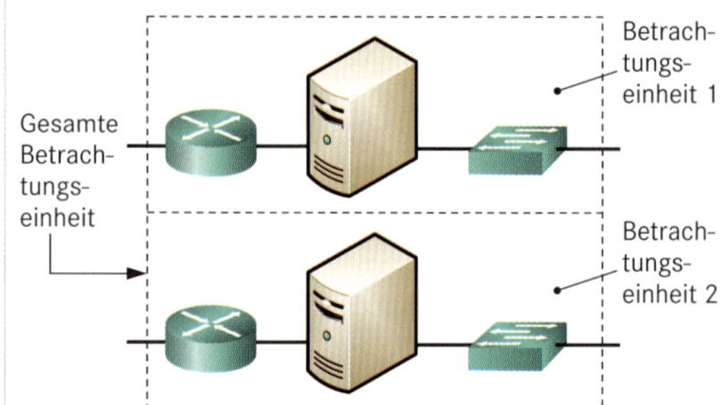

$$\begin{aligned} N_{\text{Gesamt}} &= N_1 \cdot N_2 \\ &= 0{,}01297 \cdot 0{,}01297 \\ &= 0{,}000168221 \end{aligned}$$

$$\begin{aligned} V_{\text{Gesamt}} &= 1 - N_{\text{Gesamt}} \\ &= 1 - 0{,}000168221 \\ &= 0{,}99983 \\ &= 99{,}98\,\% \end{aligned}$$

Ausfallzeit pro Jahr = 1,57 h

Merkmale

- Sie dienen zur Erhöhung der **Verfügbarkeit** von technischen Systemen (Redundanz: Überfluss).
- Je nach Anforderung sind die Redundanzmittel einzelne Komponenten (z.B. verdoppeltes Netzteil) oder komplette Systeme (z.B. verdoppelte Server).
- Es wird unterschieden in
  - heiße Redundanz,
  - warme Redundanz und
  - kalte Redundanz.
- **Heiße Redundanz** (hot standby):
  - Redundanzmittel ist ständig im Betrieb (aktiv, parallel)
  - Unterliegt funktionsbedingter Beanspruchung (gleiche Beanspruchung wie die Primäreinheit)
- **Warme Redundanz** (warm standby):
  - Redundanzmittel ist bis zum Ausfall der funktionierenden Primäreinheit oder bis zu seinem eigenen Ausfall geringer als das Primärelement belastet
- **Kalte Redundanz** (cold standby):
  - Redundanzmittel ist bis zum Ausfall der funktionierenden Primäreinheit keiner Belastung ausgesetzt (unbelastete Redundanz)

Definitionen (DIN EN 13306)

- **Redundanz (Redundancy)**
  Vorhandensein von mehr als einem Mittel in einer Einheit zu einem gegebenen Zeitpunkt zur Ausführung einer geforderten Funktion.
- **Ausfall (Failure)**
  Beendigung der Fähigkeit einer Betrachtungseinheit, eine geforderte Funktion zu erfüllen.
- **Ausfallrate (Failure Rate)**
  - Anzahl der Ausfälle einer Einheit während eines gegebenen Zeitbereiches dividiert durch diesen Zeitbereich.
  - Wird ermittelt aus der Beobachtung einer Vielzahl gleicher Komponenten oder Systeme. Die Einheit ist h^{-1} (z.B. $20 \cdot 10^{-6}\ h^{-1} \Rightarrow 20$ Ausfälle in 10^6 h).
  - Ist ein Kennwert für die Zuverlässigkeit.

Nicht reparierbare Einheit	Reparierbare Einheit
$\lambda = \frac{1}{MTTF}$	$\lambda = \frac{1}{MTBF}$

MTTF: Mean Time To First Failure
MTBF: Mean Time Between Failures

Einzelsystem

Beispiel: Einzelner e-mail Server

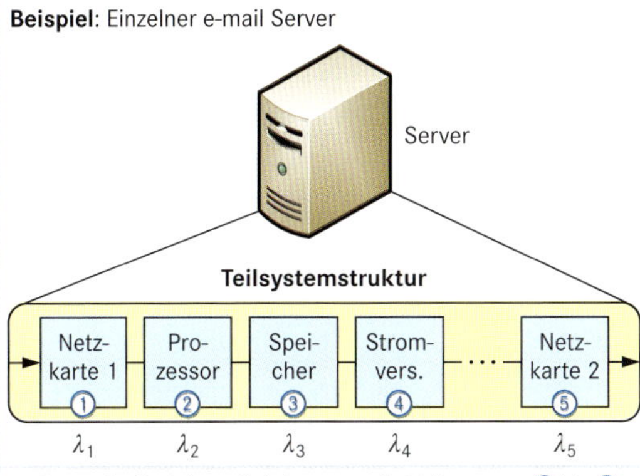

- Server ist funktionstüchtig, wenn die Teilsysteme ① bis ⑤ funktionieren (nicht ausgefallen sind)
- Gesamtfunktion entspricht einer logischen Reihenschaltung der Teilsysteme (Seriensystem)

Teilsystemausfallraten:
$\lambda_1 = 3 \cdot 10^{-6}\ h^{-1}$ $\lambda_2 = 8 \cdot 10^{-6}\ h^{-1}$ $\lambda_3 = 5 \cdot 10^{-6}\ h^{-1}$
$\lambda_4 = 9 \cdot 10^{-6}\ h^{-1}$ $\lambda_5 = 8 \cdot 10^{-6}\ h^{-1}$

Gesamtausfallrate:
Summe der Teilsystemausfallraten
$\lambda_S = \lambda_1 + \lambda_2 + \lambda_3 + \lambda_4 + \lambda_5$
$\lambda_S = 28 \cdot 10^{-6}\ h^{-1}$

Mittlere Zeit zwischen zwei Ausfällen (*MTBF*):

$$MTBF_S = \frac{1}{\lambda_S} = \frac{1}{28 \cdot 10^{-6}\ h^{-1}} = \frac{10^6\ h}{28} = 35714{,}285\ h$$

Mittlere Zeit zwischen zwei Ausfällen entspricht ca. 4,07 Jahre (1 Jahr = 8760 h)

Doppelsystem

Beispiel: Redundanter e-mail Server

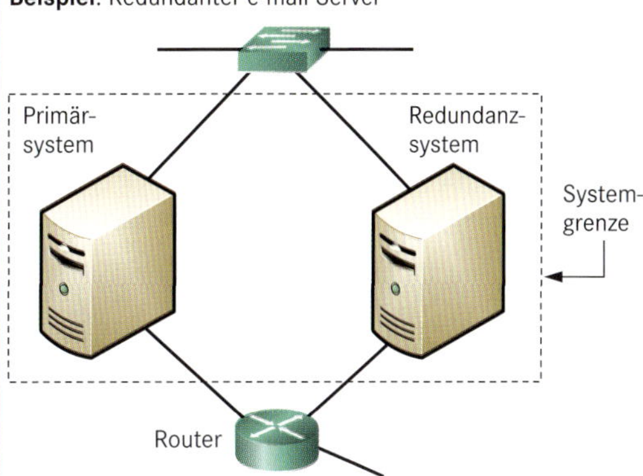

- Beide Server mit identischer Ausfallrate λ_S

Heiße Redundanz

- Gesamtfunktion entspricht einer logischen Parallelschaltung

$$MTBF_{RS} = \frac{2}{\lambda_S} - \frac{1}{2 \cdot \lambda_S} = \frac{3}{2 \cdot \lambda_S} = \frac{3}{2 \cdot 28 \cdot 10^{-6}\ h^{-1}} = 53571{,}428\ h$$

Mittlere Zeit zwischen zwei Ausfällen entspricht ca. 6,11 Jahre (1 Jahr = 8760 h)

Kalte Redundanz

$$MTBF_{RS} = \frac{2}{\lambda_S} = \frac{2}{28 \cdot 10^{-6}\ h^{-1}} = 71428{,}571\ h$$

Mittlere Zeit zwischen zwei Ausfällen entspricht ca. 8,15 Jahre (1 Jahr = 8760 h)

MTBF: Mean Time Between Failure
RS: Redundantes System

Fehlerbaumanalyse

Fault Tree Analysis

Merkmale

- Die Fehlerbaumanalyse **FTA** (**F**ault **T**ree **A**nalysis) dient zur systematischen Ermittlung der logischen Verknüpfung von Komponenten- und Teilsystemausfällen, die zu einem **unerwünschten Ereignis** (TOP-EVENT) führen.
- Die Vorgehensweise bei der Fehlerbaumanalyse umfasst dabei alle möglichen Ausfallkombinationen, die zu dem unerwünschten „Top“-Ereignis (z. B. Totalausfall) führen.
- Die **Ausfallkombinationen** werden durch einen endlichen Grafen mit endlich vielen Eingängen und einem Ausgang (Top-Ereignis) dargestellt.
- FTA Basiert auf der mathematischen Theorie der Boolschen Algebra.
- Ziel ist die Ermittlung von **Zuverlässigkeitskenngrößen** wie z. B.:
  - Eintrittshäufigkeit der Ausfallkombinationen
  - Nichtverfügbarkeiten des Systems/Produkts bei den gestellten Anforderungen
  - Aufstellen eines grafischen Systemmodells

Ablaufvorgang

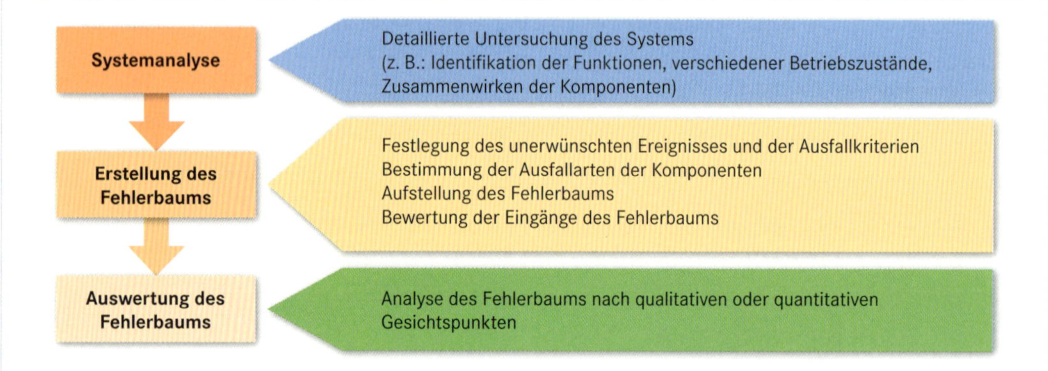

Bildzeichen

Symbol	Bedeutung
 ○	**Standardeingang** steht für Funktionselementausfall, wenn primäres Versagen möglich ist.
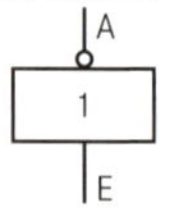 A, 1, E	**NICHT-Verknüpfung** steht für Negation
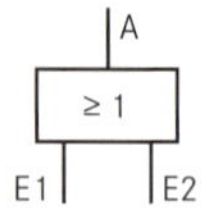 A, ≥ 1, E1, E2	**ODER-Verknüpfung** steht für logische Vereinigung
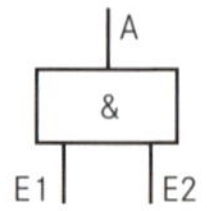 A, &, E1, E2	**UND-Verknüpfung** steht für logischen Durchschnitt
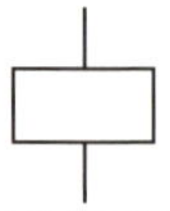 ▭	**Kommentar** Beschreibung von Ein-, Ausgängen und Verknüpfungen
 △ △	**Übertragung-Eingang** / **Übertragung-Ausgang** Abbruch bzw. Fortsetzung des Fehlerbaums an anderer Stelle

Struktur

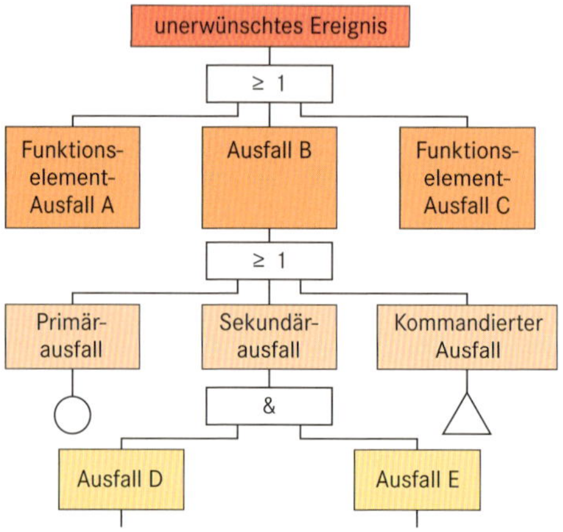

unerwünschtes Ereignis
≥ 1
Funktions-element-Ausfall A
Ausfall B
Funktions-element-Ausfall C
≥ 1
Primär-ausfall
Sekundär-ausfall
Kommandierter Ausfall
&
Ausfall D
Ausfall E

Primärausfall
Ausfall ist durch innewohnende Schwäche verursacht.

Sekundärausfall
Folgeausfall eines Teilsystems (Komponente) durch unzulässige Einsatzbedingungen oder Umgebungsbedingungen.

Kommandierter Ausfall
Ausfall infolge einer falschen oder fehlenden Ansteuerung oder Ausfall einer Hilfsquelle.

Kontinuierlicher Verbesserungsprozess (KVP)
Continuous Improvement Process

Begriff

KVP ist die Anpassung des japanischen Management-Prinzips **Kaizen** ① auf den westlichen Kulturkreis.

Der Prozess ist dauerhaft angelegt.

Ziel:
Verbesserung der Produkt- und Prozessqualität durch
- ständige Verbesserung der Organisations- und Arbeitsabläufe
- mit vielen kleinen Schritten, nicht in großen Sprüngen.

Alle Mitarbeiter und Führungskräfte werden einbezogen.

Notwendigkeiten zur ständigen Verbesserung ergeben sich aus Veränderungen der
- Anforderungen
- Bedingungen
- Umwelt
- ...

Kaizen ① (Japanisch)

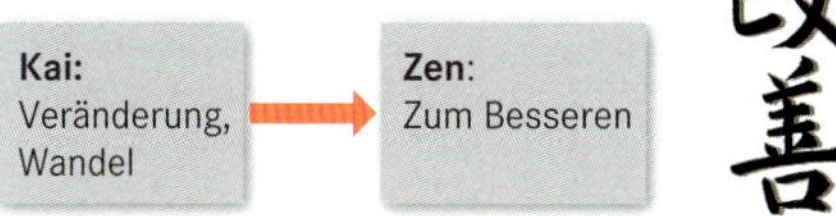

- Jedes System ist ab dem Zeitpunkt seiner Einrichtung dem Zerfall preisgegeben, wenn es nicht ständig erneuert bzw. verbessert wird.
- Um auf Veränderungen zu reagieren, sind ständig Anpassungen und Flexibilität erforderlich.

Merkmale

- Ständiges Streben nach Perfektion
- Problembewusstsein ist Voraussetzung, wird gegebenenfalls geweckt.
- Probleme bzw. Schwachstellen werden identifiziert.
- Alle Hierarchieebenen werden einbezogen, jeder Mitarbeiter wird einbezogen.
- „Verborgene" Aktivitäts- und Innovationspotenziale werden freigesetzt.
- Motivierende Zusammenarbeit der Mitarbeiter
- Durch Fehler werden Verbesserungsmöglichkeiten erkannt.
- Bei Fehlentwicklungen werden Schuldige nicht gesucht, sondern Lösungen der Probleme angestrebt.
- Gemeinsam wird nach kostengünstigen Lösungen gesucht.
- KVP ist Bestandteil der täglichen Arbeitsabläufe.
- Die Umsetzung der Verbesserungen erfolgt durch die Mitarbeiterinnen und Mitarbeiter selbst.
- KVP ist überall anwendbar.

Moderation

Kontinuierliche Verbesserungsprozesse müssen durch geeignete Moderatorinnen bzw. Moderatoren begleitet werden.

Aufgaben der Moderation:
- Regelmäßige Zusammenkünfte der Mitarbeiterinnen und Mitarbeiter organisieren
- Arbeitsfähige Gruppen bilden (definierte Teams)
- Themen analysieren und aufbereiten
- Themen optisch darstellen und ordnen
- Fragen zur Auflösung von Interaktionen stellen
- Regeln vereinbaren
- Gruppe zu einem gemeinsamen Ergebnis führen
- Gruppenergebnisse festhalten
- Vereinbarungen mit der Gruppe treffen

Schritte im KVP-Prozess

Ablauf

Schritt	**Mitarbeiter**
Identifikation von Möglichkeiten der Verbesserung	Verstehen von Problemzusammenhängen
↓ Analyse der Ursachen	Analysekompetenz
↓ Festlegung der Ziele	Teambesprechung, Abstimmung
↓ Umsetzungsvorschlag	Konstruktive Vorschläge
↓ Dauerhafte Verbesserung	Zufriedenheit, Motivation

Auf jeden Durchlauf folgt ein weiterer.

Zyklischer Durchlauf

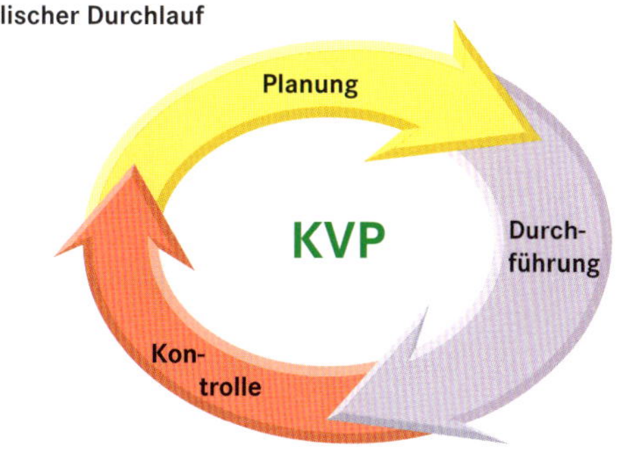

Merkmale

- Zu der Lieferung eines Produkts an einen Kunden gehört nebem dem eigentlichen Produkt die zugehörige Kundendokumentation.
- Unter dem Begriff Kundendokumentation werden Dokumente definiert, die sich auf die **technischen Eigenschaften** und die **Anwendungsvorschriften** bzw. **Anwendungsregeln** beziehen.
- Zu diesen Dokumenten gehören z. B.
  - Betriebs-/Bedienungsanleitungen
  - Montagerichtlinien/-anweisungen
  - Sicherheitshandbücher (allgemeine, spezielle)
  - Reparatur-/Austauschanweisungen
  - Prüfanweisungen.
- Die Grundlagen für diese Dokumente entstammen aus verschiedenen Rechtsbereichen
- Die **Form** der Anleitung muss sicherstellen, dass der Anwender sie dann lesen kann, wenn es erforderlich ist.
- **Landesspezifische Sprachen** sind in der Regel nur bei sicherheitsrelevanten Teilen der Dokumente erforderlich (Abweichungen sind vertraglich zu regeln).
- Verantwortlich für das Vorhandensein, die Richtigkeit, die Vollständigkeit und Verständlichkeit ist der Hersteller (auch bei Übersetzungen).
- Identifikation des Produktherstellers (Postadresse) am Produkt ist teilweise erforderlich.
- Zeitraum für die Aufbewahrung der Unterlagen: u. a. mindestens 10 Jahre nach letztmaligem In-Verkehr-Bringen.
- Aufbewahrungsart:
  Keine Vorgaben ob digitalisiert oder in Papierform (vorzugsweise, da schnell verfügbar).

Anforderungen

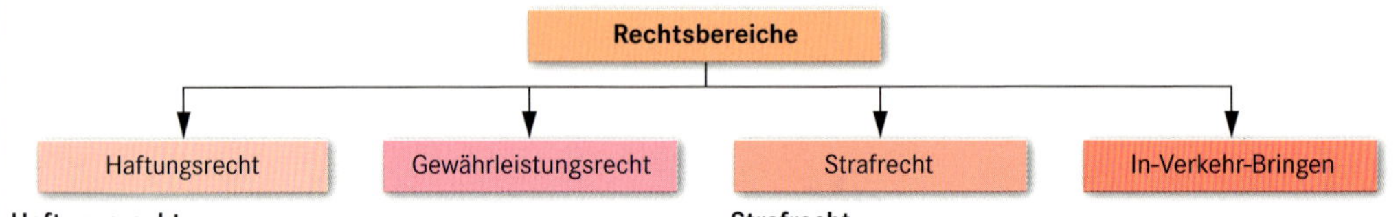

Haftungsrecht

- Enthält keine Regelungen für Kundendokumentation
- Wird wirksam, wenn der Endkunde tatsächlich einen Schaden erleidet und entsprechende **Schadenersatzansprüche** an den Hersteller gestellt werden.
- Um die Haftungsansprüche zu vermeiden, muss der Hersteller nachweisen, dass er seine **Instruktionspflichten** erfüllt hat.
- Vorbeugende Maßnahme seitens des Herstellers: Verständliche Kundendokumente!

Gewährleistungsrecht

- Kommt zur Anwendung bei einem **Sachmangel**.
- Ein Sachmangel kann z. B. eine fehlerhafte Montageanleitung für die Installation eines Schaltgerätes sein.
- Sachmängel können Ansprüche begründen auf
  - Nacherfüllung
  - Nachbesserung
  - Minderung
  - Wandelung
  - Schadenersatz.

Strafrecht

- Kommt dann zur Anwendung, wenn ein **Personenschaden** entsteht, weil in der Dokumentation nicht ausreichend auf entsprechende Gefahren und deren Vermeidung hingewiesen wurde.
- Die Mangelhaftigkeit in der Anleitung kann u. a. **grobe Fahrlässigkeit** sein, wie z. B. der Hinweis auf Anwendung isolierter Werkzeuge fehlt.
- Die Folgen aus einem strafrechtlichen Vorgang betreffen immer die verantwortliche natürliche Person (z. B. den Verfasser des Dokumentes), nicht eine Firma.

In-Verkehr-Bringen

- EU-Richtlinien und nationale Gesetze stellen Anforderungen an die Dokumentation aus Sicht der **Produktsicherheit**.
- Aussagen zu Inhalten sind nicht vorgegeben.
- Gefährdungsanalysen und Risikobewertungen durch den Hersteller sind zwingend erforderlich.
- Produktsicherheitsrichtlinien in Deutschland umgesetzt durch: Geräte- und Produktsicherheitsgesetz (GPSG) und entsprechende Verordnungen.

Gliederungsbeispiel

Biometrische Authentifizierung
Biometric Authentication

Merkmale

- Biometrische Authentifizierung (Erkennung) dient
  - zur Überprüfung der behaupteten mit der tatsächlichen **Identität,**
  - Einhaltung der **Vertraulichkeit,**
  - Realisierung der **Integrität.**
- Grundsätzlich verwenden biometrische Verfahren für die Erkennung **menschlicher** (körperliche) **Merkmale** mit den Eigenschaften wie
  - Universalität,
  - Einzigartigkeit,
  - Dauerhaftigkeit und
  - Erfassbarkeit und Messbarkeit.
- Die spezifischen Merkmale sind einer einzigen Person zugeordnet.
- Vorteile gegenüber anderen Erkennungsverfahren:
  - Kein Verlust der Eigenschaften (Gegensatz z. B.: Chipkarten),
  - keine Erinnerung notwendig (Gegensatz: Geheimzahl),
  - keine Geheimhaltung erforderlich.
- Wird verwendet für
  - Durchführung elektronischer Transaktionen,
  - Zutrittskontrolle zu Gebäuden/Räumen,
  - Überwachung der Verweildauer in Gebäuden,
  - Zugriffsüberwachung auf Daten,
  - Überprüfung von Berechtigungen.
- Die Betriebsarten werden unterschieden nach **Verifikation** und **Identifikation.**
- Die Verifikation
  - beinhaltet die Bestätigung der Identität der Person, für die sie sich ausgibt,
  - führt einen Abgleich der präsentierten Daten mit einem zuvor abgelegten Datensatz durch (1:1-Vergleich).
- Bei der Identifikation
  - wird ermittelt, um welche Person es sich handelt,
  - werden die aktuellen Benutzerdaten mit allen gespeicherten Daten der anderen Benutzer verglichen (1: n-Vergleich).
- Die Sicherheit biometrischer Systeme basiert im Wesentlichen auf
  - dem Schutz der Referenzdaten (personenbezogene Daten) und
  - dem Vergleichsverfahren.
- Wesentliche Kriterien dabei sind:
  - Merkmale und Person müssen tatsächlich zusammen gehören,
  - Unverfälschtheit der Daten beim Einlesen und bei der Anwendung muss gewährleistet sein,
  - biometrische Daten dürfen nicht abgehört und mit oder ohne Hilfe des Nutzers einfach reproduziert werden.

Einteilung

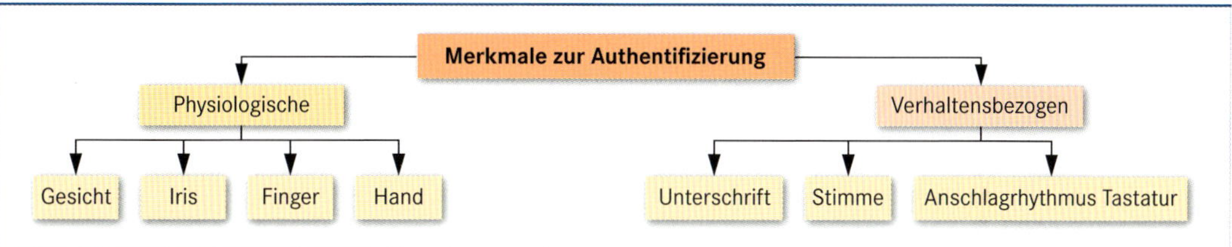

Iriserkennung

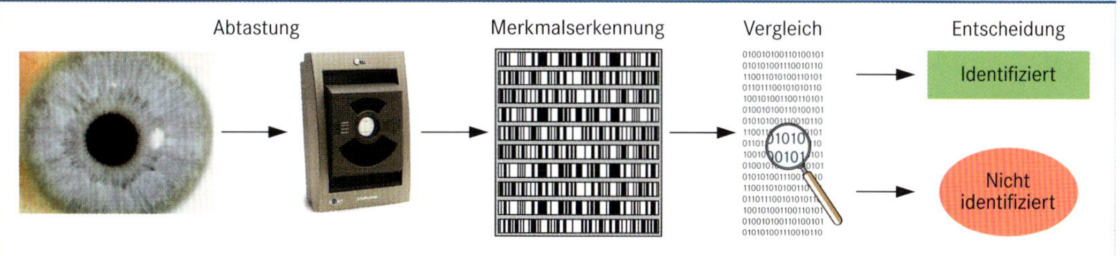

Fingerabdruckerkennung

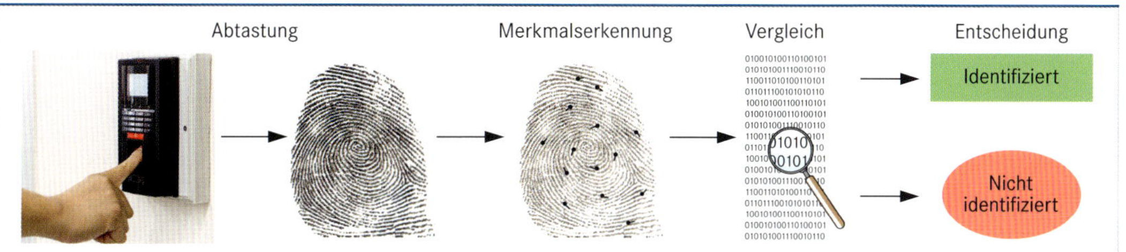

Merkmale

- Als **Firewall**-Systeme werden alle Schutzmaßnahmen bezeichnet, die einen unerlaubten Zugriff von außen auf ein **Privates Netzwerk** verhindern.
- Diese Systeme können in Form von Hardware, Software oder einer Kombination von beidem realisiert werden.
- Hauptsächlicher Anwendungsbereich liegt im Schutz von **Intranets** (firmenspezifischen Netzwerken), die mit unsicheren Netzwerken (z. B. **Internet** oder Remote-Zugriff über ISDN Router) verbunden sind.
- Firewalls werden auch zur Strukturierung eigener Netze verwendet, um **Domänen** mit unterschiedlichem Schutzbedarf zu realisieren.
- Die grundsätzliche Schutzfunktion eines Firewalls ist das Blockieren von Kommunikationsdaten zwischen den Netzen, wenn bestimmte festgelegte Sicherheitskriterien verletzt werden.
- Firewall-Systeme sollen verhindern (**Schutzziel**):
  - Unerlaubten Zugriff auf Daten,
  - Datenverlust,
  - Einschleppen von Viren.
- Grundsätzlich werden diese Systeme nach ihrer Funktion unterschieden in
  - **Packet filter**
  - **Application gateway und**
  - **Proxy server**
- **DMZ** (**Dem**ilitarized **Z**one: entmilitarisierte Zone) ist ein abgegrenztes Netzwerk, das z. B. Dienste für Internet-Nutzer bereitstellt.
- Das eingesetzte Firewall-System stellt bei der Kopplung verschiedener Netze den **Common Point of Trust** (gemeinsamer Punkt des Vertrauens) dar.

Aufbau

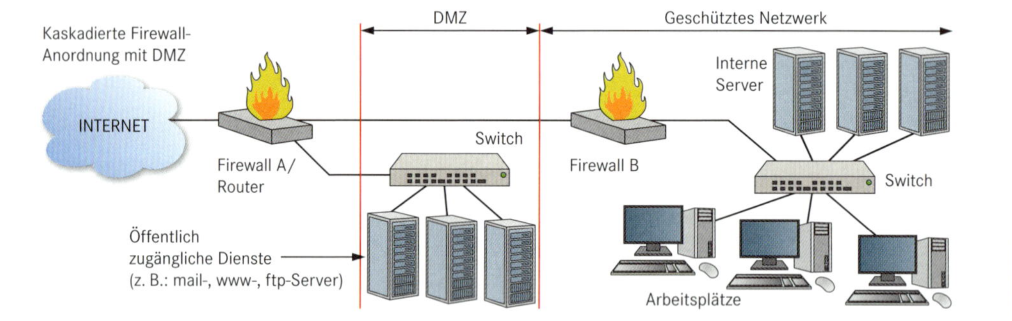

Packet filter

- **Packet filter** (Paketfilter) ist ein Softwarepaket, das in der Regel auf Routern läuft, die zur Netzwerkkopplung eingesetzt werden.
- Analysiert und kontrolliert alle ein- und ausgehenden Datenpakete auf der
  - **Netzzugangsebene**
  - **Netzwerkebene**
  - **Transportebene**
- Wertet die Inhalte der Pakete aus und überprüft die Einhaltung der festgelegten Regeln
- Geprüft werden die
  - **Quelladressen**
  - **Zieladressen**
  - **Portnummern** von **TCP**- und **UDP** Paketen
  - Richtung des Datenverkehrs
- Die zugehörigen Regeln werden vom Systemadministrator in entsprechenden Tabellen im Router (Verbindungsrechner) abgelegt.
- Die Erstellung der Überwachungstabellen ist zeitaufwändig und fehleranfällig, insbesondere bei größeren Netzen
- Dieses Verfahren schützt nicht gegen gezielte Datenverfälschung (z. B. **Address Spoofing:** Adressenvortäuschung).
- Es ist das schwächste Verfahren gegen unerlaubte Netzwerkeinbrüche.

Application gateway

- **Application Gateways** (Anwendungs-Verbinder) sind eigene Kommunikationrechner
- Sie sind in der Regel mit zwei Netzwerkanschlüssen (auch zwei Adressen) ausgerüstet (**dual homed gateway**)
- Eine Adresse gehört zum geschützten Netzwerk, die zweite Adresse ist die Ansprechadresse von außerhalb.
- Das Application Gateway trennt die Netze sowohl logisch als auch physikalisch.
- Da alle Kommunikationsabläufe über diesen einen Rechner laufen, bleiben die internen Netzwerkstrukturen nach außen hin verborgen.
- Jeder externe Kommunikationspartner benötigt auf dem Gateway eine Zugangskennung (**Identifikation** und **Authentisierung**).
- Ist der Partner akzeptiert, arbeitet das Gateway transparent für die weitere Kommunikation.
- Weitere Kontrollmechanismen sind:
  - **Passworterkennung** und -verwaltung
  - **Nutzerprofilüberwachung**
- Nutzerprofile sind z. B.:
  - Unterschiedliche Zugriffsrechte für verschiedene Personen oder Gruppen
  - Zeitpunkt des Zugriffs
- Application Gateways sind wegen der Vielfalt der Dienste zwar relativ langsam, bieten aber den höchsten Zugangsschutz.
- **Proxy** (sinngemäß: Stellvertreter-Funktionen) sind zusätzliche Softwarepakete, die u. a. zur Analyse und Kontrolle der Kommandos der Anwenderprotokolle eingesetzt werden.

Unfallverhütung

Kennfarben (Schilder/Hinweise/ ...)			
rot	**gelb**	**grün**	**blau**
Verbot Halt	Gefahr Vorsicht	Erste Hilfe Gefahrlosigkeit	Gebot Hinweis
P18  Mobilfunk verboten	W16  Warnung vor Absturzgefahr	E6  Erste Hilfe	M1  Augenschutz tragen
P2: Feuer ... P4: mit Wasser löschen verboten ...	W4: ätzende Stoffe W8: Gefahrenstelle	E1: Rettungsweg E8: Notdusche	M2: Schutzhelm M3: Gehörschutz

Elektromagnetische Verträglichkeit

Im Zusammenhang mit der Diskussion zu den Wirkungen elektromagnetischer Felder, die von Mobilfunkantennen ausgehen, gibt es eine anhaltende Diskussion zum Elektrosmog.

Beeinflussungen:
Folgende Effekte werden diskutiert: Veränderung ...
- des Ionen- und Kalziumhaushaltes in den Zellen
- der Zellteilungsrate
- der Blutkörperbildung
- der Enzymaktivitäten
- der Zellwände /-anordnungen
- der Fortpflanzungsfähigkeit und -aktivität
- kognitiver Leistungen
- von Gedächtnisleistungen

Warnung vor elektrischem Feld (W12):

S: Strahlungsdichte
Es gilt allgemein:
$\vec{S} = \vec{E} \times \vec{H}$
Für $\vec{E} \perp \vec{H}$ gilt
$S = E \cdot H$

$$SAR = \frac{\text{absorbierte HF-Leistung}}{\text{Körpermasse}}$$

(Einheit in W/kg)

Problematische Werte:
über 0,08 W/kg bzw. über 2 W/m^2

Sicherheitsphilosophien

Wertansatz

Die Bedeutung legislativer Maßnahmen wird für die Definition von sicherheitstechnischen Verfahren und Abläufen betont. Der Erhalt der menschlichen Gesundheit wird zum Bezugspunkt der Sicherheitstechnik.

Personaler Ansatz

Die Verantwortung einzelner Menschen für eine nachvollziehbare und zugleich nicht manipulierbare Sicherheitstechnik wird betont. Das Verantwortungsbewusstsein des einzelnen Mitarbeiters ist zu stärken.

Methodischer Ansatz

Zur Ermittlung objektiver Sicherheitskriterien werden mathematische Modellierungen des Sicherheitsproblems vorgenommen. Eine genaue quantitative Risikoeinschätzung wird gefordert. Weiterhin müssen Instrumente auf der technischen Ebene eingesetzt wedren.

Im Kern beschreiben die Ansätze spezifische Sichten und Problemzugänge. Sie müssen verbunden beachtet werden. Grundsätzlich ist die Fehlerhaftigkeit der Technik und Nutzer zu sehen. Die Risikoabschätzung ist unabdingbar.

Datenschutz und -recht

Gefährdungen

- Sie erfolgen durch zufällige oder durch von Menschen beabsichtigte Einwirkungen und führen zu Zerstörung von Gebäuden, technischen Geräten und Software.
- **Einwirkungsursachen**
  Höhere Gewalten: Feuer, Sturm, Frost, Überschwemmungen, Schnee, Blitzschlag, Erdbeben.
  Sabotage: Brandstiftung, Aufhebung der elektrischen Versorgung, Zerstörung von essentiellen technischen Hilfsgeräten.
  Kriminalität/Missbrauch/Spionage: Unberechtigte Nutzung von Geräten und Software; unbefugtes Eindringen in Daten und DV-Anlagen; Verrat von geschützten Daten; Ausspähen und Verändern von Daten, Software, Programmen.

Rahmenbedingungen des Datenschutzes

1. Gesellschaftliche und rechtliche Vorgaben
2. Bauliche Gestaltungen
3. Konkrete betriebliche Organisation in der Datenverarbeitung
4. Einzelne informationsverarbeitende Anwendungen
5. Eingesetzte Betriebssoftware (Systeme und Datenübertragung)
6. Gerätetechnik (Hardware)

Gesetze im Bereich des „Computerrechts“	
Gesetz über Fernmeldeanlagen	Das Patentgesetz
Netzzugangsverordnung	Das Produkthaftungsgesetz
Telekommunikationsgesetz (TKG)	Das Urheberrecht
BDSG: Bundesdatenschutzgesetz (8 Gebote - Kontrollen)	
Auftragskontrolle	Weitergabekontrolle
Eingabekontrolle	Zugangskontrolle
Verarbeitungsverbot	Zugriffskontrolle
Verfügbarkeitskontrolle	Zutrittskontrolle

IT-Sicherheitsregeln

- PC in gesicherten Räumen unterbringen, ihn vor fremden Personen, Wasser, Feuer usw. schützen
- Kein PC-Zugang für fremde Personen
- Inhaltliche Arbeit von organisatorischer Arbeit trennen
- Keine Kundenbegegnung in sicherheitsrelevanten Räumen
- Regelmäßige Sicherung aller (relevanten) Daten
- Datensicherung z. B.nach dem Großvater-Vater-Sohn-Prinzip (3-Generationen-Prinzip)
- Sicherungskopien räumlich getrennt vom PC aufbewahren
- Datenträger vor mag. und elektrischen Feldern schützen
- Passwörter verwenden. Mindestens acht Zeichen einsetzen. Dabei auch Zahlen und Sonderzeichen verwenden.
- Passwörter häufig modifizieren
- Passwörter, Kennungen usw. nicht einsehbar lagern, verstecken, sichern - eventuell verschlüsseln
- PC-Tastaturschloss einsetzen, Zugangscode einsetzen
- Datenträger regelmäßig mit Virenschutzprogrammen überprüfen
- Netz- und Datenleitungen prüfen
- EMV-Strahlung (Bildschirm) reduzieren
- WLAN-Betrieb durch Verschlüsselung sichern
- USB-Sticks verschlüsseln
- Gesicherte Datenübertragung im Internet nutzen
- Karteneingaben (PIN-Nummern usw.) verbergen/schützen.

Datenvermeidung und Datensparsamkeit

Es sind die Grundsätze zur Datenvermeidung und Datensparsamkeit anzuwenden, d. h. keine oder so wenig personenbezogene Daten wie möglich zu verwenden (u. a. Anonymisierung und Pseudonymisierung).

Geschützte Daten

Dieses sind Daten, die persönliche oder sachliche Verhältnisse einer natürlichen Person beschreiben.

Die Person muss dazu nicht namentlich bekannt sein. Es ist z. B. die Telefonnummer, die E-Mail (Adresse) oder die IP-Adresse ausreichend.

Einen besonderen Schutz gibt es für spezielle Daten (z. B. ethnische Daten, Gewerkschaftszugehörigkeit), die einer sogenannten Vorabkontrolle unterliegen.

Der Umgang mit diesen Daten ist **vorab** durch den Datenschutzbeauftragten zu prüfen und eine ausdrückliche Einwilligung des bzw. der Betroffenen erforderlich.

Rechte der Betroffenen

Unabdingbare Rechte (§ 1, Abs. 1 BDSG) der Betroffenen sind u.a.

- das Auskunftsrecht (z. B. ob und welche Daten gespeichert sind; aus welchen Quellen die Daten stammen; der Verwendungszweck der gespeicherten Daten),
- die Löschung (Sperrung) der Daten und
- das Beschwerderecht.

Unabdingbare Rechte können weder durch Vertrag noch durch einseitige Erklärung des Betroffenen ausgeschlossen werden.

		Unabdingbare Rechte
§ 19	Auskunft	■ Ob und welche Daten gespeichert sind ■ Aus welchen Quellen die Daten stammen ■ Den Verwendungszweck der gespeicherten Daten
§ 20	Berichtigung	■ Personenbezogene Daten sind zu berichtigen, wenn sie unrichtig sind. ■ Geschützte Daten sind als solche zu kennzeichnen.
	Löschung	■ Bei unzulässiger Speicherung ■ Die Kenntnis der Daten für die verantwortliche Stelle zur Erfüllung der in ihrer Zuständigkeit liegenden Aufgaben nicht mehr erforderlich ist
	Sperrung	Anstelle einer Löschung, wenn ■ gesetzliche, satzungsmäßige oder vertragliche Aufbewahrungsfristen dem entgegenstehen ■ schutzwürdige Interessen des Betroffenen beeinträchtigt werden ■ wegen der besonderen Art der Speicherung nicht oder nur mit unverhältnismäßig hohem Aufwand möglich ist

Acht Gebote des Datenschutzes

(Anlage zu § 9 BDSG)

Gebote	Inhalt
Zutrittskontrolle	Unbefugten ist der Zutritt zu Datenverarbeitungsanlagen, mit denen personenbezogene Daten verarbeitet oder genutzt werden, zu verwehren.
Zugangskontrolle	Es ist zu verhindern, dass Datenverarbeitungssysteme von Unbefugten genutzt werden können.
Zugriffskontrolle	Es ist zu gewährleisten, dass die zur Benutzung eines Datenverarbeitungssystems Berechtigten ausschließlich auf die ihrer Zugriffsberechtigung unterliegenden Daten zugreifen können, und dass personenbezogene Daten bei der Verarbeitung, Nutzung und nach der Speicherung nicht unbefugt gelesen, kopiert, verändert oder entfernt werden können.
Weitergabekontrolle	Es ist zu gewährleisten, dass personenbezogene Daten bei der elektronischen Übertragung oder während ihres Transports oder ihrer Speicherung auf Datenträger nicht unbedingt gelesen, kopiert, verändert oder entfernt werden können, und dass überprüft und festgestellt werden kann, an welche Stellen eine Übermittlung personenbezogener Daten durch Einrichtungen zur Datenübertragung vorgesehen ist.
Eingabekontrolle	Es ist zu gewährleisten, dass nachträglich überprüft und festgestellt werden kann, ob und von wem personenbezogene Daten in Datenverarbeitungssysteme eingegeben, verändert oder entfernt worden sind.
Auftragskontrolle	Es ist zu gewährleisten, dass personenbezogene Daten, die im Auftrag verarbeitet werden, nur entsprechend den Weisungen des Auftraggebers verarbeitet werden können.
Verfügbarkeitskontrolle	Es ist zu gewährleisten, dass personenbezogene Daten gegen zufällige Zerstörung oder Verlust geschützt sind.
Getrennte Verarbeitung	Es ist zu gewährleisten, dass zu unterschiedlichen Zwecken erhobene Daten getrennt verarbeitet werden können.

Betriebliche(r) Datenschutzbeauftragte(r)

Öffentliche und nicht-öffentliche Stellen, die personenbezogene Daten automatisert verarbeiten, haben einen Datenschutzbeauftragten schriftlich für den Datenschutz zu bestellen.

Die Aufgaben des (der) Datenschutzbeauftragten sind u. a. die Überwachung auf Einhaltung des BDSGs, des TKGs, die ordnungsgemäße Anwendung von Datenverarbeitungsprogrammen und die Durchführung von Schulungsmaßnahmen.

Der (die) Datenschutzbeauftrage ist eine Person, die u. a. die zur Erfüllung ihrer Aufgaben erforderliche Fachkunde und Zuverlässigkeit besitzt und **weisungsfrei** ist.

Nationale Prüfzeichen an elektrischen Betriebsmitteln und Geräten

Zeichen	Erklärung	Zeichen	Erklärung	Zeichen	Erklärung
D V E	VDE-Zeichen Verband der Elektrotechnik Elektronik Informationstechnik e.V.	GS geprüfte Sicherheit	Sicherheitszeichen Prüfzeichen Geprüfte Sicherheit	IZE	Informationszentrale der Elektrizitätswirtschaft in Frankfurt/M.
◁VDE ▷◁HAR ▷	VDE-Harmonisierungszeichen für Kabel und Leitungen	DVE GS geprüfte Sicherheit	Sicherheitszeichen Prüfstelle: VDE	DIN AGI	Qualitätszeichen für geräuscharme Ausführung elektr. Geräte
	Funkschutzzeichen Im freien Ausschnitt Funkstörgrad: G, N, K oder O	TÜV GS geprüfte Sicherheit	Sicherheitszeichen Prüfstelle: TÜV (Technischer Überwachungsverein)	SISIR ISO 9000	Qualitätssicherheit für gasdichte, wiederaufladbare Knopfzellen, Norm: DIN-ISO 9001
BZT A999 999N	Bundesamt für Zulassungen in der Telekommunikation	DIN-DVGW GS geprüfte Sicherheit	Sicherheitszeichen Prüfstelle: DIN	DIN ISO 9001 DQS	Qualitätssicherheit für Schutzbauelemente, Norm: DIN-ISO 9001
	Zulassungszeichen für Messwandler und Zähler der Phys.-Technischen Bundesanstalt Braunschweig	GS geprüfte Sicherheit	Sicherheitszeichen Prüfstelle: Berufsgenossenschaft		Prüfzeichen Sicherheitsprüfung z. B. bei elektrischen Geräten
E	Zulassungszeichen für Tarifschaltuhren der Phys.-Technischen Bundesanstalt Braunschweig		Kennzeichen, Vereinigung der Hersteller und Verarbeiter von Kunststoffen		Recyclingzeichen Wiederaufbereitung nach Verwendung

Internationale Prüfzeichen an elektrischen Betriebsmitteln und Geräten

Zeichen	Zeichen	Zeichen	Zeichen
CEBEC Belgien	Italien	Polen	MEEI Ungarn
D Dänemark	Japan	S Schweden	UL USA (Einzelgeräte)
SF Finnland	SA Kanada	S Schweiz	USA (Geräte in Anlagen)
NF Frankreich	KEMA KEUR Niederlande		
Großbritannien	N Norwegen		
Island	ÖVE Österreich		

Zeichen	Erklärung
E 1	ECE: Kommission der UN für Europa mit Kennzahl des Landes, das Genehmigung erteilt hat, z. B. 1 für Deutschland.
	CCE: Internationale Kommission für Regeln zur Begutachtung elektrotechnischer Erzeugnisse.
CE	Kennzeichnung nach EU-Recht für Produkte im Zusammenhang mit der Produktionssicherheit (CE: Conformité Européenne)
	IEC (CEI): International Electrotechnical Commission Internationale Elektrotechnische Kommission

Funktion

- Prüfsiegel geben **Auskunft über Qualitätskriterien.** Beispiele: Bildschirmstrahlung, Bildschirmergonomie, Ergonomie allgemein, Umweltverträglichkeit, Energiesparfunktion, Recyclingfähigkeit, Lärmemission, Arbeitssicherheit, Betriebssicherheit, Elektromagnetische Verträglichkeit usw.
- **Vergabe und Kontrolle**
  - Bei einigen Prüfsiegeln reicht es aus, wenn Hersteller die Einhaltung der Kriterien schriftlich erklären.
  - In anderen Fällen müssen Prüfberichte unabhängiger Prüfinstitute vorliegen.

Der Blaue Engel

Arbeitssicherheit
Energiesparfunktion
Lärmemission
Recyclingfähigkeit
Umweltverträglichkeit

Hauptziele lt. Vergabegrundlage:
- geringer Energieverbrauch;
- langlebige und recyclinggerechte Konstruktion;
- Vermeidung umweltbelastender Materialien;
- geringe Geräuschemissionen.

Vergabe: Schriftliche Erklärung der Hersteller und Nachweise durch Prüfprotokolle unabhängiger Labore.

ECO-Kreis 99

Arbeitssicherheit
Betriebssicherheit
Bildschirmstrahlung
Bildschirmergonomie
EMV
Energiesparfunktion
Ergonomie
Lärmemission
Produkterweiterung
Recyclingfähigkeit
Softwareergonomie
Umweltverträglichkeit

Prüfsiegel für:
PC, Monitor, Tastatur, Notebook
- EMV: EN 55022, EN 61000, EN 50082
- Energiespareigenschaften: Einhaltung der EPA durch Protokolle und unabhängige Prüfstelle
- Ergonomie: ISO 9241, MPR II oder EN 50279
- Lärm: DIN EN 27779
- Recycling: Anforderungskatalog ‚Recycling von Bürogeräten'
- Schadstofffreiheit: Prüfstellen und Herstellererklärung
- Sicherheit: Einhaltung der EN 60950
- Qualitätsmanagementsystem: Zertifikat QMS ISO 9000 und UMS ISO 14000

Vergabe: TÜV-Rheinland in Verbindung mit anerkannten Prüflabors.

Europäisches Umweltzeichen

Umweltzeichen für Computer, Systemeinheiten, Monitore und Tastaturen

Die wichtigsten Kriterien lt. Vergabegrundlage:
- Hohe Energieeffizienz
- Kann leicht wiederverwertet, repariert und erweitert werden
- Quecksilberfreie Hintergrundbeleuchtung (bei Computer-Anzeigegeräten)

Quality Office

- Qualitätszeichen für Büroarbeitsplätze
- Die Leitlinien definieren Qualitätsstandards unter Berücksichtigung ergonomischer Erkenntnisse für:
  - Büroarbeitsstühle
  - Büroarbeitstische
  - Büroschränke
  - Raumgliederungselemente
  - ...

TCO-Gütesiegel

- Das TCO-Gütesiegel wird vom Dachverband der schwedischen Angestellten- und Beamtengewerkschaft (**TCO: T**jänstemännens **C**entral**o**rganisation) vergeben.
- Es handelt sich um ein Qualitäts- und Umweltsiegel, mit dessen Hilfe man die Entwicklung von Produkten mit guten Anwendungseigenschaften und geringer Umweltbelastung fördern will.
- Die TCO-Gütesiegel erleichtert dem Konsumenten die Auswahl von umweltfreundlichen IT- und Büroausrüstungen.
- Beispiele:

TCO'03, Display

- Auflösung
  - Anzeige mindestens 30 Pixel/Grad
- Helligkeit
  - Mindestens 150 cd/m^2
- Kontrast
  - Kontrastmodulation ≥ 0,8 bei 30° in der Horizontalen
- Farbwiedergabe
  - Anpassmöglichkeit der Farbtemperatur
  - Farben dürfen bei winkliger Betrachtung nicht verzerrt werden
- Emission (bestimmte Abstände vor dem Display, 30 cm und 50 cm vor dem Display)
  - Elektrische Wechselfelder ≤ 10 V/cm bei 5 Hz bis 2 kHz; ≤ 1,0 V/cm bei 2 kHz bis 400 kHz
  - Magnetische Wechselfelder ≤ 200 nT bei 5 Hz bis 2 kHz; ≤ 25 nT bei 2 kHz bis 400 kHz
- Energie
  - Maximal 2 W im niedrigsten Standby-Modus
  - Anzeige der Energiesparfunktion

TCO'05, Desktop

- Ergonomie
  - Flimmerfreies Bild, gute Helligkeit, guter Kontrast
- Emission
  - Deutliche Reduzierung von elektrischen und magnetischen Feldern
  - Niedriger Geräuschpegel
- Energie
  - Niedriger Energieverbrauch, Energiespar-Funktion
- Ökologie
  - Reduzierung umweltschädlicher Stoffe

Wirkungsbereich

- Energy Star ist ein Gütezeichen für ein umweltbewusstes (energiesparsames) Gerät.
- Es handelt sich um eine US-amerikanische Produktbezeichnung für energiesparsame Geräte. Energy Star kennzeichnet, dass Energiesparkriterien der amerikanischen Umweltschutzbehörde **EPA** (**E**nviroment **P**rotection **A**gency) und des US-Department of Energy erfüllt werden.
- Energy Star wurde 2003 durch eine EU-Verordnung in Europa eingeführt.
- Ab 1. Juli 2009 gilt die Richtlinie Energy Star 5.0. Sie gilt für
  - Desktop-PCs
  - Notebooks
  - Thin Clients
  - Workstations
  - Kleine Server-Systeme

Betriebszustände

- **IDLE**
  Das System ist vollständig aktiv. Das Betriebssystem, alle Tools oder Anwendungen der Hersteller sind geladen.
- **Sleep**
  Dieser Energiesparmodus wird vom System nach einer vorgegebenen Zeit erreicht. Aus diesem Zustand kann das System innerhalb von maximal 5 Sekunden aktiviert werden.
- **Off Mode (Stand-by)**
  Es handelt sich um den Zustand des geringsten Energieverbrauchs.
- **Active State**
  Vom System werden einfache Aufgaben verrichtet.
  Der Prozessor, die Festwertspeicher und die Arbeitsspeicher sind aktiviert.
- **Typical Energy Consumption (TEC)**
  Es handelt sich um eine Methode, bei der man die Energieausnutzung eines Systems ermittelt bzw. Systeme miteinander vergleichen kann, wenn im Zeitraum eines Jahres definierte Aufgaben verrichtet werden.
  Die Angabe erfolgt in kWh.

Weitere Vorgaben

Bei Inaktivität Umschaltung in den Energiesparmodus:

- Monitor nach spätestens 15 Minuten
- Gesamtsystem nach 30 Minuten

Sleep-Mode:

- GBit-Netzwerkarte mit niedriger Datenübertragungsrate

Kenngrößen für Energy Star

Desktop-PCs				
Kategorie	A	B	C	D
Prozessorkerne	–	2	≥ 2	≥ 2
TEC in kWh	≥ 148	≥ 175	≥ 209	≥ 234
Weitere Merkmale	weder B, C noch D	≥ 2 GB RAM	≥ 2 GB RAM oder diskrete GPU[1]	≥ 2 GB RAM oder diskrete GPU[1] > 128 Bit
Hauptspeicher	+ 1 kWh je zusätzlichem 1 GB			
Diskrete GPU[1]	+ 35 kWh für FB-Bus < 128 Bit; + 50 kWh für FB-Bus > 128 Bit;		+ 50 kWh für FB-Bus > 128 Bit;	
Zusätzliche HDD[2]	+ 25 kWh			
Netzteil	80 Plus Bronze			

Notebooks			
Kategorie	A	B	C
TEC in kWh	≥ 40	≥ 53	≥ 88,5
Hauptspeicher	+ 0,4 kWh je zusätzlichem 1 GB		
Diskrete GPU[1]		+ 3 kWh für FB-Bus > 64-Bit;	
Zusätzliche HDD[2]	+ 3 kWh		

[1] GPU: Graphics Processing Unit (Prozessor auf Grafikkarte)

[2] HDD: Hard Disk Drive (Permanent-/Massenspeicher, Festplatte)

80 PLUS

- Es handelt sich hierbei um eine Initiative zur Förderung von PC-Netzteilen, die einen Wirkungsgrad > 80 % aufweisen.
- Die Wirkungsgrade (η) der Netzteile sind bei den Belastungen von 20 %, 50 % und 100 % festgelegt

Belastung 20 %			
$\eta \geq 80$ %	$\eta \geq 80$ %	$\eta \geq 85$ %	$\eta \geq 87$ %
Belastung 50 %			
$\eta \geq 80$ %	$\eta \geq 85$ %	$\eta \geq 88$ %	$\eta \geq 90$ %
Belastung 100 %			
$\eta \geq 80$ %	$\eta \geq 82$ %	$\eta \geq 85$ %	$\eta \geq 87$ %

Begriffsbestimmung

- Quelle:
  Ergänzung der Richtlinie 2010/30/EU des Europäischen Parlaments und des Rates im Hinblick auf die Kennzeichnung von Fernsehgeräten in Bezug auf den Energieverbrauch vom 28.09.2010
- **Fernsehapparat**
  ist ein Gerät, das vorwiegend zur Anzeige und zum Empfang audiovisueller Signale verwendet wird mit
  - Bildschirm,
  - einem oder mehreren Signalempfängern (Tuner/Receiver) sowie mögliche
  - Komponenten mit Zusatzfunktionen für Datenspeicherung (z. B. Festplatte) und/oder -anzeige (z. B. DVD-Laufwerk) als Einheit oder getrennt sind.
- **Videomonitor**
  ist ein Gerät zur Anzeige eines Videosignals auf einem integrierten Bildschirm, gespeist aus unterschiedlichen Quellen, einschließlich Fernsehsignalen. Fakultativ können Audiosignale von einer externen Quelle wiedergegeben und gesteuert werden.

Energieeffizienzklassen (EEI)

Energieeffizienzklasse	Energieeffizienzindex
A+++ höchste Effizienz	$EEI < 0{,}10$
A++	$0{,}10 \leq EEI < 0{,}16$
A+	$0{,}16 \leq EEI < 0{,}23$
A	$0{,}23 \leq EEI < 0{,}30$
B	$0{,}30 \leq EEI < 0{,}42$
C	$0{,}42 \leq EEI < 0{,}60$
D	$0{,}60 \leq EEI < 0{,}80$
E	$0{,}80 \leq EEI < 0{,}90$
F	$0{,}90 \leq EEI < 1{,}00$
G geringste Effizienz	$1{,}00 \leq EEI$

Berechnungsformeln: $EEI = \frac{P}{P_{ref}}$ (A)

$$P_{ref}\,(A) = P_{basic} + A \cdot 4{,}3224\ \mathrm{W/dm^2}$$

P: Leistung des Fernsehgerätes im Ein-Zustand, gerundet auf eine Dezimalstelle

A: Sichtbare Bildschirmfläche in dm^2

P_{basic} in W	Gerät, Ausstattung
20	Fernsehapparate mit einem Signalempfänger und ohne Festplatte
24	Fernsehapparate mit Festplatte(n)
24	Fernsehapparate mit zwei oder mehr Signalempfängern
28	Fernsehapparate mit Festplatte(n) und zwei oder mehr Signalempfängern
15	Videomonitore

Jährlicher Energieverbrauch E im Ein-Zustand in kWh:

$$E = 1{,}46 \cdot P \cdot h$$

Label

- Nutzung:
  - Freiwillig: ab 20.12.2010
  - Verpflichtend: ab 30.11.2011

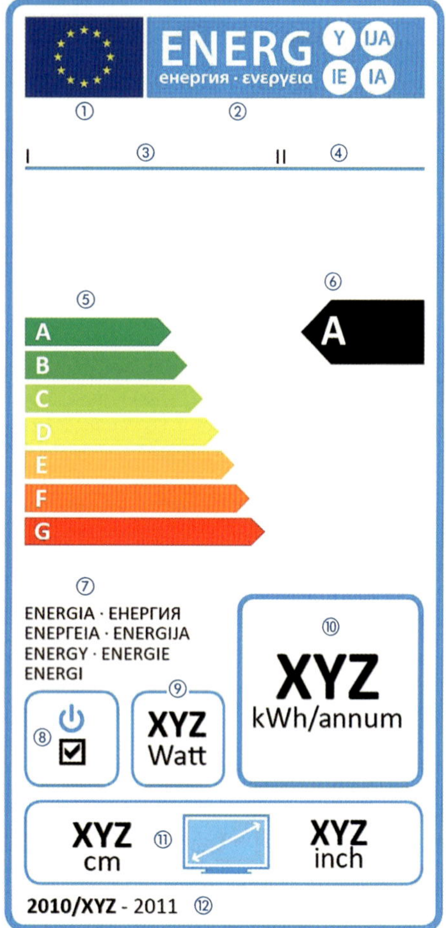

- Elemente des Labels:

①	EU-Logo	⑦	Energie
②	Etiketten-Logo	⑧	Schalter-Logo (ja/nein)
③	Name oder Warenzeichen des Lieferanten	⑨	Text zur Leistung im Ein-Zustand
④	Modellkennung des Lieferanten	⑩	Text zum jährlichen Energieverbrauch in kWh/Jahr [1)]
⑤	Skala A bis G	⑪	Bildschirmdiagonale
⑥	Energieeffizienzklasse	⑫	Bezugszeitraum

[1)] Täglich vierstündiger Betrieb an 365 Tagen

- Weitere Kennzeichnung:
  Geräte, die neben energiesparenden Eigenschaften weiteren strengen Umweltanforderungen des Europäischen Umweltzeichens entsprechen, tragen zusätzlich das EU Eco-Label (stilisierte Blume).

Regeln für das Arbeiten in elektrischen Anlagen

Rules for Working on Electrical Installations

5 Sicherheitsregeln

Freigabe der Anlage zur Arbeit
durch die verantwortliche Aufsichtsperson nach Befolgen aller 5 Sicherheitsregeln.

Vor Beginn der Arbeiten:

1. Freischalten
2. Gegen Wiedereinschalten sichern
3. Spannungsfreiheit feststellen
4. Erden und kurzschließen[1)]
5. Benachbarte, unter Spannung stehende Teile abdecken oder abschranken

Wiedereinschalten

- Werkzeug und Hilfsmittel entfernen
- Gefahrenbereich verlassen
- Kurzschließung und Erdung zuerst an der Arbeitsstelle, dann an den übrigen Stellen aufheben
- Erdungsseil zuerst von den Anlagenteilen (z. B. Leitung), dann erst von der Erde heben
- Anlagenteile und Leitungen ohne Erdungsseil dürfen nicht mehr berührt werden
- Entfernte Schutzverkleidungen und Sicherheitsschilder wieder anbringen
- Schutzmaßnahmen an den Schaltstellen erst nach Freimeldung von den Arbeitsstellen aufheben

Erste Hilfe

- Strom sofort unterbrechen
- Feststellen, ob Atemstillstand vorliegt, dann mit Beatmung einsetzen
- Feststellen, ob Kreislaufstillstand vorliegt, dann neben Beatmung auch mit Herzmassagen beginnen
- Liegt kein Atem- oder Kreislaufstillstand vor, dann Verunglückten in Seitenlage bringen
- Bei Atem- und Kreislaufstillstand, größeren Verbrennungen, Ohnmacht schnellen Transport ins Krankenhaus veranlassen

[1)] In Anlagen mit Nennspannungen bis 1000 V darf unter bestimmten Umständen hiervon abgewichen werden (vgl. DIN VDE 0105 T. 1).

Sicherheitsschilder

Darstellung	
P9 	Verbotsschild: Nicht berühren, Gehäuse unter Spannung
P10 	Verbotsschild: Nicht schalten
ZS 1 Es wird gearbeitet! Ort: Entfernen des Schildes nur durch:	Zusatzschild
W8 	Warnschild: Warnung vor gefährlicher elektrischer Spannung
ZS 2 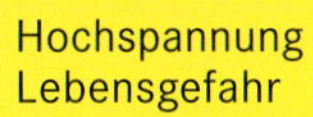	Zusatzschild
W10 	Warnschild: Warnung vor Laserstrahl
W20 	Warnschild: Warnung vor Gefahren durch Batterien
M13 	Gebotsschild: Vor Öffnen Netzstecker ziehen

Hinweisschilder

HS 1	HS 2	HS 3	HS 4
Entladezeit länger als 1 Minute	Teil kann im Fehlerfall unter Spannung stehen	Fünf Sicherheitsregeln Vor Beginn der Arbeiten: • Freischalten • Gegen Wiedereinschalten sichern • Spannungsfreiheit feststellen • Erden und kurzschließen • Benachbarte, unter Spannung stehende Teile abdecken oder abschranken	Vor Berühren: Entladen Erden Kurzschließen

Grundlagen

- Die **Bildschirmarbeitsverordnung** (BildscharbV) wurde durch die BGI 650 (**B**erufs**g**enossenschaftliche **I**nformation) konkretisiert.
- **BGI 650**
  Ein Leitfaden als praktische Hilfen für die Gestaltung der Arbeit an Bildschirm- und Büroarbeitsplätzen (im Rahmen der Schriftenreihe „Prävention“)
- **DIN EN ISO 9241**
  Ergonomie der Mensch-System-Interaktion, Ergonomische Anforderungen für Bürotätigkeiten mit Bildschirmgeräten
- **DIN EN 1335-1: 2002-08**
  Büromöbel – Büro-Arbeitsstuhl (Maße; Bestimmung der Maße)
- **DIN EN 527-1: 2011**
  Büromöbel – Büroarbeitstische

Sehraum

- Der Sehraum ist der Bereich, in dem Objekte durch Augen- und Kopfbewegungen wahrgenommen werden.
  A: bevorzugt B: zulässig

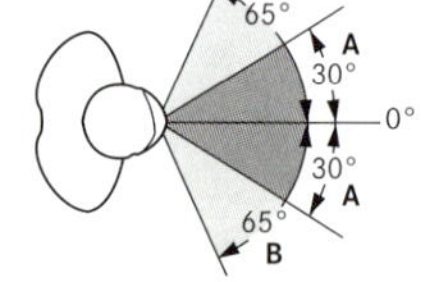

Greifraum

- Abmessungen für den Greifraum werden bestimmt aus den Maßen für die „Reichweite nach vorn“ und die „Schulterbreite“
- DIN 33 402-2:2005-12, Ergonomie – Körpermaße des Menschen
  A: Bevorzugter Greifraum B: Zulässiger Greifraum
  A_b: beidhändig
  A_l: linke Hand
  A_r: rechte Hand

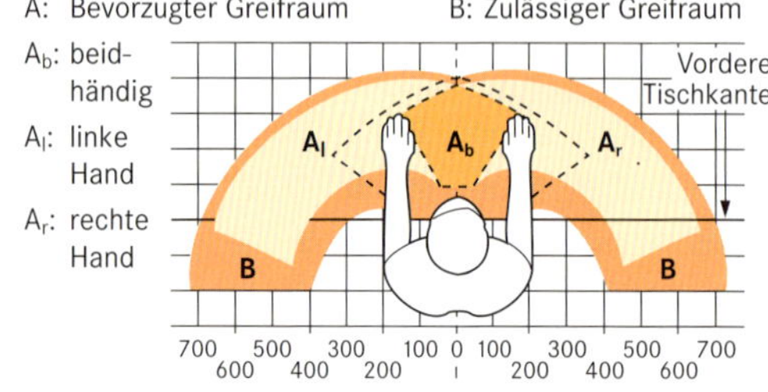

Beispiel für einen Büroarbeitsplatz

Maße in cm

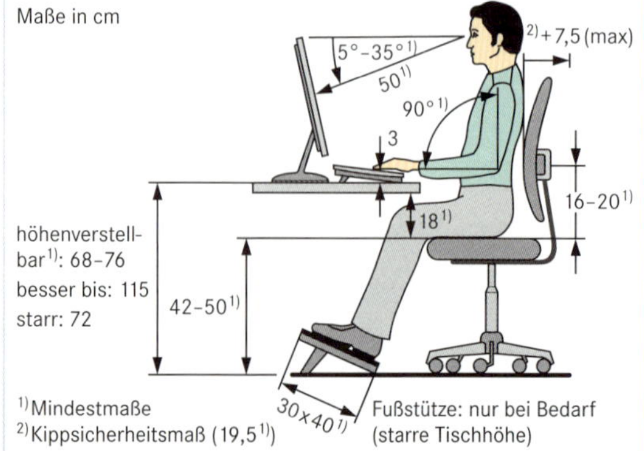

[1] Mindestmaße
[2] Kippsicherheitsmaß (19,5 [1])

Ergonomische Anforderungen

- **Bildschirmgeräte**
  - Bildschirmdiagonale: 19 bis 21 Zoll (bei Grafik)
  - Bildschirm frei von Reflexionen und Blendungen
  - Bildschirm frei drehbar und neigbar (25 bis 30 Grad)
  - Bild stabil, flimmerfrei, ohne Verzerrungen
  - Zeichen scharf, deutlich und ausreichend groß, keine „verwaschenen“ Konturen
    Zeichenbreite: mind. 50 % der Schrifthöhe
    Strichstärke: 10 % ... 20 % der Zeichenhöhe
    Zeichenabstand: mind. 15 % der Schrifthöhe
    Zeilenabstand: mind. 15 % der Schrifthöhe
    Rasterung: mind. 5 x 7 Punkte
  - Schrifthöhe

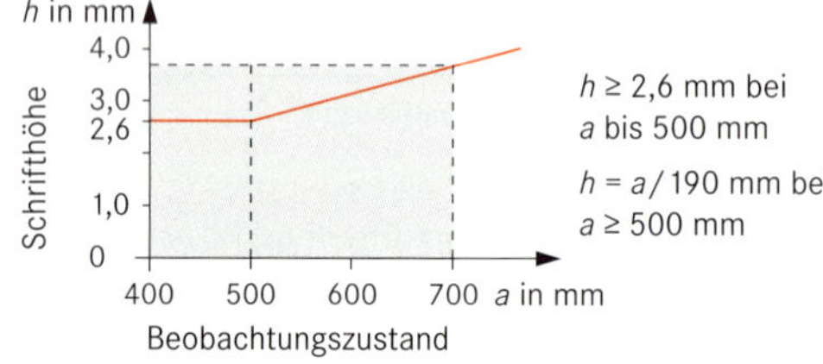

$h \geq 2{,}6$ mm bei a bis 500 mm

$h = a/190$ mm bei $a \geq 500$ mm

  - Helligkeit und Kontrast leicht der Umgebung anpassbar
  - Kontrast:
    Helle Zeichen auf dunklem Grund 5:1 bis 10:1
    Dunkle Zeichen auf hellem Grund: > 5:1
  - Farbwahl der Funktion angepasst (Verzicht auf gesättigte Farben bei großen Flächen)
- **Tastatur**
  - Ergonomische Bedienung
  - Vor Bildschirmgerät getrennt neigbar (bis 15 Grad)
  - Variabel anzuordnen
  - Auflegen der Hände möglich
  - Reflexionsarme Oberfläche (20 bis 50 %)
  - Tastendurchmesser 12 mm bis 15 mm
  - Tastenhub 2 mm bis 4 mm
- **Arbeitstisch**
  - Schreibfläche mindestens 1600 mm x 800 mm mit reflexionsfreier Oberfläche
  - Abgerundete Ecken, Tischplatte max. 30 mm stark
  - Ausreichender Raum für ergonomisch günstige Arbeitshaltung
  - Beinraum ohne Einschränkungen
  - Kabelkanäle zur einwandfreien Führung der Gerätezuleitungen
- **Arbeitsstuhl**
  - Ergonomisch gestaltet sowie stand- und kippsicher
  - Fünf Rollen, gegen unbeabsichtigtes Wegrollen gesichert
  - Rollenwiderstand angepasst an Fußbodenbelag
  - Sitzflächenhöhe 40 cm bis 50 cm, verstellbar
  - Verstellbare Armauflagen
- **Arbeitsumgebung**
  - Ausreichender Raum für wechselnde Arbeitshaltungen und Bewegungen
  - Beleuchtung der Sehaufgabe und an das Sehvermögen angepasst
  - Lichtschutzvorrichtungen verhindern Blendungen und Reflexionen
  - Kein Lärm durch Arbeitsmittel
  - Keine erhöhten Wärmebelastungen durch Arbeitsmittel

Merkmale

- Der Einsatz elektrotechnischer und elektronischer Geräte erfolgt weltweit in unterschiedlichen Umgebungsbedingungen.
- **Umgebungsbedingungen** sind in diesem Zusammenhang u. a. klimatische Bedingungen (z. B. Temperatur, Luftfeuchte usw.), aber auch die Arten des Einsatzes, (z. B. ortsfester oder ortsveränderlicher Einsatz) einer Einrichtung.
- Im Rahmen der Planung für die Errichtung einer Anlage ist deshalb eine genaue Kenntnis der zu erwartenden Umgebungsbedingungen erforderlich und zu berücksichtigen.
- Gegebenenfalls sind spezielle Maßnahmen zu treffen, wie z. B. die Errichtung einer Klimaanlage, um den zuverlässigen Betrieb der Gesamtanlage zu garantieren.
- Umgebungsbedingungen sind über einen längeren Zeitraum in den Regionen der Welt ermittelt worden und z. B. in der DIN IEC 60721 bzw. in der CENELEC HD 478xxx nach verschiedenen Kriterien (s. u.) klassifiziert.

Einteilung

IEC 60721 **Klassifizierung von Umweltbedingungen** (classification of environmental conditions)	IEC 60721 - 1	Vorzugswerte für Einflussgrößen (invironmental parameters and their severties)
	IEC 60721 - 2 - 1	Temperatur und Luftfeuchte (temperature and humidity)
	IEC 60721 - 2 - 2	Niederschlag und Wind (precipitation and wind)
	IEC 60721 - 2 - 3	Luftdruck (air pressure)
	IEC 60721 - 2 - 4	Sonnenstrahlung (solar radiation)
	IEC 60721 - 2 - 5	Staub, Sand, Salz (dust, sand, salt mist)
	IEC 60721 - 2 - 6	Seismische Einflüsse (earthquake, vibration and shock)
	IEC 60721 - 2 - 7	Fauna und Flora (fauna and flora)
	IEC 60721 - 3 - 0	Klassen von Einflussgrößen; Einführung (classification of groups of environmental parameters and their severities); introduction
	IEC 60721 - 3 - 1	Langzeitlagerung (storage)
	IEC 60721 - 3 - 3	Ortsfester Einsatz, wettergeschützt (stationary use at weatherprotected locations)
	IEC 60721 - 3 - 4	Ortsfester Einsatz, nicht wettergeschützt (stationary use at non-weatherprotected locations)
	IEC 60721 - 3 - 6	Einsatz auf Schiffen (ship environment)
	IEC 60721 - 3 - 7	Ortsveränderlicher Einsatz (portable and non-stationary use)
	IEC 60721 - 3 - 9	Mikroklimate innerhalb von Erzeugnissen (microclimates inside products)

Technoklimate

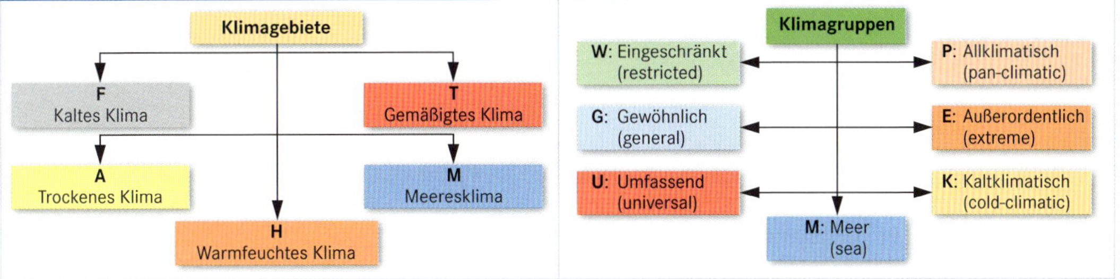

Einteilung

- Die **Klimagebiete** werden nach **mittleren Extremtemperaturen** unterteilt
  - bei **Landklimaten** der mittlere Jahrestiefstwert der Lufttemperatur t_n und
  - bei den **Meeresklimaten** der Normalwert des Jahresmittels der Meeresoberflächen-Wassertemperatur t_a an der unteren Grenze des jeweiligen Meeresklimas.
- **Bezeichnungsbeispiele:**
  - H_5: Ausgeglichenes warmfeuchtes Klima.
  - A_{-55}: Winterextremes trockenes Klima.

Zuordnung	t_n in °C	Klassierende Eigenschaft
Landklimate	-85	winterexzessiv
	-55	winterextrem
	-40	winterkalt
	-25	winterrauh
	-15	winterkühl
	5	ausgeglichen
Zuordnung	**t_a in °C**	**Klassierende Eigenschaft**
Meeresklimate	-2	kalt
	5	gemäßigt
	18	warm

Ökodesign-Richtlinie 2009/125/EG

- Beim Ökodesign (**EcoDesign**) handelt es sich um einen umfassenden Ansatz für Produkte mit dem Ziel, die Umweltbelastungen über den gesamten Lebenszyklus (von der Produktion bis zur Entsorgung) durch verbessertes Produktdesign zu verringern sowie Energie und andere Ressourcen einzusparen.

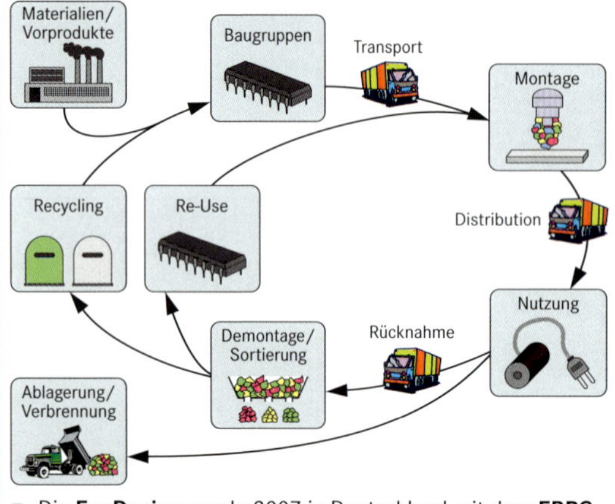

- Die **EcoDesign** wurde 2007 in Deutschland mit dem **EBPG** (**E**nergie**b**etriebene-**P**rodukte-**G**esetz) in nationales Recht umgesetzt.

Entsorgungswege der Altgeräte

- Vom Umweltbundesamt ist die privatwirtschaftlich organisierte Stiftung **EAR** (**E**lektro-**A**ltgeräte-**R**egister) betraut worden (06.07.2005), die Hersteller von Elektro- und Elektronikgeräten zu registrieren. Ohne Registrierung dürfen Hersteller nicht mehr am Markt teilnehmen.
- EAR vergibt **Registrierungsnummern** an die Hersteller, nimmt Meldungen über in Verkehr gebrachte Mengen an, berechnet daraus die Entsorgungsverpflichtung des einzelnen Herstellers und erhebt entsprechende Gebühren.
- EAR koordiniert auch die Bereitstellung der Sammelbehälter und die Abholung der Altgeräte bei den öffentlich-rechtlichen Entsorgungsträgern. Es wird zwischen privat oder ausschließlich kommerziell genutzten Geräten unterschieden.

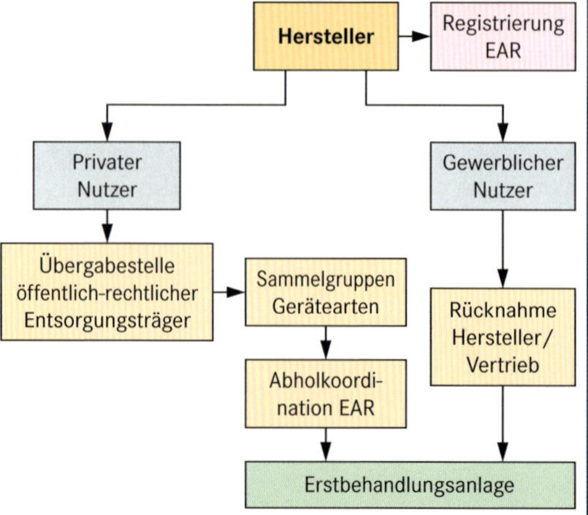

EG(EU)-Richtlinien

Rechtsakte der Europäischen Union

WEEE 2022/96/EG	Altgeräteentsorgung (**W**aste of **E**lectrical and **E**lectronic **E**quipment)
RoHS 2002/95/EG	Beschränkung der Verwendung bestimmter gefährlicher Stoffe in Elektro- und Elektronikgeräten (**R**estriction **o**f **H**azardous **S**ubstances)
94/62/EG	Verpackungen und Verpackungsabfälle
BattV 2006/66/EG	Verordnung über die Rücknahme und Entsorgung gebrauchter Batterien und Akkumulatoren (**Batt**erie**v**erordnung)

Verordnung des Europäischen Parlaments und des Rates

(EG) Nr. 842/2006	F-Gase-Verordnung Verordnung über bestimmte fluorierte Treibhausgase
(EG) Nr. 1907/2006 (REACH)	Registrierung, Bewertung, Zulassung und Beschränkung chemischer Stoffe

Gesetze (Deutschland)

ElektroG **Elektro**- und Elektronikgesetz	Gesetz über das Inverkehrbringen, die Rücknahme und die umweltverträgliche Entsorgung von Elektro- und Elektronikgeräten
KrW-/AbfG **Kr**eislauf**w**irtschafts und **Abf**all**g**esetz	Gesetz zur Förderung der Kreislaufwirtschaft und Sicherung der umweltverträglichen Beseitigung von Abfällen
ChemG **Chem**ikalien**g**esetz	Gesetz zum Schutz vor gefährlichen Stoffen

Verordnungen (Deutschland)

VerpackV Verpackungsverordnung	Verordnung über die Vermeidung und Verwertung von Verpackungsabfällen
BattV Batterieverordnung	Verordnung über die Rücknahme und Entsorgung gebrauchter Batterien und Akkumulatoren
ChemVerbotsV Chemikalien-Verbotsverordnung	Verordnung über Verbote und Beschränkungen des Inverkehrbringens gefährlicher Stoffe, Zubereitungen und Erzeugnisse nach dem Chemikaliengesetz
GefStoffV Gefahrstoffverordnung	Verordnung zum Schutz vor gefährlichen Stoffen

Verpackungsverordnung

- Verordnung über die Vermeidung und Verwertung von Verpackungsabfällen (VerpackV, Bundesrechtsverordnung)
- Zielsetzung:
  - Umweltbelastungen verringern
  - Wiederverwendung oder Verwertung von Verpackungen fördern
  - vorrangiger Einsatz verwertbarer Abfälle oder sekundärer Rohstoffe
  - Mehrfachverwertung
  - Einsatz langlebiger Produkte
- Geltungsbereich: Bundesrepublik Deutschland
- Letzte Änderung: 02.04.2008 (Inkrafttreten 01.01.2009) Alle Hersteller und Vertreiber von Gütern in Verpackungen, die beim privaten Endverbraucher landen, sind verpflichtet, sich am flächendeckenden Rücknahmesystem der Verpackung zu beteiligen (auch Versandhandel).

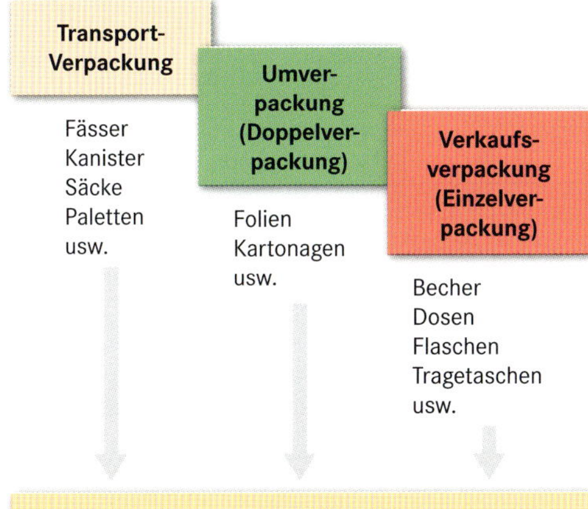

Rücknahme der Verpackung durch:

Hersteller und Vertreiber | **Vertreiber** | **Hersteller und Vertreiber**

Wiederverwertung

oder

Stoffliche Verwertung (Recycling)

Duales System
Gebrauchte Verpackungen werden beim Verbraucher gesammelt und der stofflichen Verwertung (Recycling) zugeführt.

Grüner Punkt
Hersteller, die sich am dualen System beteiligen, kennzeichnen ihre Produkte mit dem grünen Punkt.

DER GRÜNE PUNKT

Kreislaufwirtschaft

1 Abfälle verringern

- **Produktion:**
  - „Abfallstoffe" der Produktion wieder zuführen.
  - „Abfallarme" Produktion durch Materialeinsparung, Einsatz langlebiger Produkte, „sparsame" Verpackung usw.
- **Verbraucher:**
  Veränderung der Einstellungen gegenüber Abfällen (jeder kann etwas zur Verringerung beitragen).

2 Abfälle verwerten

- **Recycling:**
  Wiederverwertung von Abfallstoffen
  - im gleichen Produktionskreislauf und
  - in einem anderen Produktionsprozess.
- **Energetische Verwertung:**
  Abfälle als Ersatzbrennstoffe umweltverträglich nutzen.

3 Abfälle verwerten

- **Trennung:**
  Sortengerechte Trennung und Lagerung
- **Lagerung:**
  Umweltschonende Lagerung auf entsprechenden Deponien
- **Verbrennung:**
  Umweltschonende Verbrennung

Arbeitsweise Duales System
Verpackungen im Kreislauf

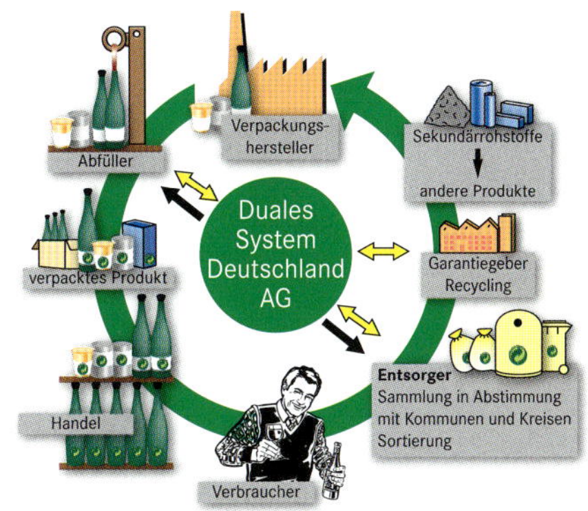

⇔ Vertragsbeziehungen
➔ Finanzierung über Lizenzentgelte für den Grünen Punkt

Recycling-Code

- Der Recycling-Code wird zur Kennzeichnung verschiedener Materialien zwecks Rückführung in den Verwertungskreislauf verwendet.
- Das Recyclingsymbol besteht aus drei (oft grünen) Pfeilen und einer Nummer, die das Material kennzeichnet. Die Kürzel für Kunststoffe basieren auf den genormten Kurzzeichen der Kunststoffe.

Allgemeines Symbol

Beispiel: PVC

PVC

Recyclingcode		
01	PET	Polyethylenterephtalat
02	HDPE	Polyethylen hoher Dichte
03	PVC	Polyvinylchlorid
04	LDPE	Polyethylen niedriger Dichte
05	PP	Polypropylen
06	PS	Polystyrol
07	0	andere Kunststoffe
20	PAP	Wellpappe
21	PAP	sonstige Pappe
22	PAP	Papier
40	FE	Stahl
41	ALU	Aluminium
50	FOR	Holz
51	FOR	Kork
60	TEX	Baumwolle
61	TEX	Jute
70	GL	Farbloses Glas
71	GL	Grünes Glas
72	GL	Braunes Glas
80	-	Papier + Pappe/verschiedene Metalle
81	-	Papier + Pappe/Kunststoffe
82	-	Papier + Pappe/Aluminium
83	-	Papier + Pappe/Weißblech
84	-	Papier + Pappe/Kunststoff/Aluminium
85	-	Papier + Pappe/Kunststoff/Aluminium/Weißblech
90	-	Kunststoff/Aluminium
91	-	Kunststoff/Weißblech
92	-	Kunststoff/verschiedene Metalle
95	-	Glas/Kunststoff
96	-	Glas/Aluminium
97	-	Glas/Weißblech
98	-	Glas/verschiedene Metalle

Elektro- und Elektronikgerätegesetz ElektroG: 2005-03

Elektro- und Elektronikgerätegesetz

- EG-Richtlinie 2002/95 „Beschränkung der Verwendung bestimmter gefährlicher Stoffe in Elektro- und Elektronikgeräten“ (RoHS[1)])
- EG-Richtlinie 2002/96 „Elektro- und Elektronikalt-/schrottgeräte“ (WEEE[2)])

Beschränkung der Verwendung bestimmter gefährlicher Stoffe in Elektro- und Elektronikgeräten	
Giftige Substanzen dürfen in der Elektronik nur noch in maximal festgelegten Gewichtsprozenten verwendet werden.	
Cadmium	0,01 %
Blei	0,1 %
Quecksilber	
sechswertiges Chrom	
Polybromierte Biphenyle (PBB)	
Polybromierte Diphenylether (PBDE)	
Ausnahmen bestehen für Ersatzteile von Elektro- und Elektronikgeräten, die vor dem 1.6.2006 auf den Markt gebracht wurden.	

Elektro- und Elektronikalt-/schrottgeräte

Alle Hersteller von Elektro- und Elektronikgeräten in Deutschland müssen die Rücknahme und Entsorgung der Geräte sicherstellen, die nach dem 13.8.2005 in Verkehr gebracht wurden.

Gruppen	Beispiele
große Haushaltsgeräte	Backofen, Kühlschrank, Elektrische Heizgeräte
kleine Haushaltsgeräte	Staubsauger, Toaster, Bügeleisen, Haartrockner
Informations- und Kommunikationsgeräte	Computer, Drucker, Faxgeräte, Kopiergeräte, Telefone, Mobiltelefone
Geräte der Unterhaltungselektronik	Radiogeräte, Fernseher, HiFi-Anlagen, Videokamera
Leuchtmittel	stabförmige Leuchtstofflampen, Kompaktleuchtstofflampen
Elektrowerkzeuge	Bohrmaschinen, Nähmaschinen, Rasenmäher, Schweiß- und Lötwerkzeuge
Spiel- und Freizeitgeräte	Videospielkonsolen, Fitnessgeräte, Geldspielautomaten
Überwachungsgeräte	Rauchmelder, Thermostate
Ausgabesysteme	Geldautomaten, Getränkeautomaten

Elektro- und Elektronikgeräte müssen für die getrennte Sammlung mit einem sichtbaren, erkennbaren und dauerhaften Symbol gekennzeichnet sein (durchgestrichener Abfallbehälter).

1) **RoHS**: **R**estriction **o**f the use of certain **h**azardous **s**ubstances in electrical and electronic equipment
2) **WEEE**: **W**aste **E**lectrical and **E**lectronic **E**quipment

Gesetzliche Grundlagen

- **Ziel**: Gesundheit aller Beschäftigten durch Maßnahmen des Arbeitsschutzes zu sichern und zu verbessern
- **Arbeitsschutzgesetz** (**ArbSchG**):
  Gesetz über die Durchführung von Maßnahmen des Arbeitsschutzes zur Verbesserung der Sicherheit und des Gesundheitsschutzes der Beschäftigten bei der Arbeit.
- Verordnungen:
  - Arbeitsstättenverordnung (ArbStättV)
  - Baustellenverordnung (BaustellV)
  - Betriebssicherheitsverordnung (BetrSichV)
  - Bildschirmarbeitsverordnung (BildscharbV)
  - Lärm- und Vibrations-Arbeitschutzverordnung (LärmVibrationsArbSchV)
  - Lastenhandhabungsverordnung (LasthandhabV)
  - PSA-Benutzungsverordnung (**PSA**: **P**ersönliche **S**chutz**a**usrüstung, PSA-BV)
- **Mitbestimmung**:
  In Betrieben mit Betriebsräten besteht eine Aufsichts- und Mitbestimmungspflicht der Mitarbeitervertretungen, z. B. bei Risikobeurteilungen, Präventionsmaßnahmen, Wirksamkeitskontrollen.
- **Überwachung**:
  Zuständige Behörden und/oder Berufsgenossenschaften (BGV)

Pflichten des Arbeitgebers

- Elektrische Anlagen und Betriebsmittel
  - nach den elektrotechnischen Regeln betreiben,
  - nur von einer Elektrofachkraft bzw. unter deren Aufsicht errichten, ändern und instand halten,
  - auf einen ordnungsgemäßen Zustand prüfen und
  - Mängel unverzüglich beseitigen.
- Erforderliche persönliche Schutzkleidung dem Arbeitnehmer zur Verfügung stellen.
- Sicherheitsrelevante Arbeitsgeräte (z. B. Leitern) in ausreichender Anzahl und technisch einwandfreiem Zustand zur Verfügung stellen.

Pflichten des Arbeitnehmers

- Sicherheitstechnische Bestimmungen am Arbeitsplatz einhalten und Anweisungen befolgen.
- Vor Arbeitsbeginn alle sicherheitsrelevanten Arbeitsgeräte und Hilfsmittel überprüfen.
- Elektrotechnische Bestimmungen einhalten.
- Bei Übertragung der Unternehmerpflichten an die Elektrofachkraft (BGV A1, § 13) deren Einhaltung kontrollieren. Die Übertragung muss schriftlich bestätigt werden.
- Persönliche Schutzausrüstung tragen.

Hinweiszeichen

- Hinweiszeichen dienen dem Arbeits- und Gesundheitsschutz
- Beispiele:

Verbotszeichen

P8

Berühren verboten

Warnzeichen

W3

Warnung vor giftigen Stoffen

Gebotszeichen

M1

Augenschutz tragen

Handlungsschritte zum Arbeitsschutz

- Um den Arbeits- und Gesundheitsschutzes zu gewährleisten, sind die abgebildeten Schritte durchzuführen.
- Die Gefährdungsbeurteilung sollte ständig fortgeschrieben werden.
- Es ist sinnvoll, die einzelnen Schritte zu dokumentieren.

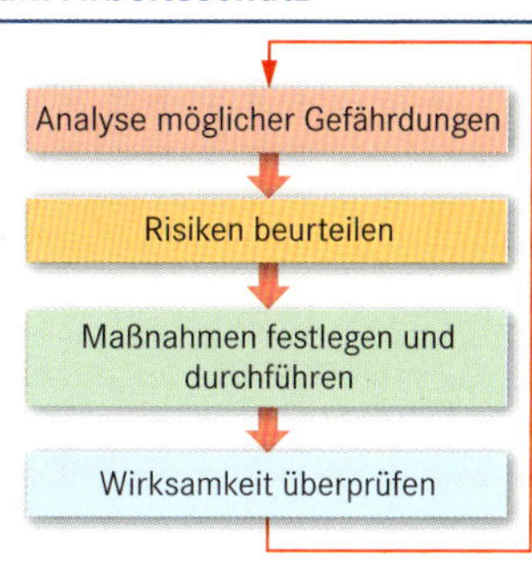

Gefahrstoffverordnung

- Die Gefahrstoffverordnung (**GefStoffV**) dient dem Schutz vor gefährlichen Stoffen und ist im Arbeitsschutz verankert.
- Bei der Beurteilung der Gefährdung werden die physikalisch-chemischen und toxischen Eigenschaften sowie besondere Eigenschaften im Zusammenhang mit bestimmten Tätigkeiten unabhängig voneinander betrachtet.
- Um die Gefahren beim Arbeiten mit Gefahrstoffen abschätzen zu können, werden sie in vier Schutzstufen eingeteilt:
  1. Mindestmaßnahmen
  2. Standardschutzstufe für Tätigkeiten mit Gefahrstoffen
  3. Zusätzliche Anwendung bei Arbeiten mit giftigen und sehr giftigen Stoffen
  4. Zusätzliche Anwendung bei Arbeiten mit krebserzeugenden, erbgutverändernden und fruchtbarkeitsschädigenden Stoffen
- Symbolbeispiele:

Sehr giftig

Reizend

Hochentzündlich

Ätzend

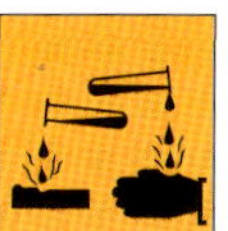

Gefahrenklassen

- Gefahrenklassen werden in Gefahrenkategorien unterteilt.
- Um den Schweregrad der einzelnen Gefährdungen zu erkennen, werden Gefahrenpiktogramme, Signalwörter und Gefahrenhinweise angegeben.

Gefahrenhinweise

- Es handelt sich um einen standardisierten Text, der die Art und gegebenenfalls den Schweregrad der Gefährdung beschreibt.
- Beispiel:

H 3 01

- 01 → laufende Nummer
- 3 → Gruppierung 2 = Allgemein, 3 = Gesundheitsgefahren, 4 = Umweltgefahren
- H → steht für Gefahrenhinweis (**H**azard Statement)

Versicherungsschutz

- Die Berufsgenossenschaften sind die Träger der gesetzlichen Unfallversicherung für die Unternehmen der Privatwirtschaft und deren Beschäftigte
- Sie haben die Aufgabe, Arbeitsunfälle und Berufskrankheiten sowie arbeitsbedingte Gesundheitsgefahren zu verhüten.
- Der Versicherungsschutz erstreckt sich auf:

Arbeitsunfälle
Wegunfälle
Berufskrankheiten

- Die Berufsgenossenschaft und die Unfallkassen sind in der **DGUV** (**D**eutschen **G**esetzlichen **U**nfall**v**ersicherung) als gemeinsamem Dachverband organisiert.
- Das bestehende Vorschriften- und Regelwerk wurde ab dem 01.05.2014 in ein neues Bezeichnungssystem überführt. Dabei werden vier Kategorien unterschieden:
  - DGUV-Vorschriften
  - DGUV-Regeln
  - DGUV-Informationen
  - DGUV-Grundsätze

DGUV
Deutsche Gesetzliche Unfallversicherung
Spitzenverband

- Jede Publikation erhält eine eigene, in der Regel sechsstellige Kennzahl:
  - Vorschriften 1 bis 99
  - Regeln 100 bis 199
  - Informationen 200 bis 299
  - Grundsätze 300 und aufwärts

  Jeweils die zweite und dritte Stelle jeder Kennzahl zeigt die Zugehörigkeit in einem der 15 Fachbereiche der DGUV an.

Ausgewählte DGUV-Vorschriften

Bezeichnung		Titel, Erläuterungen
bisher	**neu**	
BGV A1	DGUV Vorschrift 1	Grundsätze der Prävention
BGV A3	DGUV Vorschrift 3	Elektrische Anlagen und Betriebsmittel
		Geregelt ist in der Vorschrift die Prüfung von in Betrieben verwendeten Elektrogeräten.
BGV A4	DGUV Vorschrift 6	Arbeitsmedizinische Vorsorge
		Arbeitsmedizinische Vorsorgeuntersuchungen sind aufgeführt.
BGV A8	DGUV Vorschrift 9	Sicherheits- und Gesundheitsschutzkennzeichnung am Arbeitsplatz
		Die Vorschrift enthält Gefahrensymbole, Gebots- und Verbotszeichen sowie Vorschriften über die Kennzeichnung von Fluchtwegen, Erste-Hilfe-Einrichtungen usw.

Verhalten bei Unfällen

Betriebsanweisung zum Verhalten bei Unfällen:

Verhalten bei Unfällen

Ruhe bewahren

1. Unfall melden

Telefon (Tel.-Nr. einfügen)
oder/und ....
Wo geschah es?
Was geschah?
Wie viele Verletzte?
Welche Arten von Verletzungen?
Warten auf Rückfragen!

2. Erste Hilfe

Absicherung des Unfallortes
Versorgung der Verletzten
Anweisungen beachten

3. Weitere Maßnahmen

Rettungsdienste einweisen
Schaulustige entfernen

- Die **Betriebsanweisung** ist eine Anweisung an die Beschäftigten im Rahmen der Pflichten des Arbeitsgebers innerhalb des Arbeitsschutzgesetzes.
- Es wird darin das arbeitsplatz- und tätigkeitsbezogene Verhalten im Betrieb geregelt, mit dem Ziel, Unfall- und Gesundheitsverfahren zu vermeiden.

Hinweise zum Ausfüllen einer Unfallanzeige

- Die **Beschreibung des Unfallgeschehens** soll genaue Angaben zum Unfall und zu den näheren Umständen enthalten. Beispiele: wo, wie, warum, unter welchen Umständen, Angabe der beteiligten Geräte oder Maschinen
- **Wichtige Angaben** sind:
  Betriebsteil bzw. Organisationseinheit, in dem sich der Unfall ereignete.
  Beispiele: Büro, Werkstatt, Verkauf, Lager
- **Tätigkeit**, die die verletzte Person ausübte.
  Beispiele: Kundenberatung, Leitungsinstallation, Reparatur eines Servers in der Werkstatt
- **Umstände**, die den Verlauf des Unfalls besonders kennzeichnen (unfallauslösende Umstände, welche Arbeitsmittel wurden benutzt bzw. an welchen Maschinen und Anlagen wurde gearbeitet).
  Beispiele: ... beugte sich zu weit zur Seite, dadurch rutschte die Leiter weg, ... rutschte auf dem Fußboden aus, ...
- **Arbeitsbedingungen**, die mit dem Unfall im Zusammenhang stehen könnten.
  Beispiele: Hitze, Kälte, Lärm, Staub
- **Gefahrstoffe**, die mit dem Unfall im Zusammenhang stehen.
  Beispiele: Akkusäure, Lösungsmittel
- **Verletzte Körperteile** genau bezeichnen
  Die Unfallbeschreibung kann auf der Rückseite des Vordrucks oder auf einem separaten Beiblatt erfolgen.

Funktion

- Die Brandschutzordnung soll das Verhalten der Personen innerhalb eines Gebäudes oder Betriebes im Brandfall regeln. In ihr werden Maßnahmen zur Verhütung von Bränden angegeben. Sie gilt als Hausordnung bzw. allgemeine Geschäftsbedingung.
- Die Brandschutzordnung steht im Zusammenhang mit einem Branschutzplan
- Die DIN 14096: 2013-01 enthält Vorgaben für eine Brandschutzordnung und ist in die Teile A, B und C gegliedert.

DIN 14096, Teil A

- Es handelt sich um einen **Aushang**, der sich an **alle** im Gebäude aufhaltenden **Personen** (Beschäftigte, Besucher usw.) richtet.

Brandschutzordnung Teil A

Brände verhüten

Offenes Feuer verboten

Verhalten im Brandfall

Ruhe bewahren

Brand melden
Wo brennt es?
Was passiert?
Wieviele Verletzte?
Welche Arten von Verletzungen?

Druckknopfmelder

Pförtner 211

In Sicherheit bringen

Gefährdete Personen warnen
Hilflose mitnehmen
Türen schließen

Gekennzeichneten Fluchtwegen folgen

Auf Anweisungen achten

Löschversuch unternehmen

Feuerlöscher benutzen

Brandschutzmittel benutzen

DIN 14096, Teil B

- Teil B richtet sich vor allem an die **Mitarbeiter des Betriebes** und wird allen Miarbeitern in schriftlicher Form ausgehändigt.
- Aufgeführt sind wichtige Regeln zur Verhinderung von Brand- und Rauchausbreitung, zur Freihaltung der Flucht- und Rettungswege und Regeln über das Verhalten im Brandfall.

DIN 14096, Teil C

- Teil C richtet sich an die **Mitarbeiter des Betriebes**, die mit **Brandschutzaufgaben** betraut sind (Fachkräfte für Arbeitssicherheit, Sicherheitsbeauftragte, Brandschutzbeauftragte usw.)

Regeln zum Verhindern von Brand und Rauch

- **Brandverhütung**

Rauchen und Umgang mit offenem Licht und Feuer ist in allen Gebäudeteilen verboten.

- **Brand- und Rauchausbreitung**

Brandschutztür – Brandschutztüren befinden sich in den Fluren zwischen Alt- und Neubau.

Rauchschutztür – Sie dürfen nicht durch Verkeilen, Anbinden oder vorgestellte Gegenstände offengehalten werden.

Rauchabzug – Rauchabzugseinrichtungen befinden sich im Alt- und Neubau. Sie werden durch Rauchmelder ausgelöst.

- **Fluchtwege**

Feuerwehrzufahrt – Zufahrten und Aufstellflächen für Feuerwehr-Einsatzfahrzeuge sind unbedingt freizuhalten.

Flucht- und Rettungswege sind unbedingt freizuhalten.

Hinweise und Verbotsschilder dürfen nicht verdeckt oder verstellt werden.

- **Meldeeinrichtungen**

Nächstgelegenes Telefon oder Druckknopfmelder in den Fluren und Treppenhäusern.

- **Löscheinrichtungen**

Feuerlöscher in den Fluren

Löschdecke in den Fluren zwischen Alt- und Neubau

- **Verhalten im Brandfall**

Ruhe bewahren!
Keine Panik durch unüberlegtes Handeln!

- **Brand melden**

Feuerwehr
Telefon 112
Wo brennt es
Was brennt

Einschlagen des Glases und betätigen des Druckknopfes

- **Meldeeinrichtungen**

Gefahrenbereich über gekennzeichnete Fluchtwege verlassen. Behinderte und verletzte Personen mitnehmen.

Aufzüge nicht benutzen.
Verqualmte Räume gebückt verlassen.
Am Sammelplatz einfinden.

- **Löschversuche unternehmen**

Feuerlöscher benutzen. Von vorne nach hinten und von unten nach oben löschen. Mehrere Löscher gleichzeitig einsetzen.

Personen mit brennender Kleidung am Fortlaufen hindern, sofort auf den Boden legen und die Flammen mit Löschdecken, ... ersticken.

Brände

- Brände werden nach den brennenden Stoffen in **Brandklassen** eingeteilt. Diese Klassifizierung ist notwendig, um geeignete Löschmittel zu verwenden.
- In der Europäischen Norm **DIN EN 2: 2005-01** werden die Brandklassen A, B, C, D und F unterschieden.
- Die Farbe der Symbole ist nicht festgelegt. Üblich ist Schwarz auf weißem Grund, bei Handfeuerlöschern häufig Weiß auf rotem Grund.

Brandklasse A

Brände von festen Stoffen, hauptsächlich organisch; Verbrennung erfolgt normalerweise unter Glutbildung

- **Beispiele**: Holz, Papier, Kohle, Heu, Stroh, Kunststoffe, Textilien, Autoreifen
- **Löschmittel**: Wasser, wässrige Lösungen, Schaum, ABC-Pulver[1)], Gase, Löschdecken

Brandklasse B

Brände von flüssigen oder flüssig werdenden Stoffen; auch Stoffe, die durch Temperaturerhöhung flüssig werden

- **Beispiele**: Benzin, Öle, Alkohol, Teer, Wachs, viele Kunststoffe, Ether, Lacke, Harz, Fette
- **Löschmittel**: Wasser, wässrige Lösungen, Schaum, ABC-Pulver[1)], Gase, Löschdecken

Brandklasse C

Brände von Gasen

- **Beispiele**: Methan, Propan, Butan, Acetylen, Wasserstoff, Erdgas, Stadtgas
- **Löschmittel**: ABC-Pulver[1)], BC-Pulver, Kohlenstoffdioxid nur in Ausnahmefällen (hierfür gibt es sehr selten speziell konstruierte Sonderfeuerlöscher mit Gasstrahldüse), Gaszufuhr durch Abschiebern der Leitung unterbinden
- **Hinweis**: Brände von Gasen sind in der Regel erst dann zu löschen, wenn die Gaszufuhr unterbunden werden kann, da sich sonst ein explosionsfähiges Gas-Luft-Gemisch bilden kann.

[1)] Trockenlöschmittel in Pulverform, sehr fein zerteilter Feststoff

Brandklasse D

Brände von Metallen

- **Beispiele**: Aluminium, Magnesium, Natrium, Kalium, Lithium und deren Legierung
- **Löschmittel**: Metallbrandpulver (D-Pulver), Trockener Sand, trockenes Streu- oder Viehsalz, trockener Zement, Grauguss-Späne
- **Hinweis**: Niemals Wasser als Löschmittel verwenden

Brandklasse F

Brände von Speiseölen/-fetten (pflanzliche oder tierische Öle und Fette) in Frittier- und Fettbackgeräten und anderen Kücheneinrichtungen und -geräten

- **Beispiele**: Speiseöle und Speisefette
- **Löschmittel**: Fettbrand-Löscher mit Speziallöschmittel zur Verseifung, Pulver-Löscher nur bedingt
- **Hinweis**: Niemals Wasser als Löschmittel verwenden

Einsatz von Handfeuerlöschern

- Feuerlöscher mindestens all zwei Jahre prüfen lassen.
- Sicherheitsabstände zu elektrischen Anlagen einhalten.
- Alle Mitarbeiter in die Bedienung der Feuerlöscher einweisen
- Brände **immer in Windrichtung** bekämpfen.

- **Flächenbrände** immer von unten nach oben bekämpfen.

- **Tropfbrände** immer von oben nach unten ablöschen.
- Bei **mehreren Feuerlöschern**, alle gleichzeitig einsetzen.

Bewertbarkeit

Jeder Stelle der Binärzeichen ist hierbei eine definierte Wertigkeit zugeordnet.
Beispiel: Mögliche Wertigkeiten von BCD-Codes.

Nr.	Wertigkeit			
1	8	4	2	1
2	7	4	2	1
3	6	4	2	1
4	5	4	2	1
5	4	4	2	1
6	7	3	2	1
7	6	3	2	1
8	5	3	2	1

Nr.	Wertigkeit			
9	4	3	2	1
10	3	3	2	1
11	6	2	2	1
12	5	2	2	1
13	4	2	2	1
14	6	3	1	1
15	5	3	1	1
16	4	3	1	1
17	5	2	1	1

Zusammenhang zwischen Wertigkeit und Dezimalzahl bei BCD-Codes:

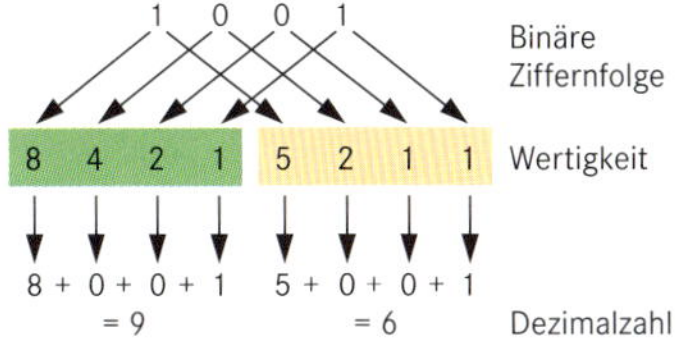

Fehlererkennbarkeit

Codes, die einfache oder mehrfache Verfälschungen von Stellen innerhalb eines Codewortes aufzeigen, sind fehlererkennbar (z. B. 1 aus 10- und 2 aus 5-Code).

Parität

Jedem Codewort kann durch Hinzufügen einer einzelnen Prüfstelle die Fähigkeit zum Erkennen einfacher Fehler gegeben werden.

- **Gerade Parität:** Paritätsbit wird auf 0 gesetzt, wenn Quersumme der mit 1 besetzten Stellen im Codewort gerade ist Paritätsbit = 1, wenn Quersumme ungerade
- **Ungerade Parität:** Paritätsbit = 1, wenn Quersumme gerade; Paritätsbit = 0, wenn Quersumme ungerade

Beispiel:

Parität	gerade (even)	ungerade (odd)
Codewort 1	0110 0	0110 1
Codewort 2	1110 1	1110 0

Paritätsbit

Rechenfähigkeit

Beispiel: Aiken-Code

Subtraktion		Addition durch Neunerkomplement	
Dezimalzahlen	Aiken-Code	Aiken-Code	
8	1110	1110	
–	+	+	
5	1011	0100	Invertieren
=	=	=	
		1 0010	Abtrennen der
		+	ersten Stelle
		0001	Addition von 1
3	0011	0011	

Blockprüfung

Auch als Longitudinale Redundanzprüfung bezeichnet. Sichert durch **BCC** (**B**lock **C**heck **C**haracter: Paritätszeichen) einen Datenblock.

- Alle Bitstellen mit derselben Bitnummer innerhalb des Blockes werden addiert
- Dafür wird jeweils ein Paritätsbit gebildet
- Die zusammengefassten Paritätsbits ergeben das BCC

Beispiel:

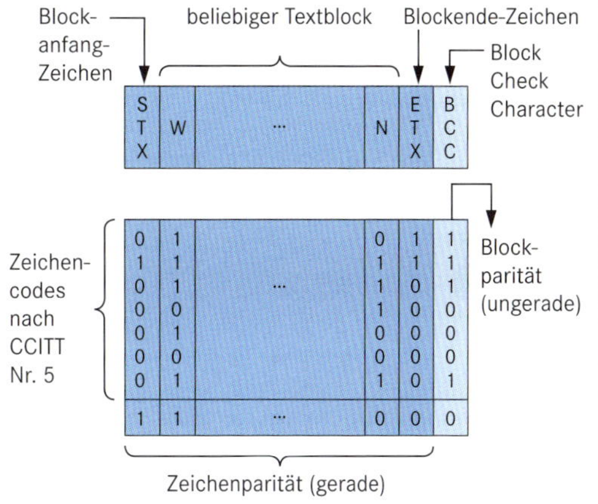

Zyklische Redundanzprüfung

- Beim **CRC**-Verfahren (**C**yclic **R**edundancy **C**heck) wird die gesamte Nachricht als serieller Bitstrom betrachtet.
- Alle Bits werden an einen CRC-Generator gegeben.
- Hier wird der Bitstrom durch ein Generatorpolynom dividiert und eine Kontrollzahl erzeugt.
- Daten und Kontrollzahl werden vom Empfänger ebenfalls durch Generatorpolynom dividert.
- Wenn der Divisionsrest gleich 0 ist, dann hat keine Verfälschung stattgefunden.
- CRC-Generator besteht aus Schieberegistern, die an bestimmten Stellen über Exclusiv-Oder-Gatter zurückgekoppelt sind.

Übertragungsprinzip mit CRC-Verfahren

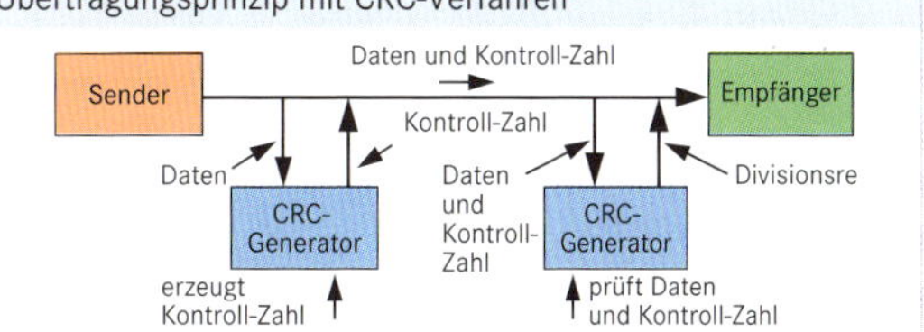

Generatorpolynome für CRC-Generator

ITU-T: $G(x) = x^{16} + x^{12} + x^5 + 1$	CRC-12: $G(x) = x^{12} + x^{11} + x^3 + x^2 + x + 1$
CRC-16 (IBM): $G(x) = x^{16} + x^{15} + x^2 + 1$	CRC-8 (LRC): $G(x) = x^8 + 1$

- Codieren bedeutet, den gegebenen Vorrat an Symbolen eines Zeichensatzes den Symbolen eines anderen Zeichensatzes zuzuordnen.
- Codieren erfolgt aus verschiedenen Gründen:
  - Bei Datenübertragung: Einfache und zeitsparende Übertragung der Symbole.
  - Für Datensicherheit: Daten möglichst schwer entschlüsselbar (kryptologische Codierungen).
  - Für Datenverarbeitung: Mathematische Operationen mit geringem technischen Aufwand durchführen.
- Überwiegend verwendet werden binäre Codes.
- Besondere Bedeutung haben die Codes, bei denen die Codewörter aus gleich vielen Elementen bestehen (z. B. vier Bit).
- Bei n Elementen pro Codewort und v unterscheidbaren Zuständen pro Element sind $M = v^n$ Codewörter darstellbar. (Binärsystem mit $v = 2$ ist $M = 2^n$.)

Tetradische Codes

- Bestehen aus vier Bit (**Tetrade**) je Codewort
- Codieren die Dezimalziffern 0...9
- Enthalten sechs Codewörter (Dezimalzahlen 10 ... 15), die **nicht** verwendet werden (**Pseudotetraden**)

Mehrschrittige Tetradische Codes

- Ändern mehrere Binärstellen beim Übergang von einem Codewort zum folgenden
- **BCD**-Code: **B**inary-**C**oded **D**ecimals (binärcodierte Dezimalziffern), geeignet für Addition
- **Aiken**-Code: geeignet für Addition und Subtraktion

Einschrittige Tetradische Codes

- Ändern nur eine Binärstelle beim Übergang von einem Codewort zum folgenden
- Anwendung bei Analog-Digital-Umsetzern (z. B. Winkelcodierern)

Dezimal-Ziffer	BCD-Code	Aiken-Code	Gray-Code	Glixon-Code	O'Brien-Code
0	0 0 0 0	0 0 0 0	0 0 0 0	0 0 0 0	0 0 0 0
1	0 0 0 1	0 0 0 1	0 0 0 1	0 0 0 1	0 0 0 1
2	0 0 1 0	0 0 1 0	0 0 1 1	0 0 1 1	0 0 1 1
3	0 0 1 1	0 0 1 1	0 0 1 0	0 0 1 0	0 0 1 0
4	0 1 0 0	0 1 0 0	0 1 1 0	0 1 1 0	0 1 1 0
5	0 1 0 1	1 0 1 1	0 1 1 1	0 1 1 1	1 1 1 0
6	0 1 1 0	1 1 0 0	0 1 0 1	0 1 0 1	1 0 1 0
7	0 1 1 1	1 1 0 1	0 1 0 0	0 1 0 0	1 0 1 1
8	1 0 0 0	1 1 1 0	1 1 0 0	1 1 0 0	1 0 0 1
9	1 0 0 1	1 1 1 1	1 1 0 1	1 0 0 0	1 0 0 0
Wertigkeit	8 4 2 1	2 4 2 1			
Stelle	4 3 2 1	4 3 2 1	4 3 2 1	4 3 2 1	4 3 2 1

Höherstellige Codes

- Verwenden mehr als vier Stellen zur Darstellung eines Codewortes
- 2 aus 5-Code: gleichgewichtiger Code; jeweils zwei von fünf Stellen sind in jedem Codewort mit 1 besetzt; fehlererkennbar
- 1 aus 10-Code: fehlererkennbar
- Libaw-Craig-Code: einschrittiger Code
- Biquinär-Code: 2 aus 7-Code

Dezimal-Ziffer	2 aus 5-Code	1 aus 10-Code	Libaw-Craig-Code	Biquinär-Code
0	1 1 0 0 10	0 0 0 0 0 0 0 0 0 1	0 0 0 0 0	0 1 0 0 0 0 1
1	0 0 0 1 1	0 0 0 0 0 0 0 0 1 0	0 0 0 0 1	0 1 0 0 0 1 0
2	0 0 1 0 1	0 0 0 0 0 0 0 1 0 0	0 0 0 1 1	0 1 0 0 1 0 0
3	0 0 1 1 0	0 0 0 0 0 0 1 0 0 0	0 0 1 1 1	0 1 0 1 0 0 0
4	0 1 0 0 1	0 0 0 0 0 1 0 0 0 0	0 1 1 1 1	0 1 1 0 0 0 0
5	0 1 0 1 0	0 0 0 0 1 0 0 0 0 0	1 1 1 1 1	1 0 0 0 0 0 1
6	0 1 1 0 0	0 0 0 1 0 0 0 0 0 0	1 1 1 1 0	1 0 0 0 0 1 0
7	1 0 0 0 1	0 0 1 0 0 0 0 0 0 0	1 1 1 0 0	1 0 0 0 1 0 0
8	1 0 0 1 0	0 1 0 0 0 0 0 0 0 0	1 1 0 0 0	1 0 0 1 0 0 0
9	1 0 1 0 0	1 0 0 0 0 0 0 0 0 0	1 0 0 0 0	1 0 1 0 0 0 0
Stelle	5 4 3 2 1	9 8 7 6 5 4 3 2 1 0	5 4 3 2 1	6 5 4 3 2 1 0

Nichtdekadische Codes

- Zahlen werden vollständig in einem Codewort dargestellt
- Codes müssen auf die Menge der zu codierenden Zahlen ausgelegt sein

Dezimal-Ziffer	Dual-Code	Hamming-Code (7,4)	Dezimal-Ziffer	Dual-Code	Hamming-Code (7,4)
0	0 0 0 0	0 0 0 0 0 0 0	8	1 0 0 0	1 0 0 1 0 1 1
1	0 0 0 1	0 0 0 0 1 1 1	9	1 0 0 1	1 0 0 1 1 0 0
2	0 0 1 0	0 0 1 1 0 0 1	10	1 0 1 0	1 0 1 0 0 1 0
3	0 0 1 1	0 0 1 1 1 1 0	11	1 0 1 1	1 0 1 0 1 0 1
4	0 1 0 0	0 1 0 1 0 1 0	12	1 1 0 0	1 1 0 0 0 0 1
5	0 1 0 1	0 1 0 1 1 0 1	13	1 1 0 1	1 1 0 0 1 1 0
6	0 1 1 0	0 1 1 0 0 1 1	14	1 1 1 0	1 1 1 1 0 0 0
7	0 1 1 1	0 1 1 0 1 0 0	15	1 1 1 1	1 1 1 1 1 1 1
		d3 d2 d1 p2 d0 p1 p0			d3 d2 d1 p2 d0 p1 p0

Zeile \ Spalte	00	01	02	03	04	05	06	07
00	**NUL** 0 0 P000 0000 000	**DLE** 10 16 P001 0000 020	**SP** 20 32 P010 0000 040	**0** 30 48 P011 0000 060	**@** 40 64 P100 0000 100	**P** 50 80 P101 0000 120	**`** 60 96 P110 0000 140	**p** 70 112 P111 0000 160
01	**SOH** 01 1 P000 0001 001	**DC$_1$** 11 17 P001 0001 021	**!** 21 33 P010 0001 41	**1** 31 49 P011 0001 061	**A** 41 65 P100 0001 101	**Q** 51 81 P101 0001 121	**a** 61 97 P110 0001 141	**q** 71 113 P111 0001 161
02	**STX** 02 2 P000 0010 002	**DC$_2$** 12 18 P001 0010 022	**“** 22 34 P010 0010 042	**2** 32 50 P011 0010 062	**B** 42 66 P100 0010 102	**R** 52 82 P101 0010 122	**b** 62 98 P110 0010 142	**r** 72 114 P111 0010 162
03	**ETX** 03 3 P000 0011 003	**DC$_3$** 13 19 P001 0011 023	**#** 23 35 P010 0011 043	**3** 33 51 P011 0011 063	**C** 43 67 P100 0011 103	**S** 53 83 P101 0011 123	**c** 63 99 P110 0011 143	**s** 73 115 P111 0011 163
04	**EOT** 04 4 P000 0100 004	**DC$_4$** 14 20 P001 0100 024	**$** 24 36 P010 0100 044	**4** 34 52 P011 0100 064	**D** 44 68 P100 0100 104	**T** 54 84 P101 0100 124	**d** 64 100 P110 0100 144	**t** 74 116 P111 0100 164
05	**ENQ** 05 5 P000 0101 005	**NAK** 15 21 P001 0101 025	**%** 25 37 P010 0101 045	**5** 35 53 P011 0101 065	**E** 45 69 P100 0101 105	**U** 55 85 P101 0101 125	**e** 65 101 P110 0101 145	**u** 75 117 P111 0101 165
06	**ACK** 06 6 P000 0110 006	**SYN** 16 22 P001 0110 026	**&** 26 38 P010 0110 046	**6** 36 54 P011 0110 066	**F** 46 70 P100 0110 106	**V** 56 86 P101 0110 126	**f** 66 102 P110 0110 146	**v** 76 118 P111 0110 166
07	**BEL** 07 7 P000 0111 007	**ETB** 17 23 P001 0111 027	**’** 27 39 P010 0111 047	**7** 37 55 P011 0111 067	**G** 47 71 P100 0111 107	**W** 57 87 P101 0111 127	**g** 67 103 P110 0111 147	**w** 77 119 P111 0111 167
08	**BS** 08 8 P000 1000 010	**CAN** 18 24 P001 1000 030	**(** 28 40 P010 1000 050	**8** 38 56 P011 1000 070	**H** 48 72 P100 1000 110	**X** 58 88 P101 1000 130	**h** 68 104 P110 1000 150	**x** 78 120 P111 1000 170
09	**HT** 09 9 P000 1001 011	**EM** 19 25 P001 1001 031	**)** 29 41 P010 1001 051	**9** 39 57 P011 1001 071	**I** 49 73 P100 1001 111	**Y** 59 89 P101 1001 131	**i** 69 105 P110 1001 151	**y** 79 121 P111 1001 171
10	**LF** 0A 10 P000 1010 012	**SUB** 1A 26 P001 1010 032	***** 2A 42 P010 1010 052	**:** 3A 58 P011 1010 072	**J** 4A 74 P100 1010 112	**Z** 5A 90 P101 1010 132	**j** 6A 106 P110 1010 152	**z** 7A 122 P111 1010 172
11	**VT** 0B 11 P000 1011 013	**ESC** 1B 27 P001 1011 033	**+** 2B 43 P010 1011 053	**;** 3B 59 P011 1011 073	**K** 4B 75 P100 1011 113	**[** 5B 91 P101 1011 133	**k** 6B 107 P110 1011 153	**{** 7B 123 P111 1011 173
12	**FF** 0C 12 P000 1100 014	**FS** 1C 28 P001 1100 034	**,** 2C 44 P010 1100 054	**<** 3C 60 P011 1100 074	**L** 4C 76 P100 1100 114	**** 5C 92 P101 1100 134	**l** 6C 108 P110 1100 154	**¦** 7C 124 P111 1100 174
13	**CR** 0D 13 P000 1101 015	**GS** 1D 29 P001 1101 035	**–** 2D 45 P010 1101 055	**=** 3D 61 P011 1101 075	**M** 4D 77 P100 1101 115	**]** 5D 93 P101 1101 135	**m** 6D 109 P110 1101 155	**}** 7D 125 P111 1101 175
14	**SO** 0E 14 P000 1110 16	**RS** 1E 30 P001 1110 036	**.** 2E 46 P010 1110 056	**>** 3E 62 P011 1110 076	**N** 4E 78 P100 1110 116	**^** 5E 94 P101 1110 136	**n** 6E 110 P110 1110 156	**~** 7E 126 P111 1110 176
15	**SI** 0F 15 P000 1111 17	**US** 1F 31 P001 1111 037	**/** 2F 47 P010 1111 057	**?** 3F 63 P011 1111 077	**O** 4F 79 P100 1111 117	**_** 5F 95 P101 1111 137	**o** 6F 111 P110 1111 157	**DEL** 7F 127 P111 1111 177

Erklärung

ASCII-Zeichen — **DLE**	20	— Wert hexadezimal
	16	— Wert dezimal
Wert binär — P001 0000	020	— Wert oktal

LSB (Least Significant Bit: niederwertiges Bit)

MSB (Most Significant Bit: höchstwertiges Bit)

P: Paritätsbit (P = 0 oder P = 1 muss vereinbart sein; s. DIN 66 022).

Befehl	Art des Befehls	Bedeutung englisch	Bedeutung deutsch
NUL	–	NULL	Null, Nichts
SOH	TC	START OF HEADING	Kopfzeilenbeginn
STX	TC	START OF TEXT	Textanfangzeichen
ETX	TC	END OF TEXT	Textendezeichen
EOT	TC	END OF TRANSMISSION	Ende der Übertragung
ENQ	TC	ENQUIRY	Aufforderung zur Datenübertragung
ACK	TC	ACKNOWLEDGE	Positive Rückmeldung
BEL	–	BELL	Klingelzeichen
BS	FE	BACKSPACE	Rückwärtsschritt
HT	FE	HORIZONTAL TABULATION	Horizontal-Tabulator
LF	FE	LINE FEED	Zeilenvorschub
VT	FE	VERTICAL TABULATION	Vertikal-Tabulator
FF	FE	FORM FEED	Formularvorschub
CR	FE	CARRIAGE RETURN	Wagenrücklauf
SO	–	SHIFT OUT	Dauerumschaltungs-zeichen

Befehl	Art des Befehls	Bedeutung englisch	Bedeutung deutsch
SI	–	SHIFT IN	Rückschaltungszeichen
DLE	TC	DATALINE ESCAPE	Datenübertragungs-Umschaltung
DC 1...4	DC	DEVICE CONTROL 1...4	Gerätesteuerzeichen 1...4
NAK	TC	NEGATIVE ACKNOWLEDGE	Negative Rückmeldung
SYN	TC	SYNCHRONOUS IDLE	Synchronisierung
ETB	TC	END OF TRANSMISSION BLOCK	Ende des Übertragungsblocks
CAN	–	CANCEL	Ungültig
EM	–	END OF MEDIUM	Ende der Aufzeichnung
SUB	–	SUBSTITUTE	Substitution
ESC	–	ESCAPE	Umschaltung
FS	IS	FILE SEPARATOR	Hauptgruppen-Trenn-zeichen
GS	IS	GROUP SEPARATOR	Gruppentrennzeichen
RS	IS	RECORD SEPARATOR	Untergruppen-Trenn-zeichen
US	IS	UNIT SEPARATOR	Teilgruppen-Trenn-zeichen
SP	–	SPACE	Leerzeichen
DEL	–	DELETE	Löschen

Begriffe und Prinzipien

- Bezeichnungen:
  - Strichcode
  - Balkencode
  - Barcode (engl. Bar: Balken)
  - Linearer 1D Barcode
- Der dargestellte Code besteht aus verschieden breiten, parallelen Strichen und Lücken, die nebeneinander liegen. Breitenverhältnis zwischen schmalen und breiten Balken: 1 : 1,8 bis 1 : 3,4 (üblich: 1 : 2 bis 1 : 3)
- Um den Code einwandfrei dekodieren zu können bleibt nach dem Code ein Feld frei (Ruhezone) oder es sind Trennungslinien vorhanden.
- Als erstes und als letztes Zeichen sind in der Regel Start- und Stoppzeichen eingefügt.
- Die Daten im Strichcode lassen sich optisch erfassen durch:
  - Lesestift (Bewegung von Hand über den Barcode, Decodierer empfängt das Hell-/Dunkel-Signal)
  - CCD-Scanner (Beleuchtung des Codes mit LEDs, reflektiertes Licht wird ausgewertet)
  - Laser-Scanner (ein oder mehrere Laserstrahlen werden auf den Barcode gerichtet und werden verschieden reflektiert)
  - Handy-Scanner (Barcode wird als Bild erfasst und decodiert)
- Anwendungen:
  Automatische Identifikation und Datenerfassung, **AIDC** (**A**utomatic **I**dentification and **D**ata **C**apture), z. B.:
  - Produktion (Produktkennzeichnung, ...)
  - Lager (Lagerplatzcode, ...)
  - Transport (Zielort, ...)
- Vorteile:
  - Sicher, geringe Fehlerwahrscheinlichkeit
  - Einfach, mit Druckern herstellbar
- Nachteil:
  Begrenzte Datenmenge

Fehlererkennung

Beispiel:
- Code 2/5 Industrial
- Am Ende des Codes befindet sich eine Prüfziffer.
- Stimmt die errechnete Prüfsumme nicht mit der übertragenen Ziffer (im unteren Beispiel 4) überein, wird erneut gelesen.

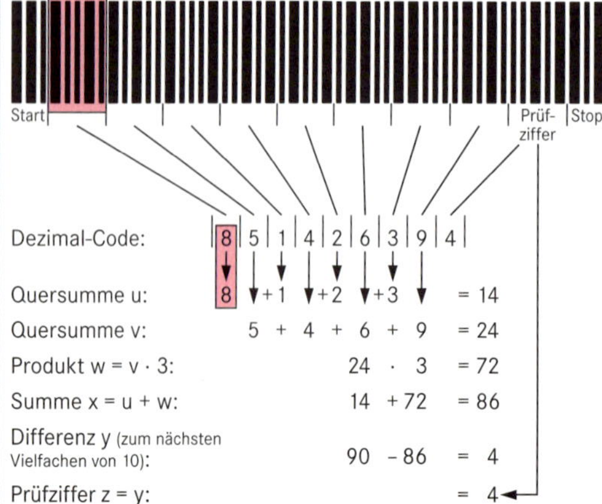

EAN

- **EAN** (**E**uropean **A**rticle **N**umber) wird zur Produktkennzeichnung für Handelsartikel verwendet (**Handelsstrichcode**).
- Die Artikelnummer besteht aus 8 bzw. 13 Ziffern (**EAN 8** und **EAN 13**). Die ersten 2 bzw. 3 oder 7, 8 oder 9 werden zentral durch die **GSI**-Gruppe (**G**lobal **T**rade **I**tem **N**umber) verwaltet und vergeben.
- Der numerische Code hat eine feste Länge, darstellbar sind die Zahlen 0 bis 9, die üblicherweise auch analog angezeigt werden.

Code 2/5 Industrial (Code 2 of 5 Industrial)

- Numerischer Code, Zeichensatz 0 bis 9
- Die Zahlen 2 und 5 sagen aus, dass jedes Strichcodezeichen aus 2 breiten und 3 schmalen, also insgesamt 5 Elementen besteht. Die Lücken enthalten keine Information.
- Anwendung: Warenhäuser Flugtickets

Code 2/5 Interleaved (Code 2 of 5 Interleaved)

- Bezeichnungen auch: **ITF** (**I**nterleaved **T**wo of **F**ive), Interleaving: Verschränkung
- Numerischer Code, Zeichensatz 0 bis 9
- Der Code ist aufgebaut aus zwei breiten und drei schmalen Strichen bzw. zwei breiten und drei schmalen Lücken (immer fünf Elemente). Striche und Lücken tragen also eine Information. Zwischen dem Start- und Stoppzeichen sind somit zwei Ziffern codiert (überlappend, verschränkt).
- Vorteil: Hohe Informationsdichte
- Anwendung: Paketdienst, Industrieanwendung

Code 128

- 128 bezieht sich auf die 128 darstellbaren ASCII-Zeichen
- Es handelt sich um einen alphanumerischen Code hoher Informationsdichte.
  - Zeichensatz A: Ziffern, Großbuchstaben, Sonderzeichen, ASCII-Steuerzeichen
  - Zeichensatz B: Ziffern, alle Groß- und Kleinbuchstaben, Sonderzeichen und Umschaltzeichen
- Jedes Zeichen besteht aus 11 Modulen, die in drei Striche und drei Lücken aufgeteilt sind. Die vier Strich- und vier Lückenbreiten variieren.
- Vorteil: ASCII-Zeichnsatz, hohe Informationsdichte
- Anwendung: Paketdienste, Elektronik-Industrie, Chemische Industrie, Gesundheitssektor

2D-Codes
2D Codes

Begriff und Prinzipien

- Bezeichnungen:
  Matrix-Code, 2D-Barcode, Punktcode
- Es handelt sich um eine Anordnung verschieden breiter Quadrate, Punkte oder Striche, die durch Lücken getrennt sind. Die darin enthaltenen Informationen sind mit entsprechenden optoelektronischen Geräten lesbar (Kamera-Scanner).
- Die Daten sind nicht in eine Richtung (eindimensional) sondern in der Fläche (zweidimensional) codiert.
- Vorteil gegenüber dem Barcode (eindimensional):
  Höhere Dichte an Nutzinformationen
- Verwendung:
  - Warenkennzeichnung (verschiedenartige), Informationsspeicherung
  - Mobile-Tagging
- Gruppen:
  - Gestapelte Codes (übereinander gestapelte Strichcodes) z.B. Codablock, Code 49, PDF417
  - Matrix-Codes z. B. QR-Code, DataMatrix-Code, MaxiCode, Aztec-Code
  - Punktcodes

Mobile-Tagging

- Mit diesem Begriff kennzeichnet man ein Verfahren, bei dem man mit Hilfe der Kamera eines Handys die in einem 2D-Code enthaltenen Informationen (Codeinhalt) ausliest.

- Beispiele für Codeinhalte:
  - Internetadresse, direkte Weiterleitung ist möglich
  - Transaktionscode zur Durchführung von Programmschritten
  - Zugangscode für den einmaligen Zugriff
  - Adressensatz (z. B. in Form einer Visitenkarte)

Aztec-Code

- Der Name leitet sich ab von den Azteken in Zentralmexiko (Blick auf eine Stufenpyramide aus der Vogelperspektive).
- Aufbau:
  - In der Mitte das Suchelement, mehrere ineinander verschachtelte Quadrate
  - Symbolelemente sind quadratisch
- Kapazität: über 3000 Zeichen
- Reed-Solomon-Fehlerkorrektur bis zu 32 Levels
- Anwendung:
  - Online-Tickets der Deutschen, Österreichischen und Schweizer Bundesbahn sowie Verband Deutscher Verkehrsunternehmen, Mobile-Tickets
  - Speicherung biometrischer Daten (USA)

QR-Code

- **QR**: **Q**uick **R**esponse (schnelle Antwort)
- Aufbau:
  Quadratische Matrix aus mindestens 21 x 21 bis 177 x 177 schwarzen und weißen Flächen mit speziellen Markierungen an drei Ecken (Position).

- Fehlerkorrektur-Levels (Kapazität der Fehlerkorrektur in %)
  L: 7 %; M: 15 %; Q: 25 %; H: 30 %
- Beispiel für den Informationsgehalt:
  177 x 177 Elemente, Fehlerkorrekturlevel L $\Rightarrow$ 23.624 Bit (7.089 Dezimalziffern, 4.296 alphanumerische Zeichen sind darstellbar)
- Vielfältige Anwendungsmöglichkeiten: Produktionslogistik, Fahrplanauskunft, Navigation, Werbung, Aufruf von Websites, usw.
- **Weiterentwicklungen**:
  - **Micro-QR-Code**
    ist verwendbar für kleine Abmessungen, besitzt nur eine Orientierugsmarkierung, max. 35 Zahlen bzw. 21 alphanumersiche Zeichen sind codierbar
  - **Secure-QR-Code**
    enthält erweiterte Funktionen zum Verschlüsseln von Daten
  - **iQR-Code**
    besitzt rechteckiges Format, ist kleiner als der QR-Code und kann mehr Daten speichern

DataMatrix-Code

- Aufbau:
  - Variable rechteckige Form als Matrix
  - 10 x 10 bis 144 x 144 Symbolelemente
  - waagerechte und senkrechte Umrandung dient der Orientierung

- Kapazität bei 7 Bit z. B. 2.334 ASCII-Zeichen oder 3.116 Ziffern
- Vorteile:
  Kompakt und sicher, sehr gute Fehlerkorrektur (Reed-Solomon), Rekonstruktion des Dateninhalts bei Beschädigungen bis 25 %
- Anwendungen:
  - Direktbeschriftung mit Laser oder durch Nadelprägung in der Produktion
  - Analysegeräte für die Chemieindustrie, Medizintechnik
  - Gedruckte Form: Tickets, Postversand, elektronische Briefmarke

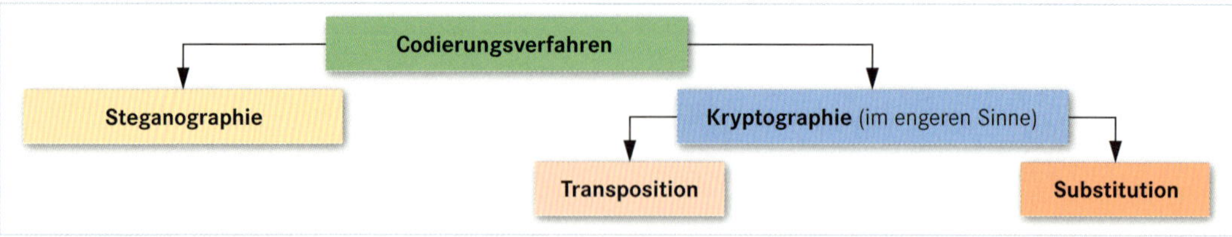

Basisbegriffe

- **Steganographie** (steganos (gr.: bedeckt); graphein (gr.: schreiben)). Zum Beispiel:
  - Texte/Bilder (räumlich) verstecken
  - Verwendung von unsichtbarer Tinte
  - Information wird im offenen Text versteckt
- Die **„versteckten Verfahren"** (Steganographie) zählen auch zu den „indirekten Chiffrierverfahren".
  Hierzu zählen auch **„Chaffing"** und **„Frequency Hopping"**.
  - Beim **Chaffing** werden Bitpakete übertragen, die zum Teil aus **Zufallsbitfolgen** bestehen
  - Beim **Frequency Hopping** wird die Nachricht im Ablauf mit verschiedenen Trägerfrequenzen übertragen
- **Kryptographie** (kryptos (gr.: verbergen))
  Der Inhalt (der Sinn der Nachricht) wird verborgen.
- **Transposition (auch: Permutationsverfahren)**
  Der Informationsträger bleibt gleich; er erhält jedoch einen neuen Ort. – Z. B.: die Folge von Buchstaben wird vertauscht.
- **Substitution:** Der Informationsträger behält seinen Ort/seine Position; er wird jedoch verändert dargestellt. Z. B. werden Buchstaben durch Zahlen dargestellt.
- **Substitutions-**, **Permutations-** und **Stromverfahren** zählen zu den **„Direkten Chiffrierverfahren"**. Mit einem Schlüssel wird der Algorithmus-Einsatz zur Klartext-Verwandlung gesteuert.
- **Klartextalphabet (KTA):** Ursprüngliche Zeichenmenge, aus der ein **Klartext** (engl. **plain text**) geschrieben wurde.
- **Verschlüsselungsalphabet (Geheimtextalphabet (GTA)):** Zeichenmenge, auf die die Zeichen des Klartextalphabets zum Geheimtext (engl.: **cipher text**) übersetzt werden.

Monoalphabetische Verschlüsselung

Die Zeichen des KTA werden auf ein beliebig angeordnetes GTA in einheitlicher Art abgebildet.

- **Beispiel: Cäsar-Kodierung**
  Geht auf C. J. Cäsar (100–44 v. Chr.) zurück und ist eine Sonderform der monoalphabetischen Verschlüsselung.
  - Die Zeichenfolge der GTA entspricht der Abfolge der KTA. Der Schlüssel gibt die Buchstabenverschiebung an. Beispiel (Verschiebung um eine Position):
    KTA: A, B, C, D, ..., X, Y, Z
    GTA: B, C, D, E, ..., Y, Z, A
  - Allgemeine Übersetzungsvorschrift (Verschiebung: n)
    Zeichen(GTA) = Zeichen((Nr-KTA + n) [mod 26])

Polyalphabetische Verschlüsselung

- Es werden mehrere unabhängige GTA verwendet.
  Zum Beispiel wird mit einem Schlüsselwort festgelegt, in welches GTA die einzelnen Buchstaben übersetzt werden.
- **Beispiel: Vigenère-Codierung:**
  Sie geht auf Blaise de Vigenère (1523–1585) zurück und ist eine Sonderform der polyalphabetischen Verschlüsselung.
  Die Zeichenfolgen der einzelnen GTA entspricht der des KTA.
  Zum Beispiel – verwendet werden zwei GTA –:
  KTA: A, B, C, ..., X, Y, Z
  GTA-1: B, C, D, ..., Y, Z, A
  GTA-2: D, E, F, ..., A, B, C
  Der 1., 3., ... Buchstabe wird zum Beispiel ins GTA-1 übersetzt; der 2., 4., ... Buchstabe ins GTA-2.

Buchstabenhäufigkeiten

In der deutschen (oberer Wert) und englischen (unterer Wert) Schriftsprache (Wert jeweils in %)

A	B	C	D	E	F	G	H	I
6,51	2,57	2,84	5,41	16,7	2,04	3,65	4,06	7,82
8,20	1,50	2,80	4,30	12,7	2,20	2,00	6,10	7,00

J	K	L	M	N	O	P	Q	R
0,19	1,88	2,83	3,01	9,92	2,29	0,94	0,07	6,54
0,20	0,80	4,00	2,40	6,70	7,50	1,90	0,10	6,00

S	T	U	V	W	X	Y	Z
6,78	6,74	3,70	1,07	1,40	0,02	0,03	1,00
6,30	9,10	2,80	1,00	2,40	0,20	2,00	0,10

- Häufigkeit von **Bigrammen** in der deutschen Sprache (Bigramme: zwei Buchstaben in Folge)
  en (4,47 %); er (3,40 %); ch (2,80 %); nd (2,58 %); ei (2,26 %); de (2,14 %); in (2,04 %); es (1,81 %); te (1,78 %); ie (1,76 %); un (1,73 %); ge (1,68 %); st (1,24 %); ic (1,19 %); he (1,17 %)
- Häufigkeit von **Trigrammen** in der deutschen Sprache (Trigramme: drei Buchstaben in Folge)
  ein (1,22 %); ich (1,11 %); nde (0,89 %); die (0,87 %); und (0,87 %); der (0,86 %); che (0,75 %); end (0,75 %); gen (0,71 %); sch (0,66 %)

Mono- und polyalphabetische Verschlüsselungen können durch statistische Analysen zur Häufigkeit einzelner Zeichen und ganzer Zeichenfolgen entschlüsselt werden: **statistische Kryptoanalyse** nach **Kasiski** (polnischer Mathematiker; Entdeckung 1863)

Information und Codierungen

- **Quellcodierung:** Findung von geeigneten Quellsymbolverteilungen, zur Eliminierung (Reduktion) der Redundanzen.
- **Kanalcodierung:** Kontrollierte Erhöhung der Redundanz, um eine Fehlererkennung und -korrektur zu ermöglichen.
- **Leitungscodierung:** Konkrete Endcodierung.

Anforderungen an die Leitungscodierung

1. Hohe Effizienz
2. Hoher Taktgehalt
3. Gleichstromfreiheit
4. Geringer Implementierungsaufwand
5. Geringe Störempfindlichkeit
6. Transparenz (Bitübertragungsprinzip)

Kanalbeziehungen

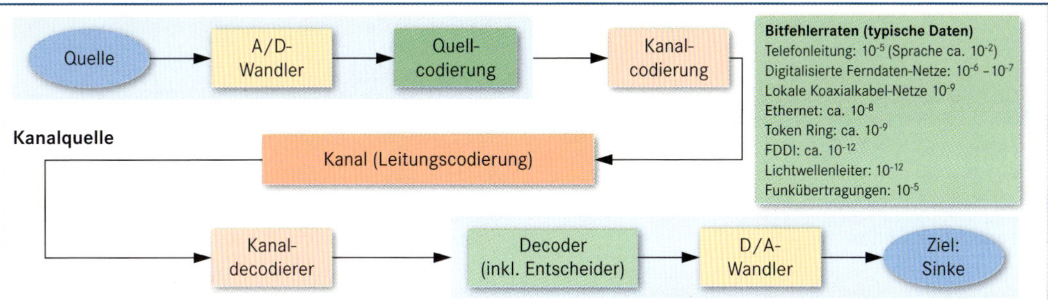

Abstand und Fehler

- Abstand (a) zwischen zwei Codewörtern ist definiert als Anzahl unterschiedlicher Stellen von zwei Codewörtern.
- Hamming-Distanz (t): Mindestabstand zwischen Codewörtern in einem Hamming-Code (Codematrix ist aus linear unabhängigen Codewörtern aufgebaut).
- Fehlererkennung ist möglich bei (t – 1) Fehlern
- Fehlerkorrektur ist möglich bei f Fehlern mit $(t - 1)/2 \geq f$

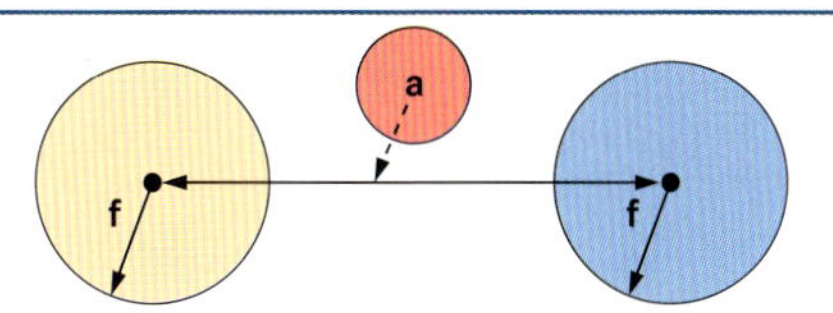

Bei überlappenden Sphären ist keine Korrektur möglich.

Huffman-Codierung

- Konstruktionsprinzip zur Findung einer geeigneten Quellsymbolcodierung
- **Verfahrensablauf:**
  A. Sortierung der Quellsymbole nach der Wahrscheinlichkeit ihres Auftretens
  B. Zusammenfassung von immer zwei Symbole bzw. Einheiten beginnend bei den kleinsten Wahrscheinlichkeitswerten. Sukzessives Fortführen der Sortierung (Pos. A). Prozessabschluss, wenn alle Symbole erfasst sind.
  C. Schrittweise Zuordnung von Codewörter zu den gefundenen Einheiten
- **Redundanzsparende Codierungsideen** und **-konzepte** existieren auch von **Fano** und **Shannon**

Codebäume

- Prinzipiell können Codewörter als Knoten in einem Codebaum verstanden werden. Die Codebäume entsprechen vom Prinzip Baumdiagrammen.
- Beim **Präfixcode** nimmt jedes Codewort nur die Stellung eines Endknoten ein: kein Codewort ist Anfang eines anderen Codewortes.

Beispiel

i	1	2	3	4	5
P (x_i)	0,5	0,25	0,15	0,06	0,04

Umsortiert ergibt das folgende Zuordnung:
x_4 (0), x_5 (1); x_3 (0), x_4x_5 (1); x_2 (0), $x_3x_4x_5$ (1) x_1 (0), $x_2x_3x_4x_5$ (1)

Ergebnis:

i	1	2	3	4	5
Codewort	0	10	110	1110	1111

Zugehöriger Codebaum

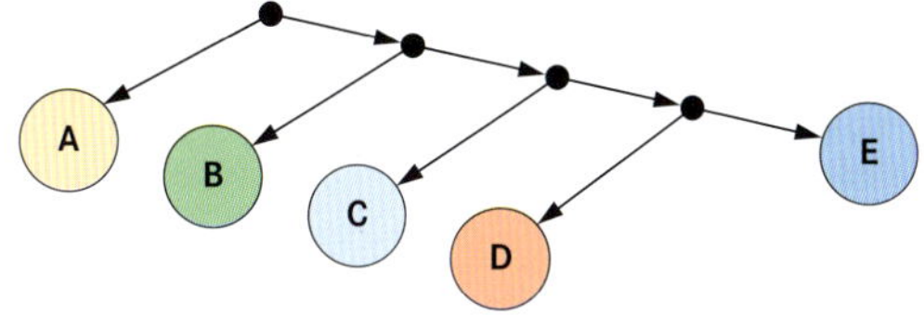

E: x_5; D: x_4; C: x_3; B: x_2; A: x_1
Die Codewörter sind hierbei unterschiedlich lang.

Modulo-2-Rechnung

- Binäre Codes basieren auf der Modulo-2-Rechnung
- **Die Verrechnung erfolgt dabei pro Bitstelle**

Addition			Multiplikation		
⊕	- 1 -	- 0 -	(•) ≡ ⊗	- 1 -	- 0 -
- 1 -	0	1	- 1 -	1	0
- 0 -	1	0	- 0 -	0	0

Blockcodes
Durch einheitliche Codewortlängen kann der Code aus sich selbst synchronisiert werden. Hierzu werden Block-Codes verwendet.

Blockcode-Einteilungen

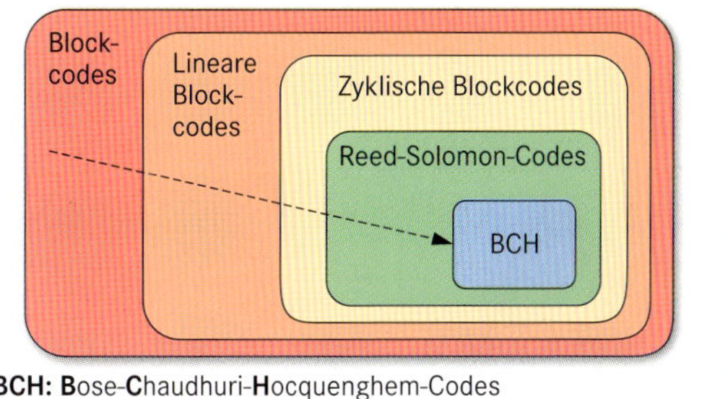

BCH: Bose-**C**haudhuri-**H**ocquenghem-Codes

Blockcodes

- Nachrichten werden in Blöcke (Bitfolge als Vektor Y_i) zergliedert, die gesondert codiert und einzeln übertragen werden
- Die Codewörter (X_i) errechnen sich durch die Multiplikation der Bitfolgen (Y_i) mit der Generatormatrix G
- Allgemein gilt: **X = Y · G (X, Y:** Vektoren; **G:** Matrix)
- $g_m = (g_{m1}\, g_{m2}\, g_{m3} \dots g_{mj})$ ist ein Basisvektor der Generatormatrix G, mit $1 \le m \le k$

Lineare Block-Codes

- Sie bestehen aus linear unabhängigen Zeilenvektoren. Durch das Anhängen einer Einheitsmatrix (E) an die Generatormatrix eines Block-Codes kann die Generatormatrix eines linearen Block-Codes gebildet werden.
- Die Zeilen einer Generatormatrix eines linearen Codes sind linear unabhängig voneinander. D. h., eine Zeile wird nicht durch eine beliebige Kombination anderer Zeilen der Matrix bestimmt.
- Die Diagonalmatrix wird – als eine Möglichkeit – an die (k, j)-Matrix angeheftet.

DES

- **DES** ist die Abkürzung für **D**ata **E**ncryption **S**tandard, der 1976 in den USA entwickelt wurde.
- Er gehört zu den Blockalgorithmen.
- Klartexte werden als Bitfolge dargestellt.
- Er ist in seinem Aufbau vollständig veröffentlicht.
- Einsatz z. B.: Geheimzahlbestimmung eines Geldkassenchip
- Die Zeichenfolge des Klartextes wird in Datenblöcke von 64 Bits umgewandelt. Der DES nimmt die Verschlüsselung dieser Blöcke vor. Hierzu wird ein 56 Bit langer Schlüssel eingesetzt.
- Heutzutage wird der Triple-DES verwendet.

Hamming-Codes

- Hamming-Codes sind einfache lineare Blockcodes
- Eigenschaften:
  - Codewortlänge: $n = 2^m - 1$
  - Nachrichtenstellen im Codewort: $k = 2^m - 1 - m$
  - Anzahl der Prüfstellen im Codewort: $m = n - k$
  - Fehlerkorrekturmöglichkeit: $t = 1$; $d_{min} = 3$
- Durch das Anhängen von jeweils einer Null an eine Generator-Codezeile und dem Einfügen einer zusätzlichen Zeile aus Einsen – dies garantiert die lineare Unabhängigkeit der Codezeilen – kann der Grad des Hamming-Codes um Eins erhöht werden

CRC

- CRC steht für **C**yclic-**R**edundancy-**C**heck-Codes
- Sie werden auch Abramson-Codes genannt
- Sie sind eine Erweiterung zyklischer Hamming-Codes
- Das Generatorpolynom eines CRC-Codes wird über eine Polynommultiplikation der Art $g(X) = (1 + X) \cdot g_1(X)$ bestimmt, Hierbei ist $g_1(X)$ ein primitives Polynom vom Grad k_1
- Durch die Polynommultiplikation mit x wird der Grad des Polynoms um Eins erhöht. Somit steigt auch die Hamming-Distanz
- Sie werden bei vielen technischen Anwendungen wie z. B.
  - X25-Protokoll
  - HDLC
  - ISDN D-Kanal-Protokoll
  - ATM-Technik;

  eingesetzt.
  Zum Beispiel bestimmen sie dort die FCS-Werte (Frame-Checking-Sequence).

RSA

- RSA bezieht sich auf die Namen **R**ivest, **S**hamir, **A**dleman (Veröffentlichung des Verfahrens 1977).
- Das RSA-Verfahren basiert im Kern auf dem kleinen Satz von Fermat. Von besonderem Interesse ist hierbei zu wissen, ob zwei Zahlen teilerfremd sind.
- **Teilerfremde Zahlen:** Für die Anzahl $\varphi(n)$ der teilerfremden Zahlen zur Zahl n gilt:

Anzahl der teilerfremden Zahlen

n	**1**	**2**	**3**	**4**	**5**	**6**	**7**	**8**	**9**
$\varphi(n)$	1	1	2	2	4	2	6	4	6
n	**10**	**11**	**12**	**13**	**14**	**15**	**16**	**17**	**18**
$\varphi(n)$	4	10	4	12	6	8	8	16	6

Basis des RSA-Verfahrens

- Mit $s \in N$ gilt: $a^{s[(p_1 - 1) \cdot (p_2 - 1)] + 1} = a \bmod n$

  $\rightarrow a^{s[(p_1 - 1)(p_2 - 1)] + 1} \bmod n = a$, mit $a < n = p \times q$
  Weiter gilt: $e \times d = s\,(p_1 - 1) \times (p_2 - 1) + 1$;

  p_1 und p_2 sind hierbei zwei große Primzahlen, mit $n = p_1 \times p_2$
- **RSA-Prinzip:** e und d werden gebildet und veröffentlicht d bleibt geheim. Ein Angreifer muss n in p_1 und p_2 zerlegen.

RSA-Sicherheit

- Die Sicherheit des RSA-Verfahrens begründet sich in der Problematik, große Zahlen schnell in ihre Primzahlen zerlegen zu müssen/zu wollen.
- Von daher ist das RSA-Verfahren prinzipiell lösbar, aber unter Beachtung der aktuellen Lösungsfähigkeit faktisch sicher.
- Von hierher begründet sich das Interesse an geeigneten Verfahren zur Primzahlzerlegung.

RSA-Verfahrensgestaltung

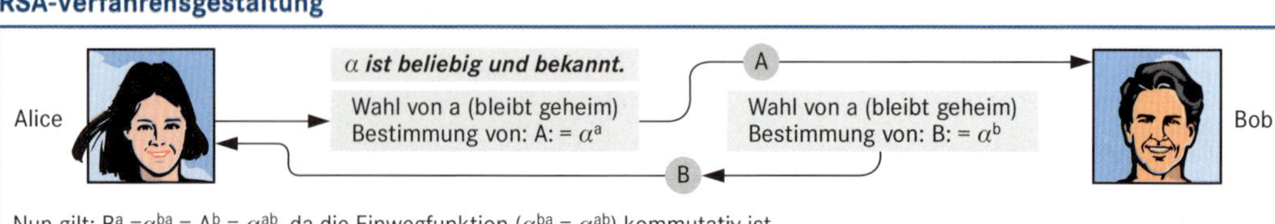

Nun gilt: $B^a = \alpha^{ba} = A^b = \alpha^{ab}$, da die Einwegfunktion ($\alpha^{ba} = \alpha^{ab}$) kommutativ ist.

RSA-Verfahrensablauf

	Allgemeiner Ablauf	Beispiel (gerechnet mit übersichtlichen Primzahlwerten)
1.	Alice wählt p und q. p, q sind (möglichst große) Primzahlen. Es gilt dann $N = p \cdot q$	$p = 13; q = 23$ $N = 13 \cdot 23 = 299$
2.	Wahl von e Hierbei sind e und $(p - 1) \cdot (q - 1)$ teilerfremd	$e = 7; (p - 1) \cdot (q - 1) = 12 \cdot 22 = 264$ $264 = 2 \cdot 2 \cdot 2 \cdot 3 \cdot 11$ (Dies ist teilerfremd zu 7)
3.	Alice veröffentlicht die Zahlen e und N Dies ist der **öffentliche** Schlüssel	$e = 7$ und $N = 299$
4.	Die zu **verschlüsselnde Nachricht** M (eine dezimale Zahl) wird von Bob nun verarbeitet: $C = M^e \pmod N$. M ist hierbei die Klartextzahl.	$M = 123_{\vert 10}$; $M^e = (123)^7$; $M^e = 425927596977747$ $Me/N = 425927596977747/299$ $C = 150$ (Also: $M^e = 1424507013303 \cdot 299 + 150$)
5.	$e \cdot d = 1 \pmod{(p-1) \cdot (q-1)}$ Es soll d bestimmt werden. d wird auch als **privater** Schlüssel bezeichnet.	$e \cdot d = 7 \cdot d = 1 \ (\mathrm{mod}((p-1) \cdot (q-1))) = 1 \mathrm{\ mod}(264)$ Nun gilt: $7 \cdot d = 265$ oder 529 oder ... Es folgt: $e \cdot d = 1057 (\mathrm{mod}\ 264) = 1$ für $d = 151$
6.	Zur **Entschlüsselung** wird nun gerechnet: $M = C^d \pmod N = 150^{151} \pmod{299}$	$M = 150^{151} \pmod{299} = 150^1 \pmod{299} \cdot ((150^6 \pmod{299}))^{25} = \ldots =$ $= 150 \cdot 246 \pmod{299} = 123 = M$

Primzahlen und RSA

- Die **RSA-Verfahrenssicherheit** ist keine absolute. Angesichts der Problematik, große Zahlen in Primzahlen zu zerlegen, ergibt sich eine relative Sicherheit in Abhängigkeit vom technischen Stand.
- Von hierher begründet sich z. B. das Interesse an schnellen Algorithmen, um geeignete Primzahlzerlegungen zu finden. Insofern interessiert man sich für die Verteilung der Primzahlen.

RSA-Schlüssel

Schlüssellänge	Max. Dezimalzahl	Primzahlanzahl	Berechnungszeit (2002)
8 Bit	256	54	
512 Bit	$1{,}3 \cdot 10^{154}$	$3{,}8 \cdot 10^{151}$	Ca. 1 Jahr
768 Bit	$1{,}6 \cdot 10^{231}$	$1{,}5 \cdot 10^{228}$	
1024 Bit	$1{,}8 \cdot 10^{308}$	$2{,}5 \cdot 10^{305}$	Ca. 10 Jahre
2048 Bit	Ca. 10^{617}		Ca. 500 Jahre

Weitere Verschlüsselungsalgorithmen

- **BB84-Verfahren** (nach Bennett und Brassard; 1984): ein polyalphabetisches Verschlüsselungsverfahren
- **CAST** (1996): Blockcode; symmetrischer Code. Schlüssellänge zwischen 40 bis 128 Bit. Wird auch im PGP-Verfahren genutzt.
- **IDEA** (**I**nternational **D**ata **E**ncryption **A**lgorithm; von Xueija Lai und James Massey (ETH Zürich); 1990/1992): Ein Blockcode mit 64 Bit; Schlüssellänge: 128 Bit. Es ist ein symmetrisches Verfahren mit Blockchiffren.
- **MPEG** (MP3-Format (Uni. Erlangen; 1988): ein asymmetrisches Verschlüsselungsverfahren (MPEG1 folgt JPEG)
- **PEM** (Privacy Enhanced Mail; 1988): asymmetrisches Verschlüsselungsverfahren für E-Mails
- **PGP** (**P**retty **G**ood **P**rivacy – von Philipp R. Zimmermann; 1991): Verschlüsselungsverfahren für E-Mails basiert unter anderem auf dem **RSA-Verfahren** und dem **IDEA**.
- **Rijndael-Algorithmus:** Funktionsweise entspricht dem AES. Jedoch sind hier auch Datenblöcke mit 192 und 256 Bit möglich.
- **Ron's Cipher 4 (RC4)** (von Rivest; 1987): ein Stromchiffre (einmalige Zufallsfolge wird mit Klartext verknüpft).
- **S/MIME** (**S**ecure/**M**ultipurpose **I**nternet **M**ail **E**xtensions): asymmetrisches Verschlüsselungsverfahren für E-Mails.
- **SSH** nutzt zur Verschlüsselung **RC4**.
- **WAP/WAP2:** Verschlüsselungsverfahren, das WEP ersetzt hat. (Normierung unter IEEE 802.11i)
- **WEP** (Wired Equivalent Privacy): basiert auf **RC4**
- **Zero-Knowledge-Verfahren**
  - Goldwasser, Micali und Racoff; 1985
  - Amos Fiat und Adi Shamir; 1986

Anforderungen zum RSA-Verfahren

- Folgende Anforderungen an Verschlüsselungsverfahren wurden von der Regulierungsbehörde für Telekommunikation und Post mit Blick auf die elektronische Signatur festgelegt.
  Zur Lage von q und p soll beachtet werden:
  $\varepsilon 1 < | \log_2(p) - \log_2(q) | < \varepsilon_2$ mit $\varepsilon_1 \approx 0{,}1$ und $\varepsilon_2 \approx 30$
  p und q sollen zufällig und unabhängig voneinander sein.
  Für e (den öffentlichen Exponenten) gilt:
  ggt $(e, (p - 1), (q - 1)) = 1$ (e soll unabhängig von n sein)
  Für **d** (den **geheimen Exponenten**) gilt:
  $e \cdot d = 1 \mathrm{\ mod\ kgV}\ (p - 1, q - 1)$

Anwendungen (Angaben in bit)

Verfahren	Schlüssellänge	Block	Anwendungsbereiche
DES	56	64	Standardschlüssel
3DES	56, 112, 168	64	VPN mit Hardwarechips
IDEA	128	64	PGP, OpenPGP
Blowfish	von 32 bis 448	64	Open-Source-Tools
AES	128, 192, 256	128, 192, 256	VPN-Standard
Twofish	128, 192, 256	128	Mailverschlüsselung
RC6	max. 2040	128	RSA-Produkte

Geeignete Signaturverfahren

- RSA-Verfahren
- **DSA** (**D**igital **S**ignatur **A**lgorithmen)
- DSA-Verfahren unter Verwendung elliptischer Kurven: EC-DAS, EC-KDSA, EC-GDSA (auch: EC-ElGamal) Nyberg-Rueppel-Signaturen

Verschlüsselungsverfahren
Encryption Methods

Hintergrund

- **AES: A**dvanced **E**ncryption **S**tandard – Basiert auf einer öffentlichen Ausschreibung der **NIST** (**N**ational **I**nstitute of **S**tandards and **T**echnology – US-amerikanische Normierungsbehörde).
- Bekannt auch als **Rijndael-Algorithmus**: entwickelt von Vincent Rijmen und Joan Daemen.
- AES basiert auf und ergänzt DES, TripelDES (3DES) und IDEA.
- Der Verschlüsselungscode ist getestet und frei zugänglich.
- AES ist für die höchste Sicherheitsebene bei der Verschlüsselung von Dokumenten in den USA zugelassen.

Konstruktionsprinzipien

- Es ist ein symmetrischer Verschlüsselungsalgorithmus.
- Es ist ein Blockcode.
- Die Blockgröße beträgt 128 Bits beim AES (Blockgrößen von 192 und 256 Bits sind an sich beim Rijndael-Algorithmus möglich).
- Die Schlüssellänge entspricht zumindest der Blocklänge. Üblich sind beim AES bei einer Blockgröße von 128 Bit Schlüssel von 128, 192 und 256 Bit. Entsprechend lauten die Bezeichnungen:
- AES-128, AES-192, AES-256.
- Es treten keine Symmetrien in der Schlüsselkonstruktion auf.
- Die Signale werden gespreizt. Dadurch wird das Signal konstruktiv verrauscht. Insofern kann das Signal nicht als
- informationshaltiges Signal auf der physikalischen Ebene erkannt und im Weiteren auch auf der statistischen Ebene nicht transparent werden.
- Linearitäten werden auf der Darstellungsebene vermieden.

Verschlüsselungsablauf

- i = 1: **Initialisierungsschritt**
  XOR-Operation des Klartexts unter Verwendung des Rundenschlüssels k_1
- i = 2 ... n: **Weitere Verschlüsselungsschritte**
  XOR-Operation von Klartext unter Verwendung des Rundenschlüssels k_i (k_2, ..., k_n)
  Die Operationen ByteSub, ShiftRow und MicColumn werden nacheinander angewandt.
- i = n + 1: **Abschließender Verschlüsselungsschritt**
  XOR-Operation des Klartexts unter Verwendung des Rundenschlüssels k_n + 1.
  Danach werden die Operationen ByteSub und ShiftRow nacheinander angewandt.
- k_1 bis k_{n+1} werden von einem Eingangsschlüssel k abgeleitet.
- Die Schlüssellänge entspricht der Eingangsblocklänge.
- Gesamtschlüssellänge (bei 128 Bit) = (n + 1) · 128.
  Verallgemeinert gilt bei einer Klartextlänge von b Bit:
  (n + 1) · b
- Die XOR-Operation zielt auf die Byte-Einheit. Die Texteinheiten werden bei 128 Bit in eine 4 x 4 – Matrix aufgegliedert.
- Die Rechenoperationen erfolgen im Z_2 - Körper ({0, 1}).
- Bis zur Rundenzahl n = 9 können Angriffe erfolgreich sein.
- **ByteSub** ist eine Rundenfunktion. Sie basiert auf der Verrechnung von Polynomen. Dies ergibt eine monoalphabetische Verschlüsselung. Diese Substitutionsprozess ist algorithmisch fest verankert.
- **ShiftRow** ist eine Verschiebefunktion, die die einzelnen Matrixelemente linear transformiert. So werden Informationen – in systematisch kontrollierter Art – verschoben bzw. „verschmiert“. Dadurch wird erreicht, dass mittels kryptologisch-stochastischer Methoden keine Analyse möglich wird.
- **MixColumn** wirkt im Sinne einer Matrixmultiplikation auf die Spalten der Zustandsmatrix (Spaltenvermischung).

Ablaufstruktur

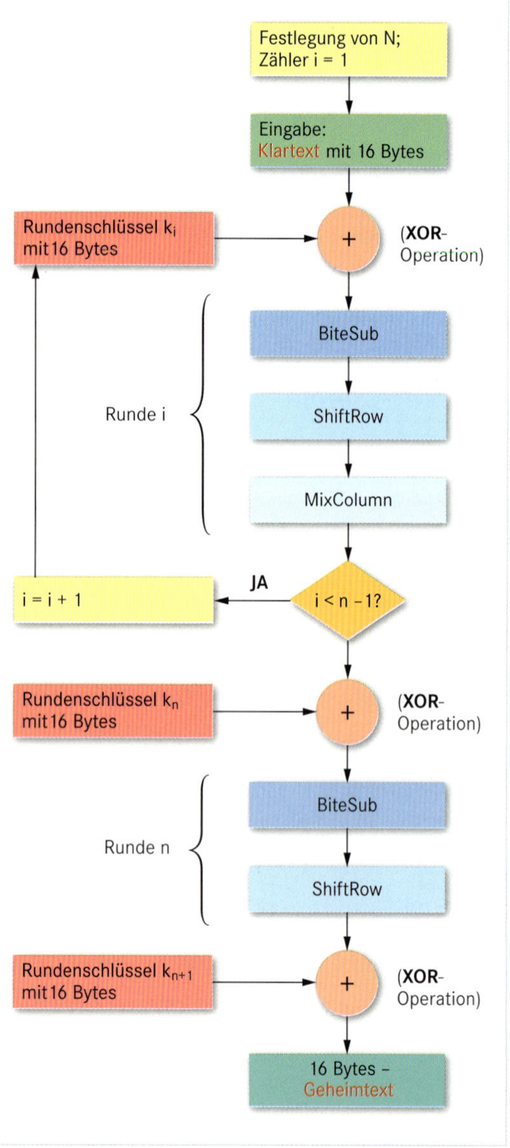

Entschlüsselung

- In symmetrischer Art erfolgt die Entschlüsselung. Dabei muss die Substitution in umgekehrter Abfolge vorgehen. Ebenso werden die Matrixoperationen umgekehrt.

Einsatz

- Verwendung bei: Wireless LAN (gemäß IEEE 802.11i) und IPSec.
- Nutzung zur Datenkomprimierung: 7-Zip, GnuPG, PGP, RAR, SSH, SRTP.
- Nutzung bei Betriebssystemen z. B.: MS Windows XP (EFS), Mac OS X.

Zyklische Codes

- C ist ein linearer Code. Er ist zyklisch, wenn für die Code-Wörter (Codevektoren) a, a* ∈ C gilt:
  $a = (a_{m-1}, a_{m-2}, \dots, a_1, a_0) \in C$
  $\Rightarrow a^* = (a_{m-2}, a_{m-3}, \dots, a_0, a_1) \in C$ (usw.)
- Dem m-Tupel $a = (a_{m-1}, a_{m-2}, \dots, a_1, a_0)$ entspricht ein Polynom der Art: $a(x) = a_{m-1} \cdot x^{m-1} + \dots + a_1 \cdot x^1 + a_0 \cdot x^0$
- Ein normiertes Polynom liegt bei $a_{m-1} = 1$ vor.
- Grad des Polynoms: d = m – 1
- Beispiel: Dem Polynom $g_1(x) = x^4 + x + 1$ entspricht die Bitfolge g = 10011 (Wertigkeit: $2^n \mid 2^{n-1} \mid \dots \mid 2^1 \mid 2^0$)
- g(x) heißt Generatorpolynom
- Bildung von G (Generatormatrix) über:

$$G = \begin{bmatrix} x^{n-1} \cdot g(x) \\ \dots \\ x \cdot g(x) \\ g(x) \end{bmatrix}$$

- Zu G gehören für $g(X) = x^4 + x + 1$ die Bitfolgen: 0...010011 | 0...0100110 | 0...01001100 usw.
- $h(x) = (x^m - 1) / g(x)$ (h(x) : Kontrollpolynom)
- Minimalpolynome bezüglich q werden „Primitive Polynome" zu GF(q) genannt.

Primitive Generatorpolynome (aus F2(x) ⇒ q = 2)

Grad	Polynom	Grad	Polynom
1	$X + 1$	8	$X^8 + X^4 + X^3 + X^2 + 1$
2	$X^2 + X + 1$	9	$X^9 + X^4 + 1$
3	$X^3 + X + 1$	10	$X^{10} + X^3 + 1$
4	$X^4 + X + 1$	11	$X^{11} + X2 + 1$
5	$X^5 + X^2 + 1$	12	$X^{12} + X^6 + X^4 + X + 1$
6	$X^6 + X + 1$	13	$X^{13} + X^4 + X^3 + X + 1$
7	$X^7 + X^3 + 1$	14	$X^{14} + X^{10} + X^6 + X + 1$

Grad	Polynom
15	$X^{15} + X^{14} + X^{13} + X^{12} + X^4 + X^3 + X^2 + X + 1$
32	$X^{32} + X^{26} + X^{23} + X^{22} + X^{16} + X^{12} + X^{11} + X^{10} + X^8 + X^7 + X^5 + X^4 + X^2 + X + 1$

Faltungscodes

- Mit Faltungscodieren kann ein Bitstrom codiert werden. Prinzipiell wird eine Folge von Info-Vektoren mit k Symbolen auf eine Folge von Code-Vektoren mit n Symbolen abgebildet.
- Der Codierer arbeitet mit einem Gedächtnis: Die Codevektoren hängen ab entweder von den
  - vorausgegangenen Info-Vektoren oder aber bei
  - rekursiven Codes von den vorausgegangenen Code-Vektoren.
- L bezeichnet die Gedächtnistiefe (Rückgrifftiefe)
- L + 1: Einflusstiefe
- Die konkrete Nachrichtenfolge wird schrittweise mit der Code-Impulsantwort diskret gefaltet. Dieser Prozess ist über einen Schieberegister-Prozess realisiert werden.
- Konkrete Faltungscode-Schaltung

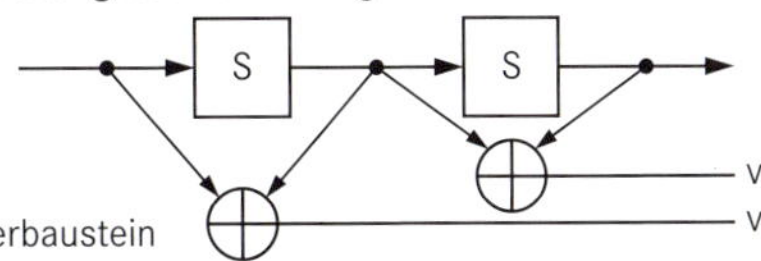

S: Speicherbaustein

- Zugehörige Koeffizientenmatrix:

$$G = \begin{bmatrix} 1 & 1 & 0 \\ 0 & 1 & 1 \end{bmatrix} = \begin{bmatrix} g_1 \\ g_2 \end{bmatrix}$$

- Anzahl der Speicherbausteine = Spaltenzahl – 1
- Anzahl der Ausgangsvektoren v = Zeilenzahl

ECC – Elliptic Curve Cryptography

- Elliptische Kurve: auch ebene kubische Kurve
- Seit den 1980er Jahren wurden unter Verwendung elliptischer Kurven asymmetrische Verschlüsslungssysteme entwickelt. Mit kurzen Schlüsseln werden hohe Sicherheitsebenen erreicht.
- Die elliptischen Funktionen, auf denen die entsprechenden Kurven basieren, ermöglichen eine Einwegfunktion.
- Der ECC stellt eine effektive Alternative zur RSA-Konzeption dar.

Elliptische Funktionen

- Funktionsgleichung: $y^2 = x^3 + a \cdot x + b$ mit $x \in \mathbb{R}$ und $a, b \in \mathbb{R}$.
- Gleichungen mit $4a^3 + 27a^2 \neq 0$ ermöglichen nichtsinguläre, ebene Kurven, die für die Verschlüsselungsprozesse geeignet sind.
- Additionsregel für Punkte auf den zugehörigen Kurven:
  1. Zwei Punkte werden durch die Funktionsgleichung bestimmt. $P_1 = (x_1, y_1)$; $P_2 = (x_2, y_2)$
  2. Geometrisch gesehen, soll eine Gerade durch P_1 und P_2 gelegt werden. Ein dritter Punkt (x_3, y_3), der auf der Geraden und der elliptischen Kurve liegen soll, ist zu bestimmen. Die Geradengleichung lautet: $f(x) = y = \lambda \cdot x + \nu$
     Mit $P_1 \neq P_2$ folgt: $\lambda = (y_2 - y_1)/(x_2 - x_1) = (3 \cdot x_1^2 + a)/(2 \cdot y_1)$
  3. Ergebnis: $x_3 = \lambda^2 - x_1 - x_2$; $y_3 = (x_1 - x_3) \cdot \lambda - y_1$
- Diese Gleichungen müssen nun auf diskrete Gegebenheiten angewandt werden. Für λ gilt: $\lambda = ((y_2 - y_1)/(x_2 - x_1)) \bmod p$, also: $\lambda = ((3 \cdot x_1^2 + a)/(2 \cdot y_1)) \bmod p$. Durch diese modulo-Addition wird wieder ein Kurvenpunkt bestimmt. Die Berechnung der Punkte im diskreten (modulo) Fall ist aufwändig.
- **Elliptische Kurvenverläufe**:

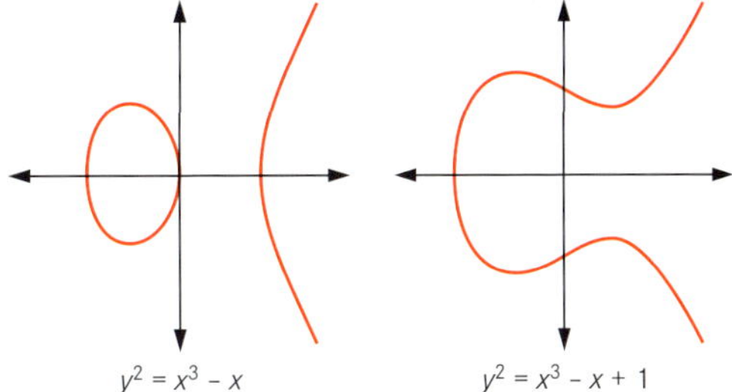

$y^2 = x^3 - x$ $\qquad$ $y^2 = x^3 - x + 1$

- Geeignet sind für die ECC-Technik Kurvenverläufe, bei denen keine Schnittpunkte auftreten.

Codierungsidee und -einsatz

- Zwei Punkte P und Q mit Q = n · P sollen diskret bekannt sein. n ist zu bestimmen. Und diese Bestimmung ist hochkomplex.
- Die komplexe Mathematik garantiert die hohe Effektivität und Qualität der Verschlüsselung. Dies hat zur Folge, dass mit relativ geringen Schlüssellängen sichere Kodierungen zu erzielen sind.
- Der Schlüssellänge kann bei etwa 5 % der Schlüssellänge im Diffie-Hellmann-Verfahren (384 Bit gegenüber 7.680 Bit) liegen. Insofern sind ECC-Systeme schneller als RSA-Systeme.
- Einsatzbereiche:
  - Öffentliche Kommunikation (Regierung, Botschaften)
  - Radaranlagen (Straßenverkehr), Navigationssysteme
  - Kartensysteme, Smartcards und eingebettete Systeme (Embedded Systems) zum Beispiel im Kfz-Bereich.
- Probleme: Viele Ideen zum ECC-Verfahren sind patentrechtlich geschützt. Zugleich wird so eine Exklusivität garantiert.

Hintergrund

- Ziel ist es, durch die Aufnahme von kryptographischen Aspekten in Netzprotokollen die aktive und passive Sicherheit bei der Datenübertragung in Netzen zu gewährleisten.
- Im Kern werden aktive und passive Netzbedrohungen bzw. Angriffe unterschieden:

Passive Angriffe: → Datenzugriff ohne Manipulation

Aktive Angriffe: → Datenmanipulation
- **IP Spoofing:** Änderung des IP-Headers (Verschleierung von Angriffen)
- **Port Scans:** offene Türen
- **DNS Poisoning:** Täuschungen; Veränderung (Manipulationen bei DN Servern)
- **DoS: D**enial-**o**f-**S**ervice-Angriffe

- Im Detail sollen folgende Aspekte garantiert werden:

Anonymität
Die Identität der Beteiligten bleibt gegenüber Dritten gewahrt.

Integrität
Der Informationsinhalt wird während der Übertragung nicht verändert. (Eingriffe werden sicher erkannt.)

Authentizität
Den Beteiligten ist der Kommunikationspartner bekannt.

Verbindlichkeit
Der Partner kann – auch gegenüber Dritten – sicher identifiziert und belegt werden.

Vertraulichkeit
Die übermittelten Inhalte bleiben gegenüber Dritten vertraulich.

Verstöße gegen diese Grundaspekte sollen mit den eingesetzten Sicherungsverfahren verhindert und zugleich erkannt werden.

- In den Bedrohungsszenarien werden Angriffe bzw. Eingriffe zu verschiedenen Beziehungen thematisiert:
  - Bürger – Bürger und Behörde – Behörde
  - Bürger – Staat respektive Staat – Bürger
  - Unternehmen – Staat respektive Staat – Unternehmen
  - Kunde – Unternehmen respektive Unternehmen – Kunde

Sicherheitsarchitektur gemäß ISO

1. **Analyse** der **Gefährdungen und Bedrohungen**
   - Abhören von Informationen (Vertraulichkeit)
   - Identifizieren der Kommunikationspartner (Anonymität)
   - Erkennbare Manipulation der Inhalte (Integrität der Nachricht)
   - Unerkennbare Manipulation der Inhalte (Nachrichtenintegrität)
   - Fälschen der Senderangabe (Authentizität)
   - Fälschen der Empfänger-Identität (Authentizität) – Maskerade
   - Weiterleitung an Dritte (Zugriffsverletzung)
   - Vortäuschen eines (falschen) Empfängers
   - Sende- bzw. Empfangsverleugnung (Verbindlichkeit)

2. **Reaktionen**

2a. Festlegung der **Sicherheit**

2b. Bestimmung der **passiven Sicherung** der **Vertraulichkeit** (Protokoll-Dienste)

2c. Auswahl von **aktiven Mechanismen** (Verschlüsselungsverfahren)

2d. Einsatz von Verschlüsselungsalgorithmen

- **E-Mail-Prozesse** – siehe allgemein: RFC 822
- Sicherungsprotokolle: – POP (Post Office Protocol) und:
  - POP3 (Post Office Protocol Version 3); - IMAP; - MIME;
  - SMTP; - S/MIME ( ) - Standard für sichere E-Mails

Verfahren

Abk.	Name/Hinweise	(RFC) etc.
[**OSI – x**] - Schicht x im OSI; [**SV**] - Symmetrisches Verfahren; [**AV**] – Asymmetrisches Verfahren; [**BCh**] – Bloch Chiffren		
AES	Advanced Encryption Standard [**SV**](3602, 3566, 3686)	
AH	Authentication Header	2402
CBC	Cipher Block Chaining [**BCh**]; Cipher Feedback-Modus (CFB); Output Feedback-Modus (OFB)	
CMS	Cryptographic Message Syntax	2630
CSS	Content Srramling System	
DAS	Digital Signature Algorithmus – eine ElGamal-Variante	
DES	Data Encryption Standard [**SV**] (und Triple-DES: 3-DES)	
Diameter	Protokoll: löst Radius ab	2058
DSS	Digital Signature Standard	
ECB	Electronic Codebook-Modus [**BCh**]	
ElGamal	Von Taber Eigamal – Basis diskreter Logarithmus [**AV**]	
ESP	Encapsulation Security Payload Zur Realisierung der IP-Vertraulichkeit)	1829, 2405, 2451
HTTP	Hypertext Transfer Protocol	2069, 2616
S-HTTP	Secure-HTTP (Konkurrent von SSL)	2660
IDEA	International Data Encryption Algorithm [**SV**] (Blocklänge: 64 Bit; Schlüssellänge 128 Bit)	
IKE	Internet Key Exchange	2408/9
IMAP	Internet Message Access Protocol	1730
IPv4	Internet Protocol - Version 4 bzw. 6	791
IPv6	Zentrales Protokoll der OSI-Schicht 3	1883
IPSec	IP Security (over L2TP) [**OSI** – 4] (Verschlüsselung: ESP; Authentifizierung: AH, ESP; Schlüsselmanagement: IKE) (im Transport Mode oder im Tunnel Mode)	2888
MAC	Message Authentication Code	2104
MIME	Multipurpose Internet Mail Extensions	2045–2049
NAT	Network Address Translation	3715, 3947f.
OCSP	Online Certificate Status Protocol	2560
PEM	Privacy Enhanced Mail	1421–1424
PGP Open PGP	Pretty Good Privacy (von Philip Zimmerman) – de facto Internet-Standard	1991, 2015, 2440
PKCS	**S/MIME-Standard**	2634
POP	Post Office Protocol	1725
POP3	Post Office Protocol Version3	1725
PPP	Point-to-Point-Protocol: Speziell für Einwahlverbindungen in Netze	1661
RADIUS	Remote Authentication Dial-In User Service	2058
SKIP	Simple Key Management for Internet Protocols	
SMTP	Simple Mail Transfer Protocol	821
S/MIME	(Enhanced) Security Multipurpose Internet Mail Extensions => sichere E-Mails	2311–2315 2632–2634
SSL	Secure Socket Layer-Protocol	
SSL V3	3. SSL-Version (genaue Bezeichnung: Transport Layer Security Protocol Version)	2246
SMTP	Simple Mail Transfer Protocol	821
WEP/WPA/2, EAP – [W-LAN-Sichungsprotokolle]		
X.509	Zertifikationsstandard	3280

Markt- und Kundenbeziehungen

Grundlagen des Marketing

426 Unternehmensphilosophie
426 Unternehmensstrategie
427 – 428 Marketing
429 Markterkundung und Marktforschung
430 Primärforschung: Auswahlverfahren und Erhebungsmethoden
430 Sekundärforschung: Betriebsinterne und -externe Quellen
431 Kundenanalyse und Käuferverhalten

Absatzpolitische Instrumente

432 Produkt- und Sortimentspolitik
433 – 435 Preis- und Konditionenpolitik
436 – 437 Kommunikationspolitik
438 – 440 Distributionspolitik
441 Marketing-Mix
442 Internationales Marketing

Kaufvertragsrecht

443 Angebotserstellung
443 – 445 Beschaffung von Fremdleistungen
446 Optimale Bestellmenge
447 Lagerkennziffern
447 Lagerbestandsgrößen
448 Bestellung
448 Kaufvertrag
449 Rechnungsprüfung
449 Kaufvertragsstörungen: Überblick
450 Mangelhafte Lieferung
451 Arten des Kaufvertrags
452 Erfüllungsort
452 Gerichtsstand
452 Gesetz gegen unlauteren Wettbewerb (UWG)
453 Rechtsgeschäfte von natürlichen und juristischen Personen
453 Vertragsarten
454 – 455 DIN 5008: Erstellung von Geschäftsbriefen
456 – 457 Leasing
458 E-Commerce

Lieferanten- und Kundenmanagement

459 Supply Chain Management (SCM)
459 Customer Relationship Management (CRM)
460 Kundenmanagement

Unternehmensphilosophie
Corporate Philosophy

Langfristige Grundlage für das Agieren eines Unternehmens im Markt ist die **Unternehmensphilosophie**. Diese „Weltanschauung" des Unternehmens legt grundlegende Wertvorstellungen und Ziele fest, die detailliert in Form von Unternehmensgrundsätzen im **Unternehmensleitbild** schriftlich fixiert werden. Eine ganz spezifische Unternehmensethik kann zum Beispiel dazu führen, dass ein Unternehmen sich spezielle soziale oder ökologische Ziele setzt. Gerade aber bei der Verfolgung dieser gewählten sozialen oder ökologischen Ziele kann es zu **Zielkonflikten** mit wirtschaftlichen Zielen kommen. Wird zum Beispiel in wirtschaftlich schwierigen Zeiten auf die Verfolgung vorher festgelegter sozialer oder ökologischer Ziele verzichtet, kann es unter Umständen zu langfristigen Problemen mit den Kunden kommen – die **Unternehmensidentität** wird aus Kundensicht nachhaltig gestört. Die Folge könnte sein, dass die Kunden zu einem Mitbewerber wechseln.

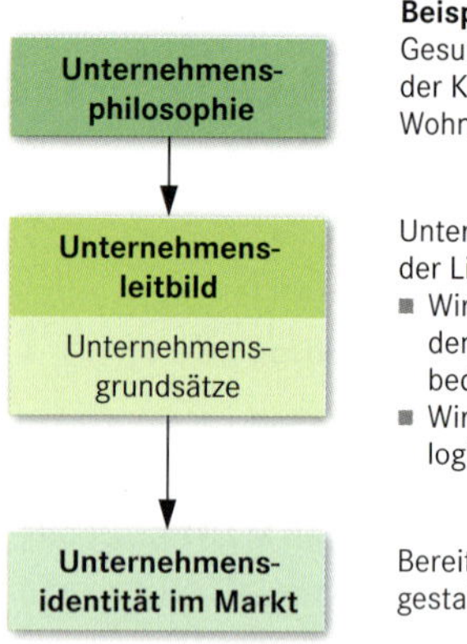

Beispiel:
Gesundheitsbedürfnisse der Kunden im Bereich Wohnen befriedigen

Unternehmensgrundsätze der Lifestyle AG (Auszug):
- Wir orientieren uns an den konkreten Kundenbedürfnissen.
- Wir berücksichtigen ökologische Wohnbedürfnisse.

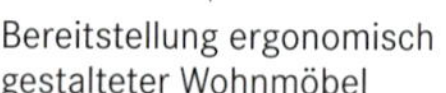

Bereitstellung ergonomisch gestalteter Wohnmöbel

Unternehmensstrategie
Corporate Strategy

Begriff

Mithilfe von **Unternehmensstrategien**, d. h. langfristigen Planungen, positioniert sich das Unternehmen im Markt. Dazu gehören:
- Festlegung der **Geschäftsfelder**, in denen das Unternehmen tätig sein soll
- Aufstellung von **obersten Unternehmenszielen**
- Bestimmung **unternehmenspolitischer Instrumente** (z. B. im Absatzbereich die Festlegung der Preispolitik) zur Beeinflussung der Marktgegebenheiten

Zielhierarchie

Um **oberste Unternehmensziele**, die sich direkt aus der Unternehmensphilosophie ableiten, verwirklichen zu können, müssen verschiedene **Einzelziele** in eine Rangfolge gebracht werden: man spricht von einer **Zielhierarchie**.

Unternehmensphilosophie
Unternehmensleitbild
→
Oberziel(e)
Unterziele

Beispiele von Einzelzielen:

Wirtschaftliche Ziele
- **Wachstumsziele:** Steigerung von Absatz, Marktanteil, Umsatz, Produktqualität
- **Erfolgsziele:** Gewinn, Rentabilität des Eigenkapitals bzw. des Gesamtkapitals
- **Finanzziele:** Sicherung der Liquidität, der Kreditwürdigkeit, der Kapitalstruktur

- **Soziale Ziele**
  Sicherung des Arbeitsplatzes, der Arbeitszufriedenheit, Ausbau der sozialen Leistung
- **Ökologische Ziele**
  Umweltverträgliche Produkte, Produktionsverfahren
- **Gesellschaftliche Ziele**
  Image, Corporate Identity, Macht

Zielarten (Auswahl)

Unterscheidungskriterium	Ausprägungen	Erklärung	Beispiele
Priorität	**strategische Ziele**	werden langfristig verfolgt	grundlegende Positionierung im Markt
	operative Ziele	werden kurzfristig verfolgt	Aufbau eines neuen Vertriebssystems
Formalisierungsgrad der Ziele	**Formalziele**	beschreiben langfristige, wünschenswerte Zielvorstellungen	Erhöhung des Marktanteils auf 60 %
	Sachziele	dienen der Verwirklichung der Formalziele durch Festlegung von konkreten Maßnahmen	Schnellere Abwicklung der Auftragsabwicklung durch Software
Hierachische Einordnung	**Oberziele**	werden im Topmanagement festgelegt	Langfristige Gewinnmaximierung
	Unterziele	werden im Middle Management zur Verwirklichung der Oberziele festgelegt	Senkung der Personalkosten im Bereich des Vertriebs

Die Marktsituation und unternehmerisches Handeln

Marktsituation

Verkäufermarkt

Marktmacht der Verkäufer ist größer als die der Käufer. (Nachfrage > Angebot)

Käufermarkt

Marktmacht der Käufer ist größer als die der Verkäufer. (Angebot > Nachfrage)

Unternehmerisches Handeln

Absatz

„Absatz“ ist eine betriebswirtschaftliche Funktion des Unternehmens, wie z. B. auch Beschaffung, Finanzierung oder Produktion. Die Produkte bzw. Dienstleistungen sollen in einem gegebenen Kundensegment zu einem möglichst hohen Preis zum Kunden gelangen.

Marketing

„Marketing“ ist eine Konzeption der Unternehmensführung, „bei der im Interesse der Erreichung der Unternehmensziele alle betrieblichen Aktivitäten konsequent auf die gegenwärtigen und künftigen Erfordernisse der Märkte ausgerichtet werden“, d. h. Ausrichtung der gesamten Unternehmenspolitik an den Kundenwünschen. 2

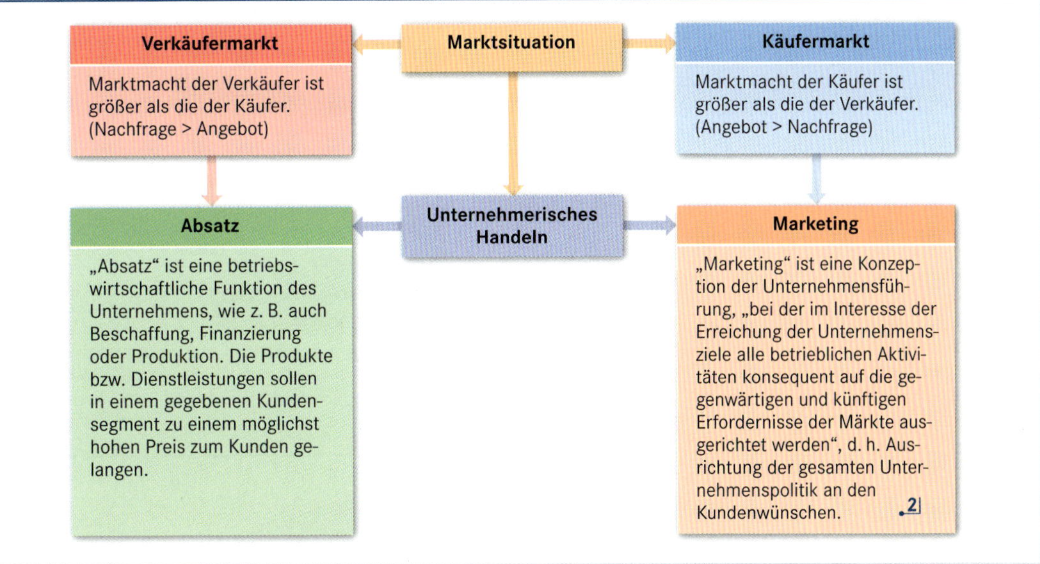

Das Marketing-Management-Konzept

Entscheide über Zielvorstellungen und Ressourceneinsatz

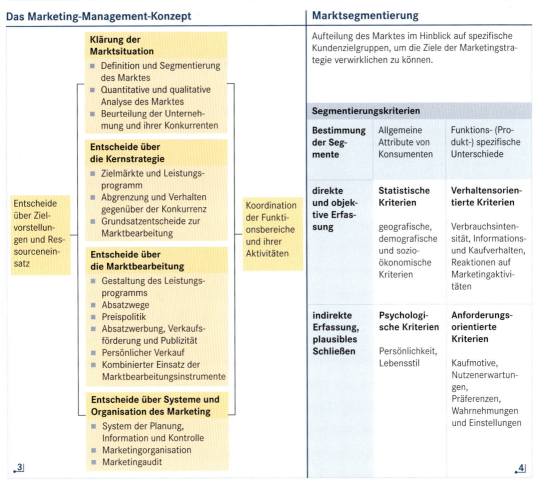

Klärung der Marktsituation

- Definition und Segmentierung des Marktes
- Quantitative und qualitative Analyse des Marktes
- Beurteilung der Unternehmung und ihrer Konkurrenten

Entscheide über die Kernstrategie

- Zielmärkte und Leistungsprogramm
- Abgrenzung und Verhalten gegenüber der Konkurrenz
- Grundsatzentscheide zur Marktbearbeitung

Entscheide über die Marktbearbeitung

- Gestaltung des Leistungsprogramms
- Absatzwege
- Preispolitik
- Absatzwerbung, Verkaufsförderung und Publizität
- Persönlicher Verkauf
- Kombinierter Einsatz der Marktbearbeitungsinstrumente

Entscheide über Systeme und Organisation des Marketing

- System der Planung, Information und Kontrolle
- Marketingorganisation
- Marketingaudit

Koordination der Funktionsbereiche und ihrer Aktivitäten

3

Marktsegmentierung

Aufteilung des Marktes im Hinblick auf spezifische Kundenzielgruppen, um die Ziele der Marketingstrategie verwirklichen zu können.

Segmentierungskriterien

Bestimmung der Segmente	Allgemeine Attribute von Konsumenten	Funktions- (Produkt-) spezifische Unterschiede
direkte und objektive Erfassung	**Statistische Kriterien** geografische, demografische und sozio-ökonomische Kriterien	**Verhaltensorientierte Kriterien** Verbrauchsintensität, Informations- und Kaufverhalten, Reaktionen auf Marketingaktivitäten
indirekte Erfassung, plausibles Schließen	**Psychologische Kriterien** Persönlichkeit, Lebensstil	**Anforderungsorientierte Kriterien** Kaufmotive, Nutzenerwartungen, Präferenzen, Wahrnehmungen und Einstellungen

4

Quantitative Analyse des Marktes

Bei der quantitativen Marktanalyse geht es um die Erfassung der mengen- und wertmäßigen Größe des Marktes sowie um die Prognose seiner Entwicklung in der Zukunft.

Dabei sind drei Marktgrößen zu unterscheiden:

Das **Marktpotenzial** entspricht der überhaupt möglichen Aufnahmefähigkeit eines Marktes für eine Güterart oder eine Art von Dienstleistungen.

Das **Marktvolumen** ist die realisierte oder prognostizierte effektive Absatzmenge aller Hersteller in einem Markt.

Der **Marktanteil** ist der realisierte Umsatz oder die realisierte Absatzmenge einer Unternehmung, ausgedrückt als Prozentsatz des Marktvolumens.

5

Menge/Wert
Marktpotenzial
Marktvolumen
Marktanteil
Zeit

6

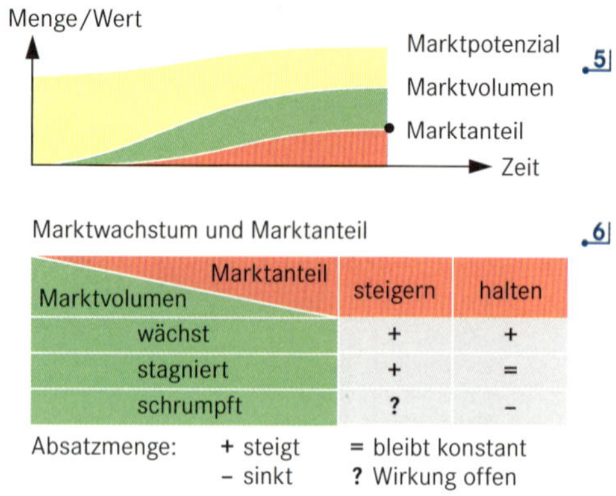

Marktwachstum und Marktanteil

Marktvolumen \ Marktanteil	steigern	halten
wächst	+	+
stagniert	+	=
schrumpft	?	–

Absatzmenge: + steigt, – sinkt, = bleibt konstant, ? Wirkung offen

Von der Marktuntersuchung zur Marketingkonzeption

7

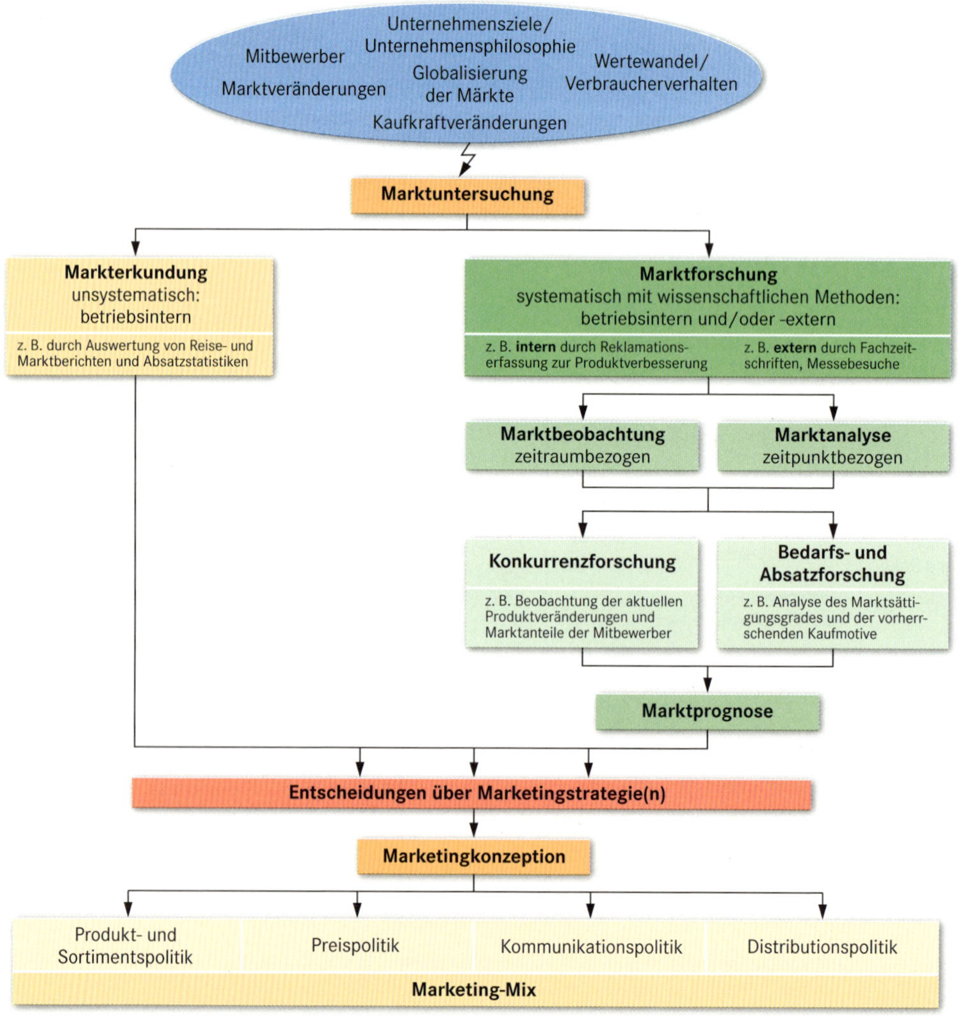

Unternehmensziele/ Unternehmensphilosophie
Mitbewerber
Marktveränderungen
Globalisierung der Märkte
Wertewandel/ Verbraucherverhalten
Kaufkraftveränderungen
Marktuntersuchung
Markterkundung
unsystematisch: betriebsintern
z. B. durch Auswertung von Reise- und Marktberichten und Absatzstatistiken
Marktforschung
systematisch mit wissenschaftlichen Methoden: betriebsintern und/oder -extern
z. B. intern durch Reklamationserfassung zur Produktverbesserung
z. B. extern durch Fachzeitschriften, Messebesuche
Marktbeobachtung
zeitraumbezogen
Marktanalyse
zeitpunktbezogen
Konkurrenzforschung
z. B. Beobachtung der aktuellen Produktveränderungen und Marktanteile der Mitbewerber
Bedarfs- und Absatzforschung
z. B. Analyse des Marktsättigungsgrades und der vorherrschenden Kaufmotive
Marktprognose
Entscheidungen über Marketingstrategie(n)
Marketingkonzeption
Produkt- und Sortimentspolitik
Preispolitik
Kommunikationspolitik
Distributionspolitik
Marketing-Mix

Markterkundung und Marktforschung
Market Reconnaissance and Market Research

Marktuntersuchung

Gründe

Ständige internationale und nationale Marktveränderungen, hervorgerufen z. B. durch den Wertewandel in der Gesellschaft oder durch die unterschiedliche ökonomische Entwicklung einzelner Regionen, machen eine Marktuntersuchung für die agierenden Unternehmen unverzichtbar. Unterbleibt die Beobachtung und Untersuchung von Marktveränderungen, besteht die Gefahr, dass einzelne Unternehmen vom Markt verschwinden und sich Mitbewerber durchsetzen.

Formen

- Bei der **Markterkundung** handelt es sich um eine betriebsinterne, unsystematische Informationssammlung durch Einzelbeobachtungen und Gespräche, z. B. Auswerten von Reiseberichten und Marktberichten, Auswerten interner Absatzstatistiken, Gespräche mit Kunden etc.

8

- Bei der **Marktforschung** handelt es sich um das systematische Beschaffen und Verarbeiten von Informationen mit Hilfe wissenschaftlicher Methoden. Bei der Marktforschung werden unternehmensintern (Buchhaltung, Verkaufsberichte, Reklamationen etc.) und/oder unternehmensextern (Statistiken, Fachzeitschriften, Messebesuche etc.) Daten beschafft.

Marktprognose

Bei der **Marktprognose** handelt es sich um eine Vorhersage zur Marktentwicklung auf der Grundlage gesammelter Daten der Markterkundung bzw. -forschung. Die Marktprognose unterstützt die Entscheidung über absatzpolitische Aktivitäten des Unternehmens.

8

Marktforschung

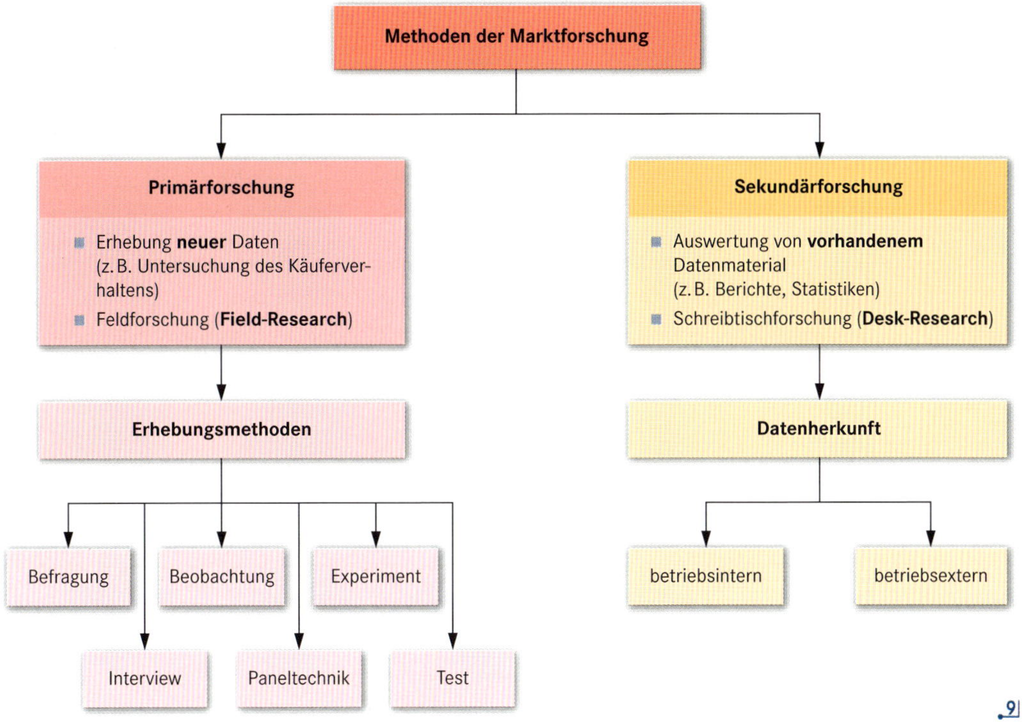

Methoden der Marktforschung

- **Primärforschung**
  - Erhebung **neuer** Daten (z. B. Untersuchung des Käuferverhaltens)
  - Feldforschung (**Field-Research**)
  - **Erhebungsmethoden**
    - Befragung
    - Interview
    - Beobachtung
    - Paneltechnik
    - Experiment
    - Test
- **Sekundärforschung**
  - Auswertung von **vorhandenem** Datenmaterial (z. B. Berichte, Statistiken)
  - Schreibtischforschung (**Desk-Research**)
  - **Datenherkunft**
    - betriebsintern
    - betriebsextern

9

Marketingforschungsprozess

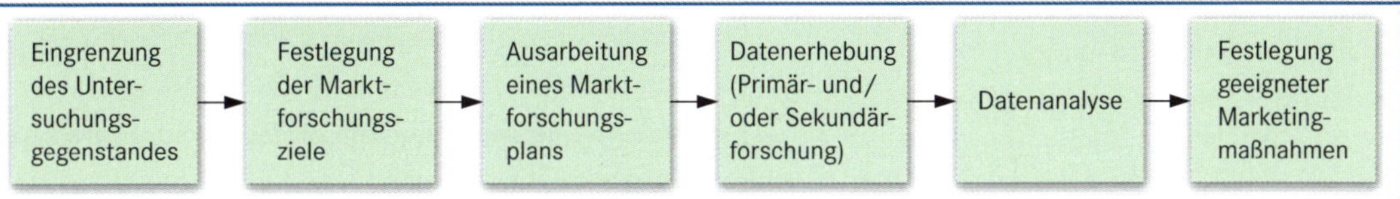

Primärforschung: Auswahlverfahren und Erhebungsmethoden
Initial Research: Selection Principles and Survey Methods

Auswahlverfahren der Primärforschung

Vollerhebung: **Alle** Angehörigen einer Zielgruppe werden untersucht; nur bei kleiner, überschaubarer Zielgruppe praktikabel (z. B. Käufer von Spezialmaschinen).

Teilerhebung: Angehörige einer Zielgruppe werden stichprobenhaft (i. d. R. repräsentativ) untersucht. Man unterscheidet insbesondere zwischen der **Zufallsauswahl** (Randomverfahren) und dem **Quotenverfahren**.

Bei der Zufallsauswahl wird aufgrund der Wahrscheinlichkeitstheorie zum Beispiel jeder hundertste Bürger aus einem Adressbuch ausgesucht.

Bei dem Quotenverfahren werden nach vorher festgelegten Merkmalen, wie z. B. Alter, Geschlecht, Einkommen, beliebige Bürger nach bestimmten prozentualen Anteilen (Quoten) ausgewählt.

Die Teilerhebung bietet sich bei sehr großen Zielgruppen (z. B. Käufer von Fernsehzeitschriften) an.

10

Beispiel: Quotenanweisung

Befragung Nr.:	125	
Fragebogen Nr.:	851-866	
Interviewer/-in:	Claudia Buchholz	
Ausweis Nr.:	86	
Gesamtzahl der Interviews:		16
Planquadrate des Erhebungsgebietes:		
	B6	4
	B7	7
	B8	5
Geschlecht:	männlich:	7
	weiblich:	9
Alter:	18–25	3
	26–35	4
	36–45	3
	46–55	3
	56–65	2
	66–75	1
Berufsgruppe:	Arbeiter	5
	Angestellte	6
	Beamte	2
	Selbstständige	2
	ohne Beruf	1

11

Erhebungsmethoden der Primärforschung

Befragung:	Schriftliche, mündliche oder fernmündliche Datenerhebung zur Erstellung eines Meinungsbildes zu einem bestimmten Produkt bzw. zu einer bestimmten Produktgruppe.
Interview:	Erhebung zu einer grundsätzlichen Meinung, die für ein bestimmtes Konsumverhalten ausschlaggebend sein kann, um wirkliche Kaufmotive offenzulegen.
Paneltechnik:	Regelmäßige Befragung einer bestimmten Personengruppe über einen längeren Zeitraum anhand von speziellen Fragebögen (z. B. regelmäßige Aufzeichnung des Konsumverhaltens eines 4-Personen-Haushaltes).
Test:	Meinungserhebung in einer Zielgruppe für ein bestimmtes Produkt anhand von neutral verpackten Warenproben.
Experiment:	Spezielle Form der Beobachtung oder Erfragung von Reaktionen auf unterschiedliche Produktmerkmale (z. B. Gestaltung, Qualität und Preise).
Beobachtung:	Erhebung von Sachverhalten und Verhaltensweisen ohne Befragung.

12

Sekundärforschung: Betriebsinterne und -externe Quellen
Secondary Research: Firm Internal and External Sources

Betriebsinterne Quellen

- Berichte der Außendienstmitarbeiter
- Daten der Lagerbuchhaltung
- Absatz- und Umsatzstatistiken
- Kundendateien
- Eigene Messeberichte
- Daten des Rechnungswesens
- Auswertung des Verhaltens der Mitbewerber

Betriebsexterne Quellen

- Statistische Jahrbücher
- Veröffentlichungen der Industrie- und Handelskammern bzw. Handwerkskammern
- Publikationen staatlicher Stellen, z. B. von Ministerien
- Veröffentlichungen der EZB und der Bundesbank
- Publikationen von Branchen- und anderen Wirtschaftsverbänden
- Geschäftsberichte, Kataloge
- Daten von Unternehmensberatern und Marktforschungsinstituten
- Fachbücher und -zeitschriften

Clusteranalyse

Die Clusteranalyse stellt eine Möglichkeit dar, durch die **Primärerhebung** gewonnene, große **Datenmengen** mit Hilfe **mathematisch-statistischer Verfahren** auszuwerten.

Die Zielsetzung der Clusteranalyse ist es, große Datenmengen von Befragten **nach bestimmten Merkmalen** zu **aussagefähigen Größen** (Gruppen) **zusammenzufassen**.

13

Beispiel:

Von vielen Konsumenten liegen aufgrund einer Befragung Merkmale, wie z. B. Haushaltseinkommen, Haushaltsgröße, Alter, Geschlecht, vor. Die befragten Konsumenten werden mithilfe der Clusteranalyse so zusammengefasst, dass verschiedene (heterogene) Konsumentengruppen (Cluster) mit möglichst ähnlichen (homogenen) Merkmalen entstehen. So können Konsumentengruppen, wie z. B. gut verdienende Singles, allein Erziehende mit geringem Einkommen, gebildet werden.

Kundentypologie (Beispiel)

14	Typ 1 Umweltbewusster Konsument	Typ 2 Fortschrittsbewusster Konsument	Typ 3 Die Neuen Alten	Typ 4 Einkommensschwache Teens und Twens
Einstellung	Persönlicher Beitrag zur Umwelt	Orientierung an technischem Stand/Zeitgeist	Persönlicher Beitrag zur Umwelt	nicht signifikant
Geschlecht (Prozentanteile)	weibl.: 62 % männl.: 38 %	weibl.: 42 % männl.: 58 %	weibl.: 59 % männl.: 41 %	weibl.: 47 % männl.: 53 %
durchschnittl. Alter	29 Jahre	38 Jahre	64 Jahre	20 Jahre
durchschnittliche Haushaltsgröße	2,6 Personen	1,5 Personen	1,7 Personen	1,2 Personen
durchschnittl. Haushaltsnettoeinkommen	2.100 Euro	2.400 Euro	1.500 Euro	900 Euro
durchschnittl. akzept. Mehraufwand	70 Euro	80 Euro	100 Euro	10 Euro

Typen von Käuferverhalten/Faktoren der Kaufentscheidung

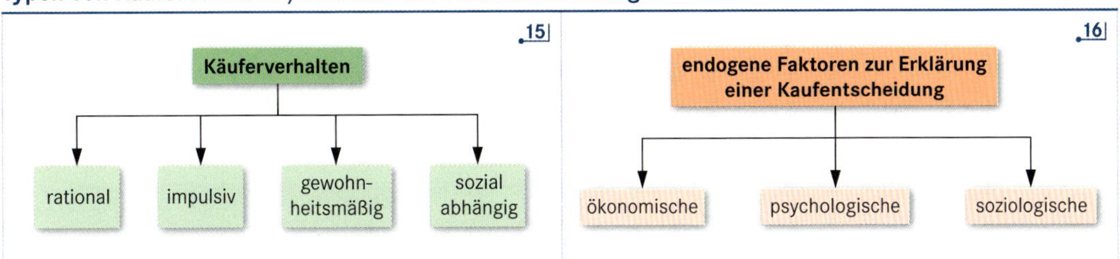

Erklärung konsumtiven Verhaltens

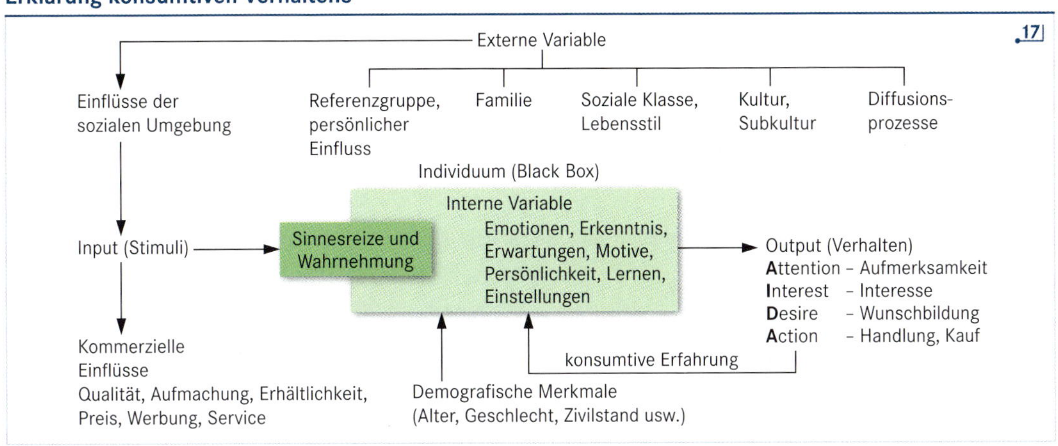

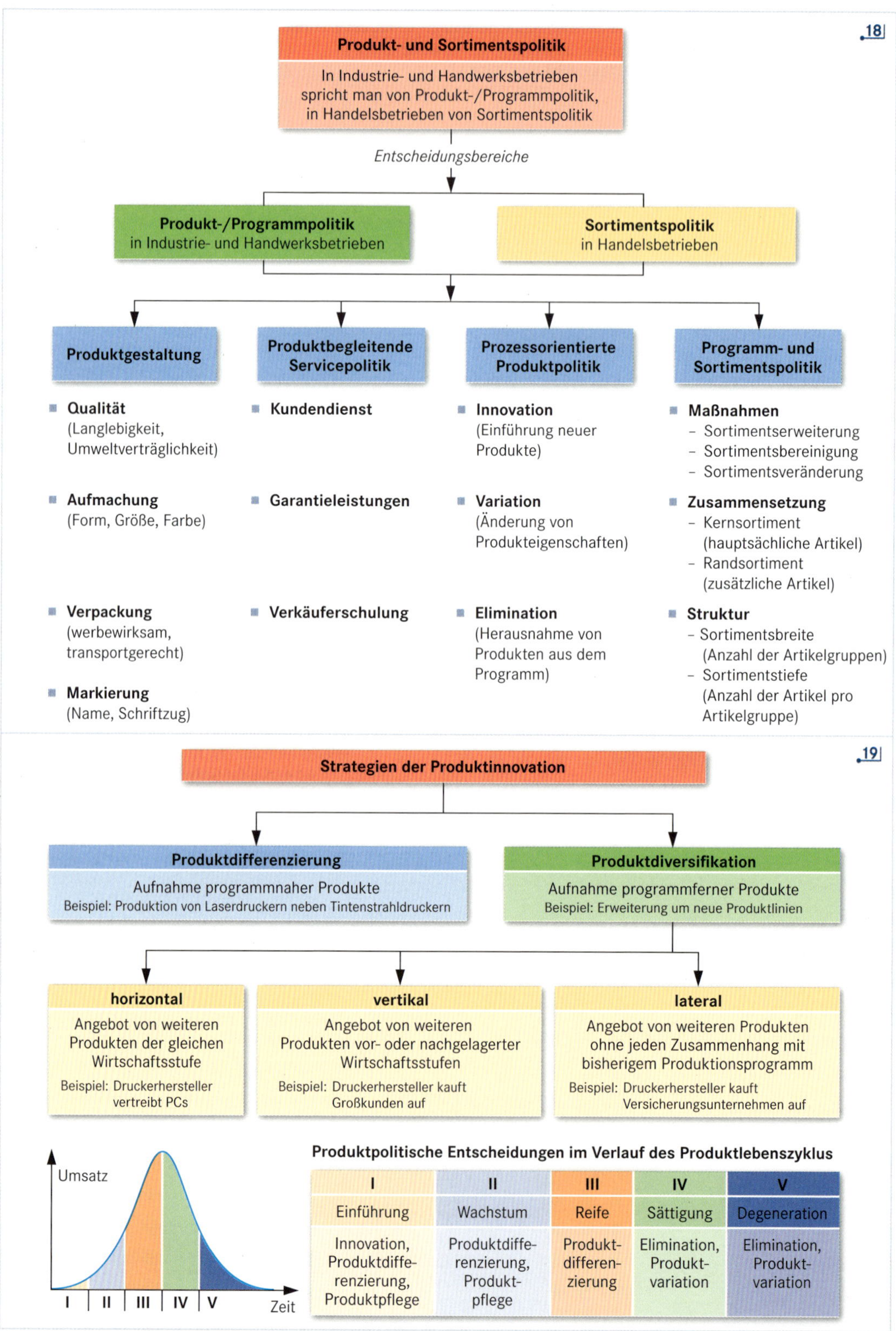

I	II	III	IV	V
Einführung	Wachstum	Reife	Sättigung	Degeneration
Innovation, Produktdifferenzierung, Produktpflege	Produktdifferenzierung, Produktpflege	Produktdifferenzierung	Elimination, Produktvariation	Elimination, Produktvariation

Begriffliche Abgrenzung

Die Preis- und Konditionenpolitik, in der fachwissenschaftlichen Literatur häufig als Kontrahierungspolitik zusammengefasst, kennzeichnet die folgenden Entscheidungsbereiche eines Unternehmens bei der Berechnung des Verkaufspreises:

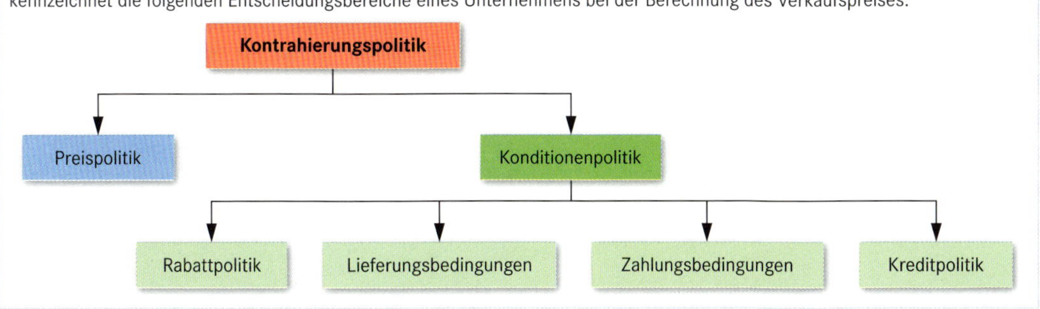

Zielsetzung

Ziel des Einsatzes dieses absatzpolitischen Instrumentes ist es, unter Berücksichtigung der Kosten im Unternehmen und des preispolitischen Verhaltens der Mitbewerber (Konkurrenten) und der Konsumenten, langfristig den Unternehmensgewinn zu sichern und zu steigern. Die Kontrahierungspolitik muss in die Unternehmensphilosophie (vgl. S. 426), die allgemeine Unternehmenszielsetzung, eingebettet sein.

Entscheidungsbereiche der Preis- und Konditionenpolitik

Einflussgrößen der Preispolitik

Der Preis eines Produktes wird betriebsintern durch die Kosten und betriebsextern durch die Marktbedingungen – das Verhalten der Mitbewerber und Kunden – beeinflusst. Ein Unternehmen muss versuchen zwischen der kosten- und der marktorientierten Preisbildung eine Verbindung herzustellen.

Kostenorientierte Preisfindung

Jedes Unternehmen wird bei der kostenorientierten Preisfindung zunächst fragen, welche Kosten die Herstellung und der Vertrieb eines Produktes verursachen. Zu diesem Zweck ermitteln Industrieunternehmen den Verkaufspreis eines Produktes mit Hilfe des folgenden Kalkulationsschemas:

Rechenbeispiel:

Fertigungmaterial (Einzelkosten)[1]		300,00 EUR		
+ Materialgemeinkosten[2]	5 %	15,00 EUR		
= Materialkosten (I)		**315,00 EUR**		
Fertigungslöhne (Einzelkosten)[1]		235,00 EUR		
+ Fertigungsgemeinkosten[2]	150 %	352,50 EUR		
+ Sondereinzelkosten der Fertigung[3]		7,50 EUR		
= Fertigungskosten (II)		**595,00 EUR**		
= Herstellkosten (I + II)				**910,00 EUR**
+ Verwaltungsgemeinkosten[2]	14 %			127,40 EUR
+ Vertriebsgemeinkosten[2]	12 %			109,20 EUR
+ Sondereinzelkosten des Vertriebs[3]				53,40 EUR
= Selbstkosten		100 %		**1.200,00 EUR**
+ Gewinnzuschlag	15 %	15 %		180,00 EUR
= Barverkaufspreis		115 %	95 %	**1.380,00 EUR**
+ Kundenskonto (i. H.)	3 %		3 %	43,58 EUR
+ Vertreterprovision (i. H.)	2 %		2 %	29,05 EUR
= Zielverkaufspreis		95 %	100 %	**1.452,63 EUR**
+ Kundenrabatt (i. H.)	5 %	5 %		76,45 EUR
= Listenverkaufspreis		100 %		**1.529,08 EUR**

Erläuterungen:

[1] **Einzelkosten:** Kosten, die dem Produkt direkt zugerechnet werden können (z. B. Kosten eines Elektromotors für eine Waschmaschine).

[2] **Gemeinkosten:** Kosten, die dem Produkt nicht direkt zugerechnet werden können (z. B. Gehalt für eine Chefsekretärin). Die Gemeinkosten werden den Einzelkosten prozentual zugeschlagen (z. B. über einen Verteilungsschlüssel).

[3] **Sondereinzelkosten:** Kosten, die aufgrund eines speziellen Kundenauftrages entstehen (z. B. Maschineneinstellkosten für die Herstellung von Sondermaßen oder Kosten für Sondertransporte).

Einflussgrößen der Preispolitik

Kostenorientierte Preisfindung

Der Wettbewerbsdruck durch die Mitbewerber kann ein Unternehmen dazu zwingen, den kalkulierten Verkaufspreis zu unterschreiten. In dieser Situation stellt sich für ein Unternehmen die Frage, bis zu welcher **Preisuntergrenze** ein Produkt auf dem Markt angeboten werden kann.

Für einen längeren Zeitraum kann ein Unternehmen das Produkt zum Selbstkostenpreis anbieten (z. B. in konjunkturschwachen Zeiten).
Kurzfristig kann der Verkaufspreis bis zur Höhe der variablen Kosten gesenkt werden, da die fixen Kosten unabhängig von der Produktionsmenge gleich bleibend anfallen.

langfristige Preisuntergrenze = Höhe der Selbstkosten

kurzfristige Preisuntergrenze = Höhe der variablen Kosten

Variable Kosten:
Beschäftigungs- (umsatz-) abhängige Kosten, z. B. Materialkosten.

Fixe Kosten:
Beschäftigungs- (umsatz-) unabhängige Kosten, z. B. Leasing-Rate für EDV-Anlage.

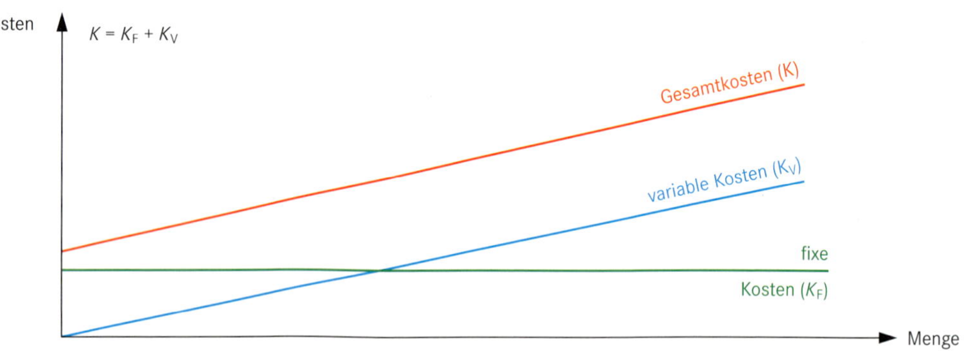

Gesamtbezogene Kostenentwicklung bei linearen Kostenverläufen

Kundenorientierte Preisfindung

Jedes Unternehmen muss sich bei der Preisfindung an der **Kaufkraft der Kunden** orientieren. Deshalb wird sich die Preisgestaltung auch an den am Markt erzielbaren Preisen ausrichten. Liegt der bisher kalkulierte Preis über dem am Markt realisierbaren, muss das Unternehmen nach Möglichkeiten suchen, Kosten zu senken, z. B. bei der Beschaffung oder Herstellung. Kosten können auch reduziert werden, indem die Absatzmenge gesteigert wird. In diesem Fall werden die Fixkosten auf eine größere Produktionsmenge verteilt; man spricht von der Fixkostendegression.

Den Zusammenhang zwischen der abgesetzten Menge und den erzielbaren Marktpreisen drückt die so genannte Preis-Absatzfunktion aus. Sie zeigt auf, welche Mengen zu welchen Preisen absetzbar sind.

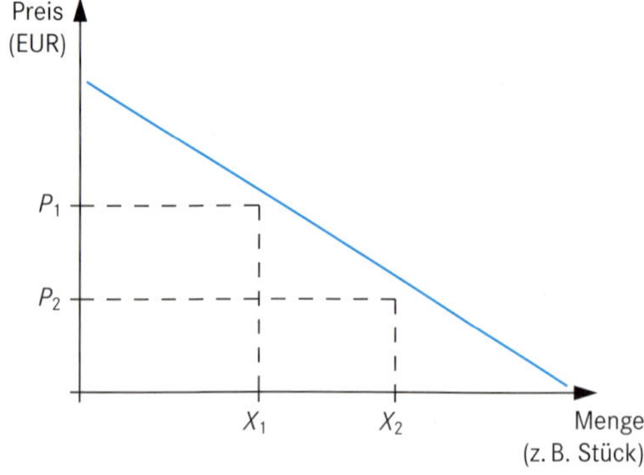

Konkurrenzorientierte Preisfindung

Bei der konkurrenzorientierten Preisfindung beziehen die Unternehmen die preispolitischen **Verhaltensweisen der Mitbewerber** in ihre Preisgestaltung ein.

Die Unternehmen können einerseits aggressive Preispolitik betreiben, um so Marktanteile auf Kosten der Mitbewerber zu gewinnen.

Sinnvoll ist diese Preispolitik nur, wenn durch den gesteigerten Gesamtumsatz der geringere Erlös pro Stück mindestens ausgeglichen werden kann.

Andererseits können sich die Unternehmen an die Preispolitik der Mitbewerber anpassen, die Preisführerschaft von mächtigen Konkurrenten wird dabei anerkannt.

Strategien der Preis- und Konditionenpolitik

22

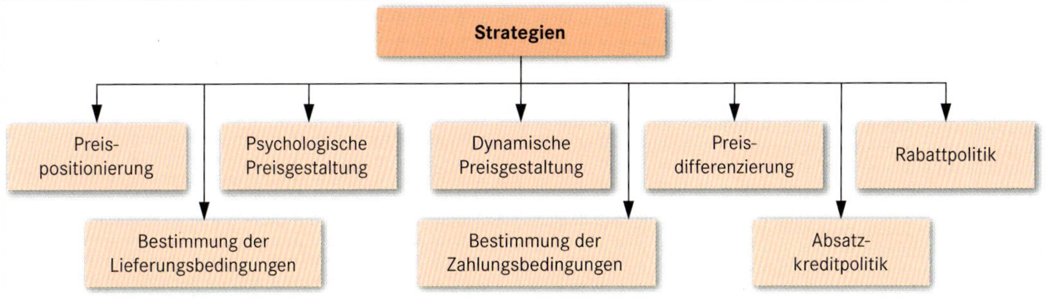

Preispositionierung

Mit der Preispositionierung steuert ein Unternehmen mit seinem Produkt ganz bewusst einen bestimmten Preisbereich an. Dies erfolgt z. B. bei **Markenwaren**, die im oberen Preissegment angeboten werden.

Ein hoher gleich bleibender Qualitätsstandard, verbunden mit einem entsprechenden Marken- bzw. Firmenimage, soll über empfohlene Verkaufspreise zu einer einheitlichen Preisgestaltung im Facheinzelhandel führen.

Psychologische Preisgestaltung

Die häufig in Unternehmen anzutreffende **psychologische Preisgestaltung** ist vor allem in **drei Varianten** (Spielarten) anzutreffen.

- **Preise unterhalb runder Preise**,
  z. B. 1,99 € statt 2,00 €

  Der Kunde soll durch die geschickte psychologische, optische Gestaltung eines „gebrochenen Preises" verleitet werden, die besonders preiswert erscheinende Ware zu kaufen.

- **„runde Preise"**

  Durch runde Preise (z. B. 200 € oder alle Artikel zu 1 €) soll der Eindruck erweckt werden, die Preise seien vertrauensvoll kalkuliert worden, auf „psychologische Tricks" habe man verzichtet.

- **„Multipack-Preise"**

  Bei dieser Preisgestaltung wird das Produkt in Multipacks angeboten (z. B. drei Dosensuppen zu 2,99 € statt zum Einzelpreis von 0,95 €), um den Kunden zum Kauf von vermeintlich günstigeren Großabnahmemengen zu verleiten.

  Dass drei Einzeldosen zu je 0,95 € 2,85 € ergeben, merken die Kunden häufig nicht, da sie nicht nachrechnen.

Dynamische Preisgestaltung

Mit der dynamischen Preisgestaltung versucht ein Unternehmen Preise flexibel an die Marktsituation anzupassen. Dies kann z. B. durch einen niedrigen Einführungspreis für ein neues Produkt geschehen, um so schnell einen großen Umsatz zu erzielen (sogenannte **Penetrationsstrategie**).

Eine andere Möglichkeit wäre, zunächst einen hohen Preis zu verlangen, der von einer bestimmten Käuferschicht akzeptiert wird. Um danach neue Käuferschichten zu erschließen, wird der Preis schrittweise gesenkt (sogenannte **Skimmingstrategie**).

Preisdifferenzierung

Formen:*

- **räumliche** Preisdifferenzierung (unterschiedliche Preise, z. B. in Großstädten und ländlichen Gebieten)
- **mengenmäßige** Preisdifferenzierung (z. B. Mengenrabatt)
- **zeitliche** Preisdifferenzierung (z. B. Saisonpreise)
- **verwendungsbezogene** Preisdifferenzierung (z. B unterschiedliche Mietpreise für private und gewerbliche Nutzung)
- **personenbezogene** Preisdifferenzierung (z. B. Sondertarife für Schüler/-innen in öffentlichen Verkehrsmitteln)

* [Vgl. Hüttner, M. u. a.: Marketing-Management, München 1994]

Rabattpolitik

Die Unternehmen nutzen z. B. folgende Preisnachlässe, um Preisdifferenzierungen (s. o.) vornehmen zu können:

- **Mengenrabatt** (z. B. für Großabnehmer)
- **Wiederverkäuferrabatt** (z. B. für Großhändler)
- **Treuerabatt** (z. B. für Stammkunden)
- **Saisonrabatt**
- **Sonderrabatt** (z. B. bei Messen)
- **Bonus** (nachträglicher Preisnachlass bei Erreichen eines Mindestumsatzes)
- **Skonto** (Nachlass für vorzeitige Zahlung)

Bestimmung der Lieferungsbedingungen

Kundenorientierte Lieferungsbedingungen können dazu beitragen, sich von Wettbewerbern abzuheben.

Zu den wichtigen Lieferungsbedingungen gehören:

- Gestaltung der Transport- und Versicherungskosten (besonders wichtig im Auslandsgeschäft)
- Verpflichtung des Herstellers zur Zahlung einer Konventionalstrafe (Vertragsstrafe) bei verspäteter Lieferung, Regelung des Umtauschrechtes (besonders wichtig bei Versandhäusern)

Bestimmung der Zahlungsbedingungen

Zu den wichtigsten Zahlungsbedingungen gehören:

- Bestimmung von Zahlungsfristen (z. B. Skontofrist)
- Regelung der Zahlungsweise/Zahlungsabwicklung (z. B. Barzahlung, Ratenzahlung)
- Zahlungssicherung (z. B. Eigentumsvorbehalt)

Absatzkreditpolitik

Wichtige absatzkreditpolitische Maßnahmen:

- Einräumen eines Kreditrahmens unter Gewährung eines günstigen Zinssatzes
- Zahlungsaufschub
- Leasing (Leistung einer geringen Anzahlung und laufender Ratenzahlungen während der vertraglichen Nutzungsdauer)

Begriffliche Abgrenzung und Zielsetzung

Die Kommunikationspolitik versucht gezielt das Verhalten von potenziellen Kunden mit Hilfe besonderer Kommunikationsmittel zu beeinflussen:

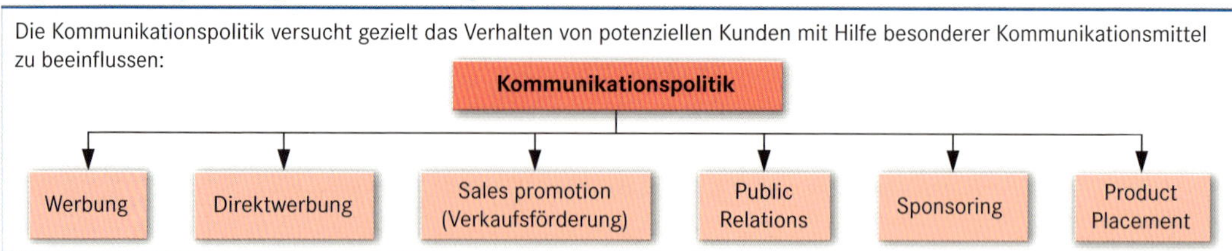

Entscheidungsbereiche der Kommunikationspolitik

(Klassische) Werbung

- **Werbende:** Wer wirbt?

  Nach der Stellung der Werbenden im Absatzprozess unterscheidet man zwischen **Herstellerwerbung** und **Handelswerbung.**

  Nach der Anzahl der Werbenden unterteilt man in **Einzelwerbung** und **Kollektivwerbung**, die sich wiederum in **Sammelwerbung** (mehrere Unternehmen werben unter Nennung der Einzelfirmen) und **Gemeinschaftswerbung** (mehrere Unternehmen werben ohne Nennung ihrer Firma, z. B. „Die Milch machts") aufgliedert.

- **Werbeziel:** Welche Wirkung soll erzielt werden?*

  In der Fachliteratur werden **ökonomische** (z. B. Umsatzsteigerung) und **außerökonomische Ziele** (z. B. Markenimage verbessern) unterschieden.

  Eine weitere geläufige Unterteilung von Werbezielen lautet: **Einführungswerbung** (z. B. für ein neues Produkt), **Expansionswerbung** (z. B. zur Erhöhung des Marktanteils) und **Erinnerungswerbung** (z. B. zum Erhalt des bisherigen Bekanntheitsgrades).

- **Werbezielgruppen:** Wer soll umworben werden?*

  Die Werbezielgruppe muss genau bestimmt werden, um **Streuverluste** beim Einsatz der Werbeträger und Werbemittel so gering wie möglich zu halten.

- **Werbezielgebiet:** Wo soll geworben werden?

  Das Unternehmen hat zu entscheiden, ob auf dem **Gesamtmarkt** oder auf bestimmten **Teilmärkten** geworben werden soll.

- **Werbeträger:** Welche Medien sollen genutzt werden?*

  Werbeträger werden gewöhnlich in **Printmedien** (z. B. Zeitschriften), **elektronische Medien** (z. B. Internet) und **Außenwerbung** (z. B. Plakaten) unterteilt, deren Nutzung sich in sehr unterschiedlich hohen Werbekosten niederschlagen kann.

- **Werbebotschaft:** Wie soll geworben werden?*

  Die Werbebotschaft sollte den **Nutzen, den Vorteil** des Produktes für den Umworbenen herausstellen.

- **Werbeetat:** Welche Geldmittel stehen zur Verfügung?*

  Häufig wird ein **prozentualer Anteil der Werbeausgaben** am Umsatz festgelegt, obwohl ein antizyklisches Vorgehen sinnvoller wäre. Der Werbeetat soll vor allem an den Werbezielen ausgerichtet werden.

* [Vgl. Hüttner, a. a. O., S. 220 ff.]

- **Werbemittel:** In welcher Form soll geworben werden?*

  Die Auswahl der geeigneten Werbemittel muss Erkenntnisse der Wahrnehmungspsychologie berücksichtigen. Die Gestaltung des Werbemittels entscheidet meistens darüber, ob die Werbebotschaft den Umworbenen zielgerichtet erreicht und die beabsichtigte Wirkung erzielt.

  Beim **Abfassen von Werbetexten** sollte die sogenannte **AIDA-Regel** berücksichtigt werden:

  A: Attention: Der Werbetext muss die Aufmerksamkeit beim Umworbenen wecken. Die geschickte Platzierung eines sogenannten **Eye-Catchers** (z. B. eines Fotos) oder eines **Werbeslogans** entscheiden häufig schon innerhalb der ersten Sekunde beim Betrachter darüber, ob er gewillt ist, weiterzulesen.

  I: Interest: Das sprachlich und grafisch gut gestaltete Werbemittel (z. B. ein Werbebrief) soll **Interesse** beim Betrachter wecken. Wichtig ist es, die Interessen, die Bedürfnisse des potenziellen Kunden zu erkennen – diese Interessen müssen gezielt angesprochen werden.

  D: Desire: Das Interesse des Kunden ist bereits geweckt, jetzt gilt es, den Kaufwunsch gezielt anzusprechen. Der Leser des Werbetextes soll ja schließlich dazu angeregt werden, das Produkt oder die Dienstleistung zu erwerben. Produktvorteile müssen kundenorientiert herausgestellt werden.

  A: Action: Nachdem der Kaufwunsch angesprochen wurde, muss der Kunde konkret **zum Kauf veranlasst** werden. Z. B. kann eine fertig gestaltete Bestellpostkarte oder ein Bestell-Fax diese Kundenaktivität herausfordern.

- **Werbetiming:** Wann soll (wie) geworben werden?*

  Die Werbemaßnahmen sollten in einem **Werbeplan** festgehalten werden, auch wenn Werbeaktionen der Mitbewerber kurzfristige Änderungen hervorrufen können.

  Das Werbetiming ist gerade bei der Einführung neuer Produkte besonders wichtig.

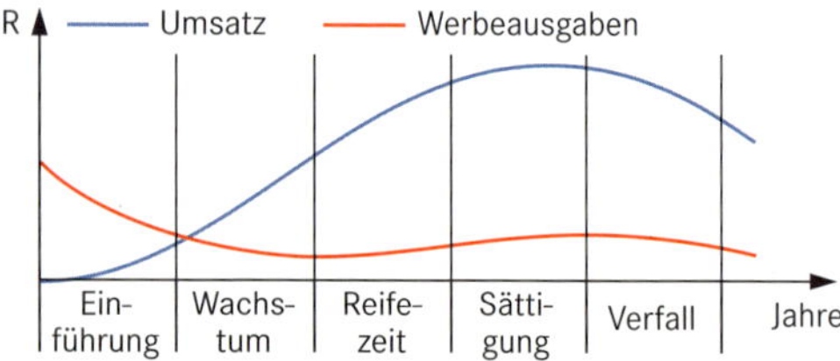

- **Werbeerfolgskontrolle:** Wie soll der Werbeerfolg gemessen werden?

  Man unterscheidet die **ökonomische** von der **außerökonomischen Werbeerfolgskontrolle**.

Entscheidungsbereiche der Kommunikationspolitik

24

Direktwerbung

Im Gegensatz zur anonymen Massenumwerbung werden bei der Direktwerbung die Zielpersonen direkt, individuell angesprochen.
Diese Form der Werbung hat an Bedeutung so stark zugenommen, dass zusammen mit dem Direktverkauf an Letztverwender und -verbraucher vom so genannten **Direktmarketing** gesprochen wird. Neben individuell adressierten Werbesendungen zählt zur Direktwerbung vor allem das **Telefonmarketing**. Die neuen elektronischen Medien bieten eine Vielzahl von Möglichkeiten für Direktwerbung.
Um eine zielgenaue Direktwerbung durchführen zu können, wird eine umfangreiche Datei (Datenbank) über die anzusprechenden Zielgruppen geführt.
Bei dieser Form der Werbung lässt sich der Werbeerfolg in der Regel besser messen.

Sales Promotion (Verkaufsförderung)

Sales Promotion umfasst eine Vielzahl von verkaufsfördernden Aktionen, um den Absatz kurzfristig zu steigern.
Nach den **Zielgruppen** dieser Aktion unterscheidet man:

- Verbraucher-Promotions

  Die Konsumenten werden auf ein Produkt aufmerksam gemacht oder zum Kauf angeregt.

  Beispiele: Gewinnspiele, Produktproben, Warengutscheine, Produktvorführung im Einzelhandelsgeschäft.

- Außendienst-Promotions

  Der firmeneigene Außendienst wird z. B. durch Sonderprämien oder Wettbewerbe motiviert; Schulungen und geeignete Verkaufsunterlagen unterstützen den Außendienst.

- Händler-Promotions

  Sonderrabatte, Verkaufsprämien und Rücknahmegarantien motivieren die Handelspartner; das Zurverfügungstellen von Display-Material (z. B. Aufsteller, Schaufensterdekoration) und die Durchführung von Schulungen unterstützen die Beratungs- und Verkaufstätigkeit des Handels.

Public Relations (PR)

Im Mittelpunkt der **Öffentlichkeitsarbeit** (PR) steht nicht ein Produkt des Unternehmens, sondern **das ganze Unternehmen**. Ziel der PR-Maßnahmen ist vor allem die Imagepflege des Unternehmens in der Öffentlichkeit, daneben auch eine nach innen gerichtete Wirkung: Die Mitarbeiter/-innen des Unternehmens sollen ein Wir-Gefühl entwickeln, die Motivation gesteigert werden. Ein besonderes Interesse gilt bei den PR-Aktivitäten so genannten Meinungsführern oder Multiplikatoren (z. B. Medienvertreter). Gute Pressebeziehungen werden in der Regel durch eine Presseabteilung unterstützt.

Mögliche **PR-Maßnahmen** sind:
- Veröffentlichungen (Pressemitteilungen, Erstellung von Sozial- und Ökobilanzen),
- Vorträge und Diskussionsrunden,
- Veranstaltungen und Ausstellungen,
- Werksbesichtigungen.

Der PR-Gedanke wird bei der Gestaltung einer **Corporate Identity** (Unternehmensidentität) aufgegriffen. Ein einheitliches Bild des Unternehmens nach außen, eine Unternehmenskultur soll geschaffen werden. Dies geschieht z. B. durch Schaffung von einheitlichen Zeichen (Symbolen) des Unternehmens (z. B. auf Briefbögen, Visitenkarten, Firmen-PKWs und -LKWs) oder durch besondere Verhaltensregeln, die von den Mitarbeiterinnen und Mitarbeitern gegenüber Kunden, Lieferanten und der Öffentlichkeit einzuhalten sind.

Sponsoring

Das Unternehmen (der Sponsor) unterstützt durch Finanz-, Sach- oder Dienstleistungen Personen, Organisationen oder Institutionen (Gesponsorte) und erwartet dafür bestimmte Gegenleistungen (z. B. besondere Werbemöglichkeiten), die vertraglich abgesichert sind.
Mit Hilfe des Sponsoring versucht das Unternehmen das positive Image des Gesponsorten auf sich zu übertragen. Die Sponsoring-Aktivitäten erreichen auch Zielgruppen, die sich mit herkömmlichen Mitteln der Kommunikationspolitik nicht oder kaum ansprechen lassen.

Formen des Sponsoring sind vor allem:
- Sportsponsoring
- Kultursponsoring
- Sozialsponsoring
- Umweltsponsoring

Product Placement*

Durch Product Placement versucht ein Unternehmen **Markenartikel** z. B. in Kinofilmen, Fernsehsendungen, Videoclips oder Theateraufführungen so geschickt zu platzieren, dass sie vom Zuschauer nicht als Werbemaßnahme identifiziert werden. Produktinnovationen (z. B. neue Automodelle) werden gern in neue Filmproduktionen eingebaut (Innovation Placement).
Insbesondere das Zapping, d. h. das Umschalten des Fernsehprogramms mit Hilfe der Fernbedienung bei Werbeblöcken, führt zu einem sprunghaften Anstieg des Product Placement. In Privatfernsehgesellschaften haben sich spezielle Dauerwerbesendungen etabliert, bei denen Firmenprodukte geschickt als Gewinne platziert werden.

* [Vgl. Hüttner, a. a. O., S.250 ff.]

Begriffliche Abgrenzung und Zielsetzung

Die **Zielsetzung** der Distributionspolitik, die mit den übergeordneten Zielen der Unternehmenspolitik (Unternehmensphilosophie) abgestimmt sein muss, besteht darin, „... das richtige Produkt zur richtigen Zeit, im richtigen Zustand, in der richtigen Menge am richtigen Ort den Abnehmern zur Verfügung zu stellen."

[Vgl. Knoblich, H.: Absatzpolitik, Göttingen 1994, S. 158]

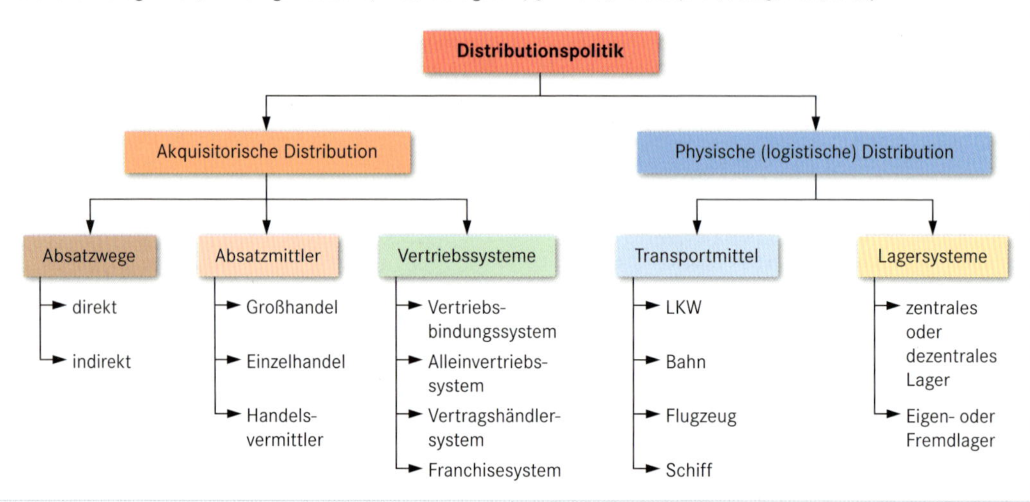

Die **akquisitorische Distribution** kann als das Management der Verteilungskanäle bezeichnet werden. Sie beschäftigt sich vor allem mit der Wahl des Distributionssystems.

[Vgl. Hüttner, a. a. O., S. 255]

Unter **physischer Distribution** (**Marketinglogistik**) versteht man die Planung, Steuerung, Realisation und Kontrolle aller Güter und Dienstleistungen, die von Anbietern zu den Abnehmern gelangen sollen.

[Vgl. Weis, H. C.: Marketing, Ludwigshafen 2007, S. 411 ff.]

Entscheidungsbereiche der akquisitorischen Distribution

1. Entscheidung über den Absatzweg

Direkter Absatzweg

Beim direkten Absatzweg übernimmt der Hersteller alle Verteilerfunktionen seines Produktes bis zum Verwender bzw. Konsumenten unter Umgehung des institutionellen Handels. Der Hersteller kann sich dabei entweder direkt an den Kunden wenden (z. B. bei Großkunden) oder es werden betriebseigene Absatzorgane (u. a. Verkaufsniederlassungen und/oder **Reisende**) dazwischengeschaltet.

Indirekter Absatzweg

Beim indirekten Absatzweg verteilt der Hersteller sein Produkt mit Hilfe betriebsfremder Organe: Selbstständige Handelskettenglieder (Groß- und Einzelhandel) und/oder selbstständige Handelsvermittler (Handelsvertreter, Kommissionär, Handelsmakler).

Bestimmungsfaktoren für die Wahl des Absatzweges *

- Betriebsinterne Faktoren, wie u. a. Betriebsgröße (z. B. Groß- oder Kleinbetrieb) oder eigene Absatzorganisation (stark oder schwach ausgebaut).
- Die Eigenart der Ware, wie z. B. der Verwendungszweck (Produktionsmittel/Konsumgut) oder die Erklärungsbedürftigkeit (technische Komplexität).
- Betriebsexterne Faktoren, wie z. B. die Anzahl und Größe der Abnehmer, Entfernung zu den Absatzmärkten oder gesetzliche Bestimmungen.

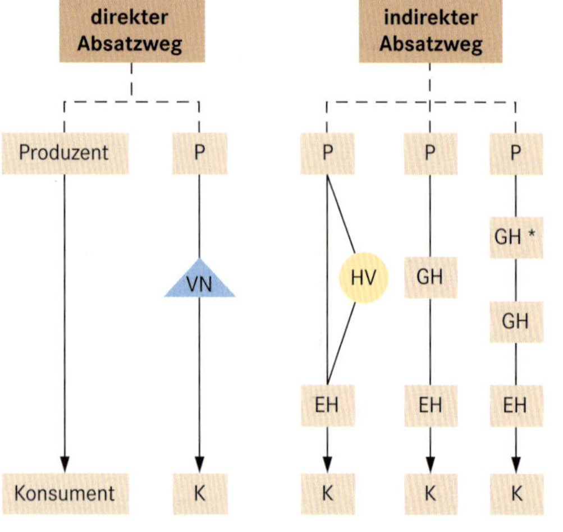

* [Vgl. Knoblich, H.: Absatzpolotik, a. a. O., S. 162 f.]

Entscheidungsbereiche der akquisitorischen Distribution 26

2. Entscheidung über Absatzmittler

Großhandel

Der Großhandel kauft in der Regel von Produktionsunternehmen in eigenem Namen und für eigene oder fremde Rechnung Waren.
Es ist u. a. abhängig von der jeweiligen Betriebsform (z. B. Sortiments- und/oder Spezialgroßhandel), welche Distributionsfunktionen (u. a. Lagerung, Transport, Sortimentsbildung, Qualitätskontrolle etc.) vom Großhandel übernommen werden können.

Einzelhandel

Der Einzelhandel kauft entweder direkt vom Hersteller und/oder über Handelsvermittler oder dem Großhandel in eigenem Namen und für eigene oder fremde Rechnung Waren, um sie an den Konsumenten weiterzuverkaufen. Für den Hersteller ist es von Bedeutung, inwiefern der Einzelhändler das Marketing-Konzept des Herstellers mitträgt.

Handelsvermittler

Zu den Handelsvermittlern zählen der Handelsvertreter (§§ 84–92 HGB), Kommissionär (§§ 383–406 HGB) und Handelsmakler (§§ 93–104 HGB).

- Der **Handelsvertreter** ist selbstständiger Gewerbetreibender und ständig damit beauftragt, für andere Unternehmen (d. h. in fremdem Namen) Geschäfte abzuschließen. Er kann im Wesentlichen seine Tätigkeit selbst bestimmen. In der Regel ist er für mehrere Unternehmen tätig (Mehrfirmenvertreter). Als Vergütung erhält er eine Vermittlungs- oder Abschlussprovision.

- Der **Kommissionär** ist selbstständiger Gewerbetreibender und übernimmt es gewerbsmäßig, Verträge im eigenen Namen auf fremde Rechnung abzuschließen. Der Kommissionär trägt kein Absatzrisiko, da er nicht verkaufte Ware an den Hersteller zurückgeben kann. Als Vergütung erhält er eine Provision (festen Prozentsatz) vom vereinbarten Preis.

- Der **Handelsmakler** ist selbstständiger Gewerbetreibender und wird nur im Bedarfsfall aufgrund seiner guten Marktkenntnisse mit der Anschaffung oder dem Verkauf von Waren oder Dienstleistungen beauftragt. Als Vergütung erhält er je zur Hälfte vom Verkäufer und Käufer (falls nicht anders vertraglich vereinbart) einen bestimmten Prozentsatz vom Auftragsvolumen.

3. Entscheidung über die Form des vertraglichen Vertriebssystems

Durch den Aufbau eines vertraglichen Vertriebssystems versucht der Hersteller bestimmte Abnehmer seiner Produkte von der Belieferung durch Vertragsregelungen auszuschließen. Der Hersteller verfolgt damit die Absicht, die ausgewählten selbstständigen Handelsunternehmen in seine Vertriebskonzeption einzubinden.

Vertriebsbindungssystem

Vertriebsbindungen können sich je nach Gestaltung der Verträge u. a. erstrecken auf:

- Vertriebswegebindungen in räumlicher Hinsicht, z. B. Exportverbot für inländische Abnehmer,
- Vertriebswegebindungen in personeller Hinsicht, z. B. Vertriebsbeschränkung auf bestimmte Abnehmerkreise (so genannte Kundenbeschränkungsklauseln),
- Vertriebsbindungen in zeitlicher Hinsicht, z. B. Beschränkungen hinsichtlich der Vertriebszeit neuer bzw. auslaufender Modelle.*

Vertragshändlersystem

Der Vertragshändler verpflichtet sich durch vertragliche Regelungen in eigenem Namen und auf eigene Rechnung Waren des Herstellers unter Einhaltung der Marketingkonzeption zu vertreiben (u. a. Bewahrung des Images und angemessener Kundendienst).

Alleinvertriebssystem

Der Hersteller verpflichtet sich in einem bestimmten Absatzgebiet nur den alleinvertriebsberechtigten Händler zu beliefern (z. B. bei Neueinführung eines Produktes).

Franchisesystem

Der Franchisenehmer (z. B. Groß- oder Einzelhandelsbetrieb) schließt mit einem Franchisegeber (z. B. Hersteller) einen Vertrag.
Der Franchisevertrag geht in der vertraglichen Bindung über den Vertrag mit dem Vertragshändler hinaus, da der Name bzw. die Firma des Franchisenehmers in den Hintergrund treten. Für die Übernahme eines ausgereiften Marketing- und Verkaufskonzepts (z. B. Fast-Food-Kette) hat der Franchisenehmer eine Gebühr an den Franchisegeber zu entrichten.

* [Vgl. Knoblich, a. a. O., S.189]

Intensitätsskala der Bindungen in Absatzkanälen

herstellereigene Verkaufsorgane („Anweisungsbetrieb")

vertraglich begründete Quasi-Filialisierung

lose Kooperationsformen mit schwacher Verbindlichkeit

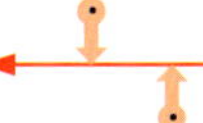

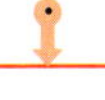

Vertrieb über herstellungsgebundene Verkaufsorgane („Absatzvermittler", z. B. Makler, Handelsvertreter)

vertragliche Vertriebssysteme wie z. B.
- Franchise- und Vertragshändler-System
- Alleinvertriebs-System
- Vertriebsbindungs-System

nur kaufvertragliche Bindung

Entscheidungsbereiche der akquisitorischen Distribution

4. Festlegung eines vertikalen Marketings

Unter vertikalem Marketing versteht man die Einflussnahme auf die zwischen Hersteller und Handel auftretenden Zielkonflikte, die u. a. aus der Aufteilung der Vertriebsspanne resultieren. Zur Problemlösung werden deshalb zwischen Hersteller und Handel häufig vertragliche Vereinbarungen zur Durchsetzung eines einheitlichen Marketings eingesetzt.

[Vgl. Hüttner, a. a. O., S. 265]

Entscheidungsbereiche der physischen Distribution

1. Entscheidung über die Transportmittel

Im Rahmen der physischen Distribution (**Marketinglogistik**) geht es um die Problemlösung, wie Güter durch Transportmittel und die entsprechenden Transportvorgänge über Lagersysteme in die Nähe des Verwenders/Kunden (gewerbliche Abnehmer, Händler, Verbraucher) gelangen.

Die wichtigsten **Gründe** für die Auswahl eines Transportmittels sind:

- Eigenart des Produkts (z. B. Verderblichkeit, Gewicht, Größe des Produkts)
- Kosten des Transportmittels
- Transportgeschwindigkeit
- Zuverlässigkeit des Transportträgers
- Haftungsumfang
- Umweltverträglichkeit des Transportmittels

Diese Bestimmungsgründe entscheiden auch darüber, ob ein eigener oder fremder Fuhrpark genutzt werden soll.

2. Entscheidung über das Lagersystem

Bei der Festlegung des Lagersystems muss zunächst geklärt werden, ob nur ein Zentrallager oder auch regionale Auslieferungslager (dezentrale Lager) errichtet werden sollen. Das hat nicht nur Auswirkungen auf die Kosten im Unternehmen, genauso wichtig sind beispielsweise die Gesichtspunkte Lieferfähigkeit und -geschwindigkeit. Gerade Letzteres wird langfristig über den Unternehmenserfolg entscheiden.

- Zentrallager oder Regionallager

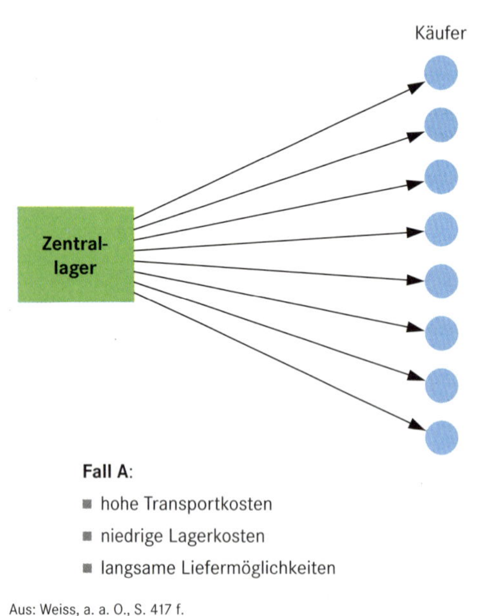

Fall A:
- hohe Transportkosten
- niedrige Lagerkosten
- langsame Liefermöglichkeiten

Käufer

Regional-
lager

Zentral-
lager

Regional-
lager

Fall B:
- geringe Transportkosten
- hohe Lagerkosten
- schnelle Liefermöglichkeiten

Aus: Weiss, a. a. O., S. 417 f.

- Eigen- und Fremdlager

Für die Entscheidung, ob ein Lager in Eigen- oder Fremdregie geführt werden soll, sind vor allem die unterschiedlich hohen Kosten ausschlaggebend (z. B. hohe Fixkosten beim Eigenlager). Ein weiterer Grund für diese Entscheidung könnte z. B. die Einflussnahme auf die Kontrolle des Lagerpersonals sein.

Marketing-Mix

Die absatzpolitischen Instrumente dürfen nicht isoliert voneinander eingesetzt werden, sie müssen **aufeinander abgestimmt** sein, um oberste Unternehmens- bzw. Marketing-Ziele zu verfolgen. Wird diese Abstimmung nicht beachtet, kann das Image des Unternehmens bei den Kunden schweren Schaden erleiden. Diese eintretende Verunsicherung auf Kundenseite kann das Unternehmen langfristig in seinem Bestand gefährden.

Marketing ist als eine Konzeption der Unternehmensführung zu verstehen, „bei der im Interesse der Erreichung der Unternehmensziele alle betrieblichen Aktivitäten konsequent auf die gegenwärtigen und künftigen Erfordernisse der Märkte ausgerichtet werden".* Die zunehmende Marktmacht der Kunden zwingt die Unternehmen dazu, sich in ihrer gesamten Unternehmenspolitik an den Kundenwünschen auszurichten.

* [Vgl. Bidlingmaier, J.: Marketing, Reinbek 1973, S. 15]

Das so genannte **Marketing-Mix** ist eine möglichst optimale Kombination des Mitteleinsatzes, d. h. eine „zielgerichtete Auswahl und qualitative, quantitative sowie zeitliche Kombination der absatzpolitischen Instrumente".[1] Der qualitative Aspekt des Marketing-Mix betrifft die Art der einzelnen Instrumente, der quantitative Aspekt bezieht sich auf das Gewicht der einzelnen Instrumente innerhalb des Marketing-Mix, und der zeitliche Aspekt beinhaltet Dauer und Abfolge des Einsatzes der einzelnen Instrumente.[2] Das Marketing-Mix ist eingebettet in die vom Unternehmen festgelegten **Marketingstrategien**, also in unternehmenspolitische Richtlinien, die einen Handlungsrahmen für den Einsatz der absatzpolitischen Instrumente vorgeben.[3]

1) [Vgl. Hüttner, a. a. O., S. 278]
2) [Vgl. Knoblich, a. a. O., S. 300 f.]
3) [Vgl. Hüttner, a. a. O., S. 81]

Marketing-Strategien

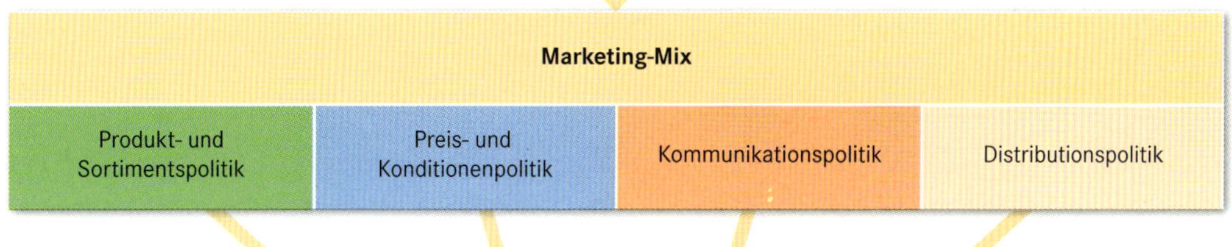

Optimale Kombination der absatzpolitischen Instrumente

Im Rahmen des Marketing-Mix müssen die unterschiedlichen **Beziehungen** beachtet werden, die prinzipiell zwischen diesen Instrumenten bestehen können:

- Konkurrierende Beziehungen

  d. h. zwei Instrumente stören sich in ihrer Wirkung (z. B. stehen Premiumpreise im Widerspruch zum Vertrieb über Absatzkanäle, welche untere Einkommensschichten ansprechen).

- Substitutive Beziehungen

  d. h. zwei Instrumente sind austauschbar in Bezug auf eine bestimmte Wirkung (z. B. lassen sich durch den Vertrieb über den Fachhandel in gewissen Grenzen unternehmenseigene Beratungsleistungen – „begleitende" Servicepolitik – ersetzen).

- Komplementäre Beziehungen

  d. h. zwei Instrumente stützen sich in ihrer Wirkung (z. B. wird das Image hoher Qualität, das durch entsprechende Werbung erzeugt werden soll, durch eine aufwendige Verpackung unterstützt).

- Konditionale Beziehungen

  d. h. der Einsatz des einen setzt den Einsatz des anderen voraus (z. B. setzt die Präsentation der Produktverpackung im Rahmen der Werbung deren Gestaltung voraus).

- Indifferente Beziehungen*

  d. h. es bestehen keine erkennbaren gegenseitigen Beeinflussungen zwischen zwei Instrumenten (z. B. Werbung und Marketing-Logistik).

* [Vgl. Hüttner, a. a. O., S. 281]

Das Marketingmix dient letztendlich dazu, bei den anvisierten Kundenzielgruppen eine **Positionierung** der Produkte bzw. des Unternehmens im Markt zu ermöglichen, um sich von den Produkten der Mitbewerber abzugrenzen.

Unter **Internationalem Marketing** versteht man Marketing-Aktivitäten eines Unternehmens, das nennenswerte Umsätze im Auslandsgeschäft tätigt. Dabei müssen exportorientierte Unternehmen, die im Inland produzieren, aber einen wichtigen Teil ihres Umsatzes im Ausland erzielen, von multinationalen Unternehmen unterschieden werden, die in mehreren Ländern produzieren, ein- und verkaufen.

Je stärker die Integration in internationale Märkte erfolgt, um so größer ist die Komplexität von Marketingentscheidungen. Internationales Marketing muss die besonderen **Risiken** auf Auslandsmärkten berücksichtigen – sowohl wirtschaftliche (z. B. Wechselkurs-Risiko) als auch politische (z. B. Einfluss des Staates auf die Wirtschaftspolitik).

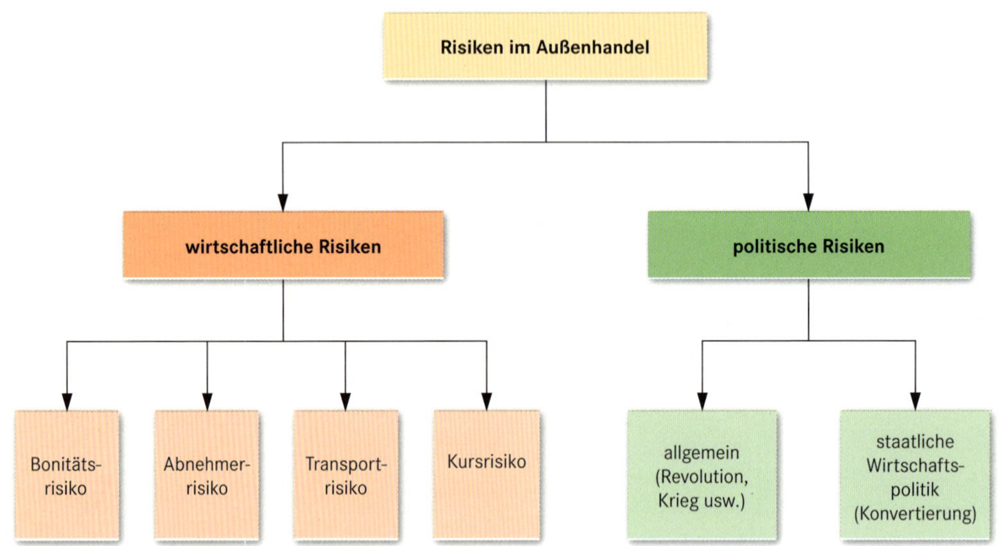

[Vgl. Hüttner, a. a. O., S. 506]

Bevor die absatzpolitischen Instrumente (Produkt-und Sortimentspolitik, Preispolitik, Kommunikationspolitik, Distributionspolitik) zielgerichtet auf Auslandsmärkten eingesetzt werden können, muss die Strategie des internationalen Marketing festgelegt werden.

Mindestens die folgenden **internationalen Marketing-Strategien** können unterschieden werden:

- Erschließung ausgesuchter Auslandsmärkte (z. B. Nachbarländer, Wirtschaftsregionen, Kontinente).
- Reine Wachstumsstrategie, unabhängig von Eingrenzungen auf bestimmte Auslandsmärkte (z. B. Umsatzmaximierung).
- Erschließung ausgesuchter Marktsegmente in internationalen Märkten (z. B. Bearbeitung nur des oberen Preissegments in verschiedenen Ländern).

Bei der Umsetzung dieser Strategien ist weiterhin zu fragen, ob das Produktionsprogramm **standardisiert**, d. h. international einheitlich angeboten werden soll (globales Marketing) oder ob die Produkte und die Marktbearbeitungsmethoden nach nationalen Märkten **differenziert** werden sollen (z. B. unterschiedliche PKW-Modelle eines Automobilunternehmens in den jeweiligen nationalen Märkten).

[Vgl. Hüttner, a. a. O., S. 491 ff. und Hill, W. u. Rieser, J.: Marketing-Management; Bern, Stuttgart, Wien 1993]

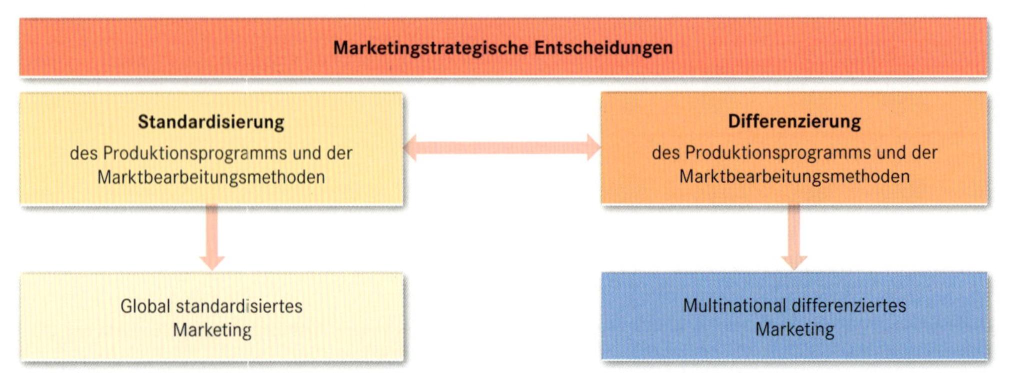

Angebotserstellung
Offer Preparation

30

Betriebswirtschaftliche und rechtliche Bedeutung des Angebotes

Ein **vollständiges** Angebot enthält mindestens folgende Angaben:
Ware, Preis, evtl. Rabatt, Verpackungs- und Beförderungskosten, Lieferzeit und Zahlungsbedingungen. Außerdem enthält es den Erfüllungsort (Ort, an dem der Schuldner seine Leistungen zu erfüllen hat) und den Gerichtsstand (Sitz des Gerichtes, das im Streifall zuständig ist).

Ein Angebot ist grundsätzlich **verbindlich**. Falls ein Lieferant sich **nicht binden** will, muss das Angebot entweder zeitlich befristet sein oder so genannte Freizeichnungsklauseln (z. B. „unverbindlich“, „freibleibend“) enthalten.

Widerruf
Ein Angebot kann vom Anbietenden innerhalb einer bestimmten Frist widerrufen werden. Der Widerruf muss vor oder gleichzeitig mit dem Angebot eintreffen (z. B. durch ein Fax). Dadurch wird die rechtliche Verbindlichkeit des Angebotes aufgehoben.

Anpreisungen
Bei Schaufensterauslagen und Anzeigen in Zeitungen oder Zeitschriften handelt es sich nicht um Angebote, sondern um so genannte Anpreisungen, die sich an die Allgemeinheit richten und daher unverbindlich sind.

Aufbau und Inhalt eines Angebotes

- Eingehen auf Anfrage (verlangtes Angebot) oder Vorstellen des Unternehmens (unverlangtes Angebot)
- Beschreiben des Artikels bzw. des Sortiments
- Nennen der Angebotsbedingungen (Preise, Lieferungs- und Zahlungsbedingungen, Lieferzeit, Erfüllungsort, Gerichtsstand)
- Freundl. Abschlusssatz (Hoffnung auf Bestellung)

Allgemeine Geschäftsbedingungen (AGB)

Die Allgemeinen Geschäftsbedingungen regeln alles, was nicht im konkreten Angebot enthalten ist. Weichen einzelne Bestimmungen der AGB vom Angebot ab, gelten die Angebotsabsprachen. Die AGB-Bestimmungen des BGB sollen den Kunden vor unlauteren AGB schützen.

Beschaffung von Fremdleistungen
Acquisition of External Services

31

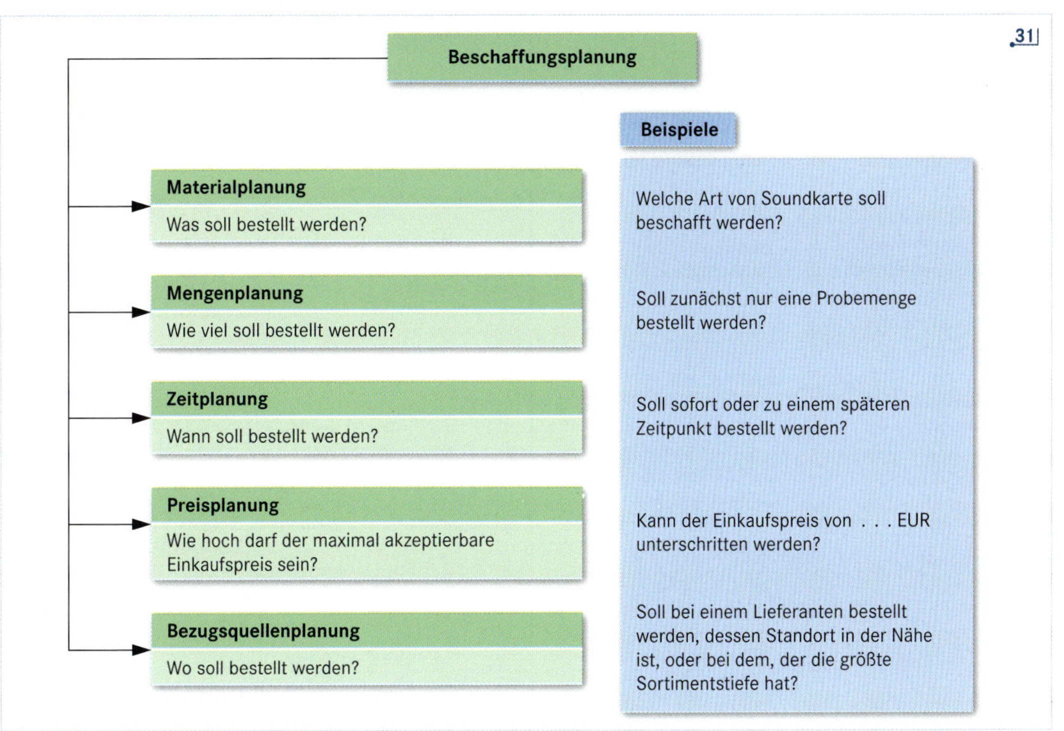

Anfrage 32

Betriebswirtschaftliche und rechtliche Bedeutung der Anfrage	Aufbau und Inhalt einer Anfrage
Eine Anfrage dient der Geschäftsanbahnung und Information und ist unverbindlich. **Allgemeine Anfrage:** Bitte um Zusendung von allgemein. Informationsmaterial (z. B. Katalog), gegebenenfalls mit Mustern. **Spezielle Frage:** Bitte um spezielle Informationen über die Lieferung von bestimmten Artikeln, ggf. mit Mustern.	1. Grund der Anfrage 2. Nennen der gewünschten Ware 3. Angabe der erforderlichen Menge 4. Erfragen der Preise, Lieferungs- und Zahlungsbedingungen 5. Hinweis auf gewünschten Liefertermin

Angebotsvergleich 33

Beispiel für einen Preisspiegel 34

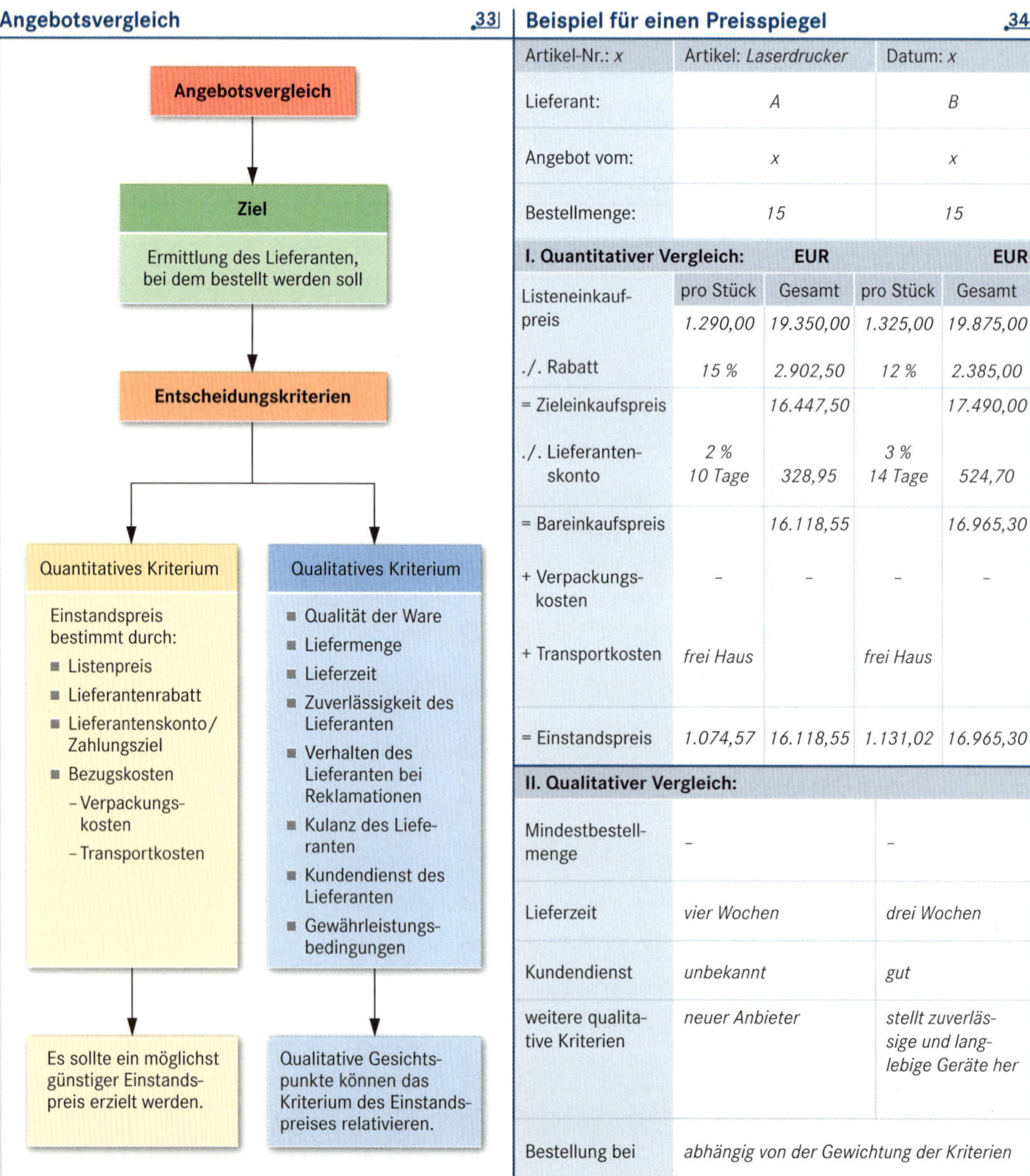

Artikel-Nr.: *x*	Artikel: *Laserdrucker*		Datum: *x*	
Lieferant:	*A*		*B*	
Angebot vom:	*x*		*x*	
Bestellmenge:	*15*		*15*	
I. Quantitativer Vergleich:	**EUR**		**EUR**	
Listeneinkaufpreis	pro Stück	Gesamt	pro Stück	Gesamt
	1.290,00	*19.350,00*	*1.325,00*	*19.875,00*
./. Rabatt	*15 %*	*2.902,50*	*12 %*	*2.385,00*
= Zieleinkaufspreis		*16.447,50*		*17.490,00*
./. Lieferantenskonto	*2 % 10 Tage*	*328,95*	*3 % 14 Tage*	*524,70*
= Bareinkaufspreis		*16.118,55*		*16.965,30*
+ Verpackungskosten	–	–	–	–
+ Transportkosten	*frei Haus*		*frei Haus*	
= Einstandspreis	*1.074,57*	*16.118,55*	*1.131,02*	*16.965,30*
II. Qualitativer Vergleich:				
Mindestbestellmenge	–		–	
Lieferzeit	*vier Wochen*		*drei Wochen*	
Kundendienst	*unbekannt*		*gut*	
weitere qualitative Kriterien	*neuer Anbieter*		*stellt zuverlässige und langlebige Geräte her*	
Bestellung bei	*abhängig von der Gewichtung der Kriterien*			

Nutzwertanalyse

Begriff	Vorgehensweise
Lieferantenauswahl auf der Grundlage ▪ **quantifizierbarer Größen** wie Einkaufspreis, Lieferungs- und Zahlungsbedingungen und ▪ **qualitativer Aspekte** wie Qualität und Umweltverträglichkeit der Produkte, Kulanzverhalten, Zuverlässigkeit, Kundendienst, Service usw. Als Entscheidungsgrundlage dient die **Lieferantenmatrix**.	(1) Auswahl der Entscheidungskriterien (2) Gewichtung der Kriterien in v. H.; je höher die Prozentzahl, desto wichtiger ist das entsprechende Kriterium für den Entscheidungsprozess. (3) Bewertung der in Frage kommenden Lieferanten anhand der Kriterien (z. B. sehr gut = 5 Punkte; ungenügend = 0 Punkte). (4) Errechnung der gewichteten Punktewerte durch Multiplikation der Gewichtungsfaktoren mit den vergebenen Punktezahlen. (5) Addition der gewichteten Punktewerte; der Lieferant mit der höchsten Punktewertsumme erhält den Zuschlag.

Beispiel

Entscheidungskriterien	Gewichtung der Kriterien	Lieferant A		Lieferant B	
		Punkte	gewichtete Punkte	Punkte	gewichtete Punkte
Preis	40 %	5	200	4	160
Qualität	30 %	3	90	5	150
Zuverlässigkeit	20 %	4	80	2	40
Kulanzverhalten	10 %	2	20	3	30
Summe	100 %		390		380

Eigenfertigung oder Fremdbezug?

Insourcing/Outsourcing

Unternehmen überlegen prinzipiell, ob sie Güter und Dienstleistungen selbst erstellen oder von anderen Unternehmen beziehen sollen. Entscheidet man sich dafür, bisher im eigenen Unternehmen erstellte Leistungen von anderen erstellen zu lassen, spricht man von **Outsourcing**. Umgekehrt bedeutet die Erstellung bisher fremder Leistungen in eigener Regie **Insourcing**.

Einflussgrößen

- Kosten
- Sicherheit (Unabhängigkeit vom Lieferanten)
- betriebliche Einflussnahme auf die Endleistung (z. B. Produktqualität, Kundenservice)
- ökologische Aspekte (z. B. Entsorgung)
- organisatorischer Aufwand
- Qualifikation des Personals

Kostenvergleich

Werden nur die Kosten als Entscheidungsgrundlage herangezogen, könnte sich ergeben, dass ab einer bestimmten Menge **(kritische Menge)** die Eigenfertigung günstiger ist als der Fremdbezug (Fixkostendegression durch Auslastung der teueren Maschinen).

Beispiel:
Das Unternehmen kann ein Einbauteil, das es bisher selbst gefertigt hat, auch von einem Lieferanten beziehen:

Kosten der **Eigenfertigung**:
K_f = 12.000 €; k_v = 20 €
→ K_E = 12.000 + 20 x

Kosten des **Fremdbezugs**:
Bezugspreis: 50 €
→ K_F = 50 x

Bei der Entscheidung „Eigenfertigung oder Fremdbezug" spielen neben den Kosten auch die übrigen Einflussgrößen und deren Gewichtung eine Rolle.

Die kritische Menge ist die Menge, bei der die Kosten von Eigenfertigung und Fremdbezug gleich hoch sind, und bei der langfristig über die Beschaffungsalternative entschieden werden muss.

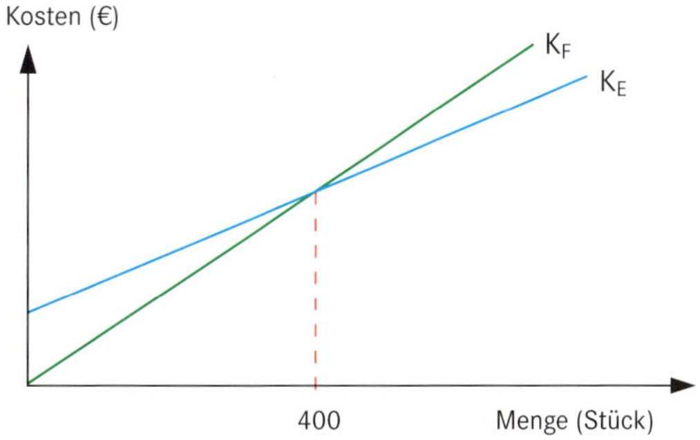

Kosten (€)
K_F
K_E
400
Menge (Stück)

Kritische Menge:
12.000 + 20 x = 50 x
x = 400

Optimale Bestellmenge

35

Begriff	Zielkonflikt zwischen Lager- und Bestellkosten
Bei der Planung der Bestellmengen muss die Einkaufsabteilung eines Betriebes die entstehenden Kosten grundsätzlich möglichst gering halten. Die optimale Bestellmenge ist die Menge, bei der die Summe aus Lager- und Bestellkosten am geringsten ist.	■ Die Beschaffung größerer Mengen in größeren Zeitabständen verursacht relativ hohe Lagerkosten. ■ Die Beschaffung kleinerer Mengen in kleineren Zeitabständen verursacht relativ hohe Bestellkosten.

Beispiel

Die OfficeCom AG ermittelt in der nachstehenden Tabelle die optimale Bestellmenge für den Laserdrucker LD 02, der vor einiger Zeit in das Sortiment aufgenommen wurde, aufgrund folgender Bedingungen:

- Pro Jahr werden aufgrund der Nachfrage 20 000 Laserdrucker benötigt. Eine Bestelleinheit umfasst eine Palette mit 50 Laserdruckern. Im Jahr werden somit 400 Paletten benötigt.
- Unser Lieferant berechnet bei jeder Bestellung unabhängig von der Menge 20,00 € für die Auftragsbearbeitung.
- Die OfficeCom AG kalkuliert – ebenfalls unabhängig von der Bestellmenge – 20,00 € für die Arbeitsvorgänge beim Wareneingang und bei der Rechnungsprüfung ein.
- Eine Palette mit 50 Laserdruckern verursacht während der Lagerdauer durchschnittliche Lagerkosten (anteilige Lagerverwaltungs- und Zinskosten für das in der Ware gebundene Kapital) von 5 €.
- In einem Jahr besteht die Möglichkeit, bis zu sechzehnmal zu bestellen.

Bei der Ermittlung der optimalen Bestellmenge (siehe Tabelle) sind für die OfficeCom AG folgende Fragen zu klären:

a) Bei welcher Bestellhäufigkeit sind die Gesamtkosten am geringsten?
*(hier: bei **8 Bestellungen** pro Jahr = 570,00 € Gesamtkosten)*

b) Wie viele Paletten müssen jeweils bestellt werden, um die Summe aus Lager- und Bestellkosten zu minimieren (optimale Bestellmenge)?
*(hier: **50 Paletten**)*

Ermittlung der optimalen Bestellmenge – Laserdrucker LD 02 –

Mögliche Anzahl der Bestellungen bei unserem Lieferanten pro Jahr	Bestellmenge Palette	Lagerkosten €	Bestellkosten €	Gesamtkosten €
1	400	2.000	40	2.040
2	200	1.000	80	1.080
4	100	500	160	660
5	80	400	200	600
8	**50**	**250**	**320**	**570**
10	40	200	400	600
16	25	125	640	765

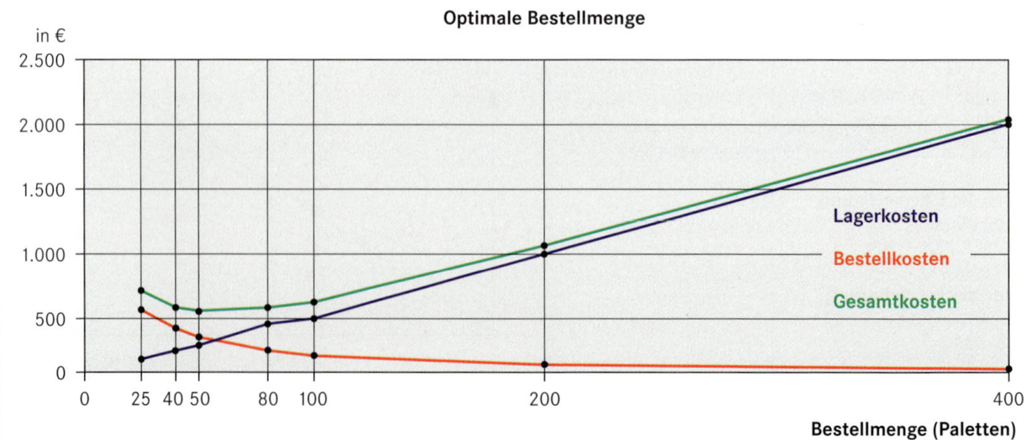

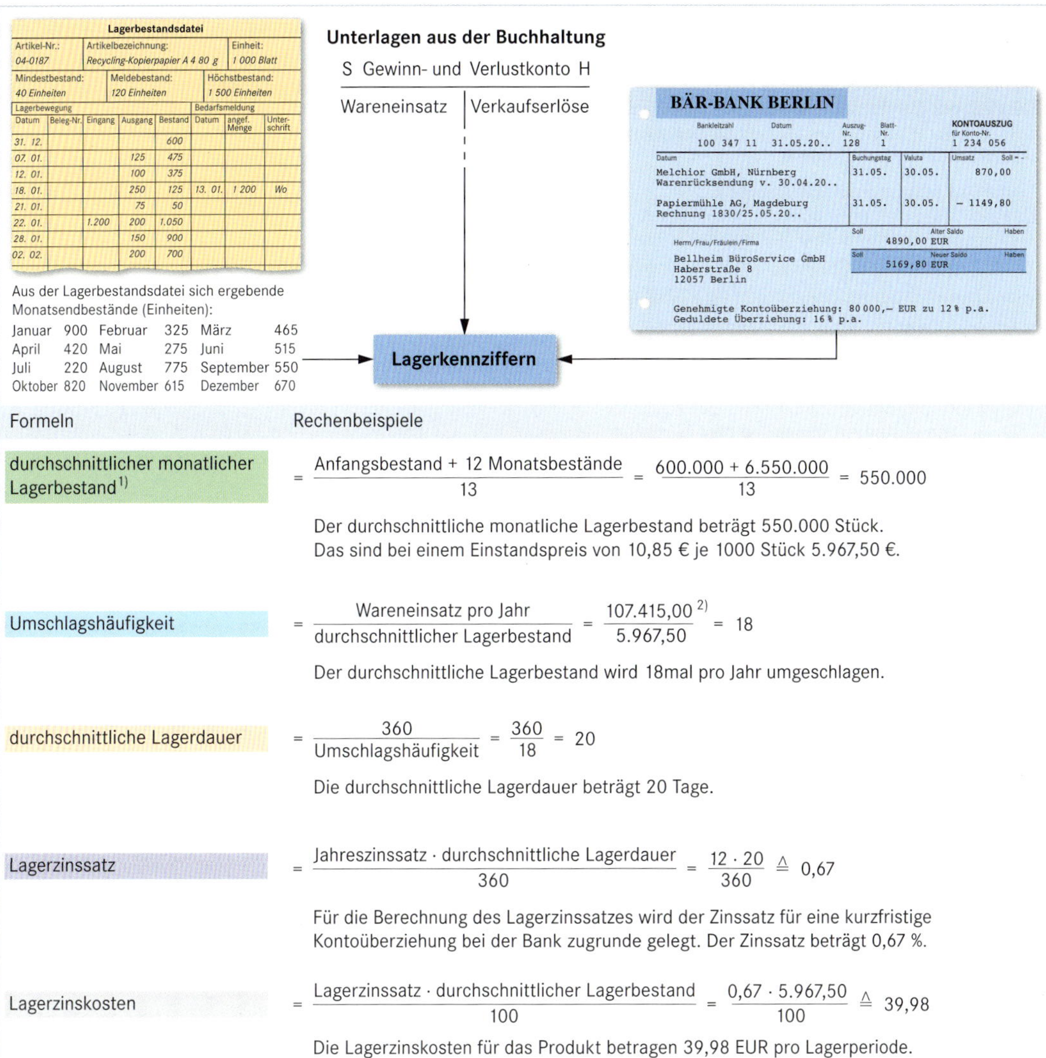

Lagerbestandsdatei

Artikel-Nr.: 04-0187	Artikelbezeichnung: Recycling-Kopierpapier A 4 80 g	Einheit: 1 000 Blatt
Mindestbestand: 40 Einheiten	Meldebestand: 120 Einheiten	Höchstbestand: 1 500 Einheiten

Lagerbewegung					Bedarfsmeldung		
Datum	Beleg-Nr.	Eingang	Ausgang	Bestand	Datum	angef. Menge	Unterschrift
31. 12.				600			
07. 01.			125	475			
12. 01.			100	375			
18. 01.			250	125	13. 01.	1 200	Wo
21. 01.			75	50			
22. 01.		1.200	200	1.050			
28. 01.			150	900			
02. 02.			200	700			

Aus der Lagerbestandsdatei sich ergebende Monatsendbestände (Einheiten):

Januar	900	Februar	325	März	465
April	420	Mai	275	Juni	515
Juli	220	August	775	September	550
Oktober	820	November	615	Dezember	670

Unterlagen aus der Buchhaltung

S Gewinn- und Verlustkonto H	
Wareneinsatz	Verkaufserlöse

BÄR-BANK BERLIN

Bankleitzahl	Datum	Auszug-Nr.	Blatt-Nr.	KONTOAUSZUG für Konto-Nr.
100 347 11	31.05.20..	128	1	1 234 056

Datum	Buchungstag	Valuta	Umsatz Soll = -
Melchior GmbH, Nürnberg Warenrücksendung v. 30.04.20..	31.05.	30.05.	870,00
Papiermühle AG, Magdeburg Rechnung 1830/25.05.20..	31.05.	30.05.	– 1149,80

Herrn/Frau/Fräulein/Firma

Bellheim BüroService GmbH
Haberstraße 8
12057 Berlin

Soll Alter Saldo Haben: 4890,00 EUR

Soll Neuer Saldo Haben: 5169,80 EUR

Genehmigte Kontoüberziehung: 80 000,– EUR zu 12 % p.a.
Geduldete Überziehung: 16 % p.a.

Lagerkennziffern

Formeln	Rechenbeispiele

durchschnittlicher monatlicher Lagerbestand[1]

$$= \frac{\text{Anfangsbestand} + 12 \text{ Monatsbestände}}{13} = \frac{600.000 + 6.550.000}{13} = 550.000$$

Der durchschnittliche monatliche Lagerbestand beträgt 550.000 Stück. Das sind bei einem Einstandspreis von 10,85 € je 1000 Stück 5.967,50 €.

Umschlagshäufigkeit

$$= \frac{\text{Wareneinsatz pro Jahr}}{\text{durchschnittlicher Lagerbestand}} = \frac{107.415{,}00^{2)}}{5.967{,}50} = 18$$

Der durchschnittliche Lagerbestand wird 18mal pro Jahr umgeschlagen.

durchschnittliche Lagerdauer

$$= \frac{360}{\text{Umschlagshäufigkeit}} = \frac{360}{18} = 20$$

Die durchschnittliche Lagerdauer beträgt 20 Tage.

Lagerzinssatz

$$= \frac{\text{Jahreszinssatz} \cdot \text{durchschnittliche Lagerdauer}}{360} = \frac{12 \cdot 20}{360} \triangleq 0{,}67$$

Für die Berechnung des Lagerzinssatzes wird der Zinssatz für eine kurzfristige Kontoüberziehung bei der Bank zugrunde gelegt. Der Zinssatz beträgt 0,67 %.

Lagerzinskosten

$$= \frac{\text{Lagerzinssatz} \cdot \text{durchschnittlicher Lagerbestand}}{100} = \frac{0{,}67 \cdot 5.967{,}50}{100} \triangleq 39{,}98$$

Die Lagerzinskosten für das Produkt betragen 39,98 EUR pro Lagerperiode.

[1] Es gibt auch andere Zeiteinteilungen, z. B. quartalsmäßig, jährlich. [2] Beim Wareneinsatz handelt es sich um einen angenommenen Wert.

Lagerbestandsgrößen
Stock Keeping Quantities

37

Mindestbestand (Eiserner Bestand)

Er gibt die Vorratsmenge an, die nur bei außerordentlichen Lieferschwierigkeiten (z. B. Streik) in Anspruch genommen werden darf. Dazu muss der zu überbrückende Zeitraum geschätzt und als Rechengröße festgelegt werden.

Höchstbestand

Er gibt die Warenmenge an, die höchstens eingelagert werden kann (z. B. abhängig von Lagerkapazität, Verderb).

Meldebestand

Er gibt die Warenmenge an, bei der die Lagerverwaltung der Einkaufsabteilung mitteilt, dass Ware nachbestellt werden muss.

Meldebestand = (Tagesabsatz · Lieferzeit) + Mindestbestand

Bestellung
Order

Bestellung 38

Rechtliche Bedeutung

Eine Bestellung ist **verbindlich**, sie kann schriftlich oder mündlich erteilt werden. Bei einer mündlichen Bestellung ist eine sofortige schriftliche Bestätigung empfehlenswert, um Missverständnisse zu vermeiden.

Bestellung aufgrund eines Angebotes:
Ein Kaufvertrag wird abgeschlossen. In der Bestellung wird auf das Angebot Bezug genommen. Es liegen zwei übereinstimmende Willenserklärungen vor.

Bestellung ohne vorheriges Angebot:
Die Bestellung muss konkrete Angaben enthalten.
Sie ist nur für den Auftraggeber/die Auftraggeberin verbindlich, der Lieferant kann ablehnen oder zustimmen. Es liegt nur eine Willenserklärung vor; die zweite erfolgt durch Auftragsbestätigung oder Warenlieferung.

Widerruf:
Der Widerruf muss vor oder gleichzeitig mit der Bestellung eintreffen, z. B. per Telefon oder als Fax.

Aufbau und Inhalt

1. Auf das Angebot, den Katalog, die Preisliste etc. eingehen
2. Art, Preis, Menge und Qualität der Ware angeben
3. Liefertermin und Lieferungsbedingungen nennen
4. Gewünschte Zahlungsweise angeben

Kaufvertrag
Purchase Contract

- Bei einem Kaufvertrag handelt es sich um ein zwei- oder mehrseitiges Rechtsgeschäft.
- Willenserklärungen, die im Rahmen eines Kaufvertrages abgegeben werden, heißen **Antrag** und **Annahme**. 39

I. Verpflichtungsgeschäft

a) Zustandekommen des Kaufvertrages

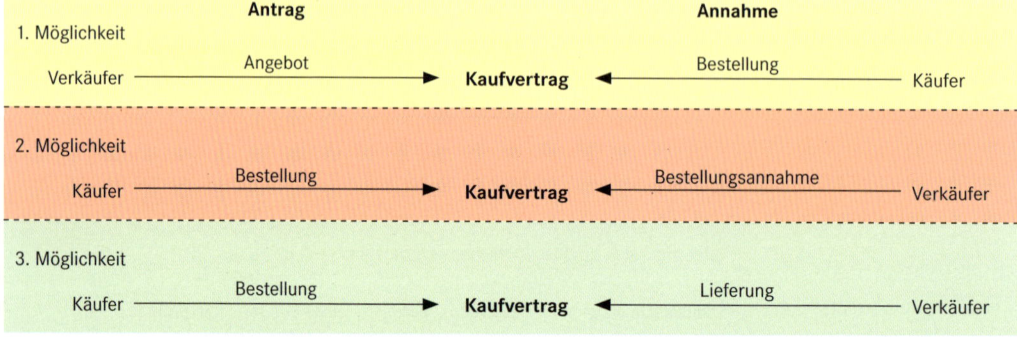

Das Verpflichtungsgeschäft ist abgeschlossen, wenn zwei übereinstimmende Willenserklärungen vorliegen.

b) Pflichten des Verkäufers und Käufers

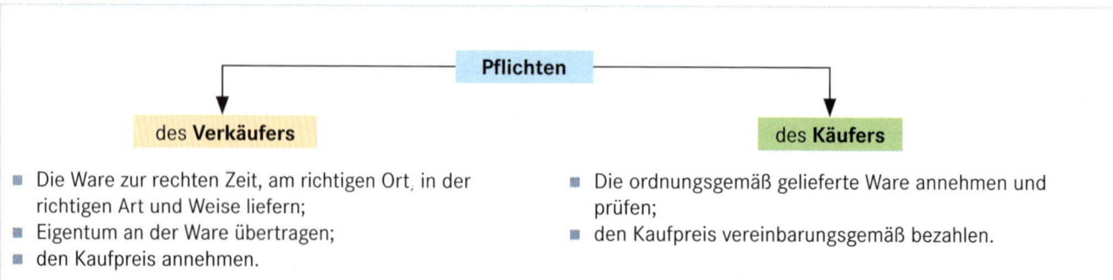

Pflichten
des Verkäufers
des Käufers
Die Ware zur rechten Zeit, am richtigen Ort, in der richtigen Art und Weise liefern;
Eigentum an der Ware übertragen;
den Kaufpreis annehmen.
Die ordnungsgemäß gelieferte Ware annehmen und prüfen;
den Kaufpreis vereinbarungsgemäß bezahlen.

II. Erfüllungsgeschäft

Das Erfüllungsgeschäft ist abgeschlossen, wenn Verkäufer und Käufer ihre Pflichten erfüllt haben.
Werden die Pflichten nicht erfüllt, spricht man von **Störungen des Kaufvertrages.**

Rechnungsprüfung
Invoice Auditing

Arten 40

Ist die eingetroffene Ware mangelfrei, wird die Rechnung wegen Nutzung möglicher Skontofristen unverzüglich geprüft.

Rechnerische Prüfung:
Überprüfung der rechnerischen Daten (z. B. Listenpreis, Rabatt, Transportkosten)

Sachliche Prüfung:
Überprüfung von Art, Güte und Menge der aufgeführten Waren anhand des Bestelldurchschlages und des Lieferscheines.

Geldschulden 41

Geldschulden sind **Schick-** oder **Bringschulden** (§ 270 ff. BGB). Daraus ergibt sich für den Käufer:

- Er muss die **Überweisungskosten** übernehmen;
- er muss das **Transportrisiko** für das Geld tragen;
- er muss darauf achten, dass das Geld rechtzeitig auf dem Konto des Zahlungsempfängers eingeht, wenn als vertraglicher Erfüllungsort der Geschäftssitz des Verkäufers vereinbart ist (geschäftsüblich).

Gilt nur der **gesetzliche** Erfüllungsort, genügt die rechtzeitige **Absendung** des Geldbetrages.

Kaufvertragsstörungen: Überblick
Anomalies in Sales Contracts: Overview 42

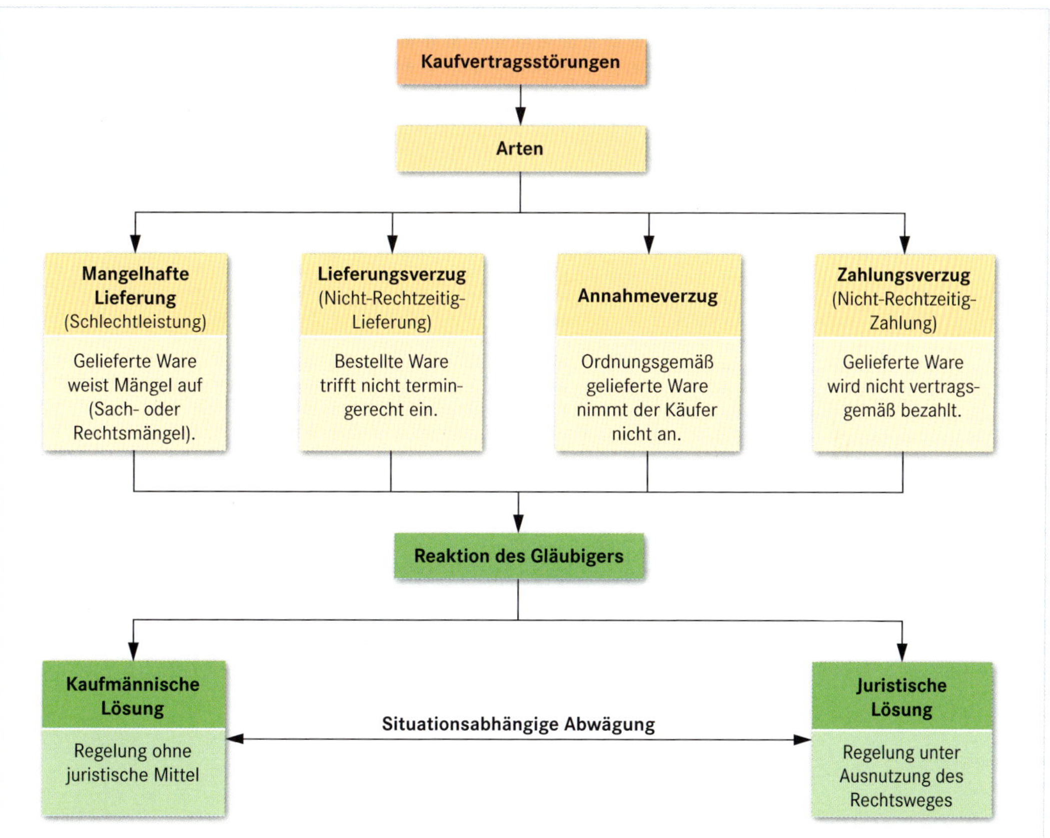

Kaufmännische Lösungen bei Kaufvertragsstörungen

Der Unternehmer wird nur in Ausnahmefällen zum Kaufvertragsrecht des BGBs und HGBs greifen, um nach Lösungen für Kaufvertragsstörungen zu suchen. Zunächst wird er stets eine **kaufmännische Lösung** für Vertragsstörungen suchen, da es für ihn am wichtigsten ist, zu Kunden und Lieferanten gute Geschäftsverbindungen aufrechtzuerhalten. Er wird dem Vertragspartner entgegenkommen, damit sich **langfristige Geschäftsbeziehungen** ergeben können, denn nur dadurch wird er seine **Unternehmensziele** erreichen können.
Im Zweifel wird er sogar dem Vertragspartner Rechte zubilligen, die BGB bzw. HGB gar nicht vorsehen. Nur wenn eine gütige Einigung nicht möglich ist, wird er vom Vertragsrecht Gebrauch machen und eventuell den **Rechtsweg**, z. B. mithilfe eines Rechtsanwaltes, einschlagen.

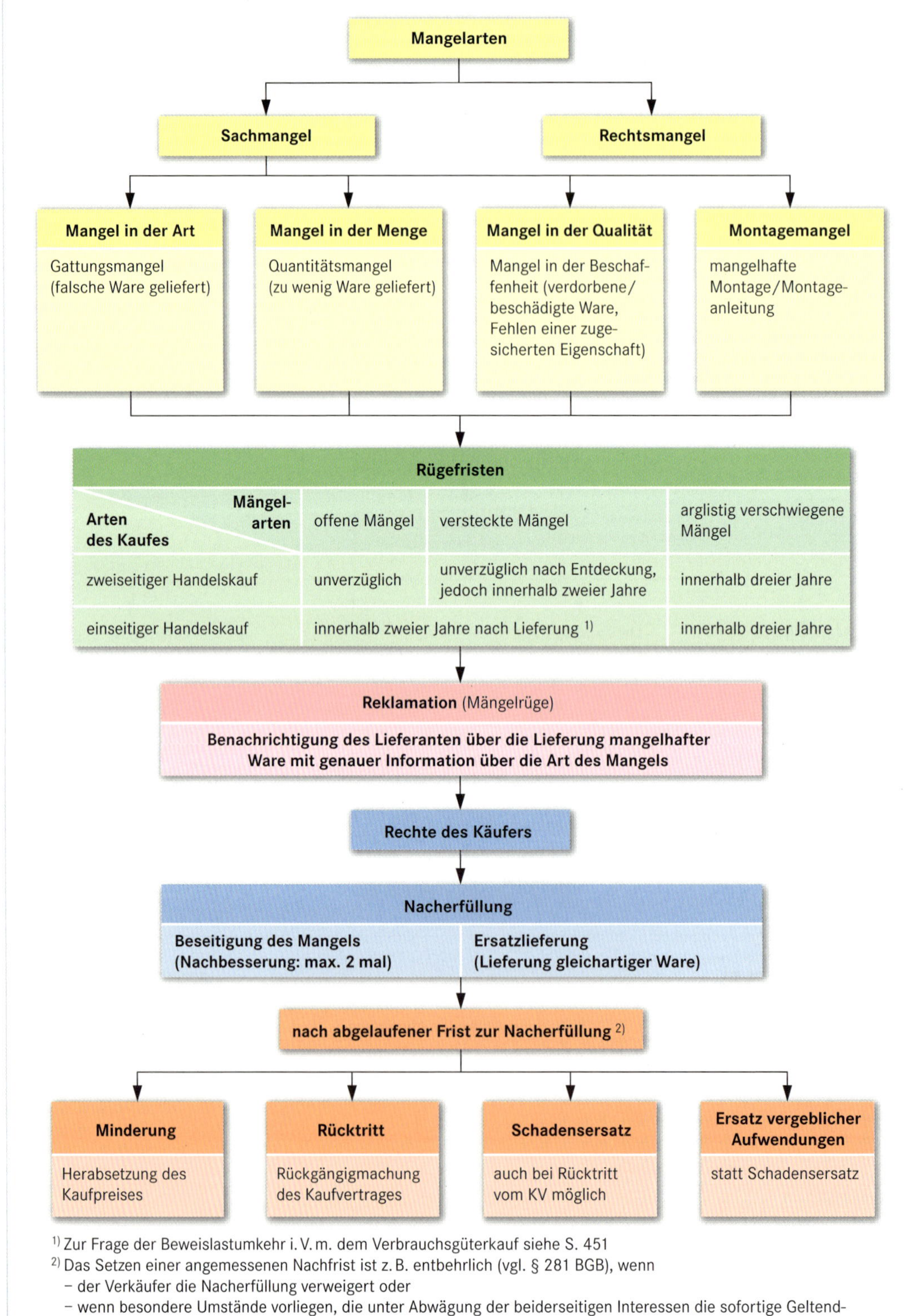

Rügefristen			
Arten des Kaufes \ Mängelarten	offene Mängel	versteckte Mängel	arglistig verschwiegene Mängel
zweiseitiger Handelskauf	unverzüglich	unverzüglich nach Entdeckung, jedoch innerhalb zweier Jahre	innerhalb dreier Jahre
einseitiger Handelskauf	innerhalb zweier Jahre nach Lieferung [1]		innerhalb dreier Jahre

[1] Zur Frage der Beweislastumkehr i. V. m. dem Verbrauchsgüterkauf siehe S. 451

[2] Das Setzen einer angemessenen Nachfrist ist z. B. entbehrlich (vgl. § 281 BGB), wenn
- der Verkäufer die Nacherfüllung verweigert oder
- wenn besondere Umstände vorliegen, die unter Abwägung der beiderseitigen Interessen die sofortige Geltendmachung des Schadensersatzanspruches rechtfertigen.

Kaufvertragsarten: Unterscheidung nach ...

der Art, Güte und Beschaffenheit der Ware

- **Kauf auf Probe**
  Rückgaberecht innerhalb einer vereinbarten Frist (z. B. Rückgabe innerhalb zweier Wochen)
- **Kauf nach Probe**
  Qualität der kostenlosen Probe ist für Folgemenge verbindlich (z. B. Kauf von Sweatshirts aufgrund eines Musters)
- **Kauf zur Probe**
  Kauf einer kleinen Menge zu Testzwecken
- **Gattungskauf**
  Kauf von vertretbarer Ware (nur der Gattung nach bestimmbare Ware, also mehrfach vorhanden), die sich nach Maß, Zahl oder Gewicht bestimmen lässt (z. B. fabrikneue Markenskier)
- **Stückkauf**
  Kauf nicht vertretbarer Ware (einmalig nur vorhanden), z. B. Kauf eines gebrauchten Paar Skier
- **Spezifikationskauf**
  Bei Vertragsabschluss werden nur Art und Menge der Ware bestimmt, die nähere Bestimmung der Ware (z. B. Farbe) erfolgt innerhalb einer vereinbarten Frist (z. B. bei Kauf von Trainingsanzügen: Farbe, Maß, Form)
- **Ramschkauf**
  Kauf der gesamten Warenmenge zu einem Pauschalpreis (z. B. bei einer Insolvenz Pauschalpreis für Gesamtwarenbestand)

dem Zeitpunkt der Zahlung

- **Kauf auf Anzahlung**
  Käufer leistet eine Anzahlung vor der Warenlieferung (z. B. wenn keine zuverlässigen Angaben über die Zahlungsfähigkeit eines neuen Kunden vorliegen)
- **Kauf auf Vorauszahlung**
  Käufer zahlt Ware vor der Lieferung (z. B. bei Sonderanfertigung)
- **Barkauf**
  Käufer zahlt Ware bei Übergabe (z. B. Wocheneinkauf in einem Supermarkt)
- **Zielkauf**
  Käufer zahlt nach der Lieferung (z. B. vereinbartes Zahlungsziel 30 Tage)
- **Ratenkauf**
  Käufer zahlt in mehreren Raten

der rechtlichen Stellung der Vertragspartner

- **Verbrauchsgüterkauf**
  Endverbraucher kauft Ware vom Unternehmer, laut § 476 ff. BGB gilt die **Beweislastumkehr**. (Tritt in den ersten 6 Monaten nach Kauf ein Sachmangel auf, wird davon ausgegangen, dass er schon bei Lieferung bestand. Der Verkäufer hat die Ware zurückzunehmen. Nach Ablauf von 6 Monaten liegt die Beweislast beim Käufer.)
- **Bürgerlicher Kauf**
  Beide Vertragspartner sind Privatpersonen (z. B. Wolfgang kauft das gebrauchte Fahrrad von Kai)
- **Einseitiger Handelskauf**
  Ein Vertragspartner ist Kaufmann laut HGB, der andere Privatperson (z. B. ein Unternehmer kauft in einem Fachgeschäft Handschuhe)
- **Zweiseitiger Handelskauf**
  Beide Vertragspartner sind Kaufleute laut HGB (z. B. die Sports Fashion GmbH kauft Sweatshirts vom Hersteller)

der Lieferzeit

- **Sofortkauf**
  Kauf einer Ware gegen sofortige Zahlung (Zug-um-Zug-Geschäft)
- **Terminkauf**
  Kauf einer Ware und Lieferung innerhalb eines festgelegten Zeitraums oder bis zu einem Zeitpunkt (z. B. „Lieferung binnen 10 Tagen nach Auftragseingang“)
- **Fixkauf**
  Kauf einer Ware und Lieferung zu einem genau festgelegten Lieferzeitpunkt (z. B. „fix am 30. Mai“), Liefertermin ist wesentlicher Vertragsbestandteil, d. h., nach Ablauf des Liefertermins hat Lieferung keinen Sinn mehr für Käufer
- **Kauf auf Abruf**
  Kauf einer Ware und Lieferung zu vom Käufer zu bestimmenden Lieferzeitpunkten

dem Ort der Warenübergabe

- **Handkauf**
  Ware wird im Geschäftssitz des Verkäufers gegen Bezahlung dem Käufer übergeben
- **Platzkauf**
  Ware wird an den Geschäftssitz des Käufers gesendet; Käufer und Verkäufer haben Geschäftssitz am selben Ort
- **Versendungskauf**
  Ware wird zum Käufer versendet; Käufer und Verkäufer haben Geschäftssitz an verschiedenen Orten

Erfüllungsort
Place of Fulfillment

Begriff	Bedeutung
Der Erfüllungsort ist der Ort, an dem der Verkäufer die Ware liefert bzw. der Käufer die Ware bezahlt. Der Erfüllungsort kann vertraglich festgelegt werden. Geschieht dies nicht, gilt die gesetzliche Regelung: Der Erfüllungsort ist der Wohn- bzw. Geschäftssitz des Waren- bzw. Geldschuldners (§ 269 f. BGB).	Am Erfüllungsort geht die Gefahr im Rahmen der Warenlieferung auf den Käufer über (z. B. bei Sachbeschädigung). Geldschulden sind Schick- oder Bringschulden, daher hat der Käufer das Geld auf seine Gefahr und Kosten an den Wohn- bzw. Firmensitz des Verkäufers zu senden (§ 270 BGB). Der Erfüllungsort bestimmt den Gerichtsstand.

Gerichtsstand
Court of Jurisdiction

Kommt es zwischen Käufer und Verkäufer zu Streitfällen, wird der so genannte Gerichtsstand wichtig, also der Ort, an dem in einem Prozess der Streitfall gerichtlich geklärt wird. Nach der gesetzlichen Regelung ist der Gerichtsstand abhängig vom Wohn- oder Geschäftssitz des jeweiligen Schuldners.

Bei einem Streitwert bis zu 5.000 € ist das Amtsgericht zuständig, bei einem höheren Streitwert das Landgericht. Bei einem zweiseitigen Handelskauf kann der Gerichtsstand vertraglich festgelegt werden.

Gesetz gegen den unlauteren Wettbewerb (UWG)
Law Against Unfair Competition

Begriff

Das UWG soll sowohl die **Unternehmen** als auch die **Verbraucher** vor unlauterem Wettbewerb schützen, d. h. vor Aktivitäten bewahren, die nicht einem fairen Wettbewerb zwischen den Marktteilnehmern entsprechen. § 3 UWG (so genannte **Generalklausel**) bestimmt, dass **unlautere geschäftliche Handlungen unzulässig** sind, die die Interessen der Marktteilnehmer spürbar beeinträchtigen. Wer dieser Vorschrift **vorsätzlich** oder **fahrlässig** zuwiderhandelt, ist den Mitbewerbern laut § 9 UWG zum **Ersatz des** daraus entstehenden **Schadens** verpflichtet.

Beispiele unlauteren Wettbewerbs

Unlauter im Sinne von § 4 UWG handelt, wer z. B.

1. Geschäftliche Handlungen vornimmt, die die **Entscheidungsfreiheit** von Marktteilnehmern durch Ausübung von **Druck** oder in **menschenverachtender Weise** beeinträchtigt;
2. Geschäftliche Handlungen vornimmt, die die geschäftliche **Unerfahrenheit** insbesondere von **Kindern** oder **Jugendlichen** ausnutzt;
3. die Teilnahme von Verbrauchern an einem **Preisausschreiben** oder **Gewinnspiel** von dem Erwerb einer Ware oder der Inanspruchnahme einer Dienstleistung abhängig macht;
4. die Kennzeichen, Waren, Dienstleistungen oder persönliche oder geschäftliche Verhältnisse eines Mitbewerbers **herabsetzt** oder **verunglimpft**;
5. **gesetzlichen Vorschriften** zuwiderhandelt.

Irreführende geschäftliche Handlungen

Verboten sind **nicht wahrheitsgemäße** oder **irreführende Aussagen** in der Werbung z. B. über

- die Verfügbarkeit,
- die Art,
- die Ausführung,
- die Zusammensetzung,
- das Verfahren und den Zeitpunkt der Herstellung,
- die Verwendungsmöglichkeiten,
- die Menge,
- die Beschaffenheit,
- die Herkunft der Ware oder Dienstleistung.

In § 5 Absatz 4 UWG wird die sogenannte **Mondpreiswerbung** verboten. Demnach darf nicht mit der Preisherabsetzung geworben werden, wenn der unmittelbar vorher geforderte (höhere) Preis nur für eine unangemessen kurze Zeit verlangt wurde.

Vergleichende Werbung

Verboten ist beispielsweise vergleichende Werbung laut § 6 UWG, wenn der **Vergleich**

- sich nicht auf Waren oder Dienstleistungen für den **gleichen Bedarf** oder **dieselbe Zweckbestimmung** bezieht;
- nicht objektiv auf eine oder mehrere wesentliche, relevante, nachprüfbare oder typische **Eigenschaften** oder den **Preis** dieser Waren oder Dienstleistungen bezogen ist;
- die Waren, Dienstleistungen, Tätigkeiten oder persönlichen oder gesellschaftlichen Verhältnisse eines Mitbewerbers **herabsetzt** oder **verunglimpft**.

Belästigende Werbung

Verboten sind laut § 7 UWG **unzumutbare Belästigungen** z. B. durch **Telefon-** oder **elektronische Werbung** (E-Mail-, SMS-Werbung).

Bei diesen Werbemaßnahmen ist die **vorherige Einwilligung** des Adressaten erforderlich, ein Unterdrücken der Rufnummer des Anrufenden ist unzulässig.

Auch muss ein entsprechender Vermerk auf einem **Briefkasten** (z. B. „Keine Werbung", „Keine kostenlosen Zeitungen") respektiert werden.

Rechtsgeschäfte von natürlichen und juristischen Personen
Legal Transactions of Natural and Legal Persons

Sowohl **natürliche Personen** (Menschen) als auch **juristische Personen** (des öffentlichen Rechts: z. B. Bund, Länder und Gemeinden; des privaten Rechts: z. B. Aktiengesellschaften) können rechtswirksame **Rechtsgeschäfte** abschließen. Sie kommen durch **Willenserklärungen** zustande. Entsteht ein Rechtsgeschäft durch die Willenserklärung einer Person (z. B. Testament), spricht man vom **einseitigen Rechtsgeschäft**.
Zwei- bzw. **mehrseitige Rechtsgeschäfte** kommen durch übereinstimmende Willenserklärungen von zwei oder mehreren Personen zustande, diese Rechtsgeschäfte werden als Vertrag bezeichnet.

Vertragsarten
Kinds of Contracts

Vertragsart	Vertragspartner	Vertragsinhalt	Gesetzliche Regelung
Kaufvertrag	Käufer/Verkäufer	Entgeltliche Veräußerung von Sachen und Rechten	§§ 433–473 BGB
Verbrauchsgüterkauf	Verbraucher/ Unternehmer	Entgeltliche Veräußerung von beweglichen Sachen	§§ 474–479 BGB
Darlehensvertrag	Darlehensgeber/ Darlehensnehmer	Entgeltliche Überlassung eines Geldbetrages	§§ 488–498 BGB
Sachdarlehensvertrag	Darlehensgeber/ Darlehensnehmer	Unentgeltliche oder entgeltliche Überlassung von vertretbaren Sachen gegen spätere Rückerstattung gleicher Art, Güte und Menge	§§ 607–609 BGB
Ratenlieferungsvertrag	Verbraucher/ Unternehmer	Lieferung mehrerer zusammengehörend gekaufter Sachen in Teilleistungen und entgeltliche Entrichtung in Teilzahlungen	§ 505 BGB
Schenkungsvertrag	Schenker/ Beschenkter	Unentgeltliche Zuwendung	§§ 516–534 BGB
Mietvertrag	Mieter/Vermieter	Entgeltliche Überlassung der vermieteten Sache zum Gebrauch	§§ 535–580 BGB
Pachtvertrag	Pächter/Verpächter	Entgeltliche Überlassung der verpachteten Sache zum Gebrauch sowie Genuss der Erträge	§§ 581–597 BGB
Leihvertrag	Verleiher/Entleiher	Unentgeltliche Überlassung von Sachen zum Gebrauch	§§ 598–606 BGB
Dienstvertrag	Arbeitnehmer/ Arbeitgeber	Entgeltliche Leistung von Diensten	§§ 611–630 BGB
Werkvertrag	Unternehmer/Besteller	Herstellung eines versprochenen Werks gegen Entgelt	§§ 631–651 BGB
Reisevertrag	Reisender/ Reiseveranstalter	Entgeltliche Erbringung einer Gesamtheit von Reiseleistungen (Reise)	§ 651 a–m BGB
Gesellschaftsvertrag	Gesellschafter/ Gesellschafter	Gegenseitige Verpflichtung der Gesellschafter, die Erreichung eines gemeinsamen Zweckes in der durch den Vertrag bestimmten Weise zu fördern	§§ 705–740 BGB

Geschäftsbriefe sollten formgerecht nach den Vorgaben der **DIN 5008** erstellt werden:

① **Bellheim-BüroService GmbH**

Haberstraße
12055 Berlin

② Bellheim-BüroService GmbH · Postfach 13 31 · 12055 Berlin
.
.
Einschreiben
OfficeCom AG
③ Frau Petra Glahn
Hansestraße 120
38112 Braunschweig
.
.

Ihr Zeichen, Ihre Nachricht von	Unser Zeichen, unsere Nachricht von	☎ 030 2537- Apparat	Berlin
④ gl-bi 20..-09-11	me-be	3467	20..-10-03

.
.
⑤ **2. Mahnung**
.
.
⑥ Sehr geehrte Frau Glahn,
.
⑦ xxxxxxxxxxxxxxxxxxxxxxxxxxxxxxxxxxxxxxxxxxxxxxxxxxxxxxxxxxxxxxxxxxxx
xxxxxxxxxxxxxxxxxxxxxxxxxxxxxxxxxxxxxxxxxxxxxxxx.
.
xxxxxxxxxxxxxxxxxxxxxxxxxxxxxxxxxxxxxxxxxxxxxxxxxxxxxxxxxxxxxxxxxxxx
xxxxxxxxxxxxxxxxxxxxxxxxxxxxxxxxxxxxxxxxxxxxxxxxxxxxxxxxxxxxxxxxxxxx
xxxxxxxxxxxxxxxxxxxxxxxxxxxx.
.
xxxxxxxxxxxxxxxxxxxxxxxxxxxxxxxxxxxxxxxxxxxxxxxxxxxxxxxxxxxxxxx
xxxxxxxxxxxxxxxxxxxxxxxxxxxxxxxxxxxxxxxxxxxxxxxxxxx.
.
xxxxxxxxxxxxxxxxxxxxxxxxxxxxxxxxxxxxxxxxxxxxxxxxxxxxxxxxxxxxxxxxxxxx
xxxxxxxxxxxxxxxxxxxxxxxxxxxxxxxxxxxxxx.
.
⑧ Mit freundlichen Grüßen
.
⑨ Bellheim-BüroService GmbH
.
ppa.
.
Siegfried Merkel
.
⑩ **Anlage**

⑪			
Bellheim-BüroService GmbH Haberstraße 8 12057 Berlin	Telefon: 030 23537-0 Telefax: 030 23537-99 Internet: www.bellheim.de	BÄR-Bank Berlin BLZ 100 347 11 Konto-Nr. 1234 056 IBAN: DE 16100347110001234056 BIC: BAERDEBEXXX	Geschäftsführerin: Ulrike Jürgens Berlin HRB 56 894 Steuer-Nr. 15/610/27233 USt-IdNr. DE 811 918 273

① Der **Briefkopf** enthält die Firma des Absenders, häufig wird zusätzlich ein werbewirksames Firmenlogo hinzugefügt.

② Oberhalb des Anschriftfeldes erscheint die **Postanschrift des Absenders**.

③ Inhalte des neunzeiligen **Anschriftfeldes**:
- In den ersten drei Zeilen, der so genannten **Zusatz**- und **Vermerkzone**, werden – soweit notwendig – postalische Vermerke, z. B. die Versendungsform („Einschreiben") genannt.
- Es folgt die sechszeilige **Anschriftzone**, in der mit der Empfängerbezeichnung begonnen wird.
- Unter der Empfängerbezeichnung folgen Postfach oder Straße und Hausnummer; die Postfachnummer ist von rechts beginnend zweistellig zu gliedern.
- Unmittelbar darunter werden Postleitzahl und Bestimmungsort genannt; bei Auslandsanschriften werden Bestimmungsort und -land in Großbuchstaben geschrieben.

④ Inhalte der **Bezugszeichenzeile**:

- In Kurzform Zeichen (in der Regel Buchstaben), die zur Identifizierung des Schreibenden dienen („Ihr Zeichen" bzw. „Unser Zeichen");
- Daten des vorangegangenen Schriftverkehrs („Ihre Nachricht vom" bzw. „Unsere Nachricht vom");
- Telefonnummer (funktionsbezogen gegliedert, z. B.: 0531 12345);
- Absendedatum in numerischer (z. B.: 2017-10-04) oder alphanumerischer Schreibung (z. B.: 4. Oktober 2017).

Neben der Bezugszeichenzeile können weitere Kommunikationsangaben in einer **Kommunikationszeile rechts neben dem Anschriftfeld** genannt werden. Möglich ist auch ein eigenständiger **Informationsblock** (siehe unten) rechts neben dem Anschriftfeld.

⑤ Nach zwei Leerzeilen folgt der **Betreff**, der den Inhalt des Briefes in Kurzform nennt, um z. B. die Postverteilung in der Poststelle von Großunternehmen zu beschleunigen. Der Betreff wird in der Regel in Fettdruck geschrieben.

⑥ Nach zwei Leerzeilen wird die **Anrede** formuliert, die in der Regel mit einem Komma schließt.

⑦ Nach einer Leerzeile beginnt der eigentliche **Brieftext**. Längere Textteile sind sinnvoll durch Absätze zu untergliedern. Nach jedem Absatz ist eine Leerzeile einzuplanen.

⑧ Nach einer Leerzeile erscheint die **Grußformel**, die stets mit einem Großbuchstaben beginnt.

⑨ Nach einer Leerzeile wird die **Firma des Absenders** genannt. Darunter ist Platz für die handschriftliche Unterschrift des Unterzeichners zu lassen, eventuell erfolgt zusätzlich eine maschinenschriftliche Namenswiedergabe des Unterzeichners.

⑩ In Fettdruck erscheinen in der Regel **Anlagen**- bzw. **Verteilervermerke**.

⑪ Der **Brieffuß** enthält in vorgedruckter Form **Geschäftsangaben** des Absenders (vgl. § 37a bzw. § 125 a HGB).

Kommunikationsangaben: Überblick

Die Kommunikationsangaben auf Geschäftsbriefen (z. B. Telefonnummer oder E-Mail-Adresse) haben den Zweck, sofort mit dem Geschäftspartner in Verbindung treten zu können, zum Beispiel durch das Schreiben eines Antwortbriefes oder durch das Versenden eines Telefaxes. Die notwendigen Angaben dazu stehen z. B. in der **Bezugszeichenzeile** (siehe oben) oder im **Brieffuß** (siehe oben). Sollte der dort zur Verfügung stehende Raum nicht ausreichen, um alle notwendigen Kommunikationsangaben einzufügen, empfiehlt die DIN 5008, rechts neben dem Anschriftfeld entweder eine sogenannte **Kommunikationszeile** oder einen **Informationsblock** einzusetzen.

Kommunikationszeile

Die **beiden Leitwörter** der **Kommunikationszeile**, z. B. Telefax und E-Mail, stehen rechts neben dem Anschriftfeld 125 mm von der linken Blattkante entfernt. Die unter den Leitwörtern eingetragenen Kommunikationsangaben (z. B. Telefaxnummer) stimmen in ihrer Höhe mit der letzten Zeile des neunzeiligen Anschriftfeldes überein:

9

Telefax	**E-Mail**
0531 771-463	kunzekg@t-online.de

Informationsblock

Statt der Bezugszeichenzeile wird bei Geschäftsbriefen immer mehr der sogenannte **Informationsblock** gewählt, der es ermöglicht, **mehr Kommunikationsangaben** als in der Bezugszeichenzeile unterzubringen. Dieser Informationsblock erscheint rechts neben dem Anschriftfeld 125 mm von der linken Blattkante entfernt. Die erste Kommunikationsangabe steht in der Höhe der ersten Zeile des Anschriftfeldes:

Anschriftfeld	Informationsblock
1	**Ihr Zeichen**: lw-mu
2	**Ihre Nachricht vom:** 2017-08-11
3	**Unser Zeichen:** kr-bs
4	**Unsere Nachricht vom:** 2017-08-04
5	
6	**Name:** Frau von Lieres und Wilkau
7	**Telefon:** 0711 124-871
8	**Mobil:** 0170 713972
9	**Telefax:** 0711 124-890
	E-Mail: inselwall@t-online.de
	Datum: 2017-08-14

45

Begriff

Werden Leasingobjekte (z. B. Maschinen, Autos) durch einen Leasinggeber (z. B. einen Hersteller) vermietet, spricht man von Leasing.
Im Leasingvertrag sind in der Regel die folgenden Größen vereinbart:

- Höhe der Anzahlung,
- Vertragslaufzeit und
- Höhe der monatlichen Leasingrate.

Diese Größen werden individuell nach Kundenwünschen festgelegt.

Nach Ablauf der Vertragslaufzeit kann das Leasingobjekt weiter gemietet, zum Restwert gekauft oder zurückgegeben werden.

Grundform des Leasings

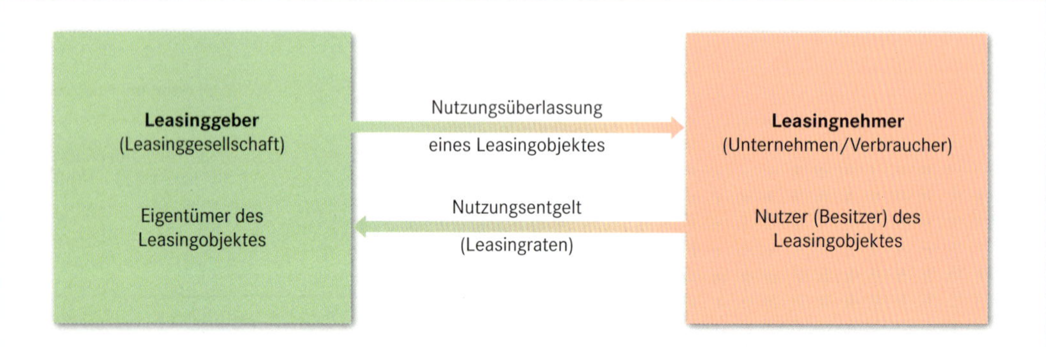

Merkmale des Leasings

46

1. 100 %ige Fremdfinanzierung, also kein Eigenkapitalbedarf
2. Steuerliche Berücksichtigung der Leasingraten als Aufwand
3. In der Regel keine Bilanzierung von Leasingobjekt und Leasingfinanzierung
4. Kein Eigentum
5. Häufig Einbeziehung von Dienstleistungen
6. Vielfältige Erscheinungsformen mit unterschiedlicher Vertragsgestaltung
7. Die Vorteilhaftigkeit des Leasings lässt sich nur individuell ermitteln, da sie von einer Mehrzahl von Einflussfaktoren abhängt, die für jedes Unternehmen unterschiedlich sein können.

Vorteile des Firmenleasings aus der Sicht des Leasingnehmers

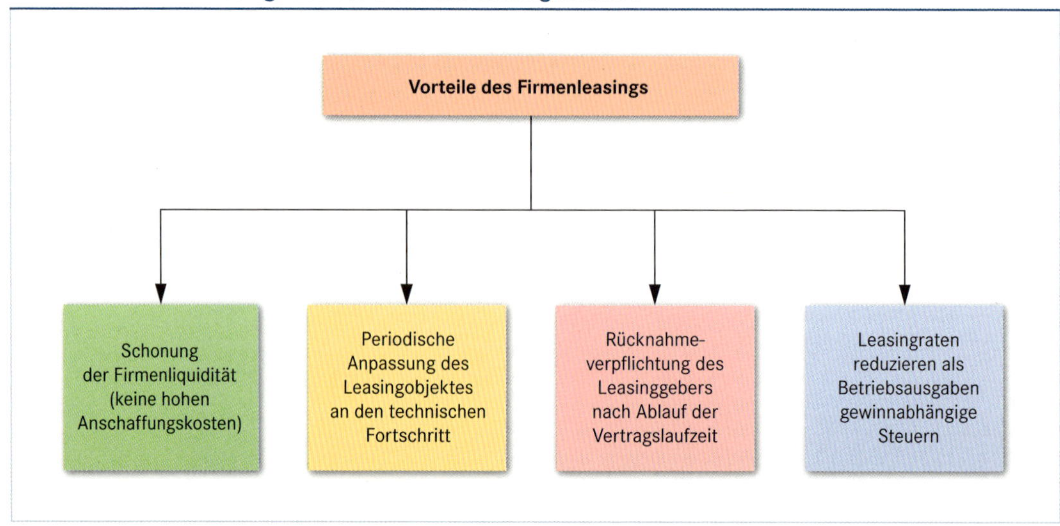

Nachteile des Firmenleasings aus der Sicht des Leasingnehmers

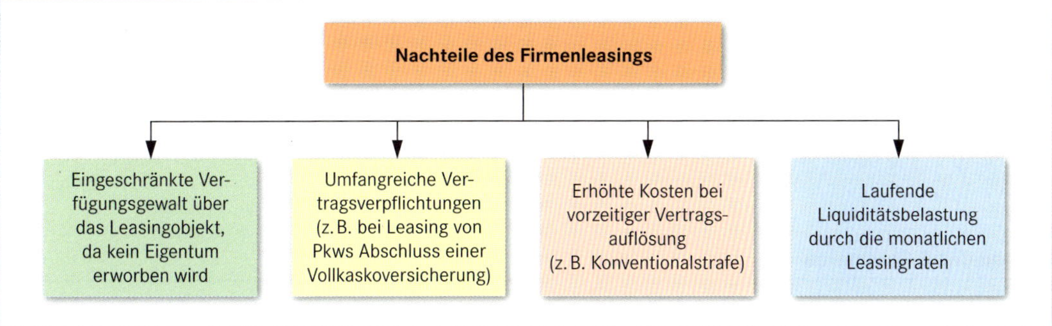

Nachteile des Firmenleasings
Eingeschränkte Verfügungsgewalt über das Leasingobjekt, da kein Eigentum erworben wird
Umfangreiche Vertragsverpflichtungen (z. B. bei Leasing von Pkws Abschluss einer Vollkaskoversicherung)
Erhöhte Kosten bei vorzeitiger Vertragsauflösung (z. B. Konventionalstrafe)
Laufende Liquiditätsbelastung durch die monatlichen Leasingraten

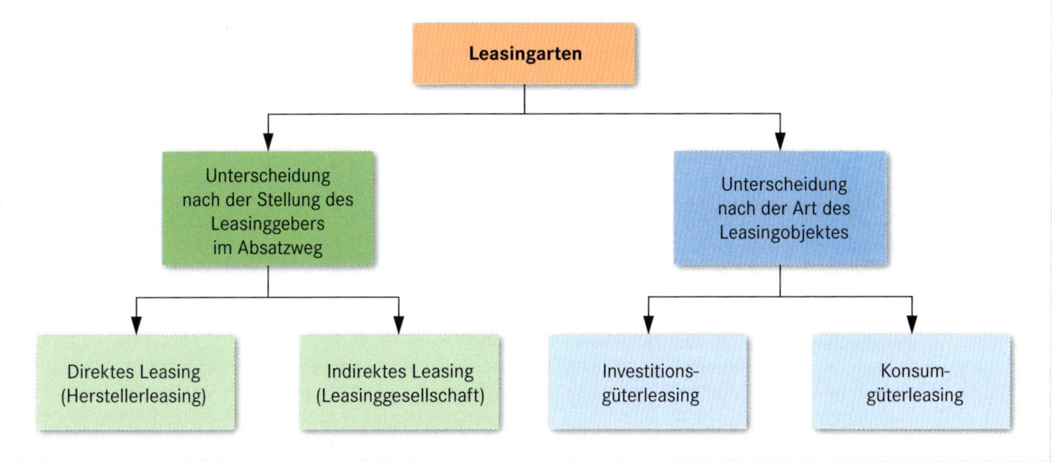

Leasingarten
Unterscheidung nach der Stellung des Leasinggebers im Absatzweg
Unterscheidung nach der Art des Leasingobjektes
Direktes Leasing (Herstellerleasing)
Indirektes Leasing (Leasinggesellschaft)
Investitionsgüterleasing
Konsumgüterleasing

Direktes Leasing

Leasingnehmer
Leasingobjekt
Leasingrate
Leasinggeber (Hersteller)

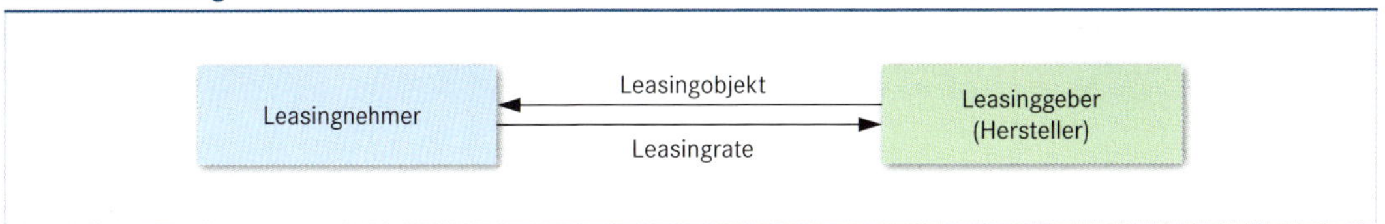

Indirektes Leasing

Leasingnehmer
Leasingrate
Leasinggeber
Leasingobjekt
Hersteller
Kaufpreis

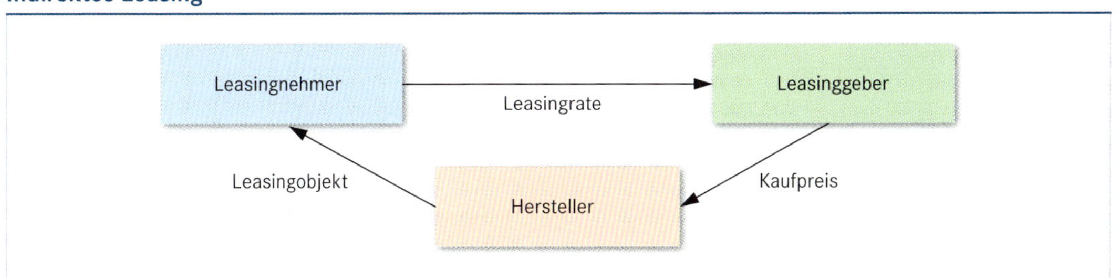

Privatleasing

Leasen Privatpersonen Leasingobjekte (z. B. Autos, PCs), entfällt der steuerliche Vorteil für den Leasingnehmer. Trotzdem gibt es Leasingverträge, bei denen die Privatperson nicht schlechter gestellt sein muss als beim Finanzierungskauf. In diesen Fällen wird zur Förderung des Absatzes eines Produktes ein Kostenvorteil gewährt (z. B. bei Pkws einer auslaufenden Serie).

Begriff

Electronic-Commerce („E-Commerce" oder „E-Business") ermöglicht die umfassende, digitale Abwicklung von Geschäftsprozessen zwischen Unternehmen und deren Kunden über private und öffentliche (Internet) Netze. Dabei beinhaltet das Electronic-Commerce auch die digitale Bezahlung und, was digitalisierbare Güter (z. B. Musik, Videoclips) und Dienstleistungen angeht, eine digitale Übertragung.

Ziele

E-Commerce beschleunigt die Abwicklung von Geschäftsprozessen, gestaltet häufig Prozessabläufe effizienter und senkt damit die Kosten für die Beteiligten. Auf Marktveränderungen (z. B. Preisveränderungen) kann mithilfe von E-Commerce schneller reagiert werden (z. B. über sofortigen Informationsaustausch). Außerdem kann die Reichweite von Marketingaktivitäten durch Formen des **Affiliate-Marketings**, bei der Website-Besucher durch Verlinkung mit anderen Webseiten verbunden werden, beträchtlich erhöht werden.

Formen des E-Commerce

B 2 B = Business-to-Business: Geschäftsbeziehungen zwischen Unternehmen sowie öffentlichen Institutionen

B 2 C = Business-to-Consumer oder Business-to-Customer: „Electronic Shopping" von Konsumenten, die über das Internet oder per Onlinedienst Waren kaufen

B 2 G = Business-to-Government: Geschäftsbeziehungen zwischen Unternehmen und staatlichen Einrichtungen

Intra-Business: Intra- und/oder Extranet unterstützen Geschäftsprozesse und Kommunikationsbeziehungen

Elektronische Marktplätze im Beschaffungsprozess

Unternehmen vereinbaren mit Mitbewerbern, für den kostengünstigen Einkauf von Produkten einen gemeinsamen **Handelsplatz** im Internet einzurichten. Beispielsweise entstand über eine derartige Vereinbarung ein elektronischer Megamarktplatz für die Zuliefererbetriebe von Autokonzernen. Spezielle Softwarehäuser richten dazu geeignete **Portale** ein. Die entstandenen **Online-Marktplätze** ermöglichen aufgrund der raschen elektronischen Reaktionsmöglichkeiten kurzfristige Dispositionen, die Preistransparenz erhöht sich. Viele Einzelarbeitsschritte des bisherigen Beschaffungsvorganges werden verzichtbar. Die Einkäufer können sofort vergleichen, wer das günstigste Angebot offeriert; sie können sich auch zusammenschließen, um höhere Rabattsätze zu erreichen, oder sie führen Auktionen durch, bei denen die Lieferanten mit ihren Angeboten in Wettbewerb treten. Der Einkauf mittels der E-Commerce-**Plattform** führt in der Regel zu einer deutlichen Kostensenkung. Diese Preisvorteile beim Einkauf können kalkulatorisch dazu führen, dass die Unternehmen ihre Produkte und Dienstleistungen preiswerter im Absatzmarkt anbieten können. Betriebswirtschaftlich effizientere Lösungen führen somit volkswirtschaftlich zu einem verstärkten (internationalen) Wettbewerb und zu einer möglichen Erhöhung des Bruttoinlandsproduktes.

Arten von Portalen

Ziel: Reduzierung der Informationsflut des Internets (Kosten- und Zeitersparnis) beim User, zielgruppenspezifisches Direktmarketing beim Anbieter (Vermeidung von Streuverlusten, Erhöhung der Kontaktrate)

Lösung: Zielgruppenspezifischer Einsatz des Internets durch Nutzung von **Portalen**

Arten von Portalen

B 2 B-Portale

für spezielle Produkte/Leistungen eines informationssuchenden **Unternehmers**

Beispiel: Ein Industriebetrieb sucht in einem Portal für Büroausstattung nach Schreibtischen.

B 2 C-Portale

für spezielle Produkte/Leistungen eines informationssuchenden **Konsumenten**

Beispiel: Ein Endverbraucher sucht in einem Portal für Musik nach einer CD-Rarität.

Portal-Networks

„Eingangstore" für spezifische User, die Verknüpfungen zu **sämtlichen Bedürfnissen** des Users bieten

Beispiel: Ein Autokäufer sucht in einem Portal für Autos nach einem neuen Auto, einer geeigneten Finanzierung und einer günstigen Versicherung.

Supply Chain Management (SCM)

48

Begriff

Bei **SCM** handelt es sich um ein **Managementkonzept**, das die Optimierung der gesamten Wertschöpfungskette zwischen den Lieferanten, Logistikdienstleistern und dem betreffenden Unternehmen durch Abstimmung des Geld-, Informations- und Materialflusses unter Umständen bis hin zum Kunden zum Inhalt hat. Gerade in Zeiten, in denen ergänzende Wertschöpfungsprozesse zunehmend in andere Unternehmen ausgelagert werden (siehe auch „Outsourcing" S. 445), ist es um so wichtiger, eng mit den Zulieferern zusammenzuarbeiten.

Ziele

Mithilfe einer speziellen SCM-Software sollen folgende **Ziele** im Unternehmen erreicht werden:

- **Kostensenkung** im Beschaffungs-, Produktions- und Distributionsbereich durch schnelle Verfügbarkeit relevanter Entscheidungsdaten, Verringerung von Lagerbeständen und Beschleunigung von Durchlaufzeiten.
- **Zeitersparnis** durch Optimierung von Entscheidungsprozessen. Zum Beispiel kann das Unternehmen flexibler auf sich verändernde Rahmenbedingungen reagieren.
- Verbesserung der **Kundenorientierung** durch genauere Prognose von Entwicklungen entlang der gesamten Wertschöpfungskette. Zum Beispiel können Kundenwünsche umgehend an Lieferanten und Logistikdienstleister weitergeleitet werden.
- **Optimierung** von unternehmensübergreifenden **Planungs-** und **Steuerungsprozessen** durch enge Kooperation mit Geschäftspartnern.

Customer Relationship Management (CRM)

49

Begriff

CRM stellt eine **Managementphilosophie** dar, die eine vollständige Ausrichtung des Unternehmens auf vorhandene und potenzielle Kundenbeziehungen zum Inhalt hat. Das Unternehmen hat sich also eher am Kunden und seinen Wünschen als am Produkt auszurichten.

CRM-Systeme koordinieren und optimieren marketingpolitische Entscheidungen in einem Anwendungssystem, das neben der Kunden- und Artikelstammdatenverwaltung z. B. noch die Komponenten Versandwegverfolgung und Callcenterunterstützung beinhaltet.

Ziele

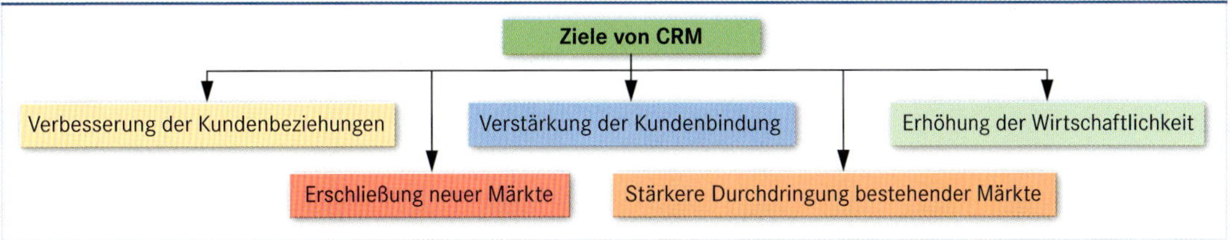

Kundenorientierung

50

Die zehn Gebote für kundenorientierte Unternehmen (Auszug)

1. Gebot
Pflegen Sie einen engen Kontakt mit Ihren Kunden, dies gilt insbesondere für leitende Angestellte (dazu gehören: sehen, berühren, fühlen, sich treffen und in regelmäßigen Abständen – außerhalb der Geschäftsräume – ein Gespräch von Angesicht zu Angesicht mit dem Kunden zu führen).

2. Gebot
Machen Sie sich mit den Bedürfnissen, Erwartungen und Wünschen Ihrer Kunden vertraut. Es sollte das Ziel Ihrer gesamten Organisation sein, die Erwartungen Ihrer Kunden noch zu übertreffen.

3. Gebot
Überprüfen Sie regelmäßig die Zufriedenheit Ihrer Kunden mit Ihren Produkten und Dienstleistungen.
Ein ständiger Informationsfluss zwischen Ihnen und Ihren Kunden ist sehr wichtig – sei er positiv, neutral oder negativ. Verschließen Sie sich dem nicht, heißen Sie es willkommen!

4. Gebot
Konzentrieren Sie sich auf alle Ihre Leistungen, mit denen Sie die Wertschöpfung für den Kunden erhöhen, wie z. B. Qualität und Service, Umweltfreundlichkeit, Wirtschaftlichkeit, Eingehen auf die Wünsche und Bedürfnisse des Kunden, schnelle Lieferung sowie Leistung, Sicherheit u. a.

5. Gebot
Beziehen Sie Ihre Kunden in Ihre Entscheidungsfindung, in themenmäßige Schwerpunktgruppen, Treffen, Planungen und sogar in betriebsinterne Überlegungen ein. Schließen Sie sie nicht aus.

6. Gebot
Verlangen Sie von jeder Person innerhalb der Organisation, Ihre Kunden mindestens einen oder mehrere Tage im Jahr persönlich zu treffen und zu bedienen. Es gibt keinen Ersatz dafür, um am Puls Ihres Unternehmens und Ihrer Kunden zu bleiben. ...

Begriff und Zielsetzung

Internationaler Wettbewerbsdruck macht es für die Unternehmen zunehmend erforderlich, von der **Produkt-** zur **Kundenorientierung** überzugehen, das heißt der Kundengewinnung und -pflege erhöhte Aufmerksamkeit zu schenken.

Aufgrund der IT-Technologie ist es heutzutage möglich, zu vertretbaren Kosten mit dem **einzelnen** Kunden in Interaktion zu treten, z. B. durch die Nutzung von Datenbanken. Wird dies verwirklicht, spricht man vom **Kundenmanagement** (siehe auch S. 459 zum **C**ustomer **R**elationship **M**anagement).

Phasen

Phase des Kundenmanagements	Hauptaufgabe 52
Die Zielkunden finden	■ Zielmärkte definieren ■ Zielkunden gewinnen
Die Bedürfnisse der Zielkunden befriedigen	■ Den Kundenwert in konkrete Kundenvorteile verwandeln ■ Die Marktangebote auf den Entscheidungskontext des Kunden abstimmen
Eine Bindung zu den Zielkunden aufbauen	■ Loyalität der Kunden fördern ■ Ein Marktinformationssystem entwickeln

Erläuterungen:

Zielkunden finden: Zu diesem Zweck wird der Gesamtmarkt in Teilmärkte, in **Marktsegmente**, zerlegt. In diesen Marktsegmenten werden die für das Unternehmen als am wichtigsten geltenden Kunden als **Zielkunden** identifiziert bzw. definiert. Da nicht alle Kunden in einem Teilmarkt gleich wertvoll für das Unternehmen sind, muss ihr **gegenwärtiger** und ihr **zukünftiger** Wert für das Unternehmen eingeschätzt werden. Die Folge könnte z. B. sein, dass man sich intensiver um die bestehenden Top-Kunden des Unternehmens kümmert, mit dem Ziel, sie langfristig an das Unternehmen zu binden.

Bedürfnisse der Zielkunden befriedigen: Einzelne Kundenzielgruppen erwarten je nach Marktsegment unterschiedliche oder unterschiedlich gewichtete Kundenvorteile (z. B. abhängig vom Einkommen), die vom Unternehmen individuell befriedigt werden müssen.

Wie man beim Produkt vom Produktlebenszyklus spricht (siehe S. 432), so spricht man auch beim Kunden vom **Kundenlebenszyklus**: In unterschiedlichen Lebenssituationen erwartet der Kunde andere Produkte (z. B. Kleinwagen als Jugendlicher, später Familienwagen). Die Positionierung des Produktangebotes muss darauf jeweils genau abgestimmt werden, damit die Unternehmensziele realisiert werden können.

Bindung zu den Zielkunden aufbauen: Das Kundenmanagement erfordert umfassende **Marktinformationssysteme**, mit denen die Kundendaten gesammelt und schließlich auch ausgewertet werden müssen.

Neben Angaben über Einkommen, Alter und Bildungsstand sind genaue Kundenpräferenzen, bestimmte Konsummuster zu erheben, man spricht von **Kundenprofildaten**. Die Erhebung der Daten muss zu passgenauen Kundenangeboten führen.

Eine enge Verzahnung mit der Beschaffungsabteilung bzw. der Produktentwicklung ist aus diesem Grund notwendig. Softwaregestützte Plattformen wie **E**nterprise **R**esource **P**lanning und **S**upply **C**hain **M**anagement (siehe S. 459) unterstützen diesen Abstimmungsprozess.

Kann dem einzelnen Kunden ein individuelles Angebot unterbreitet werden, das den Kundenvorteil erhöht, lassen sich meist auch **langfristige Kundenbeziehungen** aufbauen.

Rechnungswesen/Controlling

10

Betriebliches Rechnungswesen

462 Bereiche und Aufgaben des betrieblichen Rechnungswesens

463 Teilbereiche des betrieblichen Rechnungswesens

Kosten- und Leistungsrechnung (KLR)

464 Kosten- und Leistungsrechnung (Überblick)

465 Abgrenzung Aufwendungen - Kosten, Erträge - Leistungen

466 - 468 Kostenartenrechnung

469 Kostenstellenrechnung

470 Durchführung der Kostenstellenrechnung

471 Ermittlung der Gemeinkostenzuschlagssätze

472 - 474 Kostenträgerrechnung/ Kalkulationsverfahren

Rechnungssysteme

474 - 476 Deckungsbeitragsrechnung

477 Normalkosten-/Istkostenrechnung

477 Total Cost of Ownership (TCO)

478 - 479 Plankostenrechnung

479 - 480 Prozesskostenrechnung

Controlling

481 - 483 Controlling

484 - 485 Statistische Kennzahlen

Begriff

- Betriebliches Rechnungswesen als **Tätigkeit** ist das systematische zahlenmäßige Erfassen, Aufbereiten, Analysieren, Auswerten und Darstellen von Zahlen als Mengen- und Wertgrößen aller wirtschaftlichen Tatbestände eines Betriebes und seiner Beziehungen zu anderen Betrieben.
- Betriebliches Rechnungswesen als das **Ergebnis einer Tätigkeit** ist nach H. K. Weber ein System von Zahlen über den einzelnen Betrieb und seine Beziehungen zu anderen Wirtschaftssubjekten.

1

Allgemeine Aufgaben des betrieblichen Rechnungswesens

- **Dokumentation**
  Erfassen von Einnahmen und Ausgaben, ...
- **Information**
  Herkunft der Einnahmen und Ausgaben, ...
- **Kontrolle**
  Ursachen eines Verlustes, ...
- **Rechenschaftslegung**
  Legitimation gegenüber den Geldgebern des Unternehmens, ...
- **Planung**
  Abschätzung von Investitionsentscheidungen, ...

Teilbereiche des betrieblichen Rechnungswesens

- Finanzbuchhaltung
- Kosten- und Leistungsrechnung
- Statistik
- Planung

Verknüpfung der Teilbereiche des betrieblichen Rechnungswesens

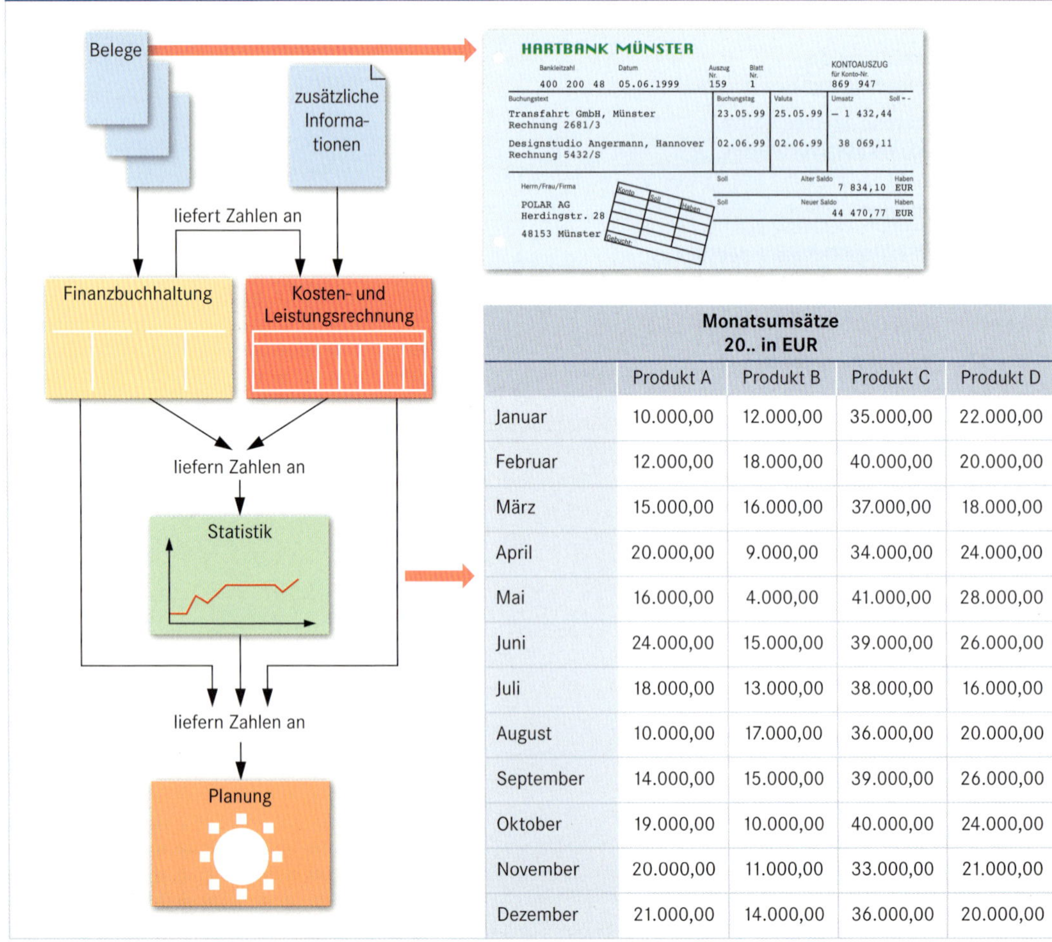

Monatsumsätze 20.. in EUR				
	Produkt A	Produkt B	Produkt C	Produkt D
Januar	10.000,00	12.000,00	35.000,00	22.000,00
Februar	12.000,00	18.000,00	40.000,00	20.000,00
März	15.000,00	16.000,00	37.000,00	18.000,00
April	20.000,00	9.000,00	34.000,00	24.000,00
Mai	16.000,00	4.000,00	41.000,00	28.000,00
Juni	24.000,00	15.000,00	39.000,00	26.000,00
Juli	18.000,00	13.000,00	38.000,00	16.000,00
August	10.000,00	17.000,00	36.000,00	20.000,00
September	14.000,00	15.000,00	39.000,00	26.000,00
Oktober	19.000,00	10.000,00	40.000,00	24.000,00
November	20.000,00	11.000,00	33.000,00	21.000,00
Dezember	21.000,00	14.000,00	36.000,00	20.000,00

Teilbereiche des betrieblichen Rechnungswesens
Sub-areas of Company's Accountancy

Finanzbuchhaltung

Die Finanzbuchhaltung

- ist eine **externe** Rechnung, die überwiegend die finanziellen Beziehungen zwischen dem Unternehmen und der Außenwelt (z. B. Kunden) erfasst;
- ist eine **unternehmensbezogene** Rechnung, die **alle** Erträge und Aufwendungen einer Abrechnungsperiode, unabhängig von ihrem Entstehungsgrund, aufzeichnet;
- ermittelt aus deren Gegenüberstellung in der Gewinn- und Verlustrechnung das **Gesamtergebnis** der Unternehmung;
- wird auf **Konten** durchgeführt;
- unterliegt **gesetzlichen Vorschriften** wie dem HGB, EStG, UStG usw.

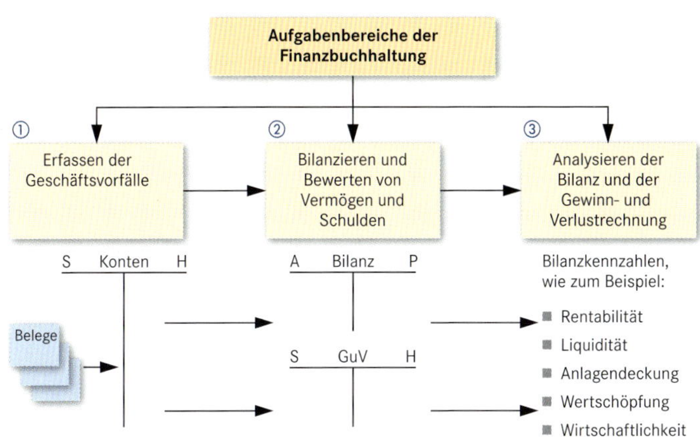

① Erfassung aller wirtschaftlich relevanten Geschäftsvorfälle wie Einkäufe, Verkäufe, Gehaltszahlungen u. a. m. auf Konten

② Erstellung der Bilanz, aus der die Bestände der verschiedenen betrieblichen Vermögensgegenstände, der Schulden und des Eigenkapitals hervorgehen, und der Gewinn- und Verlustrechnung (GuV) als Gegenüberstellung von Erträgen und Aufwendungen

③ Analyse von Bilanz und Gewinn- und Verlustrechnung mit Hilfe von Bilanzkennzahlen

Kosten- und Leistungsrechnung

Die **Kosten- und Leistungsrechnung**

- ist eine **interne** Rechnung, die der Planung, Steuerung und Kontrolle dient;
- ist eine **betriebsbezogene** Rechnung, die nur die Erträge (Leistungen) und Aufwendungen (Kosten) einer Abrechnungsperiode erfasst, die in engem Zusammenhang mit dem eigentlichen **Betriebszweck** – in einem Industriebetrieb Beschaffung, Produktion und Absatz – stehen;
- ermittelt aus der Gegenüberstellung von Leistungen und Kosten das **Betriebsergebnis**;
- wird in der Regel außerhalb der Konten in **tabellarischer Form** durchgeführt;
- unterliegt **keinen gesetzlichen Vorschriften**.

Aufeinander aufbauende Stufen der KLR sind Kostenarten-, Kostenstellen- und Kostenträgertrechnung.

Statistik

Begriffe	Ziele	Beispiele
■ Zahlenmäßige Erfassung und Analyse von Massenerscheinungen im Sinne großer Mengen – als Tätigkeit oder als Ergebnis dieser Tätigkeit ■ in neuerer Zeit auch Analyse von Stichproben kleinen Umfanges, sodass das Wort „Masse" nur als „Mehrheit" interpretiert werden darf	■ Betriebliche Information ■ Kontrolle der Wirtschaftlichkeit durch innerbetriebliche und zwischenbetriebliche Vergleiche ■ Gewinnung neuer Erkenntnisse und Informationen, die die anderen Zweige des Rechnungswesens nicht liefern können ■ Grundlage für Unternehmensplanung und -entscheidungen	■ Vertriebsstatistiken ■ Beschaffungs- und Lagerstatistiken ■ Produktions- und Kostenstatistiken ■ Personal-, Lohn- und Gehaltsstatistiken ■ Bilanz- und Erfolgsstatistiken

Planungsrechnung

- Planung ist die gedankliche Vorwegnahme zukünftigen Handelns.
- Planungsgrundlagen sind Informationen (Zahlen) der anderen Rechnungswesenzweige sowie z. B. des Marktes wie Konkurrenz- und Verbraucherverhalten.
- Der betriebliche Gesamtplan setzt sich aus vielen Einzelplänen zusammen wie z. B. aus Absatzplan, Beschaffungsplan, Kapazitätsplänen wie Personalplan und Investitionsplan, Produktionsplan usw.

Kosten- und Leistungsrechnung (Überblick)
Cost and Activity Accounting (Overview)

Übersicht über die Kosten- und Leistungsrechnung

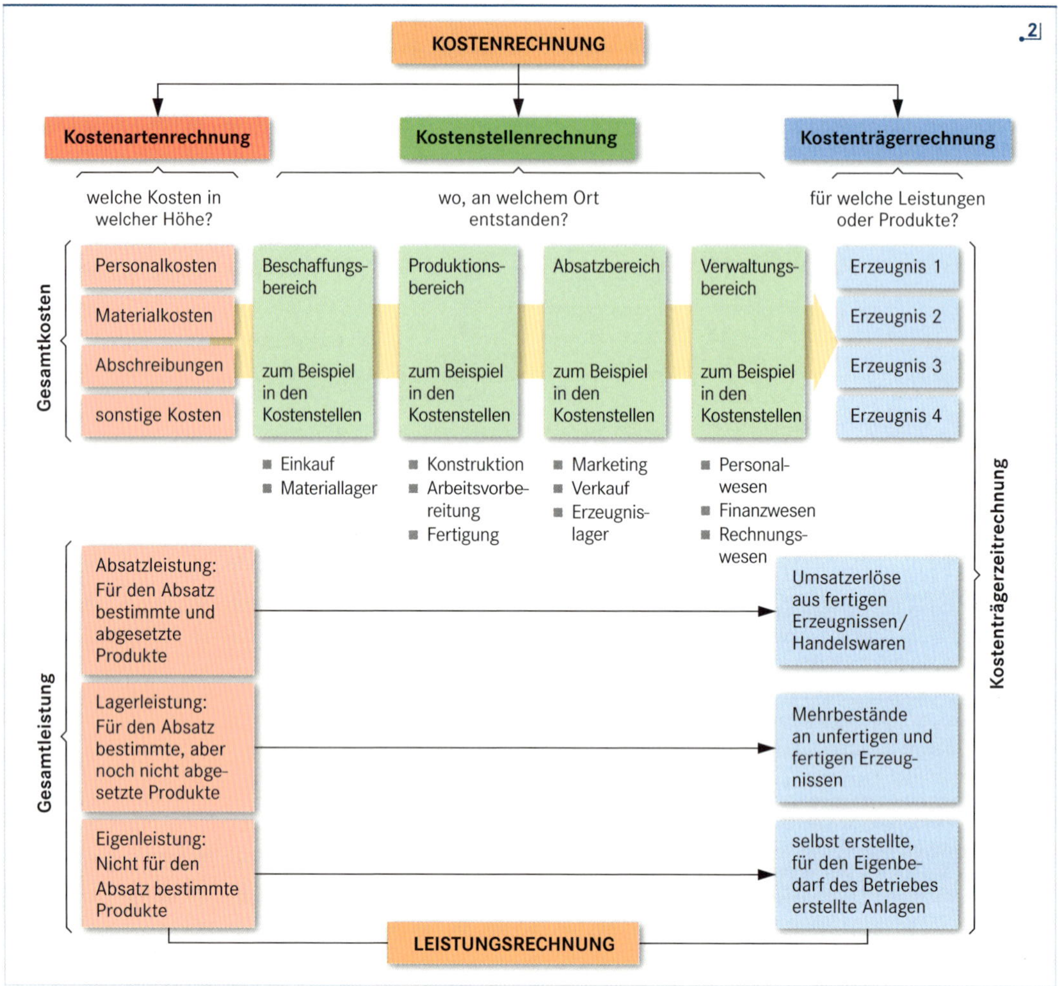

2
KOSTENRECHNUNG
Kostenartenrechnung
Kostenstellenrechnung
Kostenträgerrechnung
welche Kosten in welcher Höhe?
wo, an welchem Ort entstanden?
für welche Leistungen oder Produkte?
Gesamtkosten
Personalkosten
Materialkosten
Abschreibungen
sonstige Kosten
Beschaffungsbereich zum Beispiel in den Kostenstellen
Produktionsbereich zum Beispiel in den Kostenstellen
Absatzbereich zum Beispiel in den Kostenstellen
Verwaltungsbereich zum Beispiel in den Kostenstellen
Erzeugnis 1
Erzeugnis 2
Erzeugnis 3
Erzeugnis 4
Einkauf
Materiallager
Konstruktion
Arbeitsvorbereitung
Fertigung
Marketing
Verkauf
Erzeugnislager
Personalwesen
Finanzwesen
Rechnungswesen
Kostenträgerzeitrechnung
Gesamtleistung
Absatzleistung: Für den Absatz bestimmte und abgesetzte Produkte
Umsatzerlöse aus fertigen Erzeugnissen/Handelswaren
Lagerleistung: Für den Absatz bestimmte, aber noch nicht abgesetzte Produkte
Mehrbestände an unfertigen und fertigen Erzeugnissen
Eigenleistung: Nicht für den Absatz bestimmte Produkte
selbst erstellte, für den Eigenbedarf des Betriebes erstellte Anlagen
LEISTUNGSRECHNUNG

Phasen der Kostenrechnung

Kostenerfassung
Kostenzuordnung
Kostenverrechnung
Kostenartenrechnung
Erfassung aller Kostengüterarten in einer Abrechnungsperiode
Zuordnung der Kostengüterarten zu den Kostenkategorien
Gemeinkosten
Einzelkosten
Kostenstellenrechnung
Verursachungsgerechte Verteilung der Gemeinkosten auf die Kostenstellen
Kostenträgerrechnung
Verursachungsgerechte Zurechnung der Gemeinkosten über die Kostenstellenrechnung und der Einzelkosten auf die Kostenträger

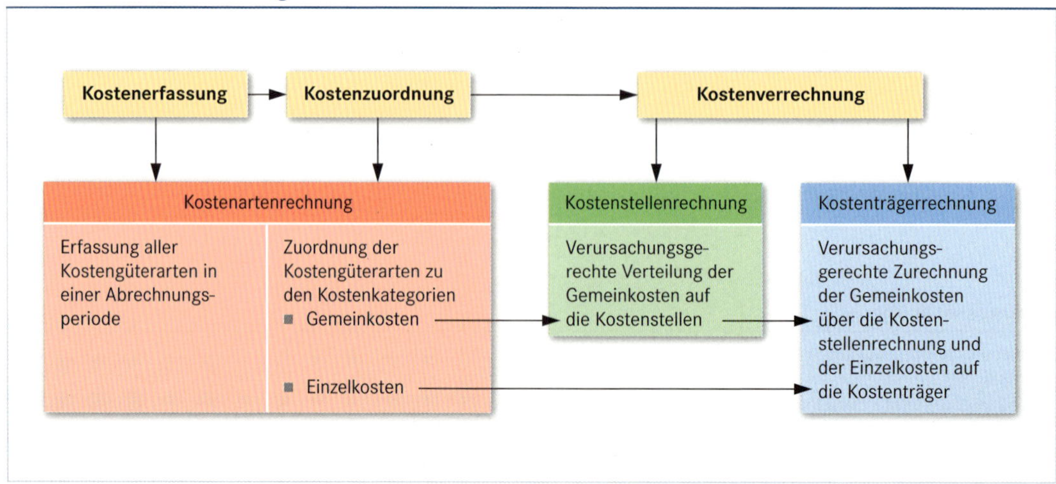

Abgrenzung Aufwendungen – Kosten, Erträge – Leistungen

Differentiation Expenses – Costs, Income – Performances

Kosten und Aufwendungen

Kosten
= in Geldeinheiten (GE) bewerteter mengenmäßiger Verbrauch an Gütern und Leistungen zum Zweck der betrieblichen Leistungserstellung in einer Abrechnungsperiode.

Aufwendungen
= gesamter in GE bewerteter mengenmäßiger Verbrauch an Gütern und Leistungen in einem Unternehmen, unabhängig von ihrem Entstehungsgrund, in einer Abrechnungsperiode.

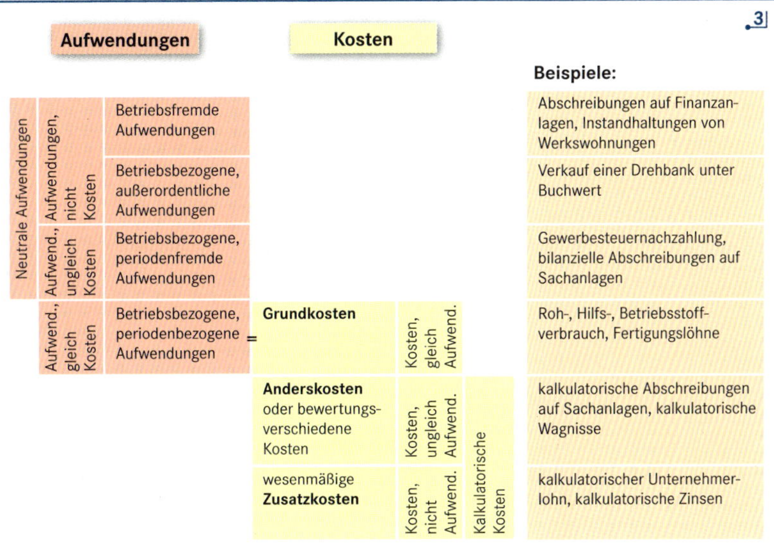

Leistungen und Erträge

Leistungen
= lediglich die in GE bewerteten erfolgswirksamen Wertezuflüsse in einer Abrechnungsperiode, die aus der betrieblichen Leistungserstellung resultieren.

Erträge
= alle erfolgswirksamen, in GE bewerteten Wertezuflüsse in einem Unternehmen, unabhängig von ihrem Entstehungsgrund, in einer Abrechnungsperiode.

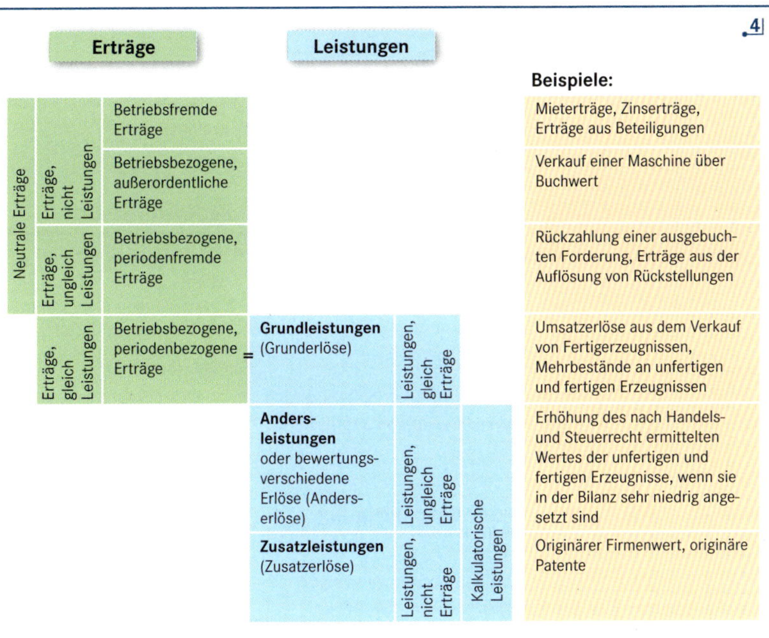

Unternehmensergebnis, Betriebsergebnis, Neutrales Ergebnis

Betriebsergebnis	= Leistungen	– Kosten
+ Neutrales Ergebnis	= Neutrale Erträge	– Neutrale Aufwendungen
= Unternehmensergebnis	= sämtliche Erträge	– sämtliche Aufwendungen

Einteilung der Kosten (Überblick)

Die Kostenartenrechnung ermittelt die in einem Betrieb entstandenen Kosten, die nach verschiedenen **Kriterien** eingeteilt werden können, für eine bestimmte Abrechnungsperiode (Monat, Quartal, Jahr):

- auf der Grundlage betriebswirtschaftlicher Produktionsfaktoren
- auf der Grundlage betrieblicher Funktionen
- nach ihrer Zurechenbarkeit auf die Kostenträger
- nach ihrer Zurechenbarkeit auf die Kostenstellen
- in Abhängigkeit von der Beschäftigung
- in Abhängigkeit von der Bezugsgrundlage
- nach ihrem Verhältnis zu den Aufwendungen der Finanzbuchhaltung (kalkulatorische Kosten)

Kosten auf der Grundlage der betriebswirtschaftlichen Produktionsfaktoren

- Werkstoffkosten, z. B. Rohstoffverbrauch
- Personalkosten, z. B. Gehälter
- Betriebsmittelkosten, z. B. Abschreibungen
- Finanzierungskosten, z. B. Abschlussprovisionen
- Fremdleistungskosten, z. B. Telefonkosten
- Abgaben mit Kostencharakter, z. B. Kfz-Steuer

Kosten auf der Grundlage der betrieblichen Funktionen

- Beschaffungskosten
- Produktions- oder Fertigungskosten
- Absatz- oder Vertriebskosten
- Verwaltungskosten
- Lagerkosten
- Finanzierungskosten

Kosten in Abhängigkeit von ihrer Zurechenbarkeit auf die Kostenträger

- **Einzelkosten:**
  Kosten, die direkt den Kostenträgern zugerechnet werden können

Beispiele:
Rohstoffkosten und Fremdbauteile aufgrund von Konstruktionszeichnungen und Materialentnahmescheinen; Fertigungslöhne aufgrund von Zeitmessungen und Lohnscheinen

- **Gemeinkosten:**
  Kosten, die nicht direkt, sondern nur mit Hilfe von Verteilungsschlüsseln über die Kostenstellenrechnung den Kostenträgern zugerechnet werden können

Beispiele:
Gehälter der Angestellten, lineare Abschreibungen auf Maschinen und Gebäude, Hilfslöhne

Kosten in Abhängigkeit von ihrer Zurechenbarkeit auf die Kostenstellen

- **Kostenstelleneinzelkosten:**
  Gemeinkosten in Bezug auf die Kostenträger, die den Kostenstellen direkt zugerechnet werden können

Beispiele:
Hilfslöhne aufgrund von Stempelkarten, Gehälter aufgrund von Gehaltslisten des Personalbüros, Abschreibungen auf Maschinen

- **Kostenstellengemeinkosten:**
  Gemeinkosten in Bezug auf die Kostenträger, die den Kostenstellen nicht direkt, sondern nur mit Hilfe von Verteilungsschlüsseln zugerechnet werden können

Beispiele:
Heiz- und Stromkosten, wenn die Kostenstellen über keine eigenen Zähler verfügen, Gehälter von Meistern, die mehrere Arbeitsplätze (Kostenstellen) betreuen

Kosten in Abhängigkeit von der Beschäftigung

Fixe Kosten:
Kosten, die unabhängig von der Produktionsmenge in einer Abrechnungsperiode in gleicher Höhe anfallen (Kosten der Betriebsbereitschaft),
z. B. Mietkosten für eine Lagerhalle, Gehälter, Abschreibungen auf Sachanlagen

Variable Kosten:
Kosten, deren Höhe sich in Abhängigkeit von der Produktionsmenge in einer Abrechnungsperiode verändert,
z. B. Rohstoffkosten, Hilfsstoffkosten, Fertigungslöhne

Kosten in Abhängigkeit von der Bezugsgrundlage

Gesamt- oder Periodenkosten:
Kosten, die insgesamt in einer Abrechnungsperiode anfallen,
z. B. im Monat, im Quartal, im Jahr

Stückkosten oder Kosten pro Leistungseinheit:
Kosten pro Mengeneinheit
z. B. Kosten pro Stück, pro Liter

Grafische Darstellung von Kostenkurven

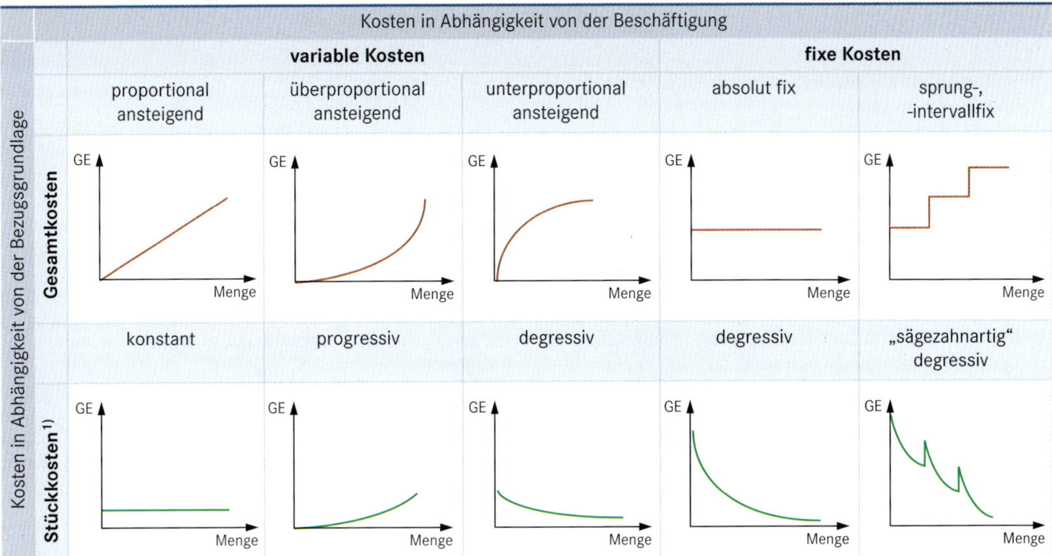

[1] Die Verläufe der Stückkostenkurven ergeben sich aus den darüber abgebildeten Verläufen der Gesamtkostenkurven, indem die jeweiligen Gesamtkosten durch die dazugehörigen Mengen geteilt werden.

Gesetz der Massenproduktion

Gesamtkostenfunktion linear:

$K = K_f + K_v (x)$
$K = K_f + k_v \cdot x$

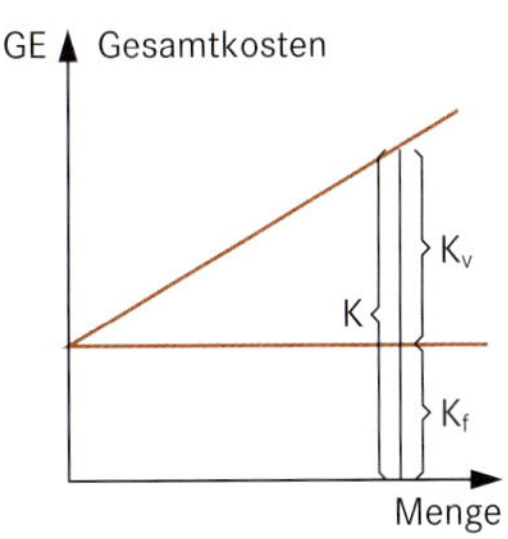

Stückkostenfunktion:

$k = \frac{K}{x}$ $k = \frac{K_f}{x} + k_v$

Die (fixen) Stückkosten nehmen mit zunehmender Produktionsmenge ab.

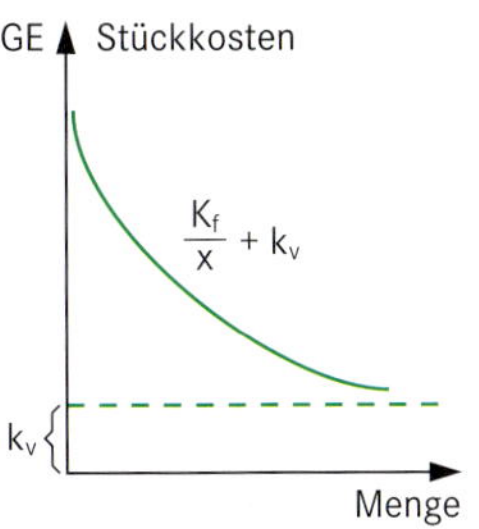

Legende:

GE: Geldeinheiten
K: Gesamtkosten pro Periode
K_f: Fixe Kosten pro Periode
K_v: Variable Kosten pro Periode
x: Produktionsmenge
k: Kosten pro Mengeneinheit
k_v: Variable Kosten pro Mengeneinheit
k_f: Fixe Kosten pro Mengeneinheit

Kosten nach ihrem Verhältnis zu den Aufwendungen der Finanzbuchhaltung

In ihrem Verhältnis zu den Aufwendungen der Finanzbuchhaltung lassen sich die Kosten wie folgt einteilen (siehe auch Grafik Seite 457 „Kosten und Aufwendungen“):

- **Grundkosten** sind Aufwendungen der Finanzbuchhaltung, die unverändert in die Kosten- und Leistungsrechnung (KLR) übernommen werden können, z. B. Aufwendungen für Roh, Hilfs- und Betriebsstoffe, Löhne, Gehälter, Personalnebenkosten.
- **Anderskosten** sind Aufwendungen der Finanzbuchhaltung, die in der KLR mit einem anderen Wert angesetzt werden müssen: kalkulatorische Abschreibungen auf Sachanlagen, kalkulatorische Wagniskosten.
- **Zusatzkosten** sind kalkulatorische Kosten, denen in der Finanzbuchhaltung keine Aufwendungen gegenüberstehen: kalkulatorische Zinsen, kalkulatorischer Unternehmerlohn.

Kalkulatorische Abschreibungen

Kalkulatorische Abschreibungen = Kosten	Bilanzielle Abschreibungen = neutrale Aufwendungen
▪ werden vom **betriebsnotwendigen** abnutzbaren Anlagevermögen berechnet;	▪ werden von **allen** Gegenständen des abnutzbaren Anlagevermögens berechnet;
▪ werden vom **Wiederbeschaffungswert** berechnet (reale Kapitalerhaltung);	▪ werden höchstens von den **Herstellungs- bzw. Anschaffungskosten** berechnet (nominale Kapitalerhaltung);
▪ sollen dem **tatsächlichen Werteverzehr** entsprechen;	▪ werden **weitgehend unabhängig vom tatsächlichen Werteverzehr** ermittelt;
▪ werden häufig wegen gleichmäßig hoher Kosten im Zeitvergleich nach der **linearen** Methode errechnet;	▪ werden häufig über eine **kürzere** Nutzungsdauer als die kalkulatorische Abschreibung berechnet;
▪ beeinflussen nur das **Betriebsergebnis**, sind bezüglich des Gesamtergebnisses erfolgsneutral.	▪ beeinflussen das **Neutrale Ergebnis** und das **Gesamtergebnis**. 5

Kalkulatorische Wagnisse

- Das **allgemeine Unternehmerwagnis**, das z. B. auf einer Fehleinschätzung des Absatzmarktes beruht, ist nicht kalkulierbar und daher nicht Gegenstand der KLR; entsprechende Verluste sind aus dem Eigenkapital des Unternehmens zu decken.
- Die **speziellen Einzelwagnisse** sind dagegen in der KLR zu berücksichtigen:

- **Beständewagnis** (z. B. Verlust von Vorräten durch Verderb, Veralten)
- **Fertigungswagnis** (z. B. Mehrkosten aufgrund von Arbeitsfehlern)
- **Anlagenwagnis** (z. B. Verluste durch Schadensfälle)
- **Entwicklungswagnis** (z. B. Verluste aus fehlgeschlagenen Produktentwicklungen)
- **Vertriebswagnis** (z. B. Ausfälle bei Kundenforderungen)
- **Gewährleistungswagnis** (z. B. kostenlose Ersatzlieferung)

- Werden Einzelwagnisse durch Versicherungen abgedeckt (z. B. Brandschäden), gehen die entsprechenden **Versicherungsprämien** in die Kosten ein (fremdversicherte Einzelwagnisse).
- Für Einzelwagnisse, die nicht fremdversichert werden können (z. B. Währungsverluste), werden in der Kostenrechnung **kalkulatorische Kosten** angesetzt (selbstversicherte Einzelwagnisse).

Kalkulatorische Zinsen

- Die Zinsaufwendungen der Finanzbuchhaltung können nicht in die KLR übernommen werden, da man nicht weiß, ob mit dem entsprechenden Fremdkapital nur betriebsbedingtes Vermögen finanziert wurde.
- Andererseits verursacht Eigenkapital keine Zinsaufwendungen, obwohl der Nutzenentgang für eine anderweitige Verwendung (z. B. Verzicht auf Zinserträge wegen Nichtanlage in Wertpapieren) Kosten im Sinne der KLR darstellt.
- Für die KLR werden daher die kalkulatorischen Zinsen wie folgt berechnet:

	Betriebsnotwendiges Anlagevermögen (Wiederbeschaffungspreis – kalkulatorische Abschreibungen)
+	Betriebsnotwendiges Umlaufvermögen [(Anfangsbestand + Endbestand) : 2]
=	Betriebsnotwendiges Vermögen
–	Abzugskapital (zinslos überlassenes Fremdkapital)
=	Betriebsnotwendiges Kapital
x	landesüblicher durchschnittlicher Zinssatz für langfristige Darlehen
=	kalkulatorische Zinsen

Kalkulatorischer Unternehmerlohn

- In Kapitalgesellschaften erhalten Vorstandsmitglieder (z. B. Aktiengesellschaft) und Geschäftsführer (GmbH) für ihre Arbeitsleistung Gehälter, die in der Geschäftsbuchhaltung dieser Unternehmungen als gewinnmindernder Aufwand gebucht und in gleicher Höhe in die Kosten- und Leistungsrechnung übernommen werden.
- Für die Arbeitsleistung geschäftsführender Inhaber von Einzelunternehmungen und Gesellschafter von Personengesellschaften (OHG und KG) dürfen nach Handels- und Steuerrecht keine gewinnmindernden Aufwendungen geltend gemacht werden. Die Arbeitsleistung ist vielmehr aus dem Gewinn abzugelten.
- Bei Einzelunternehmungen und Personengesellschaften können die vollhaftenden Geschäftsinhaber aufgrund ihrer unternehmerischen Tätigkeit in der Kosten- und Leistungsrechnung einen so genannten kalkulatorischen Unternehmerlohn ansetzen – als Ausgleich für Nutzenentgang. Dadurch werden zudem die Kostenstrukturen und Betriebsergebnisrechnungen von Unternehmungen unterschiedlicher Rechtsform vergleichbar.
- Die Höhe des kalkulatorischen Unternehmerlohnes könnte sich nach den Gehältern leitender Angestellter in vergleichbaren Positionen richten.

6

Kostenstellenrechnung
Cost Centre Accounting

Aufgaben

- Ermittlung der Kosten einer Abrechnungsperiode in den verschiedenen Kostenstellen des Betriebes
- Notwendige Schnittstelle zwischen Kostenarten- und Kostenträgerrechnung
- Grundlage für die Zurechnung der Gemeinkosten auf die hergestellten Produkte (Kostenträger)
- Kontrolle der Kosten und der Wirtschaftlichkeit in den Kostenstellen

Kostenstellen

- Orte, an denen die Kosten entstehen
- Zurechnungseinheiten, deren Bildung nur dann erforderlich ist, wenn mehrere Erzeugnisse einen Betrieb ungleichmäßig in Anspruch nehmen
- Sie können einen Arbeitsplatz, eine Unterabteilung, eine Abteilung oder einen aus den betrieblichen Funktionen abgeleiteten Betriebsbereich umfassen.

Einteilung der Kostenstellen

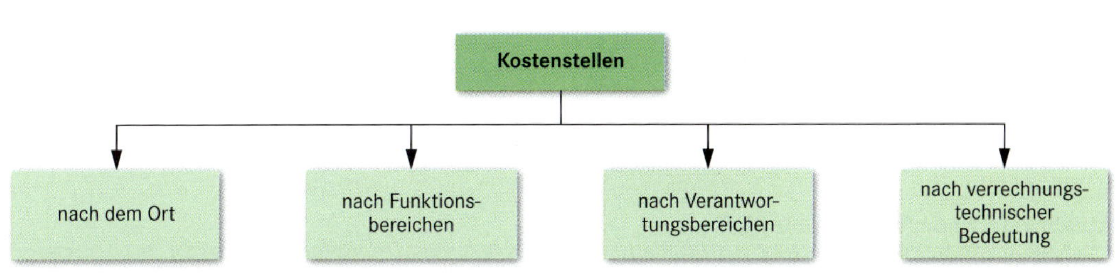

Kostenstellen nach dem Ort

- Zusammenfassung räumlich abgegrenzter Betriebsteile mit jeweils einheitlichen Aufgaben oder
- Zusammenfassung unterschiedlicher Arbeitsgänge, die abrechnungstechnisch gleich behandelt werden können

oder

- Bildung eines einheitlichen räumlich abgegrenzten Verantwortungsbereichs, der aus Kontrollgründen als Ganzes abgerechnet werden soll

Kostenstellen nach Funktionsbereichen

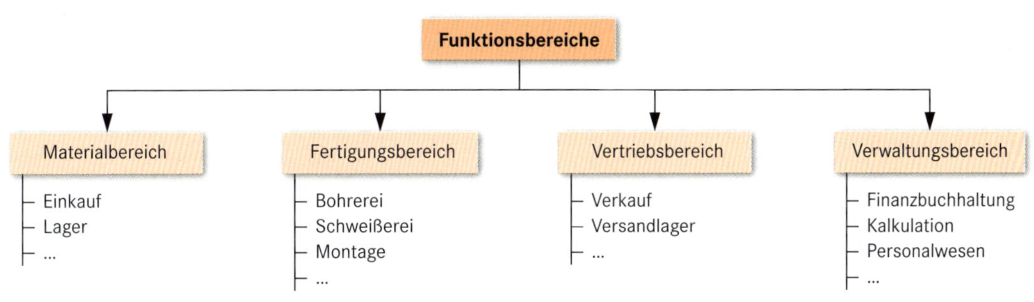

Kostenstellen nach Verantwortungsbereichen

Die Kostenstellenbildung nach Verantwortungsbereichen deckt sich im Regelfall mit der nach Funktionsbereichen.

Kostenstellen nach verrechnungstechnischer Bedeutung

Selbstständige Stellen oder Hauptkostenstellen:
Ihre Kosten werden den Kostenträgern unmittelbar zugerechnet.

Beispiele:
Einkauf, Lager, Fertigung, Verkauf, Versand, Werbung

Unselbstständige Stellen:

- **Hilfskostenstellen** erbringen Leistungen für Hauptkostenstellen; ihre Kosten werden den Hauptkostenstellen zugerechnet.

Beispiele:
Arbeitsvorbereitung für die Fertigung, Werkzeugmacherei für die Fertigung

- **Allgemeine Kostenstellen** erbringen Leistungen für alle übrigen Kostenstellen; ihre Kosten werden den Hilfs- und Hauptkostenstellen zugerechnet.

Beispiele:
Telefonzentrale, Archiv, werkseigenes Kraftwerk, Fuhrpark, Buchhaltung, Personal, allg. Verwaltung

Sie wird monatlich und jährlich in der Regel tabellarisch mit Hilfe des so genannten Betriebsabrechungsbogens (BAB) durchgeführt und vollzieht sich in fünf Schritten:

1. **Erstellung des „Betriebsabrechnungsbogens"**
   Der Betriebsabrechnungsbogen (BAB) ist eine tabellarische Darstellung der Kostenstellenrechnung, der senkrecht nach Gemeinkostenarten und waagerecht nach Kostenbereichen bzw. Kostenstellen gegliedert ist.

2. **Überprüfung sämtlicher Kostenarten im Hinblick auf ihre Zurechenbarkeit auf die Kostenträger**
   Sämtliche Kosten werden daraufhin untersucht, ob sie sich den Erzeugnissen (= Kostenträgern) direkt zurechnen lassen (= Einzelkosten), oder ob sie sich den Kostenträgern nicht direkt zurechnen lassen (= Gemeinkosten).

3. **Verteilung der Gemeinkostenarten auf die Kostenbereiche oder Kostenstellen**
   Die auf die Erzeugnisse bezogenen Gemeinkosten können entweder Kostenstelleneinzelkosten sein, die den Kostenstellen direkt mit Hilfe von Belegen zugerechnet werden. Kostenstellengemeinkosten hingegen werden mit Hilfe von Verteilungsschlüsseln auf die Kostenstellen aufgeteilt.

4. **Ermittlung der Gemeinkostensummen für die Kostenbereiche oder Kostenstellen**
   Addition der Gemeinkostenbeträge für jeden Kostenbereich bzw. jede Kostenstelle

5. **Errechnung der so genannten Gemeinkostenzuschlagssätze der Kostenbereiche**
   Die Gemeinkostensummen der jeweiligen Kostenbereiche werden zu bestimmten Zuschlagsgrundlagen ins Verhältnis gesetzt. Das Ergebnis sind die Gemeinkostenzuschlagssätze (s. S. 471), mit deren Hilfe die in den Kostenstellen des BAB ermittelten Gemeinkosten den verschiedenen Kostenträgern (Erzeugnissen bzw. Erzeugniseinheiten) zugerechnet werden können (s. S. 473 f.).

Betriebsabrechnungsbogen (BAB) Beispiel

Gemeinkostenarten	Zahlenwerte des KLR-Bereichs in EUR	Verteilungsgrundlagen	Kosten der Kostenstellen in EUR			
			I Material	II Fertigung	III Verwaltung	IV Vertrieb
Aufwendungen für Hilfsstoffe	465.600,00	Materialentnahmescheine	34.920,00	349.200,00	11.640,00	69.840,00
Aufwendungen für Betriebsstoffe	66.490,00	Umbauter Raum in m³	2.092,66	61.071,32	1.637,73	1.688,29
Hilfslöhne	46.225,00	Lohn- und Gehaltsliste	2.890,00	25.560,00	17.015,00	760,00
Gehälter	73.000,00	Lohn- und Gehaltsliste	8.770,00	27.890,00	29.350,00	6.990,00
soziale Aufwendungen	42.026,80	Hilfslöhne/Gehälter	4.110,15	18.841,12	16.343,66	2.731,87
Kalkulatorische Abschreibungen	4.670.320,00	Anlagendatei	700.548,00	3.035.708,00	700.548,00	233.516,00
Kalkulatorische Wagniskosten	25.000,00	Kostenstelle Vertrieb	0,00	0,00	0,00	25.000,00
Kalkulatorische Zinsen	112.450,00	Betriebsnotw. Kapital	16.867,50	73.092,50	16.867,50	5.622,50
Steuern	6.320,00	Steuergegenstände	1.264,00	2.528,00	1.896,00	632,00
Fremdinstandhaltungen	23.510,00	Rechnungen	4.702,00	12.538,67	4.702,00	1.567,33
sonstige Aufwendungen	39.180,00	Rechnungen u. a.	5.597,14	8.395,71	8.395,72	16.791,42
Summe	5.570.121,80		781.761,45	3.614.825,32	808.395,61	365.139,42
		Zuschlagsgrundlage:	Fertigungsmaterial 3.480.000,00	Fertigungslöhne einschließlich anteiliger sozialer Aufwendungen 933.502,20	Herstellkosten des Umsatzes 8.767.088,97	
		Gemeinkostenzuschlagssatz:	22,4644 % ≈ 22,46 %	387,23264 % ≈ 387,23 %	9,22079 % ≈ 9,22 %	4,1644 % ≈ 4,16 %

Ermittlung der Gemeinkostenzuschlagssätze

Determination of Overhead Costs Surcharge Rates

Die Berechnung der Gemeinkostenzuschlagssätze wird auf der Grundlage der im Betriebsabrechnungsbogen ermittelten Gemeinkostensummen vorgenommen. Dabei werden die Gemeinkostensummen der einzelnen Kostenbereiche auf jeweils gesonderte Zuschlagsgrundlagen bezogen. (Die folgenden Beispiele beziehen sich auf den BAB, siehe S. 470)

Materialgemeinkostenzuschlagssatz (MGKZ)

$$\text{MGKZ} = \frac{\text{Materialgemeinkosten}}{\text{Fertigungsmaterial}} \cdot 100$$

Es wird unterstellt, dass sich die Gemeinkosten des Materialbereichs im gleichen Verhältnis wie die Materialeinzelkosten (Fertigungsmaterial, z. B. Verbrauch der Rohstoffe) entwickeln.

Beispiel:

$$\text{MGKZ} = \frac{781.761{,}45\ \text{EUR}}{3.480.000{,}00\ \text{EUR}} \cdot 100 = 22{,}4644\ \% \approx 22{,}46\ \%$$

Bei einem Rohstoffverbrauch (Einzelkosten) von 100,00 EUR fallen noch zusätzlich Materialgemeinkosten in Höhe von 22,46 EUR an.

Fertigungsgemeinkostenzuschlagssatz (FGKZ)

$$\text{FGKZ} = \frac{\text{Fertigungsgemeinkosten}}{\text{Fertigungslöhne}} \cdot 100$$

Die Gemeinkosten des Fertigungsbereichs entwickeln sich ebenfalls proportional zu den Fertigungseinzelkosten (= Fertigungslöhne).

Beispiel:

$$\text{FGKZ} = \frac{3.614.825{,}32\ \text{EUR}}{933.502{,}20\ \text{EUR}} \cdot 100 = 387{,}23264\ \% \approx 387{,}23\ \%$$

100,00 EUR an Fertigungslöhnen (Einzelkosten) führen noch zu zusätzlichen Gemeinkosten im Fertigungsbereich in Höhe von 387,23 EUR.

Vertriebsgemeinkostenzuschlagssatz (VtrGKZ)

$$\text{VtrGKZ} = \frac{\text{Vertriebsgemeinkosten}}{\text{Herstellkosten des Umsatzes}} \cdot 100$$

Die Vertriebsgemeinkosten werden in der Praxis entweder zu den Herstellkosten der Erzeugung oder zu den Herstellkosten des Umsatzes ins Verhältnis gesetzt.

Die **Herstellkosten des Umsatzes** errechnen sich wie folgt:

Fertigungsmaterial
+ Materialgemeinkosten
= Materialkosten (I)

Fertigungslöhne
+ Fertigungsgemeinkosten
= Fertigungskosten (II)

I + II = Herstellkosten der Erzeugung
– Bestandsmehrungen an unfertigen/fertigen Erzeugnissen
+ Bestandsminderungen an unfertigen/fertigen Erzeugnissen
= Herstellkosten des Umsatzes

Beispiel:

Fertigungsmaterial	3.480.000,00 EUR
+ Materialgemeinkosten	781.761,45 EUR
= Materialkosten (I)	4.261.761,45 EUR
Fertigungslöhne	933.502,20 EUR
+ Fertigungsgemeinkosten	3.614.825,32 EUR
= Fertigungskosten (II)	4.548.327,52 EUR
I + II = Herstellkosten der Erzeugung	8.810.088,97 EUR
– Bestandsmehrungen an unfertigen/fertigen Erzeugnissen	46.000,00 EUR
+ Bestandsminderungen an unfertigen/fertigen Erzeugnissen	3.000,00 EUR
= Herstellkosten des Umsatzes	**8.767.088,97 EUR**

$$\text{VtrGKZ} = \frac{365.139{,}42\ \text{EUR}}{8.767.088{,}97\ \text{EUR}} \cdot 100 = 4{,}16488\ \% \approx 4{,}16\ \%$$

Umgesetzte, verkaufte Erzeugnisse im Wert von 100,00 EUR verursachen an Vertriebsgemeinkosten zusätzlich 4,16 EUR.

Verwaltungsgemeinkostenzuschlagssatz (VwGKZ)

$$\text{VwGKZ} = \frac{\text{Verwaltungsgemeinkosten}}{\text{Herstellkosten des Umsatzes}} \cdot 100$$

Auch die Verwaltungsgemeinkosten werden in der Praxis entweder zu den Herstellkosten der Erzeugung oder zu den Herstellkosten des Umsatzes in Verhältnis gesetzt.

Beispiel:

$$\text{VwGKZ} = \frac{808.395{,}61\ \text{EUR}}{8.767.088{,}97\ \text{EUR}} \cdot 100 = 9{,}22079\ \% \approx 9{,}22\ \%$$

100,00 EUR umgesetzter Erzeugnisse verursachen 9,22 EUR an Verwaltungsgemeinkosten.

Definition Kostenträger

Unter **Kostenträger** sind die in einem Industriebetrieb in einer Abrechnungsperiode hergestellten Produkte zu verstehen. Der Begriff „Kostenträger“ entspricht damit dem Begriff „Leistung“. In manchen Wirtschaftszweigen ist ein Kostenträger gleichzeitig Kostenstelle, so etwa in der Bauindustrie das zu errichtende Bauwerk.

Ziel der Kosten- und Leistungsrechnung

Eine wesentliche Aufgabe der Kosten- und Leistungsrechnung besteht darin, die in einem Betrieb entstandenen Kosten den hergestellten Produkten (Kostenträgern) verursachungsgerecht zuzurechnen – **Kostenträgerrechnung**.

Rechnungssysteme der Kostenträgerrechnung

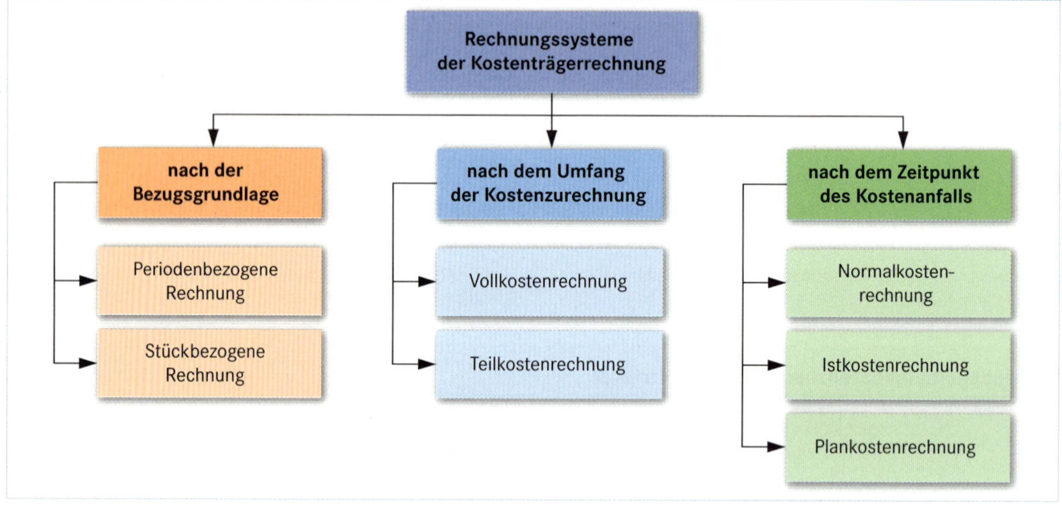

Kostenträgerrechnung als periodenbezogene Vollkostenrechnung (Kostenträgerzeitrechnung)

Kostenträgerblatt (Beispiel):

* Die Zahlen des Kostenträgerblattes basieren auf dem BAB (siehe S. 470) und den Gemeinkostenzuschlagssätzen (siehe S. 471). Da den Rechnungen in BAB und Kostenträgerblatt miteinander verknüpfte EXCEL-Tabellen zugrunde lagen, wurde im Kostenträgerblatt mit den nicht gerundeten Gemeinkostenzuschlagssätzen gerechnet (Erläuterung des Kostenträgerblatts auf S. 473).

Kalkulationsschema	Zuschlags-sätze gemäß BAB in %*	Istkosten gesamt	Kosten der Kostenträger in EUR		
			Telefon T 20/23	Telefax TF 16	Anrufbeantworter ABW 20
1 Fertigungsmaterial	22,4644 %	3.480.000,00	383.500,00	2.678.000,00	418.500,00
2 Materialgemeinkosten	≈ 22,46 %	781.761,45	86.151,01	601.596,89	94.013,55
3 Materialkosten (1 + 2)		4.261.761,45	469.651,01	3.279.596,89	512.513,55
4 Fertigungslöhne	387,23264 %	933.502,20	76.600,00	751.400,00	105.502,20
5 Fertigungsgemeinkosten	≈ 387,23 %	3.614.825,32	296.620,21	2.909.666,14	408.538,97
6 Fertigungskosten (4 + 5)		4.548.327,52	373.220,21	3.661.066,14	514.041,17
7 Herstellkosten der Erzeugung (3 + 6)		8.810.088,97	842.871,22	6.940.663,03	1.026.554,72
8 Mehrbestand unfertige Erzeugnisse		46.000,00	15.000,00	11.000,00	20.000,00
9 Minderbestand fertige Erzeugnisse		3.000,00	1.000,00	1.000,00	1.000,00
10 Herstellkosten des Umsatzes (7 – 8 + 9)		8.767.088,97	828.871,22	6.930.663,03	1.007.554,72
11 Verwaltungsgemeinkosten	9,22079 ≈ 9,22 %	808.395,61	76.428,55	639.062,47	92.904,59
12 Vertriebsgemeinkosten	4,16488 ≈ 4,16 %	365.139,42	34.521,56	288.654,34	41.963,52
13 Selbstkosten des Umsatzes (10 + 11 + 12)		9.940.624,00	939.821,33	7.858.379,84	1.142.422,83
14 Umsatzerlöse		12.463.890,00	1.221.767,72	10.215.893,80	1.026.228,48
15 Betriebsergebnis (14 – 13)		2.523.266,00	281.946,39	2.357.513,96	–116.194,35

- Werden sämtliche Kosten einer Abrechnungsperiode auf die Produkte verteilt, so wird von einer **Kostenträgerzeitrechnung** auf Vollkostenbasis gesprochen.
- Die **Einzelkosten** wie Fertigungsmaterial und Fertigungslöhne werden den Produkten anhand von Belegen (Stücklisten, Materialentnahmescheine, Lohnscheine, Arbeitskarten) direkt zugerechnet.
- Die **Gemeinkosten** werden über die Kostenstellenrechnung mit Hilfe der im BAB errechneten Gemeinkostenzuschlagssätze anteilig (indirekt) auf die Produkte aufgeteilt.
- Das Ergebnis dieser Kostenverteilung wird auf dem so genannten **Kostenträgerblatt**, das auch als BAB II bezeichnet wird, festgehalten. Je Kostenträger sind ersichtlich die Herstellkosten der Erzeugung und des Umsatzes sowie die Selbstkosten des Umsatzes.
- Werden dann noch die Umsatzerlöse der Produkte derselben Abrechnungsperiode den Kosten gegenübergestellt, können die Anteile der verschiedenen Produkte am **Betriebsergebnis** ermittelt werden.
- Dadurch wird die Kostenträgerrechnung zu einer **Ergebnisrechnung** ausgeweitet.

Kostenträgerrechnung als stückbezogene Vollkostenrechnung (= Kostenträgerstückrechnung oder Kalkulation der Selbstkosten)

- Werden die **Selbstkosten für eine Leistungseinheit** (z. B. Kosten pro Stück oder pro Tonne oder pro Meter) ermittelt, so handelt es sich um die **Kostenträgerstückrechnung**, die dem Begriff der **Kalkulation** entspricht.
- Je nach vorliegenden Produktions-, Fertigungsorganisations- und Absatzverhältnissen (z. B. Einproduktarten- oder Mehrproduktartenunternehmung) kommen unterschiedliche **Kalkulationsverfahren** zum Einsatz, z. B.
  - Divisionskalkulation
  - Zuschlagskalkulation
  - Kalkulation von Handelswaren.

Divisionskalkulation

Betriebe, die nur **ein einzelnes Produkt** in großen Stückzahlen herstellen, wenden zur Ermittlung der Selbstkosten einer Mengeneinheit die Divisionskalkulation an. Dabei werden sämtliche Kosten einer Abrechnungsperiode durch die hergestellte (und abgesetzte) Menge der Abrechnungsperiode geteilt. Dieses einfache Kalkulationsverfahren kann deshalb eingesetzt werden, weil sämtliche Kosten durch dieses eine Produkt verursacht werden.

Kalkulationsschema der Divisionskalkulation:

$$\text{Selbstkosten pro Stück} = \frac{\text{Gesamtkosten der Abrechnungsperiode}}{\text{Produktionsmenge der Abrechnungsperiode}}$$

Zuschlagskalkulation

In Betrieben, die **mehrere unterschiedliche Produkte** herstellen, stellt die Zuschlagskalkulation ein geeignetes Kalkulationsverfahren dar, um die Selbstkosten für eine Mengeneinheit des jeweiligen Produktes zu ermitteln. Ausgehend von den Einzelkosten (Fertigungsmaterial und Fertigungslöhne) werden dem Kostenträger schrittweise die Gemeinkosten mit Hilfe der Gemeinkostenzuschlagssätze aus dem BAB bis zu den Selbstkosten hinzugerechnet.

Kalkulationsschema der Zuschlagskalkulation:

1.	Fertigungsmaterialkosten	(gemäß Stückliste)
2.	+ Materialgemeinkosten	(...% gemäß BAB)
3.	= Materialkosten (1 + 2)	
4.	Fertigungslöhne	(gem. Lohnschein)
5.	+ Fertigungsgemeinkosten	(...% gemäß BAB)
6.	+ Sondereinzelkosten der Fertigung	(gemäß Auftrag)
7.	= **Fertigungskosten** (4 + 5 +6)	
8.	= **Herstellkosten** (3 + 7)	
9.	+ Verwaltungsgemeinkosten	(...% gemäß BAB)
10.	+ Vertriebsgemeinkosten	(...% gemäß BAB)
11.	+ Sondereinzelkosten des Vertriebs	(gemäß Einzelnachweis)
12.	= **Selbstkosten des Kostenträgers** (8 + 9 + 10 + 11)	

Kalkulation von Handelswaren

Handelswaren sind Produkte, die ein Unternehmen kauft und ohne Be- oder Verarbeitung weiter verkauft.
Sie dienen Industrieunternehmen zur Abrundung ihres Absatzprogramms.

Listeneinkaufspreis (netto)			100 %			
− Lieferantenrabatt	v. H.	z. B.	− 20 %			
= Zieleinkaufspreis			= 80 %	→		100 %
− Lieferantenskonto	v. H.				z. B.	− 3 %
= Bareinkaufspreis						= 97 %
+ Bezugskosten						↓
= Einstandspreis (Bezugspreis)						100 %
+ Handlungskostenzuschlag	v. H.				z. B.	+ 18 %
= Selbstkostenpreis						= 118 %

Bezugskosten sind zum Beispiel: Verpackungskosten, Transportkosten wie Fracht, Rollgeld und Transportversicherung, Zoll.

Handlungskosten sind Kosten, die durch Lagerung und Verkauf der Handelswaren entstehen, wie zum Beispiel: Löhne und Gehälter des Lagerpersonals, Abschreibungen auf das Lagergebäude und die Lagereinrichtung, Transport- und Verpackungskosten, anteilige Verwaltungskosten, Zinsen für das in den Handelswaren gebundene Kapitel.

Handlungskostenzuschlagssatz in v. H. =

$$\frac{\text{Handlungskosten der vergangenen Periode}}{\text{Wareneinsatz der vergangenen Periode}} \cdot 100$$

Angebots- oder Verkaufspreiskalkulation

Die Kalkulation der Selbstkosten wird zur Angebots- oder Verkaufspreiskalkulation ausgeweitet, indem noch der Gewinnzuschlag und gegebenenfalls Kundenskonto, Verkaufs- und Vertreterprovision sowie Kundenrabatt eingerechnet werden.

Selbstkostenpreis			100 %			
+ Gewinnzuschlag	v. H.	z. B.	+ 8 %			
= Barverkaufspreis			= 108 %	→		93 %
+ Kundenskonto*	i. H.				z. B.	+ 2 %
+ Verkaufs- oder Vertreterprovision*	i. H.				z. B.	+ 5 %
= Zielverkaufspreis			85 %	←		= 100 %
+ Kundenrabatt	i. H.	z. B.	+ 15 %			
= Listenverkaufspreis (netto)			= 100 %	→		100 %
+ Umsatzsteuer	v. H.					+ 19 %
= Listenverkaufspreis (brutto)						= 119 %

* Die Kalkulationsprozentsätze für Kundenskonto und Verkaufsprovision sind zu addieren und vom verminderten Grundwert des Barverkaufspreises zu berechnen.

Gewinn ist das Entgeld für das in das Unternehmen eingebrachte Eigenkapital (Eigenkapitalverzinsung), die vom Unternehmer geleistete Arbeit (Unternehmerlohn) und das Risiko der Kapitalanlage im eigenen Unternehmen (Risikoprämie).

Deckungsbeitragsrechnung
Contribution Margin Accounting

Vollkostenrechnung

Die Vollkostenrechnung verteilt **sämtliche Kosten** einer Abrechnungsperiode auf die Kostenträger (Kostenträgerzeitrechnung) bzw. ermittelt die Selbstkosten pro Mengeneinheit (Kostenträgerstückrechnung oder Kalkulation).

Teilkostenrechnung

Die Teilkostenrechnung rechnet den Kostenträgern nur **Teile der insgesamt angefallenen Kosten**, nämlich nur die variablen Kosten, zu.

Begriff Deckungsbeitrag

Die Teilkostenrechnung auf der Grundlage von variablen und fixen Kosten wird als Deckungsbeitragsrechnung bezeichnet. Zieht man von den Umsatzerlösen der verschiedenen Produkte die jeweiligen variablen Kosten ab, erhält man die so genannten Deckungsbeiträge der einzelnen Produkte, die die gesamten Fixkosten decken und noch einen Gewinn beinhalten sollen.

Deckungsbeitragsrechnung mit globaler Fixkostenbehandlung (Direct Costing)

Periodenbezogene Deckungsbeitragsrechnung

Umsatzerlöse des Produktes der Abrechnungsperiode
- Variable Kosten des Produktes der Abrechnungsperiode

- **Deckungsbeitrag des Produktes der Abrechnungsperiode**

Summe der Deckungsbeiträge aller Produkte der Abrechnungsperiode
- Gesamte Fixkosten der Abrechnungsperiode

= Betriebsergebnis

Beispiel:

	Telefon T 20/23	Telefax TF 16	Anrufbeantworter ABW 97	Gesamt
Umsatzerlöse (EUR)	1.221.767,72	10.215.893,80	1.026.228,48	
- Variable Kosten (EUR)	432.317,81	3.614.854,73	525.514,50	
- Deckungsbeitrag (EUR)	789.449,91	6.601.039,07	500.713,98	7.891.202,96
- Fixe Kosten (EUR)				5.367.936,96
= Betriebsergebnis (EUR)				2.523.266,00

Stückbezogene Deckungsbeitragsrechnung

Verkaufspreis/Mengeneinheit
- Variable Kosten/Mengeneinheit

= Deckungsbeitrag/Mengeneinheit

Beispiel:

Verkaufspreis/Mengeneinheit	324,00 EUR
- Variable Kosten/Mengeneinheit	198,00 EUR
= Deckungsbeitrag/Mengeneinheit	126,00 EUR

Deckungsbeitragsrechnung mit stufenweiser Fixkostendeckung

Umsatzerlöse
- Variable Kosten

= Deckungsbeitrag I
- Erzeugnisfixe Kosten

= Deckungsbeitrag II
- Erzeugnisgruppenfixe Kosten

= Deckungsbeitrag III
- Kostenstellenfixe Kosten

= Deckungsbeitrag IV
- Bereichsfixe Kosten

= Deckungsbeitrag V
- Unternehmensfixe Kosten

= Betriebsergebnis

Beispiel (in Tausend GE):

	Produkte A	Produkte B	Produkte C	Produkte D	Gesamt
Umsatzerlöse	180	140	50	360	730
- Variable Kosten	140	85	52	306	583
= Deckungsbeitrag I	40	55	-2	54	147
- Erzeugnisfixe Kosten	8	5	3	10	26
= Deckungsbeitrag II	32	50	-5	44	121
	82 (A+B)		39 (C+D)		
- Bereichsfixe Kosten	34		18		52
= Deckungsbeitrag IV	48		21		69
- Unternehmensfixe Kosten					48
= Betriebsergebnis					**21**

Anwendungsbeispiel: Zusatzauftrag

- Aufträge **unterhalb des aktuellen Verkaufpreises** werden als Zusatzaufträge bezeichnet.
- Sie dienen dazu, nicht ausgelastete **Produktionskapazitäten zu nutzen**, **Arbeitsplätze zu sichern** und das **Betriebsergebnis zu verbessern**.
- Da noch Kapazitäten frei sind, **entstehen** durch den Zusatzauftrag keine zusätzlichen fixen Kosten, sondern **nur variable Kosten**.
- Die Annahme eines Zusatzauftrages **lohnt** sich immer dann, wenn der erzielbare Preis höher ist als die variablen Stückkosten. In dem Fall ist der **Deckungsbeitrag positiv**.
- Hat die bisherige Produktion bereits zu einem Betriebsgewinn geführt, **waren also die fixen Kosten schon mehr als gedeckt**, **erhöht sich der Betriebsgewinn** um den Stückdeckungsbeitrag des Zusatzauftrages, multipliziert mit der Menge des Zusatzauftrages.
- Waren die **fixen Kosten durch die bisherige Produktion noch nicht gedeckt**, **verringert sich der Betriebsverlust** in Höhe des zusätzlichen Deckungsbeitrages des Zusatzauftrages.

Beispiel:

- Bisherige Produktion und Absatz der OfficeCom AG lieferten einen Betriebsgewinn von 2.552.166,00 €.
  Da noch Kapazitäten frei sind, nimmt die OfficeCom AG einen Zusatzauftrag über 80 Schreibtische zum Stückpreis von 850,00 € an.
  Die variablen Stückkosten betragen 570,00 €.
- Der **Stückdeckungsbeitrag** beträgt 850,00 € - 570,00 € = **280,00 €**.
  Das bedeutet, jeder zusätzliche Schreibtisch erhöht den Betriebsgewinn um 280,00 €.
  Damit steigt der bisherige Betriebsgewinn von 2.552.166,00 € um 22.400,00 € (80 St. x 280,00 €) auf 2.574.566,00 €.

Anwendungsbeispiel Sortimentsbereinigung

- Das Kostenträgerblatt S. 472 zeigt, dass die OfficeCom AG in der zugrunde gelegten Periode auf der Basis der Vollkostenrechnung mit dem Produkt Anrufbeantworter einen Verlust von 116.194,35 € gemacht hat.
- Dieses Ergebnis könnte zu der Überlegung führen, die Anrufbeantworter langfristig aus dem Produktions- und Absatzprogramm zu nehmen, um diesen Verlust zu vermeiden. Die Entscheidung auf Vollkostenbasis wäre unter dem Gesichtspunkt Betriebsergebnis falsch.
- Um zu einer richtigen Entscheidung zu gelangen, müssen die gesamten Kosten in fixe und variable Kosten unterteilt werden, um die Deckungsbeiträge der Produkte ermitteln zu können.
- So lange der Deckungsbeitrag eines Produktes **positiv** ist, sollte es im Sortiment bleiben, da es mit dazu beiträgt, fixe Kosten zu decken. Würde es aus dem Sortiment genommen, blieben die Fixkosten bestehen und müssten von den übrigen Produkten abgedeckt werden – das Betriebsergebnis würde sich verschlechtern.

Angenommen, 46 % der Selbstkosten der OfficeCom AG wären variabel und 54 % fix und das Sortiment würde um die Anrufbeantworter bereinigt, dann würde die Deckungsbeitragsrechnung als Direct Costing auf der Grundlage des Kostenträgerblattes S. 472 unter sonst gleichen Umständen folgendes Aussehen haben:

Produkte	Telefon T20/23	Telefax TF16	Gesamt
Umsatzerlöse	1.221.767,72	10.215.893,80	
– variable Kosten (in €)	432.317,81	3.614.854,73	
= Deckungsbeitrag (in €)	789.449,91	6.601.039,07	7.390.488,98
– fixe Kosten (in €)			5.367.936,96
= Betriebsergebnis (in €)			2.022.552,02

Das Betriebsergebnis würde sich durch die Sortimentsbereinigung um 500.713,98 €, nämlich um den jetzt fehlenden Deckungsbeitrag der Anrufbeantworter (siehe Tabelle S. 475), verschlechtern.

Anwendungsbeispiel Gewinnschwellenanalyse (Break-even-Analyse)

- Ist der Absatzpreis für ein Produkt durch den Markt bestimmt, kann der Gewinn nur dadurch gesteigert werden, dass die Produktions- und Absatzmenge erhöht wird. Dabei stellt sich die Frage, welche Menge mindestens produziert und abgesetzt werden muss, ab der überhaupt ein Gewinn erzielt wird.
- Mithilfe der Gewinnschwellenanalyse – auch Break-even-Analyse genannt – wird die Produktions- und Absatzmenge (Break-even-Menge) ermittelt, bei der der Gewinn gleich null ist.
- Bedingung:
  Gewinn = Umsatz – Kosten = Null

$G = U - K = 0 \Rightarrow U = K$

$U = p \cdot x;\; K = K_f + k_v \cdot x$

$p \cdot x = K_f + k_v \cdot x$

$p \cdot x - k_v \cdot x = K_f$

$(p - k_v) \cdot x = K_f$

$db \cdot x = K_f$

Der Gewinn ist also gleich null, wenn die Summe der Stückdeckungsbeiträge ($db \cdot x$) gleich den Fixkosten (K_f) ist.

Beispiel:
Absatzpreis/Stück (p): 50,00 €
variable Stückkosten (k_v): 30,00 €
fixe Kosten (K_f): 60.000,00 €

$50 \cdot x = 30 \cdot x + 60.000$

$(50 - 30) \cdot x = 60.000$

$20 \cdot x = 60.000$

$x = 3.000$

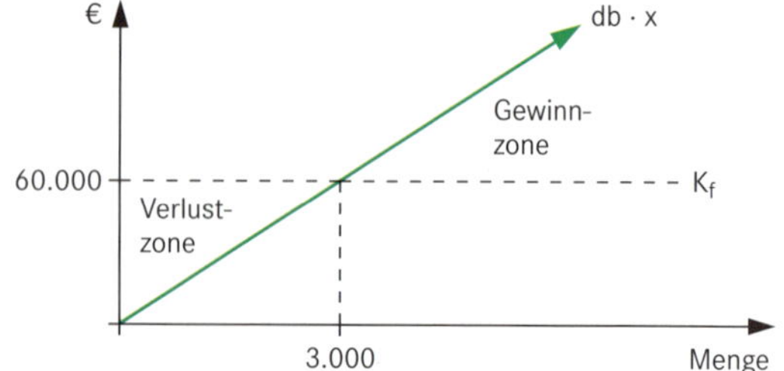

Anwendungsbeispiel Preisuntergrenze

- **Kurzfristige Preisuntergrenze**

  Preis = variable Stückkosten

  Der Deckungsbeitrag ist gleich null; das Unternehmen macht Verlust in Höhe der Fixkosten. Diesen Zustand kann ein Unternehmen nur kurze Zeit verkraften.
- **Langfristige Preisuntergrenze**

  Preis = Selbstkosten pro Stück

  Der Deckungsbeitrag ist positiv; das Unternehmen macht keinen Verlust, aber auch keinen Gewinn. Diesen Zustand kann ein Unternehmen einen längeren Zeitraum überstehen.

Normalkosten-/Istkostenrechnung
Normal Cost -/Actual Cost Accounting

Normalkostenrechnung

- Rechnung, die auf den Kosten **vergangener Abrechnungsperioden** basiert
- **Normalgemeinkosten** sind Gemeinkosten, die bei der Angebotskalkulation mit Hilfe von Normalgemeinkostenzuschlagssätzen in den Selbstkosten- bzw. Angebotspreis eingerechnet werden.
- **Normalgemeinkostenzuschlagssätze** ergeben sich als Durchschnittswerte von Istgemeinkostenzuschlagssätzen mehrerer vergangener Abrechnungsperioden.

Istkostenrechnung

- **Gegenwartsbezogene** Rechnung, die die Kosten der laufenden Abrechnungsperiode erfasst und auswertet
- **Istgemeinkosten** sind Gemeinkosten, die in der laufenden Abrechnungsperiode entstanden sind und im BAB ausgewiesen werden.
- **Istgemeinkostenzuschlagssätze** werden errechnet, indem die Istgemeinkosten der Kostenstellen bzw. Kostenbereiche im BAB in Beziehung gesetzt werden zu den entsprechenden Zuschlagsgrundlagen (siehe S. 471).

Kostenüberdeckung (in EUR)

Normalgemeinkosten (kalkulierte) > Istgemeinkosten (tatsächlich entstandene)

Kostenunterdeckung (in EUR)

Normalgemeinkosten (kalkulierte) < Istgemeinkosten (tatsächlich entstandene)

Beispiel: Kostenüberdeckung / Kostenunterdeckung

Die Zahlen des folgenden Beispiels basieren auf den Zahlen des Kostenträgerblattes von Seite 472.

Kostenüberdeckung/Kostenunterdeckung (in EUR)
Normalgemeinkostenzuschlagssätze:
Materialbereich: 23,61 %; Verwaltungsbereich: 9,37 %; Fertigungsbereich: 375,00 %; Vertriebsbereich: 4,19 %

Kalkulationsschema	Istkostenrechnung gemäß BAB Monat Mai 01		Normalkostenrechnung (kalkuliert für Monat Mai 01)		Kostenüberdeckung (+) Kostenunterdeckung (-)	
Fertigungsmaterial	3.480.000,00		3.480.000,00			
Materialgemeinkosten	781.761,45		821.628,00			
Materialkosten		4.261.761,45		4.301.628,00	39.866,55	Materialbereich
Fertigungslöhne	933.502,20		933.502,20			
Fertigungsgemeinkosten	3.614.825,32		3.500.633,25			
Fertigungskosten		4.548.327,52		4.434.135,45	-114.192,07	Fertigungsbereich
Herstellkosten der Erzeugung		8.810.088,97		8.735.763,45		
Bestandsmehrungen unfertige Erzeugnisse		-46.000,00		-46.000,00		
Bestandsminderungen fertige Erzeugnisse		3.000,00		3.000,00		
Herstellkosten des Umsatzes		8.767.088,97		8.692.763,45		
Verwaltungsgemeinkosten		808.395,61		814.511,94	6.116,33	Verwaltungsbereich
Vertriebsgemeinkosten		365.139,42		364.226,79	-912,63	Vertriebsbereich
Selbstkosten des Umsatzes		**9.940.624,00**		**9.871.502,18**	**-69.121,82**	**Gesamt**

Total Cost of Ownership (TCO)

TCO ist ein Abrechnungsverfahren, das bei Investitionsentscheidungen über die Anschaffungskosten hinaus sämtliche zukünftigen Kosten der Nutzung (über die Lebensdauer des Investitionsgutes) berücksichtigt, auch als **Gesamtbetriebskosten** bezeichnet.
Sie gliedern sich in direkte und indirekte Kosten:

Total Cost of Ownership (am Beispiel eines IT-Arbeitsplatzes

Direkte Kosten: planbar, daher auch budgetierbar

Kosten aufgrund der Anschaffung, zum Beispiel
- Abschreibungen/Leasingraten für Hardware/Software
- Wartungs- und IT-Infrastrukturkosten
- Kosten für Administration und Support
- Verwaltungskosten für Ausarbeitung von Verträgen, Budgetplanung usw.

Indirekte Kosten: nicht planbar, daher nur schätzbar

Kosten aufgrund unproduktiver Nutzung durch den Endanwender, zum Beispiel
- wegen Nicht-Verfügbarkeit des Systems (Downtime)
- durch Selbsthilfe oder Trainingsmaßnahmen zur Schulung (Selfsupport bzw. formal learning)
- durch Unterstützung anderer Endanwender (Peer-to-Peer-support)

Verfahren der Kostenkontrolle (Vergleiche)

Istkosten mit Istkosten	Istkosten mit Normalkosten	Istkosten mit Plankosten
■ Vergangenheitsbezogene Rechnung ■ Anteile von Einflussgrößen möglicher Kostendifferenzen wie z. B. Veränderungen der Beschäftigung, der Beschaffungspreise, der Tariflöhne und -gehälter oder des Werkstoffverbrauchs sind kaum ermittelbar. ■ Damit sind Verantwortlichkeiten für Kostendifferenzen nicht zurechenbar.	■ Vergangenheitsbezogene Rechnung ■ Feststellbar sind nur Kostenüber- bzw. -unterdeckungen. ■ Kostenschwankungen vergangener Perioden werden wegen der Durchschnittsbildung der Normalgemeinkosten nur nivelliert, nicht beseitigt.	■ Zukunftsorientierte Rechnung ■ Planung von Kosten, die auf technischer Grundlage unter Beteiligung von REFA-Ingenieuren, Mitarbeitern der Abteilungen Arbeitsvorbereitung, Kostenrechnung und Konstruktion ermittelt und vorgegeben und mit den Istkosten verglichen werden ■ Kostenabweichungen werden auf ihre Ursachen zurückgeführt, Verantwortlichkeiten zugewiesen.

Verrechnete Plankosten

Verrechnete Plankosten = Plankostenverrechnungssatz (PVS) x Istbeschäftigung

Beispiel:
Die Kostenstelle „Bohrerei“ plant mit folgenden Größen:
Planbeschäftigung: 4.000 Mengeneinheiten (ME)
Plankosten: 45.000 Geldeinheiten (GE)

$$PVS = \frac{45.000\ GE}{4.000\ ME} \qquad PVS = 11{,}25\ \frac{GE}{ME}$$

Istbeschäftigung: 3 850 ME

Verrechnete Plankosten:
11,25 GE/ME x 3.850 ME = 43.312,50 GE

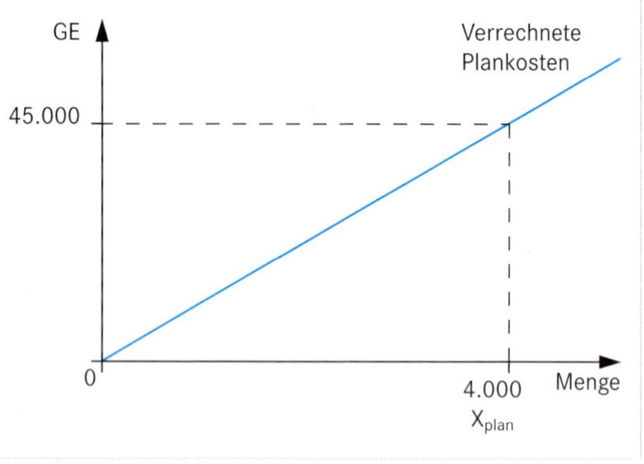

Sollkosten

- Sollkosten sind die auf die Istbeschäftigung (X_{ist}) umgerechneten Plankosten.
- Plankosten werden unterschieden in fixe und variable Plankosten ($K_{plan} = K_{fplan} + K_{vplan}$).
- Einzelkosten können als variabel angesehen werden; Gemeinkosten müssen auf variablen bzw. fixen Charakter untersucht und ggf. mit Hilfe von Kostenauflösungsverfahren in fixe und variable Bestandteile zerlegt werden. Die Funktion der Sollkosten ist linear:

$$K_{Soll} = K_f + k_v \cdot X_{ist} \qquad K_f = K_{fplan} \qquad k_v = \frac{K_{vplan}}{X_{plan}}$$

Beispiel: Kostenauflösungsverfahren

Monat	Produktionsmenge in ME	Gesamtkosten Betriebsstoffe
November	120	220.000 €
Dezember	150	265.000 €
Differenz	30	45.000 €

k_v = 45.000 €: 30 ME = 1.500 €/ME
November: K_v = 120 ME x 1.500/ME = 180.000 €
K_f = 220.000 – 180.000 = 40.000 €

Beispiel:

X_{plan}: 4.000 ME

K_{plan}: 45.000 GE

K_{fplan}: 9.000 GE

k_v: $\frac{36.000\ GE}{4.000\ ME} = 9\ \frac{GE}{ME}$

K_{soll}: $9.000 + 9X_{ist}$

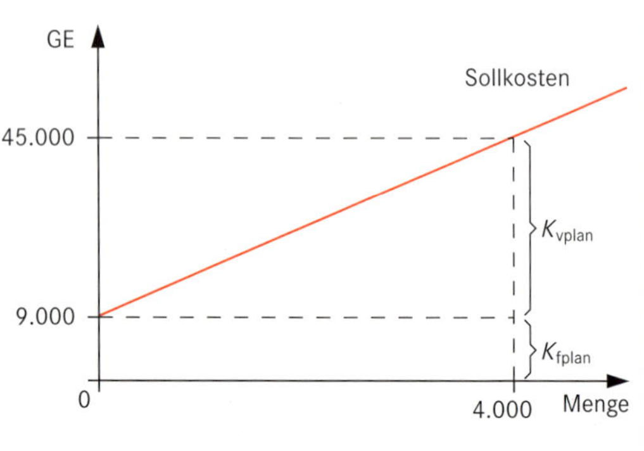

Plankostenrechnung
Standard Cost Accounting

Arten der Kostenabweichungen

- **Preis- und Lohnsatzabweichung:**
  Die Istpreise und -lohnsätze weichen von den Planpreisen und -lohnsätzen ab. Diese Kostenabweichung kann aus der Abweichungsanalyse herausgehalten werden, wenn die Verbrauchsmengen und -zeiten bei Istbeschäftigung wie bei Planbeschäftigung mit den gleichen Verrechnungspreisen und -lohnsätzen bewertet werden.
- **Beschäftigungsabweichung:**
  Die Istbeschäftigung weicht von der Planbeschäftigung ab.

  Verrechnete Plankosten (bei Istbeschäftigung)
  – Sollkosten (bei Istbeschäftigung)
  = Beschäftigungsabweichung
- **Verbrauchsabweichung:**
  Der Istverbrauch an Mengen und Zeiten weicht vom Planverbrauch ab.

  Sollkosten (bei Istbeschäftigung)
  – Istkosten (bei Istbeschäftigung)
  = Verbrauchsabweichung
- **Gesamtabweichung:**

  Beschäftigungsabweichung
  + Verbrauchsabweichung
  = Gesamtabweichung

Beispiel:

X_{plan}: 4.000 ME $\quad X_{ist}$: 2.500 ME
K_{plan}: 45.000 GE $\quad K_{ist}$: 33.000 GE
K_{fplan}: 9.000 GE $\quad K_{soll}$: 31.500 GE
K_{vplan}: 36.000 GE

PVS: 11,25 GE

Verrechnete Plankosten: 28.125 GE

Beschäftigungsabweichung (28.125 GE – 31.500 GE)	= –3.375 GE
+ Verbrauchsabweichung (31.500 GE – 33.000 GE)	= –1.500 GE
= Gesamtabweichung	= –4.875 GE

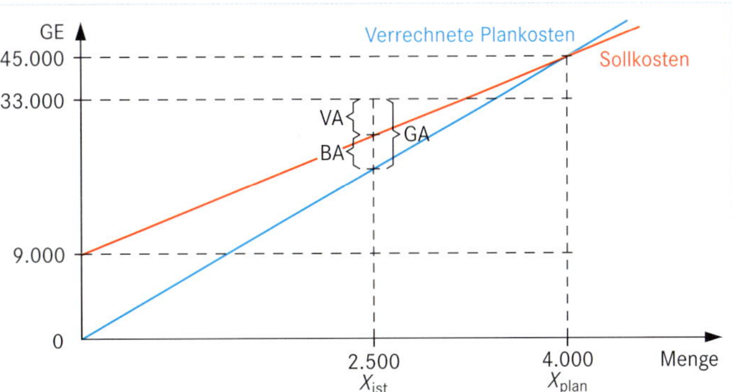

Prozesskostenrechnung
Process Cost Accounting

Begriff

- Prozesskostenmanagement betrifft vornehmlich den „Gemeinkostenbereich“ der Unternehmung – z. B. Beschaffung, Arbeitsvorbereitung, Rechnungswesen – (auch als „indirekter Bereich“ oder „fertigungsferner Bereich“ bezeichnet).
- Planung, Kontrolle und Zurechnung dieser Kostenträger-Gemeinkosten, die in der Regel Kostenstellen-Einzelkosten sind, auf die Produkte mit Hilfe von Prozessen.

Ziele

- Erhöhung der Kostentransparenz in den indirekten, also eher fertigungsfernen Bereichen.
- Effiziente Planung und Kontrolle der Gesamtkosten
- Gegenüber den traditionellen Kostenrechnungssystemen verbesserte verursachungsgerechte Zurechnung insbesondere der Gemeinkosten über die Geschäftsprozesse auf die Produkte (Produktkalkulation).

Schritte der Prozesskostenrechnung

1. Schritt: Tätigkeitsanalyse

Beispiel:
Zusammenhang zwischen Hauptprozess „Kundenauftrag abwickeln“, Teilprozessen und ausführenden Kostenstellen

Teilprozesse	Kostenstellen
Auftragsformular mit Auftragsdaten anlegen	z. B. Vertriebsaußendienst
Auftragsdaten an Vertriebsinnendienst übermitteln	Vertriebsaußendienst
Überprüfung Kundenbonität (weitere Teilprozesse möglich)	Debitorenbuchhaltung
Weitergabe Auftragsdaten an Logistik, Einkauf, Buchhaltung	Vertriebsinnendienst
Überprüfung Lagerbestand (weitere Teilprozesse möglich)	Logistik
Evtl. Erstellung Fertigungsauftrag bzw. Auslösung Teilebestellung bei Lieferanten (weitere Teilprozesse möglich)	Fertigungssteuerung
Auslieferung veranlassen (weitere Teilprozesse möglich)	Logistik
Rechnungserstellung	Debitorenbuchhaltung
Prüfung Zahlungseingang (weitere Teilprozesse möglich)	Debitorenbuchhaltung

8

2. Schritt: Wahl geeigneter Maßgrößen

Im „direkten Bereich“, der Fertigung, abgedeckt durch die **klassische Kostenrechnung**, ist die **Ausbringungsmenge** die Maß- oder Bezugsgröße für die Kosten.

Bei den Bezugsgrößen des „indirekten Bereichs“ in der **Prozesskostenrechnung** handelt es sich um bestimmte **Transaktionen**.

- Ermittlung der „Kostentreiber“ (cost-driver), also der leistungsbestimmenden und damit kostenverursachenden Faktoren (Transaktionen)
- Unterscheidung in
  - **leistungsmengeninduzierte (lmi) oder -variable Teilprozesse und**
  - **leistungsmengenneutrale (lmn) oder -fixe Teilprozesse**.
- Ermittlung adäquater **Maßgrößen**

Beispiel: Maß- oder Bezugsgrößen für leistungsmengeninduzierte Teilprozesse:

Hauptprozess „Material/Waren annehmen“	
Teilprozesse	**Kostentreiber**
■ Anlieferung entgegennehmen	
– Fremdteile	■ Entladezeit je Lieferung
– Eigengefertigte Teile	■ Entladezeit je Lieferung
■ Zugang über Terminal eingeben und Zugangsbeleg erstellen	■ Anzahl der Zugänge
■ Lieferung auf Identität prüfen	■ Anzahl Zugänge
■ Verpacken der Teile und einlagern in Gitterboxen	■ Anzahl Zugänge

9

3. Schritt: Festlegung der Planprozessmengen

- Bestimmung der Mengengerüste der leistungsmengeninduzierten Teilprozesse

Beispiel: Zahl der abgewickelten oder in der nächsten Periode abzuwickelnden Fertigungsaufträge

4. Schritt: Planung der Prozesskosten

- Identifizierung der durch die Teilprozesse verursachten Kostenarten und Berechnung ihrer Höhe auf der Grundlage der Planprozessmengen

Beispiel: Der Teilprozess „Montageaufträge disponieren“ verursacht Personalkosten, Büromaterialkosten, Abschreibungen auf die Geschäftsausstattung, Energiekosten usw.

5. Schritt: Ermittlung von Prozesskostensätzen

In den Prozesskostensätzen, die die Kosten für die einmalige Durchführung eines (Teil- oder Haupt-)Prozesses angeben, werden leistungsmengeninduzierte (lmi) und leistungsmengenneutrale (lmn) Kosten berücksichtigt, wobei die Kosten von lmn-Prozessen über Umlagesätze zu den Kosten von lmi-Prozessen hinzugerechnet werden.

Beispiel: Umlage der Kosten mengenfixer Prozesse in der Kostenstelle „Einkauf“ 10

Prozesse		Maßgrößen	Planprozessmengen	Plankosten	Prozesskostensatz (lmi)	Umlagesatz (lmi)	Gesamtprozesskostensatz
Angebote einholen	lmi	Anzahl der Angebote	1.200	300.000,00	250,00	21,28	271,28
Bestellungen aufgeben	lmi	Anzahl der Bestellungen	3.500	70.000,00	20,00	1,70	21,70
Reklamationen bearbeiten	lmi	Anzahl der Reklamationen	100	100.000,00	1.000,00	85,10	1.085,10
Abteilung leiten	lmn	–	–	40.000,00	–	–	–

Prozesskostensätze		Beispiel: Prozess „Angebote einholen“
Prozesskostensatz (lmi)	$= \frac{\text{(Plan)Prozesskosten/Prozess (lmi)}}{\text{Leistungsmenge (Kostentreibermenge)}}$	$\frac{300.000}{1.200} = 250,00$
Zuschlagssatz (lmn) in v.H.	$= \frac{\Sigma \text{ (Plan)Prozesskosten (lmn) x 100}}{\Sigma \text{ (Plan)Prozesskosten der Prozesse (lmi)}}$	$\frac{40.000}{300.000 + 70.000 + 100.000} \times 100 = 8,51\,\%$
Umlagesatz (lmn)	= Zuschlagssatz (lmn) x Prozesskostensatz (lmi)	250 x 8,51 % = 21,28
Gesamtkostensatz/ Prozess	= Prozesskostensatz (lmi) + Umlagesatz (lmn)	250,00 + 21,28 = 271,28 Ein Angebot einholen kostet 271,28 €.

Begriff

- Ursprünglich Kontrolle bzw. Überwachung des betrieblichen Leistungsprozesses;
- Heute Informations-, Entscheidungs- und Führungsinstrument durch ergebnisorientierte Planung, Steuerung und Überwachung des Unternehmens in allen seinen Bereichen und Ebenen.

Operatives Controlling:
- Vollzugsüberwachung und Abweichungsanalyse,
- beruht weitgehend auf quantitativen Informationen.

Strategisches Controlling:
- Erweiterung des operativen Controlling,
- Planung unterstützende und reflektierende Funktion,
- Einbeziehung langfristiger, qualitativer Informationen.

Controlling als Regelkreissystem

Zielbestimmung
z. B. Kostensenkung zur Verbesserung der Umsatzrentabilität
Maßnahmen
– ggfs. Zielrevision
– ggfs. Plankorrektur
– Gegensteuerung
Planvorgaben
z. B. Senkung der Kosten um 25 %
Abweichungsanalyse
z. B. Ursachen der Kostenabweichung
Feststellung Ist-Zustand
z. B. Ist-Kosten nach Durchführung des Planes
Plan-Ist-Vergleich
z. B. Abweichungen der Plankosten von den Ist-Kosten

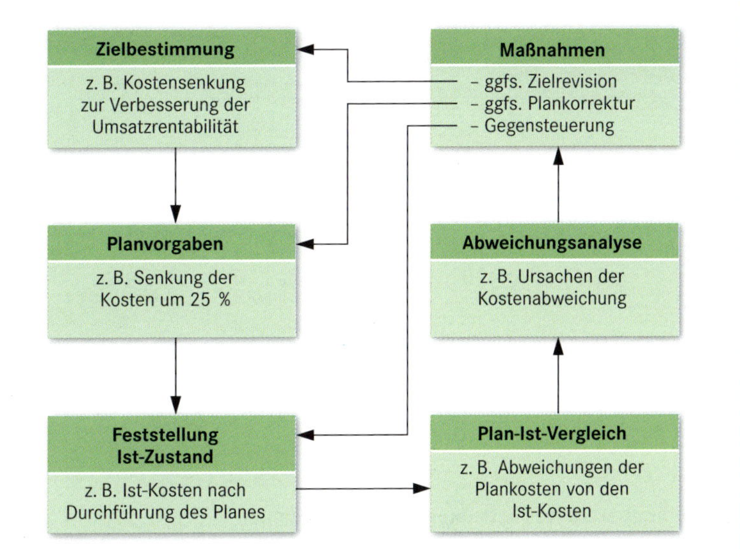

Controlling als Instrument der Willenssicherung

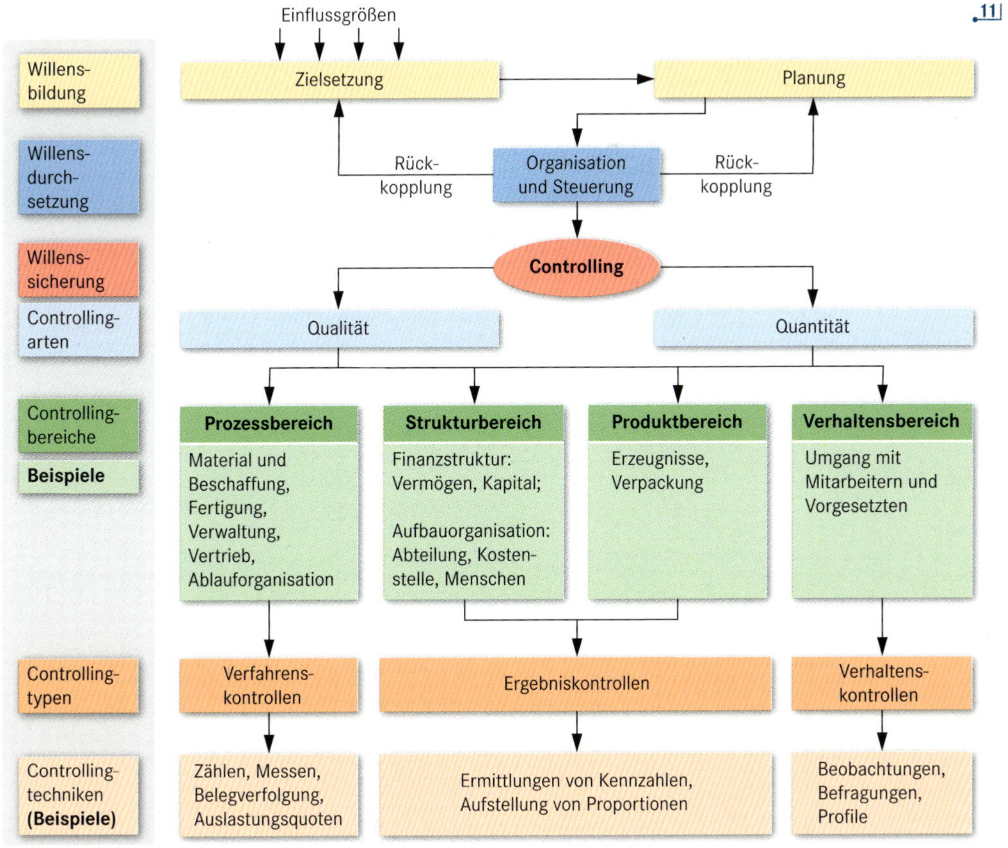

11
Willensbildung
Willensdurchsetzung
Willenssicherung
Controllingarten
Controllingbereiche
Beispiele
Controllingtypen
Controllingtechniken (Beispiele)
Einflussgrößen
Zielsetzung
Planung
Rückkopplung
Organisation und Steuerung
Rückkopplung
Controlling
Qualität
Quantität
Prozessbereich
Material und Beschaffung, Fertigung, Verwaltung, Vertrieb, Ablauforganisation
Strukturbereich
Finanzstruktur: Vermögen, Kapital;
Aufbauorganisation: Abteilung, Kostenstelle, Menschen
Produktbereich
Erzeugnisse, Verpackung
Verhaltensbereich
Umgang mit Mitarbeitern und Vorgesetzten
Verfahrenskontrollen
Ergebniskontrollen
Verhaltenskontrollen
Zählen, Messen, Belegverfolgung, Auslastungsquoten
Ermittlungen von Kennzahlen, Aufstellung von Proportionen
Beobachtungen, Befragungen, Profile

Controlling in der Aufbauorganisation

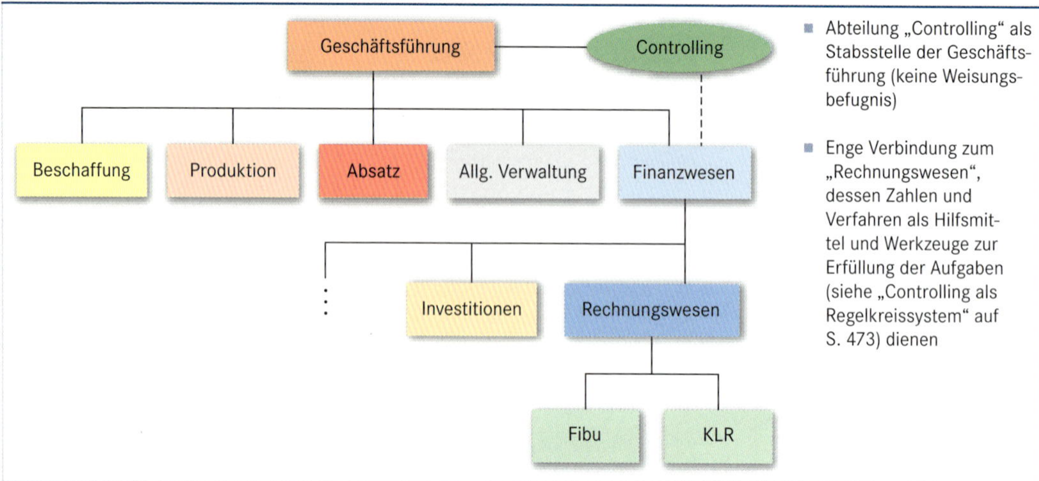

- Abteilung „Controlling“ als Stabsstelle der Geschäftsführung (keine Weisungsbefugnis)
- Enge Verbindung zum „Rechnungswesen“, dessen Zahlen und Verfahren als Hilfsmittel und Werkzeuge zur Erfüllung der Aufgaben (siehe „Controlling als Regelkreissystem“ auf S. 473) dienen

Controllingbereiche, -instrumente und -kennzahlen

Beschaffungscontrolling

Beispiele für Instrumente:	Beispiele für Kennziffern:
- Einsatz eines Warenwirtschaftssystems - ABC-Analyse der Lieferanten und der Waren - Angebotsvergleich und Nutzwertanalyse - Ermittlung optimaler Bestellmengen	- Kosten pro Bestellvorgang (Prozesskostenrechnung) - Reklamationsquote - Kosten pro 1,00 € Bestellwert

Lagercontrolling

Beispiele für Instrumente:	Beispiele für Kennzahlen:
- Einführen von Lagerkennzahlen zur Optimierung der Lagerhaltung - ABC-Analyse der Waren - Kontrolle der Lagerkosten	- durchschnittlicher Lagerbestand - Lagerumschlagshäufigkeit - durchschnittliche Lagerdauer - Lagerzinssatz - Mindest-, Melde-, Höchstbestand

Produktionscontrolling (Beispiele für Kennzahlen)

Produktivität

Allgemeiner Produktivitätsbegriff:

$$\text{Produktivität} = \frac{\text{Output}}{\text{Input}}$$

Output:
Erbrachte Leistung in Mengeneinheiten pro Zeiteinheit, z. B. Ausbringungsmenge pro Monat

Input:
Eingesetzte Mengen der Produktionsfaktoren pro Zeiteinheit, z. B. Arbeits-, Maschinenstunden und Werkstoffverbrauchsmengen pro Monat (Problem: nicht addierbare Mengengrößen)

Teilproduktivitäten:

- Produktivität des Arbeitseinsatzes $= \frac{\text{Ausbringungsmenge}}{\text{Zahl der Arbeitsstunden}}$
- Produktivität des Betriebsmitteleinsatzes $= \frac{\text{Ausbringungsmenge}}{\text{Zahl der Maschinenstunden}}$
- Produktivität des Werkstoffeinsatzes $= \frac{\text{Ausbringungsmenge}}{\text{Menge einer bestimmten Werkstoffart i}}$

Wirtschaftlichkeit

Enger Begriff:

$$\text{Wirtschaftlichkeit} = \frac{\text{(Bewertete) Leistung}}{\text{Kosten}}$$

Weiter Begriff:

$$\text{Wirtschaftlichkeit} = \frac{\text{Erträge}}{\text{Aufwendungen}}$$

Absatzcontrolling

Beispiele für Instrumente:
- ABC-Analyse der Kunden
- Deckungsbeitragsrechnung
- Führen einer Renner-Penner-Liste

Beispiele für Kennziffern:
- Umsatz je Mitarbeiter oder Verkaufsteam
- Deckungsbeitrag pro Stück oder Warengruppe
- Marktanteil
- Umsatz/Absatz pro Kunde, pro m^2 Verkaufsfläche

Personalcontrolling

Beispiele für Instrumente:
- Analyse der Personalkosten
- Analyse der Personalstruktur
- Analyse der Personalentwicklung
- Entwicklung von Personalbeurteilungsbögen

Beispiele für Kennzahlen:
- Alters- und Geschlechtsstruktur
- Fluktuationsrate, Anzahl Versetzungswünsche
- Fehl-, Krankheitsquote
- Personalkosten je Mitarbeiter

Finanzcontrolling (Beispiele für Kennzahlen)

Liquidität

- **Liquiditätsgrad I (Barliquidität):**

$$= \frac{\text{Liquide Mittel}}{\text{Kurzfristige Verbindlichkeiten}} \cdot 100$$

- **Liquiditätsgrad II (Einzugsbedingte Liquidität/ quick ratio):**

$$= \frac{\text{Liquide Mittel + kurzfristige Forderungen und Wertpapiere}}{\text{Kurzfristige Verbindlichkeiten}} \cdot 100$$

- **Liquiditätsgrad III (Umsatzbedingte Liquidität/ current ratio):**

$$= \frac{\text{Umlaufvermögen}}{\text{Kurzfristige Verbindlichkeiten}} \cdot 100$$

Cashflow

Jahresüberschuss (Jahresgewinn)
+ Abschreibungen auf Anlagen
+ Zuführungen zu langfristigen Rückstellungen
= Cashflow

Messzahl für die Selbstfinanzierungskraft einer Unternehmung

Selbst erwirtschaftete Mittel, die der Unternehmung zur Verfügung stehen für die
- Finanzierung von Investitionen
- Schuldentilgung
- Gewinnausschüttung

Rentabilität

- Rentabilität des Eigenkapitals $= \frac{\text{Gewinn}}{\text{Eigenkapital}} \cdot 100$
- Rentabilität des Gesamtkapitals $= \frac{\text{Gewinn + Fremdkapitalzinsen}}{\text{Eigenkapital + Fremdkapital}} \cdot 100$
- Rentabilität des Umsatzes $= \frac{\text{Gewinn}}{\text{Umsatz}} \cdot 100$

Return on Investment (RoI)

Return on Investment = Rückfluss des investierten Kapitals

$$\text{RoI} = \underbrace{\frac{\text{Gewinn}}{\text{Umsatz}}}_{\text{Rentabilität des Umsatzes}} \cdot \underbrace{\frac{\text{Umsatz}}{\text{investiertes Kapital}}}_{\text{Umschlagshäufigkeit des investierten Kapitals}} \cdot 100$$

Kennzahlensystem RoI (DuPont-Schema)

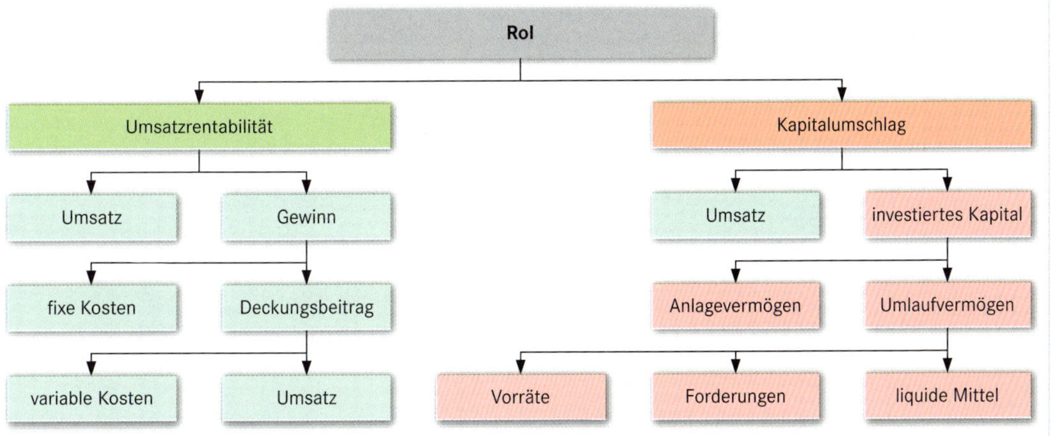

Durch die Zerlegung der übergeordneten Zielgröße RoI in seine einzelnen Elemente zeigt das DuPont-Schema die Einflussfaktoren des Unternehmenserfolgs. Es gibt damit Hinweise auf Steuerungs- und Verbesserungsmaßnahmen.

Begriffe/Anforderungen

- Kennzahlen oder Maßzahlen sind numerische Informationen, die eindeutig definiert sein müssen.
- Aufbau und Eignung einer Kennzahl haben ihren Ausgangspunkt in der aus ihr erwachsenden sachlichen Fragestellung.

Arten

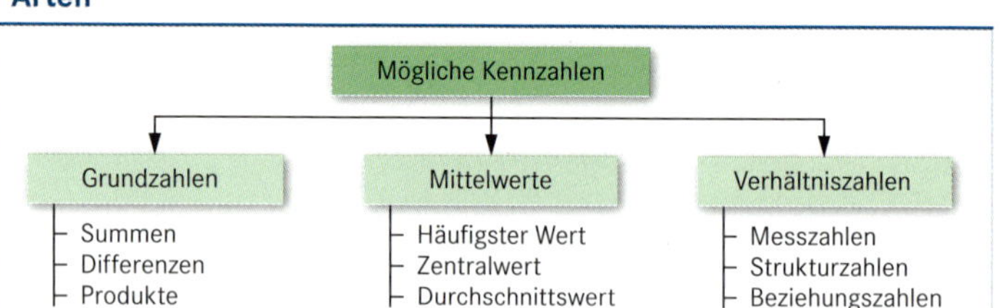

Grundzahlen

- Sie sind absolute Zahlen zur Darstellung quantitativer Sachverhalte.
- Sie erhalten ihre Bedeutung, wenn sie mit anderen absoluten Zahlen ins Verhältnis gesetzt werden.

Mittelwerte

Häufigster Wert	Zentralwert	Durchschnittswert
Er ist der in einer beliebigen Zahlenreihe am häufigsten vorkommende Wert (dichtester Wert oder Modus).	Er teilt eine der Größe nach geordnete Zahlenreihe (auf- oder absteigend); er liegt in der Mitte der Zahlenreihe (Median).	Er errechnet sich aus der Summe der Zahlenwerte, dividiert durch die Anzahl der Zahlenwerte (einfaches arithmetisches Mittel).

Verhältniszahlen

- Sie ergeben sich dadurch, dass zwei in einem sachlichen Zusammenhang stehende absolute Maßzahlen zueinander ins Verhältnis gesetzt werden.

Messzahlen

- Eine Reihe gleichartiger Größen wird auf eine dieser Größen als gemeinsame Basis bezogen, z. B. Monatsumsätze.
- Messzahlen eignen sich gut zur Darstellung der zeitlichen Entwicklung von Sachverhalten.

Darstellungsformen

Tabelle
Anforderungsmerkmale zur Gestaltung gemäß Normblatt DIN 55 301 sind u. a.

- Gliederung in Zeilen und Spalten, deren Kreuzung Fächer ergeben;
- Kennzeichnung des Zeileninhaltes in der Vorspalte, der Spalteninhalte im Tabellenkopf;
- Beschreibung des dargestellten Sachverhaltes in einer Überschrift mit örtlicher/zeitlicher Abgrenzung.

Monatsumsätze (in Tausend EUR) **des Unternehmens XY in 20..**

	Produkt A	Produkt B	Produkt C	Produkt D	Gesamt
Januar	10	12	35	22	79
Februar	12	18	40	20	90
März	15	16	37	18	86
April	20	9	34	24	87
Mai	16	4	41	28	89
Juni	24	15	39	26	104
Juli	18	13	38	15	85
August	10	17	36	20	83
September	14	15	39	26	94
Oktober	19	10	40	24	93
November	20	11	33	21	85
Dezember	21	14	36	20	91
	199	154	448	265	1.066

Säulendiagramm

- Eignet sich zur Darstellung der zeitlichen Entwicklung nur einer Zahlenreihe
- Beschreibung des dargestellten Sachverhaltes mit einer Überschrift
- Benennung der Achsen

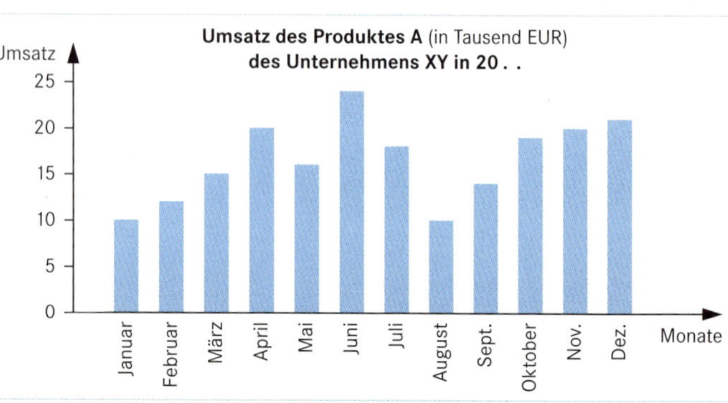

Darstellungsformen

Liniendiagramm

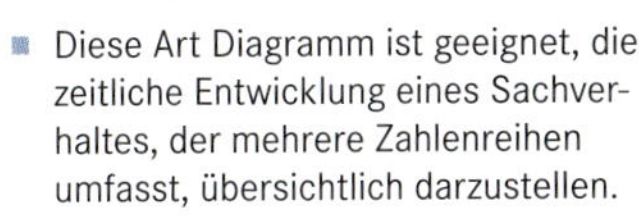

- Diese Art Diagramm ist geeignet, die zeitliche Entwicklung eines Sachverhaltes, der mehrere Zahlenreihen umfasst, übersichtlich darzustellen.

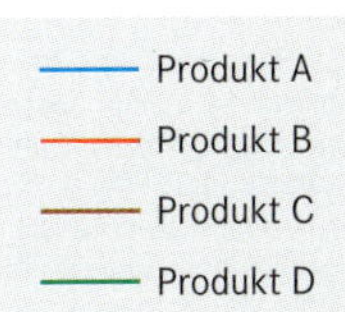

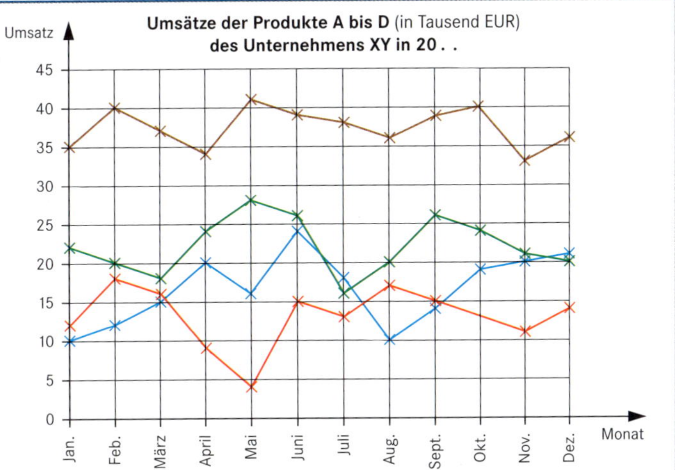

Struktur- oder Gliederungszahlen

Sie machen die Struktur einer Gesamtheit sichtbar.

$$\text{Strukturzahl (in \%)} = \frac{\text{Teilgröße (Einzelposition)}}{\text{Übergeordnete Größe (Summe der Einzelpositionen)}} \cdot 100$$

Anwendungsbeispiele

Umsatzstruktur

Anteile der Produkte des Unternehmens XY am Gesamtumsatz von 1.066.000,00 EUR in 20. .

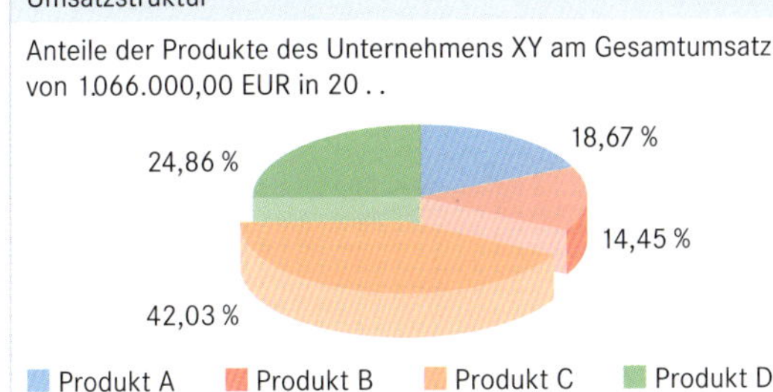

Strukturbilanz

Strukturbilanz des Unternehmens XY am 31.12.20..

Aktiva	EUR	%	Passiva	EUR	%
Anlagevermögen	300.000,00	27,27	Eigenkapital	240.000,00	21,82
Umlaufvermögen	800.000,00	72,73	Fremdkapital	860.000,00	78,18
	1.100.000,00	**100,00**		**1.100.000,00**	**100,00**

Beziehungszahlen

- Bei ihnen werden zwei verschiedene Größen, die in einem sachlich sinnvollen Zusammenhang stehen, zueinander ins Verhältnis gesetzt.

Anwendungsbeispiele aus dem Rechnungswesen

Analyse der Bilanz

$$\text{Barliquidität} = \frac{\text{Flüssige Mittel}}{\text{Kurzfristige Verbindlichkeiten}} \cdot 100$$

$$\text{Anlagendeckungsgrad I} = \frac{\text{Eigenkapital}}{\text{Anlagevermögen}} \cdot 100$$

Analyse der Bilanz i.V. mit der GuV-Rechnung

$$\text{Eigenkapitalrentabilität} = \frac{\text{Gewinn}}{\text{Eigenkapital}} \cdot 100$$

$$\text{Umschlagshäufigkeit der Forderungen} = \frac{\text{Umsatzerlöse}}{\text{durchschnittlicher Forderungsbestand}}$$

Analyse der Gewinn- und Verlustrechnung

$$\text{Wirtschaftlichkeit} = \frac{\text{Erträge}}{\text{Aufwendungen}}$$

$$\text{Personalintensität} = \frac{\text{Personalaufwand}}{\text{Betriebsaufwendungen}}$$

Kosten- und Leistungsrechnung

$$\text{Leistungsergiebigkeit} = \frac{\text{Leistungen}}{\text{Kosten}}$$

$$\text{Stückkosten} = \frac{\text{Gesamtkosten}}{\text{Produktionsmenge}}$$

Verwendete Literatur

Hinweis: Die Nummern der verwendeten Literatur entsprechen den Symbolnummern der Kapitel 1, 2, 9 und 10 (Beispiel: **10**)

zu Kapitel 1:

1) Aus: Bentin, Margit u. a.: Handbuch für Bürokaufleute, 6. Auflage, Braunschweig 2011, S. 14
2) Aus: Erich Schmidt Verlag, Zahlenbilder Nr. 243513
3) Aus: Bentin, Margit u. a.: Handbuch für Bürokaufleute, 6. Auflage, Braunschweig 2011, S. 15
4) Aus: Bentin, Margit u. a.: Handbuch für Bürokaufleute, 6. Auflage, Braunschweig 2011, S. 16
5) Aus: Bentin, Margit u. a.: Handbuch für Bürokaufleute, 6. Auflage, Braunschweig 2011, S. 19
6) Aus: Bentin, Margit u. a.: Handbuch für Bürokaufleute, 6. Auflage, Braunschweig 2011, S. 17
7) Aus: Bentin, Margit u. a.: Handbuch für Bürokaufleute, 6. Auflage, Braunschweig 2011, S. 18
8) Aus: Koppelmann, Udo: Beschaffungsmarketing, 4. Auflage, Berlin, Heidelberg, New York 2004, S. 87
9) Aus: Struwe, Jochen: Kursbuch Betriebswirtschaftslehre, Frankfurt a. M. 1994, S. 30
10) Nach: Brockhaus Enzyklopädie in 24 Bänden, Dritter Band, 19. Auflage, Mannheim 1987, S. 231
11) Aus: Bentin, Margit u. a.: Handbuch für Bürokaufleute, 6. Auflage, Braunschweig 2011, S. 143 f.
12) Aus: Bundesverband deutscher Banken (Hrsg.): Schul/Bank, Wirtschaft, Materialien für den Unterricht, Köln 1994, 1.2/4
13) Nach: Böker, Jürgen u. a.: Wirtschaftspolitik/Wirtschaftsordnung, 3. Auflage, Darmstadt 2005, S. 15
14) Aus: Geißler, Rainer: Die Sozialstruktur Deutschlands. 7., grundlegend überarbeitete Auflage 2014, Springer VS, Wiesbaden, S. 10. Mit aktueller Ergänzung von R. Geißler
15) Nach: Erich Schmidt Verlag, Zahlenbilder Nr. 240010
16) Aus: Bundesverband deutscher Banken (Hrsg.): Schul/Bank, Wirtschaft, Materialien für den Unterricht, Köln 1994, 1.2/4
17) Aus. Herber, Hans/Engel, Bernd: Volkswirtschaftslehre für Bankkaufleute, 6. neubearbeitete Auflage, Wiesbaden 1994, S. 3 f.
18) Aus: Detjen, Joachim u. a.: Mensch und Politik für die Sekundarstufe I, Hannover 2003, S. 185
19) Aus: Altmann, Jörn: Wirtschaftspolitik, 6. erweiterte und völlig überarbeitete Auflage, Stuttgart, Jena 1995, S. 7
20) Aus: Böker, Jürgen u. a.: Wirtschaftspolitik/Wirtschaftsordnung, 3. Auflage, Darmstadt 2005, S. 37
21) Aus: Bundesverband deutscher Banken (Hrsg.): Schul/Bank, Wirtschaft, Materialien für den Unterricht, Köln 1994, 1.6/3

zu Kapitel 2:

1) Aus: Wamper, Horst: Betriebliche Organisationslehre, Büroorganisation, Automatisierte Datenverarbeitung. 6. Auflage, Köln, München 2002, S. 27
2) Nach: Wamper, Horst: Betriebliche Organisationslehre, Büroorganisation, Automatisierte Datenverarbeitung. 6. Auflage, Köln, München 2002, S. 50
3) Aus: Bentin, Margit u. a.: Handbuch für Bürokaufleute, 6. Auflage, Braunschweig 2011, S. 248 f.
4) Aus: Berner, Steffen u. a.: Betriebswirtschaftslehre der Unternehmung, 25. Auflage, Haan-Gruiten 2010, S. 202
5) Nach: Berner, Steffen u. a.: Betriebswirtschaftslehre der Unternehmung, 25. Auflage, Haan-Gruiten 2010, S. 205
6) Nach: Berner, Steffen u. a.: Betriebswirtschaftslehre der Unternehmung, 25. Auflage, Haan-Gruiten 2010, S. 184
7) Nach: Wamper, Horst: Betriebliche Organisationslehre, Büroorganisation, Automatisierte Datenverarbeitung. 6. Auflage, Köln, München 2002, S. 76
8) Aus: IT-Ausbildung, Lernfelder und Kernkompetenzen, Der Betrieb und sein Umfeld, Geschäftsprozesse und betriebliche Organisation, Informationsquellen und Arbeitsmethoden, Band 1, 1. Auflage, Bremen 2003, S. 63
9) Aus: IT-Ausbildung, Lernfelder und Kernkompetenzen, Der Betrieb und sein Umfeld, Geschäftsprozesse und betriebliche Organisation, Informationsquellen und Arbeitsmethoden, Band 1, 1. Auflage, Bremen 2003, S. 63
10) Aus: IT-Ausbildung, Lernfelder und Kernkompetenzen, Der Betrieb und sein Umfeld, Geschäftsprozesse und betriebliche Organisation, Informationsquellen und Arbeitsmethoden, Band 1, 1. Auflage, Bremen 2003, S. 71
11) Aus: Staud, Josef: Geschäftsprozessanalyse, Ereignisgesteuerte Prozessketten und objektorientierte Geschäftsprozessmodelierung für Betriebswirtschaftliche Standardsoftware, Berlin, Heidelberg, New York 2006, S. 9
12) Nach: IT-Ausbildung, Lernfelder und Kernkompetenzen, Der Betrieb und sein Umfeld, Geschäftsprozesse und betriebliche Organisation, Informationsquellen und Arbeitsmethoden, Band 1, 1. Auflage, Bremen 2003, S. 58
13) Nach: Staud, Josef: Geschäftsprozessanalyse, Ereignisgesteuerte Prozessketten und objektorientierte Geschäftsprozessmodelierung für Betriebswirtschaftliche Standardsoftware, Berlin, Heidelberg, New York 2006, S. 11
14) Aus: Steinbuch, Pitter A. (Hrsg.):Prozessorganisation - Business Reengineering - Beispiel R/3, Lugwigshafen (Rhein) 1998, S. 34 f.
15) Nach: Scheer, August Wilhelm: ARIS - Vom Geschäftsprozess zum Anwendungssystem, 4. Auflage, Berlin, Heidelberg, New York 2001, S. 56 f.
16) Nach: Scheer, August Wilhelm/Zimmermann, Volker: Geschäftsprozessmanagement und integrierte Informationssysteme in: Töpfer, Armin (Hrsg.): Geschäftsprozesse, Neuwied, Kriftel, Berlin 1996, S. 278 ff.
17) Aus: Scheer, August Wilhelm/Zimmermann, Volker: Geschäftsprozessmanagement und integrierte Informationssysteme in: Töpfer, Armin (Hrsg.): Geschäftsprozesse, Neuwied, Kriftel, Berlin 1996, S. 278 ff.
18) Aus: Steinbuch, Pitter A. (Hrsg.):Prozessorganisation - Business Reengineering - Beispiel R/3, Lugwigshafen (Rhein) 1998, S. 98
19) Aus: Steinbuch, Pitter A. (Hrsg.):Prozessorganisation - Business Reengineering - Beispiel R/3, Lugwigshafen (Rhein) 1998, S. 98
20) Aus: Scheer, August-Wilhelm: ARIS - Vom Geschäftsprozess zum Anwendungssystem, 4. Auflage, Berlin, Heidelberg, New York, 2001, S. 41
21) Nach: Hansen, Hans Robert/Neumann Gustaf.: Wirtschaftsinformatik 1, 10. Auflage, Stuttgart 2009, S. 283 ff.
22) Nach: Hansen, Hans Robert/Neumann, Gustaf: Wirtschaftsinformatik 1, 10. Auflage, Stuttgart 2009, S. 310 ff.
23) Aus: Hansen, Hans Robert/Neumann, Gustaf: Wirtschaftsinformatik 1, 10. Auflage, Stuttgart 2009, S. 287 ff.
24) Nach: Hansen, Hans Robert/Neumann, Gustaf: Wirtschaftsinformatik 1, 10. Auflage, Stuttgart 2009, S. 329 ff.
25) Aus: Steinbuch, Pitter A. (Hrsg.):Prozessorganisation - Business Reengineering - Beispiel R/3, Lugwigshafen (Rhein) 1998, S. 339
26) Nach: Steinbuch, Pitter A. (Hrsg.):Prozessorganisation - Business Reengineering - Beispiel R/3, Lugwigshafen (Rhein) 1998, S. 345
27) Nach: Steinbuch, Pitter A. (Hrsg.):Prozessorganisation - Business Reengineering - Beispiel R/3, Lugwigshafen (Rhein) 1998, S. 117
28) Aus: Steinbuch, Pitter A. (Hrsg.):Prozessorganisation - Business Reengineering - Beispiel R/3, Lugwigshafen (Rhein) 1998, S. 119
29) Aus: Steinbuch, Pitter A. (Hrsg.):Prozessorganisation - Business Reengineering - Beispiel R/3, Lugwigshafen (Rhein) 1998, S. 120
30) Aus: Steinbuch, Pitter A. (Hrsg.):Prozessorganisation - Business Reengineering - Beispiel R/3, Lugwigshafen (Rhein) 1998, S. 324 f.
31) Nach: Imai, Masaaki: KAIZEN, Der Schlüssel zum Erfolg der Japaner im Wettbewerb, 4. Auflage, München 1994, S. 25
32) Nach: Pfeifer, Tilo: Qualitätsmanagement, München, Wien 2001, S. 9

zu Kapitel 9:

1) Aus: Bentin, Margit u. a.: Handbuch für Industriekaufleute, 7. Auflage, Braunschweig 2014, S. 61
2) Nach: Bidlingmeier, Johannes: Marketing, Reinbeck 1973, S. 15
3) Aus: Hill, Wilhelm/Rieser, Ignaz: Marketing-Management, 2. durchgesehene Auflage, Bern, Stuttgart, Wien, S. 23
4) Aus: Hill, Wilhelm/Rieser, Ignaz: Marketing-Management, 2. durchgesehene Auflage, Bern, Stuttgart, Wien, S. 99
5) Aus: Hill, Wilhelm/Rieser, Ignaz: Marketing-Management, 2. durchgesehene Auflage, Bern, Stuttgart, Wien, S. 111 f.
6) Aus: Hill, Wilhelm/Rieser, Ignaz: Marketing-Management, 2. durchgesehene Auflage, Bern, Stuttgart, Wien, S. 177
7) Aus: Bentin, Margit u. a.: Handlungsorientierte Materialien in Wirtschaft und Verwaltung, Absatz/Marketing Lehrerband, 4. Auflage, Braunschweig 2009, S. 122
8) Nach: Bentin, Margit u. a.: Handlungsorientierte Materialien in Wirtschaft und Verwaltung, Absatz/Marketing, 4. Auflage, Braunschweig 2009, S. 19
9) Aus: Bentin, Margit u. a.: Handlungsorientierte Materialien in Wirtschaft und Verwaltung, Absatz/Marketing, Lehrerband, 4. Auflage, Braunschweig 2009, S. 123
10) Aus: Bentin, Margit u. a.: Handlungsorientierte Materialien in Wirtschaft und Verwaltung, Absatz/Marketing, 4. Auflage, Braunschweig 2009, S. 21

11) Aus: Bentin, Margit u. a.: Handlungsorientierte Materialien in Wirtschaft und Verwaltung, Absatz/Marketing, 4. Auflage, Braunschweig 2009, S. 25
12) Nach: Bentin, Margit u. a.: Handlungsorientierte Materialien in Wirtschaft und Verwaltung, Absatz/Marketing, 4. Auflage, Braunschweig 2009, S. 24
13) Aus: Bentin, Margit u. a.: Handlungsorientierte Materialien in Wirtschaft und Verwaltung, Absatz/Marketing, 4. Auflage, Braunschweig 2009, S. 26
14) Nach: Bentin, Margit u. a.: Handlungsorientierte Materialien in Wirtschaft und Verwaltung, Absatz/Marketing, 4. Auflage, Braunschweig 2009, S. 26
15) Aus: Vry, Wolfgang: Absatzwirtschaft, Lehrbücher für Fachwirte und Fachkaufleute, 6. Auflage, Ludwigshafen (Rhein) 2004, S. 40
16) Aus: Vry, Wolfgang: Absatzwirtschaft, Lehrbücher für Fachwirte und Fachkaufleute, 6. Auflage, Ludwigshafen (Rhein) 2004, S. 44
17) Aus: Hill, Wilhelm/Rieser, Ignaz: Marketing-Management, 2. durchgesehene Auflage, Bern, Stuttgart, Wien, S. 68
18) Nach: Bentin, Margit u. a.: Handlungsorientierte Materialien in Wirtschaft und Verwaltung, Absatz/Marketing, Lehrerband, 4. Auflage, Braunschweig 2009, S. 124
19) Nach: Bentin, Margit u. a.: Handlungsorientierte Materialien in Wirtschaft und Verwaltung, Absatz/Marketing, 4. Auflage, Braunschweig 2009, S. 40 f.
20) Aus: Bentin, Margit u. a.: Handlungsorientierte Materialien in Wirtschaft und Verwaltung, Absatz/Marketing, 4. Auflage, Braunschweig 2009, S. 48
21) Aus: Bentin, Margit u. a.: Handlungsorientierte Materialien in Wirtschaft und Verwaltung, Absatz/Marketing, 4. Auflage, Braunschweig 2009, S. 49
22) Nach: Bentin, Margit u. a.: Handlungsorientierte Materialien in Wirtschaft und Verwaltung, Absatz/Marketing, 4. Auflage, Braunschweig 2009, S. 50 f.
23) Nach: Bentin, Margit u. a.: Handlungsorientierte Materialien in Wirtschaft und Verwaltung, Absatz/Marketing, 4. Auflage, Braunschweig 2009, S. 54 f.
24) Aus: Bentin, Margit u. a.: Handlungsorientierte Materialien in Wirtschaft und Verwaltung, Absatz/Marketing, 4. Auflage, Braunschweig 2009, S. 56 f.
25) Nach: Bentin, Margit u. a.: Handlungsorientierte Materialien in Wirtschaft und Verwaltung, Absatz/Marketing, 4. Auflage, Braunschweig 2009, S. 60 f.
26) Nach: Bentin, Margit u. a.: Handlungsorientierte Materialien in Wirtschaft und Verwaltung, Absatz/Marketing, 4. Auflage, Braunschweig 2009, S. 62 f.
27) Aus: Bentin, Margit u. a.: Handlungsorientierte Materialien in Wirtschaft und Verwaltung, Absatz/Marketing, 4. Auflage, Braunschweig 2009, S. 63 f.
28) Nach: Bentin, Margit u. a.: Handlungsorientierte Materialien in Wirtschaft und Verwaltung, Absatz/Marketing, 4. Auflage, Braunschweig 2009, S. 67 f.
29) Aus: Bentin, Margit u. a.: Handlungsorientierte Materialien in Wirtschaft und Verwaltung, Absatz/Marketing, 4. Auflage, Braunschweig 2009, S. 70
30) Aus: Bentin, Margit u. a.: Handlungsorientierte Materialien in Wirtschaft und Verwaltung, Beschaffungsprozess, 5. Auflage, Braunschweig 2012, S. 26
31) Nach: Bentin, Margit u. a.: Handlungsorientierte Materialien in Wirtschaft und Verwaltung, Beschaffungsprozess, Lehrerband, 3. Auflage, Braunschweig 2012, S. 128
32) Aus: Bentin, Margit u. a.: Handlungsorientierte Materialien in Wirtschaft und Verwaltung, Beschaffungsprozess, 5. Auflage, Braunschweig 2012, S. 18
33) Aus: Bentin, Margit u. a.: Handlungsorientierte Materialien in Wirtschaft und Verwaltung, Beschaffungsprozess, Lehrerband, 3. Auflage, Braunschweig 2012, S. 125
34) Aus: Bentin, Margit u. a.: Handlungsorientierte Materialien in Wirtschaft und Verwaltung, Beschaffungsprozess, Lehrerband, 3. Auflage, Braunschweig 2012, S. 31
35) Aus: Bentin, Margit u. a.: Handbuch für Bürokaufleute, 6. Auflage, Braunschweig 2011, S. 89
36) Aus: Bentin, Margit u. a.: Handlungsorientierte Materialien in Wirtschaft und Verwaltung, Beschaffungsprozess, Lehrerband, 3. Auflage, Braunschweig 2012, S. 134
37) Aus: Bentin, Margit u. a.: Handlungsorientierte Materialien in Wirtschaft und Verwaltung, Beschaffungsprozess, 5. Auflage, Braunschweig 2012, S. 47
38) Aus: Bentin, Margit u. a.: Handlungsorientierte Materialien in Wirtschaft und Verwaltung, Beschaffungsprozess, 5. Auflage, Braunschweig 2012, S. 40
39) Aus: Bentin, Margit u. a.: Handlungsorientierte Materialien in Wirtschaft und Verwaltung, Beschaffungsprozess, 5. Auflage, Braunschweig 2012, S. 42
40) Aus: Bentin, Margit u. a.: Handlungsorientierte Materialien in Wirtschaft und Verwaltung, Beschaffungsprozess, 5. Auflage, Braunschweig 2012, S. 52
41) Aus: Bentin, Margit u. a.: Handlungsorientierte Materialien in Wirtschaft und Verwaltung, Beschaffungsprozess, 5. Auflage, Braunschweig 2012, S. 55
42) Aus: Bentin, Margit u. a.: Handlungsorientierte Materialien in Wirtschaft und Verwaltung, Beschaffungsprozess, Lehrerband, 3. Auflage, Braunschweig 2012, S. 140
43) Aus: Bentin, Margit u. a.: Handbuch für Industriekaufleute, 7. Auflage, Braunschweig 2014, S. 294
44) Aus: Bentin, Margit u. a.: Handbuch für Industriekaufleute, 7. Auflage, Braunschweig 2014, S. 584
45) Aus: Bentin, Margit u. a.: Handbuch für Industriekaufleute, 7. Auflage, Braunschweig 2014, S. 463
46) Nach: Jahrmann, Ulrich: Finanzierung, Darstellung, Kontrollfragen, Fälle und Lösungen, 3. Auflage, Herne/Berlin 1996, S. 24 und S. 447
47) Aus: Bentin, Margit u. a.: Handbuch für Industriekaufleute, 7. Auflage, Braunschweig 2014, S. 464
48) Aus: Bentin, Margit u. a.: Handbuch für Industriekaufleute, 7. Auflage, Braunschweig 2014, S. 94
49) Aus: Bentin, Margit u. a.: Handbuch für Industriekaufleute, 7. Auflage, Braunschweig 2014, S. 94
50) Aus: Raab, Gerhard/Lorbacher, Nicole: Customer Relationship Managment. Aufbau dauerhafter und profitabler Kundenbeziehungen. I.H. Sauer-Verlag GmbH, Heidelberg 2002, S. 20
51) Aus: Bentin, Margit u. a.: Handbuch für Industriekaufleute, 7. Auflage, Braunschweig 2014, S. 415
52) Aus: Kotler, Philip u. a. Marketing der Zukunft. Mit „Sense and Response“ zu mehr Wachstum und Gewinn. Campus Verlag, Frankfurt/Main 2002, S. 145

zu Kapitel 10:

1) Nach: Weber, Helmut Kurt, Rogler Silvia: Betriebswirtschaftliches Rechnungswesen 1, Bilanz sowie Gewinn- und Verlustrechnung, 5. Auflage, Müchen 2004, S. 2
2) Nach: David, Chritian u. a.: Kosten- und Leistungsrechnung Schritt für Schritt, 2. Auflage, Haan-Gruiten 1989, S. 33
3) Aus: Scharf, Dirk: Grundzüge des betrieblichen Rechnungswesens, 3. Auflage, Wiesbaden 1997, S. 25
4) Aus: Scharf, Dirk: Grundzüge des betrieblichen Rechnungswesens, 3. Auflage, Wiesbaden 1997, S. 26
5) Aus: Bentin, Margit u. a.: Absatz/Marketing, Handlungsorientierte Materialien in Wirtschaft und Verwaltung, Lehrerband, Braunschweig 2009, S. 56
6) Aus: Bentin, Margit u. a.: Absatz/Marketing, Handlungsorientierte Materialien in Wirtschaft und Verwaltung, Lehrerband, Braunschweig 2009, S. 63
7) Aus: Bentin, Margit u. a.: Absatz/Marketing, Handlungsorientierte Materialien in Wirtschaft und Verwaltung, Lehrerband, Braunschweig 2009, S. 111
8) Aus: Burger, Anton: Kostenmanagement, 3. Auflage, München, Wien 1999, S. 223
9) Aus: Burger, Anton: Kostenmanagement, 3. Auflage, München, Wien 1999, S. 239
10) Aus: Burger, Anton: Kostenmanagement, 3. Auflage, München, Wien 1999, S. 248
11) Nach: Scharf, Dirk: Grundzüge des betrieblichen Rechnungswesens, 3. Auflage, Wiesbaden 1997, S. 55

Symbole

#include / #include 228
„Heißer Fleck“ / hot spot 303
„Magisches Sechseck“ / magic hexagon 30
„Magisches Viereck“ / magic quadrangle (of economic policy) 30
1 :1-Beziehung / 1:1 relation 237
1 aus 10-Code / 1 out of 10-code 414
1: n-Beziehung / 1:n relation 237
10 Gigabit Ethernet / 10 Gigabit Ethernet 281
1000 BASE-CX / 1000 BASE-CX 280
1000 BASE-LX / 1000 BASE-LX 280
1000 BASE-SX / 1000 BASE-SX 280
1000 BASE-T / 1000 BASE-T 280
16-PSK / 16-PSK 367, 368
2 aus 5-Code / 2 out of 5-code 414
2B1Q (2 Binary 1 Quaternary) / 2B1Q (2 Binary 1 Quaternary) 332
2D-Codes / 2D-Codes 417
3DES / 3DES 422
3K-Modell / 3K-model 268
3-Schichten-Modell / 3-level model 312
5 Sicherheitsregeln / 5 safety rules 403
7-U Rack / 7-U Rack 350
80 PLUS / 80 PLUS 401
8-PSK / 8-PSK 367, 368

A

AAA / Authentication, Authorization, Accounting 316
AAA-Protokoll / AAA protocol 316
AAC (Advanced Audio Coding) / AAC (Advanced Audio Coding) 178
Aachener Bibliothek / Aachen's library 217
AACS / AACS (Advanced Access Content System) 156
AAL-Schicht (ATM Anpassung) / ATM Adaptation Layer 336
AbfG / waste management act 406
Abfolge / sequence 219
Abfragen / enquiries 239
Abgeleitete Klasse / derived class 230
Abgrenzung Aufwendungen – Kosten, Erträge – Leistungen / differentiation expenses – costs, income – performances 465
Ablauf Entwicklungsbewertung / workflow design review 385
Ablaufdiagramm / flow chart 41
Ablauffehler / run-time error 204
Ablauforganisation / workflow organization 41, 42
Ablaufplan / work schedule 373
Ablaufsteuerung / sequence control 127
Ablaufstruktur / control structure 216
Ableitung / derivation 203
Ableitungsbaum / derivation tree 203
Abnahmemessungen / acceptance measurements 290, 292
Abnahmeprüfung / acceptance test 382
Absatz / sales 32, 427
Absatz/Marketing / sales/marketing 40
Absatzcontrolling / sales controlling 483
Absatzforschung / market research 428
Absatzkanäle / sales channels 439
Absatzkreditpolitik / sales credit policy 435
Absatzmarkt / sales market 17
Absatzmittler / functional middleman 438
Absatzpolitische Instrumente / sales political instruments 441
Absatzpreiskalkulation / sales price calculation 474
Absatzwege / sales channels 438
Abschirmung / shielding 88
Absoluter Pegel / absolute level 362
Abstand / distance 419
Abstimmungskollegialität / voting colleagueship 38
Abstrakte Klassen / abstract classes 233
Abstrakter Markt / abstract market 26
Abtasttheorem / sampling theorem 369
Abtastung / sampling 91, 366
Abteilungsbildung / departmentation 34, 35
Abwehrstrategie / defence strategy 381
Abwicklungsmanagement / handling management 377
Accounting / accounting 316
A-CELP (Algebraic Code-Excited Linear Predictive) / A-CELP (Algebraic Code-Excited Linear Predictive) 347
Acht Gebote des Datenschutzes / eight principles of data protection 398
Ackermann / Ackermann 219
AC-Koeffizient / AC-coefficient 191
ACL (Asynchronous Connectionless) / ACL (Asynchronous Connectionless) 308
ACR (Attenuation Cross Ratio) / ACR (Attenuation Cross Ratio) 289, 293
ActiveX / ActiveX 265
ad hoc-Mode / ad hoc-mode 300
Ada / Ada 227
Adapter 25-polig auf 9-polig / adapter, 25pole to 9pole 165
Adaptive Software Development / Adaptive Software Development 210
Adaptives Switching / adaptive switching 283
Add Drop Multiplexer (ADM) / Add Drop Multiplexer (ADM) 337
Adjazenzmatrix / adjacency matrix 324
ADM (Add Drop Multiplexer) / ADM (Add Drop Multiplexer) 337
Adobe Flash / Adobe Flash 193
ADPCM (Adaptive Puls Code Modulation) / ADPCM (Adaptive Pulse Code Modulation) 196, 335
Adressanzahl / amount of addresses 283
Adress-Übersetzungs-Puffer / address translation buffer 129
ADSL (Asymmetric DSL) / ADSL (Asymmetric DSL) 332
ADSL 2+ / ADSL 2+ 333
ADSL-Anschlüsse / ADSL connections 333
AES (Advanced Encryption Standard) / AES (Advanced Encryption Standard) 303, 422
Affiliate-Marketing / affiliate marketing 458
AG (Aktiengesellschaft) / Plc. (public limited company) 20
AGB (Allgemeine Geschäftsbedingungen) / General Standard Terms and Conditions 443
Agenten / agents 381
Aggregation / aggregation 203
AGG (Allgemeines Gleichbehandlungsgesetz) / General Act on Equal Treatment 8
Agile Methoden / Agile methods 210
AH (Authentication Header) / AH (Authentication Header) 320
Ähnlichkeit / analogy 199
AIDA-Regel / AIDA rule 436
AIFF (Audio Interchange File Format) / AIFF (Audio Interchange File Format) 178
Aiken-Code / Aiken-Code 414
AIT / AIT 147
Ajax / Asynchronous JavaScript 247
Akquisitorische Distribution / distribution by acquisition 438, 439
Akteur / actor 223
Aktiengesellschaft (AG) / public limited company 20
Aktive Transponder / active transponder 309
Aktivitätsdiagramm / activity diagram 224
Aktivitätsplanung / activity planning 70
Aktivmatrix / active matrix 184
Akustik / acoustics 82
Algebraic Code-Excited Linear Predictive (A-CELP) / Algebraic Code-Excited Linear Predictive (A-CELP) 347
Algorithmenkonzept / algorithm concept 200
Algorithmus / algorithm 216, 325
Alleinvertriebssystem / sole distribution system 438
Allgemeine Geschäftsbedingungen (AGB) / General Standard Terms and Conditions 443
Allgemeine Kostenstelle / general cost centre 469
Allgemeines Gleichbehandlungsgesetz (AGG) / General Act on Equal Treatment 8
Allomorphie / allomorphism 203
Aloha / Aloha 311
ALU (Arithmetic and Logic Unit) / ALU (Arithmetic and Logic Unit) 127, 129
AM - Amplitudenmodulation / AM - Amplitude Modulation 365
Amdahl / Amdahl 128
American Wire Gauge / American Wire Gauge 288
AMI / Alternate Mark Inversion 370
Ampere / ampere 84
Ampere-Stunde / ampere-hour 100
Amplitude / amplitude 85
Amplitudenmodulation / amplitude modulation 365
Amtszeit / term in office 10
AN (Auto Negotiation) / AN (Auto Negotiation) 281
Analog-Digital-Umsetzer / analog-digital-converter 91, 125
Analoges Signal / analog signal 90
Analoges Telekommunikationsgerät / analog telecommunication device 329
Analyse und Gestaltung von Geschäftsprozessen / analysis and design of business processes 47, 48, 50, 51
Analyseansichten / analysis views 223
Analysierende Testverfahren / analysing testing principles 213
Anbieter- und Nachfragerverhalten / suppliers and buyers behaviour 27
Änderbarkeit / changeability 198
Anderskosten / outlay costs 465
ANDROID / ANDROID 263
Anforderung / requirement 205
Anforderungsmanagement / requirements engineering 212
Anfrage / enquiry 444
Angebotserstellung / offer preparation 443
Angebotskurve / supply curve 27
Angebotsmenge / quantity of supply 27
Angebotspreiskalkulation / quotation price calculation 473
Angebotsüberhang / excessive supply 28
Angebotsvergleich / offer comparison 444
Angemessenheit / adequateness 254
Ankathete / adjacent side 78

Ankunftsrate / incoming traffic 269
Anlagenanschluss / system connection 330
Anlagen-Projekt / plant project 372
Anlagenvermerk / enclosure remark 454, 455
Annahme / acceptance 448
Annahmeverzug / acceptance delay 449
Anonymität / anonymity 424
Anpassungsdämpfung / matching loss 298
Anpreisung / recommendation 443
Anschaffungskosten / purchasing costs 387
Anschluss analoger Telekommunikationsgeräte / connection of analog telecommunication devices 329
Anschluss nach X.24 / connection to X.24 165
Anschluss von ISDN-Geräten / connection of ISDN equipment 331
Anschlüsse an IT-Geräten / interfaces at IT equipment 165
Anschriftfeld / address field 454, 455
Anschriftzone / address zone 454, 455
ANSI (American National Standards Institute) / ANSI (American National Standards Institute) 186, 228
Antenne / antenna (aerial) 301
Antennenausrichtung / antenna orientation 356
Antennensysteme / aerial systems 304
Anti-Virensoftware / anti-virus software 381
Antrag / application 448
Anweisungsüberdeckung / instruction overlap 213
Anwendungsfalldiagramm / application case diagram 223
Anwendungsneutrale Verkabelung / generic cabling system 284
Anwendungsregeln / codes of practice 394
Anwendungsschicht / application layer 274, 312
Anwendungsspezifische IC (ASIC) / application specific integrated circuits 152
Anwendungsvorschriften / instructions for use 394
AP (Access Point) / AP (Access Point) 300
Apache-Server / Apache server 349
APD (Avalanche Photodiode Detector) / APD (Avalanche Photodiode Detector) 295
API (Application Programming Interface) / API (Application Programming Interface) 249, 250
Applet / applet 203
Application gateway / application gateway 396
Applikation / application 203
Arbeit / work 21
Arbeitgeberverband / employers' association 13, 24
Arbeitsaufwand / effort 374
Arbeitsgemeinschaft / joint venture 29
Arbeitsgericht / labour court 23
Arbeitsgerichtsbarkeit / labour jurisdiction 23
Arbeitsgruppen / workgroups 73
Arbeitsorganisation / work organization 70
Arbeitsprozessorganisation / workflow organization 207
Arbeitsrecht / labour law 8
Arbeitsschutz / employment protection 409
Arbeitsschutzgesetz / act on occupational health and safety 409
Arbeitsteilung / division of labour 22
Arbeitsteilung in der Wirtschaft / division of labour in the economy 22
Arbeitstreffen / work meeting 375
Arbeitsunfälle / accidents at work 410
Arbitrated Loop / arbitrated loop 352
Architekturprinzip / architecture principle 128, 316
arglistig verschwiegene Mängel / fraudulently concealed defects 450
ARIS-Fachkonzeptebene / ARIS-domain concept level 48
ARIS-Konzept / ARIS concept 47
Arithmetische Codierung / arithmetic encoding 188
arithmetisch-logische Einheit / arithmetic logic unit 127
ARP (Address Resolution Protocol) / ARP (Address Resolution Protocol) 315
ARQ (Automatic Retransmission Query) / ARQ (Automatic Retransmission Query) 308
Array / array 220
Artbevollmächtigter / authorised representative 39
Arten des Kaufvertrages / kinds of sales contracts 451
Artvollmacht / power of attorney 39
ASCII-Code / ASCII-Code 415
ASIC – Anwendungsspezifische ICs / ASIC – Application Specific Integrated Circuits 152
ASK (Amplitudenumtastung) / Amplitude Shift Keying 367
Assoziation / association 203
Assoziationsbeziehung / associative relation 223
Asymmetrisches DSL / asymmetric DSL 332
Asynchroner Datentransfer / asynchronous data transfer 175
ATDM / ATDM 369
ATM - Asynchronous Transfer Mode / ATM – Asynchronous Transfer Mode 336
Atomare Formeln / atomic formulas 267
Atomarität / atomicity 237
Attenuation (Dämpfung) / attenuation 280
Attribut / attribute 223, 237, 238
ATX-Format / ATX format 140
ATX-Standards / ATX standards 140
Audio-CD / Audio CD 154
Audiocodierung / audio encoding 196
Audiodatenreduktion / audio data reduction 187
Audiodatenreduktion, MP3 / audio data reduction, MP3 190
Audio-Konfiguration / audio configuration 134
Audio-Systeme und -Formate / audio-systems and -formats 178
Aufbaudiagramm / structure chart 64
Aufbauorganisation / organizational structure 34, 35, 48, 482
Aufgaben, Ziele und Arten von Betrieben / roles, objectives and classification of business enterprises 18
Aufgabenanalyse / task analysis 34
Aufgabensynthese / task synthesis 34
Aufholverstärker / repeater 283
Auflösungsvermögen / resolution 182
Aufnahmesensor / image sensor 182
Aufsichtsrat / board of management 20
Auftraggeber / customer 373
Auftragsverhandlung / order negotiation 377
Aufwendung / expenses 465
Augenempfindlichkeit / eye sensitivity 83
Ausbildungsordnung / training regulations 6
Ausbildungsrahmenplan / skeleton training schedule 6
Ausbildungsvertrag / articles of apprenticeship 6
Ausbreitungsverzögerung / propagation delay 301
Ausfall / failure 387
Ausfallkombination / fault combination 392
Ausfallrate / failure rate 387
Ausfallzeit / down time 390
Ausführungsmodus / execution mode 246
Ausgabegerät / output device 127
Ausgangsfilter / output filter 132
Ausgleichsfunktion / balancing function 28
Ausleuchtung / illumination 186
Aussagenlogik / prepositional logic 267
Außendienst-Promotion / field service promotions 437
Außenleiter / phase conductor 101, 102
Außenverhältnis / external representation 20
Außenwerbung / outside advertising 436
Außerökonomischen Werbeerfolgskontrolle / advertising effectiveness aside economics 436
Aussperrung / lock-out 13, 14
Auswahlanweisung / decision instruction 229
Auszubildender / trainee 6
Authentication / authentication 316
Authentication (Authentisierung) / authentication 303
Authentifizierung / authentication 308
Authentizität / authenticity 302, 379, 424
Authorization / authorization 316
Automat / automaton 199
Autoritärer Führungsstil / authoritarian leadership 37
AVC (Advanced Video Coding) / AVC (Advanced Video Coding) 190
AVCHD / AVCHD 194
AVP / Attribute Value Pair 316
AWG / American Wire Gauge 288
Azimut / azimuth 356
Aztec-Code / Aztec-Code 417

B

B2B / B2B 458
B2C / B2C 458
B2G / B2G 458
BaAs (Basisanschluss) / Basic Access 330
BAB (Betriebsabrechnungsbogen) / expense distribution sheet 470
Backplane / backplane 277
Backplanedurchsatz / backplane throughput 283
Backup-Server / backup-server 350
Badewannenkurve / bathtub curve 387
Balkencode / barcode 416
Balkendiagramm / bar chart 63
Bandaufzeichnung / tape recording 147
Bandbreite / bandwidth 167, 365
Bandlaufwerke / tape drives 147
Barcode / barcode 416
Bareinkaufspreis / cash purchase price 444
Bare-Metal Virtualisierung / Bare-Metal virtualization 260

Barkauf / cash purchasing 451
Barliquidität / available cash 485
Barrierefreier Zugriff / barrier-free access 249
Barverkaufspreis / cash sales price 433
Basic / Basic 225
BASIC- Beginner's All-purpose Symbolic Instruction Code / BASIC - Beginner's All-purpose Symbolic Instruction Code 226
Basis / base 94
Basis-Algorithmen / basic algorithm 216
Basisband / baseband 278
Basiseinheit / basic unit 80
Basisklasse / basic class 230
Basisschutz / basic electrical protection 107
Batch / batch 203
Batterie / battery 100
Batterieanlagen / battery installations 104
BattV / battery ordinance 406
Baum / tree 203
Baumdiagrammdarstellung / tree diagram representation 269
BBAE / Broadband Basic Access Unit 333
BBiG (Berufsbildungsgesetzes) / vocational training act 6
B-Bild / B-picture 192
BCC (Block Check Character) / BCC (Block Check Character) 413
BCD-Code / BCD-Code 414
BCH (Bose-Chaudhuri-Hocquenghem-Codes) / BCH (Bose-Chaudhuri-Hocquenghem-Codes) 419
BD - Blu-ray Disc / BD - Blu-ray Disc 156
BDA (Bundesvereinigung der Deutschen Arbeitgeberverbände) / Federal Confederation of German Employers' Association 24
BDC (Backup Domain Controller) / BDC (Backup Domain Controller) 349
BDSG / Federal Data Protection Law 397
Beamer / beamer 186
BECN (Backward Explicit Congestion Notification) / BECN (Backward Explicit Congestion Notification) 338
Bedarf / demand 26
Bedarfsforschung / demand research 428
Bedienkonzeptfehler / operating concept error 204
Bedienmodelle / operating models 270
Bedienprozesse / operating processes 269, 270
Bedingte Verzweigung / conditional branch 202
bedingtes Urteil / conditional judgment 266
Bedürfnis / need 18, 26
BEEG (Bundeselterngeld- und Elternzeitgesetz / Federal Law on Parental Benefits and Parental Leave 8
Beeinflussungsspannung / interference voltage 289
Befehls-Pipeline / instruction pipeline 131
Befragung / interview 430
Behaltensquote / remember rate 56
Bekleidungs-Tag / clothing tag 309
Belästigende Werbung / incommoding advertising 452
Benchmark-Tests / Benchmark tests 199
Benutzername / user name 302
Benutzeroberflächen / graphical user interfaces 254
Benutzerschnittstelle / user interface 249
Benutzersicht / user's view 261
Benutzungsschnittstelle / user interface 254
Beobachtung / observation 430
Beratende Tätigkeit / supportive activity 385
Berechnungsmethode / calculation method 374
Bereiche und Aufgaben des betrieblichen Rechnungswesens / areas and functions of corporate cost accounting 462
Bericht / report 58
Berufskrankheiten / occupational diseases 410
Berufsschule / vocational school 6
Beschaffung / acquisition 40, 443, 444
Beschaffung von Fremdleistungen / acquisition of external services 443, 444, 445
Beschaffungscontrolling / procurement controlling 482
Beschaffungskartell / procurement cartel 32
Beschaffungsmarkt / input (procurement) market 17
Beschaffungsplanung / procurement planning 443
Beschaffungsprozess / procurement process 458
Beschäftigungsabweichung / activity variance 479
Beschlussverfahren / decision making processes 23
Bestellkosten / order costs 446
Bestellung / order 448
Betreff / subject (re) 454, 455
Betrieb / business enterprise 16
Betriebliche Mitbestimmung / in-company co-determination 12
Betrieblicher Datenschutzbeauftragter / internal data protection supervisor 398
Betriebliches Rechnungswesen / business accounting 463
Betriebliches Rechnungswesen, Begriff / business accounting, term 462
Betriebsabrechnungsbogen / expense distribution sheet 470
Betriebsanweisung / workplace user instruction 410
Betriebsarten / operating modes 258
Betriebsausschuss / works committee 12
Betriebsergebnis / operating result 472, 473
Betriebsexterne Quellen / firm external sources 430
Betriebsfunknetz / service radio network 347
Betriebshandbuch / instruction manual 394
Betriebshierarchie / company hierarchy 34
Betriebsinterne Quellen / firm internal sources 430
Betriebskapazität / operating capacity 289
Betriebskosten / operating costs 387
Betriebsrat / works council 10, 11
Betriebsratsmitglied / member of works council 11
Betriebsratssitzung / works council meeting 11
Betriebssysteme / operating systems 258
Betriebssystemprozesse / operating system processes 259
Betriebsvereinbarung / works agreement 11
Betriebsverfassungsgesetz / works constitution act 10
Betriebsversammlung / works meeting 11, 12
Betriebswirtschaftliche Produktionsfaktoren / industrial factors of production 21
Bewerbungsunterlagen / application documents 8
Bewertungsgröße / quantifying parameters 324
Bezeichnungsschema / designation scheme 123, 277
Beziehung / relation 203, 239
Beziehungszahlen / ratio figures 485
Bezugsebene / reference layer 292
Bezugskosten / procurement costs 474
Bezugsleistungsmessung / reference power measuring 292
Bezugspreiskalkulation / procurement price calculation 474
Bezugsquellenplanung / supply sources planning 443
Bezugszeichenzeile / reference line 454, 455
BG (Border Gateway) / BG (Border Gateway) 346
BGB-Gesellschaft / civil-law association 20
BGI 650 / professional association instruction 650 404
BGV A1, A3, A4, A8 / rules and regulations of professional association A1, A3, A4, A8 410
Bibliothek / library 200
BICI (Broadband Intercarrier Interface) / BICI (Broadband Intercarrier Interface) 336
Bidirektionale Satelliten-Kommunikation / bidirectional satellite communication 357
Bigramm / bigram 418
Bilanzielle Abschreibung / book depreciation 468
Bild und Grafik / picture and graphic 144
Bildart / image type 144
Bildaufnehmer / image sensors 183
Bildbearbeitung / picture processing 146
Bildschärfe / image contrast 182
Bildschirmarbeitsplätze / VDU workplaces 404
Bildschirmarbeitsverordnung / VDU workplace ordinance 404
Bildschirmgröße / monitor size 142
Bildung (human capital) / education 21
Bildwandler / image converter 183
Bildzeichen der Elektrotechnik / symbols in electrical engineering 97
Binärbaum / binary tree 128
Binäre PSK / Binary Phase Shift Keying 367
Biometrische Authentifizierung / biometric authentication 395
BIOS - Basic Input Output System / BIOS - Basic Input Output System 256
Bipolarer Transistor / bipolar transistor 94
Biquinär-Code / biquinary code 414
Bit / bit 91
Bitfehlerrate / bit error rate 281
Bitübertragungsschicht / physical layer 274, 312
B-Komplement / binary-complement 79
Blade-Server / Blade-Server 350
Blauer Engel / Blue Angel 400
Blindwiderstand / reactance 93
Blitzschutz / lightning protection 109
Blockchiffre mit Blockverkettung / cipher block chaining mode 303
Blockcode / block code 419, 420
Blue-Book / Blue-Book 154
Bluetooth / Bluetooth 308
Blu-ray Disc (BD) / Blu-ray Disc (BD) 156

Bonus / bonus 435
Booch-Modell / Booch model 221
Boolean / Boolean 220
Bootsektorviren / boot sector viruses 381
Botschaft / message 221, 224
BPSK / Binary Phase Shift Keying 367
Brainstorming / brainstorming 72
Branchentarifverträge / sectoral collective agreements 13
Brandbekämpfung / fire fighting 412
Brände / fires 412
Brandklasse / fire class 412
Brandschutzkanäle / fire protection ducts 291
Brandschutzordnung / fire safety regulation 411
Brandverhalten / fire behaviour 289
Brandverhütung / fire prevention 411
Break-even-Analyse / break-even analysis 476
Break-even-Menge / break-even quantity 476
Brechungsindex / refraction index 298
Breitband WDM / broadband WDM 296
Breitbandkabelnetz / broadband cable network 355
Breitengliederung / width segmentation 34
Bridge / bridge 283
Bridging Router - BRouter / Bridging Router - BRouter 283
Brieffuß / letter base (footer) 454, 455
Briefkopf / letter head (header) 454, 455
Bringschulden / debts lying in render 449
Broadcast / Broadcast 193, 317
Broadcast-Domäne / broadcast domain 319
Browser / browser 248
Brücke / bridge 283
Brückenproblem / bridge problem 323
BSC (Base Station Controller) / BSC (Base Station Controller) 340
BSI / BSI 382
BSS / BSS 300, 346
BTS (Base Transceiver Station) / BTS (Base Transceiver Station) 340
Bubblesort / bubblesort 217
Buchstabenhäufigkeiten / letter frequencies 418
Bug / bug 203, 204
Bündelfunk-TETRA / trunked radio TETRA 347
Bundesarbeitsgericht / Federal Labour Court 23
Bundesdatenschutzgesetz / Federal Data Protection Act 398
Bundeselterngeld- und Elternzeitgesetz (BEEG) / Federal Law on Parental Benefits and Parental Leave 8
Bundessozialgericht / Federal Social Court 12
Bürgerlicher Kauf / civilian sale 451
Büroarbeitsplätze / office workplaces 404
Business Process Reengineering / business process reengineering 52
Bussystem / bus system 127
Byte / byte 91
ByteSub / ByteSub 422

C

C / C 225, **228, 229**
C Sharp / C Sharp 231
C# / C# 231
C/A-Code / C/A-code 358
C++ / C++ 225, **230**
CABAC (Context Adaptive Binary Arithmetic Coding) / CABAC (Context Adaptive Binary Arithmetic Coding) 190
Call-by-reference / call-by-reference 203
Call-by-value / call-by-value 203
calloc / calloc 229
Call-Viren / call-viruses 381
CAN (Controller Area Network) / CAN (Controller Area Network) 275
CAP (Carrierless AM/PM: Trägerloses AM/PM) / CAP (Carrierless AM/PM) 332
Cäsar-Kodierung / Caesar encoding 418
CASE-Instrumente / CASE instruments 224
Cashflow / cash flow 483
Cat. 5 / Cat. 5 280
Cathode Ray Tube (CRT) / Cathode Ray Tube (CRT) 184
CAV / CAV (Constant Angular Velocity) 153, 155
CAVLC (Context Adaptive Variable Length Coding) / CAVLC (Context Adaptive Variable Length Coding) 190
Cayley / Cayley 324
CBC (Cipher Block Chaining Mode) / CBC (Cipher Block Chaining Mode) 303
C-Bibliotheken / C-libraries 231
CCD (Charge Coupled Device) / CCD (Charge Coupled Device) 181
CCM (Counter with CBC-MAC) / CCM (Counter with CBC-MAC) 303
CCMP (Counter mode with CBC-MAC Protocol) / CCMP (Counter mode with CBC-MAC Protocol) 302
CD / CD 153, 156
CD-Audio / CD audio 153
CD-Aufzeichnungsstandards / CD recording standards 154
CDDI (Copper DDI) / CDDI (Copper DDI) 339
CD-Digital-Audio / CD digital audio 153
CDMA (Code Division Multiple Access) / CDMA (Code Division Multiple Access) 304
CD-R / CD-R 153
CD-Recordable / CD Recordable 153
CD-ReWritable / CD ReWritable 153
CD-ROM / CD ROM 153
CD-RW / CD-RW 153
CELP (Codebook-Excited-LP) / CELP (Codebook-Excited-LP) 196
Central Processing Unit (CPU) / Central Processing Unit (CPU) 127
CEPT / Conférence Européenne des Administrations des Postes et des Télécommunications 361
CF Karte / CF card 149
CGI (Common Gateway Interface) / CGI (Common Gateway Interface) 252
Chaffing / chaffing 418
Channel Link / Channel Link 293
Char / Char 220
Charakteristik / characteristics 218
ChemG / chemicals act 406
ChemVerbotsV / chemicals prohibition ordinance 406
Chipkarten / chip cards 151
Chipsatz / chipset 157
CIF (Common Intermediate Format) / CIF (Common Intermediate Format) 196
CIR (Committed Information Rate) / CIR (Committed Information Rate) 338
CISC-Architektur / CISC architecture 127
class / class 230
Client-Server-Struktur / client-server structure 318
Cloud Computing / cloud computing 344
Clusteranalyse / cluster analysis 431
CLV / CLV (Constant Linear Velocity) 153, 155
CMIS / CMIS 249
CMS / CMS 316
CMS - Content Management System / CMS - Content Management System 249
CMTS / CMTS (Cable Modem Termination System) 355
CMYK / CMYK 143
COBIT / COBIT 389
Code 2/5 Industrial / Code 2/5 Industrial 416
Code 2/5 Interleaved / Code 2/5 Interleaved 416
Codebaum / code tree 419
Codes / codes 130, **420**
Codierung / encoding 366, 413
Codierungen M.2 Steckverbinder / keyings m.2 connectors 161
Codierungsverfahren / encoding methods 418, 419
COM (Component Object Model) / COM (Component Object Model) 221
Compact PCI / compact PCI 151
CompactFlash / CompactFlash 148
Compiler / compiler 200, 232
Compilierungsprozess / compilation process 228
Complete Trust Model / Complete Trust Model 349
Computerrecht / computer law 397
Computerwanze / computer bug 381
Computerwurm / computer worm 381
Concast / Concast 193
Content-Prozess / content process 249
Controlling / controlling 481, 482, 483
Co-Prozessor / co-processor 127
Core Netzwerk / core network 346
Corporate Identity / corporate identity 437
Coulomb / Coulomb 84
cPCI -compactPCI / cPCI - compactPCI 159
CPFSK (Continuous Phase Frequency Shift Keying) / CPFSK (Continuous Phase Frequency Shift Keying) 367
C-Plane (Signalisierungssäule) / Control-Plane 336
CPU (ventral Profession Unit) / CPU (central processing unit) 127
CRC (Cyclic Redundancy Check) / CRC (Cyclic Redundancy Check) 413, 420
CREATE / CREATE 240
Credit-Control / Credit-Control 316
CRM (Customer Relationship Management) / CRM (Customer Relationship Management) 459
Crossbar-Struktur / crossbar structure 128
Crosstalk / crosstalk 293
CRT (Cathode Ray Tube) / CRT (Cathode Ray Tube) 184
Cryptokarte mit mathematischem Coprozessor / crypto card with mathematical co-processor 151
CSCL (Computer Supported Cooperative / Collaborative Learning) / CSCL (Computer Supported Cooperative / Collaborative Learning) 268

CSCW (Computer Supported Cooperative Work) / CSCW (Computer Supported Cooperative Work) 268
CSMA/CD (Carrier Sense Multiple Access / Collision Detection) / CSMA/CD (Carrier Sense Multiple Access / Collision Detection) 278, 311
CSMA-Verfahren / CSMA principle 311
CSS (Cascading Style-Sheets) / CSS (Cascading Style-Sheets) 247, 251
CTS (Clear-to-Send) / CTS (Clear-to-Send) 311
Customer Relationship Management (CRM) / Customer Relationship Management (CRM) 459
Cut-Through / Cut-Through 283
CVSD (Continuous Variable Slope Delta Verfahren) / CVSD (Continuous Variable Slope Delta) 308
CWDM / Coarse Wavelength Division Multiplex 369, 295
Cyberwelt / cyber world 203
CYM / CYM 143

D

DAB / DAB (Digital Audio Broadcasting) 189
Daisy Chain / daisy chain 175
Dämpfung / attenuation 280, 293, 294, **362**
Dämpfungsfaktor / loss factor 362
Dämpfungsmaß / attenuation constant 362
Darlehensvertrag / loan contract 453
Darstellungsschicht / presentation layer 274, 312
DAS (Direct Attached Storage) / DAS (Direct Attached Storage) 339, 351
DAT (Direct Attached Storage) / DAT 147
Data Flow Control / Data Flow Control 312
Data Link Control / Data Link Control 312
Data Memory Address-Bus (DMA-Bus) / Data Memory Address-Bus (DMA-Bus) 132
Datagramm / datagram 314
Datagramm-Länge / datagram length 314
Datagramm-Transport / datagram transport 314
DataMatrix-Code / DataMatrix-Code 417
Dateiendung / file extension 381
Datei-Server / file server 350
Dateisystem / file system 137, 235
Dateisysteme / file systems 138, 258
Dateiverwaltungsbefehl / file management instruction 229
Datenaustauschphase (Verbindungsphase) / message exchange phase 318
Datenbankarchitektur / database architecture 236
Datenbankmanagementsystem / database management system 235
Datenbanksprachen / database languages 238
Datenbankübersicht / database overview 235
Datendienst / data service 347
Datendurchsatz / data throughput 167
Datenfehler / data error 204
Datenherkunft / data origin 429
Datenintegrität / data integrity 379
Datenkabelaufbau / mechanical construction of data cables 288
Datenkern / data kernel 233
Datenkompression / data compression 187
Datenkonsistenz / data consistency 379
Datenkontextüberdeckung / data context overlap 213
Datennetz / data network 275
Daten-Parallelisierung / data parallelization 129
Daten-Programm-Abhängigkeit / data-program dependency 235
Datenprojektoren (Beamer) / data projectors (beamer) 186
Datenrecht / data law 397
Datenreduktion / data reduction 187
Datenreduktion bei bewegten Bildern / data reduction on moving pictures 192
Datenschutz / data security 397
Datenschutzbeauftragter / data protection supervisor 398
Datensicherungsschicht / control layer 274
Datensicht / data view 48
Datenspeicher / data memory 127
Datenstrukturen / data structures 220
Datentechnische Sicherheit / data security 381
Datentyp / data type 239
Datentypen / data types 220
Datenübermittlungsnetz / data transmission network 328
Datenübertragung / data transmission 167
Datenübertragungsrate / data transfer rate 167
Datenvermeidung / data avoidance 398
DB2 / DB2 238
DBMS / DBMS 235
DBS (Datenbanksystem) / database system 235
DCC / DCC (Digital Compact Cassette) 189
DC-Koeffizient / DC-coefficient 191
DCL (Data Control Language) / DCL (Data Control Language) 238
DCS / Digital Communication Systems 360
DCT (Discrete Cosine Transformation) / DCT (Discrete Cosine Transformation) 191, 196
DDL (Data Definition Language) / DDL (Data Definition Language) 238
DDR1 / DDR1 136
DDR2 / DDR2 136
DDR-RAM / Double Data Rate - RAM 135, **136**
DE (Discard Eligibility: Wegwerf-Erlaubnis) / Discard Eligibility 338
De Morgansches Gesetz / De Morgan's law 122
Deadlock / deadlock 203
Debugger / debugger 199, 203
debugging / debugging 204
Deckungsbeitrag / contribution margin 475
Deckungsbeitragsrechnung / contribution margin accounting 474, 475, 476
DECT - Digital Enhanced Cordless Telecommunications / Digital Enhanced Cordless Telecommunications 335, 360
Deduktiv / deductive 67
DEE (Datenendeinrichtung) / DEE (data termination equipment) 275
default-Zustand / default state 233
Degeneration / degeneration 432
Deklaratorisch (rechtsbezeugend) / declarative 19
Dekrement / decrement 203
Delay (Laufzeitverzögerung) / delay 280
delete / delete 230
Delphi-Methode / Delphi method 374
Demultiplexer / demultiplexer 126
Denial-of-Service / Denial-of-Service 424
Denkfehler / error in reasoning 204
Derivativer Produktionsfaktor / derived factors of production 21
DES (Data Encryption Standard) / DES (Data Encryption Standard) 420
Destination MAC / Destination MAC 279
Destruktor / destructor 203
Determinismus / determinism 216
Deutsche Gesetzliche Unfallversicherung / The German Statutory Accident Insurance 410
Dezimales Teil / decimal part 80
Dezimalzahlen-System / decimal number system 79
DGUV / DGUV 410
DGUV-Vorschriften / DGUV regulations 410
DHCP (Dynamic Host Configuration Protocol) / DHCP (Dynamic Host Configuration Protocol) 317
DHTML / Dynamic HTML 247, 248
Diagramme / charts 63, 64
Dialekt / dialect 203
Dialer / dialer 381
Dial-in-Zugang / dial-in access 316
Dialogschnittstelle / dialogue interface 249
Dialogverständlichkeit / dialogue comprehensibility 254
Diascanner / slide scanner 181
Diazed / Diazed 106
Diensteintegration / service integration 275
Dienstgütevereinbarung / service level agreement 390
Dienstklasse / service class 352
Dienstleistung / service 18
Dienstvertrag / service contract 453
Differenzial Manchester Code / Differential Manchester Code 370
Differenzial-GPS / differential GPS 358
Differenzierer / differentiator 95
Differenzverstärker / differential amplifier 95
Digital Subscriber Line Access Multiplexer / Digital Subscriber Line Access Multiplexer 334
Digital Visual Interface / Digital Visual Interface 142
Digital-Analog-Umsetzer / digital to analog converter 91, 125, 132
Digitale Fotografie / digital photography 182
Digitale Funktionsbausteine / digital function blocks 126
Digitale Logik / digital logic 122
Digitale Modulationsverfahren / digital modulation principles 367, 368
Digitale Signalprozessoren / digital signal processors 132
Digitale Signalumsetzer / digital signal converters 125
Digitales Signal / digital signal 90
Digitalisierung / digitalization 91
Digital-TV / Digital Television 353
DIHK (deutsche Industrie- und Handelskammertag) / German Chambers of Industry and Commerce 24
Dijkstra-Algorithmus / Dijkstra algorithm 325, 326
DIMM / Dual Inline Memory Module 135
DIN 5008: Erstellung von Geschäftsbriefen / DIN 5008: Creation of Business Letters 454, 455
DIN VDE 0100 / DIN VDE 0100 118
Diode / diode 94
Direct Costing / direct costing 475

DirectX / DirectX 265
DirectX-Foundation / DirectX-foundation 265
Direkte Kosten / direct costs 477
Direkter Absatzweg / exclusive marketing system 438
Direktes Berühren / direct contact 104
Direktes Leasing / direct leasing 457
Direktmarketing / direct marketing 437
Direktorialsystem / directorial system 38
Direkt-Umsetzer / direct converter 125
Direktwerbung / direct advertising 436, 437
Disc-at-Once / Disc-at-Once 153
Disjunktion / disjunction 122
Disjunktive Minimalform / sum of products 124
Disk Array Controller / Disk Array Controller 164
DisplayPort / DisplayPort 169
Display-Technologien / display-technologies 184
Disposition / disposition 34
Dispositive Arbeit / dispositive work 32
Dispositiver Faktor / dispositive factor of production 21
Distributionspolitik / distribution policy 438, 439, 440
Divisionskalkulation / process cost accounting 473
DLCI (Data Link Connection Identifier) / DLCI (Data Link Connection Identifier) 338
DLP-Projektor / DLP-projector 186
DLT / DLT 147
DMA-Bus (Data Memory Address-Bus) / DMA-Bus (Data Memory Address-Bus 132
DMD (Digital Micromirror Device) / DMD (Digital Micromirror Device) 186
DML (Data Manipulation Language) / DML (Data Manipulation Language) 238
DMO (Direct Mode Operation) / DMO (Direct Mode Operation) 347
DMT (Discrete Multi Tone) / DMT (Discrete Multi-Tone) 332
DNS (Domain Name Service) / DNS (Domain Name Service) 317
DNS Poisoning / DNS poisoning 424
DOCSIS / DOCSIS (Data Over Cable Service) 355
Domänen / domain 349
DoS (Denial of Service) / DoS (Denial of Service) 303, 424
Double Data Rate RAM / Double Data Rate RAM 135
Downtime / downtime 477
DPCM (Differential Pulse Code Modulation) / DPCM (Differential Pulse Code Modulation) 191, 196
dpi (dots per inch) / dpi (dots per inch) 179, 180, 181
DQPSK (Differenzielle QPSK) / Differential Quadrature Phase Shift Keying 368
Drahtlose Netzwerk-Technologien / wireless network technologies 299
DRAM (Dynamic RAM) / DRAM (Dynamic RAM) 135
Drei-Draht-Kopplung DTE-DCE / three wire coupling DTE-DCE 165
Drei-Schicht-Architektur / three level architecture 236
Dritte Normalform / third canonical form 237
DRLA / Diameter-Relay-Agent 316
Druckauflösung / print resolution 180
Drucker / printer 180
Druckerkalibrierung / printer calibration 145
Druckmedien / print media 54
DS (Distribution System) / DS (Distribution System) 300
DSAP (Destination Service Access Point) / DSAP (Destination Service Access Point) 279
DSLAM / Digital Subscriber Line Access Multiplexer 333
DSLAM / Digital Subscriber Line Access Multiplexer 334
DSL-Techniken / DSL - Digital Subscriber Line techniques 332
DSP - Digitale Signalprozessoren / DSP - Digital Signal Processors 132
Dual-Code / binary code 414
Dual-Core / dual core 130
Duales Ausbildungssystem / dual system of education 6
Duales Ausbildungssystem in Deutschland / dual system of education in Germany 6
Duales System / Dual System 407
Dual-Slope-Umsetzer / dual slope converter 125
Dualzahlen-System / binary numbers system 79
Duplex / duplex 294
Duplex-Betrieb / duplex operation 89
DuPont-Schema / DuPont scheme 483
Durchführung der Kostenstellenrechnung / carrying out cost centre accounting 470
Durchlichtverfahren / backlight principle 184
Durchschnittliche Lagerdauer / average time of storage 447
Durchschnittlicher monatlicher Lagerbestand / average monthly warehouse stock 447
Durchschnittswert / average value 484
DVB / DVB (Digital Video Broadcasting) 189, 353
DVB-C / Digital Video Cable 353
DVB-S / Digital Video Satellite 353
DVB-T / Digital Video Terrestrial 353
DVD / DVD (Digital Versatile Disc) 155, 156
DVD-5, -9, -10, -18 / DVD-5, -9, -10, -18 155
DVI / Digital Visual Interface 142
DVI-Anschluss / DVI connector 142
DWDM / Dense Wavelength Division Multiplex 296, 369
Dynamic HTML (DHTML) / Dynamic HTML (DHTML) 248
Dynamic RAM (DRAM) / Dynamic RAM (DRAM) 135
Dynamische Preisgestaltung / dynamic pricing 435
Dynamische Speicherplatzreservierung / dynamic memory allocation 229
Dynamischer Lautsprecher / dynamic loudspeaker 177

E

EAN / European Article Number 416
EAP / Extensible Authentication Protocol 303, 316
EAPOL (Extensible Authentication Protocol over LAN) / EAPOL (Extensible Authentication Protocol over LAN) 303
EAP-TLS (EAP-Transport-Layer Security) / EAP-TLS (EAP-Transport-Layer Security) 303
EAR ((Elektro-Altgeräte-Register) / register for waste electric equipment 406
E-Business / E-Business 458
EC (Echo Cancellation) / EC (Echo Cancellation) 332
ECC (Elliptic Curve Cryptography) / ECC (Elliptic Curve Cryptography) 423
Ecke / edge 323
Eclipse Way Process / Eclipse Way Process 210
EcoDesign / EcoDesign 406
ECO-Kreis / ECO circle 400
E-Commerce / e-commerce 458
E-Commerce-Plattform / e-commerce platform 458
EDGE (Enhanced Data rate for GSM Evolation) / EDGE (Enhanced Data rate for GSM Evolution) 367, 368
EDTV (Enhanced Definition Television) / EDTV (Enhanced Definition Television) 353
EEPROM / EEPROM 152
Effektivität / effectiveness 254
Effektivwert / root mean square value (r.m.s.) 85
Effizienz / efficiency 198, 206, 254
EFI (Extensible Firmware Interface) / EFI (Extensible Firmware Interface) 257
E-GSM / Extended GSM 360
EIA/TIA 568A / EIA/TIA 568A 288
EIA/TIA 568B / EIA/TIA 568B 288
EIA-485 (RS-485) / EIA-485 (RS-485) 171
Eigenfertigung / self production 445
Eigenkapitalrentabilität / return on equity 485
Eigenlager / own stock of goods 438, 440
Eindeutigkeit / uniqueness 199, 376
Eindring-Erkennungssystem / intrusion detection system 303
Einfachheit / simplicity 199
Einführung / introduction 432
Einführungswerbung / introduction advertising 436
Eingabegerät / input device 127
Eingebetteter Controller / embedded controller 133
Einheiten / units of measure 81
Einigungsstelle / arbitration board 12
Einkommenselastizität / income elasticity 27
Einliniensystem / single line system 36
Einmoden-LWL / single mode fibre optic 285
Einmoden-Stufenfaser / single mode fibre 294
Einseitiger Handelskauf / single-sided trade sales 450
Einstandspreis / cost price 444
Einteilung lokaler Netze / segmentation of local networks 275
Einzelarbeit / individual working 72
Einzelhandel / retail trade 439
Einzelkosten / direct costs 433, 466, 473
Einzelprokura / individual power of procuration 39
Einzelunternehmung / individual proprietorship 20
Einzelwerbung / single advertising 436
Einzugscanner / feeding scanner 181
Eisbergmodell / iceberg model 76
Eiserner Bestand / base stock 447
Elektrische Arbeit / electric work 84
Elektrische Felder / electric fields 88

Elektrische Feldstärke / electric field intensity 88
Elektrische Leistung / electric power 84
Elektrische Leitfähigkeit / electrical conductivity 112
Elektrischer Schlag / electric shock 378
Elektrochemische Spannungsquellen / electrochemical voltage sources 100
ElektroG / electrical and electronic equipment act 406
Elektrogesetz / electrical equipment act 408
Elektrolyt / electrolyte 104
Elektromagnetische Umgebung / electromagnetic environment 119
Elektromagnetische Verträglichkeit / electromagnetic compatibility 119, 397
Elektromagnetische Welle / electromagnetic wave 359, 360
Elektronikgerätegesetz / electronic equipment act 408
Elektronische Medien / electronic media 436
Elektronische Werbung (E-Mail) / electronic advertising 452
Elektronischer Verstärker / electronic amplifiers 96
Elektronisches Unternehmensregister / electronic register of companies 19
Elektrostatischer Lautsprecher / electrostatic loudspeaker 177
Elektrotechnik / electrical engineering 84
Elementarfaktor / basic factor of production 21
Elevation / elevation 356
ELFEXT (Equal Level Far End Crosstalk) / ELFEXT (Equal Level Far End Crosstalk) 293
Elimination / elimination 432
Elliptische Funktionen / elliptic functions 423
E-Mail / Electronic Mail 54
EMI (Electromagnetic Interference) / EMI (Electromagnetic Interference) 120
Emitter / emitter 94
Empfang über Satelliten / reception via satellites 356
Empfehlung / recommendation 117
Empfehlungen der X-Serie / recommendations of X-series 328
EMV - Elektromagnetische Empfindlichkeit / EMC-Electromagnetic Compatibility 119
EMV-Normen / EMC-standards 120
Encryption Methods / encryption methods 422, 423
End User (SMB: Server Message Block) / End User (SMB: Server Message Block) 312
Endlichkeit / finiteness 216
Endlosschleife / infinite loop 203
Energieeffizienz / energy efficiency 388
Energieeffizienzklassen / energy efficiency classes 402
Energielabel / energy label 402
Energienetze / power networks 102
Energy Star / Energy Star 401
Entfernungsermittlung / displacement calculation 298
Entgeltabrechnung / remuneration account 15
Entity / entity 48, 238
Entity-Referenzen / entity references 250
Entity-Relationship-Modell / Entity-Relationship-Model 48, 203, 238
Entropiecodierung / entropy encoding 188
Entscheidungssysteme / decision systems 38
Entstörung / interference suppression 116
Entwicklung von Qualitätsmaßnahmen / quality function deployment 384
Entwicklungsbewertung / design review 385
Entwicklungsleiter / development manager 385
Entwicklungsprojekte / development projects 209
Entwurf / design 205
Entwurfsfehler / design flaw 204
EOF / End of File 203
EOL / End of Line 203
EPK (Ereignisgesteuerte Prozesskette) / event-driven process chain 49, 50
EPLD (Erasable Programmable Logic Device) / EPLD (Erasable Programmable Logic Device) 152
Erder / earth electrode 109
ER-Diagramm / ER diagram 203
Erdungen / earthing arrangements 109
Erdunsymmetrie / unbalanced to earth 289
Erfolgsindikatoren / success indicators 51
Erfolgsziel / performance objective 18
Erfüllungsgeschäft / legal transaction in fulfilment of an obligation 448
Erfüllungsort / place of fulfillment 452
Ergebnisprotokoll / minutes of meeting 58
Ergebnisrechnung / operating statement 473
Ergonomie / ergonomics 70, 404
Erhebungsmethoden / survey methods 429, 430
Erinnerungswerbung / reminder advertising 436
Erkennung / recognition 298
ERM (Entity-Relationship-Model) / ERM (Entity-Relationship-Model) 48
Ermittlung der Gemeinkostenzuschlagssätze / determination of overhead costs surcharge rates 471
Ersatz vergeblicher Aufwendung / compensation of vainly expenditure 450
Erste Hilfe / first aid 403
Erste Normalform / first canonical form 237
Erstes Kirchhoffsches Gesetz / Kirchhoff's first law 87
Ertrag / revenue 465
Erwartungshorizont / horizon of expectation 254
Erwartungswert / expected value 269, 272
Erweiterte Partition / extended partition 137
ER-Welt / Entity-Relationship-world 203
Erwerbswirtschaftliche Betriebe / commercial business enterprise 18
Erziehungsfunktion / training function 28
Escape-Sequenz / escape sequence 230
ESD (Electrostatic Discharge) / ESD (Electrostatic Discharge) 120
ESP (Encapsulated Security Payload) / ESP (Encapsulated Security Payload) 320
ESS / ESS 300
Etagenverteiler / floor distribution rack 285
Ethernet / Ethernet 278, 279
Ethernet Parameter / Ethernet parameter 279
Ethernet-Bezeichnungen / Ethernet types 277
ETSI (European Telecommunications Standards Institute) / ETSI (European Telecommunications Standards Institute) 299
Euklidischer Algorithmus / Euclid's algorithm 216
Euler / Euler 323
Eulersche Polyederformel / Euler's polyhedron formula 325
Europäisches Umweltzeichen / European Union eco-label 400
Evaluierung von IT-Sicherheit / evaluation of IT-security 380
Evolutionäres Modell / evolutionary model 207
Evolutionäres Software Engineering / evolutionary software engineering 208
Exklusiv-ODER / exclusive OR 122
Expansionswerbung / expansion advertising 436
Experiment / experiment 430
Expertenschätzung / experts estimation 374
Expertensystem / expert system 254
Explosionsgefahr / explosion risk 104
Exponent / exponent 218
ExpressCard / ExpressCard 150
Extensible Authentication Protocol / Extensible Authentication Protocol 316
eXtensible Markup Language (XML) / eXtensible Markup Language (XML) 250
Externe Sicht / external view 235
Externes Projekt / external project 372
Extreme Programming / Extreme Programming 210
Exzerpt / excerpt 57
Eye-Catcher / eye catcher 436

F

F/UTP Cat.5/Cat.5e / F/UTP Cat.5/Cat.5e 288
Fabric-Switching / Fabric-switching 352
Fachbuch / specialist book 54
Fachgrundnormen / generic standards 120
Fachkonzept / domain specific concept 47, 203
Fachzeitschrift / professional journal 54
FADD (Floating Point Add Unit) / FADD (Floating Point Add Unit) 129
failure in time (fit) / failure in time (fit) 387
Fairness / fairness 325
Faktorkombination / factor combination 21
Fallabfrage / case query 202
Fallunterscheidung / case distinction 202, 219
Faltungscodes / convolutional codes 423
Fano / Fano 419
Farbinformation / colour information 144
Farbkennzeichnung von Widerständen / colour marking of resistors 92
Farblaserdrucker / colour laser printer 180
Farbmanagement / colour management 145
Farbmodelle / colour models 143
Farbraum / colour space 60
Farbsättigung / colour saturation 144
Farbschlüssel / colour code 92
Farbtiefe / colour intensity 144
Farbton / hue 144
Fasertyp / fibre type 286
Fast Ethernet Switch / Fast Ethernet Switch 282
FAT / File Allocation Table 258
Faxgerät / fax machine 179
FC - Fibre Channel / FC - Fibre Channel 352

FCC / Federal Communications Commission 361
FCFS / First Come First Served 203
F-Codierung / voice encoding 329
FCS (Frame Checking Sequence) / FCS (Frame Checking Sequence) 279
FC-Switch / FC switch 352
FDD (Frequency Division Duplex) / FDD (Frequency Division Duplex) 343
FDDI - Fibre Distributed Data Interface / FDDI - Fibre Distributed Data Interface 339
FDDI TP-PMD (Twisted Pair Physical Layer Medium Dependent) / FDDI TP-PMD (Twisted Pair Physical Layer Medium Dependent) 339
FDM (Frequency Division Multiplex) / FDM (Frequency Division Multiplex) 332, 369
FDMA (Frequency Division Multiple Access) / FDMA (Frequency Division Multiple Access) 304
FEC-Codierung (Forward Error Correction) / FEC-Coding (Forward Error Correction) 308
FECN (Forward Explicit Congestion Notification) / FECN (Forward Explicit Congestion Notification) 338
Fehler / error 204, 419
Fehlerbaumanalyse / fault tree analysis 392
Fehlererkennung / error detection 419
Fehlerfolgenreduktion / error consequence reduction 379
Fehlerkorrektur / error correction 419
Fehlerkorrekturmöglichkeit / error correction opportunity 420
Fehlerschutz / fault protection 107
Fehlerstrom-Schutzeinrichtung / residual current protective device 108
Fehlerstromstärke / residual current intensity 105
Fehlersuche / fault search 292
Fehlertolerante Speicherung / fault tolerant storage 164
Fehlertoleranz / fault tolerance 254, 389
Fehlschluss / false conclusion 204
Feldforschung / field research 429
Feldlinie / field line 88
Feldoptionen / field options 239
Fenster / window 254
Fernkopierer / fax machine 179
Fertigung / manufacturing 17, 45
Fertigungsgemeinkostenzuschlagssatz / production overhead surcharge rate 471
Fertigungskosten / production costs 433
Festkommadarstellung / fixed point representation 218
Festplatten / hard disk drives 137, 138
Feuerlöscher / fire extinguisher 412
Feuerwiderstandsklasse / fire resistance class 291
FEXT (Far-End Crosstalk) / FEXT (Far-End Crosstalk) 280, 293
FFD (Full Function Device) / FFD (Full Function Device) 307
FGKZ (Fertigungsgemeinkostenzuschlagssatz) / manufacturing overhead costs surcharge rate 471
FHSS (Frequency Hopping Spread Spectrum) / FHSS (Frequency Hopping Spread Spectrum) 308
Fibonacci / Fibonacci 219
Fibre-To-The-Building / Fibre-To-The-Building 334
Fibre-To-The-Cabinet / Fibre-To-The-Cabinet 334
Fibre-To-The-Home / Fibre-To-The-Home 334
Fibre-To-The-Node / Fibre-To-The-Node 334
Fibre-To-The-Premises / Fibre-To-The-Premises 334
FIFO / First In - First Out 203
Filialisierung / branch founding 439
Filialprokura / branch power of procuration 39
Filterrate / filter rate 283
Finanzbereich / financial area 17
Finanzbewegung / financial flow 17
Finanzbuchhaltung / financial accounting 462
Finanzcontrolling / financial controlling 483
Finanzierung / financing 17
Finanzierung/Rechnungswesen / financing/accountancy 40
Finanzziel / financial objective 18
finger / finger 323
Fingerabdruckerkennung / finger print recognition 395
FIR (Fast Infrared)) / FIR (Fast Infrared) 174
Firewall / firewall 318
Firewall-Systeme / firewalls 396
Firewire / Firewire 175
Firma / company 19
Firmenausschließlichkeit / company exclusiveness 19
Firmenbeständigkeit / company consistency 19
Firmengrundsätze / company policies 19
Firmenklarheit / company clarity 19
Firmenleasing / company leasing 456, 457
Firmenöffentlichkeit / company publicity 19
Firmenwahrheit / company verity 19
fit (failure in time) / fit (failure in time) 387
Fixe Kosten / fixed costs 434, 467
Fixkauf / time purchase 451
Flachbettscanner / flatbed scanner 181
Flachbild-Anzeigen / flat screen displays 185
Flächenstreik / blanket strike 14
Flächentarifverträge / collective bargaining agreement 13
Flachschwund / flat fading 348
Flame Retardant / Flame Retardant 288
Flame Retardant Non Corrosive / Flame Retardant Non Corrosive 288
Flash EEPROM / Flash EEPROM 152
Flash-Speicherung / flash-storing 148
Fließkomma-Einheit / floating-point unit 129
Fließkommazahl / floating-point number 230
Float / float 220
Floating Point Add Unit (FADD) / Floating Point Add Unit (FADD) 129
Floating Point Unit (FPU) / Floating Point Unit (FPU) 129
FLOPS / FLOPS 199
Flüchtige Halbleiterspeicher / volatile semiconductor memory 135
Fluchtwege / escape routes 411
Flussdiagramm / flow chart 42, 64
FM - Frequenzmodulation / FM - Frequency Modulation 365
Foiled Twisted Pair / Foiled Twisted Pair 288
Formalziel / formal objective 426
Formate / formats 218
Formelzeichen / formula signs 81
Formen der Kooperation und Konzentration / forms of co-operation and concentration 29
Fortran / Fortran 227
Forward Error Correction (FEC-Codierung) / Forward Error Correction (FEC-Coding) 308
Forward Explicit Congestion Notification (FECN) / Forward Explicit Congestion Notification (FECN) 338
Fotokatode / photocathode 183
Fotowiderstand / photo resistor 96
Fourier-Analyse / Fourier analysis 90
FPLA (Field Programmable Logic Array) / FPLA (Field Programmable Logic Array) 152
FPU (Floating Point Unit) / FPU (Floating Point Unit) 129
FR / Flame Retardant 288
Fragment-Free / Fragment-Free 283
Frame / frame 248
Frame Checking Sequence (FCS) / Frame Checking Sequence (FCS) 279
Frame Relay (FR) / Frame Relay (FR) 338
Frame-Transfer-Bildaufnehmer / frame transfer image sensor 183
Franchisesystem / Franchise system 438, 439
free / free 229
Freeware / Freeware 198, 203
Freie Güter / free goods 18
Freier Puffer / free buffer 42
Freiraumausbreitung / free space propagation 348
Fremdbezug / outside purchasing 445
Fremdlager / external stock 438, 440
Fremdschlüssel / foreign key 237
Fremdspannung / interfering voltage 289
Frequency Division Multiple Access (FDMA) / Frequency Division Multiple Access (FDMA) 304
Frequency Division Multiplex (FDM) / Frequency Division Multiplex (FDM) 332
Frequency Hopping / frequency hopping 418
Frequency Hopping Spread Spectrum (FHSS) / Frequency Hopping Spread Spectrum (FHSS) 308
Frequenz / frequency 85
Frequenzbandeinteilung / frequency band allocation 306
Frequenzbänder / frequency bands 361
Frequenzbereiche / frequencies 360
Frequenzbereichseinteilung / frequency allocation 341
Frequenzhub / frequency swing 359
Frequenzmodulation (FM) / frequency modulation 365
Frequenzmultiplex, FDM / frequency division multiplex, FDM 337, **369**
Frequenzspektrum / frequency spectrum 90
Frequenzsprungverfahren / frequency hopping 308
Frequenzteiler / frequency divider 126
Frequenzumtastung (FSK) / frequency shift keying 367
Fresnel-Zone / Fresnel zone 348
FRNC / Flame Retardant Non Corrosive 288
Front-Side-Bus Schnittstelle (FSB) / Front-Side-Bus interface (FSB) 130
FR-UNI (FR-User Network Interface) / FR-UNI (FR-User Network Interface) 338
FR-User Network Interface (FR-UNI) / FR-User Network Interface (FR-UNI) 338

FSK (Frequenzumtastung) / Frequency Shift Keying 367
FTA (Fault Tree Analysis) / FTA (Fault Tree Analysis) 392
FTP / File-Transfer-Protocol 54, 247, 288
FTTB / Fibre-To-The-Building 334
FTTC / Fibre-To-The-Cabinet 334
FTTD (Fibre To The Desk) / FTTD (Fibre To The Desk) 297
FTTH (Fibre To The Home) / FTTH (Fibre To The Home) 297, 334
FTTN / Fibre-To-The-Node 334
FTTP / Fibre-To-The-Premises 334
Führung / management 372
Führungsgrundsätze / basic management principles 37
Führungsorganisation / management organization 375
Führungsstelle / management position 372
Führungsstile / leadership styles 37
Full Function Device (FFD) / Full Function Device (FFD) 307
Funkausleuchtung / radio coverage 301
Funkentstörung / radio interference suppression 116
Funkschutzzeichen / radio interference protection symbol 116
Funkstörgrad / degree of radio interference 116
Funktionale Anforderungen / functional requirements 212
Funktionalität / functionality 198
Funktionalitätsmodell / functionality model 221
Funktionen des Betriebes / the company functions 40
Funktionserhalt / functional endurance 291
Funktionsgleichung / functional equation 124
Funktionshierarchiebaum / function hierarchy tree 48
Funktionskleinspannung / functional extra low voltage 107
Funktionsorientierte Aufbauorganisation / function oriented organization 35
Funktionsorientierte Organisation / function oriented organization 43
Funktionsorientierung / function orientation 36, 43
Funktionsprinzipien / function principles 312
Funktionsschnittstelle / functional interface 249
Funktionssicht / function view 48
Funkzelle / radio cell 340
Fusion / merger 29
Fusionskontrolle / merger control 31
Fußgesteuerte Schleife / bottom-controlled loop 219
Fuzzy-Inferenz / Fuzzy inference 267
Fuzzy-Logik / Fuzzy logic 206

G

Gameport / game port 141
GAP (Generic Access Profile) / GAP (Generic Access Profile) 335
Garantieleistung / warranty 432
Gasdichte Zelle / valve regulated sealed cell 104
Gasentladung / gas discharge 184
Gate Array / Gate Array 152
Gatekeeper (Netzverwalter) / gatekeeper 195, 321
Gateway / gateway 283, 321
Gateway GPRS Support Node (GGSN) / Gateway GPRS Support Node (GGSN) 346
Gateways (Netzkoppler) / gateways 195
Gattungskauf / purchase by description 451
Gattungsmangel / generic goods defect 450
Gaußscher Algorithmus / Gaussian algorithm 216
Gebäude-/Etagenverteiler / building-/floor distribution rack 285
Gebietskartell / regional cartel 32
Gebrauchsgüter / consumer durables 18
Gebrauchstauglichkeit / usability 254
gebrochene Preise / broken prices 435
Gefährdungen / hazards 302
Gefährdungsgrade / hazard rates 297
Gefahren des elektrischen Stromes / hazards of electric current 105
Gefahrenhinweise / risk phrases 409
Gefahrenklassen / hazard classes 409
Gefahrenquellen / hazard sources 378
Gefahrstoffverordnung / ordinance on hazardous substances 409
GefStoffV / hazardous substances ordinance 406, 409
Gegenbetrieb / duplex transmission 89
Gegenereignis / complementary event 269
Gegenkathete / opposite side 78
Gegentaktstörung / series mode interference 116
Geheimhaltungspflicht / obligation of secrecy 11
Geheimtextalphabet / cipher text alphabet 418
Geld- und Güterströme eines Betriebes / the flow of goods and money in a business enterprise 17
Geld- und Kapitalmarkt / money and capital market 17
Geldschulden / money debts 449
Geldströme / money flows 17
Gemeinkosten / overhead costs 433, 466, 473
Gemeinkostenarten / overhead costs, kinds of 470
Gemeinkostenzuschlagssatz / overhead costs surcharge rate 470, 471
Gemeinschafts-Cloud / community cloud 344
Gemeinschaftswerbung / collective advertising 436
Gemeinwirtschaftliche Betriebe / social economic companies 18
Generalisierung / generalization 203
Generalklausel / all-purpose clause 452
Generatormatrix / generator matrix 420, 423
Generatorpolynom / generator polynomial 420
Generische Prozedur / generic procedure 227
Genossenschaft / cooperative association 20
Genossenschaftliche Betriebe / cooperative companies 18
Geräuschspannung / noise voltage 289
Gerichtsstand / court of jurisdiction 452
Gerüst / framework 324
Gesamtabweichung / total deviation 479
Gesamtkostensatz / total expense ratio 480
Gesamtprokura / complete power of procuration 39
Gesamtpuffer / total buffer 42
Gesamtsystemspezifikation / complete system specification 209
Gesamtübersicht / overall description 386
Gesamt-Verbundentropie / complete interconnection entropy 271
Gesamtverfügbarkeit / total availability 390
Geschäftsangaben / company information 454, 455
Geschäftsprozessanalyse / business process analysis 224
Geschäftsprozessarchitektur / business process architecture 46
Geschäftsprozesse / business processes 44, 45, 49, 223
Geschäftsprozessmanagement / business process management 46
Geschäftsprozessmodellierung / business process modelling 46
Geschäftsprozessoptimierung / business process optimization 44
Geschäftsprozessorientierung / business process orientation 43
Geschlossene Zelle / vented cell 104
Geschützte Daten / protected data 398
Gesellschaft mit beschränkter Haftung / limited corporation 20
Gesellschaftliches Ziel / objectives of society 18
Gesellschaftsunternehmung / corporation 20
Gesellschaftsvertrag / partnership agreement 453
Gesetz der Massenproduktion / law of volume production 467
Gesetz gegen den unlauteren Wettbewerb (UWG) / law against unfair competition 452
Gesetz gegen Wettbewerbsbeschränkung (GWB) / act against restraints of competition 32
Gesetzliche Kündigungsfristen / legal notice periods 11
Gespräch / conversation 68
Gesprächsphase / conversation phase 68
gesteuerter Ring / controlled ring 352
Gesundheitsschutz / health protection 409
Gewährleistungsrecht / warranty law 394
Gewerkschaft / trade union 13, 24
Gewinn / profit 474
Gewinnschwellenanalyse / break-even analysis 476
Gewinnspiel / lottery 452
GGSN (Gateway GPRS Support Node) / GGSN (Gateway GPRS Support Node) 346
Gigabit-Ethernet / Gigabit-Ethernet 280
Gitterstruktur / grid structure 128
Glas-Tag / glass tag 309
Glastransponder / glass transponder 309
Gleichgewichtsmenge / equilibrium quantity 28
Gleichgewichtspreis / equilibrium price 28
Gleichordnungskonzern / horizontal group 29
Gleichspannung / D.C. voltage 86
Gleichtaktstörung / common mode interference 116
Gleitkommadarstellung / floating point representation 218
Gliederungszahlen / structure figures 485
Glixon-Code / Glixon code 414
globale / global 203

GmbH (Gesellschaft mit beschränkter Haftung) / limited liability company 20
GNU / GNU 203
GPRS - General Packet Radio Service / GPRS - General Packet Radio Service 346
GPS - Global Positioning System / GPS - Global Positioning System 358
Gradation / gradation 146
Gradientenindex-Profil / graded index profile 294
Grafikkarte / graphic boards 142
Grafische Benutzeroberfläche / graphical user interface 258
Grammatik / grammar 203
Granularität / granularity 128
Graph K3,3 / graph K3,3 325
Graphen / graphs 323, 325
Graphenbeschreibung / graphs description 324
Graphenbeschreibungen / graphs descriptions 323
Graphenmodell / graph model 324
Gray-Code / Gray code 414
GRE (Generic Routing Encapsulation) / GRE (Generic Routing Encapsulation) 320
Green-Book / Green-Book 154
Greifraum / space within reach 404
Griechisches Alphabet / Greek alphabet 80
Grobes Wellenlängenmultiplex / coarse wavelength division multiplex 295
Größen und Formeln der Elektrotechnik / basic quantities and formulas in electrical engineering 84
Großhandel / wholesale distribution 439
Grundbegriffe der Codierung / basic terms in encoding 413
Grundfunktion / basic function 40
Grundkosten / basic costs 465
Grundnormen / basic standard 120
Grundschutz / basic protection 389
Grundzahlen / basic figures 484
Grundzüge staatlicher Wettbewerbspolitik / essential features of governmental competition policy 30
Grüner Punkt / Green Dot 407
Gruppenarbeit / group working 72, 73
Gruppenbildung / team formation 73
Grußformel / complementary close 454, 455
GSM - Global System for Mobile Communication / GSM - Global System for Mobile Communication 340, 360
GTA / GTA 418
GUI (Graphical User Interface) / GUI (Graphical User Interface) 203, 254, 258
Güterströme / goods flows 17
Güteverhandlung / conciliation hearing 23
GZB (Grenzwerte zugänglicher Bestrahlung) / AEL (Accessible Emission Limits) 297

H

H.261 / H.261 196
H.264 / H.264 190
H.323 / H.323 321
Haftung / liability 20
Haftungsrecht / liability law 394
Halbduplex-Betrieb / half duplex operation 89
Halbduplex-Bus / half-duplex bus 171
Halbleiterbauelemente / semiconductor components 94
Halbleiter-Bildaufnehmer / semiconductor image sensor 183
Halbleiterspeicher / semiconductor memory 135
Hamming-Code / Hamming code 414, 420
Hamming-Distanz / Hamming distance 419
Handbuch / manual 54
Handelsmakler / mercantile broker 439
Handelsplatz / market place 458
Handelsregister / register of companies 19
Handelsvermittler / trade middleman 438, 439
Handelsvertreter / commercial agent 439
Handelswaren / commodities 474
Handelswerbung / commercial advertising 436
Handfeuerlöscher / portable fire extinguishers 412
Handkauf / handsale 451
Händler-Promotion / merchant-promotion 437
Handlungsbegrenzung / action limitation 373
Handlungsbevollmächtigter / authorised signatory 39
Handlungskosten / handling costs 474
Handlungskostenzuschlagssatz / handling costs surcharge rate 474
Handlungsvollmacht / limited commercial authority 39
Handscanner / hand scanner 181
Hardware / hardware 198
Hardware-Architektur / hardware architecture 209
Hartley / Hartley 271
Harvard-Architektur / Harvard architecture 127, 131
Häufigster Wert / most frequent value 484
Hauptkostenstelle / direct cost centre 469
Hauptprozess / main process 44
Haustarifvertrag / company pay agreement 13
HBA (Host Bus Adapter) / HBA (Host Bus Adapter) 162
HCI (Human Computer Interaction) / HCI (Human Computer Interaction) 268
HD Video-Aufzeichnung / HD video recording 194
HDMI - High Definition Multimedia Interface / HDMI - High Definition Multimedia Interface 168
HDSL / HDSL 332
HDTV / High Definition Television 353
HDV / HDV 194
Header-Checksum / Header-Checksum 314
Header-Vereinbarungen / header declarations 229
Heap / heap 229
Heapsort / Heapsort 217
Heimarbeiter-Anbindung / home worker connection 320
heiße Redundanz / hot standby 391
Helligkeit / brightness 144, 186
Herstellerleasing / manufacturer leasing 457
Herstellerspezifischer Standard / manufacturer specific standard 117
Herstellerwerbung / manufacturer advertising 436
Herstellkosten / manufacturing costs 433
Herstellkosten der Erzeugung / costs of manufacturing 471, 472
Herstellkosten des Umsatzes / costs of sales 471, 472
Hexadezimal-Zahlensystem / hexadecimal system 79
Hierarchiestufe / hierarchy level 337
Hierarchisches Modell / hierarchical model 236
Hilfskostenstelle / indirect cost centre 469
Hinweisschilder / order signs 403
HIPER LAN (High Performance LAN) / HIPER LAN (High Performance LAN) 300
HIPPI (High Performance Parallel Interface) / HIPPI (High Performance Parallel Interface) 352
Histogramm / histogram 146
HKEY_CLASSES_ROOT / HKEY_CLASSES_ROOT 264
HKEY_CURRENT_CONFIG / HKEY_CURRENT_CONFIG 264
HKEY_USERS / HKEY_USERS 264
Hochfrequente Störung / high frequency interference 289
Hochgeprägte Karte / high embossed card 151
Höchstbestand / maximum quantity 447
Höhere Gewalt / force majeure 302
Höhere Protokolle / higher protocols 312
Hops / hops 326
Horizontaler Zusammenschluss / horizontal merger 32
Horn-Klausen / Horn clauses 267
Host-Adapter / host adapter 162
Hosted Virtualisierung / hosted virtualization 260
Hotspot / Hotspot 303
HPFS (High Performance File System) / HPFS (High Performance File System) 137, 258
HSPA+ / HSPA+ 342
HTML - HyperText Markup Language / HTML - HyperText Markup Language 248
HTML-Code / HTML-code 252
HTT / Hyper-Threading Technology 259
HTTP - Hypertext Transfer Protocol / HTTP - Hypertext Transfer Protocol 318
Hub / hub 283
Hub Polling / hub polling 311
Huffman-Codierung / Huffman Encoding 188, 191, 419
Hybridfestplatte / hybrid hard disk 139
Hypercube (p-cube) / hypercube 128
Hyperlinks / hyperlinks 248
Hypertask / hypertask 203
Hyper-Threading / Hyper-Threading 127
Hyper-Threading Technology / Hyper-Threading Technology 259
Hypertransport-Schnittstelle / hypertransport interface 130
Hypervisor / Hypervisor 260
Hypotenuse / hypotenuse 78

I

i.Link / i.Link 175
I^2C - Bus / Inter IC bus 172
IAE / ISDN Access Unit 331
I-Bild / I-picture 192
IBSS (Independent BSS) / IBSS (Independent BSS) 300
ICH-DU-Beziehung / I-You-relation 374
ICMP - Internet Control Message Protocol / ICMP - Internet Control Message Protocol 349
ICMP-Nachricht / Internet Control Message Protocol 349

ID (Instruction Decoder) / ID (Instruction Decoder) 129
IDE / Integrated Development Environment 203
IDEA (International Data Encryption Algorithm) / IDEA (International Data Encryption Algorithm) 421
Identifikation / identification 379
Identität / identity 395
Identitätssatz / principle of identity 266
IDS (Intrusion Detection System) / IDS (Intrusion Detection System) 303
IEEE / Institute of Electrical and Electronics Engineers 361
IEEE 1284 / IEEE 1284 166
IEEE 1394 / IEEE 1394 175
IEEE 802.11 / IEEE 802.11 300
IEEE 802.3 / IEEE 802.3 278
IESG (Internet Engineering Steering Group) / IESG (Internet Engineering Steering Group) 310
IETF (Internet Engineering Task Force) / IETF (Internet Engineering Task Force) 310
IF (Instruction Fetch: Befehlsabruf) / IF (Instruction Fetch) 131
iFCP (Internet Fibre Channel Protocol) / iFCP (Internet Fibre Channel Protocol) 351
IFIP-Schnittstellenmodell / IFIP interface model 249
IGMP / Internet Group Management Protocol 354
IHK (Industrie- und Handelskammer) / German Chambers of Industry and Commerce 6
ILP (Instruction Level Parallelism) / ILP (Instruction Level Parallelism) 129
Im System Programmierung (ISP) / in system programming (ISP) 133
Implementierung / implementation 205
Implementierungsfehler / implementation mistake 204
Implementierungsphase / implementation phase 224
Improvisation / improvisation 34
IMSL (International Mathematical and Statistical Library) / IMSL (International Mathematical and Statistical Library) 217
IMT (International Mobile Telecommunication) / IMT (International Mobile Telecommunication) 341
INCITS (InterNational Committee on Information Technology Standards) / INCITS (InterNational Committee on Information Technology Standards) 162
Indirekte Kosten / indirect costs (overhead costs) 477
Indirekter Absatzweg / indirect channel of distribution 438
Indirektes Berühren / indirect touch 104
Indirektes Leasing / indirect leasing 457
Individual- Kollektivrechte / individual-collective rights 12
Individualisierbarkeit / individualization opportunity 254
Induktion / induction 88
Induktionsspannung / induction voltage 88
Induktiv / inductive 67
Induktivität / inductance 93
Industriestandard / industrial standard 117
Inferenz / inference 254
Inferenzformen / inference types 271
Inflexibilität / inflexibility 237
Influenz / induction 88
Information / information 89
Informationsblock / information block 454, 455
Informationsgehalt / information content 272
Informationsmanagement / information management 272
Informationsquellen / information sources 54
Informationstechnische Verkabelung von Gebäudekomplexen / communication cabling of buildings 284
Informationstheorie / information theory 200, **271**
Informationsübertragung / information transmission 89
Informationswesen / information technology 40
Infrared Data Association (IrDA) / Infrared Data Association (IrDA) 174
Infrarotstrahlung / infrared radiation 83
Infrastructure-Mode / infrastructure-Mode 300
Inhaltsauszug / excerpt 57
Initiator / initiator 158, 162
Inkonsistenz / inconsistency 231
Inkrement / increment 203
Inkrementelle Systementwicklung / incremental system development 209
Innenverhältnis / internal relationship 20
Insertionsort / Insertionsort 217
Insourcing / insourcing 445
Inspection / inspection 213
Installationskanäle / cable trunking systems 291
Installationsstrecke / permanent link 285
Instanz / instance 203, 221
Integer / Integer 220
Integrierer / integrator 95
Integrität / integrity 214, 302, 395, 424
Integritätsbedingung / integrity condition 236
Intelligente Speicherchipkarte / intelligent memory chip card 151
Interessengemeinschaft / community of interests 29
Interface / interface 203, 233
Interline-Transfer-Bildaufnehmer / interline transfer image sensor 183
Internationale Prüfzeichen / international test marks 399
Internationales Marketing / international marketing 442
Interne Sicht / internal view 235
Internes Projekt / internal project 372
Internet / Internet 54
Internet Drafts / Internet Drafts 310
Internet Protocol Suite / Internet Protocol Suite 310
Internet Telefonie / Voice over IP 321
Internet-Dienst / Internet service 54
Internet-Service / Internet-Service 357
Interpolierte Auflösung / interpolated resolution 181
Interpreter / interpreter 200
Interpretersprache / interpreter language 234
Interrupt / interrupt 259
Interview / interview 430
Intra-Business / intra-business 458
Intranet / Intranet 320
In-Verkehr-Bringen / put in circulation 394
Invertierer / inverter 95
Investition / investment 17
iostreams / iostreams 230
IP / IP (International Protection) 114
IP (Internet Protocol) / IP (Internet Protocol) 314, 321
IP-basierte Telekommunikation / IP-based telecommunications 330
IP Spoofing / IP spoofing 424
ipconfig / ipconfig 323
IPI (Intelligent Peripheral Interface) / IPI (Intelligent Peripheral Interface) 352
IP-Multicast-Package-Delivery / IP-Multicast-Package-Delivery 357
IP-Multicast-Streaming-Service / IP-Multicast-Streaming-Service 357
IPS / IPS 199
IPSec / IPSec 320, 424
IP-Telefon / IP telephone 321, 330
IPTV - Internet Protocol Television / IPTV - Internet Protocol Television 354
IPv6 / IPv6 315
IrDA - Infrared Data Association / IrDA - Infrared Data Association 174
Iriserkennung / iris recognition 395
IrLAP (IrDA Link Access Protocol) / IrLAP (IrDA Link Access Protocol) 174
IrPHY (IrDA Physical) / IrPHY (IrDA Physical) 174
IRQ / Interrupt Request 259
Irreführende Werbung / deceptive advertising 452
Irrelevanter Datenstrom / irrelevant data stream 196
Irrelevanz / irrelevance 271
Irrelevanz-Reduktion / irrelevance reduction 187
IrSimple / IrSimple 174
IR-Strahlung (Infrarot-Strahlung) / infrared radiation 83
iSCSI / iSCSI 351
ISDN-Adapter / ISDN adapter 330
ISDN-Anschlüsse / ISDN connections 330
ISDN-Dienste und -Anschlüsse / ISDN services and connections 330
ISDN-NTBA / ISDN-NTBA 333
ISM-Band / ISM band 308
ISO - OSI / ISO - OSI 312
ISO 9000-9004 / ISO 9000-9004 382
Isochroner Datentransfer / isochronous data transmission 175
Isolationswiderstand / insulation resistance 289
ISO-Modell / ISO model 313
Isotroper Strahler / isotropic radiator 356
Istanalyse / actual state analysis 45
Istaufnahme / actual state recording 45
Istkostenrechnung / actual cost accounting 472, **477**
Iteration / iteration 219
Iterative Verfahrensweise / iterative method 221
ITIL / ITIL 389
ITSEC (Information Technology Security Evaluation Criteria) / ITSEC (Information Technology Security Evaluation Criteria) 379
IT-Sicherheitsregeln / IT security rules 397
IT-Sicherheitsstandards / IT security standards 380
IT-Sicherheitsverfahren / IT security methods 380
IT-System / IT-system 102
IT-Systemsicherheit / IT-systems security 379

ITU / International Telecommunication Union 361
ITU (CCITT) Empfehlungen / ITU recommendations 327, 328
ITU-R Serie / ITU-R series 328
ITU-T / ITU-T 327, 328

J

Jam / jam 311
Java / Java 225, **232, 233**
javac / javac 232
Java-Packages / Java Packages 233
Java-Prinzip / Java principle 232
JavaScript / JavaScript 250, 251
JCR-Schnittstelle / JCR interface 249
JDK / JDK 232
JEIDA-Standard (Japanese Electronic Industry Development Association) / JEIDA-Standard (Japanese Electronic Industry Development Association) 150
Join / join 203
JOINS / JOINS 239
Joystick / Joystick 141
JPEG - Joint Photographic Experts Group / JPEG - Joint Photographic Experts Group 191, 196
Jugend- und Auszubildendenvertretung (JAV) / representation of juvenile employees and trainees 10
Jugendarbeitsschutzgesetz (JArbSchG) / young persons employment act 9
Just-in-Time-Fertigung / just-in-time manufacturing 52
JVM / JVM 232, 259

K

Kabel für Informationsverarbeitungsanlagen / cables for information processing systems 363
Kabel für Telekommunikationsanlagen / cables for telecommunication systems 363
Kabelauslegung / cable laying 290
Kabelkonzentrator / cable concentrator 283
Kabelmodem / cable modem 355
KAIZEN / KAIZEN 52, 393
Kalibrieren / calibrate 145
Kalkulation / costing 473
Kalkulation von Handelswaren / calculation of commodities 474
Kalkulationsverfahren / costing techniques 472, 473, 474
Kalkulatorische Kosten / imputed costs 467
Kalkulatorischer Unternehmerlohn / imputed owner's salary 468
Kalte Redundanz / cold standby 391
Kanalausgangsentropie / channel output entropy 271
Kanalcodierung / channel encoding 418
Kanaldiagramme / channel diagrams 271
Kanaleingangsentropie / channel input entropy 271
Kanalquerschnitt / duct cross-section 291
Kanban / Kanban 52
Kante / edge 51, 323
Kapazität / capacity 93
Kapazitive Kopplung / capacitive coupling 289
Kapital (Realkapital) / non-monetary capital 21
Kapitalausfuhr / capital export 25
Kapitaleinfuhr / capital import 25
Kapselung / encapsulation 221
Kardinalität / cardinality 203
Kartell / cartel 29, 32
Kartellarten / types of cartels 32
Kartellkontrolle und Marktbeherrschung / cartel control and market dominance 32
Kartellverbot / ban on cartels 32
Katodenlumineszenz / cathode luminescence 184
Kauf auf Abruf / purchase on call 451
Kauf auf Anzahlung / purchase on advanced payment 451
Kauf auf Probe / purchase on approval 451
Kauf auf Vorauszahlung / purchase on prepayment 451
Kauf nach Probe / purchase according to sample 451
Kauf zur Probe / purchase for approval 451
Kaufentscheidung / purchase decision 431
Käufermarkt / buyer's market 26, 427
Käuferverhalten / buyer's behaviour 431
Kaufmann / merchant 39
Kaufvertrag / purchase contract 448, 453
Kaufvertragsstörungen: Überblick / anomalies in sales contracts: overview 449
Kaufwunsch / buying desire 436
Kenndaten, Logikfamilien / characteristic data, logic families 123
Kennzahlen / reference figures 484, 485
Kennzeichnung von Kondensatoren / designation of capacitors 92
Kennzeichnung von Widerständen / designation of resistors 92
Kernel / kernel 259, 261
Kerngeschäftsprozess / business core process 45
Kernsortiment / core assortment of goods 432
Keystone-Korrektur / Keystone-Shift 186
KG (Kapitalgesellschaft) / incorporated firm 20
Kipp-Schaltungen / flip-flop circuits 126
Kirchensteuer / church tax 15
Kirchhoffsches Gesetz / Kirchhoff's law 87
KIVIAT / KIVIAT 214
Klageverfahren / action principles 12
Klartextalphabet / plain text alphabet 418
Klasse / class 222, 223
Klassen und Objekte / classes and objects 220
Klassenbeschreibungen / classes descriptions 222
Klassendefinition / classes definition 230
Klassendiagramm / classes diagram 223
Klassennotation nach Booch / class notation in accordance to Booch 222
Klassennotation nach Rumbaugh / class notation in accordance to Rumbaugh 222
Klassifikation an Standorten / classification for locations 287
Klassifizierung / classification 291, 405
Klause / clause 267
Klimabedingungen / climatic conditions 405
Klimagebiete / climatic areas 405
Klimagruppen / climatic groups 405
Knappe Güter / rare goods 18
Knoten / node 203, 323
Knotenregel / Kirchhoff's first law 87
Koalitionsfreiheit / freedom to form a coalition 24
Koaxiales HF-Kabel für Innenverlegung / coaxial HF-Cable for indoor use 364
Koaxialkabel / coaxial cable 364
Kollaborationsdiagramm / collaboration diagram 224
Kollegialsystem / cooperative system 38
Kollektivwerbung / collective advertising 436
Kollektor / collector 94
Kommandierter Ausfall / commanded break 392
Kommanditgesellschaft / limited commercial partnership 20
Kommanditist / limited partner 20
Kommissionär / commission agent 439
Kommunikation / communication 74, 89, 268
Kommunikationsangaben / communication contacts 454, 455
Kommunikationsbeziehungen / communication relations 374
Kommunikationskabelanlagen / communication cabling systems 284
Kommunikationsmodell / communication model 74
Kommunikationspolitik / communication policy 436, 437, 441
Kommunikationsprozesse / communication process 259
Kommunikationsrichtung / communication direction 275
Kommunikationssteuerungs (sitzungs)-schicht / session layer 312
Kommunikationsverkabelung / communication cabling 284
Kommunikationszeile / communication line 454, 455
Kompandierung / companding 366
Kompatibilität / compatibility 214
Kompetenzentwicklung / competence development 247
Komplementär / general partner 20
Komplementbildung / complementation 79
Komplexe Anwendungssysteme / complex systems of application 254
Komplexe-Algorithmen / complex algorithms 216
Komplexitätsreduktion / reduction of complexity 207
Komponentendiagramm / component diagram 224
Kompressionsfaktor / compression factor 187
Kompressionskennlinie / compression characteristics 366
Kompressionsrate / compression rate 187
Kompressionsverfahren / compression procedure 196
Kondensatoren / capacitors 93
Kondensatormikrofon / capacitor microphone 177
Konditionenkartell / conditions cartel 32
Konditionenpolitik / conditions policy 433, 434, 441
Konfigurationsmanagement / configuration management 205
Konfigurationsspeicher / configuration memory 158
Konflikt / conflict 76, 374
Konfliktanalyse / conflict analysis 76
Konfliktgespräch / conflict conversation 76
Konjunktion / conjunction 122
Konjunktive Minimalform / conjunctive normal form 124
Konkreter Markt / concrete market 26

Konkurrenzforschung / competitor research 428
Konkurrenzorientierte Preisfindung / pricing oriented on competitors 434
Konsortium / consortium 29
Konstitutiv (rechtserzeugend) / constitutive 19
Konstruktor / constructor 203
Konsumgüter / consumer goods 18
Kontaktbelegung Endgerät / contact layout terminal device 288
Kontinuierlicher Verbesserungsprozess (KVP) / continuous improvement process 393
Kontrahierungspolitik / contract policy 433
Kontrastverhältnis / contrast ratio 186
Kontrolle von Geschäftsprozessen / controlling of business processes 51
Kontrollspanne / control span 34
Kontrollstrukturen / control structures 219
Konzentration / concentration 28, 29
Konzeptfehler / concept mistake 204
Konzeptionelles Modell / conceptual model 236
Konzern / group of affiliated companies 29
Kooperation / cooperation 28, 29, 268
Kooperation und Konzentration / cooperation and concentration 28
Kooperationssysteme / cooperative systems 268
Kooperativer Führungsstil / collaborative leadership 37
Koordination / coordination 268
Kopfgesteuerte Schleife / top-controlled loop 219
Kopierschutz AACS / copy protection AACS 156
Korrektheit / correctness 206, 214, 216
Korrekturfähigkeit / correction capability 254
Kosten / costs 465
Kosten- und Leistungsrechnung (Überblick) / cost and activity accounting (overview) 464
Kostenabweichung / costs deviation 479
Kostenarten / cost types 470
Kostenartenrechnung / cost type accounting 466, 467, 468
Kostenauflösungsverfahren / method of cost classification 478
Kostenerfassung / cost collection 464
Kostenkontrolle / cost control 478
Kostenorientierte Preisfindung / cost oriented pricing 436
Kostenrechnung / cost accounting 462, 464
Kostenstelle / cost centre 469, 470
Kostenstellenrechnung / cost centre accounting 469
Kostenträgerblatt / cost unit sheet 472, 473
Kostenträgerrechnung / cost unit accounting 464, **472, 473**
Kostenträgerstückrechnung / cost unit accounting 473
Kostenträgerzeitrechnung / cost unit period accounting 473
Kostenüberdeckung / surplus in cost coverage 477
Kostenunterdeckung / deficit in cost coverage 477
Kostenverrechnung / cost allocation 464
Kostenzuordnung / cost assignment 464
Kreditinstitut / credit institution 25
Kreditpolitik / credit policy 433
Kreisdiagramm / pie chart 63
Kreisfrequenz / angular frequency 85
Kreislaufwirtschaft / recirculation of materials 407
Kristallmikrofon / crystal microphone 177
Kritische Menge / critical mass 445
Kritischer Weg / critical path 42
KrW / recycling management 406
Kryptoanalyse / crypto analysis 418
Kryptografische-Sicherheitsverfahren / cryptographic security methods 380
Kryptographie / cryptography 418
Kryptographische Netzprotokolle / cryptographic network protocols 424
KTA / KTA 418
Kundenanalyse und Käuferverhalten / customer analysis and buyers behaviour 431
Kundenanforderung / customer requirement 384
Kundenbeziehung / customer relationship 459
Kundenbindung / customer loyalty 459
Kundendienst / customer support 432
Kundendokumentation / customer documentation 394
Kundengespräch / customer conversation 75
Kundenlebenszyklus / customer life cycle 460
Kundenmanagement / customer management 460
Kundenorientierte Preisfindung / customer oriented pricing 434
Kundenorientierung / customer orientation 374, 459, 460
Kundentest / customer test 204
Kundentypologie / customer typology 431
Kundenwunsch / customer requirement 374
Kündigungsfrist / period of notice 11
Kündigungsrecht laut BBIG / right to give notice according to the vocational training act 8
Kündigungsschutz / protection against dismissal 11
Kunststofftransponder / plastic transponder 309
Kupferdatenkabel / copper data cable 290
Kupfer-Verkabelung / copper cabling 285
Kurvendiagramm / curve chart 63
Kurzfristige Preisuntergrenze / short-term lowest price limit 434, 476
Kurzschluss / short circuit 104
Kurzwelle / short wave 359
Kurzzeiteinfluss / short-term interference 289
Kurzzeitgedächtnis / short-term memory 56
KVP / CIP 393
K-V-Tafel / K-V-map 124

L

L1-Cache / L1-cache 130
L2TP / L2TP 320
Label / label 402
Ladung / charge 84
Lager / stock 17
Lagerbestandsgrößen / stock keeping quantities 447
Lagercontrolling / warehouse controlling 482
Lagerkennziffern / inventory turnover ratios 447
Lagerkosten / storage cost 446
Lagersystem / stock system 438, 440
Lagerzinskosten / stock interest costs 447
Lagerzinssatz / stock interest rate 447
LAN - Local Area Network / LAN -Local Area Network 276, 299, **275**
Landesarbeitsgericht / Higher Labour Court 23
Landessozialgericht / Higher Social Court 12
Landklima / country climate 405
Lane / lane 160
Langfristige Preisuntergrenze / long-term lowest price limit 434, 476
Langzeiteinfluss / long-term interference 289
Langzeitgedächtnis / long-term memory 56
LAP (Lower Address Part) / LAP (Lower Address Part) 308
Laser / Laser (Light Amplification by Stimulated Emission of Radiation) 297
Laser-Klassifizierung / laser classification 297
Laserschutz in LWLKS / laser protection in fibre optic communication systems 297
Lastenheft / requirement specification 376
LaTeX / LaTeX 242
Lauflängencodierung / run length encoding 188
Laufzeit / propagation time 293
Laufzeitfehler / run-time error 204
Laufzeitverzögerung / delay 280
Lautheit / loudness 82
Lautsprecher / loudspeakers 177
Lautstärkepegel / sound intensity level 82
Layer 1, 2 / Layer 1, 2 283
Layer 3-Switch / Layer 3 switch 283
LCC (Life Cycle Costs) / LCC (Life Cycle Costs) 387
LCD (Liquid Crystal Display) / LCD (Liquid Crystal Display) 184
LCD-Projektor / LCD-Projector 186
LDR / LDR (Light Dependant Resistor) 96
LDTV (Low Definition Television) / LDTV (Low Definition Television) 353
Lead-in / Lead-in 153
Lead-out / Lead-out 153
Lean Management / lean management 52
Lean Production / lean production 52
Leasing / Leasing 456, 457
Leasingarten / kinds of leasing 457
Leasinggeber / lessor 456
Leasinggesellschaft / leasing company 457
Leasingnehmer / lessee 456
Leasingobjekte / leasing objects 456
Leasingraten / leasing charges 456
Lebenszykluskosten / life cycle costs 387
LED / LED (Light Emitting Diode) 96
Lehrplan / training schedule 6
Leihvertrag / leasing contract 453
Leistung / performance 86, 464, 465
Leistung, optische / power, optical 298
Leistungserstellung / performance generation 40
Leistungsfaktor / power factor 112
Leistungsklassen / performance classes 149
Leistungskurve / performance curve 70

Leistungsmengeninduzierte Teilprozesse / activity quantity induced sub-processes 480
Leistungsmengenneutrale Teilprozesse / activity quantity neutral sub-processes 480
Leistungsrechnung / performance accounting 462, 463, 464
Leistungssicht / performance view 47, 49
Leistungsverlust / power loss 298
Leiterkennzeichnung / conductor marking 102
Leiterwiderstand / conductor resistance 289
Leitungen zur Energieübertragung / cables for power transmission 101
Leitungscode / line code 332
Leitungscodierung / line encoding 418
Leitungsdämpfung / line attenuation 289, 293
Leitungsmessung / power measuring 86
Leitungsschutzschalter / circuit breaker 106
Leitungssysteme / management systems 36
Leitwerk / control unit 127
Leitwert / conductance 84
Lempel-Ziv-Welch (LZW) / Lempel-Ziv-Welch 188
Lenkungsfunktion / direction function 28
Lernen / learning 56
Lernfähigkeit / abilities in learning 56
Lernförderung / educational support 254
Lernmodus / learning mode 246
Lernorte / learning locations 6
Lerntyp / learning type 56
Lesbarkeit / readability 199
Lesetechnik / reading practice 57
Leuchtfeuer / beacon 303
Leuchtverfahren / lighting principle 184
Lexikon / lexicon 54
Libaw-Craig-Code / Libaw-Craig-Code 414
Lichtquellen-Wellenlänge / light source wavelength 298
Lichttechnische Größen / photometric quantities 83
Lichtwellenleiter / fibre optic cables 294
Lichtwellenleiter, Anwendungsbereiche / fibre optics. application areas 286
Lichtwellenleiter, Übertragungsentfernungen / fibre optics, transmission distances 286
Lichtwellenleiterdatenkabel / fibre optic data cable 290
Lichtwellenleiteruntersuchung / fibre optic testing 298
Lichtwellenleiter-Verkabelung / fibre optic cabling 285
Lieferantenmatrix / supply matrix 445
Lieferungsbedingung / term of delivery 433, 435
Lieferungsverzug (Nicht-Rechtzeitig-Lieferung) / delayed delivery 449
LIFO / Last In - First Out 203
Line of Sight / Line of Sight 305
Lineare Barcodes / linear barcodes 416
Liniendiagramm / line chart 485
Linienspektrum / line spectrum 90
Linienstelle / line position 34, 35
Linkprozess / link process 228
Linkviren / link viruses 381
Linux / Linux 263
Liquidität / liquidity 483
Liquiditätsgrad I (Barliquidität) / liquidity level I (available cash) 483
Listeneinkaufpreis / suppliers list price 444
Listenverkaufspreis / list sales price 433
Literale / literals 267
Live-Streaming / Live-Streaming 193
LLC (Logical Link Control) / LLC (Logical Link Control) 312
lmi-Prozesse / lmi processes 480
lmn-Prozesse / lmn processes 480
LNB (Low Noise Block) / LNB (Low Noise Block) 357
Logik / Logic 206, **266, 267**
Logikfamilien / logic families 123
Logische Bomben / logical bombs 381
Logische Formatierung / logical formatting 137
Logische Operationen / logical operations 232
Logischer Fehler / logical error 204
Logisches Laufwerk / logical drive 138
Logisches Quadrat / logical square 266
Lohnsatzabweichung / wage rate variance 479
Lohnsteuer / income tax 15
Long Haul / Long Haul 296
long tail / long tail 247
Longitudinalwelle / longitudinal wave 82
Loop / loop 323
Loopback-Adresse / loopback address 322
Lossless Compression / Lossless Compression 188
Lösungsalgorithmus / solution algorithm 228
Low Smoke Zero Halogen / Low Smoke Zero Halogen 288
LPC (Linear Predictive Coding) / LPC (Linear Predictive Coding) 196
LSB (Least Significant Bit) / LSB (Least Significant Bit) 415
LSOH / Low Smoke Zero Halogen 288
LS-Schalter (Leitungsschutz-Schalter) / circuit breaker 106
LTE - Long Term Evolution / LTE - Long Term Evolution 343
LTO / LTO 147
Lumineszenzdiode / luminescence diode 96
LWL - Lichtwellenleiter / FO - fibre optics 294
LWLKS (Lichtwellenleiter Kommunikationssysteme) / LWLKS (fibre optic communication system) 297
LWL-Steckverbinder / FO-connector 294
LZW-Codierung / LZW encoding 188

M

M/M/1-Wartesystem / M/M/1-delay system 270
M.2 – Steckverbinder / M.2 connector 161
m:n-Beziehung / m:n relation 237
MAC (Media Access Control) / MAC (Media Access Control) 312, 322
MAC Rahmenformat / MAC frame format 307
MAC Sublayer / MAC sublayer 307
MAC-Adresse / MAC-address 322
MAC-IP-Adressen / MAC-IP addresses 322
Magnetische Felder / magnetic fields 88
Magnetische Flussdichte / magnetic flux density 88
Magnet-Karten / magnetic-cards 151
Magnetstreifenkarte / magnetic stripe card 151
Mail-Server / mail-server 350
Makro-Viren / macro viruses 381
Makro-Zelle / macro cell 341
malloc / malloc 229
MAN (Metropolitan Area Network) / MAN (Metropolitan Area Network) 275, 299
Man in the Middle / Man in the Middle 303
Management by Delegation / management by delegation 38
Management by Exception / management by exception 38
Management by Objectives / management by objectives 38
Management Information System (MIS) / Management Information System (MIS) 268
Management-by-Methoden / management by methods 37
Managementphilosophie / management philosophy 459
Manchester Code / Manchester Code 370
Mängelarten / type of defects 450
Mangelhafte Lieferung / defective delivery 449, **450**
Mängelrüge / complaint 450
Manteltarifvertrag / framework on employment conditions 14
Mantisse / mantissa 218
Maple - MAthematical ManiPulation LanguagE / Maple - MAthematical ManiPulation LanguagE 244
Marke / brand name 51
Markenartikel / brand product 437
Marketing / Marketing 427, 428, 441
Marketingforschungsprozess / marketing research process 429
Marketingkonzeption / marketing conception 428
Marketinglogistik / marketing logistic 440
Marketing-Management-Konzept / marketing management concept 427
Marketing-Mix / marketing mix 428, **441**
Marketingstrategie / marketing strategy 441
Markierung / marking 432
Markoff'sche Prozessbedingung / Markoff's process condition 270
Markt / market 26
Marktanalyse / market analysis 428
Marktanteil / market share 428
Marktbeeinflussung / market influence 31
Marktbeherrschung / market domination 32
Marktbeobachtung / market investigation 428
Markterkundung / market reconnaissance 428, 429
Markterkundung und Marktforschung / market reconnaissance and market research 429
Marktformen / market structures 26
Marktpotenzial / market potential 428
Marktprognose / market forecast 428, 429
Marktregulierung / market regulation 31
Marktsegmente / market segments 460
Marktsegmentierung / market segmentation 427
Marktsituation / market situation 427
Marktstrukturen und ihre Auswirkungen / market structures and their effects 26
Marktuntersuchung / market analysis 428, 429
Marktvolumen / market volume 428
Marktwirtschaft / market economy 31
Maschenregel / Kirchhoff's second law 87
Maskierbyte / masking byte 322
Mastertakt / master clock 337

Materialgemeinkostenzuschlagssatz / material cost overhead surcharge rate 471
Materialkosten / material costs 433
Materialplanung / material planning 443
Mathematische Software / mathematical software 217
Mathematische Zeichen und Begriffe / mathematical signs and terms 78
MATLAB - MATrix LABoratory / MATLAB - MATrix LABoratory 245
Matrix / matrix 245
Matrix / array (matrix) 324
Matrix-Code / Matrix-Code 417
Matrixorganisation / matrix organization 36
Matrize / array 324
Maximumprinzip / maximum principle 18
Maxtermmethode / maxterm method 124
MCR (Maximum Ratio Combining) / MCR (Maximum Ratio Combining) 304
MCU (Multipoint Control Units) / MCU (Multipoint Control Units) 195, 321
Mechanik / mechanics 378
Meeresklima / sea climate 405
Mehrliniensystem / multi-line system 36
Mehrmoden-Gradientenfaser / multimode graded fibre 294
Mehrmoden-LWL / multimode fibre optic 285
Mehrmoden-Stufenfaser / multimode step-index fibre 294
Mehrprozessorkern / multicore processor 127
Mehrpunktnetz / multipoint network 275
Mehrseitige Rechtsgeschäfte / multilateral legal acts 453
Mehrwegausbreitung / multipath propagation 301
Mehrwegeschwund / multipath fading 348
Mehrwertige Logik / multistage logic 267
Meilenstein / milestone 373
Meldebestand / reordering quantity 447
Memory Controller / memory controller 130
Memory Stick / Memory Stick 148
Mengenlehre / set theory 78, 266
Mengenplanung / quantity planning 443
Menschliche Fehlhandlung / human error 302
Merkmale zur Authentifizierung / characteristics for authentication 395
Messen elektrischer Grundgrößen / measuring of electrical quantities 86
Messen in Datennetzen / measuring in data networks 293
Messen mit dem Elektronenstrahloszilloskop / measuring with the oscilloscope 85
Messfaktoren / benchmarks 51
Messstellen / measuring points 388
Messzahlen / ratio figures 484
Metallene Kanäle / metallic ducts 291
Metapher / metaphor 67
Metasuchmaschine / meta search engine 55
Methode / method 221, 223
Methoden / methods 233
Methodenbeispiele / method examples 210
Methodischer Ansatz / methodical approach 397
Metrik / metric 213, 214
MGKZ (Materialgemeinkostenzuschlagssatz) / material overhead costs surcharge rate 471
MIC (Message Integrity Check) / MIC (Message Integrity Check) 303
Michael (Message Integrity Check) / Michael (Message Integrity Check) 302
Microdrive / microdrive 148
Micro-Zelle / micro-cell 341
MIDI / MIDI (Musical Instruments Digital Interface) 178
MIDI-Schnittstelle / MIDI interface 141
Mietvertrag / rental contract 453
Mikrocontroller / microcontroller 133
Mikrofone / microphones 177
Mikroprozessor / microprocessor 129
MIMD (Multiple Instruction, Multiple Data) / MIMD (Multiple Instruction, Multiple Data) 127, 128
MIMO / MIMO 304
Minderung / reduction of purchase price 450
Mindestabstand / minimum clearance 419
Mindestbestand / inventory reserve 447
Mindestkapital / minimum capital 20
Mindesttrennabstand / minimum separation distance 290
Mind-Mapping / mind-mapping 65
Mini-DisplayPort / Mini-DisplayPort 169
Minimalpolynome / minimum polynomial 423
Minimumprinzip / minimum principle 18
Mintermmethode / minterm method 124
MIPS (Microprocessor without Interlocked Pipe Stages) / MIPS 131
MIPv4 / Mobile IPv4 316
MIR / MIR 174
MIS (Management Information System) / MIS (Management Information System) 268
MISD (Multiple Instruction, Single Data) / MISD (Multiple Instruction, Single Data) 127
MISO / MISO 304
Missbrauch / abuse 397
Mitarbeiterführung / personnel management 375
Mitarbeitertypologie / employee typology 375
Mitbestimmung / co-determination 12
Mitbestimmungsrecht / co-determination right 11
Mithörschwelle / threshold of masking 187
Mittelstandskartelle / medium-sized business cartel 32
Mittelwert / mean value 484
Mitwirkungsrecht / participation right 11
MixColumn / MixColumn 422
MMC (Micro-scheduled Management Command) / MMC 306
Mobile IPv4 / Mobile IPv4 316
Mobile-Tagging / Mobile-Tagging 417
Modallogik / modal logic 267
Modell der vier Seiten / model of four sides 74
Modem / Modem 179
Moderation / moderation 66, 393
Moderationsphase / moderation phase 66
Moderator / moderator 66
Modul / module 200, 203
Modulationsgrad / modulation factor 365
Modulationsindex / modulation index 365
Modulationsverfahren, analog / modulation principles, analog 365
Modulationsverfahren, digitale / modulation principles, digital 367, 368
Modulator / modulator 365
Momentane Verfügbarkeit / stationary availability 387
Mondpreiswerbung / moonlight price advertising 452
Monitorkalibrierung / monitor calibration 145
Monopol / monopoly 26
Montageanleitung / installation instruction 450
Montagemangel / installation defect 450
Mosaiksensor / mosaic sensor 182
MP3 / MP3 189, 190
MPEG (Moving Picture Experts Group) / MPEG (Moving Picture Experts Group) 196, 421
MPEG-1, -2, -4 / MPEG-1, -2, -4 189
MPEG-2 / MPEG-2 196
MPEG-4 / MPEG-4 196
MPEG-Standards / Moving Picture Experts Group standards 189
M-Plane (Management-Säule) / M-Plane (management-plane) 336
MPLS (Multi Protocol Label Switching) / MPLS (Multi Protocol Label Switching) 326
MPO / MPO 286
MS (Mobile Station) / MS (Mobile Station) 340
MS Windows / MS Windows 262
MSB (Most Significant Bit) / MSB (Most Significant Bit) 415
MSC (Mobile Switching Centre) / MSC (Mobile Switching Centre) 340
MS-DOS / MS-DOS 262
MSK (Minimum Shift Keying) / MSK (Minimum Shift Keying) 368
MSN (Multiple Subscriber Number) / MSN (Multiple Subscriber Number) 330
MSS / Mobile Satellite Service 360
MTBF (Mean Time Between Failures) / MTBF (Mean Time Between Failures) 387
MTP / MTP 286
MTTF / MTTF 390
MTTR / MTTR 390
MUL (Multiplication Unit) / MUL (Multiplication Unit) 129
Multi-Band-Betrieb / multiband operation 341
Multi-Core Prozessor / multi-core processor 130
Multigraph / multigraph 323
Multi-Master-System / multi-master-system 172
Multimedia / multimedia 54
MultiMediaCard / MultiMediaCard 148
Multimedianetze / multimedia networks 355
Multipack-Preise / multipack prices 435
Multipeer / Multipeer 193
Multiple Master Domain Model / Multiple Master Domain Model 349
Multiplexer / multiplexer 126
Multiplextechnik / multiplexing technique 337
Multiplikations-Einheit / multiplication unit 129
Multiplizität / multiplicity 203
Multiport-Repeater / multiport repeater 283
Multipunktverbindungen / multipoint connections 171
Multitasking / multitasking 203, 259
Multithreading / multithreading 203, 224
Multi-Threading / multi-threading 129
MZB (Maximal zulässige Bestrahlung) / MPE (Maximum Permissible Exposure) 297

N

Nabe / hub 283
Nachbesserung / improvement 450

Nacherfüllung / rectification of performance 450
Nachforderungsmanagement / claim management 377
Nachfrage / demand 26, 27
Nachfrageüberhang / excess in demand 28
Nachricht / message 89
Nachrichten Unversehrtheitsüberprüfung / message integrity check 303
Nachrichtenkabel (Kupfer) / communication cable (copper) 289
Nachrichtenübertragung / message transfer 74, 89
Nachtsehen / night vision 83
NAG (Numerical Algorithms Group) / NAG (Numerical Algorithms Group) 217
NAND-Flash / NAND-Flash 139
NAND-Verknüpfung / NAND operation 122
NAP (Non Significant Address Part) / NAP (Non-Significant Address Part) 308
NAS / Network Access Server 316
NAS / Network Attached Storage 351
Nassi-Shneidermann / Nassi-Shneidermann 202
Nationale Prüfzeichen / national test marks 399
Natur / nature 21
NBSTAT / NBSTAT 323
N-Codierung / Non-Voice encoding 329
Nebensprechen / crosstalk 289, 293
Nebentätigkeit / side-line employment 7
Negation / negation 122
Neozed / Neozed 106
Netstat / Netstat 323
Network Access Server / Network Access Server 316
Netzbeschreibungen / network descriptions 325
Netze / networks 275
Netze und Graphen / networks and graphs 324
Netzkommunikation / network communication 317, 318
Netzplantechnik / critical path analysis 42
Netzprogrammierung / network programming 234
Netzprotokolle / network protocols 314, 315
Netz-Referenzmodell / network reference model 313
Netzstrukturen / network structures 275
Netzteil / power supply unit 140
Netztopologie / network topology 275, 307
Netzwerk-Adressen / network addresses 322
Netzwerkkomponenten / network components 283
Netzwerkmodell / network model 236
Netzwerktools / network tools 323
Netzwerkverkabelung / network cabling 290
Netzzugriffsverfahren / network access methods 311
Neuronale Netze / neural networks 246
Neuronenstruktur / neuron structure 246
Neutrale Aufwendung / neutral expenses 465
Neutraler Ertrag / non-operating revenue 465
Neutrales Ergebnis / non-operating result 465
Neutralleiter / neutral conductor 101, 102
new / new 230
News / news 54
NEXT (Near-End Crosstalk) / NEXT (Near-End Crosstalk) 280, 293
NGN-Protokolle (Next Generation Networks Protocols) / Next Generation Networks Protocols 315
Nichtdekadische Codes / non-decadic codes 414
Nichtflüchtige Speicher / non-volatile memory 152
NICHT-Funktion / NOT-function 122
nichtfunktionale Anforderungen / non-functional requirements 212
Nichtinvertierer / non-inverter 95
Nichtplanarer Graph / non-planar graph 325
Nicht-Terminal / non-terminal 203
Niederspannungsanlagen / low-voltage installations 118
NNI (Network Node Interface) / NNI (Network Node Interface) 336
Nodes / nodes 323
Non Line of Sight / Non Line of Sight 305
Nonce / nonce 303
Nonpersistent / nonpersistent 311
Normalisierung / normalization 237
Normalkostenrechnung / normal cost accounting 472, **477**
Normen / standards 117
Normenreihe des VDE / standards series of VDE 117
Normenübersicht / standards overview 118
Normungsgremien / standards organizations 117
Normungskartell / standards cartel 32
Normungsverfahren / standardization process 117
Notation / notation 49, 50
NPN / NPN 94
NRZ-Code / Non Return to Zero 370
nslookup / nslookup 323
NTBA (Network Termination for ISDN Basic Access) / NTBA (Network Termination for ISDN Basic Access) 330, 331
NTBBA / NTBBA 333
NTFS (New Technology File System) / NTFS (New Technology File System) 137, 258
NTPMA (Network Termination for ISDN-Primary Rate Access) / NTPMA (Network Termination for ISDN-Primary Rate Access) 330
Nutzerprofilüberwachung / user's profile monitoring 396
Nutzwertanalyse / benefit analysis 445
Nutzzelle / application cell 336
NV-RAM (Non Volatile Random Access Memory) / NV-RAM (Non Volatile Random Access Memory) 152

O

O'Brien-Code / O'Brien code 414
O_2SQL / O_2SQL 238
Oberschwingung / harmonic oscillation 115
Oberziele / main targets 426
Object Management Group / Object Management Group 222
Objekt / object 203, 222, 223, 251
Objekte und Klassen / objects and classes 221
Objektmenge / object quantum 206
Objektmodell / object model 221
Objektorientierte Datenbank / object oriented database 238
Objektorientierte Programmiersprache / object oriented programming language 221
Objektorientierte Systementwicklungen / object oriented system designs 203
Objektorientierter Ansatz / object oriented approach 221
ODER-Funktion / OR function 122
ODER-Verknüpfung / OR operation 122
ODP (Open Distributed Processing) / ODP (Open Distributed Processing) 221
OFDM (Orthogonal Frequency Division Multiplex) / OFDM (Orthogonal Frequency Division Multiplex) 306
OFDMA / OFDMA 343
Offene Handelsgesellschaft (OHG) / ordinary partnership 20
Offener Markt / open market 26
Öffentliche Betriebe / public business enterprises 18
Öffentliche Cloud / public cloud 344
Öffentliche Schlüssel-Infrastruktur / public-key infrastructure 303
Öffentlicher Haushalt / government budget 25
Office-Software / Office software 242
Offset QPSK (OQPSK) / Offset QPSK (OQPSK) 368
OHG (Offene Handelsgesellschaft) / ordinary partnership 20
Ohm / Ohm 84
Ohmsches Gesetz / Ohm's law 84
Ökodesign-Richtlinie / EcoDesign directive 406
Ökologisches Ziel / ecological target 18
Ökonomische Werbeerfolgskontrolle / economic advertising success control 436
Ökonomisches Prinzip / economic principle 18
OLED (Organic-Light Emitting Displays) / OLED (Organic-Light Emitting Displays) 185
Oligopol / oligopoly 26
OM1 / OM1 286
OMA (Object Management Architecture) / OMA (Object Management Architecture) 221
OMG (Object Management Group) / OMG (Object Management Group) 221
On-Demand / On-Demand 193
Online-Marktplätze / online market places 458
ON-Off-Keying / ON-Off-keying 367
On-the-Fly / On-the-Fly 153
OPAL / OPAL 238
Operation / operation 223
Operationsverstärker / operational amplifier 95
Operative Ziele / operational targets 426
Operatives Controlling / operative controlling 481
Operator / operator 50
Optik / optics 83
Optimale Bestellmenge / economic order quantity 446
Optimierungsprinzip / optimization principle 207
Optionalität / optionality 203
Optische Auflösung / optical resolution 181
Optische Fenster / optical windows 294
Optische Messtechnik / optical measurement technique 298
Optische Verstärker / optical amplifier 296
Optisches Rückstreumessgerät / optical time domain reflectometer 298

Optoelektronische Bauelemente / optoelectronic components 96
OQPSK (Offset QPSK) / OQPSK (Offset QPSK) 368
ORACLE / ORACLE 238
Orange-Book / Orange-Book 154, 379
Organic-Light Emitting Displays (OLED) / Organic-Light Emitting Displays (OLED) 185
Organigramm / organization chart 35, 48, 64
Organisation / organization 34, 372
Organisationssicht / organization view 48
Organisatorische Mängel / organizational deficiencies 302
Organisatorische Maßnahme / organizational measure 301
Originäre Produktionsfaktoren / original factors of production 21
Orthogonal Frequency Division Multiplex (OFDM) / Orthogonal Frequency Division Multiplex (OFDM) 306
Orthogonalität / orthogonality 199
Ortsfrequenz / spatial frequency 191
OS1 / OS1 286
OSI 7-Schichtenmodell / OSI 7-layer model 274
OSI-Referenzmodell / OSI-reference model – Open System Interconnection 274, 276
OSPF (Open Shortest Path First) / OSPF (Open Shortest Path First) 326
Oszilloskop / oscilloscope 85
OTDR (Optical Time Domain Reflectometer) / OTDR (Optical Time Domain Reflectometer) 298
Outsourcing / outsourcing 445

P

Pachtvertrag / leasing contract 453
Packet filter / packet filter 396
Packet Sniffer / packet sniffer 203
Paket / packet 314
Pakete / packets 227
Paketvermittlungsverfahren / packet exchange method 314
PAL (Programmable Array Logic) / PAL (Programmable Array Logic) 152
PAM (Pulse-Amplitude Modulation) / PAM (Pulse-Amplitude Modulation) 332
PAN (Personal Area Network) / PAN (Personal Area Network) 275, 299
Paneltechnik / panel method 430
Papiermaße / paper sizes 59
Parabol-Offset / parabolic offset 356
Parabol-Reflektor / parabolic reflector 356
Parallelbetrieb / parallel operation 127
Parallele Befehlsverarbeitung / parallel instruction processing 129
Parallele Rechnerstrukturen / parallel computer architectures 128
Parallele Schnittstelle / parallel interface 166
Paralleler Peripheriebus / parallel peripheral bus 162
Parallelschaltung / parallel connection 87
Paravirtualisierung / paravirtualization 260
Parität / parity 413
Paritätsbit / parity bit 415
Partial CAV / partial CAV 153
Partition / partition 137
Partitionieren von Festplatten / partitioning hard disks 138
Passive Angriffe / passive attacks 424
Passive Transponder / passive transponder 309
Passivmatrix / passive matrix 184
Passwort / password 302
Passworterkennung / password identification 396
Patch / patch 203
Path Control / path control 312
Pay-TV-Box / Pay-TV-Box 357
P-Bild / P-picture 192
PC-Anschlüsse / PC-connectors 157
PCI - Peripheral Component Interconnect / PCI - Peripheral Component Interconnect 158
PCIe - Peripheral Component Interconnect express / PCIe -Peripheral Component Interconnect express 160
PCM - Pulscodemodulation / PCM - Pulse Code Modulation 196, **366**
PCM 30 / PCM 30 369
PCMCIA-Card / PCMCIA-Card 150
PC-Motherboard / PC-Motherboard 134
PC-Netzteil / PC power supply unit 140
PC-Netzteilstecker / PC power supply connectors 140
PCS (Physical Coding Sublayer) / PCS (Physical Coding Sublayer) 281
PC-Schnittstellen / PC-interfaces 157
PDC (Primary Domain Controller) / PDC (Primary Domain Controller) 349
PDF - Portable Document Format / PDF - Portable Document Format 255
PDN (Public Data Network) / PDN (Public Data Network) 346
Peer-to-Peer support / Peer-to-Peer support 477
Pegel / level 362
Pegelplan / level diagram 362
PE-Leiter / PE conductor 101, 102
PELV (Protective Extra-Low Voltage) / PELV (Protective Extra-Low Voltage) 107
PEM / PEM 421
Penetrationsstrategie / penetration strategy 435
PEN-Leiter / PEN conductor 101, 102
Periodendauer / cycle duration 85
Periodenkosten / period costs 466
Peripheral Component Interconnect (PCI) / Peripheral Component Interconnect (PCI) 158
Perl / Perl 234
Permanent Link / permanent link 293
Persistent / persistent 311
Personal Home Pages / Personal Home Pages 252
Personalaspekt / staff aspect 373
Personalbeschaffung / personnel recruitment 8
Personalcontrolling / personal controlling 483
Personaleinsatz / staff deployment 372, 373
Personaleinstellung / staff recruitment 8
Personaler Ansatz / personal approach 397
Personalwesen / human resources department 40
Personengesellschaft / unincorporated firm 20
Petrinetz / Petri net 51
Pflichten des Ausbildenden / duties of trainer 7
Pflichtenheft / system specification 376
P-GSM / Public GSM 360
Phänomen / phenomena 234
Phasen der Kostenrechnung / phases in cost accounting 464
Phasenkonzept / phase concept 208
PHP -(Personal) Hypertext Preprocessor / PHP - (Personal) Hypertext Preprocessor 252
PHY Layer / PHY layer 307
Physikalische Einheiten / physical units of measure 80
Physikalische Formatierung / physical formatting 137
Physikalische Gleichung / physical equation 80
Physikalische Größen / physical quantities 80
Physische Distribution / physical distribution 438, 440
Physische Sicherheit / physical safety 380
Pico-Netz / pico-network 308
Pico-Zelle / pico-cell 341
Piezoelektrischer Lautsprecher / piezoelectric loudspeaker 177
Piezoelektrisches Verfahren / piezoelectric principle 180
Ping / ping 323
Pipeline (Warteschlange) / pipeline 129, 131
Pipeline / Pipelining / pipeline/pipelining 203
Pixelgrafik / pixel graphics 144
PKI (Public Key Infrastructure) / PKI (Public Key Infrastructure) 303
PLA (Programmable Logic Array) / PLA (Programmable Logic Array) 152
Planar / planar 325, 356
Planarität / planarity 325
Plankostenrechnung / standard cost accounting 472, **478, 479**
Planungsablauf / planning process 373
Planungsaktivität / planning activity 373
Planungsphase / planning phase 372
Planungsrechnung / accounting for planning and control 462
Platzkauf / local purchase 451
PLD (Plasma-Displays) / PLD (Plasma-Displays) 185
PLD (Programmable Logic Device) / PLD (Programmable Logic Device) 152
Plesiochrone Digitale Hierarchie / Plesiochronous Digital Hierarchy 337
PLMN (Public Land Mobile Network) / PLMN (Public Land Mobile Network) 346
Plumbicon / plumbicon 183
PMA-Bus (Program Memory Address-Bus) / PMA-Bus (Program Memory Address-Bus) 132
PMDS / PMDS 336
PNP / PNP 94
Podcasting / podcasting 354
Point to Multi-Point / Point to Multipoint 305
Point to Point Backhaul / Point to Point Backhaul 305
Point-to-Multipoint Service Centre (PTM-SC) / Point-to-Multipoint Service Centre 346
Politischer Streik / political strike 14
Polling / polling 259
Polyalphabetische Verschlüsselung / polyalphabetic encryption 418
Polymorphie / polymorphism 221
Polynomfunktionen / polynomial functions 200
Polynommultiplikation / polynomial multiplication 420
Polypol / polypoly 26, 27

Port / Port 317
Port Scans / port scans 424
Portabilität / portability 203
Portal / portal 300, 458
Positionierung im Markt / positioning in the market 441
Postfix-Notation / postfix notation 232
PostScript (PS) / PostScript (PS) 255
PostScript-Interpreter / PostScript-interpreter 255
POTS (Plain Old Telephone Service) / POTS (Plain Old Telephone Service) 333
Power over Ethernet / Power over Ethernet 282
P-persistent / p-persistent 311
ppi (pixel per inch) / ppi (pixel per inch) 181
PPTP / PPTP 320
PR (Public Relations) / PR (Public Relations) 437
Präambel / preamble 278
Prädikatenlogik / predicate logic 267
Präfix / prefix 91
Präfixcode / prefix code 419
Präsentation / presentation 62
Präsentationssoftware / presentation software 62
Preis / price 27
Preis- und Konditionenpolitik / price and conditions policy 433, 434, 435
Preisabweichung / price deviation 479
Preisausschreiben / contest 452
Preisbildung auf dem vollkommenen Markt / pricing in an ideal market 27
Preisdifferenzierung / price differentiation 435
Preiselastizität / price elasticity 27
Preisfindung / pricing 433
Preiskartell / price cartel 32
Preisplanung / price planning 443
Preispolitik / price policy 433, 434, 441
Preispositionierung / price positioning 435
Preissatzabweichung / price rate divergence 479
Preisspiegel / price mirror 444
Preisuntergrenze / lower price limit 434, 476
Presentation Service / presentation service 312
Primärausfall / primary failure 392
Primäre Verkabelung / primary cabling 285
Primärer Sektor / primary sector 24
Primärerhebung / primary survey 431
Primärforschung / initial research 429, 430
Primärforschung: Auswahlverfahren und Erhebungsmethoden / initial research: selection principles and survey methods 430
Primärmeldung / primitive 318
Primärmultiplexanschluss / primary multiplex access 330
Primärpartition / primary partition 137
Primärring / primary ring 339
Primärschlüssel / primary key 237, 239
Primatkollegialität / primate colleagueship 38
Primzahl / prime number 421
Printmedien / print media 54, 436
Priorität / priority 372
private / private 230, 233
Private Cloud / private cloud 344
Privater Verbrauch / private consumption 25
Privatleasing / private leasing 457
Primärelement / primary source 100
Probezeit / probation time 7
Problemklassen / problem classes 200
Problemlösung / problem solving 69
Product Backlog / Product Backlog 211
Product Owner (PO) / Product Owner (PO) 211
Product Placement / product placement 436, 437
Produkt- und Sortimentspolitik / product and assortment policy 432, 441
Produkt-/Programmpolitik / product and product range policy 432
Produktbegleitende Servicepolitik / product supporting service policy 432
Produktdifferenzierung / product differentiation 432
Produktdiversifikation / product diversification 432
Produktgestaltung / product design 432
Produktinnovation / product innovation 432
Produktion / production 203
Produktionscontrolling / production controlling 482
Produktionsfaktoren / factors of production 18, 21
Produktionsfaktoren und Faktorkombination / factors of production and factor combination 21
Produktionsgüter / production goods 18
Produktionsunternehmen / manufacturer 25
Produktivität / productivity 482
Produktlebenszyklus / product life cycle 432
Produktmaß / product measure 214
Produktmerkmale / product features 384
Produktnormen / product standards 120
Produktorientierte Aufbauorganisation / product oriented organization structure 35
Produkt-Projekt / product project 372
Profilieren / profile 145
Programmablaufplan / program flowchart 202, 201
Programmablaufsteuerung / program control sequence 227
Programmbeschreibungen / program descriptions 201
Programmbibliothek / program library 128
Programmierfehler / programming mistakes 204
Programmiersprachen / programming languages 225
Programmierung / programming 267
Programmspeicher / program memory 127
Programmtest / program test 213
Projektabschluss / final completion 377
Projektbegriffe / project terms 208
Projekte / projects 372, 373, 374, 3675
Projekt-Handbuch / project manual 209
Projektmanagement / project management 373
Projektmanagement, Begriffe / project management, terms 377
Projektmanager / project manager 373
Projektmaß / project measure 214
Projektmethode / project method 56
Projektorganisation / project organization 373
Projektrisikoanalyse / project risk analysis 377
Projektziel / project target 377
Prokura / power of procuration 39
Prokurist / authorized signatory 39
PROLOG / PROLOG 267
PROM (Programmable Read Only Memory) / PROM (Programmable Read Only Memory) 152
Prompt / prompt 251
protected / protected 230, 233
Protokoll / minutes of meeting 221
Protokoll-Diameter / protocol diameter 316
Protokolle / minutes of meeting 58
Protokolle / protocols 313
Protokollfamilien / protocol families 312
Protokollgestaltungen / protocol design 312
Protokollierung / logging 379
Provider / provider 381
Proxy Server / proxy server 318, 381, 396
Prozessablauf / process flow 373
Prozessanalyse / process analysis 44, 45
Prozesse / processes 259, 263
Prozesskette / process chain 45
Prozesskostenrechnung / process cost accounting 479, 480
Prozesskostensatz / process cost rate 480
Prozessmanagement / process management 46
Prozessmaß / process measure 214
Prozessmodell / process model 206
Prozessoptimierung / process optimization 46
Prozessorchipkarte / processor chip card 151
Prozessorientierte Organisation / process oriented organization 43
Prozessorientierte Produktpolitik / process oriented product policy 432
Prozessortopologie / processor topology 128
Prozessplanung / process planning 384
Prozessschritte / process steps 215
Prozessuntersuchung / process investigation 269
Prozessverklemmung / process deadlock 203
Prüfen installierter Verkabelung / testing of installed cabling 292
Prüfleistungsmessung / test power measuring 292
Prüfparameter / testing parameter 292
Prüfsiegel / test marks 400
Prüfstelle / test centre 420
Prüfsumme / check sum 314
Prüfverfahren / testing methods 292
Prüfzeichen an elektrischen Betriebsmitteln und Geräten / test marks for electrical equipment 399
PS/2 SIMM / PS/2 SIMM 135
PSE (Power Sourcing Equipment) / PSE (Power Sourcing Equipment) 282
Pseudocode / pseudo code 201
PS-Interpreter / PS interpreter 255
PSK (Phasenumtastung) / Phase Shift Keying 367
PSK (Pre-Shared-Key) / PSK (Pre-Shared-Key) 302, 303
PSP / Personal Software Process 204
Psychologische Preisgestaltung / psychological price definition 435
PTM-SC (Point-to-Multipoint Service Centre) / PTM-SC (Point-to-Multipoint Service Centre) 346
PTR (Pointer) / PTR (Pointer) 337
public / public 230, 233
Public Domain / public domain 203
Public Relations (PR) / Public Relations (PR) 437
PUE Kategorien / PUE categories 388
Pulscodemodulation (PCM) / pulse code modulation 366
Punkt-zu-Punkt-Verbindung / point-to-point connection 171

PVS (Plankostenverrechnungssatz) / PVS (standard costs accounting rate) 478

Q

QAM (Quadratur Amplitudenmodulation) / Quadrature Amplitude Modulation 332, 368
QBE (Query by Example) / QBE (Query by Example) 238
QCIF (Quarter CIF) / QCIF (Quarter CIF) 196
QFD (Quality Function Deployment) / QFD (Quality Function Deployment) 384
QoS (Quality of Service) / QoS (Quality of Service) 195
QPSK / Quadrature PSK 367, 368
QR-Code / QR-Code 417
QS-Handbuch / QS-manual 209
Quad-Core / quad-core 130
Quadratur PSK / quadrature PSK 367, 368
Qualität / quality 198, 373, **382**
Qualitätsanforderungen / quality requirements 212
Qualitätsebene / quality level 206
Qualitätshaus / house of quality 384
Qualitätskreis / quality circle 383
Qualitätslenkung / quality control 382
Qualitätsmangel / quality deficit 450
Qualitätsmerkmale / quality characteristics 383
Qualitätsplanung / quality planning 382
Qualitätsprüfung / quality audit 382
Qualitätssicherungsnorm / quality assurance standard 383
Qualitätssicht / quality view 206
Qualitätszielbestimmung / quality target definition 214
Quality Office / Quality Office 400
Quantisierung / quantization 366
Quantisierungsstufe / quantization level 91
Quantorenlogik / quantum logic 267
Quatro LNBs / quad LNB's 357
Quellcodegestaltung / source code design 228
Quellcode-Viren / source code virus 381
Quellcodierung / source encoding 418
Quellenangabe / source entry 57
Querschnittsfunktion / cross section function 40
Quick Time / Quick Time 193
Quicksort / Quicksort 217
Quotenanweisung / quota instruction 430
Quotenverfahren / quota principle 430
QXGA / QXGA 186

R

Rabattkartell / discount cartel 32
Rabattpolitik / discount policy 433, 435
Radiosystem / radio system 340
RADIUS (Remote Authentication Dial-In User Service) / RADIUS (Remote Authentication Dial-In User Service) 303, 316
RADIUS-Protokoll / RADIUS protocol 316
Rahmendefinitionen / frame definitions 279
Rahmenformate / frame formats 278
Rahmenlehrplan / framework curriculum 6
Rahmenprüfbits / frame checking bits 279
Rahmentarifvertrag / industry-wide (master) agreement 14
RAID - Redundant Array of Independent Disc / RAID - Redundant Array of Independent Disc 164
RAM / Random Access Memory 135
Ramschkauf / rummage purchase 451
Randbedingungen / constraints 204
Randomverfahren / random method 430
Randsortiment / subsidiary assortment 432
Rang / order 325
RAS (Remote Access Service) / RAS (Remote Access Service) 316, 321
Rastergrafik / bitmap graphics 144
Ratenkauf / hire purchase 451
Ratenlieferungsvertrag / hire purchase delivery contract 453
Rationalisierungskartell / rationalization cartel 32
Rausch-Signal-Abstand / noise-signal-distance 293
R-Bus / Result-Bus 132
RCD (Residual Current protective Device) / RCD (Residual Current protective Device) 108
RD (Register Decode) / RD (Register Decode) 131
RDRAM (Rambus DRAM) / RDRAM (Rambus DRAM) 135
Real / real 220
Real Audio / Real Audio 178
realloc / realloc 229
Rechenschaltungen / computing circuits 126
Rechenwerk / arithmetic logic unit 127
Rechenzentrum - Hochverfügbarkeit / data processing centre - high availability 389
Rechenzentrum - Energieeffizienz / data centre - energy efficiency 388
Rechnerarchitektur / computer architecture 127
Rechnernetz / computer network 324
Rechnungsprüfung / invoice auditing 449
Rechte und Pflichten laut Berufsbildungsgesetz (BBiG) / rights and duties of vocational training act 7
Rechtecksignale / square wave signal 90
Rechtsbereiche / legal spheres 394
Rechtsbezeugend (deklaratorisch) / right-attesting 19
Rechtserzeugend (konstitutiv) / right-generating 19
Rechtsform / legal form 19, 20
Rechtsformen der Unternehmungen / legal forms of enterprises 20
Rechtsformzusatz / legal form supplement 19
Rechtsgeschäfte von natürlichen und juristischen Personen / legal transactions by natural and legal persons 453
Rechtsmangel / legal infirmity 450
Record-Typ / record type 220
Recycling / recycling 407, **408**
Recycling-Code / recycling code 408
Recyclingkosten / recycling costs 387
Recyclingzeichen / recycling symbol 399
Red-Book / Red-Book 154, 379
Reduktionsfaktor / reduction factor 187
Reduktionsrate / reduction rate 187
Redundante Speicherung / redundant storage 164
Redundante Systeme / redundant systems 391
Redundanter Code / redundant code 201
Redundanter Datenstrom / redundant data stream 196
Redundanz / redundancy 235
Redundanz-Reduktion / redundancy reduction 187
Referat / presentation 67
Referenzmodell / reference model 346
Referenzmonitor / reference monitor 379
Reflexionsverfahren / reflection method 184
Regeln für das Arbeiten in elektrischen Anlagen / rules for working on electrical installations 403
Regeneration / regeneration 379
Regenerator / regenerator 337
Regionallager / regional warehouse 440
Registerfunktion / register function 340
Registry / registry 264
Reihenfolge (Sequenz) / sequence 202
Reihenschaltung / series connection 87
Reisevertrag / travel agreement 453
Reklamation (Mängelrüge) / complaint 450
Rekursion / recursion 219
Relation / relation 203, 237
Relationale Datenbanken / relational databases 237
Relationale Datenbankerstellung / relational database design 240, 241
Relationales Modell / relational model 236
Relationen / relations 78
Relationenalgebra / relational algebra 203
Relationenmodell / relational model 203
Remote Access Services / Remote Access Services 316
Remote Authentication Dial-in User Service / Remote Authentication Dial-in User Service 316
Remotezugriff / remote access 320
Reparatur und Änderung elektrischer Geräte / repair and modification of electrical devices 113
Repeater / repeater 283
Reservierte Adresse / allocated address 172
Return Loss (Rücklaufverluste) / return loss 280
Return on Investment / Return on Invest 483
Review / review 213
RFC - Request for Comments / RFC - Request for Comments 310
RFD (Reduced Function Device) / RFD (Reduced Function Device) 307
RFID - Radio Frequency Identification / RFID - Radio Frequency Identification 309
RGB / RGB 143
R-GSM / Rail GSM 360
Richtfunk / microwave radio system 348
Richtungsbetrieb / directional operation 89
Rijndael-Algorithmus / Rijndael algorithm 421, 422
RIMM / Rambus Inline Memory Module 135
Ringtopologie / loop topology 128
RIP (Routing Information Protocol) / RIP (Routing Information Protocol) 326
RISC - Reduced Instruction Set Computer / RISC - Reduced Instruction Set Computer 131
RISC-Architektur / RISC architecture 127
Risiken / risks 442
Risikoanalyse / risk analysis 377
RLE (Run Length Encoding) / RLE (Run Length Encoding) 188
RNC / RNC 342
RNS / RNS 342
Robustes Netz / robust network 303
Robustes Verfahren / robust method 325
Robustheit / robustness 206, 389
RoHs / RoHs (Restriction of Hazardous Substances) 406
RoI / RoI 483

Rollen / roles 211
Rollenspiel / role game 56
ROM (Read Only Memory) / ROM (Read Only Memory) 152
Römische Zahlen / Roman numerals 79
Roter Faden / central theme 376
Router / router 283
Routine / routine 200
Routing / routing 325, 326
Routingprotokolle / routing protocols 326
Routingtabellen / routing tables 326
Routing-Verfahren / routing principle 325
RS-232 / RS-232 166
RSA (Rivest, Shamir, Adleman) / RSA (Rivest, Shamir, Adleman) 420
RSA-Verfahrensablauf / RSA-principle 421
RSN (Robust Security Network) / RSN (Robust Security Network) 303
RSS / Really Simple Syndication 247
RSTP (Rapid Spanning Tree Protocol) / RSTP Rapid Spanning Tree Protocol 354
RTCP (Real Time Control Protocol) / RTCP (Real Time Control Protocol) 321
RTP (Real Time Protocol) / RTP (Real Time Protocol) 321
RTS (Ready-to-Send) / RTS (Ready-to-Send) 311
Rückflussdämpfung / return loss 293
Rücklaufverluste / return losses 280
Rückschlussentropie / inference entropy 271
Rücktritt / withdrawal 450
Rückwandbus-Einheit / backplane unit 159
Ruhehörschwelle / resting threshold 187
Rumbaugh-Modell / Rumbaugh model 221
runde Preise / round prices 435
Rundungsfehler / rounding error 204
RZ-Code / Return to Zero Code 370

S

S/PDIF / S/PDIF 134
S_0-Bus / S_0 bus 331
Sachaspekte / factual aspects 373
Sachdarlehensvertrag / loan of fungible things contract 453
Sachgüter / real assets 18
Sachmangel / defect of quality 450
Sachziele / contend goals 426
Sachzielorientierte Projekte / contend goals oriented projects 372
Safety Extra-Low Voltage (SELV) / Safety Extra-Low Voltage (SELV) 107
Sales promotion (Verkaufsförderung) / sales promotion 437
Sammelwerbung / collective advertising 436
Sample & Hold-Schaltung / sample & hold circuit 132
SAN / SAN 351
SAP R/3 / SAP R/3 45
SAS / SRS 386
SAS - Software Anforderungsspezifikation / SRS - Software Requirements Specification 386
SAS - Serial Attached SCSI / SAS - Serial Attached SCSI 162, **163**, 339
SASH (Stand Alone Shell) / SASH (Stand Alone Shell) 261
SATA - Serial ATA / SATA - Serial ATA 138
SATA Tunnelling Protocol (STP) / SATA Tunnelling Protocol (STP) 163
Satelliten für Direktempfang / satellites for direct reception 357
Sättigung / saturation 432
Satz vom ausgeschlossenen Dritten / principle of excluded third 266
Satz vom Widerspruch / principle of contradiction 266
Sätze von Shannon / theorems of Shannon 271
Satzspiegel / type area 59
Säulendiagramm / bar chart 63, 484
Scanner / scanner 181
Scatter-Netz / scatter-network 308
SC-FDMA / SC-FDMA 343
Schadensersatz / damages 450
Schall / sound 82
Schalldruckpegel / sound intensity level 82
Schallgeschwindigkeit / sound velocity 82
Schallquellen / sound sources 82
Schaltalgebra / Boolean algebra 122
Schaltungen mit Widerständen / circuits with resistors 87
Schaltzeichen der Elektrotechnik / circuit symbols in electrical engineering 98, 99
Scheduling / scheduling 203, 259
Schenkungsvertrag / donation contract 453
Schichten / level 47
Schichtenmodelle / layer models 312
Schickschulden / obligations to be performed at debtor's place of business by dispatch of debtor 449
Schleife / loop 219, 229, 323
Schleife mit Unterbrechung / loop with interrupt 202
Schlichtungsverfahren / conciliation procedure 13, 14
Schlinge / loop 323
Schlüsse / syllogisms 266
Schlüssel / key 238
Schlussfi guren / syllogism figures 266
Schlussweisen / inferences 271
Schmelzsicherung / fuse 106
Schmitt-Trigger / Schmitt-Trigger 125
Schnittmenge / intersection of sets 78
Schnittstelle, parallele / interface, parallel 166
Schnittstelle, serielle / interface, serial 166
Schnittstellen / interfaces 249
Schreibtischforschung / desk research 429
Schriftarten / font types 58
Schriftgröße / font size 59
Schriftschnitte / typefaces 58
Schutz gegen gefährliche Körperströme / protection against electric shocks 107
Schutzarten / protection types 114
Schutzklasse / protection class 113
Schutzleiter / protective conductor 101, 102
Schutzmaßnahmen / protective measures 118
Schutzpotenzialausgleich / protective equipotential bonding 109
Schutzzeichen / protection symbols 114
Schutzzeit / guard-time 335
Schweigen / silence 374
Schwerpunktstreik / main focus strike 14
Schwingung / oscillation 359
SCL (Serial Clock Line: serielle Taktleitung) / SCL (Serial Clock Line) 172
SCM (Supply Chain Management) / SCM (Supply Chain Management) 459
SCO (Synchronous Connection Oriented) / SCO (Synchronous Connection Oriented) 308
Scrum / Scrum 211
Scrum Master / Scrum Master 211
SCSI - Small Computer System Interface / SCSI - Small Computer System Interface 162
SCSI Management Protocol (SMP) / SCSI Management Protocol (SMP) 163
SCTP / Stream Control Transmission Protocol 316
SD Karte / SD card 149
SDA (Serial Data Line: serielle Datenleitung) / SDA (Serial Data Line) 172
SDDI (Shielded Distributed Data Interface) / SDDI (Shielded Distributed Data Interface) 339
SDH - Synchrone Digitale Hierarchie / SDH - Synchronous Digital Hierarchy 337
SDLT / SDLT 147
SDMA (Space Division Multiple Access) / SDMA (Space Division Multiple Access) 304
SDRAM / Synchronous Dynamic Random Access Memory 135, 136
SDSL / SDSL 332
SDTV (Standard Definition Television) / SDTV (Standard Definition Television) 353
Section Overhead (SOH) / Section Overhead (SOH) 337
Secure Digital Memory Card / Secure Digital Memory Card 148
Security Architecture / security architecture 379
Security Policy / security policy 301
Sedezimal-Zahlensystem / hexadecimal system 79
Segmentierungskriterien / segmentation criteria 427
Sehraum / visual space 404
SEI (Software Engineering Institute) / SEI (Software Engineering Institute) 209
Seitenaufbau / page layout 59
Seitenformat / page format 59
Seitenfrequenz / sideband frequency 365
Seitengestaltung / page layout 59
Sekundärausfall / secondary failure 392
Sekundäre Verkabelung / secondary cabling 285
Sekundärelement / electric storage battery 100
Sekundärer Sektor / secondary sector 24
Sekundärforschung / secondary research 429, 430
Sekundärforschung: Betriebsinterne und -externe Quellen / secondary research: firm internal and external sources 430
Sekundärring / secondary ring 339
Selbstadaptives Verfahren / self-adopting diversity 325
Selbsterklärung / self declaration 254
Selbstkosten / total production cost 433
Selbstkosten des Umsatzes / total costs of sales 472
Selbstreproduktionsfähigkeit / self-production capability 381
Selectionsort / Selectionsort 217
SELV (Safety Extra-Low Voltage) / SELV (Safety Extra-Low Voltage) 107
Senat / senate 23
Sendeaufruf (Polling) / transmit call 311
Sendediversität / transmission diversity 304
Sequential Polling / sequential polling 311
Sequenzendiagramm / sequence diagram 224
Serial ATA (SATA) / Serial ATA (SATA) 138
Serial Attached SCSI (SAS) / Serial Attached SCSI (SAS) 162, 163

Serial Clock Line: serielle Taktleitung (SCL) / Serial Clock Line (SCL) 172
Serial Data Line: serielle Datenleitung (SDA) / Serial Data Line (SDA) 172
Serial Presence Detect (SPD) / Serial Presence Detect (SPD) 136
Serial SCSI Protocol (SSP) / Serial SCSI Protocol (SSP) 163
Serielle Schnittstelle / serial interface 165, **166**
Serielles Buskonzept / serial bus principle 163
Server / server 349
Server-Blade / server blade 350
Service Class / service class 352
Servicepolitik / service policy 432
Serviceprozess / service process 44
Serving GPRS Support Node (SGSN) / Serving GPRS Support Node (SGSN) 346
Session Initiation Protocol: Sitzungs-Initiierungs Protokoll (SIP) / Session Initiation Protocol 321
Set-Top-Box / Set-Top-Box 357
SGML (Standard Generalized Markup Language) / SGML (Standard Generalized Markup Language) 250
SGSN (Serving GPRS Support Node) / SGSN (Serving GPRS Support Node) 346
Shannon / Shannon 419
Shared medium / shared medium 302
Shareholder / shareholder 16
Shareware / Shareware 198, 203
SHDSL / SHDSL 332
Shells / shells 254, 261
ShiftRow / ShiftRow 422
Shortcut / shortcut 203
SHTTP / Secure Hypertext Transfer Protocol 318
SI-Basiseinheit / SI-basic unit 80
Sicherheit / safety 397
Sicherheit von Einrichtungen der Informationstechnik / safety of information technology equipment 378
Sicherheitsarchitektur / security architecture 424
Sicherheitsbestimmungen für netzbetriebene elektronische Geräte / safety regulations for mains powered electronic devices 113
Sicherheitsebenen / security level 379, **382**
Sicherheitskleinspannung / safety extra low voltage 107
Sicherheitsmechanismen / security mechanisms 302
Sicherheitsphilosophien / safety philosophies 397
Sicherheitsschilder / safety signs 403
Sicherheitsstruktur / security structure 379
Sicherheitszeichen / safety symbols 399
Sicherung / fuse 106
Sicherungsprotokolle / security protocols 424
Sicherungsschicht / data link control 312
Sichten / views 47
Siemens / Siemens 84
Signalcodierung für Basisbandübertragung / signal encoding in baseband transmission 370
Signale / signals 90
Signaleinteilung / signal classification 90
Signalfunktion / signal function 28
Signaturverfahren / signature methods 421
SIM (Subscriber Identity Module) / SIM (Subscriber Identity Module) 340
SIMD (Single Instruction, Multiple Data) / SIMD (Single Instruction, Multiple Data) 127, 128
SIMM / Single Inline Memory Module 135
SIMO / SIMO 304
Simplex / simplex 294
Simplex-Betrieb / simplex operation 89
Simulationen / simulations 203, **234**
Single Data Rate (SDRAM) / Single Data Rate (SDRAM) 136
Single Domain Model / Single Domain Model 349
Single Input Multiple Output (SIMO) / Single Input Multiple Output (SIMO) 304
Single Input Single Output (SISO) / Single Input Single Output (SISO) 304
Single Instruction Multiple Data (SIMD) / Single Instruction Multiple Data (SIMD) 127, 128
Single Instruction Single Data (SISD) / Single Instruction Single Data (SISD) 129
Single Master Domain Model / Single Master Domain Model 349
single point of failure / single point of failure 163
Sinnbilder / symbols 201
Sinnbilder der EPK-Technik / symbols in EPK technique 50
Sinusförmige Wechselspannung / sinusoidal a.c. voltage 85
SIP (Session Initiation Protocol) / SIP (Session Initiation Protocol) 321
SIR (Slow) / SIR (Slow) 174
SIS (Social Information Systems) / SIS (Social Information Systems) 268
SISD (Single Instruction Single Data) / SISD (Single Instruction Single Data) 127, 129
SISO / SISO 304
Sitzungsschicht / session layer 274
SJF / Shortest Job First 203
Skalar / scalar 80
Skalierbarkeit / scalability 389
Skimmingstrategie / skimming strategy 435
Skonto / cash discount 435
SLA / SLA 390
Small Computer System Interface (SCSI) / Small Computer System Interface (SCSI) 162
Small Office Home Office (SOHO-WLAN) / Small Office Home Office (SOHO-WLAN) 302
SMART / SMART 137
SMB (Side Band Management-Bus) / SMB (Side Band Management-Bus) 150
SMP (Serial Management Protocol) / SMP (Serial Management Protocol) 163
SMS-Werbung / SMS advertising 452
SNMP (Simple Network Management Protocol) / SNMP (Simple Network Management Protocol) 314
Social Information Systems (SIS) / Social Information Systems (SIS) 268
Socket / Socket 317
SO-DIMM (Small Outline DIMM) / SO-DIMM (Small Outline DIMM) 135
Sofortkauf / spot purchase 451
Sofort-Prinzip / immediately principle 71
Software / software 198
Software Anforderungsspezifikation / software requirements specification 386
Software Engineering / software engineering 205, 206, 207, 208
Software-Architektur / software architecture 209
Softwarebegriffe / software terms 203
Softwaregrundlagen / software basics 198, 199, 200
Software-Messung / software measuring 214
Softwareprojekte / software projects 208, 375
Softwarequalität / software quality 214, 215
Softwaretest / software test 215
SOH (Section Overhead) / SOH (Section Overhead) 337
SOHO-WLAN (Small Office Home Office) / SOHO-WLAN (Small Office Home Office) 302
Solid State Drive / Solid State Drive 139
Solidaritätszuschlag / solidarity contribution 15
SOLL-IST-Abgleich / nominal-actual comparison 373, 385
Sollkosten / budget costs 478
Sondereinzelkosten / special direct cost 433
Sortieralgorithmus / sorting algorithm 217
Sortierkomplexität / sorting complexity 217
Sortierung / sorting 419
Sortierverfahren / sorting procedures 217
Sortimentsbereinigung / product assortment streamlining 432, 476
Sortimentsbreite / product assortment diversification 432
Sortimentserweiterung / product assortment extension 432
Sortimentspolitik / assortment policy 432
Sortimentstiefe / product assortment depth 432
Sortimentsveränderung / product assortment modification 432
Soundkarten / sound cards 141
Source MAC / source MAC 279
Soziales Lernen / social learning 247
Soziales Ziel / social target 18, 426
Sozialgericht / social court 11
Sozialgerichtsbarkeit / social jurisdiction 11, 12
Sozialleistungen / social benefits 25
Sozialpartner / social partner 13
Sozialstaatsprinzip / social state principle 31
Sozialversicherung / social insurance 15
Spamware / spamware 381
Spannung / voltage 84, **85**
Spannungsfall auf Leitungen / voltage drop on cables 112
Spannungsmessung / voltage measurement 86
Spannungsquelle, elektrochmische / voltage source, electrochemical 100
Spannungsteiler / voltage divider 87
SPARC (Scalable Processor Architecture) / SPARC (Scalable Processor Architecture) 131
SPD (Serial Presence Detect) / SPD (Serial Presence Detect) 136
Speicher / memory 135
Speicherkarten / memory cards 148, 149
Speichermodule / memory modules 135
Speicherorganisation / memory organization 128
Speicherresidente Viren / memory resident viruses 381
Speichersysteme / storage systems 351
Spektrale Leistungsdichte / spectral power density 306

Spezialisierungskartell / specialization cartel 32
Spezialvollmacht / special power of attorney 39
Spezielle Funktionen / special functions 123
Spezifikation / specification 215
Spezifikationskauf / sale by description 451
spezifische Anforderungen / specific requirements 386
Spiegelplatte / mirror disk 164
Spionage / espionage 397
Spionageprogramm / espionage program 381
Spiralmodell / spiral model 207
Spitzenwert / peak value 85
Splitter / splitter 333
Sponsoring / sponsoring 436, 437
Sprachen / languages 198
Sprecherausschuss / committee of spokesmen 12
Sprint Planning / Sprint Planning 211
Sprunganweisung / jump instruction 229
Sprünge / jumps 219
Spulen / coils 93
Spyware / spyware 381
SQL - Structured Query Language / SQL - Structured Query Language 238, **239**
SQL-Basisbefehle / SQL-basic instructions 240
SRAM / Static Random Access Memory 135
sRGB / sRGB 60
SSAP (Source Service Access Point) / SSAP (Source Service Access Point) 279
SSD - Solid State Drive / SSD - Solid State Drive 139
SSI / Server Side Includes 247
SSP (Serial SCSI Protocol) / SSP (Serial SCSI Protocol) 163
STA (Station) / station 300
Staatliche Wettbewerbspolitik / national competition policy 30
Stabilitätsgesetz / law of stability 30
Stab-Linien-System / staff-line-system 36
Stabsstelle / staff position 34, 35
Stack / stack 203, 229
Stakeholder / stakeholder 16
Standardbibliothek / standard library 229
Standardfunktion / basic function 231
Standards / standards 117
Standards mit Sicherheitsaspekten / standards with security aspects 380
Standardsoftware / standard software 45
Standard-Zahlenmengen / standard number sets 79
Standortverteiler / location distribution rack 285
Stationäre Verfügbarkeit / stationary availability 387
Statistik / statistic 462
Statistische Kennzahlen / reference figures 484, 485
Statistisches Multiplex / statistical multiplex 337
Status-Mitteilung / status message 318
STDM / STDM 369
Steckverbinder PCIe x16 / connector for PCIe x16 160
Steganographie / steganography 418
Stelle / position 34, 51
Stellenbildung / jobs generation 34
Stellung eines Betriebes in Wirtschaft und Gesellschaft / social and economic position of a business enterprise 16
Sternkoppler / star coupler 283
Stern-Netz / star network 307
Sternverteiler / star distributor 283
Sternvierer / star quad 329
Steuerbarkeit / controllability 254
Steuerung / controlling 47
Steuerungssicht / control view 49
Steuerungszelle / control cell 336
STM-16 / STM-16 337
Stochastische Grundbegriffe / basic terms of stochastics 269
Store-and-Forward / store-and-forward 283
Störgröße / interference signal 119
Störquelle / source of interference 119
Störungen über Energienetze / disturbances via power networks 115
STP (SATA Tunnelling Protocol) / STP (SATA Tunnelling Protocol) 163
Strafrecht / criminal law 394
Strahlung / radiation 378
Strategische Ziele / strategic targets 426
Strategisches Controlling / strategic controlling 481
Stream Control Transmission Protocol / Stream Control Transmission Protocol 316
Stream-Cipher / stream-cipher 308
Streaming / streaming 354
Streaming Media / streaming media 193
Streik / strike 14
Streuverluste / distribution losses 436
Strichcode / barcode 416
String / string 220
Stromdichte / current density 84
Stromstärke / current intensity 84, **85**
Stromstärkemessung / current intensity measurement 86
Stromverfahren / stream principles 418
Stromwirkungen / effects of current 105
struct / struct 230
Struktogramm / structured chart 202
Strukturbilanz / structure balance 485
Strukturen / structures 220
Strukturierte Verkabelung / structured cabling 285, 286
Strukturveränderungen der deutschen Wirtschaft / structural changes in the German economy 24
Strukturzahlen / structure figures 485
Stückkauf / purchase of specific goods 451
Stückkosten / unit costs 467
Stufenindex-Profil / step-index profile 294
Stufenweise Fixkostendeckung / successive fixed-charge coverage 475
Submissionskartell / submission cartel 32
Subnetz / subnetwork 322
Subnetz-Maske / subnet mask 322
Subprozess / subprocess 45
Substitution / substitution 418
Subventionen / subsidy 25
Suchalgorithmus / searching algorithm 217
Suchen im Internet / searching on the internet 55
Suchmaschinen / search engines 55
Suchprozesse / search processes 323
Suchstrategie / search strategy 55
Summierer / summing unit 95
Superskalare Prozessoren / superscalar processors 129
Supertask / supertask 203
Supplicant / supplicant 303
Supply Chain Management (SCM) / Supply Chain Management (SCM) 459
Supportprozess / support process 45
SVGA / SVGA 186
Switch / switch 283
Switched Diversity / switched diversity 304
SXGA / SXGA 186
SYBASE / SYBASE 238
Syllogismus / syllogism 266
Symmetrische Tertiärverkabelung / symmetrical tertiary cabling 285
Synchrones Multiplex / synchronous multiplex 337
Syndikat / syndicate 32
Synentropie / synentropy 271
Syntaxfehler / syntax error 204
Syntaxüberprüfung / syntax check 204
Systemadministration / system administration 263
Systemfunktionalität / system functionality 379
Systemkriterien / system criteria 258
Systemsicherheitsebenen / system security layers 379
Systemwiederherstellung / system restoration 262

T

Tabelle / table 484
Tabellenbuch / table book 54
TAE (Telekommunikations-Anschluss-Einheit) / Telecommunication Line Unit 329
TAE 3 x 6 NFN / TAE 3 x 6 NFN 329
Tagessehen / day vision 83
Tags / tags 250
Target / target 158, 162
Tarifautonomie / free collective bargaining 13
Tarifrecht / collective bargaining right 8
Tarifvertrag / collective agreement 13, 14
Tarifvertragsgesetz / collective bargaining law 13
Tarifvertragsparteien / collective bargaining units 13
Tarifvertragsrecht / right of collective bargaining 13, 14
Tarifvertragsverhandlung / collective bargaining 13
Task / task 203, 259
Task-Manager / task manager 262
Tauchspul-Mikrofon / moving coil microphone 177
TCO / TCO (Total Cost of Ownership) 477
TCO-Gütesiegel / TCO quality mark 400
TCP (Transmission Control Protocol) / TCP (Transmission Control Protocol) 314, 321
TCP/IP (Transmission Control Protocol/ Internet Protocol) / TCP/IP (Transmission Control Protocol/ Internet Protocol) 312
TCP-Port / TCP-port 318
TCS (Transmission Convergence Sublayer) / TCS (Transmission Convergence Sublayer) 336
TCSEC (Trusted Computer System Evaluation Criteria) / TCSEC (Trusted Computer System Evaluation Criteria) 379
TCSEC/BSI / TCSEC/BSI 382
TD-CDMA (Time Division CDMA) / TD-CDMA (Time Division CDMA) 341
TDD (Time Division Duplex) / TDD (Time Division Duplex) 308, 343, 360
TDM / Time Division Multiplex 369
TDMA (Time Division Multiple Access) / TDMA (Time Division Multiple Access) 304
TDMA-Prinzip / TDMA principle 340
TE (Terminal Equipment) / TE (Terminal Equipment) 346

Teamarbeit / teamwork 373
Technische Maßnahme / technical measure 301
Technisches Versagen / technical failure 302
Technoklimate / technical climates 405
Teilbereiche des betrieblichen Rechnungswesens / sub-areas of company's accountancy 463
Teilerhebung / incomplete census 430
Teilkostenrechnung / direct costing 472, 474
Teilmärkte / sub-markets 436
Telefonkabel / telephone cable 329
Telefonmarketing / telephone marketing 437
Telefon-Werbung / telephone advertising 452
telnet / telnet 323
Temporale Logik / temporal logics 267
Temporäres Schlüssel-Integritätsprotokoll / temporal key integrity protocol 303
Terminalmultiplex / terminal multiplex 337
Terminalnetz / terminal network 275
Terminkauf / forward purchase 451
Terrestrische Rundfunkbänder / terrestrial radio bands 361
Tertiäre Verkabelung / tertiary cabling 285
Tertiärer Sektor / tertiary sector 24
Test Driven Development / Test Driven Development 210
Testende Verfahren / testing principles 213
Testfall / test condition 213
Testfehler / test error 204
Testkonzept / test concept 213
Testphase / test phase 215
Testverfahren / test method 213
TETRA (Terrestrial Trunked Radio) / TETRA (Terrestrial Trunked Radio) 347
Tetradischer Code / tetradic code 414
TeX / TeX 242
Textaufbau / text structure 58
Textmarkierung / text marking 57
TFF Technologie (Thin Film Filter) / TFF Technology (Thin Film Filter) 295
TFT-Displays (Thin-Film-Transistor) / TFT-Displays (Thin-Film-Transistor) 184
TFT-LCD / TFT-LCD 185
Theoretische Kanalkapazität / theoretical channel capacity 304
Thermo-Verfahren / thermo principle 180
These von Church / thesis of Church 199
Thread / thread 127, 203, 259
Thunderbolt / Thunderbolt 170
Tiefengliederung / depth segmentation 34
Timesharing / time-sharing 261
TINA (Technical Information Network Architecture) / TINA (Technical Information Network Architecture) 221
Tintenstrahldrucker / inkjet printer 180
TKIP (Temporal Key Integrity Protocol) / TKIP (Temporal Key Integrity Protocol) 302, 303
TLB (Translation Lookaside Buffer) / TLB (Translation Lookaside Buffer) 129
TLP / Transport Layer Protocol 316
TLP (Thread Level Parallelism) / TLP (Thread Level Parallelism) 129
TN-C-S-System / TN-C-S system 102, 107
TN-System / TN system 102
Token-Passing-Verfahren / token passing principle 339
Tonformat / sound format 178
Tonwert / hue value 146
Tools / tools 323
TOP-EVENT / TOP-EVENT 392
Tortendiagramm / pie chart 63
TOSLINK-Anschluss / TOSLINK interface 141
Total Cost of Ownership (TCO) / Total Cost of Ownership (TCO) 477
TPID / TPID 319
TQM / TQM 52
traceroute / traceroute 323
Transferfunktion / transfer function 246
Transformatorisches Modell / transformable model 207
Transistor / transistor 94
Transition / transition 51
Transmission Control / transmission control 312
Transponderart / kind of transponder 309
Transport Layer Security / Transport Layer Security 316
Transportmittel / means of transport 438
Transportschicht / transport layer 274, 312
Transposition / transposition 418
Transversalwelle / transverse wave 82
Travan / Travan 347
Trigonometrische Funktionen / trigonometric functions 78
Trigramm / trigram 418
Tripel DES / triple DES 422
Trojanisches Pferd / Trojan horses 381
Trommelscanner / drum scanner 181
TT-System / TT system 102
Tupel / tuple 237
Turing-Maschine / Turing machine 199
TV-Standard / TV standard 353
TWAIN / TWAIN 181
Typungskartell / standardization cartel 32

U

U/UTP Cat.5 / U/UTP Cat.5 288
UAE (Universal Anschlusseinheit) / Universal Access Unit 331
UAP (Upper Address Part) / UAP (Upper Address Part) 308
Übergangsmatrix / transition matrix 270
Überlastkontrolle / overload control 338
Überlauffehler / overflow error 204
Übermaßverbot / excess prohibition 14
Überschreibende Viren / overwriting viruses 381
Übersetzer / translator 200
Überspannungsschutz / overvoltage protection 109
Übersprechdämpfung / crosstalk attenuation 289
Überstromschutzorgane / overcurrent protective devices 106, 110, 111
Übertragbarkeit / portability 198
Übertragung / transmission 362
Übertragungsbandbreite / transmission bandwidth 275
Übertragungsfaktor / transmission coefficient 177, 362
Übertragungsfolge / transmission sequence 318
Übertragungsmaß / transmission constant 362
Übertragungsmedium / transmission media 275
Übertragungsprinzipien / transmission principle 312
Übertragungsstrecke / transmission link 285, 292
Übertragungsstrecken-Klassifikation / transmission link classification 285, **287**
Übertragungstechnik / transmission technology 275
Übertragungsweisen / kind of transmission 275
UDP (User Datagram Protocol) / UDP (User Datagram Protocol) 314, 316, 321
UDP-Port / User Datagram Protocol port 318
UEFI - Unified Extensible Firmware Interface / UEFI - Unified Extensible Firmware Interface 257
UFIR (Ultra Fast) / UFIR (Ultra Fast) 174
UHD (Ultra High Definition Television) / UHD (Ultra High Definition Television) 353
Ultra Long Haul / ultra long haul 296
Ultra-FDD / Ultra Frequency Division Duplexing 360
Ultrakurzwelle / ultra short wave 359
Ultraviolettstrahlung / ultra-violet radiation 83
Umgang mit Text / dealing with texts 57
Umgebungsbedingung / environmental condition 405
Umgebungsklasse / environmental classes 119
UML - Unified Modeling Language / UML - Unified Modeling Language 222, 223, 224
Umlagesatz / levy rate 480
Umschlagshäufigkeit / turnover rate 447, 485
UMTS - Universal Mobile Telecommunications System / UMTS - Universal Mobile Telecommunications System 341, 360
UMTS-Netzarchitektur / UMTS network architecture 342
Umweltbedingungen / environmental conditions 405
Umweltschutz / environment protection 407
Umweltvorschriften / environmental regulations 406
Umweltzeichen / environmental labels 400
Unabdingbare Rechte / inalienable rights 398
UND-Funktion / AND function 122
UND-Verknüpfung / AND operation 122
Unfall / accident 410
Unfallanzeige / accident report 410
Unfallschutz / accident prevention 410
UNI (User Network Interface) / UNI (User Network Interface) 336
Unicast / Unicast 193
Unicode / Unicode 232
Universal LNB / universal Low Noise Block 357
Universal Twin LNB / Universal Twin LNB 357
Universalität / universality 216
Universalmaschine / universal machine 127
UNIX / UNIX 261
Unlauterer Wettbewerb / unfair competition 452
Unshielded Twisted Pair / Unshielded Twisted Pair 288
Unterbrechungsfreie Stromversorgungsanlage / uninterruptible power supply installation 103
Unternehmen / business enterprise 16
Unternehmensergebnis / operating result 465
Unternehmensführung / business management 37, 38

Unternehmensgründung / company foundation 19
Unternehmensidentität / corporate identity 426
Unternehmensleitbild / corporate mission statement 426
Unternehmensleitung / management 35
Unternehmensphilosophie / corporate philosophy 426
Unternehmensstrategie / corporate strategy 426
Unternehmensziele / corporate goals 426
Unternehmenszusammenschluss / cooperation 28
Unternehmergesellschaft / limited liability company 20
Unterordnungskonzern / vertical group 29
Unterschied zwischen Vollkostenrechnung und Teilkostenrechnung / difference between full and direct costing 474
Unterziele / sub-targets 426
Unveränderbare Dateien / unchangeable files 262
Unvollkommener Markt / imperfect market 26
U-Plane (User-Plane: Anwender-Säule) / U-Plane (User-Plane) 336
UPnP - Universal Plug and Play / UPnP - Universal Plug and Play 176
Upstream-Kanal / upstream-channel 333
Urabstimmung / strike/no strike vote 13
Urnenmodell / urn model 269
Ursache-Wirkung-Diagramm / cause-effect diagram 64
Urteilslehre / doctrine of judgment 266
Urteilsverfahren / court proceedings 23
USB - Universal Serial Bus / USB - Universal Serial Bus 173
USCM (Universal Service Component Model) / USCM (Universal Service Component Model) 221
User Datagram Protocol / User Datagram Protocol 316
USV-Anlagen / uninterruptible power supply systems 103
UTP / Unshielded Twisted Pair 288
UTRA (Universal Terrestrial Radio Access) / UTRA (Universal Terrestrial Radio Access) 341
UTRAN / UTRAN 342
UV-Strahlung (Ultraviolettstrahlung) / ultraviolet radiation 83
UWB (Ultra-Wide Band) / UWB (Ultra-Wide Band) 299, 306
UWG (Gesetz gegen den unlauteren Wettbewerb) / UCA (Unfair Competition Act) 452
UXGA / UXGA 186

V

V.24 / V.24 166
Validation / validation 213
Variable / variable 203
Variable Kosten / variable costs 434, 467
Variablentyp / variable type 200
Variation / variation 432
VB - Visual Basic / VB - Visual Basic 226
VBA - Visual Basic for Applications / VBA - Visual Basic for Applications 226
VDSL / VDSL 332, 333
VDSL - Very High Speed Digital Subscriber Line / VDSL - Very High Speed Digital Subscriber Line 334
Vektor / vector 80
Vektor-Grafik / vector graphics 144
Verarbeitung / processing 202
Verbindlichkeit / commitment 424
Verbindungsabbau / disconnection 318
Verbindungsaufbau / connection set-up 318
Verbindungsregel (Assoziatives Gesetz) / associative rule 122
Verbindungsweg / connection route 326
Verbraucher-Promotion / consumer promotion 437
Verbrauchsabweichung / budget variance 479
Verbrauchsgüter / consumer goods 18
Verbrauchsgüterkauf / purchasing of consumer goods 451, 453
Verdeckungseffekt / masking effect 187
Vereinfachungen mit K-V-Tafeln / minimization with KV maps 124
Vereinigungsmenge / union of sets 78
Vererbung / inheritance 221, 222
Verfahrensablauf / procedure 216
Verfahrensfehler / procedural error 204
Verfahrenskorrektheit / procedure correctness 325
Verfügbarkeit / availability 387, 390
Verfügbarkeitsansätze / availability approach 389
Verfügbarkeitsklassen / availability classes 390
Vergleich / comparison 23
Vergleichende Werbung / comparative advertising 452
Vergleichsoperatoren / relational operators 239
Verhaltensdiagramme / behaviour diagram 224
Verhältniszahlen / ratio figures 484
Verifikation / verification 213
Verifizierende Testerfahren / verifying testing principles 213
Verkabelungsstrecke / permanent link 292
Verkabelungsstruktur / cabling structure 285
Verkäufermarkt / sellers' market 26, 427
Verkäuferschulung / sales people training 432
Verknüpfungen, mathematische / linkages, mathematical 78
Verknüpfungsbaustein / logic gate 122
Verlaufsprotokoll / narrative report 58
Verlegeanforderungen / laying requirements 290
Verlustfreie Kompression / lossless compression 188
Verlustsystem / loss system 270
Vermaschtes Netz / meshed network 307
Vermittlungskosten / switching costs 324
Vermittlungsschicht / network layer 274, 312, 323
Vermittlungstechnik / exchange technology 275, 340
Vermögenswirksamen Sparleistung / capital-forming saving 15
Vernetzte Sterne / meshed stars 307
Verpackungsverordnung / packaging ordinance 407
VerpackV / packaging ordinance 406
Verpflichtungsgeschäft / obligatory contract 448
Verrechnete Plankosten / allocated planning costs 478
Verschlossene Zelle / gas tight sealed cell 104
Verschlüsselung / encryption 308, 418
Verschlüsselungsverfahren / encryption methods 421, 422, 423
Verschlüsselungsverfahren - AES / encryption methods - AES 422
Verseilung / stranding 363
Versendungskauf / sale by description 451
Verständigungssystem / communication system 268
Verständlichkeit / audibility 68
Verstärkungsfaktor / amplification factor 96, 362
Verstärkungsmaß / amplification rate 362
Verstärkungsprinzip / amplification principle 96
Vertauschungsregel (Kommutatives Gesetz) / commutative rule 122
Verteilervermerk / mailing list remark 454, 455
Verteilungsdiagramm / deployment diagram 224
Verteilungsregel (Distributives Gesetz) / distributive rule 122
Vertices / vertices 323
Vertragsarten / kinds of contracts 453
Vertragshändlersystem / distributor system 438, 439
Vertragsmanagement / contract management 377
Vertragsprüfung / contract checking 376
Vertraulichkeit / confidentiality 302, 379, 395
Vertriebsbindungssystem / distributional restraint system 438, 439
Vertriebsgemeinkostenzuschlagssatz (VtrGKZ) / sales overhead costs surcharge rate 471
Vertriebssystem / distribution system 438, 439
Verwaltungsgemeinkostenzuschlagssatz (VwGKZ) / administration overhead costs surcharge rate 471
Very Long Haul / very long haul 296
Verzweigung / branch 219
Vetokollegialität / veto colleagueship 38
VFD (Voltage and Frequency Dependent) / VFD (Voltage and Frequency Dependent) 103
VFI (Voltage and Frequency Independent) / VFI (Voltage and Frequency Independent) 103
VFIR (Very Fast) / VFIR (Very Fast) 174
VGA / VGA 142, 186
VGA-Anschluss / VGA connector 142
VI (Voltage Independent) / VI (Voltage Independent) 103
Video auf Anforderung / video on demand 332
Video Graphics Array / Video Graphics Array 142
Videocodierung / video encoding 196
Videokonferenz / video conference 195
Videostandard / video standard 196
Vidikon / vidicon 183
Vielfache von Einheiten / multiple of units 80
Vier-Ebenen-Modell / four-level model 46
Vier-Ohren-Modell / four ears model 74
Vierphasenumtastung / four phase shift keying 367, 368
Vigenère-Codierung / Vigenère-encoding 418
Viren / viruses 381
Virenscanner / virus scanner 381

Virtualisierung / virtualization 260
Virtualität / virtuality 203
Virtuelle Maschine / virtual machine 232
Visualisierung / visualization 61
Visualisierungs-Regel / visualization rule 61
VKD (Vorgangskettendiagramm) / process chains chart 49, 50
VLAN - Vitual LAN / VLAN - Virtual LAN 319
VLSM (Variable Length Subnet Mask) / VLSM (Variable Length Subnet Mask) 322
VMM / VMM 260
V-Modell XT / V-model XT 209
VoIP / Voice-over IP 330
Volkswirtschaftliche Produktionsfaktoren / economic factors of production 21
Volldisjunktion / full disjunction 124
Vollduplex-Bus / full-duplex bus 171
Vollerhebung / full census 430
Vollfarben Bildsensor / full colour image sensor 182
Vollkommener Markt / ideal market 26, 27
Vollkonjunktion / full conjunction 124
Vollkostenrechnung / full costs accounting 473, 474
Vollmachten / powers of attorney 39
Volt / volt 84
Von-Neumann-Rechner / von-Neumann-Computer 127
Vorab vereinbarter Schlüssel / preshared key 303
Vorgangskettendiagramm (VKD) / process chains chart 49
Vorgangssteuerung / process control 46
Vorgehensmodelle in Entwicklungsprojekten / design methods in development projects 209
Vorgehensweise / approach 374
Vorsätzliche Handlungen / wilful act 302
Vorsatzzeichen / prefix sign 80
Vorstand / board of directors 20
Vortäuschung / spoofing 303
Vortrag / lecture 67
Vorwärts-Fehlerkorrektur / forward error correction 308
VPN - Virtuelles Privates Netzwerk / VPN - Virtual Private Network 320
VQF / VQF 178
V-Serie (Datenübertragung über das Telefonnetz) / V-series (data transmission via telephone network) 327

W

Wachstum / growth 432
Wachstumsziel / growth target 18
Wählbarkeit / eligibility 10
Wahlberechtigte / eligible voter 10
Wahlen / elections 10
Wahrnehmungsregel / perception rule 74
Wahrscheinlichkeit / probability 269
Walkthrough / walkthrough 213
WAN (Wide Area Network) / WAN (Wide Area Network) 275, 299
Wandel der IT-Berufe / change of IT professions 6
Wanze / bug 381
WAP - Wireless Application Protocol / WAP - Wireless Application Protocol 345, 421
warme Redundanz / warm standby 391
Warnstreik / warning strike 14
Wartbarkeit / maintainability 206
Wartesystem / queuing system 270
Wartungsarbeiten / maintenance works 104
Wartungskosten / maintenance costs 206, 387
Wasserfallmodell / waterfall model 206
Watt / watt 84
Wattsekunde / watt-seconds 84
Wave / wave 178
WC (Workgroup Computing) / WC (Workgroup Computing) 268
W-CDMA (Wideband Code Division Multiple Access) / W-CDMA (Wideband Code Division Multiple Access) 341
WCMP (Wireless Control Messaging Protocol) / WCMP (Wireless Control Messaging Protocol) 345
WDM (Wavelength Division Multiplex) / WDM (Wavelength Division Multiplex) 295, 296
WDM-Gegenüberstellung / WDM comparison 295
WDP (Wireless Datagram Protocol) / WDP (Wireless Datagram Protocol) 345
WEB Kamera / web camera 195
Webdesign / web design 60
Web-Katalog / Web catalogue 55
Webseitengestaltung / website design 249
Webserver / Web server 350
Web-Technologien / Web technologies 247
Webusability / web usability 60
Web-Verzeichnis / Web directory 55
Wechselbetrieb / half duplex operation 89
Wechselspannung / a.c. voltage 86
WEE / WEE (Waste of Electrical and Electronic Equipment) 406
Wegeunfälle / commuting accidents 410
Welle / wave 359
Wellenabstrahlung / wave radiation 359
Wellenarten / kind of waves 82
Wellenlängenbänder / wavelength bands 295
Wellenlängenbereiche / wavelengths 360
Wellenlängenmultiplex / wavelength division multiplex 296
Wellenwiderstand / wave impedance 289, 364
Welt-Zelle / world-cell 341
WEP / WEP 421
WEP (Wired Equivalent Privacy) / WEP (Wired Equivalent Privacy) 302
Werbeausgabe / advertising costs 436
Werbebotschaft / advertising message 436
Werbeerfolgskontrolle / success control of advertising 436
Werbemittel / advertising material 436
Werbeplan / advertising plan 436
Werbetext / advertising text 436
Werbetiming / advertising timing 436
Werbeträger / advertising medium 436
Werbezielgebiet / advertising target 436
Werbezielgruppe / advertising target group 436
Werbung / advertising 436
Werkvertrag / works contract 453
Wertansatz / value approach 397
Wertetabelle / logic table 124
Wertschöpfung / net product 24
Western-Steckverbindung / Western plug and socket connection 329
Wettbewerbspolitik in der Sozialen Marktwirtschaft / competition policy in the social market economy 31
White-Book / White-Book 154
Wichtige Gesetze zum Arbeits- und Tarifrecht / important laws of labour and collective bargaining right 8
Wichtigkeits-Dringlichkeits-Prinzip / importance-urgency principle 71
Wide Area Network (WAN) / Wide Area Network (WAN) 275, 299
Wideband Code Division Multiple Access (W-CDMA) / Wideband Code Division Multiple Access (W-CDMA) 341
Widerruf / cancellation 443
Widerspruch / appeal 12
Widerstand / resistor 84
Wiedereinschalten / reclosing 403
Wiederholung (fußgesteuerte Schleife) / repetition (bottom controlled loop) 202
Wiederholung (kopfgesteuerte Schleife) / repetition (top controlled loop) 202
Wiederholungsanforderung / automatic retransmission query 308
Wi-Fi (Wireless Fidelity) / Wi-Fi (Wireless Fidelity) 299
Wi-Fi Alliance / Wi-Fi Alliance 303
Wilder Streik / unofficial strike 14
Willenserklärung / declaration of intent 453
WiMAX - Worldwide Interoperability for Microwave Access / WIMAX - Worldwide Interoperability for Microwave Access 299, **305**
Windows Media / Windows Media 193
Winkelfunktionen / trigonometric functions 78
Wired Equivalent Privacy (WEP) / Wired Equivalent Privacy (WEP) 302
Wireless Application Protocol (WAP) / Wireless Application Protocol (WAP) 345
Wireless Control Messaging Protocol (WCMP) / Wireless Control Messaging Protocol (WCMP) 345
Wireless Datagram Protocol (WDP) / Wireless Datagram Protocol (WDP) 345
Wireless Fidelity (Wi-Fi) / Wireless Fidelity (Wi-Fi) 299
Wireless LAN (WLAN) / Wireless LAN (WLAN) 275, 300
Wireless LAN Access Point / Wireless LAN Access Point 282
Wireless Markup Language (WML) / Wireless Markup Language (WML) 345
Wireless Personal Area Network (WPAN) / Wireless Personal Area Network (WPAN) 300
Wireless Session Protocol (WSP) / Wireless Session Protocol (WSP) 345
Wireless Telephony Server (WTA) / Wireless Telephony Server (WTA) 345
Wireless Transaction Protocol (WTP) / Wireless Transaction Protocol (WTP) 345
Wireless Transport Layer Security (WTLS) / Wireless Transport Layer Security (WTLS) 345
Wirtschaftliche Ziele / economic targets 426
Wirtschaftlichkeit / profitability 482, 485
Wirtschaftsausschuss / committee for economics policies 12
Wirtschaftskreislauf / economic circular flow 25
Wirtschaftsorganisationen / economic organizations 24
Wirtschaftssubjekt / economic unit 25

Sachwortverzeichnis
Index

Wirtschaftszweige / industrial sectors 18
Wissensbereiche / knowledge areas 205
Wissensmanagement / knowledge management 271, **272**
Wissenspyramide / knowledge pyramid 272
WLAN - Wireless LAN / WLAN - Wireless LAN 300
WLAN Begriffe / WLAN terms 303
WLAN-Betrieb / WLAN operation 301
WLAN-Einsatz / WLAN deployment 301
WLAN-Reichweite / WLAN coverage 302
WLAN-Sicherheit / WLAN safety 302
WML (Wireless Markup Language) / WML (Wireless Markup Language) 345
Workflow / workflow 224
Workflow-Management-System / Workflow-Management-System 268
Workgroup Computing (WC) / Workgroup Computing (WC) 268
World Wide Name (WWN) / World Wide Name (WWN) 163
Worldwide Interoperability for Microwave Access (WiMAX) / Worldwide Interoperability for Microwave Access (WiMAX) 299
World-Wide-Web (WWW) / World-Wide-Web (WWW) 54
WPA / Wireless Privacy Access 302
WPAN (Wireless Personal Area Network) / WPAN (Wireless Personal Area Network) 275, 300
WSP (Wireless Session Protocol) / WSP (Wireless Session Protocol) 345
WTA (Wireless Telephony Server) / WTA (Wireless Telephony Server) 345
WTLS (Wireless Transport Layer Security) / WTLS (Wireless Transport Layer Security) 345
WTP (Wireless Transaction Protocol) / WTP (Wireless Transaction Protocol) 345
Wurm / worm 381
WUSB - Wireless USB / WUSB - Wireless USB 306
WWDM / Wide Wavelength Division Multiplex 369
WWN (World Wide Name) / WWN (World Wide Name) 163
WWW / WWW 54
www-Kommunikation von php / www-communication from php 252
WYSIWYG / What You See Is What You Get 242, 268

X

X Attachment Unit Interface (XAUI) / X Attachment Unit Interface (XAUI) 281
XAUI (X Attachment Unit Interface) / XAUI (X Attachment Unit Interface) 281
XGA / XGA 186
X-Kondensator / X-capacitor 116
XML - eXtensible Markup Language / XML - eXtensible Markup Language 250
XQD Karte / XQD card 149
XS-Werkzeuge / XS tools 254
x-y-adressierte Bildaufnehmer / x-y-addressed image sensor 183

Y

YCbCr / YCbCr 143
YCBCR / YCBCR 143
Yellow-Book / Yellow-Book 154
YIQ / YIQ 143
Y-Kondensator / Y-capacitor 116
YUV / YUV 143

Z

Zahlen / numbers 79
Zahlen-Codes / numeric codes 414
Zahlensysteme / number systems 79
Zahlungsbedingung / payment condition 433, 435
Zahlungsverzug (Nicht-Rechtzeitig-Zahlung) / delay in payment 449
Zeiger / pointer 220, 230
Zeilensensor / line sensor 183
Zeitmanagement / time management 71
Zeitmultiplex, TDM / time division multiplex, TDM 337, **369**
Zeitplanung / time planning 71, 4343
Zeitschlitz / time slot 369
Zeitwirtschaft / time management 71
Zellorientierte Übertragung / cell-oriented transmission 312
Zellvermittlungsschicht / cell forwarding layer 312
Zentrallager / central warehouse 440
Zentralprozessor / central processing unit 127
Zentralwert / median 484
Zertifikat / certificate 303
Zertifizierungsbereich / certification area 379
Zertifizierungsklasse / certification class 379
Zick-Zack-Abtastung / zig-zag-scanning 191
Ziele von Betrieben / objectives of business enterprises 18
Zieleinkaufspreis / maximum purchase price 444
Zielerreichungskontrolle / target achievement control 51
Zielfestlegung / target agreement 372
Zielgerichtetheit / target oriented 216
Zielkauf / credit sale 451
Zielkunde / target customer 460
Zielverkaufspreis / target sales price 433
ZigBee / ZigBee 307
Zufallsalgorithmus / random algorithm 217
Zufallsauswahl / random selection 430
Zufallsvariable / random variable 269
Zufriedenheit / satisfaction 254
Zugriffsform / access method 311
Zugriffskontrolle / access control 379
Zugriffskontrollliste / access control list 302
Zugriffsrechte / access rights 261
Zulassungszeichen / test marks 399
Zuordnung von Überstrom-Schutzorganen / assignment of overcurrent protective devices 110, 111
Zusatzkarte / add-on card 161
Zusatzkosten / additional costs 465
Zusatzzone / additional line 454, 455
Zuschlagskalkulation / overhead percentage cost accounting 473
Zuschlagssatz / surcharge rate 480
Zusicherung / confirmation 223
Zuständigkeit / responsibility 374
Zustandsdiagramm / state diagram 224, 270
Zustandsübergangsdiagramm / state transition diagram 270
Zuverlässigkeit / reliability 198, 206, **387**
Zuverlässigkeitskenngröße / reliability characteristics 392
Zweierkomplementbildung / two's complement creation 218
Zweigüberdeckung / path coverage 213
Zweiseitige Rechtsgeschäfte / bilateral legal transaction 453
Zweiseitiger Handelskauf / bilateral trading 450, 451
Zweite Normalform / second canonical form 237
Zweites Kirchhoffsches Gesetz / Kirchhoff's second law 87
Zwischenziel / milestone 373
Zyklische Codes / cyclic codes 423
Zyklische Redundanzprüfung / cyclic redundancy check 413

Bildquellenverzeichnis
List of Picture Reference

Cover: fotolia.com, New York (spaxiax), Shutterstock.com, New York (nehopelon); Bergmoser + Höller Verlag AG, Aachen: 23.1; Caro Fotoagentur GmbH, Berlin: 45.1 (Riedmiller); DATACOLOR AG, Dietlikon: 145.1; Der Grüne Punkt - Duales System Deutschland GmbH, Köln: 407.1; dreamstime.com, Brentwood: 149.1 (Modestil); Druwe & Polastri, Cremlingen/Weddel: 88.1, 94 (alle), 329 (beide); Europäische Zentralbank, Frankfurt: 139.2, 148.4; fotolia.com, New York: 138.1 (thodonal), 141.2 (bogdandimages), 168.1 (jacobx), 195.1 (Andrey Popov), 235.1 (goodluz), 256.1 (Hellen Sergeyeva), 263.1 (Natalia Merzlyakova), 283.1 (Fotimmz), 395.3 (wittybear); Google Germany GmbH - a + o Ges. f. Kommunikationsberatung, Hamburg: 55.1; Hager Tehalit Vertriebs GmbH & Co. KG, Blieskastel: 108.1; Helukabel GmbH, Hemmingen: 101 (alle); IBM Deutschland, Ehningen: 148.9; iStockphoto.com, Calgary: 142.2, 170.2-.4; Microsoft Corporation, Redmond: 55.2; Olympus Europa GmbH, Hamburg: 148.2, 148.8; Pana-sonic Industrial Europe GmbH, Hamburg: 148.5; Panther Media GmbH (panthermedia.net), München: 309.4 (popovaphoto); PHOENIX CONTACT GmbH & Co. KG, Blomberg: 114.1; Picture-Alliance GmbH, Frankfurt/M.: 13.1; RAL gGmbH Deutsches Institut für Gütersicherung und Kennzeichnung e.V., St. Augustin: 400.1; Reichle & De-Massari Schweiz AG, Wetzikon/Schweiz: 286.1; Samsung Electronics GmbH, Schwalbach am Taunus: 148.3; SanDisk GmbH, Ratingen: 139.1, 148.1, 148.6, 148.7; Schneider-Albert, Gabriela, Troisdorf: 161 (beide), 170.1; TCO Development, Stockholm: 400.4-.13; Telekom Deutschland GmbH, Bonn: 330.1; TÜV Rheinland AG, Köln-Poll: 400.2; Vertretung der Europäischen Kommission in Deutschland, Berlin: 400.3, 401.1. Alle weiteren Grafiken: Lithos, Wolfenbüttel.

Grundlagen des kaufmännischen Rechnens
Basics of Commercial Arithmetics

Dreisatzrechnung

Dreisatz mit geradem (direktem) Verhältnis: (je mehr ..., desto mehr ...; je weniger ..., desto weniger ...)
Beispiel: 120 m Netzwerkkabel kosten 162,00 €, wie viel € kosten 37 m?

1. Bedingungssatz: 120 m ≙ 162,00 € 2. Fragesatz: 37 m ≙ x €	Werte mit gleicher Bezeichnung immer übereinander schreiben, zum Beispiel 120 m und 37 m, die gesuchte Größe (hier: x €) immer unten rechts aufführen
3. Bruchsatz (Antwortsatz): $x = \frac{163\,€ \cdot 37\,m}{120\,m}$ $x = 49{,}95\,€$	▪ x vor das Gleichheitszeichen setzen ▪ Wert über dem x immer auf den Bruchstrich (162, 00 €) ▪ Überlegen, ob der Wert der gesuchten Größe (x €) größer oder kleiner als im Bedingungssatz angegeben (162 €) werden muss. ▪ Wird der x-Wert kleiner, muss der kleinere der beiden verbliebenen Werte (120 m und 37 m) auf den Bruchstrich (37 m), der größere (120 m) unter den Bruchstrich.

Dreisatz mit ungeradem (indirektem) Verhältnis: (je mehr ..., desto weniger ...; je weniger ..., desto mehr ...)
Beispiel: Die Inventur dauerte bisher 5 Tage mit 9 Mitarbeitern. Wie viele Tage würden 6 Mitarbeiter benötigen?

1. Bedingungssatz: 9 M ≙ 5 Tage 2. Fragesatz: 6 M ≙ x Tage 3. Bruchsatz (Antwortsatz): $x = \frac{5\,\text{Tage} \cdot 9\,M}{6\,M}$ $x = 7{,}5$ Tage	Hier gelten die gleichen Aussagen wie beim Dreisatz mit geradem Verhältnis. Da der x-Wert größer werden muss als im Bedingungssatz angegeben, gehört der größere der verbliebenen Werte (9 M und 6 M) auf den Bruchstrich (9 M), der kleinere (6 M) unter den Bruchstrich.

Prozentrechnung

Rechengrößen: Grundwert (Gw), Prozentwert (Pw), Prozentsatz (Ps)

Berechnung des **Prozentwertes**:	Berechnung des **Prozentsatzes**:	Berechnung des **Grundwertes**:
$Pw = \frac{Gw \cdot Ps}{100}$	$Ps = \frac{Pw \cdot 100}{Gw}$	$Gw = \frac{Pw \cdot 100}{Ps}$

Zinsrechnung

Rechengrößen der Zinsrechnung:	Kapital (K)	Zinssatz (p)	Zinsen (Z)	Zinszeitraum in Jahren (j), Monaten (m) oder Tagen (t)
entsprechen in der Prozentrechnung:	Grundwert (Gw)	Prozentsatz (Ps)	Prozentwert (Pw)	–

Berechnung der **Jahreszinsen**: (gegeben sind K, p und j) $Z = \frac{K \cdot p \cdot j}{100}$ Berechnung der **Monatszinsen**: (gegeben sind K, p und m) $Z = \frac{K \cdot p \cdot m}{100 \cdot 12\,(\text{Monate})}$ Berechnung der **Tageszinsen**: (gegeben sind K, p und t) $Z = \frac{K \cdot p \cdot t}{100 \cdot 360\,(\text{Tage})}$	**Deutsche Zinsmethode**: ▪ Das Jahr wird mit 360 Tagen, jeder Monat mit 30 Tagen gerechnet. ▪ Fällt das Ende des Zinszeitraums auf das Ende des Monats Februar, wird der Februar mit 28 Tagen, im Schaltjahr mit 29 Tagen gerechnet. ▪ Beim Zählen der Zinstage wird der erste Kalendertag mitgezählt, der letzte nicht.
Berechnung des **Kapitals**: (gegeben sind Z, p und t) $K = \frac{Z \cdot 100 \cdot 360}{p \cdot t}$ Berechnung des **Zinssatzes**: (gegeben sind Z, K und t) $p = \frac{Z \cdot 100 \cdot 360}{K \cdot t}$ Berechnung des **Zinszeitraums**: (gegeben sind Z, K und p) $t = \frac{Z \cdot 100 \cdot 360}{K \cdot p}$	Ermittlung der Formeln für K, p und t durch **Auflösung der Tageszinsformel**, z. B. nach K: Beide Seiten der Gleichung mit 100 · 360 multiplizieren und die rechte Seite durch 100 · 360 kürzen ⇒ $Z \cdot 100 \cdot 360 = K \cdot p \cdot t$ Beide Seiten durch p · t dividieren und die rechte Seite durch p · t kürzen ⇒ $\frac{Z \cdot 100 \cdot 360}{p \cdot t} = K$; analog für p und t verfahren